Großkommentare der Praxis

Hachenburg

Gesetz betreffend die Gesellschaften mit beschränkter Haftung (GmbHG)

Großkommentar

9., vollständig neu bearbeitete und erweiterte Auflage

herausgegeben von
Heribert Hirte, Alexander Schall, Gerhard Pape, Andreas Stoll

Band 3/2
§§ 78–88 GmbHG; Anh. §§ 266, 283–283d StGB

Bearbeiter:
§§ 78–81: Christoph Terbrack
§§ 82–85: Alexander Baur
§§ 86–88, Anhang 1 (§ 266 StGB), Anhang 2 (§ 283–283d StGB): Ralf Peter Anders
Sachregister: Christian Klie

DE GRUYTER

ISBN 978-3-11-132633-7
e-ISBN (PDF) 978-3-11-138666-9
e-ISBN (EPUB) 978-3-11-138678-2

Library of Congress Control Number: 2024932871

Bibliografische Information der Deutschen Nationalbibliothek
Die Deutsche Nationalbibliothek verzeichnet diese Publikation in der Deutschen Nationalbibliografie; detaillierte bibliografische Daten sind im Internet über http://dnb.dnb.de abrufbar.

Satz: Meta Systems Publishing & Printservices GmbH, Wustermark
Druck und Bindung: CPI books GmbH, Leck

FSC
www.fsc.org
MIX
Papier | Fördert gute Waldnutzung
FSC® C083411

www.degruyter.com

Verzeichnis der Bearbeiter der 9. Auflage

Dr. **Ralf Peter Anders**, Leitender Oberstaatsanwalt und Behördenleiter der Staatsanwaltschaft Hamburg, Professor an der Universität Hamburg (§ 17 Abs. 1 HmbHG)
Dr. **Alexander Baur**, Universitätsprofessor an der Georg-August-Universität Göttingen
Dr. **Marcus A. Becker**, Rechtsanwalt, Frankfurt am Main
Dr. **Nefail Berjasevic**, EMBA, LL.M. (NYU), Rechtsanwalt, Köln, Honorarprofessor an der Universität Siegen
Dr. **Andreas Dieckmann**, Privatdozent an der Leibniz-Universität Hannover
Dr. **Markus Gehrlein**, Richter am Bundesgerichtshof a.D., Honorarprofessor an der Universität Mannheim
Dr. **Harald Gesell**, Rechtsanwalt, Köln
Dr. **David Günther**, LL.M. (Lüneburg), Rechtsanwalt, Hamburg
Dr. **Martin Heckelmann**, LL.M. (Cornell), Professor an der Hochschule für Technik und Wirtschaft Berlin
Dr. **Heribert Hirte**, LL.M. (Berkeley), Universitätsprofessor an der Universität Hamburg
Dr. Dr. h.c. **Peter Kindler**, Universitätsprofessor an der Ludwig-Maximilians-Universität München
Dr. **Lars Kirschner**, Rechtsanwalt, Hamburg
Dr. **Verena Klappstein**, M.A., LL.M. (LSE), Privatdozentin an der Universität Passau
Béla Knof, Rechtsanwalt, Hamburg
Dr. **Michael Lamsa**, Rechtsanwalt, Frankfurt am Main
Dr. **Jan Lieder**, LL.M. (Harvard), Universitätsprofessor an der Albert-Ludwigs-Universität Freiburg, Richter am Schleswig-Holsteinischen Oberlandesgericht
Dr. **Sebastian Mock**, LL.M. (NYU), Attorney at law (NYU), Universitätsprofessor an der Wirtschaftsuniversität Wien
Dr. **Jean Mohamed**, LL.M. (LSE), Rechtsanwalt, Hamburg
Dr. **Christine Osterloh-Konrad**, Universitätsprofessorin an der Eberhard-Karls-Universität Tübingen
Dr. **Walter Paefgen**, Professor an der Eberhard-Karls-Universität Tübingen
Dr. **Gerhard Pape**, Richter am Bundesgerichtshof a.D., Honorarprofessor der Georg-August-Universität Göttingen
Dr. **Ulf Renzenbrink**, LL.M. (Maastricht), Rechtsanwalt, Hamburg
Dr. **Gregor Roth**, Universitätsprofessor an der Universität Leipzig
Dr. **Christoph Schalast**, Professor an der an der Frankfurt School of Finance & Management, Rechtsanwalt und Notar
Dr. **Alexander Schall**, M.Jur. (Oxford), Universitätsprofessor an der Leuphana Universität Lüneburg
Dr. **Björn Schneider**, Rechtsanwalt, Frankfurt
Dr. **Alexander Scheuch**, Universitätsprofessor an der Rheinischen Friedrich-Wilhelms-Universität Bonn
Dr. **Dennis Schlottmann**, Rechtsanwalt, Hamburg
Annika Schulenberg, Rechtsanwältin, Bremen
Dr. **Matthias Schüppen**, Rechtsanwalt, Wirtschaftsprüfer, Steuerberater, Stuttgart, Honorarprofessor an der Universität Hohenheim
Dr. **Michael Stöber**, Universitätsprofessor an der Christian-Albrechts-Universität zu Kiel
Simon Stöhlker, LL.M. (Georgetown), Rechtsanwalt, Frankfurt
Dr. **Alexander Stöhr**, Privatdozent an der Philipps-Universität Marburg, Rechtsanwalt
Dr. **Andreas Stoll**, LL.M. (Berkeley), Rechtsanwalt, Hamburg, Lehrbeauftragter an der Universität Hamburg
Dr. **Josephine Teclia**, LL.M. (Lüneburg), Rechtsanwältin und Notarin, Reinbek

https://doi.org/10.1515/9783111386669-202

Dr. **Christoph Terbrack**, Notar, Honorarprofessor an der Rheinisch-Westfälischen Technischen Hochschule Aachen
Dr. **Jan Thiessen**, Universitätsprofessor an der Humboldt-Universität zu Berlin
Dr. **Harm Peter Westermann**, Universitätsprofessor an der Eberhard-Karls-Universität Tübingen

Inhaltsverzeichnis

Abkürzungsverzeichnis

aA	anderer Ansicht
aaO	am angegebenen Ort
ABl	Amtsblatt
ABlEG, ABlEU	Amtsblatt der Europäischen Gemeinschaften, der Europäischen Union
Abs	Absatz
abw	abweichend
AcP	Archiv für die civilistische Praxis
aE	am Ende
AEUV	Vertrag über die Arbeitsweise der Europäischen Union
aF	alte Fassung
AG	Amtsgericht; Aktiengesellschaft(en)
AGB	Allgemeine Geschäftsbedingungen
AGG	Allgemeines Gleichbehandlungsgesetz
AktG	Aktiengesetz
allg	allgemein
allgM	allgemeine Meinung
Alt	Alternative
AltTZG	Altersteilzeitgesetz
aM	anderer Meinung
Amtl Begr	Amtliche Begründung
AnfG	Anfechtungsgesetz
Anh	Anhang
Anm	Anmerkung
AnSVG	Anlegerschutzverbesserungsgesetz
APAS	Abschlussprüferaufsichtsstelle
AReG	Abschlussprüfungsreformgesetz
Art	Artikel
Aufl	Auflage
Az	Aktenzeichen
BAFA	Bundesamt für Wirtschaft und Ausfuhrkontrolle
BaFin	Bundesanstalt für Finanzdienstleistungsaufsicht
BAG	Bundesarbeitsgericht
BauFordSiG	Bauforderungssicherungsgesetz
BayObLG	Bayerisches Oberstes Landesgericht
BB	Der Betriebsberater
Bd, Bde	Band, Bände
Begr, begr	Begründung, begründet
BegrRegE	Begründung Regierungsentwurf
Beil	Beilage
Bek	Bekanntmachung
Bem	Bemerkung, Bemerkungen
Beschl	Beschluss
BetrAVG	Gesetz zur Verbesserung der betrieblichen Altersversorgung
BetrVG	Betriebsverfassungsgesetz
BeurkG	Beurkundungsgesetz
BFH	Bundesfinanzhof
BFHE	Sammlung der Entscheidungen des Bundesfinanzhofs
BGB	Bürgerliches Gesetzbuch
BGBl I, II, III	Bundesgesetzblatt Teil I, II und III
BGE	Entscheidungen des Schweizerischen Bundesgerichts
BGH	Bundesgerichtshof
BGHSt	Amtliche Sammlung der Entscheidungen des BGH in Strafsachen
BGHZ	Amtliche Sammlung der Entscheidungen des BGH in Zivilsachen

https://doi.org/10.1515/9783111386669-204

BilKoG	Bilanzkontrollgesetz
BilMoG	Gesetz zur Modernisierung des Bilanzrechts
BilReG	Bilanzrechtsreformgesetz
BiRiLiG	Bilanzrichtliniengesetz
BMF	Bundesminister(ium) der Finanzen
BMJV	Bundesminister(ium) der Justiz und für Verbraucherschutz
BMWi	Bundesminister(ium) für Wirtschaft
BörsG	Börsengesetz
BR	Bundesrat
BRAO	Bundesrechtsanwaltsordnung
BRD	Bundesrepublik Deutschland
BR-Drucks	Bundesrats-Drucksache
BReg	Bundesregierung
BSG	Bundessozialgericht
Bsp	Beispiel
bspw	beispielsweise
BT	Bundestag
BT-Drucks	Bundestags-Drucksache
Buchst	Buchstabe
BVerfG	Bundesverfassungsgericht
BVerfGE	Amtliche Sammlung der Entscheidungen des BVerfG
BVerwG	Bundesverwaltungsgericht
bzgl	bezüglich
BZRG	Bundeszentralregistergesetz
bzw	beziehungsweise
ca	circa
CCO	Chief Compliance Officer
CEAOB	Committee of European Auditing Oversight Bodies
CEO	chief executive officer
CFL	Corporate Finance law
c.i.c.	culpa in contrahendo
COVInsAG	Gesetz zur vorübergehenden Aussetzung der Insolvenzantragspflicht und zur Begrenzung der Organhaftung bei einer durch die COVID-19-Pandemie bedingten Insolvenz
CR	Computer und Recht
CSR	Corporate Social Responsibility
DAI	Deutsches Aktieninstitut
DB	Der Betrieb
DCGK	Deutscher Corporate Governance Kodex
DepotG	Depotgesetz
ders	derselbe
dh	das heißt
dies	dieselbe(n)
DiRUG	Digitalisierungsrichtlinienumsetzungsgesetz
Diss	Dissertation
DJT	Deutscher Juristentag
DNotZ	Deutsche Notarzeitschrift
DrittelbG	Drittelbeteiligungsgesetz
Drs	Drucksache
DS-GVO	Datenschutz-Grundverordnung
DStR	Deutsches Steuerrecht
DtZ	Deutsch-Deutsche Rechts-Zeitschrift
DVBl	Deutsches Verwaltungsblatt
DVO	Durchführungsverordnung
DZWIR	Deutsche Zeitschrift für Wirtschafts- und Insolvenzrecht

E	Entwurf
ebd	ebenda
ECFR	European Company and Financial Law Review
EDV	Elektronische Datenverarbeitung
EFG	Entscheidungen der Finanzgerichte
eG	eingetragene Genossenschaft
EG	Einführungsgesetz; Europäische Gemeinschaft(en)
EGAktG	Einführungsgesetz zum Aktiengesetz
EGBGB	Einführungsgesetz zum Bürgerlichen Gesetzbuch
EGGmbHG	Einführungsgesetz zum Gesetz betreffend die Gesellschaften mit beschränkter Haftung
EGGVG	Einführungsgesetz zum Gerichtsverfassungsgesetz
EGHBG	Einführungsgesetz zum Handelsgesetzbuch
EGInsO	Einführungsgesetz zur Insolvenzordnung
EGKomm	Kommission der Europäischen Gemeinschaften
EGV	Vertrag zur Gründung der Europäischen Gemeinschaft
Einf	Einführung
Einl	Einleitung
einschl	einschließlich
end	endgültig
Entsch	Entscheidung
entspr	entsprechend
ErbSt	Erbschaftsteuer
ErgG	Ergänzungsgesetz
ErgStG	Erbschaftsteuer- und Schenkungsteuergesetz
EStG	Einkommensteuergesetz
etc	et cetera
EU	Europäische Union; Vertrag über die Europäische Union
EU-APrRiLi	Richtlinie 2014/56/EU des Europäischen Parlaments und des Rates vom 16. April 2014 zur Änderung der Richtlinie 2006/43/EG über Abschlussprüfungen von Jahresabschlüssen und konsolidierten Abschlüssen
EU-APrVO	Verordnung (EU) Nr. 537/2014 des Europäischen Parlaments und des Rates vom 16. April 2014 über spezifische Anforderungen an die Abschlussprüfung bei Unternehmen von öffentlichem Interesse und zur Aufhebung des Beschlusses 2005/909/EG der Kommission
EuGH	Gerichtshof der Europäischen Gemeinschaft
EuGHE	Entscheidungen des Europäischen Gerichtshofes
EU-RiLi	Richtlinie 95/46/EG des Europäischen Parlaments und des Rates vom 24. Oktober 1995 zum Schutz natürlicher Personen bei der Verarbeitung personenbezogener Daten und zum freien Datenverkehr (Datenschutzrichtlinie)
EUV	Vertrag über die Europäische Union
EuZW	Europäische Zeitschrift für Wirtschaftsrecht
eV	eingetragener Verein
evtl	eventuell
EWG	Europäische Wirtschaftsgemeinschaft
EWiR	Entscheidungen zum Wirtschaftsrecht
EWIV	Europäische wirtschaftliche Interessenvereinigung
EWIVAG	Gesetz zur Ausführung der EWG-Verordnung über die Europäische wirtschaftliche Interessenvereinigung
EWS	Europäisches Wirtschafts- & Steuerrecht
f, ff	folgende, fortfolgende
FA, FÄ	Finanzamt, Finanzämter
FamFG	Gesetz über das Verfahren in Familiensachen und in den Angelegenheiten der freiwilligen Gerichtsbarkeit
FAZ	Frankfurter Allgemeine Zeitung
FE	Europäische Stiftung (Fundatio Europaea)
FG	Finanzgericht
FGG	Gesetz über die Angelegenheiten der freiwilligen Gerichtsbarkeit

FGO	Finanzgerichtsordnung
FISG	Finanzmarktintegritätsstärkungsgesetz
FMStG	Finanzmarktstabilisierungsgesetz
Fn	Fußnote
FR	Finanz-Rundschau
fragl	fraglich
FS	Festschrift
FVG	Finanzverwaltungsgesetz
G	Gesetz
GBl	Gesetzblatt
GBO	Grundbuchordnung
GbR	Gesellschaft bürgerlichen Rechts
gem	gemäß
Gen	Genossenschaft
GenG	Genossenschaftsgesetz
GeschGehG	Gesetz zum Schutz von Geschäftsgeheimnissen
GesO	Gesamtvollstreckungsordnung
GesR	Gesellschaftsrecht
GesRRL	Gesellschaftsrechtsrichtlinie
GewESt	Gewerbeertragsteuer
GewSt	Gewerbesteuer
GewStG	Gewerbesteuergesetz
GG	Grundgesetz für die Bundesrepublik Deutschland
ggf	gegebenenfalls
gGmbH	gemeinnützige Gesellschaft mit beschränkter Haftung
GKG	Gerichtskostengesetz
GmbH	Gesellschaft mit beschränkter Haftung
GmbHG	Gesetz betreffend die Gesellschaften mit beschränkter Haftung
GmbHR	GmbHRundschau
GmbH-StB	GmbH-Steuerberater
GmS-OGB	Gemeinsamer Senat der Obersten Gerichtshöfe des Bundes
GNotKG	Gesetz über Kosten der freiwilligen Gerichtsbarkeit für Gerichte und Notare
grds	grundsätzlich
GrESt	Grunderwerbsteuer
GrEStG	Grunderwerbsteuergesetz
GrS	Großer Senat
GS	Gedächtnisschrift
GVBl	Gesetz- und Verordnungsblatt
GVG	Gerichtsverfassungsgesetz
GWB	Gesetz gegen Wettbewerbsbeschränkungen
GWR	Zeitschrift für Gesellschafts- und Wirtschaftsrecht
hA	herrschende Ansicht
Hb, Hdb	Handbuch
HGB	Handelsgesetzbuch
hL	herrschende Lehre
hM	herrschende Meinung
HR, HReg	Handelsregister
Hrsg, hrsg	Herausgeber, herausgegeben
HRV	Handelsregisterverordnung
Hs	Halbsatz
IAS	International Accounting Standards
IASB	International Accounting Standards Board

ic	in concreto
idF	in der Fassung
idR	in der Regel
IDW	Institut der Wirtschaftsprüfer in Deutschland
iE	im Ergebnis; im Einzelnen
ieS	im engeren Sinne
IFRS	International Financial Reporting Standards
iHd	in Höhe der
iHv	in Höhe von
insb, insbes	insbesondere
InsO	Insolvenzordnung
InsVZ	Zeitschrift für Insolvenzverwaltung und Sanierungsberatung
IPR	Internationales Privatrecht
iRd	im Rahmen des
iSd	im Sinne des
IStR	Internationales Steuerrecht
iSv	im Sinne von
iÜ	im Übrigen
iVm	in Verbindung mit
iwS	im weiteren Sinne
iZm	in Zusammenhang mit
jew	jeweils
Jg	Jahrgang
JR	Juristische Rundschau
JuS	Juristische Schulung
JW	Juristische Wochenschrift
JZ	Juristenzeitung
KAGB	Kapitalanlagegesetzbuch
KapErhG	Kapitalerhöhungsgesetz
KapESt	Kapitalertragsteuer
KapGes	Kapitalgesellschaft
KapGesR	Kapitalgesellschaftsrecht
KapMuG	Kapitalanleger-Musterverfahrensgesetz
KG	Kommanditgesellschaft, Kammergericht
KGaA	Kommanditgesellschaft auf Aktien
KIG	Konzerninsolvenzgesetz
Kj	Kalenderjahr
KO	Konkursordnung
Komm	Kommentar
KonTraG	Gesetz zur Kontrolle und Transparenz im Unternehmensbereich
krit	kritisch
KSt	Körperschaftsteuer
KStG	Körperschaftsteuergesetz
KWG	Kreditwesengesetz
LAG	Landesarbeitsgericht
LB	Lehrbuch
lfd	laufende
LG	Landgericht
lit	littera (Buchstabe)
Lit	Literatur
LM	Lindenmaier-Möhring, Nachschlagewerk des BGH
LS	Leitsatz

LSt	Lohnsteuer
LStR	Lohnsteuerrichtlinien
lt	laut
m	mit
mAv	mit Anmerkung von
maW	mit anderen Worten
MDR	Monatsschrift für Deutsches Recht
mE	meines Erachtens
MinBl	Ministerialblatt
Mio.	Million(en)
MitbestG	Mitbestimmungsgesetz
Mitt	Mitteilungen
MittBayNot	Mitteilungen des Bayerischen Notarvereins, der Notarkasse und der Landesnotarkammer Bayern
MittRhNotK	Mitteilungen der Rheinischen Notarkammer
MoMiG	Gesetz zur Modernisierung des GmbH-Rechts und zur Bekämpfung von Missbräuchen
mwB	mit weiteren Beispielen
mwN	mit weiteren Nachweisen
MwSt	Mehrwertsteuer
mWv	mit Wirkung vom
Nachw	Nachweis
nF	neue Fassung
NJ	Neue Justiz
NJW	Neue Juristische Wochenschrift
NJW-RR	NJW-Rechtsprechungs-Report Zivilrecht
nn	non nominatus
NotBZ	Zeitschrift für die notarielle Beratungs- und Beurkundungspraxis
n. rkr.	nicht rechtskräftig
Nr(n)	Nummer(n)
NZA	Neue Zeitschrift für Arbeits- und Sozialrecht
NZG	Neue Zeitschrift für Gesellschaftsrecht
OECD	Organisation for Economic Cooperation and Development
og	oben genannt(e)
OHG	Offene Handelsgesellschaft
OLG	Oberlandesgericht
OLG-NL	OLG-Rechtsprechung Neue Länder
OLGZ	Entscheidungen der Oberlandesgerichte in Zivilsachen
OWiG	Ordnungswidrigkeitengesetz
PartG	Gesetz über die politischen Parteien
PartGG	Partnerschaftsgesellschaftsgesetz
PatAnwO	Patentanwaltsordnung
PCGK	Public Corporate Governance Kodex
PIE	Public-Interest Entities
PublG	Gesetz über die Rechnungslegung von bestimmten Unternehmen und Konzernen (Publizitätsgesetz)
RA	Rechtsanwalt
rd	rund
RDG	Rechtsdienstleistungsgesetz
Rdn	Randnummer(n)
RefE	Referentenentwurf
RegE	Regierungsentwurf
RG	Reichsgericht

RGBl	Reichsgesetzblatt
RGZ	Entscheidungen des Reichsgerichts in Zivilsachen
rkr	rechtskräftig
RL	Richtlinie
RNotZ	Rheinische Notar-Zeitschrift
Rpfleger	Der Deutsche Rechtspfleger
Rspr	Rechtsprechung
Rz	Randzahl
s	siehe
S	Seite; Satz
sa	siehe auch
SanInsFoG	Gesetz zur Fortentwicklung des Sanierungs- und Insolvenzrechts
SanInsKG	Gesetz zur vorübergehenden Anpassung sanierungs- und insolvenzrechtlicher Vorschriften zur Abmilderung von Krisenfolgen
SCE	Societas Cooperativa Europaea (Europäische Genossenschaft)
SE	Societas Europaea (Europäische [Aktien]Gesellschaft)
so	siehe oben
sog	sogenannte(r)
Sp	Spalte
SpruchG	Spruchverfahrensgesetz
SpruchZ	Spruchverfahren aktuell
SpTrUG	Gesetz über die Spaltung der von der Treuhandanstalt verwalteten Unternehmen
StaRUG	Unternehmensstabilisierungs- und restrukturierungsgesetz
StB	Der Steuerberater
StBerG	Steuerberatungsgesetz
StGB	Strafgesetzbuch
StMBG	Mißbrauchs- und Steuerbereinigungsgesetz
StPO	Strafprozessordnung
str	strittig, streitig
st Rspr	ständige Rechtsprechung
SZW/RSDA	Schweizerische Zeitschrift für Wirtschaftsrecht/Revue Suisse de Droit des Affaires
TransPuG	Transparenz- und Publizitätsgesetz
TÜV	Technischer Überwachungsverein
u	unten
UA	Unterabsatz
ua	unter anderem; und andere
uÄ	und Ähnliches
überw	überwiegend
UBGG	Gesetz über Unternehmensbeteiligungsgesellschaften
UG	Unternehmergesellschaft
UmwBerG	Umwandlungsbereinigungsgesetz
UmwG	Umwandlungsgesetz
UmwR	Umwandlungsrecht
UmwStG	Umwandlungssteuergesetz
unstr	unstreitig
Unterabs.	Unterabsatz
unzutr	unzutreffend
Urt	Urteil
USA	United States of America
UStG	Umsatzsteuergesetz
usw	und so weiter
uU	unter Umständen
UWG	Gesetz gegen den unlauteren Wettbewerb

v	von; vom
VAG	Versicherungsaufsichtsgesetz
Var	Variante
VersR	Versicherungsrecht
Vfg	Verfügung
VG	Verwaltungsgericht
vGA	verdeckte Gewinnausschüttung
vgl	vergleiche
VO(en)	Verordnung(en)
Voraufl	Vorauflage
Vorb, Vorbem	Vorbemerkung
VorStAG	Gesetzes zur Angemessenheit der Vorstandsvergütung
VVaG	Versicherungsverein auf Gegenseitigkeit
WG	Wechselgesetz
WiB	Wirtschaftsrechtliche Beratung
WiPrO	Wirtschaftsprüferordnung
wistra	Zeitschrift für Wirtschafts- und Steuerstrafsachen
Wj	Wirtschaftsjahr
WM	Wertpapier-Mitteilungen
WP	Wirtschaftsprüfer
WpHG	Wertpapierhandelsgesetz
WpÜG	Wertpapiererwerbs- und Übernahmegesetz
WSF	Wirtschaftsstabilisierungsfonds
WStFG	Wirtschaftsstabilisierungsfondsgesetz
WuB	Entscheidungssammlung zum Wirtschafts- und Bankrecht
WuW	Wirtschaft und Wettbewerb
zB	zum Beispiel
ZBB	Zeitschrift für Bankrecht und Bankwirtschaft
ZErb	Zeitschrift für die Steuer- und Erbrechtspraxis
ZfgG	Zeitschrift für das gesamte Genossenschaftswesen
ZfIR	Zeitschrift für Immobilienrecht
ZGB	(Schweizerisches) Zivilgesetzbuch
ZGR	Zeitschrift für Unternehmens- und Gesellschaftsrecht
ZHR	Zeitschrift für das gesamte Handelsrecht
Ziff	Ziffer
ZInsO	Zeitschrift für das gesamte Insolvenzrecht
ZIP	Zeitschrift für Wirtschaftsrecht
ZPO	Zivilprozessordnung
ZRP	Zeitschrift für Rechtspolitik
ZStV	Zeitschrift für Stiftungs- und Vereinswesen
zT	zum Teil
zust.	Zustimmend
zZ	zur Zeit
zzgl	zuzüglich

Literaturverzeichnis

Achenbach/Ransiek/Rönnau	Handbuch Wirtschaftsstrafrecht, 5. Auflage, 2019
Altmeppen	GmbHG, Kommentar, 11. Auflage, 2023
Assmann/Schneider/Mülbert-Wertpapierhandelsrecht/*Bearbeiter*	Wertpapierhandelsrecht, Kommentar, 7. Auflage, 2019
Bartl/Beine/Koch/Schlarb/Schmitt	GmbH-Recht, Kommentar, 8. Auflage, 2019
Beck-HdR/*Bearbeiter*	Beck'sches Handbuch der Rechnungslegung HGB und IFRS, Handbuch, 6. Auflage, 2021
BeckBil-Komm/*Bearbeiter*	Grottel/Justenhoven/Schubert/Störk, Beck'scher Bilanz-Kommentar, Handels- und Steuerbilanz, §§ 238–339, 342–342a HGB, 13. Auflage, 2022
BeckOGK/*Bearbeiter*	Henssler (GesamtHrsg)/Dicken/Fehrenbacher/ Hennrichs/Kleindiek/Watrin (Hrsg), BeckOGK Bilanzrecht, 15.7.2023
BeckOK-DatenschutzR/*Bearbeiter*	Wolff/ Brink (Hrsg), BeckOK Datenschutzrecht, 45. Edition, 1.8.2023
BeckOK-GmbHG/*Bearbeiter*	Pöschke/Ziemons/Jaeger, BeckOK GmbHG, 57. Edition, 1.8.2023
BeckOK-InsO/*Bearbeiter*	Fridgen/Geiwitz/Göpfert (Hrsg), BeckOK Insolvenzrecht: InsO, EGInsO, COVInsAG, InsVV, EuInsVO, Spezialthemen und Länderberichte, Band 1 und 2, 27. Edition, 2022
BeckOK-StGB/*Bearbeiter*	von Heintschel-Heinegg (Hrsg), BeckOK, StGB, 60. Edition, 1.2.2024
Bittmann-Insolvenzstrafrecht/*Bearbeiter*	Bittmann (Hrsg), Praxishandbuch Insolvenzstrafrecht, 2. Auflage, 2017
Böcking/Gros/Oser/Scheffler/Thormann	Beck'sches Handbuch der Rechnungslegung, 70. Ergänzungslieferung, Werkstand 2023
Boos/Fischer/Schulte-Mattler-KWG/*Bearbeiter*	KWG, CRR-VO, Band 1, Kommentar, 6. Auflage, 2023
Bork/Schäfer/*Bearbeiter*	GmbHG, Kommentar, 5. Auflage, 2022
Dannecker/Knierim	Insolvenzstrafrecht, Handbuch, 3. Auflage, 2018
Diekmann/Freitag/Marquardt/*Bearbeiter*	Münchener Handbuch des Gesellschaftsrechts, Band III, 6. Auflage, 2023
Emmerich/Habersack/*Bearbeiter*	Aktien- und GmbH-Konzernrecht, Kommentar, 10. Auflage, 2022
Erbs/Kohlhaas-GmbHG/*Bearbeiter*	Strafrechtliche Nebengesetze des GmbHG und GewO, 249. Auflage, 2023
Erbs/Kohlhaas-UWG/*Bearbeiter*	Strafrechtliche Nebengesetze des UWG, Kommentar, 247. Auflage, 2023
ErfK-ArbR/*Bearbeiter*	Erfurter Kommentar zum Arbeitsrecht, Band 51, 23. Auflage, 2023
Esser/Rübenstahl/Saliger/Tsambikakis-Wirtschaftsstrafrecht/*Bearbeiter*	Wirtschaftsstrafrecht, Kommentar, 1. Auflage, 2017
Fuchs-WpHG/*Bearbeiter*	WpHG, Kommentar, 2. Auflage 2016
Gehrlein/Born/Simon/*Bearbeiter*	GmbHG, Kommentar, 5. Auflage, 2021
Göhler-OWiG/*Bearbeiter*	OWiG, Kommentar, 18. Auflage, 2021
Gola/Heckmann-BDSG/*Bearbeiter*	BDSG, Kommentar, 13. Auflage, 2019
Graf/Jäger/Wittig/*Bearbeiter*	Wirtschafts- und Steuerstrafrecht, Kommentar, 3. Auflage, 2024
Großkomm-AktG/*Bearbeiter*	Hirte/Mülbert/Roth (Hrsg), Aktiengesetz, Großkommentar, Teilband 2 §§ 92–94, Band 4, 5. Auflage, 2015
Habersack/Casper/Löbbe-GmbHG/*Bearbeiter*	GmbHG §§ 1–28, Großkommentar, Band 1, 3. Auflage, 2019
Habersack/Casper/Löbbe-GmbHG/*Bearbeiter*	GmbHG §§ 53–88 und EGGmbHG, Großkommentar, Band 3, 3. Auflage, 2021

https://doi.org/10.1515/9783111386669-205

Hachenburg-GmbHG/*Bearbeiter*	GmbHG §§ 35–84, Kommentar, Band 2, 6. Auflage, 1959
Hachenburg-GmbHG/*Bearbeiter*	GmbHG §§ 53–85, Kommentar, Band 3, 8. Auflage, 1997
Hachmeister/Kahle/Mock/Schüppen-Bilanzrecht/*Bearbeiter*	Bilanzrecht, Kommentar, 3. Auflage, 2022
Häublein/Hoffmann-Theinert	BeckOK HGB, 36. Edition, 2022
Hennsler/Strohn-GesR/*Bearbeiter*	Gesellschaftsrecht, Kommentar, 5. Auflage, 2021
Herrler	Gesellschaftsrecht in der Notar- und Gestaltungspraxis, Handbuch, 2. Auflage, 2021
Hess/Fechner	Sanierungshandbuch, 2. Auflage, 1991
Hopt-HGB/*Bearbeiter*	HGB, Kommentar, 43. Auflage, 2024 (vormals Baumbach/Hopt, HGB, 41. Auflage, 2022)
KK-OWiG/*Bearbeiter*	Karlsruher Kommentar, OWiG, 5. Auflage, 2018
KK-StPO/*Bearbeiter*	Karlsruher Kommentar, StPO, GVG, EGGVG, EMRK, 9. Auflage, 2023
KK-WpHG/*Bearbeiter*	Kölner Kommentar, WpHG, 2. Auflage, 2014
Koch-AktG/*Bearbeiter*	AktG, 17. Auflage, 2023 (vormals Hüffer/Koch, AktG, 16. Auflage, 2016)
Krafka	RegisterR, Handbuch, 11. Auflage, 2019
Lackner/Kühl/Heger/*Bearbeiter*	StGB, Kommentar, 30. Auflage, 2023
Leitner/Rosenau-WSS/*Bearbeiter*	Wirtschafts- und Steuerstrafrecht, Kommentar, 2. Auflage, 2022
LK-StGB/*Bearbeiter*	Leipziger Kommentar, StGB, Band 6, 10. Auflage, 1988
LK-StGB/*Bearbeiter*	Leipziger Kommentar, StGB § 1–18, Band 1, 13. Auflage, 2020
LK-StGB/*Bearbeiter*	Leipziger Kommentar, StGB §§ 19–31, Band 2, 13. Auflage, 2020
LK-StGB/*Bearbeiter*	Leipziger Kommentar, StGB §§ 242–262, Band 13, 13. Auflage, 2022
LK-StGB/*Bearbeiter*	Leipziger Kommentar, StGB §§ 263 bis 266b, Band 9, Teilband 1, 12. Auflage, 2012
LK-StGB/*Bearbeiter*	Leipziger Kommentar, StGB §§ 267–283d, Band 9, Teilband 2, 12. Auflage, 2009
Lutter/Scheffler/Schneider	Handbuch zur Konzernfinanzierung, 1998
Lutter/Hommelhoff-GmbHG/*Bearbeiter*	GmbHG, Kommentar, 21. Auflage, 2023
Matt/Renzikowski-StGB/*Bearbeiter*	StGB, Kommentar, 2. Auflage, 2020
MHLS/*Bearbeiter*	Michalski/Heidinger/Leible/Schmidt, GmbHG, EGGmbHG, Band 2, 4. Auflage, 2023
Momsen/Grützner-WirtschaftsStStrR/*Bearbeiter*	Wirtschafts- und Steuerstrafrecht, Handbuch für die Unternehmens- und Anwaltspraxis, 2. Auflage, 2020
Müller-Gugenberger-WirtschaftsStrR/*Bearbeiter*	Wirtschaftsstrafrecht, Handbuch des Wirtschaftsstraf- und -ordnungswidrigkeitenrechts, 7. Auflage, 2021
MünchKomm-AktG/*Bearbeiter*	Goette/Habersack/Kalss, Münchener Kommentar, AktG §§ 1–75, Band 1, 6. Auflage, 2023
MünchKomm-AktG/*Bearbeiter*	Goette/Habersack/Kalss, Münchener Kommentar, AktG §§ 76–117, Band 2, MitbestG, DrittelbestG, 6. Auflage, 2023
MünchKomm-AktG/*Bearbeiter*	Goette/Habersack, Münchener Kommentar, AktG §§ 118–178, Band 3, 5. Auflage, 2022
MünchKomm-BGB/*Bearbeiter*	Armbrüster/Bayreuther, Münchener Kommentar, BGB Allgemeiner Teil, §§ 1–240, AllgPersönlR, ProstG, AGG, Band 1, 9. Auflage, 2021
MünchKomm-BGB/*Bearbeiter*	Emmerich/Ernst, Münchener Kommentar, BGB Schuldrecht Allgemeiner Teil II §§ 311–432, Band 3, 9. Auflage, 2022
MünchKomm-BGB/*Bearbeiter*	Habersack, Münchener Kommentar, BGB Schuldrecht Besonderer Teil IV §§ 705–853, Partnerschaftsgesellschaftsgesetz, Produkthaftungsgesetz, Band 7, 8. Auflage, 2020
MünchKomm-GmbHG/*Bearbeiter*	Fleischer/Goette, Münchener Kommentar, GmbHG §§ 1–34, Band 1, 4. Auflage, 2022
MünchKomm-GmbHG/*Bearbeiter*	Fleischer/Goette, Münchener Kommentar, GmbHG §§ 35–52, Band 2, 4. Auflage, 2023
MünchKomm-GmbHG/*Bearbeiter*	Fleischer/Goette, Münchener Kommentar, GmbHG §§ 53–85, Band 3, 2. Auflage, 2016
MünchKomm-GmbHG/*Bearbeiter*	Fleischer/Goette, Münchener Kommentar, GmbHG §§ 53–88, Band 3, 3. Auflage, 2018
MünchKomm-GmbHG/*Bearbeiter*	Fleischer/Goette, Münchener Kommentar, GmbHG §§ 53–88, Band 3, 4. Auflage, 2022

MünchKomm-HGB/*Bearbeiter* Hennrichs/Kleindiek, Münchener Kommentar, HGB Bilanzrecht §§ 238–342e, Band 2, 1. Auflage, 2013

MünchKomm-HGB/*Bearbeiter* Schmidt/Ebke, Münchener Kommentar, HGB Bilanzrecht §§ 238–342e, Band 4, 3. Buch, 4. Auflage, 2020

MünchKomm-HGB/*Bearbeiter* Schmidt/Brungs, Münchener Kommentar, HGB Konzernrecht der Personengesellschaften §§ 105–229, Band 2, 2. Buch, 5. Auflage, 2022

MünchKomm-InsO/*Bearbeiter* Stürner/Eidenmüller, Münchener Kommentar, InsO §§ 1–79, Band 1, 4. Auflage, 2019

MünchKomm-StGB/*Bearbeiter* von Heintschel-Heinegg, Münchener Kommentar, StGB §§ 1–150, Band 1, 1. Auflage, 2014

MünchKomm-StGB/*Bearbeiter* Erb/Schäfer, Münchener Kommentar, StGB §§ 1–37, Band 1, 4. Auflage, 2020

MünchKomm-StGB/*Bearbeiter* Hefendehl/Erb, Münchener Kommentar, StGB §§ 263–297, Band 5, 4. Auflage, 2022

MünchKomm-StGB/*Bearbeiter* Hefendehl, Münchener Kommentar, StGB §§ 263–358, Band 5, 3. Auflage, 2019

MünchKomm-StGB/*Bearbeiter* Joecks/Schmitz, Münchener Kommentar, StGB Nebenstrafrecht II §§ 263–358 (GewO), Band 7, 3. Auflage, 2019

NK-StGB/*Bearbeiter* Kindhäuser/Neumann/Paeffgen, Nomos Kommentar, StGB, 6. Auflage, 2023

Noack/Servatius/Haas-GmbHG/*Bearbeiter* GmbHG, Kommentar, 23. Auflage, 2022

Oppenländer/Trölitzsch GmbH-Geschäftsführung, Handbuch, 3. Auflage, 2020

Paal/Pauly-DS-GVO/*Bearbeiter* Datenschutz-Grundverordnung, Bundesdatenschutzgesetz (DSGVO, BDSG), Kommentar, 3. Auflage, 2021

Park-Kapitalmarktstrafrecht/*Bearbeiter* Kapitalmarktstrafrecht, Handkommentar, 5. Auflage, 2019

Römermann-COVInsAG COVInsAG, COVID-19 Abmilderungsgesetze, Kommentar, 2. Auflage, 2022

Römermann Münchener Anwaltshandbuch GmbH-Recht, 4. Auflage, 2018

Rotsch Criminal Compliance, Handbuch, 2015

Rowedder/Pentz/*Bearbeiter* GmbHG, Kommentar, 7. Auflage, 2022

Rudolphi/Wolter/Hoyer Systematischer Kommentar StGB §§ 1–37, Band 1, 9. Auflage, 2019

Rudolphi/Wolter/Hoyer Systematischer Kommentar zum StGB §§ 242–302, Band 5, 9. Auflage, 2019

Saenger/Inhester-GmbHG/*Bearbeiter* GmbHG, Kommentar, 4. Auflage, 2020

A. Schmidt Privatinsolvenz: Schuldenbereinigung, Restschuldbefreiung, Insolvenzplan, Handbuch, 4. Auflage, 2014

SSW-StGB/*Bearbeiter* Karsten Schmidt GesR Satzger/Schluckebier/Widmaier, StGB, Kommentar, 5. Auflage, 2020

K. Schmidt Gesellschaftsrecht, Handbuch, 4. Auflage, 2002

K. Schmidt-InsO/*Bearbeiter* InsO, Kommentar, 20. Auflage, 2023

Schmidt/Lutter-AktG/*Bearbeiter* AktG, 3. Auflage, 2015

Schoch IFG, 2. Auflage, 2016

Scholz-GmbHG/*Bearbeiter* GmbHG §§ 1–34 mit Anhang Konzernrecht, Kommentar, Band 1, 12. Auflage, 2021

Scholz-GmbHG/*Bearbeiter* GmbHG §§ 45–87, Kommentar, Band 2, 9. Auflage, 2002

Scholz-GmbHG/*Bearbeiter* GmbHG §§ 53–85, Kommentar, Band 3, 11. Auflage, 2015

Scholz-GmbHG/*Bearbeiter* GmbHG, §§ 53–88 mit Anhang § 64 Gesellschaftsdarlehen EGGmbHG, Kommentar, Band 3, 12. Auflage, 2021

Scholz-GmbHG/*Bearbeiter* GmbHG, Kommentar, 2. Auflage, 1950

Schönke/Schröder-StGB/*Bearbeiter* StGB, Kommentar, 30. Auflage, 2019

Schwarze/Becker/Hatje/Schoo-EU-Kommentar/*Bearbeiter* EU-Kommentar, 4. Auflage, 2019

StGB/Fischer Strafgesetzbuch mit Nebengesetzen, Kommentar, 70. Auflage, 2023

Süß/Wachter Handbuch des internationalen GmbH-Rechts, 4. Auflage, 2021

Uhlenbruck-InsO/*Bearbeiter* Hirte/Vallender (Hrsg)/Uhlenbruck, Insolvenzordnung, Kommentar, Band 1, 15. Auflage, 2019

Uhlenbruck-InsO/*Bearbeiter* Hirte/Vallender (Hrsg)/Uhlenbruck, Insolvenzordnung: EuInsVO, SanInsKG, StaRUG, Kommentar, Band 2, 16. Auflage, 2023

Wabnitz/Janovsky/Schmitt/*Bearbeiter* Handbuch Wirtschafts- und Steuerstrafrecht, 5. Auflage, 2020

Wicke GmbHG, Kommentar, 4. Auflage, 2020

Gesetz betreffend die Gesellschaften mit beschränkter Haftung

vom 20.4.1892 (RGBl. S. 477)
zuletzt geändert durch Art 9 G v 22.2.2023 I Nr 51

ABSCHNITT 7 **Ordnungs-, Straf- und Bußgeldvorschriften**

§ 78 Anmeldepflichtige

Die in diesem Gesetz vorgesehenen Anmeldungen zum Handelsregister sind durch die Geschäftsführer oder die Liquidatoren, die in § 7 Abs 1, § 57 Abs 1, § 57i Abs 1, § 58 Abs 1 Nr 3 vorgesehenen Anmeldungen sind durch sämtliche Geschäftsführer zu bewirken.

Schrifttum

Altmeppen GmbHG, 11. Auflage, 2023; *Apfelbaum* Die wirtschaftliche Neugründung bei der GmbH, notar 2011, 279; *ders* Das Merkmal der Zurechenbarkeit beim gutgläubigen Erwerb von GmbH-Anteilen, BB 2008, 2470; *Bartl/Bartl/Beine/Koch/Schlarb/Schmitt* GmbH-Recht, 8. Auflage, 2019; *Bärwaldt/Balda* Praktische Hinweise für den Umgang mit Vorrats- und Mantelgesellschaften, GmbHR 2004, 350; *Bayer* Halbseitige und gemischte Gesamtvertretung in der GmbH, GmbHR 2021, 968; *ders* Gesellschafterliste: Unterzeichnung durch Geschäftsführer vor Aufnahme in das Handelsregister nach Änderung, GmbHR 2011, 980; *BeckHdB* GmbH, 6. Auflage, 2021; *Becker* Keine rechtsgeschäftliche Stellvertretung bei Anmeldungen der Gesellschaft, von Kapitalerhöhungen und Stammkapitalherabsetzungen, WuB II C § 78 GmbHG 1.87; *Bergmann* Die Handelnden-Haftung als Ausgleich fehlender Registerpublizität, GmbHR 2003, 563; *Berkefeld* Ungelöste Probleme auf der Rechtsfolgenseite bei der „wirtschaftlichen Neugründung" von Vorrats- und Mantelgesellschaften, GmbHR 2018, 337; *Blöse* Liquidation: Unzulässige Fortsetzung einer GmbH nach Ablehnung der Insolvenzeröffnung mangels Masse, GmbHR 2010, 710; *Bork/Schäfer* GmbHG, 5. Auflage, 2022; *Böcker* Minderheitsgesellschafter gegen Mehrheitsgesellschafter – Wer gewinnt den Gesellschafterstreit? Wer sollte ihn gewinnen? Mit welchen Mitteln?, DZWIR 2020, 205; *Brinkmeier* Die neuen „Corona"-Regelungen im GmbH-Recht, GmbH-StB 2020, 307; *Buchberger* Zur Vertretung bei der Anmeldung eines Vereins zum Vereinsregister, Rpfleger 1991, 374; *Ceffinato* Die verdeckte Sacheinlage nach der Reform des GmbHG aus strafrechtlicher Sicht, wistra 2010, 171; *Commichau* Zur Anmeldung der Abberufung des einzigen Geschäftsführers einer GmbH, MittBayNot 1996, 17; *Cranshaw* Keine Masseanreicherung durch noch nicht im Handelsregister eingetragene Kapitalerhöhung, jurisPR-HaGesR 4/2014 Anm 6; *Deutsches Notarinstitut* Gutachten: GmbHG §§ 54, 78; FamFG §§ 11, 378, DNotI-Report 2010, 112; *Diekmann/Freitag/Marquardt* Münchener Handbuch des Gesellschaftrechts Band III, 5. Auflage, 2018; *Eickelberg/Ries* Bedingt listenfähig – Aktuelles von der GmbH-Gesellschafterliste, NZG 2015, 1103; *Eickhoff* Vertretung der GmbH: Kein Erlöschen einer Handelsregister-Vollmacht nach Ausscheiden des erteilenden Geschäftsführers, GmbHR 2012, 903; *Esch* Die GmbH & Co. als ‚Einheitsgesellschaft', BB 1991, 1129; *Esser/Rübenstahl/Saliger/Tsambikakis* Wirtschaftsstrafrecht, 1. Auflage, 2017; *Fichtelmann* Die Rechtsstellung des Geschäftsführers der GmbH in der Insolvenz der Gesellschaft, GmbHR 2008, 76; *Frenzel* Zur Berechtigung von Prokuristen zu Anmeldungen von Eintragungen in das Handelsregister, NotBZ 2013, 137; *ders* Abberufung des Geschäftsführers berührt die von ihm zuvor ausgestellte Registervollmacht nicht, NotBZ 2012, 420; *Fröhlich* Kapitalschnitt zur Sanierung, GmbH-StB 2006, 181; *ders* Kapitalerhöhung aus Gesellschaftsmitteln, GmbH-StB 2005, 310; *Gehrlein/Born/Simon* GmbHG, 5. Auflage, 2021; *Geißler* Wegweisungen durch die Systematik und die Haftungstatbestände des § 9a GmbHG, DZWIR 2022, 173; *ders* Rechtsprobleme und strittige Haftungsfragen bei der Mantelverwendung einer Vorrats-GmbH, DZWIR 2017, 151; *Göb/Nebel* Aktuelle gesellschaftsrechtliche Fragen in Krise und Insolvenz, NZI 2017, 563; *Goette/Goette* Die GmbH, 3. Auflage, 2019; *Görden* Anmeldepflichten des Geschäftsführers in der Insolvenz, GmbH-StB 2011, 203; *ders* Prüfung einer wirksamen Geschäftsführerbestellung durch das RegG, GmbH-StB 2009, 125; *Gräbener-Otte* „Der Beschluss führt in der Praxis zu einer Ausweitung des Pflichtenkreises des Geschäftsführers", BB 2017, 1683; *Grau/Kirchner* Der Notar als Stellvertreter bei Handelsregisteranmeldungen in gesellschaftsrechtlich geprägten Sachverhalten, GWR 2021, 23; *Grimm* Geschäftsführer einer internationalen Unternehmensberatung kein Arbeitnehmer, ArbRB 2018, 263; *Große-Wilde* Registeranmeldung nach Amtsniederlegung, mbH-StB 2012, 338; *Haase* Einreichen der Gesellschafterliste als höchstpersönliche Handlung, GmbHR 2022, 645; *ders* Geschäftsführer: Keine Bestellung eines Ausländers ohne jederzeitige Einreisemöglichkeit, GmbHR 1999, 1089; *Habersack/Casper/Löbbe* GmbHG Großkommentar, 3. Auflage, 2021; *Haunhorst/Schmidt* Die Aktivierung von Vorratsgesellschaften als wirtschaftliche Neugründung, Information StW 2004, 112; *Heckschen/Strnad* Gesellschaftsrecht, notar 2017, 390; *Heidinger* Der Tod des Gesellschafters bei der GmbH (Gesellschafterliste und Beschlussfassung), ZNotP 2012, 449; *Heinze* Zur Auslegung einer Handelsregister-

https://doi.org/10.1515/9783111386669-001

vollmacht, EWiR 2014, 443; *Heinze* Gesellschafterliste: Klage auf Änderung nach Beitritt zu einer Vor-GmbH, GmbHR 2013, 1258; *Heller* Die Rechtsverhältnisse der GmbH nach streitiger Abberufung des Geschäftsführers, GmbHR 2002, 1227; *Henssler/Strohn* Gesellschaftsrecht, 5. Auflage, 2021; *Herrler* Heilung einer nicht erfüllungstauglichen Einlagenrückzahlung, GmbHR 2010, 785; *ders* Gesellschaftsrecht in der Notar- und Gestaltungspraxis, 2. Auflage, 2021; *Hippeli* Löschung der Eintragung als GmbH-Geschäftsführer wegen Beihilfe zum Bankrott, HaGesR 1/2020 Anm 2; *Hollstein* Einordnung von Beschlussmängeln in der GmbH und Bestimmung ihrer Rechtsfolgen, jurisPR-HaGesR 7/2016 Anm 5; *Hundertmark/Theurich* Ermittlung des wirtschaftlich Berechtigten im Insolvenzverfahren, ZIP 2022, 973; *Ising* Handelsregisteranmeldungen durch den beurkundenden Notar, NZG 2012, 289; *Jaeger, C.* Beck OK GmbHG, 55. Edition, 2023; *Jeep/Schmidt* Amtsniederlegung und Registeranmeldung des GmbH-Geschäftsführers, notar 2010, 455; *Kandel* Beck OGK GmbHG, 2022; *Keil* Legitimationswirkung der GmbH-Gesellschafterliste nach Einziehung von Geschäftsanteilen, DZWIR 2019, 315; *Keller* Aktuelle Haftungsrisiken bei Mantelkauf, Mantelverwendung und Vorratsgründung, DZWIR 2005, 133; *Keller/Schümmer* Der RegE zum DiREG: Mehr Digitalisierung für das Gesellschaftsrecht, DB 2022, 1179; *Kießling/Eichele* Amtsniederlegung des GmbH-Geschäftsführers und Registerlöschung, GmbHR 1999, 1165; *Klett* Das genehmigte Kapital bei der GmbH, GmbHR 2008, 1312; *Klingen/Rossbroich* Kein Ergänzungsbedürfnis einer durch Allein-Geschäftsführer erteilten Handelsregistervollmacht bei nachträglicher Bestellung weiterer Geschäftsführer mit gemeinsamer Vertretungsbefugnis, EWiR 2018, 491; *Korsten* Aussetzung des Eintragungsverfahrens bei gegenseitiger Abberufung von Gesellschafter-Geschäftsführern in Zwei-Personen-Gesellschaft, HaGesR 10/2011 Anm 2; *Krafka* Zwischenruf zur Zwischenverfügung in Registersachen, NZG 2019, 9; *ders* RegisterR, 11. Auflage, 2019; *Kruse/Stenslik* Mutterschutz für Organe von Gesellschaften?, NZA 2013, 596; *Kubik/Nordholtz* Insolvenz: Pflichten des Geschäftsführers einer UG (haftungsbeschränkt) zur Handelsregisteranmeldung trotz Insolvenz-Eröffnung, GmbHR 2017, 648; *Kunkel* Zur Anmeldung der Änderung der Geschäftsanschrift einer GmbH durch Prokuristen, jurisPR-HaGesR 9/2014 Anm 3; *ders* Keine Untreue durch verweigerte Freigabe von Sicherheiten, jurisPR-HaGesR 3/2014 Anm 3; *ders* Verpflichtung der GmbH-Geschäftsführer zur Einreichung einer aktualisierten Gesellschafterliste zum HandelsregisterjurisPR-HaGesR 8/2011 Anm 1; *Langohr-Plato* Insolvenzsicherung für Betriebsrentenansprüche, jurisPR-ArbR 33/2009 Anm 3; *Lentföhr* Wie wird aus der UG (haftungsbeschränkt) eine GmbH?, AnwZert HaGesR 21/2012 Anm 2; *Lieder* Rechtsschutz gegen die Gesellschafterliste im Hauptsachverfahren, GmbHR 2016, 189; *Lieder/Karpp* Beschwerdeberechtigung der Gesellschafter (nicht: der Gesellschaft) bei Zurückweisung einer von sämtlichen Gesellschaftern einer Personenhandelsgesellschaft vorgenommenen Anmeldung, EWiR 2020, 581; *Linderhaus* Unternehmenszweck als Haftungsfalle für Geschäftsführer, P&R 2013, 114; *Lohr* Genehmigtes Kapital (§ 55a GmbHG), GmbH-StB 2022, 31; *ders* Voreinzahlungen bei der Kapitalerhöhung, GmbH-StB 2015, 361; *Lohr* Wirtschaftliche Neugründung einer GmbH im Liquidationsstadium, GmbH-StB 2014, 153; *ders* Wirtschaftliche Neugründung einer GmbH, GmbH-StB 2011, 123; *ders* Genehmigtes Kapital: Neue Gestaltungsvariante im Bereich der Kapitalerhöhung, GmbH-StB 2009, 51; *ders* Die Amtsniederlegung des GmbH-Geschäftsführers, RNotZ 2002, 164; *ders* Anmeldungen und Mitteilungen zum Handelsregister nach Insolvenzeröffnung, GmbH-StB 2017, 330; *Lutter/Hommelhoff* GmbH-Gesetz, 21. Auflage, 2023; *ders/Leinekugel* Fehlerhaft angemeldete Kapitalerhöhungen, ZIP 2000, 1225; *Luxem* Auslegung einer Vollmacht als Gesamtvertretungsmacht, GmbH-StB 2014, 137; *ders* Eigenhändige Unterschrift des Geschäftsführers, GmbH-StB 1999, 61; *Maier-Reimer/Wenzel* Nochmals: Die Anrechnung der verdeckten Sacheinlage nach dem MoMiG, ZIP 2009, 1185; *Mayer* Probleme rund um die Gesellschafterliste (Teil I); MittBayNot 2014, 24; *ders/Knaier* Das Phänomen der „wirtschaftlichen Erstgründung" GmbHR 2021, 1013; *Melchior* Offenlegung der wirtschaftlichen Neugründung bei der AG – How to, AG 2013, R223; *ders* Vollmachten bei Umwandlungsvorgängen – Vertretungshindernisse und Interessenkollisionen GmbHR 1999, 520; *Mielke/Heinemann* Die wirksame Amtsniederlegung des Fremdgeschäftsführers bei Führungslosigkeit, ZIP 2017, 1941; *Müldner/Kleinert* Ausländische GmbH: Eintragung der Zweigniederlassung einer im EG-Ausland gegründeten Kapitalgesellschaft und Legitimation der Geschäftsführer, GmbHR 2004, 116; *Müller* Handelsregisterberichtigung durch den ausgeschiedenen GmbH-Geschäftsführer, BB 1998, 329; *ders/Federmann* Praktische Hinweise zum Erwerb einer Vorrats-GmbH nach dem MoMiG, BB 2009, 1375; *ders/Wolff* Verlagerung von Zuständigkeiten auf den Beirat der GmbH, GmbHR 2003, 810; *Mülsch/Penzel* Optionen auf Beteiligungen an Personenhandelsgesellschaften und GmbH, ZIP 2004, 1987; *Münchener Kommentar* GmbHG 4. Auflage, 2022; *Neelmeier/Huth* Ausländer als Geschäftsführer einer GmbH, GmbHR 2005, 1409; *Neuhof/Diel* Zur Anmeldebefugnis des Konkursverwalters bei Niederlegung der Geschäftsführung durch Geschäftsführer einer insolvent gewordenen GmbH, EWiR 1997, 121; *Niessen* Rechtsfähigkeit ausländischer Gesellschaften im Inland, AG 1986, 116; *Noack/Servatius/Haas* GmbHG, 23. Auflage, 2022; *Offermann-Burckart* Anwaltliches Gesellschaftsrecht – die Basics der Anwalts-GmbH AnwBl 2015, 18; *Oppenländer/Trölitzsch* GmbH-Geschäftsführung, 3. Auflage, 2020; *Peetz* Gesellschafterliste: Keine Zuständigkeit des Notars für die Einreichung bei Rechtsänderung aufgrund aufschiebend bedingter Übertragung eines Geschäftsanteils, GmbHR 2013, 309; *Plagemann* Der unecht gesamtvertretende Prokurist im Spannungsfeld der Kompetenzverteilung des GmbH-Gesetzes, GmbHR 2006, 576; *Plückelmann* Anmerkung zur Entscheidung des Oberlandesgerichts vom 16.3.2012, I-3 Wx 296/11, GWR 2012, 343; *Podewils* Offene Fragen zur wirtschaftlichen Neugründung, GmbHR 2010, 684; *Priester* Genehmigtes Kapital bei der GmbH, GmbHR 2008, 1177; *ders* Heilung verdeckter Kapitalerhöhung aus Gesellschaftsmitteln, GmbHR 1998, 861; *ders* Wertgleiche Deckung statt Bardepot?, ZIP 1994, 599; *Probst* Beschwerdebefugnis bei Zurückweisung der Anmeldung einer Personenhandelsgesellschaft, JR 2021, 209; *Pröpper* Liquidation der GmbH, GmbH-StB 2013, 258; *ders* Die Liquidation der GmbH, GmbH-StB 2007, 90; *Raab* Voraussetzungen der Anmeldung der Amtsniederlegung eines Gesellschafter-Geschäftsführers, jurisPR-InsR 24/2006 Anm 3; *Reischl* Registerrechtliche Pflichten des Geschäftsführers nach Eröffnung des Insolvenzverfahrens, AnwZert InsR 10/2017 Anm 2; *Renaud* Handelsregisteranmeldung durch Prokuristen, GmbHR 2012, 1128; *ders/Heinsen* Die Vertretungsbefugnis des Prokuristen für Anmeldungen zum Handelsregister bei einer GmbH und einer GmbH & Co. KG, GmbHR 2008, 687; *Ries* Fallstricke bei der Anmeldung zum Handelsregister, notar 2017, 75; *Römermann* MAH GmbH-Recht, 4. Auflage, 2018; *Roth* Freie Wahl des Satzungssitzes einer GmbH/Zum Beschwerderecht im Registerverfahren, EWiR 1987, 1095; *Rowedder/Pentz* GmbH-Gesetz, 7. Auflage, 2022; *Saenger* Die im Handelsregister gelöschte GmbH im Prozeß, GmbHR 1994, 300; *Saenger/Inhester* GmbH-Gesetz, 4. Auflage, 2020; *Schmitz* Erwerb einer Vorratsgesellschaft, insbesondere durch ausländische Beteiligte notar 2018, 203; *Schulte* Die neuen „Corona"-Regelungen im GmbH-Recht im Praxistest und im Registerverfahren; GmbHR 2020, 689; *ders* Das Genehmigte Kapital gem § 55a GmbHG im Vergleich zu anderen Gestaltungsoptionen – Gibt es Alternativen?, GmbHR 2019, 1273; *Schultheis* Genehmigung einer von Dritten erteilten Vollmacht für Handelsregisteranmeldungen ist öffentlich zu beglaubigenGWR 2012, 224; *Schulz* Der faktische Geschäftsführer als Täter der §§ 82, 84 GmbHG unter Berücksichtigung der Problematik des Strohmannes, StraFo 2003, 155; *Seebach* Die Mitwirkung des Prokuristen bei Handelsregisteranmeldungen des Prinzipals, RNotZ 2015, 68; *Seffer* Kapitalgesellschaftsrecht bei M&A-Transaktionen, KSzW 2017, 3; *Sernetz* Die Folgen der neueren Zivilrechtsprechung zum „Ausschüttungs-Rückhol-Verfahren" für zukünftige Kapitalerhöhungen bei der GmbH, ZIP 1993, 1685; *Sigel* Von der GmbH in die GmbH & Co. KG, GmbHR 1998, 1208; *Stenzel* Prüfung der Anteilskette nach dem MoMiG, BB 2012, 337; *Stöhr* Unionsrechtliche Einflüsse auf den Geschäftsführer-Anstellungsvertrag unter besonderer Berücksichtigung des Diskriminierungsund Mutterschutzrechts, GmbHR 2023, 429; *Stöhr* Die Auswirkungen des FüPoG II auf das GmbHG: Eine kritische Bestandsaufnahme, ZIP 2021, 2267; *Streicher* Das Antragsrecht der Notare – eine Möglichkeit, Handelsregisteranmeldungen zu vereinfachen, GmbHR 2016, 686; *Tamm/Fangerow* Die Haftung der GmbH-Geschäftsführung gegenüber privaten Gläubigern BB 2012, 1944; *Tavakoli/Eisenberg* Die GmbH und ihre Verbindlichkeiten in der Liquidation, GmbHR 2018, 75; *Teichmann* Digitale Gründung von Kapitalgesellschaften nach dem EUCompany Law Package, ZIP 2018, 2451; *ders* Die Bestellung eines Ausländers zum Geschäftsführer einer deutschen GmbH, IPRax 2000, 110; *Terbrack* Kommanditistenwechsel und Sonderrechtsnachfolgevermerk, Rpfleger 2003, 105; *Theusinger/Andrä* Die Aktivierung unternehmensloser Gesellschaften – Praktische Hinweise zur Verwendung von Vorrats- und Mantelgesellschaften, ZIP 2014, 1916; *ders/Liese* Zur Anmeldung der Amtsniederlegung durch den ausscheidenden GmbH-Geschäftsführer, EWiR 2007, 109; *Thiergart* Keine Befugnis des Allein-Geschäftsführers einer GmbH zur Anmeldung seines Ausscheidens beim Handelsregister nach erfolgter Amtsniederlegung, jurisPR-HaGesR 9/2012 Anm 5; *Tomat* GF: Befreiung von den Beschränkungen des § 181 BGB im HR, GmbH-StB 2015, 98; *Ulrich* Vertretungsmacht eines Prokuristen zur Anmeldung der Änderung der Geschäftsanschrift, GmbHR 2014, R277; *ders* Verwendung von gebrauchten Gesellschaftsmänteln: Die Behandlung von Altfällen, GmbHR 2005, 900; *Urban* Organhaftung begrenzen? Möglichkeiten der Pflichtendelegation, GWR 2013, 106; *van Efferink/Ebert/Levedag* Die zugezogene niederländische B.V. als Rechtsformalternative zur deutschen GmbH für in- und ausländische Investoren in Deutschland, GmbHR 2004, 880; *van Venrooy* Bestellung und Funktion von Stellvertretenden Geschäftsführern GmbHR 2010, 169; *ders* Anspruch der GmbH auf sachkundige Geschäftsführung GmbHR 2004, 237; *ders* Delegation der Einberufungsbefugnis der Geschäftsführer aus § 49 Abs 1 GmbHG, GmbHR 2000, 166; *ders* Die Bestellung von Prokuristen und Generalhandlungsbevollmächtigten nach und das „Innenverhältnis", GmbHR 1999, 800; *von Proff* Die Verwendung von Vorrats- und Mantel-GmbHs in der Praxis und ihre Risiken, NotBZ 2017, 171; *Wachter* Versicherung des Liquidators einer GmbH, GmbHR 2022, 915; *ders* Zur Erforderlichkeit, Eintragung eines Geschäftsführers von Amts wegen zu löschen, wenn sein Ausscheiden aufgrund einer Anmeldung eingetragen werden kann, GmbHR 2021, 756; *ders* Möglichkeit der Fortsetzung der Gesellschaft in Insolvenzplan; Verteilung des Gesellschaftsvermögens, GmbHR 2020, 832; *ders* Bareinzahlung des Fehlbetrags bei nicht werthaltiger Sacheinlage ohne Satzungsänderung, EWiR 2018, 749; *ders* Anmeldung: Berechtigung zur Vornahme von Handelsregisteranmeldungen durch Generalvollmacht, GmbHR 2014, 205; *ders* Der Entwurf des MoMiG und die Auswirkungen auf inländische Zweigniederlassungen von Auslandsgesellschaften, GmbHR 2006, 793; Wachter Handelsregisteranmeldung der inländischen Zweigniederlassung einer englischen Private Limited Company, MDR 2004, 61; Wachter Amtsniederlegung von GmbH-Geschäftsführern, GmbHR 2001, 1129; *Weber* Vertragsgestaltung – Der Eintritt des Sohnes in die Familien-GmbH, JuS 1986, 296; *Weiß* Die Versicherung des GmbH-Geschäftsführers über das Nichtvorliegen strafrechtlicher Verurteilungen (§ 8 Abs 3 S 1 GmbHG), GmbHR 2013, 1076; *ders* Ausschluss vom Geschäftsführeramt bei strafgerichtlichen Verurteilungen nach § 6 Abs 2 GmbHG nF, wistra 2009, 209; *Werner* Die prozessuale Durchsetzung eines Anspruchs auf Unterlassung der Einreichung einer unrichtigen Gesellschafterliste zum Handelsregister, AnwZert HaGesR 6/2023 Anm 2; *ders* Der Beirat als Instrument der Unternehmensnachfolge, ZEV 2010, 619; *Scholz* GmbHG, 12. Auflage, 2021; *Wicke* GmbHG 4. Auflage, 2020; *Winnen* Die wirtschaftliche Neugründung von Kapitalgesellschaften, RNotZ 2013, 389; *Wolff* Bestellung und Abberufung von GmbH-Geschäftsführern im Ausland, ZIP 1995, 1489; *Wollweber/Scherberich* Freiwilliges Ausscheiden des Geschäftsführers aus dem Geschäftsführeramt GmbH-StB 2020, 83; *Wozniak* Pflicht des Geschäftsführers zur Anmeldung einer Änderung der Vertretungsverhältnisse oder der Geschäftsanschrift auch nach Verfahrenseröffnung, InsR 12/2017 Anm 3.

Übersicht

A. Allgemeines

1 Die Norm legt fest, wer die gesetzlich vorgesehenen Anmeldungen zum Handelsregister vorzunehmen hat. Dabei wird **unterschieden** zwischen einigen, enumerativ in der Norm aufgeführten Anmeldungen (iE: § 7 Abs 1 = **Gesellschaftsgründung**, § 57 Abs 1 = **ordentliche Kapitalerhöhung**, § 57i Abs 1 = **Kapitalerhöhung aus Gesellschaftsmitteln**, § 58 Abs 1 Nr 3 = **ordentliche Kapitalherabsetzung**) und **allen anderen** im Gesetz vorgesehenen **Anmeldungen**. Erstere sind von sämtlichen Geschäftsführern anzumelden, letztere von Geschäftsführern bzw Liquidatoren in vertretungsberechtigter Anzahl.

2 Eine **eigene Pflicht** zur Anmeldung von Tatsachen zum Handelsregister begründet § 78 indes nicht; eine solche ergibt sich aus anderen gesetzlichen Vorschriften, bspw § 39 (Änderungen in der Person eines Geschäftsführers oder seiner Vertretungsbefugnis) oder § 65 Abs 1 S 1 (Auflösung der Gesellschaft).[1] Besteht eine Anmeldepflicht, so regeln deren Erzwingung § 79, § 14 HGB.

3 Nach dem Wortlaut bezieht sich die Vorschrift allein auf die im GmbHG vorgesehenen Anmeldungen. Darin erschöpft sich aber ihr tatsächlicher Anwendungsbereich nicht. Sofern nicht etwas abweichendes bestimmt ist, gilt § 78 auch für andere gesetzlich vorgeschriebene Anmeldungen zum Handelsregister betreffend Gesellschaften mit beschränkter Haftung,[2] zB nach HGB.

4 **Sinn und Zweck** der Vorschrift ist es, durch Zuweisung der Verantwortlichkeit von Handelsregisteranmeldungen an die Geschäftsführer bzw Liquidatoren, die Gewähr für die Richtigkeit der angemeldeten Tatsachen sicherzustellen. Dies wird durch die teilweise im Rahmen der Anmeldung abzugebenden, strafbewehrten Versicherungen der Anmeldenden (zB § 8 Abs 2 S 1 oder § 57 Abs 2 S 1) flankiert.

---

1 Rowedder/Pentz/*Belz*[7] § 78 Rdn 6 ff; Scholz/*Wicke*[12] § 78 Rdn 7; *Altmeppen*[11] § 78 Rdn 10; Noack/Servatius/Haas/*Beurskens*[23] GmbHG, § 78 Rdn 2; Gehrlein/Born/Simon/*Leitzen*[5] GmbHG, § 78 Rdn 2; abweichend *Wicke*[4] § 78 Rdn 1; Lutter/Hommelhoff/*Kleindiek*[21] § 78 Rdn 1.

2 Rowedder/Pentz/*Belz*[7] § 78 Rdn 1; Scholz/*Wicke*[12] § 78 Rdn 2; Michalski/Heidinger/Leible/J. Schmidt/*Lieder* § 78 Rdn 2; *Altmeppen*[11] § 78 Rdn 3; Noack/Servatius/Haas/*Beurskens*[23] § 78 Rdn 2; Gehrlein/Born/Simon/*Leitzen*[5] § 78 Rdn 2; *Wicke*[4] § 78 Rdn 1; einschränkend zu Anmeldungen nach dem UmwG, MünchKomm-GmbHG/*Herrler*[4] § 78 Rdn 4, 13.

B. Anmeldung zum Handelsregister

I. Rechtsnatur und Form der Anmeldung

Die Anmeldung zum Handelsregister ist eine **Verfahrenshandlung**, gerichtet auf Eintragung eines 5
die Gesellschaft betreffenden Umstandes oder die Ersteintragung der Gesellschaft. Sie ist keine Willenserklärung iSd §§ 104 ff BGB,[3] da sie nicht auf die Herbeiführung privatrechtlicher Wirkungen abzielt, aber ein organschaftlicher Akt,[4] weil Handlung des Vertretungsorgans der Gesellschaft. Die Vorschriften betreffend Willenserklärungen (§§ 104 ff BGB) sind aber entsprechend anwendbar, soweit dies mit der Rechtsnatur einer Verfahrenshandlung in Einklang steht.[5]

Die Anmeldung als Verfahrenshandlung ist **empfangsbedürftig**. Bis zum Zugang beim Ge- 6
richt kann sie – anders als eine empfangsbedürftige Willenserklärung – jederzeit zurückgenommen, ergänzt, berichtigt oder sonst wie abgeändert werden.[6]

Als Verfahrenshandlung ist die Anmeldung – ebenfalls in Abgrenzung zu einer empfangsbe- 7
dürftigen Willenserklärung – **bedingungs-** (§ 158 BGB) und **befristungsfeindlich** (§ 163 BGB) und kann auch nicht wegen Willensmängeln **angefochten** werden (§§ 119 ff, 142 BGB).

Die der Anmeldung zugrunde liegende Tatsache muss **im Zeitpunkt des Zugangs** bei Gericht 8
gegeben sein.[7]

Inhaltlich muss die Anmeldung **eindeutig bezeichnen**, was eingetragen werden soll. Ein rei- 9
ner Verweis auf beigefügte Beschlüsse ist nicht ausreichend.

Die Handelsregisteranmeldung ist nicht zwingend ein **einheitliches**, von allen Zeichnungs- 10
pflichtigen unterschriebenes **Dokument**. Vielmehr können mehrere, inhaltsgleiche Dokumente errichtet und jeweils getrennt von den Zeichnungspflichtigen unterschrieben und deren Unterschriften beglaubigt werden. Dies ist in der Praxis häufig dann der Fall, wenn die Geschäftsführer an unterschiedlichen Orten wohnen und der Einfachheit halber jeweils in ihrem Wohnort einen Notar aufsuchen. Der die Gesellschaft betreuende Notar entwirft in derartigen Fällen die Anmeldung, leitet sie den Zeichnungspflichtigen zu und übermittelt dann – nach Beglaubigung der Unterschriften durch andere Notare – gemeinsam alle Dokumente dem zuständigen Handelsregister zum Vollzug.

Eine Handelsregisteranmeldung kann theoretisch auch in einer **anderen** notariell errichteten 11
Urkunde beinhaltet sein. So ist es in der Praxis ab und an zu sehen, dass in einer notariellen Urkunde ein Gesellschafterbeschluss beurkundet und gleichzeitig in dieser Urkunde auch die Handelsregisteranmeldung aufgenommen wird.[8]

Die Anmeldung ist **elektronisch** in **öffentlich beglaubigter Form** dem Handelsregister ein- 12
zureichen (vgl § 12 Abs 1 S 1 HGB), was regelmäßig ein deutscher Notar bewerkstelligt. Auch die öffentliche Beglaubigung mittels **Videokommunikation** über einen deutschen Notar gemäß § 40a BeurkG ist zulässig (vgl § 12 Abs 1 S 2 HGB). Vgl zum Begriff der **öffentlich beglaubigten Form** § 129 BGB.[9]

Grundsätzlich können die Unterschriften der Zeichnungspflichtigen unter einer Handelsregis- 13
teranmeldung auch von einem **ausländischen Notar** beglaubigt werden. Dazu muss das ausländi-

---

3 Rowedder/Pentz/*Belz*[7] § 78 Rdn 3; Scholz/*Wicke*[12] § 78 Rdn 4; Michalski/Heidinger/Leible/J. Schmidt/*Lieder* § 78 Rdn 5; Noack/Servatius/Haas/*Beurskens*[23] § 78 Rdn 20.

4 Rowedder/Pentz/*Belz*[7] § 78 Rdn 3; MünchKomm-GmbHG/*Herrler*[4] § 78 Rdn 5, 42; Noack/Servatius/Haas/*Beurskens*[23] § 78 Rdn 3; **aA** Scholz/*Wicke*[12] § 78 Rdn 4.

5 Rowedder/Pentz/*Belz*[7] § 78 Rdn 3; Scholz/*Wicke*[12] § 78 Rdn 4; Michalski/Heidinger/Leible/J. Schmidt/*Lieder* § 78 Rdn 5; Noack/Servatius/Haas/*Beurskens*[23] § 78 Rdn 20; iE ebenso MünchKomm-GmbHG/*Herrler*[4] § 78 Rdn 42.

6 MünchKomm-GmbHG/*Herrler*[4] § 78 Rdn 42; Michalski/Heidinger/Leible/J. Schmidt/*Lieder* § 78 Rdn 5; Gehrlein/Born/Simon/*Leitzen*[5] § 78 Rdn 6; iE ebenso Noack/Servatius/Haas/*Beurskens*[23] § 78 Rdn 20, 22.

7 Michalski/Heidinger/Leible/J. Schmidt/*Lieder* § 78 Rdn 5.

8 BayObLG 27.7.1993 – III ZBR 126/93 = MittBayNot 1993, 386; Scholz/*Wicke*[12] § 78 Rdn 21.

9 Rowedder/Pentz/*Belz*[7] § 78 Rdn 18; Scholz/*Wicke*[12] § 78 Rdn 21; Noack/Servatius/Haas/*Beurskens*[23] § 78 Rdn 21; *Wicke*[4] § 78 Rdn 4; Lutter/Hommelhoff/*Kleindiek*[21] § 78 Rdn 5; zu Einzelheiten siehe die Kommentierungen bei *Terbrack* § 7.

sche Verfahren der Unterschriftsbeglaubigung dem deutschen gem Art 11 Abs 1 Alt 1. EGBGB gleichwertig sein. Zusätzlich ist regelmäßig ein Echtheitsnachweis durch Legalisation oder Apostille zu führen.[10] **Fernbeglaubigungen**, wie sie teilweise in skandinavischen Staaten möglich sind, erfüllen die Voraussetzung der Gleichwertigkeit dann nicht, wenn der ausländische Notar allein die Echtheit der Unterschrift mittels Vergleich mit einer hinterlegten Unterschrift bestätigt. Ansonsten kommt es bei einer Fernbeglaubigung – seitdem das deutsche Recht diese Möglichkeit eingeräumt hat – auf die Vergleichbarkeit mit dieser an. Die **Einreichung** einer im Ausland beglaubigten Handelsregisteranmeldung zum deutschen Handelsregister erfolgt in der Regel über einen deutschen Notar, dem die ausländische Urkunde in Papierform zugeleitet, von ihm in eine elektronisch beglaubigte Abschrift in die elektronische Form nach § 39a BeurkG überführt und sodann an das zuständige Registergericht übermittelt wird.

II. Anmeldegrundsätze und -pflichten

1. Antragsprinzip

14 Eintragungen im Handelsregister erfolgen allein auf entsprechenden **Antrag** hin, es sei denn, das Gericht hat aufgrund gesetzlicher Anordnung einen Eintrag **von Amts wegen** vorzunehmen.

15 Derartige **Ausnahmen** vom **Antragsprinzip** spielen etwa eine Rolle bei der Eröffnung oder der Ablehnung der Eröffnung des Insolvenzverfahrens (§ 65 Abs 1 S 2, 3, § 60 Abs 1 Nr 4 bzw Nr 5, § 32 HGB), der gerichtlichen Feststellung eines Mangels des Gesellschaftsvertrages (§ 65 Abs 1 S 2, 3, § 60 Abs 1 Nr 6, § 399 FamFG), bei Löschung wegen Vermögenslosigkeit (§ 65 Abs 1 S 4, § 60 Abs 1 Nr 7, § 394 FamFG), im Falle der Bestellung bzw der Abberufung der Liquidatoren durch das Gericht gem § 67 Abs 4 und bei Löschung einer nach § 75 für nichtig erklärbaren Gesellschaft (§§ 397, 395 FamFG).

2. Anmeldepflicht

16 § 78 selbst enthält **keine eigenständige Verpflichtung** zur Vornahme von Anmeldungen zum Handelsregister, sondern schreibt nur vor, wer in welcher Anzahl eine – freiwillig oder pflichtweise getätigte – Anmeldung zu unterzeichnen hat (vgl Rdn 2).

17 Bei der Frage, ob eine **Anmeldepflicht** im Einzelnen besteht, wird üblicherweise zwischen **konstitutiven** und **deklaratorischen** Eintragungen, die zu bewirken sind, unterschieden.

18 **a) Konstitutive Eintragung.** Wird der beabsichtigte Anmeldungsinhalt erst **mit Eintragung im Handelsregister wirksam**, so besteht grundsätzlich[11] **keine öffentlich-rechtliche Anmeldepflicht**. Bei derartigen **konstitutiven** Eintragungen liegt es in der Entscheidungsgewalt der Gesellschafter, ob die zwar schon beschlossenen, aber erst mit der Eintragung im Handelsregister verbundenen Rechtsfolgen herbeigeführt werden sollen oder nicht.[12] Beispielhaft sind hier die Ersteintragung der Gesellschaft zu nennen (vgl § 11), aber auch Satzungsänderungen (vgl § 54 Abs 3) oder Kapitalmaßnahmen (vgl §§ 57 Abs 1, 57i Abs 1, § 58 Abs 1 Nr 3). Es besteht aber bei

---

10 Noack/Servatius/Haas/*Beurskens*[23] § 78 Rdn 21; *Wicke*[4] § 78 Rdn 4; zu Einzelheiten vgl die Kommentierungen bei *Terbrack* § 7.

11 Rowedder/Pentz/*Belz*[7] § 78 Rdn 8; Scholz/*Wicke*[12] § 78 Rdn 8; Einzige Ausnahme, Anmeldepflicht bei Satzungsänderungen eines eingetragenen Vereins, vgl §§ 78 Abs 1, 71 Abs 1 BGB.

12 Rowedder/Pentz/*Belz*[7] § 78 Rdn 8; Scholz/*Wicke*[12] § 78 Rdn 8; Michalski/Heidinger/Leible/J. Schmidt/*Lieder* § 78 Rdn 10; *Altmeppen*[11] § 78 Rdn 11; MünchKomm-GmbHG/*Herrler*[4] § 78 Rdn 34; iE ebenso Noack/Servatius/Haas/*Beurskens*[23] § 78 Rdn 2, 25; Gehrlein/Born/Simon/*Leitzen*[5] § 78 Rdn 2; *Wicke*[4] § 78 Rdn 12.

konstitutiven Eintragungen **eine organschaftliche Pflicht** der Geschäftsführer zur Anmeldung, sofern die Gesellschafter nicht eine abweichende Weisung erteilen (vgl § 37 Abs 1).[13]

b) Deklaratorische Eintragung. Ist der Anmeldungsinhalt **unabhängig von seiner Eintragung im Handelsregister bereits wirksam**, so besteht **eine öffentlich-rechtliche Anmeldepflicht**. Bei derartigen **deklaratorischen** Eintragungen liegt es im öffentlichen Interesse, dass der Inhalt des Handelsregisters mit der tatsächlichen Rechtslage in Einklang steht.[14] Beispielhaft sind hier die Neubestellung, Abberufung oder Amtsniederlegung eines Geschäftsführers (§ 39 Abs 1), die Erteilung oder Entziehung einer Prokura (§ 53 HGB) oder die Auflösung der Gesellschaft (§ 65 Abs 1 S 1) zu nennen. Neben der öffentlich-rechtlichen Anmeldepflicht besteht auch **eine organschaftliche Pflicht** der Geschäftsführer zur Anmeldung bei deklaratorischen Eintragungen.[15] **Abweichende Weisungen** der Gesellschafter (vgl § 37 Abs 1) sind hier unbeachtlich.[16] 19

Ob diese Unterscheidung von konstitutiv oder deklaratorisch wirkenden Eintragungen wirklich trennscharf festlegen kann, ob eine öffentlich-rechtliche Anmeldepflicht besteht oder nicht, darf bezweifelt werden. Denn zum einen zeigt die gesetzlich vorgeschriebene Anmeldepflicht bei Satzungsänderungen eines eingetragenen Vereins (§§ 78 Abs 1, 71 Abs 1 BGB), dass auch bei konstitutiv wirkenden Eintragungen Anmeldepflichten bestehen können. Zum anderen würden die in § 79 Abs 2 genannten Fälle, in denen bei Nichterfüllung von Anmeldungen zum Handelsregister ausnahmsweise kein Zwangsgeld vom Gericht verhängt werden kann, also der Registerzwang aufgehoben wird, keinen Sinn machen. Denn alle in § 79 Abs 2 genannten Fälle betreffen konstitutive Eintragungen, bei denen nach der og Differenzierung keine öffentlich-rechtliche Anmeldepflicht und damit ohnehin schon keine Notwendigkeit der Erzwingung solcher Anmeldungen im öffentlichen Interesse stehen würde. Mit anderen Worten: Der Ausnahmevorschrift des § 79 Abs 2 bedürfte es gar nicht. 20

III. Personenkreis

1. Grundsätze

Nach § 78 werden Anmeldungen zum Handelsregister grundsätzlich von den Geschäftsführern oder Liquidatoren vorgenommen. Die entsprechende Organstellung muss **im Zeitpunkt des Zugangs der Anmeldung bei Gericht** gegeben sein. Auf den Zeitpunkt der Abgabe[17] oder Übermittlung[18] der Anmeldung kommt es richtiger Ansicht nach nicht an. Dies ergibt sich aus der Tatsache, dass die Handelsregisteranmeldung eine **Verfahrenshandlung** und keine Willenserklärung ist. Somit ist auch der Rechtsgedanke des § 130 Abs 2 BGB, der auf die Wirksamkeit der Willenserklärung bei Abgabe, und nicht bei Zugang abstellt, nicht fruchtbar (vgl dazu Rdn 5).[19] 21

---

13 Rowedder/Pentz/*Belz*[7] § 78 Rdn 9; Scholz/*Wicke*[12] § 78 Rdn 9; Michalski/Heidinger/Leible/J. Schmidt/*Lieder* § 78 Rdn 11; iE ebenso Noack/Servatius/Haas/*Beurskens*[23] § 78 Rdn 2; Gehrlein/Born/Simon/*Leitzen*[5] § 78 Rdn 2.

14 Rowedder/Pentz/*Belz*[7] § 78 Rdn 7; Scholz/*Wicke*[12] § 78 Rdn 7; Michalski/Heidinger/Leible/J. Schmidt/*Lieder* § 78 Rdn 13; *Altmeppen*[11] § 78 Rdn 11; MünchKomm-GmbHG/*Herrler*[4] § 78 Rdn 36; Lutter/Hommelhoff/*Kleindiek*[21] § 78 Rdn 1; iE ebenso Noack/Servatius/Haas/*Beurskens*[23] § 78 Rdn 2.

15 Scholz/*Wicke*[12] § 78 Rdn 9; Michalski/Heidinger/Leible/J. Schmidt/*Lieder* § 78 Rdn 13; Lutter/Hommelhoff/*Kleindiek*[21] § 78 Rdn 1; iE ebenso Noack/Servatius/Haas/*Beurskens*[23] § 78 Rdn 2.

16 Scholz/*Wicke*[12] § 78 Rdn 7; Michalski/Heidinger/Leible/J. Schmidt/*Lieder* § 78 Rdn 14; *Altmeppen*[11] § 78 Rdn 11; MünchKomm-GmbHG/*Herrler*[4] § 78 Rdn 36; iE ebenso Noack/Servatius/Haas/*Beurskens*[23] § 78 Rdn 2.

17 So etwa OLG Brandenburg 30.3.2023 – 7 W 31/23 = GmbHR 2023, 671; BayObLG 17.9.2003 – 3Z BR 183/03 = NZG 2004, 421; OLG Düsseldorf 15.12.1999 – 3 Wx 354/99 = NJW-RR 2000, 702, 703.

18 So etwa MünchKomm-GmbHG/*Herrler*[4] § 78 Rdn 23.

19 In diesem Sinne, aber ohne Begründung Michalski/Heidinger/Leible/J. Schmidt/*Lieder* § 78 Rdn 15; abweichend Herrler in Münchener Kommentar zum GmbHG, § 78 Rdn 23, der auf den Zeitpunkt des bestimmungsgemäßen Inver-

22 Mit dem **Ausscheiden aus dem Amt** entfällt die Befugnis und die Pflicht zur Vornahme von Handelsregisteranmeldungen. Zu den Fällen des Anmeldens des eigenen Ausscheidens eines Geschäftsführers oder Liquidators vgl die Kommentierungen bei § 39.

23 **Prokuristen** (§§ 48 ff HGB) oder **Handlungsbevollmächtigte** (§ 54 HGB) können grundsätzlich keine Anmeldungen zum Handelsregister vornehmen, es sei denn, sie handeln im Rahmen einer unechten Gesamtvertretung (vgl dazu die Kommentierungen bei § 35) oder als Bevollmächtigte (vgl dazu Rdn 32 ff).

24 Die Anmeldung der **Auflösung der Gesellschaft** und der ersten Liquidatoren nebst ihrer Vertretungsbefugnis erfolgt grundsätzlich durch die Liquidatoren. Soweit § 67 Abs 1 von einer Anmeldung „durch die Geschäftsführer" spricht, stellt dies allein auf den Regelfall der Amtskontinuität der Geschäftsführer als geborene erste Liquidatoren (§ 66 Abs 1) ab. Nur da, wo die Auflösung der Gesellschaft eine eintragungsbedürftige Satzungsänderung darstellt oder mit Wirkung ab einem bestimmten Zeitpunkt der Eintragung beschlossen wurde, sind die Geschäftsführer ausnahmsweise zur Anmeldung befugt.[20]

25 Nach **Eröffnung des Insolvenzverfahrens** ist grundsätzlich der Insolvenzverwalter zur Anmeldung solcher Tatsachen berechtigt und verpflichtet, welche die Insolvenzmasse betreffen. Beispielhaft zu nennen sind hier die Anmeldung der Änderung des Geschäftsjahres oder einer Kapitalmaßnahme, die im gestaltenden Teil eines Insolvenzplanes aufgenommen wurde (§ 254a Abs 2 S 3 InsO). Richtiger Ansicht nach[21] – aber **entgegen der jüngeren Rechtsprechung des BGH**[22] – fällt hierunter auch die Pflicht zur Anmeldung einer Firmenänderung wegen Veräußerung der bisherigen Firma durch den Insolvenzverwalter. Andere Anmeldungen sind weiterhin von den Geschäftsführern vorzunehmen,[23] so etwa vor der Insolvenzeröffnung beschlossene Kapitalmaßnahmen oder Veränderungen in der Geschäftsführung.[24]

2. Anmeldungen in vertretungsberechtigter Anzahl

26 Soweit nicht in § 78 enumerativ aufgeführt, sind alle Anmeldungen zum Handelsregister durch die Geschäftsführer oder Liquidatoren in **vertretungsberechtigter Anzahl** zu bewirken. Dies gilt sowohl für deklaratorische wie auch konstitutive Eintragungen, die angemeldet werden.

27 Wie viele Geschäftsführer bzw Liquidatoren bei der Handelsregisteranmeldung mitwirken müssen, damit die vertretungsberechtigte Anzahl gegeben ist, ergibt sich in erster Linie aus dem Gesellschaftsvertrag (§ 35 Abs 2 S 1 bzw § 68 Abs 1 S 1). Ist dort keine Regelung enthalten, gilt der Grundsatz der **Gesamtvertretung** durch sämtliche Geschäftsführer nach § 35 Abs 2 S 1 bzw durch sämtliche Liquidatoren nach § 68 Abs 1 S 2.

28 Unabhängig von der Regelung der Vertretung der Gesellschaft laut Gesellschaftsvertrag trifft jeden einzelnen Geschäftsführer bzw Liquidator die organschaftliche und ggf auch öffentlich-rechtliche Pflicht zur Vornahme von Anmeldungen zum Handelsregister (vgl dazu Rdn 16 ff). Die ggf vorhandene Einzelvertretungsbefugnis des einen Geschäftsführers entbindet also nicht etwai-

---

kehrbringens der Anmeldung durch den Notar – also die weisungsgemäße Übermittlung der Anmeldung durch den Notar an das Handelsregisters – abstellen will.

20 BayObLG BB 1994, 959, 960 = DNotZ 1995, 222; Scholz/*Wicke*[12] § 78 Rdn 12; Michalski/Heidinger/Leible/J. Schmidt/*Lieder* § 78 Rdn 16; *Wicke*[4] § 78 Rdn 3; Lutter/Hommelhoff/*Kleindiek*[21] § 78 Rdn 1.

21 In diesem Sinne MünchKomm-GmbHG/*Herrler*[4] § 78 Rdn 32; *Wicke*[4] § 78 Rdn 5; Scholz/*Wicke*[12] § 78 Rdn 13; **aA** Noack/Servatius/Haas/*Beurskens*[23] § 78 Rdn 12.

22 BGH 26.11.2019 – II ZB 21/17 = NZI 2020, 234.

23 Rowedder/Pentz/*Belz*[7] § 78 Rdn 12; Scholz/*Wicke*[12] § 78 Rdn 13; Michalski/Heidinger/Leible/J. Schmidt/*Lieder* § 78 Rdn 17; MünchKomm-GmbHG/*Herrler*[4] § 78 Rdn 32; *Wicke*[4] § 78 Rdn 5; Noack/Servatius/Haas/*Beurskens*[23] § 78 Rdn 11; Lutter/Hommelhoff/*Kleindiek*[21] § 78 Rdn 1.

24 Scholz/*Wicke*[12] § 78 Rdn 13; Michalski/Heidinger/Leible/J. Schmidt/*Lieder* § 78 Rdn 17; MünchKomm-GmbHG/*Herrler*[4] § 78 Rdn 32; Noack/Servatius/Haas/*Beurskens*[23] § 78 Rdn 11; *Wicke*[4] § 78 Rdn 5.

ge weitere Geschäftsführer von der Pflicht zur Vornahme von Anmeldungen zum Handelsregister.[25]

3. Anmeldungen durch sämtliche Geschäftsführer bzw Liquidatoren

Die in § 78 **besonders genannten** Handelsregisteranmeldungen sind zwingend durch **sämtliche Geschäftsführer** und auch etwaige **Stellvertreter** von Geschäftsführern (§ 44) vorzunehmen. Es handelt sich hierbei um Angelegenheiten von herausgehobener Bedeutung für die Gesellschaft (iE: § 7 Abs 1 = **Gesellschaftsgründung**, § 57 Abs 1, § 57i Abs 1, § 58 Abs 1 Nr 3 = **Kapitalerhöhung** und **-herabsetzung**). Durch die Mitwirkung aller Geschäftsführer soll die Richtigkeit der angemeldeten Tatsachen sichergestellt werden. Daher verlangt das Gesetz des Weiteren teilweise im Rahmen der entsprechenden Anmeldungen strafbewehrte Versicherungen der Anmeldenden (zB § 8 Abs 2 S 1 oder § 57 Abs 2 S 1). 29

Grundsätzlich erfasst die Anmeldepflicht aller Geschäftsführer nach § 78 Kapitalmaßnahmen. 30 Ausgenommen von der Anmeldung durch alle Geschäftsführer, da nicht ausdrücklich in § 78 aufgeführt, ist aber die Anmeldung der **vereinfachte Kapitalherabsetzung** (§ 58a) zur Eintragung in das Handelsregister. Eine **analoge Anwendung** des Rechtsgedanken der Anmeldung durch alle Geschäftsführer bzw Liquidatoren aus § 78 gebietet sich nicht, da zum einen die Situation bei einer vereinfachten Kapitalherabsetzung eine andere ist, als bei einer ordentlichen Kapitalherabsetzung: Die Gläubigerinteressen treten in den Hintergrund, da mit der vereinfachten Kapitalherabsetzung kein effektiv vorhandenes Kapital der Gesellschaft an die Gesellschafter ausgeschüttet wird, sondern allein bereits eingetretene Verluste bilanziell ausgeglichen werden. Daher sind auch keine strafbewehrten Versicherungen in der Anmeldung einer vereinfachten Kapitalherabsetzung abzugeben.

Auch wenn das Gesetz in § 78 die Vertretung in den Fällen der § 7 Abs 1, § 57 Abs 1, § 57i Abs 1, 31 § 58 Abs 1 Nr 3 nur durch sämtliche **Geschäftsführer**, nicht aber auch durch ggf vorhandene Liquidatoren vorschreibt, ist klar, dass derartige im Liquidationsstadium vorgenommene Vorgänge ebenfalls durch sämtliche **Liquidatoren** anzumelden sind.[26]

4. Anmeldung durch Bevollmächtigte

Die Geschäftsführer oder Liquidatoren können grundsätzlich **Bevollmächtigte** benennen, welche 32 die vorzunehmende Handelsregisteranmeldung für sie bewirken. Dies zeigt die allgemeine Regelung in § 12 Abs 1 S 3 HGB. Bevollmächtigter kann jede rechts- und geschäftsfähige **natürliche** oder **juristische Person** sein.

Prokuristen (§§ 48 ff HGB) oder **Handlungsbevollmächtigte** (§ 54 HGB) sind in ihrer jeweili- 33 gen Funktion nicht zur Anmeldung von Eintragungen im Handelsregister berechtigt, da diese Handlungen nicht zum Betrieb eines Handelsgewerbes gehören.[27]

Erlaubt die Satzung eine sogenannte „**unechte Gesamtvertretung**“, können also nach der 34 allgemeinen Vertretungsregelung bei der Gesellschaft ein oder mehrere Geschäftsführer in Ge-

25 Scholz/*Wicke*[12] § 78 Rdn 15; Michalski/Heidinger/Leible/J. Schmidt/*Lieder* § 78 Rdn 20.

26 Rowedder/Pentz/*Belz*[7] § 78 Rdn 14; Scholz/*Wicke*[12] § 78 Rdn 14; MünchKomm-GmbHG/*Herrler*[4] § 78 Rdn 12; Noack/Servatius/Haas/*Beurskens*[23] § 78 Rdn 11; Gehrlein/Born/Simon/*Leitzen*[5] § 78 Rdn 14; Lutter/Hommelhoff/*Kleindiek*[21] § 78 Rdn 1.

27 Rowedder/Pentz/*Belz*[7] § 78 Rdn 12; Michalski/Heidinger/Leible/J. Schmidt/*Lieder* § 78 Rdn 23; Scholz/*Wicke*[12] § 78 Rdn 10; Gehrlein/Born/Simon/*Leitzen*[5] § 78 Rdn 9; teilweise abweichend (für den Fall der Anmeldung einer Zweigniederlassung) MünchKomm-GmbHG/*Herrler*[4] § 78 Rdn 28; Noack/Servatius/Haas/*Beurskens*[23] § 78 Rdn 8; *Wicke*[4] § 78 Rdn 2; Lutter/Hommelhoff/*Kleindiek*[21] § 78 Rdn 1.

meinschaft mit einem Prokuristen vertreten, so ist eine Anmeldung zulässig, sofern es sich nicht um eine solche handelt, bei der **strafbewehrte Erklärungen** oder **Versicherungen** durch den Geschäftsführer abzugeben sind (vgl dazu nachstehend Rdn 38).

35 Nach § 378 Abs 2 FamFG gilt der **Notar**, der die zu einer Eintragung erforderliche Erklärung beurkundet oder beglaubigt, kraft gesetzlicher Regelung als ermächtigt, im Namen des zur Anmeldung Berechtigten die Eintragung zu beantragen. Diese gesetzliche Vollmachtsvermutung wird in der Praxis von Notaren eher selten angewendet.

36 Abweichend vom Grundsatz des § 167 Abs 2 BGB bedarf die Vollmacht gem § 12 Abs 1 S 3 iVm § 12 Abs 1 S 1 HGB der **öffentlich beglaubigter Form** und ist dem Handelsregister **elektronisch** einzureichen.

37 **Inhaltlich** muss in der Vollmachtsurkunde zum Ausdruck kommen, dass sie Anmeldungen zum Handelsregister umfasst. Das kann explizit geschehen, muss aber nicht. Umfassende **Generalvollmachten**, zB in der Form einer **Vorsorgevollmacht** (§ 1820 BGB), beinhalten regelmäßig auch die Vornahme von Anmeldungen zum Handelsregister, denn mit der Vollmacht soll der Bevollmächtigte ja gerade rechtlich so gestellt werden, als würde der Vollmachtgeber selber handeln.[28] Derartige Generalvollmachten sind – entgegen der wohl noch hM,[29] die davon ausgeht, dass eine umfassende Abwälzung aller Pflichten eines Geschäftsführers auf einen Bevollmächtigten unzulässig sei – tatsächlich auch zulässig und wirksam. Denn zum einen gilt bei Vollmachten der Grundsatz des § 140 BGB: etwaige von der Vollmacht erfasste, aber ggf nicht übertragbare Pflichten führen nicht zur Unwirksamkeit der Vollmacht, sondern schränken ihren Handlungsumfang nur insoweit ein. Zum anderen könnte ansonsten ein Geschäftsführer einer GmbH nie eine wirksame Vorsorgevollmacht (§ 1820 BGB) erteilen.

38 Eine **Bevollmächtigung** ist **unzulässig** bei allen Anmeldungen, bei denen **strafbewehrte Erklärungen** oder **Versicherungen** durch den Geschäftsführer oder Liquidator abzugeben sind. Denn hier soll das Erfordernis der höchstpersönlichen Wissenserklärung des Organmitglieds die inhaltliche Richtigkeit sicherstellen. Ob die Anmeldung hingegen von allen Geschäftsführern bzw Liquidatoren abzugeben ist, ist kein taugliches Abgrenzungsmerkmal bei der Frage der Zulässigkeit einer Stellvertretung.[30]

39 Eine **Trennung** der Versicherung von dem sonstigen Anmeldetext mit der Folge, dass die Anmeldung durch einen Bevollmächtigten, die Versicherung aber durch den Geschäftsführer oder Liquidator persönlich außerhalb der Anmeldung abgegeben wird, ist **richtiger Ansicht** nach **nicht zulässig**, denn das Gesetz verlangt in der Regel **ausdrücklich**, dass die Versicherung **in der Anmeldung** enthalten sein muss (so zB bei § 57 GmbHG: *„In der Anmeldung ist die Versicherung abzugeben....“*) um sicherzustellen, dass sich die strafbewehrte Erklärung auch unzweifelhaft auf den betreffenden Eintragungsvorgang bezieht;[31] es handelt sich insoweit um ein gesetzlich angeordnetes Bündel von Erklärungen und Versicherungen, dessen Trennung nicht zulässig ist.[32,33]

---

28 In diesem Sinne etwa OLG Karlsruhe 13.8.2013 – 11 Wx 64/13 = GmbHR 2014, 205; OLG Frankfurt 16.4.2013 – 20 W 494/11 = ZEV 2013, 686; LG Frankfurt BB 1972, 512; MünchKomm-GmbHG/*Herrler*[4] § 78 Rdn 27; Michalski/Heidinger/Leible/J. Schmidt/*Lieder* § 78 Rdn 27; **aA** Rowedder/Pentz/*Belz*[7] § 78 Rdn 15.

29 BGH 18.10.1976 – II ZR 9/75 = NJW 1977, 199; OLG Frankfurt 7.11.2011 – 20 W 459/11 = GmbHR 2012, 751; Rowedder/Pentz/*Belz*[7] § 78 Rdn 15; Scholz/*Wicke*[12] § 78 Rdn 19; *Wicke*[4] § 78 Rdn 2; Michalski/Heidinger/Leible/J. Schmidt/*Lieder* § 78 Rdn 25; iE wie hier MünchKomm-GmbHG/*Herrler*[4] § 78 Rdn 27.

30 In diesem Sinne aber Scholz/*Wicke*[12] § 78 Rdn 20.

31 *Terbrack* Rpfleger 2003, 105,108.

32 So schon BayObLG DNotZ 1986, 692 = MittBayNot 1986, 205 = NJW 1987, 136.

33 BayObLG DNotZ 1986, 692 = MittBayNot 1986, 205 = NJW 1987, 136; Michalski/Heidinger/Leible/J. Schmidt/*Lieder* § 78 Rdn 28; Scholz/*Wicke*[12] § 78 Rdn 20; Terbrack in Rpfleger 2003, 105,108; teilweise zustimmend Noack/Servatius/Haas/*Beurskens*[23] § 78 Rdn 8.

C. Mängel der Anmeldung

I. Beanstandung

40 Das für die Gesellschaft zuständige Registergericht hat die Voraussetzungen für die Eintragung der beantragten Tatsache in formeller und materieller Hinsicht zu prüfen (zum Prüfungsumfang vgl die Kommentierungen bei § 9c und § 54). Dabei hat das Gericht auch zu prüfen, ob die Voraussetzungen nach § 78 gegeben sind.

41 Bei **behebbaren Mängeln** oder **sachlich berechtigten Zweifeln** am Vorliegen der Eintragungsvoraussetzungen hat das Gericht im Wege der sogenannten **Zwischenverfügung** (§ 382 Abs 4 S 1 FamFG) Gelegenheit zu geben, diese zu beseitigen. Sind Mängel **nicht behebbar** oder geschieht im Hinblick auf eine erlassene Zwischenverfügung nichts, so ist der **Antrag abzulehnen**. Hängt die Entscheidung über eine Eintragung von einem streitigen Rechtsverhältnis – bspw unter den Gesellschaftern – ab, so kann das Gericht nach § 21 Abs 1 FamFG das Eintragungsverfahren bis zur Klärung **aussetzen**. Das Registergericht kann auch, wenn die sonstigen Voraussetzungen des § 21 Abs 1 vorliegen, das Verfahren auch aussetzen, wenn ein Rechtsstreit noch gar nicht anhängig ist. Es hat in diesem Fall einem der Beteiligten eine Frist zur **Erhebung der Klage** zu bestimmen.

II. Rechtsmittel

42 Gegen eine Zwischenverfügung oder die Ablehnung der beantragten Eintragung ist die **Beschwerde** zulässig (§ 382 Abs 4 S 2, § 58, Abs 1 FamFG). Gegen die Entscheidung des Beschwerdegerichts ist die **Rechtsbeschwerde** das vorgesehene Rechtsmittel (§ 70 FamFG).

43 **Beschwerdeberechtigt** ist die **Gesellschaft** als Antragstellerin (§ 59 Abs 2 FamFG). Daneben ist bei deklaratorischen Eintragungen auch der **Geschäftsführer** bzw **Liquidator** persönlich beschwerdeberechtigt, denn bei einer Ablehnung der Eintragung muss er das Recht haben, seine ihn persönlich treffende öffentlich-rechtliche Anmeldepflicht durchsetzen zu lassen.[34] **Kein** eigenes **Beschwerderecht** steht den **Gesellschaftern** oder dem **Notar** zu, welcher den Eintragungsantrag an das Handelsregister übermittelt hat. Dem nach § 378 FamFG antragstellenden Notar steht aber das Recht zu, ohne weitere Vollmachtsnachweise im Namen der Gesellschaft Rechtsmittel einzulegen.[35]

D. Kosten

44 Die beim Notar entstehenden Gebühren für die Handelsregisteranmeldung sind der Höhe nach abhängig von dem Eintragungsinhalt. Die Kosten treffen in jedem Fall die **Gesellschaft**, nicht die handelnden Geschäftsführer oder Liquidatoren.[36] Handelt es sich um die **Ersteintragung** der Gesellschaft, so haften die **Handelnden** nach § 11 Abs 2 bis zur Eintragung. Davon abgesehen kommt aber eine Haftung der Geschäftsführer oder Liquidatoren – auch bei Zahlungsausfall der Gesellschaft – nicht in Betracht.[37]

---

34 OLG München GmbHR 2009, 663; KG NJW-RR 2004, 331; OLG Köln NJW-RR 2001, 1417; Rowedder/Pentz/*Belz*[7] § 78 Rdn 20; Michalski/Heidinger/Leible/J. Schmidt/*Lieder* § 78 Rdn 34; Scholz/*Wicke*[12] § 78 Rdn 25; Noack/Servatius/Haas/*Beurskens*[23] § 78 Rdn 23; Gehrlein/Born/Simon/*Leitzen*[5] § 78 Rdn 17; *Wicke*[4] § 78 Rdn 6; Lutter/Hommelhoff/*Kleindiek*[21] § 78 Rdn 8.

35 Scholz/*Wicke*[12] § 78 Rdn 25; MünchKomm-GmbHG/*Wicke*[4] § 9c Rdn 52; Michalski/Heidinger/Leible/J. Schmidt/*Lieder* § 78 Rdn 34; Noack/Servatius/Haas/*Beurskens*[23] § 78 Rdn 23; Leitzen in Gehrlein/Born/Simon, GmbHG, § 78 Rdn 9, 17; Lutter/Hommelhoff/*Kleindiek*[21] § 78 Rdn 3, 8.

36 OLG Köln NJW-RR 2018, 41; Scholz/*Wicke*[12] § 78 Rdn 23; Rowedder/Pentz/*Belz*[7] § 78 Rdn 21.

37 MünchKomm-GmbHG/*Herrler*[4] § 78 Rdn 61; Scholz/*Wicke*[12] § 78 Rdn 23; Rowedder/Pentz/*Belz*[7] § 78 Rdn 21.

§ 79 Zwangsgelder

(1) [1]Geschäftsführer oder Liquidatoren, die §§ 35a, 71 Abs 5 nicht befolgen, sind hierzu vom Registergericht durch Festsetzung von Zwangsgeld anzuhalten; § 14 des Handelsgesetzbuchs bleibt unberührt. [2]Das einzelne Zwangsgeld darf den Betrag von fünftausend Euro nicht übersteigen.

(2) In Ansehung der in §§ 7, 54, 57 Abs 1, § 58 Abs 1 Nr 3 bezeichneten Anmeldungen zum Handelsregister findet, soweit es sich um die Anmeldung zum Handelsregister des Sitzes der Gesellschaft handelt, eine Festsetzung von Zwangsgeld nach § 14 des Handelsgesetzbuchs nicht statt.

Schrifttum

Altmeppen GmbHG, 11. Auflage, 2023; *Bachmann* Die Offenlegung der wirtschaftlichen Neugründung und die Folgen ihrer Versäumung, NZG 2012, 579; *Bartl/Beine/Koch/Schlarb/Schmitt* GmbH-Recht, 8. Auflage, 2019; *Beck* Die Haftung des Handelnden bei falscher Firmierung, ZIP 2017, 1748; *ders* Keine Haftung des „UG"-Geschäftsführers, GmbHR 2014, 402; *Beck OGK* GmbHG, 2022; *Beck OK* GmbHG, 55. Edition, 2023; *Becker* Unterschiede zwischen der GmbH nach deutschem und der GmbH nach österreichischem Recht am Beispiel der Anteilsübertragung, RIW 2015, 264; *ders* Das IPR der GmbH-Anteilsübertragung unter Lebenden notar 2015, 60; *Bork/Schäfer* GmbHG, 5. Auflage, 2022; *Dürr* Die nach- bzw nicht-bevollmächtigte Einpersonen-Gründung einer GmbH, GmbHR 2008, 408; *Eickhoff* Vertretung der GmbH: Kein Erlöschen einer Handelsregister-Vollmacht nach Ausscheiden des erteilenden Geschäftsführers, GmbHR 2012, 903; *Esser/Rübenstahl/Saliger/Tsambikakis* Wirtschaftsstrafrecht, 1. Auflage, 2017; *Gehrlein/Born/Simon* GmbHG, 5. Auflage 2021; *Görden* Prüfung einer wirksamen Geschäftsführerbestellung durch das RegG, GmbH-StB 2009, 125; *Görden* Rechtsmissbräuchliche Amtsniederlegung, GmbH-StB 2008, 170; *Habersack/Casper/Löbbe* GmbHG Großkommentar, 3. Auflage, 2021; *Henssler/Strohn* Gesellschaftsrecht, 5. Auflage, 2021; *Keller* Aktuelle Haftungsrisiken bei Mantelkauf, Mantelverwendung und VorratsgründungDZWIR 2005, 133; *Lange* Vererbung von GmbH-Anteilen und Gesellschafterliste, GmbHR 2012, 986; *Lutter/Hommelhoff* GmbH-Gesetz, 21. Auflage, 2023; *Müller/Weiß* Die „private limited company" aus Gläubigersicht, AnwBl 2007, 247; *Münch* Pflichtenangaben im geschäftlichen E-Mail-Verkehr?, Jur-PC 2002, Web-Dok 355/2002; *Münchener Handbuch des Gesellschaftrechts* Band III, 5. Auflage, 2018; *Münchener Kommentar* GmbHG, 4. Auflage, 2022; *Noack/Servatius/Haas* GmbHG, 23. Auflage, 2022; *Oppenländer/Trölitzsch* GmbH-Geschäftsführung, 3. Auflage, 2020; *Plagemann* Der unecht gesamtvertretende Prokurist im Spannungsfeld der Kompetenzverteilung des GmbH-Gesetzes, GmbHR 2006, 576; *Roth/Groß* Pflichtangaben auf Geschäftsbrief und Bestellschein im Internet, K&R 2002, 127; *Rowedder/Pentz* GmbH-Gesetz, 7. Auflage, 2022; *Saenger/Inhester* GmbH-Gesetz, 4. Auflage, 2020; *Schirrmacher* Haftungsrechtliche Folgen der Nutzung eines falschen Rechtsformzusatzes, GmbHR 2018, 942; *Scholz* GmbHG, 12. Auflage, 2021; *Schulteis* Geschäftsführer haftet nicht generell für Handeln einer UG ohne Zusatz „haftungsbeschränkt", GWR 2014, 12; *Sikora* Die Vorsorgevollmacht des Unternehmers, notar 2021, 347; *Süß/Wachter* Handbuch des internationalen GmbH-Rechts, 4. Auflage, 2021; *Tomat* Zwangsgeld zur Erzwingung der Vorlage eines Geschäftsbriefbogens, GmbH-StB 2016, 105; *van Efferink/Ebert/Levedag* Die zugezogene niederländische B.V. als Rechtsformalternative zur deutschen GmbH für in- und ausländische Investoren in Deutschland, GmbHR 2004, 880; *Wachter* Auswirkungen der GmbH-Reform auf die GmbH & Co. KG, Stbg 2008, 554; *ders* Aktuelle Probleme bei der Ltd. & Co. KG, GmbHR 2006, 79; *ders* Eintragung der Zweigniederlassung einer Limited auch bei Nichtvorlegen von Jahresabschlüssen, EWiR 2005, 797; *ders* Satzungsänderung: Nichtigkeit bei Zusammenhang mit organisierter „Bestattung" einer insolventen GmbH, GmbHR 2004, 952; *ders* Auswirkungen des EuGH-Urteils in Sachen Inspire Art Ltd. auf Beratungspraxis und Gesetzgebung, GmbHR 2004, 88; *ders* Handelsregisteranmeldung der inländischen Zweigniederlassung einer englischen Private Limited Company, MDR 2004, 611; *Weiß* Zulässigkeit der Verwendung des offengelegten Jahresabschlusses einer GmbH im Strafverfahren gegen ihre Geschäftsführer?, DB 2010, 1744; *Wicke* GmbHG, 4. Auflage, 2020.

Übersicht

https://doi.org/10.1515/9783111386669-002

A. Allgemeines

Die Norm ermöglicht die Festsetzung von Zwangsgeld gegen die Geschäftsführer bzw Liquidatoren, sofern diese bestimmte gesetzliche Pflichten nicht erfüllen. Sie ist also darauf gerichtet, dass die Verantwortlichen ihre gesetzlichen Verpflichtungen erfüllen und somit keine Straf- oder Sanktionsvorschrift. Das Zwangsgeld ist gegen den oder die **amtierenden** Geschäftsführer bzw Liquidatoren festzusetzen. Eine Verhängung gegen die **Gesellschaft** selbst, deren **Gesellschafter** oder sonstige Personen wie **Prokuristen** (§§ 48 ff HGB) oder **Handlungsbevollmächtigte** (§ 54 HGB) ist unzulässig. 1

§ 79 Abs 2 entspricht im Wesentlichen dem Gesetzestext aus dem Jahr 1892. Er war und ist eine Ausnahme von dem allgemeinen Registerzwang nach § 14 HGB: Verlangt § 14 HGB generell, dass derjenige, der seiner Pflicht zur Anmeldung oder zur Einreichung von Dokumenten zum Handelsregister nicht nachkommt, hierzu von dem Registergericht durch Festsetzung von Zwangsgeld anzuhalten ist, so nimmt § 79 Abs 2 davon bestimmte, konstitutiv wirkende Eintragungen (iE: § 7 = **Gesellschaftsgründung**, § 54 = **Satzungsänderungen**, § 57 Abs 1 = **ordentliche Kapitalerhöhung**, § 58 Abs 1 Nr 3 = **ordentliche Kapitalherabsetzung**) aus. 2

§ 79 Abs 1 ist hingegen vergleichsweise jung und wurde bei Umsetzung der Publizitätsrichtlinie[1] im Jahre 1969 in das GmbHG eingefügt. Er erweitert die in § 14 HGB enthaltenen Zwangsmöglichkeiten des Registergerichtes um einige, enumerativ aufgeführte Pflichten (iE: § 35a = **Angaben auf Geschäftsbriefen**, § 71 Abs 5 = **Angabe der Liquidation auf Geschäftsbriefen**), die von § 14 HGB nicht erfasst sind, da es sich bei ihnen weder um Anmeldungen, noch um Einreichungen von Dokumenten zum Handelsregister handelt. 3

Im Aktienrecht enthält § 407 AktG eine vergleichbare Regelung. Das Genossenschaftsgesetz kennt in § 160 GenG ähnliches; gleiches gilt für den Kaufmann, die Offene Handelsgesellschaft und die GmbH & Co. KG (§§ 37a Abs 4, 125a, 177a HGB), die Partnerschaftsgesellschaft (§ 5 Abs 2 PartGG) und die Europäische wirtschaftliche Interessenvereinigung (§ 12 EWIVAG). 4

B. Erzwingbare Rechtspflichten (§ 79 Abs 1)

Die Erfüllung der nachfolgenden Organpflichten kann das Registergericht mittels Zwangsgeld gegenüber den Geschäftsführern bzw Liquidatoren durchsetzen: 5

Die Geschäftsführer und Liquidatoren sind verpflichtet sicherzustellen, dass die nach § 35a und § 71 Abs 5 vorgegebenen Angaben auf Geschäftsbriefen der Gesellschaft enthalten sind. Dabei handelt es sich im Wesentlichen um Angaben wie die **Rechtsform** der Gesellschaft, das zuständige **Registergericht** nebst **Registernummer** sowie Angaben zu den **Geschäftsführern** bzw **Liquidatoren** (zu Einzelheiten vgl die Kommentierungen bei § 35a bzw 71). Damit soll der Rechtsverkehr ungefragt auf gesellschaftsrelevante Tatsachen hingewiesen und ihm die Möglichkeit gegeben werden, sich durch Einsicht in Unterlagen beim Handelsregister und Bundesanzeiger umfassend über für ihn relevante Fakten zu informieren. 6

Das Registergericht hat nach § 79 Abs 1 einzuschreiten, wenn die genannten Pflichtangaben auf Geschäftsbriefen **fehlen**, **unvollständig** oder **falsch** sind. 7

C. Nicht erzwingbare Rechtspflichten (§ 79 Abs 2)

§ 79 Abs 2 legt bei bestimmten Gesellschaftsmaßnahmen fest, dass deren Anmeldung zum Handelsregister nicht öffentlich-rechtlich über § 14 HGB erzwungen werden kann. Hierbei handelt es sich um folgende, ausdrücklich genannte Maßnahmen: § 7 = **Gesellschaftsgründung**, § 54 = **Satzungsänderungen**, § 57 Abs 1 = **ordentliche Kapitalerhöhung**, § 58 Abs 1 Nr 3 = **ordentliche** 8

1 BGBl 1969 I 1146.

Kapitalherabsetzung. Insoweit besteht ausdrücklich keine öffentlich-rechtliche Pflicht zur Anmeldung zum Handelsregister.

9 Ob darüber hinaus **weitere Maßnahmen**, die angemeldet werden können, aber nicht werden, vom Registerzwang in **analoger Anwendung des § 79 Abs 2** ausgenommen sind, ist fraglich. Im Allgemeinen wird angenommen, dass § 79 Abs 2 auf alle Fälle anzuwenden ist, in denen keine öffentlich-rechtliche Anmeldepflicht besteht.[2] Bei der Frage, ob eine öffentlich-rechtliche Anmeldepflicht besteht, wird im Allgemeinen wiederum wie folgt unterschieden: Ist der Anmeldungsinhalt **unabhängig von seiner Eintragung im Handelsregister bereits wirksam**, so besteht **eine öffentlich-rechtliche Anmeldepflicht**. Bei derartigen **deklaratorischen** Eintragungen liegt es im öffentlichen Interesse, dass der Inhalt des Handelsregisters mit der tatsächlichen Rechtslage in Einklang steht.[3] Beispielhaft sind hier die Neubestellung, Abberufung oder Amtsniederlegung eines Geschäftsführers (§ 39 Abs 1), die Erteilung oder Entziehung einer Prokura (§ 53 HGB) oder die Auflösung der Gesellschaft (§ 65 Abs 1 S 1) zu nennen. Anders verhält es sich bei **konstitutiven Eintragungen**. Wird der beabsichtigte Anmeldungsinhalt erst **mit Eintragung im Handelsregister wirksam**, so besteht **keine öffentlich-rechtliche Anmeldepflicht**. Bei derartigen **konstitutiven** Eintragungen liegt es allein in der Entscheidungsgewalt der Gesellschafter, ob die zwar schon beschlossenen, aber erst mit der Eintragung im Handelsregister verbundenen Rechtsfolgen herbeigeführt werden sollen oder nicht.[4] Beispielhaft sind hier die Ersteintragung der Gesellschaft zu nennen (vgl § 11), aber auch Satzungsänderungen (vgl § 54 Abs 3) oder Kapitalmaßnahmen (vgl §§ 57 Abs 1, 57i Abs 1, § 58 Abs 1 Nr 3).

10 Ob diese Unterscheidung von konstitutiv oder deklaratorisch wirkenden Eintragungen wirklich trennscharf festlegen kann, ob eine öffentlich-rechtliche Anmeldepflicht besteht oder nicht, darf bezweifelt werden (vgl dazu die Kommentierungen bei *Terbrack* § 78 Rdn 20). Unabhängig davon kann aber kein öffentlich-rechtliches Interesse daran bestehen, Anmeldungen zum Handelsregister zu erzwingen, die Dritten gegenüber noch keine Rechtswirkungen entfalten und damit den Registerinhalt (noch) nicht betreffen. Insofern ist § 79 Abs 2 analog auf alle Fälle von konstitutiv wirkenden Eintragungen im Handelsregister anzuwenden. Eine Zwangsgeldfestsetzung nach § 14 HGB ist somit bei derartigen Sachverhalten nicht zulässig.

D. Zwangsgeldverfahren

11 In § 79 Abs 1 ist eine eigenständige Rechtsgrundlage für die Verhängung von Zwangsgeld enthalten, ohne dass diese eine Abweichung von den in § 14 HGB enthaltenen Bestimmungen festlegen würde.

12 Das Verfahren selbst ist in §§ 388 ff FamFG festgelegt: Sobald das Registergericht glaubhaft Kenntnis davon hat, dass die in § 79 genannten Pflichten nicht erfüllt werden, muss es von Amts wegen tätig werden (§ 388 Abs 1 FamFG). Dabei wird die anmeldepflichtige Person (nicht die Gesellschaft) unter genauer Bezeichnung des Verstoßes und unter Fristsetzung aufgefordert, den Missstand zu beheben. Dabei wird ein Zwangsgeld bei Zuwiderhandlung angedroht, dass den Betrag von € 5.000 nicht übersteigen darf. Sofern die Anmeldepflichtige Person der Aufforderung nachkommt, ist das Verfahren erledigt. Kommt er der Aufforderung hingegen nicht nach und erhebt er auch keinen Einspruch, so wird das angedrohte Zwangsgeld festgesetzt (§ 389 Abs 3

---

2 Michalski/Heidinger/Leible/J. Schmidt/*Lieder* § 79 Rdn 11; Rowedder/Pentz/*Belz*[7] § 79 Rdn 6; Scholz/*Wicke*[12] 79 Rdn 14; Gehrlein/Born/Simon/*Leitzen*[5] § 79 Rdn 2.

3 Scholz/*Wicke*[12] § 78 Rdn 7; Rowedder/Pentz/*Belz*[7] § 78 Rdn 7; Michalski/Heidinger/Leible/J. Schmidt/*Lieder* § 78 Rdn 13; *Altmeppen*[11] § 78 Rdn 11; Noack/Servatius/Haas/*Beurskens*[23] § 79 Rdn 4; MünchKomm-GmbHG/*Herrler*[4] § 78 Rdn 36; Gehrlein/Born/Simon/*Leitzen*[5] § 79 Rdn 5.

4 Scholz/*Wicke*[12] § 78 Rdn 8; Rowedder/Pentz/*Belz*[7] § 78 Rdn 8; Michalski/Heidinger/Leible/J. Schmidt/*Lieder* § 78 Rdn 10; *Altmeppen*[11] § 78 Rdn 11; Noack/Servatius/Haas/*Beurskens*[23] § 79 Rdn 6; MünchKomm-GmbHG/*Herrler*[4] § 78 Rdn 34; Gehrlein/Born/Simon/*Leitzen*[5] § 79 Rdn 5.

FamFG). Gleichzeitig ist erneut die Erfüllung der Verpflichtung einzufordern und ein weiteres Zwangsgeld anzudrohen. So ist weiter zu verfahren, bis die eingeforderte Verpflichtung erfüllt ist (§ 389 Abs 3 FamFG).

Hält der aufgeforderte Geschäftsführer bzw Liquidator die gerichtliche Maßnahme für unge- 13
rechtfertigt oder unzulässig, muss er Einspruch einlegen (§ 391 FamFG). Wird Einspruch erhoben, soll das Gericht, wenn sich der Einspruch nicht ohne weiteres als begründet erweist, den Beteiligten zur Erörterung der Sache zu einem Termin laden (§ 390 Abs 1 FamFG). Wird der Einspruch für begründet erachtet, ist die getroffene Entscheidung aufzuheben (§ 390 Abs 3 FamFG). Andernfalls hat das Gericht den Einspruch durch Beschluss zu verwerfen und das angedrohte Zwangsgeld festzusetzen (§ 390 Abs 4 FamFG).

Gegen die Festsetzung des Zwangsgeldes (nicht aber schon gegen die Androhung der Festset- 14
zung) ist die Beschwerde nach § 391 FamFG das zulässige Rechtsmittel. Das weitere Verfahren ist in §§ 58 ff FamFG festgelegt. Beschwerdegericht ist das Oberlandesgericht (§ 119 Abs 1 Nr 1 lit b GVG). Dieses kann gegen seine Entscheidung die Rechtsbeschwerde zulassen (§ 70 FamFG), über die dann der BGH nach Maßgabe von § 74 FamFG zu entscheiden hat.

Mit Festsetzung des Zwangsgeldes werden dem Beteiligten die Kosten auferlegt (§ 389 Abs 2 15
FamFG), für die er – und nicht die Gesellschaft – haftet. Die Höhe der Kosten (zwischen 75 EUR und 200 EUR) ergibt sich aus KV Nr 13310 ff GNotKG.[5]

5 Scholz/*Wicke*[12] § 79 Rdn 34; Rowedder/Pentz/*Belz*[7] § 79 Rdn 21; Noack/Servatius/Haas/*Beurskens*[23] § 79 Rdn 9, 13; Michalski/Heidinger/Leible/J. Schmidt/*Lieder* § 79 Rdn 25; Gehrlein/Born/Simon/*Leitzen*[5] § 79 Rdn 9.

§ 80 (weggefallen)

§ 81 (weggefallen)

§ 82 Falsche Angaben

(1) Mit Freiheitsstrafe bis zu drei Jahren oder mit Geldstrafe wird bestraft, wer

1. als Gesellschafter oder als Geschäftsführer zum Zweck der Eintragung der Gesellschaft über die Übernahme der Geschäftsanteile, die Leistung der Einlagen, die Verwendung eingezahlter Beträge, über Sondervorteile, Gründungsaufwand und Sacheinlagen,

2. als Gesellschafter im Sachgründungsbericht,

3. als Geschäftsführer zum Zweck der Eintragung einer Erhöhung des Stammkapitals über die Zeichnung oder Einbringung des neuen Kapitals oder über Sacheinlagen,

4. als Geschäftsführer in der in § 57i Abs 1 Satz 2 vorgeschriebenen Erklärung oder

5. als Geschäftsführer einer Gesellschaft mit beschränkter Haftung oder als Geschäftsleiter einer ausländischen juristischen Person in der nach § 8 Abs 3 Satz 1 oder § 39 Abs 3 Satz 1 abzugebenden Versicherung oder als Liquidator in der nach § 67 Abs 3 Satz 1 abzugebenden Versicherung

falsche Angaben macht.

(2) Ebenso wird bestraft, wer

1. als Geschäftsführer zum Zweck der Herabsetzung des Stammkapitals über die Befriedigung oder Sicherstellung der Gläubiger eine unwahre Versicherung abgibt oder

2. als Geschäftsführer, Liquidator, Mitglied eines Aufsichtsrats oder ähnlichen Organs in einer öffentlichen Mitteilung die Vermögenslage der Gesellschaft unwahr darstellt oder verschleiert, wenn die Tat nicht in § 331 Nr 1 oder Nr 1a des Handelsgesetzbuchs mit Strafe bedroht ist.

Schrifttum

Achenbach/Ransiek/Rönnau Handbuch Wirtschaftsstrafrecht, 6. Aufl 2023; *Altmeppen* Cash-Pool, Kapitalaufbringung und Strafbarkeit der Geschäftsleiter wegen falscher Versicherung, ZIP 2009, S 1545–1551; *ders* Cash Pooling und Kapitalaufbringung, NZG 2010, S 361–368, S 401–407, S 441–446; *Bärwaldt* Der Zeitpunkt der Richtigkeit der Versicherung der Geschäftsführung über die Leistung der Stammeinlagen und deren endgültig freie Verfügbarkeit, GmbHR 2003, S 524; *Bittmann* Reform des GmbHG und Strafrecht, wistra 2007, S 321–325; *ders* Strafrechtliche Folgen des MoMiG, NStZ 2009, S 113–120; *ders* Strafrecht und Gesellschaftsrecht, ZGR 2009, S 931–980; *Blasche* Verdeckte Sacheinlage und Hin- und Herzahlen, GmbHR 2010, S 288–295; *Boettcher/Hassner* Inhabilität des strafrechtlich verurteilten Geschäftsführers nach dem MoMiG, GmbHR 2009, S 1321–1325; *Büning* Die strafrechtliche Verantwortung faktischer Geschäftsführer einer GmbH, 2004; *Ceffinato* Die verdeckte Sacheinlage nach der Reform des GmbHG aus strafrechtlicher Sicht, wistra 2010, S 171–174; *Cramer* Redepflicht des Aufsichtsrates zur Verhinderung unternehmensbezogener strafbarer Handlungen und Ordnungswidrigkeiten, in: FS Stree und Wessels, 1993, S 563; *Diris/Poerting* Möglichkeiten zur Verhinderung bzw Erschwerung des Gründungsschwindels bei der GmbH und bei Publikumspersonengesellschaften, Diss Köln 1981; *Einsele* Verdeckte Sacheinlage, Grundsatz der Kapitalaufbringung und Kapitalerhaltung, NJW 1996, S 2681–2689; *Fleischer* Zur aktienrechtlichen Verantwortlichkeit faktischer Organe, AG 2004, S 517–528; *Gübel* Die Auswirkungen der faktischen Betrachtungsweise auf die strafrechtliche Haftung faktischer GmbH-Geschäftsführer, 1994; *Groß* Die strafrechtliche Verantwortlichkeit faktischer Vertretungsorgane bei Kapitalgesellschaften, 2007; *Habersack* Verdeckte Sacheinlage und Hin- und Herzahlen nach dem ARUG – gemeinschaftsrechtlich betrachtet, AG 2009, S 557–563; *Heckschen* Gründungserleichterungen nach dem MoMiG – Zweifelsfragen in der Praxis, DStR 2009, S 166–174; *Herrler* Heilung einer nicht erfüllungstauglichen Einlagenrückzahlung, GmbHR 2010, S 785–793; *ders* Handlungsoptionen bei tilgungsschädlicher Einlagenrückzahlung iSv § 19 Abs 5 GmbHG (sog Hin- und Herzahlen), DStR 2011, S 2300–2307; *Hinghans/Höll/Hüls/Ransiek* Inhabilität nach § 6 Abs 2 Nr 3 GmbHG und Rückwirkungsverbot, wistra 2010, S 291–294; *Hopt* Die Haftung von Vorstand und Aufsichtsrat, in: FS Mestmäcker, 1996, S 909; *Jeep* Leere

https://doi.org/10.1515/9783111386669-003

Hülse, beschränktes Risiko: Die Gesellschafterhaftung bei nicht offengelegter wirtschaftlicher Neugründung. Oder: Wie weit reicht das Konzept der Unterbilanzhaftung von GmbH-Gesellschaftern?, NZG 2012, S 1209–1216; *Joerden* Grenzen der Auslegung des § 84 Abs 1 Nr 2 GmbHG, wistra 1990, S 1–4; *Kohlmann* Die strafrechtliche Verantwortlichkeit des GmbH-Geschäftsführers, 1990; *ders* „Vor-GmbH" und Strafrecht, in: FS Geerds, 1995, S 675; *Kohlmann/Löffeler* Die strafrechtliche Verantwortlichkeit des GmbH-Geschäftsführers, 1990; *Kühn* Die Versicherung juristischer Personen als Abwickler von Kapitalgesellschaften, NZG 2012, S 731–733; *Leitner/Rosenau* Wirtschafts- und Steuerstrafrecht, 2. Aufl. 2022; *Marker* Bilanzfälschung und Bilanzverschleierung, 1970; *Maurer* Strafbewehrte Handlungspflichten des GmbH-Geschäftsführers in der Krise, wistra 2003, S 174–176; *Melchior/Böhringer* Sportwettbetrug, Gesellschafterliste und Eintragungsbescheinigung: Drei (Groß-)Baustellen im Handelsregister, GmbHR 2017, S 1074–1082; *Müller-Gugenberger* GmbH-Strafrecht nach der Reform, GmbHR 2009, 578–584; *Niedernhuber* Strafrechtliche Risiken des konzernweiten Cash Pooling, 2016; *Popp* Kapitalgesellschaftsstrafrecht – eine Einführung, Jura 2012, S 618–626; *Tsambikakis* Aktuelles zum Strafrecht bei GmbH und GmbH & Co. KG, GmbHR 2005, S 331–337; *Strohn* Faktische Organe – Rechte, Pflichten, Haftung, DB 2011, S 158–167; *Ulmer* Die „Anrechnung" (MoMiG) des Wertes verdeckter Sacheinlagen auf die Bareinlageforderung der GmbH – ein neues Erfüllungssurrogat?, ZIP 2009, S 293–302; *Veil/Werner* Die Regelung der verdeckten Sacheinlage – eine gelungene Rechtsfortbildung des GmbH-Rechts und bürgerlich-rechtlichen Erfüllungsregimes?, GmbHR 2009, S 729–737; *Weiß* Ausschluss vom Geschäftsführeramt bei strafgerichtlichen Verurteilungen nach § 6 Abs 2 GmbHG, wistra 2009, S 209–214; *ders* Die Unternehmergesellschaft (haftungsbeschränkt) aus strafrechtlicher Sicht, wistra 2010, S 361–368; *ders* Die Versicherung des GmbH-Geschäftsführers über das Nichtvorliegen strafrechtlicher Verurteilungen (§ 8 Abs 3 S 1 GmbHG), GmbHR 2013, S 1076–1084.

Übersicht

A. Allgemeines

1 Der Falschangabetatbestand des § 82 sichert mit insgesamt **sieben Tatbestandsvarianten** (Absatz 1 Nrn 1–5 sowie Absatz 2 Nr 1 und Nr 2) die Richtigkeit bestimmter gesellschaftsbezogener Erklärungen ab. Die Vorschrift stellt im Einzelnen den Gründungsschwindel (Absatz 1 Nr 1), den Sachgründungsberichtsschwindel (Absatz 1 Nr 2), den Kapitalerhöhungsschwindel gegen Einlagen und aus Gesellschaftsmitteln (Absatz 1 Nr 3 und Nr 4), den Eignungsschwindel (Absatz 1 Nr 5), den

Kapitalherabsetzungsschwindel (Absatz 2 Nr 1) sowie den Geschäftslageschwindel (Absatz 2 Nr 2) unter Strafe. In ihrer dogmatischen Struktur und den vorausgesetzten Tathandlungen entsprechen oder gleichen sich die einzelnen Tatbestandsvarianten weitgehend. Unterschiede ergeben sich insbesondere bezüglich der jeweils geforderten Tätereigenschaften und Erklärungsgegenstände.

2 **Entwicklung der Vorschrift.** Der ursprünglich in § 80 geregelte Falschangabetatbestand beruht in seiner heutigen Fassung im Wesentlichen auf Art 1 Nr 29 des Gesetzes zur Änderung des Gesetzes betreffend die Gesellschaften mit beschränkter Haftung und anderer handelsrechtlicher Vorschriften vom 4.7.1980 („GmbH-Novelle 1980").[1] Durch diese Gesetzesänderung wurde der Tatbestand unter anderem erweitert (Absatz 1 Nr 2 und Nr 5) und Änderungen im GmbHG (§ 5 Absatz 4) nachvollzogen. Durch Art 3 Nr 10 des Bilanzrichtliniengesetzes (BiRiLiG) vom 19.12.1985[2] ergänzte der Gesetzgeber in Absatz 2 Nr 2 die Subsidiaritätsklausel und räumte dadurch dem Bilanzstrafrecht (§ 331 Nr 1 HGB) den Vorrang ein; durch das Bilanzrechtsreformgesetz (Art 6 Nr 5 BilReg) vom 4.12.2004 wurde der Anwendungsbereich der Subsidiaritätsklausel auf § 331 Nr 1a HGB ausgeweitet.[3] Bereits 1994 wurde § 36 KapErG[4] in den neuen Absatz 1 Nr 4 überführt (Art 4 Nr 5 UmwBerG v 29.10.1994).[5] Zuletzt wurden durch Art 1 Nr 47 des Gesetzes zur Modernisierung des GmbH-Rechts und zur Bekämpfung von Missbräuchen (MoMiG) vom 23.10.2008[6] neben einzelnen Änderungen im Bereich des Absatz 1 Nr 1 Falschangaben durch Geschäftsleiter ausländischer juristischer Personen (Absatz 1 Nr 5) unter Strafe gestellt.

3 **Vergleichbare Falschangabestrafbarkeiten**, die jedoch zum Teil über die des § 82 hinausgehen und sich zudem in den Schutzzweckzusammenhängen teilweise unterscheiden (vgl dazu Rdn 6 ff), finden sich in §§ 399, 400 AktG. Eine systematische Nähe weist § 82 ferner zu § 147 GenG auf sowie zu solchen Tatbeständen die falsche Angaben oder unrichtige Darstellungen in besonderen gesellschaftsrechtlichen Konstellationen eigens unter Strafe stellen (§ 17 PublG, §§ 313 ff UmwG).

4 **Anwendungsbereich.** § 82 ist auf die jeweiligen Organe einer **(inländischen) GmbH oder UG** anwendbar (§ 5a). Die Vorschrift erstreckt sich dabei grundsätzlich nur auf Gesellschaften des GmbHG mit Sitz im Inland (§ 4a). Damit unterfallen Organe von Gesellschaften, die einer GmbH oder UG zwar gleichen, aber ihren Sitz im Ausland haben, grundsätzlich nicht § 82. Dies ergibt sich bereits aus einem Umkehrschluss zu Absatz 1 Nr 5.[7] Für den Eignungsschwindel werden dort nämlich ausdrücklich auch Geschäftsleiter ausländischer juristischer Personen in den Tatbestand einbezogen (siehe dazu auch Rdn 34 sowie Rdn 85). Eine Erstreckung der Strafbarkeit auf Organe ausländischer juristischer Personen über Absatz 1 Nr 5 hinaus verstieße vor diesem Hintergrund gegen Art 103 Absatz 2 GG.

5 Ob die Gesellschaft bereits **in das Handelsregister eingetragen** sein muss, um dem Strafrechtsschutz des § 82 zu unterfallen, hängt von der jeweiligen Tatbestandsvariante ab. Naturgemäß ist dies bei denjenigen Tatbestandsvarianten nicht zu fordern, die falsche Angaben gerade zum Zweck der Eintragung unter Strafe stellen (Absatz 1 Nr 1, Nr 2 sowie Nr 5 Alt 1). Im Übrigen sind Vorgesellschaften jedoch nicht erfasst. Denn die Einordnung und Behandlung der Vorgesellschaft durch das Gesellschaftsrecht, das die Regelungen des GmbHG weitgehend auf diese überträgt, findet im Strafrecht angesichts des strengen Bestimmtheitsgrundsatzes (Art 103 Absatz 2 GG) keine Entsprechung.[8]

---

1 BGBl I 1980 S 836, 840.

2 BGBl I 1985 S 2355, 2400.

3 BGBl I 2004 S 3166, 3179.

4 Gesetz über die Kapitalerhöhung aus Gesellschaftsmitteln und über die Verschmelzung von Gesellschaften mit beschränkter Haftung v 23.12.1959, BGBl I 1959 S 789.

5 BGBl I 1994 S 3210, 3260.

6 BGBl I 2008 S 2026, 2031.

7 Vgl Esser/Rübenstahl/Salinger/Tsambikakis-Wirtschaftsstrafrecht/*Brand*, § 399 AktG Rdn 17.

8 Ebenso MünchKomm-GmbHG/*Altenhain*[4] § 82 Rdn 15.

Schutzzweckzusammenhänge. Sämtliche Tatbestandsvarianten des § 82 sollen eine Irreführung über die wesentlichen wirtschaftlichen Grundlagen einer Gesellschaft verhindern.[9] Ihr gemeinsames Schutzgut ist das **Vertrauen der Allgemeinheit in die Richtigkeit bestimmter Angaben** über die Verhältnisse der Gesellschaft. Der strafrechtliche Vertrauensschutz des § 82 ist geboten, weil andernfalls die GmbH und in noch stärkerem Maße die UG im Wirtschaftsleben aufgrund der Begrenzung ihrer Haftung auf das Gesellschaftsvermögen kaum Akzeptanz unter denjenigen fände, mit denen sie in geschäftlichen Kontakt treten will,[10] und in der Folge die Zwecke dieser Rechtsformen verfehlt würden. Die Vorschrift stellt deswegen solche Angaben unter strafrechtlichen Schutz, deren Richtigkeit für die Entscheidung darüber besonders wichtig ist, ob man mit einer Gesellschaft in vermögensrelevante Beziehungen treten will oder nicht. Daraus ergibt sich, dass § 82 nicht im Sinne einer allgemeinen Legalitätserwartung das Vertrauen der Allgemeinheit in richtige Angaben um ihrer selbst willen schützt, sondern der Vertrauensschutz seinen eigentlichen Bezugspunkt in den Vermögensinteressen bestimmter Vertreter der Allgemeinheit hat (siehe dazu Rdn 8). § 82 will mithin Dritte vor irrtumsbedingten Vermögensbeeinträchtigungen schützen, indem er es ermöglicht, sich zuverlässig über die Vermögenslage einer haftungsbeschränkten Gesellschaft zu unterrichten.[11] 6

Für den Eignungsschwindel werden diese Schutzzweckzusammenhänge teilweise bestritten; die alleinige Aufgabe der Tatbestandsvariante des Absatz 1 Nr 5 sei es, das **Registergericht zu entlasten** und die Einholung eines Auszugs aus dem Bundeszentralregister überflüssig zu machen.[12] Das Registergericht solle sich auf die Selbstangaben des Geschäftsführers oder Liquidators verlassen und von einer eigenen Sachverhaltsprüfung Abstand nehmen können. Eine solche Verengung des Schutzzwecks auf die Erleichterung des registergerichtlichen Arbeitsaufwands scheint zweifelhaft; richtigerweise unterscheidet sich der Eignungsschwindel mit Blick auf die Schutzzweckzusammenhänge nicht von den übrigen Tatbestandsvarianten. Es wäre in besonderem Maße begründungsbedürftig, die Reichweite des Schutzzwecks für eine einzige Tatbestandsvariante derart zu verkürzen. Denn unübersehbar stehen auch die von Absatz 1 Nr 5 geschützten Angaben für die Solidität der Gesellschaft ein und dienen deswegen ebenso – wenigstens mittelbar – dem Schutz von Vermögensinteressen, indem eine jedenfalls abstrakt vermögensgefährdende Bestellung unzuverlässiger Geschäftsführer und Liquidatoren verhindert wird. Folgte man der Auffassung, dass mit dem Eignungsschwindel einzig und allein eine Verringerung des registergerichtlichen Arbeitsaufwands verfolgt würde, ließe sich damit im Übrigen auch der vermögensschützende Charakter aller anderen Tatbestandsvarianten des § 82 in Zweifel ziehen, die die Richtigkeit einer Angabe gegenüber dem Registergericht unter strafrechtlichen Schutz stellen.[13] Denn diese Tatbestandsvarianten befreien das Registergericht ebenfalls davon, bestimmte Eintragungsvoraussetzungen systematisch selbst zu erheben und zu prüfen. 7

Zwar wird grundsätzlich das Vertrauen der Allgemeinheit in die Richtigkeit bestimmter Angaben sowie die Solidität der Gesellschaft und dadurch das Vermögen beliebiger Dritter geschützt. Gleichwohl genießt die Allgemeinheit keinen umfassenden Strafrechtsschutz, sondern es ergeben sich in **persönlicher Hinsicht** Einschränkungen. Der Strafrechtschutz bezieht sich nämlich weder auf die Gesellschaft selbst noch – sei es über diese vermittelt, sei es unmittelbar – auf das Vermögen der gegenwärtigen Gesellschafter bzw der Gesellschaftsgründer. Hierin unterscheidet sich § 82 von den aktienrechtlichen Parallelvorschriften (§§ 399 f AktG), die aufgrund der beschränkten Einsichtsrechte und der Fluktuation der Aktionäre auch deren Vertrauen auf die Richtigkeit be- 8

---

9 RG 5.6.1905 – Rep 3974/04, RGSt 38, 128, 129; 24.9.1907 – II 412/07, RGSt 40, 285, 286 f; 10.3.1910 – III 10/70, RGSt 43, 323, 325.

10 MünchKomm-StGB/*Hohmann*[4] § 82 GmbHG Rdn 1; **aA** MünchKomm-GmbHG/*Altenhain*[4] § 82 Rdn 6.

11 Vgl dazu BGH 29.6.2019 – 2 StR 520/15, NZWiSt 2017, 190 Rdn 52.

12 Baumbach/Hueck/*Haas*[21] § 82 Rdn 58; Lutter/Hommelhoff/*Kleindiek*[21] § 82 Rdn 31.

13 Vgl UHL/*Ransiek*[3] § 82 Rdn 102 f, der darauf hinweist, dass der Staat bereits über die Informationen im Bundeszentralregister verfügt.

stimmter Angaben strafrechtlich absichern.[14] Der regelmäßig stabile Gesellschafterbestand mit seinen weitreichenden Rechten bedarf eines derart weit ins Vorfeld der eigentlichen Vermögensverletzung gerückten Schutzes hingegen nicht.[15] Diesbezüglich genügt der Kernbestand strafrechtlicher Vermögensschutzvorschriften (§§ 263, 266 StGB), der um die Verlustanzeigepflicht des § 84 ergänzt wird (siehe dazu § 84 Rdn 1 ff). Von § 82 geschützt werden damit nur (potentielle) Gesellschaftsgläubiger, die sich auf Angaben zu den wirtschaftlichen Verhältnissen der Gesellschaft und zur Eignung des Geschäftsführers oder Liquidators (Absatz 1 Satz 5) verlassen und möglichst nicht unter falschen Prämissen in Geschäftsbeziehungen mit der Gesellschaft eintreten oder diese aufrechterhalten sollen. Schutz genießen daneben auch künftige Gesellschafter, deren Position denen der Gesellschaftsgläubiger vergleichbar ist (Entscheidung über Aufnahme geschäftlicher Verhältnisse mit einer Gesellschaft ohne die weitreichenden Informationsrechte eines Gesellschafters). Eine weitere Differenzierung ergibt sich dergestalt, dass die Tatbestandsvarianten des Absatz 1 sowie Absatz 2 Nr 2 gegenwärtige und künftige Gläubiger sowie künftige Gesellschafter schützen, Absatz 2 Nr 1 seinen Schutz hingegen nur auf gegenwärtige Gläubiger erstreckt.[16]

9 **Zivile Schadenersatzhaftung (§ 823 Abs 2 BGB).** Die Einhegung des strafrechtlichen Schutzbereichs in persönlicher Hinsicht hat Folgen für die zivilrechtliche Schadenersatzhaftung. Verwirklicht ein Täter sämtliche Voraussetzungen einer der in § 82 geregelten Tatbestandsvarianten, macht er sich grundsätzlich auch nach § 823 Abs 2 BGB schadenersatzpflichtig. Im Einklang mit den strafrechtlichen Schutzzweckzusammenhängen ist § 82 jedoch nur bezüglich der Vermögensinteressen von Gesellschaftsgläubigern sowie eintretenden Gesellschaftern (Absatz 1 und Absatz 2 Nr 2) sowie im Falle des Absatz 2 Nr 1 nur bezüglich gegenwärtiger Geschäftspartner ein **Schutzgesetz** im Sinne des § 823 Abs 2 BGB. Bei Absatz 1 Nr 5 wird die Schutzgesetzeigenschaft in Abrede gestellt, weil mit der Regelung nur eine Vereinfachung für das Registergericht verfolgt werde.[17] Das scheint nicht zwingend, wenn man auch dieser Tatbestandsvariante einen vermögensbezogenen Schutzzweck beimisst (siehe dazu Rdn 7). Sonderlich praxisrelevant dürfte die Vorschrift für die Begründung eines Schadenersatzanspruchs gleichwohl nicht sein.

10 Sind die Strafbarkeitsvoraussetzungen des § 82 erfüllt, muss der Schadenersatzgläubiger für einen Anspruch aus § 823 Abs 2 BGB in Verbindung mit § 82 erstens vom Schutzbereich des § 82 erfasst sein und zweitens erfolgreich geltend machen, aufgrund falscher Angaben (Absatz 1), unwahrer Versicherungen (Absatz 2 Nr 1) oder unwahrer Darstellungen oder Verschleierungen (Absatz 2 Nr 2) falsche Vorstellungen von den wirtschaftlichen Verhältnissen der Gesellschaft entwickelt zu haben, als deren Folge er eine **schadenverursachende Entscheidung** – etwa zur Aufnahme vertraglicher Beziehungen mit der Gesellschaft oder über den Eintritt als Gesellschafter – getroffen hat.[18] Bezwecken die falschen Angaben einen Eintrag im Handelsregister, braucht es dafür keine positive Kenntnis des Schadenersatzgläubigers; auf diese kommt es nicht an, wenn richtige Angaben nicht zur Eintragung ins Handelsregister geführt hätten.[19] Der Schadenersatzgläubiger darf vielmehr vom Vorliegen wahrheitsgemäß erklärter, eintragungsrelevanter Umstände ausgehen[20] und im Vertrauen auf diese Vermögensdispositionen treffen. In anderen Fällen (Absatz 2 Nr 2) muss der Schadenersatzgläubiger hingegen die falsch angegebene Tatsache positiv gekannt haben.[21]

---

14 Vgl dazu BGH 12.10.2016 – 5 StR 134/15, NJW 2017, 578 Rdn 43; Erbs/Kohlhaas/*Schaal*[249] § 399 AktG Rdn 3.
15 MünchKomm-GmbHG/*Altenhain*[4] § 82 Rdn 7.
16 Vgl MünchKomm-StGB/*Hohmann*[4] § 82 GmbHG Rdn 4.
17 Baumbach/Hueck/*Haas*[21] § 82 Rdn 58.
18 Vgl dazu BGH 26.9.2005 – II ZR 380/03, NJW 2005, 3721, 3723 (zu § 399 AktG).
19 Ebenso UHL/*Ransiek*[3] § 82 Rdn 9; Baumbach/Hueck/*Haas*[21] § 82 Rdn 9, 25, 34 und 48; **aA** MünchKomm-GmbHG/*Altenhain*[4] § 82 Rdn 10.
20 Enger jedoch zu § 399 AktG BGH 26.9.2005 – II ZR 380/03, NJW 2005, 3721, 3723 *„Die allgemeine Vorstellung, es sei ‚alles in Ordnung', genügt dafür nicht…"* sowie im Anschluss daran MünchKomm-GmbHG/*Altenhain*[4] § 82 Rdn 10.
21 Vgl dazu auch MünchKomm-GmbHG/*Altenhain*[4] § 82 Rdn 10.

Systematische Einordung. § 82 teilt seine Tathandlung mit **Falschangabetatbeständen des StGB**, namentlich der Fälschung von Wahlunterlagen (§ 107b Abs 1 Nr 1 StGB), den Aussagedelikten der §§ 153 ff StGB und insbesondere auch dem Kapitalanlagebetrug (§ 264a Abs 1 StGB: Machen unrichtiger vorteilhafter Angaben). Strafbar macht sich bei all diesen Tatbeständen, wer – im Falle der §§ 107b Abs 1 Nr 1, 153 ff StGB gegenüber einer zuständigen Stelle – wahrheitswidrige Angaben macht. Der Angabenbegriff des § 264a Abs 1 StGB und die Grundsätze zur Bestimmung der Falschheit bzw Unrichtigkeit einer Angabe lassen sich auf § 82 weitgehend übertragen; für Überlegungen zur Falschheit einer Angabe lässt sich Anleihe daneben unter anderem an §§ 153 ff StGB nehmen (siehe dazu Rdn 40). Soweit auch künftige Gesellschafter geschützt werden, entwickelt § 82 darüber hinaus eine gewisse Nähe zur Marktmanipulation (§ 119 WpHG in Verbindung mit Art 12 Abs 1b MAR). 11

Werden falschen Angaben zum Zwecke einer Eintragung gemacht, zeigt § 82 eine systematische Verwandtschaft zu den **Urkundendelikten**, insbesondere zur mittelbaren Falschbeurkundung (§ 271 StGB). Im Verhältnis zu § 271 StGB verlagert § 82 den strafrechtlichen Schutz jedoch ins Vorfeld, weil es auf ein erfolgreiches Bewirken einer Beurkundung nicht ankommt. Zusätzlich dehnt § 82 den Strafrechtschutz massiv aus, weil sich die durch § 271 StGB geschützte Beweiskraft des Handelsregisters im Unterschied zu § 82 nicht auf die inhaltliche Richtigkeit gemachter Angaben erstreckt.[22] 12

Akzentuiert man den durch § 82 bezweckten Vermögensschutz (siehe dazu Rdn 6), weist die Vorschrift schließlich eine unübersehbare Nähebeziehung zu **Betrugstatbeständen** (§§ 263 ff StGB) auf. Unter diesem Blickwinkel schützt § 82 das Vermögen gegen täuschende Falschangaben. Dabei wird der Strafrechtschutz im Vergleich zu § 263 StGB massiv geweitet und gleich mehrfach weit in dessen Vorfeld gerückt. Für eine Strafbarkeit nach § 82 genügt nämlich eine bloß abstrakt vermögensgefährdende „Täuschungshandlung" (falsche Angabe, unwahre Versicherung oder unwahre Darstellung und Verschleierung); auf die nachgelagerten betrugsspezifischen Tatbestandsmerkmale – einen Täuschungserfolg (Irrtum) und insbesondere eine Vermögensverfügung sowie einen Vermögensschaden – kommt es nicht an.[23] Im subjektiven Tatbestand ist ferner eine Bereicherungsabsicht nicht gefordert. 13

Deliktstypologie. Bei § 82 handelt es sich in allen Tatbestandsvarianten um ein **Vergehen** (§ 12 Abs 2 StGB); eine Versuchsstrafbarkeit ist daher nicht gegeben (vgl § 23 Abs 1 StGB) und wäre angesichts der wenig voraussetzungsreichen und weit vorverlagerten Strafbarkeit auch nicht sachgerecht. 14

Da es weder auf eine Täuschung Dritter noch auf eine Vermögensbeeinträchtigung oder auch nur (konkrete) Vermögensgefährdung infolge der Falschangaben ankommt (vgl dazu Rdn 64), handelt es sich aus der Sicht des strafrechtlichen Vermögensschutzes um ein **abstraktes Gefährdungsdelikt**. Gleiches gilt auch für den Schutz des Vertrauens in die GmbH als Institution. Auch hier ist es nicht erforderlich, dass dieses Vertrauen tatsächlich beeinträchtigt wird und beispielsweise konkrete Dritte falschen Angaben Glauben schenken. Strafbar sind vielmehr abstrakt vermögens- und vertrauensgefährdende Handlungen. Da dementsprechend kein tatbestandsmäßiger Erfolg gefordert wird, handelt es sich – typisch für den strafrechtlichen Schutz vor abstrakten Gefährdungen – bei allen Varianten des § 82 um schlichte Tätigkeitsdelikte. 15

Sämtliche Tatbestandsvarianten sind **echte Sonderdelikte**, das heißt nur Personen, die die von der jeweiligen Tatbestandsvariante vorausgesetzte Täterqualität besitzen (etwa Geschäftsführer, Gesellschafter, Liquidatoren oder Aufsichtsratsorgane; siehe dazu im Einzelnen Rdn 31 ff), können täterschaftlich handeln. Dabei muss die geforderte Täterqualität zum Zeitpunkt der Tatbegehung gegeben sein (§ 8 Satz 1 StGB); zivilrechtliche Rückwirkungsfiktionen sind ohne Belang und können deswegen insbesondere eine Tätereigenschaft zum Zeitpunkt der Tatbegehung nicht nachträglich aufheben.[24] Unerheblich ist es auch, ob eine notwendige Tätereigenschaft zum Zeit- 16

---

22 Vgl dazu aus jüngerer Zeit BGH 14.6.2016 – 3 StR 128/16, NStZ 2016, 675, 676.

23 Vgl dazu auch MünchKomm-GmbHG/*Altenhain*[4] § 82 Rdn 5.

24 Vgl dazu Scholz/Tiedemann/*Rönnau*[13] § 82 Rdn 38; MünchKomm-GmbHG/*Altenhain*[4] § 82 Rdn 21.

punkt einer späteren Registereintragung noch vorliegt. Fehlt es zum Zeitpunkt der Tatbegehung – etwa im Falle eines Prokuristen[25] – an der vorausgesetzten Tätereigenschaft, kommt nur eine Teilnahmestrafbarkeit (§§ 26, 27 StGB) in Betracht. Da es sich bei der jeweils geforderten Täterqualität um ein strafbegründendes besonderes persönliches Merkmal im Sinne des § 28 Abs 1 StGB handelt, ist in diesem Fall der Strafrahmen gemäß § 49 Abs 1 StGB abzuändern. Mittelbare Täterschaft (§ 25 Abs 1 Alt 2 StGB) und Mittäterschaft (§ 25 Abs 2 StGB) scheiden aus, wenn dem an sich täterschaftlich handelnden Hintermann oder dem potentiellen Mittäter die erforderliche Tätereigenschaft fehlt. Bei der mittelbaren Täterschaft drohen hier Strafbarkeitslücken, weil bei einem gutgläubig handelnden Vordermann keine vorsätzliche Haupttat gegeben ist und damit einer Teilnahmestrafbarkeit das Fundament entzogen ist. Diesen Strafbarkeitslücken treten einzelne Tatbestandsvarianten (Absatz 1 Nr 1 und Nr 2) mit der Aufnahme der Gesellschafter in den Kreis tauglicher Täter entgegen. Zwar sind diese gemäß § 78 nicht anmeldepflichtig (siehe dazu § 78); wirkt ein Gesellschafter jedoch auf einen (gutgläubigen und deswegen vorsatzlos handelnden) Geschäftsführer derart ein, dass dieser ohne Vorsatz falsche Angaben macht, kommt gleichwohl eine täterschaftliche Verurteilung des Gesellschafters nach den Regeln des § 25 Abs 1 Alt 2 StGB in Betracht.[26]

17 Auf die **Zurechnung besonderer persönlicher Merkmale** nach § 14 StGB kommt es für eine Strafbarkeit regelmäßig nicht an, weil sich § 82 unmittelbar an die handelnden Gesellschaftsorgane richtet und eine Ableitung besonderer persönlicher Merkmale von der Gesellschaft daher nicht erforderlich ist. Anderes kann gelten, wenn eine juristische Person die entsprechende Organstellung innehat. In diesem Fall kann eine Tätereigenschaft nach den Grundsätzen des § 14 StGB auf deren vertretungsberechtigtes Organ oder deren vertretungsberechtigten Gesellschafter übertragen werden.[27]

18 Mit Ausnahme von Absatz 1 Nr 5 regelt § 82 **keine eigenhändigen Delikte**. Es ist für eine täterschaftliche Deliktsbegehung daher nicht erforderlich, dass falsche Angaben in eigener Person gemacht werden. Ausreichend ist es vielmehr, wenn die falschen Angaben den jeweiligen Adressaten vermittelt über eine dritte Person – beispielsweise einen damit beauftragten Notar – erreichen. Hierin liegt ein wesentlicher Unterschied zu den ansonsten vergleichbaren Aussagedelikten des StGB (§§ 153 ff StGB; siehe dazu auch Rdn 11). Anderes gilt nur für die in Absatz 1 Nr 5 geregelte Tatbestandsvariante, weil es sich hierbei um eine höchstpersönliche Wissenserklärung des Geschäftsführers bzw Geschäftsleiters handelt.[28]

19 Nach überwiegender Ansicht soll es sich bei § 82 um einen **(unechten) Blanketttatbestand** handeln.[29] Dem dürfte insoweit zuzustimmen sein, dass die Vorschrift strafrechtliche Sanktionen bei Verletzung solcher Pflichten vorsieht, die sich mit einzelnen Ausnahmen (Absatz 2 Nr 2) so auch aus dem übrigen GmbHG ergeben. Ob es sich bei § 82 letztlich um einen echten Blanketttatbestand, einen blankettähnlichen Tatbestand oder um einen in sich vollständig geregelten Tatbestand mit normativen Tatbestandsmerkmalen und Wertungsblanketten handelt, kann letztlich dahinstehen. Für die Gesetzesanwendung ergeben sich daraus nämlich keine bedeutsamen Folgen. Verweise auf andernorts formulierte Pflichten sind ergänzend in die jeweilige Tatbestandsvariante hineinzulesen (siehe dazu auch Rdn 57). Soweit der Tatbestand auf andere Normen verweist, müssen allerdings auch diese dem strafrechtlichen Bestimmtheitsgrundsatz des Art 103 Abs 2 GG genügen. Es sind jedoch keine überspannten Anforderungen zu stellen. Zu fordern ist allein, dass mit

---

25 BGH 22.9.2009 – 3 StR 195/09, NStZ-RR 2010, 79.

26 Vgl dazu auch Esser/Rübenstahl/Salinger/Tsambikakis-Wirtschaftsstrafrecht/*Brand*, § 399 AktG, Rdn 39.

27 Vgl MünchKomm-GmbHG/*Altenhain*[4] § 82 Rdn 12.

28 Ähnl. MünchKomm-GmbHG/*Altenhain*[4] § 82 Rdn 124.

29 Baumbach/Hueck/*Haas*[21] § 82 Rdn 4; MünchKomm-StGB/*Hohmann*[4] § 82 GmbHG Rdn 5; **aA** Scholz/Tiedemann/*Rönnau*[13] § 82 Rdn 8.

Hilfe der üblichen Auslegungsmethoden ein trittsicheres Normverständnis zu gewinnen ist.[30] Dabei sind in einem spezialgesetzlichen Regelungsbereich wie dem GmbH-Recht vom betroffenen Täterkreis tendenziell größere rechtliche Kompetenzen und Auslegungsbemühungen zu erwarten als im übrigen Strafrecht.[31]

Unterlassenstrafbarkeit. Nach den Grundsätzen des § 13 StGB ist auch eine (unechte) Unterlassenstrafbarkeit möglich. Sie lässt sich nicht mit dem Hinweis ablehnen, dass in § 13 Abs 1 Satz 1 StGB vom Täter verlangt wird, einen **tatbestandsmäßigen Erfolg abzuwenden**, ein solcher aber von § 82 als schlichtem Tätigkeitsdelikt (siehe dazu Rdn 15) aber gar nicht vorausgesetzt wird. Die mit dem Verzicht auf einen tatbestandsmäßigen Erfolg einhergehende Vorverlagerung der Vollendungsstrafbarkeit hindert eine Unterlassenstrafbarkeit nicht.[32] Abzuwendender (Zwischen-)Erfolg des § 82 im Sinne der Unterlassensdogmatik ist daher je nach Tatbestandsvariante die (bevorstehende) Unrichtigkeit des Handelsregisters oder die (drohende) Schädigung des Vermögens Dritter.[33] 20

Anders als etwa bei § 84 (siehe dazu § 84 Rdn 6) ist es jedoch grundsätzlich nicht strafbar, eine Angabe gänzlich zu unterlassen;[34] vollständiges Schweigen erfüllt den Tatbestand auch in Verbindung mit § 13 Abs 1 Satz 1 StGB nicht. Abzugrenzen ist eine Unterlassenstrafbarkeit im Einzelfall daneben von unvollständigen und verkürzten Angaben. Macht der Täter zwar Angaben, verschweigt aber einzelne Gesichtspunkte, liegt insoweit regelmäßig kein Unterlassen vor, sondern eine einheitliche Falschangabe durch aktives Tun, weil wenigstens konkludent die Vollständigkeit der Angaben behauptet wird (vgl auch Rdn 42). Auf § 13 Abs 1 Satz 1 kommt es insoweit nicht an. Dasselbe gilt, wenn der Täter zeitlich gestreckt Angaben macht oder einzelne Informationen nachreicht (vgl § 8 Abs 2 Satz 2). Auch hier behauptet der Täter mit seiner abschließenden Erklärung in aller Regel konkludent, dass die bisher gemachten Angaben (noch) richtig sind und deswegen eine in sich vollständig richtige Gesamterklärung abgegeben worden ist. Über § 13 Abs 1 Satz 1 StGB lassen sich daher nur **Berichtigungspflichten** bezüglich bereits gemachter Angaben konstruieren. Eine Unterlassenstrafbarkeit kommt also nur in Betracht, wenn es darum geht, vollständig gemachte, aber schon ursprünglich falsche oder mittlerweile durch tatsächliche Änderungen falsch gewordene Angaben zu berichtigen. Dabei folgt jedoch aus § 13 Abs 1 Satz 1 keine Pflicht zur fortlaufenden Nachforschung, ob Angaben ihre Richtigkeit behalten haben oder die Angaben Dritter (noch) der Wahrheit entsprechen. Denn dies weitete den Tatbestand in ein *de lege lata* nicht vorgesehenes Fahrlässigkeitsdelikt. Eine Unterlassenstrafbarkeit kann mithin nur dann konstruiert werden, wenn das jeweils verantwortliche Organ positive Kenntnis von Falschangaben oder unrichtigen Darstellungen hat. Mit diesen Berichtigungspflichten einhergehende Verzögerungen des registergerichtlichen Verfahrens sind – auch im Zeitraum zwischen der Mitteilung an das Handelsregister und der Eintragung – im Interesse der durch § 82 geschützten Allgemeinheit hinzunehmen.[35] 21

Bezweckt eine Falschangabe die **Eintragung ins Handelsregister**, was richtigerweise bei allen Tatbestandsvarianten des Absatz 1 sowie Absatz 2 Nr 1 der Fall ist (siehe dazu Rdn 56), ist die äußere zeitliche Grenze einer Unterlassenstrafbarkeit eben diese Eintragung. Eine Berichtigungspflicht bezüglich solcher Falschangaben, die bereits in das Handelsregister eingetragen sind, be- 22

---

30 Vgl dazu BVerfG 21.6.1977 – 2 BvR 308/77, BVerfGE 45, 363, 371 f; BVerfG 17.1.1978 – 1 BvL 13/76, BVerfGE 47, 109, 123; BVerfG 15.3.1978 – 2 BvR 927/76, BVerfGE 48, 48; BVerfG 15.8.2016 – 2 BvR 822/06, NJW-RR 2006, 1627, 1628.

31 Vgl dazu BVerfG 11.6.1969 – 2 BvR 518/66, BVerfGE 26, 186, 204; BVerfG 15.3.1978 – 2 BvR 927/76, BVerfGE 48, 48; BGH 16.12.2004 – 1 StR 420/03, BGHSt 49, 381, 390 f; Schönke/Schröder/*Hecker*[30] § 1 Rdn 21; MünchKomm-GmbHG/*Altenhain*[4] § 82 Rdn 13.

32 Vgl dazu ua BGH 12.12.2000 – 1 StR 184/00, NJW 2001, 624, 627 (zu § 9 Abs 1 StGB); *Hecker* JuS 2015, 274, 276; Lackner/Kühl/Heger/Heger[30] § 13 StGB Rdn 6.

33 Vgl dazu auch vertiefend MünchKomm-GmbHG/*Altenhain*[4] § 82 Rdn 112.

34 MünchKomm-GmbHG/*Altenhain*[4] § 82 Rdn 110; Scholz/Tiedemann/*Rönnau*[13] § 82 Rdn 118, 127, 152, 182.

35 Ebenso MünchKomm-GmbHG/*Altenhain*[4] § 82 Rdn 113; Diff. für die Sacheinlage UHL/*Ransiek*[3] § 82 Rdn 53 sowie Baumbach/Hueck/*Haas*[21] § 82 Rdn 24.

steht nicht.[36] Denn nach dem Zeitpunkt der Eintragung kann auch eine pflichtwidrig unterlassene Berichtigung falscher Angaben denklogisch nicht länger auf eine Handelsregistereintragung abzielen, weshalb es insoweit am subjektiven Tatbestand fehlt.[37] Erfährt ein Einstandspflichtiger daher erst nach der Handelsregistereintragung von der Unrichtigkeit gemachter Angaben, scheidet eine Strafbarkeit aus.

23 Innerhalb der vorgezeichneten Grenzen richtet sich die Unterlassenstrafbarkeit nach den **allgemeinen Grundsätzen**. Voraussetzungen einer unechten Unterlassenstrafbarkeit sind deswegen erstens eine rechtliche Einstandspflicht (Garantenstellung) und zweitens die Entsprechung des Unterlassens mit einem aktiven Tun (Modalitätenäquivalenz). Auf Fragen der hypothetischen Kausalität oder der objektiven Zurechnung kommt es nicht an, weil der Tatbestand keinen Erfolg fordert. Streitig ist jedoch insbesondere die Herleitung und die Reichweite der rechtlichen Einstandspflicht (siehe dazu sogleich Rdn 24 ff).

24 Bezüglich der **Berichtigung eigener Falschangaben** soll nach überwiegender Ansicht eine rechtliche Einstandspflicht allein aus gefährlichem und pflichtwidrigen Vorverhalten (Ingerenz) folgen.[38] Konsequenz dieser Ansicht ist es, dass keine strafbewehrte Berichtigungspflicht entsteht, wenn gegenüber dem möglichen Unterlassenstäter bezüglich der gemachten Falschangabe kein Fahrlässigkeitsvorwurf erhoben werden kann. Das kann etwa der Fall sein, wenn ein Geschäftsführer von den Gesellschaftern über eintragungsrelevante Umstände getäuscht wurde und dies trotz sorgfaltspflichtgemäßer Prüfung bis zum Zeitpunkt der Mitteilung an das Registergericht nicht bemerkt hat. Ebenso wenig wäre eine Strafbarkeit begründbar, wenn sich ursprünglich zutreffende Angaben nachträglich so änderten, dass sie falsch werden. In diesem Fall bestünde schon deswegen keine Pflicht zur Berichtigung aus Ingerenz, weil die Angabe wahrer Umstände weder die Gefahr einer späteren Falschangabe schafft noch pflichtwidrig sein kann. Leitet man die rechtliche Einstandsplicht allein aus einem entsprechenden Vorverhalten ab, drohen damit Verantwortliche vorschnell aus den ihnen unter anderem durch § 82 auferlegten Pflichten entlassen zu werden. Der Anwendungsbereich der Unterlassenstrafbarkeit würde dadurch nicht erheblich verkürzt und bliebe auf wenige, konstruiert anmutende und kaum praxisrelevante Konstellationen beschränkt, die obendrein in den meisten Fällen schwer gerichtsfest nachweisbar sein dürften. Sachgerecht und dogmatisch begründbar ist daher die Annahme einer originären Pflichtenstellung des jeweiligen Organs, also einer rechtlichen Einstandspflicht, die unmittelbar aus der jeweiligen Organeigenschaft folgt.[39] Der Umstand, dass etwa ein Geschäftsführer nach § 43 Abs 2 allein der Gesellschaft verpflichtet ist, steht dem richtigerweise nicht entgegen.[40] Denn eine Pflichtenbindung gegenüber der Gesellschaft schließt ergänzende rechtliche Einstandspflichten nicht zwangsläufig aus.[41] Dass ergänzende Pflichtenbindungen möglich sind und sich auch stimmig in das Gesamtgefüge des GmbHG einpassen, zeigt nicht zuletzt § 82 selbst, der angesichts seiner Schutzzwecke punktuell Pflichten und Haftung (§ 823 Abs 2 BGB) der jeweiligen Organe ins Außenverhältnis weitet (vgl dazu Rdn 9 f).

25 Auch bezüglich der **Berichtigung falscher Angaben und unwahrer Darstellungen Dritter** gilt nichts anderes. Die Einstandspflicht folgt ebenfalls aus einer originären Pflichtenstellung und damit unmittelbar aus den gesetzlichen Bindungen, denen das jeweilige Organ unterliegt. Sie ist dabei nicht (ausschließlich) das Ergebnis einer Pflicht zur wechselseitigen Überwachung inner-

36 Ebenso MünchKomm-GmbHG/*Altenhain*[4] § 82 Rdn 111.

37 IE ebenso MünchKomm-GmbHG/*Altenhain*[4] § 82 Rdn 111, allerdings teilweise unter Verweis auf eine fehlende Modalitätenäquivalenz nach § 13 Satz 1 StGB.

38 Baumbach/Hueck/*Haas*[21] § 82 Rdn 24 und 96.

39 Ebenso mit überzeugenden Argumenten MünchKomm-GmbHG/*Altenhain*[4] § 82 Rdn 113.

40 **AA** MHLS/*Dannecker*[3] § 82 Rdn 135; Scholz/Tiedemann/*Rönnau*[13] § 82 Rdn 120.

41 So auch MünchKomm-GmbHG/*Altenhain*[4] § 82 Rdn 113.

halb arbeitsteiliger Kollegialorgane oder zur Aufsicht zwischen Organen.[42] Denn folgte man letztgenannter Auffassung, dürfte die Pflicht des Überwachergaranten nicht weitergehen als die des Überwachten selbst.[43] Nur soweit dieser zur Berichtigung falscher Angaben verpflichtet ist, wäre dies auch ein einstandspflichtiger Dritter. Dies bedeutete, dass ein Organmitglied im Einzelfall sehenden Auges die Nichtberichtigung von Falschangaben und unrichtigen Darstellungen anderer Organmitglieder unwidersprochen mittragen könnte. Dadurch würde der Strafrechtschutz des § 82 zumindest dann erheblich verkürzt, wenn man der herrschenden Meinung folgte und eine Pflicht zur Berichtigung eigener Falschangaben nur bei einem gefährlichen und pflichtwidrigen Vorverhalten (Ingerenz) annähme (siehe oben Rdn 24).

Eine Pflicht zur Berichtigung falscher Angaben Dritter kann auch für **Absatz 1 Nr 5** beste- 26
hen.[44] Zwar handelt es sich bei den dort geregelten Angaben um höchstpersönliche Wissenserklärungen (siehe Rdn 18). Dies hindert aber die Entstehung einer Pflicht zur Berichtigung erkannt falscher Angaben eines anderen nicht zwangsläufig. Für eine Berichtigungspflicht auch bezüglich einer Falschangabe Dritter über deren Eignung spricht immerhin, dass andernfalls der von § 82 gewährte Schutz ausnahmsweise und zudem noch in einer besonders schutzzweckrelevanten Tatbestandsvariante verkürzt würde. Zu einer unzumutbaren Überforderung führt diese Erstreckung der Garantenpflicht auf die Tatbestandsvariante des Absatz 1 Nr 5 jedenfalls nicht, wenn zweifelsfreie Kenntnis eines Eintragungshindernisses vorliegt und eine gemeinsame Erklärung abgegeben wird. Nachforschungspflichten werden hingegen keinesfalls begründet (siehe dazu bereits Rdn 21), weshalb ein Geschäftsführer oder Geschäftsleiter nicht fortlaufend Sorge für die Richtigkeit der Angaben seiner Kollegen zu tragen braucht.[45] Kommt ein Geschäftsführer oder Geschäftsleiter seiner Einstandspflicht nicht nach, ist er aufgrund der Eigenhändigkeit des Absatz 1 Nr 5 (siehe dazu Rdn 18) aber gleichwohl nur als Gehilfe (§§ 27, 13 StGB) zu bestrafen.

Funktion, Stellenwert und Voraussetzungen der **Entsprechungsklausel** des § 13 Abs 1 Satz 1 27
StGB (Modalitätenäquivalenz) sind in der Strafrechtsdogmatik umstritten.[46] Allgemein anerkannte Kriterien gibt es kaum. Für § 82 dürfte jedoch gelten, dass sich die vorsätzliche Nichtberichtigung falscher Angaben oder unwahrer Darstellungen in ihrem Unrechtsgehalt und ihrer Vorwerfbarkeit regelmäßig einer Verwirklichung des jeweiligen Tatbestands durch aktives Tun hinreichend annähert.[47] Dies gilt insbesondere auch deshalb, weil § 82 keine übermäßig spezifische Begehungsweise vorsieht, sondern sich auf die Umschreibung einer einfach gehaltenen und wenig konturierten Tathandlung (Machen falscher Angaben, Abgeben einer falschen Versicherung, unwahre Darstellung) beschränkt. Gewisse Bedenken entstehen insofern allenfalls mit Blick auf die verschleiernde Darstellung der Vermögenslage der Gesellschaft (Absatz 2 Nr 2), weil ein Verschleiern ein (aktives) Zudecken der tatsächlichen Lage einfordert (vgl dazu Rdn 49).

Verfassungsrechtliche und rechtspolitische Aspekte. Gegen die Verfassungskonformität 28
des § 82 bestehen keine durchgreifenden Bedenken. Allerdings wird die Legitimation des Eignungsschwindels (Absatz 1 Nr 5) vereinzelt in Zweifel gezogen, weil sich allein mit der Einsparung von Verwaltungsaufwand ein Straftatbestand nicht begründen lasse.[48] Diese Schlussfolgerung aus den Schutzzwecken scheint freilich schon bezüglich ihrer Prämisse einigermaßen zweifelhaft (siehe dazu Rdn 7). Für die Auffassung spricht daher nur, dass mit Absatz 1 Nr 5 ein Delikt geschaffen worden ist, dessen Ziel gut auf alternativem Wege, nämlich über das Einholen eines Auszugs aus dem Bundeszentralregister durch das Registergericht, zu erreichen wäre. Ungeeignete Personen

---

42 So aber die wohl **hM** vgl Baumbach/Hueck/*Haas*[21] § 82 Rdn 24; MHLS/*Dannecker*[3] § 82 Rdn 135, 256; Scholz/Tiedemann/*Rönnau*[13] § 82 Rdn 33, 183.

43 Vgl MünchKomm-GmbHG/*Altenhain*[4] § 82 Rdn 114.

44 **AA** MünchKomm-GmbHG/*Altenhain*[4] § 82 Rdn 114.

45 Vgl dazu aber MünchKomm-GmbHG/*Altenhain*[4] § 82 Rdn 124.

46 Vgl dazu im Überblick MünchKomm-StGB/*Freund*[4] § 13 StGB Rdn 202 ff.

47 Vgl *Rudolphi* ZStW 86 (1974) S 70; *Schünemann* ZStW 96 (1984) S 312; *Roxin* in: FS Lüderssen, 2002, S 577, 579; BeckOK-StGB/*Heuchemer*[60] § 13 Rdn 116.

48 UHL/*Ransiek*[3] § 82 Rdn 102.

aus der Geschäftsführung könnten also auch ohne Strafdrohung von der Geschäftsführung ferngehalten werden, weshalb Absatz 1 Nr 5 gegen das Übermaßverbot verstoße. Diese Erwägung ist beachtlich, aber nicht zwingend. Denn es ist dem Gesetzgeber unbenommen, innerhalb der ihm zustehenden Einschätzungsprärogative über die Mittel zur Erreichung eines notwendigen Ziels zu entscheiden. Dabei stellt sich im Kriminalpräventionsrecht stets die Frage, ob ein Ziel – wie in Absatz 1 Nr 5 – durch strafrechtliche Abschreckung oder polizei- bzw aufsichtsrechtliche Verhinderung verfolgt werden soll. Bezüglich der Eignung für das Geschäftsführeramt hat er sich legitimerweise für den ersten Weg und dafür entschieden, sich grundsätzlich auf Selbstauskünfte zu verlassen. Diese Lösung dient im Übrigen nicht nur einer Verfahrenserleichterung beim Registergericht, sondern verhindert auch andere Grundrechtseingriffe, die mit der standardmäßigen Einholung eines Strafregisterauszugs verbunden wären. Hinzukommt, dass Eintragungen, die nach geltender Rechtslage getilgt werden (§§ 45 ff BZRG), dem Registergericht allenfalls nach einer entsprechenden Änderung des BZRG mitgeteilt würden. Strafregisterauszüge von Geschäftsleitern ausländischer juristischer Personen werden für das Registergericht zudem nicht immer erreichbar sein und die notwendigen Informationen zuverlässig enthalten.

29 Aus rechtspolitischer Sicht ist eine gewisse **Weitung der Strafbarkeit** zu erwägen. Zur Schließung sachwidriger Strafbarkeitslücken scheint es angeraten, in Absatz 1 Nr 3 und Absatz 2 Nr 1 Liquidatoren in den Kreis tauglicher Täter aufzunehmen (siehe dazu auch Rdn 35). Wird eine juristische Person oder eine Personenhandelsgesellschaft zum Liquidator bestellt, sollte sich die strafbewehrte Erklärungspflicht über Bestellungshindernisse (Absatz 1 Nr 5) nicht nur auf die Eignung der juristischen Person oder der Personenhandelsgesellschaft, sondern auch auf ihre gesetzlichen Vertreter erstrecken (siehe dazu Rdn 89). Zweckmäßig wäre ferner die Ergänzung einzelner Fahrlässigkeitsvarianten. Dies gilt vor allem für solche Fälle, in denen sich ein Organ regelmäßig auf die Angaben Dritter verlässt, namentlich für Geschäftsführer, die auf Informationen der zumindest in der Gründungsphase häufig sachnäheren Gesellschafter vertrauen. Selbst wenn Geschäftsführer Zweifel an der Richtigkeit der ihnen zur Verfügung gestellten Informationen haben, trifft sie bislang keine Sorgfaltspflicht, diesen Zweifeln nachzugehen (vgl Rdn 21). Eine Strafbarkeit des jeweiligen Organs scheidet mithin solange aus, wie zu seinen Gunsten anzunehmen ist, dass es auf die Richtigkeit der Informationen von Dritter Seite vertraut hat. Diese Annahme dürfte angesichts des geltenden Zweifelgrundsatzes allzu häufig nicht widerlegbar sein; vgl in diesem Zusammenhang zur Strafbarkeit wegen mittelbarer Täterschaft Rdn 16. Strafbarkeitslücken bestehen zudem im Bereich der sogenannten Strohmanngründung (siehe dazu Rdn 32). Hier fehlt es im Vergleich zum zivilrechtlichen Haftungsregime (§ 9a Abs 4) an der Gleichstellung solcher Personen mit den (Gründungs-)Gesellschaftern, für deren Rechnung Geschäftsanteile übernommen worden sind.

30 **Praxisrelevanz.** Die in den Kriminalstatistiken ausgewiesene Praxisrelevanz der Vorschrift ist gering. So weist etwa die Strafverfolgungsstatistik[49] Ab- und Verurteilungen nach § 82 noch nicht einmal eigens aus, sondern nur im Verbund mit den weiteren Straftatbeständen des GmbHG (außer § 85). Für 2021 berichtet die Strafverfolgungsstatistik 80 Aburteilungen und 62 Verurteilungen. Dabei werden überwiegend Geldstrafen verhängt (2021 in 55 von 62 Fällen). Diese statistische Unauffälligkeit darf allerdings nicht über das tatsächliche Tataufkommen hinwegtäuschen. Zum einen dürften tatbestandsmäßige Handlungen vielfach schlicht nicht zur Kenntnis der Strafverfolgungsbehörden gelangen. Werden Straftaten nach § 82 bekannt, dürften zum anderen regelmäßig auch andere Tatbestände erfüllt sein (siehe zu den Konkurrenzen Rdn 102). Diese lassen § 82 entweder auf Konkurrenzebene zurücktreten (vgl dazu ua Absatz 2 Nr 2; vgl Rdn 102) oder eine Verfolgung nicht opportun erscheinen, weswegen von dieser nach §§ 154, 154a StPO abgesehen wird.

---

49 Statistisches Bundesamt, Strafverfolgungsstatistik 2021, Fachserie 10 Reihe 3.

B. Gemeinsame Erläuterungen zu den verschiedenen Tatbestandsvarianten

I. Objektiver Tatbestand

1. Taugliche Täter

31 § 82 ist in allen Tatbestandsvarianten ein Sonderdelikt, das heißt nur Personen mit der jeweils geforderten Tätereigenschaft können den Tatbestand erfüllen; andere Personen können nur Teilnehmer (§§ 26, 27 StGB) sein (siehe dazu bereits Rdn 16). **Täter können sein**: Gesellschafter (Absatz 1 Nr 1 und Nr 2), Geschäftsführer (Absatz 1 Nr 1, Nr 3, Nr 4, Nr 5, Absatz 2 Nr 1 und Nr 2), Geschäftsleiter ausländischer juristischer Personen (Absatz 1 Nr 5), Liquidatoren (Absatz 1 Nr 5, Absatz 2 Nr 2) sowie Mitglieder eines Aufsichtsrats nach § 52 oder eines aufsichtsratsähnlichen Organs (Absatz 2 Nr 2). Die Tätereigenschaft muss zum Zeitpunkt der tatbestandsmäßigen Handlung oder Unterlassung gegeben sein (§ 8 Satz 1 StGB) (siehe dazu bereits ebenfalls Rdn 16). Insolvenzverwalter, die in bestimmten Fällen ebenfalls für Angaben im Sinne des § 82 zuständig sein können (§ 254a Abs 2 Satz 3 InsO), werden nicht erfasst.

32 **Gesellschafter (Absatz 1 Nr 1 und Nr 2)**. Gesellschafter sind sämtliche Personen, die im Gesellschaftsvertrag Anteile der Gesellschaft übernommen haben (vgl § 3 Abs 1 Nr 4). Da sich die Strafbarkeit nach Absatz 1 Nr 1 und Nr 2 jedoch nur auf die Gründung der Gesellschaft bezieht, kommen als taugliche Täter letztlich auch nur die Gründungsgesellschafter in Betracht,[50] also Personen, die eine Gesellschaft errichten, indem sie den Gesellschaftsvertrag (§ 2 Abs 1 GmbHG) unterzeichnen.[51] Sind juristische Personen (Gründungs-)Gesellschafter, so trifft die strafrechtliche Verantwortlichkeit deren Organe (§ 14 Abs 1 StGB) bzw nach Maßgabe des § 14 Abs 2 StGB Betriebsleiter oder mit der Gesellschaftsgründung in eigener Verantwortung beauftragte Personen (siehe dazu bereits Rdn 17). Nicht von § 14 Abs 1 StGB erfasst sind der nicht-rechtsfähige Verein und die Vor-GmbH, weil es hier an den im Wortlaut des § 14 Abs 1 Nr 1 oder Nr 2 StGB geforderten Voraussetzungen fehlt;[52] richtigerweise ermöglicht jedoch § 14 Abs 2 StGB eine strafbarkeitsbegründende Merkmalszurechnung.[53] Gründungstreuhänder („Strohmanngesellschafter"), also Personen, die zwar formal in eigenem Namen aber materiell für einen Dritten („Hintermann") tätig werden, sind taugliche Täter; sie sind Gesellschafter im Sinne des Absatz 1 Nr 1 und Nr 2 und müssen sich insoweit an ihrer – sei es auch nur formal eingenommenen – Rolle festhalten lassen. Die notwendige Tätereigenschaft dürfte hingegen dem Hintermann fehlen. Dieser wird zwar über § 9a Abs 4 haftungsrechtlich den Gesellschaftern gleichgestellt; eine derartige Entsprechungsklausel fehlt jedoch für den Straftatbestand des § 82. Daraus ist der Umkehrschluss zu ziehen, dass Personen, für deren Rechnung die Gesellschafter Geschäftsanteile übernommen haben, von Absatz 1 Nr 1 und Nr 2 nicht erfasst sind. Die Einbeziehung solcher Personen verstieße auch gegen das strafrechtliche Analogieverbot des Art 103 Abs 2 GG. Hieraus kann eine empfindliche Strafbarkeitslücke entstehen, wenn ein Hintermann sich eines gutgläubigen Strohmanns bedient. In diesem Fall scheidet nämlich eine Strafbarkeit des Hintermanns wegen mittelbarer Täterschaft (§ 25 Abs 1 Alt 2 StGB: mangels Tätereigenschaft des Hintermanns) genauso aus wie eine strafrechtliche Verantwortlichkeit über die Regeln der Beteiligung (§§ 26, 27 StGB: keine vorsätzliche Haupttat).

33 **Geschäftsführer (Absatz 1 Nr 1, Nr 3, Nr 4, Nr 5, Absatz 2 Nr 1 und Nr 2)**. Geschäftsführer besitzen abgesehen vom Sachgründungsberichtsschwindel (Absatz 1 Nr 2) stets die erforderliche Täterqualität. Allerdings kommt auch bei einem Sachgründungsberichtsschwindel neben einer Teilnahmestrafbarkeit eine täterschaftliche Strafbarkeit des Geschäftsführers in Betracht, nämlich dann, wenn dieser vorsätzlich einen Sachgründungsbericht mit falschen Angaben beim Register-

---

50 Ebenso MünchKomm-GmbHG/*Altenhain*[4] § 82 Rdn 17.

51 Esser/Rübenstahl/Salinger/Tsambikakis-Wirtschaftsstrafrecht/*Brand*, § 399 AktG, Rdn 41.

52 Ebenso UHL/*Ransiek*[3] § 82 Rdn 15.

53 UHL/*Ransiek*[3] § 82 Rdn 15; zweifelnd MünchKomm-GmbHG/*Altenhain*[4] § 82 Rdn 19.

gericht einreicht (Absatz 1 Nr 1).[54] Die Geschäftsführereigenschaft bestimmt sich nach Gesellschaftsrecht und knüpft insoweit an die formale Stellung als Geschäftsführer an. Daraus folgt nicht zuletzt, dass auch nur auf dem Papier eingesetzte Geschäftsführer („Strohmann-Geschäftsführer") strafrechtlich verantwortlich sind und zwar selbst dann, wenn ihnen im Innenverhältnis faktisch sämtliche Kompetenzen streitig gemacht werden. Denn der Geschäftsführer, der formal wirksam bestellt ist, hat von Gesetzes wegen stets alle rechtlichen und damit auch tatsächlichen Handlungsmöglichkeiten,[55] von denen er rechtstreuen Gebrauch zu machen hat. Tut er dies nicht, trifft ihn ohne Abstrich eine strafrechtliche Verantwortlichkeit. Auch Notgeschäftsführer (vgl dazu § 35) sind erfasst. Gleiches gilt für einen Stellvertreter im Sinne des § 44 (siehe dazu § 44), wenn dieser in Vertretung des Geschäftsführers falsche Angaben macht. Problematisch kann eine täterschaftliche Begehung hingegen sein, wenn ein Stellvertreter nur auf Anweisung und nicht „in Stellvertretung" des Geschäftsführers handelt.[56] Auch dann kommt aber richtigerweise eine täterschaftliche Begehung in Betracht, weil die Pflichtenstellung mit der Berufung ins Stellvertreteramt bereits begründet ist. Dies folgt aus § 44 GmbHG, der Stellvertretern keineswegs nur eine subsidiäre Bedeutung für den Fall beimisst, dass der ordentliche Geschäftsführer an der Ausübung seines Amtes rechtlich oder tatsächlich gehindert ist (vgl dazu § 44). Auch Stellvertreter haben daher grundsätzlich dieselbe Rechts- und Pflichtenstellung wie die ordentlichen Organmitglieder; im für § 82 relevanten Außenverhältnis ist der Stellvertreterzusatz ohnehin rechtlich weitgehend bedeutungslos.[57]

34 **Geschäftsleiter ausländischer juristischer Personen (Absatz 1 Nr 5).** Von der Tatbestandsvariante des Eignungsschwindels sind auch Geschäftsleiter ausländischer juristischer Personen erfasst. Damit gemeint sind Personen, die nach ausländischem Recht eine dem GmbH-Geschäftsführer vergleichbare Leitungsaufgabe erfüllen. Damit sind die Strafbarkeitsvoraussetzungen zwar nicht rechtlich präzise bestimmt, aber doch hinreichend bestimmbar. Im praktisch wenig wahrscheinlichen Zweifelsfällen ist der Geschäftsleiterbegriff restriktiv auszulegen.

35 **Liquidatoren (Absatz 1 Nr 5, Absatz 2 Nr 2).** Auch die in Fällen einer Gesellschaftsauflösung geborenen oder durch das Gericht bestellten (gekorenen) Liquidatoren im Sinne des § 66 (vgl dazu § 66) sind taugliche Täter einzelner Tatbestandsvarianten des § 82. Ist eine juristische Person Liquidator, ist diese Eigenschaft den verantwortlich handelnden natürlichen Personen nach den Grundsätzen des § 14 StGB zuzurechnen (siehe dazu bereits Rdn 17). Strafrechtlich verantwortlich sind auch stellvertretende Liquidatoren (§ 69 Abs 1 in Verbindung mit § 44), für die die Maßgaben zum stellvertretenden Geschäftsführer entsprechend gelten (siehe Rdn 33). Problematisch kann es sein, wenn Geschäftsführer zu Liquidatoren werden (§ 66 Abs 1). In diesem Fall ist unklar, ob Geschäftsführerliquidatoren taugliche Täter auch solcher Tatbestandsvarianten des § 82 – namentlich des Absatz 1 Nr 3 oder auch Absatz 2 Nr 1 – sein können, die zwar Geschäftsführer, nicht aber Liquidatoren in ihrem Wortlaut nennen.[58] Dies wird unter Verweis auf den strafrechtlichen Bestimmtheitsgrundsatz des Art 103 Abs 2 GG bestritten, kann bezüglich der Tätereigenschaft aber richtigerweise dahinstehen, weil es insoweit jedenfalls an einem Handeln in einschlägiger Organfunktion fehlt (vgl dazu Rdn 53 f).

36 **Aufsichtsratsmitglieder oder Mitglieder eines aufsichtsratsähnlichen Organs (Absatz 2 Nr 2).** Mitglieder des Aufsichtsrats oder eines aufsichtsratsähnlichen Organs können taugliche Täter des Geschäftslageschwindels sein. In allen anderen Tatbestandsvarianten fehlt es ihnen an der erforderlichen Tätereigenschaft. Insoweit kommt alleine eine strafbare Teilnahme (§§ 26, 27 StGB) in Betracht, die sich bei der Verletzung einer anderweit begründeten Aufsichts- und Überwa-

---

54 MünchKomm-GmbHG/*Altenhain*[4] § 82 Rdn 20.

55 Vgl dazu zuletzt BGH 13.10.2016 – 3 StR 352/16, NStZ 2017, 149.

56 Vgl dazu auch BGH 10.6.1958 – 5 StR 190/58, BB 1958, 930; für eine täterschaftliche Bestrafung auch in diesem Fall MünchKomm-GmbHG/*Altenhain*[4] § 82 Rdn 20.

57 MünchKomm-GmbHG/*W. Goette*[4] § 44 Rdn 2.

58 Vgl dazu Scholz/Tiedemann/*Rönnau*[13] § 82 Rdn 49; MHLS/*Dannecker*[3] § 82 Rdn 52; Erbs/Kohlhaas-GmbHG/*Schaal*[249] § 82 Rdn 33.

chungspflicht auch als strafbares Unterlassen (§ 13 StGB) konstruieren lassen dürfte (siehe dazu Rdn 20 ff).[59] Absatz 2 Satz 2 bezieht sich unterschiedslos auf Mitglieder fakultativer (§ 52) und obligatorischer (vgl § 1 Abs 1 Nr 3 Satz 2 DrittelbG, § 6 Abs 1 MitbestG, § 3 Abs 1 MontanMitbestG, §§ 1, 5 MontanMitbestErgG, § 24 Abs 2 MgVG, § 18 Abs 2 Satz 1 KAGB) Aufsichtsräte. Aufsichtsratsersatzmitglieder und -stellvertreter (vgl dazu § 52) sind nur dann taugliche Täter, wenn sie entweder in Stellvertretereigenschaft handeln oder für ein ausscheidendes Mitglied in den Aufsichtsrat nachgerückt sind.[60] Die Erstreckung des Absatz 2 Nr 2 auf Mitglieder aufsichtsratsähnlicher Organe trägt dem Umstand Rechnung, dass in der Praxis anstelle eines fakultativen Aufsichtsrats andere Einrichtungen (Beiräte oder Verwaltungsräte) vorgehalten werden.[61] Mit Blick auf den strafrechtlichen Bestimmtheitsgrundsatz ist diese Weitung nicht unproblematisch. Hinzukommt, dass ein strafrechtlicher Schutz nicht zwangsläufig gewährt werden muss, wenn nicht auch die entsprechende Handlungsform – eben die formale Einrichtung eines Aufsichtsrats – gewählt wird. Angesichts des durch § 82 bezweckten Vertrauensschutzes der Allgemeinheit (siehe dazu Rdn 6) lässt sich die Aufnahme aufsichtsratsähnlicher Organe in Absatz 2 Nr 2 aber allemal legitimieren. Es ist jedoch ein hinreichend restriktives Begriffsverständnis geboten. Auf die formal gewählte Bezeichnung kommt es insoweit aber nicht an.[62] Nicht maßgeblich sind ferner die Größe und die Mitgliederanzahl des Gremiums; auch die Besetzung mit einer einzigen Person kann genügen.[63] Ebenso wenig ist die genaue Art der Errichtung und Besetzung sowie die Binnenordnung des Gremiums entscheidend. Für ein aufsichtsratsähnliches Organ bedarf es jedoch einer deutlich nach außen zutage tretender Dauerhaftigkeit und Institutionalisierung. Andernfalls kann sich ein berechtigtes Vertrauen der Allgemeinheit auf die Zuverlässigkeit der Äußerungen im Sinne des Absatz 2 Nr 2 nicht entwickeln. Das aufsichtsratsähnliche Organ muss ferner zur globalen oder wenigstens auf einzelne Geschäftsführungsbereiche (etwa die Finanzen) beschränkten[64] Überwachung der Geschäftsführung berufen sein. Andernfalls fehlt es an der Aufsichtsratsähnlichkeit (vgl dazu § 52 Abs 1 in Verbindung mit § 111 AktG). Nicht erfasst sind daher Gesellschafterversammlungen, der Betriebsrat bzw sonstige Interessenvertreter von Arbeitnehmern oder auch Abschlussprüfer. Nicht unter Absatz 2 Nr 2 fallen zudem bloße Berater- oder Repräsentationsgremien ohne nennenswerte Aufsichtsfunktion.[65] Gremien, die in der Hauptsache die Interessen von Gläubigern oder Anlegern wahren sollen, können hingegen die Voraussetzungen erfüllen, wenn diese Interessenwahrung auch eine fortlaufende Überwachung der Geschäftsführung umfasst.[66]

Faktische Organe. Inwiefern auch faktische Organe taugliche Täter des § 82 sein können, ist 37
umstritten. Teilweise wird deren Tätereignung kategorisch mit dem beachtlichen Hinweis auf die Wortlautgrenze und das strafrechtliche Analogieverbot (Art 103 Abs 2 GG) verneint.[67] Die herrschende Meinung bezieht faktische Organe hingegen grundsätzlich in den Kreis tauglicher Täter ein; vereinzelt wird jedoch in nur schwer zu überblickenden Meinungsverästelungen nach bestimmten Organstellungen und einzelnen Konstellationen – etwa in Abhängigkeit vom äußeren Erscheinungsbild eines Bestellungsakts – weiter differenziert.[68] Besonders weit geht die Rechtsprechung bei der Anerkennung faktischer Organstellungen. Nach deren Auffassung ist etwa nicht nur der formell zum Geschäftsführer Berufene als tauglicher Täter des § 82 anzusehen, sondern grundsätzlich auch derjenige, der die Geschäftsführung mit Einverständnis der Gesellschafter

59 Vgl MünchKomm-GmbHG/*Altenhain*[4] § 82 Rdn 36, der die Garantenstellung auf eine Schädigung der Gesellschaft beschränkt sehen möchte.

60 Noch weitergehend MünchKomm-GmbHG/*Altenhain*[4] § 82 Rdn 37.

61 Esser/Rübenstahl/Salinger/Tsambikakis-Wirtschaftsstrafrecht/*Brand*, § 399 AktG Rdn 216.

62 Baumbach/Hueck/*Haas*[21] § 82 Rdn 89.

63 Ebenso Baumbach/Hueck/*Haas*[21] § 82 Rdn 89.

64 Ebenso Baumbach/Hueck/*Haas*[21] § 82 Rdn 89.

65 Ähnlich UHL/*Ransiek*[3] § 82 Rdn 129.

66 Restriktiver MHLS/*Dannecker*[3] § 82 Rdn 58.

67 Für den Geschäftsführer MünchKomm-GmbHG/*Altenhain*[4] § 82 Rdn 23.

68 Zum Geschäftsführer vgl dazu im Überblick Esser/Rübenstahl/Salinger/Tsambikakis-Wirtschaftsstrafrecht/*Brand*, § 399 AktG Rdn 18 ff.

ohne förmliche Bestellung rein faktisch übernommen hat und ausübt.[69] Ausreichend soll es dabei sein, dass maßgebliche Entscheidungen weitgehend vom faktischen Geschäftsführer ausgehen und dieser auf die zentralen Geschäftsvorgänge bestimmenden Einfluss nimmt. In einem Geschäftsführerkollegium muss der faktische Geschäftsführer gegenüber den formell bestellten Geschäftsführern eine überragende Stellung einnehmen oder zumindest deutliches Übergewicht in gesellschaftsrelevanten Entscheidungen haben.[70] Dieser weiten Linie der Rechtsprechung ist letztlich beizupflichten.[71] Sie ist auf die anderen in § 82 genannten Gesellschaftsorgane zu übertragen.[72] Festzuhalten ist nämlich zunächst, dass § 82 das Handeln *als* Organ voraussetzt und damit der Wortlaut nicht zwingend einfordert, dass die Organeigenschaft auch tatsächlich besteht.[73] Für den Gründungsschwindel nach Absatz 1 Nr 1 folgt dieses Normverständnis beinahe zwangsläufig daraus, dass die Gesellschaft bei der Anmeldung mangels Eintragung im Handelsregister regelmäßig noch nicht besteht und somit auch kein formeller Geschäftsführer rechtswirksam für sie bestellt sein kann. Möchte man den Kreis tauglicher Täter hier nicht unsachgemäß verengen, dann sind zumindest in Absatz 1 Nr 1 faktische Geschäftsführer als einzig praxisrelevante Tätergruppe einzubeziehen. Weshalb für die übrigen Tatbestandsvarianten des § 82 anderes gelten sollte, wäre dann aber kaum begründbar. Entscheidend ist daher ein an den Schutzzweckzusammenhängen des § 82 orientiertes Verständnis der erforderlichen Organeigenschaft (vgl dazu auch *Baur* § 84 Rdn 12 f) Angesichts des von § 82 verfolgten allgemeinen Vertrauensschutzes sprechen für die Einbeziehung faktischer Organe vor allem kriminalpräventive Erwägungen. Denn insbesondere die Vorschaltung (gutgläubiger) „Strohmann-Organe" (siehe dazu auch Rdn 29) darf nicht zu Lasten der geschützten Allgemeinheit gehen und dazu führen, dass der durch § 82 erstrebte Strafrechtsschutz systematisch unterlaufen wird. Derjenige, der faktisch eine Organstellung innehat und damit im Rahmen seiner in der Sache ergriffenen Zuständigkeit die Geschicke der Gesellschaft maßgeblich mitbestimmt, muss sich daran festhalten lassen und auch die Pflichten erfüllen, die das jeweilige Organ treffen. Dies bedeutet auch, dass er bei deren Verletzung diejenigen strafrechtlichen Folgen zu tragen hat, die das Gesetz an eine solche Pflichtverletzung knüpft.[74]

2. Tathandlungen

38 Die einzelnen Tatbestandsvarianten des § 82 bestimmen insgesamt vier unterschiedliche Handlungen, die aber allesamt **wahrheitswidrige oder wahrheitsverschleiernde Äußerungen** betreffen. So setzen sämtliche Tatbestandsvarianten des Absatz 1 als Tathandlung voraus, dass der Täter falsche Angaben macht. Absatz 2 Nr 1 und Absatz 2 Nr 2 fordern das Abgeben einer unwahren Versicherung bzw eine unwahre Darstellung. Von der Begrifflichkeit einmal abgesehen, entspricht beides weitgehend der Tathandlung des Absatz 1.[75] Absatz 2 Nr 2 stellt daneben als weitere Tathandlung das Verschleiern. Sämtliche Tatbestandsvarianten fordern ein Handeln in Organeigenschaft (siehe dazu Rdn 53 f).

39 **Machen von falschen Angaben (Absatz 1).** Der Begriff der **Angabe** ist weit auszulegen. Zu den Angaben im Sinne des Absatz 1 zählen sämtliche Mitteilungen an das Registergericht, also nicht nur eigens abgegebene Erklärungen, sondern auch miteingereichte Unterlagen.[76] Inhaltlich

69 So zuletzt etwa BGH 10.5.2000 – 3 StR 101/00, NJW 2000, 2285 mwN.

70 BGH 10.5.2000 – 3 StR 101/00, NJW 2000, 2285, 2286 mwN.

71 Zu den gewichtigen Gegenargumenten vgl den vollständigen Überblick zum Meinungsstand bei Esser/Rübenstahl/Salinger/Tsambikakis-Wirtschaftsstrafrecht/*Brand*, § 399 AktG, Rdn 19 ff.

72 **AA** für faktische Aufsichtsratsmitglieder und faktische Mitglieder aufsichtsratsähnlicher Organe MünchKomm-StGB/*Hohmann*[4] § 82 GmbHG Rdn 117; wie hier auch für den Aufsichtsrat Erbs/Kohlhaas-GmbHG/*Schaal*[249] § 82 Rdn 9.

73 Vgl dazu MünchKomm-StGB/*Hohmann*[4] § 82 GmbHG Rdn 50.

74 BGH 10.5.2000 – 3 StR 101/00, NJW 2000, 2285, 2286.

75 Ebenso Esser/Rübenstahl/Salinger/Tsambikakis-Wirtschaftsstrafrecht/*Brand*, § 399 AktG Rdn 187.

76 Vgl grundlegend dazu BGH 16.5.1958 – 2 StR 103/58, BeckRS 1958, 31193001.

sind neben Tatsachen, also Mitteilungen über innere oder äußere Zustände sowie Geschehnisse der Vergangenheit oder Gegenwart, auch bloß auf Tatsachen basierte und letztlich zukunftsgerichtete Schätzungen und Bewertungen erfasst. Letzteres ergibt sich mittelbar aus den von Absatz 1 erfassten Konstellationen, die etwa bei Sacheinlagen und Sondervorteilen sowie dem Gründungsaufwand zwangsläufig auch Bewertungen und Schätzungen notwendig machen, deren Verlässlichkeit strafrechtlich abzusichern ist. Ergänzend wird in diesem Zusammenhang teilweise auf das parallele Begriffsverständnis in § 264a Abs 1 StGB verwiesen.[77] Bloße Meinungsäußerungen und reine Werturteile, die keinerlei Tatsachenbezug aufweisen, erfüllen das Tatbestandsmerkmal hingegen nicht.[78] Durch sie wird der Schutzzweck des Absatz 1 nicht berührt, weil ein rein persönliches Dafürhalten das nach Absatz 1 geschützte Vertrauen der Allgemeinheit nicht beeinträchtigen kann; es fehlt ihm dafür an der notwendigen (register-)rechtlichen Relevanz.

Ob eine Angabe **falsch** ist, ist aus der Sicht des Erklärungsadressaten, also aus der des zuständigen Registergerichts zu bestimmen (vgl Rdn 47). Sollten jedoch in Ausnahmefällen unklare und mehrdeutige Angaben gemacht worden sein, ist grundsätzlich die tätergünstigere Auslegung zugrunde zu legen – jedenfalls solange dem Täter nicht gezielte Desinformation nachzuweisen ist. 40

Beziehen sich Angaben auf **Tatsachen**, so sind diese falsch, wenn sie nicht mit der (objektiven) Wirklichkeit übereinstimmen (Widerspruch zwischen Wort und Wirklichkeit). Dies entspricht dem Begriffsverständnis der herrschenden objektiven Theorie bei den Aussagedelikten (§§ 153 ff StGB).[79] Richtigerweise ist es daher grundsätzlich nicht tatbestandsmäßig, wenn der Geschäftsführer eine Erklärung abgibt, bei der Wort und Wirklichkeit zwar miteinander in Einklang stehen, die aber aufgrund einer Fehlvorstellung seinem subjektiven Kenntnisstand widerspricht. Denn eine Angabe, die zwar vom Erklärenden ins Blaue hinein oder sogar entgegen seinem eigenen Dafürhalten gemacht wird, objektiv aber gleichwohl richtig ist, kann eine Strafbarkeit nicht begründen, weil sie den Schutzzweck des § 82 unberührt lässt. Absatz 1 Nr 4 bildet davon keine Ausnahme. Auch bei dieser Tatbestandsvariante ist der Bestimmung der Falschheit entgegen der wohl herrschenden Auffassung[80] keine subjektive Theorie (Widerspruch zwischen Wort und Wissen) zugrunde zu legen. Es wäre an sich schon in besonderem Maße begründungsbedürftig eine abweichende Bestimmung der Falschheit für eine einzelne Tatbestandsvariante des Absatz 1 zugrunde zu legen. Mit Blick auf Absatz 1 Nr 4 gilt zudem, dass § 57i Abs 1 Satz 2, den diese Variante in Bezug nimmt, zwar auf die Kenntnis des anmeldenden Geschäftsführers abstellt, aber dennoch keine rein subjektive Wissenserklärung einfordert (siehe dazu Rdn 84). 41

Auch **unvollständige Angaben** können falsch sein. In Übertragung der Grundsätze der Aussagedelikte des StGB ist dafür Voraussetzung, dass die verschwiegene Tatsache erkennbar zum Gegenstand der jeweiligen Erklärung gehört und für das Registergericht entscheidungserheblich ist.[81] Auf die Voraussetzungen einer Unterlassenstrafbarkeit kommt es insoweit nicht an, weil der verschweigende Täter regelmäßig konkludent erklärt, vollständige Angaben gemacht zu haben. Werden entscheidungserhebliche Umstände verschwiegen, wird die abgegebene Erklärung damit insgesamt falsch (siehe dazu bereits Rdn 21).[82] 42

Beziehen sich Angaben auf **Bewertungen oder Schätzungen**, so müssen diese schlechterdings unvertretbar sein. Die Beurteilung der Falschheit ist hier ausgesprochen schwierig. Keinesfalls liegt 43

---

77 MünchKomm-GmbHG/*Altenhain*³ § 82 Rdn 42; zum Begriffsverständnis in § 264a StGB vgl MünchKomm-StGB/*Ceffinato*⁴ § 264a Rdn 38.

78 Ebenso MünchKomm-GmbHG/*Altenhain*⁴ § 82 Rdn 42; **aA** MHLS/*Dannecker*⁴ § 82 Rdn 85.

79 Vgl dazu anstelle Vieler im Überblick in Schönke/Schröder/*Bosch*/*Schittenhelm*³⁰ Vor §§ 153 ff StGB Rdn 4 f.

80 Vgl dazu MünchKomm-GmbHG/*Altenhain*⁴ § 89 Rdn 89, Esser/Rübenstahl/Salinger/Tsambikakis-Wirtschaftsstrafrecht/*Brand*, § 399 AktG Rdn 169; UHL/*Ransiek*³ § 82 Rdn 94.

81 Vgl zu den diesbezüglichen Grundsätzen der §§ 153 ff StGB BGH 9.10.1952 – 4 StR 192/52, NJW 1952, 1383 f; BGH 11.11.1954 – 3 StR 422/54, NJW 1955, 230 f; siehe zur Problematik auch MünchKomm-GmbHG/*Altenhain*⁴ § 82 Rdn 50.

82 BGH 29.6.2019 – 2 StR 520/15, NZWiSt 2017, 190, 195.

schon allein deshalb eine falsche Angabe vor, weil sich eine Bewertung oder Schätzung im Nachhinein als unzutreffend herausstellt, beispielsweise weil erwartete Erlöse nicht zu erzielen sind. Denn Unsicherheiten, Unschärfen und Irrtumsrisiken, die Bewertungen und Schätzungen immanent sind, dürfen nicht zu Lasten desjenigen gehen, der eine solche Angabe macht. Entscheidend ist vielmehr, dass eine solche Angabe *lege artis* gemacht wird. Wer sich deshalb bei seinen Bewertungen und Schätzungen auf belastbarer Tatsachengrundlage und innerhalb der Grenzen dessen bewegt, was methodisch zulässig und vertretbar ist, macht keine falsche Angabe. Daraus ergeben sich zwei Wege, die in diesem Zusammenhang zu falschen Angaben führen können: Beruht – erstens – eine Bewertung oder Schätzung auf Tatsachen, die nicht der Wirklichkeit entsprechen oder unvollständig sind, ist dies ein starkes Indiz dafür, dass eine Angabe falsch ist. Zwingend ist dies jedoch nicht, weil auch eine unzutreffende, ungenaue oder unvollständige Tatsachengrundlage etwa aufgrund des bilanzrechtlichen Vorsichtigkeitsprinzips (§ 252 HGB) immer noch zu einer im Ergebnis vertretbaren und damit richtigen Angabe führen kann. Bewertungen und Schätzungen können – zweitens – zu einer Falschangabe werden, wenn die ihnen zugrundeliegende Bewertungs- und Schätzmethode unzulässig oder zumindest unvertretbar ist. Dies kann der Fall sein, wenn Bewertungen und Schätzungen denkfehlerhaft sind oder sie gegen gesetzliche Vorgaben oder zumindest in Fachkreisen allgemein anerkannte Grundsätze verstoßen.[83]

44 Eine **schutzzweckbezogene Einschränkung** erfährt Absatz 1 bezüglich solcher Falschangaben, die eine vermögensrelevante Irreführung der Allgemeinheit unter keinem Gesichtspunkt befürchten lassen. Falschangaben, die generell-abstrakt ungeeignet sind, ein (register-)rechtlich verbürgtes, aber irriges Vertrauen entstehen zu lassen, und die deswegen die Vermögensinteressen von Gläubigern oder künftigen Gesellschafter nicht berühren (vgl Rdn 6 f), sind aus dem Tatbestand auszusondern.[84] Eine Strafbarkeit scheidet daher bei Falschangaben aus, die nach der Eintragung gemacht werden. Dies ergibt sich schon daraus, dass Falschangaben, die erst nach der Eintragung gemacht worden sind, diese nicht mehr – und zwar weder objektiv noch subjektiv – bezwecken können.[85] Eine Strafbarkeit lässt sich ferner dann nur schwer begründen, wenn freiwillig ergänzende Angaben gemacht werden, die für eine Entscheidung des Registergerichts ohne Bedeutung sind. Auch hier lässt sich darauf abstellen, dass freiwillige und gesetzlich nicht notwendige Angaben die Registereintragung schon gar nicht bezwecken können.[86] Aber auch bei registerrechtlich erheblichen Falschangaben muss eine Strafbarkeit verneint werden, wenn sich aus ihnen unter keinem Blickwinkel die abstrakte Gefahr ergibt, dass die Vermögensinteressen von Gläubigern oder künftigen Gesellschaftern beeinträchtigt werden. Eine solche abstrakte Gefährdung scheidet etwa bei einer unvertretbaren Geringbewertung einer Sacheinlage oder der zu niedrigen Bezifferung einer Bareinlage aus. Denn durch ein solches *„faking bad"* mag zwar ein unzutreffender Eindruck über die tatsächliche Vermögenslage der Gesellschaft entstehen.[87] Allein dies ist für eine Strafbarkeit jedoch unzureichend, weil Absatz 1 nicht die Richtigkeit von Angaben um ihrer selbst willen schützt (siehe dazu ebenfalls Rdn 6).[88] Nicht einschlägig ist ferner eine Falschangabe, deren Unrichtigkeit sich jedem aufdrängen und auf den ersten Blick zeigen muss. Ist (nahezu) sicher auszuschließen, dass einer Falschangabe Glauben geschenkt wird, ist der Tatbestand mithin nicht erfüllt.[89] Die Anforderungen an diese letztgenannte Tatbestandseinschränkung sind jedoch hoch. Insbesondere ist eine tatsächlich vorliegende Täuschungseignung der Falschangabe im Einzelfall sowie damit verbunden eine konkrete Irrtums- und Vermögensgefahr nicht zu

83 Ähnlich MünchKomm-GmbHG/*Altenhain*[4] § 82 Rdn 49.
84 Ebenso MünchKomm-GmbHG/*Altenhain*[4] § 82 Rdn 52.
85 Vgl dazu mit Blick auf Abs 1 Nr 1 MünchKomm-GmbHG/*Altenhain*[4] § 82 Rdn 48; **aA** für die nachgereichte Erklärung gemäß § 8 Abs 2 Satz 1 UHL/*Ransiek*[3] § 82 Rdn 56 aE.
86 So MünchKomm-GmbHG/*Altenhain*[4] § 82 Rdn 43.
87 Vgl dazu MünchKomm-GmbHG/*Altenhain*[4] § 82 Rdn 61.
88 Ebenso UHL/*Ransiek*[3] § 82 Rdn 48.
89 Differenzierend insoweit MünchKomm-GmbHG/*Altenhain*[4] § 82 Rdn 53.

fordern; es genügt vielmehr, dass durch die Falschangabe eine abstrakt-generelle Gefährdung entstanden ist (siehe dazu auch Rdn 15).[90]

Maßgeblicher **Zeitpunkt für die Beurteilung der Richtigkeit** der gemachten Angabe ist deren vollständiger Zugang beim zuständigen Registergericht.[91] Eine Abweichung ergibt sich diesbezüglich nur für den Sachgründungsberichtsschwindel (Absatz 1 Nr 2), weil dessen Tatbestand bereits früher, nämlich dem Wortlaut nach bereits mit der Falschangabe im Sachgründungsbericht, vollendet ist (siehe dazu aber einschränkend Rdn 75). Werden Angaben sukzessive gemacht und haben sich zum Zeitpunkt der abschließenden Teilerklärung die Umstände verändert, muss dies offengelegt und bereits gemachte Angaben entsprechend korrigiert werden.[92] Denn abzustellen ist auf die abschließende (konkludente) Behauptung, dass mit der Einreichung der letzten Teilerklärung nunmehr eine vollständige und zu diesem Zeitpunkt (noch) wahrheitsgemäße Angabe vorliegt. Die Pflicht zur Korrektur falsch gewordener Angaben ist deswegen nicht Folge einer unechten Unterlassenstrafbarkeit (siehe dazu Rdn 20 ff). Denn macht der Täter zunächst zwar zutreffende, aber unvollständige Angaben und reicht weitere Informationen nach, so erklärt er mit der abschließenden Mitteilung konkludent und durch aktives Tun, dass auch die bisherigen Teilangaben immer noch zutreffend sind und eine in sich vollständig zutreffende Gesamterklärung vorliegt. Mit der letzten (wahrheitsgemäßen) Teilerklärung macht der Täter also eine einheitlich falsche Angabe und versäumt es nicht nur gelegentlich einer ergänzenden Mitteilung, einzelne bereits zuvor gemachte Angaben zu korrigieren. Umgekehrt folgt daraus aber auch, dass ein Täter, der falsche oder falsch gewordene Angaben korrigiert, ehe sie dem Registergericht vollständig zugegangen ist, den Tatbestand nicht erfüllt.[93] Nach dem vollständigen Zugang ist der Tatbestand hingegen vollendet; bei einer Korrektur nach diesem Zeitpunkt kommt daher allenfalls noch tätige Reue in Betracht (siehe dazu aber Rdn 63 und 103). 45

Falsche Angaben **macht**, wer ausdrücklich oder konkludent, mündlich oder – vor dem Hintergrund des § 8 in aller Regel – schriftlich Erklärungen über einen Sachverhalt abgibt.[94] Ausreichend ist die Zuleitung schriftlicher Erklärungen über einen damit beauftragten Dritten (etwa einen Notar). Erklärungshandeln in eigener Person ist nur bei Absatz 1 Nr 5 gefordert (vgl Rdn 18). Im Übrigen genügt es, dass der Täter für die Zuleitung einer Angabe an das Registergericht letztverantwortlich zeichnet.[95] 46

Die Erklärungen sind grundsätzlich **gegenüber dem zuständigen Registergericht** (§ 7 Absatz 1) abzugeben. Dies ergibt sich mittelbar daraus, dass sämtliche Angaben des Absatz 1 zum Zwecke der Eintragung gemacht werden müssen (vgl dazu Rdn 56). Wann eine Angabe tatsächlich gemacht und der Tatbestand vollendet ist, bestimmt sich wertungsmäßig nach den zivilrechtlichen Regeln über den Zugang von Willenserklärungen.[96] Eine Angabe ist demnach spätestens dann gemacht, wenn sie tatsächlich vom Registergericht zur Kenntnis genommen worden ist. Es genügt jedoch auch, dass eine Erklärung in den Machtbereich des Registergerichts gelangt ist und nach allgemeinen Maßstäben eine Kenntnisnahme zu erwarten ist. Bei elektronischer Einreichung an einer zentralen Stelle ist dies erst mit dem Zeitpunkt anzunehmen, zu dem eine Erklärung an das zuständige Registergericht weitergereicht worden ist.[97] Eine Ausnahme davon bildet wiederum Absatz 1 Nr 2, bei dem eine falsche Angabe nur Eingang in den Sachgründungsbericht gefunden haben muss und das Einreichen beim Registergericht unerheblich für die Tatbestandsvollendung ist (siehe dazu auch Rdn 75). 47

---

90 Vgl dazu MünchKomm-GmbHG/*Altenhain*[4] § 82 Rdn 53.
91 BGH 29.6.2019 – 2 StR 520/15, NZWiSt 2017, 190, 195.
92 Vgl dazu aber auch UHL/*Ransiek*[3] § 82 Rdn 16.
93 Ebenso MünchKomm-GmbHG/*Altenhain*[4] § 82 Rdn 51.
94 MünchKomm-GmbHG/*Altenhain*[4] § 82 Rdn 42; UHL/*Ransiek*[3] § 82 Rdn 16.
95 Ähnlich MünchKomm-GmbHG/*Altenhain*[4] § 82 Rdn 43 f.
96 Vgl dazu MünchKomm-BGB/*Einsele*[9] § 130 Rdn 16 ff.
97 Ebenso MünchKomm-GmbHG/*Altenhain*[4] § 82 Rdn 45; Rowedder/Pentz/*Klinger*[7] § 82 Rdn 23.

48 **Abgabe einer unwahren Versicherung (Absatz 2 Nr 1).** Nach Absatz 2 Nr 1 ist strafbar, wer eine unwahre Versicherung nach § 58 Abs 1 Nr 4 abgibt. Dies ist der Fall, wenn in dieser Versicherung gegenüber dem Registergericht falsche Angaben gemacht werden.[98] Damit handelt es sich letztlich ebenfalls um einen Tatbestand, der Absatz 1 weitgehend entspricht und mit abweichender Begrifflichkeit Falschabgaben unter Strafe stellt; die Ausführungen zu Absatz 1 sind insoweit übertragbar (Rdn 39 ff).

49 **Unwahre Darstellung oder Verschleierung der Vermögenslage in einer öffentlichen Mitteilung (Absatz 2 Nr 2).** Abweichend von Absatz 1 und auch Absatz 2 Nr 1 ist Adressat der Mitteilung nach Absatz 2 Nr 2 nicht das Registergericht. Vielmehr kann die Mitteilung gegenüber (beliebigen) Dritten abgegeben werden und muss auch nicht etwa an ihrem gedanklichen Endpunkt das Registergericht adressieren. Allerdings muss die Mitteilung **öffentlich** sein, es muss also objektiv mit einer unkontrollierten Weiterverbreitung einer Information zu rechnen sein. Dies ist nicht der Fall, wenn Angaben die Innensphäre der Gesellschaft nicht verlassen. Mitteilungen, deren Verbreitung untersagt ist, weil sie dem innergesellschaftlichen Geheimnisschutz unterliegen (vgl dazu auch § 85), sind daher schon unter normativem Blickwinkel niemals öffentlich. Dies gilt auch dann, wenn Geheimnisverletzungen praktisch üblich sind (siehe dazu auch *Baur* § 85 Rdn 19); die (rechtswidrige) Weitergabe einer Information durch einen Dritten führt daher nicht zu einer öffentlichen Mitteilung im Sinne des Absatz 2 Nr 2. Umgekehrt können rechtliche Vorgaben eine Mitteilung öffentlich machen, auch wenn diese faktisch von (fast) niemandem zur Kenntnis genommen wird. Dies gilt etwa für Mitteilungen gegenüber dem Registergericht, die stets als öffentlich gelten müssen.[99] Zweifelhafter ist die Weiterverbreitung hingegen bei rein gesellschaftsinternen Mitteilungen, die keinen gesetzlichen Geheimnisschutz genießen, namentlich Informationen an (einfache) Mitarbeiter (Belegschaftsinformationen). Zumindest bei personalstarken Gesellschaften kann hier eine nicht beherrschbare kommunikative Breitenwirkung entstehen. Richtigerweise ist in einer solchen Konstellation daher für den jeweiligen Einzelfall zu entscheiden, ob eine öffentliche Mitteilung vorliegt oder nicht.[100] Das maßgebliche Abgrenzungskriterium dafür ist, ob noch damit gerechnet werden kann, dass eine gegebene Information zuverlässig innerhalb der Gesellschaftssphäre verbleibt und nicht öffentlich streut. Entsprechendes gilt für Mitteilungen an einen begrenzten Kreis gesellschaftsexterner Personen (etwa Gläubiger oder bestimmte andere Stakeholder). Eine solche individuelle Ansprache wird zur öffentlichen Mitteilung, wenn entweder bereits die bloße Zahl informierter Personen die Öffentlichkeit begründet oder diese es wenigstens überwiegend wahrscheinlich macht, dass sich eine Information unkontrolliert weiterverbreitet. Öffentlich kann eine Mitteilung schließlich auch dann sein, wenn nur einzelne Personen außerhalb der Gesellschaft unterrichtet werden, diese jedoch erstens keinen Vertraulichkeitspflichten unterliegen und zweitens mit einer (unkontrollierten) Verbreitung der Information durch diese Personen zu rechnen ist bzw diese sogar angestrebt wird (Multiplikatorenkommunikation). Unerheblich ist dabei die genaue Art der Verbreitung und die Frage, ob einzelne Vertreter der Öffentlichkeit die Informationen tatsächlich zur Kenntnis genommen haben. Ohne Weiteres ausreichend sind daher beispielsweise Veröffentlichungen im Internet oder auch die (schriftliche oder mündliche) Information der Presse (zB Pressekonferenzen, Pressegespräche oder Pressemitteilungen).

50 Der **Gegenstand der unwahren Darstellung oder Verschleierung** ist im Unterschied zu Absatz 1 und Absatz 2 Nr 1 keine bestimmte registerrechtlich bedeutsame Information, sondern die Vermögenslage der Gesellschaft (siehe dazu Rdn 96 ff).

51 Die **unwahre Darstellung** der Vermögenslage ist letztlich ebenfalls ein Falschangabetatbestand. Eine Darstellung ist unwahr, wenn falsche Angaben über vermögensrelevante Bereiche gemacht werden. Insoweit lassen sich die Ausführungen zu Absatz 1 (Rdn 39 ff) übertragen. Allerdings sind auch solche wahrheitswidrigen Angaben tatbestandsmäßig, die die Vermögenslage der

---

98 Vgl dazu Esser/Rübenstahl/Salinger/Tsambikakis-Wirtschaftsstrafrecht/*Brand*, § 399 AktG Rdn 187; vgl auch MünchKomm-GmbHG/*Altenhain*[4] § 82 Rdn 98.

99 Thüring OLG 29.7.1997 – 1 Ss 318/96, NStZ 1998, 307, 308; Lutter/Hommelhoff/*Kleindiek*[21] § 82 Rdn 25.

100 Enger MünchKomm-GmbHG/*Altenhain*[4] § 82 Rdn 104.

Gesellschaft ungünstiger erscheinen lassen, als sie es tatsächlich ist. Im Unterschied zu Absatz 1, dessen Schutzzweck durch wahrheitswidrig ungünstige Angaben regelmäßig nicht berührt wird (siehe Rdn 44), schützt Absatz 2 Nr 2 nämlich auch vor einem *„faking bad"*. So soll durch die Vorschrift auch verhindert werden, dass Gesellschaftsgläubiger im irrigen Glauben an eine prekäre Vermögenslage der Gesellschaft Zugeständnisse (Stundungen oder Forderungsverzichte) machen.[101] Eine unwahre Darstellung liegt auch vor, wenn zutreffende Informationen in unvertretbarer Weise geschönt, um einzelne relevante Bestandteile verkürzt oder mit Falschangaben gemischt werden. Auch insoweit lassen sich die Ausführungen zu Absatz 1 übertragen (Rdn 39 ff).

Die Bedeutung der **Verschleierung** ist demgegenüber eher gering, weil eine Vielzahl der denkbaren Fälle unter die unwahre und dort insbesondere die unvollständige Darstellung zu subsumieren sein dürfte. Verschleiern setzt im Gegensatz zur unwahren Darstellung nämlich voraus, dass unter Verwendung richtiger Angaben ein falscher Eindruck über die Vermögenslage der Gesellschaft geweckt zu werden droht. Denkbar ist dies, wenn wahrheitsgemäße Angaben zur Vermögenslage der Gesellschaft in einer gezielt unübersichtlichen oder einseitig akzentuierten Form verbreitet werden und deswegen die Gefahr besteht, dass selbst bei einer geboten sorgfältigen Auswertung der gegebenen Informationen ein falscher Eindruck entsteht.[102] Maßfigur ist dabei ein durchschnittlich sorgfältig prüfender Vertreter jener (Teil-)Öffentlichkeit, an die sich eine Mitteilung richtet. Da das Tatbestandsmerkmal gerade im Vergleich zur unwahren Darstellung eher unbestimmt ist, fordert es eine restriktiv-konturierende Auslegung. Insbesondere darf nicht schon die schlichte Hervorhebung bestimmter Aspekte strafbar sein. Dass beispielsweise die positiven Seiten der Vermögenslage in den Vordergrund gerückt werden, ist so lange nicht strafwürdig, wie die negativen Gesichtspunkte nicht gezielt an den Rand gedrängt und dadurch – im eigentlichen Wortsinn – „verschleiert" werden. Erforderlich ist für ein Verschleiern daher, dass der Täter in eindeutig tendenziöser Weise, gezielt und bewusst die eigentliche Vermögenslage überdeckt, indem er wahrheitsgemäße Angaben unvertretbar deutet und gewichtet bzw bewusst Teilinformationen ins Zentrum rückt, während er andere marginalisiert. Dabei ist die Strafbarkeitsgrenze regelmäßig nicht schon dann gerissen, wenn günstige Informationen in Überschriften oder Aufmachern hervorgehoben werden und ungünstige Teilaspekte nur aus einem Begleittext oder einem in der Nachricht verlinkten weiteren Dokument hinreichend klar hervorgehen. 52

Handeln in Organeigenschaft. Sämtliche Tatbestandsvarianten des § 82 setzen nach herrschender Meinung nicht nur das Handeln des von der jeweiligen Tatbestandsvariante geforderten Organs, sondern auch ein Handeln gerade in dieser Organeigenschaft voraus (Handeln als Organ und in Organfunktion).[103] Diese einschränkende Strafbarkeitsvoraussetzung **läuft bei Absatz 1 und Absatz 2 Nr 1 allerdings weitgehend leer.**[104] Das gilt zumindest insoweit, wie durch die Strafbarkeitsvoraussetzung ein tatbestandsmäßiges organschaftliches Handeln von einem nicht tatbestandsmäßigen privaten Handeln abgesondert werden soll. Denn macht ein Organmitglied eine der in Absatz 1 und Absatz 2 Nr 1 genannten Angaben gegenüber dem Registergericht zum Zwecke der Eintragung (siehe dazu Rdn 56), lässt sich ein Handeln in Organfunktion ohnehin nicht verneinen. Eine Einschränkung erfährt die Strafbarkeit durch das Tatbestandsmerkmal bei Absatz 1 und Absatz 2 Nr 1 deswegen nur dann, wenn ein tauglicher Täter ausnahmsweise einmal nicht in der geforderten Organeigenschaft handelt. Denkbar ist dies bei Absatz 1 Nr 3 sowie Absatz 2 Nr 1, wenn eine Kapitalerhöhung oder eine Kapitalherabsetzung in der Liquidationsphase durchgeführt wird. Wenn hier ein Geschäftsführer Angaben macht und Versicherungen abgibt, so handelt er nicht in der geforderten Geschäftsführerfunktion, sondern als Liquidator (§ 66 Abs 1; 53

101 Ebenso MünchKomm-GmbHG/*Altenhain*[4] § 82 Rdn 108.

102 Vgl dazu MHLS/*Dannecker*[3] § 82 Rdn 246; MünchKomm-GmbHG/*Altenhain*[4] § 82 Rdn 109; UHL/*Ransiek*[3] § 82 Rdn 137.

103 Vgl dazu Scholz/Tiedemann/*Rönnau*[13] § 82 Rdn 184; MHLS/*Dannecker*[3] § 82 Rdn 232; Baumbach/Hueck/*Haas*[21] § 82 Rdn 85; Erbs/Kohlhaas-GmbHG/*Schaal*[249] § 82 Rdn 48.

104 Zutreffend MünchKomm-GmbHG/*Altenhain*[4] § 82 Rdn 39.

vgl dazu auch Rdn 35). Eine Strafbarkeit scheidet insoweit aus;[105] zu dieser Strafbarkeitslücke vgl bereits Rdn 29.

54 Für **Absatz 2 Nr 2** scheint die Bedingung eines Handelns in Organfunktion zumindest eine gewisse Restriktionswirkung entfalten zu können, weil im Unterschied zu den rechtlich stark vorgeprägten Erklärungen gegenüber dem Registergericht (Absatz 1 und Absatz 2 Nr 1) eine Äußerung über die Vermögenslage der Gesellschaft nicht stets organschaftlich getätigt und verstanden werden muss, sondern auch privaten Charakter haben kann. Letzteres dürfte allerdings nur in wenigen Konstellationen zu bejahen sein. Denn „öffentliche Privatmitteilungen" unabhängig von der Organfunktion sind zwar theoretisch denkbar, praktisch aber höchst unwahrscheinlich.[106] Äußert sich ein Organ öffentlich zur Vermögenslage seiner Gesellschaft, nimmt er zumindest aus Sicht der von § 82 geschützten Allgemeinheit in aller Regel auch für sich in Anspruch, als sachnahes und pflichtengebundenes Gesellschaftsorgan wahrgenommen zu werden.[107] Daran kann auch eine explizite Einordung als private Äußerung nichts ändern.[108] Es scheiden damit nur öffentliche Mitteilungen eines Organs aus, die von vornherein nicht die Gefahr in sich tragen, dass ihnen besonderes Vertrauen entgegengebracht wird. Das kann der Fall sein, wenn unter Pseudonym oder ohne jede Nennung der Identität und der organschaftlichen Stellung eine öffentliche Mitteilung zur Vermögenslage der Gesellschaft gemacht wird.[109] Verkennt der Täter hingegen, dass er sich überhaupt öffentlich äußert, weil er beispielsweise nicht weiß, dass er mit einem Pressevertreter spricht, entfällt diesbezüglich bereits der Vorsatz und eine Strafbarkeit scheidet aus.

II. Subjektiver Tatbestand

55 Eine Strafbarkeit setzt in sämtlichen Tatbestandsvarianten des § 82 **Vorsatz** voraus. Besondere Vorsatzerfordernisse werden für die in sämtlichen Tatbestandsvarianten (außer Absatz 2 Nr 2) angestrebte Eintragung ins Handelsregister (siehe dazu sogleich Rdn 56) aufgestellt. Im Übrigen genügt Eventualvorsatz, der bezüglich der einzelnen Tatbestandsvoraussetzungen nach allgemeinen Grundsätzen zu bestimmen und von bloßer Fahrlässigkeit abzugrenzen ist.[110] Problematisch kann dies insbesondere im Hinblick auf die Falschheit gemachter Angaben werden. Diesbezüglich vorsatzlos handelt zunächst einmal derjenige, der keinerlei Zweifel an der Richtigkeit seiner Angaben hat. Auch wer aufkeimende Restzweifel an der Richtigkeit seiner Angaben beherzt beiseiteschiebt und damit zum Handlungszeitpunkt auf die Richtigkeit seiner Angaben vertraut, macht sich mangels Vorsatzes richtigerweise nicht strafbar. Einem (nicht strafbaren) Vorwurf bewusster Fahrlässigkeit setzt sich dabei aus, wer bei derartigen Zweifeln eine gebotene Nachprüfung und Richtigstellung versäumt. Ebenfalls straflos dürfte daher es in aller Regel sein, wenn ohne nachgewiesenen Zweifel an ihrer Richtigkeit die Angaben Dritter mehr oder minder gedankenlos übernommen und ungeprüft weitergereicht werden. Da das tatsächliche Bestehen von Richtigkeitszweifeln prozessual häufig nur schwer nachzuweisen sein wird,[111] drohen hier sachwidrige Strafbarkeitslücken, deren Schließung durch einzelne Fahrlässigkeitstatbestände erwogen werden sollte (vgl Rdn 29). Eventualvorsatz ist hingegen zu bejahen, wenn sich Zweifel aufdrängen und deswegen die Falschheit der Angaben für möglich gehalten wird, sich der Täter mit dieser aber abfindet und sich über seine Zweifel sehenden Auges hinwegsetzt. Ob Eventualvorsatz begründbar ist, wenn der Täter systematisch vor Informationen die Augen verschließt und sich gegen

---

105 Ebenso MünchKomm-GmbHG/*Altenhain*[4] § 82 Rdn 35.
106 Vgl dazu MünchKomm-GmbHG/*Altenhain*[4] § 82 Rdn 39.
107 Ähnlich UHL/*Ransiek*[3] § 82 Rdn 130.
108 MünchKomm-GmbHG/*Altenhain*[4] § 82 Rdn 39.
109 Ebenso UHL/*Ransiek*[3] § 82 Rdn 130.
110 Vgl dazu NK-StGB/*Puppe*[6] § 15 StGB Rdn 14 ff.
111 Ebenso MünchKomm-GmbHG/*Altenhain*[4] § 82 Rdn 116.

solche Mitteilungen abschottet, die Zweifel an der Richtigkeit seiner Angaben wecken könnten (*willful blindness*), ist vorsatzdogmatisch nach wie vor wenig geklärt.[112]

In sämtlichen Tatbestandsvarianten, die Falschangaben gegenüber dem Registergericht unter Strafe stellen (Absatz 1, Absatz 2 Nr 1), muss der Täter **zum Zweck der Eintragung** handeln.[113] Er muss seine Erklärung mithin in der Absicht abgeben (*dolus directus ersten Grades*), dass sie zu einer Eintragung in das Handelsregister führt. Dies gilt auch für solche Tatbestandsvarianten, die in ihrem Wortlaut einen Zweckbezug zur Eintragung in das Handelsregister nicht ausdrücklich einfordern (Absatz 1 Nr 2, Nr 4 und Nr 5)[114] oder vordergründig ein Handeln zu einem anderen Zweck als der Eintragung (Absatz 2 Nr 1: zum Zweck der Herabsetzung des Stammkapitals) voraussetzen. Das Erfordernis eines Handelns zum Zweck der Eintragung ergibt sich in diesen Fällen aus dem normativen Gesamtgefüge und dem Sachzusammenhang. Denn auch Angaben im Sachgründungsbericht (Absatz 1 Nr 2) werden gemacht, um sie beim Registergericht einzureichen (§ 8 Abs 1 Nr 4), und auch sie zielen auf die Eintragung der Gesellschaft ab. Gleiches gilt in Absatz 1 Var 4 für die Erklärung nach § 57i Abs 1 Satz 2 und für die Angaben nach Absatz 1 Nr 5. Werden Angaben in einem Sachgründungsbericht gemacht, ohne eine Eintragung zu bezwecken – weil er etwa gar nicht eingereicht werden soll – so trägt dies eine Strafbarkeit richtigerweise nicht. Es besteht dann nämlich keine hinreichende schutzzweckbezogene Gefährdung (vgl dazu Rdn 6). Entsprechendes gilt für Absatz 1 Nr 4 und Nr 5, wobei praxisrelevante Konstellationen, in denen es trotz einer Erklärung gegenüber dem Registergericht an einem Handeln zum Zweck der Eintragung fehlt, nur sehr schwer vorstellbar sind. Unwahre Versicherungen zum Zweck der Herabsetzung des Stammkapitals (Absatz 2 Nr 1) sind schließlich richtigerweise als Falschangaben zur Eintragung in das Handelsregister im Zusammenhang mit einer Herabsetzung des Stammkapitals zu verstehen. Als im Wortlaut nicht umfassend angelegte Tatbestandsrestriktion zugunsten des Täters begegnet dieses Normverständnis keinen Bedenken im Hinblick auf Art 103 Abs 2 GG. 56

Vorsatzlos handelt der Täter, wenn er einen zum **Tatbestand gehörenden Umstand** nicht kennt (§ 16 Abs 1 StGB). Die Abgrenzung zwischen einem solchen vorsatzrelevanten Tatumstandsirrtum nach § 16 Abs 1 StGB und einem nur bei Vermeidbarkeit auf Schuldebene beachtlichen Verbotsirrtum nach § 17 Satz 1 StGB ist aufgrund des Blankettcharakters einzelner Tatbestandsvarianten (Absatz 1 Nr 4 und Nr 5) streitig.[115] Richtigerweise gilt hier, dass sich der Vorsatz nicht auf die Kenntnis der das Blankett ausfüllenden Norm als solcher zu beziehen braucht. Bezugspunkt des Vorsatzes sind vielmehr die in der Ausfüllungsnorm niedergelegten Tatumstände.[116] Blankett- und Ausfüllungsnorm sind mithin zusammenzulesen und zu einem vollständigen Tatbestand zu ergänzen (siehe dazu bereits Rdn 19). Denn es ist nicht ersichtlich, weshalb aus der rein regelungstechnischen Entscheidung des Gesetzgebers bestimmte andernorts bereits niedergelegte Tatbestandsvoraussetzungen nicht ausdrücklich zu wiederholen, sondern über einen Verweis in den Tatbestand einzubeziehen, vorsatz- und irrtumsdogmatische Unterschiede folgen sollten. Daher richtet sich die Abgrenzung zwischen Tatumstands- und Verbotsirrtum auch in den als Blankett gestalteten Tatbestandvarianten nach den allgemeinen Regeln. Handelt daher der Täter in Unkenntnis der rechtlichen Vorgaben der Ausfüllungsnorm, verkennt er deren Reichweite oder interpretiert sie falsch, liegt kein vorsatzausschließender Tatumstandsirrtum vor; vielmehr ist dieser Irrtum nach § 17 StGB zu behandeln.[117] 57

112 Vgl dazu *Rönnau/Becker* NStZ 2016, 569 ff.

113 Für einen *„objektiv konnotierten Zweckbezug"* bei Abs 2 Nr 1 hingegen Esser/Rübenstahl/Salinger/Tsambikakis-Wirtschaftsstrafrecht/*Brand* § 399 AktG Rdn 188.

114 AA MünchKomm-GmbHG/*Altenhain*[4] § 82 Rdn 77, 88 und 93; vgl auch Esser/Rübenstahl/Salinger/Tsambikakis-Wirtschaftsstrafrecht/*Brand* § 399 AktG Rdn 170.

115 Vgl dazu ausführlich MünchKomm-GmbHG/*Altenhain*[4] § 82 Rdn 118 ff.

116 Ebenso für § 399 AktG *Hefendehl* in: Henssler (Ges.Hrsg)/Spindler/Stilz (Hrsg) BeckOGK, 01.10.2023, § 399 AktG Rdn 345; *Roxin* AT 1, § 12 Rdn 111.

117 MünchKomm-GmbHG/*Altenhain*[4] § 82 Rdn 118; zu einzelnen Irrtumskonstellationen und deren Abgrenzung vgl MünchKomm-GmbHG/*Altenhain*[3] § 82 Rdn 120.

58 § 82 enthält gleich an mehreren Stellen rechtlich aufgeladene Strafbarkeitsvoraussetzungen (**normative Tatbestandsmerkmale**). So werden etwa die von Absatz 1 sowie Absatz 2 Nr 1 geschützten Angaben durch gesellschaftsrechtliche Vorgaben inhaltlich näher konturiert, was unter anderem Einfluss auf die Beurteilung ihrer Vollständigkeit und Richtigkeit hat.[118] In Absatz 2 Nr 2 kann insbesondere der zwar unscharfe und gesetzlich nicht näher ausbuchstabierte, aber doch im normativen Gesamtkontext des Gesellschaftsrechts zu bestimmende Begriff des aufsichtsratsähnlichen Organs zu Unklarheit führen. Auch bezüglich dieser rechtlich aufgeladenen Strafbarkeitsvoraussetzungen und Begrifflichkeiten gelten die dazu entwickelten allgemeinen Vorsatz- und Irrtumsregeln. Einzelheiten der diesbezüglichen Vorsatz- und Irrtumsdogmatik sind allerdings streitig. Zumindest nach überwiegender Auffassung soll eine laienhafte Kenntnis des jeweiligen normativen Tatbestandsmerkmals zu fordern sein.[119] Erfasst ein Täter daher den maßgeblichen Sachverhalt sinnlich und intellektuell zutreffend, glaubt aber irrig, dieser falle nicht unter den Straftatbestand, ist dies für seinen Vorsatz unbeachtlich.[120]

III. Rechtswidrigkeit

59 Eine Rechtfertigung bei Vorliegen der objektiven und subjektiven Tatbestandsmerkmale ist praktisch kaum denkbar. Dogmatisch scheidet angesichts der Schutzzweckzusammenhänge (siehe dazu Rdn 6) eine Rechtfertigung kraft **Einwilligung** aus; es fehlt insofern schon an einem einwilligungsfähigen (Individual-)Rechtsgut. Auch soweit auf den Schutz des Vermögens Dritter abgestellt wird, fehlt es an der Einwilligungsfähigkeit, weil auch unbestimmte künftige Gesellschaftsgläubiger vom Schutz des § 82 erfasst sind. Da das Vermögen der Gesellschaft selbst nicht geschützt ist, kommt eine Einwilligung durch zuständige Gesellschaftsorgane erst recht nicht in Betracht.

60 Eine Rechtfertigung nach Maßgabe des § 34 StGB (**rechtfertigender Notstand**) ist demgegenüber zwar nicht grundsätzlich ausgeschlossen. Falschangaben und unwahre Darstellungen dürften jedoch nicht einmal in Extremfällen ein angemessenes Mittel zur Abwehr einer dem Täter oder Dritten drohenden Gefahr sein (§ 34 Satz 2 StGB). Mit Blick auf die Gesellschaft selbst gilt dies auch für tatbestandsmäßiges Handeln als Reaktion auf eine Bestandsgefährdung oder auch zum Erhalt von Arbeitsplätzen. Diesbezüglich haben andere gesetzliche Instrumente – etwa die Regelungen der Insolvenzordnung – den Vorrang. Der in diesen Regelungen gesetzlich austarierte Interessenausgleich darf nicht durch den unspezifischen strafrechtlichen Notstand zu Lasten Dritter umgangen werden.[121]

IV. Schuld

61 Eine Entschuldigung außerhalb des Verbotsirrtums nach § 17 StGB (siehe dazu Rdn 62 und vgl auch Rdn 57) kommt nur ausnahmsweise in Betracht. Ein Handeln im – nach herrschender Ansicht entschuldigenden[122] – **Nötigungsnotstand**, also nachdem von dritter Seite Druck auf den Täter zur Abgabe einer falschen Mitteilung ausgeübt worden ist, kann allenfalls in krassen Ausnahmesituationen Anerkennung finden.[123]

62 Eher denkbar scheint eine Entschuldigung wegen **unvermeidbaren Rechtsirrtums** (§ 17 Satz 1 StGB). Die Anforderungen, die hieran gestellt werden, sind jedoch zu Recht hoch.[124] So genügt zum

---

118 Vgl dazu UHL/*Ransiek*[3] § 82 Rdn 60 f.
119 BGH 26.9.2005 – II ZR 380/03, NJW 2005, 3721, 3724 (zu § 399 AktG).
120 Vgl dazu auch ausführlich mit Beispielen MünchKomm-GmbHG/*Altenhain*[4] § 82 Rdn 119 f.
121 Ähnlich MünchKomm-GmbHG/*Altenhain*[4] § 82 Rdn 122.
122 Vgl dazu Schönke/Schröder/*Perron*[30] § 34 Rdn 41b.
123 Ebenso MünchKomm-GmbHG/*Altenhain*[4] § 82 Rdn 122.
124 Vgl dazu ua MünchKomm-StGB/*Joecks*/*Kulhanek*[4] § 17 StGB Rdn 46 ff.

einen für den Schuldvorwurf bereits ein bedingtes Unrechtsbewusstsein. Befindet sich der Täter tatsächlich im normativen Irrtum, sind zum anderen die gestellten Anforderungen an die erforderliche Rechtssorgfalt immens. Die Unvermeidbarkeit des Rechtsirrtums ist auch im Nebenstrafrecht nur zurückhaltend zu bejahen, weil sich in spezialgesetzlich geregelten Bereichen bewegende Personen im Zweifel rechtlich beraten lassen müssen. Ein entschuldigender Irrtum kommt daher am Ende wohl allenfalls dann in Betracht, wenn ein Täter infolge einer fehlgehenden Rechtsberatung tatbestandsmäßig handelt. Auch hier sind die Voraussetzungen jedoch hoch.[125] Kursorische Kurzgutachten, Rechtseinschätzungen auf unvollständiger Tatsachengrundlage oder erkennbar oberflächliche und gefällige Rechtsauskünfte genügen nicht; bei fortbestehenden Rechtszweifeln sind weitere Auskünfte einzuholen.[126] Keinesfalls wirkt es entlastend, wenn ein Notar oder ein eingebundener Rechtsberater mehr oder minder ungeprüft eine gemachte Angabe entgegennimmt, verarbeitet und sodann an das Registergericht weiterreicht.

V. Schuldaufhebungsgründe

Der Tatbestand ist in allen Varianten früh vollendet (siehe dazu Rdn 64). Diskutiert wird, ob und 63 wie sich eine **„rechtzeitige" Korrektur** falscher Angaben und unwahrer Darstellungen vor der Eintragung in das Handelsregister (Absatz 1 und Absatz 2 Nr 1) bzw vor Eintritt einer unkontrollierten öffentlichen Weiterverbreitung (Absatz 2 Nr 2) auf die Strafbarkeit auswirkt.[127] Bei einer Vielzahl anderer abstrakter Gefährdungsdelikte (zu dieser Einordnung vgl Rdn 15) sieht der Gesetzgeber die Möglichkeit der strafbefreienden oder strafmildernden tätigen Reue oder der Selbstanzeige vor (im Kernstrafrecht: §§ 83a, 261 Abs 9, 264a Abs 3, 265b Abs 3, 266 Abs 6, 306e, 314a, 320, 330b StGB). Diese Vorschriften sind jedoch richtigerweise nicht Ausdruck eines generalisierbaren Rechtsgrundsatzes, sondern es handelt sich bei ihnen um begrenzte und vom Gesetzgeber gezielt – teilweise losgelöst von einem Schuldbezug zu Präventions- und Aufklärungszwecken – eingesetzte Ausnahmeregelungen. Nach dem Grundsatz, dass Ausnahmeregelungen nicht oder nur unter strengen Voraussetzungen analogiefähig sind (*exceptiones non sunt extendenda*), ist für § 82 eine strafmildernde oder gar strafbefreiende Möglichkeit tätiger Reue in Gesamtanalogie zu den oben genannten Vorschriften im Ergebnis abzulehnen.[128] Denn auch bei weit vorverlagerter Vollendungsstrafbarkeit bleibt es Sache des Gesetzgebers, für den einzelnen Regelungsbereich über eine ausnahmsweise Straffreiheit nach dem Vollendungszeitpunkt zu entscheiden. Zur strafmildernden Berücksichtigung rechtzeitiger Korrekturen in der Strafzumessung siehe Rdn 103.

VI. Vollendung und Beendigung

Vollendung. Mit der Verwirklichung der jeweils geforderten objektiven und subjektiven Tatbe- 64 standsmerkmale ist § 82 vollendet. Nach diesem Zeitpunkt kann eine Strafbarkeit richtigerweise nicht mehr aufgehoben werden (siehe dazu auch Rdn 63). Vor dem jeweiligen Vollendungszeitpunkt bleiben Handlungen hingegen mangels Versuchsstrafbarkeit straflos. Für die **einzelnen Tatbestandsvarianten** bedeutet dies: Tatbestandsvarianten, die eine Erklärung gegenüber dem Registergericht fordern (Absatz 1 Nr 1 und Nrn 3–5 sowie Absatz 2 Nr 1) sind mit vollständigem Zugang der jeweiligen Falschangabe beim Registergericht vollendet. Wird eine (unvollständige) Anmeldung vor diesem Zeitpunkt zurückgezogen, ist keine Strafbarkeit gegeben. Einen im Vergleich dazu deutlich

---

125 Vgl dazu auch UHL/*Ransiek*[3] § 82 Rdn 64.

126 Vgl dazu eingehend Eidam ZStW 127 (2015) S 120; zu einzelnen Irrtumskonstellationen vgl MünchKomm-GmbHG/*Altenhain*[4] § 82 Rdn 120.

127 MünchKomm-GmbHG/*Altenhain*[4] § 82 Rdn 133; ähnlich UHL/*Ransiek*[3] § 82 Rdn 69.

128 Ebs. Baumbach/Hueck/*Haas*[21] § 82 Rdn 22; Scholz/Tiedemann/*Rönnau*[13] § 82 Rdn 113; **aA** MünchKomm-GmbHG/*Altenhain*[4] § 82 Rdn 133 und UHL/*Ransiek*[3] § 82 Rdn 69 (jeweils mit beachtlichen Argumenten).

vorverlagerten Vollendungszeitpunkt hat der Sachgründungsberichtsschwindel (Absatz 1 Nr 2), weil dieser eine Erklärung gegenüber dem Registergericht nicht voraussetzt (siehe dazu Rdn 75). Ähnliches gilt für die Vollendung des Absatz 2 Nr 2. Da es auch in dieser Tatbestandsvariante keine Erklärung gegenüber dem Registergericht braucht, tritt Vollendung ein, sobald eine tatbestandsmäßige Mitteilung eine geschützte (Innen-)Sphäre verlassen und – in welcher Form auch immer – der Öffentlichkeit bekannt oder ihr wenigstens zugänglich geworden ist.

65 **Beendigung.** Beendigung tritt bei allen Varianten des Absatz 1 sowie bei Absatz 2 Nr 1 nicht erst mit Eintritt eines (möglichen) Vermögensschadens ein.[129] Umgekehrt fällt die Beendigung aber auch nicht auf den Vollendungszeitpunkt und tritt daher nicht bereits mit der Anmeldung zum Handelsregister ein.[130] Sachgerecht und dogmatisch stimmig ist es vielmehr, einen zwischen diesen Extremen liegenden Beendigungszeitpunkt anzunehmen, der auf die **Eintragung ins Handelsregister** oder alternativ die endgültige Zurückweisung des entsprechenden Antrags abstellt. Zu diesem Zeitpunkt (de-)materialisiert sich nämlich die Gefährdung der Allgemeinheit und der Vermögensinteressen Dritter. Zugleich ist damit auch der subjektiv verfolgte Zweck der Falschangaben – nämlich eben die Registereintragung (siehe dazu Rdn 56) – entweder objektiv eingetreten oder abschließend gescheitert. Im Einklang mit diesem mittleren Beendigungszeitpunkt steht es ferner, dass bei einem strafbaren Unterlassen die Berichtigungspflicht mit der Handelsregistereintragung entfällt (siehe dazu Rdn 22).

66 Da der **Geschäftslageschwindel** (Absatz 2 Nr 2) keinerlei inneren oder äußeren Bezugspunkt zu einer Eintragung ins Handelsregister hat, ist für diesen der Beendigungszeitunkt abweichend zu bestimmen. Viel spricht dafür, zumindest im Ausgangspunkt die Beendigung des Tatbestands mit dessen Vollendung gleichzusetzen.[131] Dies gilt jedenfalls für „flüchtige" (mündliche) Mitteilungen, die nicht aufgezeichnet und dauerhaft verfügbar gemacht werden. Die daran anschließende unkontrollierte öffentliche Weiterverbreitung der Fehlinformation ist schon deswegen ein wenig tauglicher Anknüpfungspunkt für die Beendigung, weil das Abebben der öffentlichen Weiterverbreitung nicht zuverlässig bestimmbar ist und unendliche Verjährungsfristen (vgl § 78a Satz 1 StGB) drohen.[132] Werden unwahre oder verschleiernde Darstellungen hingegen dauerhaft öffentlich verfügbar gemacht – etwa auf der Homepage der Gesellschaft – ist darin eine dauerdeliktsähnliche Tatbestandsverwirklichung zu sehen, die erst beendet ist, wenn die entsprechende Mitteilung korrigiert oder zuverlässig entfernt ist. Bei einmaligen Veröffentlichungen beispielsweise in Printmedien ist die Tat mit einer Gegendarstellung oder jedenfalls mit dem Zeitpunkt beendet, zu dem mangels Aktualität des Trägermediums – etwa bei einer Tageszeitung regelmäßig nach einigen Tagen oder bei einer Wochenzeitung nach wenigen Wochen – objektiv nicht mehr mit einer öffentlichen Kenntnisnahme zu rechnen ist.

C. Einzelheiten zu den verschiedenen Tatbestandsvarianten

I. Gründungsschwindel (Abs 1 Nr 1)

67 **Tätereigenschaft.** Taugliche Täter des Gründungsschwindels sind **Gesellschafter und Geschäftsführer** (siehe dazu Rdn 32 f; zu faktischen Organen siehe Rdn 37).

---

129 Ebenso Scholz/Tiedemann/*Rönnau*[13] § 82 Rdn 115, 143, 153, 162; MünchKomm-GmbHG/*Altenhain*[4] § 82 Rdn 132; Erbs/Kohlhaas-GmbHG/*Schaal*[249] § 82 Rdn 60.

130 AA offensichtlich aber BGH 10.5.2000 – 3 StR 101/00, NJW 2000, 2285, wo – ohne Begründung – ein Verjährungsbeginn (§ 78a Satz 1 StGB) mit dem Zeitpunkt der Anmeldung zum Handelsregister angenommen wird.

131 Erbs/Kohlhaas-GmbHG/*Schaal*[249] § 82 Rdn 60; MünchKomm-GmbHG/*Altenhain*[4] § 82 Rdn 132.

132 So aber MünchKomm-StGB/*Hohmann*[4] § 82 GmbHG Rdn 126; dagegen zu Recht MünchKomm-GmbHG/*Altenhain*[4] § 82 Rdn 132.

Bezugspunkte der Falschangaben. Die Falschangaben können unterschiedliche Bezugspunkte haben. Sie können zunächst einmal die **Übernahme der Geschäftsanteile** betreffen (Absatz 1 Nr 1 Var 1). Gemeint ist damit die schuldrechtliche Verpflichtung der Gesellschafter, einen bestimmten Betrag auf das Stammkapital zu leisten (§ 3 Abs 1 Nr 4). Erfasst wird – nach nicht unumstrittener Auffassung von Var 1[133] – auch die Art der Leistung, also die Frage, ob eine Bar- oder eine Sacheinlage erbracht werden soll (§ 5 Abs 4). Die entsprechenden Angaben können im Gesellschaftsvertrag (§ 8 Abs 1 Nr 1), in der Gesellschafterliste (§ 8 Abs 1 Nr 3), in Verträgen im Sinne des § 8 Abs 1 Nr 4 oder in Unterlagen im Sinne des § 8 Abs 1 Nr 5 enthalten sein. Falsch sind die Angaben, wenn über die Höhe, die Art oder die Person des Übernehmenden unzutreffende Erklärungen abgegeben werden.[134] Ausreichend kann es sein, wenn Angaben zur Person eines Übernehmers verfälscht oder verfälschend verkürzt und unvollständig sind, so dass dieser nicht mehr zweifelsfrei identifiziert werden kann.[135] Solange hingegen der formale Übernehmer zutreffend benannt wird, ist es unschädlich, wenn von diesem Anteile zwar im eigenen Namen, aber auf Rechnung Dritter übernommen werden (Strohmanngründung; vgl dazu auch Rdn 32). 68

Die Falschangaben können sich ferner auf die **Leistung der Einlagen** beziehen (Absatz 1 Nr 1 Var 2). Diese können insbesondere in der nach § 8 Abs 2 abzugebenden Versicherung enthalten sein. Zu den relevanten Angaben zählen die Höhe sowie die Art der Leistung sowie die Erklärung, dass sich der Leistungsgegenstand in der freien Verfügung der Geschäftsführer befindet. Falsch kann eine die Leistung der Einlage betreffende Angabe demnach sein, wenn diese tatsächlich nicht, nicht in der genannten Höhe oder anders als angegeben (Sacheinlage statt erklärter Bareinlage) geleistet worden ist. Zu einer falschen Angabe im Sinne des Absatz 1 Nr 1 Var 2 führt es ferner, wenn sich die geleistete Einlage tatsächlich nicht in der freien Verfügung der Geschäftsführer befindet. Ist vor der Einlage ein Darlehen an den Gesellschafter vereinbart worden, das wirtschaftlich einer (teilweisen) Rückzahlung der Einlage entspricht, scheidet eine Strafbarkeit nur aus, wenn die Leistung durch einen vollwertigen Rückgewähranspruch gedeckt ist, der jederzeit fällig ist oder durch fristlose Kündigung durch die Gesellschaft fällig werden kann (§ 19 Abs 5).[136] Bei verdeckten Sacheinlagen (§ 19 Abs 4; vgl dazu § 19) sind die Voraussetzungen einer Strafbarkeit bislang wenig geklärt.[137] Wird eine Bareinlage angegeben, in Wahrheit aber eine verdeckte Sacheinlage geleistet, liegt richtigerweise eine Falschangabe vor. Dies ergibt sich bereits daraus, dass die Einlageleistung in diesem Fall zunächst gerade keine Erfüllungswirkung hat (§ 19 Abs 4 Satz 1), sondern nur nach Eintragung in das Handelsregister angerechnet werden kann (§ 19 Abs 4 Satz 3 und 4).[138] Dass das Vermögen Dritter nicht konkret beeinträchtigt wird, wenn die verdeckte Sacheinlage den Wert der angegebenen Bareinlage erreicht, widerstreitet bei einem abstrakten Gefährdungsdelikt wie § 82 (siehe dazu Rdn 15) nicht zwangsläufig einer Strafbarkeit. Zweckmäßig scheint bei verdeckten Sacheinlagen daher letztlich eine am konkreten Einzelfall ausgerichtete strafprozessuale Lösung, namentlich die folgenlose Einstellung des Verfahrens nach § 153 StPO, wenn die verdeckte Sacheinlage den Wert der angegebenen Bareinlage erreicht.[139] Die Beweislast dafür liegt nach strafrechtlichen Grundsätzen nicht beim Handelnden; § 19 Abs 4 Satz 5 gilt nicht.[140] 69

133 AA UHL/*Ransiek*[3] § 82 Rdn 21 (Art der Leistung wird von Abs 1 Nr 2 Var 2 erfasst); wie hier MünchKomm-GmbHG/*Altenhain*[4] § 82 Rdn 54.

134 Baumbach/Hueck/*Haas*[21] § 82 Rdn 11; MHLS/*Dannecker*[3] § 82 Rdn 93 f; Scholz/Tiedemann/*Rönnau*[13] § 82 Rdn 76, 78.

135 MünchKomm-GmbHG/*Altenhain*[4] § 82 Rdn 55; MHLS/*Dannecker*[3] § 82 Rdn 93.

136 Ebenso Baumbach/Hueck/*Haas*[21] § 82 Rdn 12.

137 Vgl dazu den umfassenden Meinungsstand bei Esser/Rübenstahl/Salinger/Tsambikakis-Wirtschaftsstrafrecht/*Brand*, § 399 AktG Rdn 96 ff.

138 Vgl dazu Baumbach/Hueck/*Haas*[21] § 82 Rdn 12; Lutter/Hommelhoff/*Kleindiek*[21] § 82 Rdn 12; MHLS/*Dannecker*[3] § 82 Rdn 102; Scholz/Tiedemann/*Rönnau*[13] § 82 Rdn 89.

139 Ebenso Esser/Rübenstahl/Salinger/Tsambikakis-Wirtschaftsstrafrecht/*Brand*, § 399 AktG Rdn 102.

140 Ebenso und mit differenzierender Begründung siehe MünchKomm-GmbHG/*Altenhain*[4] § 82 Rdn 62.

70 Ferner können Falschangaben über die **Verwendung der eingezahlten Beträge** tatbestandsmäßig sein (Absatz 1 Nr 1 Var 3). Derartige Falschangaben werden vielfach bereits von Absatz 1 Nr 1 Var 2 und der Erklärung erfasst, dass die Einlagen zur freien Verfügung der Geschäftsführer (§ 8 Abs 2 Satz 1) stehen. Insofern hat diese Variante auch klarstellenden Charakter. Wird auf Angaben nach Absatz 1 Nr 1 Var 3 gänzlich verzichtet, liegt in aller Regel nur eine Falschangabe bezüglich der Leistung der Einlagen nach Absatz 1 Nr 1 Var 2 vor; unvollständige Angaben (vgl Rdn 42) erfüllen hingegen (auch) Absatz 1 Nr 1 Var 3. Wahrheitsgemäß offenzulegen ist, ob, in welchem Umfang und wofür eine geleistete Bareinlage verwendet worden ist.[141] Dies gilt richtigerweise auch für Verwendungen, mit denen keine Wertminderung einhergeht. Denn ohne eine umfassende Erklärung, die auch wertneutrale Verwendungen erfasst, kann das Registergericht zumindest weniger zuverlässig prüfen, ob eine Unterbilanz und damit ein Eintragungshindernis besteht.[142] Nicht erfasst sind hingegen lediglich beabsichtigte künftige Mittelverwendungen. Letzteres soll nach herrschender Meinung auch für bereits bestehende, aber rein schuldrechtliche Bindungen gelten.[143] Dies ist zweifelhaft, weil bereits eine Unterbilanz ein vom Registergericht zu beachtendes Eintragungshindernis ist. Richtigerweise sind daher alle Verwendungen in die Erklärung einzubeziehen, die bilanziell erfasst werden.[144]

71 Auch Angaben in Bezug auf **Sondervorteile** (Absatz 1 Nr 1 Var 4) können tatbestandsmäßig sein. Sondervorteile betreffen Rechte, die den Gesellschaftern oder Dritten anlässlich der Gründung zu Lasten der Gesellschaft eingeräumt werden. In Analogie zu § 26 AktG müssen diese im Gesellschaftsvertrag festgesetzt werden; andernfalls sind sie im Verhältnis zur Gesellschaft unwirksam (§ 26 Abs 3 AktG; vgl dazu auch § 26). Neben ergänzenden Mitteilungen der Gesellschafter oder Geschäftsführer an das Registergericht[145] enthält damit insbesondere der beim Registergericht einzureichende Gesellschaftsvertrag (§ 8 Abs 1 Nr 1) Angaben zu Sondervorteilen. Dort gemachte Angaben können allerdings nicht falsch sein, weil die betreffenden Sondervorteile mit dem Gesellschaftsvertrag rechtlich wirksam vereinbart sind und damit tatsächlich bestehen. Soll deswegen Absatz 1 Nr 1 Var 4 nicht weitgehend leerlaufen, dann müssen richtigerweise auch unwirksam vereinbarte Sondervorteile erfasst sein,[146] also solche Ansprüche, die zwar nicht wirksam vereinbart sind, die Gesellschaft aber faktisch wie ein (wirksam vereinbarter) Sondervorteil belasten. Das ist der Fall, wenn ernsthaft damit zu rechnen ist, dass die Gesellschaft mit der Erfüllung einer unwirksamen sondervorteilsähnlichen Verpflichtung belastet wird.[147] Rechtlich lässt sich die Strafbarkeit – auch angesichts des Wortlauts, der nur Sondervorteile und nicht sondervorteilsähnliche Vereinbarungen betrifft – mit der Annahme konstruieren, dass bezüglich der Sondervorteile mit Einreichung des Gesellschaftsvertrags konkludent erklärt wird, dass die dort getroffenen Vereinbarungen vollständig sind, keine davon abweichenden Nebenabreden bestehen und demgemäß keine Belastungen zu erwarten sind, die an sich als Sondervorteil hätten vereinbart werden müssen.[148] Auch wenn im Gesellschaftsvertrag Sondervorteile festgesetzt sind, die tatsächlich aber aufgrund abweichender Vereinbarungen nicht geleistet werden sollen, kann eine falsche Angabe vorliegen; eine Strafbarkeit kann dann gleichwohl aus schutzzweckbezogenen Erwägungen ausscheiden (vgl Rdn 44). Wird hingegen ein Sondervorteil wirksam vereinbart und mit der Einreichung des Gesellschaftsvertrags erklärt, verzichtet aber dessen Gläubiger nachträg-

141 MünchKomm-GmbHG/*Altenhain*[4] § 82 Rdn 66.

142 Esser/Rübenstahl/Saliger/Tsambikakis, Wirtschaftsstrafrecht, § 399 AktG Rdn 110; MünchKomm-GmbHG/*Altenhain*[4] § 82 Rdn 66.

143 Ebenso Baumbach/Hueck/*Haas*[21] § 82 Rdn 13; UHL/*Ransiek*[3] § 82 Rdn 39; Scholz/Tiedemann/*Rönnau*[13] § 82 Rdn 98; MHLS/*Dannecker*[3] § 82 Rdn 109.

144 Im Anschluss an MünchKomm-GmbHG/*Altenhain*[4] § 82 Rdn 67.

145 So auch MünchKomm-GmbHG/*Altenhain*[4] § 82 Rdn 69.

146 Vgl dazu MünchKomm-GmbHG/*Altenhain*[4] § 82 Rdn 69; Baumbach/Hueck/*Haas*[21] § 82 Rdn 14.

147 Baumbach/Hueck/*Haas*[21] § 82 Rdn 14; MünchKomm-GmbHG/*Altenhain*[4] § 82 Rdn 70.

148 So auch UHL/*Ransiek*[3] § 82 Rdn 44.

lich auf seine Geltendmachung, so liegt zum relevanten Zeitpunkt der Tathandlung (siehe dazu Rdn 45) schon keine Falschangabe vor.

Unter ähnlichen Voraussetzungen wie bei Sondervorteilen können Falschangaben zum **Gründungsaufwand** tatbestandsmäßig sein (Absatz 1 Nr 1 Var 5). Anders als Sondervorteile betrifft Absatz 1 Nr 1 Var 5 Lasten der Gesellschaft im Zusammenhang mit ihrer Gründung und deren Vorbereitung (etwa Vergütungen für beratende Tätigkeiten). Soll eine wirksame Verpflichtung begründet werden, muss der Gründungsaufwand wie ein Sondervorteil im Gesellschaftsvertrag entsprechend § 26 Abs 2 und Abs 3 Satz 1 AktG aufgeführt werden (siehe dazu auch § 26). Falsch sind Angaben, wenn der im Gesellschaftsvertrag aufgeführte Gründungsaufwand nicht der Wirklichkeit entspricht. Insofern lassen sich die Ausführungen zu den sondervorteilsähnlichen Verpflichtungen (Rdn 71) weitgehend übertragen. Unerheblich ist es, wenn der Gründungsaufwand zwar in zutreffender Höhe angegeben wird, aber etwa ein sachlich nicht angemessener Gründungslohn vereinbart worden ist.[149] Insofern fehlt es an einer Falschangabe; es kommt jedoch eine Strafbarkeit wegen Untreue (§ 266 StGB) in Betracht. 72

Schließlich werden auch Falschangaben zu **Sacheinlagen** (Absatz 1 Nr 1 Var 6) ausdrücklich genannt. Solche Angaben können insbesondere in den nach § 8 Abs 1 Nr 1, Nr 4 und Nr 5 beizufügenden Unterlagen enthalten und Gegenstand der Versicherung nach § 8 Abs 2 Satz 1 oder in diesem Zusammenhang vom Registergericht verlangter Nachweise (§ 8 Abs 2 Satz 2) sein. Falsch sind hier Angaben etwa, wenn die Sacheinlage unrichtig beschrieben[150] oder – zum Zeitpunkt der Anmeldung[151] – in unvertretbarer Weise bewertet ist (siehe dazu auch Rdn 43).[152] Auch eine faktisch bestehende Rückübertragungsvereinbarung macht eine Angabe falsch.[153] Zur verdeckten Sacheinlage vgl auch Rdn 76. Der Anwendungsbereich dieser letzten Variante des Absatz 1 Nr 1 ist beschränkt, weil die relevanten Falschangaben richtigerweise bereits von Absatz 1 Nr 1 Var 1 und Var 2 erfasst sind.[154] Letztlich hat die ausdrückliche Hervorhebung der Sacheinlage daher vor allem eine klarstellende Funktion; eine materielle Weitung der Strafbarkeit ist mit ihr nicht verbunden. 73

II. Sachgründungsberichtsschwindel (Abs 1 Nr 2)

Tätereigenschaft. Taugliche Täter des Sachgründungsberichtsschwindels (Absatz 1 Nr 2) können nur die **Gesellschafter** sein, weil diese allein die Pflicht zur Erstellung des Sachgründungsberichts trifft.[155] Gemeint sind diejenigen Gesellschafter der Vorgesellschaft, die mit der Erstellung des Sachgründungsberichts eine Handelsregisteranmeldung bezwecken (vgl Rdn 56);[156] andere Personen können nur Teilnehmer sein (siehe dazu auch Rdn 32). Meldet ein Geschäftsführer die Gesellschaft im Wissen um die Falschangaben im Sachgründungsbericht an, kann er sich jedoch nach Absatz 1 Nr 1 strafbar machen (siehe dazu Rdn 16 sowie Rdn 31). Eine aktive Mitwirkung des einzelnen Mitgesellschafters an den Falschangaben im Sachgründungsbericht ist nicht zu fordern. Dies gilt jedenfalls dann, wenn der betreffende Mitgesellschafter den Sachgründungsbericht mitunterzeichnet hat und er von darin enthaltenden Falschangaben Kenntnis hatte oder dies zumin- 74

149 Vgl dazu Esser/Rübenstahl/Salinger/Tsambikakis-Wirtschaftsstrafrecht/*Brand*, § 399 AktG Rdn 119.
150 Baumbach/Hueck/*Haas*[21] § 82 Rdn 16; Scholz/Tiedemann/*Rönnau*[13] § 82 Rdn 109; MHLS/*Dannecker*[3] § 82 Rdn 119.
151 Vgl dazu auch UHL/*Ransiek*[3] § 82 Rdn 45.
152 Baumbach/Hueck/*Haas*[21] § 82 Rdn 16; Scholz/Tiedemann/*Rönnau*[13] § 82 Rdn 109; MHLS/*Dannecker*[3] § 82 Rdn 119.
153 Baumbach/Hueck/*Haas*[21] § 82 Rdn 16; Scholz/Tiedemann/*Rönnau*[13] § 82 Rdn 109; MHLS/*Dannecker*[3] § 82 Rdn 119; Rowedder/Pentz/*Klinger*[7] § 82 Rdn 51.
154 So auch MünchKomm-GmbHG/*Altenhain*[4] § 82 Rdn 73 sowie UHL/*Ransiek*[3] § 82 Rdn 45.
155 MünchKomm-GmbHG/*Altenhain*[4] § 82 Rdn 16.
156 Baumbach/Hueck/*Haas*[21] § 82 Rdn 28.

dest für möglich hielt und sich damit abgefunden hat.[157] Nimmt ein Mitgesellschafter ausnahmsweise von der Unterzeichnung des Sachgründungsberichts gezielt und im Wissen um dort enthaltene Falschangaben Abstand, kann ihn dies richtigerweise ebenfalls nicht endgültig aus seiner Verantwortung entlassen.[158] Berichtigt er Falschangaben nicht wenigstens gegenüber dem Registergericht, ist jedenfalls eine Unterlassenstrafbarkeit wegen Absatz 1 Nr 1 begründbar (vgl Rdn 25). Aufgrund der Vorverlagerung der Tatbestandsvollendung (siehe Rdn 64 und 75) ist es für eine Strafbarkeit nach Absatz 1 Nr 2 schließlich unerheblich, wenn ein Gesellschafter vor der Anmeldung zum Handelsregister und damit vor Einreichung des falschen Sachgründungsberichts ausscheidet. Tritt umgekehrt ein neuer Gesellschafter erst nach der Erstellung des Sachgründungsberichts ein, scheidet hingegen dessen Strafbarkeit zumindest nach Absatz 1 Nr 2 aus, weil er selbst keine ihm zurechenbaren Angaben im vorgelegten Sachgründungsbericht gemacht hat. In Betracht kommt jedoch auch hier eine Unterlassenstrafbarkeit nach Absatz 1 Nr 1, wenn er ihm bekannte Falschangaben nicht korrigiert.

75 Die Tat ist im Unterschied zu den übrigen Tatbestandsvarianten des Absatz 1 dem Wortlaut nach bereits mit der Falschangabe im Sachgründungsbericht und nicht erst mit dessen Einreichung beim Registergericht vollendet (vgl dazu Rdn 64). Die **Vollendung des Tatbestands** wird dadurch weit vorverlagert. Um der Folge einer unsachgemäß früh einsetzenden Strafbarkeit zu begegnen, ist der Vollendungszeitpunkt aber unter Beachtung der Schutzzweckzusammenhänge (siehe dazu Rdn 6) zu bestimmen, so dass nicht bereits die Falschangabe als solche oder die Unterzeichnung des Sachgründungsberichts über die Strafbarkeit entscheidet. Vollendet ist der Sachgründungsberichtsschwindel richtigerweise erst, wenn der Sachgründungsbericht und darin niedergelegte (Falsch-)Angaben das Gesellschafterinternum verlassen und dadurch die Gefahr begründet wird, dass diese in einen schutzzweckrelevanten Kontakt mit dem Rechtsverkehr kommen.[159] Das ist etwa der Fall, wenn die Gesellschafter dem Geschäftsführer den Sachgründungsbericht zur Einreichung beim Registergericht aushändigen.

76 **Bezugspunkte der Falschangaben.** Die Falschangaben des Sachgründungsberichtsschwindels beziehen sich auf den bei Sacheinlagen vorzulegenden Sachgründungsbericht, in dem die für die **Angemessenheit der Leistungen für Sacheinlagen wesentlichen Umstände** darzulegen sind (§ 5 Abs 4 Satz 2). Falsch sind diese Angaben, wenn bewertungsrelevante Umstände einer Sacheinlage nicht der Wahrheit entsprechen bzw unvollständig sind oder deren Bewertung als solche unvertretbar ist. Zur Frage, unter welchen Umständen Bewertungen falsch im Sinne des § 82 sind, siehe Rdn 43. Wird im Sachgründungsbericht hingegen eine beabsichtigte Sacheinlage gänzlich verschwiegen (verdeckte Sacheinlage), ist Absatz 1 Nr 2 nicht erfüllt; in diesem Fall greift jedoch Absatz 1 Nr 1 (siehe dazu Rdn 69). Da aus § 8 Abs 1 Nr 4 folgt, dass der Sachgründungsbericht in schriftlicher Form vorzulegen ist und Absatz 1 Nr 2 Falschangaben im Sachgründungsbericht unter Strafe stellt, sind ergänzende mündliche Äußerungen nicht tatbestandsmäßig.[160] Maßgeblich ist allein der Inhalt des schriftlich niedergelegten Sachgründungsberichts.

III. Schwindel bei Kapitalerhöhungen gegen Einlagen (Abs 1 Nr 3)

77 **Tätereigenschaft.** Taugliche Täter des Kapitalerhöhungsschwindels sind ausschließlich **Geschäftsführer** (siehe dazu Rdn 33; zu faktischen Organen siehe Rdn 37). Gesellschafter können sich nur als Teilnehmer strafbar machen. Zur fehlenden Tätertauglichkeit von Insolvenzverwaltern (vgl § 225a Abs 2 in Verbindung mit § 254a Abs 2 Satz 3 InsO) und Liquidatoren sowie damit verbundenen Strafbarkeitslücken siehe bereits Rdn 29 sowie Rdn 35. Abgesehen von der Tatsache,

---

157 Ebenso Baumbach/Hueck/*Haas*[21] § 82 Rdn 28; vgl auch MünchKomm-GmbHG/*Altenhain*[4] § 82 Rdn 75 und UHL/*Ransiek*[3] § 82 Rdn 72 nur bei Mitunterzeichnung.

158 Enger MünchKomm-GmbHG/*Altenhain*[4] § 82 Rdn 75.

159 So auch MünchKomm-GmbHG/*Altenhain*[4] § 82 Rdn 79.

160 Ebenso MünchKomm-GmbHG/*Altenhain*[4] § 82 Rdn 76; Scholz/Tiedemann/*Rönnau*[13] § 82 Rdn 124.

dass der Kreis tauglicher Täter abweichend bestimmt ist und sich nicht alle Tatbestandsvarianten des Absatz 1 Nr 1 wiederfinden – es fehlen Entsprechungen zu Absatz 1 Nr 1 Var 3 bis 5, unter anderem weil ein Vorbelastungsverbot bei bereits geschäftlich tätigen Gesellschaften unangemessen wäre[161] –, gleicht Absatz 1 Nr 3 dem Gründungsschwindel.

Bezugspunkte der Falschangaben. Der Anwendungsbereich des Absatz 1 Nr 3 erstreckt sich 78
auf Falschangaben bei einer **Kapitalerhöhung gegen Einlagen**, also durch Zuführung neuen Eigenkapitals (§ 55), zugunsten einer bereits bestehenden Gesellschaft. Wird das Gesellschaftskapital noch vor der Eintragung der Gesellschaft erhöht, greift Absatz 1 Nr 1.[162] Eine Kapitalerhöhung aus Gesellschaftsmitteln, also durch die Umwandlung von Rücklagen in Stammkapital (§ 57c Abs 1), wird nicht erfasst; für diese gilt Absatz 1 Nr 4. Falschangaben werden zumeist in den nach § 57 Abs 3 der Anmeldung beizufügenden Unterlagen enthalten sein.

Die Falschangaben müssen sich auf die Zeichnung oder Einbringung des neuen Kapitals bzw 79
auf Sacheinlagen beziehen. Angaben über die **Zeichnung des neuen Kapitals** beziehen sich auf (schuldrechtliche) Übernahmeerklärungen nach § 55 Abs 1, die der Anmeldung beizufügen sind (§ 57 Abs 3 Nr 1). Die Tatbestandsvariante entspricht der Sache nach Absatz 1 Nr 1 Var 1 bei der Neugründung. Falsch können demnach Angaben sein, die die Höhe des gezeichneten Kapitals unzutreffend wiedergeben. Bei Sacheinlagen sind Angaben falsch, die den geschuldeten Gegenstand oder den Nennbetrag des Geschäftsanteils unrichtig bezeichnen. Tatbestandsmäßig ist es auch, wenn nicht sämtliche Personen, die die neuen Geschäftsanteile übernommen haben, benannt oder diese unzutreffend bezeichnet werden (vgl § 57 Abs 3 Nr 2).[163]

Die Angaben über die **Erbringung des neuen Kapitals** entsprechen denen über die Leistung 80
der Geld- bzw Sacheinlagen bei der Neugründung (Absatz 1 Nr 1 Var 2); vgl dazu auch den Verweis in § 56a. Die Ausführungen dazu (siehe Rdn 69) sind zum einen mit der Maßgabe übertragbar, dass die Erklärung nach § 8 Abs 2 Satz 1 ihre Entsprechung in § 57 Abs 2 Satz 1 findet. Zum anderen ist es unschädlich, wenn sich die Einlageleistung zum Zeitpunkt der Anmeldung nicht mehr unverbraucht oder zumindest ihrem Wert nach im Gesellschaftsvermögen befindet.[164] Zur Problematik von Voreinzahlungen vgl § 56a. Auch Verwendungsabreden machen die Angabe, dass sich der Gegenstand der Leistung endgültig in der freien Verfügung der Geschäftsführer befindet, nicht zwangsläufig falsch; dies gilt solange, wie eingezahlte Mittel nicht an den Einleger selbst zurückfließen sollen.[165] Denn solche Verwendungsabsprachen sind geradezu typisch, wenn mit den frischen Eigenmitteln Fremdkapital abgelöst werden soll, um einer (drohenden) Überschuldung zu begegnen.[166]

Erfasst werden schließlich Angaben über **Sacheinlagen**. Auch insoweit gelten die Ausführun- 81
gen zu Absatz 1 Nr 1 (dort Var 6, siehe Rdn 73) entsprechend. Auch in Absatz 1 Nr 3 ist die Nennung der Sacheinlage an sich wohl verzichtbar und hat nur klarstellende Funktion, weil diesbezügliche Falschangaben bereits unter die beiden anderen Varianten subsumiert werden können.[167]

IV. Schwindel bei Kapitalerhöhung aus Gesellschaftsmitteln (Abs 1 Nr 4)

Tätereigenschaft. Taugliche Täter des Gründungsschwindels sind wie auch beim Kapitalerhö- 82
hungsschwindel des Absatz 1 Nr 3 nur die **Geschäftsführer** (siehe dazu Rdn 33; zu faktischen Organen siehe Rdn 37).

---

161 Vgl dazu auch UHL/*Ransiek*[3] § 82 Rdn 84.

162 Ebenso MünchKomm-GmbHG/*Altenhain*[4] § 82 Rdn 82.

163 Vgl dazu MünchKomm-GmbHG/*Altenhain*[4] § 82 Rdn 84; Baumbach/Hueck/*Haas*[21] § 82 Rdn 36; Scholz/Tiedemann/*Rönnau*[13] § 82 Rdn 135; Erbs/Kohlhaas/*Schaal*[249] § 82 Rdn 34.

164 Vgl dazu BGH 18.3.2002 – II ZR 363/00, BGHZ 150, 197, 199; BGH 8.11.2004 – II ZR 362/02, NZG 2005, 180, 181; Münch-GmbHG/*Lieder*[4] § 57 Rdn 16.

165 BGH 18.2.1991 – II ZR 104/90, BGHZ 113, 335, 345; BGH 30.11.1995 – 1 StR 358/95, NStZ 1996, 238 f.

166 Vgl dazu ua Münch-GmbHG/*Lieder*[4] § 57 Rdn 16.

167 So auch MünchKomm-GmbHG/*Altenhain*[4] § 82 Rdn 80; Scholz/Tiedemann/*Rönnau*[13] § 82 Rdn 133.

83 **Bezugspunkte der Falschangaben.** In Ergänzung zu Absatz 1 Nr 3 stellt Absatz 1 Nr 4 falsche Angaben im Zusammenhang mit Kapitalerhöhungen aus Gesellschaftsmitteln unter Strafe (siehe dazu bereits Rdn 78). Tatbestandsmäßig sind ausschließlich Falschangaben in der Erklärung der Geschäftsführer, dass zwischen Bilanzstichtag (vgl §§ 56e und 56f) und der Anmeldung keine Vermögensminderungen eingetreten sind, die der Kapitalerhöhung entgegenstehen (Erklärung nach § 57a Abs 1 Satz 2). Mit dieser Negativerklärung[168] soll das Gebot der realen Kapitalaufbringung[169] geschützt und unter Strafdrohung gewährleistet werden, dass die eingesetzten und nach § 57d ausgewiesenen Rücklagen zum Zeitpunkt der Anmeldung der Kapitalerhöhung tatsächlich noch vorhanden sind.[170] Falsch ist eine Angabe demnach jedenfalls dann, wenn trotz anderslautender Erklärung des Geschäftsführers die eingesetzten Rücklagen zwischenzeitlich infolge operativer Verluste oder wegen Ausschüttungen an die Gesellschafter gar nicht mehr oder nicht mehr in vollem Umfang vorhanden sind und damit eine Vermögensminderung eingetreten ist, die der Kapitalerhöhung zum Zeitpunkt der Anmeldung materiell entgegensteht. Aus dem Wortlaut des Absatz 1 Nr 4 folgt, dass nur die von § 57i Abs 1 Satz 2 vorausgesetzten Erklärungen tatbestandsmäßig sein können; darüberhinausgehende („freiwillige") Mitteilungen, die gelegentlich der Erklärung nach § 57i Abs 1 Satz 2 abgegeben werden, sind hingegen unbeachtlich.

84 Nach § 57i Abs 1 Satz 2 müssen die Geschäftsführer angeben, dass **nach ihrer Kenntnis** keine Vermögensminderung eingetreten ist. Das gesellschaftsrechtliche Schrifttum schließt daraus eine Nachforschungspflicht, der zufolge sich die Anmeldenden vor ihrer Erklärung positive Kenntnis darüber verschaffen müssen, dass die im Erhöhungsbeschluss angegebenen Rücklagen noch immer zur Verfügung stehen (vgl dazu § 57i).[171] Strafrechtlich ist die Bedeutung der in § 57i Abs 1 Satz 2 vorausgesetzten Kenntnis hingegen unklar. Nach herrschender Ansicht soll aus strafrechtlichem Blickwinkel die Erklärung nach § 57a Abs 1 Satz 2 nur dann falsch sein, wenn die Geschäftsführer zum Zeitpunkt der Anmeldung positive Kenntnis von einer Vermögensminderung hatten; eine (mittelbar) strafbewehrte Nachforschungspflicht oder eine Strafbarkeit bei Erklärung ohne vorherige Prüfung soll nicht gegeben sein.[172] Das scheint zweifelhaft. Richtigerweise macht der Geschäftsführer nämlich auch dann eine falsche Angabe, wenn er entgegen seiner gesellschaftsrechtlichen Pflichten ohne vorherige Kenntnisverschaffung eine Erklärung nach § 57i Abs 1 Satz 2 abgibt. Denn mit der Abgabe der Erklärung versichert er stets, dass er den für die Erklärung notwendigen Einblick in die Vermögenslage der Gesellschaft genommen hat und seine Erklärung nicht ins Blaue hinein oder gar unter bewusster Ausblendung bestimmter Indizien abgibt. Wird nicht ohnehin ausdrücklich erklärt, dass sich der Geschäftsführer der Vermögenlage der Gesellschaft vergewissert hat,[173] so ist vor dem Hintergrund des § 57i Abs 1 Satz 2 dieser Erklärungsinhalt in den Angaben des Geschäftsführers jedenfalls konkludent enthalten. Denn für eine Erklärung nach § 57i Abs 1 Satz 2 sind ungeprüfte Spontanversicherungen des Geschäftsführers nicht ausreichend. Gesellschaftsrechtlich gefordert und parallel dazu strafrechtlich geschützt ist damit nicht eine punktuelle und subjektive Wissenserklärung bei der Anmeldung; der Geschäftsführer versichert vielmehr, dass er sich diejenige Kenntnis verschafft hat, die notwendig ist, um eine Vermögensminderung auszuschließen. Mit dem Wortlaut des von Absatz 1 Nr 4 in Bezug genommenen § 57i Abs 1 Satz 2 lässt sich dieses Normverständnis noch in Einklang bringen und in der Sache scheint diese Auslegung geboten. Andernfalls könnte ein Geschäftsführer nämlich ohne Weiteres die Augen vor einer nachteiligen Entwicklung der Vermögenslage verschließen und müsste nur dafür sorgen, dass er keine Kenntnis von Vermögensabflüssen erhält, um bei der Anmeldung strafrechtlich folgenlos eine objektiv wahrheitswidrige Erklärung abgeben

168 Lutter/Hommelhoff/*Kleindiek*[21] § 82 Rdn 18; MünchKomm-GmbHG/*Altenhain*[4] § 82 Rdn 86.
169 Vgl dazu Münch-GmbHG/*Lieder*[4] § 57i Rdn 11.
170 Baumbach/Hueck/*Haas*[21] § 82 Rdn 48.
171 Vgl dazu auch Münch-GmbHG/*Lieder*[4] § 57i Rdn 11; Lutter/Hommelhoff/*Kleindiek*[21] § 57i Rdn 5.
172 Esser/Rübenstahl/Salinger/Tsambikakis-Wirtschaftsstrafrecht/*Brand*, § 399 AktG Rdn 169; MünchKomm-GmbHG/*Altenhain*[4] § 82 Rdn 89; Baumbach/Hueck/*Haas*[21] § 82 Rdn 50; Scholz/Tiedemann/*Rönnau*[13] § 82 Rdn 141.
173 Vgl zu einer Strafbarkeit in diesem Fall MünchKomm-GmbHG/*Altenhain*[4] § 82 Rdn 89; vgl dazu auch aus gesellschaftsrechtlicher Sicht Münch-GmbHG/*Lieder*[4] § 57i Rdn 11.

zu können. Folgte man der herrschenden Auffassung und verstünde den Wortlaut des § 57i Abs 1 Satz 2 („*keine Kenntnis*") nicht gesellschaftsrechtlich, sondern konsequent im Sinne der strafrechtlichen Vorsatzdogmatik, blieben nicht nur Erklärungen ins Blaue hinein, sondern wohl auch eventualvorsätzliche Falschangaben eines Geschäftsführers am Ende straflos.[174] Mit der durch § 82 angestrebten Absicherung gegen Falschangaben wäre dieses Ergebnis schwerlich in Einklang zu bringen. Gibt ein Geschäftsführer die Erklärung nach § 57i Abs 1 Satz 2 ohne vorherige Prüfung der Vermögenslage ab, scheidet hingegen eine Strafbarkeit aus, wenn die Angaben objektiv der Wirklichkeit entsprechen. Es liegt dann richtigerweise (objektiv) schon keine Falschangabe vor (siehe dazu bereits Rdn 41).

V. Eignungsschwindel (Abs 1 Nr 5)

Tätereigenschaft. Taugliche Täter des Eignungsschwindels sind **Geschäftsführer, Geschäftsleiter ausländischer juristischer Personen** und **Liquidatoren**, die eine Versicherung über ihre Eignung abzugeben haben. Erfasst sind erste Geschäftsführer (§ 8 Abs 3) und neue Geschäftsführer (§ 39 Abs 3). Für Geschäftsleiter ausländischer juristischer Personen ergibt sich eine Erklärungspflicht bei der Anmeldung einer inländischen Zweigniederlassung aus § 13g Abs 2 Satz 2 HGB (in Verbindung mit § 8 Abs 3). Liquidatoren trifft die entsprechende Pflicht aus § 67 Abs 3 Satz 1. Ist eine juristische Person oder eine Personenhandelsgesellschaft Liquidator (siehe dazu auch § 66), müssen deren Vertreter die Erklärung abgeben (vgl § 67); die strafrechtliche Pflichtenstellung wird in diesem Fall nach den Grundsätzen des § 14 StGB übergeleitet. 85

Bezugspunkte der Falschangaben. Tatbestandsmäßig sind Angaben in der nach § 8 Abs 3 Satz 1, § 39 Abs 3 Satz 1 und § 67 Abs 3 Satz 1 sowie nach § 13g Abs 2 Satz 2 HGB abzugebenden **Eignungsversicherung**. Angaben in vom Registergericht angeforderten ergänzenden Erklärungen sind ebenfalls erfasst.[175] Auch unvollständige Versicherungen sind in aller Regel falsch (vgl Rdn 42); nicht strafbar ist es hingegen, eine Versicherung gänzlich zu unterlassen. Die Strafvorschrift betrifft nur die Versicherung bei der Anmeldung. Dies ergibt sich aus dem klaren Wortlaut der von Absatz 1 Nr 5 in Bezug genommenen Vorschriften (§ 8 Abs 3 Satz 1, § 39 Abs 3 Satz 1, § 67 Abs 3 Satz 1: „in der Anmeldung"). Nicht erfasst sind daher im Zuge einer gerichtlichen Geschäftsführer- oder Liquidatorbestellung eingeholte Erklärungen.[176] 86

Strafbar sind nur Falschangaben, die zum **notwendigen Inhalt** der Eignungsversicherung gehören.[177] Dieser ergibt sich aus § 6 Abs 2 Satz 2 Nr 2 und Nr 3 sowie § 6 Abs 2 Satz 3. Anzugeben sind demnach gerichtliche oder verwaltungsbehördliche Entscheidungen, die die Ausübung eines Berufs oder Gewerbes verbieten, sofern der Unternehmensgegenstand ganz oder teilweise mit dem Gegenstand des Verbots übereinstimmt. Daneben sind in- und vergleichbare ausländische strafrechtliche Verurteilungen wegen der in § 6 Abs 2 Satz 2 Nr 3 aufgezählten Delikte anzugeben. Nur rechtskräftige Verurteilungen sind erfasst (siehe dazu § 6).[178] Dabei sind bei den in § 6 Abs 2 Satz 2 Nr 2 lit e) genannten Delikten nur Verurteilungen zu einer Freiheitsstrafe von mindestens einem Jahr erheblich. Wird trotz einer Verurteilung zu weniger als einem Jahr Freiheitsstrafe wahrheitswidrig Vorstrafenfreiheit erklärt, erfüllt dies den Tatbestand des Absatz 1 Nr 5 nicht.[179] Bei einer verhängten Gesamtfreiheitsstrafe ist der Strafanteil für die in § 6 Abs 2 Satz 2 Nr 2 lit e) genannten Delikte ausschlaggebend. Bei tateinheitlicher Verurteilung muss die hypothetisch ver- 87

174 AA für den Eventualvorsatz wohl MünchKomm-GmbHG/*Altenhain*[4] § 82 Rdn 89.

175 KG 8.4.2014 – (1) 121 Ss 25/14 (7/14), BeckRS 2015, 11610; Baumbach/Hueck/*Haas*[21] § 82 Rdn 59; MHLS/*Dannecker*[3] § 82 Rdn 196; Scholz/Tiedemann/*Rönnau*[13] § 82 Rdn 149.

176 Ebenso MünchKomm-GmbHG/*Altenhain*[4] § 82 Rdn 91.

177 Vgl dazu OLG Brandenburg 13.9.2011 – 7 Wx 42/10, BeckRS 2011, 27550; ebenso MünchKomm-GmbHG/*Altenhain*[4] § 82 Rdn 94.

178 Vgl dazu in Baumbach/Hueck/*Beuerskens*[22] § 6 Rdn 16.

179 KG 8.4.2014 – (1) 121 Ss 25/14 (7/14), BeckRS 2015, 11610.

hängte Einzelstrafe für das Katalogdelikt die Jahresgrenze zweifelsfrei erreichen. Wahrheitswidrige Versicherungen, die die Prüfung durch das Registergericht nur erschweren (etwa falsche Datumsangaben oder Bezeichnungen des verurteilenden Gerichts), nicht aber die Gefahr einer Bestellung begründen, erfüllen den Tatbestand des Absatz 1 Nr 5 nicht.

88 Da die Versicherung auch die Bestätigung enthalten muss, über die **unbeschränkte Auskunftspflicht** (§ 8 Abs 3 Satz 2 in Verbindung mit § 52 Abs 2 BZRG) belehrt worden zu sein (siehe dazu § 6),[180] ist eine Versicherung auch falsch, wenn diese Belehrung wahrheitswidrig behauptet wird. Unterbleibt eine Belehrung über die unbeschränkte Auskunftspflicht im Sinne des § 8 Abs 3 Satz 2, ist insbesondere das Verschweigen solcher strafrechtlicher Verurteilungen, die nicht oder nur unter bestimmten Voraussetzungen in ein Führungszeugnis aufzunehmen sind (§ 32 Abs 2 bis 4 BZRG), hingegen nicht strafbar. Diese brauchen nämlich nur nach einer entsprechenden Belehrung angegeben zu werden (§ 53 Abs 2 letzter Hs BZRG).

89 Ist eine **juristische Person oder eine Personenhandelsgesellschaft** zur Versicherung verpflichtet, müssen diejenigen Umstände angegeben werden, die deren Bestellung widerstreiten (etwa eine sie betreffende Gewerbeuntersagung im Sinne des § 6 Abs 2 Nr 2). Bestellungshindernisse ihrer gesetzlichen Vertreter sind richtigerweise nicht anzugeben (vgl dazu aber auch § 66).[181] Dadurch mag der Strafrechtsschutz durch Absatz 1 Nr 5 zwar bedenklich verkürzt werden; dafür, die Erklärungspflicht auf die gesetzlichen Vertreter des Liquidators zu erstrecken, mag zudem streiten, dass insbesondere § 6 Abs 2 Satz 2 Nr 3 und Satz 3 eine ersichtlich auf natürliche Personen gemünzte Vorschrift ist. Es ist aber mehr als zweifelhaft, ob ein die Erklärungspflicht ausdehnendes Verständnis und eine Erstreckung auf die persönlich gerade nicht zum Liquidator bestellten gesetzlichen Vertreter noch von der in § 66 Abs 4 vorgesehenen „entsprechenden Anwendung" des § 6 Abs 2 Satz 2 und 3 gedeckt ist oder darin nicht bereits eine für das Strafrecht unzulässige Analogie zu sehen ist.

VI. Kapitalherabsetzungsschwindel (Abs 2 Nr 1)

90 **Tätereigenschaft.** Taugliche Täter des Kapitalherabsetzungsschwindels sind spiegelbildlich zu Absatz 1 Nr 3 und Nr 4 ausschließlich die **Geschäftsführer** (siehe dazu Rdn 33; zu faktischen Organen siehe Rdn 37). Auch hier sind Gesellschafter nur als Teilnehmer strafbar. Insolvenzverwalter (vgl § 225a Abs 2 in Verbindung mit § 254a Abs 2 Satz 3 InsO) und Liquidatoren sind keine tauglichen Täter, was schon deswegen empfindliche Strafbarkeitslücken reißt, weil die Kapitalherabsetzungen gerade bei der Sanierung von Kapitalgesellschaften eine prominente Rolle spielen (siehe dazu bereits Rdn 29 sowie Rdn 35).

91 **Bezugspunkte der Falschangaben.** Absatz 2 Nr 1 stellt Falschangaben unter Strafe, die ein Geschäftsführer bei einer Herabsetzung des Stammkapitals in der durch § 58 Abs 1 Nr 4 Hs 2 vorgesehenen **Versicherung über die Befriedigung oder Sicherstellung der Gläubiger** (vgl dazu § 58 Abs 1 Nr 2) macht. Auf die vereinfachte Kapitalherabsetzung (§ 58a) erstreckt sich die Strafdrohung des Absatz 2 Nr 1 schon deswegen nicht, weil dort ein entsprechendes Procedere nicht vorgesehen ist. Gegenstand dieser Versicherung ist es, dass die Gläubiger – gemeint sind ausweislich § 58 Abs 1 Nr 4 allein diejenigen, die sich bei der Gesellschaft gemeldet und der Herabsetzung nicht zugestimmt haben – befriedigt oder sichergestellt sind (siehe dazu auch § 58). Falschangaben, die sich nicht auf diesen Gläubigerkreis beziehen, sind nicht tatbestandsmäßig.[182] Wird daher etwa verschwiegen, dass noch weitere Gläubiger existieren, die nicht befriedigt oder sichergestellt worden sind, ist die Versicherung solange nicht unwahr, wie diese sich nicht gemeldet haben.[183]

---

180 Baumbach/Hueck/*Servatius*[22] § 8 Rdn 16b.

181 Ebenso MünchKomm-GmbHG/*Altenhain*[4] § 82 Rdn 88; **aA** die überwiegende Meinung im gesellschaftsrechtlichen Schrifttum, vgl dazu MünchKomm-GmbHG/*H.-F. Müller*[4] § 66 Rdn 8; MHLS/*M. F. Müller*[4] § 66 Rdn 17; Lutter/Hommelhoff; *Wicke* GmbHG 2020[4] § 66 Rdn 4.

182 UHL/*Ransiek*[3] § 82 Rdn 118.

183 Ebenso MünchKomm-GmbHG/*Altenhain*[4] § 82 Rdn 99; MHLS/*Dannecker*[3] § 82 Rdn 219.

Unwahr ist eine Versicherung, die wahrheitswidrig behauptet, dass (alle) Gesellschaftsgläubiger der Kapitalherabsetzung **zugestimmt** haben oder die Forderungen derjenigen Gläubiger, die sich bei der Gesellschaft gemeldet und der Herabsetzung nicht zugestimmt haben, **befriedigt oder sichergestellt wurden.**[184] Die Unvollständigkeit der Angaben kann nach allgemeinen Grundsätzen (vgl Rdn 42) zur Unwahrheit der Versicherung führen. 92

Nicht strafbar macht sich hingegen, wer verschweigt, dass die Bekanntmachung nach § 58 Abs 1 Nr 1 nicht ordnungsgemäß war oder die Jahresfrist des § 58 Abs 1 Nr 3 noch nicht abgelaufen ist.[185] Die diesbezügliche Unrichtigkeit ergibt sich nämlich nicht aus der Versicherung nach § 58 Abs 1 Nr 4 Hs 2, sondern – zumindest teilweise – aus den mit der **Anmeldung eingereichten Unterlagen** (§ 58 Abs 1 Nr 4 Hs 1).[186] Wurde der Beschluss über die Herabsetzung des Stammkapitals nicht ordnungsgemäß bekannt gemacht (§ 58 Abs 1 Nr 1) bzw ist die Frist des § 58 Abs 1 Nr 3 noch nicht abgelaufen, muss eine Versicherung deswegen auch nicht zwingend den Hinweis enthalten, dass der Kreis betroffener Gläubiger noch nicht endgültig feststeht.[187] Daraus mag sich zwar eine gewisse Schutzlücke ergeben, weil die besonderen Mitteilungen (§ 58 Abs 1 Nr 1 Hs 3) nicht mit der Anmeldung einzureichen sind (siehe dazu auch § 58).[188] Allerdings begrenzt insoweit der Wortlaut des § 58 Abs 1 Nr 4 Hs 2, der implizit von Absatz 2 Nr 1 in Bezug genommen wird, den Versicherungsinhalt darauf, dass diejenigen Gläubiger, die sich bei der Gesellschaft gemeldet und der Herabsetzung nicht zugestimmt haben, befriedigt oder sichergestellt sind.[189] Eine Versicherung, dass bekannte Gläubiger ordnungsgemäß durch besondere Mitteilungen zur Anmeldung aufgefordert worden sind, ist davon nicht umfasst. Ein zusätzlicher (konkludenter) Erklärungsinhalt dergestalt, dass sich mangels einer ordnungsgemäßen Erfüllung der Voraussetzungen des § 58 Abs 1 Nr 1 und Nr 3 noch weitere Gläubiger melden könnten, kann der Versicherung richtigerweise nicht beigemessen werden. 93

Gläubiger ist, wer einen Anspruch gegen die Gesellschaft hat. Dies ist objektiv zu bestimmen.[190] Wird eine **bestrittene Forderung** nicht angegeben, ist die Versicherung gleichwohl unwahr und damit tatbestandsmäßig, wenn ein Anspruch gegen die Gesellschaft tatsächlich besteht.[191] Insoweit kommt allenfalls ein Tatumstandsirrtum in Betracht, der den Vorsatz entfallen lässt (§ 16 Abs 1 StGB). Ein solcher Tatumstandsirrtum dürfte bei bestrittenen Forderungen allerdings nur im Ausnahmefall einmal zu bejahen sein. Denn kennt der Geschäftsführer eine bestrittene Forderung und rechnet damit, dass diese doch möglicherweise begründet sein könnte, genügt dies in aller Regel für die Annahme eines Eventualvorsatzes. Bei Unklarheiten über die Gläubigerstellung lassen sich daher Strafbarkeitsrisiken nur ausschließen, indem auch die Gläubiger bestrittener Forderungen vorsorglich sichergestellt werden.[192] Möglich ist es ferner, Zweifelsfälle und den Umgang mit diesen in der Versicherung gegenüber dem Registergericht offenzulegen, also anzugeben, dass bestrittene Forderungen bestehen und sich deren potentielle Gläubiger gemeldet haben, aber weder befriedigt noch sichergestellt worden sind.[193] Dadurch ist die Versicherung zwar nicht länger unwahr und der Tatbestand nicht erfüllt; jedoch ist eine solche Versicherung für das Registergericht auch nur eingeschränkt brauchbar.[194] 94

184 Vgl MünchKomm-GmbHG/*Altenhain*[4] § 82 Rdn 98; Erbs/Kohlhaas/*Schaal*[249] § 82 Rdn 47.

185 Ebenso Baumbach/Hueck/*Haas*[21] § 82 Rdn 71; MünchKomm-GmbHG/*Altenhain*[4] § 82 Rdn 100.

186 Ebenso UHL/*Ransiek*[3] § 82 Rdn 118; Scholz/Tiedemann/*Rönnau*[13] § 82 Rdn 158.

187 Ebenso MünchKomm-GmbHG/*Altenhain*[4] § 82 Rdn 100; **aA** die wohl überwiegende Auffassung, vgl Baumbach/Hueck/*Haas*[21] § 82 Rdn 71; MHLS/*Dannecker*[3] § 82 Rdn 220; Roth/Altmeppen/*Altmeppen GmbHG*[9] § 82 Rdn 29; Erbs/Kohlhaas/*Schaal*[249] § 82 Rdn 47.

188 Vgl dazu auch BayObLG 20.9.1974 – BReg. 2 Z 43/74, BayObLGZ 1974, 359, 364; UHL/*Casper*[3] § 58 Rdn 59; MünchKomm-GmbHG/*J. Vetter*[4] § 58 Rdn 136.

189 Vgl dazu MünchKomm-GmbHG/*Altenhain*[4] § 82 Rdn 100.

190 Allg Auffassung, vgl Scholz/Tiedemann/*Rönnau*[13] § 82 Rdn 157; Baumbach/Hueck/*Haas*[21] § 82 Rdn 71; MünchKomm-GmbHG/*Altenhain*[4] § 82 Rdn 99.

191 Baumbach/Hueck/*Haas*[21] § 82 Rdn 71; Scholz/Tiedemann/*Rönnau*[13] § 82 Rdn 157.

192 Baumbach/Hueck/*Haas*[21] § 82 Rdn 71; Scholz/Tiedemann/*Rönnau*[13] § 82 Rdn 157.

193 Ebs. Baumbach/Hueck/*Haas*[21] § 82 Rdn 71; UHL/*Ransiek*[3] § 82 Rdn 119.

194 Vgl dazu Baumbach/Hueck/*Haas*[21] § 82 Rdn 71.

VII. Geschäftslageschwindel (Abs 2 Nr 2)

95 **Tätereigenschaft.** Der Kreis tauglicher Täter ist beim Geschäftslageschwindel weit gefasst. Täter können neben **Geschäftsführern und Liquidatoren** (vgl Rdn 33 und Rdn 35; sowie zu faktischen Organen Rdn 37) auch **Mitglieder des Aufsichtsrats oder eines aufsichtsratsähnlichen Organs** (siehe dazu Rdn 36) sein. Bloßen Gesellschaftern fehlt hingegen die erforderliche Täterqualität; zum Verhältnis des Absatz 2 Nr 2 zu den übrigen Tatbestandsvarianten des § 82 sowie zu § 331 Nr 1 und Nr 1a HGB siehe Rdn 100 ff.

96 **Bezugspunkte der Falschangaben.** Tatbestandsmäßig sind jedenfalls nach Wortlaut beliebige Äußerungen zur **Vermögenslage der Gesellschaft.** Es ist weder ein bestimmter Erklärungskontext noch eine Form oder ein spezifischer Adressat der unwahren Darstellung oder Verschleierung (zur Tathandlung siehe bereits Rdn 49 ff) vorgegeben. Im Unterschied zu den übrigen Tatbestandsvarianten des § 82 muss eine Äußerung auch kein rechtlich vordefiniertes Ziel verfolgen – namentlich die Eintragung einer bestimmten gesellschaftsrechtlichen Handlung oder Gestaltung ins Handelsregister. Sie muss deswegen auch nicht gegenüber dem Registergericht erfolgen (siehe dazu bereits Rdn 49). Absatz 2 Nr 2 ist damit eher weit gefasst und gerade auch im Vergleich mit den anderen Tatbestandsvarianten des § 82 recht wenig bestimmt. Durchgreifende Bedenken gegen die Vorschrift bestehen gleichwohl nicht, wenn und soweit dem Tatbestand durch eine restriktive Auslegung die für das Strafrecht notwendige Kontur verschafft wird.[195]

97 Erfasst sind Berichte jeder Art und Form („öffentliche Mitteilungen"; siehe dazu Rdn 49), die einen Einblick in die Vermögenslage der Gesellschaft erlauben, wobei unwahre Darstellungen und Verschleierungen, die die Voraussetzungen des § 331 Nr 1 oder Nr 1a HGB erfüllen, zumindest im Ergebnis nicht einschlägig sind (zur Subsidiaritätsklausel siehe auch Rdn 102). Nicht klar ist dabei, was unter der Vermögenslage der Gesellschaft zu verstehen ist. Die wohl überwiegende Auffassung versteht das Tatbestandsmerkmal weit und subsumiert darunter mit einzelnen Differenzierungen im Detail mehr oder weniger alles, was für die Beurteilung der wirtschaftlichen Lage der Gesellschaft bedeutsam ist oder in Zukunft bedeutsam werden kann.[196] Teilweise wird der Begriff am Bilanzrecht orientiert (§ 264 Abs 2 Satz 1 HGB) und darunter Auskünfte zur Vermögens-, Finanz- und Ertragslage verstanden.[197] Richtig dürfte sogar ein streng **bilanzrechtliches Begriffsverständnis** sein, das die Vermögenslage von der Finanz- und Ertragslage abhebt.[198] Strafbar sind demnach nur Falschangaben, die sich auf das Verhältnis von Vermögen und Schulden der Gesellschaft beziehen.[199] Für eine derart einschränkende Auslegung lässt sich mehrerlei anführen: Zum einen gewinnt der Tatbestand dadurch erheblich an Kontur, was angesichts seiner recht offen gehaltenen Tatbestandsmerkmale und Strafbarkeitsvoraussetzungen geboten ist (siehe dazu bereits Rdn 96). Zum anderen ist dieses Verständnis aus dem Blickwinkel der Binnensystematik stimmig, beziehen sich doch die meisten anderen Tatbestandsvarianten des § 82 auf konzise Erklärungen über konkret bestehende vermögensrelevante Umstände der Gesellschaft und erstrecken sich nicht nebulös auch auf künftige Entwicklungen oder eine nicht näher umrissene wirtschaftliche Gesamtsituation der Gesellschaft.[200] Schließlich kann ein enger Begriff mit der Abkantung zu Parallelvorschriften (§ 400 Abs 1 Nr 1 AktG, § 147 Abs 2 Nr 1 GenG sowie § 17 Nr 1 bis 3 PublizitätsG) begründet werden, die im Unterschied zu Absatz 2 Nr 2 umfassend auf die Verhältnisse der Gesellschaft und nicht nur auf deren Vermögenslage

---

195 Für den im Wortlaut noch offeneren § 400 Abs 1 Nr 1 AktG BVerfG 27.4.2006 – 2 BvR 131/05, BKR 2007 38, 39 (EM.TV); ebenso UHL/*Ransiek*[3] § 82 Rdn 126.

196 Vgl dazu ua Lutter/Hommelhoff/*Kleindiek*[21] § 82 Rdn 24.

197 So etwa Baumbach/Hueck/*Haas*[21] § 82 Rdn 82.

198 Im Anschluss an MünchKomm-GmbHG/*Altenhain*[4] § 82 Rdn 105 f.

199 So MünchKomm-GmbHG/*Altenhain*[4] § 82 Rdn 105; vgl dazu auch Hopt-HGB/Bearbeiter/Hopt/*Merkt*[43] § 264 HGB Rdn 14.

200 So auch MünchKomm-GmbHG/*Altenhain*[4] § 82 Rdn 105.

abstellen.[201] Gleiches gilt mit Blick auf den Wortlaut des Kreditbetrugs nach § 265b Abs 1 StGB („wirtschaftliche Verhältnisse“).[202] So überzeugend und stimmig ein streng bilanzrechtliches Begriffsverständnis ist, wird man gleichwohl einzuräumen haben, dass der strafrechtliche Schutz möglicherweise sachwidrig verkürzt wird, wenn unwahre Darstellungen und Verschleierungen, die nach § 265b StGB tatbestandsmäßig wären, nicht am strafrechtlichen Vorfeldschutz (siehe dazu Rdn 13) des § 82 teilhaben.

Tatbestandsmäßig sind neben Mitteilungen zur Gesamtvermögenslage der Gesellschaft auch Auskünfte zu **einzelnen Vermögensbestandteilen**, soweit letztere für eine Beurteilung der Vermögenslage der Gesellschaft beachtenswert sind und nicht nur untergeordnete Bedeutung haben.[203] Auch dies ergibt sich aus einer Abgrenzung zu § 400 Abs 1 Nr 1 AktG, weil Abs 2 Nr 2 nur eine einfache öffentliche Mitteilung und keine (Gesamt-)Darstellungen oder Übersichten über den Vermögensstand voraussetzt.[204] Nicht tatbestandsmäßig ist hingegen die unwahre Darstellung oder die Verschleierung solcher Inhalte, die bei abstrakter Betrachtungsweise keine Bedeutung für die Beurteilung der Vermögenslage der Gesellschaft und deshalb auch keinen ersichtlichen Einfluss auf Entscheidungen (künftiger) Gläubiger haben.[205] An dieser Stelle ist der Tatbestand schutzzweckbezogen zu beschränken (vgl Rdn 44). 98

Die Unwahrheit einer Darstellung oder eine Verschleierung kann sich aus unrichtigen, unvollständigen oder unklaren Mitteilungen ergeben (siehe dazu auch Rdn 51 f).[206] Ob eine Darstellung unwahr oder verschleiernd ist, hängt dabei von den **Umständen des Einzelfalls** – insbesondere dem Erklärungskontext und dem anvisierten Adressatenkreis der Mitteilung – ab. Maßfigur bezüglich der Adressaten ist dabei ein durchschnittlich sorgfältig prüfender Vertreter jener (Teil-)Öffentlichkeit, an die sich eine Mitteilung richtet (siehe dazu schon Rdn 52). Dabei spricht bereits der bilanzrechtliche Bezugspunkt des Erklärungsinhalts (vgl Rdn 97) dafür, die Richtigkeit einer Angabe zumindest in einem ersten Schritt auch unter Zugrundelegung bilanzrechtlicher Grundsätze zu bestimmen. Dies gilt umso mehr, wenn durch eine Mitteilung ein unüberschaubar breiter Adressatenkreis angesprochen wird oder wenn in der Mitteilung – sei es ausdrücklich, sei es konkludent – Bilanzierungsregeln als Richtschnur in Bezug genommen werden. In einem zweiten Schritt ist jedoch strafrechtlichen Besonderheiten Rechnung zu tragen, woraus folgt, dass nur eindeutig unrichtige Angaben tatbestandsmäßig sind, also Darstellungen, bei denen zulässige Beurteilungsspielräume eklatant überschritten wurden (vgl Rdn 43).[207] 99

D. Verhältnis der einzelnen Tatbestandsvarianten und sonstige Konkurrenzen; Rechtsfolgen

Verhältnis der einzelnen Tatbestandsvarianten. Das **konkurrenzrechtliche Verhältnis der einzelnen Tatbestandsvarianten** richtet sich nach den allgemeinen Regeln. Erfüllt der Täter durch eine Handlung verschiedene Alternativen ein und derselben Tatbestandsvariante, ist diese 100

201 So auch MünchKomm-GmbHG/*Altenhain*4 § 82 Rdn 106 mit vertiefender Argumentation.

202 Dieser erfasst nach herrschender Ansicht auch künftige Entwicklungen; vgl Schönke/Schröder/*Perron*30, § 265b STGB Rdn 32 mwN.

203 MünchKomm-GmbHG/*Altenhain*4 § 82 Rdn 107; Baumbach/Hueck/*Haas*21 § 82 Rdn 82; einschränkend UHL/*Ransiek*3 § 82 Rdn 135.

204 Im Anschluss an MünchKomm-GmbHG/*Altenhain*4 § 82 Rdn 107.

205 Zu § 400 Abs 1 Nr 1 AktG, aber an dieser Stelle übertragbar BGH 12.10.2016 – 5 StR 134/15, NJW 2017, 578, 581 (HSH Nordbank).

206 Vgl dazu Baumbach/Hueck/*Haas*21 § 82 Rdn 83.

207 Noch weitergehend Thüring OLG 29.7.1997 – 1 Ss 318/96, NStZ 1998, 307, 308; vgl dazu UHL/*Ransiek*3 § 82 Rdn 136.

nur ein einziges Mal erfüllt.[208] Ob man hier von einem einheitlichen Delikt ausgeht oder allgemeiner gefasste Tatbestandsvarianten hinter speziellere im Wege der Gesetzeskonkurrenz zurücktreten lässt,[209] ist weitgehend ohne Bedeutung. Sind hingegen durch eine Handlung mehrere unterschiedliche Tatbestandsvarianten des § 82 nebeneinander erfüllt, ist Tateinheit anzunehmen. Dies betrifft vor allem den Fall, dass ein Geschäftsführer Falschangaben im Sinne des Absatz 1 Nr 1 macht und zugleich eine unrichtige Erklärung über seine Eignung abgibt (Absatz 1 Nr 5). Werden die Tatbestandsvarianten durch unterschiedliche Handlungen erfüllt, ist eine Gesamtstrafe nach §§ 53, 54 StGB zu bilden (Tatmehrheit). Der Sachgründungsberichtsschwindel kann dabei als mitbestrafte Vortat zurücktreten, wenn im weiteren Verlauf der Gesellschaftsgründung auch Absatz 1 Nr 1 erfüllt ist.

101 Die einzelnen Tatbestandsvarianten des § 82 sind für ihren jeweiligen Regelungsbereich abschließend und stehen untereinander in einem Exklusivitätsverhältnis. Daraus folgt unter anderem, dass der recht voraussetzungsarme und eine Vielzahl tauglicher Täter (vgl Rdn 95) vorsehende Geschäftslageschwindel (Absatz 2 Nr 2) **kein Auffangtatbestand** ist. Daher scheidet beispielsweise eine Strafbarkeit nach § 82 aus, wenn ein Liquidator im Zuge einer Kapitalmaßnahme (Absatz 1 Nr 3 oder Absatz 2 Nr 1) Falschangaben macht. Zwar mag man in Erklärungen gegenüber dem Registergericht eine öffentliche Mitteilung sehen und auch die weiteren Tatbestandsvoraussetzungen des Absatz 2 Nr 2 dürften in aller Regel erfüllt sein (siehe dazu Rdn 96 ff); die Regelungen in Absatz 1 und Absatz 2 Nr 1 sperren jedoch einen Rückgriff auf den Geschäftslageschwindel.

102 **Verhältnis zu anderen Tatbeständen.** Im Verhältnis zu im Einzelfall mitverwirklichten Straftaten nach §§ 263, 264a, 265b, 266 und 267 StGB sowie – insbesondere mit Blick auf Absatz 2 Nr 2 – § 16 UWG kommt Tateinheit in Betracht. Eine tateinheitliche Verurteilung wegen mittelbarer Falschbeurkundung (§ 271 StGB) dürfte hingegen nur ausnahmsweise in Betracht kommen, wenn auch über die Person des Erklärenden getäuscht wird. Denn die volle öffentliche Beweiswirkung des Handelsregisters für und gegen jedermann erstreckt sich nicht auch auf die Richtigkeit des Erklärungsinhalts.[210] Absatz 2 Nr 2 tritt im Verhältnis zu einzelnen Varianten des bilanzstrafrechtlichen Tatbestands der unrichtigen Darstellung (§ 331 Nr 1 und Nr 1a HGB) im Wege der Gesetzeskonkurrenz zurück (gesetzlich angeordnete Subsidiarität), wenn deren Voraussetzungen – richtigerweise durch dieselbe Handlung – erfüllt sind.

103 **Rechtsfolgen.** § 82 sieht für all seine Varianten als Sanktion Freiheitsstrafe bis zu drei Jahren oder Geldstrafe vor. In der Strafzumessung kann es zugunsten des Täters zu berücksichtigen sein, wenn dieser falsche Angaben vor Eintragung korrigiert (Absatz 1, Absatz 2 Nr 1) oder unwahre Darstellungen (Absatz 2 Nr 2) rechtzeitig, also vor Eintritt einer nennenswerten Öffentlichkeitswirkung, richtigstellt (vgl dazu auch Rdn 63). Im Übrigen ist unter anderem das Ausmaß der eingetretenen Vermögensgefährdung oder der mit den Falschangaben verwirklichten Vermögensschädigung ein für die Strafzumessung beachtlicher Umstand (§ 46 Abs 2 StGB). Strafschärfend wirkt verfolgter materieller oder immaterieller Eigennutz des Täters; strafmildernd kann das Motiv einer Sanierung der Gesellschaft zu berücksichtigen sein. Eine Verurteilung nach § 82 führt zur **Inhabilität** nach § 6 Abs 2 Satz 2 Nr 3 lit c. Dem parallel anwendbaren Berufsverbot nach § 70 StGB kommt daneben keine praktische Bedeutung zu.

E. Prozessuales

104 § 82 ist – was angesichts der Schutzzwecke (siehe dazu Rdn 6) nur folgerichtig ist – ein **Offizialdelikt**; auf einen Strafantrag kommt es daher nicht an.

---

208 Ebenso UHL/*Ransiek*³ § 82 Rdn 70; Scholz/Tiedemann/*Rönnau*¹³ § 82 Rdn 210; MünchKomm-GmbHG/*Altenhain*⁴ § 82 Rdn 134; MHLS/*Dannecker*³ § 82 Rdn 136.

209 So etwa UHL/*Ransiek*³ § 82 Rdn 70.

210 Vgl dazu BGH 14.6.2016 – 3 StR 128/16, NStZ 2016, 675, 676 mwN.

Wird in der Liste der angewendeten Vorschriften eine unzutreffende Tatbestandsvariante des § 82 zitiert, ist dies revisionsrechtlich unbeachtlich.[211] Im **Tenor** genügt ein Schuldspruch wegen falscher Angaben (§ 260 Abs 4 Satz 2 StPO). Es liegt im Ermessen des Gerichts (§ 260 Abs 4 Satz 5 StPO), die jeweilige Tatbestandsvariante unter Nutzung einer üblichen Bezeichnung (zB Gründungsschwindel) genauer zu bezeichnen. Geboten ist dies nicht,[212] weil die Tatbestände des Absatz 1 und des Absatz 2 nicht nur dasselbe Strafmaß vorsehen und sich in ihrem Unrechtsgehalt gleichen, sondern sich insbesondere auch die Tatbestandsvarianten des Absatz 1 und Absatz 2 Nr 1 in ihrer Unrechtsstruktur entsprechen (Falschangaben gegenüber dem Registergericht bezüglich einer einzutragenden gesellschaftsrechtlichen Gestaltung). Erwägenswert schiene es daher allenfalls, im Tenor den Geschäftslageschwindel (Absatz 2 Nr 2) abzusondern, weil dieser eine anders gelagerte Tathandlung beschreibt. 105

Eine Tat nach § 82 **verjährt** nach fünf Jahren (Frist für die Verfolgungsverjährung nach § 78 Abs 3 Nr 4 StGB). Die Verjährung beginnt mit Beendigung (§ 78a Satz 1 StGB; siehe dazu Rdn 65 f). 106

Zuständig für die Aburteilung ist regelmäßig das Amtsgericht, es sei denn, die Staatsanwaltschaft erhebt die Anklage wegen des besonderen Umfangs oder der besonderen Bedeutung des Falles beim Landgericht (§ 24 Abs 1 Satz 1 Nr 3 Alt 2 und 3 GVG). Nach § 74c Abs 1 Nr 1 GVG ist dort die Zuständigkeit der Wirtschaftsstrafkammer begründet. 107

---

211 BGH 12.1.2016 – 1 StR 406/15, BeckRS 2016, 2977.
212 **AA** ua in MünchKomm-StGB/*Hohmann*[4] § 82 GmbHG Rdn 137 (Unterscheidung von Absatz 1 und Absatz 2).

§ 83 (weggefallen)

§ 84 Verletzung der Verlustanzeigepflicht

(1) Mit Freiheitsstrafe bis zu drei Jahren oder mit Geldstrafe wird bestraft, wer es als Geschäftsführer unterläßt, den Gesellschaftern einen Verlust in Höhe der Hälfte des Stammkapitals anzuzeigen.

(2) Handelt der Täter fahrlässig, so ist die Strafe Freiheitsstrafe bis zu einem Jahr oder Geldstrafe.

Schrifttum

F. Bisson Die Strafbarkeit des Geschäftsführers oder Liquidators einer GmbH wegen Insolvenzverschleppung, GmbHR 2005, S 843–852; *F. Bittmann* Strafrechtliche Folgen des MoMiG, NStZ 2009, S 113–120; *A. Dierlamm* Der faktische Geschäftsführer im Strafrecht – ein Phantom?, NStZ 1996, S 153–157; *H. Fleischer* Zur GmbH-rechtlichen Verantwortlichkeit des faktischen Geschäftsführers GmbHR 2011, S 337–346; *T. Herrmanns/M. Tsambikakis* Strafrechtliche Einstandspflichten beim Betrieb von GmbH und GmbH & Co. KG, GmbHR 2001, S 857–859; *J. Joerden* Grenzen der Auslegung des § 84 Abs 1 Nr 2 GmbHG, wistra 1990, S 1–4; *K. Kiethe* Die Unangemessenheit des Honorars – Haftungsfalle für Unternehmensberater und -sanierer?, BB 2005, S 1801–1806; *D. Kleindiek* Ordnungswidrige Liquidation durch organisierte „Firmenbestattung", ZGR 2007, S 276–310; *D. Krause* Insolvenzverschleppung durch den GmbH-Geschäftsführer, DZWir 2001, 22–23; *F. Maurer* Strafbewehrte Handlungsplichten eines GmbH-Geschäftsführers in der Krise, wistra 2003, S 174–176; *Michalski/Heidinger/Leible/Schmidt* GmbH-Gesetz, 4. Auflage 2023 (zit. MHLS/*Bearbeiter*); *W. Müller* Der Verlust der Hälfte des Grund- oder Stammkapitals, ZGR 1985, S 191–213; *G. Pfeiffer* Unterlassen der Verlustanzeige und des Konkurs- oder Vergleichsantrags nach § 84 GmbHG, in: Festschrift Rowedder, 1994, S 347; *A. Ransiek* Zur deliktischen Eigenhaftung des GmbH-Geschäftsführers aus strafrechtlicher Sicht, ZGR 1992, S 203–231; *A. Reuter* „Krisenrecht" im Vorfeld der Insolvenz – das Beispiel der börsennotierten AG, BB 2003, S 1797–1804; *H. Richter* Der Konkurs der GmbH aus der Sicht der Strafrechtspraxis, GmbHR 1984, S 113–121 und S 137–150; *C. Schäfer* Zur strafrechtlichen Verantwortlichkeit des GmbHGeschäftsführers (I und II), GmbHR 1993, S 717–728 und 780–798; *Scholz* GmbHG Kommentar, 13. Auflage 2022 ff; *M. Schüppen* Aktuelle Fragen der Konkursverschleppung durch den GmbH-Geschäftsführer, DB 1994, S 197–204; *Späth* Rechtfertigungsgründe im Wirtschaftsstrafrecht, Diss Hamburg 2016; *M. Tsambikakis* Aktuelles zum Insolvenzstrafrecht bei GmbH und GmbH & Co., GmbHR 2005, 838–843; *W. Uhlenbruck* Die Rechtsstellung des Geschäftsführers in der GmbH-Insolvenz, Verfahrensmäßige Beschränkungen, Rechte und Pflichten, GmbHR 2005, 817–832; Habersack/Casper/Löbbe GmbHG Großkommentar, 3. Auflage 2021 (zit. HCL/Bearbeiter); *R. Wimmer* Die Haftung des GmbH-Geschäftsführers, NJW 1996, S 2546–2551.

Übersicht

https://doi.org/10.1515/9783111386669-004

A. Allgemeines

§ 84 begegnet Gefahren für das Gesellschaftervermögen, die aus der **Krise einer GmbH** erwachsen können. Die Vorschrift wurde durch das Gesetz zur Änderung des Gesetzes betreffend die Gesellschaften mit beschränkter Haftung und anderer handelsrechtlicher Vorschriften (v 4.7.1980, BGBl 1980 I 836) mit Wirkung zum 1.1.1981 nach dem Vorbild des § 401 AktG eingeführt. Bis 2008 regelte die Vorschrift neben der Verlustanzeigepflicht gegenüber den Gesellschaftern (§ 84 Abs 1 Nr 1 aF) in einer zweiten Tatbestandsvariante die strafbewehrte Pflicht des Geschäftsführers zur Beantragung des Insolvenzverfahrens (§ 84 Abs 1 Nr 2 aF). Diese zweite Tatbestandsvariante wurde durch das Gesetz zur Modernisierung des GmbH-Rechts und zur Bekämpfung von Missbräuchen (MoMiG v 23.10.2008, BGBl 2008 I 2026) in den neu geschaffenen § 15a InsO verschoben. 1

Schutzgut der Vorschrift ist allein das Vermögen des einzelnen Gesellschafters[1] (zu den Konsequenzen für Ansprüche aus unerlaubter Handlung siehe Rdn 4 sowie für die Rechtfertigung siehe Rdn 33 ff). Dessen Vermögen soll vor (weiteren) Beeinträchtigungen bis hin zum Totalverlust bei einem ungehinderten Fortgang und einer Vertiefung einer (sich anbahnenden) Krise geschützt werden. Nur vermittelt über das Vermögen der Gesellschafter werden auch das Bestandsinteresse der Gesellschaft[2] sowie die Gesellschaftsgläubiger samt ihrer Vermögensinteressen vom Schutzbereich erfasst. Dabei handelt es sich allerdings – wie etwa auch bei der gläubigerschützenden Funktion des § 43 Abs 1 (vgl § 43)[3] – um bloße Schutzreflexe. Das zeigt sich schon daran, dass auch die über eine Krise informierten Gesellschafter grundsätzlich nicht gezwungen sind, Interventionsmaßnahmen im Interesse der Gesellschaft und ihrer Gläubiger zu ergreifen. Führt die Information der Gesellschafter zur Rettung der Gesellschaft, werden dadurch die Ansprüche der Gesellschaftsgläubiger zwar mitgesichert; dieser Mechanismus rechtfertigt aber keine weitere, eigenständige Schutzzweckdimension.[4] Der eigenständige Schutz der Gesellschaftsgläubiger ist dem Insolvenzstrafrecht vorbehalten. 2

§ 84 sichert die Information der Gesellschafter über krisenhafte Entwicklungen als Voraussetzung für Interventionsmaßnahmen – etwa die Abberufung und Neubestellung des Geschäftsführers (§ 46 Nr 5) oder Weisungen an den Geschäftsführer – strafrechtlich ab. Dafür wird der Geschäftsführer einer GmbH (zur Anwendbarkeit auf die UG siehe Rdn 9) unter Strafandrohung verpflichtet, ab dem Verlust der Hälfte des Stammkapitals, dies den Gesellschaftern anzuzeigen (**Verlustanzeigepflicht**). Diese Pflicht zur Verlustanzeige ist Teil der allgemeinen Vermögensbetreuungspflicht des Geschäftsführers, die durch § 49 Abs 3 für den Fall der Krise näher umrissen wird. § 84 pönalisiert allerdings nur einen Ausschnitt der in § 49 Abs 3 niedergelegten Pflicht zur unverzüglichen Einberufung der Gesellschafterversammlung; § 84 ist daher kein Blankettatbestand, sondern enthält eine in sich vollständige Regelung.[5] Ein Geschäftsführer, der bei Verlust der Hälfte des Stammkapitals sämtliche Gesellschafter – nach zutreffender hM formlos (siehe Rdn 23) – unterrichtet, jedoch keine Gesellschafterversammlung einberuft, handelt zwar gesellschaftsrechtswidrig und setzt sich möglicherweise zivilen Haftungsrisiken aus; eine Strafbarkeit nach § 84 wird jedoch nicht begründet. Erst recht muss im Übrigen trotz Verstoßes gegen den § 49 Abs 3 eine Strafbarkeit nach § 266 StGB ausscheiden, wenn der Geschäftsführer zwar die Verlustanzeigepflicht des § 84 erfüllt, aber gegen die weitergehenden Pflichten aus § 49 Abs 3 verstößt. 3

§ 84 ist **Schutzgesetz iSd § 823 Abs 2 BGB**. Geschützt ist jedoch entsprechend dem eigentlichen Schutzzweck nur das Vermögen der Gesellschafter. Die Gesellschaft und insbesondere deren Gläubi- 4

1 Altmeppen[11] § 84 Rdn 11; MünchKomm-GmbHG/*Altenhain*[4] § 84 Rdn 2; **aA** BeckOK/*Voßen-MacCormaic*[59] § 84 Rdn 3; HeidelberKomm/*Koch*[8] § 84 Rdn 1; Erbs/Kohlhaas/*Schaal*[249] § 84 Rdn 1; Baumbach/Hueck/*Haas*[21] § 84 Rdn 9; Henssler/Strohn/*Servatius*[6] § 84 Rdn 1; Lutter/Hommelhoff/*Kleindiek*[21] § 84 Rdn 2; MHLS/*Dannecker*[3] § 84 Rdn 4; HCL/*Ransiek*[3] § 84 Rdn 6; Rowedder/Pentz/*Klinger*[7] § 84 Rdn 2.

2 Altmeppen[11] § 84 Rdn 11.

3 Vgl dazu Baumbach/Hueck/*Zöllner*/*Noack*[21] § 43 Rdn 1.

4 IE auch HCL/*Ransiek*[3] § 84 Rdn 5.

5 Pfeiffer in: FS Rowedder, 1994, S 347, 350; Erbs/Kohlhaas/*Schaal*[249] § 84 Rdn 3.

ger sind nicht vom Schutzbereich der Vorschrift erfasst und können sich daher nicht auf § 823 Abs 2 BGB iVm § 84 berufen.[6]

5 Vergleichbare Vorschriften finden sich ua in § 401 AktG und § 148 GenG.

6 **Deliktstypologie.** Die Verletzung der Verlustanzeigepflicht ist ein Vergehen (§ 12 StGB); insbesondere ist damit keine Versuchsstrafbarkeit gegeben (§ 23 Abs 1 StGB), die auch nur schwer konstruierbar wäre und kaum einen Schutzgewinn verspräche. Letztlich handelt es sich der Sache nach ohnehin um ein unechtes Unternehmensdelikt, weil Versuchs- und Vollendungsschwelle sehr eng beieinander liegen. § 84 ist ferner ein echtes Unterlassungsdelikt. Strafbarkeitsbegründend ist die Untätigkeit des Geschäftsführers trotz bestehender Verpflichtung zur Verlustanzeige; die für eine Unterlassensstrafbarkeit notwendige Handlungspflicht folgt unmittelbar aus § 84; auf § 13 StGB kommt es insoweit nicht an. Der Eintritt eines Vermögensschadens als tatbestandsmäßigen Erfolg ist keine Strafbarkeitsvoraussetzung; auch der Eintritt einer (hinreichend konkreten) Vermögensgefährdung ist nicht erforderlich. § 84 ist vielmehr als **abstraktes Gefährdungsdelikt** gestaltet.[7] Die Vorschrift pönalisiert im Ergebnis pflichtwidrige Handlungsweisen des Geschäftsführers im Vorfeld einer strafbaren Untreue (§ 266 StGB).

7 Die Verlustanzeigepflicht ist besonderes persönliches Merkmal iSd § 28 Abs 1 StGB.[8] Fehlt es an ihr, ist die Strafe obligatorisch nach § 49 Abs 1 StGB zu mildern. Die Vorschrift stellt überdies ein **echtes Sonderdelikt** dar.[9] Zur Verlustanzeige verpflichtet, ist allein der Geschäftsführer; zur Strafbarkeit faktischer Geschäftsführer vgl Rdn 12 f. Die Täterschaft Dritter, die nicht selbst Geschäftsführer sind, ist nach allgemeinen Grundsätzen mangels besonderer Pflichtenstellung ausgeschlossen; ihnen fehlt die notwendige Täterqualität. Nicht-Geschäftsführer können daher immer nur Teilnehmer einer nach § 84 strafbaren Tat sein – und zwar selbst dann, wenn sie im Übrigen mit Tatherrschaftswillen handeln. Teilnehmer kann sein, wer den Entschluss zum Unterlassen der Verlustanzeige beim Geschäftsführer weckt (§ 26 StGB) oder das Unterlassen des Geschäftsführers mit „Rat und Tat"[10] unterstützt (§ 27 StGB). Dies gilt auch für einzelne Gesellschafter, die ebenfalls nur Anstifter oder Gehilfen einer Haupttat des Geschäftsführers sein können. Aufsichtsratsmitglieder trifft ebenso wenig eine eigene Verlustanzeigepflicht nach § 84,[11] obwohl der Aufsichtsrat als Organ ähnlich einem Geschäftsführer gemäß § 52 Abs 1 iVm § 111 Abs 3 AktG verpflichtet sein kann, eine Gesellschafterversammlung einzuberufen. Auch bei ihnen kommt daher nur eine strafbare Teilnahme in Betracht,[12] wenn sie nicht gegen eine erkannte vorsätzliche Verletzung der Verlustanzeigepflicht durch den Geschäftsführer einschreiten. Auch Rechts- und Wirtschaftsberater können sich als Teilnehmer strafbar machen, wenn sie mit (rechtlichen) Handlungsempfehlungen einen Tatentschluss zum vorsätzlichen Unterlassen der Verlustanzeige wecken oder an der vorsätzlichen Verletzung der Verlustanzeigepflicht durch den Geschäftsführer sonst fördernd mitwirken.

8 Die **Praxisrelevanz** der Vorschrift ist eher gering. Die Strafverfolgungsstatistik weist Ab- und Verurteilungen nach § 84 nicht eigens aus, sondern nur im Verbund mit weiteren Straftatbeständen des GmbHG (siehe dazu § 82 Rdn 30). Straftaten nach § 84 dürften allerdings ein großes Dunkelfeld aufweisen. Häufig werden Taten unentdeckt bleiben, weil das zeitweise und langfristig

---

6 Altmeppen[11] § 84 Rdn 11; Henssler/Strohn/*Servatius*[4] § 84 Rdn 1; BeckOK/*Voßen-MacCormaic*[59] § 84 Rdn 3; HeidelberKomm/*Koch*[8] § 84 Rdn 1; Erbs/Kohlhaas/*Schaal*[249] § 84 Rdn 1; Baumbach/Hueck/*Haas*[21] § 84 Rdn 9; Lutter/Hommelhoff/*Kleindiek*[21] § 84 Rdn 3; MHLS/*Dannecker*[3] § 84 Rdn 6; HCL/Ransiek[3] § 84 Rdn 6; Rowedder/Pentz/*Klinger*[7] § 84 Rdn 2.

7 Baumbach/Hueck/*Haas*[21] § 84 Rdn 9; Erbs/Kohlhaas/*Schaal*[249] § 84 Rdn 3.

8 Erbs/Kohlhaas/*Schaal*[249] § 84 Rdn 6.

9 Erbs/Kohlhaas/*Schaal*[249] § 84 Rdn 5.

10 BGHSt, 14, 280, 282.

11 MünchKomm-StGB/*Hohmann*[4] § 84 GmbHG Rdn 24; Erbs/Kohlhaas/*Schaal*[249] § 84 Rdn 5.

12 HeidelberKomm/*Koch*[8] § 84 Rdn 3.

folgenlose Absinken des Stammkapitals nicht bemerkt wird; insbesondere die tatbestandlich wenig anspruchsvolle Fahrlässigkeitsvariante des Absatz 2 dürfte daher in der Praxis deutlich häufiger erfüllt sein, als sich dies in den Kriminalitätsstatistiken niederschlägt. Werden Verstöße gegen die Verlustanzeigepflicht bemerkt, werden Mitwisser – insbesondere auch die „geschädigten" Gesellschafter – zudem häufig von einer Anzeige absehen, um Geschäftsführer zu schonen, allseitige (Ruf-)Schädigungen zu vermeiden und Zweifel an der Solvenz der Gesellschaft nicht aufkommen zu lassen. Eine gewisse Rolle dürfte § 84 allerdings als Drohkulisse und Druckmittel im Vorfeld von Rechtsstreitigkeiten mit (ehemaligen) Geschäftsführern spielen.

B. Erläuterungen

I. Tatbestand

1. Geschäftsführer

Der sachliche Anwendungsbereich erstreckt sich allein auf die GmbH; nur deren Geschäftsführer 9
und ihre Stellvertreter (§ 44)[13] sind taugliche Täter des § 84. Bei Stellvertretern ist erforderlich, dass sie auch vertretungsweise tätig geworden sind; in die Verlustanzeigepflicht rücken sie daher frühestens mit dem Eintritt des Vertretungsfalls ein, regelmäßig also sobald der Geschäftsführer an der Geschäftsführung gehindert ist.[14] Auf **Geschäftsführer einer UG** ist die Vorschrift hingegen nicht anwendbar. Eine Notwendigkeit zur teleologischen Reduktion ergibt sich bereits aus § 5a Abs 4, wonach bei der UG in Abweichung von § 49 Abs 3 eine Pflicht zu Einberufung der Gesellschafterversammlung nicht schon bei Verlust der Hälfte des Stammkapitals, sondern erst bei drohender Zahlungsunfähigkeit gegeben ist. Aus wirtschaftlicher Sicht wäre die Verlustanzeigepflicht des § 84 Abs 1 angesichts der reduzierten Stammkapitalerfordernisse einer UG auch nur wenig sinnvoll. Aus derselben Erwägung heraus lässt sich die Anwendbarkeit des § 84 nicht auf die Vorgesellschaft erstrecken.[15] Schließlich gilt § 84 nicht für ausländische Gesellschaften – auch dann nicht, wenn sie mit der GmbH strukturverwandt sind und der Mittelpunkt ihrer Geschäftstätigkeit oder ihr Verwaltungssitz im Inland liegt.[16]

Geschäftsführer ist, wer als natürliche und unbeschränkt geschäftsfähige Person (§ 6 Abs 2) 10
durch einen Beschluss der Gesellschafterversammlung (§ 46 Nr 5) oder gerichtlich als Notgeschäftsführer (§ 29 BGB analog) hierzu bestellt worden ist. Ausreichend ist die formale Bestellung; auch rechtlich wirksam bestellte „Strohleute" trifft daher die Verlustanzeigepflicht des § 84. Keine Handlungspflicht entsteht allenfalls dann, wenn die Bestellung zum Geschäftsführer nichtig ist (§ 241 AktG analog).

Maßgeblich ist, dass die Geschäftsführerstellung zum Zeitpunkt, zu dem die Verlustanzeige- 11
pflicht erstmalig entsteht, (noch) vorliegt. Hat der Geschäftsführer sein Amt bereits vor diesem Zeitpunkt wirksam niedergelegt, trifft ihn die Verlustanzeigepflicht nicht mehr und zwar auch dann nicht, wenn sich zu diesem Zeitpunkt eine krisenhafte Entwicklung der Gesellschaft klar abzeichnet. Umgekehrt lässt eine **Niederlegung** des Geschäftsführeramts nach dem Entstehen der Verlustanzeigepflicht diese weder *ex tunc* noch *ex nunc* entfallen. Ein Geschäftsführer bleibt in diesem Fall auch nach Amtsniederlegung zur Verlustanzeige verpflichtet (vgl dazu auch zur Vollendung und Beendigung Rdn 27).[17]

---

13 Vgl Baumbach/Hueck/*Zöllner*/*Noack*[21] § 44 Rdn 2; Erbs/Kohlhaas/*Schaal*[249] § 84 Rdn 4.
14 Erbs/Kohlhaas/*Schaal*[249] § 84 Rdn 4.
15 Baumbach/Hueck/*Haas*[21] § 84 Rdn 9.
16 HCL/*Ransiek*[3] § 84 Rdn 1.
17 MünchKomm-StGB/*Hohman*[4] § 84 GmbHG Rdn 23.

12 Daneben können auch **faktische Geschäftsführer** zur Verlustanzeige verpflichtet sein und sich bei einer Verletzung dieser Pflicht nach § 84 strafbar machen.[18] Die Einbeziehung faktischer Geschäftsführer in den Tatbestand begegnet keinen durchgreifenden verfassungsrechtlichen Bedenken.[19] Weder das strafrechtliche Analogieverbot noch der strenge strafrechtliche Bestimmtheitsgrundsatz stehen ihrer Strafbarkeit entgegen.[20] So setzt der Wortlaut nicht zwingend einen förmlichen Bestellungsakt voraus, sondern kann auch rein faktisch und tätigkeitsbezogen verstanden werden („*als Geschäftsführer*"). Den Unsicherheiten, die sich daraus ergeben, dass eine faktische Geschäftsführerstellung weniger eindeutig nachzuweisen ist als eine förmliche, ist von der Rechtsprechung und der Lehre mit klaren und hinreichend restriktiven Vorgaben für die Auslegung des Tatbestandsmerkmals zu begegnen. Für die Einbeziehung spricht in der Sache bereits der Umstand, dass sich andernfalls die tatsächlichen Entscheidungsträger und Verantwortlichen ihren Pflichten ohne weiteres dadurch entziehen könnten, dass sie Strohleute einsetzen und diesen alle Rechtsrisiken aufbürden. Es gilt daher der Grundsatz, dass denjenigen, der über die Geschicke einer Gesellschaft maßgeblich mitentscheidet, grundsätzlich auch die damit einhergehenden rechtlichen Pflichten treffen. Einschränkend muss sich allerdings die Einbeziehung faktischer Geschäftsführer in die Strafbarkeit des § 84 auch teleologisch begründen lassen. Für § 84 bedeutet dies vor dem Hintergrund der gegebenen Schutzzweckzusammenhänge (siehe dazu Rdn 2), dass sich faktische Geschäftsführer nur dann strafbar machen können, wenn zumindest einzelne Gesellschafter ein schutzwürdiges Vertrauen auf deren Organstellung ausbilden konnten und durften. Ist daher allen Gesellschaftern bekannt, dass die Geschäftsführung bloß faktisch übernommen worden ist, ginge ihr Vertrauen, dass der faktische Geschäftsführer den rechtlichen Bindungen eines formal bestellten Geschäftsführers unterliegt, fehl und wäre nicht schützenswert. Denn wer rechtliche Vorgaben über die formale Bestellung eines Geschäftsführers umgeht, verdient keinen vollen strafrechtlichen Schutz seiner Vermögensinteressen. Den faktischen Geschäftsführer trifft daher in einer solchen Konstellation jedenfalls keine strafbewehrte Verlustanzeigepflicht.

13 Ob nach diesen Maßgaben eine faktische Organstellung anzunehmen ist, ist eine Tatfrage und bedarf einer **wertenden Gesamtbetrachtung aller Umstände**. Dabei ist vor allem zu klären, ob einzelne Gesellschafter ein schutzwürdiges Vertrauen in die Verlustanzeigepflicht ausgebildet haben und bei wertender Betrachtung auch ausbilden durften. Häufigster Fall einer faktischen Geschäftsführung mit Pflichten aus § 84 ist daher die unerkannte Unwirksamkeit des Bestellungsakts, also der Fall, dass jemand das Geschäftsführeramt in der Sache ausübt, der Bestellungsakt aber – für die von § 84 geschützten Gesellschafter – unerkannt fehlerhaft und deswegen unwirksam ist. Ohne einen (unwirksamen) Bestellungsakt ist das Vertrauen der Gesellschafter in die Pflichtenbindung des vermeintlichen Geschäftsführers hingegen in aller Regel nicht zu rechtfertigen und deren strafrechtlicher Schutz nur in Ausnahmefällen zu begründen. Annehmen mag man einen solchen Ausnahmefall etwa bei neu eintretenden Gesellschaftern, die aufgrund der vorgefundenen Sachlage keine Zweifel an der Geschäftsführerbestellung haben mussten, sondern von dieser wie selbstverständlich ausgehen durften. Zu den für die anzustellende Gesamtbetrachtung relevanten Umständen zählt dann unter anderem, dass eine Person für die Gesellschaft wesentliche Entscheidungen im Innen- und Außenverhältnis gleich einem Geschäftsführer trifft oder diese

---

18 Altmeppen[11] § 84 Rdn 4 ff; MHLS/*Dannecker*[3] § 84 Rdn 20; Baumbach/Hueck/*Haas*[21] § 84 Rdn 16; MünchKomm-StGB/*Hohmann*[4] § 84 Rdn 30; Graf/Jäger/Wittig/*Ibold*[3] § 84 Rdn 7; Rowedder/Pentz/*Klinger*[7] § 84 Rdn 10 ff; Henssler/Strohn/*Servatius*[6] § 84 Rdn 4; einschränkend HCL/*Ransiek*[3] § 84 Rdn 7, der jedoch ebenfalls eine Wirksamkeit des Bestellungsakts nicht für das Einrücken in die Pflichtenstellung voraussetzt; **aA** MünchKomm-GmbHG/*Altenhain*[4] § 84 Rdn 6.

19 MünchKomm-StGB/*Hohmann*[4] § 84 Rdn 20; **aA** *Kiethe* BB 2005, S 1801, 1803; *Ransiek* ZGR 1992, S 203, 209 Fn 31; *Schüppen* DB 1994, S 197, 203 f.

20 Vgl BGHSt 31, 118, 122; BGHSt 46, 62, 65; MünchKomm-StGB/*Hohmann*[4] § 84 Rdn 20.

wenigstens maßgeblich mitbestimmt, weshalb aus Sicht eines Gesellschafters davon auszugehen ist, dass diese Person auch formal zum Geschäftsführer bestellt ist. Richtigerweise ist es für eine Strafbarkeit eines faktischen Geschäftsführers nach § 84 keine zwingende Voraussetzung,[21] dass die förmlich bestellten Geschäftsführer in ihrer Bedeutung marginalisiert werden und bei objektiver Betrachtung nur noch als „Strohleute" erscheinen, weil wesentliche Entscheidungen an ihnen vorbei vom faktischen Geschäftsführer getroffen werden. Ausreichend kann es vielmehr sein, wenn jemand neben förmlich bestellten Organen scheinbar gleichberechtigt in der Geschäftsführung mitwirkt und entsprechend auftritt.[22] Mehr ist bezüglich der Verlustanzeigepflicht schon deswegen nicht zu verlangen, weil deren Erfüllung keine besonderen rechtlichen Befugnisse voraussetzt, sondern ein bloßes Informationshandeln fordert. Wer also in konsensualer Verantwortungsteilung mit den anderen (förmlichen) Geschäftsführern einen Geschäftsbereich gleich einem Geschäftsführer verantwortet, den kann auch die Pflicht zur Verlustanzeige treffen. Hingegen trägt eine untergeordnete Stellung im Verhältnis im Geschäftsführerkollegium die Annahme einer faktischen Organstellung nicht. Keine faktische Organstellung ist daher zu begründen, wenn eine Person nur Entscheidungen mit untergeordneter Bedeutung trifft, der Geschäftsführung bloß zuarbeitet oder regelmäßig auf deren Entscheidungen einwirkt („graue Eminenz") bzw sich Geschäftsführungsbefugnisse sichtlich nur anmaßt. Hier kann schutzwürdiges Vertrauen in die Pflichtenstellung nicht entstehen. Eine Pflicht aus § 84 ist nicht mehr gegeben, wenn sich eine Person zum dafür maßgeblichen Zeitpunkt bereits für längere Zeit aus der Geschäftsführung faktisch zurückgezogen hat oder einen Rückzug den Gesellschaftern klar ankündigt und diesen sodann konsequent vollzogen hat.

Sind **mehrere Geschäftsführer** bestellt, so sind diese alle gleichermaßen und je einzeln zur 14
Verlustanzeige verpflichtet. Wie in der Fahrlässigkeitsvariante des Absatz 2 sind mehrere Geschäftsführer, die eine Verlustanzeige unterlassen, Nebentäter. Eine horizontale Delegation bestimmter Aufgaben etwa an ein für die Finanzen der Gesellschaft zuständiges Geschäftsführungsmitglied ist jedoch zulässig. Allerdings werden dadurch die übrigen Geschäftsführer nicht aus ihrer Pflichtenstellung entlassen.[23] Haben diese Kenntnis vom Verlust der Hälfte des Stammkapitals, müssen sie dies gleichwohl anzeigen oder jedenfalls eine Information der Gesellschafter durch einen anderen Mitgeschäftsführer sicherstellen (siehe Rdn 24). Haben einzelne Mitglieder der Geschäftsführung keine Kenntnis vom Verlust der Hälfte des Stammkapitals, gibt es aber für sie erkennbare Anhaltspunkte einer (aufziehenden) Krise der Gesellschaft, kommt eine Strafbarkeit nach Absatz 2 in Betracht, wenn sie diese Anhaltspunkte nicht zu Anlass nehmen, weiter nachzuforschen und die Tätigkeit des hauptverantwortlichen Geschäftsführungsmitglieds enger zu überwachen (siehe Rdn 31 ff). Da jedes einzelne Geschäftsführungsmitglied zur Verlustanzeige verpflichtet ist, kommt es auf mittäterschaftliche Handlungszurechnungen (§ 25 Abs 2 StGB) innerhalb des Geschäftsführerkollegiums nicht an; über eine Mehrheitsentscheidung der Geschäftsführer, einen Verlust den Gesellschaftern pflichtwidrig nicht anzuzeigen, muss sich ein Geschäftsführungsmitglied gegebenenfalls hinwegsetzen. Uneinigkeiten im Geschäftsführerkollegium über das tatsächliche Vorliegen eines tatbestandsmäßigen Verlusts können den Vorsatz entfallen lassen; eine Fahrlässigkeitsstrafbarkeit kommt gleichwohl in Betracht.

Auch der Geschäftsführer, der **zugleich Gesellschafter** ist, kann sich nach § 84 strafbar ma- 15
chen und zwar dann, wenn er nicht Alleingesellschafter ist. Den Gesellschaftergeschäftsführer trifft dann die Pflicht, bei einem entsprechenden Verlust des Stammkapitals seine Mitgesellschafter zu unterrichten.

21 AA MünchKomm-StGB/*Hohmann*[4] § 84 Rdn 22; Erbs/Kohlhaas/*Schaal*[249] § 84 Rdn 6; einschränkend auch BGH StV 1984, 461 f; offengelassen: BGHSt 31, 118, 122 „jedenfalls".

22 ähnlich BGH NJW 1988, 1789, 1789 f; **aA** MünchKomm-StGB/*Hohmann*[4] § 84 Rdn 22.

23 Esser/Rübenstahl/Salinger/Tsambikakis-Wirtschaftsstrafrecht/*Brand*, § 401 AktG, Rdn 9; ähnlich Erbs/Kohlhaas/*Schaal*[249] § 84 Rdn 7.

2. Verlust der Hälfte des Stammkapitals

16 Eine Verlustanzeigepflicht wird ausgelöst, wenn und sobald das Vermögen der Gesellschaft nur noch die **Hälfte des ausgewiesenen Stammkapitals** erreicht,[24] also die Hälfte des Stammkapitals verloren ist. Der Anlass der Verlustanzeigepflicht und der der Einberufungspflicht aus § 49 Abs 3 sind daher identisch (siehe dazu § 49).[25] Der Wortlaut ist jedoch erkennbar zu weit geraten und bedarf einer am Schutzzweck orientieren Einhegung. Der Verlust von mindestens der Hälfte des Stammkapitals muss nämlich stets Ausdruck einer Krise der Gesellschaft sein oder wenigstens erkennbar den Beginn einer potentiell krisenhaften Entwicklung markieren.[26] Keine Anzeigepflicht löst deswegen etwa die bloße Uneinbringlichkeit einer einzelnen Forderung gegen Dritte in Höhe der Hälfte des Stammkapitals aus, jedenfalls dann nicht, wenn ein solcher Verlust zwar einen wirtschaftlichen Rückschlag bedeuten mag, aber nicht zu einer wirtschaftlichen Gefährdung der Gesellschaft führt.[27] Voraussetzung einer Strafbarkeit ist deshalb nicht nur ein (Jahres-)Verlust in Höhe der Hälfte des Stammkapitals, sondern dass das Eigenkapital auf einen Stand absinkt, der rechnerisch nur noch der Höhe des halben Stammkapitals entspricht.[28]

17 Ob der Verlust der Hälfte des Stammkapitals gegeben ist, ist nach den üblichen **Regeln des Handelsbilanzrechts** zu ermitteln. Zwar käme auch die Heranziehung insolvenzrechtlicher Bewertungsgrundsätze in Betracht, wonach stille Reserven oder sonstige aus der Bilanz nicht ersichtliche Vermögenswerte grundsätzlich zu berücksichtigen wären.[29] Der Schutzzweck des § 84 gebietet es aber, die Gesellschafter möglichst frühzeitig über eine (drohende) Krise der Gesellschaft zu unterrichten. Dies spricht dafür, der Bewertung eine bilanzielle Betrachtung zugrunde zu legen.[30] Dabei sind grundsätzlich die Fortführungswerte (§ 252 Abs 1 Nr 2 HGB) in Ansatz zu bringen.[31] Dem Schutzzweck des § 84 entspricht es jedoch auch, dass Liquidationswerte zu veranschlagen sind, wenn die Fortführungsprognose negativ ausfällt.[32] Denn in aller Regel dürfte dadurch die Verlustanzeigepflicht gerade bei besonders existenzbedrohenden Krisen noch früher ausgelöst werden, weil unter der Annahme der Liquidation die zugrunde gelegten Werte geringer ausfallen werden als im Falle einer Fortführung.

18 Die bilanzrechtliche Betrachtung wird allerdings von **strafrechtlichen Grundsätzen überlagert**. So ist einerseits dem in Art 103 Abs 2 GG für das Strafrecht verankerten Bestimmtheitsgrundsatz Rechnung zu tragen,[33] weshalb sich die Voraussetzungen einer strafbaren Verletzung der Verlustanzeigepflicht nur in hinreichend klaren und eindeutigen Fällen begründen lassen. Andererseits gilt im Strafrecht der Zweifelssatz, der nicht zuletzt mit dem gegenläufigen bilanzrechtlichen Vorsichtsprinzip (§ 252 Abs 1 Nr 4 HGB) in Verspannung geraten kann. In bilanziell unklaren Situationen – wenn etwa bei der Bewertung einzelner Vermögensgegenstände trotz Vorsichtsprinzips Spielräume verbleiben oder die Fortführungsprognose nicht eindeutig ausfällt – sind deshalb innerhalb der Grenzen des objektiv Vertretbaren zugunsten des Geschäftsführers diejenigen Annahmen zu wählen, unter denen keine strafbewehrte Verlustanzeigepflicht ausgelöst wird (vgl dazu auch Rdn 40).[34]

---

24 HCL/*Ransiek*[3] § 84 Rdn 11; Scholz/Tiedemann/*Rönnau*[13], Rdn 32; Baumbach/Hueck/*Haas*[21] § 84 Rdn 10.

25 (MHLS/*Dannecker*[3] § 84 Rdn 29) Ganz **hM** vgl Baumbach/Hueck/*Haas*[21] § 84 Rdn 10.

26 Enger MHLS/*Dannecker*[3] § 84 Rdn 27 „Ausdruck einer Krisensituation".

27 MünchKomm-StGB/*Hohmann*[4] § 84 Rdn 12.

28 MünchKomm-GmbHG/*Altenhain*[4] § 84 Rdn 9; MHLS/*Dannecker*[3] § 84 Rdn 34; Baumbach/Hueck/*Haas*[21] § 84 Rdn 13; MünchKomm-StGB/*Hohmann*[4] § 84 Rdn 13; Graf/Jäger/Wittig/*Ibold*[3] § 84 Rdn 10; *Pfeiffer* in: FS Rowedder, 1994, S 347, 353; HCL/*Ransiek*[3] § 84 Rdn 11; Scholz/Tiedemann/*Rönnau*[13] § 84 Rdn 32.

29 BGH NZI 2014, 232, 234; vgl HCL/*Ransiek*[3] § 84 Rdn 14.

30 HCL/*Ransiek*[3] § 84 Rdn 14.

31 MHLS/*Dannecker*[3] § 84 Rdn 30; Altmeppen[11] § 84 Rdn 14; HCL/*Ransiek*[3] § 84 Rdn 14.

32 MHLS/*Dannecker*[3] § 84 Rdn 30.

33 MHLS/*Dannecker*[3] § 84 Rdn 30.

34 HCL/*Ransiek*[3] § 84 Rdn 12.

Die **tatsächliche Kenntnisnahme des Verlusts** durch den Geschäftsführer ist keine objektive Tatbestandsvoraussetzung, sondern nur für die subjektive Tatseite bedeutsam; die Anzeigepflicht des § 84 ist erst recht nicht davon abhängig, ob sich der Verlust aus einer aufgestellten Bilanz ergibt.[35] Es ist allein entscheidend, dass ein tatbestandsmäßiger Verlust eingetreten ist; unerheblich ist es, ob dieser dokumentiert wurde.[36] Letzteres folgt bereits aus einem Vergleich des Wortlauts von § 49 Abs 3 mit dem des § 84 und ist auch nicht wertungswidersprüchlich. Denn § 84 sichert das Informationsinteresse der Gesellschafter (siehe Rdn 3), das noch höher zu gewichten und deswegen stärker schutzwürdig ist als deren weiter reichendes Recht auf die Einberufung der Gesellschafterversammlung durch den Geschäftsführer. Machte man die Aufstellung einer (Zwischen-)Bilanz zur Strafbarkeitsvoraussetzung, privilegierte dies zudem denjenigen Geschäftsführer, der trotz klarer Hinweise auf einen Verlust von deren Aufstellung absieht.[37] Gleichwohl ist zuzugeben, dass sich – von krassen Verschlechterungen der Vermögenslage einmal abgesehen – selten ohne eine (Zwischen-)Bilanz, einen Monatsabschluss oder eine sonstige Vermögensaufstellung feststellen lassen wird, ob die Grenze des halben Stammkapitals schon unterschritten ist (vgl dazu auch bezüglich der geringen Praxisrelevanz der Vorschrift Rdn 8). 19

Ein Verlust der Hälfte des Stammkapitals und damit eine Verlustanzeigepflicht liegt auch dann vor, wenn ein **Verlustausgleich** absehbar ist.[38] Das folgt schon aus dem Charakter der Vorschrift als abstraktes Vermögensgefährdungsdelikt (siehe Rdn 6). Aus dem Wortlaut der Vorschrift lässt sich keine Restriktion dahingehend ableiten, dass eine Anzeigepflicht nur bei einem voraussichtlich nicht ausgleichbaren Verlust ausgelöst wird.[39] Der Schutzzweck des § 84 gebietet zudem die frühzeitige Information der Gesellschafter. Es ist nämlich Sache der Gesellschafter und nicht des Geschäftsführers, einen möglichen Verlustausgleich abzuwarten und bis dahin von einer Intervention abzusehen. Zu bedenken ist in diesem Zusammenhang insbesondere auch, dass die aus § 84 folgende Informationspflicht ausgesprochen niederschwellig ist und die Erwartung eines Verlustausgleichs – ebenfalls formlos (vgl Rdn 23) – mitgeteilt werden kann. Folgte man der Gegenauffassung, wonach der Geschäftsführer bei einem absehbarem Verlustausgleich nicht zur Anzeige verpflichtet ist, entstünden zudem erhebliche Unsicherheiten und Nachweisschwierigkeiten. Unklar bliebe, wie konkret sich ein Verlustausgleich abzeichnen muss und wie lange ein Geschäftsführer in mehr oder minder vager Hoffnung auf eine positive Wende warten darf, ehe er einen bereits handfest eingetretenen Verlust anzeigen muss. Die so entstehenden Pflichtenspielräume verschärften die Problematik, dass Geschäftsführer in der Praxis ohnehin häufig geneigt sein dürften, die Mitteilung nachteiliger Entwicklungen an die Gesellschafter zurückzuhalten. 20

3. Vorsätzliches Unterlassen der Verlustanzeige (Abs 1)

a) Tathandlung. Ist ein tatbestandsmäßiger Verlust des Stammkapitals gegeben (vgl dazu Rdn 16 ff), ist der Geschäftsführer verpflichtet, dies **sämtlichen**[40] **Gesellschaftern anzuzeigen**. Seiner Verpflichtung genügt der Geschäftsführer nur mit einer vollständigen und wahrheitsgemäßen Verlustanzeige. Informiert der Geschäftsführer zugleich über einen absehbaren Verlustausgleich (siehe Rdn 20), muss dies ebenfalls wahrheitsgemäß sein. Die Verlustanzeige muss zudem 21

35 HCL/*Ransiek*[3] § 84 Rdn 13; Erbs/Kohlhaas/*Schaal*[249] § 84 Rdn 9; **aA** MHLS/*Dannecker*[3] § 84 Rdn 35 ff; Scholz/Tiedemann/*Rönnau*[13] § 84 Rdn 3 f, 38.

36 HCL/*Ransiek*[3] § 84 Rdn 13.

37 Vgl Baumbach//Hueck/*Haas*[21] § 84 Rdn, 14; Lutter/Hommelhoff/*Kleindiek*[21] § 84 Rdn 8; Erbs/Kohlhaas/*Schaal*[249] § 84 Rdn 9.

38 Baumbach/Hueck/*Haas*[21] § 84 Rdn 15; MHLS/*Dannecker*[3] § 84 Rdn 43; **aA** MünchKomm-GmbHG/*Altenhain*[4] § 84 Rdn 15.

39 Ebs. Baumbach//Hueck/*Haas*[21] § 84 Rdn, 15; **aA** Scholz/Tiedemann/*Rönnau*[13] § 84 Rdn 33; offen gelassen HCL/*Ransiek*[3] § 84 Rdn 13.

40 Erbs/Kohlhaas/*Schaal*[249] **§ 84 Rdn 12.**

sicherstellen, dass sämtliche Gesellschafter[41] in einer ihnen verständlichen sowie in klarer und unzweideutiger Weise unterrichtet werden.[42] Maßgeblich ist insoweit deren Empfängerhorizont. Dabei genügt – auch bei bilanzkundigen Gesellschaftern – die kommentarlose Zusendung einer aufgestellten (Zwischen-)Bilanz regelmäßig nicht. Vielmehr muss der Anlass einer Bilanzzusendung ausdrücklich, und sei es auch nur in knapper Form, offengelegt werden oder sich wenigstens unzweifelhaft aus den Begleitumständen ergeben.[43] Nicht erforderlich ist es hingegen, dass der Geschäftsführer die näheren Umstände des eingetretenen Verlusts benennt oder dessen Ausmaß beziffert. Ebenso wenig muss der Geschäftsführer sicherstellen, dass ein Gesellschafter die Verlustanzeige tatsächlich zur Kenntnis nimmt oder eine objektiv verständliche, klare und unzweideutige Verlustanzeige auch richtig einordnet und versteht.

22 Der Geschäftsführer muss den Gesellschaftern den Verlust **in objektiv angemessener Frist** anzeigen. Die hM liest in die Vorschrift hingegen – teilweise unter Verweis auf § 49 Abs 3 – das weitergehende Erfordernis einer unverzüglichen Anzeige (verstanden iSd § 121 Abs 1 Satz 1 BGB: ohne schuldhaftes Zögern) hinein.[44] Diese Lesart findet im Wortlaut des § 84 jedoch keine Stütze. Anders als bei § 49 Abs 3, wo sich der Verlust des Stammkapitals aus der aufgestellten (Zwischen-)Bilanz stets eindeutig ergibt, liegt ein Stammkapitalverlust bei § 84 auch nicht ohne weiteres zu Tage. Denn § 84 setzt das Aufstellen einer (Zwischen-)Bilanz gerade nicht voraus (vgl Rdn 19). Ein aus § 121 Abs 1 Satz 1 BGB eingeschlepptes Verschuldenserfordernis ließe sich zudem auf Ebene des objektiven Tatbestands strafrechtlich nur schwer fassen. Die zeitliche Angemessenheit bestimmt sich daher vielmehr objektiv *ex ante*. Sie richtet sich vor allem nach der Höhe des eingetretenen Verlustes, dem Ausmaß der Gefährdung des Gesellschaftervermögens und dem Vorliegen einer konkreten Bestandsgefährdung der Gesellschaft sowie der Erreichbarkeit des jeweiligen Gesellschafters. Bei objektiv nachvollziehbaren Zweifeln, ob ein tatbestandsmäßiger Verlust überhaupt vorliegt, ist es dem Geschäftsführer zuzugestehen, dass er sich eine zusätzliche Zeit für die weitere Prüfung des Sachverhalts nimmt. Dies gilt insbesondere bei Uneinigkeiten im Geschäftsführerkollegium über das Vorliegen der Voraussetzungen einer Verlustanzeigepflicht. In eindeutigen Fällen – also bei hohen Verlusten oder wenn sich der Verlust aus einer aufgestellten (Zwischen-)Bilanz klar ergibt – kommen beide Ansichten freilich letztlich zum gleichen Ergebnis; der Geschäftsführer ist dann zur sofortigen Unterrichtung der Gesellschafter verpflichtet.

23 Ohne Bedeutung ist, welche **Form** und welchen **Mitteilungsweg** der Geschäftsführer für die Verlustanzeige wählt.[45] Anders als § 49 Abs 3 iVm § 51 Abs 1 Satz 1 macht § 84 hierzu keine Vorgaben. Es muss allein sichergestellt sein, dass die Information über einen tatbestandsmäßigen Verlust des Stammkapitals sämtliche Gesellschafter in angemessener Zeit erreicht. Eine mündliche Verlustanzeige oder eine Verlustanzeige per E-Mail kann genügen. Aus Sicht des Geschäftsführers wird sich jedoch schon allein zur Vermeidung von Nachweis-, Haftungs- und Strafbarkeitsrisiken regelmäßig eine schriftliche Anzeige an sämtliche Gesellschafter empfehlen. Mit einer unverzüglichen Einberufung der Gesellschafterversammlung, aus der auch der Verlust des Stammkapitals – etwa als Tagesordnungspunkt – hinreichend klar hervorgeht, genügt der Geschäftsführer seiner Pflicht aus § 84.[46]

24 Es besteht **keine Pflicht zur unmittelbaren und persönlichen Unterrichtung** sämtlicher Gesellschafter. Der Einsatz von Informationsmittlern ist – abgesehen von möglichen Verzögerungen im Informationsfluss – unproblematisch. Die Verlustanzeigepflicht ist deswegen erfüllt, wenn der Geschäftsführer nur einen von mehreren Gesellschaftern benachrichtigt und dieser ohne nen-

41 HCL/*Ransiek*[3] § 84 Rdn 17.

42 Vgl MünchKomm-GmbHG/*Altenhain*[4] § 84 Rdn 13.

43 MünchKomm-GmbHG/*Altenhain*[4] § 84 Rdn 13; **aA** MHLS/*Dannecker*[3] § 84 Rdn 42; vgl dazu auch Jäger/Wittig/*Ibold*[3] § 84 Rdn 13; Scholz/Tiedemann/*Rönnau*[13] § 84 Rdn 36.

44 MünchKomm-GmbHG/*Altenhain*[4] § 84 Rdn 15; Erbs/Kohlhaas/*Schaal*[249] § 84 Rdn 10; MHLS/*Dannecker*[3] § 84 Rdn 42; Baumbach/Hueck/*Haas*[21] § 84 Rdn 14; Altmeppen[11] § 84 Rdn 13.

45 Erbs/Kohlhaas/*Schaal*[249] § 84 Rdn 8 „jede Art der Unterrichtung genügt".

46 HeidelberKomm/*Koch*[8] § 84 Rdn 2; Lutter/Hommelhoff/*Kleindiek*[21] § 84 Rdn 8.

nenswerte zeitliche Verzögerung seine Mitgesellschafter unterrichtet. Unter denselben Voraussetzungen kann auch eine Information des Aufsichtsrats genügen. Ausreichend ist es ferner, wenn die Verlustanzeigepflicht in einem Leitungskollegium von einem der Geschäftsführer erfüllt wird; die Anzeigepflicht, die jeden einzelnen Geschäftsführer trifft (siehe Rdn 14), wandelt sich dann jedoch in eine Pflicht zur Überwachung desjenigen Mitgeschäftsführers, der die Verantwortung für die Verlustanzeige übernommen hat (vgl dazu auch Rdn 32).

Haben sämtliche Gesellschafter bereits **anderweit Kenntnis vom tatbestandsmäßigen Ver- 25
lust** erlangt, ist der Schutzbereich des § 84 nicht berührt, weshalb der Tatbestand entsprechend zu beschränken ist.[47] Sind sämtliche Gesellschafter von Anbeginn über den Verlust informiert, entsteht die Verlustanzeigepflicht schon gar nicht; ab dem Zeitpunkt, zu dem sämtliche Gesellschafter über einen tatbestandsmäßigen Verlust informiert sind, entfällt sie.

Die Pflicht zur Verlustanzeige besteht nur, wenn der Geschäftsführer diese auch **physisch- 26
real erfüllen** kann. Eine Unmöglichkeit, die Verlustanzeigepflicht zu erfüllen, ist jedoch nur in Ausnahmefällen denkbar – etwa bei akuter und schwerer Erkrankung des Geschäftsführers. Davon abzugrenzen ist die bloße Unzumutbarkeit normgemäßen Verhaltens, die nur auf Schuldebene bedeutsam werden kann (siehe Rdn 36).

Vollendung des Tatbestands tritt ein, sobald eine angemessene Frist (vgl dazu Rdn 22) zur 27
Anzeige verstrichen ist. Dies gilt es für jeden einzelnen Gesellschafter getrennt zu beurteilen.[48] Holt der Geschäftsführer nach diesem Zeitpunkt die Verlustanzeige nach oder erfahren die Gesellschafter verspätet auf anderem Wege vom eingetretenen Verlust, ändert sich nichts an der Strafbarkeit des Geschäftsführers, weil er seine Pflicht aus § 84 bereits verletzt hat. Für die Strafzumessung kann dies jedoch ein bedeutsamer Gesichtspunkt sein (siehe Rdn 39). Die Tat ist **beendet**, sobald die Anzeigepflicht des Geschäftsführers entfallen ist. Dies kann der Fall sein, wenn zwischenzeitlich sämtliche Gesellschafter Kenntnis erlangt haben (siehe dazu Rdn 25), der Verlust wieder ausgeglichen wurde oder ein Insolvenzverfahren gegen die Gesellschaft eingeleitet ist.[49] Bis zur Beendigung ist eine sukzessive Beihilfe (§ 27 Abs 1 StGB) Dritter möglich, wenn beispielsweise ein informierter Mitgesellschafter darauf hinwirkt, dass ein immer noch verlustanzeigepflichtiger Geschäftsführer nach dem Vollendungszeitpunkt von einer Unterrichtung der übrigen Mitgesellschafter weiterhin absieht. Zur Verjährung vgl Rdn 42.

b) Subjektiver Tatbestand. Eine Strafbarkeit des Geschäftsführers nach Absatz 1 setzt **Vorsatz** 28
bezüglich aller objektiven Tatbestandsmerkmale voraus. Der Geschäftsführer muss folglich Vorsatz haben bezüglich seiner Geschäftsführerstellung bzw der Umstände, aus denen sich seine faktische Geschäftsführerstellung (siehe Rdn 12 f) ergibt. Es muss ferner Vorsatz bezüglich des Umstands gegeben sein, dass die Gesellschaft einen tatbestandsmäßigen Verlust erlitten hat. Schließlich braucht der Geschäftsführer Vorsatz bezüglich des Vorhandenseins und der Identität der einzelnen Gesellschafter.

Weitergehende besondere Vorsatzerfordernisse formuliert Absatz 1 nicht; es genügt **beding- 29
ter Vorsatz**. Problematisch kann der Vorsatznachweis werden, wenn sich der tatbestandsmäßige Verlust nicht aus einer aufgestellten (Zwischen-)Bilanz ergibt (vgl dazu Rdn 19). Sicheres Wissen um einen eingetretenen Verlust ist auch hier nicht erforderlich;[50] ausreichend ist es, wenn der Geschäftsführer den Verlust der Hälfte des Stammkapitals auch ohne Bilanzierung ernsthaft für möglich hält. Dies wird sich insbesondere bei einer (sehr) hohen und einmaligen Einbuße begrün-

---

47 HCL/*Ransiek*[3] § 84 Rdn 6.

48 MHLS/*Dannecker*[3] § 84 Rdn 44; MünchKomm-GmbHG/*Altenhain*[4] § 84 Rdn 16.

49 Vgl Baumbach/Hueck/*Haas*[21] § 84 Rdn 15; MHLS/*Dannecker*[3] § 84 Rdn 52; Lutter/Hommelhoff/*Kleindiek*[21] § 84 Rdn 8; MünchKomm-GmbHG/*Altenhain*[4] Rdn 16; Pfeiffer in: FS Rowedder, 1994, S 347, 357, 365; Rowedder/Pentz/*Klinger*[7] § 84 Rdn 19; Scholz/Tiedemann/*Rönnau*[13] § 84 Rdn 41 f.

50 HCL/*Ransiek*[3] § 84 Rdn 18.

den lassen. Einmalverluste in eher geringer Höhe und das Aufsummieren kleinerer Verluste über die Zeit sprechen hingegen eher für die Vorsatzlosigkeit des Geschäftsführers.

30 Ein **Tatumstandsirrtum** schließt den Vorsatz aus (§ 16 Abs 1 Satz 1 StGB). Ein solcher ist gegeben, wenn der Geschäftsführer über das Vorliegen einzelner Tatbestandsvoraussetzungen irrt. Eine Fahrlässigkeitsstrafbarkeit nach Absatz 2 bleibt davon unberührt (§ 16 Abs 1 Satz 2 StGB). Ein Geschäftsführer irrt nach § 16 Abs 1 Satz 1 StGB, wenn er aus sachlichen Gründen verkennt, dass er schon oder noch Geschäftsführer ist[51] oder wenn er das noch vorhandene Stammkapital falsch einschätzt. Ein vorsatzausschließender Irrtum liegt auch vor, wenn der Geschäftsführer irrig davon ausgeht, die Verlustanzeigepflicht sei zwischenzeitlich entfallen, weil ein anderes Mitglied des Geschäftsführerkollegiums oder ein eingesetzter Informationsmittler die Gesellschafter (absprachegemäß) informiert hat oder die Gesellschafter ohnehin zwischenzeitlich anderweit vom Verlust erfahren haben (vgl Rdn 24 f). Selbiges gilt unter teleologischem Blickwinkel auch für den Fall, dass ein Geschäftsführer zwar nicht davon ausgeht, die Gesellschafter seien bereits informiert, aber immerhin annimmt, ein eingesetzter Informationsmittler oder ein Mitgeschäftsführer werde demnächst den Gesellschaftern auftrags- und absprachegemäß den Verlust anzeigen.[52] Eine nennenswerte Strafbarkeitslücke reißt dadurch nicht; denn es kommt insoweit eine Fahrlässigkeitsstrafbarkeit nach Absatz 2 in Betracht (vgl Rdn 31 ff). Zieht der Geschäftsführer hingegen aus zutreffend erkannten Tatsachen nur normativ die falschen Schlüsse, liegt kein Irrtum nach § 16 Abs 1 Satz 1 StGB vor, sondern ein Rechtsirrtum nach § 17 Satz 1 StGB (siehe Rdn 37).

4. Fahrlässiges Unterlassen der Verlustanzeige (Abs 2)

31 Nach Absatz 2 ist auch strafbar, wer seiner Pflicht zur Verlustanzeige fahrlässig nicht nachkommt. Voraussetzung dafür ist, dass dem Geschäftsführer eine **objektive Sorgfaltspflichtverletzung** zur Last fällt; allein das Verneinen des Vorsatzes genügt nicht, obgleich die Fahrlässigkeitsvariante faktisch eine Auffangfunktion für diejenigen Fälle vorhält, in denen der Vorsatznachweis scheitert; zum subjektiven Sorgfaltspflichtverstoß siehe Rdn 37. Da es sich bei § 84 um ein abstraktes Gefährdungsdelikt handelt, kommt es auf eine objektive Vorhersehbarkeit einer Gefährdung oder Schädigung des Gesellschaftervermögens nicht an.

32 Bei den Sorgfaltspflichten lassen sich **Prüfungs- und Nachforschungspflichten** einerseits und **Überwachungspflichten** des Geschäftsführers andererseits unterscheiden. Den Geschäftsführer treffen Nachforschungs- und Prüfungspflichten vor allem dann, wenn die Gesellschaft einen für sie spürbaren Verlust erlitten hat. In diesem Fall muss der Geschäftsführer prüfen, ob die Voraussetzungen des § 84 vorliegen und das Stammkapital bis zur Hälfte abgesunken ist. Den Geschäftsführer trifft ferner die Pflicht, sich bei einem tatbestandsmäßigen Verlust den aktuellen Gesellschafterbestand zu vergegenwärtigen und deren Erreichbarkeiten abzuklären. Ist die Finanzverantwortung bzw die Pflicht zur Verlustanzeige innerhalb eines Geschäftsführerkollegiums auf einen der Geschäftsführer horizontal delegiert (vgl Rdn 14), trifft die übrigen Geschäftsführer eine Überwachungspflicht, die sich insbesondere bei einer abzeichnenden Krise der Gesellschaft zur Allgemeinverantwortung aller Geschäftsführer verdichten kann. Ist die Finanzverantwortung vertikal auf Mitarbeiter bzw die Verlustanzeigepflicht auf Informationsmittler delegiert, gilt entsprechendes.

33 Der **Sorgfaltsmaßstab** ist nach allgemeinen Grundsätzen am jeweiligen Verkehrskreis des möglichen Fahrlässigkeitstäters auszurichten. Für den Geschäftsführer einer GmbH wird er durch § 43 Abs 1 (Sorgfalt eines ordentlichen Geschäftsmannes; vgl § 43) sowie den handels- und gesellschaftsrechtlichen Regelungskontext bzw gegebenenfalls spezialgesetzliche Vorgaben für das jeweilige Tätigkeitsfeld der Gesellschaft näher ausbuchstabiert.

---

51 MünchKomm-GmbHG/*Altenhain*[4] § 84 Rdn 18.

52 Ähnl. HCL/*Ransiek*[3] § 84 Rdn 9; **aA** MünchKomm-GmbHG/*Altenhain*[4] § 84 Rdn 18.

II. Rechtswidrigkeit

Da § 84 nur das Vermögen des einzelnen Gesellschafters schützt, ist eine Rechtfertigung kraft **Einwilligung** grundsätzlich möglich. Der Schutzreflex zugunsten der Gesellschaft und ihrer Gläubiger (siehe Rdn 2) ändert nichts am eigentlichen Individualrechtschutz der Vorschrift und damit an der Disponibilität des geschützten Rechtsguts.[53] Dabei spricht wenig dagegen, dass jeder Gesellschafter für sich auf die individuelle Benachrichtigung über einen tatbestandsmäßigen Verlust verzichten kann; ein einheitlicher Verzicht sämtlicher Gesellschafter auf die Verlustanzeige ist nicht erforderlich.[54] Jedem einzelnen Gesellschafter bleibt es unbenommen, über die Art und das Ausmaß vermögensrelevanter Informationen zu disponieren und drohende Verluste von vornherein hinzunehmen. Die Konstruktion eines „Gesellschaftergesamtvermögens", in dessen Gefährdung oder Schädigung nur einheitlich von sämtlichen Gesellschaftern eingewilligt werden könnte, liegt daher nicht nahe. Verzichtet ein einzelner Gesellschafter auf die Verlustanzeige, lässt dies die Verlustanzeigepflicht des Geschäftsführers gegenüber den verbliebenen Mitgesellschaftern jedoch unberührt. 34

Eine Einwilligung muss vor Vollendung, also spätestens vor Ablauf einer angemessenen Frist zur Verlustanzeige (vgl dazu Rdn 22 und 27) gegenüber dem Geschäftsführer erklärt worden sein. Ein vorab erklärter **genereller Verzicht** auf die Verlustanzeigepflicht – etwa in der Satzung – ist unwirksam;[55] die Verlustanzeigepflicht ist insoweit gesellschaftsrechtlich zwingend, weil sie auch der Absicherung sowie der präventiven Gewährleistung und Überwachung einer ordentlichen Geschäftsführung und damit dem Bestandsschutz der Gesellschaft dient.[56] Die Weisung der Gesellschafter, Verluste grundsätzlich nicht anzuzeigen, bindet den Geschäftsführer daher nicht und kann ihn deswegen auch nicht entlasten.[57] Eine wirksame Einwilligung setzt demnach voraus, dass der verzichtende Gesellschafter im Zeitpunkt seines Verzichts die konkrete wirtschaftliche Situation und deren drohende Verschlechterung sachgerecht bereits einschätzen[58] und sich auf belastbarer Informationsgrundlage gegen eine Mitteilung und damit zugleich auch gegen eine Intervention im Krisenfall entscheiden kann. 35

Eine Rechtfertigung wegen **Notstands** nach § 34 StGB kommt regelmäßig nicht in Betracht. Der Verzicht auf die Verlustanzeige im Interesse einer „stillen Sanierung" ist auch dann kein angemessenes Mittel,[59] wenn Gläubiger der Gesellschaft bei einem möglichen Bekanntwerden des Verlusts durch ihr Verhalten – etwa die Kündigung von Krediten – die Insolvenz der Gesellschaft herbeiführen könnten. Denn eine Rechtfertigung wegen eines überwiegenden Bestandsinteresses der Gesellschaft widerspräche der aus § 84 und auch aus § 49 Abs 3 folgenden gesetzlichen Wertung, wonach im Krisenfall den Gesellschaftern durch die Verlustanzeige die Sicherung ihres Vermögens ermöglicht werden soll. 36

III. Schuld

Eine Entschuldigung des Geschäftsführers wegen **Unzumutbarkeit normgemäßen Verhaltens** scheidet in aller Regel aus. Sie ist insbesondere nicht schon deswegen anzunehmen, weil dem 37

---

53 Vgl Scholz/Tiedemann/*Rönnau*[13] § 84 Rdn 45; **aA** Baumbach/Hueck/*Haas*[21] § 84 Rdn 15; Lutter/Hommelhoff/*Kleindiek*[21] § 84 Rdn 8; Rowedder/Pentz/*Klinger*[7] § 84 Rdn 19; MHLS/*Dannecker*[3] § 84 Rdn 45; Pfeiffer in: FS Rowedder, 1994, S 347, 354.

54 **AA** MünchKomm-GmbHG/*Altenhain*[4] § 84 Rdn 20.

55 Erbs/Kohlhaas/*Schaal*[249] § 84 Rdn 12; Lutter/Hommelhoff/*Kleindiek*[21] § 84 Rdn 8; **aA** *Späth* Rechtfertigungsgründe im Wirtschaftsstrafrecht, 2016, 193 f.

56 Ähnlich Lutter/Hommelhoff/*Kleindiek*[19] § 84 Rdn 8.

57 Erbs/Kohlhaas/*Schaal*[249] § 84 Rdn 12.

58 MünchKomm-GmbHG/*Altenhain*[4] § 84 Rdn 20.

59 MünchKomm-GmbHG/*Altenhain*[4] § 84 Rdn 21.

Geschäftsführer aufgrund der Verlustanzeige die Abberufung oder die Aufdeckung von Unregelmäßigkeiten droht, in deren Folge er sich Haftungs- und Strafbarkeitsrisiken aussetzt.[60] Eine Pflicht, die näheren Umstände des eingetretenen Verlusts offenzulegen und sich dadurch gegebenenfalls selbst zu belasten, erwächst aus § 84 ohnehin nicht (vgl dazu Rdn 21). Auch besonders nachdrückliche Weisungen der Gesellschafter, Verlustanzeigen grundsätzlich zu unterlassen, machen diese für den Geschäftsführer nicht unzumutbar. Solchen rechtswidrigen Weisungen der Gesellschafter muss der Geschäftsführer aufgrund seiner eigenen Pflichtenstellung standhalten;[61] zur rechtfertigenden Wirkung einer Einwilligung vgl Rdn 33 f.

38 Ein **Rechtsirrtum** nach § 17 StGB kann vorliegen, wenn der Geschäftsführer über das Bestehen der Verlustanzeigepflicht irrt, weil er diese gar nicht kennt oder sich über deren rechtliche Voraussetzungen täuscht. Schuldlos handelt der Täter freilich nur, wenn er seinen Irrtum nicht hätte vermeiden können (§ 17 Satz 1 StGB). Beruht der Irrtum hingegen auf einer rechtsfahrlässigen Fehleinschätzung und ist daher vermeidbar, bleibt nur die fakultative Strafmilderung des § 17 Satz 2 StGB. Eine Unvermeidbarkeit des Irrtums wird schon deswegen nur in seltenen Ausnahmefällen anzunehmen sein, weil es sich bei der Verlustanzeigepflicht des § 84 um einen Kernbestandteil der treuhänderischen Pflichten des Geschäftsführers gegenüber den Gesellschaftern handelt. Zudem ist von demjenigen, der das Amt eines Geschäftsführers übernimmt, grundsätzlich zu verlangen, dass er sich über die damit einhergehenden Pflichten informiert und dafür Sorge trägt, diese – gegebenenfalls mit Unterstützung rechtskundiger Dritter – zu erfüllen. Mit derselben Begründung ist bei einer fahrlässigen Verletzung der Verlustanzeigepflicht nach Absatz 2 in aller Regel auch die strafbarkeitsbegründende **subjektive Sorgfaltspflichtverletzung** zu bejahen.

IV. Konkurrenzen und Rechtsfolgen

39 Eine Verletzung der Verlustanzeigepflicht steht in **Tatmehrheit** (§ 53 StGB) mit strafbaren Verletzungen der Insolvenzantragspflicht (§ 15a Abs 4 und 5 InsO), weil die Verlustanzeigepflicht des § 84 und die Insolvenzantragspflicht jeweils unterschiedliche Schutzrichtungen aufweisen und zudem noch zu voneinander abweichenden Zeitpunkten entstehen. Aus denselben Erwägungen besteht Tatmehrheit zwischen der Verletzung der Verlustanzeigepflicht und der Verletzung der Pflicht zur Anzeige der Zahlungsunfähigkeit oder der Überschuldung nach § 55 KWG. **Tateinheit** kann nach hM mit § 266 StGB bestehen, wenn durch die Unterlassung der Verlustanzeige eine Sanierung der Gesellschaft bewusst verhindert wird[62] und dadurch den Gesellschaftern ein Vermögensschaden entsteht. Denkbar ist hier aber auch die Annahme einer Gesetzeskonkurrenz mit der Begründung, dass § 84 als Gefährdungsdelikt nur eine Handlung im Vorfeld der Untreue unter Strafe stellt (siehe Rdn 6).

40 Absatz 1 sieht als Sanktion Freiheitsstrafe bis zu drei Jahren oder Geldstrafe, Absatz 2 Freiheitsstrafe von bis zu einem Jahr oder Geldstrafe vor. Für die **Strafzumessung** bedeutsame Gesichtspunkte (§ 46 Abs 2 StGB) sind auf Ebene des Erfolgsunrechts die Tatfolgen (Ausmaß der Bestandsgefährdung oder Insolvenz der Gesellschaft; Gefährdung oder Schädigung des Gesellschaftervermögens) sowie auf Ebene des Handlungsunrechts in der Vorsatzvariante die Vorsatzform sowie in der Fahrlässigkeitsvariante das Ausmaß Pflichtwidrigkeit (etwa Erkennbarkeit des tatbestandsmäßigen Verlustes). Holt der Geschäftsführer die Verlustanzeige verspätet nach (zur Bedeutung für die Strafbarkeit vgl Rdn 27), ist dies zu seinen Gunsten zu gewichten.[63] Beachtlich sind schließlich die Motive des Geschäftsführers. Strafschärfend wirkt ein mit dem Unterlassen

60 HCL/*Ransiek*[3] § 84 Rdn 17; Erbs/Kohlhaas/*Schaal*[249] § 84 Rdn 13.

61 Erbs/Kohlhaas/*Schaal*[249] § 84 Rdn 13; **aA** für extreme Ausnahmefälle Scholz/Tiedemann/*Rönnau*[13] § 84 Rdn 47 f und MHLS/*Dannecker*[3] § 84 Rdn 46.

62 MünchKomm-GmbHG/*Altenhain*[4] § 84 Rdn 27; UHL/*Ransiek*[3] § 84 Rdn 21; MünchKomm-StGB/*Hohmann*[4] § 84 Rdn 36; Rowedder/Pentz/*Klinger*[7] § 84 Rdn 35; Scholz/Tiedemann/*Rönnau*[13] § 84 Rdn 56; Erbs/Kohlhaas/*Schaal*[249] § 84 Rdn 23.

63 Erbs/Kohlhaas/*Schaal*[249] § 84 Rdn 11; Scholz/Tiedemann/*Rönnau*[13] § 84 Rdn 30, 43.

der Verlustanzeige verfolgter materieller oder immaterieller Eigennutz des Geschäftsführers; strafmildernd ist der Versuch einer „stillen Sanierung“ (vgl Rdn 35) zu berücksichtigen. Zu den Voraussetzungen einer Strafrahmenverschiebung nach § 17 Satz 2 StGB iVm § 49 Abs 1 StGB siehe Rdn 37.

V. Prozessuales

Für den **Tatnachweis** ist die Feststellung erforderlich, ob und zu welchem Zeitpunkt ein tatbestandsmäßiger Verlust eingetreten und damit eine Verlustanzeigepflicht entstanden ist. Das Gericht hat sich dafür gegebenenfalls der Hilfe eines (Bilanz-)Sachverständigen zu bedienen. Dabei ist zu beachten, dass – anders als im Bilanzrecht – nicht das Vorsichtigkeitsprinzip gilt, sondern Zweifel am Vorliegen der tatsächlichen Voraussetzungen einer Verlustanzeigepflicht eine Strafbarkeit hindern (vgl Rdn 18). 41

§ 84 ist ein **Offizialdelikt**; auf einen Strafantrag kommt es nicht an. 42

Eine Tat nach Absatz 1 **verjährt** nach fünf Jahren (§ 78 Abs 3 Nr 4 StGB), eine Tat nach Absatz 2 nach drei Jahren (§ 78 Abs 3 Nr 5 StGB). Die Verjährung beginnt mit Beendigung (§ 78a Satz 1 StGB; siehe dazu Rdn 27). 43

Zuständig für die Aburteilung ist regelmäßig das Amtsgericht, es sei denn die Staatsanwaltschaft erhebt die Anklage wegen des besonderen Umfangs oder der besonderen Bedeutung des Falls beim Landgericht (§ 24 Abs 1 Satz 1 Nr 3 Alt 2 und 3 GVG). Nach § 74c Abs 1 Nr 1 GVG ist dort die Zuständigkeit der Wirtschaftsstrafkammer begründet. 44

§ 85 Verletzung der Geheimhaltungspflicht

(1) Mit Freiheitsstrafe bis zu einem Jahr oder mit Geldstrafe wird bestraft, wer ein Geheimnis der Gesellschaft, namentlich ein Betriebs- oder Geschäftsgeheimnis, das ihm in seiner Eigenschaft als Geschäftsführer, Mitglied des Aufsichtsrats oder Liquidator bekanntgeworden ist, unbefugt offenbart.

(2) [1]Handelt der Täter gegen Entgelt oder in der Absicht, sich oder einen anderen zu bereichern oder einen anderen zu schädigen, so ist die Strafe Freiheitsstrafe bis zu zwei Jahren oder Geldstrafe. [2]Ebenso wird bestraft, wer ein Geheimnis der in Absatz 1 bezeichneten Art, namentlich ein Betriebs- oder Geschäftsgeheimnis, das ihm unter den Voraussetzungen des Absatzes 1 bekanntgeworden ist, unbefugt verwertet.

(3) [1]Die Tat wird nur auf Antrag der Gesellschaft verfolgt. [2]Hat ein Geschäftsführer oder ein Liquidator die Tat begangen, so sind der Aufsichtsrat und, wenn kein Aufsichtsrat vorhanden ist, von den Gesellschaftern bestellte besondere Vertreter antragsberechtigt. [3]Hat ein Mitglied des Aufsichtsrats die Tat begangen, so sind die Geschäftsführer oder die Liquidatoren antragsberechtigt.

Schrifttum

Aldoney Der strafrechtliche Schutz von Geschäfts- und Betriebsgeheimnissen, 2008; *Bank* Die Verschwiegenheitspflicht von Organmitgliedern in Fällen multipler Organmitgliedschaften, NZG 2013, 801–806; *Bergmann/Vogt* Lücken im Kapitalmarktstrafrecht – sind seit dem 1. FiMaNoG alle Altfälle straflos?, wistra 9/2016, 347–351; *Engländer/Zimmermann* Whistleblowing als strafbarer Verrat von Geschäfts- und Betriebsgeheimnissen?, NZWiSt 2012, 328–333; *Klöhn/Büttrich* Generalamnestie im Kapitalmarktrecht?, ZIP 2016, 1801–1808; *Lutter* Information und Vertraulichkeit im Aufsichtsrat, 3. Aufl. 2006; *Pfeiffer* Verletzungen von Geheimhaltungspflichten nach § 85 GmbHG, in: FS Raisch, 1995, S 255; *Quick* Geheimhaltungspflicht des Abschlussprüfers: Strafrechtliche Konsequenzen bei Verletzung, BB 2004, 1490–1495; *Schünemann* Der strafrechtliche Schutz von Privatgeheimnissen, ZStW 90 (1978), 11–63; *Seiler* Der strafrechtliche Schutz der Geheimsphäre, 1960; *Többens* Wirtschaftsspionage und Konkurrenzausspähung in Deutschland, NStZ 2000, 505–512; *Rittmeister* Due Diligence und Geheimhaltungspflichten beim Unternehmenskauf, NZG 2004, 1032–1037.

Übersicht

https://doi.org/10.1515/9783111386669-005

A. Allgemeines

§ 85 schützt den **Geheimnisbereich** einer GmbH oder UG (§ 5a). Die Vorschrift droht bestimmten Personen, die aufgrund ihrer Organstellung mit Gesellschaftsgeheimnissen in Berührung kommen (Geschäftsführern, Aufsichtsratsmitgliedern und Liquidatoren), dafür Strafe an, dass sie Geheimnisse aus der Geschäftssphäre der Gesellschaft unbefugt offenbaren (Absatz 1) oder diese unbefugt verwerten (Absatz 2 Satz 2). Die Vorschrift ist § 404 AktG nachempfunden. Sie wurde durch das „Gesetz zur Änderung des Gesetzes betreffend die Gesellschaften mit beschränkter Haftung und anderer handelsrechtlicher Vorschriften" (v. 4.7.1980, BGBl I S 836 mit Wirkung zum 1.1.1981 – „GmbH-Novelle 1980") eingeführt. Durch das MoMiG (v. 23.10.2008, BGBl I S 2026 mit Wirkung zum 1.11.2008) wurde die bis dahin schon in der Praxis geläufige Überschrift des Tatbestands gesetzlich ergänzt; im Übrigen ist die Vorschrift seit ihrer Einführung inhaltlich unveränderter Bestandteil des GmbH-Strafrechts. 1

Es gibt eine **Vielzahl vergleichbarer Strafvorschriften**, die § 85 teilweise entsprechen oder den durch ihn gewährten Schutz ergänzen. Strafbewehrter Geheimnisschutz findet sich über das gesamte Handels- und Kapitalgesellschaftsrecht verteilt (§ 404 AktG, § 151 GenG, § 315 UmwG, § 14 EWIVAG, § 333 HGB). Weitere geheimnisschützende Tatbestände gibt es im Kernstrafrecht (§ 204 StGB) und in § 23 GeschGehG[1] (früher § 17 UWG). Zu den Konkurrenzen siehe Rdn 61 ff. 2

Von § 85 wird die Geheimnishoheit der Gesellschaft und ihr legitimes und nicht unbedingt wirtschaftlich werthaltiges Interesse an der Wahrung der Vertraulichkeit durch ihre Organe geschützt. Der genaue **Zuschnitt und die Reichweite des sachlichen Schutzbereichs** der Vorschrift sind freilich umstritten. Festzuhalten ist richtigerweise, dass § 85 kein Vermögensdelikt ist.[2] Durch das Offenbaren oder Verwerten des Geheimnisses müssen keine wirtschaftlichen Interessen der Gesellschaft beeinträchtigt sein.[3] Dies ergibt sich bereits aus dem Umstand, dass mit einer GmbH auch nicht-wirtschaftliche Ziele verfolgt werden können und kein Grund ersichtlich ist, solche Gesellschaften von vornherein weitgehend den Schutz des § 85 zu verwehren. Es kommt daher weder auf einen wirtschaftlichen Wert des Geheimnisses noch auf eine (bezifferbare) Vermögensbeeinträchtigung bei der Gesellschaft infolge der Offenbarung oder Verwertung des Geheimnisses an. Erst recht unerheblich ist es, ob der Täter aus seinem Handeln Gewinn zieht oder nicht. An diesem nicht vermögensbezogenen Schutzzweck ändert sich auch dadurch nichts, dass die meisten Geheimnisse einer Gesellschaft praktisch einen wirtschaftlichen Wert haben[4] und die in Absatz 2 geregelten Tatbestandsvarianten ein wirtschaftlich orientiertes Handeln des Täters herausstreichen (Handeln gegen Entgelt oder in Bereicherungsabsicht). Diese wirtschaftliche Dimension ist nämlich nur nachgelagert. Selbst für die Schädigungsabsicht des Absatz 2 Satz 1 gilt daher, dass sich diese nicht zwingend auf einen wirtschaftlichen Schaden beziehen muss, sondern zur Erfüllung des Tatbestands auch rein immaterielle Beeinträchtigungen genügen. 3

Der **persönliche Schutzbereich** des § 85 ist auf die Gesellschaft beschränkt. Weitere Rechtsgutsträger werden nicht erfasst. Daher sind die Gesellschafter – einzeln und in ihrer Gesamtheit – und deren Vermögen nicht in den Schutzbereich einbezogen. Ihr Schutz ist nur Reflex, der über die Gesellschaft vermittelt wird. Auch andere Stakeholder oder sonstige Dritte werden nicht unmittelbar geschützt. Das gilt sowohl für Arbeitnehmer als auch für Gläubiger der Gesellschaft. Ebenso wenig schützt die Vorschrift ein nebulöses (Allgemein-)Interesse an der Funktionsfähigkeit der Gesellschaft.[5] Für eine solche Engführung des Schutzbereichs auf die Gesellschaft sprechen gleich mehrere Gründe: Zunächst einmal führte eine Schutzbereichsausweitung zu einer Verspannung mit dem gesellschaftsrechtlichen Haftungsregime, das im Grundsatz nur eine Innenhaftung gegenüber der Gesellschaft kennt (vgl § 43 Abs 2). Dieser Grundsatz drohte durchbrochen zu wer- 4

1 Vgl dazu *Höfer* GmbHR 2018, 1195, 1197.
2 Ebenso MünchKomm-GmbHG/*Altenhain*[3] § 85 Rdn 5; **aA** UHL/*Ransiek*[3] § 85 Rdn 6.
3 **AA** BeckOK-GmbHG/*N. Müller*[58] § 85 Rdn 8.
4 So zutreffend UHL/*Ransiek*[3] § 85 Rdn 6.
5 Scholz/*Rönnau*[12] § 85 Rdn 3; aA MHLS/Nestler[3] § 85 Rdn 10.

den, wenn man den Schutz des § 85 auf Gesellschafter oder Gesellschaftsgläubiger erstreckte. Denn dann ließe sich bei einer vorsätzlichen Verletzung der Geheimhaltungspflicht ein unmittelbarer Haftungsanspruch dieses Personenkreises aus § 85 in Verbindung mit § 823 Abs 2 BGB kaum noch in Abrede stellen. Ein sachlicher Grund für eine derartige Außenhaftung ist aber nicht ersichtlich und wird deswegen auch zu Recht nahezu einhellig abgelehnt.[6] Eine Beschränkung des Schutzbereichs auf die Gesellschaft und deren Geheimhaltungsinteressen ergibt sich ferner daraus, dass der Geheimnisschutz für die Gesellschaft disponibel ist. Wären neben Belangen der Gesellschaft noch Rechte Dritter geschützt, dürfte die Gesellschaft über diese nicht entscheiden. In eine ähnliche Richtung deutet das Strafantragserfordernis des Absatz 3 Satz 1.[7] Zwar mag das absolute Strafantragserfordernis den Schutzbereich einer Strafvorschrift im Allgemeinen und den des § 85 im Besonderen nicht letztverbindlich definieren können; es darf bei einer systematischen Gesamtbetrachtung des Reglungsgefüges aber nicht völlig außer Acht gelassen werden. Wenn die Gesellschaft bei einer Verletzung der Geheimhaltungspflicht die Verfolgung verhindern sowie die Durchsetzung des staatlichen Strafanspruchs unterbinden kann und damit letztlich über den gewährten Strafrechtsschutz verfügen darf, ist dies ein starker Hinweis darauf, dass nur deren Interessen maßgeblich und infolgedessen von § 85 mit einer Strafdrohung geschützt sind. Eine Dehnung des Schutzbereichs wäre in systemkonformer Weise deswegen allenfalls *de lege ferenda* zu erreichen.

5 **Verhältnis zu Vorschriften außerhalb des GmbHG.** Bezogen auf die Gesellschaft ist § 85 ein Schutzgesetz im Sinne des § 823 Abs 2 BGB. Abgesehen von der Gesellschaft kann niemand Ansprüche aus § 823 Abs 2 BGB in Verbindung mit § 85 GmbHG herleiten (siehe dazu Rdn 4).[8] § 85 steht einer Abtretung von Vergütungsansprüchen wegen der damit verbundenen Auskunftspflichten (§ 402 BGB) nicht zwingend wegen § 134 BGB entgegen.[9] § 85 begründet die Ausnahmeregelung des § 138 Abs 2 Nr 3 Halbs. 2 InsO.[10] Einem presserechtlichen Auskunftsanspruch steht § 85 nicht grundsätzlich entgegen, weil die Vorschrift nicht den Schutz öffentlicher Geheimnisse bezweckt und zumindest auch auskunftsverpflichtete Behörden als Adressaten hat.[11]

6 **Verhältnis zu anderen Vorschriften des GmbHG.** § 85 ist nicht konstitutiv für die Geheimhaltungspflicht von Gesellschaftsorganen. Vielmehr ergibt sich diese aus anderen Vorschriften des GmbHG. Für Geschäftsführer und Liquidatoren beruht sie auf § 43 Abs 1 (in Verbindung mit § 71 Abs 4). Zwar wird dort im Unterschied zu § 93 Abs 1 Satz 3 AktG die Verschwiegenheit nicht ausdrücklich genannt. Sie ist aber selbstverständlicher Bestandteil der erforderlichen Sorgfalt eines ordentlichen Geschäftsmanns und deswegen in § 43 Abs 1 hineinzulesen (siehe dazu § 43).[12] Für die Mitglieder eines fakultativen Aufsichtsrats einer GmbH verweist § 52 Abs 1 auf die in § 116 Satz 2 AktG hervorgehobene Geheimhaltungspflicht für Aufsichtsräte einer AG. Einen entsprechenden Verweis enthalten die Regelungen für obligatorische Aufsichtsräte (§ 1 Abs 1 Nr 3 Satz 2 DrittelbG; § 25 Abs 1 Satz 1 Nr 2 MitbestG; § 3 Abs 2 MontanMitbestG; § 18 Abs 2 Satz 3 KAGB).

7 Obwohl sich die Verschwiegenheitspflicht der Gesellschaftsorgane aus anderen Vorschriften ergibt, ist § 85 **kein formales Blankett**. Die Vorschrift regelt die Strafbarkeit einer Verletzung der Geheimhaltungspflicht in sich vollständig und verweist dafür nicht auf andernorts aufgestellte Pflichten. Das zeigt sich unter anderem auch daran, dass der Geheimnisbegriff des § 85 enger gezogen ist als der Gegenstandsbereich, auf den sich die aus § 43 Abs 1 folgende Pflicht zur Ver-

---

6 MünchKomm-GmbHG/*Altenhain*[3] § 85 Rdn 6; Lutter/Hommelhoff/*Kleindiek*[20] § 85 Rdn 1; **aA** Scholz/*Rönnau*[12] § 85 Rdn 4 sowie MHLS/Nestler[3] § 85 Rdn 9 zumindest für Gesellschafter.

7 Ähnlich Baumbach/Hueck/*Beurskens*[21] § 85 Rdn 23.

8 **AA** Scholz/*Rönnau*[12] § 85 Rdn 6; MHLS/Nestler[3] § 85 Rdn 12 nach denen ein Anspruch auch den Gesellschaftern zusteht, wobei dieser aus Gründen der Kapitalerhaltung dem der der Gesellschaft nachrangig sei.

9 BGH NJW 1996 2576; OLG Köln NZG 2000, 210.

10 OLG Düsseldorf 18.11.2004 – I-12 U 45/04 (juris); LG Kiel 20.4.2006 – 10 S 98/05 (juris).

11 OLG Hamburg ZUM 2011, 91, 94; VG Neustadt (Weinstraße) 7.4.2014 – 4 K 726/13.NW; VG Arnsberg 30.1.2009 – 12 K 136/08 (juris).

12 OLG Koblenz NJW-RR 1987, 809, 810; MünchKomm-GmbHG/*Altenhain*[3] § 85 Rdn 2; Altmeppen[11] § 85 Rdn 1.

traulichkeit bezieht.[13] Allerdings ist der Tatbestand als ein Wertungsblankett akzessorisch zur gesellschaftsrechtlichen Pflichtenlage. Denn nur Handlungen im Widerspruch zu den gesellschaftsrechtlichen Pflichten sind strafbar; Handlungen, die im Einklang mit den Sorgfaltspflichten des jeweiligen Organs stehen, können eine Strafbarkeit nicht begründen.

Tatbestandsstruktur. § 85 umfasst zwei eigenständige Grunddelikte und einen Qualifikationstatbestand. Das Offenbaren (Absatz 1) und das Verwerten (Absatz 2 Satz 2) sind mit unterschiedlicher Strafe bedrohte Grunddelikte, die sich durch die Tathandlung – und nur durch diese – unterscheiden. Denn die Tathandlung des Absatz 1 sowie des Absatz 2 Satz 1 (Offenbaren) einerseits und die des Absatz 2 Satz 2 (Verwerten) andererseits schließen sich weder gegenseitig aus noch stehen sie in einer systematischen Beziehung zueinander oder bauen gar aufeinander auf. Es handelt sich mithin in Absatz 2 Satz 2 um einen eigenständigen Tatbestand, der auch in einem separaten Absatz und unabhängig von der Qualifikation des Absatz 2 Satz 1 hätte geregelt werden können. Eine Regelung in Absatz 2 Satz 2 ist jedoch redaktionell naheliegend, weil die Verwertungsvariante sich die Strafdrohung mit Absatz 2 Satz 1 teilt. Systematisch wird dadurch zudem klargestellt, dass das Verwerten subjektiv ein der Bereicherungsabsicht ähnliches Vorteilsstreben voraussetzt (siehe dazu Rdn 57) und die Tatbestände daher mit Blick auf ihre Unrechtskonstruktion verwandt sind. Absatz 2 Satz 1 sieht hingegen eine Qualifikation zu Absatz 1 vor, die unter anderem deswegen nicht dort oder in einem unabhängigen weiteren Absatz geregelt ist, weil sie sich die Strafdrohung mit dem Tatbestand in Absatz 2 Satz 2 teilt. Absatz 2 Satz 2 setzt zudem für die Vollendungsstrafbarkeit kein Offenbaren voraus. Aus diesem Blickwinkel entpuppt sich das strafbare Verwerten des Absatz 2 Satz 2 sogar als eine Art von Auffangtatbestand für das bezüglich der Tathandlung speziellere Offenbaren in Bereicherungsabsicht (Absatz 2 Satz 1). Zu den Konkurrenzen siehe Rdn 61.[14] 8

Deliktstypologie. § 85 ist in allen seinen Tatbestandsvarianten ein Vergehen (§ 12 Abs 2 StGB); eine Versuchsstrafbarkeit bedürfte daher der ausdrücklichen Anordnung (§ 23 Abs 1 StGB), die hier nicht gegeben ist. § 85 ist weiterhin ein – wenn auch atypisches – echtes Sonderdelikt. Voraussetzung einer täterschaftlichen Begehung ist nämlich, dass demjenigen, der ein Gesellschaftsgeheimnis offenbart oder verwertet, dieses in seiner Eigenschaft als Geschäftsführer, Aufsichtsratsmitglied und Liquidator bekannt geworden ist. Täter kann also nur sein, wer zum Zeitpunkt der Kenntniserlangung Gesellschaftsorgan war. Zum Zeitpunkt der Tathandlung muss diese Organstellung aber nicht mehr fortbestehen. Die Vorschrift ist ferner ein Verletzungsdelikt. Denn die von § 85 geschützte Geheimnishoheit der Gesellschaft ist mit dem Offenbaren oder Verwerten eines Geheimnisses bereits beeinträchtigt. Die gegenläufige Auffassung, die § 85 als (abstraktes) Gefährdungsdelikt einordnet, kann dies sinnvoll nur unter Hinweis auf einen von der Vorschrift angeblich intendierten (primären) Vermögensschutz begründen;[15] dieser Auffassung ist zuzugeben, dass das Gesellschaftsvermögen durch die bloße Offenbarung eines Geheimnisses noch nicht zwangsläufig gemindert sein muss. Allerdings ist das Gesellschaftsvermögen nur ein nachgelagerter Schutzzweck (siehe dazu Rdn 3). Der Grundtatbestand des Absatz 1 ist daneben ein Erfolgsdelikt. Er setzt nämlich einen Offenbarungserfolg dergestalt voraus, dass Dritte infolge des Offenbarens entweder Kenntnis vom Geheimnis erlangt haben oder das Geheimnis wenigstens deren ungehindertem Zugriff ausgesetzt worden ist. Die beiden Tatbestände des Absatz 2 sind in Abgrenzung dazu erfolgskupierte Delikte. Absatz 2 Satz 1 setzt bezüglich seiner qualifizierenden Merkmale keinen Erfolg voraus; unerheblich ist es, ob ein Entgelt tatsächlich erzielt wird oder eine erstrebte Bereicherung bzw Schädigung objektiv eintritt (siehe dazu auch Rdn 47 ff). Absatz 2 Satz 2 setzt in Entsprechung dazu keinen Verwertungserfolg voraus, sondern es genügt für die Vollendung das Nutzen eines Geheimnisses in Bereicherungsabsicht (siehe dazu Rdn 51 ff);[16] zu den Konsequenzen für die Frage, wann in den einzelnen Varianten Tatbeendigung eintritt siehe Rdn 68. § 85 9

---

13 Ebenso Baumbach/Hueck/*Haas*[21] § 85 Rdn 8.
14 Ähnlich MünchKomm-GmbHG/*Altenhain*[3] § 85 Rdn 33.
15 Nicht überzeugend HeidelberKomm-KapMarktStrafR/*Janssen*/*Gercke* Rdn 5.
16 Baumbach/Hueck/*Beurskens*[21] § 85 Rdn 18 mwN.

kann schließlich ein Dauerdelikt sein. Denn das Offenbaren erstreckt sich zumindest im Einzelfall – etwa bei einer Veröffentlichung im Internet – und das Verwerten sogar in aller Regel über einen gewissen Zeitraum. Tatbeendigung tritt in solchen Konstellationen frühestens ein, wenn eine allgemein zugänglich gemachte Information dem ungehinderten Zugriff Dritter wieder entzogen wird oder Offenkundigkeit eintritt bzw die Verwertung abgeschlossen ist.

10 Die **Praxisrelevanz** der Vorschrift ist gering. Die Strafverfolgungsstatistik weist für 2020 gerade einmal fünf Abgeurteilte und vier Verurteilte aus.[17] Dies dürfte teilweise der Erfassungsmodalität der Strafverfolgungsstatistik geschuldet sein, die bei einer gemeinsamen Verurteilung nur das „führende", schwerste Delikt erfasst. Es ist ferner zu vermuten, dass bei Straftaten nach § 85 häufig unter Opportunitätsgesichtspunkten (§§ 153, 153a StPO sowie §§ 154, 154a StPO) – auch mit Blick auf schwerere Begleitdelikte wie § 266 StGB – von der Verfolgung abgesehen wird. Dazu tragen vermutlich auch bisweilen Unsicherheiten bezüglich bestehender Offenbarungsrechte (siehe dazu ua Rdn 32 ff) bei. Ein weiterer Grund für die geringen Fallzahlen dürfte daneben ein umfangreiches Dunkelfeld sein, das mit den Grundbedingungen des strafrechtlichen Geheimnisschutzes zusammenhängt. Von einer Anzeigeerstattung und Strafantragstellung werden Gesellschaften und ihre Verantwortlichen regelmäßig absehen, weil sie die Öffentlichkeit des Strafverfahrens und damit einhergehend die weitere Verbreitung des Geheimnisses scheuen. Dem wird man auch über die Möglichkeiten zum Ausschluss der Öffentlichkeit (§ 172 Nr 3 GVG; siehe dazu Rdn 75) nur bedingt entgegenwirken können. Eine gewisse Praxisrelevanz mag § 85 in gesellschaftsrechtlichen Kontexten und hier vor allem im Bereich außer- und vorgerichtlicher Auseinandersetzungen spielen.

11 Unter **rechtspolitischem Blickwinkel** ist eine Dehnung des Schutzbereichs des § 85 erwägenswert verbunden mit einer Aufweichung des absoluten Strafantragserfordernisses. Denn § 85 vermittelt bislang zumindest nach herrschender Auffassung schon wegen Absatz 3 keinen Strafrechtsschutz, wenn alle Verantwortlichen kollusiv zum Nachteil der Gesellschaft und dadurch mittelbar zum Schaden ihrer Gläubiger handeln (siehe dazu aber Rdn 72).[18] Zumindest wäre die ausdrückliche Aufnahme des Insolvenzverwalters in den Kreis der Strafantragsberechtigten des Absatz 3 Satz 2 wünschenswert.[19]

B. Erläuterungen

I. Offenbaren eines Gesellschaftsgeheimnisses (Absatz 1)

1. Tatbestand

12 **a) Kreis tauglicher Täter.** Taugliche Täter sind Geschäftsführer, Aufsichtsratsmitglieder und Liquidatoren, denen in ihrer **Organeigenschaft** ein Geheimnis der Gesellschaft (siehe dazu Rdn 16 ff) bekannt geworden ist. Gesellschafter ohne Geschäftsführeramt oder Aufsichtsratsmandat werden von der Vorschrift nicht erfasst. Fehlt es an der erforderlichen Täterqualität, kommt neben einer Beteiligung (§§ 26, 27 StGB) nur eine täterschaftliche Strafbarkeit nach einer anderen geheimnisschützenden Vorschrift in Betracht (siehe dazu Rdn 2). Ob die Organstellung zum Zeitpunkt des Offenbarens, also der eigentlichen Tathandlung, noch fortbesteht oder zwischenzeitlich entfallen ist, ist für die Strafbarkeit unerheblich. Insoweit wirkt die Strafbewehrung der Geheimhaltungspflicht über die Zeit der Organstellung hinaus (vgl dazu auch § 43). Bei kollegialer Geschäftsführung trifft die strafbewehrte Geheimhaltungspflicht jeden einzelnen Geschäftsführer. Selbiges gilt für das einzelne Aufsichtsratsmitglied.

17 Statistisches Bundesamt, Strafverfolgungsstatistik 2021, Fachserie 10 Reihe 3.
18 Baumbach/Hueck/*Beurskens*[21] § 85 Rdn 26.
19 Baumbach/Hueck/*Beurskens*[21] § 85 Rdn 26.

Geschäftsführer ist zunächst einmal, wer nach den Regeln des GmbHG dazu bestellt ist. Erfasst sind über § 44 auch Stellvertreter. Auf die Wirksamkeit des Bestellungsakts kommt es für eine Strafbarkeit nicht an. Entscheidend ist, dass die Gesellschaft eine Person in (vermeintlicher) Geschäftsführerfunktion in ihren Geheimnisbereich einrücken lässt und davon ausgehen darf, dass diese den Pflichtenbindungen eines Geschäftsführers unterliegt. Dies setzt regelmäßig das äußere Erscheinungsbild eines Bestellungsakts voraus.[20] Der Wortlaut steht zwar auch einer umfassenden Erstreckung auf faktische Geschäftsführer nicht entgegen (siehe dazu *Baur* § 82 Rdn 37 sowie § 84 Rdn 12). Anders als bei §§ 82, 84 genügt jedoch die rein tatsächliche Übernahme der Geschäftsführung ohne jedweden – sei es auch missglückten – Bestellungsakt für eine Strafbarkeit nach § 85 idR nicht. Denn ohne einen solchen Bestellungsakt dürfen die Gesellschafter sowie die übrigen Gesellschaftsverantwortlichen und insbesondere die für die Geschäftsführerbestellung zuständigen Organe nicht berechtigterweise von einer vollumfänglichen Pflichtenbindung und insbesondere einem strafbewehrten Geheimnisschutz zugunsten der Gesellschaft ausgehen. 13

Aufsichtsratsmitglieder sind diejenigen, die dazu nach gesellschaftsrechtlichen Vorgaben bestellt sind. Voraussetzung ist jedoch, dass es sich um einen „echten" Aufsichtsrat (siehe dazu § 52) und nicht nur um eine aufsichtsratsähnliche Einrichtung handelt. Dieser formelle Aufsichtsratsbegriff ergibt sich im Gegenschluss zu § 82 Abs 2 Nr 2 (siehe dazu *Baur* § 82 Rdn 36). Dort wird die Strafbarkeit ausdrücklich auf „ähnliche Organe" erstreckt. Unerheblich ist es jedoch, wenn ein Aufsichtsrat im formellen Sinn seine Arbeit unter einer anderen Bezeichnung – etwa als Verwaltungsrat – organisiert. 14

Für **Liquidatoren** gilt grundsätzlich dasselbe wie für Geschäftsführer. Sollte eine juristische Person oder eine Personengesellschaft zum Liquidator bestellt sein, ist dieses besondere persönliche Merkmal nach den Grundsätzen des § 14 StGB den jeweils handelnden natürlichen Personen zuzurechnen. 15

b) Tatobjekt: Geheimnis

aa) Geheimnis der Gesellschaft. Tatobjekt ist ein **Geheimnis der Gesellschaft**. Betriebs- und Geschäftsgeheimnisse – also Geheimnisse mit materiellem Wert – sind nur beispielhaft hervorgehoben. Auch Geheimnisse, die rein immateriellen Interessen der Gesellschaft dienen, sind umfasst, was auch dem Schutzzweck der Vorschrift entspricht (siehe dazu Rdn 3). Das Geheimnis muss für den Täter fremd sein, weil es (zumindest auch) der Gesellschaft, deren Organ er ist, zuzuordnen ist. Dass sich die Gesellschaft das Geheimnis gegebenenfalls mit Dritten teilt, ist ohne Bedeutung. Überträgt die Gesellschaft ein Geheimnis – zum Beispiel technische Details eines bestimmten Produktionsverfahrens – auf einen Dritten zu dessen alleiniger Verfügung, liegt ein Geheimnis der Gesellschaft zumindest dann noch vor, wenn sich diese, was regelmäßig der Fall sein wird, im Außenverhältnis zum Stillschweigen gegenüber dem Geheimniserwerber verpflichtet hat. Nach herrschender Meinung im Schrifttum sollen bei einer GmbH & Co. KG neben den Geschäftsgeheimnissen der Komplementär-GmbH auch solche der KG durch § 85 erfasst sein.[21] Eine solche Dehnung des strafbewehrten Geheimnisschutzes scheint vor dem Hintergrund des Analogieverbots aus Art 103 Abs 2 GG jedoch zweifelhaft, weil für Personengesellschaften gerade kein strafbewehrter Geheimnisschutz vorgesehen ist.[22] Praktisch dürfte dies freilich so lange nicht bedeutsam werden, wie ein Organ der KG zugleich eines der Komplementär-GmbH ist. Kein Geheimnis der Gesellschaft liegt vor, wenn die Gesellschaft zwischenzeitlich erloschen ist. 16

---

20 Scholz/*Rönnau*[12] § 85 Rdn 8.
21 Vgl dazu ua Baumbach/Hueck/*Beurskens*[21] § 85 Rdn 11.
22 Dem zuneigend BGH NJW 2000, 1329, 1330.

17 **bb) Geheimnisbegriff. Geheimnis** ist eine Tatsache, die erstens nicht offenkundig ist, hinsichtlich derer die Gesellschaft zweitens ein abstrakt-objektives Geheimhaltungsinteresse und drittens einen konkret-subjektiven Geheimhaltungswillen hat. Alle drei Kriterien müssen kumulativ gegeben sein und sind (auch) unter normativem Blickwinkel zu bestimmen. Auf angemessene Geheimhaltungsmaßnahmen im Sinne des § 2 Nr 1b GeschGehG kommt es für den Geheimnisbegriff des § 85 hingegen nicht an. Der Geheimnisbegriff des GmbHG ist insoweit unabhängig zu bestimmen.

18 **Keine Offenkundigkeit**. Für eine Strafbarkeit aus Absatz 1 darf die offenbarte Tatsache nicht schon zu diesem Zeitpunkt offenkundig sein. Eine erst infolge des Geheimnisverrats eintretende Offenkundigkeit ist für die Strafbarkeit unbeachtlich, kann aber dazu führen, dass die weitere Verbreitung der Tatsache nicht mehr Absatz 1 unterfällt. Eine Tatsache ist nicht offenkundig, wenn sie nur einem begrenzten Personenkreis bekannt und auch nicht allgemein zugänglich ist. Umgekehrt ist eine Tatsache nicht geheim, wenn sie bereits allgemein bekannt oder zumindest ohne größere Hürden für einen unbestimmten Personenkreis verfügbar ist. Allgemein zugängliche Tatsachen sind nicht geheim – und zwar gleichgültig, ob Dritte diese tatsächlich zur Kenntnis nehmen oder die Information weiterverbreitet wird.

19 Ob eine Tatsache im Einzelfall bekannt oder zumindest allgemein zugänglich ist, ist objektiv zu bestimmen. Entscheidend sind dabei **empirische Gesichtspunkte und rechtliche Wertungen** gleichermaßen. In tatsächlicher Hinsicht ist maßgeblich, dass die Gesellschaft die Verbreitung der Tatsache noch beherrschen kann und nicht bereits eine unkontrollierbare Kenntnisnahme durch Dritte eingetreten oder zumindest die Tatsache schon ohne wesentliche Hürden allgemein zugänglich geworden ist. Dabei berührt die Weitergabe und das Zugänglichmachen einer Tatsache innerhalb einer bestehenden und nach außen (rechtlich) abgeschotteten Geheimnissphäre die Geheimniseigenschaft nicht. Auch wenn die Tatsache innerhalb der Gesellschaft weitläufig bekannt ist und sämtliche Organe und Gesellschaftsmitarbeiter von ihr Kenntnis haben, führt dies deswegen bei gegebenen Verschwiegenheitspflichten regelmäßig nicht zur Offenkundigkeit.[23] Ohne Relevanz ist es ferner, wenn bestimmte Tatsachen zwar noch nicht zugänglich gemacht worden sind, dies aber mit hoher Wahrscheinlichkeit zu erwarten ist, weil Informationen regelmäßig „geleakt" werden. Werden etwa in einem Aufsichtsrat von einzelnen Mitgliedern beständig vertrauliche Informationen durchgestochen, berührt dies die Geheimniseigenschaft jedenfalls so lange nicht, wie die Information die Geheimnissphäre des Aufsichtsrats noch nicht verlassen hat. Andernfalls würde gerade bei schlechter Geheimhaltungsdisziplin der strafrechtliche Schutz verkürzt.

20 Tatsachen, die **aus Rechtsgründen einem nicht näher begrenzten Personenkreis offenzulegen oder allgemein bekannt zu machen sind**, fehlt es grundsätzlich an einer Geheimniseigenschaft. Derartige Informationen gelten stets als offenkundig. Auf die empirische Frage, ob eine konkrete Kenntnisnahme bereits eingetreten ist oder zumindest ein unkontrollierbarer Zugriff durch Dritte konkret droht, kommt es insoweit nicht an.[24] Dass für einen Datenzugriff im Einzelfall berechtigte Interessen nachzuweisen sind, ist keine Hürde, die eine Geheimniseigenschaft begründen könnte. Denn dadurch wird die Geheimnissphäre nicht erweitert und die Geheimnisweitergabe für die Gesellschaft nicht beherrschbar. Aus Rechtsgründen offenkundig sind daher beispielsweise die Inhalte des Handelsregisters, die nach § 325 HGB offenzulegenden Angaben, aber auch Gegenstände öffentlicher Gerichtsverhandlungen (vgl aber § 172 Nr 3 GVG; siehe dazu Rdn 75).

21 Ein Geheimnis setzt ferner ein abstrakt-objektives **Geheimhaltungsinteresse** voraus. Ein solches Interesse besteht, wenn eine Tatsache ihrer Art und Güte nach üblicherweise der Geheimhaltung bedarf, damit Gesellschaftsaufgaben sachgerecht erfüllt und der satzungsgemäße Gesellschaftszweck erreicht werden können. Ob dies der Fall ist, beurteilt sich aus der Sicht eines ordentlichen Geschäftsmanns (§ 43 Abs 1). Für ein Geheimhaltungsinteresse kann es insbesondere sprechen, dass mit der Offenbarung bestimmter Tatsachen erfahrungsgemäß materielle oder immaterielle Nachteile für die Gesellschaft verbunden sind.[25]

---

23 Baumbach/Hueck/*Beurskens*[21] § 85 Rdn 7a.
24 Vgl dazu Schönke/Schröder/*Eisele*[30] § 203 Rdn 6.
25 OLG Hamm 7.10.1987 – 8 U 9/87 (juris).

Nur vereinzelt erörtert wird in diesem Zusammenhang die Frage, ob bezüglich gesellschaftsbezogener Straftaten und Ordnungswidrigkeiten (unter anderem im Sinne des § 30 OWiG – sogenannte „**Compliance-Verstöße**") ein objektives Geheimhaltungsinteresse besteht oder ob die Offenbarung derartiger Tatsachen – vor allem gegenüber Strafverfolgungsbehörden – dem strafbewehrten Geheimnisschutz des § 85 nicht vielmehr grundsätzlich entzogen ist.[26] Jedenfalls folgt aus der Tatsache, dass die Gesellschaft und ihre Organe keine rechtliche Pflicht trifft, rechtswidriges Mitarbeiterverhalten zu offenbaren,[27] nicht zwangsläufig im Umkehrschluss, dass ein entsprechendes Offenbaren strafrechtliche Konsequenzen nach sich ziehen müsste. Dafür, dass eben gerade kein objektives Geheimhaltungsinteresse besteht, spricht hingegen vor allem, dass ordnungsgemäßes Gesellschaftshandeln kaum noch unter Engführung auf die unmittelbaren (wirtschaftlichen) Gesellschaftsinteressen bestimmt wird, sondern immer stärker von normativen Legalitätserwartungen durchdrungen ist. In diese Richtung deutet neuerdings auch die Wertung des § 5 Nr 2 GeschGehG, der die Offenlegung eines Geschäftsgeheimnisses im Sinne des § 2 GeschGehG vom Geheimnisschutz ausnimmt, sofern diese der Aufdeckung einer rechtswidrigen Handlung oder eines beruflichen oder sonstigen Fehlverhaltens dient und dafür geeignet ist, das allgemeine öffentliche Interesse zu schützen.[28] Es gibt mithin durchaus Gründe für eine differenzierende Abschichtung dergestalt, dass die Offenbarung gesellschaftsbezogener Rechtsverstöße zwar im Einzelfall pflichtwidrig sein und Schadenersatzansprüche auslösen kann, sie aber von vornherein nicht dem enger zu fassenden Tatbestand des Absatz 1 unterfällt und die Gesellschaft diesbezüglich keinen strafrechtlichen Schutz genießt; zum Verhältnis des § 85 zum gesellschaftsrechtlichen Pflichtenkanon vgl auch Rdn 6. Die herrschende Meinung löst die Problematik freilich nach wie vor unter Rechtfertigungsgesichtspunkten (siehe dazu Rdn 32 ff sowie Rdn 38 ff). 22

Als drittes Element muss ein **konkret-subjektiver Geheimhaltungswille** gegeben sein.[29] Die konstitutive Reichweite dieses Merkmals ist jedoch begrenzt. Denn besteht ein objektives Interesse an der Geheimhaltung (siehe Rdn 21), so indiziert dies zugleich einen Geheimhaltungswillen der Gesellschaft. Dies ergibt sich schon aus Praktikabilitätsgründen. Insbesondere in Gesellschaften mit größerem Geschäftsbetrieb liefe der Geheimnisschutz nämlich weitgehend leer, wenn den dafür letztverantwortlichen Gesellschaftsorganen für jeden Einzelfall eine Willensbildung oder gar Willenserklärung zur Geheimhaltung abverlangt würde. Besteht mithin ein objektives Geheimhaltungsinteresse, trägt dies die Annahme, dass die Gesellschaft einen gleichlautenden Geheimhaltungswillen hat. Keinesfalls ist es erforderlich, dass der Geheimhaltungswille für den konkreten Einzelfall (konkludent) erklärt wird. Dies gilt erst recht für eine ausdrückliche Kennzeichnung als „geheim" oder „vertraulich". Ein Vertraulichkeitsmarker kann aber für den subjektiven Tatbestand bedeutsam sein (siehe dazu Rdn 35). 23

Ein Gleichlauf von Geheimhaltungsinteresse und Geheimhaltungswille ist jedoch nur so lange anzunehmen, wie eine Indizwirkung nicht erschüttert wird. Bei einem **geheimnisbezogenen Offenbarungswillen** fehlt es an einem notwendigen Geheimnismerkmal. Ein Geheimnis liegt demnach nicht mehr vor, wenn die dafür verantwortlichen Gesellschaftsorgane den Willen gebildet und erklärt haben, dass eine Tatsache nicht länger geheim gehalten werden soll. Dieser Offenbarungswille muss nicht gezielt auf ein Offenbaren-Wollen gerichtet sein. Ausreichend ist es vielmehr, wenn die Gesellschaft ihr subjektives Interesse an der Geheimhaltung aufgegeben hat und ihr die Vertraulichkeit gleichgültig geworden ist. Soll eine Strafbarkeit ausscheiden, muss der Offenbarungswille zum Zeitpunkt der Tathandlung – also beim Offenbaren – gegeben sein. Einer ausdrücklichen oder konkludenten Erklärung des Offenbarungswillens bedarf es ebenfalls nicht. Zu den damit verbundenen Irrtumsproblematiken siehe auch Rdn 37. 24

---

26 Vgl dazu auch *Engländer/Zimmerman* NZWiSt 2012, 328, 331 ff (zu § 17 UWG).

27 So im Ausgangspunkt zutreffend MünchKomm-GmbHG/*Altenhain*[3] § 85 Rdn 16.

28 Vgl Schreiber NZWiSt 2019, 332, 335; Hauck WRP 2018, 1032, 1034 f; **aA** BeckOK-GmbHG/*N. Müller*[58] § 85 Rdn 38f sowie auch MünchKomm-StGB/*Hohmann*[4] § 23 GeschGehG Rdn 38.

29 Offengelassen: BGH NJW 1996, 2576, 2577 f.

25 Der geheimnisbezogene Offenbarungswille, der die Geheimniseigenschaft aufhebt, ist von einem enger begrenzten **personenbezogenen Offenbarungswillen** zu unterscheiden. Der geheimnisbezogene Offenbarungswille erstreckt sich darauf, dass eine bislang geheim gehaltene Tatsache offenkundig wird (siehe dazu Rdn 18 ff). Erfährt der Geheimhaltungswille nur dahingehend eine Einschränkung, dass der Kreis derer, die das Geheimnis kennen, kontrolliert erweitert wird, ist in Abgrenzung dazu nur ein speziellerer, personenbezogener Offenbarungswille gegeben. Letzterer ändert an der Geheimniseigenschaft nichts, kann im Ergebnis eine Strafbarkeit aber ebenfalls ausschließen (siehe Rdn 33).

26 Die **Zuständigkeit für die Bildung des Offenbarungswillens** ergibt sich aus der gesellschaftsrechtlichen Aufgabenverteilung.[30] Der Offenbarungswille muss daher entweder unmittelbar von demjenigen Organ gebildet werden, das für die Geheimhaltung innerhalb der Gesellschaft Verantwortung trägt, oder die Willensbildung muss diesem Organ wenigstens über eine Delegationskette zurechenbar sein. Für Geheimnisse mit Bezug zum operativen Geschäft ist das in aller Regel der Geschäftsführer; bei mehreren Geschäftsführern hängt es von der horizontalen Verantwortungszuordnung ab, wer über die Offenbarung entscheiden darf. Die Verantwortung kann auch vertikal auf der Geschäftsführung nachgeordnete Ebenen delegiert werden. Der Geschäftsführer kann sich durch die Bildung eines entsprechenden Offenbarungswillens auch selbst von der Geheimhaltungspflicht entbinden. Um den strafrechtlichen Geheimnisschutz in dieser Konstellation nicht leer laufen zu lassen, ist für einen wirksamen und der Gesellschaft zuzurechnenden Offenbarungswillen dann aber vorauszusetzen, dass der Geschäftsführer bei seiner Entscheidung die Sorgfalt eines ordentlichen Geschäftsmanns walten lässt (§ 43 Abs 1). Die Gesellschafter können dem Geschäftsführer bezüglich einer anstehenden Offenbarungsentscheidung nach allgemeinen Grundsätzen Weisungen erteilen. Im Einzelfall – etwa bei besonders weitreichenden Offenbarungsentscheidungen – ist den Gesellschaftern diese gegebenenfalls zunächst vorzulegen. Bei Geheimnissen, die ausschließlich die Sphäre des Aufsichtsrats betreffen, darf nur dieser in seiner Gesamtheit über die Geheimhaltung disponieren, weil nur ihm als Organ die Geheimnishoheit zusteht. Es bedarf deswegen in der Regel eines Aufsichtsratsbeschlusses. Die Geschäftsordnung des Aufsichtsrats kann hierzu aber abweichende Regelungen und weitergehende Rechte etwa für den Vorsitzenden enthalten. Bei Geheimnissen, die in die Zuständigkeit mehrerer Gesellschaftsorgane fallen, sind diese gemeinschaftlich für die Bildung des Offenbarungswillens zuständig.

27 **cc) Bekanntwerden in Organfunktion.** Das Geheimnis muss dem Täter schließlich **in amtlicher Eigenschaft bekanntgeworden** sein. Ob das jeweilige Organ nach gesellschaftsinterner Verantwortungszuordnung vom Geheimnis hätte erfahren dürfen oder nicht, ist unerheblich. Ausreichend ist ein innerer Zusammenhang zwischen Amtsausübung und Kenntniserlangung. Einen solchen Zusammenhang können auch Zufallserkenntnisse aufweisen, solange sie durch die Erfüllung der Amtspflichten – und sei es auch lose – bedingt sind. Erfasst sind demnach unter anderem Inhalte heimlich mitgehörter Gespräche oder irrtümlich weitergeleiteter E-Mails, solange die Kenntniserlangung in einer inneren Beziehung zur Organstellung steht. Letzteres ist bereits dann anzunehmen, wenn durch die Einräumung der Organstellung ein Zugriff auf entsprechende Informationen erst möglich oder zumindest wahrscheinlicher geworden ist. Nicht ausreichend ist in Abgrenzung dazu eine rein privat bedingte und von der Organstellung unabhängige Kenntniserlangung. Eine solche liegt vor, wenn das durch die Organstellung bedingte Einrücken in die Geheimnissphäre der Gesellschaft für die Kenntniserlangung im konkreten Fall ohne Bedeutung war.

---

30 MünchKomm-GmbHG/*Altenhain*[3] § 85 Rdn 37.

c) Tathandlung: Unbefugtes Offenbaren

aa) Offenbaren. Tathandlung des Absatz 1 ist das unbefugte Offenbaren eines Gesellschaftsgeheimnisses (siehe dazu Rdn 16 ff). Ein Geheimnis offenbart derjenige, der es an einen Nichtberechtigten gelangen lässt oder das Geheimnis öffentlich bekanntmacht (vgl § 85 Abs 1 StGB) – also mit anderen Worten Dritten, denen das Geheimnis noch unbekannt ist, Kenntnis verschafft oder ihnen zumindest einen ungehinderten Zugang zum Geheimnis eröffnet. Ob das Geheimnis einer Person offenbart wird, die ihrerseits gesetzlich oder vertraglich gegenüber der Gesellschaft zur Verschwiegenheit verpflichtet ist, ist ohne Bedeutung. Dementsprechend können auch **unter Organen ein und derselben Gesellschaft** Geheimnisse in tatbestandsmäßiger Weise offenbart werden. Voraussetzung dafür ist jedoch, dass diese unterschiedlichen innergesellschaftlichen Geheimnissphären angehören. Ein tatbestandsmäßiges Offenbaren ist dementsprechend insbesondere auch gegenüber einzelnen Gesellschaftern möglich. Innerhalb derselben Geheimnissphäre ist das Tatbestandsmerkmal hingegen nicht erfüllt. Offenbart daher ein einzelnes Aufsichtsratsmitglied oder ein Mitglied eines Geschäftsführerkollegiums den anderen Aufsichtsratsmitgliedern und Geschäftsführern eine bislang nur ihm bekannte Information, ist dies nicht tatbestandsmäßig, es sei denn es sind innerhalb der Organe im Einzelfall zusätzliche Geheimnissphären abgegrenzt. 28

Für die **Tatvollendung** ist die tatsächliche Kenntnisnahme durch einen Dritten nicht zwingend erforderlich. Die Geheimnishoheit der Gesellschaft ist bereits dann verletzt und der Tatbestand vollendet, wenn durch die Tathandlung ein Geheimnis dem ungehinderten Zugriff Dritter ausgesetzt worden ist. Die Dritten müssen nicht näher bestimmt oder auch nur bestimmbar sein, solange sich unter ihnen nur auch solche Personen befinden, denen das Geheimnis noch nicht bekannt ist und an die die Gesellschaft eine Weitergabe nicht gestattet hat. Einschlägig ist daher gleichermaßen eine mündliche Mitteilung, ein Versenden bestimmter Inhalte per Post oder E-Mail, aber auch deren Veröffentlichung *ad incertas personas* im Internet. 29

Ein nur **versuchtes Offenbaren** genügt nicht. Bei Lichte betrachtet besteht für eine Versuchsstrafbarkeit aber auch kein Bedürfnis. Denn unmittelbares Ansetzen und „erfolgreiches" Offenbaren liegen eng beieinander, solange es auf eine Kenntnisnahme durch Dritte für die Vollendung nicht ankommt. 30

Das Tatbestandsmerkmal des Offenbarens kann auch durch **Unterlassen** (§ 13 StGB) erfüllt werden. Die in § 85 genannten Organe sind einstandspflichte Garanten gegenüber der Gesellschaft. Eine Unterlassensstrafbarkeit kommt in Betracht, wenn ein tauglicher Täter der konkret bestehenden Gefahr, dass ein Geheimnis in die Hände Dritter gelangt, vorsätzlich nicht entgegenwirkt. Bejaht man grundsätzlich eine Einstandspflicht für Mitarbeiterstraftaten,[31] lassen sich daraus auch Organisations- und Aufsichtspflichten der Geschäftsführer („Compliance-Pflichten") bezüglich der Wahrung von Gesellschaftsgeheimnissen durch Mitarbeiter ableiten. 31

bb) Fehlende Offenbarungsbefugnis. Das Gesellschaftsgeheimnis muss unbefugt offenbart werden. Nach überwiegender Auffassung kommt diesem Tatbestandsmerkmal keine wesentliche Bedeutung zu, sondern es soll als Verweis auf die allgemeinen Rechtfertigungsgründe zu verstehen sein.[32] Das überzeugt aus mehreren Gründen nicht (zu den Folgen bezüglich der Irrtumslehre siehe Rdn 36): Zunächst hebt der Tatbestand das Merkmal ausdrücklich hervor. Die Verletzung der Geheimhaltungspflicht setzt zudem richtigerweise ein Handeln gegen oder zumindest ohne den Willen der Gesellschaft voraus. Diese darf über den Umgang mit Tatsachen unter ihrer Geheimnishoheit bestimmen. Deswegen gilt auch, dass ein wirksam zustande gekommener personenbezogener Offenbarungswille der Gesellschaft (siehe dazu Rdn 26) – also eine der Gesellschaft zurechenbare Öffnung ihrer Geheimnissphäre – bereits den Tatbestand ausschließt und nicht als (atypische) Einwilligung rechtfertigend wirkt. Dagegen scheint zwar zu sprechen, dass der speziel- 32

---

31 Vgl zum Meinungsstand *Lindemann/Sommer* JuS 2015, 1057 ff.

32 Vgl dazu ua BeckOK-GmbHG/*N. Müller*[39] § 85 StGB Rdn 70.

le Offenbarungswille voraussetzungsreicher als ein klassisch-tatbestandsrelevantes Einverständnis ist. Allein daraus zu schließen, der spezielle Offenbarungswille sei auf Rechtfertigungsebene zu verorten, greift aber zu kurz und übersieht, dass dieser in seinen Voraussetzungen erstens nur einwilligungsähnlich ist und zweitens die Wirksamkeitsvoraussetzungen allein nichts darüber aussagen, wo ein Tatbestandsmerkmal dogmatisch zu verorten ist. Systematisch stimmig ist die Einordnung auf Tatbestandsebene. Denn das Tatbestandsmerkmal der fehlenden Befugnis ist ein wichtiges Einfallstor für gesellschaftsrechtliche Wertungen und sorgt dafür, dass sich der Tatbestand widerspruchsfrei in den Pflichtenkanon der einzelnen Gesellschaftsorgane fügt (vgl dazu auch Rdn 6 f). Dadurch werden auch die allgemeinen Wertungen der strafrechtlichen Rechtfertigungsgründe (insbesondere die wenig spezifische Abwägung des § 34 StGB) zurückgedrängt und durch passgenaue gesellschaftsrechtliche Vorgaben ersetzt. Daher gilt: Steht das **Offenbaren im Einklang mit den gesellschaftsrechtlichen Pflichten** des jeweiligen Organs, ist es nicht bloß gerechtfertigt, sondern es ist bereits der objektive Tatbestand nicht erfüllt. Erlaubnisgründe außerhalb des Gesellschaftsrechts sind hingegen auf Rechtfertigungsebene zu prüfen.

33 Bezüglich eines befugten Offenbarens lassen sind mehrere **Fallgruppen** bilden. So ist das Offenbaren zunächst einmal dann nicht unbefugt, wenn das jeweilige Organ gesetzliche Auskunftspflichten, die der Gesellschaft gegenüber Dritten obliegen, namens der Gesellschaft und für diese erfüllt. Dies gilt allgemein für die Vertretung der Gesellschaft im Rechtsverkehr. Erfüllt ein Organ demnach für die Gesellschaft gesetzliche, prozessuale oder vertragliche Auskunftspflichten, handelt es nicht unbefugt. Dazu zählen etwa auch Auskunftspflichten gegenüber den Finanzbehörden oder dem Betriebsrat sowie Auskunftspflichten im Insolvenzverfahren (§ 97 Abs 1 Satz 2 InsO).[33] Die Erfüllung von Auskunfts- und Zeugenpflichten, die das Organ in eigener Person treffen, ist hingegen unbefugt, kann aber gerechtfertigt sein (siehe dazu Rdn 40). Nicht unbefugt ist hingegen die Erfüllung gesetzlicher Auskunftsansprüche, die zwar nicht die Gesellschaft als solche treffen, sondern sich an das jeweilige Gesellschaftsorgan in Person richten, aber rechtlich unmittelbar an dessen Organstellung anknüpfen. Nicht unbefugt ist es daher, wenn ein Geschäftsführer unter Offenlegung geheimer Tatsachen den legitimen (vgl § 51a Abs 3) und auch im Einzelfall nicht zu verweigernden (§ 51a Abs 2) Auskunftsanspruch eines Gesellschafters erfüllt (vgl dazu auch § 51a).[34] Nicht tatbestandsmäßig ist es ferner, wenn sich Gesellschaftsorgane im Rahmen ihrer Pflichten gegenseitig (zB Auskünfte des Geschäftsführers an den Aufsichtsrat) oder auch außerhalb der Gesellschaft stehenden Dritten (zB Auskunftserteilungen an den Abschlussprüfer nach § 320 HGB) Geheimnisse offenbaren. Eine weitere Fallgruppe bildet die gezielte Befreiung von der Geheimhaltungspflicht durch das jeweils zuständige Gesellschaftsorgan (personenbezogener Offenbarungswille, siehe dazu Rdn 26). Generell können die Gesellschafter den Geschäftsführer von der Verschwiegenheit entbinden. Organe können sich aber auch selbst bezüglich einzelner Tatsachen von ihrer Geheimhaltungspflicht befreien, wenn es sich erstens um ein Geheimnis handelt, für das sie gesellschaftsintern die Verantwortung tragen, und sie zweitens dabei den an sie gestellten Sorgfaltsanforderungen genügen.

34 Ein spezieller Offenbarungswille kann sich ferner aus der (pflichtgemäßen) Einrichtung eines gesellschaftsinternen Systems für die vertrauliche Hinweisgabe auf Rechtsverstöße („Whistleblowing“) ergeben.[35] Ist ein solches **Hinweisgebersystem** eingerichtet, geht damit ein personenbezogener Offenbarungswille der Gesellschaft einher; an das Hinweisgebersystem dürfen deshalb Gesellschaftsgeheimnisse grundsätzlich weitergegeben werden. Dies gilt jedoch nur für Personen, an die sich das Hinweisgebersystem richtet. Dazu zählen die in § 85 genannten Gesellschaftsorgane in aller Regel aber gerade nicht. Diese müssen nämlich entweder selbst auf einen Rechtsverstoß reagieren oder es ist ihnen zuzumuten, den formalen Berichtswege zum zuständigen Entscheidungsträger innerhalb der Gesellschaft zu beschreiten. Die Notwendigkeit einer vertraulichen Hinweisgabe und allgemein von Eskalationsroutinen erübrigt sich insoweit. Wendet sich ein Gesellschaftsorgan gleich-

---

33 Baumbach/Hueck/*Beurskens*[21] § 85 Rdn 13.

34 OLG Hamm 7.10.1987 – 8 U 9/87 (juris).

35 Vgl dazu *Baur*/*Holle* AG 2017, 379 ff.

wohl an das Hinweisgebersystem, verletzt es die Geheimnishoheit der Gesellschaft, wenn es dadurch Mitarbeitern des Hinweisgebersystems eine geheime Tatsache offenbart.[36]

d) Subjektive Voraussetzungen. Die Verwirklichung des Absatz 1 stellt **keine besonderen Anforderungen** an den Vorsatz. Dieser muss sich auf sämtliche objektiven Tatbestandsmerkmale beziehen, wobei Eventualvorsatz genügt. Insbesondere bezüglich des Geheimhaltungswillens der Gesellschaft können „Vertraulichkeitsmarker" („geheim/vertraulich"; „nur für den internen Gebrauch") den Vorsatznachweis erleichtern. Für normative Aspekte der objektiven Tatbestandsmerkmale – insbesondere bezüglich des Geheimhaltungsinteresses und der fehlenden Offenbarungsbefugnis – kommt es nach allgemeinen Grundsätzen nicht darauf an, dass der Täter diese juristisch exakt bewertet, sondern er die ihnen zugrundeliegenden Tatsachen kennt und diese laienhaft einordnet. Irrt der Täter bezüglich der rechtlichen Bewertung seines Tuns, ist dies ein Fall des § 17 StGB (siehe Rdn 43 f). 35

Auch die Irrtumslehre richtet sich nach allgemeinen Grundsätzen. Kennt der Täter ein objektives Tatbestandsmerkmal nicht, handelt er diesbezüglich nicht vorsätzlich (§ 16 Abs 1 Satz 1 StGB). Mangels angedrohter Fahrlässigkeitsstrafbarkeit (vgl § 16 Abs 1 Satz 2 StGB) scheidet dann eine strafrechtliche Verantwortlichkeit aus. Verortet man das Tatbestandsmerkmal der **Unbefugtheit** richtigerweise auf Tatbestands- und nicht erst auf Rechtfertigungsebene (siehe dazu Rdn 32), gilt dies auch, wenn der Täter irrig davon ausgeht, dass ein personenbezogener Offenbarungswille der Gesellschaft gegeben ist. Legt man demgegenüber die Auffassung zugrunde, der zufolge das Tatbestandsmerkmal als bloßer Hinweis auf die allgemeine Rechtfertigungslehre zu verstehen sein soll, liegt in einem solchen Fall ein Erlaubnistatumstandsirrtum vor. Dieser führt zwar im Ergebnis ebenfalls zur Straflosigkeit; da er nach herrschender Meinung allerdings nur die Vorsatzschuld entfallen lässt,[37] bleibt jedoch eine Teilnehmerstrafbarkeit (§§ 26, 27 StGB) konstruktiv möglich. 36

Hat der Täter **keine Kenntnis von einem tatsächlich gegebenen Offenbarungswillen**, scheidet eine Strafbarkeit ebenfalls aus. Zwar fehlt es ihm dann an einem subjektiven Rechtsfertigungselement. Diese Konstellation gleicht aber einem Versuch, weil der Täter zwar vorsatzgetragenes Handlungsunrecht verwirklicht, aber kein Erfolgsunrecht. Da § 85 keine Versuchsstrafbarkeit vorsieht, muss dies zur Straflosigkeit führen. 37

2. Rechtswidrigkeit

Der Anwendungsbereich der **allgemeinen Rechtfertigungsgründe** ist begrenzt, wenn man das Tatbestandsmerkmal der fehlenden Offenbarungsbefugnis wie hier verortet und ein gesellschaftsrechtskonformes Handeln bereits aus dem Tatbestand ausnimmt (siehe dazu Rdn 32). Insbesondere die rechtfertigende Einwilligung wird weitgehend verdrängt. Eine gewisse Bedeutung kann noch der rechtsfertigende Notstand nach § 34 StGB haben. 38

Voraussetzung einer **Rechtfertigung nach § 34 StGB** ist, dass ein Organ im Widerspruch zu seinen gesellschaftsrechtlichen Pflichten handelt, dies aber tut, um in verhältnismäßiger Weise einer gegenwärtigen, nicht anders abwendbaren Gefahr für ein geschütztes Rechtsgut zu begegnen. Dies kann etwa der Fall sein, wenn das betroffene Organ ein Gesellschaftsgeheimnis in Wahrnehmung legitimer und überwiegender (auch persönlicher) Interessen offenbart. Je nach Tragweite und Folgen des Vertraulichkeitsbruchs kann dafür bereits die erstrebte Abwendung rechtswidriger Vermögensnachteile bei der (gerichtlichen) Geltendmachung rechtmäßig erworbener Gehaltsansprüche ausreichen.[38] 39

36 Weitergehend dazu BeckOK-GmbHG/*N. Müller*[58] § 85 Rdn 75.

37 Vgl dazu anstelle vieler: Schönke/Schröder/*Sternberg-Lieben*/*Schuster*[30] § 16 Rdn 15 ff.

38 Baumbach/Hueck/*Haas*[21] § 85 Rdn 23.

40 Eine **rechtfertigende Pflichtenkollision** kommt in Betracht, wenn der Täter mit seinem Offenbaren anderweitige und ihn persönlich treffende Pflichten erfüllt. So handelt etwa der Geschäftsführer gerechtfertigt, wenn er einen tatsächlich bestehenden presserechtlichen Auskunftsanspruch erfüllt.[39] Für Zeugenaussagen vor Gericht oder Untersuchungsausschüssen gilt, dass die gesellschaftsrechtlichen Geheimhaltungsbestimmungen grundsätzlich kein Zeugnisverweigerungsrecht begründen; die Aussagepflicht des Zeugen geht aufgrund des öffentlichen Interesses an der Tatsachenermittlung solchen privaten Geheimhaltungsinteressen vor,[40] soweit nicht das Prozessrecht diese ausnahmsweise und ausdrücklich als schutzwürdig anerkennt. Im Strafprozess ist ein Zeugnisverweigerungsrecht nicht vorgesehen (vgl § 53 StPO). Für den Zivilprozess ergibt sich ein Recht zur Zeugnisverweigerung aus § 383 Abs 1 Nr 6 ZPO[41] oder zumindest aus § 384 Nr 3 ZPO.[42] Ferner ist in diesem Zusammenhang § 172 Nr 3 GVG zu beachten. Das Offenbaren eines Gesellschaftsgeheimnisses ist jedenfalls dann nicht ohne Weiteres gerechtfertigt, wenn das Organ nicht zuvor auf einen prozessual zulässigen Geheimnisschutz hingewirkt hat (siehe dazu auch Rdn 75).

41 Die **Offenbarung gesellschaftsbezogener Straftaten und Ordnungswidrigkeiten** („Compliance-Verstöße") im Wege externen Whistleblowings (zu internem Whistleblowing und Hinweisgebersystemen siehe Rdn 34) oder auch einer Anzeige bzw Kooperationsvereinbarung mit Verfolgungsbehörden ist entweder schon gar nicht tatbestandsmäßig oder kann im Einzelfall nach § 34 StGB gerechtfertigt werden. Die Problematik stellt sich ohnehin nur, wenn man auch Tatsachen im Zusammenhang mit gesellschaftsbezogenen Straftaten und Ordnungswidrigkeiten dem Geheimnisbegriff unterstellen und unter Strafdrohung geschützt sehen möchte (siehe dazu Rdn 22).[43] Ist das betreffende Organ gesellschaftsintern in diesem Fall für die Offenbarung zuständig, kann es sich zunächst einmal selbst von der Verschwiegenheitspflicht befreien, soweit dies im Einklang mit seinen Pflichten steht. Dann ist richtigerweise bereits der Tatbestand nicht erfüllt (siehe dazu Rdn 32 f), weil es an einem unbefugten Offenbaren gegenüber den Verfolgungsbehörden fehlt. Dies setzt regelmäßig voraus, dass der mit der Anzeige oder Kooperation verbundene Vertraulichkeitsbruch im Gesellschaftsinteresse liegt, etwa weil ein Selbstanzeigeprivileg genutzt, eine sanktionsmildernde Aufklärungshilfe angestrebt oder zumindest ein weiterer Verlust im öffentlichen Ansehen für die Gesellschaft verhindert werden soll. Handelt das Organ auf der Grundlage angemessener Information, ist ihm dabei ein weiter Beurteilungs- und Ermessensspielraum zuzubilligen.

42 Wird eine gesellschaftsbezogene Straftat oder Ordnungswidrigkeit von einem dafür **unzuständigen Organ bzw entgegen einer Weisung der Gesellschafter offenbart oder liegt die Offenbarung nicht im Gesellschaftsinteresse, ist der Tatbestand des Absatz 1 erfüllt. Fraglich ist dann, ob das Offenbaren ausnahmsweise nach § 34 StGB** zu rechtfertigen ist. Hier muss richtigerweise eine restriktive Linie gelten, um nicht das fein abgestimmte gesellschaftsrechtliche Wertungsgefüge durch eine im Vergleich dazu grobschlächtige allgemeine Rechtfertigung nach § 34 StGB leerlaufen zu lassen. Ein gesellschaftsrechtswidriges Offenbaren kann daher nur im Ausnahmefall gerechtfertigt sein. Ein solcher kommt insbesondere in Betracht, wenn ein gesellschaftsbezogener Gesetzesverstoß unmittelbar bevorsteht oder noch andauert und die dafür verantwortlichen Gesellschaftsorgane keine Anstalten machen, diesen zu verhindern bzw abzustellen. In diesem Fall ist ein Offenbaren gegenüber Verfolgungs- und Aufsichtsbehörden regelmäßig zu rechtfertigen, nicht aber etwa ein breites Veröffentlichen der relevanten Tatsachen („Internetpranger"). Die Ausnahmeregelungen des § 5 GeschGehG sind aufgrund abweichender Schutzzweckzusammenhänge nicht unmittelbar anwendbar,[44] wohl aber wertungsmäßig in die Abwä-

---

39 LG München I, JZ 2007, 309.

40 BVerfGE 76, 363, 387.

41 OLG Karlsruhe 7.11.2005 – 7 W 62/05 (juris).

42 Vgl dazu ausführlich Baumbach/Hueck/*Haas*[21] § 85 Rdn 21, der mit überzeugender Begründung allein § 384 Nr 3 ZPO für einschlägig hält.

43 Siehe dazu auch MHLS-GmbHG/*Nestler*[4] § 85 Rdn 74 f.

44 AA Baumbach/Hueck/*Beurskens*[21] § 85 Rdn 21.

gung einzustellen (siehe zum Geheimnisbegriff Rdn 22). § 193 StGB ist als Rechtfertigungsgrund ebenso wenig einschlägig,[45] weil dessen Wertungen allein auf die Beleidigungsdelikte zugeschnitten sind.[46]

3. Schuld

Eine Strafbarkeit setzt schuldhaftes Handeln nach allgemeinen Grundsätzen voraus. Als Entschuldigungsgrund dürfte regelmäßig nur ein **Verbots- oder Erlaubnisirrtum** nach § 17 Satz 1 StGB in Betracht kommen. Voraussetzung dafür ist ein Irrtum bezüglich einer rechtlichen Bewertung. Denkbar ist insbesondere ein Irrtum über das grundsätzliche Vorliegen einer Verschwiegenheitspflicht, die fälschliche Annahme einer eigenen Offenbarungsbefugnis oder auch die Fehleinschätzung bezüglich einer gesetzlichen Offenbarungspflicht. 43

Soll der Verbots- oder Erlaubnisirrtum zu einem Schuldausschluss führen, so muss er nach § 17 Satz 1 StGB **unvermeidbar** sein. Die Anforderungen, die daran gestellt werden, sind traditionell hoch und dürften von den Tätern des § 85 kaum je erreicht werden. Denn von ihnen ist stets zu verlangen, dass sie mit den Pflichten, die mit ihrer Organstellung einhergehen, insoweit vertraut sind, dass sie in bestimmten Situationen wenigstens Unrechtszweifel bilden oder das Bedürfnis nach rechtlicher Beratung und Absicherung erkennen. Am ehesten ist Unvermeidbarkeit deswegen anzunehmen, wenn Gesellschaftsorgane im Einklang mit einem verlässlichen Rechtsrat gehandelt haben.[47] Liegt zwar ein rechtlicher Bewertungsirrtum vor, ist dieser aber vermeidbar, kann die Strafe fakultativ gemildert werden (§ 17 Satz 2 StGB). 44

4. Qualifikationstatbestand (Absatz 2 Satz 1)

Absatz 2 Satz 1 enthält einen **Qualifikationstatbestand zu Absatz 1**. Im Verhältnis zur Absatz 2 Satz 2 handelt es sich um einen unabhängigen Tatbestand. Voraussetzung ist, dass der Täter erstens den Grundtatbestand des Absatz 1 erfüllt und zweitens zusätzlich entweder vorsatzgetragen ein weiteres objektives (Handeln gegen Entgelt) oder ein weiteres subjektives Tatbestandsmerkmal (Bereicherungs- oder Schädigungsabsicht) erfüllt. 45

Handeln gegen Entgelt ist ein tatbezogenes Merkmal, weshalb **§ 28 Abs 2 StGB** nicht anwendbar ist. Dies soll nach einer überwiegenden Ansicht auch für die beiden subjektiven qualifizierenden Tatbestandsmerkmale gelten.[48] Das überzeugt nicht. Insbesondere verfängt die Überlegung nicht, dass die Bereicherungs- und Schädigungsabsicht von der Pflichtenposition der Gesellschaftsorgane unabhängig und deshalb kein besonderes persönliches Merkmal sei.[49] Richtig ist nämlich, dass nicht nur persönliche Eigenschaften und bestimmte äußere Pflichtbeziehungen ein besonderes persönliches Merkmal begründen, sondern auch vorübergehende täterpsychische Motive.[50] Bereicherungs- und Schädigungsabsichten sind ein solches täterpsychisches Motiv. Dass sie gleichwohl häufig kein besonderes persönliches Merkmal sind, liegt daran, dass der Gesetzgeber bisweilen auf diese Tatbestandsmerkmale zurückgreift, um das typische Deliktsbild zu zeichnen (so etwa bei § 263 StGB).[51] Ist das der Fall, liegt kein besonderes persönliches Merkmal vor, weil hier ein Deliktsbild- und mithin ein Tatbestandsbezug des Merkmals überwiegt. Eben dies gilt für Absatz 2 Satz 1 aber gerade nicht. Denn hier sind die Bereicherungs- und Schädigungsabsicht kein wesentli- 46

45 **AA** Baumbach/Hueck/*Beurskens*[21] § 85 Rdn 21.
46 Zutreffend BeckOK-StGB/*Valerius*[46] § 193 StGB Rdn 3.
47 Vgl zu dessen Voraussetzungen *Eidam* ZStW 127 (2015), 120, 129 ff.
48 MHLS/Nestler[3] § 85 Rdn 99; **aA** UHL/*Ransiek*[3] § 85 Rdn 44.
49 So aber BeckOK-GmbHG/*N. Müller*[43] § 85 Rdn 103.
50 Allgemeine Auffassung, vgl dazu Schönke/Schröder/*Heine*/*Weißer*[30] § 28 Rdn 14.
51 So MünchKomm-StGB/*Joecks*/*Scheinfeld*[3] § 28 Rdn 38.

cher Bestandteil des Deliktsbilds, sondern ein zusätzlicher, im subjektiven Motivgefüge wurzelnder und erschwerender Umstand.

47 Ein **Handeln gegen Entgelt** ist gegeben, wenn der Täter ein Geheimnis offenbart, um auf der Grundlage einer getroffenen synallagmatischen Entgeltvereinbarung eine Gegenleistung zu erhalten. Die Gegenleistung muss in einem Vermögensvorteil bestehen (§ 11 Abs 1 Nr 9 StGB). Auch bezüglich des Qualifikationsmerkmals muss der Täter nach allgemeinen Regeln vorsätzlich handeln, was praktisch nur selten problematisch werden dürfte. Typischer Fall ist es, dass ein Gesellschaftsgeheimnis unbefugt an einen Dritten „verkauft" wird (Geheimnisverkauf). Zur Problematik einer bezahlten Hinweisgabe bei gesellschaftsbezogenen Straftaten siehe auch Rdn 50; zum Verhältnis zu Absatz 2 Satz 2 siehe Rdn 8. Für die Vollendung ist es unerheblich, ob der Täter das vereinbarte Entgelt am Ende erhält oder nicht.

48 Auch für die **Bereicherungsabsicht** muss das Offenbaren eines Gesellschaftsgeheimnisses einen Vermögensbezug aufweisen. Im Unterschied zur ersten Qualifikationsalternative (Handeln gegen Entgelt) genügt hier jedoch ein einseitiger und rein subjektiver Vermögensbezug. Erfasst sind – durchaus im Sinne eines Auffang- und Vorfeldtatbestands – insbesondere solche Fälle, die mangels Entgeltvereinbarung sonst nicht erfasst wären. Bereicherungsabsicht kann demnach etwa vorliegen, wenn ein Geheimnis zunächst ohne Entgeltvereinbarung offenbart wird, um einen Dritten gleichsam „anzufüttern" mit dem Ziel, für die Offenbarung künftiger Geheimnisse eine Entgeltvereinbarung zu treffen. Bereicherungsabsicht liegt regelmäßig auch vor, wenn der Täter ein Geheimnis Dritten offenbart, damit diese für ihn aus dem Geheimnisinhalt Nutzungen ziehen (siehe dazu auch Rdn 51 ff). Selbiges gilt, wenn ein Täter durch das Offenbaren einen für sich günstigen Geschäftsabschluss oder eine gewinnbringende Investition ermöglichen möchte. Es ist Absicht im technischen Sinne (dolus directus ersten Grades) erforderlich. Unerheblich ist, ob der Täter sich selbst oder einen Dritten durch die Offenbarung eines Gesellschaftsgeheimnisses bereichern möchte. Rechtswidrig braucht die erstrebte Bereicherung obendrein nicht zu sein. Dies ergibt sich zum einen im Gegenschluss zu anderen Straftatbeständen (etwa § 263 StGB), die die Rechtswidrigkeit der Bereicherung als subjektive Tatbestandsvoraussetzung eigens nennen. Zum anderen ist das unbefugte Offenbaren eines Gesellschaftsgeheimnisses gegen Entgelt stets strafwürdig, selbst wenn der Täter im Einzelfall einen Anspruch auf die damit erstrebte Bereicherung haben sollte. Zum Verhältnis des Offenbarens in Bereicherungsabsicht zum Verwerten (Absatz 2 Satz 2) siehe Rdn 54.

49 Der Qualifikationstatbestand ist schließlich auch erfüllt, wenn der Täter in **Schädigungsabsicht** handelt. Der Täter muss mit der Offenbarung des Gesellschaftsgeheimnisses die Schädigung eines anderen subjektiv anstreben. Anderer kann neben der Gesellschaft auch jeder andere beliebige Dritte sein. Dies weitet zwar den Geheimnisschutz auf einen schwer zu überblickenden Personenkreis, der zudem noch meist selbst über andere Strafvorschriften eigenständig und unabhängig von der Gesellschaft Schutz genießt (zu den dadurch verursachten Verspannungen in den Schutzzweckzusammenhängen siehe Rdn 4). Der Sache nach spricht daher viel dafür, die Qualifikation auf eine erstrebte Schädigung der Gesellschaft und allenfalls noch der Gesellschafter zu beschränken.[52] Der Wortlaut ist allerdings eindeutig und sieht keine derartige Eingrenzung vor. Auch die Schädigungsabsicht setzt dolus directus ersten Grades voraus. Es muss dem Täter bei seinem Handeln zuvorderst auf die Schädigung ankommen. In einem Motivbündel muss diese das dominante Handlungsmotiv sein. Eine großzügigere Linie führte dazu, dass in Fällen des Absatz 1, in denen der Täter nicht zum vermeintlich Besten der Gesellschaft handelt, auch eine Schädigungsabsicht allzu leicht begründbar wäre. Ein Vermögensbezug ist bei der Schädigungsabsicht nicht erforderlich und wäre angesichts der Schutzzweckzusammenhänge (siehe dazu Rdn 3) auch verfehlt. Es genügen daher auch erstrebte immaterielle Schädigungen.

50 Bezüglich **Rechtswidrigkeit und Schuld** gelten die allgemeinen Regeln (siehe dazu bereits Rdn 38 ff). Erfüllt der Täter ein Qualifikationsmerkmal, dürfte zumindest praktisch kaum noch eine Rechtfertigung in Betracht kommen. Anderes kann gelten, wenn ein Gesellschaftsorgan aus-

52 Rowedder/Pentz/Klinger[6] § 85 Rdn 28; Henssler/Strohn/*Servatius*[4] § 85 GmbHG Rn. 15.

nahmsweise einen Hinweis auf eine gesellschaftsbezogene Straftat oder Ordnungswidrigkeit an eine Verfolgungsbehörde weitergibt und dies nach § 34 StGB zu rechtfertigen ist. Hier ist es denkbar, dass das Gesellschaftsorgan für seine Hinweisgabe eine zuvor ausgelobte Belohnung einstreicht. „Belohntes Whistleblowing" ist zwar im deutschen Rechtsraum noch nicht üblich, international aber schon verbreitet.[53] In solchen Konstellationen ändert ein entgeltbezogenes Handeln oder ein Handeln in Bereicherungsabsicht nichts an den Rechtfertigungsbedingungen der Hinweisgabe.

II. Verwerten eines Gesellschaftsgeheimnisses (Absatz 2 Satz 2)

1. Tathandlung: Unbefugtes Verwerten

Nach Absatz 2 Satz 2 macht sich strafbar, wer ein Gesellschaftsgeheimnis (siehe dazu Rdn 16 ff) unbefugt verwertet. Der Begriff des Verwertens entspricht weitestgehend dem des § 204 Abs 1 StGB.[54] Das Tatbestandsmerkmal setzt zunächst einmal voraus, dass der Täter unbefugt ein Gesellschaftsgeheimnis eigenwirtschaftlich nutzt. Dabei genügt jedoch nicht jede Form der eigenwirtschaftlichen Nutzung. Erforderlich ist vielmehr eine die berechtigte Gesellschaft verdrängende **konkurrierende Vorteilsziehung** aus dem Geheimnis. Dies folgt aus dem Wortlaut, der im Unterschied zu anderen Formen des inkriminierten Informationsgebrauchs ein reines Ausnutzen oder Verwenden nicht genügen lässt.[55] Systematisch ergibt sich diese Einschränkung aus dem Zusammenspiel mit Absatz 2 Satz 1, der die eigenwirtschaftliche Nutzung ohne Zugriff auf den eigentlichen Geheimnisinhalt (Offenbaren gegen Entgelt oder in Bereicherungsabsicht) eigens unter Strafe stellt. Unrechtsprägend für Absatz 2 Satz 2 ist es demnach, dass der Täter die Geheimnishoheit der Gesellschaft gerade dadurch verletzt, dass er diese aus ihrem Geheimnisverwertungsrecht verdrängt oder ihr dieses zumindest streitig macht, indem er aus vertraulichen Informationen für sich selbst oder einen Dritten unbefugt wirtschaftliche Vorteile zieht. Dafür muss sich der Täter an die Stelle der berechtigten Gesellschaft setzen und auf diese Weise den unmittelbar im Geheimnis verkörperten Wert zum Zwecke der eigenen Gewinnerzielung verwenden.[56] Der Tatbestand des Absatz 2 Satz 2 ist demnach beispielsweise erfüllt, wenn ein Täter im Eigeninteresse und anstelle der Gesellschaft die Chance für einen günstigen Geschäftsabschluss ergreift, den Kundenstamm der Gesellschaft bedient oder Produkte nach einem geheimen Verfahren herstellt. 51

Der **Tatbestand ist nicht erfüllt**, wenn ein Täter dem ihm bekannten Geheimnis einen wirtschaftlichen Wert abtrotzt, ohne dabei auf den im Interesse der Gesellschaft geschützten Geheimnisinhalt verwertend zuzugreifen. Das ist beispielsweise der Fall, wenn er ein ihm bekanntes Gesellschaftsgeheimnis einer privaten Investitionsentscheidung zugrunde legt (zB bei einem Insidergeschäft im Sinne des Art 8 MarktmissbrauchsVO). Ebenso wenig genügt es, wenn der Täter dadurch eigenwirtschaftlichen Nutzen zieht, dass er ein werthaltiges Geheimnis ohne vorherigen Zugriff auf dessen geschützten Inhalt gegen Entgelt an Dritte weitergibt. In diesen Konstellationen beeinträchtigt er die Geheimnishoheit der Gesellschaft nicht oder wenigstens nicht unmittelbar durch eine konkurrierende Vorteilsziehung. Gleiches gilt für den Fall, dass ein Täter damit droht, ein Geheimnis der Gesellschaft offenzulegen, wenn diese ihm nicht bestimmte Vorteile gewähre (Geheimniserpressung).[57] Hier wird die Geheimnishoheit der Gesellschaft schon deswegen nicht durch eine konkurrierende Vorteilsziehung beeinträchtigt, weil sich der Täter nur in illegitimer 52

53 Vgl dazu im Überblick Rose/Kubiciel/Landwehr/*Baur* United Nations Convention against Corruption, Art 33.

54 Vgl dazu ua Schönke/Schröder/*Eisele*[30] § 204 Rdn 5/6 sowie MünchKomm-StGB/*Graf*[8] § 204 Rdn 10 ff.

55 Vgl dazu MünchKomm-StGB/*Graf*[8] § 204 Rdn 11.

56 RG 21.6.1929 – I 573/29, RGSt 63, 205, 207 zu § 17 UWG; Altmeppen[11] § 85 Rdn 23; MHLS/Nestler[3] § 85 Rdn 50; Lutter/Hommelhoff/*Kleindiek*[20] § 85 Rdn 7; UHL/*Ransiek*[3] § 85 Rdn 48; Rowedder/Pentz/Klinger[6] § 85 Rdn 17; vgl dazu auch BeckOK-StGB/*Weidmann*[46] § 204 Rdn 5 und Schönke/Schröder/*Eisele*[30] § 204 Rdn 5/6.

57 Baumbach/Hueck/*Beurskens*[22] § 85 Rdn 18.

Weise die ihm ohnehin obliegende Vertraulichkeit zusätzlich bezahlen lassen möchte und zu diesem Zweck ein Offenbaren androht.[58] Strafbarkeitslücken sind mit diesen Restriktionen des Tatbestands nicht verbunden. Soweit die Vorschriften des WpHG einschlägig sind, gilt § 119 Abs 3 Nr 1 WpHG; im Übrigen werden die Konstellationen durch §§ 240, 253 StGB sowie Absatz 2 Satz 1 erfasst.

53 Für eine **Vollendung** genügt es, wenn der Täter sein (berechtigtes) Wissen unbefugt anstelle der Gesellschaft gebraucht. Eine Kenntnisnahme Dritter oder ein allgemeines Zugänglichmachen des Geheimnisses ist nicht erforderlich.[59] Ebenso wenig erforderlich ist es für die Vollendung, dass sich das Verwerten am Ende auch tatsächlich rentiert. Ein Verwertungserfolg wird nicht verlangt; es reicht aus, wenn der Täter einen Verwertungserfolg subjektiv anstrebt (siehe dazu Rdn 57). Objektiv genügt es für eine Vollendungsstrafbarkeit mithin, dass die unbefugt eigenwirtschaftliche Nutzung soweit Form angenommen hat und fortgeschritten ist, dass aus Tätersicht ein erstrebter Vorteil in greifbarer Nähe, also in Zukunft ohne wesentliche Hindernisse realisierbar erscheint.[60] Erweist sich die Rentabilitätserwartung nachträglich als falsch, ändert dies an der Tatbestandsvollendung nichts. Erst recht muss durch die Geheimnisverwertung der Gesellschaft kein Vermögensschaden entstanden sein.

54 **Verwerten und Offenbaren** können gleichzeitig erfüllt sein, wenn der Täter im Zuge seiner konkurrierenden Vorteilsziehung das Gesellschaftsgeheimnis Dritten zugänglich macht. In diesem Fall ist regelmäßig auch die Qualifikation des Absatz 2 Satz 1 erfüllt (Bereicherungsabsicht) (zu den Konkurrenzen siehe Rdn 61).

55 Die Verwertung muss **unbefugt** sein. Diesbezüglich gelten dieselben Grundsätze wie für das Offenbaren (siehe dazu Rdn 32 ff). Die Befugnis muss sich jedoch gerade auf die eigenwirtschaftliche Verwertung durch das jeweilige Gesellschaftsorgan beziehen, was letztlich einem Verzicht der Gesellschaft auf das Wettbewerbsverbot gleichkommt (siehe dazu § 35).[61] Die konkurrierende Vorteilsziehung aus einem Gesellschaftsgeheimnis durch ein Organ dürfte daher nur in seltenen Ausnahmefällen im Einklang mit den gesellschaftsrechtlichen Organpflichten stehen oder der Sorgfalt eines ordentlichen Geschäftsmanns entsprechen, weshalb insbesondere die Erteilung einer Selbstbefreiung (siehe dazu Rdn 33) faktisch ausscheidet.

2. Subjektive Voraussetzungen

56 Für den subjektiven Tatbestand gelten die **allgemeinen Grundsätze** (siehe dazu auch oben Rdn 35 ff). Der Täter muss vorsätzlich handeln. Dabei muss er allerdings bei der Verwertungshandlung gezielt einen eigenwirtschaftlichen Vorteil im Sinne eines Verwertungserfolgs anstreben. Diese Vorteilsabsicht kommt zwar im Wortlaut des Absatz 2 Satz 2 nicht klar zum Ausdruck. Dem Tatbestandsmerkmal des Verwertens ist jedoch eine überschießende Innentendenz immanent.[62]

57 Diese Vorteilsabsicht entspricht in der Sache weitgehend der **Bereicherungsabsicht** des Absatz 2 Satz 1 (siehe dazu Rdn 48).[63] Sie setzt ebenso eine Absicht im technischen Sinne (dolus directus ersten Grades) voraus. Unerheblich ist es hier wie dort, ob der Täter mit der Nutzung des im Geheimnis verkörperten Werts einen wirtschaftlichen Vorteil für sich selbst oder einen Dritten anstrebt bzw ob der erstrebte Vorteil rechtswidrig ist oder nicht.[64] Ebenfalls in Entsprechung zur Bereicherungsabsicht des Absatz 2 Satz 1 muss der angestrebte Vorteil einen Vermögensbezug aufweisen. Der Täter muss daher die Gesellschaft aus ihrem werthaltigen (alleinigen)

---

58 LeipzigKomm-StGB/*Hilgendorf*[12] § 204 Rdn 6; MünchKomm-StGB/*Graf*[3] § 204 Rdn 10.
59 Baumbach/Hueck/*Beurskens*[22] § 85 Rdn 18.
60 Baumbach/Hueck/*Beurskens*[22] § 85 Rdn 18; Rowedder/Pentz/Klinger[6] § 85 Rdn 31; Scholz/*Rönnau*[12] § 85 Rdn 38.
61 Baumbach/Hueck/*Beurskens*[22] § 85 Rdn 18.
62 Ähnl. MünchKomm-GmbHG/*Altenhain*[3] § 85 Rdn 33.
63 Vgl dazu MünchKomm-GmbHG/*Altenhain*[3] § 85 Rdn 35.
64 Schönke/Schröder/*Eisele*[30] § 204 Rdn 5/6.

Nutzungsrecht verdrängen und an deren Stelle die im Geheimnis angelegten wirtschaftlichen Vorteile und Gewinnmöglichkeiten für sich oder einen Dritten ziehen wollen. Rein ideelle oder politische Handlungsziele genügen nicht.[65] Ebenso wenig genügt es, wenn es dem Täter allein darum zu tun ist, die Gesellschaft – etwa durch eine gezielte Kundgabe kritischer Informationen – zu schädigen. In diesem Fall kommt aber eine Strafbarkeit nach Absatz 2 Satz 1 (Schädigungsabsicht) in Betracht. In einem Motivbündel muss die Bereicherungsabsicht der zentrale Beweggrund sein.

3. Rechtswidrigkeit und Schuld

58 Rechtswidrigkeit und Schuld richten sich nach **allgemeinen Grundsätzen**. Freilich ist eine Rechtfertigung nach § 34 StGB praktisch beinahe ausgeschlossen, weil ein Eingriff in die Geheimnishoheit der Gesellschaft durch eine unbefugte Verwertung im Eigeninteresse kaum einmal ein angemessenes Mittel zur Abwehr einer Gefahr sein kann. Für einen beachtlichen Verbotsirrtum nach § 17 Satz 1 StGB gilt im Ergebnis ähnliches. Denn der Unrechtsgehalt eines eigennützigen Verwertens drängt sich noch stärker auf als der eines unbefugten Offenbarens.

III. Täterschaft und Teilnahme

59 Sämtliche in § 85 geregelten Tatbestände sind (atypische) **Sonderdelikte**. Sie setzen voraus, dass der Täter in einer Organstellung Kenntnis von einem Gesellschaftsgeheimnis erlangt hat (siehe dazu Rdn 9). Fehlt es demjenigen, der ein Gesellschaftsgeheimnis offenbart an einer solchen Organstellung zum Zeitpunkt der Kenntniserlangung, kommt nach allgemeinen Regeln keine täterschaftliche Verwirklichung des Tatbestands, sondern nur Anstiftung oder Beihilfe (§§ 26, 27 StGB) in Betracht. Bei einer Teilnahmestrafbarkeit gilt dann § 28 Abs 1 StGB. Die Strafe ist entsprechend zu mildern. Erbringt der Tatteilnehmer nur einen untergeordneten Tatbeitrag und fehlt ihm obendrein die notwendige Täterqualität, ist die Strafe gegebenenfalls zweifach nach § 49 Abs 1 StGB zu mildern (§§ 28 Abs 1, 27 Abs 2 Satz 2 StGB). Eine Strafbarkeit nach anderen geheimnisschützenden Tatbeständen (etwa § 23 GeschGehG), die eine Organstellung nicht voraussetzen, bleibt davon unberührt.

60 § 28 Abs 1 StGB kommt nach hier vertretener Ansicht auch zur Anwendung, wenn einem Teilnehmer der Tat die **Bereicherungs- oder Schädigungsabsicht** des in Absatz 2 Satz 1 geregelten Qualifikationstatbestands fehlt (siehe dazu Rdn 46).

IV. Konkurrenzen und Rechtsfolgen

1. Konkurrenzen

61 Für das **Konkurrenzverhältnis der einzelnen Tatbestandsvarianten** des § 85 gilt: Offenbart ein Täter durch eine Handlung ein Gesellschaftsgeheimnis mehreren Dritten oder einer unbestimmten Zahl Dritter (etwa durch Veröffentlichung), liegt nur eine Handlung vor (§ 52 Abs 1 StGB). Im Ergebnis ebenfalls nur eine Verletzung der Geheimhaltungspflicht liegt vor, wenn der Täter durch mehrere Handlungen ein bestimmtes Geheimnis wiederholt denselben Personen offenbart (beispielsweise zunächst mündlich und dann durch die ergänzende Vorlage schriftlicher Unterlagen). Hier bestimmt der Schwerpunkt der Vorwerfbarkeit, welche Offenbarungshandlung die Strafbarkeit begründet. Dafür kann entscheidend sein, ob bei einer der Offenbarungshandlungen ein

65 MünchKomm-GmbHG/*Altenhain*[3] § 85 Rdn 35; BeckOK-GmbHG/*N. Müller*[43] § 85 Rdn 52; **aA** Ulsenheimer NJW 1975, 1999, 2001.

qualifizierendes Merkmal (Absatz 2 Satz 1) erfüllt ist. Zieht ein Täter fortlaufend oder wiederholt Nutzungen aus einem Gesellschaftsgeheimnis, liegt ebenfalls nur ein einheitliches Verwerten vor. Erfüllt ein Täter gleichzeitig den Tatbestand des Absatz 2 Satz 1 und des Absatz 2 Satz 2, besteht dazwischen grundsätzlich Tateinheit, es sei denn das Offenbaren ist eine bloße zwangsläufige Nebenfolge der Verwertungshandlung, mit der keine zusätzliche Beeinträchtigung für die Geheimnishoheit der Gesellschaft einhergeht. In diesem Fall tritt das Offenbaren hinter dem Verwerten zurück. Verwertet ein Täter das Geheimnis zunächst selbst, um es im Anschluss noch einem Dritten zu offenbaren, stehen die Handlungen in Tatmehrheit (§ 53 StGB).

62 Im **Verhältnis zu anderen geheimnisschützenden Tatbeständen** kann § 85 lex specialis sein. So verdrängt er § 404 AktG und § 315 UmwG, aber auch die §§ 203, 204 StGB.[66] Anderes gilt hingegen für § 333 HGB, der seinerseits § 85 als speziellere Regelung vorgeht.[67] § 23 GeschGehG ist aufgrund einer anderen Schutzrichtung neben § 85 anwendbar (§ 52 Abs 1 StGB). Wenig praxisrelevant, aber denkbar ist Tateinheit mit staatsschützenden Strafvorschriften (§§ 94, 95, 97 ff StGB).

63 Tateinheit ist mit **sonstigen Delikten** des StGB und des Nebenstrafrechts möglich, so etwa mit Diebstahl (§ 242 StGB) oder Unterschlagung (§ 246 StGB), wenn der Täter im Zuge des Offenbarens oder Verwertens eine Verkörperung des Geheimnisses stiehlt oder sich auf andere Art zueignet. In Fällen des Geheimnisverkaufs (siehe dazu Rdn 47) kann Tateinheit mit § 299 Abs 1 Nr 2 StGB in Betracht kommen. Soweit im Einzelfall die Tatbestandsvoraussetzungen eines strafbaren Insiderhandels (§ 119 Abs 3 Nr 1 WpHG) mitverwirklicht sein sollten, ist wegen unterschiedlicher Schutzrichtungen ebenfalls Tateinheit anzunehmen.

2. Rechtsfolgen

64 Als **schuldstrafrechtliche Rechtsfolge** sieht Absatz 1 Freiheitsstrafe (§§ 38 f StGB) bis zu einem Jahr oder Geldstrafe (§§ 40 ff StGB) vor. Die Qualifikation des Absatz 2 Satz 1 und Absatz 2 Satz 2 haben gleichermaßen eine Freiheitsstrafe bis zu zwei Jahren oder Geldstrafe zur Folge. Strafzumessungsrelevante Gesichtspunkte im Sinne des § 46 Abs 2 Satz 2 StGB sind unter anderem: Umfang und Ausmaß des Vertrauensbruchs und der Beeinträchtigung der Geheimnishoheit der Gesellschaft, der durch die Verletzung der Geheimnishoheit verursachte materielle und auch immaterielle Schaden sowie spiegelbildlich dazu die Höhe der erstrebten oder tatsächlich realisierten Bereicherung. Strafmildernd kann es zu berücksichtigen sein, wenn ein Offenbaren zumindest „rechtfertigungsnah" gewesen ist (etwa bei der Offenlegung gesellschaftsbezogener Gesetzesverstöße).

65 Zur Inhabilität (§ 6 Abs 2 Satz 2 Nr 3; siehe dazu § 6) führt eine Verurteilung nach § 85 nicht. Theoretisch kommt jedoch die Anordnung eines strafrechtlichen **Berufsverbots** für Geschäftsführer (§ 70 StGB) in Betracht. Dies dürfte aber in aller Regel aus Verhältnismäßigkeitsgründen ausscheiden. Richtigerweise ist es Sache der Gesellschafter, einen entsprechend vorbestraften Geschäftsführer zu bestellen. Diese Dispositionsbefugnis der Gesellschafter wird registerrechtlich abgesichert; Verurteilungen nach § 85 sind gemäß § 4 BZRG Inhalt des Bundeszentralregisters und nach Maßgabe des § 32 BZRG auch in ein Führungszeugnis aufzunehmen.

66 **Taterträge** infolge des Offenbarens oder Verwertens eines Gesellschaftsgeheimnisses können nach §§ 73 ff StGB eingezogen werden. Soweit der Gesellschaft durch die Verletzung der Geheimhaltungspflicht ein Schaden entstanden ist, kann sie aus den eingezogenen Taterträgen befriedigt werden (§ 459h StPO). Eine Verbandsgeldbuße nach § 30 OWiG kommt regelmäßig nicht in Betracht, weil § 85 die Gesellschaft vor Verletzungen ihrer Geheimnishoheit schützt.

---

66 BeckOK-GmbHG/*N. Müller*[43] § 85 Rdn 82; dem für den Geheimnisschutz des Kernstrafrechts zuneigend Schönke/Schröder/*Eisele*[30] § 203 Rdn 114; vgl dazu auch Baumbach/Hueck/*Beurskens*[22] § 85 Rdn 33.
67 Ähnlich BeckOK-GmbHG/*N. Müller*[43] § 85 Rdn 82 (Subsidiarität).

V. Prozessuales

1. Verjährung

Die Ahndung einer Straftat nach Absatz 1 ist infolge Verjährung nach drei Jahren (§ 78 Abs 3 Nr 5 StGB), die einer Straftat nach Absatz 2 nach fünf Jahren (§ 78 Abs 3 Nr 4 StGB) ausgeschlossen. Entscheidend für den **Beginn der Verjährung** ist die Tatbeendigung (§ 78a Abs 1 Satz 1 StGB), also der materielle Abschluss der Tat. 67

Der **Zeitpunkt der Tatbeendigung** ist für die einzelnen Varianten des § 85 StGB gesondert zu bestimmen. Beim einfachen Offenbaren (Absatz 1) ist die Tat mit der letzten Kenntnisnahme durch einen Dritten oder dann beendet, wenn eine öffentlich zugänglich gemachte Information wieder zurückgenommen wurde und so in die Geheimnishoheit der Gesellschaft zurückgelangt ist. Die Tat ist auch dann beendet, wenn die offenbarte Tatsache ihren Geheimnischarakter verliert und offenkundig wird oder die für die Gesellschaft verantwortlich Handelnden das Offenbaren für die Zukunft wirksam gestatten. Bei einem qualifizierten Offenbaren (Absatz 2 Satz 1) tritt als weitere Voraussetzung für die Beendigung hinzu, dass der Täter ein vereinbartes Entgelt erhalten oder sich die erstrebte Bereicherung oder Schädigung realisiert hat. Beendet ist eine Straftat nach Absatz 2 Satz 1 auch dann, wenn ein als Gegenleistung verabredeter Vermögensvorteil endgültig verweigert wird oder eine angestrebte Bereicherung bzw Schädigung nicht mehr realisierbar ist. Beim Verwerten (Absatz 2 Satz 2) tritt Tatbeendigung schließlich frühestens mit der letzten auf Vorteilsziehung gerichteten Verwertungshandlung sowie dann ein, wenn die mit der Verwertung erstrebten Vorteile realisiert oder zwischenzeitlich unmöglich wurden. 68

2. Strafantrag

§ 85 ist in allen seinen Varianten ein **absolutes Antragsdelikt** (Absatz 3 Satz 1), das heißt die Tat darf nur nach Stellung eines Strafantrags (vgl dazu §§ 77 ff StGB, § 158 Abs 2 StPO) verfolgt werden. Andernfalls liegt ein Verfahrenshindernis vor. Öffentliches Interesse an der Strafverfolgung kann einen fehlenden Strafantrag nicht ersetzen. Absatz 3 entspricht unter anderem § 404 Abs 3 AktG, § 151 Abs 3 GenG, § 14 Abs 3 EWIVAG oder auch § 315 Abs 3 UmwG. Auch die Verletzung der handelsrechtlichen Geheimhaltungspflicht steht unter einem absoluten Strafantragsvorbehalt (§ 333 Abs 3 HGB), trifft im Unterschied zu den vorgenannten Vorschriften aber keine Regelungen zur Vertretung der Gesellschaft bei der Strafantragstellung (siehe dazu Rdn 71). 69

Zur Strafantragstellung ist grundsätzlich der Verletzte berechtigt (§ 77 Abs 1 StGB). Das Strafantragsrecht bei § 85 liegt demnach bei **der Gesellschaft, deren Geheimnishoheit verletzt worden ist**. Das Strafantragsrecht der Gesellschaft wird nicht davon berührt, dass das Geheimnis zwischenzeitlich an Dritte weiterveräußert oder von der Gesellschaft zwischenzeitlich allgemein offengelegt worden ist.[68] 70

Zur Vermeidung innergesellschaftlicher Interessenskonflikte trifft Absatz 3 Satz 2 spezielle Regelungen zur **Vertretung der Gesellschaft bei der Strafantragstellung** und modifiziert dadurch die allgemeinen Vorgaben (§ 35 Abs 1 Satz 1 bzw auch § 52 Abs 1 in Verbindung mit § 112 Satz 1 AktG; siehe dazu § 35 sowie § 52). Die Einhaltung der Vertretungsregelung ist in diesem Fall Wirksamkeitsvoraussetzung für den Strafantrag, weil nur durch sie eine einwandfreie Willensbildung der Gesellschaft gewährleistet ist. Hat demnach ein Geschäftsführer oder ein Liquidator die Tat begangen, so sind der Aufsichtsrat und, wenn kein Aufsichtsrat vorhanden ist, von den Gesellschaftern bestellte besondere Vertreter antragsberechtigt. Erforderlich ist dafür jeweils eine satzungsgemäße Beschlussfassung. Der Aufsichtsrat kann nach der Beschlussfassung den Strafantrag entweder durch sämtliche Mitglieder stellen oder seinen Vorsitzenden bzw ein Mitglied dazu ermächtigen. Hat ein Mitglied des Aufsichtsrats die Tat begangen, so sind die Geschäftsführer oder 71

---

68 Ähnlich Baumbach/Hueck/*Beurskens*[22] § 85 Rdn 28.

die Liquidatoren zur Strafantragstellung berechtigt. Bei mehreren Geschäftsführern gilt § 35 Abs 2 Satz 1 (siehe dazu auch § 35). Sind an einer Verletzung der Geheimhaltungspflicht mehrere Mitglieder verschiedener Organe beteiligt, sind richtigerweise sämtliche genannten Organe wechselseitig strafantragsberechtigt. Das gilt insbesondere bei einem Zusammenwirken von Geschäftsführern und Aufsichtsratsmitgliedern. In diesem Fall kann auch ein von den Gesellschaftern bestellter besonderer Vertreter den Strafantrag wirksam stellen. *De lege ferenda* wünschenswert wäre es in diesem Zusammenhang, Kollegialorganen ein Strafantragsrecht gegenüber einzelnen ihrer Mitglieder zuzubilligen – namentlich dem Aufsichtsrat gegenüber einzelnen vertraulichkeitsbrechenden Aufsichtsratsmitgliedern.

72 Dass Absatz 3 Satz 2 die Vertretung der Gesellschaft bei der Stellung des Strafantrags in Abhängigkeit vom jeweiligen Täter eigens regelt, bedeutet nicht, dass ausschließlich die dort genannten Organe zur Strafantragstellung berechtigt wären. Die Regelung gilt vielmehr nur solange, wie eine übliche gesellschaftsrechtliche Aufgabenverteilung gegeben ist. Tritt im Falle der Insolvenz ein **Insolvenzverwalter** funktional an die Stelle der Gesellschaftsorgane,[69] gibt es kaum einen Grund, diesem das Strafantragsrecht zu verwehren. Interessenkonflikte, denen Absatz 3 Satz 2 vorbeugen möchte, drohen dann naturgemäß nicht mehr. Für ein Strafantragsrecht des Insolvenzverwalters spricht dabei insbesondere, dass dadurch sachwidrige Strafbarkeitslücken geschlossen werden können, wie sie sich etwa bei einvernehmlich schädigendem Verhalten von Gesellschaftern und Geschäftsführern ergeben.[70] Ein Strafantragsrecht des Insolvenzverwalters verstößt auch nicht gegen das strafrechtliche Analogieverbot (Art 103 Abs 2 GG). Vielmehr ergibt es sich aus der Grundregel des § 77 Abs 1 StGB, die durch Absatz 3 Satz 2 insoweit nicht angetastet wird.

3. Weitere strafprozessuale Aspekte

73 § 85 ist eine **Wirtschaftsstraftat** im Sinne des § 74c Abs 1 Nr 1 GVG. Ist – angesichts der Strafdrohung – ausnahmsweise eine erstinstanzliche Zuständigkeit des Landgerichts begründet, entscheidet die Wirtschaftsstrafkammer.

74 Die durch eine Verletzung der Geheimhaltungspflicht geschädigte Gesellschaft kann einen möglichen Schadenersatzanspruch im **Adhäsionsverfahren** geltend machen (§§ 403 ff StPO). Billigt man auch juristischen Personen eine grundsätzliche Befugnis zur Nebenklage zu,[71] kann sich eine solche aus § 395 Abs 2 Nr 2 StPO oder aus der Auffangklausel des § 395 Abs 3 StPO ergeben. Besondere Umstände im Sinne des § 395 Abs 3 StPO werden freilich regelmäßig nicht vorliegen.

75 Muss ein Gesellschaftsorgan in einem **gerichtlichen Verfahren** ein Gesellschaftsgeheimnis offenbaren, gilt § 172 Nr 2 GVG. Das betroffene Gesellschaftsorgan scheint zumindest vor dem Hintergrund des § 43 Abs 1 verpflichtet, im Interesse der Gesellschaft beim Gericht auf einen Ausschluss der Öffentlichkeit hinzuwirken (siehe dazu auch Rdn 40). Dies dürfte auch im Strafverfahren wegen § 85 und dort für das angeklagte Organmitglied gelten.

---

69 Vgl anstelle vieler MünchKomm-InsO/*Vuia*[4] § 80 Rdn 111.

70 Baumbach/Hueck/*Beurskens*[22] § 85 Rdn 26.

71 Vgl dazu *Berndt/Theile* Unternehmensstrafrecht und Unternehmensverteidigung, 2016, Rdn 617 ff; siehe dazu auch *Bott/Kollhoff* StraFo 2019, 413.

§ 86 Verletzung der Pflichten bei Abschlussprüfungen

Mit Freiheitsstrafe bis zu einem Jahr oder mit Geldstrafe wird bestraft, wer als Mitglied eines Aufsichtsrats oder als Mitglied eines Prüfungsausschusses einer Gesellschaft, die ein Unternehmen von öffentlichem Interesse nach § 316a Satz 2 Nummer 1 oder 2 des Handelsgesetzbuchs ist,

1. **eine in § 87 Absatz 1, 2 oder 3 bezeichnete Handlung begeht und dafür einen Vermögensvorteil erhält oder sich versprechen lässt oder**
2. **eine in § 87 Absatz 1, 2 oder 3 bezeichnete Handlung beharrlich wiederholt.**

Schrifttum

Altmeppen GmbHG 10. Auflage 2021; *Anders* Umsetzung prüfungsbezogener EU-Vorschriften durch das Abschlussprüfungsreformgesetz: Neue Straf- und Ordnungswidrigkeitentatbestände im GmbHG, NZG 2018, S 961–971; *Becker/Hatje/Schoo/Schwarze* EU-Kommentar 4. Auflage 2019; *Blöink/Woodtli* Reform der Abschlussprüfung: Die Umsetzung der prüfungsbezogenen Vorgaben im RegE eines Abschlussprüfungsreformgesetzes (AReG), Der Konzern 2016, S 75–87; *Boecker/Zwirner* Das APAReG wurde verabschiedet. Umsetzung der EU-Vorgaben – ein Überblick über zentrale Neuerungen, DStR 2016, S 90–93; *Boos/Fischer/Schulte-Mattler* KWG, CRR-VO Band 1 5. Auflage 2016; *Bülte* Der Irrtum über das Verbot im Wirtschaftsstrafrecht NStZ 2013, S 65–72; *ders/Müller* Ahndungslücken im WpHG durch das Erste Finanzmarktnovellierungsgesetz und ihre Folgen, NZG 2017, S 205–214; *Cornelius* Verweisungsfehler bei Bezugnahmen nationaler Strafnormen auf europäische Richtlinien – zugleich Besprechung von BGH 1 StR 544/13 – Beschl. v 20.11.2013 (LG Nürnberg-Fürth) –, NZWiSt 2014, S 173–177; *Erbs/Kohlhaas* Strafrechtliche Nebengesetze (GmbHG; GewO) 239. Auflage 2021; *Fischer* StGB 69. Auflage 2022; *Fuchs* WpHG 2. Aufl 2016; *Geerds* Anmerkung zu OLG Düsseldorf NJW 1987, 1213, JR 1987, S 169–171; *Gernoth* Aufsichtsrat und Prüfungsausschuss: Praktische Auswirkungen des Bilanzrechtsmodernisierungsgesetzes auf die Corporate Governance der GmbH, NZG 2010, S 292–295; *Gesell* Prüfungsausschuss und Aufsichtsrat nach dem BilMoG, ZGR 2011, S 361–397; *Göhler* OWiG 18. Auflage 2021; *Goldschmidt* Das Verwaltungsstrafrecht, 1902; *Graf/Jäger/Wittig* Wirtschafts- und Steuerstrafrecht 2. Auflage 2017; *Guckelberger* Die Gesetzgebungstechnik der Verweisung unter besonderer Berücksichtigung ihrer verfassungs- und gemeinschaftsrechtlichen Probleme, ZG 2004, S 62–88; *Habersack/Casper/Löbbe* GmbHG Band III §§ 53 bis 88 (sowie EGGmbHG) 3. Auflage 2021; *Henssler/Strohn* Gesellschaftsrecht 5. Auflage 2021; *Herz* Blankettstrafgesetze vor dem Bundesverfassungsgericht – Eine Bestandsaufnahme anlässlich BVerfG Beschl. v 11.3.2020 – 2 BvL 5/17, NZWiSt 2020, S 253–257; *Heuser* Die Sanktionsbewehrung der infektionsschutzrechtlichen Generalklausel des § 28 I S 1 IfSG. Zur mangelnden Bestimmtheit des Blankettkonstrukts i.S.v. Art 103 Abs 2 GG, HRRS 2021, S 63–86; *Hopt* HGB, 42. Auflage 2023; *Hoven* Zur Verfassungsmäßigkeit von Blankettstrafgesetzen – Eine Betrachtung der aktuellen Rechtsprechung zu § 52 Abs 2 VTabakG und § 10 RiFlEtikettG, NStZ 2016, 377–383; *Jescheck/Weigend* Lehrbuch des Strafrechts Allgemeiner Teil 5. Auflage 1996; Karlsruher Kommentar OWiG 5. Auflage 2018; *Kelm/Schmitz-Herkendell* IDW-Positionspapier zu Inhalten und Zweifelsfragen der EU-Verordnung und der Abschlussprüferrichtlinie, DB 2016, S 2365–2373; *Kindhäuser/Neumann/Paeffgen* StGB 5. Auflage 2017 (zitiert: NK-StGB); *Koch* AktG, 16. Auflage 2022; *Köhler* Strafrecht Allgemeiner Teil, 1997; *Lanfermann/Maul* Sanktionierung von Verstößen gegen prüfungsbezogene Aufsichtsratspflichten nach dem AReG-ReG, BB 2016, S 363–367; Leipziger Kommentar StGB Band 1 Einleitung §§ 1–18 13. Auflage 2020; Leipziger Kommentar StGB Band 2 §§ 19–31 13. Auflage 2020; Leipziger Kommentar StGB Band 3 §§ 32–37 13. Auflage 2019; Leipziger Kommentar StGB Band 13 §§ 331–358 12. Auflage 2009; *Leitner/Rosenau* Wirtschafts- und Steuerstrafrecht 1. Auflage 2017 (zitiert: WSS); *Lienert* Bestimmtheit und Fehleranfälligkeit von Blankettverweisungen auf europäisches Recht im Marktmissbrauchsrecht, HRRS 2017, S 265–271; *Link/Vogt* Professionalisierung von Aufsichtsräten: Auch ein Thema für die GmbH? BB 2011, S 1899–1903; *Lutter/Hommelhoff* GmbHG 21. Auflage 2023; *Mattes* Untersuchungen zur Lehre von den Ordnungswidrigkeiten, 1. Halbbd. Geschichte und Rechtsvergleichung, 1977; *Meyer/Mattheus* Das Abschlussprüfungsreformgesetz (AReG) – Neuerungen für Prüfungsausschüsse, DB 2016, S 695–699; *Michalski/Heidinger/Leible/J. Schmidt* GmbHG Band II §§ 35–88 GmbHG, EGGmbHG 3. Auflage 2017; *Mitsch* Recht der Ordnungswidrigkeiten, 2. Auflage 2005; Münchener Kommentar GmbHG Band 3 §§ 53–88 3. Auflage 2018; Münchener Kommentar GmbHG Band 3 §§ 53–88 4. Auflage 2022; Münchener Kommentar StGB Band 1 §§ 1–37 4. Auflage 2020, Band 5 §§ 263–358 3. Auflage 2019, Band 7 Nebenstrafrecht II (GewO) 3. Auflage 2019; *Noack/Servatius/Haas* GmbHG 23. Auflage 2022; *Poelzig* Durchsetzung und Sanktionierung des neuen Marktmissbrauchsrechts, NZG 2016, S 492–502; *Rowedder/Pentz* GmbHG, 7. Auflage 2022; *Saenger/Inhester* GmbHG 4. Auflage 2020; *Satzger* Internationales und Europäisches Strafrecht, 2016; *Schilha* Neues Anforderungsprofil, mehr Aufgaben und erweiterte Haftung für den Aufsichtsrat nach Inkrafttreten der Abschlussprüfungsreform, ZIP 2016, S 1316–1329; *Eberhard Schmidt* Das neue westdeutsche Wirtschaftsstrafrecht, 1950; *Schönke/Schröder* StGB 30. Auflage 2019; *Scholz* GmbHG Band III §§ 53–88 12. Auflage 2020; *Sieverts/Schneider* (Hrsg), Handwörterbuch der Kriminolo-

https://doi.org/10.1515/9783111386669-006

gie Teil 2, 2. Auflage 1977; *Schüppen* Die europäische Abschlussprüfungsreform und ihre Implementierung in Deutschland – Vom Löwen zum Bettvorleger?, NZG 2016, S 247–256; *Theile* Wirtschaftskriminalität und Strafverfahren, 2009; *Tiedemann* Wirtschaftsstrafrecht 5. Auflage 2017; *von Heintschel-Heinegg* (Hrsg), BeckOK StGB 58. Edition 2023 (zitiert: BeckOK-StGB); *Wabnitz/Janovsky/Schmitt* Handbuch Wirtschafts- und Steuerstrafrecht 5. Auflage 2020; *Wilsing/Johannsen-Roth* Rechtsentwicklungen im Aktienrecht 2016, DB Beilage 2016, Nr 06, S 17–23; *Ziemons/Jaeger/Pöschke* (Hrsg), BeckOK GmbHG 57. Edition 2023 (zitiert: BeckOK-GmbHG).

Übersicht

A. Einleitung

I. Europarechtlicher Rahmen und Entstehungsgeschichte

1 § 86 ist zusammen mit den §§ 87 und 88 mit dem **Abschlussprüfungsreformgesetz vom 10.5.2016**[1] (nachfolgend: AReG) in das GmbHG eingefügt worden. Die Normen dienen neben den anderen Vorschriften des AReG der Umsetzung der prüfungsbezogenen Vorschriften der Richtlinie 2014/56/EU des Europäischen Parlaments und des Rates vom 16. April 2014 zur Änderung der Richtlinie 2006/43/EG über Abschlussprüfungen von Jahresabschlüssen und konsolidierten Ab-

1 Gesetz zur Umsetzung der prüfungsbezogenen Regelungen der Richtlinie 2014/56/EU sowie zur Ausführung der entsprechenden Vorgaben der Verordnung (EU) Nr 537/2014 im Hinblick auf die Abschlussprüfung bei Unternehmen von öffentlichem Interesse vom 10. Mai 2016 (BGBl I S 1142).

schlüssen[2] (sog Abschlussprüferrichtlinie – nachfolgend: (überarbeitete) EU-APrRiLi) sowie der Ausführung der (unmittelbar anwendbaren) prüfungsbezogenen Vorgaben der Verordnung (EU) Nr 537/2014 des Europäischen Parlaments und des Rates vom 16. April 2014 über spezifische Anforderungen an die Abschlussprüfung bei Unternehmen von öffentlichem Interesse und zur Aufhebung des Beschlusses 2005/909/EG der Kommission[3] (sog Abschlussprüfer-Verordnung – nachfolgend: EU-APrVO).[4] EU-APrRiLi und EU-APrVO sind am 16.6.2014 in Kraft getreten; Art 2 Abs 1 Satz 1 EU-APrRiLi sah die Umsetzung der Richtlinie in nationales Recht spätestens bis zum 17.6.2016 vor; der Großteil der Regelungen der EU-APrVO ist ebenfalls ab diesem Zeitpunkt (unmittelbar) anzuwenden (vgl Art 44 Satz 2 EU-APrVO). EU-APrVO und EU-APrRiLi streben mit dem Ziel der **Erhöhung der Finanzstabilität** im Nachgang zur Finanzkrise 2008[5] eine **Reform des Verbraucher- und Anlegerschutzes** durch **Stärkung der Integrität, Unabhängigkeit, Unparteilichkeit, Verantwortung, Transparenz und Verlässlichkeit der Abschlussprüfer** an.[6]

Das neu geschaffene Handelsbilanzrecht des **AReG** sieht insbesondere ein **Sonderregime** 2
für „Unternehmen von öffentlichem Interesse" vor, zu denen daher sowohl die Straf- und Bußgeldtatbestände der §§ 86, 87 als auch der sog „Pranger" des § 88 gehören. Parallelvorschriften finden sich unübersichtlich verteilt in den §§ 404a, 405 Abs 3b–3d, 407a AktG, §§ 151a, 152 Abs 1a, 153 GenG, §§ 333a Abs 2, 334 Abs 2a, 335b, 335c, 340m Abs 2 und 3, 340n Abs 2a Nr 1 und Abs 5, 341m Abs 2 und 3, 341n Abs 2a und Abs 5 HGB und §§ 19a, 20 Abs 2a–2c, 21a PublG. Die Sanktionierung von prüfungsbezogenen Pflichtverstößen gegen Mitglieder von Aufsichtsräten und Prüfungsausschüssen ist ein Novum;[7] vorher existierten weder im Kernstrafrecht des StGB noch im Nebenstrafrecht des HGB bzw der spezifischen gesellschaftsrechtlichen Kodifikationen entsprechende Vorschriften.

Durch Art 10 des **Gesetzes zur Umsetzung der Zweiten Zahlungsdiensterichtlinie vom** 3
17.7.2017[8] war § 86 Abs 1 geändert und ein Abs 2 angefügt worden. Es handelte sich um redaktionelle Folgeänderungen zu der durch das genannte Gesetz in § 87 vorgenommenen Neufassung (vgl *Anders* § 87 Rdn 2): § 86 Abs 1 bezog sich danach nur noch auf Ordnungswidrigkeiten nach § 87 Abs 1, und § 86 Abs 2 stellte klar, dass Straftaten, die an Ordnungswidrigkeiten nach § 87 Abs 2 und 3 anknüpften, nur noch als Mitglied eines Aufsichtsrats oder eines Prüfungsausschusses einer Gesellschaft, die kapitalmarktorientiert im Sinne des § 264d HGB oder die CRR-Kreditinstitut ist im Sinne des § 1 Absatz 3d Satz 1 KWG, mit Ausnahme der in § 2 Absatz 1 Nummer 1 und 2 KWG genannten Institute, begangen werden konnten. § 86 war in Gestalt dieser Änderungen am 22.7.2017 in Kraft getreten (vgl Art 15 Abs 2 des Gesetzes zur Umsetzung der Zweiten Zahlungsdiensterichtlinie vom 17.7.2017). Nunmehr hat § 86 durch Art 18 Nr 2 des **Finanzmarkintegritätsstärkungsgesetzes vom 3.6.2021**[9] (nachfolgend: FISG) seine aktuelle Fassung, in Kraft getreten zum 1.7.2021, gefunden. Das FISG stellt eine Reaktion auf den sog Wirecard-Skandal dar und verfolgt die Ziele der weiteren Stärkung der Bilanzkontrolle und Regulierung der Abschlussprüfung sowie der Verbesserung hinsichtlich der Aufsichtsstrukturen und der Befugnisse der Bundesanstalt für Finanzdienstleistungsaufsicht (BaFin) bei der Prüfung von Auslagerungen seitens der Finanzdienstleistungsunternehmen.[10] Mit Blick auf § 86 erfolgten im Wesentlichen formelle Kor-

---

2 ABl L 158 vom 27.5.2014 S 196.

3 ABl L 158 vom 27.5.2014 S 77; ABl L 170 vom 11.6.2014 S 66.

4 Zur europarechtlichen Genese siehe BT-Drucks 18/7219 S 29; *Blöink/Woodtli* Der Konzern 2016, 75.

5 *Boecker/Zwirner* DStR 2016, 90; Scholz-GmbHG/*Rönnau*[12] § 86 Rdn 1; *Schuppen* NZG 2016, 247, 248 auch zur Kritik an der damit unterstellten Verantwortlichkeit des damaligen Rechts der Abschlussprüfung für die globale Finanzmarktkrise.

6 Vgl Erwägungsgründe 4 und 5 EU-APrVO; zum unionsrechtlichen Hintergrund siehe auch BeckOK-GmbHG/*N. Müller*[57] § 86 Rdn 8 ff, 11 ff; Scholz-GmbHG/*Rönnau*[12] § 86 Rdn 1 ff.

7 *Meyer/Mattheus* DB 2016, 695, 699.

8 BGBl I S 2446.

9 Gesetz zur Stärkung der Finanzmarktintegrität vom 3. Juni 2021 (BGBl I S 1534).

10 Vgl BT-Drucks 19/26966 S 1.

rekturen: Laut Gesetzesbegründung[11] wurde die Vorschrift absatzlos neu gefasst. Zur besseren Lesbarkeit der Vorschrift ist auf die Legaldefinition des § 316a Satz 2 Nr 1 oder 2 HGB verwiesen worden. Ein Verweis auf § 316a Satz 2 Nr 3 HGB habe sich erübrigt, da ein Versicherungsunternehmen ohnehin nicht in der Rechtsform einer GmbH betrieben werden könne (vgl § 8 Abs 2 VAG). Dadurch entfiel auch der bisherige Regelungsgehalt des § 86 Abs 2, da dieser Absatz nur dazu dient, Versicherungsunternehmen vom Anwendungsbereich der Vorschrift auszunehmen. Somit wird daher nunmehr in § 86 insgesamt auf § 87 Abs 1, 2 oder 3 verwiesen.

4 Das europäische Recht verlangt die Einführung eines Straftatbestands bei Verstößen gegen die sich aus der EU-APrRiLi oder der EU-APrVO ergebenden abschlussprüfungsbezogenen Pflichten in Unternehmen von öffentlichem Interesse **nicht**: Art 30a Abs 1 der überarbeiteten EU-APrRiLi sieht lediglich vor, dass „zumindest (…) verwaltungsrechtliche (…) Sanktionen und Maßnahmen zu ergreifen und/oder zu verhängen" sind, wobei in diesem Rahmen Art 30a Abs 1 lit e) der überarbeiteten EU-APrRiLi „ein vorübergehendes Verbot der Wahrnehmung von Aufgaben bei (…) Unternehmen von öffentlichem Interesse für die Dauer von bis zu drei Jahren, dass gegen die Mitglieder (..) eines Verwaltungs- oder Leitungsorgans eines Unternehmens von öffentlichem Interesse ausgesprochen wird", verlangt. Dem ist der deutsche Gesetzgeber über den „Transmissionsriemen" des Straftatbestands des § 86, der die Anwendung des **§ 70 StGB** (Anordnung des **Berufsverbots**)[12] eröffnet, nachgekommen,[13] so dass es einer gesonderten Umsetzung des Art 30a Abs 1 lit e) der überarbeiteten EU-APrRiLi nicht bedurfte.[14] Zum Teil wird im Schrifttum vertreten, dass Art 30a Abs 1 lit e) der überarbeiteten EU-APrRiLi jedoch insoweit keine Umsetzung gefunden habe, als eine eigenständige diesbezügliche Sanktionsmöglichkeit seitens der „zuständigen Behörden", also der Aufsichtsbehörden, im deutschen Recht nicht geregelt worden sei.[15] Jedoch können diese Sanktionsbefugnisse nach Art 30a Abs 2 lit b) und c) der überarbeiteten EU-APrRiLi in Zusammenarbeit mit anderen Behörden und/oder durch Antrag bei den zuständigen Justizbehörden (also auch den Strafgerichten) ausgeübt werden.[16]

II. Überblick über die §§ 86–88

5 **§ 86** belegt besonders gravierende Verstöße gegen die prüfungsbezogenen Pflichten der Mitglieder des Aufsichtsrats oder eines Prüfungsausschusses eines Unternehmens von öffentlichem Interesse, das in der Rechtsform der GmbH betrieben wird, nach der EU-AprVO mit Strafe.[17] Er ergänzt und qualifiziert bei identischem Täterkreis den Ordnungswidrigkeitentatbestand des **§ 87**: Werden die dort genannten Verstöße entweder gegen Gewährung oder Versprechen eines Vermögensvorteils begangen oder beharrlich wiederholt, erscheint eine Sanktionierung lediglich als Ordnungswidrig-

11 Vgl BT-Drucks 19/26966 S 119.

12 § 70 Abs 1 Satz 1 StGB „Wird jemand wegen einer rechtswidrigen Tat, die er unter Mißbrauch seines Berufs oder Gewerbes oder unter grober Verletzung der mit ihnen verbundenen Pflichten begangen hat, verurteilt oder nur deshalb nicht verurteilt, weil seine Schuldunfähigkeit erwiesen oder nicht auszuschließen ist, so kann ihm das Gericht die Ausübung des Berufs, Berufszweiges, Gewerbes oder Gewerbezweiges für die Dauer von einem Jahr bis zu fünf Jahren verbieten, wenn die Gesamtwürdigung des Täters und der Tat die Gefahr erkennen läßt, daß er bei weiterer Ausübung des Berufs, Berufszweiges, Gewerbes oder Gewerbezweiges erhebliche rechtswidrige Taten der bezeichneten Art begehen wird.".

13 *Anders* NZG 2018, 961, 967; Scholz-GmbHG/*Rönnau*[12] § 86 Rdn 5; *Schüppen* NZG 2016, 247, 254.

14 BT-Drucks 18/7219 S 48 (zu § 333a HGB), 59; *Anders* NZG 2018, 961, 967; BeckOK-GmbHG/*N. Müller*[57] § 86 Rdn 70; Scholz-GmbHG/*Rönnau*[12] § 86 Rdn 5; Saenger/Inhester-GmbHG/*Saenger*[4] § 86 Rdn 2; Michalski/Heidinger/Leible/J. Schmidt-GmbHG/*Sigloch/Keller/Meffert*[3] § 86 Rdn 15.

15 Noack/Servatius/Haas-GmbHG/*Beurskens*[23] § 86 Rdn 16; Lutter/Hommelhoff-GmbHG/*Kleindiek*[21] § 86 Rdn 15; Michalski/Heidinger/Leible/J. Schmidt-GmbHG/*Sigloch/Keller/Meffert*[3] § 86 Rdn 15 in Fn 14.

16 Scholz-GmbHG/*Rönnau*[12] § 86 Rdn 49; im Ergebnis wohl auch Rowedder/Pentz-GmbHG/*Klinger*[7] § 86 Rdn 13.

17 BT-Drucks 18/7219 S 59.

keit im Hinblick auf die entsprechend höhere kriminelle Energie nicht ausreichend.[18] **§ 88** schließlich hat Mitteilungspflichten über sowohl Bußgeldentscheidungen nach **§ 87** als auch über abschließende Entscheidungen in Strafverfahren im Falle der Erhebung der öffentlichen Klage nach **§ 86** an die Abschlussprüferaufsichtsstelle (APAS) beim Bundesamt für Wirtschaft und Ausfuhrkontrolle (BAFA) zum Gegenstand, die diese auf ihrer Internetseite öffentlich nach **§ 69 WiPrO** bekannt machen soll.

B. Geschütztes Rechtsgut

Die Vorschrift bezweckt **ausweislich der Gesetzesbegründung des AReG primär die Verbesserung der Qualität der Abschlussprüfungen sowie eine Steigerung der Aussagekraft des Prüfungsergebnisses und damit letztlich eine Stärkung des Binnenmarktes,**[19] zudem soll das **Vertrauen der Abschlussadressaten in die geprüften Unternehmen** gestärkt werden.[20] Im Schrifttum wird auf die **Erwägungsgründe 1 und 4 EU-APrVO,** die als unmittelbar geltendes Recht die prüfungsbezogenen Pflichten festlegt,[21] abgestellt, und der **Schutz des Vertrauens der Öffentlichkeit in die Jahresabschlüsse und konsolidierten Abschlüsse von Unternehmen öffentlichen Interesses, mittelbar das ordnungsgemäße Funktionieren der Märkte durch Erhöhung der Integrität und Wirksamkeit der Abschlüsse sowie der Finanzstabilität als geschütztes Rechtsgut** angesehen.[22] Weiter wird in der Literatur differenzierend als unmittelbar geschütztes Rechtsgut der §§ 86, 87 das **Vertrauen in die Unabhängigkeit des Abschlussprüfers bzw der Prüfungsgesellschaft** angenommen, womit **lediglich mittelbar eine Verbesserung der Qualität und Ordnungsgemäßheit der Abschlussprüfung** erfasst sein soll.[23] Nach einer weiteren Auffassung in der Literatur soll zudem der **Schutz von Anlegern und Verbrauchern, somit auch der Gesellschaftsgläubiger** bezweckt sein,[24] wobei für den insoweit geschützten Personenkreis **§ 86 Schutzgesetz im Sinne des § 823 Abs 2 BGB** sein soll.[25] Vorzugswürdig ist insoweit der Wille des AReG-Gesetzgebers. **(Unmittelbarer) Vermögensschutz ist nicht intendiert,** da § 86 den Eintritt eines Vermögensschadens oder einer solchen Gefährdung nicht voraussetzt; zwar treffen Gesellschafter, Gesellschaftsgläubiger, Anleger und Vertragspartner der GmbH im Vertrauen auf die Qualität der Abschlussprüfungen vermögensrelevante Entscheidungen, was jedoch **lediglich einen schutzreflexhaften Vermögensbezug** für § 86 bedeutet.[26] 6

---

18 BT-Drucks 18/7219, S 48 zu § 333a HGB.

19 Vgl BT-Drucks 18/7219, S 29.

20 Vgl BT-Drucks 18/7219, S 31.

21 Beim Sekundärrecht der EU kann die Entstehungsgeschichte der Norm, soweit sie in dem fraglichen Rechtsakt als Erwägungsgrund einen Ausdruck gefunden hat, Aufschluss über ihre Interpretation liefern, Schwarze/Becker/Hatje/Schoo-EU-Kommentar/*Schwarze/Wunderlich*[4] Art 19 EUV Rdn 37 unter Verweis auf *EuGH* NVwZ 2006, 1033, 1034.

22 Vgl Noack/Servatius/Haas-GmbHG/*Beurskens*[23] § 86 Rdn 1; Rowedder/Pentz-GmbHG/*Klinger*[7] § 86 Rdn 2; BeckOK-GmbHG/*N. Müller*[57] § 86 Rdn 28.

23 Scholz-GmbHG/*Rönnau*[12] § 86 Rdn 10.

24 Vgl MünchKomm-GmbHG/*Altenhain*[4] § 86 Rdn 3 und BeckOK-GmbHG/*N. Müller*[57] § 86 Rdn 29, beide unter Hinweis auf Erwägungsgrund 5 EU-APrVO; Noack/Servatius/Haas-GmbHG/*Beurskens*[23] § 86 Rdn 18; Rowedder/Pentz-GmbHG/*Klinger*[7] § 86 Rdn 2; Erbs/Kohlhaas-GmbHG/*Schaal*[239] § 86 Rdn 1; *Schüppen* NZG 2016, 247, 248; Henssler/Strohn-GesR/*Servatius*[5] § 88 GmbHG Rdn 4.

25 Noack/Servatius/Haas-GmbHG/*Beurskens*[23] § 86 Rdn 18; Rowedder/Pentz-GmbHG/*Klinger*[7] § 86 Rdn 3; BeckOK-GmbHG/*N. Müller*[57] § 86 Rdn 29; Erbs/Kohlhaas-GmbHG/*Schaal*[239] § 86 Rdn 1; Henssler/Strohn-GesR/*Servatius*[5] § 88 GmbHG Rdn 4; **aA** *Schilha* ZIP 2016, 1316 (1328); **kritisch** Altmeppen[10] § 86 Rdn 2 („(d)och es wird kaum jemals ein relevanter Schaden nachweisbar sein").

26 Zutreffend Scholz-GmbHG/*Rönnau*[12] § 86 Rdn 11; **aA** MünchKomm-GmbHG/*Altenhain*[4] § 86 Rdn 3 Vermögensschutz durch § 87 (dann wohl auch durch § 86 *d.V.*).

C. Deliktsnatur

I. Gefährdungsdelikte

7 § **86 Nr 2 („beharrliches Wiederholen")** verlangt weder eine tatsächliche Verletzung noch eine konkrete Gefährdung der geschützten Rechtsgüter, da Pflichtverstöße bei der Überwachung der Unabhängigkeit des Abschlussprüfers (vgl §§ 86 Nr 2, 87 Abs 1 Nr 1), im Zusammenhang mit der Auswahl des Abschlussprüfers (vgl §§ 86 Nr 2, 87 Abs 1 Nr 2) bzw mit der Bestellung des Abschlussprüfers (vgl §§ 86 Nr 2, 87 Abs 2 und 3) erfolgen können, ohne dass eine tatsächliche Beeinträchtigung der Aussagekraft des Prüfungsergebnisses die Folge sein muss. Es handelt sich daher um ein **abstraktes Gefährdungsdelikt.**[27] Soweit der Straftatbestand des **§ 86 Nr 1** für die Abgrenzung zur Ordnungswidrigkeit jeweils eine **korruptive Handlung** verlangt, dürfte es sich ebenfalls um ein **abstraktes Gefährdungsdelikt** handeln,[28] da auch insoweit ein Gefahrerfolg nicht im Gesetz normiert ist.[29] Jedenfalls dürfte in der Vergleichbarkeit zu § 332 StGB, der eine konkrete *pflichtwidrige* (Dienst-)Handlung verlangt, § 86 Nr 1 einen **erhöhten objektiven Gefährlichkeitsgrad** aufweisen;[30] Gleiches gilt für das beharrliche Wiederholen, da erst durch das Zusammentreffen vieler solcher Handlungen eine gesteigerte Gefahr der Beeinträchtigung der genannten Rechtsgüter zu erwarten steht.

II. Blankettatbestände

8 § 86 Nr 1 und 2 beschreibt jedenfalls sog einen **blankettartigen Tatbestand**[31] und insoweit keine normativen Tatbestandsmerkmale, denn § 86 definiert die Tätereigenschaften sowie die Tathandlungen nicht selbst, sondern verweist lediglich auf deren rechtliche Voraussetzungen. Mit Blick auf die Täterdefinition knüpft das Strafrecht an Bestimmungen des HGB, WpHG, KWG sowie zum Teil zudem an europarechtlichen Normen an;[32] hinsichtlich der Tathandlungen erfolgt die Bezugnahme auf die wiederum über blankettartige Tatbestände formulierten ordnungswidrigkeitenrechtlichen Normen in **§ 87 GmbHG**. Mithin handelt es sich bei den Tatbeständen des § 86 GmbHG um nebeneinander, dh mit Blick auf Täterdefinition und Tathandlungen, stehende und insoweit jeweils (zum Teil) **mehrfach gestufte Blankette.**[33] Bei Blankettatbeständen ergibt sich die Verbotsmaterie aus der Zusammenschau von Strafnorm und blankettausfüllender Norm. Daraus ist zu folgern, dass sich das Bestimmtheitsgebot (und damit das Analogieverbot) aus Art 103 Abs 2 GG auch auf den nichtstrafrechtlichen, blankettausfüllenden Teil erstreckt.[34] **Zweifel an der Wahrung des Bestimmtheitsgebots aus**

---

27 MünchKomm-GmbHG/*Altenhain*[4] § 86 Rdn 4; *Anders* NZG 2018, 961, 967; Noack/Servatius/Haas-GmbHG/*Beurskens*[23] § 86 Rdn 1; Rowedder/Pentz-GmbHG/*Klinger*[7] § 86 Rdn 5; BeckOK-GmbHG/*N. Müller*[57] § 86 Rdn 31; Scholz-GmbHG/*Rönnau*[12] § 86 Rdn 16; Erbs/Kohlhaas-GmbHG/*Schaal*[239] § 86 Rdn 3; Henssler/Strohn-GesR/*Servatius*[5] § 88 GmbHG Rdn 5.

28 MünchKomm-GmbHG/*Altenhain*[4] § 86 Rdn 4; *Anders* NZG 2018, 961, 967; Noack/Servatius/Haas-GmbHG/*Beurskens*[23] § 86 Rdn 1; Rowedder/Pentz-GmbHG/*Klinger*[7] § 86 Rdn 5; BeckOK-GmbHG/*N. Müller*[57] § 86 Rdn 31; Scholz-GmbHG/*Rönnau*[12] § 86 Rdn 16; Erbs/Kohlhaas-GmbHG/*Schaal*[239] § 86 Rdn 3; Henssler/Strohn-GesR/*Servatius*[5] § 88 GmbHG Rdn 5.

29 Vgl zu § 332 StGB LK-StGB/*Sowada*[12] Vor §§ 331 Rdn 40.

30 Vgl LK-StGB/*Sowada*[12] Vor §§ 331 Rdn 40.

31 Vgl MünchKomm-GmbHG/*Altenhain*[4] § 86 Rdn 4; *Anders* NZG 2018, 961, 967; Rowedder/Pentz-GmbHG/*Klinger*[7] § 86 Rdn 6; BeckOK-GmbHG/*N. Müller*[57] § 86 Rdn 33; Leitner/Rosenau-WSS/*Parigger* § 86 GmbHG Rdn 3; Habersack/Casper/Löbbe-GmbHG/*Ransiek*[3] §§ 86–87 Rdn 21; Erbs/Kohlhaas-GmbHG/*Schaal*[239] § 86 Rdn 3; Henssler/Strohn-GesR/*Servatius*[5] § 88 GmbHG Rdn 5.

32 Vgl mit Blick auf CRR-Kreditinstitute Rdn 13.

33 Zum Begriff *Heuser* HRRS 2021, 63, 68.

34 Vgl BVerfGE 75, 329, 342; BVerfGE 78, 374, 383; BVerfGE 143, 38, 57; BVerfGE 153, 310, 344; *BVerfG* NJW 2010, 754; BGHSt 37, 266, 272; BGHSt 42, 79, 84; BGHSt 62, 13, 18; MünchKomm-GmbHG/*Altenhain*[4] § 82 Rdn 13; LK-StGB/*Dannecker*/*Schuhr*[13] § 1 Rdn 151 f; Schönke/Schröder-StGB/*Hecker*[30] § 1 Rdn 18 mwN aus der Rspr; BeckOK-GmbHG/*N. Müller*[57] § 86 Rdn 35; Habersack/Casper/Löbbe-GmbHG/*Ransiek*[3] §§ 86–87 Rdn 21; MünchKomm-StGB/*Schmitz*[4] § 1 Rdn 65.

Art 103 Abs 2 GG (in Verbindung mit Art 104 Abs 1 Satz 1 GG) bestehen mit Blick auf die Tathandlungen nicht:[35] Der Gesetzgeber darf bei der Umschreibung des Tatbestands auch auf Vorschriften anderer Normgeber, unter anderem auch auf das Unionsrecht verweisen;[36] an diese Verweisungen sind keine strengeren verfassungsrechtlichen Anforderungen zu stellen als an solche auf innerstaatliches Recht.[37] Es handelt sich um sog **statische Verweisungen** auf konkret bezeichnete Normen des Europarechts[38] und nicht (auch) auf zukünftig ergehende und damit in ihrem Inhalt ungewisse Akte bzw solche in ihrer jeweils geltenden Fassung (sog **dynamische Verweisung**).[39] Solche Verweisungen sind verfassungsrechtlich unbedenklich, weil der zuständige Gesetzgeber weiß, welchen Inhalt das in Bezug genommene Recht hat und prüfen kann, ob er es sich mit diesem Inhalt zu eigen machen will.[40] Zudem dient die Technik der **Blankettverweisung** allein der sprachlichen Vereinfachung der Gesetzgebung, indem auf eine Wiederholung des Wortlauts der einbezogenen Vorschrift in der Blankettvorschrift verzichtet wird.[41] Zur Wahrung des Gewaltenteilungsgrundsatzes darf dem in Bezug genommenen Europarecht schließlich lediglich die Konkretisierung des Straftatbestands entnommen werden, nicht aber die Entscheidung darüber, welches Verhalten als Straftat geahndet werden soll.[42] Dem kommen die Blankettnormen des § 86 nach, weil der nationale Gesetzgeber selbst die wesentlichen Grundentscheidungen getroffen hat und sich die Delegationen auf das Europarecht – sowohl hinsichtlich der Täterqualifikation als auch der Tathandlungen – lediglich auf die inhaltliche Ausgestaltung von Einzelheiten beschränkt. Dabei ist jedenfalls mit Blick auf die Tathandlungen, die in § 86 über § 87 durch Verstöße gegen einzelne Vorschriften der EU-APrVO (mit-)definiert werden, entscheidend, dass es dem nationalen Gesetzgeber bei unmittelbar geltendem Unionsrecht grundsätzlich nicht möglich ist, im diesbezüglich geregelten Bereich eigenständige Normen aufzustellen (Ausführungssperre).[43] Insbesondere mit Blick auf die freiheitsgewährende Funktion des Bestimmtheitsgebots gilt schließlich, dass der Bürger vorhersehen können muss, welches Verhalten mit Strafe bzw mit einem Bußgeld bedroht ist.[44] Gerade in den Fällen sich verflüchtigender Erkennbarkeit der Verbotsmaterie müssen die in Bezug genommenen Vorschriften dem Normadressaten durch eine frühere ordnungsgemäße Veröffentlichung zugänglich sein.[45] Dies ist mit Blick auf die europarechtlichen Vorschriften aufgrund ihrer jeweiligen Verkündung im Amtsblatt der EU der Fall, zumal bei den Mitgliedern der betroffenen Gremien die Rechtsprechung regelmäßig davon ausgeht, dass ihrer Tätigkeit entsprechende Fachkenntnisse vorauszusetzen sind, die sie in die Lage versetzen, den Regelungsgehalt der betreffenden Vorschriften zu verstehen und die Verhaltensweisen daran auszurichten.[46] Zur **Irrtumsproblematik** bei Blanketttatbeständen siehe Rdn 38.

---

35 MünchKomm-GmbHG/*Altenhain*[4] § 86 Rdn 4; *Anders* NZG 2018, 961, 967, Noack/Servatius/Haas-GmbHG/*Beurskens*[23] § 86 Rdn 1; Habersack/Casper/Löbbe-GmbHG/*Ransiek*[3] §§ 86–87 Rdn 19; Scholz-GmbHG/*Rönnau*[12] § 86 Rdn 23 f; zur weitergehenden Bestimmtheitsproblematik bei der Täterkreisdefinition mit Blick auf CRR-Kreditinstitute sowie Versicherungsunternehmen nach § 86 Abs 1 aF siehe Rdn 14.

36 BVerfGE 47, 285, 312; BVerfGE 143, 38, 57; BVerfGE 153, 310, 343 f; BGHSt 62, 13, 18.

37 BVerfGE 29, 198, 210; BVerfGE 143, 38, 57; BVerfGE 153, 310, 343; BGHSt 62, 13, 18.

38 Habersack/Casper/Löbbe-GmbHG/*Ransiek*[3] §§ 86–87 Rdn 20.

39 Scholz-GmbHG/*Rönnau*[12] § 86 Rdn 12 f; vgl zu den Unterschieden LK-StGB/*Dannecker*/*Schuhr*[13] § 1 Rdn 157 ff; *Satzger* Internationales und Europäisches Strafrecht, § 9 Rdn 69; *Tiedemann* Rdn 250.

40 Vgl BVerfGE 143, 38, 56; BVerfGE 153, 310, 342; BGHSt 62, 13, 19; KK-OWiG/*Rogall*[5] § 3 Rdn 16.

41 Vgl BVerfGE 47, 285, 312; BVerfGE 143, 38, 55; BVerfGE 153, 310, 342; BGHSt 62, 13, 16; *Lienert* HRRS 2017, 265, 266.

42 BVerfGE 14, 174, 187; BVerfGE 14, 245, 251; BVerfGE 22, 21, 25; BVerfGE 23, 265, 269 f; BVerfGE 75, 329, 342; BVerfGE 78, 374, 383; BVerfGE 143, 38, 58 mwN; BVerfGE 153, 310, 344; LK-StGB/*Dannecker*/*Schuhr*[13] § 1 Rdn 148.

43 *Bülte*/*Müller* NZG 2017, 205, 209 f; *Cornelius* NZWiSt 2014, 173, 176.

44 Vgl BVerfGE 14, 174, 185 f; BVerfGE 14, 245, 251; BVerfGE 75, 329, 342; BVerfGE 78, 374, 382 f; BVerfGE 126, 170, 195; BVerfGE 143, 38, 57 f mwN; BVerfGE 153, 310, 344; BGHSt 37, 266, 272; BGHSt 42, 219, 221 f; MünchKomm-StGB/*Schmitz*[4] § 1 Rdn 47, 65.

45 *BVerfG* NVwZ-RR 1992, 521; BGH NJW 2017, 966, 968.

46 Vgl BVerfGE 48, 48, 57; BVerfGE 153, 310, 352 f; BGHSt 49, 381, 390 f; MünchKomm-GmbHG/*Altenhain*[4] § 82 Rdn 13; *Hoven* NStZ 2016, 377, 382; BeckOK-GmbHG/*N. Müller*[57] § 86 Rdn 34; **kritisch** *Herz* NZWiSt 2020, 253, 255.

III. Sonderdelikte

9 Es handelt sich um **echte Sonderdelikte.**[47] Damit kann nicht jedermann täterschaftlich strafbar sein, sondern nur die in § 86 ausdrücklich Genannten, mithin die Mitglieder des Aufsichtsrats oder des Prüfungsausschusses der betreffenden Gesellschaften.

D. Erläuterung

I. Objektiver Tatbestand

1. Täterkreis

a) Betroffene Körperschaften

10 **aa) GmbH.** Trotz fehlender ausdrücklicher Erwähnung im Gesetzestext, der in § 86 lediglich die „Unternehmen von öffentlichem Interesse" im Sinne des Art 2 Nr 13 der überarbeiteten EU-APrRiLi aufzählt, ergibt sich aus der spezialgesetzlichen Regelung im GmbHG, dass von dieser Vorschrift lediglich Unternehmen erfasst sind, die in der Rechtsform der GmbH betrieben werden.[48]

11 **bb) Unternehmen von öffentlichem Interesse.** Die detaillierten Vorschriften zur Verdichtung des Rechts der Abschlussprüfung treffen „Unternehmen von öffentlichem Interesse", die nunmehr im Rahmen des FISG in **§ 316a Satz 2 Nr 1 oder 2 HGB** legal definiert sind. Zuvor hatte der Gesetzgeber in der Umsetzung auf eine Legaldefinition des Begriffs der „Unternehmen von öffentlichem Interesse" verzichtet und diese vielmehr **blankettartig** über die in **Abs 1 aF** genannte Trias der **kapitalmarktorientierten Gesellschaften** im Sinne des § 264d HGB, der **CRR-Kreditinstitute** im Sinne des § 1 Abs 3d Satz 1 KWG, mit Ausnahme der in § 2 Abs 1 Nr 1 und 2 KWG genannten Institute, und der **Versicherungsunternehmen** im Sinne des Art 2 Abs 1 der Richtlinie 91/674/EWG des Rates vom 19. Dezember 1991 über den Jahresabschluß und den konsolidierten Abschluß von Versicherungsunternehmen,[49] die zuletzt durch die Richtlinie 2006/46/EG[50] geändert worden ist, erfasst. **Abs 2 aF** sparte die genannten Versicherungsunternehmen aus.

12 **„Unternehmen von öffentlichem Interesse"** sind danach:
- Unternehmen, **die kapitalmarktorientiert im Sinne des § 264d HGB** sind **(§ 316a Satz 2 Nr 1 HGB);**
- **CRR-Kreditinstitute (§ 316a Satz 2 Nr 2 HGB).**

13 **Versicherungsunternehmen** sind im Sinne des Art 2 Abs 1 der Richtlinie 91/674/EWG (**§ 316a Satz 2 Nr 3 HGB**) sind – im Gegensatz zur Vorgängerversion[51] – von **§ 86 nicht erfasst**.

14 Nach **§ 264d HGB** ist eine Kapitalgesellschaft **kapitalmarktorientiert**, wenn sie einen organisierten Markt im Sinne des § 2 Abs 11 WpHG durch von ihr ausgegebene Wertpapiere im Sinne des § 2 Abs 1 WpHG in Anspruch nimmt oder die Zulassung solcher Wertpapiere zum Handel an

---

47 MünchKomm-GmbHG/*Altenhain*[4] § 86 Rdn 4; *Anders* NZG 2018, 961, 967; Noack/Servatius/Haas-GmbHG/*Beurskens*[23] § 86 Rdn 6; Rowedder/Pentz-GmbHG/*Klinger*[7] § 86 Rdn 9; BeckOK-GmbHG/*N. Müller*[57] § 86 Rdn 32; Leitner/Rosenau-WSS/*Parigger* § 86 GmbHG Rdn 2; Habersack/Casper/Löbbe-GmbHG/*Ransiek*[3] §§ 86–87 Rdn 22; Scholz-GmbHG/*Rönnau*[12] § 86 Rdn 15, 22, 47; Erbs/Kohlhaas-GmbHG/*Schaal*[239] § 86 Rdn 4; Henssler/Strohn-GesR/*Servatius*[5] § 88 GmbHG Rdn 5; vgl zu den Sonderdelikten Schönke/Schröder-StGB/*Eisele*[30] Vor §§ 13 ff Rdn 131; MünchKomm-StGB/*Joecks*/*Scheinfeld*[4] § 25 Rdn 53 ff; BeckOK-StGB/*Kudlich*[58] § 25 Rdn 7; LK-StGB/*Schünemann*/*Greco*[13] § 25 Rdn 56 ff; vgl Rdn 40.

48 Vgl BT-Drucks 18/7219 S 59.

49 ABl L 374 vom 31.12.1991 S 7.

50 ABl L 224 vom 16.8.2006 S 1.

51 Vgl dazu *Anders* NZG 2018, 961, 962 f.

einem organisierten Markt beantragt hat. Solche **Wertpapiere** sind mit Blick auf die GmbH Schuldtitel im Sinne des § 2 Abs 1 lit 3) WpHG als Begründungen eines fungiblen, zirkulationsfähigen und (kapital)marktgängigen schuldrechtlichen Forderungsrechts,[52] also insbesondere Genussrechte, die an der Börse gehandelt werden.[53] **Organisierter Markt** ist der regulierte Markt (FRUG), dagegen nicht der Freiverkehr; Börsennotierung oder Inanspruchnahme eines sonstigen organisierten Marktes in einem anderen Mitgliedstaat der EG bzw des EWR und außerhalb stehen gleich.[54] In der Praxis kommt eine solche kapitalmarktorientierte GmbH selten vor.[55]

Der Begriff des **CRR-Kreditinstituts** – der Name „CRR" entstammt der englischen Bezeichnung der Kapitaladäquanzverordnung (Verordnung[EU] Nr 575/2013 des Europäischen Parlaments und des Rates vom 26. Juni 2013 über Aufsichtsanforderungen an Kreditinstitute und zur Änderung der Verordnung [EU] Nr 648/2012,[56] die zuletzt durch die Verordnung [EU] 2020/873[57] geändert worden ist) als „Capital Requirements Regulation" – ist in § 1 Abs 3d Satz 1 KWG definiert, den bisherigen Begriff des „Einlagenkreditinstituts" ersetzend eingeführt mit dem CRD IV-Umsetzungsgesetz.[58] Danach sind CRR-Kreditinstitute Kreditinstitute im Sinne des Art 4 Abs 1 Nr 1 der genannten (Kapitaladäquanz-)Verordnung (EU) Nr 575/2013, also Unternehmen, deren Tätigkeit darin besteht, Einlagen oder andere rückzahlbare Gelder des Publikums entgegenzunehmen und Kredite für eigene Rechnung zu gewähren. In Deutschland ist jedes Kreditinstitut, das eine Volllizenz besitzt, ein Einlagenkreditinstitut bzw nunmehr ein CRR-Kreditinstitut.[59] Die in **§ 316a Satz 2 Nr 2 HGB** (zusätzlich) erwähnten Ausnahmen der in § 2 Abs 1 Nr 1 und 2 KWG genannten Institute[60] haben für deutsche Unternehmen in der Rechtsform der GmbH keine Bedeutung.[61] Ausgenommen nach § 316a Satz 2 Nr 2 HGB sind zudem Institute, die in Art 2 Abs 5 Nr 5 der Richtlinie 2013/36/EU des Europäischen Parlaments und des Rates vom 26. Juni 2013 über den Zugang zur Tätigkeit von Kreditinstituten und die Beaufsichtigung von Kreditinstituten und Wertpapierfirmen, zur Änderung der Richtlinie 2002/87/EG und zur Aufhebung der Richtlinien 2006/48/EG und 2006/49/EG,[62] die zuletzt durch die Richtlinie (EU) 2019/2034[63] geändert worden ist, genannt sind.[64] 15

---

52 Vgl Fuchs-WpHG/*Fuchs*[2] § 2 Rdn 27.

53 Altmeppen[10] § 87 Rdn 2; Rowedder/Pentz-GmbHG/*Klinger*[7] § 87 Rdn 8.

54 HGB/*Merkt*[41] § 264d Rdn 1.

55 Noack/Servatius/Haas-GmbHG/*Noack*[23] § 52 Rdn 329; Scholz-GmbHG/*Rönnau*[12] § 86 Rdn 18.

56 ABl L 176 vom 27.6.2013 S 1; ABl L 208 vom 2.8.2013 S 68; ABl L 321 vom 30.11.2013 S 6; ABl L 193 vom 21.7.2015 S 166; ABl L 20 vom 25.1.2017 S 3; ABl L 13 vom 17.1.2020 S 58.

57 ABl L 204 vom 26.6.2020 S 4.

58 Gesetz zur Umsetzung der Richtlinie 2013/36/EU über den Zugang zur Tätigkeit von Kreditinstituten und die Beaufsichtigung von Kreditinstituten und Wertpapierfirmen und zur Anpassung des Aufsichtsrechts an die Verordnung (EU) Nr 575/2013 über die Aufsichtsanforderungen an Kreditinstitute und Wertpapierfirmen vom 28.8.2013 (BGBl I S 3395).

59 Boos/Fischer/Schulte-Mattler-KWG/*Schäfer*[5] § 1 Rdn 245.

60 Die „Deutsche Bundesbank" und die vergleichbaren Institutionen in den anderen Mitgliedstaaten der Europäischen Union, sofern sie Mitglieder des Europäischen Systems der Zentralbanken sind, sowie die „Kreditanstalt für Wiederaufbau".

61 *Anders* NZG 2018, 961, 962; Scholz-GmbHG/*Rönnau*[12] § 86 Rdn 19.

62 ABl L 176 vom 27.6.2013 S 338; ABl L 208 vom 2.8.2013 S 73; ABl L 20 vom 25.1.2017 S 1; ABl L 203 vom 26.6.2020 S 95.

63 ABl L 314 vom 5.12.2019 S 64.

64 (Ebenfalls) die „Kreditanstalt für Wiederaufbau", die „Landwirtschaftliche Rentenbank", die „Bremer Aufbau-Bank GmbH", die „Hamburgische Investitions- und Förderbank", die „Investitionsbank Berlin", die „Investitionsbank des Landes Brandenburg", die „Investitionsbank Schleswig-Holstein", die „Investitions- und Förderbank Niedersachsen – NBank", die „Investitions- und Strukturbank Rheinland-Pfalz", die „Landeskreditbank Baden-Württemberg – Förderbank", die „LfA Förderbank Bayern", die „NRW.BANK", die „Saarländische Investitionskreditbank AG", die „Sächsische Aufbaubank – Förderbank", die „Thüringer Aufbaubank", Unternehmen, die aufgrund des Wohnungsgemeinnützigkeitsgesetzes als Organe der staatlichen Wohnungspolitik anerkannt sind und nicht überwiegend Bankgeschäfte betreiben, sowie Unternehmen, die aufgrund dieses Gesetzes als gemeinnützige Wohnungsunternehmen anerkannt sind; vgl auch BeckOK-GmbHG/*N. Müller*[57] § 86 Rdn 50.

16 Die Bezugnahme in § 316a Satz 2 Nr 2 HGB auf Art 2 Abs 5 Nr 5 der Richtlinie 2013/36/EU könnte zusätzliche Zweifel[65] an der **Wahrung des Bestimmtheitsgebots** aufkommen lassen, weil es sich bei der in Bezug genommenen Vorschrift um nicht unmittelbar anwendbares Unionsrecht handelt. Dieses Bedenken greift jedoch nicht durch: Der Gesetzgeber ist nicht daran gehindert, auf nicht unmittelbar geltendes Unionsrecht zurückzugreifen.[66] Selbst die in **§ 86 Abs 1 aF** bei der Definition der nunmehr nicht mehr relevanten Versicherungsunternehmen (vgl Rdn 13) erfolgte Bezugnahme auf Art 2 Abs 1 der Richtlinie 91/674/EWG des Rates vom 19. Dezember 1991 über den Jahresabschluß und den konsolidierten Abschluß von Versicherungsunternehmen,[67] welche wiederum auf die mittlerweile aufgehobene und somit nicht mehr geltende Richtlinie 79/267/EWG des Rates vom 5. März 1979[68] verweist, wahrte das Bestimmtheitsgebot, da der Wortlaut der ausfüllenden Norm als solcher von ihrer Geltung nicht abhängt.[69] Dabei muss jedoch hinreichend erkennbar sein, dass die Verweisung Geltung besitzen soll, obwohl die Bezugsnorm außer Kraft getreten ist, da grundsätzlich anzunehmen ist, dass der Gesetzgeber nur auf geltendes Recht verweist, dh dass die Gültigkeit der Bezugsnorm keine Bedingung für die Verweisung war.[70] Ein Hinweis dafür ist, dass der Gesetzgeber – wie mit Blick auf die Versicherungsunternehmen im Rahmen des § 86 Abs 1 aF erfolgt – bereits bei der Erstellung der Verweisung nicht mehr in Kraft befindliche Regelungen in Bezug genommen hat.[71]

17 **b) Betroffene Mitglieder.** Art 39 Abs 1 Unterabs 1 Satz 1 der überarbeiteten EU-APrRiLi sieht vor, dass jedes Unternehmen von öffentlichem Interesse ungeachtet seiner Rechtsform einen Prüfungsausschuss haben muss. Von dieser **Pflicht zur Einrichtung eines Prüfungsausschusses** besteht nach Art 39 Abs 2 Unterabs 1 der überarbeiteten EU-APrRiLi eine wichtige Ausnahme, nach der nach nationalem Recht zugelassen werden kann, dass in Unternehmen von öffentlichem Interesse die dem Prüfungsausschuss übertragenen Aufgaben vom Verwaltungs- oder Aufsichtsorgan als Ganzem wahrgenommen werden kann. Diese Option räumte schon Art 41 Abs 1 Unterabs 1 der Richtlinie 2006/43/EG ein, welche durch das BilMG[72] dadurch ausgeübt wurde, dass § 324 HGB als Auffangtatbestand für Unternehmen geschaffen worden ist, die nicht ohnehin über einen Aufsichts- oder Verwaltungsrat verfügen. Diese Regelungstechnik führt das AReG fort.[73]

18 **aa) Aufsichtsrat.** Unter welchen Voraussetzungen ein in der Rechtsform der GmbH geführtes Unternehmen einen Aufsichtsrat zu bilden hat oder errichten kann, ist in verschiedenen Gesetzen geregelt: Nach § 52 Abs 1 GmbHG ist ein Aufsichtsrat zu bilden, wenn die Satzung der Gesellschaft dies vorsieht (**fakultativer Aufsichtsrat**). **§§ 86–88 ff StGB** gelten hier nur dann, wenn

---

65 Siehe zu den weiteren Bedenken beim mehrfach gestuften Blankett Rdn 8.

66 *BVerfG* NJW 2018, 3091, 3092; BeckRS 2018, 13469; BGH NStZ 2014, 329; BGHSt 62, 13, 18; **aA** Wabnitz/Janovsky/Schmitt/*Dannecker*/*Bülte*[5] 2. Kapitel Rdn 299; BeckOK-GmbHG/*N. Müller*[57] § 87 Rdn 2.

67 ABl L 374 vom 31.12.1991 S 7, zuletzt geändert durch die Richtlinie 2006/46/EG, ABl L 224 vom 16.8.2006 S 1.

68 Die Materie war dadurch verschachtelt, kleinteilig und äußerst unübersichtlich geregelt, vgl *Kelm*/*Schmitz-Herkendell* DB 2016, 2365, 2366; zur vorherigen einfacheren Regelungstechnik im Rahmen der Umsetzung der Richtlinie 91/674/EWG des Rates vom 19. Dezember 1991 über den Jahresabschluß und den konsolidierten Abschluß von Versicherungsunternehmen (ABl L 374 vom 31.12.1991 S 7) *Blöink*/*Woodtli* Der Konzern 2016, 75, 77.

69 Vgl BGH NStZ 2014, 329, 330; BGHSt 62, 13, 17; *Guckelberger* ZG 2004, 62, 67 f; *Lienert* HRRS 2017, 265, 266.

70 Vgl BVerfGE 11, 203, 218; BGH NStZ 1992, 535, 536; OLG Köln NJW 1988, 657, 658; *Bülte*/*Müller* NZG 2017, 205, 209; *Cornelius* NZWiSt 2014, 173, 176.

71 Vgl *Cornelius* NZWiSt 2014, 173, 176.

72 Gesetz zur Modernisierung des Bilanzrechts vom 25.5.2009 (BGBl I S 1102).

73 Vgl BT-Drucks 18/7219 S 46; *Blöink*/*Woodtli* Der Konzern 2016, 75, 82.

der Aufsichtsrat nach der Satzung die Anforderungen des **§ 100 Abs 5 AktG** erfüllen muss.[74] Nach folgenden gesetzlichen Vorschriften ist ein Aufsichtsrat zu bilden (**obligatorischer Aufsichtsrat**): § 6 Abs 1 MitbestG, § 3 Abs 1 MontanMitbestG (Art 1 § 3 Abs 1 Satz 2 MontanMitbestGErgG 1956[75]), § 1 Abs 1 Nr 3 Satz 2, 1. Hs DrittelbG (jeweils durch Mitbestimmung veranlasst) sowie nach § 18 Abs 2 Satz 1 KAGB (bedingt durch das Ziel des Schutzes von Anlegern und Finanzsystem). In beiden Fällen findet durch Verweise **§ 100 Abs 5 AktG** Anwendung (für den fakultativen Aufsichtsrat in § 52 Abs 1 GmbHG; für den obligatorischen Aufsichtsrat in den § 6 Abs 2 MitbestG, § 3 Abs 2 MontanMitbestG (Art 1 § 3 Abs 1 Satz 2 MontanMitbestGErgG 1956), § 1 Abs 1 Nr 3 Satz 2, 2. Hs DrittelbG, § 18 Abs 2 Satz 3 KAGB), dh es muss mindestens ein Mitglied des Aufsichtsrats über Sachverstand auf den Gebieten Rechnungslegung oder Abschlussprüfung verfügen und die Mitglieder müssen in ihrer Gesamtheit mit dem Sektor, in dem die Gesellschaft tätig ist, vertraut sein;[76] auf die von Art 39 Abs 1 Unterabs 4 der überarbeiteten EU-APrRiLi vorgesehene weitergehende Unabhängigkeitsvorgabe ist vom nationalen Gesetzgeber in Anwendung der Mitgliedstaatenoption aus Art 39 Abs 5 der überarbeiteten EU-APrRiLi wegen der bereits bestehenden institutionellen Trennung des Prüfungsausschusses von der Geschäftsleitung[77] verzichtet worden.[78]

Es kommt für die Mitgliedschaft im Aufsichtsrat auf das Vorliegen eines **ausdrücklichen** 19 **Bestellungsakts** an, **nicht** jedoch auf dessen **Rechtswirksamkeit**, sondern darauf, ob das Amt **tatsächlich wahrgenommen** wird.[79] Eine faktische Mitgliedschaft auch beim Fehlen eines solchen Bestellungsakts ist durch **§ 52 Abs 3 Satz 2 GmbHG**, der für eine spätere Bestellung des Aufsichtsrats eine öffentliche Bekanntmachung vorsieht, ausgeschlossen.[80] Die Mitgliedschaft muss im **Zeitpunkt der Tathandlung** bestehen.[81] **Stellvertretende Aufsichtsratsmitglieder** sind von § 86 erfasst, wenn sie in ihrer Eigenschaft als Stellvertreter tätig werden, **Ersatzmitglieder** fallen unter § 86 erst dann, wenn das ordentliche Aufsichtsratsmitglied vor dem Ende seiner Amtszeit ausscheidet, mithin der „Ersatzfall" eintritt.[82]

Mit Blick auf die Mitglieder **eines dem Aufsichtsrat „ähnlichen Organs"** sei inhaltlich da- 20 rauf abzustellen, ob dem betreffenden Gremium die von den §§ 86, 87 in Bezug genommenen Überwachungsaufgaben übertragen worden sind; die Bezeichnung des Gremiums sei dann unerheblich.[83] Nach der vorzugswürdigen **aA** werden Mitglieder eines „ähnlichen Organs" nicht erfasst, da sich in § 86 eine entsprechende Formulierung wie etwa in § 82 Abs 2 Nr 2 StGB nicht findet.[84]

---

74 Noack/Servatius/Haas-GmbHG/*Beurskens*[23] § 86 Rdn 3; Lutter/Hommelhoff-GmbHG/*Kleindiek*[21] § 86 Rdn 3; BeckOK-GmbHG/*N. Müller*[57] § 86 Rdn 24.

75 Derzeit unterfällt – soweit ersichtlich – keine GmbH den Regelungen dieses Gesetzes, Noack/Servatius/Haas-GmbHG/*Noack*[23] § 52 Rdn 312.

76 Vgl *Schüppen* NZG 2016, 247, 254 „vollkommen banal und praktisch bedeutungslos"; Kritik an der fehlenden Konkretisierung des Begriffs der „Sektorenkenntnis" *Wilsing/Johannsen-Roth* DB Beilage 2016, Nr 06, 17, 19.

77 BT-Drucks 18/7219 S 56 „allgemein hohes Maß an Unabhängigkeit".

78 Vgl AktG/*Koch*[16] § 100 Rdn 25; *Schüppen* NZG 2016, 247, 254, beide auch zu weitergehenden Organisationsvorgaben für kapitalmarktorientierte AG nach dem Deutschen Corporate Governance Kodex (DCGK); zur Übertragung von DCGK-Standards auf die GmbH siehe *Link/Vogt* BB 2011, 1899.

79 BeckOK-GmbHG/*N. Müller*[57] § 86 Rdn 42; Scholz-GmbHG/*Rönnau*[12] § 86 Rdn 24.

80 Vgl BeckOK-GmbHG/*N. Müller*[57] § 86 Rdn 42, § 82 Rdn 56; Scholz-GmbHG/*Rönnau*[12] § 86 Rdn 24; im Ergebnis auch MünchKomm-GmbHG/*Altenhain*[4] § 86 Rdn 10, § 82 Rdn 37.

81 Noack/Servatius/Haas-GmbHG/*Beurskens*[23] § 86 Rdn 5; BeckOK-GmbHG/*N. Müller*[57] § 86 Rdn 51; Scholz-GmbHG/*Rönnau*[12] § 86 Rdn 24.

82 BeckOK-GmbHG/*N. Müller*[57] § 86 Rdn 43; Scholz-GmbHG/*Rönnau*[12] § 86 Rdn 25.

83 Habersack/Casper/Löbbe-GmbHG/*Ransiek*[3] §§ 86–87 Rdn 23.

84 MünchKomm-GmbHG/*Altenhain*[4] § 86 Rdn 10, § 85 Rdn 9; Scholz-GmbHG/*Rönnau*[12] § 86 Rdn 23.

21 **bb) Prüfungsausschuss. Bestellung durch den Aufsichtsrat (fakultativer Prüfungsausschuss).** Sowohl der fakultative (vgl § 52 Abs 1 GmbHG, § 107 Abs 3 Satz 2 AktG) als auch der obligatorische Aufsichtsrat (vgl §§ 6 Abs 1, 25 Abs 1 Satz 1 Nr 2 MitbestG, § 3 Abs 2 MontanMitbestG (Art 1 § 3 Abs 1 Satz 2 MontanMitbestGErgG 1956), § 1 Abs 1 Nr 3 Satz 2, 2. Hs DrittelbG, § 18 Abs 2 Satz 1 und 3 KAGB jeweils iVm § 107 Abs 3 Satz 2 AktG) haben das Recht, einen Prüfungsausschuss zu bilden. Für Unternehmen von öffentlichem Interesse in der Rechtsform der GmbH mit Aufsichtsrat besteht somit die Wahlmöglichkeit, entweder einen Prüfungsausschuss als Ausschuss des Aufsichtsrates zu bestellen oder aber die Aufgaben des Prüfungsausschusses dem Aufsichtsrat als solchem zu übertragen.[85] Somit sind alle Unternehmen von öffentlichem Interesse, die über einen Aufsichtsrat verfügen, der die Voraussetzungen des § 100 Abs 5 AktG erfüllt, von der Errichtung eines Prüfungsausschusses befreit.[86] Wird ein Prüfungsausschuss durch den Aufsichtsrat errichtet, müssen über § 107 Abs 4 Satz 3 AktG – die oben genannten Verweisungsnormen im GmbHG beziehen diese Vorschrift mit ein – die Voraussetzungen des § 100 Abs 5 AktG ebenfalls erfüllt sein.[87]

22 **„Alleinstehender" (isolierter) Prüfungsausschuss.** Sofern die **GmbH, die kapitalmarktorientiert im Sinne des § 264d HGB ist**, weder aufgrund Satzung noch kraft Gesetzes über einen Aufsichtsrat verfügt, der die Anforderungen des § 100 Abs 5 AktG erfüllen muss, ist nach dem Auffangtatbestand des § 324 Abs 1 Satz 1 HGB ein sog **isolierter Prüfungsausschuss** zu bilden.[88,89] Für Unternehmen von öffentlichem Interesse, die in der Rechtsform der GmbH als **CRR-Kreditinstitute** betrieben werden, folgt die Pflicht zur Bildung eines isolierten Prüfungsausschusses durch den Verweis auf § 324 Abs 1 und 2 HGB in § 340k Abs 5 Satz 1 HGB. Da einen entsprechenden Aufsichts- oder Verwaltungsrat ua nur die mitbestimmte GmbH und die als GmbH verfasste KAG haben müssen, verbleibt für den Anwendungsbereich der Auffangvorschrift des § 324 HGB lediglich die mitbestimmungsfreie kapitalmarktorientierte GmbH, also sofern die Satzung von § 100 Abs 5 AktG oder § 107 Abs 4 Satz 3 AktG abweichende vertragliche Regelungen vorsieht oder es völlig an einem Aufsichtsorgan wie Beirat oder einem ähnlichen Organ, das die Aufgaben des Prüfungsausschusses wahrnehmen kann, mangelt.[90] Letztgenannte Unternehmen von öffentlichem Interesse ohne Aufsichtsrat dürften kaum von praktischer Relevanz sein.[91] Obwohl es sich bei den einen isolierten Prüfungsausschuss bildenden Unternehmen um solche handelt, die in der Rechtsform der GmbH betrieben werden, und der Wortlaut der §§ 86, 87 (auch) den isolierten Prüfungsausschuss erfasst, richtet sich die Bildung des isolierten Prüfungsausschusses nach § 324 HGB, womit diese Unternehmen in systematischer Auslegung nicht den Straftat- und Ordnungswidrigkeitentatbeständen der §§ 86, 87, sondern denjenigen des HGB unterfallen.[92] In der Sache entspricht die Ahndung aus diesen Auffangtatbeständen der §§ 333a Abs 2, 340m Abs 2 HGB in

---

85 *Blöink/Woodtli* Der Konzern 2016, 75, 82; *Gesell* ZGR 2011, 361, 365.

86 *Blöink/Woodtli* Der Konzern 2016, 75, 82 f.

87 BeckOK-GmbHG/*N. Müller*[57] § 86 Rdn 45.

88 Altmeppen[10] § 86 Rdn 3; *Blöink/Woodtli* Der Konzern 2016, 75, 82; Hopt-HGB/*Merkt*[42] § 324 Rdn 2 f; vgl BT-Drucks 18/7219 S 60; *Gernoth* NZG 2010, 292, 294.

89 Ausnahmen gelten
– nach § 324 Abs 1 Satz 2 Nr 1 HGB für Kapitalgesellschaften im Sinn des § 324 Abs 1 Satz 1 HGB, deren ausschließlicher Zweck in der Ausgabe von Wertpapieren im Sinn des § 2 Abs 1 WpHG besteht, die durch Vermögensgegenstände besichert sind,
– nach § 324 Abs 1 Satz 2 Nr 2 HGB für Kreditinstitute im Sinne des § 340 Abs 1 HGB, die einen organisierten Markt im Sinn des § 2 Abs 11 WpHG nur durch die Ausgabe von Schuldtiteln im Sinn des § 2 Abs 1 Nr 3 lit a) WpHG in Anspruch nehmen, soweit deren Nominalwert 100 Millionen Euro nicht übersteigt und keine Verpflichtung zur Veröffentlichung eines Prospekts nach dem WpPG besteht sowie
– nach § 324 Abs 1 Satz 2 Nr 3 HGB für Investmentvermögen im Sinne des § 1 Abs 1 KAGB.

90 Hopt-HGB/*Merkt*[42] § 324 Rdn 3a; BT-Drucks 18/7219 S 60.

91 *Schüppen* NZG 2016, 247, 254.

92 Vgl BT-Drucks 18/7219 S 60; MünchKomm-GmbHG/*Altenhain*[4] § 86 Rdn 8; *Anders* NZG 2018, 961, 963; Noack/Servatius/Haas-GmbHG/*Beurskens*[23] § 86 Rdn 3; Lutter/Hommelhoff-GmbHG/*Kleindiek*[21] § 86 Rdn 4; Saenger/Inhester-GmbHG/*Saenger*[4] § 87 Rdn 6.

Voraussetzungen und Rechtsfolgen (Freiheitsstrafe bis zu einem Jahr oder Geldstrafe) denen des § 86 Abs 1 und 2, die Ordnungswidrigkeiten gemäß den §§ 334 Abs 2a, 340n Abs 2a Nr 1 HGB entsprechen denen des § 87 Abs 1 bzw 2 GmbHG. Eine gesonderte Kommentierung dieser Vorschriften des HGB ist daher nicht notwendig.

Beim Prüfungsausschuss kommt es für die Mitgliedschaft darauf an, **ob inhaltlich eindeutig die Funktion zugewiesen** worden ist, die in **§ 107 Abs 3 Satz 2 AktG** genannten Aufgaben zu übernehmen, insbesondere bei der Auswahl des Abschlussprüfers mitzuwirken bzw dessen Unabhängigkeit zu überwachen **im Sinne eines konkludenten Bestellungsakts.**[93] Die Rechtswidrigkeit der Zuweisung, etwa beim Verstoß gegen die §§ 107 Abs 4 Satz 3, 100 Abs 5 AktG, änderte nichts an der potenziellen Tätereigenschaft.[94] Die Mitgliedschaft muss im **Zeitpunkt der Tathandlung** bestehen.[95] 23

c) Kollegialentscheidungen. Sowohl im **fakultativen**[96] als auch im **obligatorischen Aufsichtsrat**[97] wird mit **einfacher Simmenmehrheit** entschieden, soweit die Satzung nichts anderes bestimmt. Auch im **Prüfungsausschuss** werden Entscheidungen – soweit die Satzung nichts anderes vorsieht – mit einfacher Mehrheit gefasst.[98] Zur **(Mit-)Täterschaft** im Rahmen von **Kollegialentscheidungen** (vgl *Anders* § 266 Rdn 36).[99] 24

2. Tathandlungen

a) Dogmatische Einordnung. **§ 86** verlangt zusätzlich zu den Tathandlungen der in **§ 87 Abs 1, 2 oder 3** bezeichneten Ordnungswidrigkeiten entweder eine korruptive Handlung (**§ 86 Nr 1**) oder aber eine „beharrliche Wiederholung“ (**§ 86 Nr 2**). Die jeweilige Charakterisierung dieser derart konturierten Strafnormen als (reine) **Qualifizierungstatbestände**[100] darf nicht verwechselt werden mit dem (älteren) Versuch einer **materiellrechtlichen Unterscheidung** zwischen Straftat mit ethischem Rechtsgutsbezug und Ordnungswidrigkeit als sittlich differentem aliud im Ausgang von *Goldschmidt*[101] und der weiterführenden Ausarbeitung von *Eberhard Schmidt.*[102] Diese **qualitative Unterscheidung** zwischen Straftat und Verwaltungsunrecht ist wegen des auch im Ordnungswidrigkeitenrecht bezweckten **Rechtsgüterschutzes** jedoch grundsätzlich fragwürdig.[103] Aber auch die wegen des im Einzelfall durchaus höheren Gewichts der Ordnungswidrigkeit[104] **quantitative Unterscheidung**, die einen bloß geringeren Unrechtsgehalt der Ordnungswidrigkeit annimmt, steht wegen der dadurch bedingten relativen Beliebigkeit in der materiellen Straftatbestimmung 25

93 Habersack/Casper/Löbbe-GmbHG/*Ransiek*[3] §§ 86–87 Rdn 25; Scholz-GmbHG/*Rönnau*[12] § 86 Rdn 27.
94 Habersack/Casper/Löbbe-GmbHG/*Ransiek*[3] §§ 86–87 Rdn 25.
95 Noack/Servatius/Haas-GmbHG/*Beurskens*[23] § 86 Rdn 5; BeckOK-GmbHG/*N. Müller*[57] § 86 Rdn 51.
96 Lutter/Hommelhoff-GmbHG/*Hommelhoff/Bayer*[21] § 52 Rdn 91; Noack/Servatius/Haas-GmbHG/*Noack*[23] § 52 Rdn 88.
97 Noack/Servatius/Haas-GmbHG/*Noack*[23] § 52 Rdn 231 (zum DrittelbG), Rdn 299 (zum MitbestG).
98 Vgl AktG/*Koch*[16] § 107 Rdn 27, § 108 Rdn 6.
99 Vgl auch MünchKomm-GmbHG/*Altenhain*[4] § 86 Rdn 10, § 82 Rdn 125 ff; BeckOK-GmbHG/*N. Müller*[57] § 86 Rdn 52, § 82 Rdn 67 ff.
100 Vgl *Blöink/Woodtli* Der Konzern 2016, 75, 85; Lutter/Hommelhoff-GmbHG/*Kleindiek*[21] § 86 Rdn 2, 9.
101 *Goldschmidt* S 552 „Dort formelles und materielles Element, Richterspruch einerseits und Wiederherstellung (Ausgleichung) der beeinträchtigten oder Beeinträchtigung der beeinträchtigenden Willenssphäre andrerseits, beide Elemente aber stets verbunden. Hier nur formelles Element Tätigkeit der Staatsverwaltung; (...).“.
102 *Eb. Schmidt* S 27 „Zuwiderhandlungen, deren soziale Sinnbedeutung über den Raum der verwaltungsmäßigen Interessen nicht hinausgreift“, seien lediglich Ordnungswidrigkeiten; vgl im Übrigen zur sog *Schmidt*schen Formel *Mattes* S 179 f; *Tiedemann* Rdn 94.
103 *Köhler* S 34 Das Ordnungsunrecht hat mit dem Strafrecht insoweit einen Identitätsbezug, als auch jenes durch die handelnden Subjekte freiheitlich handelnd mitkonstituiert wird.
104 Ansätze finden sich im Ordnungsstrafrecht der Europäischen Union.

kategorial nicht durch.[105] Die hM neigt deshalb, wohl auch mit dem *BVerfG*, in der Unterscheidung von Kern- und Randbereichen einem dogmatisch unaufgelösten Hybriden, nämlich einem **gemischt qualitativ-quantitativen Vereinigungsmodell**, zu.[106] Mit Blick auf § 86 hat der Gesetzgeber der Linie des sog unechten Mischtatbestandes[107] mit jedenfalls dem Prä auf einer **qualitativen Unterscheidung zwischen Ordnungswidrigkeit und Straftat im Sinne einer Aufstufung** den Vorzug gegeben, nach der die Unterscheidung zwischen Ordnungswidrigkeit und Straftat durch die Gesetzestechniken zum einen des **objektiven Merkmals der Gefahrsteigerung für das Rechtsgut** (vgl **die zusätzlich notwendige korruptive Handlung in § 86 Nr 1**) und zum anderen des zwar auch **objektiv gefahrsteigernden**, aber zudem **subjektiv geprägten Merkmals der „beharrlichen Wiederholung"** (vgl **§ 86 Nr 2**) erfolgt,[108] was jedenfalls zT auch im anderen modernen Wirtschaftsnebenstrafrecht fortgeführt wird.[109] Danach bildet die Ordnungswidrigkeit gewissermaßen den Kern eines durch zusätzliche, die gesteigerte Gefährlichkeit ausmachende Merkmale **aufgestuften Straftatbestandes**.[110]

b) Tathandlungen des § 86

26 **aa) Nr 1: Erhalten oder Sich-Versprechen-Lassen eines Vermögensvorteils. Erfüllung des § 87 Abs 1, 2 oder 3.** Zunächst setzen die Tathandlungen des § 86 Nr 1 die Erfüllung des in § 87 Abs 1, 2 oder 3 genannten Tatbestandes voraus. Zur Auslegung dieser in § 87 Abs 1, 2 oder 3 genannten Handlungen wird auf die die dortigen Erläuterungen verwiesen.[111]

27 **Erhalten oder Sich-Versprechen-Lassen eines Vermögensvorteils.** Gerichtliche Entscheidungen zu diesem Tatbestand liegen – soweit ersichtlich – bislang nicht vor. Die Vorschrift ähnelt dem in § 85 Abs 2 Satz 1 normierten Handeln gegen Entgelt.[112] Auch dort ist eine Vereinbarung im Sinne eines Austauschverhältnisses zwischen Bezugshandlung (Offenbarung des Geheimnisses) und Entlohnung erforderlich, dass der Unrechtsvereinbarung bei den Korruptionsdelikten entspricht.[113] Da es um eine Ordnungswidrigkeit als Bezugshandlung des Täters geht, mithin um eine *pflichtwidrige* Handlung, besteht jedoch weniger eine Parallele zum Tatbestand der Vorteilsannahme gemäß § 331 StGB,[114] sondern vielmehr eine zu § 332 StGB (bzw § 299 Abs 1 StGB[115]).[116] Eine vergleichbare Vorschrift für den „Bestechenden" existiert im GmbHG nicht. Ein Vorteil ist jede **Leistung, auf die der Betreffende keinen Rechtsanspruch hat**[117] **und die seine wirtschaftliche, rechtliche oder auch nur persönliche Lage objektiv verbessert**.[118] Die Vergütung für die

---

105 Vgl *Köhler* S 34.
106 Vgl BVerfGE 9, 167, 171; BVerfGE 51, 60, 74; *Mitsch S* 17, 18; KK-OWiG/*ders*[5] Einleitung Rdn 88, 113.
107 Göhler-OWiG/*Gürtler*/*Thoma*[18] Vor § 1 Rdn 36; KK-OWiG/*Rogall*[5] Vorbemerkungen Rdn 14.
108 Vgl *Sieverts*/*Schneider* S 257; aus systemtheoretischer Sicht *Theile* S 15 in Fn 53.
109 Vgl mit Blick auf das „beharrliche Wiederholen" etwa § 15a Abs 2 Satz 1 Nr 2 AÜG; § 95b Nr 2 EnWG; § 148 Nr 1 GewO; § 11, Var 1 GGBefG; § 40 ProdSG.
110 Vgl Göhler-OWiG/*Gürtler*/*Thoma*[18] Vor § 1 Rdn 36; KK-OWiG/*Rogall*[5] Vorbemerkungen Rdn 14.
111 Vgl § 87 Rdn 13 ff, 28 f, 30 ff.
112 Vgl Scholz-GmbHG/*Rönnau*[12] § 86 Rdn 31; Erbs/Kohlhaas-GmbHG/*Schaal*[239] § 86 Rdn 6.
113 BeckOK-GmbHG/*N. Müller*[57] § 86 Rdn 60; Habersack/Casper/Löbbe-GmbHG/*Ransiek*[3] §§ 86–87 Rdn 52; vgl auch MünchKomm-GmbHG/*Altenhain*[4] § 85 Rdn 42.
114 **AA** Lutter/Hommelhoff-GmbHG/*Kleindiek*[21] § 86 Rdn 10; Michalski/Heidinger/Leible/J. Schmidt-GmbHG/*Sigloch*/*Keller*/*Meffert*[3] § 86 Rdn 11.
115 Vgl BeckOK-GmbHG/*N. Müller*[57] § 86 Rdn 60, 62 f.
116 Scholz-GmbHG/*Rönnau*[12] § 86 Rdn 30.
117 Vgl zum „normativen" und „naturalistischen" Vorteilsbegriff LK-StGB/*Sowada*[12] § 332 Rdn 4, § 331 Rdn 31 f, 45 ff.
118 Lutter/Hommelhoff-GmbHG/*Kleindiek*[21] § 86 Rdn 10; MünchKomm-StGB/*Korte*[3] § 332 Rdn 5, § 331 Rdn 82; LK-StGB/*Sowada*[12] § 332 Rdn 4, § 331 Rdn 31.

Tätigkeit im Organ oder Ausschuss, auf die Anspruch besteht, scheidet als Vermögensvorteil im Sinne des Tatbestands aus.[119]

Die Eingrenzung auf **Vermögensvorteile** bedeutet, dass es sich um eine **materielle Besserstellung des Vorteilsempfängers** halten muss, dh im Gegensatz zu den §§ 331 ff StGB **scheiden immaterielle Vorteile aus.**[120] Es kommen neben Geld[121] und Sachwerten[122] insbesondere die Nutzungsüberlassung von Gegenständen, die Erbringung von Werk- oder Dienstleistungen,[123] die Einräumung von Rabatten,[124] die Gewährung von (zinslosen) Darlehen, die Stundung oder der Erlass einer Schuld,[125] die Übernahme von Kosten für Urlaubs- und Kongressreisen,[126] Feiern,[127] Veranstaltungen,[128] die Bezahlung sexueller Leistungen von Prostituierten[129] sowie die Einladung in Gourmet-Restaurants[130] in Betracht,[131] zudem die Vermittlung von Aufträgen,[132] insbesondere Gutachten- und Beraterverträgen und anderen Nebentätigkeiten[133] (zB entgeltlichen Vorträgen).[134] In Abgrenzung zu den §§ 331 ff StGB sind nach dem klaren Wortlaut der § 86 Abs 1 Nr 1, Abs 2 Nr 1 **Drittvorteile** nicht erfasst.[135] 28

Das **Erhalten des Vermögensvorteils** entspricht dem Annehmen im Sinne der §§ 331, 332 StGB und bedeutet dessen **tatsächliche Entgegennahme** mit dem Willen, ihn insbesondere in eigenem Interesse zu verwenden.[136] Aufgedrängte Bereicherungen sind nicht erfasst; vielmehr muss der Vermögensvorteil aktiv entgegengenommen werden oder es muss zum Ausdruck gebracht worden sein, ihn behalten zu wollen.[137] 29

Sich-Versprechen-Lassen ist die **Annahme eines Angebots, das auf die Zuwendung eines künftigen Vorteils für die Handlung gerichtet ist.**[138] Die Angebotsannahme kann, ebenso wie das Versprechen, in ausdrücklicher, konkludenter oder bedingter Form erfolgen; das bloße Schweigen auf ein Vorteilsversprechen reicht dagegen trotz der passivischen Formulierung des Tatbestandsmerkmales nicht hin, wenn es nicht nach den Umständen des Einzelfalls als konkludente Zustimmung zum Abschluss der Unrechtsvereinbarung auszulegen ist.[139] Unerheblich im Rahmen 30

119 MünchKomm-GmbHG/*Altenhain*[4] § 86 Rdn 14; Altmeppen[10] § 86 Rdn 5; Noack/Servatius/Haas-GmbHG/*Beurskens*[23] § 86 Rdn 8; Rowedder/Pentz-GmbHG/*Klinger*[7] § 86 Rdn 11; Scholz-GmbHG/*Rönnau*[12] § 86 Rdn 30.

120 Vgl Lutter/Hommelhoff-GmbHG/*Kleindiek*[21] § 86 Rdn 10; BeckOK-GmbHG/*N. Müller*[57] § 86 Rdn 59; Scholz-GmbHG/*Rönnau*[12] § 86 Rdn 30.

121 BGHSt 49, 275, 283.

122 BGHSt 39, 45, 46; BGHSt 47, 22, 23.

123 BGHSt 15, 88, 102 f; BGH NStZ 1991, 550, 551; NStZ 1994, 191; NStZ 2004, 565.

124 BGH NJW 2001, 2558, 2559.

125 BGHSt 16, 40; *BGH* NStZ 1991, 550.

126 BGH NJW 2003, 763, 764 (in BGHSt 48, 44 insoweit nicht abgedruckt).

127 BGHSt 47, 22, 23; BGH NJW 2003, 763, 764 (in BGHSt 48, 44 insoweit nicht abgedruckt).

128 BGHSt 53, 6, 11.

129 BGH NStZ-RR 2002, 272, 273.

130 BGHSt 47, 22, 23; BGH NStZ 2000, 90.

131 LK-StGB/*Sowada*[12] § 332 Rdn 4, § 331 Rdn 33.

132 BGH NStZ-RR 2005, 266.

133 BGHSt 31, 264, 280; BGH NStZ-RR 2007, 309, 310.

134 MünchKomm-StGB/*Korte*[3] § 332 Rdn 5, § 331 Rdn 83.

135 *Anders* NZG 2018, 961, 968; Scholz-GmbHG/*Rönnau*[12] § 86 Rdn 32.

136 MünchKomm-StGB/*Korte*[3] § 332 Rdn 5, § 331 Rdn 77; Scholz-GmbHG/*Rönnau*[12] § 86 Rdn 32; LK-StGB/*Sowada*[12] § 332 Rdn 4, § 331 Rdn 28.

137 MünchKomm-GmbHG/*Altenhain*[4] § 86 Rdn 13; Noack/Servatius/Haas-GmbHG/*Beurskens*[23] § 86 Rdn 9; Scholz-GmbHG/*Rönnau*[12] § 86 Rdn 32; **aA** wohl BeckOK-GmbHG/*N. Müller*[57] § 86 Rdn 61 Ein über die tatsächliche Entgegennahme hinausgehender Wille, über den Vorteil zu eigenen Zwecken zu verfügen, sei nicht erforderlich.

138 LK-StGB/*Sowada*[12] § 332 Rdn 4, § 331 Rdn 26.

139 MünchKomm-StGB/*Korte*[3] § 332 Rdn 5, § 331 Rdn 75; LK-StGB/*Sowada*[12] § 332 Rdn 4, § 331 Rdn 26.

des Sich-Versprechen-Lassens ist, ob der Vorteil später tatsächlich erlangt wird;[140] allerdings muss der Täter den Vorteil entgegennehmen wollen.[141]

31 Es ist eine **Unrechtsvereinbarung**[142] im Sinne eines **synallagmatischen Zusammenhangs zwischen Bezugshandlung (die jeweils in § 87 bezeichnete Handlung) und Vermögensvorteil** erforderlich.[143] Die Unrechtsvereinbarung muss tatsächlich (objektiv) vorliegen.[144] Die bei § 331 StGB vorgenommenen Ausweitungen in der Gegenleistungsdefinition im Rahmen der Unrechtsvereinbarung durch das KorrBekG,[145] die darin gründeten, dass Amtsträgern Vorteile zur „Klimapflege" oder zum Zwecke des „Anfütterns" gewährt wurden,[146] gelten für § 86 Abs 1 Nr 1 und § 86 Abs 2 Nr 1 ausweislich der klaren Definition der jeweils zu erbringenden *pflichtwidrigen*, weil schon ordnungswidrigkeitenrechtlich relevanten Handlung (Taten im Sinne des § 87) nicht.[147] Andererseits ist aber auch die im Rahmen des § 331 StGB geltende Einschränkung des Unrechtszusammenhangs nach den Grundsätzen der **Sozialadäquanz**, wenn sich die Zuwendung im Rahmen des **sozial Üblichen und von der Allgemeinheit Gebilligten** hält, nicht anwendbar, weil diese nur für ein *nicht pflichtwidriges* Bezugshandeln in Betracht kommen kann.[148] Die Bezugshandlung muss ausweislich des klaren Wortlauts tatsächlich begangen worden sein („begeht"), dh der Täter muss die Leistung gleichsam „verkauft" haben.[149] Erfasst werden das Erhalten und Sich-Versprechen-Lassen und Annehmen von Vermögensvorteilen als **Gegenleistung für eine vergangene oder künftige Handlung**[150] **im Sinne des § 87.** Die Vereinbarung über das Gegenleistungsverhältnis muss zum Zeitpunkt des Erhalts oder Sich-Versprechen-Lassens vorliegen.[151]

32 **bb) Nr 2: Beharrliches Wiederholen. Erfüllung des § 87 Abs 1, 2 oder 3.** Zunächst setzen die Tathandlungen des § 86 Nr 2 die Erfüllung des in § 87 Abs 1, 2 oder 3 genannten Tatbestandes voraus. Zur Auslegung dieser in § 87 Abs 1, 2 oder 3 genannten Handlungen wird auf die die dortigen Erläuterungen verwiesen (vgl *Anders* § 87 Rdn 13 ff, 28 ff).

33 **Beharrliches Wiederholen.** Gerichtliche Entscheidungen zu diesem Tatbestand liegen – soweit ersichtlich – bislang nicht vor. Der Begriff des „beharrlichen Wiederholens" findet sich auch im sonstigen Wirtschaftsnebenstrafrecht,[152] jedoch ist das „beharrliche" Handeln auch im Kern-

---

140 Scholz-GmbHG/*Rönnau*[12] § 86 Rdn 33; Saenger/Inhester-GmbHG/*Saenger*[4] § 86 Rdn 5; Erbs/Kohlhaas-GmbHG/*Schaal*[239] § 85 Rdn 16; Michalski/Heidinger/Leible/J. Schmidt-GmbHG/*Sigloch*/*Keller*/*Meffert*[3] § 86 Rdn 11; LK-StGB/*Sowada*[12] § 332 Rdn 4, § 331 Rdn 26.

141 MünchKomm-StGB/*Korte*[3] § 332 Rdn 5, § 331 Rdn 75; Scholz-GmbHG/*Rönnau*[12] § 86 Rdn 33; LK-StGB/*Sowada*[12] § 332 Rdn 4, § 331 Rdn 26.

142 Zum Begriff MünchKomm-StGB/*Korte*[3] § 331 Rdn 116; LK-StGB/*Sowada*[12] § 332 Rdn 18, § 331 Rdn 64 ff.

143 Vgl MünchKomm-GmbHG/*Altenhain*[4] § 86 Rdn 14; *Anders* NZG 2018, 961, 968; Noack/Servatius/Haas-GmbHG/*Beurskens*[23] § 86 Rdn 11; Lutter/Hommelhoff-GmbHG/*Kleindiek*[21] § 86 Rdn 12; Rowedder/Pentz-GmbHG/*Klinger*[7] § 86 Rdn 11; *Lanfermann*/*Maul* BB 2016, 363, 367; BeckOK-GmbHG/*N. Müller*[57] § 86 Rdn 60; Leitner/Rosenau-WSS/*Parigger* § 86 GmbHG Rdn 7; Scholz-GmbHG/*Rönnau*[12] § 86 Rdn 34; Michalski/Heidinger/Leible/J. Schmidt-GmbHG/*Sigloch*/*Keller*/*Meffert*[3] § 86 Rdn 13.

144 Noack/Servatius/Haas-GmbHG/*Beurskens*[23] § 86 Rdn 11; Scholz-GmbHG/*Rönnau*[12] § 86 Rdn 34; **aA** Altmeppen[10] § 86 Rdn 5.

145 Gesetz zur Bekämpfung der Korruption vom 13. August 1997, BGBl I S 2038; vgl BT-Drucks 13/8079 S 15.

146 Vgl LK-StGB/*Sowada*[12] § 331 Rdn 51, 64.

147 Scholz-GmbHG/*Rönnau*[12] § 86 Rdn 34; dies gilt ebenso für § 332 StGB, vgl Schönke/Schröder-StGB/*Heine*/*Eisele*[30] § 332 Rdn 5; *Fischer*-StGB[69] § 332 Rdn 6.

148 Scholz-GmbHG/*Rönnau*[12] § 86 Fn 99; vgl BeckOK-StGB/*von Heintschel-Heinegg*[68] § 331 Rdn 35; NK-StGB/*Kuhlen*[5] § 331 Rdn 99; LK-StGB/*Sowada*[12] § 331 Rdn 72; **aA** bei geringwertigem Vermögensvorteil *Geerds* JR 1987, 169, 171.

149 Vgl Altmeppen[10] § 85 Rdn 20; Scholz-GmbHG/*Rönnau*[12] § 86 Rdn 34.

150 Vgl MünchKomm-StGB/*Korte*[3] § 332 Rdn 6, § 331 Rdn 121; LK-StGB/*Sowada*[12] § 332 Rdn 18, § 331 Rdn 67.

151 Vgl MünchKomm-StGB/*Korte*[3] § 332 Rdn 6, § 331 Rdn 118; Scholz-GmbHG/*Rönnau*[12] § 86 Rdn 34; LK-StGB/*Sowada*[12] § 332 Rdn 18, § 331 Rdn 67.

152 Vgl Fn 109.

strafrecht geregelt, nämlich in den §§ 56d Abs 3 Satz 3, 56f Abs 1 Satz 1 Nr 2 und 3, 67g Abs 1 Satz 1 Nr 2 und 3, 70b Abs 1 Nr 2 und 3, 184f, 238 Abs 1 StGB.

34 Der Täter muss zunächst wiederholt gehandelt haben, wobei es nicht darauf ankommt, wie viele Verstöße vorausgegangen sind, dh **eine Vortat reicht aus.**[153] In Zusammenschau mit der Anlasstat muss es sich nicht um jeweils dieselbe Tatbestandsvariante aus den **§ 87 Abs 1, 2 oder 3** handeln, denn Beharrlichkeit wird auch durch die Verwirklichung insoweit unterschiedlicher Tatbestände aufgewiesen.[154]

35 **Beharrlich** handelt der Täter, wenn er gegen das Verbot aus Missachtung oder Gleichgültigkeit immer wieder verstößt.[155] Beharrlichkeit ist daher nicht schon bei jeder bloß objektiven Wiederholung zu bejahen, jedenfalls muss der Täter bei dem früheren Verstoß **vorsätzlich** gehandelt haben.[156] Der Begriff setzt sich aus **objektiven, subjektiven sowie normativen Elementen der Uneinsichtigkeit und Rechtsfeindlichkeit** zusammen.[157] In diesem Sinne setzt Beharrlichkeit eine in der Wiederholung zu Tage tretende **gesteigerte Pflichtwidrigkeit** voraus sowie, dass der Täter sich **unbelehrbar** zeigt[158] im Sinne einer **besonderen Hartnäckigkeit.**[159] Dem Indiz des „zeitliche(n) Abstand(s) zwischen den Angriffen"[160] dürfte wenig Bedeutung zukommen, weil die Zeiträume zwischen den mit Bußgeld bedrohten einzelnen Handlungen im Wesentlichen über die jährlichen Abschlussprüfungen bestimmt werden.[161] Mit Blick auf § 86 dürfte ein beharrliches Wiederholen daher jedenfalls gegeben sein, wenn die nach § 87 Abs 5 zuständige Verwaltungsbehörde eine Ordnungswidrigkeit bereits festgestellt hatte und der Täter die Handlung trotzdem wiederholt.[162]

36 Keine Voraussetzung ist jedoch die **staatliche Reaktion auf den früheren Normverstoß in Form (zumindest) der Einleitung eines Ordnungswidrigkeitenverfahrens;**[163] ausreichend ist vielmehr ausweislich des Wortlauts des **§ 86 Nr 2 das Vorliegen der ahndbaren Tat im materiell-rechtlichen Sinne,** da ansonsten der für die Verfolgung von Ordnungswidrigkeiten zuständigen Verwaltungsbehörde die Definitionsmacht für das Vorliegen einer Straftat zukäme.[164] Dabei

---

153 Vgl BGHSt 23, 167, 172 f; Altmeppen[10] § 86 Rdn 6; Erbs/Kohlhaas-GewO/*Ambs*/*Lutz*[239] § 148 Rdn 1; *Anders* NZG 2018, 961, 969; Habersack/Casper/Löbbe-GmbHG/*Ransiek*[3] §§ 86–87 Rdn 54; Saenger/Inhester-GmbHG/*Saenger*[4] § 86 Rdn 5; **aA** BeckOK-GmbHG/*N. Müller*[57] § 86 Rdn 66 Zwei Handlungen seien „absolutes Minimum" (als Vortaten, *d.V.*); ähnlich wohl Rowedder/Pentz-GmbHG/*Klinger*[7] § 86 Rdn 12; vgl auch MünchKomm-GmbHG/*Altenhain*[4] § 86 Rdn 16, Noack/Servatius/Haas-GmbHG/*Beurskens*[23] § 86 Rdn 13, Scholz-GmbHG/*Rönnau*[12] § 86 Rdn 36 und Henssler/Strohn-GesR/*Servatius*[5] § 88 GmbHG Rdn 6 Insgesamt zumindest drei Verstöße notwendig.

154 Noack/Servatius/Haas-GmbHG/*Beurskens*[23] § 86 Rdn 13; Scholz-GmbHG/*Rönnau*[12] § 86 Rdn 37; Henssler/Strohn-GesR/*Servatius*[5] § 88 GmbHG Rdn 6; **aA** MünchKomm-GmbHG/*Altenhain*[4] § 86 Rdn 16 unter mE zweifelhafter Bezugnahme auf den Wortlaut des § 86 Nr 2; Rowedder/Pentz-GmbHG/*Klinger*[7] § 86 Rdn 12.

155 Vgl BGH NStZ 2010, 277 zu § 238 Abs 1 StGB; Erbs/Kohlhaas-GewO/*Ambs*/*Lutz*[239] § 148 Rdn 1; Habersack/Casper/Löbbe-GmbHG/*Ransiek*[3] §§ 86–87 Rdn 54; Scholz-GmbHG/*Rönnau*[12] § 86 Rdn 35; Erbs/Kohlhaas-GmbHG/*Schaal*[239] § 86 Rdn 7.

156 Scholz-GmbHG/*Rönnau*[12] § 86 Rdn 36a; vgl § 10 OWiG; BGHSt 23, 167, 172.

157 Scholz-GmbHG/*Rönnau*[12] § 86 Rdn 35.

158 Lutter/Hommelhoff/*Kleindiek*[21] § 86 Rdn 13; MünchKomm-GewO/*Weyand*[3] § 148 Rdn 6.

159 Vgl BGH NStZ-RR 2014, 208, 209 zu § 238 Abs 1 StGB; BeckOK-GmbHG/*N. Müller*[57] § 86 Rdn 66, 69 „Uneinsichtigkeit und Rechtsfeindlichkeit"; Habersack/Casper/Löbbe-GmbHG/*Ransiek*[3] §§ 86–87 Rdn 54.

160 BGHSt 54, 189, 196 zu § 238 StGB; OLG Düsseldorf NStZ-RR 1998, 84; NZV 1998, 512 jeweils zu § 25 Abs 1 Satz 1 StV; vgl auch Altmeppen[10] § 86 Rdn 6; Rowedder/Pentz-GmbHG/*Klinger*[7] § 86 Rdn 12; BeckOK-GmbHG/*N. Müller*[57] § 86 Rdn 68.

161 Vgl Habersack/Casper/Löbbe-GmbHG/*Ransiek*[3] §§ 86–88 Rdn 54; Scholz-GmbHG/*Rönnau*[12] § 86 Rdn 38.

162 *Lanfermann*/*Maul* BB 2016, 363, 367; Leitner/Rosenau-WSS/*Parigger* § 86 GmbHG Rdn 9 unter Hinweis auf Leitner/Rosenau-WSS/*Knierim*/*Kessler* § 333a HGB Rdn 21; Michalski/Heidinger/Leible/J. Schmidt-GmbHG/*Sigloch*/*Keller*/*Meffert*[3] § 86 Rdn 14.

163 **AA** MünchKomm-GmbHG/*Altenhain*[4] § 86 Rdn 17; Noack/Servatius/Haas-GmbHG/*Beurskens*[23] § 86 Rdn 13.

164 Zutreffend Scholz-GmbHG/*Rönnau*[12] § 86 Rdn 36a (auch unter Hinweis auf BGH NJW 2011, 3174 zu § 95 Abs 1 Nr 7 AufenthG); Henssler/Strohn-GesR/*Servatius*[5] § 88 GmbHG Rdn 6; zu § 148 GewO Leitner/Rosenau-WSS/*Tiemer* § 148 GewO Rdn 3; MünchKomm-GewO/*Weyand*[3] § 148 GewO Rdn 6; im Ergebnis zu § 148 GewO auch Graf/Jäger/Wittig/*Papathanasiou*[2] § 148 GewO Rdn 6.

dürften die (mehrfachen) ordnungswidrigen Handlungen nicht im Sinne einer Straftat zu begreifen sein, da ansonsten die Gefahr des Verstoßes gegen den ne bis in idem-Grundsatz besteht, wenn wegen der ersten Ordnungswidrigkeit bereits ein rechtskräftiges Urteil oder eine gleichgestellte Entscheidung (vgl § 84 Abs 2 Satz 2 OWiG) ergangen ist; vielmehr stellt allein die ordnungswidrige Handlung, die erstmals als beharrliches Wiederholen gilt, die Straftat dar.[165]

II. Subjektiver Tatbestand und Irrtum

37 Der Täter muss mit Blick auf alle objektiven Tatbestandsvoraussetzungen **vorsätzlich** handeln; **bedingter Vorsatz (dolus eventualis) reicht aus**. Hinsichtlich der Tatbestandsvariante des **beharrlichen Wiederholens (§ 86 Nr 2)** verlangt *Rönnau* aus dem im Merkmal der „Beharrlichkeit" verankerten Erfordernis der Rechtsfeindlichkeit **als zusätzliches subjektives Tatbestandsmerkmal im Sinne einer überschießenden Innentendenz sicheres Wissen (dolus directus 2. Grades)** mit Blick darauf, bereits in der Vergangenheit Recht (vgl **§ 87 Abs 1, 2 oder 3**) verletzt zu haben.[166] Ergibt sich die Rechtsfeindlichkeit aus den genannten Umständen, bedarf es darüber hinaus der gesonderten Feststellung einer solchen Gesinnung des Täters nicht.[167]

38 Umstritten ist, ob neben den Tatbestandsmerkmalen der **blankettausfüllenden Norm** auch **deren bloße Existenz** zum Tatbestand des Blankettgesetzes zählt mit der Folge, dass sie Bezugsgegenstand des Vorsatzes wäre und der entsprechende Irrtum hierüber einen **Tatbestandsirrtum** begründete.[168] Für **Verbotsirrtum** spricht die Entscheidung des Gesetzgebers für die Schuldtheorie in den §§ 16, 17 StGB.[169] Wenn Rechtsunkenntnis wegen der Komplexität der Regelungsmaterie – wie etwa im Wirtschafts(neben)strafrecht typisch[170] – verzeihlicher sein mag, könnte dem jedenfalls im Einzelfall durch eine weniger restriktive Handhabung der Vermeidbarkeit des Verbotsirrtums begegnet werden;[171] insoweit hat der **geschäftlich tätige Täter besondere Erkundigungspflichten**, auch im Sinne einer **„Pflicht zur Aktualisierung" im Hinblick auf strafrechtlich relevante Rechtsänderungen jedenfalls betreffend Tatbestände des Kernstrafrechts**, deren Rechtsgüter durch die spezifische Berufsausübung in besonderer Weise gefährdet werden könnten.[172] Der Täter handelt daher bereits dann vorsätzlich, wenn er die Tatumstände der von § 86 in Bezug genommenen und seine Handlungs- und Unterlassungspflichten begründenden EU-Ausfüllungsnormen kennt. Der fehlende Schluss jedoch, insbesondere betreffend die Unabhängigkeit, Auswahl und Bestellung der Abschlussprüfer zu einem Tun oder Unterlassen verpflichtet zu sein, begründet lediglich einen **Verbotsirrtum**.[173]

III. Rechtswidrigkeit

39 Eine durch die Gesellschafter erteilte rechtfertigende Einwilligung bzw Genehmigung scheidet im Rahmen des **§ 86 Nr 1** („Erhalten oder Sich-Versprechen-Lassen eines Vermögensvorteils") – wie

---

165 Habersack/Casper/Löbbe-GmbHG/*Ransiek*[3] §§ 86–87 Rdn 53; Scholz-GmbHG/*Rönnau*[12] § 86 Rdn 40.

166 Vgl Scholz-GmbHG/*Rönnau*[12] § 86 Rdn 39, 41.

167 MünchKomm-GmbHG/*Altenhain*[4] § 86 Rdn 18; Noack/Servatius/Haas-GmbHG/*Beurskens*[23] § 86 Rdn 14; wohl auch Altmeppen[10] § 86 Rdn 6.

168 Für Verbotsirrtum BGH NStZ 1993, 594, 595; NStZ-RR 2003, 55, 56; *Jescheck/Weigend*[5] S 309; MünchKomm-StGB/*Joecks/Kulhanek*[4] § 16 Rdn 76; wohl auch BeckOK-GmbHG/*N. Müller*[57] § 86 Rdn 37; Schönke/Schröder-StGB/*Sternberg-Lieben/Schuster*[30] § 15 Rdn 99. Für Tatbestandsirrtum NK-StGB/*Puppe*[5] § 16 Rdn 65 ff; LK-StGB/*Vogel/Bülte*[13] § 16 Rdn 40a.

169 MünchKomm-StGB/*Joecks/Kulhanek*[4] § 16 Rdn 76; Schönke/Schröder-StGB/*Sternberg-Lieben/Schuster*[30] § 15 Rdn 99.

170 Vgl *Bülte* NStZ 2013, 65, 66 ff.

171 Schönke/Schröder-StGB/*Sternberg-Lieben/Schuster*[30] § 15 Rdn 99.

172 BGH NStZ 2022, 30, 31 f.

173 Zutreffend MünchKomm-GmbHG/*Altenhain*[4] § 87 Rdn 17; **aA** BeckOK-GmbHG/*N. Müller*[57] § 86 Rdn 39.

bei § 332 StGB[174] – aus.[175] Im Übrigen stehen die überindividuellen Rechtsgüter im Rahmen des Schutzzwecks des § 86 – Verbesserung der Qualität der Abschlussprüfungen sowie eine Steigerung der Aussagekraft des Prüfungsergebnisses und damit letztlich eine Stärkung des Binnenmarktes, zudem des Vertrauens der Abschlussadressaten in die geprüften Unternehmen (vgl Rdn 6) – nicht zur Disposition der Gesellschafter, so dass eine mögliche Einwilligung durch die GmbH-Gesellschafter generell keine Rechtfertigungswirkung entfalten kann;[176] Gleiches gilt mit Blick auf § 32 StGB.[177] Rechtfertigender Notstand – § 34 StGB – dürfte bei **§ 86 Nr 2** („beharrliches Wiederholen") regelmäßig an der Erforderlichkeit der Notwehrhandlung zur Abwendung einer Gefahr, bei **§ 86 Nr 1** im Rahmen der Interessenabwägung scheitern, da zur Behebung der Not („Geldnotstand") geregelte Verfahren zur Verfügung stehen.[178]

IV. Täterschaft und Teilnahme, Versuch, Vollendung, Konkurrenzen, Verbot mehrfacher Ahndung (ne bis in idem), Strafverfolgung, Verfolgungsverjährung, Beendigung, Rechtsfolgen, Anwendbarkeit, Übergangsvorschrift

1. Täterschaft und Teilnahme

Wegen der Eigenschaft als **Sonderdelikte** kann Täter, Mittäter oder mittelbarer Täter kann nur sein, wer Mitglied eines Aufsichtsrats oder Prüfungsausschusses einer GmbH ist, die Unternehmen von öffentlichem Interesse ist. Wer diese tatbestandlich vorausgesetzten Eigenschaften, die als besondere persönliche Merkmale die Strafbarkeit des Täters begründen, nicht besitzt, kann lediglich Teilnehmer, also Anstifter oder Gehilfe, sein, für welche die Strafmilderung aus §§ 28 Abs 1, 49 Abs 1 StGB gelten.[179] Somit könnte die Strafbarkeit des Täters mangels Vorsatzes entfallen, und der zwar vorsätzlich, aber mangels Tätertauglichkeit als Teilnehmer handelnde wegen der fehlenden vorsätzlichen Haupttat ebenfalls straflos sein.[180] 40

2. Straflosigkeit des Versuchs, Vollendung

Es handelt sich gemäß § 12 Abs 1 und 2 StGB um ein Vergehen, weil die Tat nach § 86 im Mindestmaß nicht mit Freiheitsstrafe von einem Jahr oder darüber bedroht ist. Da das Gesetz keine entsprechende ausdrückliche Bestimmung getroffen hat, ist der **Versuch** des § 86 somit gemäß § 23 Abs 1 StGB **straflos.**[181] 41

Vollendung liegt bei **§ 86 Nr 1** vor, wenn beide Teilelemente des Tatbestands erfüllt sind (Verstoß gegen **§ 87 Abs 1, 2 oder 3** als Bezugshandlung und Annehmen bzw Sich-Versprechen-Lassen des Vorteils im Rahmen der Unrechtsvereinbarung),[182] im Falle des **§ 86 Nr 2** schon mit 42

---

174 Vgl Schönke/Schröder-StGB/*Heine*/*Eisele*[30] § 332 Rdn 21; MünchKomm-StGB/*Korte*[3] § 332 Rdn 39.

175 *Anders* NZG 2018, 961, 969.

176 Vgl *Anders* NZG 2018, 961, 969; Scholz-GmbHG/*Rönnau*[12] § 86 Rdn 42; LK-StGB/*dens*[13] Vor § 32 Rdn 176; MünchKomm-StGB/*Schlehofer*[4] Vor § 32 Rdn 155; Saenger/Inhester-GmbHG/*Saenger*[4] § 86 Rdn 7.

177 Scholz-GmbHG/*Rönnau*[12] § 86 Rdn 42.

178 Scholz-GmbHG/*Rönnau*[12] § 86 Rdn 42. Zur Einhaltung vorgeschriebener Verfahren Schönke/Schröder-StGB/*Perron*[30] § 34 Rdn 35, 41.

179 BGHSt 46, 62, 64 (zu § 82); MünchKomm-GmbHG/*Altenhain*[4] § 86 Rdn 20; Noack/Servatius/Haas-GmbHG/*Beurskens*[23] § 86 Rdn 6; Rowedder/Pentz-GmbHG/*Klinger*[7] § 86 Rdn 9; Habersack/Casper/Löbbe-GmbHG/*Ransiek*[3] §§ 86–87 Rdn 22.

180 Vgl Habersack/Casper/Löbbe-GmbHG/*Ransiek*[3] Vor § 82 Rdn 49.

181 Noack/Servatius/Haas-GmbHG/*Beurskens*[23] § 86 Rdn 1; Scholz-GmbHG/*Rönnau*[12] § 86 Rdn 43.

182 Scholz-GmbHG/*Rönnau*[12] § 86 Rdn 44; zur Kritik und Antikritik der Berücksichtigung der Bezugshandlung siehe unter Fn 192.

dem Normverstoß gegen § **87 Abs 1, 2 oder 3**, welcher die Grenze zur beharrlichen Wiederholung überschreitet.[183]

3. Konkurrenzen

43 Die in den Straftatbeständen jeweils „aufgestuften" Ordnungswidrigkeiten stehen in **Tateinheit**, werden jedoch gemäß § 21 Abs 1 Satz 1 OWiG durch die Straftaten verdrängt,[184] zumal das der Ordnungswidrigkeit zu Grunde liegende Verbot ein auch strafrechtlich geschütztes Rechtsgut im Vorbereich schützt (**Subsidiarität**).[185] **Idealkonkurrenz** besteht zu möglicherweise begangenen Verstößen gegen **§§ 263, 266, 299 Abs 1, 332 StGB**.[186]

4. Verbot mehrfacher Ahndung (ne bis in idem)

44 Ein **rechtskräftiger Bußgeldbescheid schließt die Verfolgung derselben Tat desselben Täters als Straftat nicht aus**.[187] Der Grundsatz der Rechtsstaatlichkeit verlangt jedoch die Berücksichtigung der Vorentscheidung in der strafgerichtlichen Verurteilung.[188] Dieselbe Tat kann jedoch nicht mehr als Ordnungswidrigkeit verfolgt werden.[189] Jedoch besteht wegen der umfassenden Kognitions- und Prüfpflicht des Gerichts hinsichtlich der Tat eine **Sperrwirkung für eine spätere Strafverfolgung**, wenn ein **gerichtliches Urteil** (oder Beschluss nach § 72 OWiG) über eine Straftat oder eine Ordnungswidrigkeit im verfahrensrechtlichen Sinne erfolgt ist (vgl § 84 Abs 1 und 2 OWiG).[190]

5. Strafverfolgung

45 Es handelt sich um ein **Offizialdelikt**, dh ein Strafantragserfordernis besteht nicht und die Strafverfolgung erfolgt von Amts wegen, wenn zureichende tatsächliche Anhaltspunkte für die Begehung der jeweiligen Straftat vorliegen (vgl § 152 Abs 2 StPO). Mit Blick auf die Schwierigkeiten der Gewinnung solcher Anhaltspunkte für die Verfolgung der Straftaten aus § 86 für die Staatsanwaltschaft verweise ich auf die Ausführungen zu § 87 hinsichtlich der für die Verfolgung der – auch in den Straftatbeständen enthaltenen – Ordnungswidrigkeiten zuständigen Verwaltungsbehörden (vgl *Anders* § 87 Rdn 44).

46 Delikte nach § 86 sind **Wirtschaftsstraftaten nach § 74c Abs 1 Satz 1 Nr 1 GVG**, die in die **funktionelle Zuständigkeit der Wirtschaftsstrafkammer** fallen, wenn diese nach **§ 74 Abs 1 GVG** als Gericht des ersten Rechtszuges sachlich zuständig wäre. Für die Strafverfolgung bzw -vollstreckung betreffend die Delikte aus § 86 sind regelmäßig die **Schwerpunktstaatsanwaltschaften für Wirtschaftskriminalität bzw Wirtschaftskriminalität zuständig** (vgl **§ 143 Abs 4 GVG**).[191]

---

183 Scholz-GmbHG/*Rönnau*[12] § 86 Rdn 44; vgl zu diesem Zeitpunkt nach hiesiger Auffassung Rdn 34.
184 MünchKomm-GmbHG/*Altenhain*[4] § 86 Rdn 22; Noack/Servatius/Haas-GmbHG/*Beurskens*[23] § 86 Rdn 15; Scholz-GmbHG/*Rönnau*[12] § 86 Rdn 48.
185 Vgl BVerfGE 22, 49, 79; BGHSt 41, 385, 390; Göhler-OWiG/*Gürtler*/*Thoma*[18] § 21 Rdn 1 f; KK-OWiG/*Mitsch*[5] § 21 Rdn 1.
186 Scholz-GmbHG/*Rönnau*[12] § 86 Rdn 48; auch Noack/Servatius/Haas-GmbHG/*Beurskens*[23] § 86 Rdn 15 mit Blick auf §§ 263, 266 StGB.
187 Der Grundsatz „ne bis in idem" aus Art 103 Abs 3 GG ist dadurch nicht verletzt; vgl zum Verhältnis von Disziplinar- und Strafrecht BVerfGE 21, 378, 388; zur Rechtsprechung des *EGMR* und des *EuGH* vgl *Poelzig* NZG 2016, 492, 501.
188 BVerfGE 21, 378, 388; KK-OWiG/*Mitsch*[5] Einleitung Rdn 141.
189 Vgl OLG Zweibrücken NJW 1999, 962; KK-OWiG/*Mitsch*[5] Einleitung Rdn 142; Göhler-OWiG/*Seitz*/*Bauer*[18] § 84 Rdn 5.
190 KK-OWiG/*Lutz*[5] § 84 Rdn 10; Göhler-OWiG/*Seitz*/*Bauer*[18] § 84 Rdn 16.
191 Scholz-GmbHG/*Rönnau*[12] § 86 Rdn 53.

6. Verfolgungsverjährung, Beendigung

Nach § **78 Abs 3 Nr 5 StGB** beträgt die **Verfolgungsverjährung** bei den Taten nach § 86 **drei Jahre**, berechnet ab **Beendigung der Tat** (vgl § 78a StGB); die **absolute Verjährungsfrist** beträgt **sechs Jahre** (vgl **§ 78c Abs 3 Satz 2 StGB**). 47

Beendigung ist bei **§ 86 Nr 1** gegeben mit dem Annehmen bzw Sich-Versprechen-Lassen des letzten Vorteils oder – wenn zunächst der Vorteil gewährt wird – dem letzten Teilakt der Bezugshandlung,[192] im Falle des **§ 86 Nr 2** mit der Beendigung der Wiederholungshandlung.[193] **Beendigung** tritt auch dann ein, wenn der Täter aus dem Aufsichtsrat oder Prüfungsausschuss ausscheidet.[194] 48

7. Rechtsfolgen

Die Tat wird mit **Freiheitsstrafe bis zu einem Jahr** oder mit **Geldstrafe** bestraft. Mit Blick auf die durch die Tat erlangten Erträge ist die **Einziehung** anzuordnen (vgl **§ 73 StGB**).[195] Darunter fällt auch der **Wert ersparter Aufwendungen** des Täters bzw des ihn beschäftigenden Unternehmens (vgl **§ 73b StGB**) sowie das **Honorar des/der rechtswidrig ausgewählten und/oder bestellten Abschlussprüfers bzw Prüfungsgesellschaft.**[196] Art 30b Abs 1 lit e) der überarbeiteten EU-APrRiLi sieht den Grad der Bereitwilligkeit der verantwortlichen Person, mit der zuständigen Behörde zusammenzuarbeiten, als sanktionsmildernd an.[197] Stärker ins Gewicht dürfte fallen, dass gemäß **§ 70 Abs 1 Satz 1 StGB** unter den dort genannten Voraussetzungen – Verurteilung wegen einer rechtswidrigen Tat, die unter Missbrauch des Berufs oder Gewerbes oder unter grober Verletzung der mit ihnen verbundenen Pflichten begangen wurde – ein **Berufsverbot** für die Dauer von einem Jahr bis zu fünf Jahren verhängt werden kann (vgl Rdn 4). Dies wird aufgrund des damit verbundenen tiefgreifenden Eingriffs in die Berufsfreiheit des Betroffenen[198] **lediglich in besonders schweren Fällen** in Betracht kommen.[199] 49

Die **Verbandsgeldbuße** kann **in einem verbundenen Verfahren** nicht nur neben der Geldbuße (vgl *Anders* § 87 Rdn 41), sondern auch neben der Strafe gegen das Organ festgesetzt werden; jedoch ist auch **die selbstständige Festsetzung der Verbandsgeldbuße** möglich, wenn ein individuelles Strafverfahren nicht durchgeführt wird (vgl § 30 Abs 4 OWiG).[200] Die Verbandsgeldbuße beträgt gemäß § 30 Abs 2 Satz 1 Nr 1 OWiG **im Falle einer vorsätzlichen Straftat bis zu zehn Millionen Euro**. 50

Als weitere Rechtsfolge ist die nach **§ 88 Abs 2** zu erfolgende Mitteilung abschließender Entscheidungen in Strafverfahren im Falle der Erhebung der öffentlichen Klage an die Abschlussprüferaufsichtsstelle (APAS) beim Bundesamt für Wirtschaft und Ausfuhrkontrolle (BAFA), die diese 51

---

192 Vgl BGHSt 52, 300, 303 ff; BGH NStZ 2017, 2565, 2566; NStZ-RR 2018, 178, 180; Leitner/Rosenau-WSS/*Parigger* § 86 GmbHG Rdn 14; Scholz-GmbHG/*Rönnau*[12] § 86 Rdn 45; Die dagegen gerichtete Kritik im Rahmen der §§ 331 ff StGB, welche daran anknüpft, dass dort die Diensthandlung nicht zum Tatbestand gehöre, vgl MünchKomm-StGB/*Korte*[3] § 332 Rdn 60, § 331 Rdn 229, und LK-StGB/*Sowada*[12] § 332 Rdn 29, § 331 Rdn 131, greift hier nicht durch, da die Vornahme der Bezugshandlung bei § 86 in Form des Normverstoßes gegen § 87 Abs 1, 2 oder 3 Tatbestandsmerkmal ist („begeht"); vgl zutreffend (mit Blick auf die Vollendung: Scholz-GmbHG/*Rönnau*[12] § 86 Rdn 44 in Fn 146.

193 Vgl Scholz-GmbHG/*Rönnau*[12] § 86 Rdn 45.

194 Leitner/Rosenau-WSS/*Parigger* § 86 GmbHG Rdn 14; Scholz-GmbHG/Rönnau[12] § 86 Rdn 45.

195 Vgl MünchKomm-GmbHG/*Altenhain*[4] § 86 Rdn 23.

196 Scholz-GmbHG/*Rönnau*[12] § 86 Rdn 51.

197 Insoweit kritisch mit Blick auf den nemo tenetur-Grundsatz Habersack/Casper/Löbbe-GmbHG/*Ransiek*[3] §§ 86–87 Rdn 14; vgl zur Compliance-Defense bei der Bußgeldbemessung im Rahmen der Verbandsgeldbuße § 87 Rdn 41.

198 Vgl Art 12 GG; Art 15 der Charta der Grundrechte der Europäischen Union (GrCh).

199 Vgl BT-Drucks 18/7219 S 48; Altmeppen[10] § 86 Rdn 7; Noack/Servatius/Haas-GmbHG/*Beurskens*[23] § 86 Rdn 16; Habersack/Casper/Löbbe-GmbHG/*Ransiek*[3] §§ 86–87 Rdn 12; Scholz-GmbHG/*Rönnau*[12] § 86 Rdn 49.

200 BGH NStZ 1994, 346 f; Göhler-OWiG/*Gürtler*/*Thoma*[18] § 30 Rdn 31 ff, 39 ff; KK-OWiG/*Rogall*[5] § 30 Rdn 163.

auf ihrer Internetseite öffentlich nach § 69 WiPrO bekannt machen soll („**Naming and Shaming**"), zu berücksichtigen (vgl *Anders* § 88 Rdn 6 ff).

8. Anwendbarkeit, Übergangsvorschrift

52 Nach der **Übergangsvorschrift zum FISG**[201] **§ 9 Abs 1 Satz 1 EGGmbHG** ist **§ 86** in der ab dem 1.7.2021 geltenden Fassung (vgl Rdn 3) erstmals auf alle gesetzlich vorgeschriebenen Abschlussprüfungen anzuwenden, die das **nach dem 31.12.2021 beginnende Geschäftsjahr** betreffen.[202] **§ 86** in der bis einschließlich 30.6.2021 geltenden Fassung (vgl Rdn 3) ist letztmals anzuwenden auf alle gesetzlich vorgeschriebenen Abschlussprüfungen für das **vor dem 1.1. 2022 beginnende Geschäftsjahr** (**§ 9 Abs 1 Satz 2 EGGmbHG**).

201 Gesetz zur Stärkung der Finanzmarktintegrität vom 3. Juni 2021 (BGBl I S 1534).
202 Noack/Servatius/Haas-GmbHG/*Beurskens*[23] § 86 Rdn 1.

§ 87 Bußgeldvorschriften

(1) Ordnungswidrig handelt, wer als Mitglied eines Aufsichtsrats oder als Mitglied eines Prüfungsausschusses einer Gesellschaft, die ein Unternehmen von öffentlichem Interesse nach § 316a Satz 2 Nummer 1 oder 2 des Handelsgesetzbuchs ist,

1. **die Unabhängigkeit des Abschlussprüfers oder der Prüfungsgesellschaft nicht nach Maßgabe des Artikels 4 Absatz 3 Unterabsatz 2, des Artikels 5 Absatz 4 Unterabsatz 1 Satz 1 oder des Artikels 6 Absatz 2 der Verordnung (EU) Nr 537/2014 des Europäischen Parlaments und des Rates vom 16. April 2014 über spezifische Anforderungen an die Abschlussprüfung bei Unternehmen von öffentlichem Interesse und zur Aufhebung des Beschlusses 2005/909/EG der Kommission (ABl L 158 vom 27.5.2014, S 77, L 170 vom 11.6.2014, S 66) überwacht oder**
2. **eine Empfehlung für die Bestellung eines Abschlussprüfers oder einer Prüfungsgesellschaft vorlegt, die den Anforderungen nach Artikel 16 Absatz 2 Unterabsatz 2 oder 3 der Verordnung (EU) Nr 537/2014 nicht entspricht oder der ein Auswahlverfahren nach Artikel 16 Absatz 3 Unterabsatz 1 der Verordnung (EU) Nr 537/2014 nicht vorangegangen ist.**

(2) Ordnungswidrig handelt, wer als Mitglied eines Aufsichtsrats, der einen Prüfungsausschuss nicht bestellt hat, einer Gesellschaft, die ein Unternehmen von öffentlichem Interesse nach § 316a Satz 2 Nummer 1 oder 2 des Handelsgesetzbuchs ist, den Gesellschaftern einen Vorschlag für die Bestellung eines Abschlussprüfers oder einer Prüfungsgesellschaft vorlegt, der den Anforderungen nach Artikel 16 Absatz 5 Unterabsatz 1 der Verordnung (EU) Nr 537/2014 nicht entspricht.

(3) Ordnungswidrig handelt, wer als Mitglied eines Aufsichtsrats, der einen Prüfungsausschuss bestellt hat, einer in Absatz 2 genannten Gesellschaft den Gesellschaftern einen Vorschlag für die Bestellung eines Abschlussprüfers oder einer Prüfungsgesellschaft vorlegt, der den Anforderungen nach Artikel 16 Absatz 5 Unterabsatz 1 oder Unterabsatz 2 Satz 1 oder Satz 2 der Verordnung (EU) Nr 537/2014 nicht entspricht.

(4) Die Ordnungswidrigkeit kann mit einer Geldbuße bis zu fünfhunderttausend Euro geahndet werden.

(5) Verwaltungsbehörde im Sinne des § 36 Absatz 1 Nummer 1 des Gesetzes über Ordnungswidrigkeiten ist bei einer Gesellschaft, die ein Unternehmen von öffentlichem Interesse nach § 316a Satz 2 Nummer 2 des Handelsgesetzbuchs ist, die Bundesanstalt für Finanzdienstleistungsaufsicht, im Übrigen das Bundesamt für Justiz.

Schrifttum

Vgl Schrifttum zu § 86. *Baur/Holle* Compliance-Defense bei der Bußgeldbemessung und ihre Einpassung in das gesellschaftsrechtliche Pflichtenprogramm, NZG 2018, S 14–19; *Bode* Überwachung und Billigung von Nichtprüfungsleistungen im PIE-Konzern, BB 2017, S 491–494; *Hayn/Oser* Eckpfeiler der EU-Abschlussprüfungsreform – Anforderungen an Aufsichtsrat und Prüfungsausschuss, BOARD 2016, S 9–13; *Hugger/Pasewaldt* Komment. zu BGH, Urt v 9.5.2017 – 1 StR 265/16, NZWiSt 2018, S 388–391; *Lanfermann* Billigungspflicht für Nicht-Prüfungsleistungen bei Unternehmen von öffentlichem Interesse, BB 2016, S 1834–1838; *Marsch-Barner/Gundel* Die Vorstände und Aufsichtsräte börsennotierter Gesellschaften unter Staatsaufsicht!, Audit Committee Quarterly III/2015, S 6–12; Münchener Kommentar GmbHG Band 2 §§ 35–52 3. Auflage 2019; *Petersen/Zwirner/Boecker* Das AReG wurde verabschiedet. Umsetzung der prüfungsbezogenen EU-Vorgaben – ein Überblick über zentrale Neuerungen im HGB, DStR 2016, S 984–989.

Übersicht

https://doi.org/10.1515/9783111386669-007

A. Entstehungsgeschichte

1 § 87 stellt im Rahmen der **§§ 86–88** den **Grundtatbestand** dar (Normsystematik vgl *Anders* § 86 Rdn 5).

2 § 87 ist zusammen mit den §§ 86 und 88 mit dem **Abschlussprüfungsreformgesetz vom 10.5.2016**[1] (nachfolgend: AReG) in das GmbHG eingefügt worden (vgl zum europarechtlichen Rahmen des AReG *Anders* § 86 Rdn 1 ff). Schon bei der Vorbereitung des Abschlussprüferaufsichtsreformgesetzes (APAReG) vom 31.3.2016[2, 3] gab es im Referentenentwurf den Versuch, die Verletzung von prüfungs-

1 BGBl I S 1442.
2 BGBl I S 518.
3 Gesetz zur Umsetzung der aufsichts- und berufsrechtlichen Regelungen der Richtlinie 2014/56/EU sowie zur Ausführung der entsprechenden Vorgaben der Verordnung (EU) Nr 537/2014 im Hinblick auf die Abschlussprüfung bei Unternehmen von öffentlichem Interesse (Abschlussprüferaufsichtsreformgesetz – APAReG) vom 31. März 2016.

bezogenen Pflichten durch Mitglieder von Aufsichtsräten bzw Prüfungsausschüssen in § 71 Abs 3 WiPrO-E einer Sanktionierung zu unterwerfen; die Lozierung im Berufsrecht der Wirtschaftsprüfer scheiterte aber zugunsten einer gesellschaftsrechtlichen Lösung.[4] Durch Art 10 des **Gesetzes zur Umsetzung der Zweiten Zahlungsdiensterichtlinie vom 17.7.2017**[5] waren Absatz 1 Nr 2 und Absatz 2 neu gefasst worden, was dem spezifischen System der Abschlussprüferbestellung bei Versicherungsunternehmen geschuldet war. Ferner war Absatz 3 geändert worden; es handelte sich mit Blick auf die vorgenannten Neufassungen um eine bloße Folgeänderung. Diese Änderungen traten am 22.7.2017 in Kraft (vgl Art 15 Abs 2 des Gesetzes zur Umsetzung der Zweiten Zahlungsdiensterichtlinie vom 17.7.2017). Nunmehr hat § 87 durch Art 18 Nr 3 des **Finanzmarkintegritätsstärkungsgesetzes vom 3.6.2021**[6] (nachfolgend: FISG) seine aktuelle Fassung, in Kraft getreten zum 1.7.2021, gefunden. Das FISG stellt eine Reaktion auf den sog Wirecard-Skandal dar und verfolgt die Ziele der weiteren Stärkung der Bilanzkontrolle und Regulierung der Abschlussprüfung sowie der Verbesserung hinsichtlich der Aufsichtsstrukturen und der Befugnisse der Bundesanstalt für Finanzdienstleistungsaufsicht (BaFin) bei der Prüfung von Auslagerungen seitens der Finanzdienstleistungsunternehmen.[7] Mit Blick auf § 87 erfolgten mehrheitlich formelle Korrekturen: Hinsichtlich Absatz 1 wurde laut Gesetzesbegründung[8] zur besseren Lesbarkeit der Vorschrift auf die Legaldefinition des § 316a Satz 2 Nr 1 oder 2 HGB verwiesen; ein Verweis auf § 316a Satz 2 Nr 3 HGB habe sich erübrigt, da ein Versicherungsunternehmen nicht in der Rechtsform einer GmbH betrieben werden könne (vgl § 8 Abs 2 VAG). Damit ist auch Absatz 1 Nr 2 neu gefasst worden. Die Änderung in Absatz 4 soll für einen Gleichlauf mit § 334 Abs 3 Satz 1 HGB sorgen, indem der Bußgeldrahmen von € 50.000 auf € 500.000 angehoben worden ist. Zudem wurde in den Absatz 2 und 5 ebenfalls zur besseren Lesbarkeit auf die Legaldefinition des § 316a Satz 2 HGB verwiesen.

B. Geschütztes Rechtsgut und Deliktsnatur

Zum **Rechtsgüterschutz im Rahmen des § 87** und zur **Deliktsnatur** der Tatbestände des § 87 als **abstrakte Gefährdungsdelikte, Blankettnormen** und **Sonderdelikte** (vgl *Anders* § 86 Rdn 7–9). 3

C. Beteiligte

I. Beteiligtenbegriff

§ 87 behandelt Ordnungswidrigkeitentatbestände, für die der sog **Einheitstäterbegriff** des **§ 14 Abs 1 Satz 1 OWiG** gilt.[9] Dies bedeutet der Idee nach, dass nicht zwischen Täterschaft und Teilnahme unterschieden wird, vielmehr alle Beteiligungsformen abstrakt gleichgesetzt werden;[10] diesbezügliche Abgrenzungsfragen, insbesondere solche mit Blick auf sog Sonderdelikte, treten daher beim Beteiligtenbegriff im Ordnungswidrigkeitenrecht nicht auf. Der Gesetzgeber ging davon aus, dass insbesondere wegen der fehlenden Mindestgeldbußendrohungen eine Unterscheidungsnotwendigkeit zwischen den Beteiligungsformen des Strafrechts für die Rechtsfolgenbemessung nicht notwendig sei; der Hauptvorteil ist in der erheblichen Erleichterung der Rechtsanwendung zu sehen, da die 4

4 *Lanfermann/Maul* BB 2016, 363.
5 BGBl I S 2446.
6 Gesetz zur Stärkung der Finanzmarktintegrität vom 3. Juni 2021 (BGBl I S 1534).
7 Vgl BT-Drucks 19/26966 S 1.
8 Vgl BT-Drucks 19/26966 S 119.
9 MünchKomm-GmbHG/*Altenhain*[4] § 87 Rdn 18; Noack/Servatius/Haas-GmbHG/*Beurskens*[23] § 87 Rdn 1; Scholz-GmbHG/*Rönnau*[12] § 87 Rdn 10.
10 KK-OWiG/*Rengier*[5] § 14 Rdn 4.

mit der Verfolgung von Ordnungswidrigkeiten betrauten Verwaltungsbehörden – hier die Bundesanstalt für Finanzdienstleistungsaufsicht (vgl Absatz 5) – Umfang und die Bedeutung der Tatbeteiligung nur in tatsächlicher Hinsicht festzustellen brauchen.[11] Eingeebnet ist jedoch nur die Differenzierung zwischen Mittäterschaft, Anstiftung und Beihilfe; Nebentäterschaft und mittelbare Täterschaft unterfallen nicht dem Einheitstäterbegriff des **§ 14 Abs 1 Satz 1 OWiG**, sondern entsprechen den allgemeinen strafrechtlichen Regeln.[12] Ist ein Beteiligter kein tauglicher Täter, kann er trotzdem wegen täterschaftlicher Begehung belangt werden, wenn ein anderer die besondere Täterqualifikation erfüllt (vgl §§ **9 Abs 1, 14 Abs 1 Satz 2 OWiG**).[13]

II. Betroffene Körperschaften

1. GmbH

5 Trotz fehlender ausdrücklicher Erwähnung im Gesetzestext, der in **§ 87** lediglich die „Unternehmen von öffentlichem Interesse“ im Sinne des Art 1 Nr 2 lit f) EU-APrRiLi (Art 2 Nr 13 der überarbeiteten EU-APrRiLi) aufzählt, ergibt sich aus der spezialgesetzlichen Regelung im GmbHG, dass von dieser Vorschrift lediglich Unternehmen erfasst sind, die in der Rechtsform der GmbH betrieben werden.[14]

2. Unternehmen von öffentlichem Interesse nach § 316a Satz 2 Nr 1 oder 2 HGB

6 Insoweit wird auf die Kommentierung zu § 86 verwiesen (vgl *Anders* § 86 Rdn 11 ff).

III. Betroffene Mitglieder

7 Insoweit wird auf die Kommentierung zu § 86 verwiesen (vgl *Anders* § 86 Rdn 17).

1. Aufsichtsrat

8 Insoweit wird auf die Kommentierung zu § 86 verwiesen (vgl *Anders* § 86 Rdn 18 ff).

2. Prüfungsausschuss

9 **a) Bestellung durch den Aufsichtsrat (fakultativer Prüfungsausschuss).** Insoweit wird auf die Kommentierung zu § 86 verwiesen (vgl *Anders* § 86 Rdn 21).

10 **b) „alleinstehender“ (isolierter) Prüfungsausschuss.** Insoweit wird auf die Kommentierung zu § 86 verwiesen (vgl *Anders* § 86 Rdn 22).

---

11 Vgl Göhler-OWiG/*Gürtler*/*Thoma*[18] § 14 Rdn 2; KK-OWiG/*Rengier*[5] § 14 Rdn 2.

12 BGHSt 31, 309, 311 f; MünchKomm-GmbHG/*Altenhain*[4] § 87 Rdn 19; KK-OWiG/*Rengier*[5] § 14 Rdn 4 Rdn 87 ff Rdn 104 ff; Scholz-GmbHG/*Rönnau*[12] § 87 Rdn 10.

13 MünchKomm-GmbHG/*Altenhain*[4] § 87 Rdn 18; BeckOK-GmbHG/*N. Müller*[57] § 87 Rdn 4; Scholz-GmbHG/*Rönnau*[12] § 87 Rdn 10; vgl Rowedder/Pentz-GmbHG/*Klinger*[7] § 87 Rdn 5.

14 Vgl BT-Drucks 18/7219 S 59.

3. Kollegialentscheidungen

Insoweit wird auf die Kommentierung zu § 86 verwiesen (vgl *Anders* § 86 Rdn 24). 11

D. Bußgeldtatbestände

Das AReG interpretiert die Vorgaben der EU-APrRiLi dahingehend, dass von einer Sanktionierung nur die im Zusammenhang mit einer Abschlussprüfung bestehenden Pflichtenverstöße erfasst sein sollen, nicht hingegen insbesondere die laufenden Überwachungspflichten im Hinblick auf die Rechnungslegung sowie das Risikomanagementsystem des Unternehmens.[15] Die in § 87 benannten Verstöße gegen die wesentlichen abschlussprüfungsbezogenen Pflichten der Mitglieder des Aufsichtsrats bzw – im Falle der Delegation – des Prüfungsausschusses beziehen sich auf die Verletzung von Handlungspflichten, die sich wegen der Ausführungssperre aus der **unmittelbar geltenden EU-APrVO** ergeben.[16] **Formale, eher prozessbezogene Verstöße** – etwa die Billigung von Nicht-Prüfungsleistungen, solche bei dem Vorschlag eines Abschlussprüfers – werden sich leichter nachweisen lassen; die Verfolgung **inhaltlicher Verstöße** sollte sich auf **offenkundige Handlungen** beschränken.[17] Es handelt sich jedenfalls um sog **blankettartige Tatbestände**[18] und insoweit nicht um normative Tatbestandsmerkmale, denn § 87 definiert **sowohl den Täterkreis als auch die Tathandlungen** nicht selbst, sondern verweist allein auf deren rechtliche Voraussetzungen, dh das Ordnungswidrigkeitenrecht knüpft lediglich an europarechtlichen Normen an. Insoweit wird mit Blick auf die Tathandlungen auf die Kommentierung zu § 86 verwiesen (vgl *Anders* § 86 Rdn 8). Auch die **Definition des Täterkreises** verwendet zT **mehrfach gestufte Blankette** (vgl *Anders* § 86 Rdn 8, 16). Durchgreifende Bedenken gegen die Wahrung des verfassungsrechtlichen Bestimmtheitsgrundsatzes aus Art 103 Abs 2 GG bestehen jedoch auch insoweit nicht (vgl *Anders* § 86 Rdn 8). 12

I. Absatz 1: Verstöße von Mitgliedern eines Aufsichtsrats oder Prüfungsausschusses einer Gesellschaft, die ein Unternehmen von öffentlichem Interesse nach § 316a Satz 2 Nr 1 oder 2 HGB ist

1. Absatz 1 Nr 1: Mängel bei der Überwachung der Unabhängigkeit des Abschlussprüfers oder der Prüfungsgesellschaft

Absatz 1 Nr 1 ahndet die fehlende Überwachung der Unabhängigkeit des Abschlussprüfers oder der Prüfungsgesellschaft mit Geldbuße. Nach den in der Vorschrift genannten Vorgaben der EU-APrVO werden die Aufsichtsrats- bzw Prüfungsausschussmitglieder zur Überwachung der Unabhängigkeit der Abschlussprüfer verpflichtet, um Interessenkonflikte, die sich insbesondere aus der Beziehung der Prüfer zum beauftragenden Unternehmen ergeben können, zu vermeiden.[19] Die Unabhängigkeit des Abschlussprüfers als dessen Bereitschaft, über festgestellte Fehler zu berichten, stellt einen wesentlichen Bestandteil von Prüfungsqualität dar.[20] Es werden mit Blick auf die Überwachung der Unabhängigkeit Verstöße gegen drei Bestimmungen geahndet: 13

---

15 *Blöink/Woodtli* Der Konzern 2016, 75, 84; vgl *Meyer/Mattheus* DB 2016, 695, 699.

16 Überblick bei *Anders* NZG 2018, 961, 963 ff.

17 *Lanfermann/Maul* BB 2016, 363, 367.

18 MünchKomm-GmbHG/*Altenhain*[4] § 87 Rdn 2; Noack/Servatius/Haas-GmbHG/*Beurskens*[23] § 87 Rdn 2; Rowedder/Pentz-GmbHG/*Klinger*[7] § 86 Rdn 6; Scholz-GmbHG/*Rönnau*[12] § 87 Rdn 9; Erbs/Kohlhaas-GmbHG/*Schaal*[239] § 86 Rdn 3.

19 Lutter/Hommelhoff-GmbHG/*Kleindiek*[21] § 87 Rdn 3.

20 *Schüppen* NZG 2016, 247, 251, 252.

14 **a) Art 4 Abs 3 Unterabs 2 EU-APrVO (Ausnahme von der 15-Prozent-Honorargrenze).** Die Bezugsvorschrift lautet:

> „Wenn die von einem solchen Unternehmen von öffentlichem Interesse gezahlten Honorare weiterhin über 15 % der insgesamt von dem Abschlussprüfer oder der Prüfungsgesellschaft oder gegebenenfalls dem Konzernabschlussprüfer vereinnahmten Honorare hinausgehen, entscheidet der Prüfungsausschuss anhand objektiver Gründe darüber, ob der Abschlussprüfer, die Prüfungsgesellschaft oder der Konzernabschlussprüfer bei diesem Unternehmen oder dieser Unternehmensgruppe die Abschlussprüfung für einen weiteren Zeitraum, der in jedem Fall zwei Jahre nicht überschreiten darf, durchführen darf."

15 Der über das Wort „weiterhin" in den Blick genommene **Art 4 Abs 3 Unterabs 1 EU-AprVO** lautet:

> „Wenn die von einem Unternehmen von öffentlichem Interesse insgesamt gezahlten Honorare in jedem der letzten drei aufeinanderfolgenden Geschäftsjahre über 15 % der von dem Abschlussprüfer oder der Prüfungsgesellschaft oder gegebenenfalls dem Konzernabschlussprüfer, der bzw die die Abschlussprüfung in jedem dieser Geschäftsjahre durchgeführt hat, insgesamt vereinnahmten Honorare hinausgehen, setzt der betreffende Abschlussprüfer bzw die betreffende Prüfungsgesellschaft bzw gegebenenfalls der Konzernabschlussprüfer den Prüfungsausschuss darüber in Kenntnis und berät mit ihm über die Gefahren für seine bzw ihre Unabhängigkeit wie auch über die zur Verminderung dieser Gefahren eingeleiteten Schutzmaßnahmen. Der Prüfungsausschuss erwägt, ob das Prüfungsmandat vor Erteilung des Bestätigungsvermerks einer auftragsbegleitenden Qualitätssicherungsprüfung durch einen anderen Abschlussprüfer oder eine andere Prüfungsgesellschaft unterzogen werden sollte."

16 Die Bestimmung dient der Vermeidung einer zu starken Abhängigkeit des Abschlussprüfers von einem einzelnen Prüfungsmandat. Sie ersetzt § 319a Abs 1 Nr 1 HGB aF, nach der ein Wirtschaftsprüfer von der Abschlussprüfung kapitalmarktorientierter Unternehmen insbesondere dann ausgeschlossen war, wenn er in den letzten fünf Jahren mehr als 15 % der Gesamteinnahmen aus seiner beruflichen Tätigkeit von der zu prüfenden Kapitalgesellschaft bezogen hat und dies auch im laufenden Geschäftsjahr zu erwarten war. Nunmehr wird die Abhängigkeitsgefahr nach **Art 4 Abs 3 Unterabs 1 EU-AprVO** angenommen, wenn die von einem Mandanten gezahlten Honorare **drei Geschäftsjahre in Folge über 15 % der Honorare** ausmachen, die der Abschlussprüfer oder die Prüfungsgesellschaft insgesamt vereinnahmt haben. In diesem Falle setzt der betreffende Abschlussprüfer bzw die betreffende Prüfungsgesellschaft den Prüfungsausschuss darüber in Kenntnis und berät mit ihm über die Gefahren für seine bzw ihre Unabhängigkeit wie auch über die zur Verminderung dieser Gefahren eingeleiteten Schutzmaßnahmen. Die Gesamtumsätze der letzten drei Jahre des Abschlussprüfers bzw der Prüfungsgesellschaft sollten üblicherweise auch den entsprechenden Transparenzberichten gemäß Art 13 EU-APrVO zu entnehmen sein. Ein Verstoß gegen diese Pflicht, die ohnehin mit Blick auf die Mitglieder des Prüfungsausschusses bzw des Aufsichtsrats nur deren Pflicht zur Beratung und zur nachfolgenden Evaluierung, ob das Prüfungsmandat vor Erteilung des Bestätigungsvermerks einer auftragsbegleitenden Qualitätssicherungsprüfung durch einen anderen Abschlussprüfer oder eine andere Prüfungsgesellschaft unterzogen werden sollte, betreffen könnte, ist jedoch **ordnungswidrigkeitenrechtlich zunächst irrelelvant**. **Art 4 Abs 3 Unterabs 2 EU-AprVO** erlangt erst Bedeutung, wenn auch im nächsten Geschäftsjahr (**„weiterhin"**) – **also im insgesamt vierten Geschäftsjahr** –[21] diese quantitative Grenze von 15 % überschritten wird: Dann hat der Prüfungsausschuss bzw Aufsichtsrat **anhand objektiver Gründe** darüber zu entscheiden, ob der Abschlussprüfer bzw die Prüfungsgesellschaft die Abschlussprüfung für einen weiteren Zeitraum, der in jedem Fall **zwei Jahre nicht überschreiten darf**, durchführen darf.[22] Sanktionsrelevante Verstöße kommen typischerweise in Betracht, wenn ein Abschlussprüfer gewählt wird, dessen Gesamtumsätze in Relation zum gezahlten

21 Scholz-GmbHG/*Rönnau*[12] § 87 Rdn 16.

22 Altmeppen[10] § 87 Rdn 4; Lutter/Hommelhoff-GmbHG/*Kleindiek*[21] § 87 Rdn 4; *Lanfermann*/*Maul* BB 2016, 363 (365); BeckOK-GmbHG/*N. Müller*[57] § 87 Rdn 10; vgl Habersack/Casper/Löbbe-GmbHG/*Ransiek*[3] §§ 86–87 Rdn 39.

Honorar gering sind.[23] Verstöße gegen Art 4 Abs 3 Unterabs 2 EU-APrVO sind in mehrfacher Hinsicht denkbar: Zum einen in dem **Unterlassen der Entscheidung** bei Notwendigkeit dazu.[24] Es dürfte sich hier nach der wohl herrschenden formalen Betrachtungsweise[25] um ein **unechtes Unterlassungsdelikt** handeln (**§ 8 OWiG**), wobei sich die die **Garantenstellung** von Mitgliedern des Aufsichtsrats oder Prüfungsausschusses aus der ihnen vom Gesetz oder durch Satzung auferlegten Verantwortung für die Auswahl und Überwachung der Abschlussprüfer und Prüfungsgesellschaften ergibt (**§ 52 Abs 1 GmbHG** iVm **§ 107 Abs 3 Satz 2 AktG**).[26] Zudem kann die Ordnungswidrigkeit durch **positives Tun** in der **Verletzung des Entscheidungsmaßstabs der „objektiven Gründe"** begangen werden. Was unter einem einen objektiven Grund zu verstehen ist, lässt das AReG offen; der EU-APrVO ist lediglich Erwägungsgrund 7 zu entnehmen, dass bei der Entscheidung des Prüfungsausschusses (bzw des Aufsichtsrats) über die Unabhängigkeit des Abschlussprüfers „unter anderem die Gefährdung der Unabhängigkeit und die Folgen seiner Entscheidung" berücksichtigt werden sollen. *Altenhain* nimmt solche „triftigen Gründe" dann an, wenn eine erneute Überschreitung der 15 %-Grenze in den nächsten beiden Geschäftsjahren (also im fünften und sechsten) ausgeschlossen ist.[27] Vor dem Hintergrund des Art 103 Abs 2 GG dürfte der der Tatbestand restriktiv auszulegen sein, etwa über das **Evidenzkriterium**, nach dem die Entscheidung nicht auf **offensichtlich sachwidrigen** oder **willkürlichen Erwägungen** beruhen dürfe.[28] Jedenfalls sollte die **schriftliche Abfassung jedenfalls nachvollziehbarer Erwägungen** mit Blick auf die Unabhängigkeit des Abschlussprüfers ausreichen, um das Risiko der Verwirklichung des Tatbestands zu minimieren.[29]

b) Art 5 Abs 4 Unterabs 1 Satz 1 EU-APrVO (Billigung von Nichtprüfungsleistungen). 17
Absatz 1 Nr 1 verlangt die Überwachung der Unabhängigkeit des Abschlussprüfers oder der Prüfungsgesellschaft ua nach Maßgabe des Art 5 Abs 4 Unterabs 1 Satz 1 EU-APrVO. Die Bezugsvorschrift lautet:

> „Ein Abschlussprüfer oder eine Prüfungsgesellschaft, der bzw die eine Abschlussprüfung bei einem Unternehmen von öffentlichem Interesse durchführt, und – sofern der Abschlussprüfer bzw die Prüfungsgesellschaft einem Netzwerk angehört – jedes Mitglied dieses Netzwerks darf für das geprüfte Unternehmen, dessen Muttergesellschaft oder die von diesem beherrschten Unternehmen andere als die verbotenen Nichtprüfungsleistungen nach den Absätzen 1 und 2 erbringen, wenn der Prüfungsausschuss dies nach gebührender Beurteilung der Gefährdung der Unabhängigkeit und der angewendeten Schutzmaßnahmen gemäß Artikel 22b der Richtlinie 2006/43/EG billigt."

Aufsichtsrat und Prüfungsausschuss haben sich mit den erlaubten sog **Nichtprüfungsleistungen** 18
zu beschäftigen und sicherzustellen, dass es diesen vorher[30] im Wege des sog Pre-Approval zugestimmt hat.[31] Der Zeitraum, in dem keine verbotenen Nichtprüfungsleistungen erbracht werden dürfen, erstreckt sich im Sinne des Art 5 Abs 1 lit a) EU-APrVO auf die Zeitperiode zwischen dem Beginn des Prüfungszeitraums, dh dem Anfang des zu prüfenden Geschäftsjahres, und der Abgabe

23 *Lanfermann/Maul* BB 2016, 363, 365.
24 MünchKomm-GmbHG/*Altenhain*[4] § 87 Rdn 8; Noack/Servatius/Haas-GmbHG/*Beurskens*[23] § 87 Rdn 3; Habersack/Casper/Löbbe-GmbHG/*Ransiek*[3] §§ 86–87 Rdn 40.
25 Schönke/Schröder-StGB/*Bosch*[30] Vor §§ 13 ff Rdn 137 mwN.
26 MünchKomm-GmbHG/*Altenhain*[4] § 87 Rdn 16.
27 Vgl MünchKomm-GmbHG/*Altenhain*[4] § 87 Rdn 8.
28 Vgl Scholz-GmbHG/*Rönnau*[12] § 87 Rdn 16; ähnlich auch Altmeppen[10] § 87 Rdn 5; für Korrektur „kritische(r) Fälle" auf subjektiver Ebene Noack/Servatius/Haas-GmbHG/*Beurskens*[23] § 87 Rdn 3.
29 So auch *Lanfermann/Maul* BB 2016, 363, 365.
30 MünchKomm-GmbHG/*Altenhain*[4] § 87 Rdn 9; *Lanfermann* BB 2016, 1834, 1835; Scholz-GmbHG/*Rönnau*[12] § 87 Rdn 17.
31 *Meyer/Mattheus* DB 2016, 695, 698.

des Bestätigungsvermerks.[32] Zu beachten ist, dass der Umfang des Billigungsgebots wegen des Zusammenspiels von erweitertem Kreis der betroffenen Unternehmen und dem Netzwerk des Abschlussprüfers stark ausgeweitet wurde, was eine erhöhte Dichte des Kontrollprozesses zur Folge hat.[33] Zu empfehlen ist daher, dass Aufsichtsräte und Prüfungsausschüsse Pre-Approval-**Prozesse** definieren und -**Leitlinien** (vgl auch Art 5 Abs 4 Unterabs 1 Satz 2 EU-APrVO), ggf im Sinne von Vorab-Genehmigungen, aufstellen, die ein **konzernweites Monitoring** zum Gegenstand haben, das sog **Netzwerk des Abschlussprüfers** mit einbeziehen und schließlich etwaige abweichende Anforderungen nach nationalem ausländischen Recht anderer Mitgliedstaaten ggf aufgrund unterschiedlicher Ausübung der Wahlrechte aus Art 5 Abs 2, 3 und 4 Unterabs 2 EU-APrVO berücksichtigen („**Flickenteppich**").[34] Möglich ist auch die Notwendigkeit der **Mehrfachbilligung** einzelner Leistungen bei mehreren Unternehmen von öffentlichem Interesse innerhalb eines Konzerns.[35] Nach § 319b Abs 1 Satz 3 HGB liegt ein Netzwerk vor, wenn Personen bei ihrer Berufsausübung zur Verfolgung gemeinsamer wirtschaftlicher Interessen für eine gewisse Dauer zusammenwirken. Das bloße Unterlassen der Installierung solcher Prozesse als solches begründet jedoch nicht die Ordnungswidrigkeit, würde jedoch die notwendige „gebührende Beurteilung" einer Unabhängigkeitsgefährdung erheblich erschweren.

19 Da eine Definition des Begriffs der „Nichtprüfungsleistung" der EU-APrVO nicht zu entnehmen ist, erfährt **Art 5 Abs 4 Unterabs 1 Satz 1 EU-APrVO** durch die Bezugnahme der Vorschrift auf **Art 5 Abs 1 und 2 EU-APrVO** zwar eine gewisse Bestimmtheit durch negative Abgrenzung, da in dem umfangreichen Katalog des Absatzes 1 jedenfalls die verbotenen, nicht zustimmungsfähigen Tätigkeiten erwähnt werden („black list"), zu denen Steuerberatungsleistungen, juristische sowie Bewertungsleistungen und eine große Zahl weiterer Tätigkeiten aus den Bereichen „Betriebswirtschaftliche Beratung/Corporate Finance" zählen. Darüber regelte **Art 4 Abs 2 Unterabs 1 und 2 EU-AprVO** für erlaubte, aber weder nach Unionsrecht noch nach nationalem Recht erforderliche Nichtprüfungsleistungen, ein relatives Erbringungsverbot (Fee-Cap **bei 70 %**).[36] Eine mögliche Zulässigkeit und korrespondierende Billigungspflicht für **Steuerberatungsleistungen im Sinne von Art 5 Abs 1 Unterabs 2 lit a) Ziffer i und iv bis vii EU-AprVO** ergab sich dabei ergänzend und spezialgesetzlich aus § 319a Abs 3 HGB, so dass bis zum Wegfall dieser Regelung durch Art 11 Nr 4 des FISG (vgl Rdn 2) vertreten wurde, dass sie nicht vom Ordnungswidrigkeitentatbestand des § 87 erfasst seien.[37] Dafür sprach, dass die Mitgliedstaatenoption aus Art 5 Abs 3 EU-APrVO, von welcher der deutsche Gesetzgeber durch die in **§ 319a Abs 1 Satz 1 Nr 2 HGB aF** näher bezeichneten Steuerberatungsleistungen sowie den Billigungsvorbehalt (vgl **§ 319a Abs 3 HGB aF**) Gebrauch gemacht hat,[38] in Art 5 Abs 4 Unterabs 1 Satz 1 EU-APrVO keine Erwähnung findet, sowie, dass sich letztgenannte Regelung auch auf andere Nichtprüfungsleistungen als solche nach Art 5 Abs 1 EU-APrVO bezieht und daher vielmehr als Schließung einer Regelungslücke zu begreifen ist.[39] Zudem sollte die festgelegte Billigung der Steuerberatungsleistungen in **§ 319a Abs 3 HGB** „der Stärkung der Rolle des Prüfungsausschusses bzw Aufsichts- oder Verwaltungsrats" dienen.[40] Durch die Streichung des § 319a HGB durch das FISG ist diese Argumentation hinfällig,

32 *Kelm/Schmitz-Herkendell* DB 2016, 2365, 2370.
33 *Lanfermann/Maul* BB 2016, 363, 364.
34 *Meyer/Mattheus* DB 2016, 695, 698; *Lanfermann* BB 2016, 1834, 1835 ff; *Hayn/Oser* BOARD 2016, 9, 12.
35 *Lanfermann/Maul* BB 2016, 363, 364; *Bode* BB 2017, 491 ff.
36 *Schüppen* NZG 2016, 247, 252; *Kelm/Schmitz-Herkendell* DB 2016, 2365, 2372 f.
37 Vgl MünchKomm-GmbHG/*Altenhain*[3] § 87 Rdn 9; Habersack/Casper/Löbbe-GmbHG/*Ransiek*[3] §§ 86–87 Rdn 42; Scholz-GmbHG/*Rönnau*[12] § 87 Rdn 18.
38 Vgl MünchKomm-GmbHG/*Altenhain*[3] § 87 Rdn 9; *Bode* BB 2017, 491, 492; *Kelm/Schmitz-Herkendell* DB 2016, 2365, 2369, 2372; *Schüppen* NZG 2016, 247, 252.
39 *Lanfermann* BB 2016, 1834, 1835 unter Hinweis auf die Ausführungen des Ausschusses für Recht und Verbraucherschutz des Deutschen Bundestages zum AReG (vgl BT-Drucks 18/7902 S 54); *Kelm/Schmitz-Herkendell* DB 2016, 2365, 2372.
40 *Lanfermann/Maul* BB 2016, 363, 364 f unter Hinweis auf die Gesetzesbegründung zum AReG (vgl BT-Drucks 18/7219 S 42); vgl auch *Petersen/Zwirner/Boecker* DStR 2016, 984, 987.

so dass auch die in **Art 5 Abs 1 Unterabs 2 lit a) Ziffer i und iv bis vii EU-AprVO** genannten **Steuerberatungsleistungen § 87 Abs 1 Satz 1** unterfallen.[41] Soweit der Gesetzgeber das Mitgliedstaatenwahlrecht aus Art 4 Abs 2 Unterabs 3 EU-AprVO durch **§ 319a Abs 1a HGB aF** teilweise ausgeübt hatte, um in Ausnahmesituationen in gewissem Umfang und für eine gewisse Zeit eine Überschreitung der og Honorargrenze („Fee Cap") zu ermöglichen, ist mit der Streichung dieser Vorschrift durch das FISG auch diese Möglichkeit entfallen.[42]

Die weitgehende Unterbestimmtheit des Tatbestandsmerkmals der „gebührenden Beurteilung der Gefährdung der Unabhängigkeit" sowie der von der Norm in Bezug genommenen Vorgaben aus Art 22b der überarbeiteten EU-APrRiLi (in Verbindung mit Art 22 der überarbeiteten EU-APrRiLi) in Art 5 Abs 4 Unterabs 1 Satz 1 EU-APrVO gebietet eine **restriktive Handhabung der inhaltlichen Überprüfung der Billigungsentscheidung**, dh die genaue Auslegung der einzelnen Verbote nach Art 5 Abs 1 EU-APrVO oder die inhaltliche Überprüfung etwa der strikten Einhaltung der Honorargrenze aus Art 4 Abs 2 EU-APrVO wäre übergriffig und ist von Art 5 Abs 4 Unterabs 1 Satz 1 EU-APrVO nicht gefordert.[43] Jedenfalls sollten die Billigungsentscheidungen und die darin enthaltenen Abwägungsprozesse als Nachweise für ordnungsgemäßes Handeln **dokumentiert** werden.[44] Erfasst sind **ermessensfehlerhafte Beurteilungen**,[45] die **offensichtlich sachwidrig** oder **willkürlich** sind,[46] was durch **offensichtlich falsche Entscheidungen indiziert** wird.[47] Auch die **gänzlich fehlende Beurteilung** und darauf fußende Billigung unterfällt dem Ordnungswidrigkeitentatbestand;[48] die Beschränkung des Tatbestands auf das Unterlassen der Beurteilung[49] ist vom Bestimmtheitsgrundsatz jedoch nicht gefordert.[50] 20

c) Art 6 Abs 2 EU-APrVO (Erhalt der Unabhängigkeitserklärung). Die Bezugsvorschrift lautet: 21

> „Ein Abschlussprüfer oder eine Prüfungsgesellschaft
>
> a) erklärt gegenüber dem Prüfungsausschuss jährlich schriftlich, dass der Abschlussprüfer bzw die Prüfungsgesellschaft, Prüfungspartner und Mitglieder der höheren Führungsebene und das Leitungspersonal, die die Abschlussprüfung durchführen, unabhängig vom geprüften Unternehmen sind,
>
> b) erörtert mit dem Prüfungsausschuss die Gefahren für seine bzw ihre Unabhängigkeit sowie die von ihm bzw ihr gemäß Absatz 1 dokumentierten zur Verminderung dieser Gefahren angewendeten Schutzmaßnahmen."

Die Ordnungswidrigkeit erfasst die Erklärung nach Art 6 Abs 2 lit a) EU-APrVO, die bei Unternehmen von öffentlichem Interesse nach Art 11 Abs 2 Unterabs 1 lit a) EU-APrVO in den zusätzlichen Bericht an den Prüfungsausschuss (bzw den Aufsichtsrat) mit aufzunehmen ist, nicht jedoch die 22

41 Vgl BT-Drucks 19/26966 S 102.
42 Vgl BT-Drucks 19/26966 S 102.
43 *Lanfermann/Maul* BB 2016, 363, 365; vgl auch Scholz-GmbHG/*Rönnau*[12] § 87 Rdn 17.
44 *Lanfermann* BB 2016, 1834, 1834 f, 1838.
45 MünchKomm-GmbHG/*Altenhain*[4] § 87 Rdn 9.
46 *Lanfermann/Maul* BB 2016, 363, 365; Habersack/Casper/Löbbe-GmbHG/*Ransiek*[3] §§ 86–87 Rdn 41; Scholz-GmbHG/*Rönnau*[12] § 87 Rdn 17.
47 MünchKomm-GmbHG/*Altenhain*[4] § 87 Rdn 9; Noack/Servatius/Haas-GmbHG/*Beurskens*[23] § 87 Rdn 4.
48 Vgl Scholz-GmbHG/*Rönnau*[12] § 87 Rdn 17, es dürfte sich insoweit in der Schwerpunktbetrachtung wegen der aktiven Billigung nicht um ein Unterlassungsdelikt handeln (meine anderslautende Auffassung – echtes Unterlassungsdelikt, vgl *Anders* NZG 2018, 961, 964) – gebe ich auf).
49 So Altmeppen[10] § 87 Rdn 6.
50 Zutreffend Noack/Servatius/Haas-GmbHG/*Beurskens*[23] § 87 Rdn 4; Scholz-GmbHG/*Rönnau*[12] § 87 Rdn 17.

Bestätigung aus § 321 Abs 4a HGB.[51] Mit Geldbuße belegt ist die **fehlende Überwachung der Unabhängigkeit des Abschlussprüfers durch das Nicht-Einfordern der Erklärung**.[52] Es handelt sich um ein **echtes Unterlassungsdelikt**.[53] Der Wortlaut des Art 6 Abs 2 lit a) EU-AprVO legt dem Prüfungsausschuss bzw Aufsichtsrat lediglich die formale Pflicht zur Entgegennahme der Erklärung auf; eine materiale Erweiterung des Tatbestandes dahingehend, dass wegen des Bezugs zur Unabhängigkeit des Abschlussprüfers auch die **Entgegennahme von Erklärungen, die wahrheitswidrige Tatsachen enthalten**, objektiv erfasst wäre, ist schon wegen der Fassung der Vorschrift, die lediglich Pflichten für den Abschlussprüfer bzw die Prüfungsgesellschaft statuiert,[54] **nicht angezeigt**. Auch mit Blick auf Art 6 Abs 2 lit b) EU-APrVO ist ein **aktives Hinwirken**[55] verlangt, mithin handelt es sich auch um ein **echtes Unterlassungsdelikt**.[56] Es kommt hier auf das Unterlassen der Erörterung der Gefahren für die Unabhängigkeit durch den Prüfungsausschuss bzw Aufsichtsrat an;[57] eine tatsächliche Abhängigkeit des Abschlussprüfers ist nicht erforderlich.[58]

2. Absatz 1 Nr 2: Verstöße gegen die Pflichten bei der Empfehlung für die Bestellung des Abschlussprüfers oder der Prüfungsgesellschaft

23 **Absatz 1 Nr 2** ahndet Verstöße bei der Durchführung des Auswahlverfahrens und der Vorlage einer Bestellungsempfehlung.

24 **a) 1. Alt: Art 16 Abs 2 Unterabs 2 oder 3 EU-APrVO (Empfehlung des Abschlussprüfers).** Die Bezugsvorschrift lautet:

> „Abgesehen vom Fall der Erneuerung eines Prüfungsmandats gemäß Artikel 17 Absätze 1 und 2 muss die Empfehlung begründet werden und mindestens zwei Vorschläge für das Prüfungsmandat enthalten, und der Prüfungsausschuss teilt unter Angabe der Gründe seine Präferenz für einen der beiden Vorschläge mit.
>
> Der Prüfungsausschuss erklärt in seiner Empfehlung, dass diese frei von ungebührlicher Einflussnahme durch Dritte ist und ihm keine Klausel der in Absatz 6 genannten Art auferlegt wurde“.

25 Erfasst ist der Wechsel des Abschlussprüfers, sofern er zulässigerweise nicht erneut bestellt wird. Die Empfehlung ist zu begründen und hat **mindestens zwei Vorschläge** mit einer **begründeten Präferenzaussage** zu enthalten. Zudem ist die Erklärung des Prüfungsausschusses notwendig, dass die Empfehlung **frei von ungebührlicher Einflussnahme durch Dritte** und **keine wettbewerbsbeschränkende Klausel** auferlegt worden ist. Jeglicher Versuch von Dritten, entsprechende Vertragsklauseln durchzusetzen oder die Auswahl des Abschlussprüfers anderweitig ungebührlich zu beeinflussen, ist im Übrigen nach Art 16 Abs 6 Unterabs 2 EU-APrVO der nationalen Abschlussprüferaufsichtsstelle – also der APAS (vgl Rdn 46) – unmittelbar und unverzüglich mitzuteilen,

---

51 § 321 Abs 4a HGB ist auf GmbH ohne Aufsichtsrat anwendbar, Hopt-HGB/*Merkt*[42] § 321 Rdn 1. Für solche Unternehmen im öffentlichen Interesse gelten jedoch die §§ 334 Abs 2a, Abs 3 Satz 1, 340n Abs 2a Nr 1, 341n Abs 2a, Abs 3 Satz 1 HGB, die wiederum jeweils auf die Erklärung aus Art 6 Abs 2 EU-APrVO verweisen.

52 MünchKomm-GmbHG/*Altenhain*[4] § 87 Rdn 10; Noack/Servatius/Haas-GmbHG/*Beurskens*[23] § 87 Rdn 5; Scholz-GmbHG/*Rönnau*[12] § 87 Rdn 20.

53 *Anders* NZG 2018, 961, 965; vgl Scholz-GmbHG/*Rönnau*[12] § 87 Rdn 33.

54 Scholz-GmbHG/*Rönnau*[12] § 87 Rdn 20.

55 Scholz-GmbHG/*Rönnau*[12] § 87 Rdn 20; vgl MünchKomm-GmbHG/*Altenhain*[4] § 87 Rdn 10; Altmeppen[10] § 87 Rdn 7; Noack/Servatius/Haas-GmbHG/*Beurskens*[23] § 87 Rdn 5.

56 *Anders* NZG 2018, 961, 965; vgl Scholz-GmbHG/*Rönnau*[12] § 87 Rdn 33.

57 MünchKomm-GmbHG/*Altenhain*[4] § 87 Rdn 10; Habersack/Casper/Löbbe-GmbHG/*Ransiek*[3] §§ 86–87 Rdn 43; Scholz-GmbHG/*Rönnau*[12] § 87 Rdn 20.

58 MünchKomm-GmbHG/*Altenhain*[4] § 87 Rdn 10; Noack/Servatius/Haas-GmbHG/*Beurskens*[23] § 87 Rdn 5; Habersack/Casper/Löbbe-GmbHG/*Ransiek*[3] §§ 86–87 Rdn 41; Scholz-GmbHG/*Rönnau*[12] § 87 Rdn 20.

wobei das entsprechende Unterlassen nicht vom Ordnungswidrigkeitentatbestand erfasst ist. Weil Prüferwechsel – im Einklang mit Art 17 Abs 1 und 2 EU-APrVO – selten kurz-, sondern eher mittel- bis langfristig geplant werden, entsteht das Risiko einer Ordnungswidrigkeit nach Absatz 1 Nr 2a) nicht für jedes zu prüfende Geschäftsjahr. Ein Verstoß gegen **Absatz 1 Nr 2, 1. Alt** ist zum einen gegeben, wenn die abgegebene Empfehlung **unvollständig** ist, weil sie schon einen der genannten Erklärungsinhalte nicht aufweist,[59] zum anderen, wenn sie zwar formal vollständig, aber **inhaltlich unrichtig** ist, etwa weil tatsächlich eine ungebührliche Einflussnahme durch Dritte erfolgt ist.[60] Die Ordnungswidrigkeit erfasst hingegen das **völlige Fehlen einer Empfehlung**[61] sowie **falsche inhaltliche Entscheidungen**, etwa mit Blick auf die Stichhaltigkeit der Empfehlungsbegründung, **nicht**.[62]

b) 2. Alt: Art 16 Abs 3 Unterabs 1 EU-APrVO (Verstoß gegen formale Anforderungen des Auswahlverfahrens). Das Auswahlverfahren geht der Empfehlung des Abschlussprüfers voraus, sofern dieser nicht zulässigerweise erneut bestellt wird (vgl Art 17 Abs 1 und 2 EU-APrVO). Die Bezugsvorschrift lautet: 26

> „Außer im Fall der Erneuerung eines Prüfungsmandats gemäß Artikel 17 Absätze 1 und 2 wird die in Absatz 2 des vorliegenden Artikels genannte Empfehlung des Prüfungsausschusses im Anschluss an ein Auswahlverfahren erstellt, das das geprüfte Unternehmen unter Berücksichtigung folgender Kriterien durchführt:
>
> a) Dem geprüften Unternehmen steht es frei, beliebige Abschlussprüfer oder Prüfungsgesellschaften zur Unterbreitung von Vorschlägen für die Erbringung von Abschlussprüfungsleistungen aufzufordern, sofern die Bedingungen des Artikels 17 Absatz 3 erfüllt sind und die Teilnahme von Unternehmen, die im vorausgegangenen Kalenderjahr in dem betreffenden Mitgliedstaat weniger als 15 % der von Unternehmen von öffentlichem Interesse gezahlten Gesamthonorare erhalten haben, an dem Ausschreibungsverfahren in keiner Weise ausgeschlossen wird.
>
> b) Das geprüfte Unternehmen erstellt für den aufgeforderten Abschlussprüfer bzw die Prüfungsgesellschaften Ausschreibungsunterlagen. Diese Ausschreibungsunterlagen müssen es ermöglichen, die Geschäftstätigkeit des geprüften Unternehmens und die Art der durchzuführenden Abschlussprüfung zu erfassen. Die Ausschreibungsunterlagen enthalten transparente, diskriminierungsfreie Auswahlkriterien für die Bewertung der Vorschläge der Abschlussprüfer oder Prüfungsgesellschaften durch das geprüfte Unternehmen.
>
> c) Das geprüfte Unternehmen kann das Auswahlverfahren frei gestalten und im Laufe des Verfahrens direkte Verhandlungen mit interessierten Bietern führen.
>
> d) Falls die in Artikel 20 genannten zuständigen Behörden im Einklang mit Unionsrecht oder nationalem Recht von den Abschlussprüfern und Prüfungsgesellschaften die Erfüllung bestimmter Qualitätsstandards verlangen, so sind diese Standards in die Ausschreibungsunterlagen aufzunehmen.
>
> e) Das geprüfte Unternehmen beurteilt die Vorschläge der Abschlussprüfer oder Prüfungsgesellschaften anhand der in den Ausschreibungsunterlagen festgelegten Auswahlkriterien. Das geprüfte Unternehmen erstellt einen Bericht über die im Auswahlverfahren gezogenen Schlussfolgerungen, der vom Prüfungsausschuss validiert wird. Das geprüfte Unternehmen und der Prüfungsausschuss berücksichtigen alle Erkenntnisse oder Schlussfolgerungen der in Artikel 26 Absatz 8 genannten und von der zuständigen Behörde gemäß Artikel 28 Buchstabe d veröffentlichten Kontrollberichte über bietende Abschlussprüfer oder Prüfungsgesellschaften.
>
> f) Das geprüfte Unternehmen muss auf Verlangen in der Lage sein, gegenüber der in Artikel 20 genannten zuständigen Behörde darzulegen, dass das Auswahlverfahren auf faire Weise durchgeführt wurde.“

---

59 MünchKomm-GmbHG/*Altenhain*[4] § 87 Rdn 12; Scholz-GmbHG/*Rönnau*[12] § 87 Rdn 23.

60 MünchKomm-GmbHG/*Altenhain*[4] § 87 Rdn 12; Scholz-GmbHG/*Rönnau*[12] § 87 Rdn 23; wohl auch Altmeppen[10] § 87 Rdn 9; **zweifelnd** Habersack/Casper/Löbbe-GmbHG/*Ransiek*[3] §§ 86–87 Rdn 45; **vermittelnd** *Lanfermann/Maul* BB 2016, 363, 366 Beschränkung auf „offenkundige Verstöße“.

61 Scholz-GmbHG/*Rönnau*[12] § 87 Rdn 23.

62 MünchKomm-GmbHG/*Altenhain*[4] § 87 Rdn 12; *Anders* NZG 2018, 961, 965; Noack/Servatius/Haas-GmbHG/*Beurskens*[23] § 87 Rdn 8; Scholz-GmbHG/*Rönnau*[12] § 87 Rdn 23.

27 Mit Buße bedroht ist die Vorlage einer Empfehlung, **ohne dass das vorgesehene Auswahlverfahren nach den genannten Kriterien durchgeführt** worden ist.[63] Zum Teil werden insoweit vor dem Hintergrund des **Art 103 Abs 2 GG** vom Wortlaut nicht verlangte **Restriktionen** gefordert, nach der sich der Verstoß – wohl im Sinne eines Evidenzerfordernisses – einem außenstehenden Dritten aufdrängen müsse, weil erst dann das Vertrauen in die Unabhängigkeit des gewählten Prüfers erschüttert werden könne,[64] bzw die Mängel so schwer wiegen müssten, „dass sie einem Unterbleiben des Verfahrens gleichwertig sind".[65] Solche vom Gesetz nicht vorgesehenen Einschränkungen dürften abzulehnen sein, da nicht erkennbar ist, wie die Vorlage einer Empfehlung ohne normkonforme Durchführung des Auswahlverfahrens das Vertrauen in die Prüferunabhängigkeit nicht gefährden könnte. Der Prüfungsausschuss bzw Aufsichtsrat trägt die Verantwortung für die ordnungsgemäße Durchführung des Auswahlverfahrens. Dabei kann die praktische Durchführung (Erarbeitung der Ausschreibungsunterlagen; Berichterstellung) durch Mitarbeiter des geprüften Unternehmens erfolgen. Es empfiehlt sich, im Wege der **Dokumentation sämtlicher Voraussetzungen des Art 16 Abs 3 Unterabs 1 EU-APrVO, insbesondere der Validierung gemäß lit e) Satz 2**, einer verdachtsrelevanten Lage entgegenzuwirken.[66] Dies gilt insbesondere wegen der Anforderung gemäß lit f) der APAS (vgl Rdn 46), die Einhaltung des Fairnessgebots nachweisen zu können. Die Möglichkeit der Einhaltung der Anforderungen aus lit e) Satz 3 kann nur die „aggregierten Informationen" gemäß Art 28 lit d) Satz 1 EU-APrVO erfassen, da allein diese aus den Erkenntnissen und Schlussfolgerungen aus den Qualitätsinspektionen der APAS über Abschlussprüfer oder Prüfungsgesellschaften nach Art 26 Abs 8 Unterabs 1 EU-APrVO veröffentlicht werden, und eine Veröffentlichung in Bezug auf Einzelinspektionen (vgl Art 28 lit d) Satz 2 EU-APrVO) bislang nicht erfolgt.[67] Mit Blick auf lit a) ist die APAS gemäß Art 16 Abs 3 Unterabs 3 Satz 1 EU-APrVO verpflichtet, für die Zwecke der Durchführung eines transparenten, diskriminierungsfreien Auswahlverfahrens, eine jährlich zu aktualisierende Liste von Abschlussprüfern und Prüfungsgesellschaften zu veröffentlichen, die insbesondere die 15 %-Grenze ausweist.

II. Absatz 2 und 3: Verstöße gegen die Pflichten zur Bestellung des Abschlussprüfers oder der Prüfungsgesellschaft (Wahlvorschlag)

28 Von **Absatz 2** und **3** sind jeweils Aufsichtsratsmitglieder einer kapitalmarktorientierten Gesellschaft oder eines CRR-Kreditinstituts betroffen, da der Aufsichtsrat für den Wahlvorschlag zur Bestellung des Abschlussprüfers (vgl § 52 Abs 1 GmbHG, § 3 Abs 2 MontanMitbestG bzw Art 1 § 3 Abs 1 Satz 2 MontanMitbestGErgG 1956 jeweils iVm § 124 Abs 3 Satz 2 AktG),[68] während die Gesellschafterversammlung – vorbehaltlich anderweitiger Regelung in der Satzung – für dessen Wahl zuständig ist (vgl § 318 Abs 1 Satz 1 und 2 HGB). Die Absätze unterscheiden jeweils danach, ob der Aufsichtsrat der Gesellschaft einen Prüfungsausschuss bestellt hat. Sie sollen sicherstellen, dass der **Vorschlag zur Wahl des Abschlussprüfers vom Aufsichtsrat ordnungsgemäß an die Gesellschafterversammlung übermittelt wird.**[69]

---

63 Habersack/Casper/Löbbe-GmbHG/*Ransiek*[3] §§ 86–87 Rdn 46; nach MünchKomm-GmbHG/*Altenhain*[4] § 87 Rdn 13 sollen nicht erfasst sein der Verstoß gegen Art 16 Abs 3 Unterabs 1 lit e) Satz 2, 2. Hs oder Satz 3 EU-APrVO sowie die „mangelnde Aufsicht" bzw das „unterlassene Einschreiten gegen Verfahrensfehler".

64 Vgl Noack/Servatius/Haas-GmbHG/*Beurskens*[23] § 87 Rdn 9; Scholz-GmbHG/*Rönnau*[12] § 87 Rdn 24; vgl Altmeppen[10] § 87 Rdn 10 „typischerweise weil überhaupt keines stattgefunden hat".

65 Altmeppen[10] § 87 Rdn 10.

66 Vgl *Lanfermann/Maul* BB 2016, 363, 366; **aA** MünchKomm-GmbHG/*Altenhain*[4] § 87 Rdn 13.

67 Vgl auch *Lanfermann/Maul* BB 2016, 363, 366.

68 Soweit in § 25 Abs 1 Satz 1 Nr 2 MitbestG, § 1 Abs 1 Nr 3 Satz 2, 2. Hs DrittelbG und § 18 Abs 2 Satz 3 KAGB jeweils Verweise auf § 124 Abs 3 Satz 2 AktG fehlen, dürfte es sich um ein gesetzgeberisches Versehen handeln, vgl *Gernoth* NZG 2010, 292, 295.

69 *Lanfermann/Maul* BB 2016, 363, 366. Vgl *Meyer/Mattheus* DB 2016, 695, 697.

1. Absatz 2: Mitglieder eines Aufsichtsrats, der einen Prüfungsausschuss nicht bestellt hat, einer Gesellschaft, die ein Unternehmen von öffentlichem Interesse nach § 316a Satz 2 Nr 1 oder 2 HGB ist

Der in Bezug genommene **Art 16 Abs 5 Unterabs 1 EU-APrVO** lautet: 29

> „Der an die Gesellschafterversammlung oder Aktionärshauptversammlung des geprüften Unternehmens gerichtete Vorschlag für die Bestellung von Abschlussprüfern oder Prüfungsgesellschaften enthält die Empfehlung und Präferenz gemäß Absatz 2, die der Prüfungsausschuss oder das Gremium mit vergleichbarer Funktion ausgesprochen bzw angegeben hat."

Der Vorschlag des – da ein Prüfungsausschuss fehlt – Aufsichtsrats („Gremium mit vergleichbarer Funktion")[70] an die Gesellschafterversammlung hat die **Empfehlung und Präferenz gemäß Art 16 Abs 2 EU-APrVO** (vgl Rdn 24) zu enthalten. Art 16 Abs 5 Unterabs 1 EU-APrVO erwähnt zwar lediglich Empfehlung und Präferenz, das Negativattest aus Art 16 Abs 2 Unterabs 3 EU-AprVO ist als Spezifikation der Empfehlung davon jedoch auch erfasst.[71] Tathandlung ist allein die **Vorlage eines Vorschlags, der nicht den Anforderungen aus Art 16 Abs 5 Unterabs 1 EU-APrVO entspricht**;[72] das **Unterlassen eines jeglichen Wahlvorschlags** scheidet als Tathandlung schon deshalb aus, weil § 52 Abs 1 GmbHG nicht auf § 124 Abs 3 Satz 1 AktG Bezug nimmt, der Aufsichtsrat folglich nicht verpflichtet ist, überhaupt einen Wahlvorschlag zu unterbreiten.[73] Nicht den Anforderungen des Art 16 Abs 5 Unterabs 1 EU-APrVO genügt derjenige, der **einen anderen Vorschlag als den des Aufsichtsrats weitergibt**.[74] 30

2. Absatz 3: Mitglieder eines Aufsichtsrats, der einen Prüfungsausschuss bestellt hat, einer Gesellschaft, die ein Unternehmen von öffentlichem Interesse nach § 316a Satz 2 Nr 1 oder 2 HGB ist

Wie im Falle des Fehlens eines Prüfungsausschusses hat der Vorschlag des Aufsichtsrats an die Gesellschafterversammlung die **Empfehlung und Präferenz gemäß Art 16 Abs 2 EU-APrVO** – nunmehr diese des **bestellten Prüfungsausschusses** – zu enthalten (vgl Rdn 24). Art 16 Abs 5 Unterabs 1 EU-APrVO erwähnt zwar lediglich Empfehlung und Präferenz, das Negativattest aus Art 16 Abs 2 Unterabs 3 EU-AprVO ist als Spezifikation der Empfehlung davon jedoch auch erfasst.[75] Tathandlung ist auch insoweit allein die **Vorlage eines Vorschlags, der nicht den Anforderungen aus Art 16 Abs 5 Unterabs 1 EU-APrVO entspricht**.[76] Ordnungswidrig ist, wenn der Vorschlag oder die Präferenz des Prüfungsausschusses **nicht**, **nicht vollständig** oder **nicht richtig** wiedergegeben wird.[77] 31

---

70 Habersack/Casper/Löbbe-GmbHG/*Ransiek*[3] §§ 86–87 Rdn 49.

71 Meine anderslautende Auffassung, vgl *Anders* NZG 2018, 961, 965, gebe ich auf.

72 Rowedder/Pentz-GmbHG/*Klinger*[7] § 87 Rdn 19; Erbs/Kohlhaas-GmbHG/*Schaal*[239] § 87 Rdn 7.

73 *Anders* NZG 2018, 961, 965; *Gernoth* NZG 2010, 292, 295; MünchKomm-GmbHG/*Spindler*[3] § 52 Rdn 299; vgl auch Scholz-GmbHG/*Rönnau*[12] § 87 Rdn 23, 27; vgl auch § 25 Abs 1 Satz 1 Nr 2 MitbestG, § 1 Abs 1 Nr 3 Satz 2, 2. Hs DrittelbG und § 18 Abs 2 Satz 3 KAGB.

74 Vgl BeckOK-GmbHG/*N. Müller*[57] § 87 Rdn 28; Habersack/Casper/Löbbe-GmbHG/*Ransiek*[3] §§ 86–87 Rdn 49.

75 Meine anderslautende Auffassung, vgl *Anders* NZG 2018, 961, 966, gebe ich auf.

76 BeckOK-GmbHG/*N. Müller*[57] § 87 Rdn 31; Rowedder/Pentz-GmbHG/*Klinger*[7] § 87 Rdn 19; Scholz-GmbHG/*Rönnau*[12] § 87 Rdn 28; Erbs/Kohlhaas-GmbHG/*Schaal*[239] § 87 Rdn 9.

77 MünchKomm-GmbHG/*Altenhain*[4] § 87 Rdn 15; Noack/Servatius/Haas-GmbHG/*Beurskens*[23] § 87 Rdn 11; Habersack/Casper/Löbbe-GmbHG/*Ransiek*[3] §§ 86–87 Rdn 50; Scholz-GmbHG/*Rönnau*[12] § 87 Rdn 28.

32 Der zusätzlich in Bezug genommene **Art 16 Abs 5 Unterabs 2 Satz 1 und Satz 2 EU-APrVO** lautet:

> „Falls der Vorschlag von der Präferenz des Prüfungsausschusses abweicht, sind im Vorschlag die Gründe zu nennen, weshalb der Empfehlung nicht gefolgt wird. Der oder die vom Verwaltungs- oder Aufsichtsorgan empfohlenen Prüfer oder Prüfungsgesellschaften müssen jedoch an dem in Absatz 3 beschriebenen Auswahlverfahren teilgenommen haben."

33 Diese Bezugsnorm behandelt den Fall, dass bei bestelltem Prüfungsausschuss ein **Abweichen des Vorschlags des Aufsichtsrats von dessen Präferenz** vorliegt. Es sind dann vom Aufsichtsrat in seinem Vorschlag die Gründe zu benennen, weshalb der Empfehlung nicht gefolgt wurde. Es muss zudem sichergestellt sein, dass der vom Aufsichtsrat gegen die Präferenz des Prüfungsausschusses empfohlene Abschlussprüfer bzw die empfohlene Prüfungsgesellschaft **schon an dem Auswahlverfahren gemäß Art 16 Abs 3 EU-APrVO** (vgl Rdn 26) **teilgenommen hat**.[78] Auch hier ist Tathandlung allein die **Vorlage eines Vorschlags, der nicht den Anforderungen aus Art 16 Abs 5 Unterabs 2 Satz 1 oder 2 EU-APrVO entspricht**.[79] Ordnungswidrig ist, wenn der Aufsichtsrat jemanden vorschlägt, der **nicht am Auswahlverfahren teilgenommen hat** oder **seine Gründe nicht** oder **unzutreffend angibt**.[80]

E. Subjektiver Tatbestand

34 **§ 87** verlangt vorsätzliches Handeln, da die Norm nicht ausdrücklich fahrlässiges Handeln mit Geldbuße bedroht (vgl **§ 10 OWiG**); **bedingter Vorsatz** reicht aus.[81] Im Falle des **Irrtums** findet **§ 11 OWiG** Anwendung, der in seinen Absätzen 1 und 2 zwischen **Tatbestands-** und **Verbotsirrtum** unterscheidet.[82] Der Täter handelt bereits vorsätzlich, wenn er die Umstände der von **Absatz 1–3** in Bezug genommenen und seine Handlungs- und Unterlassungspflichten begründenden EU-Ausfüllungsnormen kennt; beim fehlenden Schluss, zum Tun oder Unterlassen verpflichtet zu sein, liegt lediglich ein Verbotsirrtum vor.[83]

F. Straflosigkeit des Versuchs, Vollendung

35 Der **Versuch** der Ordnungswidrigkeiten des § 87 ist **straflos**, da die Versuchsstrafbarkeit nicht ausdrücklich bestimmt worden ist (vgl **§ 13 Abs 2 OWiG**).

36 **Vollendung** tritt bei den durch **positives Tun** verwirklichten Ordnungswidrigkeiten (vgl Rdn 16, 20, 22, 25, 27, 30, 31, 33) ein, wenn die Stimme im Rahmen der Entscheidung des Gremiums (Aufsichtsrat, Prüfungsausschuss) abgegeben ist.[84] Bei den **Unterlassungsordnungswidrigkeiten** (vgl Rdn 16, 20) ist die Ordnungswidrigkeit vollendet, wenn der Täter trotz Kenntnis der tatsächli-

---

78 *Lanfermann/Maul* BB 2016, 363, 366; Scholz-GmbHG/*Rönnau*[12] § 87 Rdn 28.

79 Altmeppen[10] § 87 Rdn 11; *Anders* NZG 2018, 961, 966; Rowedder/Pentz-GmbHG/*Klinger*[7] § 87 Rdn 21; BeckOK-GmbHG/*N. Müller*[57] § 87 Rdn 31; Scholz-GmbHG/*Rönnau*[12] § 87 Rdn 28; Erbs/Kohlhaas-GmbHG/*Schaal*[239] § 87 Rdn 9.

80 Vgl MünchKomm-GmbHG/*Altenhain*[4] § 87 Rdn 15; Altmeppen[10] § 87 Rdn 11; Noack/Servatius/Haas-GmbHG/*Beurskens*[23] § 87 Rdn 11; Lutter/Hommelhoff-GmbHG/*Kleindiek*[21] § 87 Rdn 8; Rowedder/Pentz-GmbHG/*Klinger*[7] § 87 Rdn 21, 24; Erbs/Kohlhaas-GmbHG/*Schaal*[239] § 87 Rdn 9. Vgl Habersack/Casper/Löbbe-GmbHG/*Ransiek*[3] §§ 86–87 Rdn 50 „Es geht also um die (...) nicht erkennbare, begründungslose Abänderung des Vorschlags des Prüfungsausschusses.".

81 Altmeppen[10] § 87 Rdn 12; Rowedder/Pentz-GmbHG/*Klinger*[7] § 87 Rdn 26; Scholz-GmbHG/*Rönnau*[12] § 87 Rdn 30.

82 Zum Irrtum insbesondere bei Blanketttatbeständen siehe § 86 Rdn 38.

83 Zutreffend MünchKomm-GmbHG/*Altenhain*[4] § 87 Rdn 17; Scholz-GmbHG/*Rönnau*[12] § 87 Rdn 30; **aA** Rowedder/Pentz-GmbHG/*Klinger*[7] § 87 Rdn 25 Kenntnis von den Ausfüllungsvorschriften ebenfalls für Vorsatz erforderlich; zum Streitstand allgemein siehe § 86 Rdn 38.

84 MünchKomm-GmbHG/*Altenhain*[4] § 87 Rdn 20; Scholz-GmbHG/*Rönnau*[12] § 87 Rdn 33.

chen Umstände seiner Handlungspflicht nicht ohne schuldhaftes Zögern die verlangten Schritte einleitet, obwohl ihm diese möglich und zumutbar sind.[85]

G. Konkurrenzen

Tateinheit besteht bei mehreren Verstößen gegen **§ 87** durch dieselbe Handlung (**§ 19 Abs 1 OWiG**).[86] Bei **Tatmehrheit** zwischen den einzelnen Bußgeldtatbeständen findet **§ 20 OWiG** Anwendung, dh für jede Verletzung wird eine gesonderte Geldbuße festgesetzt.[87] Gemäß **§ 21 Abs 1 Satz 1 OWiG treten die gegenüber den Straftatbeständen insbesondere des § 86 tateinheitlich verwirklichten Bußgeldtatbestände des § 87 zurück**.[88] Bei tatmehrheitlichem Zusammentreffen von Straftat und Ordnungswidrigkeit wird neben der Strafe eine Geldbuße verhängt;[89] das Verfahren wegen der Ordnungswidrigkeit kann jedoch gemäß **§ 47 Abs 2 OWiG** eingestellt werden.[90] 37

H. Verfolgungsverjährung, Beendigung

Die Frist für die **Verfolgungsverjährung** beträgt **drei Jahre** (vgl **§ 31 Abs 2 Nr 1 OWiG**). 38

Gemäß **§ 31 Abs 3 Satz 1 OWiG** beginnt der Lauf der Verjährungsfrist, sobald die Handlung **beendet** ist. Das ist der Fall beim Zustandekommen des Beschlusses oder – im Falle seiner Vorlagepflicht – mit dem Zeitpunkt des Zugangs.[91] Bei den **echten Unterlassungsordnungswidrigkeiten** (vgl Rdn 20) beginnt die Verjährung erst, wenn die Handlungspflicht in Wegfall kommt,[92] entweder weil sie erfüllt worden oder gegenstandslos geworden ist, etwa, wenn der Täter aus dem Aufsichtsrat oder Prüfungsausschuss ausscheidet.[93] Bei den **unechten Unterlassungsdelikten** (vgl Rdn 16) kommt es auf den **Eintritt des Erfolgs** an.[94] 39

I. Untersagungsverfügung

Art 30a Abs 1 lit a) der überarbeiteten EU-APrRiLi verlangt als Maßnahme bei Verletzung abschlussprüfungsbezogener Pflichten eine Mitteilung, wonach die für den Verstoß verantwortliche natürliche oder juristische Person die Verhaltensweise einzustellen und von einer Wiederholung abzusehen hat. Der nationale Gesetzgeber ging davon aus, dass solche behördlichen Anweisungen implizit in einer Verwarnung gemäß § 56 OWiG enthalten sind, so dass keiner besonderen Umsetzung dieser Vorgabe bedurft hat.[95] Dem ist zuzustimmen: Die Verwarnung enthält eine Rüge mit 40

---

85 Scholz-GmbHG/*Rönnau*[12] § 87 Rdn 33.
86 MünchKomm-GmbHG/*Altenhain*[4] § 87 Rdn 21; Scholz-GmbHG/*Rönnau*[12] § 87 Rdn 35.
87 MünchKomm-GmbHG/*Altenhain*[4] § 87 Rdn 21; Noack/Servatius/Haas-GmbHG/*Beurskens*[23] § 87 Rdn 14.
88 MünchKomm-GmbHG/*Altenhain*[4] § 87 Rdn 22; Altmeppen[10] § 87 Rdn 13; Noack/Servatius/Haas-GmbHG/*Beurskens*[23] § 87 Rdn 14; Scholz-GmbHG/*Rönnau*[12] § 87 Rdn 35; Saenger/Inhester-GmbHG/*Saenger*[4] § 87 Rdn 11; vgl Rowedder/Pentz-GmbHG/*Klinger*[7] § 87 Rdn 28.
89 MünchKomm-GmbHG/*Altenhain*[4] § 87 Rdn 22; vgl Scholz-GmbHG/*Rönnau*[12] § 87 Rdn 35.
90 MünchKomm-GmbHG/*Altenhain*[4] § 87 Rdn 22.
91 MünchKomm-GmbHG/*Altenhain*[4] § 87 Rdn 20; Scholz-GmbHG/*Rönnau*[12] § 87 Rdn 34.
92 Vgl RGSt 65, 361, 362; BGHSt 28, 371, 380 zu § 84 Abs 1 GmbHG aF; *BGH* wistra 1992, 23 zu § 266a StGB; Schönke/Schröder-StGB/*Bosch*[30] § 78a Rdn 6; NK-StGB/*Saliger*[5] § 78a Rdn 16.
93 Scholz-GmbHG/*Rönnau*[12] § 87 Rdn 34.
94 Schönke/Schröder-StGB/*Bosch*[30] § 78a Rdn 6; NK-StGB/*Saliger*[5] § 78a Rdn 15.
95 Vgl BT-Drucks 18/7219 S 49, 60.

Blick auf prospektiv gesetzestreues Verhalten;[96] Verwarnen heißt abmahnen in dem Sinne, dass dem Täter der Verstoß gegen die Regel vorgehalten werden soll, damit er diese künftig besser beachtet.[97] Dies gilt auch für die repressive Geldbuße, die insbesondere spezialpräventive Zwecke verfolgt.[98]

J. Geldbuße (Abs 4)

41 Die **Höhe der Geldbuße beträgt** nach der **Neufassung durch das FISG,**[99] in Kraft getreten zum 1.7.2021, **bis zu € 500.000**. Damit wird der Bußgeldrahmen an den für die vergleichbaren Verstöße gemäß § 334 Abs 3 HGB geltenden Rahmen angeglichen.[100] Bei der Bemessung der Geldbuße sind gemäß **§ 17 Abs 3 und 4 OWiG** insbesondere die Bedeutung der Ordnungswidrigkeit, der Vorwurf, der den Täter trifft, die wirtschaftlichen Verhältnisse sowie der wirtschaftliche Vorteil, den der Täter aus der Ordnungswidrigkeit gezogen hat, insbesondere durch die Ersparnis von Aufwendungen[101] zu berücksichtigen, sodass das gesetzliche Höchstmaß des Absatz 4 auch überschritten werden kann (vgl **§ 17 Abs 4 Satz 2 OWiG**); eine gesonderte Umsetzung der Zumessungskriterien des Art 30b der überarbeiteten EU-APrRiLi, nach dem bei Festsetzung der Sanktion allen in dieser Vorschrift genannten Umständen Rechnung zu tragen ist, hat es nach Auffassung des Gesetzgebers daher nicht bedurft.[102] Nach **§ 56 OWiG** kann die zuständige Verwaltungsbehörde bei **geringfügigen Verstößen** gegenüber den Betroffenen auch eine **Verwarnung** aussprechen.[103]

K. Verbandsgeldbuße (§ 30 OWiG)

42 Die **Verbandsgeldbuße** kann gegen die GmbH **in einem verbundenen Verfahren** neben der Geldbuße gegen das Organ festgesetzt werden; jedoch ist auch **die selbstständige Festsetzung der Verbandsgeldbuße** möglich, wenn ein Bußgeld- oder Strafverfahren gegen das Organ nicht durchgeführt wird (vgl **§ 30 Abs 4 OWiG**).[104] Personen mit Überwachungs- und Kontrollbefugnissen gemäß **§ 30 Abs 1 Nr 5 OWiG** sind insbesondere Mitglieder des Aufsichtsrats sowie des Prüfungsausschusses.[105] Die betreffende Person muss eine Ordnungswidrigkeit begangen haben, „durch die Pflichten, welche die juristische Person (…) treffen, verletzt worden sind“ (**§ 30 Abs 1 OWiG**). Gemeint sind damit **„betriebsbezogene Pflichten“** im Sinne des **§ 130 OWiG**.[106] Bei – wie hier gegeben –[107] Sonderdelikten wird in der Regel die notwendige **Betriebsbezogenheit des**

96 KK-OWiG/*Lutz*[5], § 56 Rdn 1; Göhler-OWiG/*Gürtler*/*Thoma*[18] Vor § 56 Rdn 4 f; *Blöink*/*Woodtli* Der Konzern 2016, 75, 85 f.

97 BVerfGE 22, 125, 131.

98 Göhler-OWiG/*Gürtler*/*Thoma*[18] Vor § 1 Rdn 9.

99 Gesetz zur Stärkung der Finanzmarktintegrität vom 3. Juni 2021 (BGBl I S 1534), vgl Rdn 2.

100 BT-Drucks 19/26966 S 119; vgl zum alten Recht (€ 50.000, vgl Rdn 2) Drs. BT-Drucks 18/7219 S 60; Rowedder/Pentz-GmbHG/*Klinger*[7] § 87 Rdn 29; Erbs/Kohlhaas-GmbHG/*Schaal*[239] § 87 Rdn 12.

101 KK-OWiG/*Mitsch*[5] § 17 Rdn 120; Scholz-GmbHG/*Rönnau*[12] § 87 Rdn 36; vgl *OLG Düsseldorf* wistra 1995, 75, 76.

102 Vgl BT-Drucks 18/7219 S 49, 60.

103 BT-Drucks 18/7219 S 49, 60; MünchKomm-GmbHG/*Altenhain*[4] § 87 Rdn 23; *Hayn*/*Oser* BOARD 2016, 9 (12); *Lanfermann*/*Maul* BB 2016, 363, 366; *Meyer*/*Mattheus* DB 2016, 695, 699; Leitner/Rosenau-WSS/*Parigger* § 87 GmbHG Rdn 8; Scholz-GmbHG/*Rönnau*[12] § 87 Rdn 36.

104 *BGH* NStZ 1994, 346 f; Göhler-OWiG/*Gürtler*/*Thoma*[18] § 30 Rdn 31 ff, 39 ff; KK-OWiG/*Rogall*[5] § 30 Rdn 163; MünchKomm-GmbHG/*Joecks*[2] Vor § 82 Rdn 243 ff, 257.

105 Göhler-OWiG/*Gürtler*/*Thoma*[18] § 30 Rdn 14a; Scholz-GmbHG/Rönnau[12] § 87 Rdn 37; KK-OWiG/*Rogall*[5] § 30 Rdn 84; **aA** MünchKomm-GmbHG/*Altenhain*[4] § 87 Rdn 25; Noack/Servatius/Haas-GmbHG/*Beurskens*[23] § 87 Rdn 12 Es gehe nur um persönliche Pflichten und die Handlung führe in aller Regel nicht zur Bereicherung der GmbH.

106 KK-OWiG/*Rogall*[5] § 30 Rdn 89; vgl Göhler-OWiG/*Gürtler*/*Thoma*[18] § 30 Rdn 17.

107 Vgl MünchKomm-GmbHG/*Altenhain*[4] § 87 Rdn 2.

Pflichtenverstoßes zu bejahen sein.[108] Der vom *BGH* im sog „Mobbing"-Urteil verlangte und auch hier verwertbare „innere Zusammenhang mit der spezifischen Tätigkeit des Begehungstäters oder mit der Art des Betriebes"[109] dürfte in diesen Fällen vorliegen.[110] Nach **§ 30 Abs 2 Satz 2 OWiG** bestimmt sich das Höchstmaß der Verbandsgeldbuße nach dem Höchstmaß der für die Ordnungswidrigkeit angedrohten Geldbuße, mithin beträgt es **€ 500.000,—**. Allerdings kann dieser Betrag auch überschritten werden, um den **höheren wirtschaftlichen Vorteil des Unternehmens**, den es aus der Straftat oder Ordnungswidrigkeit erlangt hat, **abzuschöpfen (§§ 30 Abs 3, 17 Abs 4 Satz 2 OWiG)**. Für die **Bestimmung des Abschöpfungsteils** gebietet der Begriff des „Vorteils" eine **Saldierung**, in deren Rahmen von den durch die Tat erlangten wirtschaftlichen Zuwächsen die Kosten und sonstigen Aufwendungen des Betroffenen abzuziehen sind, mithin gilt – anders als im Recht der Einziehung (vgl § 73d Abs 1 StGB, § 29a Abs 3 OWiG) – das **Nettoprinzip**.[111] Ein bereits installiertes **Compliance-Management-System** oder aber **adaptive Compliance-Bemühungen in Folge des Rechtsverstoßes** sind nach neuer Rechtsprechung des *BGH* bei der Bemessung der Verbandsgeldbuße **reduzierend zu berücksichtigen**;[112] jedoch dürfte dies umgekehrt, dh **bußgelderhöhend**, auch für entsprechende **Nachlässigkeiten des Unternehmens** gelten, soweit kein Verstoß gegen das Doppelverwertungsverbot zu besorgen ist.[113] Zur Höhe der Verbandsgeldbuße beim Zusammentreffen mit einer vorsätzlichen Straftat nach § 86 siehe dort Rdn 32. Die **Festsetzung einer Geldbuße gegen die GmbH schließt es aus**, gegen sie wegen derselben Tat die **Einziehung nach den §§ 73, 73c StGB oder nach § 29a OWiG anzuordnen (§ 30 Abs 5 OWiG)**. Der Grund liegt darin, dass die Geldbuße die weitergehende Maßnahme darstellt, die den wirtschaftlichen Vorteil aus der Tat übersteigen soll (vgl **§§ 30 Abs 3, 17 Abs 4 OWiG**).[114]

L. Anwendbarkeit, Übergangsvorschrift

Nach der **Übergangsvorschrift zum FISG**[115] **§ 9 Abs 1 Satz 1 EGGmbHG** ist § 87 in der ab dem 1.7.2021 geltenden Fassung (vgl Rdn 2) erstmals auf alle gesetzlich vorgeschriebenen Abschlussprüfungen anzuwenden, die das **nach dem 31.12.2021 beginnende Geschäftsjahr** betreffen.[116] § 87 in der bis einschließlich 30.6.2021 geltenden Fassung (vgl Rdn 2) ist letztmals anzuwenden auf alle gesetzlich vorgeschriebenen Abschlussprüfungen für das **vor dem 1.1. 2022 beginnende Geschäftsjahr (§ 9 Abs 1 Satz 2 EGGmbHG)**. 43

M. Zuständige Verwaltungsbehörden (Abs 5)

Sachlich zuständige Verwaltungsbehörden im Sinne des **§ 36 Abs 1 Nr 1 OWiG** sind gemäß **Absatz 5, 1. Hs** für Unternehmen von öffentlichem Interesse nach **§ 316a Satz 2 Nr 2 HGB**, also **CRR-Kreditinstitute** (vgl *Anders* § 86 Rdn 15), die **Bundesanstalt für Finanzdienstleistungsaufsicht**, im Übrigen – also für Unternehmen von öffentlichem Interesse nach **§ 316a Satz 2 Nr 1 HGB**, dh für **kapitalmarktorientierte Unternehmen im Sinne des § 264d HGB** (vgl *Anders* § 86 Rdn 14) – das **Bundesamt für Justiz (Absatz 5, 2. Hs)**. Diese Behörden sind nach § 35 Abs 1 OWiG zuständig für die **Verfolgung** der in § 87 genannten Ordnungswidrigkeiten. Verfolgung bedeutet zum einen 44

---

108 Vgl KK-OWiG/*Rogall*[5] § 30 Rdn 91, § 130 Rdn 103.
109 BGHSt 57, 42, 46.
110 Zur Kritik an diesen wenig trennscharfen Kriterien siehe KK-OWiG/*Rogall*[5] § 130 Rdn 90 mwN.
111 *BGH* wistra 2017, 242, 423; *BGH* NZWiSt 2018, 291, 293 f.
112 Vgl *BGH* NZWiSt 2018, 379.
113 *Baur/Holle* NZG 2018, 14, 18; *Hugger/Pasewaldt* NZWiSt 2018, 388, 389 f.
114 KK-OWiG/*Rogall*[5] § 30 Rdn 155.
115 Gesetz zur Stärkung der Finanzmarktintegrität vom 3. Juni 2021 (BGBl I S 1534).
116 Noack/Servatius/Haas-GmbHG/*Beurskens*[23] § 86 Rdn 1.

die selbstständige und eigenverantwortliche **Aufklärung des Sachverhalts im Ermittlungsverfahren**, zum anderen die unmittelbare und verantwortliche **Mitwirkung an einer gerichtlichen Entscheidung**.[117] Für das Bußgeldverfahren gelten, soweit das OWiG nichts anderes bestimmt, sinngemäß die Vorschriften der allgemeinen Gesetze über das Strafverfahren, namentlich der Strafprozessordnung (**§ 46 Abs 1 OWiG**). Die sinngemäße Anwendung der StPO erfolgt in der Weise, dass im **Bußgeldverfahren grundsätzlich die Verwaltungsbehörde die Rolle der Staatsanwaltschaft einnimmt**, mithin die Verwaltungsbehörde im Bußgeldverfahren dieselben Rechte und Pflichten hat wie die Staatsanwaltschaft bei der Verfolgung von Straftaten, soweit das OWiG nichts anderes bestimmt (Generalklausel des § 46 Abs 2 OWiG).[118] Einzelne Eingriffsbefugnisse sind im Bußgeldverfahren nicht anwendbar, weil sie auf Straftaten von besonderer bzw erheblicher Bedeutung oder auf Katalogstraftaten begrenzt sind; anderen Befugnissen sind durch den **Verhältnismäßigkeitsgrundsatz** Grenzen gesetzt, insbesondere der **Wohnungsdurchsuchung** und **Beschlagnahme**.[119] Die Wohnungsdurchsuchung erfordert eine Abwägung zwischen den durch eine Ermittlungsmaßnahme beeinträchtigten Grundrechten und dem Verfolgungsinteresse des Staates, wobei zu berücksichtigen ist, dass der Vorwurf einer Ordnungswidrigkeit stets weniger schwer wiegt als der einer Straftat.[120] Da auch die Durchsuchung von nicht allgemein zugänglichen **Geschäftsräumen** dem Schutz des Art 13 Abs 1 GG unterfällt,[121] dürfte eine Durchsuchung in den Räumen der Mitglieder von Prüfungsausschüssen bzw Aufsichtsräten in den betroffenen Unternehmen eher selten verhältnismäßig sein.

N. Opportunitätsprinzip

45 Für die Verfolgung der Ordnungswidrigkeiten gilt das **Opportunitätsprinzip** (vgl **§ 47 Abs 1 Satz 1 OWiG**). Anders als im Strafverfahren, in dem das Legalitätsprinzip gilt (vgl § 152 Abs, 2 StPO), sind die Verwaltungsbehörden schon im Grundsatz nicht zur Einleitung eines Bußgeldverfahrens oder zur Ahndung verpflichtet, sondern entscheiden nach **pflichtgemäßem Ermessen**. Dies bedeutet, dass die Verwaltungsbehörden insbesondere den **Gleichheitsgrundsatz** zu achten haben, und damit von einer **gleichmäßigen Verwaltungspraxis** oder von **Richtlinien** – die vorliegend nicht bekannt sind – nicht ohne Grund abweichen dürfen.[122]

46 Problematisch dürfte sein, wie die genannten Verwaltungsbehörden an den für die Verfolgung von Ordnungswidrigkeiten notwendigen **Anfangsverdacht** gelangen sollen, da gesetzlich normierte Anzeigepflichten fehlen und das AReG Auskunftsrechte der Behörden nicht vorsieht.[123] Insoweit wird insbesondere das Bundesamt für Justiz primär auf detaillierte Strafanzeigen oder Whistleblower[124] angewiesen sein. Zudem sieht Art 16 Abs 3 Unterabs 1 lit f) EU-APrVO mit Blick auf den Aufsichtsrat bzw Prüfungsausschuss vor, dass das geprüfte Unternehmen auf Verlangen in der Lage sein muss, darzulegen, das Auswahlverfahren sei auf faire Weise durchgeführt worden; ferner hat der Abschlussprüfer nach Art 11 Abs 5 EU-APrVO der zuständigen Behörde auf Verlangen den zusätzlichen Bericht an den Prüfungsausschuss zur Verfügung zu stellen.[125] Schließlich kommen jedenfalls der Bundesanstalt für Finanzdienstleistungsaufsicht seit den CRD IV-Refor-

---

117 KK-OWiG/*Lampe*[5] § 35 Rdn 9; Göhler-OWiG/*Gürtler/Thoma*[18] § 35 Rdn 4.

118 Göhler-OWiG/*Seitz/Bauer*[18] § 46 Rdn 7; zu den einzelnen Eingriffsbefugnissen KK-OWiG/*Lampe*[5] § 46 Rdn 55.

119 KK-OWiG/*Lampe*[5] § 46 Rdn 2, 12 ff.

120 *BVerfG* NJOZ 2017, 580, 581.

121 BVerfGE 42, 212, 219; BVerfGE 96, 44, 51; BVerfGK 15, 225, 240; *BVerfG* NJW 2015, 2870, 2871.

122 KK-OWiG/*Mitsch*[5] § 47 Rdn 107; Göhler-OWiG/*Seitz/Bauer*[18] § 47 Rdn 9.

123 *Meyer/Mattheus* DB 2016, 695, 699; *Lanfermann/Maul* BB 2016, 363, 366.

124 Art 30e Abs 1 der überarbeiteten EU-APrRiLi sieht „wirksame Maßnahmen" zur Förderung des Whisteblowing vor (vgl auch Erwägungsgrund 17 Satz 3 der überarbeiteten EU-APrRiLi); eine Umsetzung erfolgte insbesondere im APAReG im Rahmen des internen Qualitätssicherungssystems für Wirtschaftsprüfer (vgl § 55b Abs 2 Satz 2 Nr 7 WiPrO), *Marsch-Barner/Gundel*, Audit Committee Quarterly II/2015, 6 (9).

125 *Marsch-Barner/Gundel*, Audit Committee Quarterly II/2015, 6 (9).

men[126] aus ihren Zuständigkeiten zur Überwachung der persönlichen Anforderungen an Leitungs- und Aufsichtsorgane sowie zum Risikomanagement bei den betreffenden Finanzinstituten weitere Erkenntnisquellen zu.[127] Daneben hat gemäß § 324 Abs 3 HGB beim Bundesamt für Wirtschaft und Ausfuhrkontrolle (BAFA) die Abschlussprüferaufsichtsstelle (APAS) aus Marktüberwachungsaspekten[128] die Aufgabe, regelmäßig die Ergebnisse der Tätigkeit des Prüfungsausschusses (bzw des Aufsichtsrats) zu überwachen. Nach § 324 Abs 3 Satz 1 HGB hat sie das Recht, von den Unternehmen von öffentlichem Interesse „eine Darstellung und Erläuterung des Ergebnisses sowie der Durchführung der Tätigkeit seines Prüfungsausschusses“ zu verlangen. Dieses Auskunftsrecht ist jedoch subsidiär, da die APAS gemäß § 324 Abs 3 Satz 2 HGB zunächst auf Informationen aus öffentlich zugänglichen Quellen zurückgreifen soll.[129] Den Daten aus den Darstellungen gemäß § 324 Abs 3 Satz 1 HGB dürfte eine wesentliche Rolle jedenfalls in Bezug auf die Arbeit der APAS zukommen,[130] weniger jedoch für die Verfolgung der Ordnungswidrigkeiten des § 87 durch die Verwaltungsbehörden, da eine hinreichend bestimmte gesetzliche Grundlage, die mit den Erkenntnissen verbundenen personenbezogenen Daten von der APAS an die Verwaltungsbehörden zu übermitteln, nicht ersichtlich ist.

---

126 Vgl das Gesetz zur Umsetzung der Richtlinie 2013/36/EU über den Zugang zur Tätigkeit von Kreditinstituten und die Beaufsichtigung von Kreditinstituten und Wertpapierfirmen und zur Anpassung des Aufsichtsrechts an die Verordnung (EU) Nr 575/2013 über die Aufsichtsanforderungen an Kreditinstitute und Wertpapierfirmen (CRD IV-Umsetzungsgesetz) vom 28. August 2013, BGBl I S 3395.

127 *Lanfermann/Maul* BB 2016, 363, 366.

128 *Lanfermann/Maul* BB 2016, 363, 367.

129 *Hayn/Oser* BOARD 2016, 9, 13; *Lanfermann/Maul* BB 2016, 363, 367; *Blöink/Woodtli* Der Konzern 2016, 75, 84.

130 *Hayn/Oser* BOARD 2016, 9, 13.

§ 88 Mitteilungen an die Abschlussprüferaufsichtsstelle

(1) Die nach § 87 Absatz 5 zuständige Verwaltungsbehörde übermittelt der Abschlussprüferaufsichtsstelle beim Bundesamt für Wirtschaft und Ausfuhrkontrolle alle Bußgeldentscheidungen nach § 87 Absatz 1 bis 3.

(2) [1]In Strafverfahren, die eine Straftat nach § 86 zum Gegenstand haben, übermittelt die Staatsanwaltschaft im Falle der Erhebung der öffentlichen Klage der Abschlussprüferaufsichtsstelle die das Verfahren abschließende Entscheidung. [2]Ist gegen die Entscheidung ein Rechtsmittel eingelegt worden, ist die Entscheidung unter Hinweis auf das eingelegte Rechtsmittel zu übermitteln.

Schrifttum

Vgl Schrifttum zu § 86. *Anders* Zur Problematik öffentlicher Sexualstraftäterdateien, JR 2011, S 190–198; *Assmann/Uwe H. Schneider/Mülbert* Wertpapierhandelsrecht 7. Aufl 2019; *F. Becker/Blackstein* Der transparente Staat – Staatliche Verbraucherinformation über das Internet, NJW 2011, S 490–494; *Dannecker* Internet-Pranger auf Verdacht: Zur Bedeutung der Unschuldsvermutung für die Information der Öffentlichkeit über lebensmittelrechtliche Verstöße nach § 40 Abs 1a Nr 2 LFGB, JZ 2013, S 924–933; *Gola/Heckmann* BDSG 13. Auflage 2019; Karlsruher Kommentar StPO 8. Auflage 2019; Kölner Kommentar zum WpHG 2. Aufl 2014 (zitiert: KK-WpHG); *Kubiciel* Shame Sanctions – Ehrenstrafen im Lichte der Straftheorie, ZStW 118 (2006), S 44–75; Münchener Kommentar StPO Band 1 §§ 1–150 StPO 1. Auflage 2014; *Nartowska/Knierbein* Ausgewählte Aspekte des „Naming and Shaming" nach § 40 c WpHG, NZG 2016, S 256–261; *Ossenbühl* Verbraucherschutz durch Information, NVwZ 2011, S 1357–1363; *Paal/Pauly* DS-GVO BDSG 3. Auflage 2021; *Reimer* Adverse Publizität. Der Pranger im Verwaltungsrecht, JöR 58 (2010), S 275–299; *Schantz/Wolff*, Das neue Datenschutzrecht – Datenschutz-Grundverordnung und Bundesdatenschutzgesetz in der Praxis, 2017; *Schilha* Umsetzung der EU-Transparenzrichtlinie 2013: Neuregelungen zur Beteiligungspublizität und periodischen Finanzberichterstattung, DB 2015, S 1821–1829; *Schmieszek/Langner* Der Pranger: Instrument moderner Finanz- und Wirtschaftsregulierung?, WM 2014, S 1893–1901; *Schoch* Informationsfreiheitsgesetz 2. Auflage 2016; *Seibt/Wollenschläger* Europäisierung des Transparenzregimes: Der Vorschlag der Europäischen Kommission zur Revision der Transparenzrichtlinie, AG 2012, S 305–315; *dies* Revision des Europäischen Transparenzregimes: Regelungsinhalte der TRL 2013 und Umsetzungsbedarf, ZIP 2014, S 545–554; *Wolff /Brink* (Hrsg), BeckOK Datenschutzrecht 39. Edition 2022 (zitiert: BeckOK-DatenschutzR).

Übersicht

A. Normzweck

1 § 88 wurde durch das AReG (vgl *Anders* § 86 Rdn 1f) eingefügt und regelt die Übermittlung der Bußgeld- (vgl § 87 Abs 1–3) und abschließenden strafrechtlichen Entscheidungen (vgl § 86)

https://doi.org/10.1515/9783111386669-008

von den zuständigen Verwaltungsbehörden bzw der Staatsanwaltschaft an die Abschlussprüferaufsichtsstelle (APAS) (Rdn 3).[1] § 88 ist gemäß Art 15 Abs 1 AReG am 17.6.2016 in Kraft getreten.

B. Europarechtlicher Rahmen

Die Vorschrift erfüllt die Vorgaben aus Art 30 Abs 1, 30a Abs 1 lit b), 30c Abs 1 sowie Art 30f Abs 1 2
Satz 1 der überarbeiteten EU-APrRiLi, die eine öffentliche Erklärung, in der die verantwortliche Person und die Art des Verstoßes genannt und die auf der Website der zuständigen Behörde veröffentlicht werden sollen, erfordern. Dabei belässt Art 30c Abs 3 Unterabs 2 Satz 2 der überarbeiteten EU-APrRiLi den Mitgliedstaaten die Möglichkeit, dass die Veröffentlichungen keine personenbezogenen Daten im Sinne des Art 2 lit a) EU-RiLi 95/46/EG[2] enthalten müssen. Art 30f Abs 1 Satz 1 der überarbeiteten EU-APrRiLi enthält Bestimmungen zum behördlichen Datentransfer an den Ausschuss der Europäischen Aufsichtsstellen für Abschlussprüfer.

C. Umsetzung

I. Übermittlungspflicht

§ 88 regelt in beiden Absätzen lediglich die **Pflicht zur Datenübermittlung** von **der zuständigen** 3
Verwaltungsbehörde im Ordnungswidrigkeitenverfahren nach § 87 Abs 5 – für CRR-Kreditinstitute und Versicherungsunternehmen die Bundesanstalt für Finanzdienstleistungsaufsicht, im Übrigen das Bundesamt für Justiz – (Abs 1) bzw **der Staatsanwaltschaft** im Strafverfahren (Abs 2) an die neu errichtete berufsstandunabhängige Abschlussprüferaufsichtsstelle (APAS) beim Bundesamt für Wirtschaft und Ausfuhrkontrolle (BAFA), welche einer glaubwürdigen und transparenten öffentlichen Aufsicht über die Abschlussprüfung dienen soll.[3] Die APAS wurde durch das APAStErG[4] (Art 2 APAReG) eingerichtet; sie löste die bisher bestehende Abschlussprüferaufsichtskommission (APAK) ab.[5] Eine nachfolgende Veröffentlichungszuständigkeit ist bereits im Rahmen des APAReG (*Anders* § 87 Rdn 2) hinsichtlich der dort von der APAS verhängten (berufsrechtlichen) Sanktionen gegenüber den Abschlussprüfern in § 69 WiPrO vorgesehen, die im Interesse eines erleichterten Zugangs der Öffentlichkeit auch für die hier betreffenden Daten Anwendung findet.[6]

Gerichtliche Entscheidungen zu § 88 GmbHG liegen – soweit ersichtlich – bislang nicht vor; 4
die Gesetzesmaterialien sind unergiebig. Die Vorschrift ist insgesamt als missglückt zu bezeichnen, da sie weder in sich, dh im Verhältnis ihrer Absätze 1 und 2 zueinander, noch insgesamt mit Blick auf § 69 Abs 1a Satz 1 WiPrO stimmig erscheint (vgl Rdn 5 f).

---

1 Überblick bei *Anders* NZG 2018, 961, 969 ff.

2 Richtlinie 95/46/EG des Europäischen Parlaments und des Rates vom 24. Oktober 1995 zum Schutz natürlicher Personen bei der Verarbeitung personenbezogener Daten und zum freien Datenverkehr (Datenschutzrichtlinie). Sie wurde am 25. Mai 2018 durch die „Verordnung (EU) 2016/679 des Europäischen Parlaments und des Rates vom 27. April 2016 zum Schutz natürlicher Personen bei der Verarbeitung personenbezogener Daten, zum freien Datenverkehr und zur Aufhebung der Richtlinie 95/46/EG" (Datenschutz-Grundverordnung) abgelöst.

3 Michalski/Heidinger/Leible/Schmidt-GmbHG/*Sigloch/Keller/Meffert*[3] § 88 Rdn 2.

4 Gesetz zur Einrichtung einer Abschlussprüferaufsichtsstelle beim Bundesamt für Wirtschaft und Ausfuhrkontrolle vom 31. März 2016, BGBl I S 518, 549.

5 *Boecker/Zwirner* DStR 2016, 90; Michalski/Heidinger/Leible/Schmidt-GmbHG/*Sigloch/Keller/Meffert*[3] § 88 Rdn 2.

6 *Blöink/Woodtli* Der Konzern 2016, 75, 85; BeckOK-GmbHG/*N. Müller*[57] § 88 Rdn 7; Scholz-GmbHG/*Rönnau*[12] § 88 Rdn 8; Michalski/Heidinger/Leible/Schmidt-GmbHG/*Sigloch/Keller/Meffert*[3] § 88 Rdn 2; Überblick zur neuen Struktur der Abschlussprüferaufsicht bei *Boecker/Zwirner* DStR 2016, 90, 91.

II. Betroffene Daten

5 Gemäß **Abs 1** sind alle nach § 87 Abs 1–3 getroffenen Bußgeldentscheidungen zu übermitteln; Verfahrenseinstellungen nach **§ 47 Abs 1 Satz 2 OWiG** sind nicht erfasst.[7] Der Wortlaut des § 88 Abs 1 GmbHG legt sowohl mangels tatbestandlicher Eingrenzung als auch in systematischer Auslegung mit Blick auf § 88 Abs 2 Satz 2 GmbHG nahe, dass alle, dh auch nicht rechtskräftige Bußgeldentscheidungen, zu übermitteln sind, was erhebliche Zweifel an der Verhältnismäßigkeit des Eingriffs in das Recht auf informationelle Selbstbestimmung begründet. Denn es fehlt – wie etwa in § 124 Abs 2 Satz 2 und 3 WpHG, der sich allerdings auf die öffentliche Bekanntmachung vergleichbarer personenbezogener Daten bezieht – an der Hinweispflicht betreffend die fehlende Rechtskraft sowie zudem an der ergänzenden Mitteilungspflicht hinsichtlich sowohl der Einlegung als auch des Ergebnisses eines Rechtsbehelfs. **In mit Blick auf das Recht auf informationelle Selbstbestimmung** (Grundrechtsbetroffenheiten Rdn 7) **verfassungskonformer Auslegung** wird man daher solche **zusätzlichen Hinweis- und ergänzende Mitteilungspflichten** verlangen müssen,[8] wofür in einem ersten Zugriff auch der – eingriffsintensivere – § 69 Abs 1a Satz 1 Nr 1 WiPrO spricht, der nachfolgend eine Veröffentlichung nur für rechtskräftige Bußgeldentscheidungen vorsieht. Zunächst ist dies auch aus **Gründen der Praktikabilität** gefordert, um vor entsprechenden Veröffentlichungen durch die APAS Nachfragen bei den zuständigen Verwaltungsbehörden im Ordnungswidrigkeitenverfahren nach dem weiteren Verfahrensgang zu vermeiden. Zudem handelt es sich um ein Gebot des datenschutzrechtlichen **Grundsatzes der Zweckbindung** (vgl § 14 Abs 1 Satz 1 BDSG; Art 8 Abs 2 Satz 1 GrCh; Art 5 Abs 1 lit b), Hs 1 DS-GVO), der besagt, dass personenbezogene Daten nur für den Zweck verwendet werden dürfen, für den sie rechtmäßig erhoben wurden –[9] „der zentrale datenschutzrechtliche Grundsatz“[10] und über die Voraussetzung der Erforderlichkeit des festgelegten Verarbeitungs- und Verwendungszwecks zudem Anknüpfungspunkt für das grundrechtliche Verhältnismäßigkeitsprinzip.[11] Hier würden doch durch die Übertragung an die APAS durch diese jedoch mehr Daten erhoben, als sie für ihren Zweck – Veröffentlichung rechtskräftiger Bußgeldentscheidungen gemäß § 69 Abs 1a Satz 1 Nr 1 WiPrO – benötigt.[12] Eine legislatorische Lösung, welche sich von vornherein auf die Übermittlung von Daten über rechtskräftige Bußgeldentscheidungen beschränkt hätte, wäre dem allgemein für das Datenschutzrecht geltenden **Grundsatz der Datensparsamkeit bzw -minimierung** (vgl § 3a Abs 1 Satz 1 BDSG; Art 5 Abs 1 lit c) DS-GVO) entgegengekommen. *Rönnau* teilt dies im Ergebnis und begründet es mit Blick auf die **Hinweispflicht** über eine **analoge Anwendung des Abs 2 Satz 2** bzw das Verständnis des **Abs 2 Satz 2 als eigenständigen Abs 3 unter Annahme eines Redaktionsversehens des Gesetzgebers,**[13] hinsichtlich der **Mitteilungspflicht** über das Ergebnis des Rechtsmittelverfahrens über die **Wortlautauslegung**, da der Begriff der „Bußgeldentscheidungen“ (**Abs 1**) bei **weiter Auslegung** auch die endgültigen Entscheidungen in der Rechtsmittelinstanz erfasst.[14] *Beurskens* zieht aus der Begrenzung der Veröffentlichungen auf rechtskräftige Bußgeldentscheidungen in

---

7 MünchKomm-GmbHG/*Altenhain*[4] § 88 Rdn 1; Noack/Servatius/Haas-GmbHG/*Beurskens*[23] § 88 Rdn 2; Rowedder/Pentz-GmbHG/*Klinger*[7] § 88 Rdn 4; Habersack/Casper/Löbbe-GmbHG/*Ransiek*[3] § 88 Rdn 4; Scholz-GmbHG/*Rönnau*[12] § 88 Rdn 6; Erbs/Kohlhaas-GmbHG/*Schaal*[239] § 88 Rdn 3.

8 *Anders* NZG 2018, 961, 970.

9 Vgl BVerfGE 65, 1, 46.

10 BeckOK-DatenschutzR/*Wolff*[39] Grundlagen Syst. A Rdn 20.

11 BeckOK-DatenschutzR/*Albers*/*Veit*[39] § 22 BDSG Rdn 20, 23.

12 So soll nach Erwägungsgrund 50 DS-GVO die Verarbeitung personenbezogener Daten für andere Zwecke als die, für die die personenbezogenen Daten ursprünglich erhoben wurden, auch nur zulässig sein, wenn die Verarbeitung mit den Zwecken, für die die personenbezogenen Daten ursprünglich erhoben wurden, vereinbar ist; in diesem Fall ist keine andere gesonderte Rechtsgrundlage erforderlich als diejenige für die Erhebung der personenbezogenen Daten; vgl zur Zulässigkeit der Lockerung der Zweckbindung ohne besondere Rechtsgrundlage im Rahmen der DS-GVO, Paal/Pauly-DS-GVO/*Frenzel*[3] Art 5 Rdn 31.

13 Vgl Scholz-GmbHG/*Rönnau*[12] § 88 Rdn 10.

14 Vgl Scholz-GmbHG/*Rönnau*[12] § 88 Rdn 11.

§ 69 Abs 1a Satz 1 Nr 1 WiPrO[15] sowie aus einem Umkehrschluss zu § 88 Abs 2 Satz 2[16] die radikale Konsequenz, dass die Übermittlung nach § 88 Abs 1 auch nur rechtskräftige Bußgeldentscheidungen erfassen dürfe.[17] Dies gibt § 88 Abs 2 Satz 2 jedoch gerade nicht her;[18] auch die Begrenzung der Veröffentlichungen in § 69 Abs 1a Satz 1 Nr 1 WiPro ist insoweit kein zwingendes Argument, da die Veröffentlichung den im Vergleich zur Übermittlung einschneidenderen Grundrechtseingriff darstellt.

Nach **Abs 2 Satz 1** sind in Strafverfahren, die eine Straftat nach § 86 zum Gegenstand haben, 6
die das Verfahren abschließenden Entscheidungen im Falle der Erhebung der öffentlichen Klage zu übermitteln. Davon sind nur erfasst gerichtliche Abschlussentscheidungen nach Erhebung der Anklage (vgl § 170 Abs 1 StPO) oder Beantragung eines Strafbefehls (vgl § 407 Abs 1 Satz 4 StPO),[19] dh nach dem klaren Wortlaut auch Freisprüche und gerichtliche Einstellungen nach den §§ 153 StPO ff;[20] Einstellungsverfügungen im Ermittlungsverfahren sind hingegen nicht erfasst (vgl §§ 153, 153a StPO).[21] Nach **Abs 2 Satz 2** sind diese Entscheidungen unter Hinweis auf das eingelegte Rechtsmittel zu übermitteln, falls ein solches eingelegt worden ist. Jedenfalls eine **ergänzende Mitteilungspflicht** hinsichtlich des Erfolgs des Rechtsmittels dürfte aus den oben genannten Gründen (vgl Rdn 5) auch insoweit zusätzlich gelten.[22] Eine entsprechende Ergänzung der Anordnung über Mitteilungen in Strafsachen (MiStra) ist bislang nicht erfolgt.[23]

III. Grundrechtseingriff: Gesetzliche Grundlage

Für die Datenübermittlung im oben genannten Umfang ist eine **Gesetzesgrundlage** notwendig. 7
Deren Notwendigkeit entfällt nicht etwa deshalb, weil die dem Datentransfer nachfolgende Bekanntmachung durch die APAS nach § 69 Abs 1 Satz 2, Abs 1a Satz 3 WiPrO keine personenbezogenen Daten enthalten darf (vgl Rdn 11). Denn diese Vorschrift betrifft nur die Bekanntmachung der Daten, nicht jedoch ihre vorhergehende Übermittlung im Sinne des § 88. Diese stellt für sich allein einen grundrechtsrelevanten Eingriff dar, und zwar mit Blick auf natürliche Personen in das Recht auf informationelle Selbstbestimmung dar (vgl §§ 3 Abs 4 Satz 2 Nr 3 lit a), 4 Abs 1 BDSG). Nach der grundlegenden Rechtsprechung des *BVerfG*, welches im Volkszählungsurteil das **Grundrecht auf informationelle Selbstbestimmung** aus dem allgemeinen Persönlichkeitsrecht (**Art 2 Abs 1 GG in Verbindung mit Art 1 Abs 1 GG**) deduziert hat, garantiert dieses der einzelnen natürlichen Person das Recht, grundsätzlich selbst über die Preisgabe und die Verwendung seiner persönlichen Daten zu bestimmen, wobei Einschränkungen dieses Rechts im überwiegenden Allgemeininteresse hinzunehmen sind; für Eingriffe in dieses Grundrecht ist eine **bereichsspezifische gesetzliche Grundlage** erforderlich, die dem rechtsstaatlichen Gebot der Normenklarheit entspricht und den Verhältnismäßigkeitsgrundsatz wahrt oder aber die wirksame Einwilligung des Betroffenen.[24] Die **juristische Person GmbH** kann sich mit Blick auf das **Recht auf informati-**

---

15 Mit dieser Begründung auch Habersack/Casper/Löbbe-GmbHG/*Ransiek*[3] § 88 Rdn 4.
16 Mit dieser Begründung auch Altmeppen[10] § 88 Rdn 3.
17 Vgl Noack/Servatius/Haas-GmbHG/*Beurskens*[23] § 88 Rdn 2.
18 In diesem Sinne auch Scholz-GmbHG/*Rönnau*[12] § 88 Rdn 6 in Fn 22.
19 Rowedder/Pentz-GmbHG/*Klinger*[7] § 88 Rdn 5; Erbs/Kohlhaas-GmbHG/*Schaal*[239] § 88 Rdn 3.
20 Altmeppen[10] § 88 Rdn 6; Noack/Servatius/Haas-GmbHG/*Beurskens*[23] § 88 Rdn 4; Rowedder/Pentz-GmbHG/*Klinger*[7] § 88 Rdn 5; Scholz-GmbHG/*Rönnau*[12] § 88 Rdn 7; **aA** MünchKomm-GmbHG/*Altenhain*[4] § 88 Rdn 1; Habersack/Casper/Löbbe-GmbHG/*Ransiek*[3] § 88 Rdn 4; Saenger/Inhester-GmbHG/*Saenger*[4] § 88 Rdn 2; lediglich mit Blick auf die Einstellungsentscheidungen **aA** auch Erbs/Kohlhaas-GmbHG/*Schaal*[239] § 88 Rdn 3.
21 MünchKomm-GmbHG/*Altenhain*[4] § 88 Rdn 1; Rowedder/Pentz-GmbHG/*Klinger*[7] § 88 Rdn 5; Scholz-GmbHG/*Rönnau*[12] § 88 Rdn 7; Erbs/Kohlhaas-GmbHG/*Schaal*[239] § 88 Rdn 3; Saenger/Inhester-GmbHG/*Saenger*[4] § 88 Rdn 2.
22 *Anders* NZG 2018, 961, 970; Noack/Servatius/Haas-GmbHG/*Beurskens*[23] § 88 Rdn 4; Habersack/Casper/Löbbe-GmbHG/*Ransiek*[3] § 88 Rdn 4; Scholz-GmbHG/*Rönnau*[12] § 88 Rdn 11.
23 *Anders* NZG 2018, 961, 970; Noack/Servatius/Haas-GmbHG/*Beurskens*[23] § 88 Rdn 3.
24 Vgl BVerfG 65, 1, 43 f.

onelle Selbstbestimmung auf **Art 2 Abs 1 GG**[25] **und Art 14 Abs 1 GG in Verbindung mit Art 19 Abs 3 GG** berufen.[26,27] Gesetzliche Grundlagen für die durch die Datenübermittlungen begründeten Eingriffe in das Recht auf informationelle Selbstbestimmung der betroffenen natürlichen und – soweit daneben möglich (vgl Rdn 13) – juristischen Personen sind § 13 Abs 1 Nr 1 EGGVG in Verbindung mit – im Rahmen der og genannten ergänzenden Auslegung (vgl Rdn 6) – § 88 Abs 2 für das Strafverfahren sowie § 49a Abs 4 Satz 1 Nr 1 OWiG in Verbindung mit § 13 Abs 1 Nr 1 EGGVG (sinngemäß) und – ebenfalls verfassungskonform ausgelegt – (vgl Rdn 5) § 88 Abs 1.

D. Folgen

I. Bekanntmachung – „Naming and Shaming" (§ 69 WiPrO)

8 Nach dem ebenfalls durch das AReG eingeführten **§ 69 Abs 1a Satz 1 WiPrO** soll die Abschlussprüferaufsichtsstelle (APAS) ua unverzüglich auf ihrer Internetseite jede **rechtskräftige** Bußgeldentscheidung ua nach § 87 Abs 1–3 (**Nr 1**) sowie jede **rechtskräftige** Verurteilung ua wegen einer Straftat nach § 86 (**Nr 2**) bekannt machen. Es handelt sich um eine umstrittene[28] Norm des sog **„Naming and Shaming"**, an der kritisiert wird, dass die eigentliche Sanktion der, im Vorwege in der Intensität kaum einschätzbaren und staatlicherseits nicht weiter kontrollierbaren,[29] Reaktion der Öffentlichkeit überantwortet wird,[30] worin ein Verstoß gegen den Grundsatz der Gesetz- und Verhältnismäßigkeit von Sanktionen gesehen werden kann.[31] Nach dem Willen des europäischen Normgebers ist sie als Sanktionsform intendiert,[32] deren Rechtsnatur jedoch unklar ist: Während zum Teil vertreten wird, dass diese „Pranger"-Vorschriften[33] im repressiven Sinne der Generalprävention durch Information der Marktteilnehmer sowie der Spezialprävention durch mögliche Reputations- und Vermögensschäden der betroffenen Gesellschaft hervorrufende adverse Publizität dienen sollen,[34] dürfte die Ansicht, dass es sich primär um Präventivnormen handelt,[35] vorzugswürdig sein.[36] Bußgeldentscheidungen und Verurteilungen sollen **für fünf Jahre** ab Unanfechtbarkeit bzw Rechtskraft veröffentlicht bleiben (**§ 69 Abs 3 WiPrO**).

9 Die an der Sanktionsform des **„Naming and Shaming"** geübte **Grundsatzkritik** dürfte auf **§ 69 WiPrO** in **lediglich abgeschwächter Form** zutreffen:[37] Durch das Verbot der Bekanntma-

---

25 Art 1 Abs 1 GG kann nur von natürlichen Personen für sich in Anspruch genommen werden, BVerfGE 95, 220, 242.

26 Vgl BVerfGE 67, 100, 142 f; BVerfGE 77, 1, 46; BVerwGE 115, 319, 325 f; BeckOK-DatenschutzR/*Schild*[39] DS-GVOArt 4 Rdn 6; *Schmieszek/Langner* WM 2014, 1893, 1897; Gola/Heckmann-BDSG/*Schulz*[13] § 46 Rdn 24.

27 Zu den weiteren durch die Veröffentlichung der Daten („Naming and Shaming") berührten Grundrechte der juristischen Person GmbH siehe unter Rdn 13.

28 Vgl Rowedder/Pentz-GmbHG/*Klinger*[7] § 88 Rdn 6; BeckOK-GmbHG/*N. Müller*[57] § 88 Rdn 11 ff; *Reimer* JöR 58, 2010, 275 285; Scholz-GmbHG/*Rönnau*[12] § 88 Rdn 3 ff; *Schilha* DB 2015, 1821, 1826; *ders* ZIP 2016, 1316, 1328; *Seibt/Wollenschläger* AG 2012, 305, 313; *dies* ZIP 2014, 545, 553.

29 Zur Wahrscheinlichkeit der Multiplizierung der Datenweitergabe von Privaten an Private (Distributiveffekt) *Anders* JR 2011, 190 f.

30 Vgl BeckOK-GmbHG/*N. Müller*[57] § 88 Rdn 17; *Reimer* JöR 58, 2010, 275, 287; Scholz-GmbHG/*Rönnau*[12] § 88 Rdn 4.

31 *Schmieszek/Langner* WM 2014, 1893, 1897; Scholz-GmbHG/*Rönnau*[12] § 88 Rdn 4.

32 Vgl *Seibt/Wollenschläger* AG 2012, 305, 313; *dies* ZIP 2014, 545, 553.

33 Vgl zum anglo-amerikanischen Rechtskreis *Kubiciel* ZStW 118, 2006, 44, 46 ff.

34 BeckOK-GmbHG/*N. Müller*[57] § 88 Rdn 15; *Poelzig* NZG 2016, 492, 500 zu § 40d WpHG aF Assmann/Schneider/Mülbert-Wertpapierhandelsrecht/*Spoerr*[7] § 126 WpHG Rdn 3, § 124 WpHG Rdn 9 geht davon aus, dass „neben restitutiven Zwecken auch typische Straf- und Sanktionszwecke" verfolgt werden bzw „eine eigene Sanktionswirkung (…) intendiert ist".

35 *Anders* NZG 2018, 961, 970; *Dannecker* JZ 2013, 924, 926 f; *Nartowska/Knierbein* NZG 2016, 256, 259 f; zu § 40b Abs 1 WpHG aF, KK-WpHG/*Altenhain*[2] § 40b Rdn 10; Fuchs-WpHG/*Waßmer*[2] § 40b Rdn 4.

36 Vgl Erwägungsgrund 15 Satz 1 der überarbeiteten EU-APrRiLi „Um die Einhaltung dieser Richtlinie und der Verordnung (EU) Nr 537/2014 zu verbessern, (…).".

37 Scholz-GmbHG/*Rönnau*[12] § 88 Rdn 5.

chung von Daten betr. natürliche Personen in **§ 69 Abs 1a Satz 3 WiPrO** (vgl unter Rdn 11) und die weitergehenden Anonymisierungsmöglichkeiten aus **§ 69 Abs 2 WiPrO** (vgl unter Rdn 12),[38] die Beschränkung auf rechtskräftige Bußgeldentscheidungen bzw Verurteilungen (vgl unter Rdn 8)sowie die Ausgestaltung entsprechender Rechtsschutzmöglichkeiten (vgl unter Rdn 13) dürfte noch von einer Verhältnismäßigkeit der Regelung auszugehen sein.[39] Es bleibt dann aus dieser Perspektive allerdings die Frage nach der **Sinnhaftigkeit des Informationsgehalts**,[40] zumal in den Bekanntmachungen der APAS seit dem Jahre 2018 bislang keine einzige Entscheidung nach **§ 69 Abs 1a WiPrO** zu finden ist.[41]

Erfasst von **§ 69 Abs 1a Satz 1 Nr 1 WiPrO** sind auch rechtskräftige Bußgeldentscheidungen nach den **§§ 334 Abs 2a, 340n Abs 2a Nr 1 und 341n Abs 2a HGB** sowie nach § 69 Abs 1a Satz 1 Nr 2 WiPrO rechtskräftige Verurteilungen nach den **§§ 333a, 340m Abs 2 und 341m Abs 2 HGB**. Es handelt sich insoweit um die subsidiären ordnungswidrigkeiten- und strafrechtlichen Tatbestände, die bei Einrichtung eines alleinstehenden (isolierten) Prüfungsausschuss der GmbH Anwendung finden (vgl unter *Anders* § 86 Rdn 22). 10

Die Bekanntmachung darf nach **§ 69 Abs 1 Satz 2, Abs 1a Satz 3 WiPrO keine personenbezogenen Daten** enthalten. Damit optiert der nationale Gesetzgeber für die durch Art 30c Abs 3 Unterabs 2 Satz 2 der überarbeiteten EU-APrRiLi gegebene Möglichkeit.[42] Dabei erfasst die EU-APrRiLi „personenbezogene Daten" im Sinne des Art 2 lit a) EU-RiLi 95/46/EG[43] als alle Informationen über eine bestimmte oder bestimmbare **natürliche Person**, wobei als bestimmbar eine Person angesehen wird, die direkt oder indirekt identifiziert werden kann, insbesondere durch Zuordnung zu einer Kennnummer oder zu einem oder mehreren spezifischen Elementen, die Ausdruck ihrer physischen, physiologischen, psychischen, wirtschaftlichen, kulturellen oder sozialen Identität sind. Diese Bestimmung der Datenschutzrichtlinie erfasst indes nur natürliche Personen,[44] so dass die **Firma der betroffenen Gesellschaft** genannt werden müsste.[45] Mit Blick auf natürliche Personen ist daher mangels Eingriffs in deren Recht auf informationelle Selbstbestimmung eine gesetzliche Grundlage **für die Bekanntmachung** nicht erforderlich. 11

Anders als etwa § 124 WpHG ist § 69 Abs 1a Satz 1 WiPrO als „Soll"-Vorschrift formuliert. Im verwaltungsrechtlichen Sinne sind solche Normen **im Regelfall** für die mit ihrer Durchführung betraute Behörde jedoch **rechtlich zwingend**, dh das „Soll" ein „Muss", es sei denn, es liegen atypische Umstände vor.[46] Solche Umstände formuliert **§ 69 Abs 2 WiPrO**, nach dem Bußgeldentscheidungen und strafrechtliche Verurteilungen **anonymisiert** bekannt gemacht werden, wenn anderenfalls die **Stabilität der Finanzmärkte oder laufende strafrechtliche Ermittlungen gefährdet** oder den Beteiligten ein 12

---

38 MünchKomm-GmbHG/*Altenhain*[4] § 88 Rdn 5; Altmeppen[10] § 88 Rdn 5; Noack/Servatius/Haas-GmbHG/*Beurskens*[23] § 88 Rdn 7; Habersack/Casper/Löbbe-GmbHG/*Ransiek*[3] § 88 Rdn 2.

39 *Anders* NZG 2018, 961, 971; **aA** BeckOK-GmbHG/*N. Müller*[57] § 88 Rdn 17 unter Hinweis auf die Identifizierbarkeit der Gremienmitglieder sowie Scholz-GmbHG/*Rönnau*[12] § 88 Rdn 5, der die Erforderlichkeit bei einmaligen Verstößen bestreitet und eine Verhältnismäßigkeit nur annimmt bei weiter andauernden Verstößen oder in Fällen der Wiederholungsgefahr.

40 Vgl Scholz-GmbHG/*Rönnau*[12] § 88 Rdn 5.

41 Abrufbar unter: https://www.apasbafa.bund.de/APAS/DE/Anlassbezogene_Berufsaufsicht/anlassbezogene_berufsaufsicht_node.html, zuletzt aufgerufen am 13.12.2023.

42 Altmeppen[10] § 88 Rdn 5; Noack/Servatius/Haas-GmbHG/*Beurskens*[23] § 88 Rdn 7; *Blöink*/*Woodtli* Der Konzern 2016, 75, 85; Habersack/Casper/Löbbe-GmbHG/*Ransiek*[3] § 88 Rdn 2; Scholz-GmbHG/*Rönnau*[12] § 88 Rdn 9.

43 Richtlinie 95/46/EG des Europäischen Parlaments und des Rates vom 24. Oktober 1995 zum Schutz natürlicher Personen bei der Verarbeitung personenbezogener Daten und zum freien Datenverkehr (Datenschutzrichtlinie). Sie wurde am 25. Mai 2018 durch die „Verordnung (EU) 2016/679 des Europäischen Parlaments und des Rates vom 27. April 2016 zum Schutz natürlicher Personen bei der Verarbeitung personenbezogener Daten, zum freien Datenverkehr und zur Aufhebung der Richtlinie 95/46/EG" (Datenschutz-Grundverordnung – DS-GVO) abgelöst.

44 Auch die DS-GVO erfasst juristische Personen nicht, vgl Erwägungsgrund 14 Satz 2 DS-GVO; BeckOK-DatenschutzR/*Schild*[39] DS-GVO Art 4 Rdn 5; Scholz-GmbHG/*Rönnau*[12] § 88 Rdn 9.

45 Vgl BT-Drucks 18/6282 S 99; Scholz-GmbHG/*Rönnau*[12] § 88 Rdn 9.

46 BVerwGE 90, 275, 278.

unverhältnismäßig großer Schaden zugefügt würde. Bedeutung erlangt die Regelung wegen des Verbots der Bekanntmachung personenbezogener Daten (vgl Rdn 11) nur für Unternehmen bzw juristische Personen.[47] Eine Stabilitätsgefährdung liegt vor, wenn die Veröffentlichung der Maßnahme an den Finanzmärkten irrationale Panikreaktionen auszulösen geeignet ist.[48] Eine Ermittlungsgefährdung ist gegeben, wenn konkret davon auszugehen ist, dass aufgrund der veröffentlichten Informationen die Sachaufklärung behindert wird, etwa wenn die entsprechende Kenntnis eines Verletzten die Zuverlässigkeit und den Wahrheitsgehalt einer von ihm noch zu erwartenden Zeugenaussage beeinträchtigen kann,[49] durch Beschuldigte Verdunkelungshandlungen vorgenommen werden bzw, wenn geplante Ermittlungsmaßnahmen voraussetzen, dass sie unbemerkt bzw überraschend vorgenommen werden können.[50] Ein unverhältnismäßig großer Schaden bei den Beteiligten – also den von der Veröffentlichung Betroffenen – liegt vor, wenn der ihnen drohende Schaden unverhältnismäßig größer ist als der den Finanzmärkten durch den Missstand drohende Schaden[51] bzw, wenn die Veröffentlichung zu einer Insolvenz führen könnte.[52] Im Rahmen dieser Abwägung ist insbesondere zu berücksichtigen, ob sich aus einer Nennung des betroffenen Unternehmens Rückschlüsse auf die betroffene natürliche Person ergeben könnten.[53] Dies dürfte bei bekannten Gesellschaften, um die es sich bei Unternehmen von öffentlichem Interesse häufig handeln dürfte, von größerer Relevanz sein.[54] Sollte der Vergleich zu den in systematischer Auslegung heranzuziehenden Vorschriften aus dem WpHG zwar einen insgesamt eher eng anzuwendenden Anwendungsbereich der Anonymisierungspflicht nahelegen, kann daher eine fehlende praktische Bedeutung[55] nicht gefolgert werden.[56]

13 Jedoch können auch **juristische Personen** Träger von Grundrechten sein, wenn diese auch korporativ betätigt werden kann[57] bzw wenn ihren Trägern Schutz gegen unbegrenzte Erhebung, Speicherung, Verwendung oder Weitergabe der betreffenden individualisierten oder individualisierbaren Daten zusteht.[58] Die GmbH als solche kann sich mit Blick auf das **Recht auf informationelle Selbstbestimmung** auf **Art 2 Abs 1 GG**[59] **und Art 14 Abs 1 GG in Verbindung mit Art 19 Abs 3 GG** berufen.[60] Denn die maßgebliche wirtschaftlich-unternehmerische Tätigkeit wird durch die Veröffentlichung unmittelbar tangiert, um die Öffentlichkeit – also auch Kunden und Geschäftspartner – über das Unternehmen zu informieren und zu beeinflussen.[61] Zudem könnte durch die Veröffentlichung auch das Grundrecht der **Berufsfreiheit aus Art 12 Abs 1 GG in Verbindung mit Art 19 Abs 3 GG,** das insoweit den Marktteilnehmer vor der aktiven Verbreitung unzutreffender und unsachlich gehaltener Informationen schützt,[62] betroffen sowie der **Schutz von Betriebs- und Geschäftsgeheimnissen aus Art 12 Abs 1 und Art 14 Abs 1, beide in Verbin-**

---

47 Vgl BT-Drucks 18/7219 S 50, 60.
48 Vgl Assmann/Schneider/Mülbert-Wertpapierhandelsrecht/*Spoerr*[7] § 123 WpHG Rdn 22; zu § 40b Abs 1 WpHG aF, Fuchs-WpHG/*Waßmer*[2] § 40b Rdn 16.
49 KK-StPO/*Zabeck*[8] § 406e Rdn 7.
50 MünchKomm-StPO/*Thomas*/*Kämpfer* § 147 Rdn 24.
51 Vgl zu § 40b Abs 1 WpHG aF, KK-WpHG/*Altenhain*[2] § 40b Rdn 15; Fuchs-WpHG/*Waßmer*[2] § 40b Rdn 17.
52 Vgl Assmann/Schneider/Mülbert-Wertpapierhandelsrecht/*Spoerr*[7] § 123 WpHG Rdn 23.
53 BT-Drucks 18/7219 S 50, 60; Noack/Servatius/Haas-GmbHG/*Beurskens*[23] § 88 Rdn 7; Habersack/Casper/Löbbe-GmbHG/*Ransiek*[3] § 88 Rdn 2; Scholz-GmbHG/*Rönnau*[12] § 88 Rdn 9.
54 Vgl Noack/Servatius/Haas-GmbHG/*Beurskens*[23] § 88 Rdn 7; BeckOK-GmbHG/*N. Müller*[57] § 88 Rdn 8; Scholz-GmbHG/*Rönnau*[12] § 88 Rdn 9.
55 In diesem Sinne BeckOK-GmbHG/*N. Müller*[57] § 88 Rdn 18.
56 Scholz-GmbHG/*Rönnau*[12] § 88 Rdn 9.
57 BVerfGE 106, 28, 42 f; BVerfGE 118, 168, 203; BVerfGE 128, 1, 43; *BVerfG* NJW 2018, 2385 (2386); *OVG Münster* NVwZ 2015, 304.
58 BVerfGE 77, 1 (46); *VG Wiesbaden* NVwZ-RR 2008, 617; BeckOK-DatenschutzR/*Schild*[39] DS-GVOArt 4 Rdn 6.
59 Art 1 Abs 1 GG kann nur von natürlichen Personen für sich in Anspruch genommen werden, BVerfGE 95, 220, 242.
60 Vgl unter Fn 26.
61 Vgl *OVG Münster* NVwZ 2015, 304, 305.
62 Vgl BVerfGE 105, 252, 265; *OVG Münster* NVwZ 2015, 304, 305; *F. Becker*/*Blackstein* NJW 2011, 490, 491 f.

dung mit Art 19 Abs 3,[63] berührt sein; die verfassungsrechtliche Fundierung des **Rechts am eingerichteten und ausgeübten Gewerbebetrieb** über **Art 14 Abs 1 GG** ist umstritten.[64] Der Grundrechtsschutz entfällt auch nicht deshalb, weil die Umsetzung der Norm aus der EU-APrRiLi in ihrem Sinne – ausschließlicher Schutz natürlicher Personen – europarechtlich bestimmt wäre: Zwar kann sich eine juristische Person auf den durch die Art 7 und 8 der Charta der Grundrechte der Europäischen Union (GrCh) verliehenen Schutz nur berufen, „soweit der Name der juristischen Person eine oder mehrere natürliche Personen bestimmt", so dass es auf die konkrete Firma der GmbH ankommen würde.[65] Jedoch wird unabhängig davon in Art 16 GrCh die unternehmerische Freiheit nach dem Unionsrecht und den einzelstaatlichen Rechtsvorschriften und Gepflogenheiten ausdrücklich anerkannt.[66] Weil die Anonymisierungspflicht aus § 69 Abs 2 WiPrO für die betroffenen juristischen Personen nur in Ausnahmefällen greift (vgl Rdn 12), besteht in der Bekanntmachung der Firma der GmbH daher grundsätzlich ein Eingriff in ihr Recht auf informationelle Selbstbestimmung. Die Grundrechtsbetroffenheit der juristischen Person GmbH ist beim **„Naming and Shaming"** evidentermaßen größer als bei der bloßen Datenübermittlung an die APAS gemäß § 88 GmbHG. Erforderlich zur verfassungsrechtlichen Rechtfertigung des veröffentlichenden Eingriffs ist eine **hinreichend bestimmte bereichsspezifische gesetzliche Grundlage**, die **Wahrung des Verhältnismäßigkeitsgrundsatzes** sowie eine **angemessene, den effektiven Grundrechtsschutz absichernde Ausgestaltung des Verfahrens.**[67] § 69 Abs 1a WiPrO dürfte diese Vorgaben erfüllen: Zwar sieht § 69 Abs 3 WiPrO lediglich vor, dass Bußgeldentscheidungen und strafrechtliche Verurteilungen für fünf Jahre ab Unanfechtbarkeit oder Rechtskraft veröffentlicht bleiben sollen, während zum Beispiel § 124 Abs 4 Satz 1 WpHG die Löschung der Bekanntmachung fünf Jahre nach ihrer Veröffentlichung anordnet. Die Löschung dürfte jedoch auch im Rahmen der WiPrO zwangsläufig dem Ablauf der Veröffentlichungsfrist zu folgen haben. Der Grundrechtseingriff für juristische Personen dürfte auch verhältnismäßig sein:[68] Anders als in § 124 Abs 2 Satz 1 WpHG, der die Bekanntmachung bei Normverstößen unter Hinweis darauf, dass die entsprechenden Entscheidungen noch nicht rechtskräftig sind, zulässt, verlangt § 69 Abs 1a Satz 1 Nr 1 und 2 WiPrO **rechtskräftige** Bußgeldentscheidungen bzw Verurteilungen, da die Mitgliedstaatenoption aus Art 30c Abs 1 Unterabs 2 der überarbeiteten EU-APrRiLi[69] nicht aufgegriffen wurde.[70] Auch ist der Grundrechtsschutz der juristischen Person durch eine angemessene Verfahrensgestaltung abgesichert, da insbesondere gegen den Verwaltungsakt der Veröffentlichungsentscheidung Widerspruch eingelegt (vgl § 68 VwGO) und anschließend Anfechtungsklage erhoben (vgl § 42 VwGO),[71] ggf auch vorbeugender Rechtsschutz im Wege der allgemeinen Leistungsklage bzw der Feststellungsklage erreicht werden kann.[72]

---

63 Vgl *VGH Mannheim* NVwZ 2013, 1022, 1023; *Ossenbühl* NVwZ 2011, 1357, 1359; IFG/*Schoch*[2] § 6 Rdn 8; *Schmieszek/Langner* WM 2014, 1893 (1897); an einem Betriebs- oder Geschäftsgeheimnis dürfte es wegen der Offenkundigkeit der Information dann fehlen, wenn eine Entscheidung in öffentlicher Gerichtsverhandlung erörtert und bekannt gegeben worden ist, IFG/*Schoch*[2] § 6 Rdn 83.

64 Offen gelassen in BVerfGE 51, 193, 221 f; *BVerfG* NJW 2005, 589, 590; Nach Ansicht des *BVerwG* kann sich der Eigentumsschutz nur auf den Gewerbebetrieb in seiner Sach- und Rechtsgesamtheit beziehen, so dass grundsätzlich nur ein Eingriff in die Substanz dieser Sach- und Rechtsgesamtheit Art 14 Abs 1 GG verletzen könnte, BVerwGE 95, 341, 348 f; BVerwGE 118, 226, 241; bejahend *VGH Mannheim* NVwZ 2013, 1022, 1023; *Schmieszek/Langner* WM 2014, 1893, 1897.

65 *EuGH* Slg. 2010, I 11117.

66 *OVG Münster* NVwZ 2015, 304, 305; vgl auch Erwägungsgrund 15 Satz 4 der überarbeiteten EU-APrRiLi.

67 Vgl BVerfGE 128, 1, 46; *OVG Münster* NVwZ 2015, 304, 307.

68 AA BeckOK-GmbHG/*N. Müller*[57] § 88 Rdn 17.

69 „Wenn ein Mitgliedstaat die öffentliche Bekanntmachung anfechtbarer Sanktionen zulässt, veröffentlichen die zuständigen Behörden auf ihrer offiziellen Website auch so bald wie praktisch möglich Informationen über den Stand der jeweiligen Rechtsmittel und deren Ergebnisse.".

70 Vgl BT-Drucks 18/6282 S 99.

71 Zu § 40b Abs 1 WpHG aF, KK-WpHG/*Altenhain*[2] § 40b Rdn 16.

72 Vgl *Seibt/Wollenschläger* ZIP 2014, 545, 553, zur Bekanntmachungsvorschrift bei Verstößen gegen kapitalmarktrechtliche Beteiligungspublizitätsvorschriften (§ 124 WpHG).

II. Weiterleitung an das CEAOB

14 Nach § 69 Abs 4 Satz 2 Nr 2 und 3 WiPrO hat die APAS jährlich aggregierte Informationen über alle Bußgeldentscheidungen ua nach § 87 Abs 1–3 sowie alle Verurteilungen wegen einer Straftat ua nach § 86 dem **Ausschuss der Aufsichtsstellen** zu übermitteln. Erfasst von § 69 Abs 4 Satz 2 Nr 2 WiPrO sind auch Bußgeldentscheidungen nach den **§§ 334 Abs 2a, 340n Abs 2a und 341n Abs 2a HGB (Nr 2)** sowie Verurteilungen nach den **§§ 333a, 340m Abs 2 Nr 1 und 341m Abs 2 HGB (Nr 2)**, also die subsidiären ordnungswidrigkeiten- und strafrechtlichen Tatbestände, die bei Einrichtung eines alleinstehenden (isolierten) Prüfungsausschuss der GmbH Anwendung finden (vgl *Anders* § 86 Rdn 22). Es handelt sich um den gemäß Art 30 EU-APrVO einzusetzenden Ausschuss der Europäischen Aufsichtsstellen für Abschlussprüfer (Committee of European Auditing Oversight Bodies, CEAOB), der am 12. Juli 2016 seine Tätigkeit aufgenommen hat. Der Ausschuss dient der Verbesserung und Koordinierung der Zusammenarbeit der nationalen Abschlussprüferaufsichtsbehörden auf europäischer Ebene. Die systematische Auslegung mit Blick auf § 69 Abs 1a Satz 1 Nr 1 und 2 WiPrO könnte darauf hinweisen, dass von der Datenübermittlung alle Entscheidungen ohne Rücksicht auf ein gegen die Sanktion erhobenes Rechtsmittel erfasst sind, da jeweils die Worte „rechtskräftig" fehlen. Jedoch dürfte die Veröffentlichung in einem Jahresbericht des CEAOB auf europäischer Ebene (vgl Art 30f Abs 1 Satz 2 der überarbeiteten EU-APrRiLi) nicht Datenumfang und -qualität überschreiten, welche die APAS für die Zwecke der Veröffentlichung auf nationaler Ebene benötigen. Dafür spricht insbesondere der datenschutzrechtliche **Grundsatz der Zweckbindung** (vgl Rdn 5). Lediglich eine mit dem originären Datenerhebungszweck auf nationaler Ebene – Sammlung von Daten zum Zwecke der Veröffentlichung allein rechtskräftiger Bußgeldentscheidungen bzw rechtskräftiger Verurteilungen (vgl § 69 Abs 1a WiPrO) – kompatible weitere Verarbeitung würde dann auch keine relevante Zweckänderung darstellen.[73] Insoweit dürfte die Übermittlungspflicht auf Daten über rechtskräftige Bußgeldentscheidungen bzw Verurteilungen zu beschränken sein.

---

73 Vgl *Schantz/Wolff* Das neue Datenschutzrecht Rdn 411.

Anhang 1 **Untreue zum Nachteil der GmbH**

§ 266 StGB Untreue

(1) Wer die ihm durch Gesetz, behördlichen Auftrag oder Rechtsgeschäft eingeräumte Befugnis, über fremdes Vermögen zu verfügen oder einen anderen zu verpflichten, mißbraucht oder die ihm kraft Gesetzes, behördlichen Auftrags, Rechtsgeschäfts oder eines Treueverhältnisses obliegende Pflicht, fremde Vermögensinteressen wahrzunehmen, verletzt und dadurch dem, dessen Vermögensinteressen er zu betreuen hat, Nachteil zufügt, wird mit Freiheitsstrafe bis zu fünf Jahren oder mit Geldstrafe bestraft.

(2) § 243 Abs 2 und die §§ 247, 248a und 263 Abs 3 gelten entsprechend.

Schrifttum

Achenbach Schwerpunkte der BGH-Rechtsprechung zum Wirtschaftsstrafrecht, in: Festschrift 50 Jahre Bundesgerichtshof, Festgabe der Wissenschaft, Band IV Strafrecht, 2000, S 593–620; *ders/Ransiek/Rönnau* (Hrsg), Handbuch Wirtschaftsstrafrecht, 5. Auflage 2019; *Adams* Eigentum, Kontrolle und Beschränkte Haftung, 1991; *Ahlbrecht* Kein Ausschluss vom Geschäftsführer-/Vorstandsamt nach § 6 II GmbHG und § 76 III AktG bei Verurteilung als Teilnehmer, wistra 2018, S 241–244; Alternativ-Entwurf eines Strafgesetzbuches, Besonderer Teil – Straftaten gegen die Wirtschaft, vorgelegt von Lampe/Lenckner/Stree/Tiedemann/Weber, 1977 (zitiert: AE-StGB); *Altenhain/Wietz* Die Ausstrahlungswirkung des Referentenentwurfs zum Internationalen Gesellschaftsrecht auf das Wirtschaftsstrafrecht, NZG 2008, S 569–573; *Altmeppen* Grundlegend Neues zum „qualifiziert faktischen" Konzern und zum Gläubigerschutz in der Einmann-GmbH – Zugleich Besprechung des Urteils des BGH vom 17.9.2001 – II ZR 178/99 „Bremer Vulkan", ZIP 2001, 1874, ZIP 2001, S 1837–1847; *ders* Zur Entwicklung eines neuen Gläubigerschutzkonzeptes in der GmbH – Zugleich Besprechung von BGH, Urt v 24.6.2002 – II ZR 300/00, ZIP 2002, 1578, ZIP 2002, S 1553–1563; *ders* Gesellschafterhaftung und „Konzernhaftung" bei der GmbH, NJW 2002, S 321–324; *ders* Abschied vom „Durchgriff" im Kapitalgesellschaftsrecht, NJW 2007, S 2657–2660; *ders* GmbHG, 10. Auflage 2021; *Anastasopoulou* Deliktstypen zum Schutz kollektiver Rechtsgüter, 2005; *Ammelung/Kaeser* Cash-Management-Systeme in Konzernen, DStR 2003, S 655–660; *Anders* Das französische Recht der Untreue zum Nachteil von Kapitalgesellschaften insbesondere im Konzern, ZStW 114 (2002), S 467–506; *ders* Untreue zum Nachteil der GmbH, 2012; *ders* Zur Bestimmung der Grenze des Gesellschaftereinverständnisses bei der GmbH-Untreue, NZWiSt 2017, S 13–22; *ders* Legitimationsdefizite des deutschen Wirtschaftsstrafrechts, ZStW 130 (2018), S 374–419; *Arens* Untreue des Gesellschafters bei Errichtung eines Cash-Pools, GmbHR 2010, S 905–911; *ders* Untreue im Konzern, 2010; *Arloth* Zur Abgrenzung von Untreue und Bankrott bei der GmbH, NStZ 1990, S 570–575; *Arnold* Untreue im GmbH- und Aktienkonzern, 2006; *Arzt* Zur Untreue durch befugtes Handeln, in: Festschrift Hans-Jürgen Bruns, 1978, S 365–383; *Auer* Gläubigerschutz durch § 266 StGB bei der einverständlichen Schädigung einer Gesellschaft mit beschränkter Haftung, Dissertation Berlin 1991; *Bachmann* Die Haftung des Geschäftsleiters für die Verschwendung von Gesellschaftsvermögen, NZG 2013, S 1121–1128; *ders* Das „vernünftige" Vorstandsmitglied – Zum richtigen Verständnis der deutschen Business Judgment Rule (§ 93 Abs 1 Satz 2 AktG), in: Festschrift Eberhard Stilz, 2014, S 25–44; *ders* Zum Entwurf eines Gesetzes zur Modernisierung des Personengesellschaftsrechts (MoPeG), NZG 2020, S 612–619; *Bauer* Untreue durch Cash-Pooling im Konzern, 2008; *Baumbach/Hueck* GmbHG, 22. Auflage 2019; *Baur* Anm zu BGH, Beschl. v 19.9.2018 – 1 StR 194/18, JR 2019, S 534–537; *ders/Holle* Untreue und unternehmerische Entscheidung. Zugleich Besprechung BGH v 12.10.2016 – 5 StR 134/15, ZIP 2016, 2467, ZIP 2017, S 555–559; *Baur/Holle* Zur privilegierenden Wirkung der Business Judgment Rule bei Schaffung einer angemessenen Informationsgrundlage: Haften unbefangene Vorstandsmitglieder im Rahmen unternehmerischer Entscheidungen nur für grobe Fehler?, AG 2017, S 597–606; *Baur/Holle* Verschärfte Untreuestrafbarkeit bei Informationspflichtverletzungen?, JR 2019, S 181–185; *Beckemper* Anm zu BGH, Urt v 6.12.2001 – 1 StR 215/01, NStZ 2002, S 324–326; *dies* Untreuestrafbarkeit des GmbH-Gesellschafters bei einverständlicher Vermögensverschiebung, GmbHR 2005, S 592–596; *dies* Komment. zu BGH, Urt v 20.2.2013 – 1 StR 320/12, NZWiSt 2013, S 232–235; *C. Becker* Paradigmenwechsel in der Schadensdogmatik oder „Viel Lärm um nichts"? – Zur aktuellen Kontroverse um die sog „schadensgleiche Vermögensgefährdung", HRRS 2009, S 334–340; *ders* Und ewig lockt die Untreue – Randnotizen zum Stand der Dogmatik des § 266 StGB anlässlich von BGH HRRS 2011 Nr 1153, HRRS 2012, S 237–244; *ders* Komment. zu BGH, Urt v 27.8.2014 – 5 StR 181/14, NZWiSt 2015, S 38–40; *ders* Praxiskomment. zu BGH, Urt v 12.10.2016 – 5 StR 134/15, NStZ 2017, S 232–234; *Bergwitz* Anspruch auf Ersatz von Strafverteidigungskosten, NZA 2016, S 203–207; *Bernsmann* „Kick-back" zu wettbewerbswidrigen Zwecken – keine Untreue, StV 2005, S 576–578; *ders* Alles Untreue? Skizzen zu Problemen der Untreue nach § 266 StGB, GA 2007, S 219–237; *ders* Untreue und Korruption – der BGH auf Abwegen, GA 2009, S 296–313; *Beulke* Wirtschaftslenkung im Zeichen des Untreuetatbestands, in: Festschrift Ulrich Eisenberg, 2009, S 245–270; *Beuthien* Zur Begriffsverwirrung im deutschen Gesellschaftsrecht, JZ 2003,

https://doi.org/10.1515/9783111386669-009

S 715–722; *ders* Zur Grundlagenungewissheit des deutschen Gesellschaftsrechts, NJW 2005, S 855–859; *Bieneck* Die Rechtsprechung des BGH zur Haushaltsuntreue – zugleich eine Anmerkung zu BGH, in: wistra 1998, 103, wistra 1998, S 249–251; *Biermann* Die strafrechtlichen Risiken der Tätigkeit des (vorläufigen) Insolvenzverwalters, 2008; *Birkholz* Untreuestrafbarkeit als strafrechtlicher „Preis" der beschränkten Haftung, 1998; *Bitter* Konzernrechtliche Durchgriffshaftung bei Personengesellschaften, 2000; *ders* Der Anfang vom Ende des „qualifiziert faktischen GmbH-Konzerns" – Ansätze einer allgemeinen Missbrauchshaftung in der Rechtsprechung des BGH –, WM 2001, S 2133–2141; *ders* Das „TBB"-Urteil und das immer noch vergessene GmbH-Vertragskonzernrecht – Zur Unmöglichkeit von Beherrschungsverträgen mit einer 100 %igen Tochter-GmbH oder Tochter-GmbH & Co. KG, ZIP 2001, S 265–278; *Bittmann* Strafrechtliche Folgen des MoMiG, NStZ 2009, S 113–120; *ders* Kapitalersatz, der 5. Strafsenat des BGH und das MoMiG, wistra 2009, S 102–104; *ders* Das Ende der Interessentheorie – Folgen auch für § 266 StGB?, wistra 2010, S 8–10; *ders* Anm zu BGH, Urt v 17.9.2009 – 5 StR 521/08, NJW 2010, S 98–99; *ders* Dogmatik der Untreue, insbesondere des Vermögensnachteils, NStZ 2012, S 57–63; *ders* Verschleifungsverbot, Quantifizierungsgebot (§§ 263, 266 StGB) und Pflichtwidrigkeit (§ 266 StGB), wistra 2013, S 1–8; *ders* Aufsätze in Zeitschriften und Festschriften, wistra 2015, S 223–225; *ders* Untreue: Erkennbarkeit und Praktikabilität = mehr Rechtssicherheit – zugleich Besprechung zweier Entscheidungen des 5. Strafsenats des BGH, wistra 2017, 148 und wistra 2017, 153 –, wistra 2017, S 121–127; *ders* (Hrsg) Praxishandbuch Insolvenzstrafrecht, 2. Auflage 2017; *ders/S. Richter* Zum Geschädigten bei der GmbH- und der KG-Untreue, wistra 2005, S 51–54; *Bittmann/Rudolph* Untreue des GmbH-Geschäftsführers trotz Anordnung der Insolvenzverwaltung?, wistra 2000, S 401–405; *Blaurock* Mindestkapital und Haftung bei der GmbH, in: Festschrift Thomas Raiser, 2005, S 3–22; *Böse* Das Bundesverfassungsgericht „bestimmt" den Inhalt des Untreuetatbestandes, Jura 2011, S 617–623; *Bosch* Anm zu BGH, Urt v 13.2.2001 – 1 StR 488/00, wistra 2001, S 257–259; *ders* Untreue zum Nachteil politischer Partei durch Bildung schwarzer Kassen, JA 2008, S 148–150; *ders/Lange* Unternehmerischer Handlungsspielraum des Vorstands zwischen zivilrechtlicher Verantwortung und strafrechtlicher Sanktion, JZ 2009, S 225–237; *Bräunig* Untreue in der Wirtschaft. Eine funktionale Interpretation des Untreuestrafrechts, 2011; *Brammsen* Strafbare Untreue des Geschäftsführers bei einverständlicher Schmälerung des GmbH-Vermögens?, DB 1989, S 1609–1615; *ders* Vorstandsuntreue – Aktienrechtliche Unternehmensführung auf dem Prüfstand des § 266 StGB –, wistra 2009, S 85–91; *ders* Aufsichtsratsuntreue, ZIP 2009, S 1504–1511; *ders/Apel* „Schwarze Kassen" in Privatunternehmen sind strafbare Untreue, § 266 StGB – Zugleich eine Besprechung von BGH, Urt v 29.8.2008 = BGHSt 52, 323 = WM 2009, 49 – (§ 266 StGB, BGHSt 52, 323, WM 2009, 40), WM 2010, S 781–787; *C. Brand* Abschied von der Interessentheorie – und was nun? – Besprechung von BGH, Beschl. v 10.2.2009 – BGH 10.2.2009 – 3 StR 372/08 (NStZ 2009, 437) –, NStZ 2010, S 9–13; *ders* Untreue und Bankrott in der KG und GmbH & Co. KG. Zugleich ein Beitrag zum Gesamthandsprinzip, 2010; *ders* Anm zu BGH, Beschl. v 13.9.2010 – 1 StR 220/09, JR 2011, S 400–404; *ders* Anm zu BGH, Beschl. v 13.4.2011 – 1 StR 94/10, NJW 2011, S 1751–1752; *ders* Anm zu BGH, Beschl. v 15.9.2011 – 3 StR 118/11, NZWiSt 2012, S 64–65; *ders* Anm zu BGH, Beschl. v 15.5.2012 – 3 StR 118/11, NJW 2012, S 2370; *ders* Anm zu BGH, Urt v 10.7.2013 – 1 StR 532/12, NJW 2013, S 3594–3495; *ders* Untreuestrafrechtliche Implikationen der Nürburgring-Sanierung, NZG 2016, S 690–693; *ders* Anm zu BGH, Urt v 12.10.2016 – 5 StR 134/15, NJW 2017, S 582; *ders* Anm zu BGH, Beschl. v 19.9.2018 – 1 StR 194/18, NJW 2019, S 381–382; *ders* Strafbarkeitsrisiken trotz ausgesetzter Insolvenzantragspflicht nach dem COVID-19-Insolvenz-Aussetzungsgesetz?, BB 2020, S 909–913; *ders* Anm zu BGH, Urt v 24.11.2020 – 5 StR 553/19, NJW 2021, S 1477–1478; *ders* Komm zu BGH, Urt v 17.12.2020 – 3 StR 403/19, GmbHR 2021, S 764–766; *ders/Goll* Anm zu BGH, Urt v 27.1.2021 – 3 StR 628/19, NZG 2021, S 751–752; *C. Brand/Kanzler* Neues zu Untreue und Bankrott in der GmbH, ZWH 2012, S 1–6; *C. Brand/Sperling* Legalitätsverstöße in der Aktiengesellschaft als untreuerelevante Pflichverletzung?, AG 2011, S 233–244; *C. Brand/Strauß* Betriebsratsvergütungen vor den Schranken des Strafrechts, NJW 2023, S 1024–1027; *Brauer* Die aktienrechtliche Beurteilung von „appreciation awards" zu Gunsten des Vorstands, NZG 2004, S 502–509; *Bringewat* Finanzmanipulation im Ligafußball – ein Risikogeschäft?, JZ 1977, S 667–672; *Brockhaus* Die Übernahme der Kosten für die Strafverteidigung durch das Unternehmen aus strafrechtlicher Perspektive, ZWH 2012, S 169–174; *Brüning* Anm zu BGH, Beschl. v 18.2.2009 – 1 StR 731/08, ZJS 2009, S 300–304; *dies/Wimmer* Anm zu BGH, Urt v 29.8.2008 – 2 StR 587/07, ZJS 2009, S 94–98; *Buchholz* Anm zu BGH, Beschl. v 20.6.2018 – 4 StR 561/17, StV 2019, S 36–38; *Büning* Die strafrechtliche Verantwortung faktischer Geschäftsführer einer GmbH, 2004; *Bürkle* Grenzen der strafrechtlichen Garantenstellung des Compliance-Officers, CCZ 2010, S 4–12; *Bung* Anm zu BGH, Urt v 28.5.2013 – 5 StR 551/11 – Untreue durch Risikogeschäft, StV 2015, S 175–177; *Burkhardt* Zu einer restriktiven Interpretation der Treubruchshandlung, NJW 1973, S 2190–2191; *Busch* Konzernuntreue. Eine Untersuchung spezifischer Untreuestrafbarkeit innerhalb von Konzernverbindungen mit Aktiengesellschaften und Gesellschaften mit beschränkter Haftung, 2004; *Bydlinski* Die Verantwortung juristischer Personen in der Gesellschaft, in: *Götz/Seifert* (Hrsg), Verantwortung in Wirtschaft und Gesellschaft, 2000, S 21–87; *Campus Nave/Vogel* Die erforderliche Veränderung von Corporate Compliance-Organisationen im Hinblick auf gestiegene Verantwortlichkeiten des Compliance Officers, BB 2009, S 2546–2551; *Ceffinato* Legitimation und Grenzen der strafrechtlichen Vertreterhaftung nach § 14 StGB, 2012; *Colneric/Gerdemann* (Hrsg), BeckOK HinSchG 1. Edition 2023; *Cordes/Sartorius* Finanzierung von Nachteilsausgleichsmaßnahmen durch Unternehmen – deliktisches Handeln oder zulässiges Sponsoring?, NZWiSt 2013, S 401–

405; *Cornelius* Zum strafrechtlichen Schutz des Fernmeldegeheimnisses und der Untreuerelevanz datenschutzrechtlicher Verstöße – zugleich Besprechung von BGH, Urt v 10.10.2012 – 2 StR 591/11, NZWiSt 2013, S 166–170; *Corsten* Pflichtverletzung und Vermögensnachteil bei der Untreue – Kritische Betrachtung des „VW-Urteils" des BGH wistra 2009, 468 –, wistra 2010, S 206–210; *ders* Erfüllt die Zahlung von Bestechungsgeldern den Tatbestand der Untreue?, HRRS 2011, S 247–254; *ders* Einwilligung in die Untreue sowie in die Bestechlichkeit und Bestechung, 2011; *Cramer* Vermögensbegriff und Vermögensschaden im Strafrecht, 1968; *Dahs* § 266 StGB – allzuoft missverstanden, NJW 2002, S 272–273; *Dann/Mengel* Tanz auf einem Pulverfass – oder: Wie gefährlich leben Compliance-Beauftragte?, NJW 2010, S 3265–3269; *Dannecker/Dannecker* Die „Verteilung" der strafrechtlichen Geschäftsherrenhaftung im Unternehmen. Zur strafrechtlichen Verantwortung des Compliance Officers und (leitender) Angestellter bei der Übernahme unternehmensbezogener Aufgaben – zugleich Besprechung von BGH, Urteil v 17.7.2009 – 5 StR 394/08, JZ 2010, S 981–992; *Degener* „Die Lehre vom Schutzzweck der Norm" und die strafgesetzlichen Erfolgsdelikte, 2001; *Dehne-Niemann* Ein Abgesang auf die Interessentheorie bei der Abgrenzung von Untreue und Bankrott. Zugleich Anmerkung zu BGH wistra 2009, 275 –, wistra 2009, S 417–424; *ders* Anerkennung eines zurechnungsausschließenden hypothetischen Einverständnisses bei § 266 StGB durch den BGH? Anmerkung zu BGH, Beschl. v 8.1.2020 – 5 StR 366/19, wistra 2020, 288 –, wistra 2022, S 177–182; *Deiters* Organuntreue durch Spenden und prospektiv kompensationslose Anerkennung, ZIS 2006, S 152–160; *Detter* Zum Strafzumessungs- und Maßregelrecht, NStZ 2005, S 498–503; *Dierlamm* Der faktische Geschäftsführer im Strafrecht – ein Phantom?, NStZ 1996, S 153–157; *ders* Untreue – ein Auffangtatbestand?, NStZ 1997, S 534–536; *ders* Neue Entwicklungen bei der Untreue – Loslösung des Tatbestandes von zivilrechtlichen Kategorien?, StraFo 2005, S 397–404; *ders* Untreue – ein Korruptionsdelikt? in: Festschrift Gunter Widmaier, 2008, S 607–616; *ders* Die Vermögensbetreuungspflicht – ihre Expansion über neue außerstrafrechtliche (auch internationale) Pflichtenkataloge, in: *Lüderssen/Kempf/Volk* (Hrsg), Die Finanzkrise, das Wirtschaftsstrafrecht und die Moral, 2010, S 201–208; *Dittrich* Die Untreuestrafbarkeit von Aufsichtsratsmitgliedern bei der Festsetzung überhöhter Vorstandsvergütungen. Zugleich ein Beitrag zur rechtlichen Behandlung von Vorstandsvergütungen in deutschen Aktiengesellschaften, 2007; *Diversy/Weyand* Insolvenzverwalter und Untreuetatbestand, ZInsO 2009, S 802–808; *F. Dreher* Faktische Einflussnahme auf die GmbH-Geschäftsführung: Der Schutz von Gesellschafter- und Gläubigerinteressen durch die Geschäftsführung ohne Auftrag, 2018; *Dunkel* Nochmals: Der Scheckkartenmißbrauch in strafrechtlicher Sicht, GA 1977, S 329–340; *Drygala* Zur Neuregelung der Tätigkeitsverbote für Geschäftsleiter von Kapitalgesellschaften, ZIP 2005, S 423–431; *Edlbauer/Irrgang* Die Wirkung der Zustimmung und ihrer Surrogate im Untreuetatbestand, JA 2010, S 786–790; *Ehricke* Zur Begründbarkeit der Durchgriffshaftung in der GmbH, insbesondere aus methodischer Sicht, AcP 199 (1999), S 257–304; *Eickelberg* Die Zulässigkeit von Unternehmensspenden. Aktienrechtliche Grenzen und Handlungsoptionen für Vorstand und Aufsichtsrat, 2016; *Eidam* Praxiskomment. zu BGH, Urt v 24.5.2016 – 4 StR 440/15, NStZ 2016, S 603–604; *Eisele* Untreue in Vereinen mit ideeller Zielsetzung, GA 2001, S 377–394; *Emmerich/Habersack* Aktien- und GmbH-Konzernrecht, 10. Auflage 2022; *Engländer/Zimmermann* Whistleblowing als strafbarer Verrat von Geschäfts- und Betriebsgeheimnissen? Zur Bedeutung des juristisch-ökonomischen Vermögensbegriffs für den Schutz illegaler Geheimnisse bei § 17 UWG, NZWiSt 2012, S 328–333; *Ensenbach* Der Prognoseschaden bei der Untreue. Vom ‚Gefährdungsschaden' zur wirtschaftlichen Prognose anhand der Sicherheitslösung, 2016; *Erbs/Kohlhaas* Strafrechtliche Nebengesetze (UWG), 221. Auflage 2018; *Esser/Rübenstahl/Saliger/Tsambikakis* Wirtschaftsstrafrecht mit Steuerstrafrecht und Verfahrensrecht, 2017; *Esser* Unternehmerische Fehlentscheidungen als Untreue – Plädoyer für den Erhalt einer strafrechtlichen Wertungsebene, NZWiSt 2018, S 201–208; *Evers* Das Verhältnis des Vermögensnachteils bei der Untreue (§ 266 StGB) zum Vermögensschaden beim Betrug (§ 263 StGB) unter besonderer Berücksichtigung des Gefährdungsschadens, 2018; *Ewald* Untreue zwischen „verbundenen Unternehmen": eine Untersuchung zu Notwendigkeit und Umfang des durch § 266 StGB gewährten Vermögensschutzes im Konzernrecht des Aktiengesetzes, Dissertation Bochum 1980; *Fastrich* Treuepflicht der GmbH-Gesellschafter gegenüber Eigenbelangen „ihrer" GmbH?, in: Festschrift Christine Windbichler, 2021, S 579–602; *Fischer* Der Gefährdungsschaden bei § 266 in der Rechtsprechung des Bundesgerichtshofs, StraFo 2008, S 269–277; *ders* Prognosen, Schäden, Schwarze Kassen – Aktuelle Diskussionen im Untreue- und Betrugsstrafrecht, NStZ-Sonderheft 2009, S 8–20; *ders* Strafbarer Gefährdungsschaden oder strafloser Untreueversuch – Zur Bestimmtheit der Untreue-Rechtsprechung – zugleich Besprechung von BVerfG, Beschl. v 10.3.2009, 2 BvR 1980/07, StV 2010, S 95–102; *ders* Wirtschaftlicher, faktischer und normativer Schadensbegriff, in: *Fischer/Hoven/Huber/Raum/Rönnau/Saliger/Trüg* (Hrsg), Dogmatik und Praxis des strafrechtlichen Vermögensschadens, 2015, S 51–57; *ders* Strafgesetzbuch mit Nebengesetzen, 69. Auflage 2022; *U. Fischer* Korruptionsbekämpfung in der Betriebsverfassung, BB 2007, S 997–1001; *Fleck* Die Drittanstellung des GmbH-Geschäftsführers, ZHR 149 (1985), S 387–418; *ders* Kurzkomm. zu BGH, Urt v 29.5.1987 – 3 StR 242/86, EWiR 1987, S 987–988; *ders* Mißbrauch der Vertretungsmacht oder Treubruch des mit Einverständnis aller Gesellschafter handelnden GmbH-Geschäftsführers aus zivilrechtlicher Sicht, ZGR 19 (1990), S 31–49; *H. Fleischer* Unternehmensspenden und Leitungsermessen des Vorstands im Aktienrecht, AG 2001, S 171–181; *ders* Konzernuntreue zwischen Straf- und Gesellschaftsrecht: Das Bremer Vulkan-Urteil, NJW 2004, S 2867–2870; *ders* Zur GmbH-rechtlichen Verantwortlichkeit des faktischen Geschäftsführers, GmbHR 2011, S 337–446; *Flum* Der strafrechtliche Schutz der GmbH gegen Schädigungen mit Zustimmung der Gesellschafter, 1990; *Flume* Gesellschaft und Gesamthand, ZHR 136 (1972), S 177–207; *ders* Allgemeiner Teil des Bürgerlichen Rechts, Erster Band, Erster Teil, Die Personengesellschaft, 1977; *ders* Allgemeiner Teil des Bürgerlichen Rechts, Erster Band, Zweiter Teil, Die juristische Person,1983; *Foffani* Die Untreue im rechtsvergleichenden Überblick, in: Festschrift Klaus Tiedemann, 2008, S 767–787; *Fridgen/Geiwitz/Göpfert* (Hrsg), BeckOK Insolvenzrecht. InsO, EGInsO, SanInsKG, InsVV, EuInsVO, Spezialthemen und Länderberichte 33. Edition 2023 (zitiert: BeckOK-InsO); *Frisch* Voraussetzungen und Grenzen staatlichen Strafens, NStZ 2016, S 16–25; *Fuhlrott/Hiéramente* (Hrsg), BeckOK GeschGehG 17. Edition 2023 (zitiert: BeckOK-GeschGehG); *Gaede* Probleme der Untreue im Unternehmensverbund, NZWiSt 2018, S 220–225; *D. Geerds* Die Rückzahlung kapitalersetzender Darlehen durch den Allein-Gesellschaftergeschäftsführer in der Krise der GmbH, in: Festschrift Friedrich Geerds, 1995, S 689–712; *ders* Anm zu BGH, Urt v 10.7.1996 – 3 StR 50/96, JR 1997, S 340–341; *ders* Zur Untreuestrafbarkeit von Aufsichtsratsmitgliedern kommunaler Gesellschaften, in: Festschrift Harro Otto, 2007, S 561–575; *Gehrlein* Einverständliche verdeckte Gewinnentnahmen der Gesellschafter als Untreue (§ 266 StGB) zu Lasten der GmbH, NJW 2000, S 1089–1090; *ders* Strafbarkeit von Vorständen wegen leichtfertiger Vergabe von Unternehmensspenden, NZG 2002, S 463–464; *ders* Die Existenzvernichtungshaftung im Wandel der Rechtsprechung, WM 2008, S S 761–769; *Gerhäusser* Der Vermögensnachteil des § 266 StGB bei Bildung einer „schwarzen Kasse", Dissertation Freiburg 2015; *Ginou* Die Verletzung der Vermögensbetreuungspflicht bei der Untreue. Ein rechtspolitischer Restriktionsvorschlag, 2020; *Goette* Leitung, Aufsicht, Haftung – zur Rolle der Rechtsprechung bei der Sicherung einer modernen Unternehmensführung, in: Festschrift 50 Jahre BGH, Bundesanwaltschaft und Rechtsanwaltschaft beim BGH, 2000, S 123–142; *ders* Anm zu BGH, Urt v 17.9.2001 – II ZR 178/99, DStR 2001, S 1857; *ders* Anm zu BGH, Urt v 16.7.2007 – II ZR 3/04, DStR 2007, S 1593–1594; *ders* Gesellschaftsrechtliche Grundfragen im Spiegel der Rechtsprechung, ZGR 2008, S 436–453; *Graf/Jäger/Wittig* Wirtschafts- und Steuerstrafrecht, 2. Auflage 2017; *Grau/Blechschmidt* Anm zu BGH, Urt v 17.7.2009 – 5 StR 394/08, DB 2009, S 2145–2146; *Gribbohm* Untreue zum Nachteil der GmbH – Zur Harmonisierung zivil- und strafrechtlicher Pflichten des GmbH-Geschäftsführers und -Gesellschafters, ZGR 19 (1990), S 1–30; *Grigoleit* Gesellschafterhaftung für interne Einflussnahme im GmbH-Recht: Dezentrale Gewinnverfolgung als Leitprinzip des dynamischen Gläubigerschutzes, 2006; *Groß* Die strafrechtliche Verantwortlichkeit faktischer Vertretungsorgane bei Kapitalgesellschaften, 2007; *Grunst* Untreue zum Nachteil von Gesamthandsgesellschaften – Auswirkungen der BGH-Entscheidung zur Rechtsfähigkeit der GbR auf den strafrechtlichen Vermögensschutz, BB 2001, S 1537–1540; *Gündel* Unternehmerisches Ermessen und Untreue (§ 266 StGB) bei Vorständen und Geschäftsführern, CB 2015, S 397–401; *Günther* Die Untreue im Wirtschaftsstrafrecht, in: Festschrift Ulrich Weber, 2004, S 311–318; *Haas* § 64 S 3 GmbHG – Erste Eckpunkte des BGH, NZG 2013, S 41–46; *Habersack/Casper/Löbbe* GmbHG Band I Einleitung, §§ 1–28, 3. Auflage 2019; *Habersack/Casper/Löbbe* GmbHG Band III §§ 53 bis 88 (sowie EGGmbHG), 3. Auflage 2021; *Habetha* Bankrott und Untreue in der Unternehmenskrise. Konsequenzen der Aufgabe der „Interessentheorie" durch den BGH, NZG 2012, S 1134–1140; *ders* Bankrott und strafrechtliche Organhaftung. Bankmitarbeiter und die Kreditrückführung in der Krise, 2014; *ders/Klatt* Die bankrottstrafrechtliche Organhaftung nach Aufgabe der Interessenformel – Zurechnungstheorie oder funktionale Zurechnung?, NStZ 2015, S 671–677; *Hachenburg* GmbHG Zweiter Band (§§ 35–84), 6. Auflage 1959; *Hachenburg* GmbHG Dritter Band §§ 53–85 Register, 8. Auflage 1997; *Hachmeister/Kahle/Mock/Schüppen* Bilanzrecht 2018; *Hadding* Zur Rechtsfähigkeit und Parteifähigkeit der (Außen-)Gesellschaft bürgerlichen Rechts sowie zur Haftung ihrer Gesellschafter für Gesellschaftsverbindlichkeiten. Zugleich Besprechung des Urteils BGH WM 2001, 408, ZGR 30 (2001), S 712–743; *Hagemann* „Grauer" Kapitalmarkt und Strafrecht: Eine Untersuchung von Beteiligungen an geschlossenen Immobilienfonds, Microcapital und Penny Stocks, Commodity Funds, Commodity Pools und Bankgarantien unter besonderer Berücksichtigung der straf- und zivilrechtlichen Prospekthaftung und der Vorschriften des Gesetzes über das Kreditwesen, 2005; *Hager* Der Bankrott durch Organe der juristischen Person. Zugleich ein umfassender Beitrag zur historischen Entwicklung des Insolvenzstrafrechts, 2007; *Hamm* Untreueschaden bei Konzernen, in: *Fischer/Hoven/Huber/Raum/Rönnau/Saliger/Trüg* (Hrsg), Dogmatik und Praxis des strafrechtlichen Vermögensschadens, 2015, S 167–174; *Hanft* Strafrechtliche Probleme im Zusammenhang mit der Einmann-GmbH. Für und Wider eines Schutzes zivilrechtlich formalisierter Rechtspositionen durch das Strafrecht, 2006; *Hangebrauck* Kapitalaufbringung, Kapitalerhaltung und Existenzschutz bei konzernweiten Cash-Pooling-Systemen, 2008; *Hantschel* Untreuevorsatz. Eine Untersuchung zu Begriff und Beweis des Vorsatzes bei § 266 StGB, 2010; *Hartung* Kapitalersetzende Darlehen – eine Chance für Wirtschaftskriminelle? NJW 1996, S 229–236; *Hassemer* Darf es Straftaten geben, die ein strafrechtliches Rechtsgut nicht in Mitleidenschaft ziehen? in: *Hefendehl/von Hirsch/Wohlers* (Hrsg), Die Rechtsgutstheorie. Legitimationsbasis des Strafrechts oder dogmatisches Glasperlenspiel?, 2003, S 57–64; *Hefendehl* Vermögensgefährdung und Exspektanzen: Das vom Zivilrecht konstituierte und vom Bilanzrecht konkretisierte Herrschaftsprinzip als Grundlage des strafrechtlichen Vermögensbegriffs, 1994; *Heil* Parteifähigkeit der GbR – der Durchbruch der Gruppenlehre?, NZG 2001, S 300–305; *J. Heinrich* Insolvenzstrafrecht im Überblick – Ein „Starterkit" für die Praxis, NZWiSt 2020, S 346–368; *Hellmann* Verdeckte Gewinnausschüttungen und Untreue des GmbH-Geschäftsführers, wistra 1989, S 214–218; *Helmrich* Straftaten von Mitarbeitern zum Nachteil des „eigenen" Unternehmens als Anknüpfungstaten für eine Verbandsgeldbuße?, wistra 2010, S 331–335; *Helmrich/*

Eidam Untreue durch Verzicht auf Schadensersatzforderungen gegen (ehemalige) Führungskräfte einer Aktiengesellschaft?, ZIP 2011, S 257–262; *Hengstenberg* Die hypothetische Einwilligung im Strafrecht: Zu den „Risiken und Nebenwirkungen" eines Transfers der Rechtsfigur aus dem Zivil- in das Strafrecht, 2013; *Hennecke* Bankrottstrafrechtliche Organ- und Vertreterhaftung. Folgen und Chancen der Aufgabe der Interessentheorie beim Bankrott, 2016; *Henssler/Strohn* Gesellschaftsrecht, 5. Auflage 2021; *Henssler* (GesamtHrsg), *Spindler/Stilz* (Hrsg), beck-online.GROSSKOMMENTAR AktG, 2022 (zitiert: BeckOGK); *Hentschke* Der Untreueschutz der Vor-GmbH vor einverständlichen Schädigungen, 2002; *Hermanns* Gesetz zur Modernisierung des Personengesellschaftsrechts (MoPeG) – Entstehung und Überblick, DNotZ 2022, S 3–9; *Hess/Fechner* Sanierungshandbuch, 2. Auflage 1991; *Hillenkamp* Risikogeschäft und Untreue, NStZ 1981, S 161–168; *Hirsch* Die aktuelle Diskussion über den Rechtsgutsbegriff, in: Festschrift Dionysios Spinellis, 2001, S 425–445; *Hirte/Mülbert/Roth* (Hrsg) Aktiengesetz Großkommentar Band 4 Teilband 2 §§ 92–94, 5. Auflage 2015 (zitiert: Großkomm-AktG); *Höf* Untreue im Konzern, 2006; *Höft* Strafrechtliche Aufarbeitung der Finanzkrise, 2018; *V. H. Hoffmann/Wißmann* Die Erstattung von Geldstrafen, Geldauflagen und Verfahrenskosten im Strafverfahren durch Wirtschaftsunternehmen gegenüber ihren Mitarbeitern, StV 2001, S 249–252; *M. Hoffmann* Untreue und Unternehmensinteresse. Erläutert am Beispiel des Schutzes der Interessen von Gläubigern und Arbeitnehmern, 2010; *dies* Komment. zu BGH, Urt v 27.8.2010 – 2 StR 111/09, GmbHR 2010, S 1150–1152; *Hoffmann-Becking* Vorstandsvergütung nach Mannesmann, NZG 2006, S 127–131; *Hohn* Die „äußersten" Grenzen des erlaubten Risikos bei Entscheidungen über die Verwendung von Gesellschaftsvermögen – Anmerkung zum Urteil des BGH im sog Mannesmann-Verfahren, wistra 2006, S 161–164; *ders* „Freie" und „unfreie" Verfügungen über das Vermögen, in: Festschrift Ruth Rissing-van Saan, 2011, S 259–274; *Homann/Suchanek* Ökonomik. Eine Einführung, 2. Auflage 2005; *Honsell* Die Strafbarkeit der Untreue, in: Festschrift Günther H. Roth, 2011, S 277–286; *Hoof* Kompensationsmöglichkeiten innerhalb des Untreuenachteils. Zur Bedeutung von Vermögenszuflüssen für den Taterfolg in § 266 StGB, 2018; *Horrer/Patzschke* Strafrechtlicher Umgang mit Fremdzahlungen von Geldbußen, -strafen und -auflagen durch Unternehmen für ihre Mitarbeiter. Können sich Unternehmensverantwortliche strafbar machen, wenn ein Unternehmen Geldstrafen, Geldbußen und Geldauflagen für seine Mitarbeiter zahlt? CCZ 2013, S 94–99; *Hoven* Praxiskomment. zu BGH, Urt v 27.8.2014 – 5 StR 181/14, NStZ 2014, S 646–647; *dies* Der Schadensbegriff bei schwarzen Kassen, in: *Fischer/Hoven/Huber/Raum/Rönnau/Saliger/Trüg* (Hrsg), Dogmatik und Praxis des strafrechtlichen Vermögensschadens, 2015, S 201–216; *Hoven/Kubiciel/Waßmer* Das Ende des Sommermärchens – Strafbarkeit korruptiver Einflussnahmen auf die Vergabe sportlicher Großereignisse, NZWiSt 2016, S 121–127; *Hoyer* Anm zu OLG Düsseldorf, Beschl. v 16.10.1987 – 5 Ss 193/87 – 200/87 I, NStZ 1988, S 369–370; *Ibold* Unternehmerische Entscheidungen als pflichtwidrige Untreuehandlungen. Dargestellt am Beispiel von Bestechungszahlungen zugunsten eines Unternehmens, 2011; *Ignor/Rixen* Untreue durch Zahlung von Geldauflagen? – Zum Strafbarkeitsrisiko von Aufsichtsratsmitgliedern am Beispiel der sog Banken-Strafverfahren –, wistra 2000, S 448–452; *Ischebeck* Die Sorgfalt eines ordentlichen Geschäftsmanns und das Strafrecht in der Unternehmenskrise – zugleich Anmerkung zu BGH, Urt v 5.5.2008 – II ZR 38/07 –, wistra 2009, S 95–101; *Jäger* Untreue durch Auslösung von Schadensersatzpflichten und Sanktionen, in: Festschrift Harro Otto, 2007, S 593–608; *Jahn* Strafrecht BT: „Bestechende Untreue": Strafbarkeit von Zuwendungen einer Gesellschaft an Amtsträger einer Stadt, die deren alleinige Aktionärin ist, JuS 2015, S 850–851; *ders* BGH: Strafrecht – Besonderer Teil: Untreue durch die Führung „schwarzer Kassen" – Fall Siemens/ENEL, JuS 2009, S 173–176; *Jakobs* Strafrecht Allgemeiner Teil. Die Grundlagen und die Zurechnungslehre. Lehrbuch, 2. Auflage 1993; *Jescheck/Weigend* Lehrbuch des Strafrechts Allgemeiner Teil, 5. Auflage 1996; *John* Die organisierte Rechtsperson: System und Probleme der Personifikation im Zivilrecht, 1977; *Kapp* Dürfen Unternehmen ihren (geschäftsleitenden) Mitarbeitern Geldstrafen bzw -bußen erstatten?, NJW 1992, S 2796–2800; *Kargl* Die Mißbrauchskonzeption der Untreue (§ 266 StGB), ZStW 113 (2001), S 565–596; Karlsruher Kommentar OWiG, 5. Auflage 2018; *Kasiske* Existenzgefährdende Eingriffe in das GmbH-Vermögen mit Zustimmung der Gesellschafter als Untreue, wistra 2005, S 81–86; *ders* Strafbare Existenzgefährdung der GmbH und Gläubigerschutz, JR 2011, S 235–242; *ders* Der Vermögensschaden bei Risikogeschäften, NZWiSt 2016, S 302–309; *Kaufmann* Organuntreue zum Nachteil von Kapitalgesellschaften, 1999; *Kempf* „Schwarze Kassen": Effektiver Schaden? in: Festschrift Klaus Volk, 2009, S 231–246; *ders* Bestechende Untreue? in: Festschrift Rainer Hamm, 2008, S 255–267; *ders* Bilanzorientierte Schadensfeststellung, in: *Fischer/Hoven/Huber/Raum/Rönnau/Saliger/Trüg* (Hrsg), Dogmatik und Praxis des strafrechtlichen Vermögensschadens, 2015, S 325–335; *Keramati/Klein* Die unterlassene Anfechtung des Insolvenzverwalters als strafbare Untreue, NZI 2017, S 421–427; *Keßler* Kapitalerhaltung und normativer Gläubigerschutz in der Einpersonen-GmbH – zum „beiläufigen" Ende des „qualifiziert faktischen" GmbH-Konzerns, Besprechung der Entscheidung BGH v 17.9.2001 – II ZR 178/99, GmbHR 2001, 1036 – „Bremer Vulkan", GmbHR 2001, S 1095–1100; *Kiethe* Die Grenzen der strafrechtlichen Verantwortlichkeit von Bürgermeistern – Zugleich Besprechung von BGH, Urteil v 9.12.2004 – 4 StR 294/04 –, NStZ 2005, S 529–534; *Kind* Darf der Vorstand einer AG Spenden an politische Parteien vergeben?, NZG 2000, S 567–573; *Kindhäuser* Pflichtverletzung und Schadenszurechnung bei der Untreue (§ 266 StGB), in: Festschrift Ernst-Joachim Lampe, 2003, S 709–725; *ders/Goy* Zur Strafbarkeit ungenehmigter Drittmitteleinwerbung – Zugleich eine Besprechung von BGH – 1 StR 372/01 – und BGH – 1 StR 541/01 –, NStZ 2003, S 291–296; *Kindhäuser/Neumann/Paeffgen* StGB, 5. Auflage 2017 (zitiert: NK-StGB);

Kirchner Zur ökonomischen Theorie der juristischen Person – Die juristische Person im Gesellschaftsrecht im Lichte der Institutionenökonomik –, in: Festschrift Thomas Raiser, 2005, S 181–202; *Kleindiek* Komment. zu BGH, Urt v 9.10.2012 – II ZR 298/11, BB 2013, S 19; *Klengel/Rübenstahl* Zum „strafrechtlichen" Wettbewerbsbegriff des § 299 StGB und zum Vermögensnachteil des Geschäftsherren bei der Vereinbarung von Provisionen bzw „Kick-backs". Zugleich Besprechung materiellrechtlicher Fragen des Urteils des BGH vom 9.8.2006 (1 StR 50/06, BGH NJW 2006, 3290 = HRRS 2006 Nr 767) und des zugrunde liegenden Urteils des Landgerichts München I vom 23.5.2005 (4 KLs 571 Js 50602/03) – „Allianz Arena München", HRRS 2007, S 52–67; *Klose* Aktuelle Entwicklungen des Wirtschaftsstrafrechts für die gerichtliche und die staatsanwaltschaftliche Praxis, NZWiSt 2018, S 11–20; *ders* Die Strafverfolgung wegen Insolvenzdelikten in der COVID-19-Pandemie, NZWiSt 2020, S 333–339; *Knauer* Die Kollegialentscheidung im Strafrecht: zugleich ein Beitrag zum Verhältnis von Kausalität und Mittäterschaft, 2001; *ders* Die Strafbarkeit der Bankvorstände für missbräuchliche Kreditgewährung, NStZ 2002, S 399–404; *ders* Anm zu BGH, Urt v 29.8.2008 – 2 StR 587/07, NStZ 2009, S 151–153; *Koch* AktG, 16. Auflage 2022; *Köhler* Strafrecht Allgemeiner Teil, 1997; *ders* Recht und Gerechtigkeit. Grundzüge einer Rechtsphilosophie der verwirklichten Freiheit, 2017; *Kohlmann* Untreue zum Nachteil des Vermögens einer GmbH trotz Zustimmung sämtlicher Gesellschafter? in: Festschrift Winfried Werner, 1984, S 387–404; *ders* Die strafrechtliche Verantwortlichkeit des GmbH-Geschäftsführers, 1990; *Konu* Die Garantenstellung des Compliance Officers: zugleich ein Beitrag zu den Rahmenbedingungen einer Compliance-Organisation, 2014; *Kraatz* „Kick-Back"-Zahlungen als strafbare Untreue. Versuch einer dogmatischen Konkretisierung und Systematisierung, ZStW 122 (2010), S 521–549; *ders* Zur „limitierten Akzessorietät" der strafbaren Untreue – Überlegungen zur Strafrechtsrelevanz gesellschaftsrechtlicher Pflichtverletzungen im Rahmen des § 266 StGB anhand von Beispielen zur „GmbH-Untreue", ZStW 123 (2011), S 447–484; *ders* Der Untreuetatbestand ist verfassungsgemäß – gerade noch! – zugleich eine Anmerkung zu BVerfG 2 BvR 2559/08 –, JR 2011, S 434–440; *ders* Zur Strafbarkeit der Finanzierung einer Arbeitnehmervereinigung durch den Arbeitgeber – das „System Siemens-AUB", wistra 2011, S 447–452; *ders* Anm zu BGH, Urt v 27.7.2017 – 3 StR 490/16, JR 2018; S 404–410; *Kraft* Die Garantenpflicht des Leiters der Innenrevision und des Compliance Officers zur Abwendung von unternehmensbezogenen Straftaten – zugleich Anmerkung zu wistra 2009, 433 –, wistra 2010, S 81–86; *Kraft/Winkler* Zur Garantenstellung des Compliance-Officers – Unterlassungsstrafbarkeit durch Organisationsmangel?, CCZ 2009, S 29–33; *Kranz* Bezahlung von Geldstrafen durch das Unternehmen – § 258 StGB oder § 266 StGB?; ZJS 2008, S 471–476; *Krause* Anm zu BGH, Urt v 21.12.2005 – 3 StR 470/04, StV 2006, S 307–311; *ders* Konzerninternes Cash Management – der Fall Bremer Vulkan: Neue Ansätze bei der Untreue (§ 266 StGB) und ihre Konsequenzen für die Praxis, JR 2006, S 51–57; *ders* Strafrechtliche Haftung des Aufsichtsrates, NStZ 2011, S 57–65; *Krehl* Reichweite und Bindungswirkung der Verfassungsgerichtsentscheidungen zu Schaden und Nachteil bei Betrug und Untreue, in: *Fischer/Hoven/Huber/Raum/Rönnau/Saliger/Trüg* (Hrsg), Dogmatik und Praxis des strafrechtlichen Vermögensschadens, 2015, S 133–152; *Krell* Zur Bedeutung der „Drittnormen" für die Untreue, NStZ 2014, S 62–66; *ders* Praxiskomment. zu BGH, Beschl. v 1.6.2016 – 2 StR 335/15, NStZ 2016, S 599–600; *Krystek/Moldenhauer* Handbuch Krisen- und Restrukturierungsmanagement: Generelle Konzepte, Spezialprobleme, Praxisberichte, 2007; *Kubiciel* Gesellschaftsrechtliche Pflichtwidrigkeit und Untreuestrafbarkeit, NStZ 2005, S 353–361; *ders* Anm zu BGH, Urt v 20.3.2013 – 5 StR 344/12, JZ 2014, S 99–102; *ders* Anm zu BGH, Urt v 28.5.2013 – 5 StR 551/11 – „Schwere" Pflichtwidrigkeit und besondere Vorsatzanforderungen bei der Untreue?, StV 2014, S 91–93; *ders* Anm zu BGH, Urt v 12.10.2016 – 5 StR 134/15 –, JZ 2017, S 585–588; *Kudlich/Oğlakcıoğlu* Wirtschaftsstrafrecht, 2. Auflage 2014; *Kühl* Strafrecht Allgemeiner Teil, 8. Auflage 2017; *Küpper* Anm zu BGH, Urt v 8.7.2014 – II ZR 174/13, NZWiSt 2015, S 319–320;); *Kulhanek* Praxiskomment. zu BGH, Urt v 10.1.2023 – 6 StR 133/22, NStZ 2023, S 355–357; *Kutzner* Anm zu BGH, Urt v 13.5.2004 – 5 StR 73/03, NStZ 2005, 271–272; *ders* Einfache gesellschaftsrechtliche Pflichtverletzungen als Untreue – Die Kinowelt-Entscheidung des BGH, NJW 2006, S 3541–3544; *Labsch* Untreue (§ 266 StGB). Grenzen und Möglichkeiten einer neuen Deutung, 1983; *ders* Die Strafbarkeit des GmbH-Geschäftsführers im Konkurs der GmbH, wistra 1985, S 1–9 und 59–63; *ders* Einverständliche Schädigung des Gesellschaftsvermögens und Strafbarkeit des GmbH-Geschäftsführers – BGH, NStZ 1984, 118, JuS 1985, S 602–607; *ders* Grundprobleme des Mißbrauchstatbestandes der Untreue, Jura 1987, S 411–419; *Lackner/Kühl* StGB, 29. Auflage 2018; *Lamann* Untreue im GmbH-Konzern: Eine Untersuchung zur Anwendung des Untreuetatbestandes auf die konzernierte Gesellschaft mit beschränkter Haftung, Dissertation Osnabrück 2006; *Langkeit* Untreue von GmbH-Geschäftsführern als Gegenstand der anwaltlichen Beratungspraxis, WiB 1994, S 64–65; *ders* Anm zu BGH, Urt v 20.12.1994 – 1 StR 593/94, WiB 1995, S 404; *ders* Anm zu BGH, Urt v 10.7.1994 – 3 StR 50/96, WiB 1996, S 1131; *Lechner* Die Strafbarkeit des GmbH-Geschäftsführers wegen Untreue bei der Rückzahlung von Gesellschafterdarlehen in und außerhalb der Krise, 2016; *Lehmann* Das Privileg der beschränkten Haftung und der Durchgriff im Gesellschafts- und Konzernrecht. Eine juristische und ökonomische Analyse, ZGR 15 (1986), S 345–370; *Leimenstoll* Anm zu BGH, Urt v 12.10.2016 – 5 StR 134/15 –, StV 2017, S 394–396; Leipziger Kommentar StGB Band 1 Einleitung §§ 1–18, 13. Auflage 2020; Leipziger Kommentar StGB Band 2 §§ 19–31, 13. Auflage 2020; Leipziger Kommentar StGB Sechster Band §§ 263–302a 10. Auflage 1988; Leipziger Kommentar StGB Band 9/1 §§ 263–266b, 12. Auflage 2012; Leipziger Kommentar StGB Band 9/2 §§ 267–283d, 12. Auflage 2009; *Leite* Prozeduralisierung oder Rechtsgüterschutz bei der Untreue? Risikoverringerung in der Unternehmenskrise am

Beispiel der HSH-Nordbank-Entscheidung (BGH NJW 2017, 578), GA 2018, S 580–595; *Leplow* Anm zu BGH, Urt v 6.5.2008 – 5 StR 34/08, wistra 2009, S 351–354; *Lesch* § 266 StGB – Tatbestand ist schlechthin unbestimmt, DRiZ 2004, S 135; *ders/Hüttemann/Reschke* Zur Untreue im Unternehmensverbund NStZ 2015, S 609–618; *Lichtenwimmer* Untreueschutz der GmbH gegen den übereinstimmenden Willen der Gesellschafter?, 2008; *Limbach* Theorie und Wirklichkeit der GmbH: Die empirischen Normaltypen der GmbH und ihr Verhältnis zum Postulat von Herrschaft und Haftung, 1966; *Link* Anm zu BGH, Beschl. v 10.2.2009 – 3 StR 172/08 –, NJW 2009, S 2228–2229; *Lipps* Nochmals – Verdeckte Gewinnausschüttung bei der GmbH als strafrechtliche Untreue?, NJW 1989, S 502–504; *Livonius* Untreue wegen existenzgefährdenden Eingriffs – Rechtsgeschichte?, wistra 2009, S 91–95; *Löffeler* Strafrechtliche Konsequenzen faktischer Geschäftsführung – Eine Bestandsaufnahme der neueren Rechtsprechung –, wistra 1989, S 121–125; *Louis* Die Falschbuchung im Strafrecht, 2002; *Ludwig/Lange* Mutmaßliche Einwilligung und willensbezogene Delikte – Gibt es ein mutmaßliches Einverständnis?, JuS 2000, S 446–450; *Lüderssen* Gesellschaftsrechtliche Grenzen der strafrechtlichen Haftung des Aufsichtsrats, in: Festschrift Ernst-Joachim Lampe, 2003, S 727–742; *Lutter* Vermögensveräußerungen einer abhängigen Aktiengesellschaft – Haftungsrisiken beim ‚asset stripping', in: Festschrift Ernst Steindorff, 1990, S 125–150; *ders* Treupflichten und ihre Anwendungsprobleme, ZHR 162 (1998), S 164–185; *ders/Banerjea* Die Haftung wegen Existenzvernichtung, ZGR 32 (2003), S 402–440; *Lutter/Hommelhoff* GmbHG, 20. Auflage 2020; *dies* GmbHG, 21. Auflage 2023; *Lutter/Scheffler/Uwe H. Schneider* Handbuch der Konzernfinanzierung, 1998; *Mahler* Verstoß gegen § 64 S 3 GmbHG bei „Upstream-Securities" – Gleichlaufende Strafbarkeit des Geschäftsführers nach § 266 StGB?, GmbHR 2012, S 504–508; *Mansdörfer* Zur Theorie des Wirtschaftsstrafrechts. Zugleich eine Untersuchung zu funktionalen Steuerungs- und Verantwortlichkeitsstrukturen bei ökonomischen Handeln, 2011; *Marlie* Zum mutmaßlichen Einverständnis, JA 2007, S 112–117; *Matt* Missverständnisse zur Untreue – Eine Betrachtung auch zum Verhältnis von (Straf-)Recht und Moral, NJW 2005, S 389–392; *Matt/Renzikowski* Strafgesetzbuch, 2. Auflage 2020; *Matt/Saliger* Straflosigkeit der versuchten Untreue. Über die Richtigkeit dieser Entscheidung des Gesetzgebers und dogmatische Konsequenzen, in: Institut für Kriminalwissenschaften und Rechtsphilosophie Frankfurt am Main, Irrwege der Strafgesetzgebung, 1999, S 217–240; Maurach/Schroeder/Maiwald Strafrecht Besonderer Teil Teilband 1: Straftaten gegen Persönlichkeits- und Vermögenswerte, 10. Auflage 2009; *Maurer* Strafbewehrte Handlungspflichten des GmbH-Geschäftsführers in der Krise, wistra 2003, S 174–176; *Maurer/Wolf* Zur Strafbarkeit der Rückzahlung von Gesellschafterdarlehen in und außerhalb der insolvenzrechtlichen „Krise" einer GmbH – zugleich Anmerkung zu OLG Stuttgart wistra 2010 S 34 –, wistra 2011, S 327–334; *Mayer* Die Untreue, in: Materialien zur Strafrechtsreform, 1. Band: Gutachten der Strafrechtslehrer, 1954, S 333; *Mayr* Die historische Entwicklung der Rechtsprechung zur faktischen Geschäftsführung, ZJS 2018, S 212–220; *Meilicke* Verdeckte Gewinnausschüttung: Strafrechtliche Untreue bei der GmbH?, BB 1988, S 1261–1264; *Mestmäcker* Recht und ökonomisches Gesetz: Über die Grenzen von Staat, Gesellschaft und Privatautonomie, 2. Auflage 1984; *Michaelsen* Abweichungen vom Deutschen Corporate Governance Kodex und von § 161 AktG als Pflichtverletzung im Sinne der Untreue, 2011; *Michalke* Untreue – neue Vermögensbetreuungspflichten durch Compliance-Regeln, StV 2011, S 245–251; *dies* „Best Criminal Compliance" im Unternehmen – eine „Falle" für Beschuldigte und Betroffene im Straf- und Bußgeldverfahren?, ZIS 2018, S 334–340; *Mohamed* Übernahme der einem Vorstandsmitglied auferlegten Geldsanktion durch die Gesellschaft – Wenn Gesellschaftsrecht auf Strafrecht trifft, CCZ 2015, S 111–120; *Momsen/Grützner* Wirtschafts- und Steuerstrafrecht. Handbuch für die Unternehmens- und Anwaltspraxis, 2. Auflage 2020; *Moosmayer* Compliance. Praxisleitfaden für Unternehmen, 3. Auflage 2015; *Mosenheuer* Untreue durch mangelhafte Dokumentation von Zahlungen?, NStZ 2004, S 179–181; *Mosiek* Fremdrechtsanwendung – quo vadis?, StV 2008, S 94–100; *ders* Neues zur Unmittelbarkeit des Untreueschadens. Zugleich Anmerkung zu BGH, Beschluss vom 17. Juli 2009 – 5 StR 394/08 = HRRS 2009 Nr 718, HRRS 2009, S 565–567; *ders* Nochmals: Zur Unmittelbarkeit des Untreueschadens. Zugleich Anmerkung zu BGH HRRS 2010 Nr 1032, BGH HRRS 2011 Nr 675, BGH HRRS 2011 Nr 936, BGH HRRS 2011 Nr 1153, BGH HRRS 2012 Nr 781, HRRS 2012, S 454–458; *Mülbert* Abschied von der „TBB"-Haftungsregel für den qualifiziert faktischen GmbH-Konzern, DStR 2001, S 1937–1947; *Müller-Gugenberger* (Hrsg) Wirtschaftsstrafrecht. Handbuch des Wirtschaftsstraf- und -ordnungswidrigkeitenrechts, 7. Auflage 2021; Münchener Kommentar AktG Band 1 §§ 1–75, 5. Auflage 2019; Münchener Kommentar AktG Band 2 §§ 76–117 MitbestG DrittelbG, 5. Auflage 2019; Münchener Kommentar AktG Band 3 §§ 118–178, 5. Auflage 2022; Münchener Kommentar BGB Band 1 Allgemeiner Teil §§ 1–240 AllgPersönlR ProstG AGG, 9. Auflage 2021; Münchener Kommentar BGB Band 7 Schuldrecht – Besonderer Teil IV §§ 705–853 Partnerschaftsgesellschaftsgesetz Produkthaftungsgesetz, 8. Auflage 2020; Münchener Kommentar GmbHG Band 1 §§ 1–34, 4. Auflage 2022; Münchener Kommentar GmbHG Band 2 §§ 35–52, 4. Auflage 2023; Münchener Kommentar GmbHG Band 3 §§ 53–88, 4. Auflage 2022; Münchener Kommentar StGB Band 1 §§ 1–37, 4. Auflage 2020; Münchener Kommentar StGB Band 5 §§ 263–358, 3. Auflage 2019; Münchener Kommentar StGB Band 5 §§ 263–297, 4. Auflage 2022; *Muhler* Darlehen von GmbH-Gesellschaftern im Strafrecht, wistra 1994, S 283–289; *Murmann* Untreue (§ 266 StGB) und Risikogeschäfte, Jura 2010, S 561–567; *Nack* Untreue im Bankbereich durch Vergabe von Großkrediten, NJW 1980, S 1599–1602; *Nassall* Der existenzvernichtende Eingriff in die GmbH: Einwendungen aus verfassungs- und insolvenzrechtlicher Sicht, ZIP 2003, S 969–977; *Nelles* Untreue zum Nachteil von Gesellschaften: zugleich ein Beitrag zur Struktur des Vermögensbegriffs als Beziehungsbegriff, 1991; *Nepomuck* Komment. Zu BGH, Urt V. 12.10.2016 – 5 StR 134/15, NZWiSt 2017, S 119–120; *Niedernhuber* Strafrechtliche Risiken des konzernweiten Cash Pooling, 2016; *Nissing* Eigeninteresse der Gesellschaft oder Liquidation auf kaltem Wege?, 1993; *Nitsche* Die schadensgleiche Vermögensgefahr im Untreuestrafrecht, 2014; Noack/Servatius/Haas GmbHG, 23. Auflage 2022; *Noll* Die Schätzung des Schadens im Vermögensstrafrecht, Vortrag anlässlich der „Schadenstagung“ vom 23./24.4.2015 in Baden-Baden, in: *Fischer/Hoven/Huber/Raum/Rönnau/Saliger/Trüg* (Hrsg), Dogmatik und Praxis des strafrechtlichen Vermögensschadens, 2015, S 313–323; *H.-J. Otto* Fremdfinanzierte Übernahmen – Gesellschafts- und steuerrechtliche Kriterien des Leveraged Buy-Out, DB 1989, S 1389–1396; *H. Otto* Submissionsbetrug und Vermögensschaden, ZRP 1996, 300–307; *ders* Untreue der Vertretungsorgane von Kapitalgesellschaften durch Vergabe von Spenden, in: Festschrift Günter Kohlmann, 2003, S 187–206; *ders* Dolus eventualis und Schaden bei der Untreue, § 266 StGB, in: Festschrift Ingeborg Puppe, 2011, S 1247–1268; *Pananis* Anm zu BGH, Beschl. v 11.11.2004 – 5 StR 299/03, NStZ 2005, S 572–573; *Park* Kapitalmarktstrafrecht: Straftaten – Ordnungswidrigkeiten – Finanzaufsicht – Compliance. Handkommentar, 5. Auflage 2019; *Pavlakos* Die Zuwiderhandlung gegen Compliance-Regelungen als Pflichtverletzung bei der Untreue, NZWiSt 2021, S 376–381; *Perron* Anm zu BGH, Urt v 18.10.2006 – 2 StR 499/05, NStZ 2008, S 517–519; *ders* Bemerkungen zum Gefährdungsschaden bei der Untreue, in: Festschrift Klaus Tiedemann, 2008, S 737–748; *ders* Probleme und Perspektiven des Untreuetatbestandes, GA 2009, S 219–234; *ders* Die Untreue nach der Grundsatzentscheidung des Bundesverfassungsgerichts, in: Festschrift Heinz, 2012, S 796–807; *ders* Schwarze Kassen als Vermögensnachteil im Sinne des Untreuetatbestandes – Ein Blick von außen, in: *Fischer/Hoven/Huber/Raum/Rönnau/Saliger/Trüg* (Hrsg), Dogmatik und Praxis des strafrechtlichen Vermögensschadens, 2015, S 189–199; *Pfeifer* Rechtsfähigkeit und Rechtssubjektivität der Gesamthand – die GbR als oHG?, NZG 2001, S 296–300; *Pfertner* Unternehmerische Entscheidungen des Vorstands: Anwendungsbereich und Stellenwert der „Business Judgment Rule“ des § 93 Abs 1 S 2 AktG, 2017; *Piel* Einführung in die Thematik des Risikogeschäfts, in: *Fischer/Hoven/Huber/Raum/Rönnau/Saliger/Trüg* (Hrsg), Dogmatik und Praxis des strafrechtlichen Vermögensschadens, 2015, S 109–122; *Pohl* Der Vertretungsbezug der Handlung i.S.d. § 14 StGB. Unter Berücksichtigung des Tatbestands des Bankrotts (§ 283 StGB), 2013; *dies* Bankrott durch faktisches Vertreterhandeln, wistra 2013, S 329–333; *Poller* Untreue durch Übernahme von Geldsanktionen, Verfahrenskosten und Verteidigerhonoraren?, StraFo 2005, S 274–283; *Posner* Economic Analysis of Law, 9. Auflage 2014; *Priester* Unbeschränkte Konzernhaftung des GmbH-Gesellschafters – Bemerkungen zu einem wesentlichen Teilaspekt des BGH-Urteils vom 16.9.1985 – II ZR 275/84, ZIP 1985, 1263, ZIP 1986, S 137–146; *ders* Die eigene GmbH als fremder Dritter – Eigensphäre der Gesellschaft und Verhaltenspflichten ihrer Gesellschafter, ZGR 22 (1993), S 512–533; *Prütting* Kurzkomm. zu BGH, Urt v 29.1.2001 – II ZR 331/00, EWiR 2001, S 341–342; *Puppe* Tatirrtum, Rechtsirrtum, Subsumtionsirrtum, GA 1990, S 145–182; *Radtke* Einwilligung und Einverständnis der Gesellschafter bei der sog GmbH-rechtlichen Untreue (II), GmbHR 1998, S 361–369; *ders* Untreue (§ 266 StGB) zu Lasten von ausländischen Gesellschaften mit faktischem Sitz in Deutschland?, GmbHR 2008, S 729–736; *ders* Die strafrechtliche Organ- und Vertreterhaftung (§ 14 StGB) vor der Neuausrichtung? – zugleich Besprechung von BGH v 10.2.2009 – 3 StR 372/08JR 2010 –, S 233–238; *ders* Komment. zu OLG Jena, Beschl. v 12.1.2011 – 1 Ws 352/10, GmbHR 2011, S 813–821; *ders* Untreue durch den „Director“ einer Offshore-Gesellschaft, NStZ 2011, S 556–558; *ders* Komm zu BGH, Beschl. v 15.5.2012 – 3 StR 118/11, GmbHR 2012, S 962–964; *ders* Untreue zu Lasten von Personenhandelsgesellschaften, NStZ 2016, S 639–645; *ders* Organ- und Vertreterhaftung aus strafrechtlicher Sicht, ZIP 2016, S 1993–2001; *ders/M. Hoffmann* Gesellschaftsakzessorietät bei der strafrechtlichen Untreue zu Lasten von Kapitalgesellschaften? – oder: „Trihotel“ und die Folgen, GA 2008, S 535–551; *Radtke/M. Hoffmann* Anm zu BGH, Beschl. v 15.9.2011 – 3 StR 118/11, NStZ 2012, S 91–94; *Raiser* Gesamthand und juristische Person im Licht des neuen Umwandlungsrechts, AcP 194 (1994), S 495–512; *ders* Gesamthandsgesellschaft oder juristische Person – Eine Geschichte ohne Ende? in: Festschrift Wolfgang Zöllner, 1998, S 469–486; *ders* Der Begriff der juristischen Person. Eine Neubesinnung, AcP 199 (1999), S 104–144; *ders* Die Haftungsbeschränkung ist kein Wesensmerkmal der juristischen Person, in: Festschrift Marcus Lutter, 2000, S 637–650; *ders* Die Haftung einer Schwestergesellschaft für die Schulden einer anderen Schwester nach dem Urteil „Bremer Vulkan“ des BGH, in: Festschrift Peter Ulmer, 2003, S 493–510; *Ransiek* Untreue im GmbH-Konzern, in: Festschrift Günter Kohlmann, 2003, S 207–223; *ders* Risiko, Pflichtwidrigkeit und Vermögensnachteil bei der Untreue, ZStW 116 (2004), S 634–679; *ders* Untreue zum Nachteil einer abhängigen GmbH – „Bremer Vulkan“ – Besprechung des Urteils des BGH wistra 2004, 341, wistra 2005, S 121–125; *ders* Anerkennungsprämien und Untreue – Das „Mannesmann“-Urteil des BGH, NJW 2006, S 814–816; *ders* „Verstecktes“ Parteivermögen und Untreue, NJW 2007, S 1727–1730; *ders* Anm zu BGH, Urt v 29.8.2008 – 2 StR 587/07, NJW 2009, S 95–96; *ders* Untreue durch Vermögenseinsatz zu Bestechungszwecken, StV 2009, S 321–324; *ders* Zur strafrechtlichen Verantwortung des Compliance Officers, AG 2010, S 147–153; *ders* Zur Vermögensbetreuungspflicht des § 266 StGB, in: Gedächtnisschrift Wolfgang Joecks, 2018, S 287–297; *ders/Reichling* Anm zu BGH, Beschl. v 18.2.2009 – 1 StR 731/08, ZIS 2009, S 315–318; *Reinhold* Der Arbeitgeber als Opfer „nützlicher Aufwendungen“ seiner Mitarbeiter. Zugleich Anmerkung zu BGH, 2 StR 587/07, Urteil vom 29. August 2008 = BGH HRRS 2008 Nr 1100, HRRS 2009, S 107–112; *Reiß* Verdeckte Gewinnausschüttungen und verdeckte Entnahmen als strafbare Untreue des Geschäftsführers?, wistra 1989, S 81–86; *Reuter* Privatrechtliche Schranken der Perpetuierung von Unternehmen. Ein Beitrag zum Problem der Gestaltungsfreiheit im Recht der Unternehmensformen, 1973; *ders* Die Änderung des Vereinszwecks – Besprechung von BGHZ 65, 245 –, ZGR 16 (1987), S 475–488; *H. Richter* Der Konkurs der GmbH aus der Sicht der Strafrechtspraxis (II), GmbHR 1984, S 137–150; *R. Richter/Furubotn* Neue Institutionenökonomik. Eine Einführung und kritische Würdigung, 4. Auflage 2010; *Rieble* Anm zu LG Braunschweig, Urt v 25.1.2007 – 6 KLs 48/06, CCZ 2008, S 34–37; *ders* Gewerkschaftsbestechung?, CCZ 2008, S 121–130; *ders* Die Betriebsratsvergütung, NZA 2008, S 276–280; *ders* Gewerkschaftsnützige Leistungen an Betriebsräte, BB 2009, S 1016–1022; *Rittner* Die werdende juristische Person. Untersuchungen zum Gesellschafts- und Unternehmensrecht, 1973; *Röck* Die Rechtsfolgen der Existenzvernichtungshaftung. Indisponibilität – Gläubigerbezug – Schadensberechnung, 2011; *Röhricht* Die GmbH im Spannungsfeld zwischen wirtschaftlicher Dispositionsfreiheit ihrer Gesellschafter und Gläubigerschutz, in: Festschrift 50 Jahre BGH, Bundesanwaltschaft und Rechtsanwaltschaft beim BGH, 2000, S 83–122; *ders* Insolvenzrechtliche Aspekte im Gesellschaftsrecht, ZIP 2005, S 505–516; *Römermann* Die Aussetzung der Insolvenzantragspflicht im COVInsAG und ihre Folgen, NJW 2020, S 1108–1111; *ders* COVInsAG, COVID-19 Abmilderungsgesetze, 2. Auflage 2022; *Rönnau* „kick-backs": Provisionsvereinbarungen als strafbare Untreue – Eine kritische Bestandsaufnahme –, in: Festschrift Günter Kohlmann, 2003, S 239–262; Rechtsprechungsüberblick zum Insolvenzstrafrecht, NStZ 2003, S 525–532; *ders* Haftung der Direktoren einer in Deutschland ansässigen englischen *Private Company Limited by Shares* nach deutschem Strafrecht – eine erste Annäherung, ZGR 2005, S 832–858; *ders* Anm zu BGH, Urt v 21.12.2005 – 3 StR 470/04, NStZ 2006, S 218–221; *ders* Untreue als Wirtschaftsdelikt, ZStW 119 (2007), S 887–926; *ders* Einrichtung „schwarzer" (Schmiergeld-)Kassen in der Privatwirtschaft – eine strafbare Untreue? in: Festschrift Klaus Tiedemann, 2008, S 713–736; *ders* Anm zu BGH, Urt v 29.8.2008 – 2 StR 587/07, StV 2009, S 246–251; *ders* Untreue zu Lasten juristischer Personen und Einwilligungskompetenz der Gesellschafter, in: Festschrift Knut Amelung, 2009, S 247–268; *ders* (Rechts-)Vergleichende Überlegungen zum Tatbestand der Untreue, ZStW 122 (2010), S 299–324; *ders* Untreuerisiken durch Cash Pool-Teilnahme für Geschäftsführer einer faktisch abhängigen GmbH – ein Ritt auf der Rasierklinge? in: Festschrift Erich Samson, 2010, S 423–444; *ders* Die Zukunft des Untreuetatbestands, StV 2011, S 753–762; *ders* Untreue durch den „Director" einer Offshore-Gesellschaft, NStZ 2011, S 558–559; *ders* GmbH-Untreue durch insolvenzauslösende Zahlungen, in: Festschrift Bernd Schünemann, 2014, S 675–688; *Rönnau/C. Becker* Untreue (§ 266 Abs 1 StGB) durch verbotswidrige Zahlungen des GmbH-Geschäftsführers nach Insolvenzreife, NZWiSt 2014, S 441–447; *Rönnau/C. Becker* Von der Überholspur in den Totalschaden: die untreuestrafrechtliche Aufarbeitung der causa „Nürburgring" – zugleich Besprechung von BGH, Beschl. v 26.11.2015 – 3 StR 17/15 –, JR 2017, S 204–213; *Rönnau/Hohn* Die Festsetzung (zu) hoher Vorstandsvergütungen durch den Aufsichtsrat – ein Fall für den Staatsanwalt?, NStZ 2004, S 113–123; *Rönnau/F. Schneider* Der Compliance-Beauftragte als strafrechtlicher Garant. Überlegungen zum BGH-Urteil v 17.7.2009 – 5 StR 394/08, ZIP 2009, 1867, S 53–61; *Roggendorff* This isn't the beginning of the end of the crisis. This is the end of the beginning, NZWiSt 2020, S 339–345; *Rojas* Grundprobleme der Haushaltsuntreue. Zugleich ein Beitrag zur Dogmatik der Untreue (§ 266 StGB), 2011; *Rose* Die strafrechtliche Relevanz von Risikogeschäften – zugleich Anmerkung zum Urteil des BGH v 4.2.2004 – 2 StR 355/03 –, wistra 2005, S 281–289; *Rotsch* Entscheidungsbesprechung BGH, Urt v 17.7.2009 – 5 StR 394/08, ZJS 2009, S 712–718; *ders* Wider die Garantenpflicht des Compliance-Beauftragten, in: Festschrift Imme Roxin, 2012, S 485–500; *ders* (Hrsg) Criminal Compliance. Handbuch, 2015; *Rowedder/Pentz* GmbHG, 7. Auflage 2022; *Roxin* Über die mutmaßliche Einwilligung, in: Festschrift Hans Welzel, 1974, S 447–476; *ders* Strafrecht, Allgemeiner Teil, Band II: Besondere Erscheinungsformen der Straftat, 2003; Organisationsherrschaft und Tatentschlossenheit, ZIS 2006, S 293–300; *ders* Zur neuesten Diskussion über die Organisationsherrschaft, GA 2012, S 395–415; *ders* Täterschaft und Tatherrschaft, 11. Auflage 2022; *ders/Greco* Strafrecht, Allgemeiner Teil, Band I: Grundlagen, Der Aufbau der Verbrechenslehre, 5. Auflage 2020; *Rubner* „Solvat socius" statt „caveat creditor"? Zur Haftung des GmbH-Gesellschafters wegen sog existenzvernichtenden Eingriffs, 2005; *ders* Abschied von der Existenzvernichtungshaftung, DStR 2005, S 1694–1701; *Rübenstahl* Anm zu BGH, Beschl. v 20.3.2008 – 1 StR 488/07, NJW 2008, S 2454–2455; *Rüthers* Trendwende im BVerfG? – Über die Grenzen des „Richterstaates", NJW 2009, S 1461–1462; *Saam* „Schwarze Kassen" und Untreuestrafbarkeit. Eine kritische Betrachtung der Rechtsprechung, HRRS 2015, S 345–351; *Safferling* Bestimmt oder nicht bestimmt? Der Untreuetatbestand vor den verfassungsrechtlichen Schranken. Anmerkung zum Beschluss des BVerfG vom 23.6.2010 – 2 BvR 2559/08; 105/09; 491/09, NStZ 2011, S 376–379; *Sahan* Keine Vermögensbetreuungspflicht des formal bestellten aber faktisch machtlosen Geschäftsführers, in: Festschrift Imme Roxin, 2012, S 295–306; *ders/Altenburg* Der „faktische Nicht-Geschäftsführer", NZWiSt 2018, S 161–169; *Salditt* Anm zu BGH, Urt v 13.5.2004 – 5 StR 73/03, NStZ 2005, S 270–271; *ders* § 266 StGB: Der Schaden als dynamischer Prozeß, in: *Fischer/Hoven/Huber/Raum/Rönnau/Saliger/Trüg* (Hrsg), Dogmatik und Praxis des strafrechtlichen Vermögensschadens, 2015, S 99–108; *Saliger* Wider die Ausweitung des Untreuetatbestandes. Eine kritische Analyse der neueren Rechtsprechung zum Begriff des Vermögensnachteils in § 266 StGB, ZStW 112 (2000), S 563–613; *ders* Parteiengesetz und Strafrecht: Zur Strafbarkeit von Verstößen gegen das Parteiengesetz insbesondere wegen Untreue gemäß § 266 StGB, 2005; *ders* Kick-Back, „PPP", Verfall – Korruptionsbekämpfung im „Kölner Müllfall", NJW 2006, S 3377–3381; *ders* Gibt es eine Untreuemode? Die neuere Untreuedebatte und Möglichkeiten einer restriktiven Auslegung, HRRS 2006, S 10–23; *ders* Parteienuntreue durch schwarze Kassen und unrichtige Rechenschaftsberichte, NStZ 2007, S 545–552; *ders* Auswirkungen des

Untreue-Beschlusses des Bundesverfassungsgerichts vom 23.6.2010 auf die Schadensdogmatik, ZIS 2011, S 902–918; *ders* Schutz der GmbH-internen Willensbildung durch Untreuestrafrecht?, in: Festschrift Claus Roxin, 2011, S 1053–1072; *ders* Die Nachteilsbestimmung bei der Untreue im Fall von Aktienkäufen, NJW 2019, S 886–890; *ders/Gaede* Rückwirkende Ächtung der Auslandskorruption und Untreue als Korruptionsdelikt – Der Fall Siemens als Startschuss in ein entgrenztes internationalisiertes Wirtschaftsstrafrecht? Zugleich Besprechung zu LG Darmstadt, Az. 712 Js 5213/04 – KLs, Urteil vom 14. Mai 2007, HRRS 2008, S 57–76; *Saliger/Schweiger* Anm zu BGH, Beschl. v 26.11.2015 – 3 StR 17/15, NJW 2016, S 2600–2601; *Satzger* „Schwarze Kassen" zwischen Untreue und Korruption – Eine Besprechung des Urteils BGH – 2 StR 587/07 (Siemens-Entscheidung) – NStZ 2009, S 297–306; *ders/Schluckebier/Widmaier* StGB, 5. Auflage 2020 (zitiert: SSW/StGB); *Sauer* Anm zu BGH, Urt v 6.12.2001 – 1 StR 215/01, wistra 2002, S 465–467; *Sax* Überlegungen zum Treubruchstatbestand des § 266 StGB, JZ 1977, S 663–667; *Schaal* Strafrechtliche Verantwortlichkeit bei Gremienentscheidungen im Unternehmen, 2001; *C. Schäfer* Zur strafrechtlichen Verantwortlichkeit des GmbH-Geschäftsführers (II), GmbHR 1993, S 780–798; *ders* Zur strafrechtlichen Verantwortlichkeit des GmbH-Geschäftsführers (I), GmbHR 1993, S 717–728; *E. Schäfer* Das Gesetz zur Abänderung strafrechtlicher Vorschriften vom 26. Mai 1933, DJZ 1933, Sp 788–799; *H. Schäfer* Die Strafbarkeit der Untreue zum Nachteil einer KG, NJW 1983, S 2850–2852; *H.-B. Schäfer/Ott* Lehrbuch der ökonomischen Analyse des Zivilrechts, 5. Auflage 2012; *Schäuble* Die Auswirkungen des Gesetzes zur Modernisierung des GmbH-Rechts und zur Bekämpfung von Missbräuchen auf das GmbH-Strafrecht, 2012; *A. Schall* Die Ökonomie der Seelenwanderung, in: Festschrift Hans-Bernd Schäfer, 2008, S 547–557; *ders* Kapitalgesellschaftsrechtlicher Gläubigerschutz. Grund und Grenzen der Haftungsbeschränkung nach Kapitaldebatte, MoMiG und Trihotel, 2009; *H. Schall* Grund und Grenzen der strafrechtlichen Geschäftsherrenhaftung, in: Festschrift Hans-Joachim Rudolphi, 2004, S 267–283; *Schanze* Konzernspezifischer Gläubigerschutz: Vergleich der Regelungsansätze, in: Mestmäcker/Behrens, Das Gesellschaftsrecht der Konzerne im internationalen Vergleich: ein Symposium des Max-Plack-Instituts für Ausländisches und Internationales Privatrecht, 1991, S 473–504; *ders* Gesellschafterhaftung für unlautere Einflussnahme nach § 826 BGB: Die Trihotel-Doktrin des BGH, NZG 2007, S 681–686; *Schilling* Anm zu BGH, Urt v 14.7.2021 – 6 StR 282/20, NStZ 2022, S 113–114; *Schirrmacher* Die Haftung des faktischen GmbH-Geschäftsführers. Eine dogmatische (Neu-)Ordnung, 2019; *Schlösser* Die schadensgleiche Vermögensgefährdung im Rahmen der Strafzumessung, StV 2008, S 548–553; *ders* Anm zu BGH, Beschl. v 25.5.2007 – 2 StR 469/06, NStZ 2008, S 397–398; *ders* Der Schaden der Siemens-Entscheidung: Zum Begriff des endgültigen Schadens bei der Untreue durch Führung verdeckter Kassen im Bereich privater Unternehmungen – Zugleich Besprechung von BGH, Urteil vom 29. August 2008 – 2 StR 587/07 (BGH HRRS 2008 Nr 1100), HRRS 2009, S 19–28; *ders* Zum Schaden beim betrügerisch veranlassten Eingehen eines Risikogeschäfts – Überlegungen zu BGH, Beschluss vom 18.2.2009 – 1 StR 731/08 –, NStZ 2009, 330, NStZ 2009, 663–667; *ders* Täterschaft und Teilnahme bei der Untreue – Zugleich Besprechung der „Nürburgring"-Entscheidung, BGH, Beschl. v 26.11.2015 – 3 StR 17/15, BGHSt 61, 48 = StV 2017, 104 Ls, StV 2017, S 123–128; *ders* Praxiskomment. zu BGH, Urt v 27.7.2017 – 3 StR 490/16, NStZ 2018, S 109–110; *ders/Dörfler* Strafrechtliche Folgen eines Verstoßes gegen den Deutschen Corporate Governance Kodex, wistra 2007, S 326–333; *Schmidhäuser* Strafrecht, Allgemeiner Teil, 2. Auflage 1984; *K. Schmidt* Verbandszweck und Rechtsfähigkeit im Vereinsrecht: Eine Studie über Erwerb und Verlust der Rechtsfähigkeit nichtwirtschaftlicher und wirtschaftlicher Vereine, 1984; *ders* Konzernhaftung oder mitgliedschaftliche Haftung des privaten GmbH-Gesellschafters? – Fragen und Thesen zu Priesters Analyse des BGH-Urteils vom 16.9.1985 – II ZR 275/84, ZIP 1985, 1263, ZIP 1986, S 146–149; *ders* Konkursverschleppungshaftung und Konkursverursachungshaftung – Überlegungen zum Haftungsrecht der GmbH und der GmbH & Co., ZIP 1988, S 1497–1507; *ders* Gesellschafterhaftung und „Konzernhaftung" bei der GmbH: Bemerkungen zum „Bremer Vulkan"-Urteil des BGH vom 17.9.2001, NJW 2001, S 3577–3581; *ders* Gesellschaftsrecht, 4. Auflage 2002; *ders* Gesetzgebung und Rechtsfortbildung im Recht der GmbH und der Personengesellschaften – Zur Aufgabenverteilung zwischen Gesetzgebung, Justiz und Wissenschaft, JZ 2009, S 10–20; *ders* Untreuestrafbarkeit bei der GmbH & Co. KG: kompliziert oder einfach? Gesellschaftsrechtliche Fragen an das Strafrecht nach dem „Hochseeschlepper"-Urteil BGH v 10.7.2013 – 1 StR 532/12, JZ 2014, S 878–887; *K. Schmidt/Lutter* (Hrsg) AktG, 3. Auflage 2015; *M. Schmidt* Die Rechtsfigur der hypothetischen Einwilligung und ihre Übertragbarkeit auf die Untreue (§ 266 StGB), 2018; *H. Schneider/Gottschaldt* Offene Grundsatzfragen der strafrechtlichen Verantwortlichkeit von Compliance-Beauftragten in Unternehmen, ZIS 2011, S 573–577; *Uwe H. Schneider/Burgard* Treupflichten im mehrstufigen Unterordnungskonzern, in: Festschrift Peter Ulmer, 2003, S 579–604; *Schön* Der Einfluß öffentlich-rechtlicher Zielsetzungen auf das Statut privatrechtlicher Eigengesellschaften der öffentlichen Hand: – Gesellschaftsrechtliche Analyse –, ZGR 25 (1996), S 429–457; *ders* Zur „Existenzvernichtung" der juristischen Person, ZHR 68 (2004), S 268–297; *Schönke/Schröder* StGB, 30. Auflage 2019; *Scholz* GmbHG, 2. Auflage 1950; *ders* GmbHG II. Band §§ 45–87, 9. Auflage 2002; *ders* GmbHG III. Band §§ 53–85 11. Auflage 2015; *ders* Band III §§ 53–88 Anh § 64 Gesellschafterdarlehen EGGmbHG, 12. Auflage 2021; *Schott* Zahlung von Sanktionen und Verteidigungskosten für Mitarbeiter durch Unternehmen. Rechtliche Probleme und steuerliche Folgen, StraFo 2014, S 315–324; *Schramm* Untreue durch Insolvenzverwalter, NStZ 2000, S 398–402; *ders* Untreue und Konsens, 2005; *C. Schröder* Untreue durch Investitionen in ABS-Anleihen, NJW 2010, S 1169–1174; *ders* Die strafrechtliche Bewältigung der Finanzkrise am Beispiel der Untreue, ZStW 123 (2011), S 771–790; *Schünemann* Anm zu BGH, Urt v

17.9.2001 – II ZR 178/99, LM H. 5/2002, § 309 AktG 1965, Bl 901R-904; *ders* Das Rechtsgüterschutzprinzip als Fluchtpunkt der verfassungsrechtlichen Grenzen der Straftatbestände und ihrer Interpretation, in: *Hefendehl/von Hirsch/Wohlers* (Hrsg), Die Rechtsgutstheorie: Legitimationsbasis des Strafrechts oder dogmatisches Glasperlenspiel?, 2003, S 133–154; *ders* Organuntreue. Das Mannesmann-Verfahren als Exempel?, 2004; *ders* Die „gravierende Pflichtverletzung" bei der Untreue: dogmatischer Zauberhut oder taube Nuss?, NStZ 2005, S 473–476; *ders* Der Bundesgerichtshof im Gestrüpp des Untreuetatbestandes, NStZ 2006, S 196–203; *ders* Zur Quadratur des Kreises in der Dogmatik des Gefährdungsschadens, NStZ 2008, S 430–434; *ders* Der Begriff des Vermögensschadens als archimedischer Punkt des Untreuetatbestandes (Teil 1), StraFo 2010, S 1–10; *ders* Wider verbreitete Irrlehren zum Untreuetatbestand, ZIS 2012, S 183–194; *ders* Identität des Schadensbegriffs bei Betrug und Untreue? in: *Fischer/Hoven/Huber/Raum/Rönnau/Saliger/Trüg* (Hrsg), Dogmatik und Praxis des strafrechtlichen Vermögensschadens, 2015, S 61–75; *ders* Leipziger Praxiskommentar Untreue – § 266 StGB, 2017; *W. B. Schünemann* Grundprobleme der Gesamthandsgesellschaft unter besonderer Berücksichtigung des Vollstreckungsrechts, 1975; *Schüppen* Transaction-Boni für Vorstandsmitglieder der Zielgesellschaft: Business Judgement oder strafbare Untreue? in: Festschrift Klaus Tiedemann, 2008, S 749–766; *Schulte* Abgrenzung von Bankrott, Gläubigerbegünstigung und Untreue bei der KG, NJW 1983, S 1773–1774; *ders* Strafbarkeit der Untreue zum Nachteil einer KG?, NJW 1984, S 1671–1672; *Schultz* Schädigung von Personenhandelsgesellschaften durch Interne, BB 1988, S 572–575; *Schumacher* Vermögensbetreuungspflichten von Kapitalgesellschaftsorganen, 2010; *A. Schwarz* Die Aufgabe der Interessenformel des BGH – Alte Besen kehren gut? Zugleich Anmerkung zu BGH 3 StR 372/08 – Beschluss vom 10. Februar 2009 (BGH HRRS 2009 Nr 529) HRRS 2009, S 341–346; *Schweitzer* Eingriffe in das GmbH-Vermögen mit Zustimmung aller Gesellschafter – Strafrechtliche Untreue?, 2016; *Schwerdtfeger* Strafrechtliche Pflicht der Mitglieder eines Aufsichtsrats einer Aktiengesellschaft zur Verhinderung von Vorstandsstraftaten, 2016; *Seibt/S. Schwarz* Aktienrechtsuntreue. Analyse und aktienrechtsspezifische Konturierung der Untreuestrafbarkeit von Geschäftsleitern bei Pflichtverletzungen, AG 2010, S 301–315; *Selle/Wietz* Anm zu BGH, Beschl. v 20.3.2008 – 1 StR 488/07, ZIS 2008, S 471–475; *Siegmann/Vogel* Die Verantwortlichkeit des Strohmanngeschäftsführers einer GmbH. Eine Besprechung des Urteils des Bundesgerichtshofs vom 13. April 1994, ZIP 1994, 867, ZIP 1994, S 1821–1829; *Sowada* Die hypothetische Einwilligung im Strafrecht, NStZ 2012, S 1–10; *Soyka* Untreue zum Nachteil von Personengesellschaften, 2008; *Spatscheck/Ehnert* Übernahme von Geldsanktionen und Verteidigerhonorar. Straf- und steuerrechtliche Aspekte, StraFo 2005, S 265–273; *Spendel* Der Begriff des Unrechts im Verbrechenssystem, in: Festschrift Ulrich Weber, 2004, S 3–16; *Spliedt* MoMiG in der Insolvenz – ein Sanierungsversuch, ZIP 2009, 149–160; *Stam* Untreue von Vorstandsmitgliedern einer Bank-AG bei Verletzung gesellschaftsrechtlicher Pflichten durch sorgfaltswidrige Überschreitung der Grenzen des unternehmerischen Ermessens (HSH-Nordbank), JR 2017, S 432–442; *Stein* Das faktische Organ, 1984; *Sternberg-Lieben* Die objektiven Schranken der Einwilligung im Strafrecht, 1997; *Stockburger* Unternehmenskrise und Organstrafbarkeit wegen Insolvenzstraftaten. Eine Untersuchung zu aktuellen Problemen der Bestimmung der strafrechtlichen Krisenmerkmale und der Strafhaftung von AG-Vorständen, GmbH- und UG-Geschäftsführern wegen Insolvenzstraftaten, 2011; *Stoffers* Untreue durch Zusage der Übernahme von Geldsanktionen und Verteidigungskosten, JR 2010, S 239–248; *Strelczyk* Die Strafbarkeit der Bildung schwarzer Kassen: Eine Untersuchung zur schadensgleichen Vermögensgefährdung sowie zur objektiven Zurechnung finanzieller Sanktionen infolge schwarzer Kassen als Vermögensnachteil i.S.d. § 266 StGB, 2008; Systematischer Kommentar StGB Band I §§ 1–37, 9. Auflage 2019; Systematischer Kommentar StGB Band V §§ 242–302, 9. Auflage 2019; *Szebrowski* Kick-Back, 2005; *Talaska* Übernahme einer Geldsanktion gegen ein Vorstandsmitglied durch die Aktiengesellschaft aus strafrechtlicher Perspektive, AG 2015, S 118–121; *Taschke* Straftaten im Interesse von Unternehmen – auch strafbar wegen Untreue? in: Festschrift Klaus Lüderssen, 2002, S 663–671; *Thalhofer* Kick-Backs, Exspektanzen und Vermögensnachteil nach § 266 StGB, 2008; *Theile* Konvergenzen und Divergenzen zwischen Gesellschaftsrecht und Strafrecht. Das Merkmal der gravierenden Pflichtverletzung (§ 266 StGB) aus systemtheoretischer Sicht, ZIS 2011, S 616–628; *ders* Compliance und Strafrecht, JuS 2017, S 913–916; *Thomas* Das allgemeine Schädigungsverbot des § 266 Abs 1 StGB, in: Festschrift Rainer Hamm, 2008, S 767–782; *Tiedemann* Handelsgesellschaften und Strafrecht – Eine vergleichende Bestandsaufnahme, in: Festschrift Thomas Würtenberger, 1977, S 241–256; *ders* Grundfragen bei der Anwendung des neuen Konkursstrafrechts, NJW 1977, S 777–783; *ders* Die strafrechtliche Vertreter- und Unternehmenshaftung, NJW 1986, S 1842–1846; *ders* Untreue bei Interessenkonflikten. Am Beispiel der Tätigkeit von Aufsichtsratsmitgliedern, in: Festschrift Herbert Tröndle, 1989, S 319–335; *ders* Anm zu LG Düsseldorf, Urteil v 22.7.2004 – XIV 5/03, ZIP 2004, S 2056–2058; *ders* Anm zu BGH, Urteil vom 13.5.2004 – 5 StR 73/03, JZ 2005, S 45–47; *ders* Wirtschaftsstrafrecht, 5. Auflage 2017; *Timm* Die Rechtsfähigkeit der Gesellschaft bürgerlichen Rechts und ihre Haftungsverfassung, NJW 1995, S 3209–3218; *ders* Einige Zweifelsfragen zum neuen Umwandlungsrecht, ZGR 25 (1996), S 247–271; *Trüg* Praxiskomment. zu BGH, Beschl. v 2.7.2014 – 5 StR 182/14, NStZ 2014, S 520–521; *ders/Zeyher* Anwendbarkeit der im Bereich der Untreue (§ 266 StGB) entwickelten Zustimmungslösung von Gesellschaftorganen auf die Aktiengesellschaft, NZWiSt 2021, S 169–175; *Tsagkaraki* Die Bildung der sog „schwarzen Kassen" als strafbare Untreue gemäß § 266 StGB, 2013; *Tzouma* Die Strafbarkeit des „faktischen Organs" im Unternehmensstrafrecht de lege lata et ferenda. Zugleich ein Beitrag zur Lehre vom Garantensonderdelikt, 2017; *Uhlenbruck* Die GmbH & Co. KG in Krise, Konkurs und Vergleich: die rechtlichen und betriebswirtschaftlichen Zusammenhänge bei Insolvenz der KG und der GmbH, 2. Auflage 1988; *Ullrich* Der Schutz von Whistleblowern aus strafrechtlicher Perspektive – Rechtslage de lege lata und de lege ferenda, NZWiSt 2019, S 65–71; *Ulmer* Der Gläubigerschutz im faktischen GmbH-Konzern beim Fehlen von Minderheitsgesellschaftern, ZHR 148 (1984), S 391–427; *ders* Schutz der GmbH gegen Schädigung zugunsten ihrer Gesellschafter? – Zur Relevanz der Rechtsprechung zu § 266 StGB für das Gesellschaftsrecht –, in: Festschrift Gerd Pfeiffer, 1988, S 853–872; *ders* Von „TBB" zu „Bremer Vulkan" – Revolution oder Evolution? Zum Bestandsschutz der abhängigen GmbH gegen existenzgefährdende Eingriffe ihres Alleingesellschafters, ZIP 2001, S 2021–2029; *Ulrich* Unternehmensethik – integrativ gedacht: Was ethische Orientierung für die gute Unternehmensführung bedeutet, in: *van Aaken/Schreck* (Hrsg), Theorien der Wirtschafts- und Unternehmensethik, 2015, S 237–261; *Veil* Gesellschafterhaftung wegen existenzvernichtenden Eingriffs und materieller Unterkapitalisierung, NJW 2008, S 3264–3266; *Vogel* Anm zu BGH, Beschl. v 11.11.2004 – 5 StR 299/03, JR 2005, S 123–127; *ders/Hocke* Anm zu BGH, Urt v 21.12.2005 – 3 StR 470/04, JZ 2006, S 568–571; *Voigt* Institutionenökonomik, 2. Auflage 2009; *Volhard* Die Untreuemode: Ist die Abgabe eines unvollständigen Rechenschaftsberichts einer politischen Partei wegen Untreue strafbar? in: Festschrift Klaus Lüderssen, 2002, S 674–682; *von Freier* Kritik der Verbandsstrafe, 1998; *von Gierke* Die Genossenschaftstheorie und die Deutsche Rechtsprechung, 1887; *von Heintschel-Heinegg* (Hrsg), BeckOK StGB 58. Edition 2023 (zitiert: BeckOK-StGB); *Vonnemann* Strafbarkeit von GmbH-Geschäftsführern wegen Untreue zu Lasten der GmbH bei Zustimmung der Gesellschafter? – Anmerkungen zur Entscheidung des BGH vom 29.5.1987 – 3 StR 242/86, GmbHR 1988, S 329–334; *Wabnitz/Janovsky/Schmitt* Handbuch Wirtschafts- und Steuerstrafrecht, 5. Auflage 2020; *Waclawik* Die Verantwortlichkeit für existenzvernichtendes Unterlassen. Besprechung von BGH vom 28. April 2008 – II ZR 264/06, DStR 2008, 1293 „GAMMA", DStR 2008, S 1486–1492; *Wagner* Die Untreue des Gesellschafters in der einfachen und konzernierten Einmann-GmbH, 2005; *Wappler* Die Haftung von Gesellschaftern einer GmbH auf Grund von Einflussnahmen auf die Leitung der Gesellschaft. Vom qualifiziert faktischen Konzern über Durchgriffshaftung wegen Existenzvernichtung zur deliktsrechtlichen Haftung gem § 826 BGB, 2010; *Waßmer* Untreue bei Risikogeschäften, 1997; *ders* Grundprobleme der Kompensation beim Vermögensschaden, in: *Fischer/Hoven/Huber/Raum/Rönnau/Saliger/Trüg* (Hrsg), Dogmatik und Praxis des strafrechtlichen Vermögensschadens, 2015, S 175–186; *Wattenberg* Zentrales Cash-Management als Untreuetatbestand im Konzernverbund, StV 2005, S 523–526; *Wazlawik* Die Konzernhaftung der deutschen Muttergesellschaft für die Schulden ihrer U.S.-amerikanischen Tochtergesellschaft. Eine Rechtsvergleichung, 2004; *ders* Existenzvernichtung und kein Ende. Ein Nachruf auf die Konzernhaftung und andere offengebliebene Fragen, NZI 2009, 291–297; *C. Weber* Privatautonomie und Außeneinfluss im Gesellschaftsrecht, 2000; *U. Weber* Überlegungen zur Neugestaltung des Untreuestrafrechts, in: Festschrift Eduard Dreher, 1977, S 555–572; *ders* Strafaufhebende Rückwirkungen des Zivilrechts? in: Gedächtnisschrift Ellen Schlüchter, 2002, S 243–254; *ders* Zum bedingten Vorsatz bei der vermögensgefährdenden Untreue. Bemerkungen zum Kanther-Urteil des BGH, in: Festschrift Ulrich Eisenberg, 2009, S 371–375; *Wegenast* Mißbrauch und Treubruch. Zum Verhältnis der Tatbestände in § 266 StGB, 1994; *Wehleit* Die Abgrenzung von Bankrott und Untreue – Zugleich ein Beitrag zur strafrechtlichen Vertreterhaftung, Dissertation Kiel 1985; *Weiler* Zur Haftung des so genannten „Strohmann"-Geschäftsführers, NJOZ 2017, S 1066–1067; *Weimann* Die Strafbarkeit der Bildung sog Schwarzer Kassen gem § 266 StGB (Untreue), 1996; *Weiß* Ausschluss vom Geschäftsführeramt bei strafgerichtlichen Verurteilungen nach § 6 Abs 2 GmbHG nF, wistra 2009, S 209–215; *ders* Strafbarkeit der Geschäftsführer wegen Untreue bei Zahlungen „entgegen" § 64 GmbHG?, GmbHR 2011, S 350–358; *ders* Die Versicherung des GmbH-Geschäftsführers über das Nichtvorliegen strafrechtlicher Verurteilungen (§ 8 Abs 3 S 1 GmbHG), GmbHR 2013, S 1076–1084; *Weller* Die Neuausrichtung der Existenzvernichtungshaftung durch den BGH und ihre Implikationen für die Praxis. Zugleich Besprechung BGH v 16.7.2007 – II ZR 3/04, ZIP 2007, 1552 („Trihotel"), ZIP 2007, S 1681–1689; *Welzel* Das Deutsche Strafrecht. Eine systematische Darstellung, 11. Auflage 1969; *Wengenroth/Wallerstorfer* Komment. zu BGH, Beschl v 16.8.2016 – 4 StR 163/16, NZWiSt 2017, S 157–160; *R. Werner* Die Enthaftung des Vorstands: Die strafrechtliche Dimension, CCZ 2011, S 201–207; *ders* Die Firmenbestattung, NZWiSt 2013, S 418–424; *Wertenbruch* Die Parteifähigkeit der GbR – die Änderungen für die Gerichts- und Vollstreckungspraxis, NJW 2002, S 324–330; *Wessing* Untreue durch Begleichung nichtiger Forderung – Die Telekom-Spitzelaffäre und ihre strafrechtlichen Auswirkungen, NZG 2013, S 494–496; *ders* Bestechlichkeit und Untreue bei Kommanditgesellschaften, NZG 2014, S 97–99; *ders/Krawczyk* Untreue zum Nachteil einer abhängigen GmbH, NZG 2009, S 1176–1178; *Wessing/Krawczyk* Der Untreueparagraf auf dem verfassungsrechtlichen Prüfstand, NZG 2010, S 1121–1124; *Westermann* Gesellschaftliche Verantwortung des Unternehmens als Gesellschaftsrechtsproblem, ZIP 1990, S 771–777; *Wieacker* Zur Theorie der Juristischen Person des Privatrechts, in: *Dießelhorst* (Hrsg), Kleine juristische Schriften: Eine Sammlung zivilrechtlicher Beitrage aus den Jahren 1932 bis 1986, 1988, S 313–357; *Wiedemann* Die Unternehmensgruppe im Privatrecht: methodische und sachliche Probleme des deutschen Konzernrechts, 1988; *ders* Reflexionen zur Durchgriffshaftung. Zugleich Besprechung des Urteils BGH WM 2002, 1804 – KBV, ZGR 32 (2003), S 283–297; *Wilhelm* Die Vermögensbindung bei der Aktiengesellschaft und der GmbH und das Problem der Unterkapitalisierung, in: Festschrift Werner Flume, Band 2, 1978, S 337–397; *ders* Rechtsform und Haftung bei der juristischen Person, 1981; *ders* Zurück zur Durchgriffshaftung – das „KBV"-Urteil des II. Zivilsenats des BGH vom 24.6.2002, NJW 2003,

S 175–180; *Wilke* Strafbarkeitsrisiken für Aufsichtsräte durch die Gewährung von Corporate Sponsoring, NZWiSt 2020, S 1–5; *Wimmer-Leonhardt* Konzernhaftungsrecht. Die Haftung der Konzernmuttergesellschaft für die Tochtergesellschaften im deutschen und englischen Recht, 2004; *Winkelbauer* Strafrechtlicher Gläubigerschutz im Konkurs der KG und der GmbH & Co. KG, wistra 1986, S 17–20; *Winter* Mitgliedschaftliche Treubindungen im GmbH-Recht. Rechtsformspezifische Aspekte eines allgemeinen gesellschaftsrechtlichen Prinzips, 1988; *ders* Eigeninteresse und Treupflicht bei der Einmann-GmbH in der neueren BGH-Rechtsprechung, ZGR 23 (1994), S 570–594; *Wittig* Wirtschaftsstrafrecht, 5. Auflage 2020; *Wodicka* Die Untreue zum Nachteil der GmbH bei vorheriger Zustimmung aller Gesellschafter, 1993; *Wohlers* Die strafrechtliche Bewältigung der Finanzkrise am Beispiel der Strafbarkeit wegen Untreue, ZStW 123 (2011), S 791–815; *Wollburg* Oder: Verstieß die Zahlung der Mannesmann-Prämien gegen das Unternehmensinteresse der Mannesmann AG? ZIP 2004, S 646–658; *Wostry* Strafrechtliche Risiken der Managervergütung gem § 266 I StGB, JuS 2018, S 1138–1142; *Wybitul* Strafbarkeitsrisiken für Compliance-Verantwortliche, BB 2009, S 2590–2593; *Zabel* Die Einwilligung als Bezugspunkt wechselseitiger Risikoverantwortung. Haftungsbegrenzungen und Opferschutz in der aktuellen Rechtfertigungsdogmatik, GA 2015, S 219–235; *Ziemons* Die Haftung der Gesellschafter für Einflussnahmen auf die Geschäftsführung der GmbH, 1996; *dies/Jaeger/Pöschke* (Hrsg), BeckOK GmbHG 57. Edition 2023 (zitiert: BeckOK-GmbHG); *Zieschang* Strafbarkeit des Geschäftsführers einer GmbH wegen Untreue trotz Zustimmung sämtlicher Gesellschafter? in: Festschrift Günter Kohlmann, 2003, S 351–363; *Zöllner* Die Schranken mitgliedschaftlicher Stimmrechtsmacht bei den privatrechtlichen Personenverbänden, 1963; *ders* Rechtssubjektivität von Personengesellschaften? in: Festschrift Joachim Gernhuber, 1993, S 563–578; *ders* Gläubigerschutz durch Gesellschafterhaftung bei der GmbH, in: Festschrift Horst Konzen, 2006, S 999–1022; *Zwiehoff* Untreue durch den Aufsichtsrat bei nichtorganschaftlichem Handeln? in: Festschrift Eisenhardt, 2007, S 573–583; *dies* Untreue und Betriebsverfassung – Die VW-Affäre, in: Festschrift Ingeborg Puppe, 2011, S 1337–1350.

Schrifttum zum ausländischen Recht

Anders Das französische Recht der Untreue zum Nachteil von Kapitalgesellschaften insbesondere im Konzern, ZStW 114 (2002), S 467–506; *ders* Untreue zum Nachteil der GmbH, 2012; *Ambos* Zur Entwicklung der französischen Straftatlehre – Bemerkungen aus deutscher Sicht, ZStW 120 (2008), S 180–195; *Atiback* L'abus de biens sociaux dans le groupe de sociétés, 2007; *Barth* Landesbericht Frankreich in: *Eser/Überhofen/Huber* (Hrsg), Korruptionsbekämpfung durch Strafrecht, 1997, S 99–168; *Bauerreiss* Anleger- und Gläubigerschutz bei Handelsgesellschaften – Länderbericht Frankreich –, in: *Blaurock* (Hrsg), Anleger- und Gläubigerschutz bei Handelsgesellschaften. Verhandlungen der Fachgruppe für vergleichendes Handels- und Wirtschaftsrecht bei der 30. Tagung für Rechtsvergleichung vom 22. bis 34. September 2005 in Würzburg, 2006, S 1–23; *P. Becker* Baldiges neues Gründungsverfahren in Frankreich – Die französische „Blitz-S.A.R.L.", GmbHR 2003, S 706–708; *Béjot* Einige Elemente der konzernrechtlichen Sonderregeln in Frankreich, in: *Mestmäcker/Behrens* (Hrsg), Das Gesellschaftsrecht der Konzerne im internationalen Vergleich. Ein Symposium des Max-Planck-Instituts für Ausländisches und Internationales Privatrecht, 1991, S 169–201; *Bouloc* Droit pénal général, 25. Auflage 2017; *ders* Note sous Crim., 17 décembre 2014 – Un dirigeant de fait coupable d'abus de biens sociaux et de blanchiment et frappé d'une interdiction de gérer, Revue des sociétés 2015, S 389–391; *ders* Note sous Crim., 22 janvier 2014 – Abus de biens sociaux, imputés à un gérant de fait, Revue des sociétés 2014, S 453–454; *ders* Note sous Crim., 30 septembre 1991 – Rémunérations et charges excessives constitutives d'un abus de biens sociaux, Revue des sociétés 1992, S 357–358; *Boursier* Le fait justificatif de groupe dans l'abus de biens sociaux: entre efficacité et clandestiné. Analyse de vingt ans de jurisprudence criminelle, Revue des sociétés 2005, S 273–314; *dies* Note sous Crim., 19 mars 2014 – La condamnation civile des dirigeants sociaux ou le secours relatif du fait justificatif de groupe de sociétés en matière d'abus de biens sociaux, Revue des sociétés 2014, S 745–747; *dies* Note sous Crim., 6 avril 2016 – Reconaissance du fait justificatif de groupe des sociétés dans l'abus de biens sociaux: vers un assouplissement de la jurisprudence Rozenblum?, Revue des sociétés 2016, S 540–542; *dies* Note sous Crim., 25 octobre 2017 – L'exigence incontournable d'une politique de groupe pour l'application du fait justificatif de groupe de sociétés dans l'abus de biens sociaux, Revue des sociétés 2018, S 521–523; *Cappel* Grenzen auf dem Weg zu einem europäischen Wirtschaftsstrafrecht: Das Mannesmann-Verfahren und § 266 StGB als Beispiele eines expansiven Wirtschaftsstrafrechts, 2009; *R. Carré de Malberg* Contribution à la Théorie générale de l'État spécialement d'après les données fournies par le Droit constitutionnel francais 1920; *Chaussade-Klein* Gesellschaftsrecht in Frankreich: eine Einführung mit vergleichenden Tabellen, 1993; *Danjaume* Abus de biens sociaux, 1996; *Dannecker* Rechtfertigungs- und Entschuldigungsgründe in einem europäischen Allgemeinen Teil, in: *Tiedemann* (Hrsg), Wirtschaftsstrafrecht in der Europäischen Union: Rechtsdogmatik, Rechtsvergleich, Rechtspolitik: Freiburg-Symposium, 2002, S 147–168; *Dekeuwer* Les interêts protégés en cas d'abus de biens sociaux, JCP (E) 1995, S 421 ff; *Delabruyère/Hermilly/Ruelland* La délinquance économique et financière sanctionnée par la Justice, Infostat Justice 62 (2002), S 1–4; *Delmas-Marty*, Droit pénal des affaires 2/Partie spéciale: infractions, 3. Auflage 1990; *Ducouloux-Favard* Note sous Tribunal de Grand Instance de Mulhouse, 25 Mars 1983 – Les actes de gestion conformes au droit des groups de sociétés, Recueil Dalloz Sirey 1984, S 287 ff; *ders* Droit pénal des affaires 2. Aufl 1993;

Ebenroth/Reiner Der Schutz der abhängigen Kapitalgesellschaft vor nachteiligen Vermögensverlagerungen in Frankreich – Ein rechtsvergleichender Beitrag zur aktuellen Konzernrechtsdiskussion, BB 1992, Beilage 13, S 1–18; *Eyrignac* La protection pénale du patrimoine de la société, 2007; *Foffani* Im Bereich des Wirtschaftsstrafrechts: Konvergenzen und Divergenzen am Beispiel der Untreuedogmatik, in: Festschrift Manfred Maiwald, 2007, S 83–90; *ders* Die Untreue im rechtsvergleichenden Überblick, in: Festschrift Klaus Tiedemann, 2008, S 767–787; *ders* Der Untreuetatbestand oder seine Surrogate im ausländischen Strafrecht, in: *Kempf/Lüderssen/Volk* (Hrsg), Die Finanzkrise, das Wirtschaftsstrafrecht und die Moral, 2010, S 141–157; *ders* Untreuestrafbarkeit im französischen und italienischen Strafrecht, ZStW 122 (2010), S 374–385; *Forum Europaeum Konzernrecht* Konzernrecht für Europa, ZGR 27 (1998), S 672–772; *Freyria/Clara* De l'abus de biens sociaux et de crédit en groupe de sociétés, JCP (E) 1993, S 247 ff; *Gauthier/Lauret*, Droit pénal des affaires, 5. Auflage 1994/1995; *Giudicelli-Delage* Droit pénal des affaires, 4. Auflage 1999; *Guyon* Das Recht der Gesellschaftsgruppe in Frankreich, in: *Lutter* (Hrsg), Konzernrecht im Ausland, 1994, S 76–92; *Hartan* Unternehmensstrafrecht in Deutschland und Frankreich: Ein Rechtsvergleich angesichts europäischer Harmonisierungsbestrebungen, 2006; *Hauriou*, Principes de droit public, 1910; *Helmert* Der Straftatbegriff in Europa: Eine rechtsvergleichende Untersuchung der allgemeinen Voraussetzungen der Strafbarkeit in Deutschland, England, Frankreich und Polen, 2011; *Hommelhoff* Konzernrecht für den Europäischen Binnenmarkt, ZGR 21 (1992), S 121–141; *Jeandidier* Observations sous Crim., 4 février 1985, JCP 1986, II 20858 ff; *ders* Droit pénal des affaires, 3. Auflage 1998; *ders* Administration, Abus de biens, du crédit, des pouvoirs ou des voix, Éditions du Juris-Classeur – 8, 1999; *Kübler/Assmann* Gesellschaftsrecht. Die privatrechtlichen Ordnungsstrukturen und Regelungsprobleme von Verbänden und Unternehmen, 6. Auflage 2006; *Larguier/Conte*, Droit pénal des affaires, 10. Auflage 2001; *Latour/Gondran de Robert* La lutte contre la corruption en France, 2013; *Léauté* La reconnaissance de la notion de groupe en droit pénal des affaires, JCP 1973, I 2551 ff; *Lefebvre* Abus de biens sociaux, 2015; *Le Gunehec* Le fait justificatif tiré de la notion de groupe de sociétés, dans le droit pénal français de l'abus de biens sociaux – À propos d'un arrêt de la chambre criminelle du 4 février 1985, Revue Internationale de Droit Pénal 1987, S 117 ff; *Lutter* Zur Privilegierung einheitlicher Leitung im französischen (Konzern-)Recht, in: Festschrift Alfred Kellermann, 1991, S 257–298; *Manacorda* Die allgemeine Lehre von der Straftat in Frankreich: Besonderheiten oder Lücken in der französischen Strafrechtswissenschaft? GA 1998, S 124–126; *Mascala/Amauger-Lattes* Les évolutions de le responsabilité pénale des personnes morales en droit de l'entreprise, in: *Bioy* (Hrsg), La personnalité juridique, 2018, S 291–304; *Matsopoulou* Les évolutions jurisprudentielles en matière de responsabilité pénale des personnes morales, Revue des sociétés 2015, S 703–706; *Maul* Haftungsprobleme im Rahmen von deutsch-französischen Unternehmensverbindungen, NZG 1998, S 965–973; *Médina* Abus de biens sociaux: Prévention, détection, poursuite, 2001; *Merle/Vitu* Traité de droit criminel, Tome 1, Problèmes généraux de la science criminelle, Droit pénal général, 7. Auflage 1997; *Michoud* De la responsabilité de l'État à raison des fautes de ses agents, Revue du Droit public et de la Science politique en France et à l'Etranger 1895, S 401–496; *Ohl* Note sous Crim., 4 février 1985, Recueil Dalloz Sirey 1985, S 479 ff; *Pardo* Le groupe en droit pénal, 2009; *Renucci/Cardix* L'abus de biens sociaux, 1998; *Pralus* Contribution au procès du délit d'abus de biens sociaux (à propos de l'arrêt de la chambre criminelle du 6 février 1997), JCP 1997, I, 4001 ff; *Prujiner* La personnalité morale et son rattachement en droit international privé, Les Cahiers de droit 31 (1990), S 1049–1073; *Rönnau* (Rechts-)Vergleichende Überlegungen zum Tatbestand der Untreue, ZStW 122 (2010), S 299–324; *Schödermeier* Le droit pénal des sociétés de capitaux, in: *Giudicelli-Delage* (Hrsg), Droit pénal des affaires en Europe, 2006, S 243–297; *Schönknecht* Das Opportunitätsprinzip im französischen Strafverfahren, 1999; *Spiess* Das Adhäsionsverfahren in der Rechtswirklichkeit, 2007; *Stefani/Levasseur/Bouloc* Droit pénal général 16. Aufl 1997; *Trochu/Jeantin/Langé* De quelques applications particulières du droit pénal des sociétés au phénomène économique des groupes de sociétés, Recueil Dalloz Sirey 1975, S 7 ff; *Vogel* Elemente der Straftat: Bemerkungen zur französischen Straftatlehre und zur Straftatlehre des common law, GA 1998, S 127–150; *Weißer* Täterschaft in Europa: Ein Diskussionsvorschlag für ein europäisches Tätermodell auf der Basis einer rechtsvergleichenden Untersuchung der Beteiligungssysteme Deutschlands, Englands, Frankreichs, Italiens und Österreichs, 2011.

Übersicht

A. Untreue zum Nachteil der GmbH – Überblick

I. Begriff

Die Untreue zum Nachteil der GmbH oder die sog **„GmbH-Untreue“** beschreibt eine spezielle Kategorie der allgemeinen Untreue, § 266 StGB, wiederum als Unterfall der gesellschaftsrechtlichen Untreue. Es handelt sich um gesellschaftsrechtswidrige Vermögensverfügungen von betreffend das Gesellschaftsvermögen der GmbH Vermögensbetreuungspflichtigen, welche der GmbH zum Nachteil gereichen. Die Erläuterung in einer Darstellung des GmbH-Rechts rechtfertigt sich insbesondere aus einer Reihe von Spezialproblemen, die nur für die GmbH-rechtliche Untreue relevant sind,[1] wofür zentral die Problematik des Einverständnisses der GmbH-Gesellschafter stehen dürfte. Der Begriff der **„Organuntreue“** wird mit Blick auf die GmbH synonym mit dem der „GmbH-Untreue“ verwendet;[2] erfasst davon sind Konstellationen, in denen ein Organ einer juristischen Person, also etwa ein GmbH-Geschäftsführer, durch auf das Vermögen der juristischen Person bezogenen Handlungen 1

1 Hachenburg-GmbHG/*Kohlmann*[8] Vor § 82 Rdn 54.
2 Vgl Scholz-GmbHG/*Rönnau*[12] Vor §§ 82 ff Überschrift vor Rdn 4.

Nachteil zufügt. Davon erfasst ist auch insbesondere der sog faktische Geschäftsführer (Rdn 28 ff), der zwar rechtlich keine Organstellung innehat, aber jedenfalls tatsächlich wie ein geschäftsführendes Organ tätig wird.[3] Zwar kann die GmbH auch durch Personen ohne Organstellung geschädigt werden, etwa im Bereich der schwarzen Kassen durch leitende Angestellte mit Vermögensbetreuungspflicht, womit der Begriff der Organuntreue an sich zu eng gewählt ist;[4] da für die meisten Delikte jedoch Täter in Organstellung in Betracht kommen, soll der Begriff auch hier umfassend Verwendung finden im Sinne der GmbH-Untreue.

2 Anders als der Grundtyp der Kapitalgesellschaft, die AG, ist die GmbH eine Mischform mit einer Tendenz zur Personengesellschaft, was sich insbesondere in der erschwerten Abtretung der Geschäftsanteile (Erfordernis des in notarieller Form geschlossenen Vertrages gemäß § 15 Abs 3 GmbHG) zeigt. Es handelt sich um eine für kleine bis mittlere Unternehmen mit geringem Kapitalbedarf geschaffene Gesellschaftsform mit einer geringen Zahl von Mitgliedern und geringerem Gründungsaufwand, in welcher in vielen Fällen Identität von (Allein)Gesellschafter und Geschäftsführer besteht, also eine Drittorganschaft fehlt, jedenfalls von einem Konsens mit den Gesellschaftern hinsichtlich der Geschäftsführungsmaßnahmen ausgegangen werden kann. Der personalisierte Charakter der GmbH steht für die Verflechtung von juristischer Person und Gesellschaftern als natürliche Personen – mit den Worten *Wieackers*: „(...) diese (die GmbH, *d.V.*) selbst ist bereits von Haus aus in ihren typischen Anwendungen nicht ‚vom Mitgliederwechsel unabhängige' Korporation, sondern (...) Personalgesellschaft mit Beschränkung der Haftung der Anteilsinhaber auf die Einlage" –,[5] in der eine eigenständige Bedeutung des Managements kaum vorkommt. Das Spannungsverhältnis zwischen fremdem Vermögen und „eigener" Gesellschaft wird besonders plastisch; die rechtliche Struktur erleichtert über die dominierende Gesellschafterrolle den Missbrauch des Eingriffs in das fremde Vermögen.[6] Diese Nähe ermöglicht es im besonderen Maße, die in der Haftungsbeschränkung zum Ausdruck kommende Auflösung der Korrespondenz von Herrschaft und Haftung zu eigenem Nutzen und zum Schaden der juristischen Person und – damit verbunden – weiterer natürlicher Personen auszunutzen. Vielen Gesellschaftern und Geschäftsführern fällt es schwer, die GmbH als eigene Rechtsperson zu respektieren. Die Gesellschafter sehen nicht die Fremdheit des Vermögens, sondern nur „ihre" GmbH.[7] Die häufige Verwendung der GmbH im minderkaufmännischen Handelsgewerbe mit Identität von Gesellschaftern und Geschäftsführern ist vom Gesetzgeber im 19. Jahrhundert nicht in diesem Sinne und Ausmaß bedacht worden.[8] Auch in der Begründung für den Gesetzentwurf zur Modernisierung des GmbH-Rechts und zur Bekämpfung von Missbräuchen (MoMiG)[9] wird darauf hingewiesen, dass die Mehrzahl der Neugründungen von GmbH in Deutschland nicht mehr Produktionsunternehmen, sondern mit über 85 % Unternehmen aus dem Dienstleistungssektor seien und „für manche dieser Gesellschaften" das Mindeststammkapital überhöht gewesen sei.[10] Die rechtshistorische Forschung belegt, dass der damalige Gesetzgeber in der Auseinandersetzung um die Wahlmöglichkeiten einer „individualistischen" oder „kollektivistischen" Ausgestaltung der neuen Rechtsform „GmbH" der Meinung war, dass personalistische GmbH nicht sehr häufig vorkommen würden, vielmehr angestrebt war, den Missbrauch einer rein individualistischen GmbH zu verhindern.[11]

---

3 Vgl BGHZ 104, 44, 46 mwN.

4 Vgl *Tiedemann* (2017) Rdn 1080; SSW-StGB/*Saliger*[5] § 266 Rdn 106 ff, 111 ff.

5 *Wieacker* S 313, 353.

6 Zur Kollision dieser starken Personalisierung kleinerer Unternehmen mit dem Prinzip des kapitalgesellschaftlichen Trennungsprinzips in der Unternehmensinsolvenz siehe *A. Schall* in: FS Schäfer, 2008, S 547, 548 ff.

7 *Priester* ZGR 22 (1993), 512, 513.

8 *Limbach* S 15 f, 110 ff; *Priester* ZGR 22 (1993), 512 f.

9 Gesetz zur Modernisierung des GmbH-Rechts und zur Bekämpfung von Missbräuchen, BGBl I S 2026.

10 BR-Drucks 354/07 S 66.

11 *Limbach* S 16.

II. Rechtstatsächlicher Befund und kriminalpolitische Bedeutung

Die **rechtstatsächliche Bedeutung der Untreue** nahm in den letzten Jahren stetig ab: Während im Jahre 2012 in der Polizeilichen Kriminalstatistik (PKS) noch 8471 Fälle von Untreue erfasst wurden, waren es 2016 nur 7164 und 2022 gar 4850, was einem Rückgang in zehn Jahren (von 2012 zu 2022) von 42,75 % entspricht.[12] Zahlen der GmbH-Untreue werden – soweit erkennbar – nicht gesondert erhoben. Die Entwicklung dürfte zunächst mit dem – jedenfalls langfristig betrachtet – allgemeinen Rückgang der Kriminalität zu erklären sein; ob daneben auch die in den letzten Jahren zugenommene Dichte und Komplexität der *BGH*-Rechtsprechung zur Untreue eine Rolle spielt, ist seriös nicht belastbar, sondern kann allenfalls vermutet werden. Die Gesamtschäden nahmen konsequent ebenfalls ab (2012: € 743.556.019; 2016: € 543.553.581; 2022: € 392.385.535),[13] lagen aber bei der Untreue in der relativen Betrachtung des Durchschnittsschadens (2012: € 87.776,65; 2016: € 75.872,92; 2022: € 80.904,23) noch weit über den Betrugsdelikten (2012: € 2.613,49; 2016: € 2.075,63; 2022: € 3.004,35).[14] Die **Aufklärungsquoten** bei den bekannt gewordenen Delikten nach § 266 StGB sind konstant hoch; sie betrugen 2012 97,7 % und 2016 98,1 % und 2022 95,5 %.[15] Diese hohen Quoten dürften insbesondere auf die durch das Vermögensbetreuungsverhältnis bedingte Nähebeziehung von Opfer (Treugeber) und Täter (Treunehmer) zurückzuführen sein.[16] 3

Gegen diese jedenfalls quantitativ eher schwindende Bedeutung steht der schon legendäre Ruf der Untreue in Teilen der Strafverteidigerpraxis und der Rechtswissenschaft. Ausgehend von dem regelmäßig zitierten Ausspruch *Hellmuth Mayers*: „(s)ofern nicht einer der klassischen alten Fälle der Untreue vorliegt, weiß kein Gericht und keine Anklagebehörde, ob § 266 StGB vorliegt oder nicht"[17] wird § 266 StGB als „Allzweckwaffe gegen alle denkbaren Varianten wirtschaftlich relevanten Fehlverhaltens"[18] im „Strafrecht der Oberschicht"[19] nicht nur die „Anwendungshypertrophie",[20] sondern sogar die Mode[21] moralisierender[22] Übergriffigkeit[23] attestiert. Zweifel an der Stichhaltigkeit bloß interessengeleiteter Kritik liegen auf der Hand;[24] auch hat das *BVerfG* den eine pönalisierend-ausgreifende Tendenz stützenden Vorwurf, § 266 StGB verkörpere in seinen Wertungen nationalsozialistisches Gedankengut,[25] mit guten Gründen zurückgewiesen.[26] Der Öffentlichkeit sind in den letzten Jahren jedoch publikumswirksame Untreueprozesse – von „Bremer Vulkan"[27] über „Mannesmann"[28] bis zu „HSH Nordbank"[29] – bekannt geworden, welche den Mythos der expansiven Supernorm nähren. Es steht jedoch zu vermuten, dass es sich um spektakulä- 4

---

12 Vgl BKA – Polizeiliche Kriminalstatistik, zuletzt aufgerufen am 13.12.2023.

13 Vgl BKA – Polizeiliche Kriminalstatistik, zuletzt aufgerufen am 13.12.2023.

14 Quotienten aus Gesamtschäden und Anzahl der vollendeten Delikte der §§ 263, 263a, 264, 264a, 265, 265a, 265b (bzw § 265c bis d) StGB für 2012 (€ 2.268.365.064 und 867944 vollendete Taten), 2016 (€ 1.682.820.129 und 810.751 vollendete Taten) und 2022 (€ 2.079.327.026 und 692.106 vollendete Taten), vgl BKA – Polizeiliche Kriminalstatistik, zuletzt aufgerufen am 13.12.2023.

15 Vgl BKA – Polizeiliche Kriminalstatistik, zuletzt aufgerufen am 13.12.2023.

16 Achenbach/Ransiek/Rönnau-Handbuch Wirtschaftsstrafrecht/*Seier/Lindemann*[5] 5. Teil, 2. Kapitel Rdn 8; Graf/Jäger/Wittig/*Waßmer*[2] § 266 Rdn 12.

17 *Mayer* S 333, 336 f.

18 *Perron* GA 2009, 219, 222.

19 *Schünemann* StraFo 2010, 1; vgl auch SSW-StGB/*Saliger*[5] § 266 Rdn 3 „ ‚umgekehrtes Klassenstrafrecht' ".

20 *Beulke* in: FS Eisenberg, 2009, S 245, 266; vgl auch *Bernsmann* GA 2009, 296.

21 Vgl *Volhard* in: FS Lüderssen, 2002, S 674 „Untreuemode".

22 Vgl *Matt* NJW 2005, 389.

23 Vgl *Ransiek* ZStW 116 (2004), 634 „§ 266 StGB passt immer".

24 Vgl *Saliger* HRRS 2006, 10, 15 f; *Fischer* StV 2010, 95, 99; *ders* NStZ-Sonderheft 2009, 8 (9); *Schünemann* ZIS 2012, 183, 185.

25 Vgl *Dahs* NJW 2002, 272, 273; *Matt* NJW 2005, 389.

26 Vgl BVerfGE 126, 170, 201; vgl dazu auch *Saliger* HRRS 2006, 10 (16) sowie SSW-StGB/*dens*[5] § 266 Rdn 2.

27 BGHSt 49, 147 (Bremer Vulkan).

28 BGHSt 50, 331, 344 (Mannesmann/Vodafone).

29 *BGH* NStZ 2017, 227, 230 (HSH Nordbank).

re Einzelfälle handelt; aus meiner Praxis als Leiter einer der größten Staatsanwaltschaften Deutschlands kann ich eine ausufernde, auf wirtschaftliche Moralität zielende Anwendung des § 266 StGB nicht feststellen. Der tendenziös-politisierende Kern dieser Behauptung wird zudem greifbar, wenn man sich die „Winddrehung" nach der Finanzkrise 2008 vor Augen führt, nach der den Staatsanwaltschaften nun auf einmal vorgeworfen wurde, die „Waffe" der Untreue nicht genutzt zu haben.[30]

5 Die Ansichten, welche die Anwendung des Tatbestands der Untreue als moralischen Übergriff in wirtschaftliches Handeln kritisieren, dürften relevante personale Differenzen aus dem Blick verlieren, die zum einen – generell betreffend die Untreue – durch die zutreffende Charakterisierung der Untreue als Vermögensangriff „von innen heraus"[31] und zum anderen – speziell für die GmbH-Untreue – aus der eigenständigen Vermögensmasse der GmbH und den davon abstrakten natürlichen Personen vorgegeben sind. *Schünemann* ist darin zuzustimmen, dass der Untreuetatbestand in einer hoch entwickelten Industriegesellschaft zum typischen Wirtschaftsdelikt unserer Zeit geworden ist, und dies nicht etwa wegen eines vermeintlich unbegründeten und moralisierenden Verfolgungswahns der Staatsanwaltschaften, sondern wegen des insbesondere im Bereich der Kapitalgesellschaften vorhandenen Auseinanderfallens von Anteilseignerstellung und Vermögensverwaltung, also wegen der zunehmend für Ersteren unmöglich werdenden Kontrolle über das Vermögen und der damit verbundenen bedeutenden Stellung des „Amts des Organs".[32] Diese Differenzen begründen eine besonders gesteigerte Gefahr, dass der Vermögensbetreuungsverpflichtete die besondere Nähe zu dem Vermögen – untechnisch gesprochen – missbraucht.

III. Normhistorie

6 Die heutige Fassung des § 266 StGB wurde in der Zeit des Nationalsozialismus unter Abschaffung der vorher vorhandenen kasuistischen Aufzählung der einzelnen Tätergruppen[33] mit dem „Gesetz zur Abänderung strafrechtlicher Vorschriften vom 26. Mai 1933"[34] eingeführt. Einerseits sollte damit der Tatbestand durch eine Umschreibung der Untreuehandlung vereinfacht werden, andererseits sollte der Meinungsstreit um Auslegung und Struktur des Tatbestands zwischen der Missbrauchstheorie und der Treubruchstheorie[35] ein Ende finden.[36]

7 Der spezielle GmbH-rechtliche Organuntreuetatbestand des § 81a GmbHG aF wurde ebenfalls mit dem „Gesetz zur Abänderung strafrechtlicher Vorschriften vom 26. Mai 1933"[37] neben § 266 StGB eingeführt; der Gesetzgeber wollte auf die vermeintlich besondere generalpräventive Wirkung einer gesellschaftsrechtlichen Spezialregelung der Untreue nicht verzichten.[38] § 81a Abs 1 Satz 1 GmbHG aF enthielt eine Aufzählung der möglichen Täter einer Untreue zum Nachteil der GmbH. Eine Vermögensbetreuungspflichtverletzung war nicht vorausgesetzt; die Mitglieder des

30 Vgl *Anders* ZStW 130 (2018), 374, 413; *Höft* S 33 f mwN; *Schröder* ZStW 123 (2011), 771, 790; *Wohlers* ZStW 123 (2011), 791 mwN.

31 BVerfGE 126, 170, 201 unter Verweis auf *Schünemann* NStZ 2005, 473, 474; vgl *dens* (2017) Rdn 13, 30, 32, 33, 34, 38, 53, 54, 58, 71, 73, 76, 79, 82, 84, 88, 91, 97, 104, 115, 178, 319; *dens* (2004) S 17 sowie MünchKomm-StGB/*Dierlamm*/*Becker*[4] § 266 Rdn 2; *Kindhäuser* in: FS Lampe, 2003, S 709, 710; NK-StGB/*dens*[5] § 266 Rdn 3, 31; *Perron* GA 2009, 219 (223); Schönke/Schröder-StGB/*dens*[30] § 266 Rdn 1; *Rönnau* ZStW 119 (2007), 887, 891; SSW-StGB/*Saliger*[5] § 266 Rdn 3; Esser/Rübenstahl/Saliger/Tsambikakis-Wirtschaftsstrafrecht/*dens* § 266 Rdn 3.

32 *Schünemann* (2004) S 8: „(…) als eine Pfründe, die umso intensiver auszubeuten ist, je kürzer man die gesicherte Zeit ihres Besitzes veranschlagt.".

33 Vgl zu § 266 StGB in der Fassung vom 15.5.1871 (RGBl I S 127): NK-StGB/*Kindhäuser*[5] § 266 Rdn 7; Graf/Jäger/Wittig/*Waßmer*[2] § 266 Rdn 6; MünchKomm-StGB/*Dierlamm*/*Becker*[4] § 266 Rdn 19.

34 RGBl I S 295.

35 Vgl zum Theorienstreit zu § 266 StGB aF *Schünemann* (2017) Rdn 19 ff; Graf/Jäger/Wittig/*Waßmer*[2] § 266 Rdn 6.

36 NK-StGB/*Kindhäuser*[5] § 266 Rdn 9.

37 RGBl I S 295.

38 Vgl *E. Schäfer* DJZ 1933, 788, 795 f; *Nelles* S 45; *Schramm* (2005) S 113.

Vertretungsorgans der Gesellschaft machten sich strafbar, wenn sie vorsätzlich zum Nachteil ihrer Gesellschaft handelten.[39] Die Vorschrift lautete:

> *„(1) Wer als Geschäftsführer, Liquidator oder Mitglied eines Aufsichtsrats oder eines ähnlichen Organs einer Gesellschaft mit beschränkter Haftung vorsätzlich zum Nachteil der Gesellschaft handelt, wird mit Gefängnis und mit Geldstrafe bestraft. Daneben kann auf Verlust der bürgerlichen Ehrenrechte erkannt werden.*
>
> *(2) In besonders schweren Fällen tritt an die Stelle der Gefängnisstrafe Zuchthaus bis zu zehn Jahren. Ein besonders schwerer Fall liegt insbesondere dann vor, wenn die Tat das Wohl des Volkes geschädigt oder einen anderen besonders großen Schaden zur Folge gehabt oder der Täter besonders arglistig gehandelt hat.“*

Die Vorschrift wurde mit Wirkung vom 1. April 1970 zusammen mit den § 294 AktG aF,[40] § 146 GenG aF, § 142 VersAufsG, § 95 BörsG aF als spezifisch gesellschaftsstrafrechtliche Tatbestände ersatzlos gestrichen; der Gesetzgeber ging davon aus, dass die jetzige Fassung des § 266 StGB die bisher pönalisierten Verhaltensweisen ebenso erfassen würde, obwohl insbesondere ein Täterkreis nunmehr nicht mehr ausdrücklich festgeschrieben ist.[41]

IV. Tatbestandsstruktur

§ 266 StGB enthält den **Missbrauchs-** (1. Alt) und den **Treubruchstatbestand** (2. Alt). Der Missbrauchstatbestand schützt vor den Gefahren aus einer eingeräumten, **rechtsmächtigen** und vermögensrelevanten **Dispositionsbefugnis im Außenverhältnis**, während der Treubruchstatbestand sich auf solche Gefahren betreffend das **Innenverhältnis**[42] bzw **in sonstiger Weise**[43] **aus faktischer Macht**[44] bezieht. Nach **hM** – sog **„strenge monistische Lehre“** – ist zum einen der Gesetztext „dem, dessen Vermögensinteressen er zu betreuen hat“ auf beide Alternativen zu beziehen und zum anderen das dadurch für beide Tatbestände formulierte Betreuungsverhältnis identisch mit der „Pflicht, fremde Vermögensinteressen wahrzunehmen“ der 2. Alt, wodurch der **Missbrauchstatbestand** – in der berühmten Formel *Hübners*[45] – lediglich **„ausgestanzter Unterfall des umfassenden Treubruchstatbestandes“**, Ersterer also lex specialis zu Letzterer, ist.[46] **Abweichende Ansichten**[47] sind die **dualistischen Theorien**, zum einen in der (älteren, aber heute noch vertretenen) Form, dass die Missbrauchs- und Treubruchsalternativen unabhängige und selbstständige Tatbestände darstellen 8

---

39 *Ransiek* ZStW 116 (2004), 634, 647; *Zwiehoff* in: FS Eisenhardt, 2007, S 573, 580 f.

40 Mit Wirkung vom 1.1.1966.

41 Kritisch *Tiedemann* (2017) Rdn 1083; zur Frage der Notwendigkeit einer spezialgesetzlichen Regelung der GmbH-Untreue siehe unter Rdn 226.

42 **Abgrenzung Außen- (1. Alt) und Innenverhältnis (2. Alt)** Schönke/Schröder-StGB/*Perron*[30] § 266 Rdn 2.

43 **Abgrenzung Außenverhältnis (1. Alt) – Verletzung in sonstiger Weise (2. Alt)** Bittmann-Insolvenzstrafrecht/*Bittmann*[2] § 16 Rdn 8; MünchKomm-StGB/*Dierlamm*/*Becker*[4] § 266 Rdn 23.

44 **Abgrenzung rechtsgeschäftliches (1. Alt) – tatsächliches Verhalten (2. Alt)** SSW-StGB/*Saliger*[5] § 266 Rdn 18; *Schünemann* (2017) Rdn 33; Achenbach/Ransiek/Rönnau-Handbuch Wirtschaftsstrafrecht/*Seier*/*Lindemann*[5] 5. Teil, 2. Kapitel Rdn 43.

45 LK-StGB/*Hübner*[10] § 266 Rdn 17.

46 Vgl BGHSt 24, 386, 387 f; BGHSt 47, 187, 192 (SSV Reutlingen); *BGH* NJW 2006, 453, 454 (Kinowelt); BGHSt 50, 331, 342 (Mannesmann/Vodafone); BGHSt 60, 94, 108 (Konzept ‚Wahlsieg 2006‘); *BGH* NJW 2016, 3253; BGHSt 61, 305, 310; SK-StGB/*Hoyer*[9] § 266 Rdn 18; NK-StGB/*Kindhäuser*[5] § 266 Rdn 19, 26; MünchKomm-StGB/*Dierlamm*/*Becker*[4] § 266 Rdn 31; SSW-StGB/*Saliger*[5] § 266 Rdn 6 f; Graf/Jäger/Wittig/*Waßmer*[2] § 266 Rdn 29.

47 Überblick über den komplexen Meinungsstand jeweils bei *Schünemann* (2017) Rdn 22 ff; Graf/Jäger/Wittig/*Waßmer*[2] § 266 Rdn 27 ff; StGB/*Fischer*[69] § 266 Rdn 7 f; BeckOK-StGB/*Wittig*[58] § 266 Rdn 7.1; MünchKomm-StGB/*Dierlamm*/*Becker*[4] § 266 Rdn 27 ff; NK-StGB/*Kindhäuser*[5] § 266 Rdn 11 ff unter Einbeziehung der Normhistorie; SSW-StGB/*Saliger*[5] § 266 Rdn 6.

und die Vermögensbetreuungspflicht lediglich von Letzterer vorausgesetzt wird,[48] zum anderen in (neuerer) vermittelnder Form (auch: „**eingeschränkte monistische Theorie**")[49] dergestalt, dass zwar in beiden Alternativen die Vermögensbetreuungspflicht verlangt ist, an diese aber beim Missbrauchstatbestand geringere Anforderungen (Beschränkung auf im Interesse des Vermögensinhabers verliehene Verfügungs- und Verpflichtungsbefugnisse) zu stellen sind, um insbesondere dort Strafbarkeitslücken zu vermeiden.[50] Nach der auf *Schünemann* zurückgehenden sog „**typologischen Theorie**" schließlich soll es auf die „Art der Herrschaft" über fremdes Vermögen ankommen: Beim Missbrauchstatbestand ist dies die die Wahrnehmung von Rechtsbeziehungen zu Dritten, beim Treubruchstatbestand sind es alle anderen Herrschaftsaspekte.[51]

V. Fremdvermögen der GmbH als geschütztes Rechtsgut

1. Allgemeines

9 Zwar findet die Rechtsgutslehre beim *BVerfG* kaum Anerkennung;[52] gleichwohl rekurriert neben dem Schrifttum, welches im Wesentlichen der systemtranszendenten Rechtsgutslehre[53] anhängen dürfte, auch der *BGH* mit Blick auf die notwendige Tatbestandsrestriktion auf den Schutzzweck der GmbH-Untreue. Danach schützt § 266 StGB allein das **Fremdvermögen im Sinne der Gesamtheit der geldwerten Güter des Treugebers,**[54] **bei der GmbH-Untreue** nach den klaren gesellschaftsrechtlichen Vorgaben – Trennungsprinzip – (vgl Rdn 105) **also das der GmbH.**[55] Dies gilt auch für die **Einpersonen-GmbH, deren Vermögen für den Alleingesellschafter fremd ist.**[56] Soweit insbesondere mit Blick auf die Problematik einer Begrenzung des Gesellschaftereinverständnisses mit das GmbH-Vermögen benachteiligenden Handlungen von Vermögensbetreuungspflichtigen vertreten wird, § 266 StGB werde in diesem Zusammenhang zu einem **Gläubiger-**

48 Vgl RGSt 69, 58, 59; *BGH* NJW 1954, 1616; Momsen/Grützner-WirtschaftsStStrR/*Schramm*[2] § 266 Rdn 13; *dens* (2005), S 34 ff; *Labsch* (1983) S 212.

49 SSW-StGB/*Saliger*[5] § 266 Rdn 6; Graf/Jäger/Wittig/*Waßmer*[2] § 266 Rdn 28.

50 Vgl Schönke/Schröder-StGB/*Perron*[30] § 266 Rdn 2, 11; *Nelles* (1991), S 218 ff; *Wegenast* (1994), S 134 ff; *Eisele* GA 2001, 377, 380 f; *Kargl* ZStW 113 (2001), 565, 577 f; *Rojas* (2011), S 80 ff; nunmehr auch *Schünemann* (2017) Rdn 26.

51 Vgl *Schünemann* (2017) Rdn 33.

52 Vgl BVerfGE 120, 224, 243 ff (Strafbarkeit des Geschwisterinzests); *Frisch* NStZ 2016, 16, 25; *Anders* (2012) S 171 ff, 179 f.

53 Die Diskussion über das vermeintlich kritisch-strafrechtslimitierende Potential der Rechtsgutslehre ist bis heute nicht zur Ruhe gekommen, vgl *Hirsch* in: FS Spinellis, 2001, S 425, 443; *Schünemann* in Hefendehl/von Hirsch/Wohlers (Hrsg) S 133, 154; *Hassemer* in Hefendehl/von Hirsch/Wohlers (Hrsg) S 57, 59; *Degener* S 262 ff; *Spendel* in: FS Weber, 2004, S 3, 4 ff; *Frisch* NStZ 2016, 16, 22 f; grundlegende Kritik der Rechtsgutstheorie bei *Köhler* (1997) S 24 f.

54 BVerfGE 126, 170, 200; Schönke/Schröder-StGB/*Perron*[30] § 266 Rdn 1; Graf/Jäger/Wittig/*Waßmer*[2] § 266 Rdn 9; BeckOK-StGB/*Wittig*[58] § 266 Rdn 3; SSW-StGB/*Saliger*[5] § 266 Rdn 1; StGB/*Fischer*[69] § 266 Rdn 2; Achenbach/Ransiek/Rönnau-Handbuch Wirtschaftsstrafrecht/*Seier*/*Lindemann*[5] 5. Teil, 2. Kapitel Rdn 10; MünchKomm-StGB/*Dierlamm*/*Becker*[4] § 266 Rdn 1; NK-StGB/*Kindhäuser*[5] § 266 Rdn 1.

55 Vgl BGHSt 3, 32, 39 f; BGHSt 9, 203, 216 (beide zu § 81a GmbHG aF); *BGH* WiB 1995, 403; NJW 2000, 154, 155; *Schünemann* (2017) Rdn 307; sowie die weiteren Nachweise unter Fn 56; zu den abweichenden Auffassungen vgl unter Rdn 110.

56 RGSt 42, 278, 283; RGSt 71, 353, 355 (zu § 81a GmbHG aF); BGHSt 34, 379, 384; BGHSt 49, 147, 158 (Bremer Vulkan); *BGH* wistra 2006, 265 f; Bittmann-Insolvenzstrafrecht/*Bittmann*[2] § 16 Rdn 57, 70; MünchKomm-StGB/*Dierlamm*/*Becker*[4] § 266 Rdn 36; Noack/Servatius/Haas-GmbHG/*Fastrich*[23] § 13 Rdn 5; StGB/*Fischer*[69] § 266 Rdn 13; Müller-Gugenberger-WirtschaftsStrR/*Hadamitzky*[7] Rdn 32.21; Lackner/Kühl-StGB/*Heger*[29] § 266 Rdn 3; NK-StGB/*Kindhäuser*[5] § 266 Rdn 30; MünchKomm-GmbHG/*Merkt*[4] § 13 Rdn 4; Rowedder/Pentz-GmbHG/*Pentz*[7] § 13 Rdn 4; Schönke/Schröder-StGB/*Perron*[30] § 266 Rdn 6; SSW-StGB/*Saliger*[5] § 266 Rdn 19, 106; Momsen/Grützner-WirtschaftsStrR/*Schramm*[2] § 266 Rdn 32; *Schünemann* (2017) Rdn 87; Achenbach/Ransiek/Rönnau-Handbuch Wirtschaftsstrafrecht/*Seier*/*Lindemann*[5] 5. Teil, 2. Kapitel Rdn 337; Henssler/Strohn-GesR/*Verse*[5] § 13 GmbHG Rdn 3; Graf/Jäger/Wittig/*Waßmer*[2] § 266 Rdn 62; BeckOK-StGB/*Wittig*[58] § 266 Rdn 13; Wirtschaftsstrafrecht/*dies*[5] § 20 Rdn 31; zu den abweichenden Auffassungen vgl unter Rdn 113.

schutzdelikt denaturiert, wird auf die dortigen Ausführungen verwiesen (Rdn 117 f). **Nicht geschützt** von § 266 StGB ist die **bloße Dispositionsbefugnis bzw -freiheit** des Treugebers.[57] Hier entzündet sich der Streit insbesondere hinsichtlich der Errichtung bzw Unterhaltung von sog schwarzen Kassen um die Frage, ob die Unkenntnis des Treugebers von Vermögenswerten nur dessen Dispositionsfreiheit berührt oder ob Letztere zum Kern des Vermögensschutzes zu zählen ist (Rdn 138 ff). Weitere Rechtsgüter wie das **(konkrete) Vertrauen in die Integrität des Treunehmers** oder die **(abstrakte) Redlichkeit des Rechts- und Wirtschaftsverkehrs**[58] werden von § 266 StGB nicht geschützt.[59] § 266 StGB ist Schutzgesetz im Sinne des § 823 Abs 2 BGB,[60] mit Blick auf die GmbH-Untreue jedoch wegen des personellen und sachlichen Schutzzwecks der GmbH-Untreue allein zugunsten der Gesellschaft.[61]

Allein mit Blick auf **§ 81a GmbHG aF**[62] dürfte es jedenfalls nach der den Gläubigerschutz betonenden Entscheidung des *BGH* vom 18. März 1954[63] wohl der überwiegenden Auffassung in der Literatur zu § 81a GmbHG aF entsprochen haben, dass die Vorschrift auch unmittelbar dem Schutz der Gläubigerinteressen dienen sollte.[64] *Klug* ging noch weiter und bezog das überindividuelle Rechtsgut der „Redlichkeit im Rechts- und Wirtschaftsverkehr" mit in den Schutzbereich des § 81a GmbHG aF ein.[65] Begründet wurde dies mit dem Wortlautargument des § 81a Abs 2 Satz 2 GmbHG aF, nach dem ein besonders schwerer Fall insbesondere dann vorliegen soll, wenn die Tat „das Wohl des Volkes geschädigt oder einen anderen besonders großen Schaden zur Folge gehabt" hat.[66] Des Weiteren wurde der erweiterte Rechtsgüterschutz teleologisch darin gesehen, dass der Gesetzgeber durch die Zulassung der Rechtsform der GmbH wegen der Begünstigung der Gesellschafter durch die Haftungsbeschränkung auf das Gesellschaftsvermögen den an der Wirtschaft Teilnehmenden ein zusätzliches Risiko aufgebürdet habe; daraus erwachse für den Gesetzgeber die Verpflichtung, die Gläubiger auch strafrechtlich zu schützen.[67] Markante Folge dieser Ansicht war es zunächst, dass eine Beseitigung der Strafbarkeit der Verantwortlichen der GmbH wegen Untreue durch eine Zustimmung (allein) der Gesellschafter nicht in Betracht kommen konnte, da diese nicht (alleinige) Träger der insoweit rechtlich geschützten Interessen waren.[68] In weiterer Konsequenz dieser Auffassung ist § 81a GmbHG aF dann auch als Schutzgesetz im Sinne des § 823 Abs 2 BGB zu Gunsten der Gesellschaft, der Gesellschafter[69] und der Gläubiger, 10

---

57 BGHSt 43, 293, 297; BGHSt 47, 295, 301; *BGH* NStZ 2011, 520, 521; *BGH* NStZ 2014, 517, 519; Schönke/Schröder-StGB/*Perron*[30] § 266 Rdn 1; Graf/Jäger/Wittig/*Waßmer*[2] § 266 Rdn 9; BeckOK-StGB/*Wittig*[58] § 266 Rdn 3; SSW-StGB/*Saliger*[5] § 266 Rdn 1; Achenbach/Ransiek/Rönnau-Handbuch Wirtschaftsstrafrecht/*Seier*/*Lindemann*[5] 5. Teil, 2. Kapitel Rdn 10.

58 Vgl *Dunkel* GA 1977, 329, 334 f.

59 Vgl BVerfGE 126, 170, 200 f, „allenfalls (...) ein(..) ergänzende(r) Aspekt"; Graf/Jäger/Wittig/*Waßmer*[2] § 266 Rdn 9; BeckOK-StGB/*Wittig*[58] § 266 Rdn 3.1; SSW-StGB/*Saliger*[5] § 266 Rdn 1; StGB/*Fischer*[69] § 266 Rdn 2; Achenbach/Ransiek/Rönnau-Handbuch Wirtschaftsstrafrecht/*Seier*/*Lindemann*[5] 5. Teil, 2. Kapitel Rdn 11.

60 BGHZ 185, 378, 380; BGHZ 194, 26, 31; *VI. Zivilsenat BGH* NJW 2018, 3093, 3094; MünchKomm-BGB/*Wagner*[8] § 823 Rdn 596; SSW-StGB/*Saliger*[5] § 266 Rdn 1.

61 Vgl *LG Wiesbaden* NZG 2016, 832 zur Ablehnung des § 266 StGB als Schutzgesetz zu Gunsten der Aktionäre einer AG; vgl MünchKomm-BGB/*Wagner*[8] § 823 Rdn 590 zu den verschiedenen Dimensionen der deliktsrechtlichen Schutzbereiche.

62 Vgl Hachenburg-GmbHG/*Kohlmann*[8] Vor § 82 Rdn 58; Überblick zur Rechtsprechung des *RG* und des *BGH* zu § 81a GmbHG aF bei *Anders* (2012) S 32 ff.

63 *BGH* GmbHR 1954, 75; anders noch BGHSt 3, 23, 25; BGHSt 3, 32, 39 f.

64 Vgl Hachenburg-GmbHG/*Klug*[6] § 81a Anm 1; *Anders* ZStW 14 (2002), 467, 487; *Hanft* (2006) S 125 f; *Schramm* (2005) S 115; *Kohlmann* in: FS Werner, 1984, S 387, 395 in Fn 22.

65 Vgl Hachenburg-GmbHG/*Klug*[6] § 81a Anm 1.

66 Vgl Hachenburg-GmbHG/*Klug*[6] § 81a Anm 1, der trotz der „sprachpsychologischen Vorbelastung" des Begriffs „Wohl des Volkes" darin die Interessen der Allgemeinheit erfasst sieht.

67 Vgl Hachenburg-GmbHG/*Klug*[6] § 81a Anm 1.

68 Vgl Hachenburg-GmbHG/*Klug*[6] § 81a Anm 26.

69 Vgl *BGH* MDR 1967, 480; *BGH* MDR 1969, 909.

insbesondere der Arbeitnehmer, angesehen worden.[70] Die aktuelle Diskussion dreht sich zu einem nicht unmaßgeblichen Teil insbesondere um die im Rahmen von Grund und Grenzen eines Gesellschaftereinverständnisses gestellte Frage, ob der heutige § 266 StGB zum Nachteil der GmbH die Funktion zugeschrieben wird, (auch) die Verletzung von insbesondere Gläubigerinteressen zu pönalisieren; insoweit wird der hier dargestellte Befund, nach dem zu § 81a GmbHG aF ein erweiterter Rechtsgüterschutz vertreten wurde, im Rahmen historischer Auslegung verwertet (Rdn 120).

2. Gesellschafter als (auch) Verletzte?

11 Nach teilweiser Auffassung in der Rechtsprechung des *BGH* und im Schrifttum sind auch die **Gesellschafter einer GmbH** als **verletzte Vermögensträger** im Sinne des § 266 Abs 2 iVm § 247 StGB anzusehen; dementsprechend wird mit Blick auf die Problematik des Gesellschaftereinverständnisses angenommen, dass es insoweit oberhalb der Existenzgefährdung der GmbH auf ein Einverständnis der Gesellschafter ankomme (Untreue zum Nachteil der GmbH), gleichzeitig im Falle des Näheverhältnisses jedoch auch Strafanträge der Gesellschafter gemäß § 247 StGB erforderlich seien, anderenfalls ein Verfahrenshindernis hinsichtlich einer Untreue zu ihrem Nachteil bestünde.[71] Diese Annahme wird in den betreffenden Entscheidungen jedoch nicht begründet und findet insbesondere im Gesellschaftsrecht, das die strikte Trennung des Vermögens der GmbH und des Gesellschafters voraussetzt (vgl § 13 Abs 1 und 2 GmbHG), keine Stütze.[72] Mit Urteil vom 25. April 2006 hat der *1. Strafsenat* des *BGH* demgegenüber klargestellt, „daß der Tatbestand der Untreue die GmbH als eigene Rechtspersönlichkeit schützt. Träger der geschützten Vermögensinteressen ist die GmbH selbst als juristische Person, nicht jedoch sind es ihre Gesellschafter".[73] Insoweit bleibt die weitere Entwicklung abzuwarten.

3. Vor-GmbH (Vorgesellschaft) und GmbH & Co. KG

12 **Gesellschaftsrechtliche Entwicklung – richterrechtliche Zuerkennung von Rechts- und Parteifähigkeit der BGB-(Außen-)Gesellschaft.** Auf dem Hintergrund des § 718 Abs 1 BGB wurde die BGB-Gesellschaft zunächst als ein auf vertraglicher Grundlage beruhendes Schuldverhältnis der Gesellschafter, denen das Gesellschaftsvermögen als gemeinschaftliches Vermögen zugeordnet wurde, angesehen; Rechtsträger sind danach jeweils die Gesamthänder, und das Gesamthandsvermögen ist ein den Gesamthändern zustehendes Sondervermögen.[74] Die für die BGB-Gesellschaft tätigen Geschäftsführer handeln danach als Vertreter aller Gesellschafter (§ 714 BGB) und das rechtsgeschäftliche Handeln der BGB-Gesellschaft zieht nach den §§ 421, 427 BGB grundsätzlich die gesamtschuldnerische Haftung der Gesellschafter mit Privat- und Gesellschaftsvermögen nach sich.[75] Diese (traditionelle) Lehre, die in ihrer klaren Abgrenzung der Gesamthand zur juristischen Person auch als „dualistisch" bezeichnet werden kann, stieß auf Bedenken insbesondere wegen der unbefriedigenden Rechtsfolgen mit Blick auf die praktische Teilnahme der GbR am Rechtsverkehr, insbesondere die Problematik des Gesellschafterwechsels.[76] Daher erarbeitete vornehmlich *Flume* mit seiner soziologisch geprägten

---

70 Vgl Hachenburg-GmbHG/*Klug*[6] § 81a Anm 45; **aA** die Meinungen, die einen Gläubigerschutz durch § 81a GmbHG aF ablehnten, Schutzgesetzeigenschaft nur hinsichtlich der GmbH und ihren Gesellschaftern, vgl GmbHG/*Scholz*[2] § 81a Rdn 2.

71 Vgl *BGH* NJW 2003, 2924, 2926; *BGH* NStZ-RR 2005, 86; *BGH* NStZ-RR 2007, 79, 80; StGB/*Fischer*[69] § 266 Rdn 193; SSW-StGB/*Saliger*[5] § 266 Rdn 137; *Schünemann* (2017) Rdn 287; Graf/Jäger/Wittig/*Waßmer*[2] § 266 Rdn 270.

72 Vgl *Bittmann/S. Richter* wistra 2005, 51, 52 f; *Anders* (2012) S 100.

73 BGHSt 51, 29, 32 f.

74 Vgl *K. Schmidt* S 199.

75 MünchKomm-BGB/*Schäfer*[8] § 705 Rdn 304.

76 MünchKomm-BGB/*Schäfer*[8] § 705 Rdn 305.

„Gruppen"-Lehre ein Gegenkonzept: In Anlehnung an *von Gierkes* Lehre von der realen Verbandspersönlichkeit stellt danach die gesamthänderische Gesellschaft des bürgerlichen Rechts sich als eine auf personenrechtlicher Verbundenheit beruhende Personenmehrheit dar, die durch das Gesamthandsprinzip als organisatorische Einheit im Sinne einer „Gruppe" verbundener Gesellschafter und damit als Rechtssubjekt anzusehen ist. Zuordnungssubjekt für das Vermögen sind danach nicht die Gesellschafter „in ihrer gesamthänderischen Verbundenheit", sondern – unabhängig von ihrer Zusammensetzung – die Gruppe als solche in Form des Personenverbands.[77] Diese Gruppenlehre setzte sich durch, insbesondere das Grundsatzurteil des *BGH* vom 29. Januar 2001 bestätigte die Rechts- und Parteifähigkeit der BGB-(Außen-)Gesellschaft,[78] aus der ihre unbeschränkte Vermögensfähigkeit folgt.[79] Insoweit soll die BGB-(Außen-)Gesellschaft jedoch keine juristische Person sein.[80] Denn der Fortbestand jener setzt mindestens zwei Gesellschafter voraus, während bei dieser der Rückgang der Gesellschafterzahl auf eine Person die Existenz der Gesellschaft unberührt lässt; das Kennzeichen der Personengesellschaft ist weiterhin in ihrer Organisation in der persönlichen Verbindung zwischen den Gesellschaftern zu sehen.[81] Daraus folgt für die Vermögensstruktur zwar, dass das Vermögen der Gesamthandsgesellschaft zuzuordnen ist (Vermögensfähigkeit), es jedoch für die Gesellschafter wiederum nicht (komplett) fremd ist, weil die „Wertrechte" der Gesellschafter, die mit ihrer Mitgliedschaft als Rechte an dem Vermögen korrespondieren, sich auf den Gesellschafterbestand verteilen.[82] Haftungsrechtlich korrespondiert damit eine akzessorische persönliche Haftung der Gesellschafter, welche eine klare Trennung der Vermögenssphären – wie sie infolge der Personifizierung bei der juristischen Person herrscht und dort die Fremdheit des Gesellschaftsvermögens für den Gesellschafter begründet – zumindest kontraindiziert.[83] Die Entscheidung des *BGH* ist in der Gesellschaftsrechtswissenschaft weitgehend begrüßt worden;[84] kritische, vorwiegend begriffssystematisch orientierte Gegenstimmen blieben hingegen vereinzelt.[85] Letztere hoben insbesondere die Abgrenzungsschwierigkeiten zur juristischen Person hervor: Da die Gruppenlehre der BGB-(Außen-)Gesellschaft an Stelle der Rechtspersönlichkeit „Rechtssubjektivität" zuerkenne,[86] müsse die Rechtsfähigkeit der BGB-Gesellschaft zwangsläufig eine andere sein als die der rechtsfähigen Vereinigungen mit Rechtspersonenqualität. Man stehe – so *Beuthien* – vor einem Begriffswirrwarr: Die Termini „Rechtssubjektivität" und „Rechtspersönlichkeit" verwickelten sich zu einem begrifflichen „Knäuel".[87] Es frage sich, welche „Winzigkeit" nach der Gruppenlehre der BGB- Gesellschaft als selbstständige Vermögensträgerin im Vergleich zur juristischen Person fehle. Der „positivistische" Weg, die Rechtsnatur der Gesamthandsgesellschaften allein davon abhängig zu machen, ob das geltenden Recht sie rechtssubjektiv verselbstständigt,[88] kann keine Lösung sein, da das Problem verschwimmender Grundbe-

---

77 Überblick über den komplexen Diskussionsverlauf und -stand bei *K. Schmidt* S 199 ff; siehe auch *C. Brand* (2010) S 153 ff; *Fabricius* S 139 ff; *Flume* ZHR 136 (1972), 177, 188 f; *dens* (1977) S 68 ff; *Wolfgang B. Schünemann* S 110 ff; *Soyka* S 27 ff; *Ulmer* (2009) Vor § 705 Rdn 10.

78 Vgl BGHZ 146, 341, 344 ff, fortgeführt durch *BGH* NJW 2002, 1207; *BGH* NJW 2008, 69, 74; beachte insoweit die diese Rechtsprechung umsetzende gesetzgeberische Reform des § 705 BGB durch das Gesetz zur Modernisierung des Personengesellschaftsrechts (Personengesellschaftsrechtsmodernisierungsgesetz – MoPeG) vom 10.8.2021, BGBl I S 3436, das zum 1.1.2024 in Kraft treten soll, dazu *Bachmann* NZG 2020, 612; *Hermanns* DNotZ 2022, 3; Hopt-HGB/*Roth*[42] BGB-MoPeG § 705 Rdn 1.

79 MünchKomm-BGB/*Schäfer*[8] § 705 Rdn 318.

80 Vgl BGHZ 146, 341, 347.

81 *K. Schmidt* S 207 f; MünchKomm-BGB/*Schäfer*[8] § 705 Rdn 317.

82 *K. Schmidt* S 207.

83 Vgl MünchKomm-BGB/*Schäfer*[8] Vor § 705 Rdn 14; *Schramm* (2005) S 84.

84 Siehe nur *Wertenbruch* NJW 2002, 324 mwN in Fn 4.

85 Vgl *Beuthien* NJW 2005, 855; *dens* JZ 2003, 715; *Heil* NZG 2001, 300; *Pfeifer* NZG 2001, 296; *Prütting* EWiR 2001, 341.

86 Vgl BGHZ 146, 341, 345; *Flume* (1977) S 56 f: „Die Gruppe ist als solche Rechtssubjekt. Mit diesem Terminus sollte jedoch nicht die Assoziation der Personenhaftigkeit verbunden werden. Die Gruppe ist auch als Rechtssubjekt nichts anderes als die Mitglieder der Gruppe in ihrer Verbundenheit."; *K. Schmidt* S 199.

87 *Beuthien* NJW 2005, 855, 856.

88 In diesem Sinne *K. Schmidt* S 201 ff.

grifflichkeiten durch eine bloße richterrechtliche bzw gesetzliche Anordnung der Rechtsfähigkeit nicht gelöst sein dürfte. Auch eine Atomisierung des Oberbegriffs Rechtsfähigkeit in einzelne Differenzierungen wie etwa Grundrechts-, Erb- oder Deliktsfähigkeit[89] dürfte nicht weiter führen, da es für die Annahme von Rechtssubjektivität nur auf die generelle Rechtsfähigkeit ankommen kann.[90] Vielmehr dürfte es einen Unterschied zwischen den Begriffen der Rechtssubjektivität und der Rechtspersönlichkeit eigentlich nicht geben, da der Begriff des „Rechtssubjekts" nur der latinisierte Ausdruck von „Rechtsperson" ist.[91] Sollte ein signifikanter Unterschied zwischen juristischer Person und Gesamthand festgestellt werden können (und müssen), dürfte dies darüber geleistet werden können, der Personengesellschaft über den Begriff der „Gesamtrechtsfähigkeit" eine „kollektive Kompetenz" zuzusprechen, die der „Gemeinschaft der organisationsrechtlich verbundenen Gesellschafter" zuzuordnen ist,[92] mithin den Begriff der Rechtsträgerschaft schon begrifflich auf den Verbund einer Mehrzahl von Personen zu beziehen. Über diesen Weg würde die Tendenz zur Personalisierung auch der Gesamthand durch die Verwendung eines anderen Begriffs der Rechtsträgerschaft, als er der juristischen Person zu Grunde gelegt wird, vermieden,[93] und es wäre zudem der Einwand ausgeräumt, es würde mit der Rechtsträgerschaft der BGB-(Außen-)Gesellschaft eine weitere Form der Quasi- oder Teil-Personalität akzeptiert. Dieser Konfusionseinwand betrifft jedoch nicht allein die Zuerkennung der Rechtsfähigkeit der BGB-(Außen-)Gesellschaft, vielmehr lässt er sich auf die Rechtsträgerschaft der Gesamthandsgesellschaften insgesamt übertragen.[94] Mit der Zuerkennung einer „Gesamtrechtsfähigkeit" verbliebe dann in vergleichender Perspektive von BGB-(Außen-)Gesellschaft insbesondere zu OHG bzw KG der Einwand der Rechtsfortbildung ohne Gesetzeslücke[95] bzw der unnötigen Integration jeder BGB-(Außen-)Gesellschaft in das Recht der Handelsgesellschaften.[96] Die festzustellende fließende Grenze zwischen Personengesellschaft und Körperschaft könnte letztlich dazu führen, die Gesamthandsgesellschaften insgesamt den juristischen Personen gleich zu stellen, wie es die sog monistische Lehre vertritt. Danach ist in rechtstatsächlicher Betrachtung ein gravierender Unterschied in Erscheinungsbild und Funktion zwischen juristischen Personen und Gesamthandsgesellschaften nicht festzustellen.[97]

13 **Vor-GmbH (Vorgesellschaft).** Das Stadium der **Vor-GmbH** als **Vorgesellschaft** beginnt mit dem wirksamen Abschluss des notariell beurkundeten Gesellschaftsvertrages und endet mit der Eintragung der GmbH in das Handelsregister.[98] Nach **Rechtsprechung**[99] und **hM im gesellschaftsrechtlichen Schrifttum**[100] handelt es sich bei der **Vor-GmbH** um eine **Rechtsform sui generis** als **Gesamthandsgemeinschaft**. Dem Folgen die **Rechtsprechung** und die **hM im Strafrecht** dahingehend, dass das Vermögen der Vor-GmbH nicht vom Untreuetatbestand geschützt werde, da dieser noch keine ei-

89 So die Theorie von der Relativität der Rechtsfähigkeit, siehe dazu *K. Schmidt* S 212 f; vgl *Timm* NJW 1995, 3209, 3211.

90 In diesem Sinne noch *K.Schmidt* (1984) S 37 „Wer stets fragen muß, ‚inwieweit' ein Verband rechtsfähig ist, wird schwerlich verallgemeinerungsfähige Antworten geben können".

91 *Beuthien* JZ 2003, 715, 717, *ders* NJW 2005, 855, 856.

92 *Beuthien* JZ 2003, 715, 721.

93 Siehe auch *C. Brand* (2010) S 175 ff, der zwar die Vermögensträgerschaft aus dem Prinzip der Gesamthand herauslösen, jedoch gleichzeitig die Abgrenzung der rechtsfähigen Personengesellschaften zu den juristischen Personen über den Begriff der Rechtspersönlichkeit aufrechterhalten will.

94 *Zöllner* in: FS Gernhuber, 1993, S 563, 566 ff.

95 Vgl *Prütting* EWiR 2001, 341, 342.

96 Vgl *Pfeifer* NZG 2001, 296, 298.

97 Vgl *Hadding* ZGR 30 (2001), 712, 718; *Raiser* AcP 194 (1994), 503 f; *dens* in: FS Zöllner, 1998, S 469, 486; *dens* AcP 199 (1999), 104, 139 ff; *Timm* NJW 1995, 3209 (3211); *dens* ZGR 25 (1996), 247, 251 f.

98 MünchKomm-GmbHG/*Merkt*[4] § 11 Rdn 4.

99 Vgl *BGH* WM 1980, 955, 956; BGHZ 80, 129, 135.

100 MünchKomm-GmbHG/*Merkt*[4] § 11 Rdn 9 ff (Streit, ob die Vorgesellschaft Gesamthandsgemeinschaft darstellt, sei überwiegend dogmatischer Natur); Habersack/Casper/Löbbe-GmbHG/*Ulmer*/*Habersack*[3] § 11 Rdn 59.

gene Rechtspersönlichkeit zukomme (vgl § 11 Abs 1 GmbHG);[101] die Schädigung dieses Gesamthands- oder (im Falle der Ein-Personen-Vor-GmbH) Sondervermögens sei – so der *BGH* – für § 266 StGB nur insoweit bedeutsam, als dadurch gleichzeitig das Vermögen der Gesellschafter beziehungsweise des Alleingesellschafters berührt werde.[102] Jedoch wird – parallel zu der im Gesellschaftsrecht vordringenden Auffassung, nach der die Vor-Kapitalgesellschaft mit der späteren Gesellschaft strukturgleich sei –[103] auch im strafrechtlichen Schrifttum nicht das Kriterium der Rechtspersönlichkeit für den strafrechtlichen Untreueschutz erheblich gehalten, sondern vielmehr das insoweit von der Vermögensbetreuungspflicht umfasste (gesamthänderisch gebundene) Gesellschaftsvermögen.[104] Entsprechende Tendenzen finden sich vereinzelt – jedenfalls mit Blick auf die KG – auch in der Rechtsprechung der Strafsenate des *BGH* (Rdn 14). Insoweit bleibt auch mit Blick auf die **Vor-GmbH** abzuwarten, ob sich die neueren Entwicklungen im Gesellschaftsrecht, nach denen aus dem Grundsatzurteil des *BGH* vom 29. Januar 2001,[105] welches die Rechts- und Parteifähigkeit der BGB-(Außen-)Gesellschaft bestätigt hat, auch ihre unbeschränkte Vermögensfähigkeit gefolgert wird (Rdn 12),[106] im Untreuestrafrecht werden durchsetzen können.

GmbH & Co. KG. Nach der hM im Schrifttum kann die KG, da sie keine juristische Person ist, keine selbstständige Trägerin von Fremdvermögen sein.[107] Doch deutet sich in einigen Entscheidungen des *BGH* an, dass – entgegen seiner ständigen Rechtsprechung, nach der bei einer Kommanditgesellschaft die Schädigung des Gesamthandsvermögens nur dann zu einem im Rahmen des § 266 StGB bedeutsamen Vermögensnachteil führen, wenn und soweit sie zugleich das Vermögen der einzelnen Gesellschafter berührt –[108] die Aufweichungen in der Abgrenzung von Personengesellschaft zu juristischer Person auch im Untreuestrafrecht im Sinne der Annahme bzw eines Nichtausschlusses einer **Schädigung des Vermögens der GmbH & Co. KG als solcher** durchschlagen.[109] In der Literatur finden sich Stimmen, die eine solche „Fremdheit" des Vermögens wegen der weitgehenden Verselbstständigung der gesamthänderisch gehaltenen Vermögensmasse annehmen.[110] Insbesondere *Tiedemann/Rönnau* sehen wenig entgegenstehen, „bei entsprechendem kriminalpolitischen Bedürfnis (...) im Wege der Rechtsfortbildung einen *eigenständigen strafrechtlichen Schutz des Vermögens einer KG* zu verwirklichen".[111] Dagegen steht, dass selbst 14

101 Vgl Hachenburg-GmbHG/*Kohlmann*[8] Vor § 82 Rdn 61, 206; *Lesch/Hüttemann/Reschke* NStZ 2015, 609, 610; *Schünemann* (2017) Rdn 307; Graf/Jäger/Wittig/*Waßmer*[2] § 266 Rdn 63; *Schramm* (2005) S 85; Momsen/Grützner-WirtschaftsStrR/*dens*[2] § 266 Rdn 84; Müller-Gugenberger-WirtschaftsStrR/*Hadamitzky*[7] Rdn 32.22; *Anders* (2012) S 101 f.

102 Vgl BGHSt 3, 23, 25; *BGH* wistra 1992, 24, 25; *BGH* wistra 2000, 178, 179 f.

103 Unter Hinweis insbesondere auf die allgemeine Anerkennung der Rechtsfähigkeit der GbR: Lutter/Hommelhoff-GmbHG/*Bayer*[21] § 11 Rdn 5; *K. Schmidt* JZ 2014, 878, 883 mwN in Fn 71.

104 Vgl *C. Schäfer* GmbHR 1993, 717, 720 f; *Hentschke* (2002) S 165, 172, 222, 281 f; *K. Schmidt* JZ 2014, 878, 883 f; *Radtke* NStZ 2016, 639, 643 f; die hM stellt auf die fehlende Rechtspersönlichkeit ab *Schulte* NJW 1983, 1773, 1174; *ders* NJW 1984, 1671; *Winkelbauer* wistra 1986, 17, 18; *Achenbach* in: FS 50 Jahre BGH, Festgabe der Wissenschaft, 2000, S 593, 595 f, 598 f; *Hagemann* (2005) S 332f; *Schramm* (2005) S 84 f; StGB/*Fischer*[69] § 266 Rdn 113; Schönke/Schröder-StGB/*Perron*[30] § 266 Rdn 21; BeckOK-StGB/*Wittig*[58] § 266 Rdn 13.

105 Vgl BGHZ 146, 341, 344 ff; fortgeführt durch *BGH* NJW 2002, 1207 f; *BGH* NJW 2008, 69, 74.

106 Dazu *Anders* (2012) S 89 ff; *Radtke* NStZ 2016, 639, 642 ff; *K. Schmidt* JZ 2014, 878, 881 ff.

107 Vgl *Anders* (2012) S 100 f; SSW-StGB/*Saliger*[5] § 266 Rdn 110; *Schünemann* (2017) Rdn 328 f; Graf/Jäger/Wittig/*Waßmer*[2] § 266 Rdn 63; Schönke/Schröder-StGB/*Perron*[30] § 266 Rdn 21; *Schramm* (2005) S 85; Momsen/Grützner-WirtschaftsStrR/*dens*[2] § 266 Rdn 84; StGB/*Fischer*[69] § 266 Rdn 113; *Wessing* NZG 2014, 97, 98.

108 Vgl *BGH* wistra 1984, 71 und 226; BGHSt 34, 221, 222 f; *BGH* NStZ 1987, 279; *BGH* wistra 1991, 183; *BGH* NStZ 1991, 432; *BGH BGH* NJW 2003, 2996, 2999; *BGH* NJW 2011, 3733, 3735; *BGH* NStZ 2013, 38 f; *BGH* NJW 2013, 3590, 3593 (Hochseeschleppergeschäft); *BGH* wistra 2016, 486 (487); *BGH* wistra 2017, 437 (439); *BGH* NStZ-RR 2020, 145 (146).

109 Vgl *BGH* MDR 1969, 1022; *BGH* BeckRS 1979, 297; *BGH* NStZ 2004, 205; kritische Konnotation *BGH* wistra 2016, 486, 487; vgl auch *LG Bonn* NJW 1981, 469.

110 *H. Richter* GmbHR 1984, 137, 146; *H. Schäfer* NJW 1983, 2850, 2851; *Schultz* BB 1988, 572, 573 f; Achenbach/Ransiek/Rönnau-Handbuch Wirtschaftsstrafrecht/*Seier/Lindemann*[5] 5. Teil, 2. Kapitel Rdn 364; *Grunst* BB 2001, 1537, 1540; *Soyka* (2008), S 56 ff, 96 ff, 137 f; *C. Brand* (2010) S 213 f, 331 f; *ders* NJW 2013, 3594 f; *K. Schmidt* JZ 2014, 878, 883 f, 887; *Radtke* NStZ 2016, 639, 644; wohl auch *Uhlenbruck* (1988), S 49.

111 Scholz-GmbHG/*Rönnau*[12] Vor §§ 82 ff Rdn 23.

bei der GmbH als juristischer Person der Strafrechtsschutz nicht um ihrer selbst Willen erfolgt, sondern mit Blick auf (allerdings mediatisierte) Gläubigerinteressen (Gesellschaftereinverständnis Rdn 108 ff), die bei den Personen(handels)gesellschaften von geringerer Relevanz sind.[112] Daraus folgt, dass Schädigungsakte, die im Einverständnis aller Gesellschafter ergehen, tatbestandslos sind;[113] mit Blick auf die Komplementär-GmbH ist die Existenzgefährdungsgrenze (vgl Rdn 109 ff) zu beachten.[114] Zudem sind Strafanträge von geschädigten Kommanditisten, die zum Täter im Angehörigenverhältnis stehen, gemäß §§ 266 Abs 2, 247 StGB erforderlich.[115]

4. Juristische Personen ausländischen Rechts (Limited/SARL)

15 Nach der „Inspire Art"-Entscheidung des *EuGH*[116] ist klargestellt, dass ausländische juristische Personen, insbesondere solche, für die – wie bei der **englischen Private Company Limited by Shares („Limited")** oder der **französischen SARL** (Rdn 184 ff) – nach ausländischem Recht gesetzlich kein Mindeststammkapital vorgeschrieben ist, in den Schutzbereich des § 266 StGB fallen, weil die Gewährung strafrechtlichen Schutzes für in Deutschland tätige Gesellschaften ausländischen Rechts keine Beschränkung der Niederlassungsfreiheit bedeutet. Aus der Niederlassungsfreiheit folgt allerdings, dass die Rechtsfähigkeit einer Gesellschaft, das Rechtsverhältnis zwischen der juristischen Person und ihren gesetzlichen Vertretern oder sonstigen Organen und damit auch die Maßstäbe der Pflichtwidrigkeit für das Organhandeln unabhängig von dem Verwaltungssitz der Gesellschaft **nach dem für die Gründung maßgeblichen Recht zu bestimmen** ist, bei der Limited also nach englischem Recht, bei der SARL nach französischem Recht. Dies gilt auch für sog Briefkastengesellschaften.[117] Bedenken wegen der möglichen Verletzung des verfassungsrechtlichen **Bestimmtheitsgrundsatzes**[118] bestehen jedoch nicht,[119] da die Anwendbarkeit ausländischen Rechts für den Täter vorhersehbar ist und der deutsche Gesetzgeber einer derartigen Ausfüllung von § 266 StGB durch die Ratifizierung der europäischen Verträge bewusst zugestimmt hat.[120]

VI. Deliktsnatur

16 Wegen des Erfordernisses des Eintritts des Vermögensnachteils ist § 266 StGB ein **Verletzungserfolgsdelikt**.[121] Im Gegensatz zum Betrug (Selbstschädigung) ist die Untreue ein **Fremdschädigungsdelikt**.[122] Der **Handlungsunwert** liegt in der Vermögensbetreuungspflichtverletzung.[123]

---

112 AA *Radtke* NStZ 2016, 639, 644 unter Hinweis auf die Beschränkung der persönlichen Haftung auf die Komplementär-GmbH.

113 Vgl *BGH* NJW 2011, 3733, 3735; Achenbach/Ransiek/Rönnau-Handbuch Wirtschaftsstrafrecht/*Seier/Lindemann*[5] 5. Teil, 2. Kapitel Rdn 365; Momsen/Grützner-WirtschaftsStStrR/*Schramm*[2] § 266 Rdn 84; SSW-StGB/*Saliger*[5] § 266 Rdn 110.

114 Vgl *BGH* NJW 2000, 154, 155; Scholz-GmbHG/*Rönnau*[12] Vor §§ 82 ff Rdn 22.

115 Achenbach/Ransiek/Rönnau-Handbuch Wirtschaftsstrafrecht/*Seier/Lindemann*[5] 5. Teil, 2. Kapitel Rdn 365.

116 *EuGH* NJW 2003, 3331, 3335 (Inspire Art).

117 *BGH* NStZ 2010, 632, 633; Schröder-StGB/*Perron*[30] § 266 Rdn 21e.

118 Vgl *Rönnau* ZGR 2005, 832, 856; *ders* NStZ 2011, 558 f; *Mosiek* StV 2008, 94, 98; *Altenhain/Wietz* NZG 2008, 569, 572.

119 *BGH* NStZ 2010, 632, 634.

120 Schröder-StGB/*Perron*[30] § 266 Rdn 21e; vgl SSW-StGB/*Saliger*[5] § 266 Rdn 34; *Schünemann* (2017) § 266 Rdn 330; Achenbach/Ransiek/Rönnau-Handbuch Wirtschaftsstrafrecht/*Seier/Lindemann*[5] 5. Teil, 2. Kapitel Rdn 341; Graf/Jäger/Wittig/*Waßmer*[2] § 266 Rdn 24a; *Radtke* GmbHR 2008, 729, 735 f; *ders* NStZ 2011, 565, 557 f.

121 BVerfGE 126, 170, 206, 212; *BVerfG* NJW 2013, 365, 366 (Fall Schäch); *BGH* NStZ 2011, 520, 521; *Perron* in: FS Tiedemann, 2008, S 737, 740; SSW-StGB/*Saliger*[5] § 266 Rdn 1; Graf/Jäger/Wittig/*Waßmer*[2] § 266 Rdn 10.

122 SSW-StGB/*Saliger*[5] § 266 Rdn 1; Graf/Jäger/Wittig/*Waßmer*[2] § 266 Rdn 10; Achenbach/Ransiek/Rönnau-Handbuch Wirtschaftsstrafrecht/*Seier/Lindemann*[5] 5. Teil, 2. Kapitel Rdn 30.

123 Vgl Graf/Jäger/Wittig/*Waßmer*[2] § 266 Rdn 10; *Schlösser* StV 2017, 123, 126, der in den beiden Merkmalen sowohl der Vermögensbetreuungspflichtverletzung als auch der Nachteilszufügung jeweils „Begehungserfolge" sieht.

Die Untreue ist nicht nur Begehungs-, sondern zugleich auch **Unterlassungsdelikt**.[124] Für die Abgrenzung von Tun und Unterlassen kommt es auf den Schwerpunkt des Täterverhaltens an, über das in wertender Würdigung zu entscheiden ist.[125] Der *BGH* hat schon früh **§ 13 Abs 2 StGB** auf die Untreue angewendet[126] und seit der Entscheidung „Siemens/Enel" nunmehr auch **§ 13 Abs 1 StGB**.[127] Die **hM** im Schrifttum geht hingegen davon aus, dass § 266 StGB wegen des Erfordernisses der Vermögensbetreuungspflicht, die einer Garantenpflicht gleichstehe, lex specialis zu § 13 (Abs 1) StGB sei;[128] jedoch soll zudem wegen der einheitlichen Unrechtsstruktur aller Garantendelikte die **fakultative Strafmilderung aus § 13 Abs 2 StGB** Anwendung finden.[129] 17

§ 266 StGB ist ein **Sonderdelikt**.[130] Wegen der Eigenschaft als Sonderdelikt kann Täter, Mittäter oder mittelbarer Täter nur sein, wer Vermögensbetreuungspflichtiger ist; wer diese tatbestandlich vorausgesetzte Eigenschaft, die als **besonderes persönliches Merkmal** die Strafbarkeit des Täters begründet, nicht besitzt, kann lediglich Teilnehmer, also Anstifter oder Gehilfe sein.[131] 18

B. Zentralproblem der Unterbestimmtheit insbesondere der GmbH-Untreue

Untreue gehört zu den kompliziertesten Materien des Wirtschaftsstrafrechts. Kernproblem ist ihre **Unterbestimmtheit** des § 266 StGB, die schon an **unübersichtlichen Vielzahl ihrer Etikettierungen** aufgewiesen wird.[132] Nach jahrelangen Angriffen aus Strafrechtswissenschaft und Verteidigung, die Untreue sei verfassungswidrig, weil unbestimmt, und verstoße daher gegen das Analogieverbot,[133] hatte sich das *BVerfG* dieser Fragestellung angenommen und die **Verfassungskonformität der Strafvorschrift unter gewissen Bedingungen anerkannt**: So ist es der Rechtsprechung aufgegeben, einem **Präzisierungsgebot** nachzukommen durch Bildung von **klassifizierend-kategorialisierenden Obergruppen**,[134] das Gericht bejaht eine Eingrenzung bei Vermögensbetreuungspflichtverstö- 19

---

124 *Schünemann* (2017) Rdn 68 f, 73 f, 101, 127; Graf/Jäger/Wittig/*Waßmer*[2] § 266 Rdn 11; BeckOK-StGB/*Wittig*[58] § 266 Rdn 6; SSW-StGB/*Saliger*[5] § 266 Rdn 40 für den Treubruchstatbestand; vgl auch Scholz-GmbHG/*Rönnau*[12] Vor §§ 82 ff Rdn 14.

125 BGHSt 6, 46, 59; *BGH* NStZ 1999, 607; *BGH* NStZ 2012, 151, 152; *BGH* BeckRS 2022, 4548; BeckOK-StGB/*Wittig*[58] § 266 Rdn 6.

126 Vgl BGHSt 36, 227, 228; *BGH* NStZ-RR 1997, 357; *BGH* NStZ 2015, 517, 519; *BGH* BeckRS 2022, 4548.

127 BGHSt 52, 323, 334 – „Siemens/Enel"; *BGH* NStZ 2012, 151, 152; *BGH* NStZ 2022, 109, 111.

128 Graf/Jäger/Wittig/*Waßmer*[2] § 266 Rdn 11; *Schünemann* (2017) Rdn 69, 256; SSW-StGB/*Saliger*[5] § 266 Rdn 40; Schönke/Schröder-StGB/*Perron*[30] § 266 Rdn 35; BeckOK-StGB/*Wittig*[58] § 266 Rdn 6; **kritisch** Achenbach/Ransiek/Rönnau-Handbuch Wirtschaftsstrafrecht/*Seier*/*Lindemann*[5] 5. Teil, 2. Kapitel Rdn 54 ff.

129 Vgl Graf/Jäger/Wittig/*Waßmer*[2] § 266 Rdn 282; BeckOK-StGB/*Wittig*[58] § 266 Rdn 17; Achenbach/Ransiek/Rönnau-Handbuch Wirtschaftsstrafrecht/*Seier*/*Lindemann*[5] 5. Teil, 2. Kapitel Rdn 80; *Schünemann* (2017) Rdn 69, 256: analoge Anwendung; StGB/*Fischer*[69] § 266 Rdn 32; MünchKomm-StGB/*Dierlamm*/*Becker*[4] § 266 Rdn 148; NK-StGB/*Kindhäuser*[5] § 266 Rdn 28; **aA** Schönke/Schröder-StGB/*Perron*[30] § 266 Rdn 35, 53; SSW-StGB/*Saliger*[5] § 266 Rdn 40.

130 Vgl BGHSt 13, 330, 331; SSW-StGB/*Saliger*[5] § 266 Rdn 1; NK-StGB/*Kindhäuser*[5] § 266 Rdn 1; Schönke/Schröder-StGB/*Perron*[30] § 266 Rdn 52; *Schünemann* (2017) Rdn 13, 255; Graf/Jäger/Wittig/*Waßmer*[2] § 266 Rdn 11, 20; StGB/*Fischer*[69] § 266 Rdn 185; Wirtschaftsstrafrecht/*Wittig*[6] § 20 Rdn 7; BeckOK-StGB/*dies*[58] § 266 Rdn 7, 75; Hachenburg-GmbHG/*Kohlmann*[8] Vor § 82 Rdn 62; Scholz-GmbHG/*Rönnau*[12] Vor §§ 82 ff Rdn 6.

131 Vgl BGHSt 26, 53; *BGH* NStZ-RR 2008, 6; StGB/*Fischer*[69] § 266 Rdn 185; MünchKomm-StGB/*Dierlamm*/*Becker*[4] § 266 Rdn 321; Schönke/Schröder-StGB/*Perron*[30] § 266 Rdn 52; SSW-StGB/*Saliger*[5] § 266 Rdn 131; BeckOK-StGB/*Wittig*[58] § 266 Rdn 76.

132 Etwa neben der „GmbH-Untreue": „Aktienuntreue", „Amtsuntreue", „Haushaltsuntreue", „Konzernuntreue", „Organuntreue", „Parteienuntreue", „Bankenuntreue", „Kredituntreue", „Vereinsuntreue", „Vergütungsuntreue", „Investmentuntreue", „schwarze Kassen", „Kick-Back-Zahlungen", vgl *Rönnau* ZStW 119 (2007), 887 f; *Zwiehoff* in: FS Eisenhardt, 2007, S 573, 577.

133 *Honsell* in: FS Roth, 2011, S 277, 280 ff; *Jakobs* S 80 f; *Kargl* ZStW 113 (2001), 565, 589 f; *Labsch* (1983) S 201 f; *Lesch* DRiZ 2004, 135; *Mansdörfer* S 190; **aA** *Fischer* StV 2010, 95, 101; StGB/*ders*[66] § 266 Rdn 33; *Ransiek* ZStW 116 (2004), 634, 641 ff.

134 Vgl BVerfGE 126, 170, 210.

ßen auf **„evidente" Fälle**,[135] zudem ist mit Blick auf das Tatbestandsmerkmal des Vermögensnachteils das sog **Bezifferungsgebot** geschaffen[136] und schließlich insoweit das **Verschleifungsverbot** (Rdn 42)[137] als von Verfassung wegen erforderlich erachtet worden. Auch gelten die **Gebote des Primats wirtschaftlicher Überlegungen** und **der Reduzierung normativer Gesichtspunkte bei der Nachteilsfeststellung**.[138]

20 Die **allgemeine Unterbestimmtheitsproblematik** des § 266 StGB setzt sich bei der **GmbH-Untreue in spezifischer Weise** aufgrund des **Rekurses auf gesellschaftsrechtliche**, dort insbesondere **richterrechtlich geprägte Maßstäbe** fort:[139] Der Tatbestand ist insbesondere hinsichtlich der Tätereigenschaft ohne Konkretisierung, die insoweit klare frühere Spezialnorm § 81a GmbHG aF wurde abgeschafft (Rdn 7). Bestimmungen der Innehabung einer Vermögensbetreuungspflicht beruhen auf einer stark verästelten Kasuistik, Annahmen einer Vermögensbetreuungspflichtverletzung beziehen sich auf präjudizierendes Gesellschaftsrecht, welche unklar zwischen **Zivilrechtsakzessorietät**, sog **asymmetrischen Akzessorietät** und **strafrechtsautonomen Ansätzen** oszillieren (vgl Rdn 41).[140] Wegen der allgemein anerkannten Rechts- und Vermögensfähigkeit der juristischen Person GmbH ist ein dortiger Nachteil zwar formal begründbar, gleichwohl ist praktisch und im intuitiven Sinne häufig kein „Geschädigter" erkennbar, was im Besonderen für die sog Einpersonen-GmbH, die aus der Perspektive des Gesellschafters diesem „gehören" soll, gilt. Es ist der Entwicklung einer **zunehmend feineren Untreuedogmatik** vornehmlich in den letzten fünfzehn Jahren durch Strafrechtswissenschaft sowie der Rechtsprechung des *BGH* und des *BVerfG* zu verdanken, dass der Tatbestand des § 266 StGB an Bestimmtheit gewonnen hat. Die Strafrechtsprechung orientiert sich dabei an der Vorgabe des *BVerfG*, eine „fallgruppenspezifische" Kasuistik zu entwickeln. Vor diesem Hintergrund kann jedenfalls heute nicht mehr von einer Unbestimmtheit, sondern allenfalls von einer **strukturellen Unterbestimmtheit** des Tatbestands die Rede sein.[141]

C. Objektiver Tatbestand

I. Missbrauchstatbestand

1. Verfügungs- oder Verpflichtungsbefugnis

21 Der Missbrauchstatbestand verlangt die Einräumung einer **Verfügungs- und Verpflichtungsbefugnis** durch Gesetz, behördlichen Auftrag oder Rechtsgeschäft zugunsten des Täters iS einer **„externen Rechtsmacht"**,[142] die ihn **nach außen** in den Stand setzt, Vermögensrechte eines anderen wirksam zu ändern, zu übertragen oder aufzuheben oder ihn mit Verbindlichkeiten zu belasten. Die Verfügungs- und Verpflichtungsbefugnis muss die zivil- oder öffentlich-rechtlich wirksam sein. Dem **wirksam bestellten Geschäftsführer der GmbH** ist unstreitig eine solche Verfügungs-

---

135 Vgl BVerfGE 126, 170, 210, 218.

136 Vgl BVerfGE 126, 170, 211 f; *BGH* NJW 2019, 378, 380 (Derivatgeschäfte); NStZ-RR 2021, 246.

137 Vgl BVerfGE 126, 170, 211.

138 Vgl BVerfGE 126, 170, 212 „Normative Gesichtspunkte können bei der Feststellung eines Nachteils durchaus eine Rolle spielen. Sie dürfen aber, soll der Charakter der Untreue als Vermögensdelikt und Erfolgsdelikt bewahrt bleiben, wirtschaftliche Überlegungen nicht verdrängen. So kann beispielsweise die Verwendung des anvertrauten Vermögens zu verbotenen Zwecken nicht per se als nachteilsbegründend angesehen werden; vielmehr bleibt es auch in solchen Fällen erforderlich, zu prüfen, ob das verbotene Geschäft – wirtschaftlich betrachtet – nachteilhaft war". Vgl *Krehl* 133, 148 ff.

139 *Kubiciel* NStZ 2005, 353, 354 f.

140 Vgl zur sog „gravierenden" Pflichtverletzung bzw zu unternehmerischen Entscheidungen mit Handlungsspielraum unter Rdn 49 ff.

141 Vgl SSW-StGB/*Saliger*[5] § 266 Rdn 4.

142 SSW-StGB/*Saliger*[5] § 266 Rdn 18, 20.

oder Verpflichtungsbefugnis über das ihm fremde Vermögen der GmbH **durch Rechtsgeschäft** eingeräumt,[143] auch wird auf eine gesetzliche eingeräumte Befugnis abgestellt (vgl § 35 Abs 1 GmbHG).[144] Erfasst ist aber auch der **noch nicht im Handelsregister eingetragene Geschäftsführer**.[145] Entscheidend ist die Wirksamkeit des Bestellungsaktes: **Fehlt diese, kommt nur der Treubruchstatbestand in Betracht**; dementsprechend scheidet auch der **faktische Geschäftsführer im engeren Sinne** (vgl Rdn 28 ff) aus, der als solcher nicht wirksam verpflichten oder verfügen kann.[146] Zwar können dessen Handlungen seine Handlungen nach den Grundsätzen der **Duldungs- oder Anscheinsvollmacht** für die GmbH rechtsgeschäftliche Rechtswirkungen auslösen,[147] anderseits dienen diese Rechtsscheinstatbestände allein dem Verkehrs- und Vertrauensschutz und gehen daher zivilrechtlich nicht auf eine anvertraute Rechtsmacht des Vollmachtgebers zurück.[148] Darüber hinaus haben der **Liquidator**,[149] der **Insolvenzverwalter**[150] und das **Aufsichtsratmitglied**[151] eine Verfügungs- und Verpflichtungbefugnis.

2. Vermögensbetreuungspflicht

Wie für den Treubruchstatbestand gilt auch für den Missbrauchstatbestand, dass, wie sich aus dem auch für den Missbrauchstatbestand geltenden Nachsatz ergibt, der Inhaber der Befugnis die **Vermögensinteressen** desjenigen, den er verpflichten bzw über dessen Vermögen er verfügen kann (Geschäftsherr), **zu betreuen hat**.[152] Die Streitfrage, ob der Missbrauchstatbestand eine gewisse Entscheidungsfreiheit des Geschäftsführers bedarf,[153] ist für das Verhältnis des Geschäftsführers zur GmbH entschärft, da diese Voraussetzung aufgrund seiner gesetzlich umrissenen Befugnisse (vgl § 35 GmbHG) regelmäßig erfüllt sein dürfte.[154] 22

3. Tathandlung: Missbrauch der Befugnis

Erforderlich ist, dass der Täter sein **rechtliches Dürfen im Innenverhältnis im Rahmen des rechtlichen Könnens aus dem Außenverhältnis überschreitet**.[155] Die ganz hM verlangt für die Handlung des Missbrauchstatbestands **im streng zivilrechtsakzessorischen Verständnis** die 23

---

143 Vgl MünchKomm-StGB/*Dierlamm/Becker*[4] § 266 Rdn 40; StGB/*Fischer*[69] § 266 Rdn 18; *Schünemann* (2017) Rdn 50; BeckOK-StGB/*Wittig*[58] § 266 Rdn 10.3.

144 Vgl Schönke/Schröder-StGB/*Perron*[30] § 266 Rdn 8; Graf/Jäger/Wittig/*Waßmer*[2] § 266 Rdn 71; *Schünemann* (2017) Rdn 308.

145 Vgl BGHSt 3, 32, 39; StGB/*Fischer*[69] § 266 Rdn 18.

146 Vgl NK-StGB/*Kindhäuser*[5] § 266 Rdn 83; Hachenburg-GmbHG/*Kohlmann*[8] Vor § 82 Rdn 68, 80; SSW-StGB/*Saliger*[5] § 266 Rdn 20 f; *Schumacher* (2010) S 26; Graf/Jäger/Wittig/*Waßmer*[2] § 266 Rdn 74; Wirtschaftsstrafrecht/*Wittig*[5] § 20 Rdn 22; BeckOK-StGB/*dies*[58] § 266 Rdn 9.1.

147 In diesem Sinne StGB/*Fischer*[69] § 266 Rdn 18; *Schünemann* (2017) Rdn 55, 309.

148 Vgl *BGH* wistra 1992, 66; NK-StGB/*Kindhäuser*[5] § 266 Rdn 88; Schönke/Schröder-StGB/*Perron*[30] § 266 Rdn 4; SSW-StGB/*Saliger*[5] § 266 Rdn 20; auch BGHSt 5, 61, 63 zum gutgläubigen Erwerb; **differenzierend**: Achenbach/Ransiek/Rönnau-Handbuch Wirtschaftsstrafrecht/*Seier/Lindemann*[5] 5. Teil, 2. Kapitel Rdn 47.

149 vgl *LG Chemnitz* wistra 2003, 194; SSW-StGB/*Saliger*[5] § 266 Rdn 23.

150 Vgl *BGH* NStZ 1998, 246, 247; SSW-StGB/*Saliger*[5] § 266 Rdn 23.

151 Vgl BGHSt 50, 331, 341 f (Mannesmann); SSW-StGB/*Saliger*[5] § 266 Rdn 23.

152 MünchKomm-StGB/*Dierlamm/Becker*[4] § 266 Rdn 41; differenzierend Schönke/Schröder-StGB/*Perron*[30] § 266 Rdn 11; zum Verhältnis der beiden Tatbestandsalternativen zueinander vgl unter Rdn 8.

153 Vgl die Nachweise bei Schönke/Schröder-StGB/*Perron*[30] § 266 Rdn 11.

154 Scholz-GmbHG/*Rönnau*[12] Vor §§ 82 ff Rdn 7; vgl auch MünchKomm-StGB/*Dierlamm/Becker*[4] § 266 Rdn 41 „Freilich ist gerade bei der praktisch zunehmend im Vordergrund stehenden Organuntreue das Merkmal der Vermögensbetreuungspflicht regelmäßig unproblematisch gegeben (...)".

155 MünchKomm-StGB/*Dierlamm/Becker*[4] § 266 Rdn 141, Schönke/Schröder-StGB/*Perron*[30] § 266 Rdn 17; SSW-StGB/*Saliger*[5] § 266 Rdn 21.

wirksame rechtsgeschäftliche Ausübung der Befugnis, Verfügungs- oder Verpflichtungsgeschäfte für fremdes Vermögen zu tätigen;[156] gemäß §§ 134, 138 StGB nichtige Vertragsabschlüsse können daher ggf nur unter den Treubruchstatbestand fallen.[157] Auch zum Zeitpunkt der Tathandlung schwebend unwirksame Rechtsgeschäfte fallen nicht unter den Missbrauchstatbestand.[158] *Schünemann* weitet den Anwendungsbereich der Missbrauchsalternative auf Fälle der Rechtsunwirksamkeit aus, indem die Pflichtverletzung des Missbrauchstatbestands als eine das Innenverhältnis verletzende rechtsgeschäftliche Handlung gesehen wird, die zu einem Vermögensnachteil führt,[159] welche mithin Fälle des **kollusiven Zusammenwirkens** des Täters mit dem Geschäftspartner[160] erfasst, da anderenfalls – beim Festhalten an dem Erfordernis der zivilrechtlichen Wirksamkeit des Rechtsgeschäfts im Außenverhältnis – eine „von der kriminalpolitischen Schutzrichtung der Untreue her (...) unsinnige Strafbarkeitslücke" aufgerissen würde, die auch vom Treubruchstatbestand nicht geschlossen werden könne, da es in diesen Fällen häufig an dem qualifizierten Maß an Selbstständigkeit und Entscheidungsfreiheit, mithin an dem Bestehen einer Vermögensbetreuungspflicht, fehlen würde.[161] Dem ist entgegenzuhalten, dass die hohen Anforderungen an die Vermögensbetreuungspflichtenstellung nicht dadurch unterlaufen werden sollten, dass die tatbestandlichen Konturen des Missbrauchstatbestandes zur Disposition gestellt werden.[162]

24 Für die **GmbH-Missbrauchsuntreue** kommt in erster Linie in Betracht der Abschluss von Verträgen durch den Geschäftsführer, wecke die Beschränkungen der Befugnis (durch Satzung oder Gesellschafterbeschluss) im Innenverhältnis überschreiten, die aber im Außenverhältnis keine Wirkungen gegenüber Dritten entfalten (vgl **§ 37 Abs 2 GmbHG**).[163]

II. Treubruchstatbestand

1. Vermögensbetreuungspflicht

25 Voraussetzung für die danach nach hM **für beide Tatbestandsalternativen vorauszusetzende Annahme** einer Vermögensbetreuungspflicht ist nach ständiger Rechtsprechung des *BGH* eine **„inhaltlich herausgehobene Pflicht** zur Wahrnehmung fremder Vermögensinteressen (...), die über die für jedermann geltenden Sorgfalts- und Rücksichtnahmepflichten sowie über die allgemeine Pflicht, auf die Vermögensverhältnisse des Vertragspartners oder Dienstherrn Rücksicht zu nehmen, ebenso hinausgeht wie über einen bloßen Bezug zu fremden Vermögensinteressen oder eine rein tatsächliche Einwirkungsmöglichkeit auf materielle Rechtsgüter anderer".[164] Es muss

---

156 Vgl BGHSt 50, 331, 341 f – „Mannesmann/Vodafone"; *BGH* NStZ 2007, 579, 580; MünchKomm-StGB/*Dierlamm*/*Becker*[4] § 266 Rdn 139; StGB/*Fischer*[69] § 266 Rdn 10; SK-StGB/*Hoyer*[9] § 266 Rdn 21; NK-StGB/*Kindhäuser*[5] § 266 Rdn 86; Schönke/Schröder-StGB/*Perron*[30] § 266 Rdn 15, 17; SSW-StGB/*Saliger*[5] § 266 Rdn 21; Esser/Rübenstahl/Saliger/Tsambikakis-Wirtschaftsstrafrecht/*dens* § 266 Rdn 20; Achenbach/Ransiek/Rönnau-Handbuch Wirtschaftsstrafrecht/*Seier*/*Lindemann*[5] 5. Teil, 2. Kapitel Rdn 50.

157 Vgl BGHSt 50, 299, 313 f (Kölner Müllskandal); BGHSt 54, 148, 156 (Fall Gebauer/Volkert).

158 StGB/*Fischer*[69] § 266 Rdn 26; Achenbach/Ransiek/Rönnau-Handbuch Wirtschaftsstrafrecht/*Seier*/*Lindemann*[5] 5. Teil, 2. Kapitel Rdn 50.

159 Vgl *Arzt* in: FS Bruns, 1978, S 365, 375 ff; *Schünemann* (2004) S 14.

160 Zur Nichtigkeit des bewussten Zusammenwirkens von Vertreter und Geschäftsgegner vgl MünchKomm-BGB/*Schubert*[5] § 164 Rdn 227.

161 Vgl *Schünemann* (2017) Rdn 62.

162 MünchKomm-StGB/*Dierlamm*/*Becker*[4] § 266 Rdn 139, 141; Gegen die Annahme des Missbrauchstatbestands beim kollusiven Zusammenwirken auch, BGHSt 50, 299, 313 f; StGB/*Fischer*[69] § 266 Rdn 27; NK-StGB/*Kindhäuser*[5] § 266 Rdn 90; Schönke/Schröder-StGB/*Perron*[30] § 266 Rdn 17; SSW-StGB/*Saliger*[5] § 266 Rdn 21; Achenbach/Ransiek/Rönnau-Handbuch Wirtschaftsstrafrecht/*Seier*/*Lindemann*[5] 5. Teil, 2. Kapitel Rdn 51. Vgl zu den Kick-Back-Geschäften unter Rdn 57 f.

163 NK-StGB/*Kindhäuser*[5] § 266 Rdn 86.

164 BGHSt 62, 288, 299 f (Hervorhebungen von *Verf.*). Vgl auch *BGH* NStZ 2023, 351, 352.

sich um eine **vermögensschützende**[165] **Hauptpflicht**[166] im Sinne einer zumindest mitbestimmenden und nicht nur beiläufigen Verpflichtung handeln. Dem Täter darf die ihm übertragene Tätigkeit nicht durch ins Einzelne gehende Weisungen vorgezeichnet sein, sodass **Raum für eigenverantwortliche Entscheidungen** und eine **gewisse Selbstständigkeit** belassen wird; es kommt auf die **Weite des Spielraums** und das **Fehlen von Kontrolle seitens des Treugebers** an.[167] Die Vermögensbetreuungspflicht muss im **Zeitpunkt der Tathandlung** bestehen.[168] Im Einzelfall kann die Abgrenzung in der Abstraktheit dieser Vorgaben zwar schwierig sein; insbesondere reichen – sofern die Vermögensbetreuungspflicht auf einem Rechtsgeschäft beruhen soll – in der Regel allgemeine schuldrechtliche Verpflichtungen als solche nicht hin.[169] Diese vielfältigen Abgrenzungsprobleme sind jedoch mit Blick auf die GmbH-Untreue eingrenzbar.

2. Täterkreis betr. die GmbH – Inhaber der Vermögensbetreuungspflicht

a) (Stellvertretende) Geschäftsführer und Liquidatoren. Es ist unstreitig, dass der **ordnungsgemäß bestellte und im Handelsregister eingetragene Geschäftsführer einer GmbH** Träger einer Fremdvermögensbetreuungspflicht jedenfalls mit Blick auf das Vermögen der GmbH ist, die auf den §§ 35, 43 GmbHG gründet.[170] Das gilt insbesondere für den **Eigengeschäftsführer der Ein-Personen-GmbH.**[171] Gleiches gilt für den s**tellvertretenden GmbH-Geschäftsführer** (vgl § 44 GmbHG).[172] Die Vermögensbetreuungspflicht besteht **allein gegenüber der GmbH, nicht jedoch gegenüber den Gesellschaftern.**[173] 26

Auch die **Liquidatoren und deren Stellvertreter** haben eine Vermögensbetreuungspflicht über das Vermögen der GmbH, da ihnen die Geschäftsführung für den Zeitraum der Vermögensab- 27

---

165 Vgl zum Streit über den Vermögensbezug der Pflicht unter Rdn 46 f.

166 BGHSt 1, 186, 189; BGHSt 33, 244, 250 f; *BGH* NJW 2010, 2948, 2949; BGHSt 60, 94, 105 (Konzept ‚Wahlsieg 2006'); *BGH* NZWiSt 2020, 402, 404; *BGH* NJW 2021, 1473, 1474 (in BGHSt 65, 202 insoweit nicht abgedruckt); *BGH* NStZ 2021, 742; *BGH* NStZ 2022, 109, 110; SSW-StGB/*Saliger*[5] § 266 Rdn 10; Relativierung des Kriteriums der Unterscheidung zwischen Haupt- und Nebenpflicht bei BGHSt 41, 224, 228 f.

167 Vgl *BGH* NStZ 2013, 40; NJW 2013, 1615; BGHSt 61, 48, 62 f – „Nürburgringverfahren"; *BGH* NJW 2016, 3253; BGHSt 62, 288, 300; *BGH* NZWiSt 2020, 402, 404; *BGH* NJW 2021, 1473, 1474 (in BGHSt 65, 202 insoweit nicht abgdruckt); *BGH* NStZ 2021, 742; *BGH* NStZ 2023, 351, 352; vgl BVerfGE 126, 170, 209 unter Hinweis auf BGHSt 1, 186, 188 f; 3, 289, 294; 4, 170, 172; 13, 315, 317; vgl aus dem Schrifttum Schönke/Schröder-StGB/*Perron*[30] § 266 Rdn 23b; MünchKomm-StGB/*Dierlamm*/*Becker*[4] § 266 Rdn 48 ff; StGB/*Fischer*[69] § 266 Rdn 36, 37; NK-StGB/*Kindhäuser*[5] § 266 Rdn 33 ff; SSW-StGB/*Saliger*[5] § 266 Rdn 10 f; Momsen/Grützner-WirtschaftsStStrR/*Schramm*[2] § 266 Rdn 93 ff; Graf/Jäger/Wittig/*Waßmer*[2] § 266 Rdn 34 ff; kritisch *Ransiek* in: GS Joecks, 2018, S 287, 296 f, nur mit Blick auf die Befugnis, das fremde Vermögen zu mehren.

168 Graf/Jäger/Wittig/*Waßmer*[2] § 266 Rdn 44; BeckOK-StGB/*Wittig*[58] § 266 Rdn 14.

169 Vgl *BGH* NJW 2013, 1615; *BGH* NStZ-RR 2018, 349; StGB/*Fischer*[69] § 266 Rdn 36a mwN; Momsen/Grützner-WirtschaftsStStrR/*Schramm*[2] § 266 Rdn 96; Graf/Jäger/Wittig/*Waßmer*[2] § 266 Rdn 34.

170 Vgl BGHSt 55, 264, 274 (Trienekens); *BGH* NJW 2016, 2585, 2596 (in BGHSt 61, 48 insoweit nicht abgedruckt) – „Nürburgringverfahren"; Hachenburg-GmbHG/*Kohlmann*[8] Vor § 82 Rdn 64; *Lesch*/*Hüttemann*/*Reschke* NStZ 2015, 609, 612; Rowedder/Pentz-GmbHG/*Klinger*[7] Vor § 82 Rdn 10; Scholz-GmbHG/*Rönnau*[12] Vor §§ 82 ff Rdn 8; MünchKomm-StGB/*Dierlamm*/*Becker*[4] § 266 Rdn 95; StGB/*Fischer*[69] § 266 Rdn 48; SSW-StGB/*Saliger*[5] § 266 Rdn 15; Graf/Jäger/Wittig/*Waßmer*[2] § 266 Rdn 49; Wirtschaftsstrafrecht/*Wittig*[5] § 20 Rdn 137; *Kudlich*/*Oğlakcıoğlu*[2] Rdn 334; Müller-Gugenberger-WirtschaftsStrR/*Hadamitzky*[7] Rdn 32.25.

171 Vgl BGHSt 34, 379, 384; *BGH* wistra 2006, 265; Hachenburg-GmbHG/*Kohlmann*[8] Vor § 82 Rdn 90; Scholz-GmbHG/*Rönnau*[12] Vor §§ 82 ff Rdn 8; Bittmann-Insolvenzstrafrecht/*Bittmann*[2] § 16 Rdn 70.

172 Vgl BGHSt 6, 314, 315; Hachenburg-GmbHG/*Kohlmann*[8] Vor § 82 Rdn 67; Rowedder/Pentz-GmbHG/*Klinger*[7] Vor § 82 Rdn 10; *Schünemann* (2017) Rdn 308; MünchKomm-StGB/*Dierlamm*/*Becker*[4] § 266 Rdn 95; Graf/Jäger/Wittig/*Waßmer*[2] § 266 Rdn 49; Wirtschaftsstrafrecht/*Wittig*[5] § 20 Rdn 137.

173 Vgl *BGH* wistra 1993, 301; *BGH* NStZ 2009, 153, 154; BGHSt 51, 29, 32 f; BGHSt 55, 266, 274; Müller-Gugenberger-WirtschaftsStrR/*Hadamitzky*[7] Rdn 32.25a; Schönke/Schröder-StGB/*Perron*[30] § 266 Rdn 25; StGB/*Fischer*[69] § 266 Rdn 48; *Schünemann* (2017) Rdn 308; Graf/Jäger/Wittig/*Waßmer*[2] § 266 Rdn 49; Scholz-GmbHG/*Rönnau*[12] Vor §§ 82 ff Rdn 8; Wirtschaftsstrafrecht/*Wittig*[5] § 20 Rdn 137; BeckOK-StGB/*dies*[58] § 266 Rdn 46.8.

wicklung der aufgelösten GmbH obliegt (vgl §§ 66 ff GmbHG).[174] Auf den **faktischen Liquidator** finden die Grundsätze der faktischen Geschäftsführung (Rdn 28 ff) entsprechende Anwendung.[175]

28 **b) Faktischer Geschäftsführer. Allgemeines.** Zu differenzieren ist zunächst, ob die **juristische Person „GmbH" selbst in einem Vermögensbetreuungsverhältnis zu einem anderen – fremden – Vermögen steht** (etwa in **Konzernkonstellationen** (Rdn 174 ff)): Hier kann eine „Überwälzung" auf deren Organe nach § 14 StGB[176] – zusätzlich mit den unten dargelegten treubruchstatbestandsspezifischen Erweiterungen (vgl Rdn 31) –[177] erfolgen, sodass die nachfolgenden Ausführungen für diesen Fall entsprechend gelten. Im Übrigen geht es um die Frage der Vermögensbetreuungspflicht des faktischen Geschäftsführers über das (potentiell benachteiligte) Vermögen der GmbH.

29 Hinsichtlich des Treueverhältnisses des faktischen Geschäftsführers zur GmbH als Vermögensträgerin ist wiederum zu unterscheiden zwischen dem **„ungewollten" faktischen Geschäftsführer**, der formal bestellt werden sollte, dessen Bestellung jedoch zivilrechtlich unwirksam ist, und dem **„gewollten" faktischen Geschäftsführer**, der nicht bestellt werden sollte, aber dennoch wie ein bestelltes Organ handelt;[178] Letzterer wird auch als **„faktischer Geschäftsführer im engeren Sinne"**[179] bezeichnet. Ersterer ist über **§ 14 Abs 3 StGB** gegenüber der GmbH vermögensbetreuungspflichtig.[180]

30 **Rechtsprechung.** Für den **„ungewollten" faktischen Geschäftsführer** hatte schon das RG eine Strafbarkeit angenommen.[181] Dies ist vom BGH **ausgedehnt worden auf den faktischen Geschäftsführer im engeren Sinne:**[182] Eine strafrechtliche Verantwortlichkeit des faktischen Geschäftsführers besteht danach, wenn dieser die Stellung eines Geschäftsführers **im Einverständnis mit den Gesellschaftern tatsächlich übernommen hat und auch ausfüllt.**[183] Indizien dafür sind: **Bestimmung der Unternehmenspolitik, Organisation des Unternehmens, Personalhoheit, Gestaltung der Geschäftsbeziehungen zu Vertragspartnern, Verhandlungen mit Kreditgebern, Entscheidungen in Steuerangelegenheiten, Steuerung der Buchhaltung sowie die Bestimmung der Höhe des Gehalts.**[184] Rechtsprechung (und Literatur) vertreten zum Teil eine

---

174 Hachenburg-GmbHG/*Kohlmann*[8] Vor § 82 Rdn 72; *Lesch/Hüttemann/Reschke* NStZ 2015, 609, 612; vgl Rowedder/Pentz-GmbHG/*Klinger*[7] Vor § 82 Rdn 10.

175 Vgl *BGH* NStZ 2000, 34, 36; Bittmann-Insolvenzstrafrecht/*Meyer*[2] § 6 Rdn 141; Hachenburg-GmbHG/*Kohlmann*[8] Vor § 82 Rdn 21; Rowedder/Pentz-GmbHG/*Klinger*[7] Vor § 82 Rdn 11.

176 Schönke/Schröder-StGB/*Perron*[30] § 266 Rdn 33.

177 Vgl *Ransiek* wistra 2005, 121, 125; *Schünemann* LM H. 5/2002, § 309 AktG 1965, Bl 902 R; dazu auch unter Rdn 109; Man mag das kritisch sehen, da es hier nicht um die Treueposition, sondern um die Organfrage geht; andererseits kann argumentiert werden, dass durch das Tatbestandsmerkmal des „Treueverhältnisses" die faktische Betrachtungsweise auch in diesem Zusammenhang autorisiert ist, vgl *Schünemann* LM H. 5/2002, § 309 AktG 1965, Bl 902 R.

178 Vgl *Schirrmacher* S 5 ff; Achenbach/Ransiek/Rönnau-Handbuch Wirtschaftsstrafrecht/*Seier/Lindemann*[5] 5. Teil, 2. Kapitel Rdn 311 f; Graf/Jäger/Wittig/*Waßmer*[2] § 266 Rdn 22.

179 *Schirrmacher* S 8; *Tzouma* S 41; *Stein* S 118, schließt Personen, bei denen es an einem fehlerhaften Bestellungsakt fehlt, von vornherein aus dem Bereich der faktischen Organschaft aus.

180 Vgl Schönke/Schröder-StGB/*Perron/Eisele*[30] § 14 Rdn 42; MünchKomm-StGB/*Radtke*[4] § 14 Rdn 124; Achenbach/Ransiek/Rönnau-Handbuch Wirtschaftsstrafrecht/*Seier/Lindemann*[5] 5. Teil, 2. Kapitel Rdn 71, 311; Graf/Jäger/Wittig/*Waßmer*[2] § 266 Rdn 22.

181 Vgl zur Strafbarkeit des fehlerhaft bestellten Organs oder des Organs einer fehlerhaften Gesellschaft, RGSt 16, 269, 270 ff; RGSt 34, 412, 413; RGSt 43, 407, 413 ff; RGSt 43, 430, 431; RGSt 64, 81, 84 f.

182 Vgl die noch uneinheitliche Rechtsprechung des *RG*, RGSt 71, 111, 112; RGSt 72, 65 f einerseits (Strafbarkeit des faktischen Geschäftsführers bejaht) und RGSt 72, 187, 191 f andererseits (Strafbarkeit abgelehnt, da ein eingetragener Geschäftsführer vorhanden war).

183 Vgl BGHSt 3, 32, 37 f; BGHSt 21, 101, 103; BGHSt 31, 118, 120 f; BGHSt 33, 21, 24; BGHSt 46, 62, 64 f; *BGH* NStZ 2013, 529; *BGH* NStZ-RR 2020, 145, 146; *OLG Karlsruhe* NJW 2006, 1364 f; aus der Rechtsprechung des *II. Zivilsenats* BGHZ 75, 96 (106) (Herstatt) unter Hinweis auf BGHSt 21, 101; BGHZ 104, 44, 46; BGHZ 150, 61, 69 f; *BGH* NZG 2005, 755 f; *BGH* NZG 2008, 468, 469; *BGH* NZG 2008, 597 (598).

184 Vgl *BGH* NStZ 1996, 540 f; *BayObLG* NJW 1997, 1936.

schematische Bewertung der og Kriterien, um von einer überragenden Stellung bzw einem deutlichen Übergewicht der faktischen Geschäftsführung ausgehen zu können, dh es müssen mindestens sechs der acht genannten Voraussetzungen erfüllt sein (sog **„Sechs-von-acht-Theorie"**).[185] Dem ist entgegenzuhalten, dass eine solche starr-additive Betrachtung der Vielfältigkeit unternehmerischen Handelns kaum gerecht werden kann.[186] Daher kommt es im Rahmen einer Indiziengewichtung auf das **Gesamterscheinungsbild des Auftretens** an, wobei entscheidend ist, dass die Dispositionen über die GmbH durch eigenes Handeln **sowohl betriebsintern als auch im Außenverhältnis**, das die Tätigkeit des rechtlichen Geschäftsführungsorgans nachhaltig prägt, **weitgehend vom Betreffenden ausgehen** und er im Übrigen **auf sämtliche Geschäftsvorgänge bestimmenden Einfluss** nimmt.[187] Zudem vertritt die Rechtsprechung die Auffassung, dass – sofern neben einem faktischen Geschäftsführer ein bestellter Geschäftsführer vorhanden ist – jener eine **überragende Stellung** haben oder aber ein **deutliches Übergewicht** aufweisen muss.[188]

Schrifttum. Mit Blick **auf den faktischen Geschäftsführer im engeren Sinne** wird im strafrechtlichen Schrifttum eine strafrechtlich verantwortliche Stellung in Konkordanz mit der hM im Gesellschaftsrecht, welche den faktischen Geschäftsführer anerkennt,[189] angenommen.[190] Die dagegen vorgetragene Kritik einer **„Sperrwirkung" des § 14 Abs 3 StGB**, der nach seinem Wortlaut allein die fehlerhafte Organstellung abschließend regeln soll, sowie – damit weitgehend einhergehend – des **Verstoßes gegen das Bestimmtheitsgebot** bzw **Analogieverbot**,[191, 192] greift mit Blick auf die Organuntreue nicht, weil jedenfalls **im Rahmen des Treubruchstatbestands die Vermögensbetreuungspflicht faktisch begründet** wird,[193] was insoweit die Heranziehung von **§ 14 StGB obsolet** machen dürfte.[194] Drittens wird die kritische Auffassung durch das Telos des 31

185 Vgl *BayOblG* NJW 1997, 1936, insoweit offen gelassen von *BGH* wistra 2013, 272, 274; *Dierlamm* NStZ 1996, 153, 156; *J. Heinrich* NZWiSt 2020, 346, 351; *Roggendorff* NZWiSt 2020, 339, 343.

186 Vgl Wabnitz/Janovsky/Schmitt/*Raum*[5] 4. Kapitel Rdn 18; Müller-Gugenberger-WirtschaftsStrR/*Fridrich*[7] Rdn 30.58; vgl auch *Tiedemann* (2017) Rdn 281 „Gesamtschau".

187 Vgl *BGH* NStZ 1996, 540 f; BGHSt 46, 62, 65; sus der Zivilrechtsprechung vgl *BGH* NZG 2005, 755 mwN.

188 Vgl BGHSt 46, 62, 65; *BGH* NStZ 2013, 529; *BGH* wistra 2013, 272, 274; „Überragende Stellung", BGHSt 31, 118, 121 f; „deutliches Übergewicht", *BGH* NStZ 2013, 529; „Übergewicht", *BGH* StV 1984, 461; noch abgeschwächter die Rechtsprechung des *II. Zivilsenats* Übernahme der Geschäftsführerfunktionen „in maßgeblichem Umfang", vgl BGHZ 104, 44, 48; auch BGHZ 150, 61, 69 f; *BGH* NZG 2005, 755; Überblick über die Zivilrechtsprechung bei *F. Dreher* S 28 ff.

189 Vgl Noack/Servatius/Haas-GmbHG/*Beurskens*[23] § 6 Rdn 75 ff, 43 Rdn 5; MünchKomm-GmbHG/*H. Fleischer*[4] § 43 Rdn 276 ff; Lutter/Hommelhoff-GmbHG/*Kleindiek*[21] § 43 Rdn 2 ff; differenzierend *Schirrmacher*, der auf den faktischen Geschäftsführer nicht die an den GmbH-Geschäftsführer adressierten Innenhaftungstatbestände anwenden möchte, sondern auf die Außenhaftung nach allgemeinem Deliktsrecht setzt, vgl S 406 f, 454. Damit gerät freilich die Frage nach dem Grund einer möglichen Vermögensbetreuungspflicht des faktischen Geschäfstführers in einen Zirkel; jedenfalls bei Gesellschaftern (als faktische Geschäftsführer) rekurriert *Schirrmacher* auf die gesellschaftsrechtliche Treuepflicht, vgl S 395 (welche dann auch als Grund für eine Vermögensbetreuungspflicht im Sinne des § 266 StGB in Betracht kommen könnte).

190 Vgl StGB/*Fischer*[69] § 266 Rdn 42; *Dierlamm* NStZ 1996, 153, 155; MünchKomm-StGB/*dens*/*Becker*[4] § 266 Rdn 97; *Fuhrmann* in: FS Tröndle, 1989, S 139, 150 ff; Müller-Gugenberger-WirtschaftsStrR/*Fridrich*[7] Rdn 30.83a; *Löffeler* wistra 1989, 121, 124; LK-StGB/*Schünemann*[13] § 14 Rdn 76 auf Grundlage der tatsächlichen Betrachtung im Rahmen der Garantentheorie; Graf/Jäger/Wittig/*Waßmer*[2] § 266 Rdn 22.

191 Vgl *Arens* GmbHR 2010, 905, 907; *dens* (2010) S 151; NK-StGB/*Böse*[5] § 14 Rdn 26; *Büning* S 81 f; *Ceffinato* S 266 f; *Groß* S 91; *Hoyer* NStZ 1988, 369; SK-StGB/*dens*[9] § 14 Rdn 92; *Mayr* ZJS 2018, 212, 219; Schönke/Schröder-StGB/*Perron*/*Eisele*[30] § 14 Rdn 43a; MünchKomm-StGB/*Radtke*[4] § 14 Rdn 124; *Stein* S 132 ff; *Tiedemann* NJW 1977, 777, 779.

192 Vgl zur Geltung des Analogieverbots bei der Auslegung von Bestimmungen des Allgemeinen Teils des StGB: BGHSt 42, 158 (162); MünchKomm-StGB/*Schmitz*[4] § 1 Rdn 14 ff.

193 Vgl *BGH* NStZ 1996, 540 f; NStZ 1999, 558; NJW 2013, 624, 625; NZWiSt 2019, 235, 236.

194 Vgl *Ceffinato* S 350 f; MünchKomm-StGB/*Dierlamm*/*Becker*[4] § 266 Rdn 322; Müller-Gugenberger-WirtschaftsStrR/*Fridrich*[7] Rdn 30.56a; Müller-Gugenberger-WirtschaftsStrR/*Hadamitzky*[7] Rdn 32.100; *Lesch*/*Hüttemann*/*Reschke* NStZ

Gesetzes[195] sowie wegen des auch insoweit unbestrittenen **ausdrücklichen oder konkludenten Einverständnisses der Gesellschafter,**[196] das zu einer (faktischen) Bestellung zum Geschäftsführer führt,[197] entwertet. Gegen die relationistische Ansicht der Rechtsprechung zum Verhältnis zwischen eingetragenem und faktischem Geschäftsführer ist einzuwenden, dass nicht legitimierbar ist, ob und in welchem Maße die Strafbarkeit des faktischen Geschäftsführers von dem Tätigkeitsumfang des formellen Geschäftsführers abhängen soll, zumal eine solche vergleichende Betrachtung unter mehreren formellen Geschäftsführern nicht stattfindet.[198]

32 **c) „Strohmann"-Geschäftsführer.** Sowohl **Teile der Rechtsprechung**[199] als auch **des Schrifttums**[200] lehnen eine Vermögensbetreuungspflicht des sog **„Strohmann"-Geschäftsführers** ab, der zwar formal als Geschäftsführer wirksam bestellt ist, jedoch tatsächlich im Innenverhältnis „entmachtet" ist, dh dem Willen der Gesellschafter entsprechend gerade nicht als Geschäftsführer tätig sein soll. Die dafür ins Feld geführten Begründungen überzeugen nicht: Es kommt nicht auf die tatsächliche Ausübung der Geschäftsführerbefugnisse an,[201] sondern vielmehr darauf, ob der „Entmachtete" im Einzelfall eine Entscheidungsmacht hatte,[202] die der formal wirksam bestellte Geschäftsführer von Gesetzes wegen hat; dementsprechend knüpft § 14 Abs 1 Nr 1 StGB die Verantwortlichkeit an die Organstellung.[203] Zudem trifft es vom sozialen Sinngehalt in den meisten Fällen kaum zu, dass die Pflichten nach dem Willen der Gesellschafter dem „Strohmann" gerade nicht auferlegt sein sollen,[204] da dieser **bewusst den zivil- und steuerrechtlichen Haftungen ausgesetzt** werden soll, die sein Unterlassen provoziert;[205] sollte er faktisch gehindert sein, seinen Pflichten als Geschäftsführer nachzukommen, muss er sich notfalls **gerichtlicher Hilfe bedienen**[206] oder **„als Geschäftsführer zurücktreten** und darf nicht im Rechtsverkehr den Eindruck

---

2015, 609, 612; *Niedernhuber* S 101; MünchKomm-StGB/*Radtke*[4] § 14 Rdn 55; *Ransiek* wistra 2005, 121, 125; SSW-StGB/*Saliger*[5] § 266 Rdn 106; Esser/Rübenstahl/Saliger/Tsambikakis-Wirtschaftsstrafrecht/*dens* § 266 Rdn 107; *Schünemann* LM H. 5/2002, § 309 AktG 1965, Bl 902 R; *dens* (2017) Rdn 309; LK-StGB/*dens*[13] § 14 Rdn 24; *Schweitzer* S 262; Achenbach/Ransiek/Rönnau-Handbuch Wirtschaftsstrafrecht/*Seier*/*Lindemann*[5] 5. Teil, 2. Kapitel Rdn 314, 316.

195 BT-Drucks V/1319 S 65 zu § 50a StGB-E „Absatz 3 stellt klar, daß es nicht darauf ankommt, ob die Rechtshandlung, welche die Vertretungsbefugnis begründen sollte, also zB die Bestellung zum Organ, rechtswirksam ist. Die Unwirksamkeit dieser Rechtshandlung ändert nichts daran, daß der Vertreter oder Beauftragte im Wirkungskreis des eigentlichen Normadressaten mit dessen Einverständnis oder dem Einverständnis des hierzu Befugten dessen Stellung tatsächlich eingenommen hat"; kritisch dazu wegen der fehlenden Entsprechung im Wortlaut der Vorschrift MünchKomm-StGB/*Radtke*[4] § 14 Rdn 124.

196 Vgl *Stockburger* S 272 ff; *Tiedemann* NJW 1986, 1842, 1845; LK-StGB/*dens*[12] Vor §§ 283–283d Rdn 70.

197 Vgl *Hombrecher* JA 2012, 535, 540; *Pohl* (2013) S 39 f; LK-StGB/*Schünemann*[13] § 14 Rdn 76.

198 Vgl Müller-Gugenberger-WirtschaftsStrR/*Fridrich*[7] Rdn 30.63; *Schweitzer* S 260; im Ergebnis mit den Strafsenaten des BGH *H. Fleischer* GmbHR 2011, 337, 341; Lutter/Hommelhoff-GmbHG/*Kleindiek*[21] § 43 Rdn 3; *Drygala* ZIP 2005, 423, 431; *Tiedemann* (2017) Rdn 1098: „Organhaftung kraft Organverdrängung".

199 Vgl *OLG Hamm* NStZ-RR 2001, 173, 174; *KG* wistra 2002, 313, 314 f.

200 Vgl Schönke/Schröder-StGB/*Perron*[30] § 266 Rdn 33; Achenbach/Ransiek/Rönnau-Handbuch Wirtschaftsstrafrecht/*Seier*/*Lindemann*[5] 5. Teil, 2. Kapitel Rdn 317; *Sahan* in: FS Imme Roxin, 2012, S 295, 301 f; *dens*/*Altenburg* NZWiSt 2018, 161, 163 ff.

201 So aber *Sahan* in: FS Imme Roxin, 2012, S 295, 301; *ders*/*Altenburg* NZWiSt 2018, 161, 163.

202 Zutreffend Graf/Jäger/Wittig/*Waßmer*[2] § 266 Rdn 22a.

203 Vgl *BGH* NStZ 2017, 149; *Maurer* wistra 2003, 174, 175; *Weiler* NJOZ 2017, 1066, 1067.

204 In diesem Sinne Achenbach/Ransiek/Rönnau-Handbuch Wirtschaftsstrafrecht/*Seier*/*Lindemann*[5] 5. Teil, 2. Kapitel Rdn 317; *Sahan* in: FS Imme Roxin, 2012, S 295, 301; *dens*/*Altenburg* NZWiSt 2018, 161, 164.

205 Vgl zur steuerrechtlichen Haftung des „Strohmann"-Geschäftsführers *BFH* DStR 2004, 907, 908; zu seiner zivilrechtlichen Haftung im Rahmen sog „Firmenbeerdigungen" vgl *R. Werner* NZWiSt 2013, 418, 423.

206 *BGH* NStZ 2017, 149; *J. Heinrich* NZWiSt 2020, 346, 351; *Maurer* wistra 2003, 174, 175 f; *Rönnau* NStZ 2003, 525, 527; *Weiler* NJOZ 2017, 1066, 1067.

erwecken, als sorge er für die ordnungsgemäße Abwicklung der Geschäfte".[207] **Dem „Strohmann"-Geschäftsführer kommt daher eine Vermögensbetreuungspflicht zu.**[208]

d) Mehrheits- oder Alleingesellschafter. Rechtsprechung. In dem Urteil des *3. Strafsenats* vom 10.7.1996 nahm der *BGH* in einer faktischen Konzernlage noch eine Trennung von (nicht vermögensbetreuungspflichtigem) Gesellschafter und (vermögensbetreuungspflichtigem) faktischem Geschäftsführer an, zu dem die Einflussnahme des Gesellschafters erstarken könne.[209] Der *5. Strafsenat* des *BGH* hat jedoch sodann in dem Urteil „Bremer Vulkan" – dem *II. Zivilsenat* in seinem Urteil „Bremer Vulkan" vom 17.9.2001[210] folgend – betreffend einen qualifizierten faktischen Konzern eine **Vermögensbetreuungspflicht der herrschenden Muttergesellschaft**, einer AG, bei Einsatz eines **Cash-Management-Systems** gegenüber dem Vermögen der Tochter-GmbH gesehen und jene gemäß § 14 Abs 1 Nr 1 StGB dem Vorstandsvorsitzenden der AG zugerechnet.[211] Diese Rechtsprechung wurde fortgeführt in dem ebenfalls ein Cash-Management-System betreffenden Beschluss des *BGH* vom 31.7.2009.[212] In diesen beiden **bislang allein mit Blick auf Cash-Management-Systeme in Konzernlagen ergangenen Entscheidungen** wurde die bislang den GmbH-Gesellschafter zugewiesene Rolle des möglichen Einverständniserklärenden, dessen Dispositionsbefugnis ggf Schranken gesetzt sind,[213] verlassen und die mögliche Täterschaft des Gesellschafters anerkannt.[214] Es bleibt abzuwarten, ob der *BGH* diese Rechtsprechung auf weitere Konstellationen außerhalb der Besonderheiten der gGmbH, deren Gesellschafter kommunalrechtlich dem Sparsamkeitsgebot verpflichtet sind,[215] ausdehnt. 33

Schrifttum. Sowohl die Legitimität als auch die Verallgemeinerungsfähigkeit dieser Rechtsprechung sind im Schrifttum stark umstritten: Die wohl noch hM lehnt eine Vermögensbetreuungspflicht des GmbH-Mehrheits- oder Alleingesellschafters aus der bloßen Gesellschafterstellung prinzipiell ab,[216] zum Teil wird der Auffassung des *BGH* gefolgt und eine Vermögensbetreuungspflicht des Gesellschafters nur für den Sonderfall der faktischen Herrschaftsmacht im Konzern angenommen[217] und schließlich findet eine solche allgemein, dh über Konzernlagen hinaus, Aner- 34

---

207 *BFH* DStR 2004, 907, 908 (Hervorhebungen von *Verf.*); vgl auch *BGH* NStZ 2017, 149; *J. Heinrich* NZWiSt 2020, 346, 351.

208 Vgl auch aus der Zivilrechtsprechung *BGH* ZIP 2017, 224; *OLG Celle* ZIP 2017, 1325; zudem *Lesch/Hüttemann/Reschke* NStZ 2015, 609, 612; *Schünemann* (2017) Rdn 309; *Siegmann/Vogel* ZIP 1994, 1821, 1822.

209 Vgl *BGH* NStZ 1996, 540, 541 „extreme (...) Ausübung des Weisungsrechts"; dazu *Tiedemann* (2017) Rdn 1085; *Schünemann* (2017) Rdn 319, 331; zur problematischen Schutzbereichserweiterung des § 266 StGB durch die genannte Entscheidung im Wege der Einbeziehung allgemeiner wirtschafts- und sozialpolitischer Interessen vgl *Anders* (2012) S 40 f und *Langkeit* WiB 1996, 1131.

210 Vgl BGHZ 149, 10, 17 (Bremer Vulkan).

211 Vgl BGHSt 49, 147, 158 f (Bremer Vulkan).

212 Vgl BGHSt 54, 52, 58 f (Refugium).

213 Vgl zu Grund und Grenzen des GmbH-Gesellschaftereinverständnisses unter Rdn 71 ff.

214 Vgl BGHSt 54, 52, 58 (Refugium) „Ob allein die Rücksichtnahme des Gesellschafters auf das Eigeninteresse der GmbH schon für die Annahme einer eigenen Vermögensbetreuungspflicht und damit für die Erfüllung des Treubruchstatbestands ausreichen kann (...) oder ob die Pflicht zur Rücksichtnahme nicht lediglich die Schranke eigener Dispositionsbefugnis des Gesellschafters aufzeigt, bedarf keiner abschließenden Entscheidung.".

215 Vgl *BGH* wistra 2021, 324; kritisch: *C. Brand* GmbHR 2021, 764, 765.

216 Vgl *Birkholz* (1998), S 125 ff, 252 ff; MünchKomm-StGB/*Dierlamm/Becker*[4] § 266 Rdn 100, 315; *Flum* S 239 ff; *Hanft* S 134; *Hartung* NJW 1996, 229, 232; Hachenburg-GmbHG/*Kohlmann*[8] Vor § 82 Rdn 74; *Kraatz* ZStW 123 (2011), 447, 470; *Krause* JR 2006, 51, 52; *Lesch/Hüttemann/Reschke* NStZ 2015, 609, 612 ff; *Lichtenwimmer* S 123 ff; *Livonius* wistra 2009, 91, 93, 95; *Niedernhuber* S 122; Schönke/Schröder-StGB/*Perron*[30] § 266 Rdn 26; Scholz-GmbHG/*Rönnau*[12] Vor §§ 82 ff Rdn 13; Momsen/Grützner-WirtschaftsStStrR/*Schramm*[2] § 266 Rdn 115; *dens* (2005) S 127 f; wohl auch *Schünemann* (2004) S 17; *dens* (2017) Rdn 319, 331; *Schweitzer* S 253; *Tiedemann* (2017) Rdn 397, 1085.

217 Vgl *H. Fleischer* NJW 2004, 2867, 2868; *Busch* S 79 ff, 116 f; *Kutzner* NStZ 2005, 271; Graf/Jäger/Wittig/*Waßmer*[2] § 266 Rdn 50, 55; SSW-StGB/*Saliger*[5] § 266 Rdn 108, 115; Esser/Rübenstahl/Saliger/Tsambikakis-Wirtschaftsstrafrecht/*dens* § 266 Rdn 109, 116; *Höf* S 105 f.

kennung.[218] Nach der erstgenannten Auffassung kommen die Gesellschafter nur dann als Täter in Betracht, wenn sie als **faktische Geschäftsführer** agieren, allenfalls als **Anstifter zur Untreue**,[219] insbesondere mit der Begründung, dass wegen des wirtschaftlich eigennützigen Handelns des GmbH-Gesellschafters als „Herren der Gesellschaft" die Übernahme einer fremdnützigen Pflicht nicht in Betracht kommen könne.[220] Letztgenanntem Argument ist entgegenzuhalten, dass sich Eigeninteresse des Gesellschafters und Fremdinteresse der Gesellschaft in Zeiten außerhalb der Krise der Gesellschaft in einem Gleichlauf befinden (Konzerngefahr Rdn 92)[221] – also beide gegeben sind –, und es (auch) innerhalb der Krise nicht auf eine tatsächliche, sondern eine normative, vom Gesellschaftsrecht vorgegebene Interessenlage ankommt. In der Sache ist zudem zum einen nicht einsehbar, warum eine ggf anzuerkennende Vermögensbetreuungspflicht des Gesellschafters auf Konzernlagen beschränkt sein soll: Liegen doch insoweit die entscheidenden Kriterien – sektoral – des Verbleibs der der Tochter-GmbH entzogenen Vermögenswerte „in der ausschließlichen Einflußsphäre des Konzerns" einerseits und – qualitativ – der Gefährdung der Fähigkeit der abhängigen GmbH, der Erfüllung ihrer Verbindlichkeiten nachzukommen andererseits,[222] beide komprimiert zur „faktische(n) Herrschaftsmacht im Konzern",[223] auch außerhalb von Konzernlagen vor. Jedenfalls mit der Anerkennung der Begrenzung eines gesellschafterlichen Einverständnisses mit vermögensnachteiligen Handlungen des Geschäftsführers bei der Existenzgefährdung der GmbH (Rdn 108 ff)[224] ist ein möglicher **kategorialer Unterschied zwischen der Untreue zum Nachteil der GmbH außerhalb von Konzernlagen und derjenigen der abhängigen GmbH im (qualifizieren faktischen) Konzern beseitigt**,[225] da der Begriff der Existenzgefährdung von dem Spezifikum der Konzerngefahr abstrahiert.[226] Zum anderen dürfte die Annahme der Vermögensbetreuungspflicht in der bisherigen Konstellation ausschließlich auf ihren Spezifika – (faktische) Konzernleitungsmacht[227] und/oder Stellung als Poolverwalterin im Cash-Management-System –[228] beruhen, welche die Anforderungen einer faktischen Geschäftsführung erfüllen dürften und daran auch in einer Parallelwertung – mehr oder weniger ausgewiesen –[229] gemessen werden. Für die **generelle Anerkennung** einer Vermögensbetreuungspflicht des GmbH-Mehrheits- oder Alleingesellschafters bzw aller GmbH-Gesellschafter spricht daher die **rechtliche Weisungsbefugnis** (vgl § 37 Abs 1 GmbHG) gegenüber dem Geschäftsführer,[230] welche das **Charakteristikum der GmbH-Gesellschafterstellung** erfasst und bei ihrer Ausübung eine Absicherung über die Grundsätze der faktischen Geschäftsführung obsolet machen dürfte. Soweit im Rahmen der Paral-

---

218 Vgl *Anders* (2012) S 98; *Arens* GmbHR 2010, 905, 907 f; *dens* (2010) S 176 f; *Bauer* S 236 ff, 243 f; *Beckemper* GmbHR 2005, 592, 594 ff; Bittmann-Insolvenzstrafrecht/*Bittmann*[2] § 16 Rdn 100; *dens* NStZ 2009, 113, 117; *Gribbohm* ZGR 19 (1990), 1, 22; *Hentschke* S 138 ff; *Radtke* GmbHR 1998, 361, 367 f; *dens/M. Hoffmann* GA 2008, 535, 551; Habersack/Casper/Löbbe-GmbHG/*Ransiek*[3] Vor § 82 Rdn 21; *dens* in: FS Kohlmann, 2003, S 207, 221; *dens* wistra 2005, 121, 124; *H. Richter* GmbHR 1984, 137, 144; *Schumacher* S 236 f; Achenbach/Ransiek/Rönnau-Handbuch Wirtschaftsstrafrecht/*Seier/Lindemann*[5] 5. Teil, 2. Kapitel Rdn 339; *Wagner* S 44 ff, 140 ff; *Wodicka* S 302 ff; *Zieschang* in: FS Kohlmann, 2003, S 351, 356 ff.

219 Vgl *Tiedemann* (2017) Rdn 1085; *dens* JZ 2005, 45, 46; *Schünemann* (2017) Rdn 331; Scholz-GmbHG/*Rönnau*[12] Vor §§ 82 ff Rdn 13; *Niedernhuber* S 122; *Gaede* NZWiSt 2018, 220, 222. Zur möglichen Strafbarkeit des Geschäftsführers des beherrschten Unternehmens *ders* NZWiSt 2018, 220, 223 ff.

220 MünchKomm-StGB/*Dierlamm*/*Becker*[4] § 266 Rdn 315; *Flum* S 230 f; *Lesch/Hüttemann/Reschke* NStZ 2015, 609, 612.

221 Vgl *Röhricht* in: FS 50 Jahre BGH, 2000, S 83, 97 ff.

222 BGHSt 49, 147, 160 (Bremer Vulkan); BGHSt 54, 52, 58 (Refugium).

223 SSW-StGB/*Saliger*[5] § 266 Rdn 115.

224 Zur Parallelität von Vermögensbetreuungspflicht und Dispositionsbeschränkung siehe *Schumacher* (2010), S 202.

225 Vgl *Anders* (2012) S 50 f, 130 f; *Beckemper* GmbHR 2005, 592, 596; Emmerich/Habersack/*Habersack*[10] Anh § 318 Rdn 3, 34, 35 ff; auch LK-StGB/*Schünemann*[12] § 266 Rdn 265 „Einer eigenen Rechtsfigur der ‚Konzernuntreue' bedürfte es (...) womöglich nicht" (bei *dems* (2017) Rdn 331 nur verkürzt wiedergegeben).

226 Vgl *Röhricht* in: FS 50 Jahre BGH, 2000, S 83, 118 f.

227 Vgl BGHZ 149, 10, 17 (Bremer Vulkan); BGHSt 54, 52, 58 (Refugium).

228 Vgl BGHSt 49, 147, 160 f (Bremer Vulkan).

229 Vgl BGHZ 149, 10, 17 (Bremer Vulkan) „in der Lage, (...) faktisch und unbeschränkt Einfluss zu nehmen".

230 Vgl Habersack/Casper/Löbbe-GmbHG/*Ransiek*[3] Vor § 82 Rdn 21; *dens* wistra 2005, 121, 124; *Anders* (2012) S 98.

lelität von gesellschaftsrechtlicher Existenzvernichtungshaftung des Gesellschafters und der Begrenzung seiner für § 266 StGB bedeutsamen Einverständniskompetenz über den Begriff der Existenzgefährdung der GmbH (Rdn 97 ff) mit Blick auf eine daraus ggf resultierende, weitergehende Annahme auch einer Vermögensbetreuungspflicht des Gesellschafters diese deshalb in Frage gestellt wird, weil seit der Entscheidung des *II. Zivilsenats* in Sachen „TRIHOTEL" (Rdn 94)[231] die Grundlage der zivilrechtlichen Haftung deliktsrechtlich begründet werde und damit als Grundlage für eine Vermögensbetreuungspflicht im Sinne des § 266 StGB auszuscheiden habe,[232] ist dem entgegenzuhalten, dass das Fundament Letzterer – die tatsächliche und rechtliche Macht des Gesellschafters – unabhängig von der deliktsrechtlichen Haftungskonstruktion im Zivilrecht besteht.[233]

e) Aufsichtsratsmitglieder. **Rechtsprechung**[234] und **Schrifttum**[235] erkennen eine Vermögens- 35
betreuungspflicht von **Aufsichtsratsmitgliedern der GmbH gegenüber dem Vermögen der GmbH** und zwar sowohl **mit Blick auf den gesetzlich vorgeschriebenen als auch den fakultativen Aufsichtsrat** an. Zwar obliegt dem Aufsichtsrat nicht die Führung des unmittelbar vermögensrelevanten operativen Geschäfts; nach § 52 Abs 1 GmbHG iVm § 111 Abs 1 AktG hat der fakultative Aufsichtsrat[236] jedoch insbesondere die Organpflicht, die Geschäftsführung der GmbH durch die Geschäftsführer zu überwachen.[237] Hierbei handelt es sich nicht um eine bloße Kontrollfunktion, sondern um eine mitbestimmende, teilhabende Legalitätskontrolle mit umfassender Entscheidungsfreiheit und Selbstständigkeit,[238] da der Aufsichtsrat nicht nur beratend und durch Ausübung seiner Personalkompetenz Einfluss auf die Geschäftsführung nimmt, sondern ihm vielmehr auch einzelne Mitsprache- und Mitentscheidungsbefugnisse in Fragen der Geschäftsführung zustehen.[239] Auch den als Arbeitnehmervertreter nach dem MitbestG in den Aufsichtsrat Gewählten trifft eine solche Pflicht.[240] Eine Verletzung dieser (Sorgfalts-)Pflicht (vgl § 52 Abs 1 Satz 1 GmbHG iVm §§ 116, 93 Abs 1 Satz 1 AktG) insbesondere durch Zustimmung zu das GmbH-Vermö-

231 BGHZ 173, 246 (TRIHOTEL).

232 Vgl *Weller* ZIP 2007, 1681, 1688; *Livonius* wistra 2009, 91, 93 f.

233 Vgl *Wessing/Krawczyk* NZG 2009, 1176, 1177; *Anders* (2012) S 99.

234 Vgl BGHSt 9, 203, 215 f; BGHSt 61, 48, 63 (Nürburgringverfahren); vgl für die AG, BGHSt 50, 331, 335 f (Mannesmann/Vodafone); BGHSt 54, 148, 162 (Fall Gebauer/Volkert); *OLG Braunschweig* NJW 2012, 3798, 3800; vgl BGHSt 65, 202, 207 für den Verwaltungsrat einer Kassenärztlichen Vereinigung, der eine einem Aufsichtsrat vergleichbare Überwachungsfunktion mit Blick auf den Vorstand hat, insoweit zustimmend *C. Brand* NJW 2021, 1477.

235 Vgl *Tiedemann* (2017) Rdn 1096 „außer Frage"; *Rönnau/C. Becker* JR 2017, 204, 205 f; Hachenburg-GmbHG/*Kohlmann*[8] Vor § 82 Rdn 73; Scholz-GmbHG/*Rönnau*[12] Vor §§ 82 ff Rdn 13; Rowedder/Pentz-GmbHG/*Klinger*[7] Vor § 82 Rdn 13; *Tiedemann* in: FS Tröndle, 1989, S 319, 322; Müller-Gugenberger-WirtschaftsStrR/*Hadamitzky*[7] Rdn 32.124; SSW-StGB/*Saliger*[5] § 266 Rdn 15; Graf/Jäger/Wittig/*Waßmer*[2] § 266 Rdn 49; BeckOK-StGB/*Wittig*[58] § 266 Rdn 46.8; StGB/*Fischer*[69] § 266 Rdn 48; Schönke/Schröder-StGB/*Perron*[30] § 266 Rdn 25; MünchKomm-StGB/*Dierlamm/Becker*[4] § 266 Rdn 82; *Schumacher* (2010), S 261; *Krause* NStZ 2011, 57, 58; *Niedernhuber* S 103; *Schwerdtfeger* S 68 ff; Wabnitz/Janovsky/Schmitt/*Raum*[5] 4. Kapitel Rdn 56; *D. Geerds* in: FS Otto, 2007, S 561, 567, 570, Berücksichtigung kommunaler Zwecksetzungen bei der Bestimmung der Pflichtwidrigkeit des Handelns von Aufsichtsratsmitgliedern kommunaler Gesellschaften erforderlich; *Schünemann* (2017) Rdn 323 (für die AG); *Zwiehoff* in: FS Eisenhardt, 2007, S 573 f zum „nebenamtlichen" Aufsichtsratsmitglied mit erhöhter Gefahr der Interessenkollision.

236 Für den gesetzlichen Pflichtaufsichtsrat finden sich autonome Verweise auf das AktG in § 25 Abs 1 Nr 2 MitbestG, § 3 Abs 2 MontanMitbestG (Art 1 § 3 Abs 1 Satz 2 MontanMitbestGErgG 1956), § 1 Abs 1 Nr 3 Satz 2, 2. Hs DrittelbG sowie nach § 18 Abs 2 Satz 3 KAGB.

237 Lutter/Hommelhoff-GmbHG/*Hommelhoff/Bayer*[21] § 52 Rdn 32; Rowedder/Pentz-GmbHG/*Klinger*[7] Vor § 82 Rdn 13; *Schwerdtfeger* S 72 f; zur entsprechenden Schadensersatzpflicht der Mitglieder eines fakultativen Aufsichtsrats der GmbH vgl *BGH* ZIP 2007, 224.

238 Müller-Gugenberger-WirtschaftsStrR/*Hadamitzky*[7] Rdn 32.121; *Brammsen* ZIP 2009, 1504, 1510; *Rönnau/C. Becker* JR 2017, 204, 206.

239 MünchKomm-AktG/*Habersack*[5] § 111 Rdn 13.

240 Vgl BGHSt 54, 148, 162 (Fall Gebauer/Volkert); SSW-StGB/*Saliger*[5] § 266 Rdn 15.

gen benachteiligenden Maßnahmen des Geschäftsführung, die Nichtbeanstandung solcher Maßnahmen und die Nichtgeltendmachung von Schadensersatzansprüchen gegen die Geschäftsführung begründen die Verletzung der Vermögensbetreuungspflicht.[241] Erfasst ist insbesondere die **Kontrolle der Festsetzung der Vergütung für die Geschäftsführung**.[242] Eine generelle Verpflichtung des Aufsichtsrats, auf handelnden Personen unterhalb der Geschäftsführungsebene Einfluss zu nehmen, besteht jedoch nicht. Da der Aufsichtsrat für die GmbH nicht nach außen rechtsgeschäftlich tätig wird, scheidet der Missbrauchstatbestand in der Regel aus und es kommt der Treubruchstatbestand in Betracht.[243]

36 **f) Kollegialorgane.** Es gilt der **Grundsatz der Gesamtverantwortung und der Allzuständigkeit**.[244] **Gesellschaftsrechtlich** ist jeder Geschäftsführer zunächst in erster Linie für das ihm qua interner Zuständigkeitsregelung zugewiesene Ressort verantwortlich; durch eine derartige Aufteilung der Geschäfte wird die Verantwortlichkeit des nicht betroffenen Geschäftsführers nach innen und außen beschränkt, denn im allgemeinen kann er sich darauf verlassen, das der zuständige Geschäftsführer die ihm zugewiesenen Aufgaben erledigt.[245] Daneben bleibt jedoch eine unverzichtbare Verantwortung jedes einzelnen Geschäftsführers für die Führung der Geschäfte im Ganzen unberührt in Gestalt von Überwachungspflichten aus der Allzuständigkeit des Geschäftsführers, die ihn zum Eingreifen veranlassen müssen, wenn Anhaltspunkte dafür bestehen, das die Erfüllung der der Gesellschaft obliegenden Aufgaben durch den zuständigen Geschäftsführer nicht mehr gewährleistet ist,[246] was vor allem in finanziellen Krisensituationen der Fall ist, in denen die laufende Erfüllung der Verbindlichkeiten nicht mehr gewährleistet ist.[247] Das **Strafrecht** hat in **Rechtsprechung** und **Schrifttum** diesen **Vertrauensgrundsatz**[248] übernommen: Danach ist der **nicht primär Zuständige** nicht verpflichtet, die Anträge seines Mitgeschäftsführers inhaltlich zu überprüfen, jedoch nur solange, als sich für den ressortmäßig nicht zuständigen Organwalter **keine Anhaltspunkte für Zweifel oder Unstimmigkeiten** ergeben.[249] Der *BGH* hat in seinem „Lederspray"-Urteil zwar offen gelassen, ob der gesellschaftsrechtliche Grundsatz der Gesamtverantwortung im Strafrecht vollumfänglich Geltung beanspruchen könne;[250] jedoch fällt die Begrenzung auf die Ressortverantwortung in **Krisen- und Ausnahmefällen** weg, welche nicht nur finanzieller Art sein müssen, sondern etwa dann gegeben sind, wenn Verbraucherbeschwerden über produktbedingte Schadensfälle vorliegen.[251] In Betrachtung des Kausalzusammenhangs und der Zurechnung macht die **Zustimmung** des betreffenden Mitglieds des Geschäftsführungsgremiums diesen zum **Mittäter**.[252] Die **Stimmenthaltung** führt wegen der Notwendigkeit der Erfüllung der Vermögensbetreuungspflicht nicht zur Entlastung des Betreffenden; die **strafrechtlich**

241 Graf/Jäger/Wittig/*Waßmer*² § 266 Rdn 49; Rowedder/Pentz-GmbHG/*Klinger*⁷ Vor § 82 Rdn 13.
242 *Brammsen* ZIP 2009, 1504, 1509.
243 *Tiedemann* in: FS Tröndle, 1989, S 319, 322; Rowedder/Pentz-GmbHG/*Klinger*⁷ Vor § 82 Rdn 13; *Schwerdtfeger* S 63 ff.
244 Graf/Jäger/Wittig/*Waßmer*² § 266 Rdn 23; Bittmann-Insolvenzstrafrecht/*Bittmann*² § 16 Rdn 74; SSW-StGB/*Saliger*⁵ § 266 Rdn 53; Müller-Gugenberger-WirtschaftsStrR/*Fridrich*⁷ Rdn 30.25; Wirtschaftsstrafrecht/*Wittig*⁶ § 6 Rdn 121.
245 BGHZ 133, 370, 377.
246 Vgl BGHZ 133, 370, 376 f; Lutter/Hommelhoff-GmbHG/*Kleindiek*²¹ § 37 Rdn 29 ff; Wirtschaftsstrafrecht/*Wittig*⁶ § 6 Rdn 121 f.
247 BGHZ 133, 370, 377 ff.
248 Kritisch zur Übertragung dieses Grundsatzes aus der Fahrlässigkeitsdogmatik in den Bereich des vorsätzlichen Handelns *Knauer* NStZ 2002, 399, 403.
249 Vgl BGHSt 37, 106, 124 (Lederspray); BGHSt 46, 30, 35; BGHSt 47, 148, 156; *BGH* NStZ-RR 2010, 311, 312; Bittmann-Insolvenzstrafrecht/*Bittmann*² § 16 Rdn 74; Müller-Gugenberger-WirtschaftsStrR/*Fridrich*⁷ Rdn 30.27 ff; SSW-StGB/*Saliger*⁵ § 266 Rdn 53 ff; StGB/*Fischer*⁶⁹ § 266 Rdn 73d; Wabnitz/Janovsky/Schmitt/*Raum*⁵ 4. Kapitel Rdn 35 ff.
250 Vgl BGHSt 37, 106, 123 (Lederspray).
251 Vgl BGHSt 37, 106, 124 (Lederspray); SSW-StGB/*Saliger*⁵ § 266 Rdn 54; Wirtschaftsstrafrecht/*Wittig*⁶ § 6 Rdn 121 f.
252 Müller-Gugenberger-WirtschaftsStrR/*Fridrich*⁷ Rdn 30.33; MünchKomm-StGB/*Dierlamm*/*Becker*⁴ § 266 Rdn 331; *Schaal* (2001), S 194 ff.

relevante Mehrheitsentscheidung wird ihm zugerechnet.[253] Im Falle der **Gegenstimme bei Überstimmung** bleibt das bestimmte Organmitglied weiterhin in der Verantwortung und muss zunächst **interne Maßnahmen (Gegenvorstellungen)** treffen, anderenfalls ist es strafrechtlich wegen **Untreue durch Unterlassen** verantwortlich.[254] Sollten interne Abhilfeversuche nicht wirken, wird vertreten, Maßnahmen nach außen mit Blick auf Dritte zu ergreifen[255] bis hin zur Erstattung einer Strafanzeige.[256] Dies war schon vor dem Hintergrund einer **möglichen Strafbarkeit nach § 17 UWG aF** problematisch, da unter den Begriff des „Geschäftsgeheimnisses" nach hM auch (erst bevorstehende) Rechtsverstöße fallen konnten, die im Unternehmen begangen werden (sollen);[257] Rechtsprechung zu einer etwaigen Rechtfertigung eines solchen **„whistleblowing"** über § 34 StGB existierte nicht und im Schrifttum waren die Meinungen uneinheitlich.[258] Nunmehr gilt das **Gesetz zur Umsetzung der Richtlinie (EU) 2016/943 zum Schutz von Geschäftsgeheimnissen vor rechtswidrigem Erwerb sowie rechtswidriger Nutzung und Offenlegung (GeschGehG),**[259] das zwar in seinem § 5 Nr 2 schon den Tatbestand der Verletzung von Geschäftsgeheimnissen, geregelt nunmehr in § 23 GeschGehG, der auf einem Verstoß nach § 4 GeschGehG aufbaut, zum Schutze der „whistleblower" ablehnt,[260] wenn die Offenlegung „zur Aufdeckung einer rechtswidrigen Handlung oder eines beruflichen oder sonstigen Fehlverhaltens, wenn die Erlangung, Nutzung oder Offenlegung geeignet ist, das allgemeine öffentliche Interesse zu schützen", erfolgt. Es bleibt abzuwarten, was genau unter einem „beruflichen" oder „sonstigen Fehlverhalten"[261] und dem „allgemeinen öffentlichen Interesse" zu verstehen sein wird, wobei es jedoch ausreichen soll, wenn „der Hinweisgeber gutgläubig vom Vorliegen dieser Voraussetzungen ausgehen musste".[262]

Diese Grundsätze gelten entsprechend für den **Aufsichtsrat.**[263] 37

38 **g) Insolvenzverwalter.** Mit der Eröffnung des Insolvenzverfahrens bleibt die Vermögensbetreuungspflicht des Geschäftsführers zwar fortbestehen, Das Verwaltungs- und Verfügungsrecht geht jedoch auf den Insolvenzverwalter über (vgl § 80 Abs 1 Satz 1 InsO); mit der Übernahme des Amtes als **Insolvenzverwalter** wird dieser **gegenüber der GmbH und den Insolvenzgläubigern treupflichtig.**[264] Mit Blick auf den **GmbH-Geschäftsführer** scheidet mit der Eröffnung des Insol-

---

253 Vgl *BGH* NJW 2006, 522, 527 (in BGHSt 50, 331 insoweit nicht abgedruckt) (Mannesmann/Vodafone) (für den Aufsichtsrat); Müller-Gugenberger-WirtschaftsStrR/*Fridrich*[7] Rdn 30.34; Für garantenpflichtwidriges Unterlassen, im Rahmen des Beschlussverfahrens alles Mögliche und Zumutbare zur Erfolgsverhinderung getan zu haben MünchKomm-StGB/*Dierlamm*/*Becker*[4] § 266 Rdn 333; Nach *Knauer* (2001), S 205, erfolgt keine mittäterschaftliche Zurechnung, aber es kommt Untreue durch Unterlassen bei Bestehen einer individuellen Erfolgsabwendungspflicht in Betracht.

254 Vgl *OLG Braunschweig* NJW 2012, 3798, 3800 für den Aufsichtsrat; Graf/Jäger/Wittig/*Waßmer*[2] § 266 Rdn 23; *Knauer* (2001), S 205.

255 Graf/Jäger/Wittig/*Waßmer*[2] § 266 Rdn 23 „jedes rechtlich zulässige Mittel"; Bittmann-Insolvenzstrafrecht/*Bittmann*[2] § 16 Rdn 74; **aA** MünchKomm-StGB/*Dierlamm*/*Becker*[4] § 266 Rdn 332 „Wer in der Gremiensitzung seine Stimme gegen den Beschluss erhoben hat, hat das in dieser Situation ihm Mögliche und Zumutbare getan (…).".

256 Müller-Gugenberger-WirtschaftsStrR/*Fridrich*[7] Rdn 30.38 ff; dagegen *Tiedemann* (2017) Rdn 358 mwN.

257 Vgl *Ullrich* NZWiSt 2019, 65, 66 mwN; **aA** *Engländer*/*Zimmermann* NZWiSt 2012, 328, 332 f; Erbs/Kohlhaas-UWG/*Diemer*[221] § 17 Rdn 84a.

258 Vgl den Überblick bei *Ullrich* NZWiSt 2019, 65, 67 f.

259 Vgl BGBl I S 466, in Kraft getreten am 26.4.2019.

260 BeckOK-GeschGehG/*Hiéramente*[17] § 5 Rdn 6 f. Zum **Verhältnis zum HinSchG** vgl BeckOK-HinSchG/*Colneric*/*Gerdemann* § 5 GeschGehG Rdn 3 ff.

261 Vgl BT-Drucks 19/8300 S 14 „ein regelwidriges Verhalten, ein Fehlverhalten oder eine illegale Tätigkeit von einigem Ausmaß und Gewicht"; vgl BeckOK-GeschGehG/*Hiéramente*[17] § 5 Rdn 21 ff; *Ullrich* NZWiSt 2019, 65, 68 f.

262 BT-Drucks 19/8300 S 14; **kritisch**: BeckOK-GeschGehG/*Hiéramente*[17] § 5 Rdn 33. 1 ff.

263 Vgl BGHSt 9, 203, 215 f; *OLG Braunschweig* NJW 2012, 3798 (3800); Müller-Gugenberger-WirtschaftsStrR/*Fridrich*[7] Rdn 30.46.

264 Vgl BGHSt 15, 342, 343 f; *BGH* NStZ 1993, 239; NStZ 1998, 246, 247; Hachenburg-GmbHG/*Kohlmann*[8] Vor § 82 Rdn 69 zum Konkursverwalter nach altem Recht; vgl *BGH* wistra 2002, 156, 157; Schönke/Schröder-StGB/*Perron*[30] § 266 Rdn 25; Graf/Jäger/Wittig/*Waßmer*[2] § 266 Rdn 49; *Schünemann* (2017) Rdn 173; Müller-Gugenberger-WirtschaftsStrR/*Hadamitzky*[7] venzverfahrens ein tatbestandsmäßiges Handeln nach § 266 StGB aus, da **es an dem zwischen der Vermögensbetreuungspflicht und dem Handeln des Täters notwendigen inneren Zusammenhang fehlt.**[265] Ist das Insolvenzverfahren noch nicht eröffnet und ein **vorläufiger Insolvenzverwalter** bestellt worden, so ist der **„starke" vorläufige Insolvenzverwalter** nach § 22 Abs 1 InsO gegenüber dem Schuldner und den Insolvenzgläubigern vermögensbetreuungspflichtig, soweit das Insolvenzgericht dem Schuldner ein **allgemeines Verfügungsverbot nach § 21 Abs 2 Nr 2, Alt 1 InsO** auferlegt hat.[266] Der **„schwache" vorläufige Insolvenzverwalter** nach § 22 Abs 2 InsO ist hingegen **in der Regel nicht vermögensbetreuungspflichtig**, wenn und weil die Verwaltungs- und Verfügungsbefugnis durch gerichtliche Anordnung beim Schuldner verbleibt; in diesem Fall ist der GmbH-Geschäftsführer weiterhin vermögensbetreuungspflichtig über das Vermögen der GmbH.[267]

39 **h) Personen ohne Organstellung/Beauftragung (§ 14 Abs 2 Satz 1 Nr 2 StGB).** Auch **Personen unterhalb der Organstellung** können nach den og Grundsätzen eine Vermögensbetreuungspflicht über das Vermögen der GmbH haben. Entscheidend ist hier die **Stellung des Betreffenden in der Hierarchie des Unternehmens**: In Betracht kommen insbesondere **Angestellte in Leitungspositionen**, die selbstständig über nicht unbedeutende Vermögenswerte verfügen bzw über ihre Verwendung bestimmen können wie etwa **(Unter-)Abteilungsleiter.**[268] Zudem haben **Prokuristen** regelmäßig eine Vermögensbetreuungspflicht gegenüber dem Firmeninhaber (vgl § 49 HGB).[269] Ferner können **Compliance-Officer (CO) bzw Compliance-Beauftragte**[270] eine Vermögensbetreuungspflicht über das Vermögen der GmbH haben, nach Auffassung des *BGH* – in einem obiter dictum –, wenn sie über den Arbeitsvertrag und – zusätzlich – durch ein besonderes Vertrauensverhältnis, das den Übertragenden gerade dazu veranlasst, dem Verpflichteten besondere Schutzpflichten zu überantworten, die Garantenstellung trifft, im Zusammenhang mit der Tätigkeit des Unternehmens stehende Straftaten von Unternehmensangehörigen zu verhindern.[271] Gegen die Annahme einer solchen Garantenstellung richtet sich Kritik im Schrifttum vornehmlich wegen der dogmatisch ungenauen Herleitung derselben durch den *BGH*[272] sowie, dass die Handlungspflicht – wegen fehlender Entscheidungs- und Weisungsrechte – darauf beschränkt sei, die Geschäftsleitung im Hinblick auf mögliches Fehlverhalten von Mitarbeitern hinzuweisen, nicht

---

Rdn 32.126; StGB/*Fischer*[69] § 266 Rdn 48; MünchKomm-StGB/*Dierlamm*/*Becker*[4] § 266 Rdn 96; Wirtschaftsstrafrecht/*Wittig*[5] § 20 Rdn 137; BeckOK-StGB/*dies*[58] § 266 Rdn 46.10; SSW-StGB/*Saliger*[5] § 266 Rdn 13; *Schramm* NStZ 2000, 398 f; *Keramati*/*Klein* NZI 2017, 421, 422; *Biermann* (2008), S 190 ff.

265 Vgl *BGH* NStZ 1991, 432, 433; NStZ 1993, 239; Hachenburg-GmbHG/*Kohlmann*[8] Vor § 82 Rdn 69, 295. Vom grundsätzlichen Fortbestehen der Vermögensbetreuungspflicht des GmbH-Geschäftsführers gehen auch *Bittmann*/*Rudolph* wistra 2000, 401, 404 f aus; **aA** Graf/Jäger/Wittig/*Waßmer*[2] § 266 Rdn 49, Wegfall der Vermögensbetreuungspflicht des Geschäftsführers.

266 Müller-Gugenberger-WirtschaftsStrR/*Hadamitzky*[7] Rdn 32.127; *Schramm* NStZ 2000, 398, 400; *Diversy*/*Weyand* ZInsO 2009, 802, 805.

267 Vgl Müller-Gugenberger-WirtschaftsStrR/*Hadamitzky*[7] Rdn 32.128; *Schramm* NStZ 2000, 398, 400; *Diversy*/*Weyand* ZInsO 2009, 802, 804.

268 Vgl BGHSt 54, 44 (Berliner Stadtreinigungsbetriebe) (Rechtsabteilung und Innenrevision); BGHSt 54, 148 (Fall Gebauer/Volkert) (Personalwesen); *BGH* NStZ 2013, 165 (Telekom-Spitzelaffäre) (Konzernsicherheit); Graf/Jäger/Wittig/*Waßmer*[2] § 266 Rdn 49; SSW-StGB/*Saliger*[5] § 266 Rdn 15.

269 Vgl *BGH* bei *Herlan* GA 1964, 130; Graf/Jäger/Wittig/*Waßmer*[2] § 266 Rdn 49; *Schünemann* (2017) Rdn 188; SSW-StGB/*Saliger*[5] § 266 Rdn 15.

270 Vgl Achenbach/Ransiek/Rönnau-Handbuch Wirtschaftsstrafrecht/*Rotsch*[4] 1. Teil, 4. Kapitel Rdn 77.

271 Vgl BGHSt 54, 44, 49 f, sowie *BGH* NStZ 2009, 686, 688 (Rdn 32 in BGHSt 54, 44 nicht abgedruckt) (Berliner Stadtreinigungsbetriebe); auch Graf/Jäger/Wittig/*Waßmer*[2] § 266 Rdn 49 mwN; Der Sache nach handelt es sich um eine delegierte Geschäftsherrenhaftung, die eine Vermögensbetreuungspflicht begründet, welche durch Unterlassen verletzt wird; zur Geschäftsherrenhaftung vgl *H. Schall* in: FS Rudolphi, 2004, S 267 ff.

272 Vgl *Rotsch* ZJS 2009, 712, 716 ff.

jedoch, den tatbestandsmäßigen Erfolg (hier im Sinne des Betruges von Kunden des Unternehmens) abzuwenden, was keine Garantenstellung begründen könne.[273] Richtigerweise ist unabhängig von dieser Frage mit Teilen des Schrifttums allein relevant, ob dem CO bzw Compliance-Beauftragten aufgrund des Anstellungsvertrages im konkreten Einzelfall eine einer Vermögensbetreuungspflicht entsprechende Machtstellung im Rahmen seiner präventiven, detektiven und insbesondere reaktiven Tätigkeit[274] eingeräumt ist[275] im Sinne einer Schadensabwendungspflicht, der durch Unterlassen –[276] der Information der Geschäftsführung – nicht nachgekommen wird. Denn bei der Untreue geht es nicht um den Vorwurf der Beihilfe durch Unterlassen mit Blick auf den Schutz des Vermögens der Kunden vor Betrug aus dem Unternehmen, sondern um den Schutz des Vermögens des Unternehmens gegen den Angriff „von innen“[277] durch täterschaftliche Untreue.

Möglich ist auch die **Übertragung von Vermögensbetreuungspflichten** unter den Voraussetzungen des **§ 14 Abs 2 Satz 1 Nr 2 StGB**. Erforderlich ist insoweit eine zweifelsfrei und ausreichend konkret erfolgte Beauftragung, welche den Beauftragten das Ausmaß der von ihm zu erfüllenden Pflichten eindeutig erkennen lässt; so sollen unangemessene Verantwortungszuweisungen an Hilfspersonen sowie eine unklare Verteilung von Verantwortlichkeiten vermieden werden.[278] Aus dem Wortlaut des **§ 14 Abs 2 Satz 1 StGB** („auch“) ist zu folgern, dass die Pflichtenstellung des Primärverantwortlichen dadurch nicht erlischt;[279] sie konkretisiert sich – in Nähe zur sog Geschäftsherrenhaftung –[280] auf ein Auswahl- und Organisationsverschulden.[281] 40

III. Vermögensbetreuungspflichtverletzung

1. Allgemeine Prinzipien

a) Asymmetrische Akzessorietät. § 266 StGB qualifiziert die Vermögensbetreuungspflichtverletzung selbst nicht weiter, sodass der Untreuetatbestand im Grundsatz **akzessorisch zur Gesamtheit der zivil- und öffentlich-rechtlichen Normen** steht.[282] Nach **hM** besteht zu den **außerstrafrechtlichen Bezugsnormen** jedoch im eingegrenzten Sinne eine **asymmetrische Akzessorietät**. Danach kann ein Verhalten, das im Zivilrecht erlaubt ist, nicht strafrechtlich verboten sein; ande- 41

---

273 Vgl *Rotsch* in: FS Imme Roxin, 2012, S 485, 495 ff; *dens* in: *dens* (Hrsg) § 4 Rdn 22 ff; vgl auch *Bürkle* CCZ 2010, 4, 7 ff; *Campos Nave/Vogel* BB 2009, 2546, 2549; *Grau/Blechschmidt* DB 2009, 2145; *Kraft/Winkler* CCZ 2009, 29, 31 f; *Kraft* wistra 2010, 81, 85 (zur Kausalität zwischen Unterlassen – der Information der Geschäftsführung – und rechtlich unerwünschtem Erfolg); *Wybitul* BB 2009, 2590 (2593); Die heute hM nimmt eine solche Garantenstellung an, vgl *Dann/Mengel* NJW 2010, 3265, 3267 f; *H. Schneider/Gottschaldt* ZIS 2011, 573, 577; *Ransiek* AG 2010, 147, 153; *Rönnau/F. Schneider* ZIP 2010, 53, 58; *Dannecker/Dannecker* JZ 2010, 981 (987 ff); *Konu* (2014), S 192 ff.

274 Vgl zum Aufgabenfeld des CO *Moosmayer* (2015) Rdn 124 ff.

275 SSW-StGB/*Saliger*[5] § 266 Rdn 15; *Schünemann* (2017) Rdn 159; StGB/*Fischer*[69] § 266 Rdn 55.

276 Vgl zu § 266 StGB als Unterlassungsdelikt unter Rdn 17.

277 BVerfGE 126, 170, 201 unter Verweis auf *Schünemann* NStZ 2005, 473, 474; vgl *dens* (2017) Rdn 13, 30, 32, 33, 34, 38, 53, 54, 58, 71, 73, 76, 79, 82, 84, 88, 91, 97, 104, 115, 178, 319; *dens* (2004) S 17; MünchKomm-StGB/*Dierlamm/Becker*[4] § 266 Rdn 2; *Kindhäuser* in: FS Lampe, 2003, S 709, 710; NK-StGB/*dens*[5] § 266 Rdn 3, 31; *Perron* GA 2009, 219, 223; Schönke/Schröder-StGB/*dens*[30] § 266 Rdn 1; *Rönnau* ZStW 119 (2007), 887, 891; SSW-StGB/*Saliger*[5] § 266 Rdn 3; Esser/Rübenstahl/Saliger/Tsambikakis-Wirtschaftsstrafrecht/*dens* § 266 Rdn 3.

278 *BGH* NStZ 2016, 460, 462; BGHSt 58, 10, 12 f; *BGH* NStZ 2022, 109, 112.

279 NK-StGB/*Böse*[5] § 14 Rdn 50; Schönke/Schröder-StGB/*Perron/Eisele*[30] § 14 Rdn 7; MünchKomm-StGB/*Radtke*[4] § 14 Rdn 128; LK-StGB/*Schünemann*[13] § 14 Rdn 72.

280 Vgl LK-StGB/*Schünemann*[13] § 14 Rdn 72.

281 *BGH* NStZ 2022, 109, 111; NK-StGB/*Böse*[5] § 14 Rdn 50; Schönke/Schröder-StGB/*Perron/Eisele*[30] § 14 Rdn 7; *Schilling* NStZ 2022, 113, 114.

282 BVerfGE 126, 170, 204; SSW-StGB/*Saliger*[5] § 266 Rdn 33; Wirtschaftsstrafrecht/*Wittig*[6] § 20 Rdn 40; BeckOK-StGB/*dies*[58] § 266 Rdn 12.

rerseits kann das, was im Zivilrecht verboten ist, gleichwohl ohne Strafe bleiben,[283] weil das Strafecht die **ultima ratio staatlichen Handelns** darstellt, also ein Recht, das erst dann einzutreten hat, wenn der Bürger sich auf die Rechtsverletzung nicht aus eigener Kraft einzurichten vermag.[284] Stets ist die (weitere) Prüfung notwendig, ob (in diesem Sinne)[285] die außerstrafrechtliche Pflichtverletzung mit Blick auf den **Schutzzweck der Untreue strafwürdig** ist.[286] Demnach bedarf es eines eigenen strafrechtlichen Filters.[287] Nach **anderer strafrechtsautonomer Ansicht** ist die Zivilrechtsakzessorietät dogmatisch abzulehnen. Vielmehr soll sich die Pflichtverletzung – aufgewiesen insbesondere anhand des tatsächlichen Treueverhältnisses – entweder aus der „Unrechtsmaterie in Gestalt der vorsätzlichen Schädigung anvertrauten fremden Vermögens" rückschließen lassen und die verletzte Pflicht die dem „Straftatbestand logisch vorausliegende Primärnorm" im *Binding*schen Sinne zu entnehmen sein („Zivilrechtsaffinität").[288] Oder aber das Treueverhältnis soll strafrechts- bzw untreuespezifisch ausgehend von dem Normbefehl des § 266 StGB der „Wahrnehmung von Vermögensinteressen" nach seinem Zweck und Gegenstand konturiert werden.[289] Trotz bestehender dogmatischer Unterschiede dürften die praktischen Anwendungsergebnisse selten auseinanderfallen, da sowohl der akzessorische als auch der (mehr oder weniger) autonome Ansatz dem ultima-ratio-Grundsatz zur Durchsetzung verhelfen.[290]

42 **b) Verschleifungsverbot.** Das **allgemeine Verbot der Entgrenzung von Tatbestandsmerkmalen** verbietet es, einzelne dieser Merkmale **auch innerhalb ihres möglichen Wortsinns** so auszulegen, „dass sie vollständig in anderen Tatbestandsmerkmalen aufgehen, also zwangsläufig mit diesen mitverwirklicht werden".[291] Übertragen auf § 266 StGB untersagt das terminologisch im Wesentlichen auf *Saliger* zurückgehende sog **Verschleifungsverbot**,[292] das Nachteilsmerkmal in dem Pflichtwidrigkeitsmerkmal aufgehen zu lassen,[293] was angesichts der fehlenden Versuchsstrafbarkeit der Untreue mit Blick auf die Annahme einer konkreten Vermögensgefährdung (Rdn 136) von besonderer Bedeutung ist.[294] Ein solcher Verstoß liegt daher nicht vor, wenn die Nachteilsbestimmung in einer von der Pflichtverletzung unabhängigen Bewertung vorgenommen wird.

2. Notwendigkeit von Eingrenzungen

43 **a) Allgemeines.** Die Notwendigkeit von Eingrenzungen des Tatbestands insbesondere bei der Vermögensbetreuungspflichtverletzung ergibt für beide Tatbestandsalternativen schon aus der allgemeinen und GmbH-spezifischen Unterbestimmtheitsproblematik der Untreue (Rdn 19 f). Da-

283 MünchKomm-StGB/*Dierlamm*[3] § 266 Rdn 14, 174, 176 (nunmehr für einen strafrechtsautonomen Ansatz: MünchKomm-StGB/*Dierlamm*/*Becker*[4] § 266 Rdn 179 ff); SK-StGB/*Hoyer*[9] § 266 Rdn 47; *Kraatz* ZStW 123 (2011), 447, 449 f; *Kudlich*/*Oğlakcıoğlu*[2] Rdn 339; *Lüderssen* in: FS Lampe, 2003, S 727, 729; SSW-StGB/*Saliger*[5] § 266 Rdn 33 mwN; **aA** *Schünemann* (2017) Rdn 43.

284 Zum vorpositiven Begründungszusammenhang siehe *Köhler* (1997) S 22 ff, 30.

285 Zur Kritik der Rechtsgutstheorie: *Köhler* (1997) S 24 f.

286 SSW-StGB/*Saliger*[5] § 266 Rdn 33.

287 SSW-StGB/*Saliger*[5] § 266 Rdn 50.

288 Vgl *Schünemann* (2017) Rdn 110.

289 Vgl MünchKomm-StGB/*Dierlamm*/*Becker*[4] § 266 Rdn 179 ff.

290 Zutreffend *Schünemann* (2017) Rdn 110.

291 BVerfGE 126, 170, 198; *BVerfG* NJW 2013, 365, 366.

292 Vgl zur Verschleifung von Täterschaft und Tathandlung *Saliger* (2005) S 30 Fn 57, dazu unter Rdn 41.

293 Müller-Gugenberger-WirtschaftsStrR/*Hadamitzky*[7] Rdn 32.7b; SSW-StGB/*Saliger*[5] § 266 Rdn 8; *ders* ZStW 112 (2000), 563, 610 f; *ders* HRRS 2006, 10, 14; *Schünemann* (2017) Rdn 39, 211, 234, 236; Momsen/Grützner-WirtschaftsStStrR/*Schramm*[2] § 266 Rdn 22; BeckOK-StGB/*Wittig*[58] § 266 Rdn 2, 54.

294 Vgl Schönke/Schröder-StGB/*Perron*[30] § 266 Rdn 39b.

rüber hinaus kommen anders als beim Missbrauchstatbestand bei der **Treubruchsuntreue** nicht nur rechtsgeschäftliche Pflichtverletzungen in Betracht, sondern zudem **jegliche Formen tatsächlichen Handelns**. Während Vermögensbetreuungspflicht und Verpflichtungs- bzw Verfügungsbefugnis beim Missbrauchstatbestand einen Zugang zum Vermögen des Treugebers eröffnen, ist dies mit Blick auf außerstrafrechtliche Pflichtverletzungen und ihre Validität für die Bewertung als (strafrechtlich relevanten) Bruch der Vermögensinteressenwahrnehmungspflicht bei der Treubruchsuntreue in höherem Maße undurchsichtig.

b) Eingrenzungsinstitute

aa) Das allgemeine Schädigungsverbot. Streitig ist, ob der Verstoß gegen das sog **allgemeine Schädigungsverbot**[295] eine Vermögensbetreuungspflichtverletzung begründen kann. In **Rechtsprechung**[296] und teilweise im **Schrifttum**[297] wird dies bejaht. In der Literatur werden im Wesentlichen zwei Argumente dagegen vorgebracht:[298] Zum einen bestehe wegen der strukturellen Verschränkung von Pflichtverletzung und Nachteil im Begriff des allgemeinen Schädigungsverbots die Gefahr des Verstoßes gegen das **Verschleifungsverbot** (Rdn 42),[299] zum anderen wird mit Blick auf die Weite des Begriffs dessen **Inkompatibilität mit der notwendigen Eingrenzung des qualifizierten Pflichtenkreises**[300] moniert.[301] Dem erstgenannten Einwand ist entgegenzuhalten, dass die einzelnen Tatbestandsmerkmale inhaltlich zwar voneinander abhängig sein und sich überschneiden können,[302] was jedoch nicht bedeutet, dass die Schädigung nicht von der Tathandlung des Verstoßes gegen das Schädigungsverbot zu unterscheiden wäre.[303] Zudem erfasst auch die spezifische Vermögensbetreuungspflicht als „Grundgebot' des Innenverhältnisses" das allgemeine Schädigungsverbot.[304] Letztlich dürfte jedoch jedenfalls hinsichtlich der GmbH-Untreue die Kontroverse von geringer Relevanz sein, da kaum Fälle denkbar sind, in denen auf das allgemeine Schädigungsverbot zurückgegriffen werden müsste, weil regelmäßig spezifisch gesellschaftsrechtliche Sorgfaltsmaßstäbe einschlägig sein dürften.[305] 44

bb) Voraussetzungen einer spezifischen Vermögensbetreuungspflicht. Rechtsprechung und **Schrifttum** formulieren zusätzlich zur Verletzung der zivilrechtlichen Bezugspflicht „on top" strafrechtlich-spezifische Anforderungen an die Pflichtverletzung im Sinne des Treubruchstatbe- 45

---

295 Siehe zur moral- und legitimationstheoretischen Ableitung (Maxime *neminem laede*), *Köhler* (2017) S 277 ff.
296 Vgl BGHSt 50, 331, 336 (Mannesmann/Vodafone); *OLG Koblenz* NStZ 2012, 330, 331.
297 Vgl Graf/Jäger/Wittig/*Waßmer*[2] § 266 Rdn 110; *Jäger* in: FS Otto, 2007, S 593 (603); *Kudlich/Oğlakcıoğlu*[2] Rdn 591; *Kraatz* ZStW 123 (2011), 447, 481; *Schünemann* (2017) Rdn 110, 120; *Michaelsen* S 157, 184 f; Momsen/Grützner-WirtschaftsStStrR/*Schramm*[2] § 266 Rdn 104; *Ransiek* ZStW 116 (2004), 634, 647; Schönke/Schröder-StGB/*Perron*[30] § 266 Rdn 36; *Tiedemann* in: FS Tröndle, 1989, S 319, 322 f.
298 Dagegen auch BeckOK-StGB/*Wittig*[58] § 266 Rdn 49; NK-StGB/*Kindhäuser*[5] § 266 Rdn 45; *Zwiehoff* in: FS Eisenhardt, 2007, S 573, 580 f.
299 Vgl *Saliger* ZStW 112 (2000), 563, 569 f, 600 ff; SSW-StGB/*dens*[5] § 266 Rdn 52; Esser/Rübenstahl/Saliger/Tsambikakis-Wirtschaftsstrafrecht/*dens* § 266 Rdn 50; Matt/Renzikowski-StGB/*Matt*[2] § 266 Rdn 91; *Thomas* in: FS Hamm, 2008, S 767 (771 f); auch *Rose* wistra 2005, 281 (285).
300 Siehe insbesondere zum sog funktionalen Zusammenhang unter Rdn 48.
301 Vgl *Dierlamm* NStZ 1997, 534, 535; MünchKomm-StGB/*dens/Becker*[4] § 266 Rdn 210.
302 *Ransiek* ZStW 116 (2004), 634, 647.
303 StGB/*Fischer*[69] § 266 Rdn 54; Momsen/Grützner-WirtschaftsStStrR/*Schramm*[2] § 266 Rdn 104.
304 Graf/Jäger/Wittig/*Waßmer*[2] § 266 Rdn 110; *Hantschel* S 51 f; vgl BGHSt 17, 360, 361 f; *OLG Hamm* NJW 1973, 1809, 1811 „denn vorausgesetzt, daß ein Angestellter eine besondere Vermögensfürsorgepflicht gegenüber seinem Arbeitgeber hat, wird ein Treuebruch nicht dadurch ausgeschlossen, daß die fragliche Tat auch von Personen begangen werden könnte, die nicht in einem derartigen Treueverhältnis stehen".
305 Vgl SSW-StGB/*Saliger*[5] § 266 Rdn 52.

stands. Es handelt sich um Restriktionsansätze „verschiedenster Couleur".[306] Zu nennen sind der Schutzzweckzusammenhang als Element der objektiven Erfolgszurechnung und der sog funktionale Zusammenhang.

46 **(1) Objektive Erfolgszurechnung.** Die **objektive Zurechnung des Erfolgs** ist ein Institut des Allgemeinen Teils des StGB, dort anerkannt insbesondere in der Fahrlässigkeitsdogmatik. Die Übertragung seiner Grundsätze auf Vorsatzdelikte ist jedoch nicht unumstritten,[307] die Anwendbarkeit auf den Besonderen Teil, insbesondere die Untreue, steckt zudem noch in den Anfängen und ist nicht umfänglich abgesichert.[308] Im Schrifttum (und im Ergebnis auch in der Rechtsprechung) findet jedoch zum Zwecke der Restriktion des Tatbestandsmerkmals der Vermögensbetreuungspflichtverletzung das Element des **Schutzzweckzusammenhangs** Anerkennung.[309]

47 **Vermögensbezug der Pflicht (Schutzzweckzusammenhang).** Die wohl hM im Schrifttum fordert einen **Schutzzweckzusammenhang**. Danach soll die Pflichtverletzung auf die Verletzung solcher Pflichten begrenzt werden, die dem **Schutz des geschützten Rechtsguts „Vermögen"** dienen.[310] Der *1. Strafsenat* des *BGH* hat sich in der Entscheidung **„Siemens/AUB"** dieser Auffassung angeschlossen: „Nur dann, wenn die unmittelbar verletzte Rechtsnorm selbst vermögensschützenden Charakter hat, liegt der untreuespezifische Zusammenhang zwischen Pflichtverletzung und geschütztem Rechtsgut iSv § 266 Abs 1 StGB vor".[311] Zudem hat der *1. Strafsenat* in diesem Beschluss klargestellt, dass bei dem Verstoß gegen eine **nicht vermögensschützende Pflicht** – hier gegen § 119 BetrVG – einen ggf dadurch erfolgte **Verletzung des aktienrechtlichen Legalitätsprinzips** (§§ 76, 93, 116 AktG) **keine Untreuerelevanz** begründen könne, da anderenfalls § 266 StGB jegliche Kontur genommen würde.[312] Jedoch hat der *BGH* nicht nur die sog **Primärebene** im Blick: So hat er in der Sache **„Siemens/AUB"** den zunächst als nicht vermögensschützend angesehenen Pflichtenverstoß gegen § 119 BetrVG „ausgetauscht" zu Gunsten eines solchen gegen vermögensschützende Kontrollpflichten (sog **Sekundärverstoß**);[313] auch im Beschluss zur **„Kölner Parteispendenaffäre"** hat der *1. Strafsenat* eine Ersetzung der Vorschrift des PartG durch das Parteivermögen schützende Satzungsnormen vorgenommen.[314] Zudem dürfte die

306 *Michaelsen* S 127.

307 Überblicke bei StGB-AT/*Kühl*[8] § 4 Rdn 36 ff; NK-StGB/*Kindhäuser*[5] Vor §§ 32 ff Rdn 35; *Köhler* (1997) S 143 ff, 191 ff; *Jescheck/Weigend*[5] S 286 ff.

308 Vgl *Saliger* HRRS 2006, 10, 21.

309 Die Forderung nach einem Pflichtwidrigkeitszusammenhang betrifft den Vermögensnachteil, vgl dazu unter Rdn 133.

310 SSW-StGB/*Saliger*[5] § 266 Rdn 35 ff; StGB/*Fischer*[69] § 266 Rdn 60; *Knauer* NStZ 2002, 399, 401; *Ransiek* ZStW 116 (2004), 634, 672; *Schlösser/Dörfler* wistra 2007, 326, 329; *Schlösser* StV 2017, 123, 126 f; *Bosch/Lange* JZ 2009, 225, 227; *M. Hoffmann* GmbHR 2010, 1150, 1151; Achenbach/Ransiek/Rönnau-Handbuch Wirtschaftsstrafrecht/*Seier/Lindemann*[5] 5. Teil, 2. Kapitel Rdn 212; Schönke/Schröder-StGB/*Perron*[30] § 266 Rdn 19a; *Taschke* in: FS Lüderssen, 2002, S 663, 670; *Volhard* in: FS Lüderssen, 2002, S 674, 678; *Bittmann* wistra 2017, 121, 122; auch *Rönnau/Hohn* NStZ 2004, 113, 114, *Kubiciel* NStZ 2005, 353, 354 f, 360 und *Dittrich* S 191 f jeweils unter Inanspruchnahme des Terminus' des „funktionalen Zusammenhangs", der allerdings die Beziehung des Täters zur verletzten Handlungspflicht zum Thema hat, vgl dazu *Michaelsen* S 138 sowie unter Rdn 48; **aA** noch *Bittmann* NStZ 2012, 57, 59; *Saliger* HRRS 2006, 10, 22. Differenzierend zwischen Pflichtverstößen mit damit verbundener Weggabe von Treugebervermögen und Legalitätspflichtverstößen ohne unmittelbarer Vermögensweggabe: *C. Brand/Sperling* AG 2011, 233, 239 ff; auch *C. Brand* JR 2011, 400, 402.

311 BGHSt 55, 288, 301 (Siemens/AUB); Fortgeführt in BGHSt 56, 203, 211 (Kölner Parteispendenaffäre; *BGH* NZWiSt 2012, 33, 35; *BGH* NStZ 2013, 165, 166 (Telekom-Spitzelaffäre); BGHSt 60, 94, 113 (Konzept ‚Wahlsieg 2006'); BGHSt 61, 48, 72 f (Nürburgringverfahren); BGHSt 62, 288, 301; *BGH* NStZ-RR 2018, 349, 350.

312 BGHSt 55, 288, 301 f (Siemens/AUB).

313 Vgl BGHSt 55, 288, 303 (Siemens/AUB).

314 Vgl BGHSt 56, 203, 211 ff (Kölner Parteispendenaffäre); kritisch *C. Brand* NJW 2011, 1751, 1752; *Saliger* ZIS 2011, 902, 911; *Rönnau* StV 2011, 753, 755; *ders/C. Becker* JR 2017, 204, 207; vgl auch *BGH* NStZ-RR 2018, 349, 350, Austausch des Verstoßes gegen Vorschriften des BetrVG zu Gunsten eines solchen gegen Compliance-Regelungen („Public Corporate

Rechtsprechung des *BGH* auch zur Primärstufe nicht einheitlich sein: So hat der *2. Strafsenat* in seinem Urteil zur „Telekom-Spitzelaffäre" ausgeführt, dass es „(a)uf den vermögensschützenden Charakter eines ‚Primärverstoßes'" nicht ankomme.[315] Gegen die Berücksichtigung des Schutzzweckzusammenhangs steht insbesondere die Ansicht der **Legalitätspflicht**, nach der es – unter Inanspruchnahme des sog **allgemeinen Schädigungsverbots** und einer **strikten Zivilrechtsakzessorietät** – eines „Filters" der Vermögensbezogenheit der verletzten Norm zur Einschränkung des untreuerelevanten Pflichtenkreises nicht bedarf, weil alle erforderlichen Restriktionen bereits über die Primärrechtsordnung des Gesellschaftsrechts geleistet würden.[316] Innerhalb der Ansicht, welche die Schutzzwecklehre auf § 266 StGB transponiert, bestehen unterschiedliche Linien mit Blick auf die **erforderliche Dichte des Vermögensschutzerfordernisses**. In enger Auslegung muss „(d)ie Verhaltenspflicht (...) gerade darauf abzielen, das Vermögen des Geschäftsherrn zu schützen, sie muss **spezifisch und unmittelbar dem Vermögensschutz dienen**".[317] Die Linie eines **ausreichenden mittelbaren Vermögensschutzes** verfolgt der *BGH* seit dem Beschluss **„Siemens/AUB"**: „Eine Normverletzung (...) ist deshalb in der Regel nur dann pflichtwidrig iSv § 266 StGB, wenn die verletzte Rechtsnorm ihrerseits – wenigstens auch, und sei es nur mittelbar – vermögensschützenden Charakter für das zu betreuende Vermögen hat (...)".[318] Das *BVerfG* lässt aus verfassungsrechtlicher Perspektive sogar einen **„faktischen" Vermögensbezug** ausreichen.[319]

Die Forderung nach einem **unmittelbaren** Fremdvermögensbezug ist abzulehnen. Der Wortlaut fordert diese harte Restriktion nicht,[320] steht ihr allerdings auch nicht entgegen.[321] Sinn und Zweck sprechen vielmehr für einen **mittelbaren Fremdvermögensbezug**:[322] Das Argument dafür kann – neben bestehenden Abgrenzungsschwierigkeiten zum unmittelbaren Bezug –[323] nicht (allein) die Furcht vor Strafbarkeitslücken sein.[324] da diese Sichtweise innerhalb der höchst volatil unterfütterten Bewertung, was denn (noch) mittelbar sein soll, kriminalpolitischen Tageslaunen Tür und Tor öffnet. Überzeugend sind daher vielmehr die (synchronen) Erwägungen, dass zum 48

Governance Kodex"); Kategoriale Kritik an der Knüpfung der Untreuestrafbarkeit an privat-autonom gesetzte Regelungen *Baur/Holle* JR 2019, 181, 185; *Michalke* ZIS 2018, 334, 337; *Theile* JuS 2017, 913, 915.

315 *BGH* NStZ 2013, 165, 166 (Telekom-Spitzelaffäre); vgl StGB/*Fischer*[69] § 266 Rdn 60; *Wessing* NZG 2013, 491, 495; kritisch dazu SSW-StGB/*Saliger*[5] § 266 Rdn 39 (Verstoß gegen das Verschleifungsverbot) und *Cornelius* NZWiSt 2013, 166, 169 f (zudem Rückfall zum juristischen Vermögensbegriff wegen der Nichtberücksichtigung von Kompensationen).

316 Vgl *Michaelsen* S 157 „(...) Einschränkung des Pflichtenkreises (...) überspielt die Wertung der Primärrechtsordnung (...), dass Organmitglieder sich rechtstreu zu verhalten haben"; *dens* S 184 f; *Kraatz* ZStW 123 (2011), 447, 481; auch Graf/Jäger/Wittig/*Waßmer*[2] § 266 Rdn 110 „Denn aus der Verpflichtung, die Vermögensinteressen eines anderen wahrzunehmen, resultiert zugleich das Gebot, alle pflichtwidrigen, das Vermögen schädigenden Maßnahmen zu unterlassen". Auch Schönke/Schröder-StGB/*Perron*[30] § 266 Rdn 36 tritt ein für ein allgemeines Schädigungsverbot.

317 MünchKomm-StGB/*Dierlamm*[3] § 266 Rdn 47; auch aus der Perspektive einer (untreue-)strafrechtsspezifischen Definition der Vermögensbetreuungspflicht (vgl unter Rdn 40): MünchKomm-StGB/*Dierlamm/Becker*[4] § 266 Rdn 192; vgl auch *Dierlamm* in: FS Widmaier, 2008, S 607, 612; *dens* in: Lüderssen/Kempf/Volk (Hrsg) S 201, 204; *Corsten* wistra 2010, 206, 207; *Günther* in: FS Weber, 2004, S 311, 316 f; Achenbach/Ransiek/Rönnau-Handbuch Wirtschaftsstrafrecht/*Seier/Lindemann*[5] 5. Teil, 2. Kapitel Rdn 212; *Dittrich* S 192. Ablehnend *Ibold* S 138; SSW-StGB/*Saliger*[5] § 266 Rdn 36; *ders/Gaede* HRRS 2008, 57, 68.

318 BGHSt 55, 288, 300 f – „Siemens/AUB". Fortgeführt in *BGH* NZWiSt 2012, 33, 35; aus dem Schrifttum befürwortend Müller-Gugenberger-WirtschaftsStrR/*Hadamitzky*[7] Rdn 32.135a; *Saliger* ZIS 2011, 902, 909; SSW-StGB/*ders*[5] § 266 Rdn 36; Esser/Rübenstahl/Saliger/Tsambikakis-Wirtschaftsstrafrecht/*ders* § 266 Rdn 105; Schönke/Schröder-StGB/*Perron*[30] § 266 Rdn 19a; *M. Hoffmann* GmbHR 2010, 1150 (1151). Ablehnend noch *Saliger* HRRS 2006, 10, 22; *ders/Gaede* HRRS 2008, 57, 68; *Rönnau* in: FS Schünemann, 2014, S 676, 680; *Wostry* JuS 2018, 1138, 1140 sowie die in Fn 316 genannten Vertreter einer strikten Legalitätspflicht.

319 Vgl BVerfGE 126, 179, 220 mit Blick auf § 18 KWG; dagegen *Rönnau* in: FS Schünemann, 2014, S 676, 680 f.

320 *Ibold* S 137; *Michaelsen* S 157.

321 SSW-StGB/*Saliger*[5] § 266 Rdn 36; *Michaelsen* S 132 f.

322 AA *Michaelsen* S 157, 367.

323 Kritisch mit Blick auf eine hinreichend klare Abgrenzung zwischen unmittelbarem und mittelbarem (Fremd-)Vermögensschutz *C. Brand/Sperling* AG 2011, 233, 239 f; *Rönnau/C. Becker* JR 2017, 204, 207.

324 In diesem Sinne SSW-StGB/*Saliger*[5] § 266 Rdn 36.

ersten zwar jede Pflichtverletzung zu einem Vermögensnachteil führen kann –[325] dies ist das zutreffende Argument der Anhänger der Legalitätspflicht (vgl Rdn 47) –, zum zweiten, dass sowohl Wortlaut („**Vermögen**sinteressenswahrnehmungspflicht")[326] als auch – im konsequenten Verständnis – die verfassungsrechtlich begründete Restriktionsnotwendigkeit bei § 266 StGB[327] weitergehende Eingrenzungen ermöglichen und erfordern, sowie zum dritten, dass der Treugeber die Dispositionsbefugnis für eine Vielzahl von Handlungsmöglichkeiten überträgt, die seine Vermögensinteressen in einer unbestimmbaren Diversität vom Treunehmer frei zu bestimmender Zwecke betreffen können.[328] Bei der Bestimmung der Mittelbarkeit werden verschiedene Wege angeboten: Zum einen die sorgfältige Analyse des Schutzzwecks,[329] zum anderen die vom Treugeber autonom eingeräumten Dispositionsbefugnis –[330] durch das Abstellen auf die konkrete Übertragung im Rahmen des tatbestandsausschließenden Einverständnisses[331] und in Abgrenzung zur (straflosen) Beeinträchtigung bloßer Dispositionsfreiheit.[332] Nach meiner Einschätzung dürften beide Wege im Wesentlichen zum gleichen Ergebnis führen.

49 **(2) Identität von zu betreuendem und geschädigtem Vermögen/Vermögensbetreuungspflicht als Ausübung interner Machtposition (sog funktionaler Zusammenhang).** Nach Ansicht der **Rechtsprechung** muss die von dem Täter **konkret verletzte Pflicht auf den Pflichtenkreis zurückgehen**, der die hervorgehobene **Stellung des Täters für den Schutz des Vermögens des Treugebers begründet**.[333] Damit ist zunächst nur beschrieben, dass die konkrete Pflichtverletzung nicht weiter reichen kann als die die eingeräumte Vermögensbetreuungspflicht.[334] Darüber hinaus fordert die **Rechtsprechung** einen **inneren Zusammenhang** zwischen der Vermögensbetreuungspflicht und dem Handeln des Täters.[335] Nach Auffassung des **Schrifttums**[336] und eines **Teils der Rechtsprechung**[337] muss die Pflicht im **funktionalen Zusammenhang** zum Vermögensschutz stehen; verlangt ist die **signifikante Ausübung der internen Machtstellung des Treunehmers**.[338] Diese ist gegeben, wenn die eigenverantwortliche fremdnützige Machtposition dem Treunehmer die Pflichtverletzung **inhaltlich ermöglicht**, **erleichtert** oder **in**

---

325 Vgl *C. Brand/Sperling* AG 2011, 233, 237 f; *C. Brand* JR 2011, 400, 402.

326 Vgl *Ibold* S 137.

327 Vgl zur sog „gravierenden" Pflichtverletzung BVerfGE 126, 170, 211.

328 Vgl *Ibold* S 138.

329 SSW-StGB/*Saliger*[5] § 266 Rdn 37.

330 Vgl *Bittmann* NStZ 2012, 57, 59 „Der Bestellungsakt (...) bestimmt den Pflichtenkreis.".

331 In diesem Sinne auch *Krell* NStZ 2014, 62, 65 f.

332 Vgl *Ibold* S 141 ff.

333 Vgl *BGH* JR 1983, 515 f; *BGH* wistra 1986, 256; *BGH* NJW 1988, 2483, 2485; BGHSt 47, 295, 297; *BGH* NJW 2013, 1615; *BGH* NJW 2016, 2585, 2599 (in BGHSt 61, 48 insoweit nicht abgedruckt) (Nürburgringverfahren); BGHSt 62, 288, 301; *OLG Hamm* NJW 1973, 1809, 1810 f.

334 Vgl SSW-StGB/*Saliger*[5] § 266 Rdn 44; vgl Lackner/Kühl-StGB/*Heger*[29] § 266 Rdn 15; MünchKomm-StGB/*Dierlamm*/*Becker*[4] § 266 Rdn 206. Vgl auch *Schünemann* (2017) Rdn 118; Müller-Gugenberger-WirtschaftsStrR/*Hadamitzky*[7] Rdn 32.134 (dort als Pflichtwidrigkeitszusammenhang bezeichnet).

335 *BGH* NStZ 1991, 432, 433 mwN; *BGH* wistra 2013, 104; *BGH* NStZ 2023, 351, 352.

336 Vgl *Tiedemann* in: FS Tröndle, 1989, S 319, 327; *Rönnau/Hohn* NStZ 2004, 113, 114; *Kubiciel* NStZ 2005, 353, 354 f; *Kraatz* ZStW 123 (2011), 447, 472 f; *Bosch/Lange* JZ 2009, 225, 227; *Schlösser/Dörfler* wistra 2007, 326, 329; *Dittrich* S 191 f; Schönke/Schröder-StGB/*Perron*[30] § 266 Rdn 23a; Momsen/Grützner-WirtschaftsStStrR/*Schramm*[2] § 266 Rdn 99; *Wostry* JuS 2018, 1138, 1140.

337 Vgl BGHSt 56, 203, 213 (Kölner Parteispendenaffäre); *LG Düsseldorf* NJW 2004, 3275, 328 (Mannesmann/Vodafone) „Die vorgeworfene Pflichtverletzung muss in einem funktionalen Zusammenhang mit dem Aufgabenkreis stehen, der sich als ‚Wahrnehmung fremder Vermögensinteressen' darstellt und von dieser deshalb wesentlich mitgeprägt ist".

338 *Saliger* HRRS 2006, 10, 18; SSW-StGB/*ders*[5] § 266 Rdn 46; Esser/Rübenstahl/Saliger/Tsambikakis-Wirtschaftsstrafrecht/*ders* § 266 Rdn 45; auch *Burkhardt* NJW 1973, 2190; *Michaelsen* S 132 ff; dagegen *Schünemann* (2017) Rdn 120 Die Unterscheidung zwischen allgemeinem und besonderem Vertrauen finde auf der Tatbestandsebene des § 266 StGB keinen Anknüpfungspunkt.

sonstiger Weise maßgeblich gefördert hat; Indiz dafür ist insbesondere die **Überwindung von Schutzmechanismen mit Hilfe der Machtposition als Leitungsorgan.**[339] Im Rahmen der Organuntreue dürften alle diese Voraussetzungen in der Regel erfüllt sein.[340]

cc) Gravierende Pflichtverletzung

(1) Rechtsprechung. In der **Rechtsprechung des** BGH findet das Merkmal der **gravierenden Pflichtverletzung** nicht uneingeschränkt Anwendung. Das *BVerfG* hat ihm mit Blick auf die Vermögensbetreuungspflichtverletzung eine tatbestandsbegrenzende Funktion zugesprochen und es in dieser Zweckrichtung verfassungsrechtlich anerkannt.[341] Es handelt sich um ein (auch in der jüngeren) Rechtsprechung des *BGH* insbesondere für den Bereich des der unternehmerischen Entscheidungen mit Handlungsspielraum anerkanntes, aber auch **über diesen Bereich hinaus anwendbares**[342] **Merkmal allgemeiner Tatbestandsrestriktion,**[343] dessen **terminologische Ausprägung und dogmatische Konturierung jedoch noch unklar** sein dürften.[344] Insbesondere stellt sich die Frage, ob dem strafrechtlichen Erfordernis der gravierenden Pflichtverletzung unter Zugrundelegung strenger **Zivilrechtsakzessorietät** lediglich die Umschreibung der Überschreitung zivilrechtlicher Ermessensgrenzen zukommt.[345] 50

Der *1. Strafsenat* hatte in dem grundlegenden Urteil zur **Bankenuntreue „Kreditvergabe II"** 51 die Pflichtwidrigkeit ausdrücklich auf die **gravierende Verletzung banküblicher Informations- und Prüfungspflichten** gestützt.[346] In einer weiteren Entscheidung des *1. Strafsenats* aus dem Jahre 2001 zur **Untreue durch Unternehmensspenden (Sponsoring) „SSV Reutlingen"** ist das Merkmal der gravierenden Pflichtverletzung als **Überschreitung der Grenzen unternehmerischen Ermessens** konkretisiert worden:[347] Danach besitzt der Vorstand der AG mit Blick auf Sponsoring einen weiten, an die allgemeine Sorgfaltspflicht des Geschäftsleiters aus §§ 76 Abs 1, 93 Abs 1 AktG aF angelehnten Ermessensspielraum,[348] der nur dann verlassen wird, wenn in einer Gesamtschau gesellschaftsrechtliche Indizien (sämtlich) erfüllt seien, nämlich fehlende Nähe zum Unternehmensgegenstand, Unangemessenheit im Hinblick auf die Ertrags- und Vermögenslage,[349] fehlende innerbetriebliche Transparenz und das Vorliegen sachwidriger Motive, namentlich die Verfolgung persönlicher Präferenzen.[350] Der *3. Strafsenat* hat im **„Mannesmann/Vodafone"**-Urteil dem Merkmal der gravierenden Pflichtverletzung hingegen keine eigenständige Bedeutung zuerkannt, sondern dieser Figur lediglich die Funktion einer Ausgestaltung des Beurteilungs- und Ermessensspielraums zugesprochen, ohne den risikobehaftete unternehmerische Entscheidungen

---

339 *Saliger* HRRS 2006, 10, 18; SSW-StGB/*ders*[5] § 266 Rdn 46; Esser/Rübenstahl/Saliger/Tsambikakis-Wirtschaftsstrafrecht/*ders* § 266 Rdn 45; *Kraatz* ZStW 123 (2011), 447, 473; auch *Burkhardt* NJW 1973, 2190; *Michaelsen* S 133.

340 *Michaelsen* S 134.

341 Vgl BVerfGE 126, 170 (211).

342 Vgl die Nachweise aus der Rechtsprechung in Fn 359.

343 Vgl MünchKomm-StGB/*Dierlamm/Becker*[4] § 266 Rdn 204; *Eidam* NStZ 2016, 603; SSW-StGB/*Saliger*[5] § 266 Rdn 48; **aA** *Schünemann* (2017) Rdn 111, 117 „(spielt) in der Rechtsprechung der letzten Jahre keine besondere Rolle mehr".

344 Deshalb insgesamt ablehnend: *Ginou* S 180 f.

345 In diesem Sinne *Schünemann* NStZ 2005, 473, 476; *ders* NStZ 2006, 196, 199.

346 Vgl BGHSt 47, 148, 150, 152 (Kreditvergabe II).

347 Vgl BGHSt 47, 187, 195 (SSV Reutlingen).

348 Die so. Business Judgment Rule wurde in Umsetzung des in der „ARAG/Garmenbeck"-Rechtsprechung des *II. Zivilsenats* des *BGH* formulierten unternehmerischen Handlungsspielraums (vgl BGHZ 135, 244, 253 f) im Rahmen des Gesetzes zur Unternehmensintegrität und Modernisierung des Anfechtungsrechts (UMAG) im Jahre 2005 in § 93 Abs 1 Satz 2 AktG kodifiziert: Danach liegt eine Pflichtverletzung nicht vor, wenn das Vorstandsmitglied bei einer unternehmerischen Entscheidung vernünftigerweise annehmen durfte, auf der Grundlage angemessener Information zum Wohle der Gesellschaft zu handeln. Vgl zur Geschichte und zum Verständnis der Business Judgment Rule: *Baur/Holle* AG 2017, 597 ff.

349 Kritisch *Schünemann* NStZ 2005, 473, 476 „pure Klassenjustiz"; *Saliger* HRRS 2006, 10, 19 f.

350 BGHSt 47, 187, 197 (SSV Reutlingen).

nicht möglich seien, und ihr die Klarstellung zugeschrieben, dass nicht jeder Pflichtenverstoß bereits eine Pflichtverletzung iS des § 266 Abs 1 StGB begründe.[351] Der *1. Strafsenat* hat in seiner **„Kinowelt"**-Entscheidung zwar das Merkmal gravierend auf die weit zu ziehenden Grenzen unternehmerischen Entscheidungsermessens bezogen,[352] jedoch die streitige Frage, ob sich das Merkmal „gravierend" auf das Tatbestandsmerkmal der Verletzung der Vermögensbetreuungspflicht zu beziehen habe[353] oder vielmehr allein auf die Verletzung der dem Treueverhältnis zugrunde liegenden außerstrafrechtlichen Pflichten,[354] nicht klar entschieden; vielmehr wird in dieser Entscheidung nicht deutlich, ob dem Merkmal der „gravierenden" Pflichtverletzung eine über die bloße Ermessensüberschreitung bei unternehmerischen Entscheidungen hinausgehende konstitutive Bedeutung zukommt.[355] Im **„Trienekens"**-Urteil ist die eine schwarze Kasse verschleiernde Buchführung als gravierender Pflichtenverstoß vom *2. Strafsenat* anerkannt worden.[356] Das *BVerfG* hat gegen den Einwand, dass sich eine „gravierende" Pflichtverletzung dem Wortlaut des § 266 StGB nicht entnehmen ließe,[357] dem Merkmal die eigenständige Eignung der notwendigen Begrenzung und Konturierung des Untreuetatbestands attestiert.[358] Dieser vom *BVerfG* gelenkte Fokus auf die tatbestandsbegrenzende Funktion der Rechtsfigur **erweitert ihren Anwendungsbereich über die Fälle unternehmerischer Ermessensentscheidungen hinaus**;[359] zudem finden in der nachfolgenden Rechtsprechung des *BGH* die das Institut der „gravierenden" Pflichtverletzung umschreibenden Begriffe des *BVerfG* – „klare und deutliche (evidente) Fälle", „evidente und schwerwiegende Verstöße"[360] – Gebrauch:[361] Beispielsweise verwendete der *5. Strafsenat* im **„I.B. GmbH"**-Urteil mit Blick auf die Übernahme von Mietgarantien zu Lasten einer GmbH die genannten Begriffe des *BVerfG*.[362] Zudem hat der *3. Strafsenat* in seinem Beschluss zum **„Nürburgringverfahren"** die **Business Judgment Rule** in § 93 Abs 1 Satz 2 AktG (**BJR**) unter Hinweis auf die Rechtsprechung des *II. Zivilsenats*[363] **auch als Maßstab für das Handeln des Geschäftsführers einer GmbH angesehen** und ihre Verletzung als „gravierend im Sinne der zur Ausformung des Pflichtwidrigkeitsmerkmals der Untreue entwickelten Rechtsprechung" anerkannt.[364] Schließlich

351 BGHSt 50, 331, 344 (Mannesmann/Vodafone); dagegen explizit *OLG Hamm* NStZ-RR 2012, 374.

352 Vgl *BGH* NJW 2006, 453, 454 f (Kinowelt); auch *OLG Braunschweig* NJW 2012, 3798, 3780.

353 So das erstinstanzliche und im Zuge der Revision aufgehobene „Mannesmann/Vodafone"-Urteil des *LG Düsseldorf* NJW 2004, 3275, 3283.

354 So BGHSt 50, 331, 344 (Mannesmann/Vodafone).

355 Vgl *Schünemann* NStZ 2006, 196, 198; NK-StGB/*Kindhäuser*[5] § 266 Rdn 75b.

356 Vgl BGHSt 55, 266, 276 (Trienekens).

357 *Schünemann* NStZ 2005, 473, 475; vgl auch *Ibold* S 134.

358 Vgl BVerfGE 126, 170, 211.

359 Im Beschluss des *1. Strafsenats* des *BGH* zur „Kölner Parteispendenaffäre" wurde die **fehlerhafte Verbuchung von Parteispenden** als gravierende Pflichtverletzung angesehen und damit der Anwendungsbereich dieses Instituts zum ersten Mal über den unternehmerischen Entscheidungsbereich hinaus erweitert, vgl BGHSt 56, 203, 213, ebenso im Urteil „Konzept ‚Wahlsieg 2016'" (**gesetzwidrige Verwendung des Vermögens einer Landtagsfraktion**), wobei der *3. Strafsenat* sich auf die umschreibenden Formulierungen des *BVerfG* (vgl Fn 360) stützt (Verletzung „in klarer, evidenter und schwer wiegender Weise", BGHSt 60, 94, 106 (Konzept ‚Wahlsieg 2006')). Ferner findet das Institut der gravierenden Pflichtverletzung Anwendung auf Fälle der **Haushaltsuntreue**: Hier weist der *4. Strafsenat* die Nichtannahme der Voraussetzung einer gravierenden Pflichtverletzung durch die Tatsacheninstanz zurück, vgl *BGH* wistra 2016, 311, 312; *BGH* wistra 496 f; vgl auch den *5. Strafsenat*, BGHSt 64, 246, 249. Mit dem Beschluss des *4. Strafsenats* vom 16.8.2016 wird die Rechtsfigur auf die **vertragsärztliche Vermögensbetreuungspflicht** bei Heilmittelverordnung bezogen, vgl *BGH* NJW 2016, 3253, 3256; kritisch insoweit zur Annahme einer Vermögensbetreuungspflicht *Wengenroth/Wallerstorfer* NZWiSt 2017, 157, 159 f.

360 BVerfGE 126, 170, 210, 218.

361 Gegen diese Gleichsetzung Graf/Jäger/Wittig/*Waßmer*[2] § 266 Rdn 94b.

362 Vgl *BGH* NStZ 2013, 715 (I.B. GmbH) „klar und evident".

363 Vgl BGHZ 152, 280, 284.

364 BGHSt 61, 48, 65 (Nürburgringverfahren); auch *BGH* wistra 2021, 324, 325; nach dem letztgenannten Beschluss sowie *BGH* NZG 2021, 748, 749 und wohl auch *C. Brand/Goll* NZG 2021, 751, 752 wird durch den Verstoß gegen die BJR, etwa die Entscheidung auf unzulänglicher Tatsachengrundlage, die Pflichtverletzung lediglich indiziert; kritisch insonimmt der *5. Strafsenat* in seinem Urteil **„HSH Nordbank"** bei einem Verstoß gegen § 93 Abs 1 Satz 1 AktG „stets eine ‚gravierende' bzw ‚evidente' Pflichtverletzung" an, wobei die Überschreitung der Grenzen des „sicheren Hafens" der **BJR** in § 93 Abs 1 Satz 2 AktG diese Pflichtwidrigkeit indiziere; angesichts des eingeräumten weiten unternehmerischen Entscheidungsspielraums sei dann für eine gesonderte Prüfung der Pflichtverletzung als „gravierend" bzw „evident" kein Raum.[365] Andererseits hat der *5. Strafsenat* mit Urteil vom 3.3.2022 eine Treupflichtverletzung „wegen der im Vergleich zum verfolgten Zweck unangemessenen Höhe der Ausgaben, der Verletzung von Informations- und Mitteilungspflichten und der erheblichen Überschreitung seiner Entscheidungsbefugnisse" auch als „gravierend" angenommen,[366] ohne insoweit eine gesonderte Prüfung durchgeführt zu haben. Damit hängt der *5. Strafsenat* – wie auch der *3. Strafsenat* in seinen Entscheidungen zu **„Mannesmann/Vodafone"** und zum **„Nürburgringverfahren"** – einem zivilrechtsakzessorischen Verständnis der „gravierenden" Pflichtverletzung an,[367] da aus dem gesellschaftsrechtlichen Pflichtenverstoß die strafrechtliche Pflichtwidrigkeit im Sinne von § 266 StGB gefolgert wird.

(2) Schrifttum (Unternehmerische) Entscheidungen mit Handlungsspielraum. Mit *Saliger* lassen sich in der Literatur – kompetent, auch die richterrechtliche Rechtsfigur der „gravierenden Pflichtverletzung" kategorial zu erfassen – **mit Blick auf (im Wesentlichen unternehmerische) Entscheidungen mit Handlungsspielraum** drei Konstellationen unterscheiden,[368] nämlich die **„zivilrechtsakzessorische Schweretheorie"**[369] und ferner – **im Rahmen der herrschenden, zweistufigen Auffassung einer limitierten bzw asymmetrischen Akzessorietät** (vgl Rdn 41) – die **„indizienbasierte strafrechtsautonome Schweretheorie"**[370] und die **„nicht indizienbasierte strafrechtsautonome Schweretheorie"**.[371] Während die zivilrechtsakzessorische Schweretheorie den bloßen gesellschaftsrechtlichen Pflichtenverstoß ausreichen lassen will und daher keine weiteren strafrechtlichen Filter mehr vorsieht, verlangen die strafrechtsautonomen Auffassungen zusätzlich zur gesellschaftsrechtlichen Pflichtwidrigkeit eine spezifische strafrechtliche Bewertung, entweder – wie im Urteil **„SSV Reutlingen"** – über marktsegmentspezifisch definierte Indizi- 52

---

weit (Verstöße gegen banküblich Informations- und Prüfungspflichten begründen die Pflichtverletzung) *BGH* ZIP 2009, 1854, 1857 (WestLB/Sengera).

365 *BGH* NStZ 2017, 227, 230 (HSH Nordbank); so auch der *6. Strafsenat*, NStZ 2023, 352, 353 (Betriebsratsvergütungen). Letztlich dürfte es sich bei der Vorgehensweise aber um eine verkappte zweistufige Prüfung handeln (erster Schritt: § 93 Abs 1 Satz 2 AktG, zweiter Schritt: § 93 Abs 1 Satz 1 AktG).

366 Vgl *BGH* BeckRS 2022, 4548.

367 Zutreffend *C. Becker* NStZ 2017, 232, 233.

368 Vgl SSW-StGB/*Saliger*[5] § 266 Rdn 49 f.

369 Vgl *Beckemper* NStZ 2002, 324, 326; im Grundsatz wohl auch *Bittmann* wistra 2013, 1, 7 f, strafrechtsautonome „Filterfunktion" nur bei Fehlen zivilrechtlicher Rechtsmäßigkeitskriterien, welche kleinere Verstöße aussortieren würden; *dens* wistra 2017, 121, 123; *Gündel* CB 2015, 397, 399; *Radtke/M. Hoffmann* GA 2008, 535, 544; *Vogel/Hocke* JZ 2006, 568, 570; *M. Hoffmann* (2010) S 32 f, 54; *Murmann* Jura 2010, 561, 565; *Böse* Jura 2011, 617, 622; *Kraatz* JR 2011, 434, 437; *Michaelsen* S 173 ff; *Rönnau/C. Becker* JR 2017, 204, 209; Schönke/Schröder-StGB/*Perron*[30] § 266 Rdn 19b; Graf/Jäger/Wittig/*Waßmer*[2] § 266 Rdn 94a f.

370 Vgl MünchKomm-StGB/*Dierlamm*[3] § 266 Rdn 175 ff; *Gehrlein* NZG 2002, 463, 464; *Wollburg* ZIP 2004, 646, 656 ff; *Kiethe* NStZ 2005, 529, 531; *Matt* NJW 2005, 389, 390; Matt/Renzikowski-StGB/*dens*[2] § 266 Rdn 79 f; *Krause* StV 2006, 307, 308; *Ransiek* NJW 2006, 814; *Wessing/Krawczyk* NZG 2010, 1121, 1123; *C. Schröder* NJW 2010, 1169, 1171; *Stam* JR 2017, 432, 441 f; *Buchholz* StV 2019, 36, 37.

371 Vgl *Hohn* wistra 2006, 161, 162; *Kubiciel* NStZ 2005, 353, 360; *Kutzner* NJW 2006, 3541, 3543; Momsen/Grützner-WirtschaftsStStrR/*Schramm*[2] § 266 Rdn 56; mit Argumenten auch für die zivilrechtsakzessorische Sichtweise *Rönnau* NStZ 2006, 218, 219f; *ders* ZStW 119 (2007), 887, 917; *Rönnau/Hohn* NStZ 2004, 113, 118; *Helmrich/Eidam* ZIP 2011, 257, 260; SSW-StGB/*Saliger*[5] § 266 Rdn 50; *ders* HRRS 2006, 10, 19 f; *Theile* ZIS 2011, 616, 626; *Leimenstoll* StV 2017, 394, 395; *Tiedemann* in: FS Tröndle, 1989, S 319, 328; Wirtschaftsstrafrecht/*Wittig*[5] § 20 Rdn 45; BeckOK-StGB/*dies*[58] § 266 Rdn 22. *Leite* GA 2018, 580, 587 ff schlägt in Anlehnung an das Evidenzkriterium eine Tatbestandsrestriktion bei „risikominimierenden Risikogeschäften" in Krisensituationen vor.

en oder aber über das **Abstraktum der Evidenz bzw der eindeutigen Unvertretbarkeit** der zuvor festgestellten Gesellschaftsrechtswidrigkeit.[372] Gegen diese Zweistufigkeit wird wiederum von der – einstufigen, „reinen" – strafrechtsautonomen Lehre (Rdn 41) eingewandt, dass der Grundsatz der Akzessorietät vor der hypertrophen Aufgabe stehe, einen umfassenden vorgelagerte Pflichtenkatalog zu postulieren,[373] deren außerstrafrechtlichen Pflichtwidrigkeitsbestimmungen höchst unbestimmt seien, und daher gesetzlich nicht vorgegebener Einschränkungen – durch etwa das Gravitätserfordernis – bedürfen.[374]

53 Die og Rechtsprechung lässt sich diesen Kategorien zuordnen: Die Urteile des *1. Strafsenats* **„Kreditvergabe II"**[375] und **„SSV Reutlingen"**[376] sowie das LG Düsseldorf **„Mannesmann/Vodafone"**[377] entsprechen der zweiten Auffassung, während das **„Kinowelt"**-Urteil des *1. Strafsenats*[378] der drittgenannten Ansicht zuneigen dürfte.[379] Das **„Mannesmann/Vodafone"**-Urteil des *3. Strafsenats*[380] folgt hingegen der zivilrechtsakzessorischen Sichtweise; Gleiches gilt für die Entscheidungen **„Nürburgringverfahren"**[381] und **„HSH Nordbank"**.[382]

54 **(3) Bewertung.** Die **zivilrechtsakzessorische Sichtweise** findet ihre Rechtfertigung im Wesentlichen darin, dass bei unternehmerischen Entscheidungen bereits das Zivilrecht den Akteuren aufgrund der Besonderheiten unternehmerischen Handelns, das in den meisten Fällen risikobehaftet ist, insbesondere über die **BJR** einen weit gesteckten Ermessensspielraum eröffnet, innerhalb dessen das Handeln – gesellschaftsrechtlich – pflichtenkonform ist, sodass es einer zweiten strafrechtlichen Prüfungsstufe nicht bedarf.[383] Zudem ist dieser Auffassung darin Recht zu geben, dass für eine Pflichtwidrigkeit jenseits der Vorgaben des Gesellschaftsrechts darüber hinausgehende oder daneben stehende originär strafrechtliche Aspekte schwer denkbar sind.[384] Die **BJR** in § 93 Abs 1 Satz 2 AktG trennt dabei zwischen den beiden Ebenen des Erfordernisses angemessener Information und der sich anschließenden Abwägungsentscheidung zum Wohle der Gesellschaft.

---

372 Vgl SSW-StGB/*Saliger*[5] § 266 Rdn 50; *Rönnau* in: FS Samson, 2010, S 423, 435; *Tiedemann* in: FS Tröndle, 1989, S 319, 328.

373 MünchKomm-StGB/*Dierlamm/Becker*[4] § 266 Rdn 179.

374 *Schünemann ders* (2017) Rdn 43; *ders* ZIS 2012, 183, 188 ff; NStZ 2005, 473, 476 sieht daher auf Basis seiner **„Theorie des Garantensonderdelikts"** die „gravierende Pflichtverletzung" als Frage des Schutzzweckzusammenhangs zwischen Verletzungshandlung und Schaden und somit als Teil der objektiven Zurechnung; vgl dazu auch *dens* NStZ 2006, 196, 199; (2017) Rdn 113 f; *Dittrich* S 217 f (ebenfalls unter Hinweis auf den Bereich der objektiven Zurechnung).

375 BGHSt 47, 148, 150 (Kreditvergabe II).

376 BGHSt 47, 187, 197) (SSV Reutlingen).

377 *LG Düsseldorf* NJW 2004, 3275, 3283.

378 *BGH* NJW 2006, 453, 454 f (Kinowelt).

379 Dies jedenfalls dann, wenn in der Passage „Werden hingegen die – weit zu ziehenden – äußersten Grenzen unternehmerischer Entscheidungsfreiheit überschritten und damit eine Hauptpflicht gegenüber dem zu betreuenden Unternehmen verletzt, so liegt eine Verletzung gesellschaftsrechtlicher Pflichten vor, die so gravierend ist, dass sie zugleich eine Pflichtwidrigkeit iS von § 266 StGB begründet (...)" (*BGH* NJW 2006, 453, 454 f) das Wort „damit" in einem konditionalen Sinne verstanden wird, vgl *Schünemann* NStZ 2006, 196, 198; *Kudlich/Oğlakcıoğlu*[2] Rdn 359 in Fn 722. Für ein konsekutives Verständnis dieses Wortes und damit eine zivilrechtsakzessorische Interpretation der „Kinowelt"-Entscheidung des *BGH*: *Kutzner* NJW 2006, 3541, 3542 f.

380 BGHSt 50, 331, 344 (Mannesmann/Vodafone).

381 BGHSt 61, 48, 65 (Nürburgringverfahren).

382 *BGH* NStZ 2017, 227, 230 (HSH Nordbank).

383 In seiner „HSH Nordbank"-Entscheidung kritisiert der *BGH* zwar die zweistufige Prüfung im Urteil des *LG Hamburg*, vgl *BGH* NStZ 2017, 227, 229 f (HSH Nordbank); jedoch soll ein Verstoß gegen die Informationspflichten aus der BJR (§ 93 Abs 1 Satz 2 AktG) eine Pflichtverletzung nach § 93 Abs 1 Satz 1 AktG lediglich indizieren, womit ein pflichtgemäßes Handeln im Sinne der letztgenannten Vorschrift noch möglich wäre, vgl *BGH* NStZ 2017, 227, 230 (HSH Nordbank); SSW-StGB/*Saliger*[5] § 266 Rdn 47 sieht darin zu Recht eine Relativierung des Unterschieds zur strafrechtsautonomen Sichtweise.

384 Zutreffend *Radtke/M. Hoffmann* GA 2008, 535. 544.

Kritisch ist einzuwenden, dass das Argument des (gesellschafts- und strafrechtlichen) Pflichtengleichlaufs nur dann durchsteht, wenn man innerhalb der ersten Stufe des gesellschaftsrechtlichen Pflichtenprogramms – der **Informationspflicht des Handelnden** – den Akteuren ebenfalls einen weiten Ermessensspielraum zugestehen würde. Das ist jedenfalls der Ausgangspunkt des *5. Strafsenats* in dem Urteil **„HSH Nordbank"**, nach dem – ohne Auseinandersetzung mit der zivilrechtlichen Judikatur zu dieser Frage – auch für die Verletzung von Informationspflichten es nicht ausschlaggebend sei, ob die Entscheidung tatsächlich auf der Basis angemessener Informationen erfolgte, sondern es ausreiche, dass der Vorstand dies vernünftigerweise annehmen durfte.[385] Auf die Entscheidung HSH-Nordbank nimmt der *3. Strafsenat* in seinem Urteil vom 10.2.2022 ausdrücklich Bezug und führt des Weiteren aus, dass es „notwendig, aber auch ausreichend (sei, *d.V.*), dass sich der Vorstand eine unter Berücksichtigung des Faktors Zeit und unter Abwägung der Kosten und Nutzen weiterer Informationsgewinnung ‚angemessene' Tatsachenbasis verschafft; (...) Dem Vorstand steht danach letztlich ein dem konkreten Einzelfall angepasster Spielraum zu, den Informationsbedarf zur Vorbereitung seiner unternehmerischen Entscheidung selbst abzuwägen.".[386] Unstreitig dürfte dabei zwar noch das Abstellen auf die **ex-ante-Sicht des Entscheiders** sein,[387] die es einem (Zivil-)Gericht verwehrt, ein „full blown second guessing" des Entscheidungsprozesses vorzunehmen.[388] **Gesellschaftsrechtlich nicht abschließend geklärt ist jedoch die Kontrolldichte der angemessenen Informationsgrundlage**:[389] Insoweit postuliert in Richtung einer **prozeduralen Richtigkeitsgewähr** die Rechtsprechung des *II. Zivilsenats*, „dass das unternehmerische Handeln auf einer sorgfältigen Ermittlung der Entscheidungsgrundlagen beruht; das erfordert, dass er (der Geschäftsführer einer GmbH, *d.V.*) in der konkreten Entscheidungssituation alle verfügbaren Informationsquellen tatsächlicher und rechtlicher Art ausschöpft und auf dieser Grundlage die Vor- und Nachteile der bestehenden Handlungsoptionen sorgfältig abschätzt und den erkennbaren Risiken Rechnung trägt",[390] was einem weiten Ermessensspielraum widersprechen dürfte. Im gesellschaftsrechtlichen Schrifttum ist diese Frage umstritten: Während *Altmeppen* – contra legem – gar auf eine **Objektivierung des Maßstabs** abstellt,[391] nehmen andere Stimmen an, dass der Erkenntnisbereich (Informationsgrundlage) einer strengeren Kontrolle zu unterwerfen sei als der Handlungsbereich (Entscheidung zum Wohle der Gesellschaft) iS der **Notwendigkeit einer Plausibilitätskontrolle**,[392] und schließlich beschränkt sich eine dritte Ansicht auf die **bloße Evidenzkontrolle** der informationsrechtlichen BJR.[393] Mögen die Differenzen zwischen der zweit- und drittgenannten Ansicht im Einzelfall marginal sein, steht jedoch fest, dass die Rechtsprechung des *II. Zivilsenats* eine deutlich strengere Auffassung zur Kontrolldichte der informationsrechtlichen BJR vertritt als die *Strafsenate*, und dass des Weiteren im gesellschaftsrechtlichen Schrifttum eine herrschende Ansicht nicht zu erkennen ist. Vor diesem Hintergrund kann nicht akzessorisch-kohärent zu Grunde gelegt werden, auf Ebene der Informationspflichtver-

385 *BGH* NStZ 2017, 227. 230 f (HSH Nordbank); ähnlich wohl *BGH* NJW 2006, 453, 455 (Kinowelt) „Eine weiter reichende, bis ins Einzelne gehende und nur mit hohem Aufwand zu erstellende Abschätzung des Geschäftsverlaufs war von ihm (dem Angeklagten, *d.V.*) nicht zu verlangen.".

386 *BGH* wistra 2022, 294, 296.

387 Henssler/Strohn-GesR/*Dauner-Lieb*[5] § 93 AktG Rdn 22.

388 BeckOGK/*H. Fleischer* § 93 AktG Rdn 93.

389 Vgl *Esser* NZWiSt 2018, 201, 206 f.

390 Vgl *BGH* NJW 2008, 3361; vgl auch BGHZ 197, 304, 314.

391 Vgl Altmeppen[10] § 43 Rdn 9, nach dem – unter Verweis auf *Goette* ZGR 2008, 436, 447 f, § 93 Abs 1 Satz 2 AktG richtigerweise lauten müsse „Eine Pflichtverletzung liegt nicht vor, wenn das Vorstandsmitglied bei einer unternehmerischen Entscheidung auf der Grundlage angemessener Information vernünftigerweise annehmen durfte, zum Wohle der Gesellschaft zu handeln".

392 Vgl *Baur/Holle* AG 2017, 597, 598 f mwN, 606; *dies* JR 2019, 181, 183 mwN in Fn 19; BeckOGK/*H. Fleischer* § 93 AktG Rdn 94; AktG/*Koch*[16] § 93 Rdn 45; *Goette* in: FS 50 Jahre BGH, 2000, S 123, 140 f.

393 Vgl *Bachmann* NZG 2013, 1121, 1124; *ders* in: FS Stilz, 2014, S 25, 41 f; *Bosch/Lange* JZ 2009, 225, 231, 233; Henssler/Strohn-GesR/*Dauner-Lieb*[5] § 93 AktG Rdn 22; Großkomm-AktG/*Hopt/Roth*[5] § 93 Rdn 102 f; *Pfertner* S 64 ff; wohl auch K. Schmidt/Lutter-AktG/*Krieger/Sailer-Coceani*[3] § 93 Rdn 17.

letzung sei im Strafrecht privilegierter Raum für allgemeine Ermessenserwägungen.[394] Würde sich umgekehrt die Strafrechtsprechung in einem zivilrechtsakzessorischen Ansatz also der engeren gesellschaftsrechtlichen Auffassung im Informationsbereich der BJR anschließen, müsste sich das Verständnis des *5. Strafsenats*, im Falle einer gesellschaftsrechtlichen Informationspflichtverletzung eine weitere strafrechtliche Prüfung unterlassen zu können, zu einer Gefährdung des ultima-ratio-Grundsatzes auswachsen.[395] Eine Abhängigkeit von einem präjudizierenden Gesellschaftsrecht, das durch volatiles Richterrecht sein Gepräge erhält, dürfte zudem kaum einer gefestigten Kasuistik[396] im Sinne einer „fallgruppenspezifischen Obersatzbildung"[397] entsprechen und begründete daher die Gefahr des Verstoßes gegen das Analogieverbot.[398] Die **zivilrechtsakzessorische Sichtweise** ist daher **abzulehnen**. Zwar ist wegen der grundsätzlichen Akzessorietät (Rdn 41) jedenfalls von einem Ausgangspunkt der das Strafrecht präjudizierenden zivil- bzw gesellschaftsrechtlichen Wertungen auszugehen. Doch verlangt das Strafrecht nach einem eigenen Filter.[399] Dem liegt das Grundverständnis der sog **asymmetrischen Akzessorietät** zu Grunde, nach dem ein Verhalten, das im Zivilrecht verboten ist, gleichwohl ohne Strafe bleiben kann, insbesondere weil zusätzliche Voraussetzungen im Hinblick auf die Schwere der Sanktion zu fordern sind (vgl Rdn 41).[400] Innerhalb der strafrechtsautonomen Betrachtungsweise ist eine weitgehende Freiheit von zivilrechtlich geprägten Indizien vorzuziehen, wofür bereits der Einwand der mit Blick auf spezifische ökonomische Bereiche sektoralen Begrenztheit von Indizienkatalogen spricht. Soweit *Dierlamm* jedenfalls für unternehmensbezogene Sachverhalte die vier übergeordneten Leitkriterien der Unangemessenheit im Hinblick auf die Ertrags- und Vermögenslage des Unternehmens, der Verletzung von Informations- und Mitteilungspflichten, des Vorliegens sachwidriger Motive und der Überschreitung von Entscheidungsbefugnissen entwickelt hat, die im Rahmen einer Gesamtabwägung zu bewerten sein sollen,[401] ist das Bewertungsverhältnis der einzelnen Topoi zueinander unklar. Zutreffend ist zwar, dass das im Rahmen der „nicht indizienbasierte strafrechtsautonome Schweretheorie" bemühte Evidenzkriterium[402] die Problematik nicht handhabbarer macht, ebenso, dass mit ihm lediglich ein intuitiver, jedoch keinesfalls ein analytischer Zugang eröffnet ist.[403] Das ändert jedoch nichts an der Notwendigkeit einer strafrechtsautonomen und von starren Indizien unabhängigen Filterung, welche allein die strafunrechtskonstitutive ultima ratio der Kriminalstrafe wahren kann.[404] Die **„nicht indizienbasierte strafrechtsautonome Schweretheorie"** ist daher **der indizienbasierten Variante trotz gewisser Unschärfen vorzuziehen**. Dabei ist zu beachten, dass Vertreter der strafrechtsautonomen Schweretheorie letztlich

394 So auch der *BGH* zur Bankenuntreue durch Kreditvergabe: „Handlungs- und Beurteilungsspielräume bestehen somit nur auf der Grundlage sorgfältig erhobener, geprüfter und analysierter Informationen", *BGH* ZIP 2009, 1854, 1857 (WestLB/Sengera).

395 *Baur/Holle* ZIP 2017, 555, 558 f.

396 Vgl BVerfGE 26, 41, 43; BVerfGE 45, 363, 371f; BVerfGE 48, 48, 56f; BVerfGE 86, 288, 311; BVerfGE 87, 209, 226 f; BVerfGE 92, 1, 18.

397 BVerfGE 126, 170, 210.

398 *Baur/Holle* ZIP 2017, 555, 557 f; vgl zur entsprechenden Gefahr bei der Bestimmung der Grenze des Gesellschaftereinverständnisses über die „Existenzvernichtungs"-Rechtsprechung des *II. Zivilsenats*: *Anders* (2012) S 123 ff; *dens* NZWiSt 2017, 13, 16 f; dazu unter Rdn 124 f.

399 SSW-StGB/*Saliger*[5] § 266 Rdn 50.

400 MünchKomm-StGB/*Dierlamm*[3] § 266 Rdn 174, 176; Matt/Renzikowski-StGB/*Matt*[2] § 266 Rdn 56; SSW-StGB/*Saliger*[5] § 266 Rdn 33 mwN.

401 MünchKomm-StGB/*Dierlamm*[3] § 266 Rdn 176 ff.

402 Vgl SSW-StGB/*Saliger*[5] § 266 Rdn 50; vgl auch *Tiedemann* (2017) Rdn 566 „eindeutige Unvertretbarkeit", Rdn 1093; *OLG Karlsruhe* wistra 2006, 354, 355 „nicht mehr vertretbar".

403 Vgl *Schünemann* (2017) Rdn 116; vgl auch *Safferling* NStZ 2011, 376, 377 „Substanzlosigkeit der Begrifflichkeiten"; *Böse* Jura 2011, 617, 622; *Kubiciel* JZ 2017, 585, 587 „Pflichtwidrigkeit ist in objektiver Hinsicht nicht graduierbar"; *Leite* GA 2018, 580, 583 f; SK-StGB/*Hoyer*[9] § 266 Rdn 56; vgl *Bräunig* S 139 zur Unterbestimmtheit aus systemtheoretischer Sicht.

404 Zum Begründungszusammenhang mit Blick auf den Verbrechensbegriff *Köhler* (1997) S 20 ff.

im Kern einer „reinen“ Zivilrechtsakzessorietät anhängen, wenn sich der strafrechtliche Filter auf der zweiten Stufe in der evidenzbasierten Interpretation der BJR erschöpft, wie sie auch im gesellschaftsrechtlichen Schrifttum vertreten wird.[405] Insoweit ist aber auch die „reine“, einstufige strafrechtsautonome Lehre in der Sache kongruent mit den allgemeinen Sorgfaltsmaßstäben, wie sie in den § 93 AktG, § 43 GmbHG formuliert sind.[406]

3. Einzelfälle

a) Schwarze Kassen

aa) Allgemeines. Definition. Die Problematik der **schwarzen Kassen** zählt zu den schwierigsten Stücken der Untreue. Ihr Schwerpunkt dürfte im Bereich des Vermögensnachteils (Rdn 138 ff) liegen. Phänomen und Definition der schwarzen Kasse sind jedoch nur verständlich, wenn diese Vermögensmasse in Relation zu einem möglichen Einverständnis des Geschäftsherrn, bei der GmbH also der Gesellschafter, gesehen wird. Danach liegt eine schwarze Kasse dann vor, wenn es sich um einen pflichtwidrig gebildeten oder pflichtwidrig verborgen gehaltenen Geldbestand handelt, der vor den dispositionsbefugten Organen verheimlicht wird.[407] Zudem wird vertreten, dass die Gelder aus der schwarzen Kasse zu Zwecken des Treugebers verwendet werden sollen,[408] also derart, „dass diesem hierdurch ‚letztlich‘ ein Vermögensvorteil entstehen könnte“;[409] auch wird zum Teil verlangt, dass „deren beabsichtigte Verwendung in Beziehung zur beruflichen oder sonst aufgabenbezogenen Tätigkeit desjenigen steht, der die Gelder verbirgt“.[410] Hierin findet die vornehmlich in der Literatur durchgeführte kategoriale Trennung zwischen der **verwendungszweckabhängigen** und der **verwendungszweckunabhängigen** untreuerechtlichen Würdigung der schwarzen Kasse ihren Grund (Rdn 138 ff). Zu ergänzen wäre, dass die Gelder auch in der verwendungszweckabhängigen Lesart in der Regel illegal eingesetzt werden,[411] sodass die Annahme eines Vermögensnachteils auch von der Frage der Zulässigkeit der Zugrundelegung normativer Gesichtspunkte abhängig ist. Eine **Schattenkasse** liegt vor, wenn eine Kenntnis des Treugebers mit der Einrichtung derselben vorliegt.[412] Eine solche ist, wenn sie von einem leitenden Angestellten angelegt oder unterhalten wird, jedenfalls beim Einverständnis des Geschäftsführers straflos,[413] welches wiederum – wie im Falle des alleinigen Handelns des Geschäftsführers auch – ein wirksames Einverständnis der Gesellschafter voraussetzt.[414] 55

405 In diesem Sinne SSW-StGB/*Saliger*[5] § 266 Rdn 50; *Saliger/Schweiger* NJW 2016, 2600 f; *Tiedemann* (2017) Rdn 566; *Stam* JR 2017, 432, 442 „Das ändert in der Sache jedoch nichts an der grundsätzlichen Zweistufigkeit der Prüfung; vielmehr sind lediglich die zivilrechtlichen und strafrechtlichen Anforderungen an das Vorstandshandeln nach § 93 Abs 1 AktG und nach § 266 Abs 1 StGB deckungsgleich, sodass eine Verletzung der aktienrechtlichen Sorgfaltspflicht auch eine der strafrechtlichen Vermögensbetreuungspflicht ist“. Kritisch zu dieser Gleichsetzung *Seibt/S. Schwarz* AG 2010, 301, 312 f; *C. Brand* NZG 2016, 690, 691; *ders* NJW 2017, 582; *Nepomuck* NZWiSt 2017, 119 f; *Esser* NZWiSt 2018, 201, 205 f; *Wostry* JuS 2018, 1138, 1142.

406 Vgl MünchKomm-StGB/*Dierlamm/Becker*[4] § 266 Rdn 183.

407 Vgl Schönke/Schröder-StGB/*Perron*[30] § 266 Rdn 45c; *Strelczyk* S 14 f, auch mit Fundstellen zu weiteren Definitionen.

408 SSW-StGB/*Saliger*[5] § 266 Rdn 95; *Schünemann* (2017) Rdn 228; *Tsagkaraki* S 25 ff.

409 BGHSt 52, 323, 337 (Siemens/Enel.

410 *Weimann* S 12 f; *Satzger* NStZ 2009, 297, 298.

411 Vgl *Fischer* NStZ-Sonderheft 2009, 8, 17.

412 *Saliger/Gaede* HRRS 2008, 57, 67.

413 Vgl BGHSt 52, 323, 335 (Siemens/Enel); zu den Voraussetzungen des tatbestandsausschließenden Einverständnisses der Gesellschafter unter Rdn 74 ff.

414 Vgl BGHSt 55, 266, 278 (Trienekens); SSW-StGB/*Saliger*[5] § 266 Rdn 95; *Fischer* NStZ-Sonderheft 2009, 8, 10, 19; Momsen/Grützner-WirtschaftsStStrR/*Schramm*[2] § 266 Rdn 142.

56 **bb) Täterschaft.** Nach der Rechtsprechung des *BGH* kann Täter einer Untreue durch das Errichten oder Unterhalten einer schwarzen Kasse – in Form der Unterlassenstäterschaft – zunächst der Arbeitnehmer sein, der dadurch dem Treugeber die betreffenden Mittel entzieht oder verheimlicht; denn die Bestimmung über die die Verwendung des eigenen Vermögens obliegt dem Vermögensinhaber, im Falle der Kapitalgesellschaft deren zuständigen Organen,[415] bei der GmbH im Verhältnis zu den Arbeitnehmern also zunächst der Geschäftsführung, jedenfalls „letztinstanzlich" den Gesellschafternm[416] Damit ist abstrakt der Weg zur Möglichkeit deren **tatbestandsausschließenden Einverständnisses** – im Rahmen dessen Wirksamkeits-, also der Existenzgefährdungsbegrenzung (Rdn 109 ff) – eröffnet, was zur **straflosen Schattenkasse** führt. Jenes wird in der Praxis freilich wegen des illegalen Zwecks der Kasse – korrupte Geschäfte – regelmäßig nicht vorliegen bzw nachweisbar sein.[417] Auch das sog **hypothetische Einverständnis** ist zwar nicht auszuschließen, dürfte aus den genannten Gründen aber ebenfalls kaum praktische Relevanz haben.[418] Der *BGH* hat die Möglichkeit der Täterschaft in dem Urteil **„Trienekens"** auf den Sonderfall des **alleinvertretungsberechtigten GmbH-Geschäftsführers** übertragen mit der Begründung, dass die schwarze Kasse derart ausgelagert war, dass insbesondere die GmbH selbst keinen zivilrechtlichen Auszahlungsanspruch gegen die das betreffenden Konto führende Bank hatte.[419] Hier kommt es auf das **wirksame Einverständnis der Gesellschafter** an.

57 Eine untreuerelevante Vermögensbetreuungspflichtverletzung ist bei schwarzen Kassen in drei Fallkonstellationen von Belang: bei der Errichtung, der Unterhaltung[420] und der Mittelverwendung.[421] Die Pflichtwidrigkeit bei der Errichtung der schwarzen Kassen wird regelmäßig mit einem **Verstoß gegen die Sorgfalt eines ordentlichen Geschäftsmannes im Sinne des § 43 Abs 1 GmbHG** begründet.[422] Zudem werden schwarze Kassen unter **Verstoß gegen Buchführungsvorschriften** verdeckt eingerichtet;[423] damit liegt auch ein Verstoß gegen – sofern auch bei der GmbH vorhanden – unternehmensinterne **Compliance-Richtlinien** vor.[424] Soweit im Rahmen der Diskussion der vermeintlichen Notwendigkeit eines speziellen (fremd-)vermögensschützenden Charakters der Vermögensbetreuungspflicht vertreten wird, dass ein solcher beim Verstoß gegen die Pflicht zur ordnungsgemäßen Buchführung – etwa wegen des alleinigen Zwecks des Schutzes

---

415 Vgl BGHSt 52, 323, 336 f (Siemens/Enel).

416 Vgl *Rönnau* in: FS Tiedemann, 2008, S 713, 717 f.

417 Vgl StGB/*Fischer*[69] § 266 Rdn 80; Graf/Jäger/Wittig/*Waßmer*[2] § 266 Rdn 137.

418 Vgl *M. Schmidt* S 223 f; StGB/*Fischer*[69] § 266 Rdn 81; Graf/Jäger/Wittig/*Waßmer*[2] § 266 Rdn 137.

419 Vgl BGHSt 55, 266, 283 (Trienekens); eine vergleichbare Sachverhaltskonstellation mit Bezug auf die AG – Führen einer schwarzen Kasse durch Mitglied des Zentralvorstands von Siemens – ist Thema des Urteils des *BGH* „Siemens/Sharef", vgl *BGH* wistra 2017, 193, 196.

420 Zur Problematik des Vermögensnachteils insoweit siehe unter Rdn 145.

421 Zur Problematik des Vermögensnachteils insoweit siehe unter Rdn 143.

422 Vgl BGHSt 55, 266, 275 f (Trienekens); BeckOK-StGB/*Wittig*[58] § 266 Rdn 51.3.

423 Vgl BGHSt 55, 266, 277 (Trienekens) „jedenfalls für gravierende Verstöße, wie sie bewusste Nicht- und Falschbuchungen zur Verschleierung der Führung ‚schwarzer Kassen' durch Organe einer Kapitalgesellschaft darstellen"; *Louis* S 133; *Rönnau* in: FS Tiedemann, 2008, S 713, 721; *Satzger* NStZ 2009, 297, 301; *M. Hoffmann* GmbHR 2010, 1150, 1151.

424 Vgl BGHSt 52, 323, 335 (Siemens/Enel); *Rönnau* in: FS Tiedemann, 2008, S 713, 721; *Bernsmann* GA 2007, 219, 232; *Saliger/Gaede* HRRS 2008, 57, 68 „grundsätzlich geeignet"; dagegen MünchKomm-StGB/*Dierlamm/Becker*[4] § 266 Rdn 194; *Dierlamm* in: FS Widmaier, 2008, S 607, 612; einschränkend SSW-StGB/*Saliger*[5] § 266 Rdn 37 unter Bezugnahme auf *Michalke* StV 2011, 245, 250 „(W)egen fehlenden Fremdvermögensschutzes dann nicht untreuetauglich, wenn sie allein der Herstellung einer guten Unternehmenskultur, eines sozialen Umgangs der Mitarbeiter untereinander oder dem Schutz vor Bespitzelung und einer ausufernden Überwachung dient"; vgl auch *Rönnau* StV 2011, 753, 755, von daher Forderung nach „sparsamer Regulierung". Eingrenzend *Pavlakos* NZWiSt 2021, 376, 380 f, Isolierte Tauglichkeit von Compliance-Normen zur Bestimmung der Pflichtwidrigkeit im Rahmen des § 266 StGB nur im Falle ihrer rechtsgeschäftlichen Verbindlichkeit und einem Regelungsgehalt über dispositive gesetzliche Normen hinaus; kritisch wegen der „Grundtendenz einer Privatisierung der ureigenen staatlichen Aufgabe, das geltende Recht durchzusetzen" *Baur/Holle* JR 2019, 181, 185; *Michalke* ZIS 2018, 334, 337; *Theile* JuS 2017, 913, 915.

öffentlicher Interessen[425] oder aber der Gläubiger –[426] fehle,[427] ist dem insbesondere mit der Rechtsprechung des *BGH*[428] entgegenzuhalten, dass ein (jedenfalls mittelbarer)[429] Schutzbezug mit Blick auf das Vermögen der GmbH vorhanden ist.[430]

b) Kick-Back-Zahlungen. Sog. **Kick-Backs** sind Schmiergeldzahlungen in Form von **Rückvergütungen** des Vertragspartners (Verkäufers/Lieferanten) an den Treunehmer **zu Lasten dessen Treugebers**, dh die Bestechungsleistung wird durch einen Rechnungsaufschlag durch den Treugeber (re-)finanziert.[431] In der Praxis erfolgt der Rückfluss typischerweise vermittelt über Firmen oder aber über Dritte als Provisionsempfänger.[432] In der Regel **scheidet der Missbrauchstatbestand aus**, da die Schmiergeldabrede gemäß § 138 StGB zur Nichtigkeit des zu Grunde liegenden Vertrages führt[433] und daher zu einer nicht rechtswirksamen Verpflichtung des Treugebers nach außen.[434] Unproblematisch ist die Pflichtverletzung beim **Treubruchstatbestand**: Diese liegt nach zutreffender Auffassung in einem **positiven Tun**, nämlich in der Vereinbarung eines für den Geschäftsherrn nachteiligen, um den Schmiergeldanteil überteuerten Vertrags.[435] Das **tatbestandsausschließende Einverständnis der Gesellschafter** ist sowohl beim Handeln eines leitenden Angestellten als auch des Geschäftsführers im Rahmen der Grenzen der Existenzgefährdung möglich.[436] 58

Bei **Kick-Backs zu wettbewerbswidrigen Zwecken** (Schmiergeld wird an den Treunehmer des Auftraggebers gegen Mitteilung der anderen Angebote gezahlt) verneint *Bernsmann* bereits eine Verletzung der Vermögensbetreuungspflicht mit der Begründung, dass bei Vergabefällen der über eine Schmiergeldabrede ermöglichte Hauptvertrag nicht nur wettbewerbswidrig, sondern auch nichtig gemäß § 299 StGB iVm §§ 134, 138 BGB sei; diese Zivilrechtslage wäre auch bei Weiterleitung des Schmiergeldes beim Auftraggeber vom Treunehmer an den Treugeber unverändert, sodass es „in dieser Fallkonstellation (...) von vornherein an einer dem Geschäftsführer zur Verfügung stehenden Möglichkeit der legalen Preisreduzierung" fehle.[437] Dagegen ist einzuwenden, dass zum einen § 299 StGB nicht erfüllt sein kann,[438] wenn der Vorteil an den Dritten (Geschäftsherrn/vergebendes Unter- 59

---

425 Vgl *Brammsen* DB 1989, 1609, 1612, 1613; *dens* wistra 2009, 85, 87.

426 Vgl *Saliger* HRRS 2006, 10, 22.

427 Vgl *Satzger* NStZ 2009, 297, 300 f.

428 Vgl BGHSt 55, 266, 277 f (Trienekens) „Dementsprechend sieht die Rechtsprechung in einer unordentlichen Buchführung dann eine pflichtwidrige Untreuehandlung, wenn der Treugeber keine Übersicht über seine Rechte und Pflichten, mithin über seinen Vermögensstand zu gewinnen vermag, sodass er verhindert ist, Ansprüche geltend zu machen, weil er sich nicht erkennt".

429 Siehe zur Diskussion zum mediatisierten Gläubigerschutz im Rahmen des Gesellschaftereinverständnisses unter Rdn 116 f, 120 ff.

430 Vgl *Rönnau* in: FS Tiedemann, 2008, S 713, 722; *Weimann* S 69 ff; *Saliger/Gaede* HRRS 2008, 57, 68; *Satzger* NStZ 2009, 297, 300; *Knauer* NStZ 2009, 151, 152; SSW-StGB/*Saliger*[5] § 266 Rdn 38. Hachmeister/Kahle/Mock/Schüppen-Bilanzrecht/*Altenhain* § 331 Rdn 12 ff, § 332 Rdn 6, § 334 Rdn 13.

431 Zur Definition *Szebrowski* S 1 ff; SSW-StGB/*Saliger*[5] § 266 Rdn 81; Momsen/Grützner-WirtschaftsStStrR/*Schramm*[2] § 266 Rdn 147; Wirtschaftsstrafrecht/*Wittig*[6] § 20 Rdn 39; NK-StGB/*Kindhäuser*[5] § 266 Rdn 114; *Thalhofer* S 26 f.

432 MünchKomm-StGB/*Dierlamm*/*Becker*[4] § 266 Rdn 307.

433 BGHZ 141, 357 (361); *VIII. Zivilsenat BGH* NJW-RR 1990, 442, 443.

434 Vgl BGHSt 50, 299, 313 f (Kölner Müllskandal); StGB/*Fischer*[69] § 266 Rdn 56; SSW-StGB/*Saliger*[5] § 266 Rdn 81; Wirtschaftsstrafrecht/*Wittig*[6] § 20 Rdn 39; *Bernsmann* StV 2005, 576 f; vgl; zu den Voraussetzungen der Verfügungs- oder Verpflichtungsbefugnis und der Tathandlung im Rahmen des Missbrauchstatbestands unter Rdn 21 ff.

435 Vgl BGHSt 50, 299, 315 (Kölner Müllskandal); anders die frühere Rechtsprechung, vgl BGHSt 31, 232, 235; *BGH* wistra 2001, 304, 305; für aktives Tun: StGB/*Fischer*[69] § 266 Rdn 56; SSW-StGB/*Saliger*[5] § 266 Rdn 81; *ders* NJW 2006, 3377, 3378.

436 Zur vergleichbaren Problematik beim Anlegen oder Unterhalten einer schwarzen Kasse unter Rdn 55.

437 *Bernsmann* StV 2005, 576, 578; vgl *dens* GA 2007, 219, 235 ff.

438 Da „Dritter" der Geschäftsherr wäre, dürfte dies auch unter Zugrundelegung der sog Geschäftsherrenvariante des § 299 Abs 1 Nr 2 StGB, eingefügt durch das Gesetz zur Bekämpfung der Korruption (KorrBekG) vom 20.11.2015 (BGBl I S 2025), gelten.

nehmen) gelangen sollte, da es „zum guten Recht" des Unternehmens gehört, von dem Auftragnehmer eine möglichst günstige Preisgestaltung zu verlangen,[439] und dass zum anderen der Hauptvertrag mit Preisreduzierung auch als Folge der Wettbewerbsbevorteilung nicht nach § 134 BGB iVm § 3 UWG nichtig wäre, da letztgenannte Norm kein Verbotsgesetz darstellt, womit insgesamt der Vertrag mit Preisreduktion als Alternativmöglichkeit bestehen bleibt.[440]

60 **c) Gefährdung der Existenz der GmbH.** Die Rechtsprechung nimmt in qualifizierten faktischen Konzernlagen – mit der Möglichkeit, diese Rechtsprechung auch auf Sachverhalte ohne Konzernbezug zu übertragen – eine **Vermögensbetreuungspflicht der herrschenden Muttergesellschaft an, auf das Eigeninteresse der Gesellschaft Rücksicht zu nehmen in dem Sinne, dass diese nicht existenzbedrohend beeinträchtigt werde**.[441] Außerhalb dieser Konzernlagen sieht die Rechtsprechung in der Existenzgefährdung ein Problem der Wirksamkeit des Gesellschaftereinverständnisses mit Handlungen des Geschäftsführers zum Nachteil der GmbH; insoweit wird zur Entwicklung der Existenzgefährdungsrechtsprechung auf die Ausführungen zum Gesellschaftereinverständnis verwiesen (Rdn 109 ff).

61 **d) Verstoß gegen das Kapitalerhaltungsgebot aus § 30 Abs 1 GmbHG.** Ebenfalls parallel zur Problematik einer entsprechenden Grenze des Gesellschaftereinverständnisses wird ein Verstoß gegen die Vermögensbetreuungspflicht beim **Verstoß gegen das Stammkapitalerhaltungsgebot aus § 30 GmbHG** angenommen.[442] Die Rechtsprechung und hM im Schrifttum fasst den Verstoß gegen das Stammkapitalerhaltungsgebot als **Unterfall der Existenzgefährdung**. Notwendig ist die Feststellung einer **Unterbilanz**, die dann geben ist, wenn das Reinvermögen der GmbH im Sinne der Bilanzaktiva abzüglich echter Passiva im Handlungszeitpunkt kleiner ist als das Stammkapital bzw ein solcher Zustand durch die Handlung eintritt. Es ist nach hM eine **Fortführungsprognose** zu Grunde zu legen, nicht die für den ggf strafrechtlich Verantwortlichen regelmäßig ungünstigeren **Zerschlagungswerte**: Gegen die letztgenannte, im Wesentlichen auf *Ulmer* zurückgehende[443] Lösung wird vorgebracht, dass dieses ursprünglich gesellschaftsrechtliche Modell bei seiner Übertragung auf das Strafverfahrensrecht in Konflikt zum dort geltenden Zweifelsgrundsatz führen könnte, da insbesondere der Nachweis der subjektiven Tatseite – Erwartung des Fortbestands des Unternehmens beim Verantwortlichen – Schwierigkeiten bereite.[444] **Stille Reserven** dürfen nur dann realisiert werden, wenn ihre Auflösung den Grundsätzen ordnungsgemäßer Buchführung entspricht.[445]

62 **e) Rückzahlung von Eigenkapitalersatz.** Mit Inkrafttreten des MoMiG[446] zum 1.11.2008 hat sich die untreuestrafrechtliche Problematik mit Blick auf sog eigenkapitalersetzende Darlehen geändert. Unten dem alten Recht – sog **Novellenregeln der §§ 31a, 31b GmbHG aF** und sog **Rechtsprechungsregeln zu §§ 30, 31 GmbHG aF** – waren die das Stammkapital angreifenden sowie die **§§ 31a, 31b GmbHG aF** zuwider laufenden Darlehenrückerstattungen untreuerelevant.

---

439 *Schünemann* NStZ 2006, 196, 201 f; *Kraatz* ZStW 122 (2010), 521, 542.
440 Vgl *Kraatz* ZStW 122 (2010), 521, 542 f.
441 Vgl BGHSt 49, 147, 159 f (Bremer Vulkan); BGHSt 54, 52, 58 (Refugium).
442 Hachenburg-GmbHG/*Kohlmann*[8] Vor § 82 Rdn 93 (für den Missbrauchstatbestand); Habersack/Casper/Löbbe-GmbHG/*Ransiek*[3] Vor § 82 Rdn 21 ff (mit Blick auf den Gesellschafter als Vermögensbetreuungspflichtigen); *Rönnau* in: FS Samson, 2010, S 423, 430 f (für das Cash-Pooling).
443 Vgl *Ulmer* in: FS Pfeiffer, 1988, S 853, 868 ff.
444 *Fleck* ZGR 19 (1990), 31 (41); *Flum* S 160; *Gribbohm* ZGR 19 (1990), 1, 27; *Radtke* GmbHR 1998, 361, 366.
445 *Rönnau* in: FS Samson, 2010, S 423, 430.
446 Gesetz zur Modernisierung des GmbH-Rechts und zur Bekämpfung von Missbräuchen, BGBl I S 2026.

Nunmehr gilt nach Abschaffung der **§§ 31a, 31b GmbHG aF** und des Rückgewährverbots (vgl **§ 30 Abs 1 Satz 3 GmbHG**) die insolvenzrechtliche Anfechtbarkeitslösung (**§ 135 Abs 1 Nr 2 InsO**). Die alte Rechtslage[447] ist wegen **§ 2 Abs 3 StGB** auch für Rückzahlungsfälle vor dem Inkrafttreten des MoMiG nicht mehr erheblich.[448] Es verbleibt für die Fälle der Rückzahlung von Eigenkapitalersatz nach neuem Recht die Strafbarkeit nach **§ 266 StGB** über den Verstoß gegen **§ 64 Satz 3 GmbHG aF/§ 15b Abs 5 Satz 1 InsO**[449] sowie nach den **Grundsätzen der Existenzgefährdungshaftung**,[450] da hier insbesondere das Einverständnis des Gesellschafters unwirksam wäre.[451] Somit liegt eine Pflichtverletzung nur noch dann vor, wenn ein Darlehen an den Gesellschafter zurückgezahlt wird, für das ein qualifizierter Rangrücktritt vereinbart wurde und die Rückzahlung zur Zahlungsunfähigkeit führen musste[452] bzw dessen Rückzahlung zur Existenzgefährdung führt.[453]

f) Zahlungen des Geschäftsführers mit der Rechtsfolge der Insolvenzverursachungshaftung nach § 64 Satz 3 GmbHG aF/§ 15b Abs 5 Satz 1 InsO.[454] Nach **§ 64 Satz 3 GmbHG aF** waren die Geschäftsführer der GmbH zum Ersatz von Zahlungen an Gesellschafter verpflichtet, soweit diese zur Zahlungsunfähigkeit der Gesellschaft führen mussten, es sei denn, dies war auch bei Beachtung der Sorgfalt eines ordentlichen Geschäftsmanns nicht erkennbar. Es handelte sich um eine Insolvenzverursachungshaftung als Teilbereich der Existenzvernichtungshaftung.[455] Ihre Relevanz auch für die strafrechtliche Untreue war in Rechtsprechung[456] und Schrifttum[457] anerkannt, soweit die Existenzgefährdungsbegrenzung des Gesellschaftereinverständnisses als solche nicht verworfen wurde.[458] Die Vermögensbetreuungspflichtverletzung konnte entweder dem **Verstoß gegen das Gebot der Existenzsicherung**[459] oder aber dem **Verstoß gegen den Maßstab der „Sorgfalt eines ordentlichen Geschäftsmanns“** (vgl **§ 64 Satz 2 GmbHG aF**) entnommen werden, der jedenfalls beim Handeln ohne angemessene Information (Aufstellung eines Finanz- 63

447 Vgl dazu Hachenburg-GmbHG/*Kohlmann*[8] Vor § 82 Rdn 98.

448 *OLG Stuttgart* wistra 2010, 34 (36); Habersack/Casper/Löbbe-GmbHG/*Ransiek*[3] Vor § 82 Rdn 28; *Bittmann* wistra 2009, 102 (103); Achenbach/Ransiek/Rönnau-Handbuch Wirtschaftsstrafrecht/*Seier/Lindemann*[5] 5. Teil, 2. Kapitel Rdn 326.

449 Vgl *OLG Stuttgart* wistra 2010, 34, 36 f; *Schünemann* (2017) Rdn 317; *Leplow* wistra 2009, 351 (353); Achenbach/Ransiek/Rönnau-Handbuch Wirtschaftsstrafrecht/*Seier/Lindemann*[5] 5. Teil, 2. Kapitel Rdn 326; *Maurer/Wolf* wistra 2011, 327, 329 ff; dazu unter Rdn 62.

450 *Arens* GmbHR 2010, 905 (907); *Bittmann* NStZ 2009, 113 (118); Müller-Gugenberger-WirtschaftsStrR/*Hadamitzky*[7] Rdn 32.143d; Müller-Gugenberger-WirtschaftsStrR/*H. Richter*[7] Rdn 84.30a; MünchKomm-StGB/*Dierlamm/Becker*[4] § 266 Rdn 154; StGB/*Fischer*[69] § 266 Rdn 97a; Achenbach/Ransiek/Rönnau-Handbuch Wirtschaftsstrafrecht/*Seier/Lindemann*[5] 5. Teil, 2. Kapitel Rdn 326.

451 Dazu unter Rdn 108 ff.

452 Vgl *Bittmann* NStZ 2009, 113 (117).

453 Vgl Habersack/Casper/Löbbe-GmbHG/*Ransiek*[3] Vor § 82 Rdn 28.

454 § 64 GmbHG ist mit Wirkung vom 1.1.2021 aufgehoben worden durch Art 16 Nr 2. des Gesetzes zur Fortentwicklung des Sanierungs- und Insolvenzrechts (Sanierungs- und Insolvenzrechtsfortentwicklungsgesetz – SanInsFoG) vom 22.12.2020 (BGBl I S 3256) und in § 15b InsO neu geregelt worden (vgl Art 5 Nr 9. SanInsFoG).

455 Vgl BT-Drs. 16/6140, S 46; BGHSt 54, 52, 60 (Refugium); Bittmann-Insolvenzstrafrecht/*Bittmann*[2] § 16 Rdn 132; *ders* NStZ 2009, 113 (118); Graf/Jäger/Wittig/*Waßmer*[2] § 266 Rdn 152; *Rönnau* in: FS Samson, 2010, S 423 (429).

456 Vgl *OLG Stuttgart* wistra 2010, 34 (37).

457 Vgl *Arens* GmbHR 2010, 905 (907); *Weiß* GmbHR 2011, 350 (357); *Maurer/Wolf* wistra 2011, 327, 330 f; Bittmann-Insolvenzstrafrecht/*Bittmann*[2] § 16 Rdn 133; *ders* NStZ 2009, 113 (118); *Rönnau* in: FS Schünemann, 2014, S 675 (687); *Weiß* GmbHR 2011, 350 (356). AA: Graf/Jäger/Wittig/*Waßmer*[2] § 266 Rdn 152: Untreue „– vor allem infolge von Beweisschwierigkeiten – nur in Ausnahmefällen“.

458 Vgl ausdrücklich mit Bezug zu § 64 Satz 1 und 3 GmbHG aF *Lechner* S 198 f; siehe die Nachweise der Ablehnung der Existenzgefährdungsgrenze bei der Zulässigkeit des Gesellschaftereinverständnisses unter Rdn 116 ff.

459 Dies vertreten die Ansichten im Schrifttum, welche die Untreuestrafbarkeit von der Prüfung eines Verstoßes gegen § 64 Satz 3 GmbHG aF wegen des davon unabhängigen Existenzgefährdungsschutzes abkoppeln, *Mahler* GmbHR 2012, 504, 506; *Bittmann* wistra 2015, 223, 224.

bzw Liquiditätsplans) auch „gravierend“ (Rdn 54) sein dürfte.[460] Auch der Schutzzweckzusammenhang eines jedenfalls mittelbaren Vermögensbezugs (Rdn 47 f) war anzunehmen,[461] auch wenn **§ 64 Satz 3 GmbHG aF** dem Schutz der Interessen der Gläubiger(gesamtheit) gedient haben sollte,[462] weil **§ 266 StGB** auch durch eine derart verstandene unmittelbar verletzte Rechtsnorm nicht in ein Gläubigerschutzdelikt „umgemünzt“ würde, der Gläubigerschutz im Straftatbestand zum Nachteil der GmbH vielmehr lediglich „mediatisiert“ wird, dem Begriff der GmbH inhärent ist und der primäre Schutz des GmbH-Vermögens durch **§ 266 StGB** unangetastet bleibt.[463] Die Exkulpationsmöglichkeit nach **§ 64 Satz 2 GmbHG aF** erfasst an die Gesellschafter gerichtete Zahlungen nicht;[464] zum Teil wurde aber für den Fall der Gesellschafterforderungen aus Verkehrsgeschäften die entsprechende Anwendung des **§ 64 Satz 2 GmbHG aF** angenommen.[465] Für das neue Recht – **§ 15b Abs 5 Satz 1 InsO** – gelten diese Grundsätze ebenfalls.

64 **g) Zahlungen des Geschäftsführers mit der Rechtsfolge der Insolvenzvertiefungshaftung nach § 64 Satz 1 GmbHG aF/§ 15b Abs 1, 4 Satz 1 InsO.**[466] Insoweit wird auch hinsichtlich der Vermögensbetreuungspflichtverletzung auf die Ausführungen unter Rdn 150 verwiesen.

65 **h) Risikogeschäfte.** Sog. **Risikogeschäfte** haben im Wirtschaftsleben **zentrale Bedeutung**, da unternehmerisches Handeln von Risikobereitschaft geprägt ist.[467] In der Regel kommt hier der **Missbrauchstatbestand** in Betracht.[468] Allein aus dem Fehlschlag einer unternehmerischen Transaktion, der einen Nachteil für das Gesellschaftsvermögen begründet, kann aufgrund des **Verschleifungsverbots** (Rdn 42) nicht auf die untreuerelevante Pflichtverletzung geschlossen werden.[469] Unter einem Risikogeschäft versteht man **geschäftliche Dispositionen, die das Risiko des Vermögensverlustes in sich bergen.**[470] Mit Blick auf die Vermögensbetreuungspflichtverlet-

460 Zutreffend *Lechner* S 124 f.

461 *Rönnau* in: FS Schünemann, 2014, S 676, 682 f.

462 Vgl Baumbach/Hueck-GmbHG/*Haas*[22] § 64 Rdn 11 zu § 64 Satz 3 GmbHG aF und Noack/Servatius/Haas-GmbHG/*Haas*[23] § 64 (aufgehoben) Rdn 16 zu § 15b Abs 4 InsO, Gläubigergesamtheit; Lutter/Hommelhoff-GmbHG/*Kleindiek*[20] § 64 Rdn 48: Schutz der Gesellschaftsgläubiger; Scholz-GmbHG/*Bitter*[12] § 64 Rdn 22, 28: Schutzzweck einer Verhinderung von Masseschmälerungen zulasten der Gläubigergesamtheit; *Mahler* GmbHR 2012, 504, 506; *Weiß* GmbHR 2011, 350, 356.

463 Dazu im Rahmen des Gesellschaftereinverständnisses unter Rdn 120 ff.

464 *Lechner* S 37 f; in Frage kommen insbesondere Steuerschulden oder Sozialversicherungsbeiträge, vgl *II. Zivilsenat BGH* NZG 2007, 545 (546 f); Lutter/Hommelhoff-GmbHG/*Kleindiek*[20] § 64 Rdn 35. Gleiches gilt mit Blick auf Zahlungen für den Fall, dass die GmbH in einem Treueverhältnis zu ihr Vermögen anvertrauenden Dritten steht, vgl *II. Zivilsenat BGH* NZG 2008, 508, 510 (Kritik an der Auflösung dieser Pflichtenkollision, Baumbach/Hueck-GmbHG/*Haas*[22] § 64 Rdn 101 mit Blick auf § 64 Satz 1 GmbHG aF; Noack/Servatius/Haas-GmbHG/*Haas*[23] § 64 (aufgehoben) Rdn 125 ff zu § 15b Abs 4 InsO; *Ischebeck* wistra 2009, 95, 101).

465 In diesem Sinne gegen den Wortlaut von § 64 Satz 3 GmbHG aF, der sich lediglich auf die Erkennbarkeit der Verursachung der Zahlungsunfähigkeit bezieht: Lutter/Hommelhoff-GmbHG/*Kleindiek*[20] § 64 Rdn 67, 52; **aA** Scholz-GmbHG/*Bitter*[12] § 64 Rdn 247.

466 § 64 GmbHG ist mit Wirkung vom 1.1.2021 aufgehoben worden durch Art 16 Nr 2. des Gesetzes zur Fortentwicklung des Sanierungs- und Insolvenzrechts (Sanierungs- und Insolvenzrechtsfortentwicklungsgesetz – SanInsFoG) vom 22.12.2020 (BGBl I S 3256) und in § 15b InsO neu geregelt worden (vgl Art 5 Nr 9 SanInsFoG).

467 Vgl Graf/Jäger/Wittig/*Waßmer*[2] § 266 Rdn 114.

468 *Schünemann* (2017) Rdn 134.

469 BVerfGE 126, 170, 227 f; Graf/Jäger/Wittig/*Waßmer*[2] § 266 Rdn 114; Scholz-GmbHG/*Rönnau*[12] Vor §§ 82 ff Rdn 15; SSW-StGB/*Saliger*[5] § 266 Rdn 61.

470 Vgl *BGH* StV 2004, 424 f; *BGH* NStZ 2013, 715 (I.B. GmbH) „Die Möglichkeit einer Vermögensgefährdung ist dem Risikogeschäft immanent“; enger *BGH* NStZ 1990, 437 „(...), wenn der Täter nach Art eines Spielers bewußt und entgegen den Regeln kaufmännischer Sorgfalt eine ... äußerst gesteigerte Verlustgefahr auf sich nimmt, nur um eine höchst zweifelhafte Gewinnaussicht zu erhalten“; BeckOK-StGB/*Wittig*[58] § 266 Rdn 25; Bittmann-Insolvenzstrafrecht/*Bittmann*[2] zung ist bei Risikogeschäften aus **objektiver ex-ante Sicht auf den Zeitpunkt der Handlung** abzustellen[471] und **das erlaubte vom unerlaubten Risiko** abzuschichten. Hierbei kommt es auf das **Innenverhältnis**, also zuvörderst auf die **Risikovorgaben des Treugebers**[472] (also letztlich der Gesellschafter), an, deren Einhaltung – bei der GmbH-Untreue im Rahmen der **richterrechtlich begründeten Existenzgefährdungsgrenze** (Rdn 109 ff)[473] – ein tatbestandsausschließendes Einverständnis begründet.[474] Zu beachten sind des Weiteren **Beschränkungen aus dem Innenverhältnis**, wie etwa aus der **GmbH-Satzung**,[475] sowie **gesetzliche Grenzen der Dispositionsmacht**, welche die Risikopolitik des Treugebers einschränken, wie etwa[476] im Bereich des Familien-,[477] Erb-,[478] Genossenschafts-[479] oder Stiftungsrechts.[480] **Unwirksam** ist ein Einverständnis auch dann, wenn der Treunehmer **über außergewöhnliche Risiken nicht hinreichend aufgeklärt oder getäuscht hat**.[481] Ist eine solche Risikopolitik nicht oder nur unvollständig definiert bzw nur abstrakt-generell bestimmt, kommt es auf den **mutmaßlichen Willen des Geschäftsherrn** an, und dieser ist im Zweifel[482] mit der **objektiven verkehrsüblichen Sorgfalt** bzw den **Regeln kaufmännischer Sorgfalt** kongruent,[483] wobei die **Grundsätze der Business Judgment Rule (BJR)** aus § 93 Abs 1 Satz 2 AktG (Rdn 51, 54) auch mit Blick auf die GmbH[484] herangezogen werden

---

§ 16 Rdn 28 „Transaktionen, die von einem mehr oder weniger hohen spekulativen Anteil gekennzeichnet sind"; MünchKomm-StGB/*Dierlamm/Becker*[4] § 266 Rdn 260; *Rose* wistra 2005, 281, 282; *Piel* 109, 110 „(...) ein Geschäft, bei dem die Möglichkeit des negativen Ausgangs gegenüber den normalen Unwägbarkeiten des Geschäftslebens signifikant erhöht ist (obgleich das Geschäft stets auch positiv ausgehen kann)"; SSW-StGB/*Saliger*[5] § 266 Rdn 61, klammert insbesondere Schmiergeldzahlungen aus dem Begriff des Risikogeschäfts aus, da sich dort das für Letzteres typische Problem der Abgrenzung von erlaubten zu unerlaubten Risiken nicht stelle; Scholz-GmbHG/*Rönnau*[12] Vor §§ 82 ff Rdn 15 „erhöhte(s) Maß an Prognoseungewissheit"; *Waßmer* (1997) S 5 ff; Graf/Jäger/Wittig/*ders*[2] § 266 Rdn 114.

471 *OLG Karlsruhe* NJW 2006, 1682, 1683; BeckOK-StGB/*Wittig*[58] § 266 Rdn 26; SSW-StGB/*Saliger*[5] § 266 Rdn 62; StGB/*Fischer*[69] § 266 Rdn 68.

472 Vgl Achenbach/Ransiek/Rönnau-Handbuch Wirtschaftsstrafrecht/*Seier/Lindemann*[5] 5. Teil, 2. Kapitel Rdn 394; BeckOK-StGB/*Wittig*[58] § 266 Rdn 25.2; Bittmann-Insolvenzstrafrecht/*Bittmann*[2] § 16 Rdn 29; Graf/Jäger/Wittig/*Waßmer*[2] § 266 Rdn 115; Hachenburg-GmbHG/*Kohlmann*[8] Vor § 82 Rdn 242; *Hillenkamp* NStZ 1981, 161, 165 f; *Schünemann* (2017) Rdn 135; MünchKomm-StGB/*Dierlamm/Becker*[4] § 266 Rdn 261; NK-StGB/*Kindhäuser*[5] § 266 Rdn 74; *Rose* wistra 2005, 281, 286; Schönke/Schröder-StGB/*Perron*[30] § 266 Rdn 20; Scholz-GmbHG/*Rönnau*[12] Vor §§ 82 ff Rdn 15; SSW-StGB/*Saliger*[5] § 266 Rdn 62.

473 Vgl Achenbach/Ransiek/Rönnau-Handbuch Wirtschaftsstrafrecht/*Seier/Lindemann*[5] 5. Teil, 2. Kapitel Rdn 396.

474 Vgl *BGH* StV 2004, 424, 425; Graf/Jäger/Wittig/*Waßmer*[2] § 266 Rdn 116; SSW-StGB/*Saliger*[5] § 266 Rdn 62.

475 Bittmann-Insolvenzstrafrecht/*Bittmann*[2] § 16 Rdn 32 zB die Untersagung, bestimmte Geschäfte vorzunehmen, oder die Einschränkung, solche nur in bestimmter Größenordnung tätigen zu dürfen.

476 Weitere Beispiele bei Graf/Jäger/Wittig/*Waßmer*[2] § 266 Rdn 118; SSW-StGB/*Saliger*[5] § 266 Rdn 62.

477 Betr. die Eltern §§ 1642, 1667 BGB; betr. den Vormund §§ 1802 ff BGB (gehört zu dem betreuten Vermögen allerdings ein Unternehmen, so dürfen auch hier den Regeln kaufmännischer Sorgfalt entsprechende Risiken eingegangen werden, vgl *BGH* NStZ 1990, 437); betr. den Betreuer § 1901 BGB; betr. den Pfleger § 1915 BGB.

478 Betr. den Testamentsvollstrecker § 2216 BGB.

479 Betr. das Vorstandsmitglied der Genossenschaft § 34 GenG.

480 Betr. den Verwaltungsleiter gegenüber der Stiftung, vgl *BGH* NStZ 2001, 259.

481 Vgl BGHSt 55, 266, 280 (Trienekens) „Von einer Willensbildung ihres obersten Willensorgans (...) kann aber nur die Rede sein, wenn die Gesamtheit der Gesellschafter mit der in Rede stehenden Fragestellung überhaupt befasst worden ist, nicht dagegen, wenn die fragliche Pflichtwidrigkeit, wie hier, vor der Minderheitsgesellschafterin bzw deren willensbildenden Organen planmäßig verschleiert worden ist"; Graf/Jäger/Wittig/*Waßmer*[2] § 266 Rdn 116; StGB/*Fischer*[69] § 266 Rdn 69.

482 Trotz der Maßgeblichkeit der subjektiven Interessenpräferenz im Rahmen des mutmaßlichen Einverständnisses wird der Täter im Regelfall zu objektiv-normalen Vorzugsentscheidungen ermächtigt sein, *Köhler* (1997) S 258 f.

483 Vgl *BGH* StV 2004, 424, 425; Achenbach/Ransiek/Rönnau-Handbuch Wirtschaftsstrafrecht/*Seier/Lindemann*[5] 5. Teil, 2. Kapitel Rdn 398; Graf/Jäger/Wittig/*Waßmer*[2] § 266 Rdn 117; Müller-Gugenberger-WirtschaftsStrR/*Hadamitzky*[7] Rdn 32.165; Rowedder/Pentz-GmbHG/*Klinger*[7] Vor § 82 Rdn 19; Schönke/Schröder-StGB/*Perron*[30] § 266 Rdn 20; SSW-StGB/*Saliger*[5] § 266 Rdn 63.

484 BGHSt 61, 48 (65) – „Nürburgringverfahren"; *BGH* wistra 2021, 324, 325 f.

können.[485] Wegen unterschiedlicher Standards in den einzelnen Geschäftsfeldern sind allgemeingültige Bewertungen zum Vorliegen einer Pflichtverletzung nur insoweit leistbar, als entweder vor dem Risikogeschäft eine **Grundlage angemessener Informationen** nicht geschaffen[486] bzw eine **Risikoanalyse** nicht durchgeführt,[487] oder – trotz angemessener Information und Risikoanalyse – eine Transaktion **„nach Art eines Spielers“**[488] durchgeführt worden ist.[489] Der *BGH* stellt darauf ab, „ob bei wirtschaftlich vernünftiger, alle bekannten äußeren Umstände berücksichtigender Gesamtbetrachtung die Gefahr eines Verlustgeschäftes wahrscheinlicher ist als die Aussicht auf Gewinnzuwachs“.[490] Jedoch ist dem Täter nicht nur die Bestandserhaltung, sondern zugleich die Vermögensvermehrung geboten, was uU eines höheren Risikospielraums bedarf[491] Mit *Perron* ist daher jenseits einer Bemessung von Gewinn- und Verlustchancen darauf abzustellen, dass die fragliche Maßnahme wirtschaftlich **„eindeutig nicht mehr vertretbar“**[492] ist, womit über den darin eingeschlossenen **Evidenzbegriff**[493] ein Gleichlauf mit den Grundsätzen der **gravierenden Pflichtverletzung** (Rdn 54) hergestellt wäre.[494] Bei **Sanierungskrediten mit einem wirtschaftlich vernünftigen Gesamtplan** dürften hochriskante Geschäfte stärker zu privilegieren sein.[495] Vertreten wird dies auch für das Handeln in **Krisensituationen**,[496] was allerdings wegen des dort noch engeren Handlungsspielraumes (Verbot von Spekulationsgeschäften, § 283 Abs 1 Nr 2 StGB) abzulehnen ist.[497]

---

485 SSW-StGB/*Saliger*[5] § 266 Rdn 63; Achenbach/Ransiek/Rönnau-Handbuch Wirtschaftsstrafrecht/*Seier*/*Lindemann*[5] 5. Teil, 2. Kapitel Rdn 398.

486 Vgl BVerfGE 126, 170, 219 f; BGHSt 46, 30 (34) – „Kreditvergabe I“; 47, 148 (152) – „Kreditvergabe II“; *BGH* ZIP 2009, 1854 (1857) – „WestLB/Sengera“ (ebenfalls zur Kreditvergabe); NZG 2021, 748 (749); Bittmann-Insolvenzstrafrecht/*Bittmann*[2] § 16 Rdn 34; Müller-Gugenberger-WirtschaftsStrR/*Hadamitzky*[7] Rdn 32.167; NK-StGB/*Kindhäuser*[5] § 266 Rdn 77; Hachenburg-GmbHG/*Kohlmann*[8] Vor § 82 Rdn 258; Scholz-GmbHG/*Rönnau*[12] Vor §§ 82 ff Rdn 15; SSW-StGB/*Saliger*[5] § 266 Rdn 63; Momsen/Grützner-WirtschaftsStStrR/*Schramm*[2] § 266 Rdn 70; *Schünemann* (2017) Rdn 136; *Tiedemann* (2017) Rdn 1088. Vgl zu den Informationspflichten im Rahmen der Business Judgment Rule unter Rdn 53.

487 Vgl BVerfGE 126, 170, 219 f; *BGH* NJW 2006, 453 (455) – „Kinowelt“; ZIP 2009, 1854 (1857) – „WestLB/Sengera“; NStZ 2017, 227 (231) – „HSH Nordbank“; NZG 2021, 748 (749); Bittmann-Insolvenzstrafrecht/*Bittmann*[2] § 16 Rdn 34; Müller-Gugenberger-WirtschaftsStrR/*Hadamitzky*[7] Rdn 32.169 ff; Scholz-GmbHG/*Rönnau*[12] Vor §§ 82 ff Rdn 15; Momsen/Grützner-WirtschaftsStStrR/*Schramm*[2] § 266 Rdn 69; Achenbach/Ransiek/Rönnau-Handbuch Wirtschaftsstrafrecht/*Seier*/*Lindemann*[5] 5. Teil, 2. Kapitel Rdn 399; Graf/Jäger/Wittig/*Waßmer*[2] § 266 Rdn 120.

488 Sog. „Spielerformel“, ständige Rechtsprechung, vgl RGSt 61, 211 (213); 66, 255 (262); *RG* JW 1935, 2638 (2639); *BGH* NJW 1975, 1234 (1236); GA 1977, 342 (343); wistra 1982, 148 (150); NStZ 1990, 437; StV 2004, 424 (425); NStZ-RR 2006, 378 (379) (die beiden letztgenannten Entscheidungen jeweils durch Bezugnahme auf die vorgenannte Rechtsprechung). Überblick zur Entwicklung der *BGH*-Rechtsprechung bei *Ensenbach* S 284 ff. Die „Spielerformel“ allein vermag es indes nicht, einen Nachteil zu begründen, siehe unter Rdn 151.

489 Vgl Achenbach/Ransiek/Rönnau-Handbuch Wirtschaftsstrafrecht/*Seier*/*Lindemann*[5] 5. Teil, 2. Kapitel Rdn 398 f; NK-StGB/*Kindhäuser*[5] § 266 Rdn 75; SSW-StGB/*Saliger*[5] § 266 Rdn 63, 61.

490 *BGH* NJW 1975, 1234 (1236). Vgl auch RGSt 71, 333 (334); *OLG Hamm* NJW 1968, 1940 Abstellen auf die „große (…) Wahrscheinlichkeit“ der Gewinnaussicht; NK-StGB/*Kindhäuser*[5] § 266 Rdn 75; Rowedder/Pentz-GmbHG/*Klinger*[7] Vor § 82 Rdn 19. Weitere Nachweise bei Hachenburg-GmbHG/*Kohlmann*[8] Vor § 82 Rdn 241.

491 Achenbach/Ransiek/Rönnau-Handbuch Wirtschaftsstrafrecht/*Seier*/*Lindemann*[5] 5. Teil, 2. Kapitel Rdn 399; Schönke/Schröder-StGB/*Perron*[30] § 266 Rdn 20.

492 Schönke/Schröder-StGB/*Perron*[30] § 266 Rdn 20. Vgl auch MünchKomm-StGB/*Dierlamm*/*Becker*[4] § 266 Rdn 264; *Rönnau* in: FS Samson, 2010, S 423, 435; Scholz-GmbHG/*Rönnau*[12] Vor §§ 82 ff Rdn 15; SSW-StGB/*Saliger*[5] § 266 Rdn 63; *Waßmer* (1997) S 73 ff; dagegen *Rose* wistra 2005, 281, 287, zu „hohe(…) Abstraktionsebene“.

493 Vgl StGB/*Fischer*[69] § 266 Rdn 67.

494 Vgl SSW-StGB/*Saliger*[5] § 266 Rdn 63.

495 Vgl RGSt 61, 211, 213 (zum subjektiven Tatbestand); BGHSt 47, 148, 153 (Kreditvergabe II); *BGH* NZG 2021, 748, 750; *Schünemann* (2017) Rdn 304; SSW-StGB/*Saliger*[5] § 266 Rdn 63; Achenbach/Ransiek/Rönnau-Handbuch Wirtschaftsstrafrecht/*Seier*/*Lindemann*[5] 5. Teil, 2. Kapitel Rdn 177, 287; *Leite* GA 2018, 580, 587 ff schlägt in Anlehnung an das Evidenzkriterium eine Tatbestandsrestriktion bei „risikominimierenden Risikogeschäften“ in Krisensituationen vor.

496 Vgl SSW-StGB/*Saliger*[5] § 266 Rdn 63.

497 Vgl Bittmann-Insolvenzstrafrecht/*Bittmann*[2] § 16 Rdn 30; *Schünemann* (2017) Rdn 135.

i) Sponsoring/Mäzenatentum/Geschenke. **Sponsoring** bezeichnet die Vergabe von Geldern oder geldwerten Vorteilen durch Wirtschaftsunternehmen zur Förderung von sportlichen, kulturellen, kirchlichen oder anderen sozialen Einrichtungen und Vorhaben,[498] um damit zugleich eigene unternehmensbezogene Werbeziele zu verfolgen.[499] Ebenso wie beim regelmäßig ohne Gegenleistung und nicht-öffentlich praktizierten **Mäzenatentum**[500] sind solche Zuwendungen als Handlungsformen des „good corporate citizen"[501] nicht per se strafbar, sondern unterfallen mit der herrschenden Meinung im Gesellschaftsrecht[502] einem **weiten unternehmerischen Handlungsspielraum**,[503] dessen Grenzen im Rahmen des Tatbestandsmerkmals der Vermögensbetreuungspflichtverletzung durch die präjudizierenden zivilrechtlichen Maßstäbe, also die **Sorgfaltspflicht und Verantwortlichkeit eines ordentlichen und gewissenhaften Geschäftsleiters** sowie die **Business Judgment Rule** (§§ 76, 93 Abs 1 AktG) unter Inanspruchnahme eines interessenpluralistischen **Stakeholder-Value-Ansatzes**[504] gezogen werden; entspricht das Verhalten des Normadressaten diesem Sorgfaltsmaßstab, ist eine Pflichtverletzung ausgeschlossen.[505] Der *BGH* hat in der Entscheidung „SSV Reutlingen" dafür in **indizienbasierter strafrechtsautonomer Betrachtung** eine **gravierende Pflichtverletzung** (Rdn 52 f) gefordert und für deren Vorliegen mehrere Merkmale formuliert, bei deren **sämtlichst-kumulativen Auftreten** eine Pflichtwidrigkeit im Sinne des § 266 StGB Strafbarkeit wegen Untreue – **„(j)edenfalls dann"**[506] – gegeben sein soll: **Fehlende Nähe zum Unternehmensgegenstand**, **Unangemessenheit im Hinblick auf die Ertrags- und Vermögenslage**,[507] **fehlende innerbetriebliche Transparenz** und das **Vorliegen** 66

---

498 MünchKomm-StGB/*Dierlamm/Becker*[4] § 266 Rdn 301.

499 BGHSt 47, 187, 193 (SSV Reutlingen); Graf/Jäger/Wittig/*Waßmer*[2] § 266 Rdn 130.

500 BGHSt 47, 187, 193 (SSV Reutlingen); Graf/Jäger/Wittig/*Waßmer*[2] § 266 Rdn 130; *Sauer* wistra 2002, 465.

501 Der Begriff der „Good Corporate Citizenship" geht in Deutschland zurück auf den Terminus des „ehrbaren Kaufmannes", vgl *Eickelberg* S 60; er findet in der Unternehmenspraxis inflationäre Verwendung: Im landläufig weiten Verständnis steht er für eine bloße Spendenethik, im engeren unternehmensethischen Sinne bezeichnet er ein bürgergesellschaftlich orientiertes Selbstverständnis des Unternehmens im Sinne einer ethisch integrierten Geschäftsphilosophie, *Ulrich* S 237, 256.

502 Vgl *H. Fleischer* AG 2001, 171, 175 ff; AktG/*Koch*[16] § 76 Rdn 30; *Kind* NZG 2000, 567, 568; MünchKomm-AktG/*Spindler*[5] § 76 Rdn 66; *Westermann* ZIP 1990, 771, 773 f.

503 BGHSt 47, 187, 192 (SSV Reutlingen) – unter Bezugnahme auf das Urteil des *II. Zivilsenats* BGHZ 135, 244, 253 (ARAG/Garmenbeck); Achenbach/Ransiek/Rönnau-Handbuch Wirtschaftsstrafrecht/*Seier/Lindemann*[5] 5. Teil, 2. Kapitel Rdn 236 f; *Beckemper* NStZ 2002, 324, 326; *Gehrlein* NZG 2002, 463, 464; Graf/Jäger/Wittig/*Waßmer*[2] § 266 Rdn 131; *Schünemann* (2004) S 27; *ders* (2017) Rdn 131; Müller-Gugenberger-WirtschaftsStrR/*Hadamitzky*[7] Rdn 32.141; MünchKomm-StGB/*Dierlamm/Becker*[4] § 266 Rdn 301; NK-StGB/*Kindhäuser*[5] § 266 Rdn 79; *H. Otto* in: FS Kohlmann, 2003, S 187, 201; SSW-StGB/*Saliger*[5] § 266 Rdn 111; Esser/Rübenstahl/Saliger/Tsambikakis-Wirtschaftsstrafrecht/*ders* § 266 Rdn 112; StGB/*Fischer*[69] § 266 Rdn 84; *Tiedemann* (2017) Rdn 1090; Wabnitz/Janovsky/Schmitt/*Raum*[5] 4. Kapitel Rdn 121; Wirtschaftsstrafrecht/*Wittig*[5] § 20 Rdn 54.

504 Vgl *Eickelberg* S 38 ff; *H. Fleischer* AG 2001, 171, 176; vgl auch die Präambel Absatz 2 – „Der Kodex verdeutlicht die Verpflichtung von Vorstand und Aufsichtsrat, im Einklang mit den Prinzipien der sozialen Marktwirtschaft für den Bestand des Unternehmens und seine nachhaltige Wertschöpfung zu sorgen (Unternehmensinteresse). Diese Prinzipien verlangen nicht nur Legalität, sondern auch ethisch fundiertes, eigenverantwortliches Verhalten (Leitbild des Ehrbaren Kaufmanns)" – sowie die Nrn 4.1.1 – „Der Vorstand leitet das Unternehmen in eigener Verantwortung im Unternehmensinteresse, also unter Berücksichtigung der Belange der Aktionäre, seiner Arbeitnehmer und der sonstigen dem Unternehmen verbundenen Gruppen (Stakeholder) mit dem Ziel nachhaltiger Wertschöpfung" – des Deutschen Corporate Governance Kodexes (DCGK); zur gemeinwohlorientierten Definition des Unternehmensinteresses *Anders* (2012) S 258 ff; zur Dichotomie der Shareholder-Value- und Stakeholder-Value-Ansätze: *Bernsmann* GA 2007, 219, 225 f; BeckOGK/*H. Fleischer* § 76 AktG Rdn 29 ff.

505 *Cordes/Sartorius* NZWiSt 2013, 401, 404; vgl Graf/Jäger/Wittig/*Waßmer*[2] § 266 Rdn 130; SSW-StGB/*Saliger*[5] § 266 Rdn 111.

506 BGHSt 47, 187, 197 (SSV Reutlingen).

507 Kritisch *Schünemann* NStZ 2005, 473, 476 „pure Klassenjustiz"; *Saliger* HRRS 2006, 10, 19 f.

sachwidriger Motive, namentlich die **Verfolgung rein persönlicher Präferenzen.**[508] Das *OLG Düsseldorf* hat diesen Rahmen sowie diese Kriterien auf **Präsente des Unternehmens** (durch den Vorstand einer AG) an Behördenmitarbeiter (Weihnachts- und Geburtstagsgeschenke in Form von Wein oder Champagner im Wert zwischen € 60,66 und € 324,87 in 95 Fällen) entsprechend angewandt[509] und einen hinreichenden Tatverdacht insbesondere wegen Untreue verneint.[510] Die **Möglichkeit der vorherigen Herbeiführung eines die Pflichtwidrigkeit ausschließenden wirksamen Einverständnisses** (der GmbH-Gesellschafter) (Rdn 72 ff) bleibt unbenommen.

67 **j) Geschäftsführervergütung/Prämien/Bonuszahlungen.** Zusammensetzung und Ausgestaltung der **Geschäftsführerbezüge** bestimmen sich entweder nach dem Anstellungsvertrag oder aber – ohne eine entsprechende Regelung – nach § 612 Abs 2 BGB. Die gesetzlichen Vorgaben zur Angemessenheit der Vergütung des Vorstands der AG aus § 87 Abs 1 AktG idF des Gesetzes zur Angemessenheit der Vorstandsvergütung vom 31.7.2009 (VorStAG)[511] kommen bei der GmbH nicht zur Anwendung.[512] In der Festsetzung sind die Beteiligten daher grundsätzlich frei;[513] nach der **Rechtsprechung** des BGH im Fall **„Mannesmann/Vodafone"** zur AG, die insoweit auch Geltung für die GmbH beansprucht,[514] ist insoweit der „safe harbour" der **Business Judgment Rule** Richtschnur.[515] Die **Bewilligung rechtsgrundloser Gehälter ohne jeden Unternehmensnutzen** ist danach pflichtwidrig.[516] Ein Unternehmensnutzen dürfte jedenfalls dann nicht anzunehmen sein, wenn eine entsprechende Gegenleistung fehlt[517] oder sachlich nicht geboten ist und nur aus bloßer Gefälligkeit, also auch sachfremden Gründen, gewährt wird.[518] Andererseits kennt das deutsche Recht einen durch den Untreuetatbestand strafbewehrten Grundsatz, wonach **Vergütungserhöhungen** durch den **Sparsamkeitsgrundsatz** gehindert sind, wenn der Betreffende auch zu den ursprünglichen Bedingungen seine Leistungen zu erbringen hat, nicht.[519] Eine mögliche Pflichtwidrigkeit kann nur durch einen vorherigen entsprechenden Gesellschafterbeschluss im Rahmen der Existenzgefährdungsgrenze (Rdn 109 ff) vermieden werden.[520]

---

508 BGHSt 47, 187, 197 (SSV Reutlingen); zu den einzelnen Kriterien: *Sauer* wistra 2002, 465, 466 f; vgl auch *Wilke* NZWiSt 2020, 1, 3 mit Blick auf die Strafbarkeit des Aufsichtsrats der AG.

509 Kritisch zu dieser Parallele, aber im Ergebnis zustimmend *Jahn* JuS 2015, 850, 851.

510 Vgl *OLG Düsseldorf* wistra 2015, 482, 484 f.

511 BGBl I S 2509.

512 Vgl BT-Drucks 16/13433, S 10; Lutter/Hommelhoff-GmbHG/*Kleindiek*[21] Anh zu § 6 Rdn 31.

513 Vgl BGHSt 50, 331, 336 (Mannesmann/Vodafone) „(...) unternehmerische Führungs- und Gestaltungsaufgaben, für die in der Regel ein weiter Beurteilungs- und Ermessensspielraum eröffnet ist.".

514 Vgl *BGH* NStZ-RR 2018, 349, 350; BeckOK-StGB/*Wittig*[58] § 266 Rdn 27.1; aus dem Gesellschaftsrecht *II. Zivilsenat* des *BGH* NJW 2008, 3361, 3362; Lutter/Hommelhoff-GmbHG/*Kleindiek*[21] § 43 Rdn 23.

515 Vgl BGHSt 50, 331, 336 – „Mannesmann/Vodafone" in Anlehnung an die Formulierung in der Entscheidung BGHZ 135, 244, 253 f (ARAG/Garmenbeck) „Deshalb ist eine Pflichtverletzung nicht gegeben, solange die Grenzen, in denen sich ein von Verantwortungsbewusstsein getragenes, ausschließlich am Unternehmenswohl orientiertes, auf sorgfältiger Ermittlung der Entscheidungsgrundlagen beruhendes unternehmerisches Handeln bewegen muss, nicht überschritten sind (...)"; StGB/*Fischer*[69] § 266 Rdn 107.

516 Vgl *BGH* NStZ 2015, 220, 222 im Rahmen der Ausführungen zum Nachteil bei § 266 StGB mit Blick auf eine selbstverwaltende, ohne Gewinnerzielungsabsicht handelnde Körperschaft des öffentlichen Rechts; Hachenburg-GmbHG/*Kohlmann*[8] Vor § 82 Rdn 102; Scholz-GmbHG/*Rönnau*[12] Vor §§ 82 ff Rdn 16 „unangemessen hohe Zahlungen, die den vertraglichen Rahmen rechtsmissbräuchlich ausschöpfen"; SSW-StGB/*Saliger*[5] § 266 Rdn 112.

517 Vgl *BGH* NStZ 2015, 220, 222.

518 BeckOK-StGB/*Wittig*[58] § 266 Rdn 51.4.

519 *BGH* NStZ-RR 2018, 349, 350.

520 Wabnitz/Janovsky/Schmitt/*Raum*[5] 4. Kapitel Rdn 107; Nach dem Urteil des *3. Strafsenats* im Fall „Mannesmann/Vodafone" zur Gewährung von Anerkennungsprämien durch den Aufsichtsrat an ein Vorstandsmitglied einer AG fehlte es dort an einem wirksamen Einverständnis (fehlender Hauptversammlungsbeschluss, fehlendes vorheriges Einverständnis), vgl BGHSt 50, 331, 343 (Mannesmann/Vodafone); **aA** *Ransiek* NJW 2006, 814, 815 f; *Vogel/Hocke* JZ 2006, 568, 570 Wirksamkeit des Einverständnisses.

Die **Gewährung von nachträglichen Anerkennungsprämien** (sog **appreciation awards**) ist unter dem Gesichtspunkt der **Anreizwirkung für Dritte** auch ohne dienstvertragliche Rechtsgrundlage zulässig und damit nicht pflichtwidrig, wenn damit signalisiert wird, dass sich außergewöhnliche Leistungen lohnen; umgekehrt ist eine dienstvertraglich nicht vereinbarte Sonderzahlung,[521] „die ausschließlich belohnenden Charakter hat und der Gesellschaft keinen zukunftsbezogenen Nutzen bringen kann (**kompensationslose Anerkennungsprämie**), (...) als treupflichtwidrige Verschwendung des anvertrauten Gesellschaftsvermögens zu bewerten (...). Sie ist bereits dem Grunde nach unzulässig (...)".[522] Denn in diesen Fällen lässt sich selbst ein „verdünnter' Nutzen" im Sinne der **Förderung des Unternehmensinteresses** durch das Handeln eines „good corporate citizen"[523] nicht mehr feststellen.[524] Dem wird aus Teilen des Schrifttums die **mangelnde Bestimmtheit** des Begriffs des „Unternehmensinteresses" entgegengehalten.[525] Der Auffassung, welche die Verteilung „reiner Geschenke"[526] als pflichtwidrig ansieht, dürfte zu folgen sein, zumal der Begriff des Unternehmensinteresses über den interessenpluralistischen Stakeholder-Value gesellschaftsrechtlich hinreichend abgesichert ist[527] und zudem die **Möglichkeit der vorherigen Herbeiführung eines wirksamen Einverständnisses** (der GmbH-Gesellschafter) unbenommen bleibt. 68

Sonderbonuszahlungen an Betriebsratsmitglieder (als Arbeitnehmervertreter im Aufsichtsrat) verstoßen gegen das Begünstigungsverbot aus § 78 Satz 2 BetrVG, die entsprechende Vereinbarung und Verfügungen sind daher gemäß § 134 BGB nichtig und begründen eine Pflichtwidrigkeit im Sinne des § 266 StGB;[528] der *5. Strafsenat* des *BGH* nahm im Fall **„Gebauer/Volkert"** auch einen Nachteil an, da es an Kompensationen gefehlt habe.[529] In der Sache **„Siemens/AUB"** hat der *1. Strafsenat* hingegen den wegen fehlenden Schutzzweckzusammenhangs (Rdn 47 f) zunächst als nicht vermögensschützend angesehenen Pflichtenverstoß gegen § 119 BetrVG „ausgetauscht" zu Gunsten eines solchen gegen vermögensschützende Kontrollpflichten.[530] Jedoch ist der Nachteil verneint worden, weil mit dem durch die Zahlungen sichergestellten Fortbestand eines Vereins, der die Betriebsratswahl maßgeblich beeinflusste, bereits ein unmittelbarer (Rdn 131 ff), den Vermögensnachteil kompensierender Vermögensvorteil zugeflossen sei.[531] Bei **(Schmiergeld-)Zahlungen an Mitglieder des Betriebsrats bzw zur Betriebsratswahlbeeinflussung** dürf- 69

---

521 Der fehlenden vertraglichen Grundlage hilft die Praxis heute durch eine sog „change-of-control"-Klausel in den Verträgen mit den Spitzenmanagern ab, die diesen in bestimmten Fällen einer Unternehmensübernahme im Falle eines Ausscheidens bestimmte Boni zusagt, Lackner/Kühl-StGB/*Heger*[29] § 266 Rdn 20b; Graf/Jäger/Wittig/*Waßmer*[2] § 266 Rdn 133a.

522 BGHSt 50, 331, 337 f (Mannesmann/Vodafone) (Hervorhebungen von *Verf.*); vgl für anlasslos überhöhte Vergütungen zugunsten der Vorstandsmitglieder einer kassenärztlichen Vereinigung: BGHSt 65, 202, 212 f; vgl Graf/Jäger/Wittig/*Waßmer*[2] § 266 Rdn 133; NK-StGB/*Kindhäuser*[5] § 266 Rdn 80a; Schönke/Schröder-StGB/*Perron*[30] § 266 Rdn 36; SSW-StGB/*Saliger*[5] § 266 Rdn 112; StGB/*Fischer*[69] § 266 Rdn 107; auch *Bauer* NZG 2004, 502, 508 „von vornherein unzulässig".

523 Dazu unter Fn 501.

524 *Rönnau/Hohn* NStZ 2004, 113, 120; *Rönnau* NStZ 2006, 218, 219; kritisch *Schünemann* NStZ 2006, 196, 199; *ders* (2017) Rdn 133.

525 *Deiters* ZIS 2006, 152, 154; *Krause* StV 2006, 307, 309; MünchKomm-StGB/*Dierlamm/Becker*[4] § 266 Rdn 305; *Tiedemann* (2017) Rdn 1094.

526 *Rönnau/Hohn* NStZ 2004, 113, 120, 123.

527 Vgl *Schüppen* in: FS Tiedemann, 2008, S 749, 757 f.

528 Vgl BGHSt 54, 148, 158; auch BGH NStZ 2023, 352, 353. Kritisch mit Blick auf die Nichtberücksichtigung hypothetischer Ausnahmekarrieren sowie von während der Amtsperiode erworbener Fähigkeiten und Qualifikationen im Rahmen der Bewertung der Gehaltsentwicklung von Betriebsratsmitgliedern: *C. Brand/Strauß* NJW 2023, 1024, 1026 f.

529 Aus (auch) normativen Gründen, vgl BGHSt 54, 148, 159 (Fall Gebauer/Volkert); insoweit kritisch *Bittmann* NJW 2010, 98, 99; zustimmend *Corsten* wistra 2010, 206, 209; NK-StGB/*Kindhäuser*[5] § 266 Rdn 116; schon *U. Fischer* BB 2007, 997, 1000; *Rieble* CCZ 2008, 34, 35; *ders* NZA 2008, 276, 280; für die Annahme einer Kompensation: *Kraatz* wistra 2011, 447, 451; auch *Rieble* CCZ 2008, 121, 129 „Diesseits der strafrechtlichen Zweifelsregel ‚in dubio pro reo' gilt eine Wirtschaftlichkeitsvermutung"; vgl *dens* BB 2009, 1016, 1021 „Wieviel solches Entgegenkommen ‚wert' ist, ist schwer zu sagen"; *Zwiehoff* in: FS Puppe, 2011, S 1337, 1350.

530 Vgl BGHSt 55, 288, 303 (Siemens/AUB).

531 Vgl BGHSt 55, 288, 305 f (Siemens/AUB).

te daher nach aktueller Tendenz in der Rechtsprechung des *BGH* eine Strafbarkeit wegen Untreue eher fern liegen.[532]

70 **k) Übernahme von Geldstrafen, Zahlungsauflagen sowie von Verteidigungs- oder Verfahrenskosten.** Soweit ersichtlich haben sich die Strafsenate des *BGH* mit der Frage der Untreue durch **Übernahme von Geldsanktionen durch private Wirtschaftsunternehmen** für Mitarbeiter noch nicht befasst. Die Grundsätze aus der Entscheidung des *BGH* zum Sonderfall eines öffentlich-rechtlichen Abwasserverbandes (Körperschaft des öffentlichen Rechts)[533] können wegen der dortigen öffentlich-rechtlichen Zweckbindung der Gelder[534] jedenfalls nicht übertragen werden.[535] Zunächst begründet die Zahlung einer Geldstrafe durch einen Dritten keine Strafvereitelung nach § 258 StGB.[536] Mit Blick auf § 266 StGB hat der Arbeitnehmer gegen den privaten Arbeitgeber insbesondere wegen des **höchstpersönlichen Charakters der Sanktion**[537] grundsätzlich aber jedenfalls **keinen arbeitsrechtlichen Anspruch** auf Erstattung der ihm gegenüber verhängten Sanktion wegen einer in Ausübung seiner Tätigkeit für das Unternehmen begangenen Straftat, sodass bei Übernahme der Kosten eine Pflichtverletzung im Sinne des § 266 StGB in der Regel nicht von vornherein ausscheiden würde.[538] Zur Vermeidung einer Strafbarkeit wegen Untreue muss die Übernahme durch die GmbH vielmehr im **Unternehmensinteresse** liegen und darf nicht gegen die **Grundsätze ordnungsgemäßer Geschäftsführung** verstoßen (§ 43 Abs 1 GmbHG),[539] was etwa der Fall wäre bei dem Bestreben, negative Publizität und Imageschäden zu vermeiden, einem Geheimhaltungsinteresse, den Zielen der Bewahrung des Vertrauens aktueller und potentieller Kunden und Gesellschafter, der Bindung des Begünstigten an das Unternehmen sowie der Verhinderung der Abwanderung anderer qualifizierter Kräfte.[540] Die Zusage der Erstattung einer möglichen Geldstrafe **vor Begehung der Tat** wür-

---

532 Graf/Jäger/Wittig/*Waßmer*[2] § 266 Rdn 133b.

533 Untreue durch den Verbandsvorsteher wegen der Bezahlung von Geldstrafen für Bedienstete des Verbandes mit Mitteln des Verbandes, vgl *BGH* NJW 1991, 990, 991 (in BGHSt 37, 226 insoweit nicht abgedruckt).

534 Vgl *BGH* NJW 1991, 990, 991 (in BGHSt 37, 226 insoweit nicht abgedruckt), danach konnte durch Beschluss der Verbandsversammlung die zweckwidrige Verwendung der öffentlichen Mittel nicht wirksam genehmigt werden. Vgl zum haushaltsrechtlichen Gebot der Wirtschaftlichkeit und Sparsamkeit öffentlicher Verwaltung, BGHSt 61, 48, 70; BGHSt 62, 144, 149; BGHSt 64, 246, 248; BGHSt 65, 202, 209; *BGH* wistra 2021, 324, 326; *BGH* wistra 2022, 74, 75.

535 Esser/Rübenstahl/Saliger/Tsambikakis-Wirtschaftsstrafrecht/*Saliger* § 266 Rdn 56 in Fn 10; Graf/Jäger/Wittig/*Waßmer*[2] § 266 Rdn 143; Hachenburg-GmbHG/*Kohlmann*[8] Vor § 82 Rdn 166; *V. H. Hoffmann/Wißmann* StV 2001, 249, 250; *Horrer/Patzschke* CCZ 2013, 94, 96; *Langkeit* WiB 1994, 64, 66; *Poller* StraFo 2005, 274, 277 f; *Spatscheck/Ehnert* StraFo 2005, 265, 268; SSW-StGB/*Saliger*[5] § 266 Rdn 57; *Stoffers* JR 2010, 239, 243; *R. Werner* CCZ 2011, 201, 206.

536 Vgl BGHSt 37, 226, 229 f; BGHZ 202, 26, 29; Graf/Jäger/Wittig/*Waßmer*[2] § 266 Rdn 143a; *V. H. Hoffmann/Wißmann* StV 2001, 249; *Horrer/Patzschke* CCZ 2013, 94.

537 Vgl *BAG* NZA 2001, 653.

538 Zum (fehlenden) arbeitsrechtlichen Anspruch des Arbeitnehmers gegen einen privaten Arbeitgeber auf Übernahme von Geldsanktionen vgl BAGE 59, 203; BAGE 79, 294; *Bergwitz* NZA 2016, 203, 205 f; *V. H. Hoffmann/Wißmann* StV 2001, 249, 250 f; *Mohamed* CCZ 2015, 111, 114 f; *Poller* StraFo 2005, 274, 275 f; *Schott* StraFo 2014, 315, 316; *Stoffers* JR 2010, 239, 242 f; *Talaska* AG 2015, 118, 119; vgl jedoch *LAG Hamm* NJW 1991, 861 zur vertraglichen Verpflichtung, den Arbeitnehmer vor dem Rechtsverstoß und damit vor Bestrafung zu bewahren, sowie *BAG* NZA 2001, 653, 654 zur Möglichkeit des Schadensersatzanspruchs des Arbeitnehmers gegen den Arbeitnehmer bei sittenwidrigen Weisungen aus § 826 BGB, der im Ausnahmefall auch die Erstattung von gegen den Arbeitnehmer verhängten Geldbußen erfassen kann.

539 Vgl Graf/Jäger/Wittig/*Waßmer*[2] § 266 Rdn 143; Hachenburg-GmbHG/*Kohlmann*[8] Vor § 82 Rdn 166; *V. H. Hoffmann/Wißmann* StV 2001, 249, 250; *Horrer/Patzschke* CCZ 2013, 94, 97; *Ignor/Rixen* wistra 2000, 448, 449; *Kapp* NJW 1992, 2796, 2797; *Kranz* ZJS 2008, 471, 474; *Langkeit* WiB 1994, 64, 66; *Poller* StraFo 2005, 274, 278 f; Scholz-GmbHG/*Rönnau*[12] Vor §§ 82 ff Rdn 16; *Schott* StraFo 2014, 315, 318; *Spatscheck/Ehnert* StraFo 2005, 265, 268; *Stoffers* JR 2010, 239, 243 ff; *Talaska* AG 2015, 118, 120 f; *R. Werner* CCZ 2011, 201, 206.

540 Achenbach/Ransiek/Rönnau-Handbuch Wirtschaftsstrafrecht/*Seier/Lindemann*[5] 5. Teil, 2. Kapitel Rdn 238; Graf/Jäger/Wittig/*Waßmer*[2] § 266 Rdn 143; *V. H. Hoffmann/Wißmann* StV 2001, 249, 251; vgl *Horrer/Patzschke* CCZ 2013, 94, 97; *Ignor/Rixen* wistra 2000, 448, 450; *Kranz* ZJS 2008, 471, 474; *Langkeit* WiB 1994, 64, 66; *Poller* StraFo 2005, 274 (279); *R. Werner* CCZ 2011, 201 (207).

de eine (psychische) **Beihilfe** begründen.[541] Hat der Betroffene als Geschäftsführer mit der Straftat jedoch gleichzeitig eigennützig seine Pflichten gegenüber der Gesellschaft verletzt, so liegt bei Zahlungsübernahme Pflichtwidrigkeit im Sinne des § 266 StGB nahe.[542] Insofern ist das – hier wegen fehlender öffentlich-rechtlicher Zweckbindung mögliche –[543] **vorherige Einverständnis der Gesellschafter** ratsam.[544] Handelt es sich etwa um eine Zahlungsauflage nach § 153a StPO und ist damit der Sachverhalt nicht in einem rechtskräftigen Urteil festgestellt, sollte die Gesellschaft eigene Untersuchungen, ggf unter Hinzuziehung eines Rechtsgutachtens, durchführen.[545]

Hinsichtlich der **Gerichts- und Anwaltskosten** hat der *BGH* in dem erwähnten Urteil zum öffentlich-rechtlichen Abwasserverband Untreue aus dem Gesichtspunkt der gesetzlichen Fürsorgepflicht gegenüber den Verbandsbediensteten verneint.[546] Für den Bereich des Privatrechts hat der *BGH* den Vorwurf des Bankrotts (Beiseiteschaffen von Vermögensbestandteilen) verneint, soweit die Angeklagten aus Mitteln einer GmbH & Co. KG – nach den §§ 110 Abs 1, 161 Abs 2 HGB erstattungsfähige – Prozesskosten beglichen haben, die den Gesellschaftern ua aus Strafverfahren erwachsen sind, die in einem unmittelbaren Zusammenhang mit ihrer für die Gesellschaft ausgeübten Tätigkeit standen.[547] Zudem wird eine Pflicht des Arbeitgebers zur Übernahme von **Verteidigungs- und Verfahrenskosten** von der Rechtsprechung des *BAG* für einige Konstellationen entsprechend § 670 BGB bejaht,[548] sodass es insoweit an einer Pflichtverletzung fehlen würde. Darüber hinaus gelten für die Übernahme von **Verteidigungs- und Verfahrenskosten** die gleichen Grundsätze wie für die Übernahme von Geldsanktionen. Im Unternehmensinteresse liegt hier insbesondere die Übernahme von Kosten der Strafverteidigung eines Organs oder einer Leitungsperson,[549] um eine **Verbandsgeldbuße nach § 30 OWiG** abzuwehren.[550] **Pflichtwidrig** ist die Kostenübernahme bzw -erstattung, wenn sie auf einer **evident ermessensfehlerhaften Entscheidung** beruht,[551] was insbesondere der Fall wäre, wenn sich die **Straftat sich gegen das Unternehmen selbst gerichtet hat**.[552] 71

---

541 Hachenburg-GmbHG/*Kohlmann*[8] Vor § 82 Rdn 166; *V. H. Hoffmann*/*Wißmann* StV 2001, 249, 251; *Schott* StraFo 2014, 315, 319; *Stoffers* JR 2010, 239, 246; *R. Werner* CCZ 2011, 201, 206.

542 Müller-Gugenberger-WirtschaftsStrR/*Hadamitzky*[7] § 32 Rdn 141a; StGB/*Fischer*[69] § 266 Rdn 84a.

543 Vgl *Brockhaus* ZWH 2012, 169, 174; Graf/Jäger/Wittig/*Waßmer*[2] § 266 Rdn 143a mit Blick auf die Übernahme der Kosten für die Strafverteidigung.

544 Vgl BGHZ 202, 26, 31 ff für die Zahlung einer Geldauflage für ein Vorstandsmitglied einer AG durch Beschluss des Aufsichtsrats; Esser/Rübenstahl/Saliger/Tsambikakis-Wirtschaftsstrafrecht/*Saliger* § 266 Rdn 56 in Fn 10; *Poller* StraFo 2005, 274, 279 f; *Spatscheck*/*Ehnert* StraFo 2005, 265, 269; SSW-StGB/*Saliger*[5] § 266 Rdn 57; *Stoffers* JR 2010, 239, 245; vgl auch BeckOK-StGB/*Wittig*[58] § 266 Rdn 52.

545 *Küpper* NZWiSt 2015, 319, 320.

546 Vgl *BGH* NJW 1991, 990, 991 f (in BGHSt 37, 226 insoweit nicht abgedruckt).

547 Vgl *BGH* wistra 1987, 216. Dazu *Spatscheck*/*Ehnert* StraFo 2005, 265, 267; *Stoffers* JR 2010, 239, 247.

548 Vgl BAGE 79, 294, 297 f für den Fall des unvermeidbaren und unverschuldeten Unfalls eines Berufskraftfahrers; *Spatscheck*/*Ehnert* StraFo 2005, 265, 267; *Schott* StraFo 2014, 315, 316; *Stoffers* JR 2010, 239, 246 ff.

549 Nach Auffassungen im Schrifttum in komplizierteren Wirtschaftsstrafsachen auch der Abschluss von Honorarvereinbarungen, vgl *Brockhaus* ZWH 2012,169, 171; Graf/Jäger/Wittig/*Waßmer*[2] § 266 Rdn 143; *Schünemann* (2017) Rdn 300 in Fn 991; *Stoffers* JR 2010, 239, 247; **aA** BAGE 79, 294, 299, Honorarvereinbarung nur „erforderlich", „wenn anwaltliche Hilfe auf der Grundlage der gesetzlichen Gebühren nicht zu erlangen war".

550 BeckOK-StGB/*Wittig*[58] § 266 Rdn 51.2; *Brockhaus* ZWH 2012,169, 173; Graf/Jäger/Wittig/*Waßmer*[2] § 266 Rdn 143; StGB/*Fischer*[69] § 266 Rdn 52a.

551 *Brockhaus* ZWH 2012,169, 173 „willkürliche, sachfremde und nicht mehr vertretbare Entscheidung"; Graf/Jäger/Wittig/*Waßmer*[2] § 266 Rdn 143a; StGB/*Fischer*[69] § 266 Rdn 52a.

552 Graf/Jäger/Wittig/*Waßmer*[2] § 266 Rdn 143a; StGB/*Fischer*[69] § 266 Rdn 52a; *Schott* StraFo 2014, 315, 318; differenzierend *Brockhaus* ZWH 2012,169, 173, Pflichtwidrigkeit bei strafrechtlichen Vorwürfen, die „in keinem unmittelbaren Zusammenhang mit der typischen Berufausübung des Betroffenen stehen (…)" oder beim Handeln „aus eigennützigen Motiven (…), die (offenkundig) nicht im objektiven oder vermeintlichen Interesse des Unternehmens stehen"; ähnlich *H. Otto* in: FS Tiedemann, 2008, S 693, 706 f.

4. Das zentrale Problem des Einverständnisses der GmbH-Gesellschafter[553]

72 **a) Allgemeines – das Verhältnis der GmbH zu ihren „Hinterleuten".**[554] Als „Hinterleute" der GmbH kommen die **Gesellschafter**, die **Gläubiger**, insbesondere die **Arbeitnehmer**, die **Gläubiger der Gläubiger** sowie die vom **wirtschaftlichen Handeln der Gesellschaft sonst Betroffenen** (die „Gesellschaft") in Betracht. *Seier/Lindemann* haben die Problematik, die sich im Wesentlichen um die beiden Problemkreise der Einverständniskompetenz der Gesellschafter und ihrer – ggf über Gläubigerinteressen definierte – Begrenzung sowie der eigenen Vermögensbetreuungspflicht der Gesellschafter mit Blick auf das Vermögen der GmbH mit der Frage: **„Wem gehört die GmbH?"** prägnant zusammengefasst.[555] *Kohlmann* sieht in der GmbH ein **Spannungsverhältnis zwischen der Dispositionsfreiheit der Gesellschafter einerseits und Gläubigerschutz andererseits** angelegt, welches „entscheidend die Voraussetzungen und Grenzen des Einverständnisses aller Gesellschafter mit" präge.[556] **Hier ist die Frage des Einverständnisses von Relevanz.**[557] Zur Bewertung der Problematik der Wirksamkeit eines solchen Einverständnisses der „Hinterleute" ist die **Kompetenzstruktur**, dh die **Zuordnung der entsprechenden Bestimmungsmacht innerhalb der Gesellschaf**t zu vermögensnachteiligen Handlungen der Vermögensbetreuungspflichtigen, von der Frage nach der **Grenze einer solchen möglichen Dispositionsbefugnis** strikt zu trennen.

73 **b) Kompetenzstruktur. GmbH.** Bei der GmbH handelt es sich um eine für kleine bis mittlere Unternehmen mit geringem Kapitalbedarf geschaffene Gesellschaftsform mit einer geringen Zahl von Mitgliedern und geringerem Gründungsaufwand, in welcher in vielen Fällen Identität von (Allein)Gesellschafter und Geschäftsführer besteht, also eine Drittorganschaft fehlt, jedenfalls häufig insbesondere wegen der Satzungsautonomie und der gesellschaftlichen Weisungsbefugnis aus § 37 Abs 1 GmbHG[558] von einem notfalls hierarchisch hergestellten Gleichlauf der Gesellschafterinteressen mit den Geschäftsführungsmaßnahmen ausgegangen werden kann.[559] Unstreitig ist, dass nur die GmbH-Gesellschafterversammlung als „oberstes Willensorgan", das in einem Überordnungsverhältnis zum Geschäftsführer steht, die Einverständniskompetenz mit das GmbH-Vermögen benachteiligenden Handlungen der Vermögensbetreuungspflichtigen hat.[560] Streitig sind die Fragen nach dem Ob und der Reichweite einer Grenze dieser Dispositionsbefugnis.

---

553 Teile der nachfolgenden Ausführungen finden sich auch bei *Anders* (2012) S 32 ff, 35 ff, 45 ff, 62 ff, 75 ff, 81 ff, 94 ff, 103 ff.

554 Vgl *Bydlinski* in: Götz/Seifert (Hrsg) S 21, 24.

555 Achenbach/Ransiek/Rönnau-Handbuch Wirtschaftsstrafrecht/*Seier/Lindemann*[5] 5. Teil, 2. Kapitel Rdn 319.

556 *Kohlmann* in: FS Werner, 1984, S 387, 404; vgl dazu *Mestmäcker* S 411 „Die juristische Person stellt das Privatrecht aus einem ganz anderen Grunde vor nicht weniger schwerwiegende Probleme. Die Privatautonomie ist ein Teil des allgemeinen Prinzips der Selbstbestimmung des Menschen. Die abhängige juristische Person trifft diesen in der Privatautonomie vorausgesetzten Wert an der Wurzel. Die Annahme, jedes Rechtssubjekt habe einen eigenen Willen, den die Rechtsordnung als vorgegebenen Wert zu respektieren habe, wird zur Fiktion. (…). Die Freiheit der Körperschaftsbildung hat das Problem der Abhängigkeit der juristischen Person von ihren Mitgliedern notwendig zur Folge. Die Autonomie des Rechtssubjektes zerfällt dem Juristen unter den Händen. Zurück bleibt die unübersehbare Vielfalt korporativer Organisationsformen, deren Rechtssubjektivität begrifflich umfassend ist, in der Wirklichkeit aber nur als Funktion fremdgesetzter Zwecke verständlich wird.".

557 Zur Frage einer Vermögensbetreuungspflicht der GmbH-Allein- oder Mehrheitsgesellschafter siehe unter Rdn 33 f.

558 Vgl Noack/Servatius/Haas-GmbHG/*Beurskens*[23] § 37 Rdn 26, 33; Noack/Servatius/Haas-GmbHG/*Noack*[23] § 45 Rdn 1.

559 Vgl Lutter/Hommelhoff-GmbHG/*Hommelhoff/Bayer/Kleindiek*[21] Einleitung Rdn 4 f.

560 BGHSt 9, 203, 216; BGHSt 55, 266, 278 (Trienekens); *Anders* (2012) S 103 ff; *Busch* S 146; MünchKomm-StGB/*Dierlamm/Becker*[4] § 266 Rdn 153; NK-StGB/*Kindhäuser*[5] § 266 Rdn 68; Schönke/Schröder-StGB/*Perron*[30] § 266 Rdn 21a; SSW-StGB/*Saliger*[5] § 266 Rdn 58, 107; Momsen/Grützner-WirtschaftsStStrR/*Schramm*[2] § 266 Rdn 85; *Trüg/Zeyher* NZWiSt 2021, 169, 172; Graf/Jäger/Wittig/*Waßmer*[2] § 266 Rdn 145a.

Zur Abgrenzung: Aktiengesellschaft. Die **Rechtsprechung** hat ohne weitere Konkretisierung jedenfalls für den **Fall der Gewährung einer kompensationslosen Anerkennungsprämie** die Kompetenz der Hauptversammlung der AG angenommen, einer solchen schädigenden Handlung des Vorstands zuzustimmen: Voraussetzung für ein strafrechtlich bedeutsames Einverständnis sei, dass es entweder von dem Alleinaktionär oder von der Gesamtheit der Aktionäre durch einen Beschluss der Hauptversammlung über die Verwendung des Bilanzgewinns erteilt worden ist, nicht gegen Rechtsvorschriften verstößt oder aus sonstigen Gründen ausnahmsweise als unwirksam zu bewerten ist;[561] andererseits erwägt der *BGH* unter Hinweis auf die Befugnisse aus § 76 Abs 1 AktG eine entsprechende Kompetenz des Vorstands,[562] vermeint diese aber jedenfalls, wenn es um eigenes pflichtwidriges Verhalten geht.[563] Im **Schrifttum** ist die **Diskussion unübersichtlich**, weil die og Trennung zwischen Kompetenzzuweisung und Bestimmung der Grenzen einer möglichen Dispositionsbefugnis häufig verschwimmt, dh Fragen der Kapitalbindung und -erhaltung herangezogen werden zur Beurteilung der Problematik, ob den Aktionären überhaupt eine Bestimmungsmacht über das Vermögen der AG zusteht. So wird zum Teil die **Verantwortlichkeit des Vorstands der AG** für vermögensschädigende Handlungen **selbst bei Zustimmung aller Aktionäre** vertreten.[564] **Gegen eine Bestimmungsmacht für pflichtwidrige Handlungen des Vorstands** werden im Wesentlichen drei Punkte angeführt: Das bei einer Publikumsgesellschaft mit einer Vielzahl von Aktionären regelmäßig mit erheblichen **praktischen Schwierigkeiten**[565] verbundene Herbeiführen von Einverständniserklärungen[566] kann nicht durchgreifen.[567] Zudem wird mit der **strikteren Kapitalbindung bei der AG** argumentiert:[568] Aufgrund der typischerweise rein kapitalmäßigen Beteiligung der Aktionäre ist das Kapital der AG strikter als bei der personalistischer strukturierten GmbH gebunden und dem Zugriff der Anteilseigner entzogen: § 57 AktG verbietet die Einlagenrückgewähr, Verzinsung und sonstige über Bilanzgewinn hinausgehende Vermögensverteilung,[569] womit jede Vermögenszuwendung an die Aktionäre außerhalb der ordnungsgemäßen Ausschüttung des Bilanzgewinns verboten ist.[570] Jedoch dürfte das Argument der strikten Kapitalbindung primär nicht die (abstrakte) Frage der Organzuständigkeit für Einverständniserklärungen betreffen, sondern vielmehr diejenige der inhaltlich zu bestimmenden Wirksamkeitsgrenzen eines möglichen Einverständnisses. Schließlich wird zutreffend auf die eigentliche **Kompetenzzuweisung des Aktienrechts** abgestellt:[571] Danach sind die Entscheidungsrechte der Aktionäre im Vergleich zur GmbH im besonderen Maße durch die Weisungsunabhängigkeit des Vorstands zurückgedrängt,[572] womit einhergeht, dass der Schutz des Gesellschaftsvermögens grundsätzlich nicht durch Zustimmung der Aktionärsgesamtheit bewerkstelligt werden kann. Denn gemäß 74

---

561 BGHSt 50, 331, 342 (Mannesmann/Vodafone) unter Verweis auf BGHSt 35, 333, 335 ff; BGHSt 54, 148, 158 (Fall Gebauer/Volkert) (danach wäre im Fall untreuerelevanter Zuwendungen an Betriebsräte ein Beschluss der Hauptversammlung über die Verwendung des Bilanzgewinns zur Sonderbonuszahlung als gegen § 78 Satz 2 BetrVG, § 134 BGB verstoßend nichtig gewesen, vgl auch *BGH* NStZ 2023, 352, 353 (Betriebsratsvergütung)).

562 Offen gelassen BGHSt 52, 323, 335 (Siemens/Enel).

563 Vgl BGHSt 55, 266, 281 (Trienekens); *BGH* wistra 2019, 190, 192.

564 Vgl *Brammsen*/ *Apel* WM 2010, 781, 786; StGB/*Fischer*[69] § 266 Rdn 102; *Kaufmann* S 140; Lackner/Kühl-StGB/*Heger*[29] § 266 Rdn 20b; *Rönnau* in: FS Amelung, 2009, S 247, 267.

565 Vgl BGHZ 159, 30, 44 (Gelatine) „(…) wäre eine zu enge Bindung an jeweils einzuholende Entschließungen der nicht ständig präsenten, sondern regelmäßig nur mit erheblichem Aufwand an Zeit und Kosten einzuberufenden Hauptversammlung gänzlich unpraktikabel und hätte eine Lähmung der Gesellschaft zur Folge.“.

566 Vgl *Rönnau* in: FS Amelung, 2009, S 247.

567 Zutreffend unter Hinweis auf sog Familien-AGs, SSW-StGB/*Saliger*[5] § 266 Rdn 109; Esser/Rübenstahl/Saliger/Tsambikakis-Wirtschaftsstrafrecht/*ders* § 266 Rdn 110.

568 Vgl *Hoffmann-Becking* NZG 2006, 127, 131; *Kaufmann* S 151; *Rönnau* in: FS Amelung, 2009, S 247, 263; Graf/Jäger/Wittig/*Waßmer*[2] § 266 Rdn 157.

569 AktG/*Koch*[16] § 57 Rdn 1.

570 MünchKomm-AktG/*Bayer*[5] § 57 Rdn 8.

571 Vgl *Rönnau* in: FS Amelung, 2009, S 247, 262 ff; Momsen/Grützner-WirtschaftsStStrR/*Schramm*[2] § 266 Rdn 88; Graf/Jäger/Wittig/*Waßmer*[2] § 266 Rdn 157.

572 Vgl AktG/*Koch*[16] § 76 Rdn 25.

§ 76 Abs 1 AktG hat der Vorstand der AG diese unter eigener Verantwortung zu leiten und ist in seinen Geschäftsführungs- und Verwaltungskompetenzen im Verhältnis insbesondere zur Hauptversammlung grundsätzlich unbeschränkt und unbeschränkbar. Jedoch werden die aktienrechtlichen Kompetenzen der Hauptversammlung insbesondere mit Blick auf die **Verwendung des Bilanzgewinns** (vgl §§ 58 Abs 3 Satz 1, 174 Abs 1 Satz 1 AktG)[573] sowie die **Auflösung der freien Rücklagen** (vgl § 174 Abs 1 Satz 1, Abs 2 Nr 2, 3 AktG) auch im Untreuestrafrecht anerkannt.[574] Zudem dürfte nach dem **„Holzmüller"-Urteil** des *BGH*, in dem eine Vorlagepflicht des Vorstands in analoger Anwendung des § 119 Abs 2 AktG bei Maßnahmen von herausragender Bedeutung angenommen wurde, die Hauptversammlungskompetenz stärker zu gewichten sein.[575] Der *II. Zivilsenat* in einer Entscheidung vom 26. April 2004 – **„Gelatine"** – noch einmal ausdrücklich festgestellt, dass eine wesentliche Beeinträchtigung der Mitgliederbefugnisse erst bei einer Maßnahme auf „Holzmüller"-Niveau erreicht sei, dh nur bei **erheblichen Strukturveränderungen**.[576] Im Schrifttum wird daher aufgrund der genannten Gemengelage aus **strengerer Kapitalbindung** und **eingegrenzter Bestimmungsmacht der Aktionäre** zum Teil nur eine Einverständnisbefugnis der Aktionäre angenommen, die sich auf die **Verwendung des Bilanzgewinns sowie ggf die Rücklagenauflösung beschränkt**.[577] Nach anderer Auffassung sollen hingegen die Aktionäre wie die GmbH-Gesellschafter – vorbehaltlich der Frage der Begrenzung der Kompetenz aus Gründen der Kapitalschutzes bzw der Existenzgefährdung – dispositionsbefugt sein).[578] Richtigerweise sind wegen der **(allein) entscheidenden Kompetenzzuweisung des Aktienrechts zudem ggf untreuerelevante Strukturentscheidungen nach der „Holzmüller"-Doktrin** miteinzubeziehen.[579]

c) Strafrechtsdogmatische Einordnung der gesellschafterlichen Zustimmungserklärung bei der GmbH-Untreue und ihre Wirksamkeitsvoraussetzungen

75 **aa) Strafrechtsdogmatische Einordnung.** Die strafrechtliche Einordnung der gesellschafterlichen Zustimmung hat Auswirkungen auf die Voraussetzungen der Zustimmungserklärung.[580] Insoweit unterscheidet die herrschende Meinung zwischen dem **tatbestandsauschließenden Einverständnis** und der **rechtfertigenden Einwilligung**: Ein Einverständnis liege dann vor, wenn schon der Straftatbestand expressis verbis oder implizit ein Handeln gegen den Willen des Rechtsgutsträgers voraussetze, während die Einwilligung nur solche Taten betreffe, die in fremde, zur Disposition des Verletzten stehende Rechtsgüter eingreife und bei denen die Freiheit der Willensbildung oder -betätigung nicht ausschließlich betroffen sei.[581] Eine andere Meinung nimmt bei Zustimmung stets einen Tatbestandsausschluss an, da jedes Rechtsgut zugleich eine Autonomiekomponente aufweise.[582] Gleichwohl ist die Differenzierung des positiven Rechts in seine spezifischen Ausprägungen zwischen Tatbeständen, die die Freiheit des Willens betreffen, und sonstigen Delik-

---

573 Vgl *C. Brand* AG 2007, 681 (689); *Rönnau* in: FS Amelung, 2009, S 247, 266.
574 Vgl *C. Brand* AG 2007, 681, 685 f, 687 ff; *Rönnau* in: FS Amelung, 2009, S 247, 266.
575 BGHZ 83, 122, 131 (Holzmüller).
576 Vgl BGHZ 159, 30, 45 (Gelatine); zur Entwicklung siehe AktG/*Koch*[16] § 119 Rdn 16 ff; MünchKomm-AktG/*Kubis*[5] § 119 Rdn 32 ff.
577 Vgl *C. Brand* AG 2007, 681, 687 ff; Momsen/Grützner-WirtschaftsStStrR/*Schramm*[2] § 266 Rdn 88; Graf/Jäger/Wittig/*Waßmer*[2] § 266 Rdn 157; Wirtschaftsstrafrecht/*Wittig*[5] § 20 Rdn 88.
578 Vgl MünchKomm-StGB/*Dierlamm*/*Becker*[4] § 266 Rdn 165; *Hoffmann* (2010) S 176 ff; Schönke/Schröder-StGB/*Perron*[30] § 266 Rdn 21c; SSW-StGB/*Saliger*[5] § 266 Rdn 109; Esser/Rübenstahl/Saliger/Tsambikakis-Wirtschaftsstrafrecht/*dens* § 266 Rdn 110; *Schünemann* (2017) Rdn 327; *Trüg*/*Zeyher* NZWiSt 2021, 169, 173 ff.
579 Vgl *Anders* (2012) S 13; *Busch* S 154 f; *Trüg*/*Zeyher* NZWiSt 2021, 169, 173 ff.
580 Siehe zum Folgenden *Kohlmann* in: FS Werner, 1984, S 387. 400 f; *Hentschke* S 99 ff; *Schramm* (2005) S 46 ff.
581 Vgl *Jescheck*/*Weigend*[5] S 372 ff; *Köhler* (1997) S 243 f; Schönke/Schröder-StGB/*Sternberg-Lieben*[30] Vor §§ 32 ff Rdn 29 ff.
582 Vgl zu den abweichenden Auffassungen des Einverständnisses und der Einwilligung als sachlich gleichbedeutende Zustimmung: *Roxin*/*Greco* AT I § 13 Rdn 24 ff; MünchKomm-StGB/*Schlehofer*[4] Vor § 32 Rdn 146 ff; vgl *Schmidhäuser* S 114 f, zum Unterschied zwischen objektbezogener und verhaltensbezogener Autonomie.

ten beachtlich, weil die zunächst geltende abstraktere Verbotsnorm der Respektierung der Autonomie des Einzelnen durch konkretere Normen aufgehoben wird.[583] Wird also im Verbrechensaufbau die systematische Struktur einer Unterscheidung zwischen Tatbestandsmäßigkeit und Unrechtsausschluss akzeptiert, dürfte an der Unterscheidung zwischen (tatbestandsausschließendem) Einverständnis und (rechtfertigender) Einwilligung festzuhalten sein.

Für den Tatbestand der Untreue insbesondere zum Nachteil der GmbH bedeutet dies nach der zu folgenden herrschenden Meinung, dass die **Zustimmung des Dispositionsbefugten schon den Tatbestand entfallen** lässt, es sich mithin um ein **Einverständnis** handelt.[584] Denn die Untreue ist gekennzeichnet durch den **Fehlgebrauch einer dem Täter übertragenen fremdnützigen Herrschaft**, § 266 StGB pönalisiert also einen Vermögensangriff „von innen heraus".[585] Der vom Täter realisierbare Erfolgs- und Handlungsunwert bei der Untreue ist daher abhängig vom Schutzinteresse des Treugebers, dessen von ihm definierten Erlaubnisgrenzen für den Täter gelten;[586] die Befugnis des Rechtsgutsträgers, Handlungen zum Nachteil der Gesellschaft zuzustimmen, ist Bestandteil des autonomen Herrschaftsrechts des Vermögensinhabers: Es ergibt sich auch etwa deswegen keine andere Beurteilung bei der Untreue zum Nachteil der GmbH, weil Vermögensträger (GmbH) und Zustimmender (Gesellschafter) nicht personenidentisch sind: Da die Gesellschafter die Zustimmung nicht im eigenen Namen, sondern als Organ der GmbH erklären, ist sie der Gesellschaft als Rechtspersönlichkeit grundsätzlich zuzurechnen.[587] Auf der Ebene des Tatbestandes des § 266 StGB entfällt dann das Merkmal der Pflichtwidrigkeit, beim Missbrauchstatbestand jedenfalls das der Missbrauchshandlung.[588] Darüber hinaus wird in den Grenzen der Disponibilität auch auf das Tatbestandsmerkmal des Vermögensnachteils abgestellt:[589] Denn bei einem wirksamen Einverständnis mit der Vermögensminderung jedenfalls bei einer verdeckten Gewinnausschüttung wird eine Kompensation der Vermögenseinbuße der GmbH durch die Befreiung der Gesellschaft von dem Gewinnauszahlungsanspruch angenommen.[590] 76

---

583 *Köhler* (1997) S 243.

584 Vgl BGHSt 3, 23, 25; *OLG Hamm* NStZ 1986, 119; *OLG Hamm* NStZ-RR 2012, 374, 375; *Anders* (2012) S 112; *Arloth* NStZ 1990, 570, 573; *Auer* S 182 f; *Corsten* (2011) S 67 ff; MünchKomm-StGB/*Dierlamm/Becker*[4] § 266 Rdn 149; StGB/*Fischer*[69] § 266 Rdn 29, 90; *Flum* S 72; Müller-Gugenberger-WirtschaftsStrR/*Hadamitzky*[7] Rdn 32.79, 32.82a; *Hentschke* S 101; *Kohlmann* (1990) S 102 f; *Labsch* Jura 1987, 411, 415; *Lichtenwimmer* S 167 ff; Schönke/Schröder-StGB/*Perron*[30] § 266 Rdn 21; *Radtke* GmbHR 1998, 311, 316; *dens/M. Hoffmann* GA 2008, 535, 538; Scholz-GmbHG/*Rönnau*[12] Vor §§ 82 ff Rdn 9; *Schramm* (2005) S 52 ff; Wirtschaftsstrafrecht/*Wittig*[5] § 20 Rdn 70; *Wodicka* S 330 ff; **aA** *BGH* GmbHR 1954, 75; BGHSt 3, 32, 39 f; BGHSt 9, 203, 216; *Gribbohm* ZGR 19 (1990), 1, 19 ff; *Ibold* S 192 f.

585 BVerfGE 126, 170, 201 unter Verweis auf *Schünemann* NStZ 2005, 473, 474; vgl *dens* (2017) Rdn 13, 30, 32, 33, 34, 38, 53, 54, 58, 71, 73, 76, 79, 82, 84, 88, 91, 97, 104, 115, 178, 319; *dens* (2004) S 17 sowie MünchKomm-StGB/*Dierlamm/Becker*[4] § 266 Rdn 2; *Kindhäuser* in: FS Lampe, 2003, S 709, 710; NK-StGB/*dens*[5] § 266 Rdn 3, 31; *Perron* GA 2009, 219, 223; Schönke/Schröder-StGB/*dens*[30] § 266 Rdn 1; *Rönnau* ZStW 119 (2007), 887, 891; SSW-StGB/*Saliger*[5] § 266 Rdn 3; Esser/Rübenstahl/Saliger/Tsambikakis-Wirtschaftsstrafrecht/*dens* § 266 Rdn 3.

586 *Schramm* (2005) S 68 f; siehe auch *Labsch* Jura 1987, 411, 415.

587 *Kohlmann* in: FS Werner, 1984, S 387, 403; *Wodicka* S 332.

588 BGHSt 34, 221, 223; BGHSt 34, 379, 384; *BGH* NJW 2000, 148; BGHSt 49, 147, 157 f (BremerVulkan); BGHSt 50, 331, 342 (Mannesmann/Vodafone); BGHSt 54, 52, 57; BGHSt 55, 266, 278 (Trienekens); *BGH* NStZ-RR 2011, 82, 83; NJW 2012, 2366, 2369 (in BGHSt 57, 229 insoweit nicht abgedruckt); *BGH* BeckRS 2016, 20475; *OLG Jena* wistra 2011, 315, 316; *Anders* (2012) S 113; *Corsten* (2011) S 67 ff; MünchKomm-StGB/*Dierlamm/Becker*[4] § 266 Rdn 149, 221; StGB/*Fischer*[69] § 266 Rdn 29, 90; Müller-Gugenberger-WirtschaftsStrR/*Hadamitzky*[7] Rdn 32.79; *Hentschke* S 99 ff; SK-StGB/*Hoyer*[9] § 266 Rdn 58; NK-StGB/*Kindhäuser*[5] § 266 Rdn 66; *Kohlmann* (1990) S 102 f; Schönke/Schröder-StGB/*Perron*[30] § 266 Rdn 21; SSW-StGB/*Saliger*[5] § 266 Rdn 58; Esser/Rübenstahl/Saliger/Tsambikakis-Wirtschaftsstrafrecht/*ders* § 266 Rdn 57; *Schramm* (2005) S 46 ff, 285 f; Momsen/Grützner-WirtschaftsStrR/*ders*[2] § 266 Rdn 74; *Schünemann* (2017) Rdn 144; Achenbach/Ransiek/Rönnau-Handbuch Wirtschaftsstrafrecht/*Seier/Lindemann*[5] 5. Teil, 2. Kapitel Rdn 91; Graf/Jäger/Wittig/*Waßmer*[2] § 266 Rdn 144; Wirtschaftsstrafrecht/*Wittig*[5] § 20 Rdn 69; BeckOK-StGB/*dies*[58] § 266 Rdn 30.

589 Vgl BGHSt 35, 333, 336; *Anders* (2012) S 113; Scholz-GmbHG/*Rönnau*[12] Vor §§ 82 ff Rdn 9.

590 Vgl *Hentschke* S 105 ff; *C. Schäfer* GmbHR 1993, 780, 793 f, beide sehen die Grenze der Kompensationsfähigkeit in § 30 GmbHG, da im Falle des Verstoßes gegen das Gebot des Stammkapitalerhalts selbst ein ordentlicher Gewinnverwendungsbeschluss wegen dessen Nichtigkeit ein kompensationsfähiges Gewinnbezugsrecht als Gegenrecht nicht erbringen könne.

77 **bb) Wirksamkeitsvoraussetzungen des Einverständnisses bei der GmbH-Untreue.** An die Wirksamkeit des strafrechtlichen Einverständnisses wurden nach traditioneller Auffassung, soweit der einzelne Tatbestand die rein tatsächliche Natur des Einverständnisses trägt, nicht die weiteren Voraussetzungen geknüpft, die für die Selbstbestimmungsvoraussetzungen der rechtfertigenden Einwilligung verlangt sind.[591] Für den Untreuetatbestand folgt die heute hM jedoch einer differenzierenden Auffassung, nach der die **Kundgabe des Einverständnisses nach außen**, wenn auch nur konkludent, erfolgen müsse.[592] Aus dem Grunde der engen normativen Verflechtung des Einverständnisses mit der definierten Pflicht(verletzung) wird darüber hinaus zu verlangen sein, dass das Einverständnis **frei von Willensmängeln** infolge von **Täuschung, List oder Zwang** ist,[593] wobei die **Rechtsprechung bei Buchführungsverstößen großzügig** ist.[594] Zudem ist jedenfalls **Einwilligungsfähigkeit**[595] erforderlich,[596] zum Teil wird weitergehend – in der Regel in der wirtschaftlichen Praxis auch gegebene – **Geschäftsfähigkeit** gefordert.[597] Ferner ist es erforderlich, dass das Einverständnis **nicht gegen rechtsgutsbezogene gesetzliche Vorgaben verstößt**.[598] Die Zustimmung ist strafrechtlich unerheblich, wenn die **besondere geschäftliche Unerfahrenheit des Geschäftsherrn** gezielt zu den Schädigungen ausgenutzt worden ist.[599] Nach herrschender Meinung muss zudem das **Einverständnis stets vorher**, dh im Zeitpunkt des Tatgeschehens, vorliegen, womit eine **Genehmigung ausscheidet**.[600] Soweit ein solche zu einem sachlichen Strafaufhebungsgrund führen

---

591 Vgl *Köhler* (1997) S 244; *Welzel*[11] S 95.

592 Vgl *Jescheck/Weigend*[5] S 382; Schönke/Schröder-StGB/*Sternberg-Lieben*[30] Vor §§ 32 ff Rdn 32c.

593 *Bräunig* S 213; *Hentschke* S 104; *Ibold* S 196; *Kohlmann* (1990) S 176; Matt/Renzikowski-StGB/*Matt*[2] § 266 Rdn 93; SSW-StGB/*Saliger*[5] § 266 Rdn 59; Esser/Rübenstahl/Saliger/Tsambikakis-Wirtschaftsstrafrecht/*ders* § 266 Rdn 58; *Schramm* (2005) S 221 f; Momsen/Grützner-WirtschaftsStrR/*ders*[2] § 266 Rdn 79; Schönke/Schröder-StGB/*Sternberg-Lieben*[30] Vor §§ 32 ff Rdn 32f; Graf/Jäger/Wittig/*Waßmer*[2] § 266 Rdn 145; Wirtschaftsstrafrecht/*Wittig*[5] § 20 Rdn 73; BeckOK-StGB/*dies*[58] § 266 Rdn 31; *Wodicka* S 332 f.

594 Nach BGHSt 35, 333, 336; BGHSt 55, 266, 279 (Trienekens) (entgegen BGHSt 34, 379, 389) macht eine unrichtige Buchführung als solche das Einverständnis nicht unwirksam; zustimmend unter Hinweis auf den Vermögensschutzzweck des § 266 StGB *Rönnau* in: FS Tiedemann, 2008, S 713, 718 f; *Weimann* S 78, 84; auch *Tiedemann* (2017) Rdn 392.

595 Diese ist gegeben, wenn der Rechtsgutsinhaber in der Lage ist, Bedeutung und Tragweite seiner Entscheidung überblicken zu können, vgl StGB/*Fischer*[69] Vor § 32 Rdn 3c; *Jescheck/Weigend*[5] S 382.

596 *Ibold* S 196; SSW-StGB/*Saliger*[5] § 266 Rdn 59; Esser/Rübenstahl/Saliger/Tsambikakis-Wirtschaftsstrafrecht/*ders* § 266 Rdn 58; Graf/Jäger/Wittig/*Waßmer*[2] § 266 Rdn 145; Wirtschaftsstrafrecht/*Wittig*[5] § 20 Rdn 73.

597 Vgl *Corsten* (2011), S 35 mwN, 95; *Schramm* (2005) S 75; Momsen/Grützner-WirtschaftsStrR/*dens*[2] § 266 Rdn 79; Schönke/Schröder-StGB/*Sternberg-Lieben*[30] Vor §§ 32 ff Rdn 32a (für den Missbrauchstatbestand).

598 BGHSt 50, 331, 342 (Mannesmann/Vodafone); BGHSt 60, 94, 108 (Konzept ‚Wahlsieg 2006'); auch BGHSt 54, 148, 158 (Fall Gebauer/Volkert) und *BGH* NStZ 2023, 352, 353 (Betriebsratsvergütung) zur Nichtigkeit eines Beschlusses der Hauptversammlung über gegen § 78 Satz 2 BetrVG verstoßende Zuwendungen an Betriebsratsmitglieder; *OLG Jena* wistra 2011, 315, 317; NK-StGB/*Kindhäuser*[5] § 266 Rdn 67; Müller-Gugenberger-WirtschaftsStrR/*Hadamitzky*[7] Rdn 32.80; SSW-StGB/*Saliger*[5] § 266 Rdn 59; Esser/Rübenstahl/Saliger/Tsambikakis-Wirtschaftsstrafrecht/*ders* § 266 Rdn 58; Momsen/Grützner-WirtschaftsStStrR/*Schramm*[2] § 266 Rdn 80; Graf/Jäger/Wittig/*Waßmer*[2] § 266 Rdn 145.

599 Vgl RGSt 38, 363, 366 f; *BGH* BeckRS 1962, 00026; *BGH* NStZ 1997, 124, 125; StGB/*Fischer*[69] § 266 Rdn 92; NK-StGB/*Kindhäuser*[5] § 266 Rdn 67; *Schünemann* (2017) Rdn 144; SSW-StGB/*Saliger*[5] § 266 Rdn 59; Esser/Rübenstahl/Saliger/Tsambikakis-Wirtschaftsstrafrecht/*dens* § 266 Rdn 58.

600 BGHSt 50, 331, 343 (Mannesmann/Vodafone); BGHSt 60, 94, 108 (Konzept ‚Wahlsieg 2006'); *OLG Hamm* NStZ 1986, 119; *Anders* (2012) S 114; *Corsten* (2011) S 38, 95; MünchKomm-StGB/*Dierlamm/Becker*[4] § 266 Rdn 149; StGB/*Fischer*[69] § 266 Rdn 90; Müller-Gugenberger-WirtschaftsStrR/*Hadamitzky*[7] Rdn 32.81; SK-StGB/*Hoyer*[9] § 266 Rdn 58; *Ibold* S 196; NK-StGB/*Kindhäuser*[5] § 266 Rdn 66; Schönke/Schröder-StGB/*Perron*[30] § 266 Rdn 21; SSW-StGB/*Saliger*[5] § 266 Rdn 58; Esser/Rübenstahl/Saliger/Tsambikakis-Wirtschaftsstrafrecht/*ders* § 266 Rdn 57; *M. Schmidt* S 197; *Schramm* (2005) S 186, 189 ff; *Schünemann* (2017) Rdn 144; Achenbach/Ransiek/Rönnau-Handbuch Wirtschaftsstrafrecht/*Seier/Lindemann*[5] 5. Teil, 2. Kapitel Rdn 94; Graf/Jäger/Wittig/*Waßmer*[2] § 266 Rdn 145; Wirtschaftsstrafrecht/*Wittig*[5] § 20 Rdn 71; BeckOK-StGB/*dies*[58] § 266 Rdn 31; nach Ansicht von Müller-Gugenberger-WirtschaftsStrR/*Hadamitzky*[7] Rdn 32.81 und *Schramm* (2005) S 197 ist die Genehmigung jedenfalls im Rahmen der Strafzumessung zu berücksichtigen.

soll,[601] ist dem entgegen zu halten, dass der Geschädigte nicht über Tatbestandsmäßigkeit und Rechtswidrigkeit, die sich nach dem Recht des Tatzeitpunkts bestimmen,[602] disponieren kann.

Mit Blick auf die **Formvorschriften** ist das Einverständnis bei der **eingliedrigen GmbH** 78 oder bei **Einstimmigkeit bei der mehrgliedrigen GmbH** nach Auffassung des *BGH*[603] und im Schrifttum[604] unproblematisch, dh ungeachtet der Einhaltung der §§ 47 ff GmbHG wirksam. Im Übrigen ist die Meinungslage jedoch äußerst komplex: So hat der *BGH* die Frage, ob es in strafrechtlicher Hinsicht bei einem **Mehrheitsbeschluss** des die Gesamtheit der Gesellschafter repräsentierenden Gesellschaftsorgans auf einen förmlichen Beschluss ankommt, offen gelassen,[605] verlangt jedoch jedenfalls, dass stets die **Minderheitsgesellschafter mit der Frage der Billigung der betreffenden Pflichtwidrigkeit befasst** gewesen sein müssen.[606] Dagegen wird eingewandt, dass dies der Sache nach auf die sog **formelle Einverständnistheorie** hinauslaufen würde,[607] nach der die **Einhaltung der primärrechtlichen Verfahrensvorschriften** jedenfalls bei Mehrheitsentscheidungen unverzichtbare Wirksamkeitsvoraussetzung auch für das strafrechtliche Einverständnis sein soll.[608] Nach der sog **materiellen Einverständnistheorie** kann dem jedoch nicht gefolgt werden, da die betreffenden Formvorschriften der §§ 47 ff GmbHG schon gesellschaftsrechtlich nicht – wie bei § 266 StGB der Fall – dem Schutz des GmbH-Vermögens, sondern dem Informations- und Dispositionsschutz der Gesellschafter dienen.[609] Danach kann es jedenfalls auch Auffassung der Literatur auf einen etwaigen Verstoß gegen die bei Gesellschafterentscheidungen zu beachtenden gesellschaftsrechtlichen Formvorschriften (vgl §§ 47 ff GmbHG) nicht ankommen, womit das **Mehrheitsprinzip grundsätzlich auch außerhalb der Gesellschafterversammlung gilt**. Nach zutreffender Auffassung des *BGH*[610] und eines Teils des Schrifttums[611] kann dies jedoch nur im Rahmen der dargelegten Notwendigkeit der inhaltlichen Befasstheit der Gesamtgesellschaf-

---

601 In diesem Sinne *Schramm* (2005) S 197 ff; Momsen/Grützner-WirtschaftsStrR/*ders*[2] § 266 Rdn 77; vgl auch *U. Weber* in: GS Schlüchter, 2002, S 243, 250 f, Strafaufhebungsgrund.

602 *Schünemann* (2017) Rdn 144.

603 Vgl *BGH* BeckRS 2010, 25730; BGHSt 35, 333, 337; *OLG Jena* wistra 2011, 315, 317; für die AG vgl BGHSt 50, 331, 342 (Mannesmann/Vodafone).

604 Vgl nur StGB/*Fischer*[69] § 266 Rdn 95; *M. Hoffmann* (2010) S 197; SSW-StGB/*Saliger*[5] § 266 Rdn 60; Esser/Rübenstahl/Saliger/Tsambikakis-Wirtschaftsstrafrecht/*dens* § 266 Rdn 59; Scholz-GmbHG/*Rönnau*[12] Vor §§ 82 ff Rdn 10; Graf/Jäger/Wittig/*Waßmer*[2] § 266 Rdn 145a.

605 Vgl BGHSt 55, 266, 279 (Trienekens).

606 Vgl BGHSt 55, 266, 279 f (Trienekens); **aA** StGB/*Fischer*[69] § 266 Rdn 95, stets Einverständnis aller Gesellschafter erforderlich.

607 Vgl *M. Hoffmann* (2010) S 197; *dies* GmbHR 2010, 1150, 1151; *Lamann* S 103; *Radtke* GmbHR 2011, 819, 821; *Saliger* in: FS Roxin, 2011, S 1053, 1066 f; SSW-StGB/*dens*[5] § 266 Rdn 60; Esser/Rübenstahl/Saliger/Tsambikakis-Wirtschaftsstrafrecht/*dens* § 266 Rdn 59.

608 In diesem Sinne *C. Brand/Kanzler* ZWH 2012, 1, 2; *Busch* S 147; *Lichtenwimmer* S 125; *H. Richter* GmbHR 1984, 137, 145; *Tiedemann* (2017) Rdn 395; wohl auch Müller-Gugenberger-WirtschaftsStrR/*Hadamitzky*[7] Rdn 32.82a. Vgl auch *Brammsen* DB 1989, 1609, 1615 und *Vonnemann* GmbHR 1988, 329, 334 f, die nach erfolgter Anfechtung des Mehrheitsbeschlusses durch den Minderheitsgesellschafter wegen einer Verletzung der Treuepflicht der Gesellschafter zueinander strafrechtlich die Unbeachtlichkeit der Einverständniserklärung annehmen; dagegen: *Busch* S 147 f; *Flum* S 185 ff und *M. Hoffmann* (2010) S 192 f unter Hinweis auf den dadurch für das Strafrecht mit Blick auf den Bestimmtheitsgrundsatz begründeten untragbaren Schwebezustand durch Abhängigkeit sowohl von einer nachträglichen Entscheidung des Minderheitsgesellschafters als auch dem Erfolg der Anfechtungsentscheidung.

609 Vgl BGHZ 100, 264, 266; *II. Zivilsenat BGH* GmbHR 2006, 538, 539; Lutter/Hommelhoff-GmbHG/*Bayer*[21] § 51 Rdn 1; *Hanft* S 78 ff; *M. Hoffmann* (2010) S 195; *dies* GmbHR 2010, 1150, 1151; *Ibold* S 224; *Kasiske* JR 2011, 235, 240; *Lamann* S 103; *Ransiek* in: FS Kohlmann, 2003, S 207, 216 f; *Radtke* GmbHR 2011, 819, 821; *Saliger* in: FS Roxin, 2011, S 1053, 1067; SSW-StGB/*dens*[5] § 266 Rdn 60; Esser/Rübenstahl/Saliger/Tsambikakis-Wirtschaftsstrafrecht/*dens* § 266 Rdn 59; *Schramm* (2005) S 137; Momsen/Grützner-WirtschaftsStrR/*dens*[2] § 266 Rdn 90; vgl auch SK-StGB/*Hoyer*[9] § 266 Rdn 58.

610 Vgl BGHSt 55, 266, 279 (Trienekens).

611 Vgl MünchKomm-StGB/*Dierlamm/Becker*[4] § 266 Rdn 161; Schönke/Schröder-StGB/*Perron*[30] § 266 Rdn 21; *Schünemann* (2017) Rdn 318; Achenbach/Ransiek/Rönnau-Handbuch Wirtschaftsstrafrecht/*Seier/Lindemann*[5] 5. Teil, 2. Kapitel Rdn 336; Graf/Jäger/Wittig/*Waßmer*[2] § 266 Rdn 145a; Wirtschaftsstrafrecht/*Wittig*[5] § 20 Rdn 80.

ter angenommen werden, da die Frage der **tatsächlich erfolgten Information und der Befasstheit der (Minderheits-)Gesellschafter** letztlich **formunabhängig** ist und in einem (auch) materiellen Sinne primär die Willensbildung durch das GmbH-Organ betrifft.

d) Abgrenzungen

79 **aa) Mutmaßliches Einverständnis.** Die **mutmaßliche Einwilligung** kommt als gewohnheitsrechtlich anerkanntes Rechtsinstitut zum einen in Betracht, wenn eine rechtfertigende Einwilligung, die nach Sachlage hätte erteilt werden können, nicht vorliegt und auch nicht mehr rechtzeitig eingeholt werden kann (**interne Rechtsgüterkollision**),[612] zum anderen dann, wenn ein **geringes oder mangelndes Interesse des Rechtsgutsträgers** angenommen werden kann. Sie stellt einen eigenständigen Rechtfertigungsgrund dar.[613] Die Anerkennung eines **mutmaßlichen Einverständnisses** ist jedoch jedenfalls dogmatisch umstritten: So lehnt eine Meinung im Schrifttum das mutmaßliche Einverständnis mit der Begründung ab, ein Einverständnis müsse tatsächlich vorliegen und könne nicht gemutmaßt werden[614] bzw eine Interessenabwägung, wie von der mutmaßlichen Einwilligung gefordert, könne nicht mehr als Ausdruck der Handlungsfreiheit des Rechtsgutsträgers angesehen und deshalb nicht auf die Tatbestandsebene transponiert werden.[615] Auch mit Blick auf die Untreue wird zum Teil die mutmaßliche Einwilligung lediglich als Rechtfertigungsgrund anerkannt.[616] Dagegen ist jedoch einzuwenden, dass die mutmaßliche Einwilligung nicht auf einer (objektiven) Interessenabwägung beruht, sondern auf dem Prinzip autonomer Selbstbestimmung;[617] warum die Bestimmung des Willens im Wege einer solchen, die Besonderheiten des Rechtsgutsträgers achtenden Repräsentation nicht auch auf Tatbestandsebene möglich sein soll, erschließt sich nicht. Das **mutmaßliche Einverständnis ist daher anzuerkennen**, hinsichtlich § 266 StGB als ein **die Pflichtwidrigkeit auf Tatbestandsebene ausschließendes Rechtsinstitut**.[618] Denkbare Fälle sind etwa Aufwendungen ohne materielles Äquivalent zum Schutz des guten Rufes des Geschäftsherrn (Handeln im Interesse des Treugebers) oder die kurzfristige Entnahme von Bagatellbeträgen (Handeln bei mangelndem Interesse des Treugebers), wenn eine spezielle Entscheidung des Geschäftsherrn nicht rechtzeitig zu erlangen war.[619] In diesem Sinne kann mutmaßliches Einverständnis auch in Betracht kommen, wenn ein Treupflichtiger Geld des Treugebers für sich verwendet, jedoch willens und fähig ist, das Entnommene alsbald zu ersetzen.[620]

80 **bb) Hypothetisches Einverständnis.** Die Rechtsfigur der **hypothetischen Einwilligung** ist von der Rechtsprechung sowohl für das zivilrechtliche Arzthaftungsrecht als auch das Arztstrafrecht entwickelt worden. In jüngerer Zeit ist ihre **Übertragung als hypothetisches Einverständnis auf die Untreue** in der Diskussion, für den Fall, dass die Voraussetzungen des Einverständnisses und des mutmaßlichen Einverständnisses nicht gegeben sind, weil eine Erklärung des Treugebers nicht vor-

---

612 *Jescheck/Weigend*[5] S 385; vgl *Köhler* (1997) S 244 f; Schönke/Schröder-StGB/*Sternberg-Lieben*[30] Vor §§ 32 ff Rdn 54.
613 *BVerfG* NJW 2002, 2164, 2165; BGHSt 35, 246, 249; BGHSt 45, 219, 221.
614 Vgl *Jescheck/Weigend*[5] S 387 in Fn 75; *Roxin* in: FS Welzel, 1974, S 447, 449 in Fn 12.
615 Vgl *Marlie* JA 2007, 112, 116 f.
616 Vgl SK-StGB/*Hoyer*[9] § 266 Rdn 121; NK-StGB/*Kindhäuser*[5] § 266 Rdn 124; Schönke/Schröder-StGB/*Perron*[30] § 266 Rdn 48; Graf/Jäger/Wittig/*Waßmer*[2] § 266 Rdn 144a, 251.
617 *Köhler* (1997) S 244 f, 259 ff.
618 Vgl *Ludwig/Lange* JuS 2000, 446, 450; mit Blick auf § 266 StGB: StGB/*Fischer*[69] § 266 Rdn 90; SSW-StGB/*Saliger*[5] § 266 Rdn 58; Esser/Rübenstahl/Saliger/Tsambikakis-Wirtschaftsstrafrecht/*dens* § 266 Rdn 57; *Schramm* (2005) S 239; Momsen/Grützner-WirtschaftsStrR/*dens*[2] § 266 Rdn 82; *Schünemann* (2017) Rdn 252; Achenbach/Ransiek/Rönnau-Handbuch Wirtschaftsstrafrecht/*Seier*/*Lindemann*[5] 5. Teil, 2. Kapitel Rdn 91.
619 *Schünemann* (2017) Rdn 252.
620 Schönke/Schröder-StGB/*Perron*[30] § 266 Rdn 48 mwN.

liegt und er auch noch hätte befragt werden können;[621] die obergerichtliche Rechtsprechung ist dem gefolgt.[622] Die Entwicklung der Rechtsfigur der hypothetischen Einwilligung mit Blick auf den zivilrechtlichen Arzthaftungsprozess sowie im Arztstrafrecht und ihre strafrechtsdogmatische Verortung ist facettenreich und kann hier nicht ausführlich dargestellt werden.[623] Im Wesentlichen wird danach der normative Zurechnungs- bzw Rechtswidrigkeitszusammenhang zwischen der mangelhaften Aufklärung und der Einwilligung des Patienten verneint mit der Folge, dass es an einem dem Täter zurechenbaren Erfolgsunrecht fehlt,[624] weil die korrekte Aufklärung „nichts gebracht hätte".[625] Die Ermittlung des hypothetischen Willens erfolgt dabei über eine **ex-post-Betrachtung**, welche jedenfalls im Strafrecht bei der Anwendung des Grundsatzes „in dubio pro reo" die erhebliche Gefahr begründet, dass das Selbstbestimmungsrecht des Rechtsgutsträgers **zu Gunsten einer objektiv-vernünftigen Maxime eingeschränkt** wird.[626] Angewendet auf den Untreuetatbestand bedeutete dies, „dass der bei einer pflichtwidrig getätigten finanziellen Ausgabe entstehende Vermögensnachteil genau dann nicht auf eine Pflichtverletzung im Sinne von § 266 StGB zurückführbar ist, wenn der Vermögensinhaber – beispielsweise (...) die Anteilseigner einer Kapitalgesellschaft – dem Täter die Ausgabe gestattet hätte, wäre er dazu (nach ordnungsgemäßer Information) befragt worden".[627] Gegen die generelle Übernahme diese Rechtsfigur in das Strafrecht und insbesondere betreffend die Tatbestandsebene der Untreue bestehen jedoch gleich **mehrere Bedenken**: Während die mutmaßliche Einwilligung (also auch das mutmaßliche Einverständnis) dem autonomen Willen des Betreffenden trotz objektiv vernünftiger Maxime den Regelungsvorrang belässt (Rdn 79), würde diese über den **Subsidiaritätsgrundsatz abgesicherte Sperre** durch die hypothetische Einwilligung/das hypothetische Einverständnis, jedenfalls bei Nichtausschließbarkeit objektiv-sachkundiger Handlung des Täters in Anwendung des Grundsatzes „in dubio pro reo", **unterlaufen**.[628] Zudem führte die rückwirkende Ausrichtung der hypothetischen Einwilligung zum **Widerspruch mit dem Prinzip der Unbeachtlichkeit der Genehmigung** (Rdn 77).[629] Mit Blick auf die Untreue sind zudem die maßgeblichen Unterschiede zum Arztstrafrecht in Betracht zu ziehen: Zunächst dürfte im Vergleich zum Arzt-Patienten-Verhältnis ein Aufklärungspflichten auslösendes Informationsgefälle zwischen (spezialisiertem) Treunehmer und Treugeber nicht ein derart gesteigertes Haftungsrisiko begründen, dass es eines Ausgleichs über eine hypothetische Betrachtungsweise bedarf.[630] Dies wird darin aufgewiesen, dass die nach dem hypothetischen Einverständnis maßgebliche objektive Betrachtung in der Regel kaum zu einer Verneinung der Pflichtwidrigkeit führen würde, da ansonsten ein Verhalten legitimiert würde, das gerade nicht „kunstgerecht" erfolgt, sondern wegen seines Inhalts und Gegenstandes pflichtwidrig ist.[631] Zudem ist ein Nachteil begründet worden, sodass nach der objektiv vernünftigen Maxime, welche sich im Rahmen der Untreue regelmäßig nach Wirtschaftlichkeitsgesichtspunkten ausrichtet, kaum relevante Fälle für ein hypothetisches Einverständnis denkbar sein dürften.[632]

---

621 Vgl *Hengstenberg* S 425; *Rönnau* ZStW 119 (2007), 887, 908 in Fn 84; *dens* in: FS Tiedemann, 2008, S 713, 720.

622 Vgl *OLG Hamm* NStZ-RR 2012, 374, 375; dagegen kritisch *OLG Köln* BeckRS 2016, 117223. Auch der *BGH* dürfte diese Rechtsfigur für die Untreue nunmehr anerkennen, vgl BGHSt 64, 246, 251 (in diesem Sinne *Dehne-Niemann* wistra 2022, 177; BeckOK-StGB/*Wittig*[58] § 266 Rdn 32).

623 Vgl dazu umfassend *Hengstenberg* S 7 ff, 75 ff, 159 ff; *M. Schmidt* S 93 ff, 104 ff, 141 ff.

624 Vgl *Sowada* NStZ 2012, 1, 5 f. Der *BGH* legt sich in der dogmatischen Ableitung der Rechtsfigur jedoch nicht fest, *Hengstenberg* S 156 f; *M. Schmidt* S 141; *Zabel* GA 2015, 219, 222.

625 StGB-AT/*Kühl*[8] § 9 Rdn 47a.

626 Vgl *M. Schmidt* S 156 ff; *Sowada* NStZ 2012, 1, 6 f. Vgl auch *Dehne-Niemann* wistra 2022, 177, 180.

627 *Rönnau* StV 2011, 753, 756; vgl auch *dens* in: FS Tiedemann, 2008, S 713, 719 f; *dens* ZStW 119 (2007), 887, 908 in Fn 84; *Edlbauer/Irrgang* JA 2010, 786, 789 f.

628 *Anders* (2012) S 115 f; *Sowada* NStZ 2012, 1, 6 f.

629 *Anders* (2012) S 116.

630 *Beckemper* NZWiSt 2013, 232, 235; *M. Schmidt* S 343 ff; Wirtschaftsstrafrecht/*Wittig*[5] § 20 Rdn 72.

631 Schönke/Schröder-StGB/*Perron*[30] § 266 Rdn 21.

632 *M. Schmidt* S 209 ff; vgl auch SSW-StGB/*Saliger*[5] § 266 Rdn 58; Esser/Rübenstahl/Saliger/Tsambikakis-Wirtschaftsstrafrecht/*dens* § 266 Rdn 57; Denkbar wäre zB die Anwendbarkeit in Fällen des Anlegens und Unterhaltens einer schwarzen Kasse, jedoch dürfte der dann drohende Reputationsverlust des Treugebers dagegen sprechen, vgl *Rönnau*

Schließlich käme jedenfalls beim Entfallen der Zurechenbarkeit des Erfolgsunrechts eine ansonsten verbleibende Versuchsstrafbarkeit bei der Untreue nicht in Betracht.[633] **Die Rechtsfigur ist insbesondere in Form ihrer Übertragung auf § 266 StGB daher abzulehnen.**[634]

81 **e) Die Dispositionsbefugnis der Gesellschafter über das Vermögen der GmbH – Kategorisierung.** Es lassen sich zu der zentralen Frage der Dispositionsbefugnis der Gesellschafter in der strukturierenden Terminologie *Schünemanns*[635] grob vier Auffassungen unterscheiden: die jeweils **strengen (uneingeschränkten) bzw eingeschränkten Körperschafts- und Gesellschaftertheorien**. Während die **strenge Körperschaftstheorie** ihren Ausgangspunkt in der Annahme findet, dass die GmbH in zivilrechtlicher Hinsicht ein vom Gesellschafter abweichendes, eigenständiges „Interesse" besitzt, welches ihm lediglich einen Anspruch auf den Jahresüberschuss gewähre, vertritt die **eingeschränkte Körperschaftstheorie**, dass die Pflichtwidrigkeit zumindest dann entfällt, wenn sich die Transaktion im Rahmen der „Grundsätze eines ordentlichen Kaufmannes" bewegt. Die Gesellschaftertheorien verändern diese Grundsatzperspektive: Die Gesellschafter seien bei der Verfolgung ihrer Interessen durch die GmbH weitestgehend frei und nur an die Bestimmungen des GmbHG gebunden. Dabei lässt die **eingeschränkte Gesellschaftertheorie** die Pflichtwidrigkeit bei Gesellschafterzustimmungen dann nicht entfallen, wenn das Stammkapital angegriffen wird oder – darüber hinaus – eine Existenzgefährdung der Gesellschaft ausgelöst wird. Die **strenge Gesellschaftertheorie** sieht allein das Interesse der Gesellschafter und bejaht deshalb die Dispositionsbefugnis der Gesellschafter selbst bei existenz- gefährdenden bzw stammkapitalangreifenden Handlungen des Geschäftsführers. Sie geht davon aus, dass § 266 StGB allein die Interessen der Gesellschafter und nicht die der GmbH-Gläubiger schützt; selbst die Zerstörung der GmbH wäre daher bei Zustimmung aller Gesellschafter nicht pflichtwidrig und somit nicht tatbestandsmäßig. Nicht zur strengen Gesellschaftertheorie gehörig, weil nicht an der Problematik der Dispositionsbefugnis der Gesellschafter ansetzend, aber durchaus ähnlich, sind die Auffassungen, welche die Gesellschafter aufgrund ihrer Befugnis, die Zwecke des Vermögenseinsatzes umfassend und selbst zu bestimmen, in ihrer Gesamtheit wirtschaftlich als Vermögensinhaber des Gesellschaftervermögens ansehen.

82 Die **Körperschaftstheorien** dürften heute als **überholt** zu bezeichnen sein. Zu ihr zählten im Wesentlichen die Judizien des *RG*, die ein Einverständnis der GmbH-Gesellschafter gar nicht erst anerkannten (vgl Rdn 84).[636] Ihr können im Sinne der eingeschränkten Spielart *Fleck*,[637] *Wagner/Hermann*[638] und *H. Richter*[639] zugeordnet werden, die mit ihren generalklauselartigen Forderungen nach einem Verbot von „sittenwidrigen" oder „willkürlichen" Maßnahmen oder dem Gebot des Handelns eines „ordentlichen und gewissenhaften Geschäftsführers" die Dispositionsbefugnisse der Ge-

---

in: FS Tiedemann, 2008, S 713, 720; *M. Schmidt* S 224; für einen praxisrelevanten Anwendungsbereich im Rahmen des § 266 StGB *Hengstenberg* S 425; Graf/Jäger/Wittig/*Waßmer*[2] § 266 Rdn 144a.

633 *Anders* (2012) S 115; *Edlbauer/Irrgang* JA 2010, 786, 790; *Rönnau* StV 2011, 753, 756; *M. Schmidt* S 279 f; *Sowada* NStZ 2012, 1, 8.

634 *Anders* (2012) S 115; SSW-StGB/*Saliger*[5] § 266 Rdn 58; Esser/Rübenstahl/Saliger/Tsambikakis-Wirtschaftsstrafrecht/*ders* § 266 Rdn 57; *M. Schmidt* S 369 ff; **aA** *Edlbauer/Irrgang* JA 2010, 786, 789; *Rönnau* StV 2011, 753, 755 f; Momsen/Grützner-WirtschaftsStStrR/*Schramm*[2] § 266 Rdn 81; Achenbach/Ransiek/Rönnau-Handbuch Wirtschaftsstrafrecht/*Seier/Lindemann*[5] 5. Teil, 2. Kapitel Rdn 211.

635 Vgl *Schünemann* (2017) Rdn 313; zur Terminologie auch SK-StGB/*Hoyer*[9] § 266 Rdn 63 ff; SSW-StGB/*Saliger*[5] § 266 Rdn 107; Esser/Rübenstahl/Saliger/Tsambikakis-Wirtschaftsstrafrecht/*dens* § 266 Rdn 108; Momsen/Grützner-WirtschaftsStStrR/*Schramm*[2] § 266 Rdn 85 ff; Achenbach/Ransiek/Rönnau-Handbuch Wirtschaftsstrafrecht/*Seier/Lindemann*[5] 5. Teil, 2. Kapitel Rdn 320 ff; Graf/Jäger/Wittig/*Waßmer*[2] § 266 Rdn 148 ff.

636 Auch *Ewald* S 218 f vertritt für die faktisch konzernierte AG die Auffassung, dass das herrschende Unternehmen verpflichtet sei, sein Verlangen auf solche Handlungen zu beschränken, die die abhängige Gesellschaft im Ergebnis, dh unter Einbeziehung eines eventuellen Ausgleichs, nicht schädigen.

637 Vgl *Fleck* ZGR 19 (1990), 31, 42 f; *dens* EWiR 1987, 987, 988.

638 Vgl *Wagner/Hermann* BB 1999, 608, 609.

639 Vgl *H. Richter* GmbHR 1984, 137, 145.

sellschafter ähnlich kupierten wie es in der Entscheidung BGHSt 34, 379 der Fall war. Insoweit ist mit den Entscheidungen des *II. Zivilsenats* und des *5. Strafsenats* des *BGH* zum „Bremer Vulkan“ der Gleichlauf nicht nur zwischen der zivil- und strafrechtlichen Judikatur, sondern auch dem materiellen Gesellschafts- und Strafrecht erreicht worden; zudem wurden Unterschiede zum Konzernrecht, dh in der Bewertung von Organ- und Konzernuntreue nivelliert. Der zum Teil heftig geführte Streit, den die Entscheidung BGHSt 34, 379 ausgelöst hat, und die allein relativen Argumentationen, nach denen ein strafrechtliches Verbot bei zivilrechtlich erlaubtem Verhalten nicht greifen könne, dürften daher heute obsolet sein. In der aktuellen Diskussion ist vielmehr zu hinterfragen, ob der nunmehr sowohl für nicht konzernierte als auch für qualifiziert faktisch konzernierte GmbH manifestierte Kernpunkt der Entscheidung des *5. Strafsenats* zum „Bremer Vulkan“ akzeptabel ist, nach dem eine Zustimmung der Gesellschafter bei Herbeiführung der Existenzgefährdung schon oberhalb der Grenze des § 30 GmbHG unwirksam ist (Rdn 109 ff), und damit nicht die Wertung verbunden ist, dass das Vermögensdelikt, welches den Vermögensinhaber schützen soll, unzulässigerweise in ein Gläubigerschutzdelikt „umgemünzt“ wird.[640]

f) Die Grenze der Existenzgefährdung – Entwicklung der Judikatur, gesellschaftsrechtliche Grundlagen, Kritik und Antikritik. 83 Um die Entwicklung der heute herrschenden Annahme einer Grenze der Dispositionsbefugnis der GmbH-Gesellschafter bei der Existenzgefährdung der Gesellschaft zu erfassen, sind die Darstellungen der Entwicklung der Rechtsprechung sowohl der *Strafsenate* (aa)) als auch des *II. Zivilsenats* des *BGH* (bb)) vor dem Urteil des *5. Strafsenats* „Bremer Vulkan“ (dd)) und der kritischen und affirmativen Auffassungen im strafrechtlichen Schrifttum (ee)) sowie (ff)) erforderlich. **Es sollen die im Gesellschaftsrecht diskutierten Grundlagen der Existenzvernichtungshaftung einschließlich ihrer (möglichen) begrifflichen Fundamente dargelegt werden (cc)), um die das Strafrecht bestimmende Kernauseinandersetzung um die Einverständnisproblematik bei der GmbH-Untreue, die sich im Wesentlichen um die Fragen des Grades der gesellschaftsrechtlichen Akzessorietät, der Zulässigkeit eines untreuestrafrechtlichen Gesellschaftsgläubigerschutzes sowie der Einhaltung des Bestimmtheitsgebots drehen, einer fundierten Entscheidung zuführen zu können.**

aa) Entwicklung der Rechtsprechung der Strafsenate

(1) Ältere Rechtsprechung zu § 81a GmbHG aF. 84 Diese Strafrechtsprechung nahm ihren Ausgangspunkt mit der Entscheidung des RG vom **20. September 1937**.[641] Vorher, in der Entscheidung vom **29. März 1909**, sah das *RG* im Zusammenhang mit einem Konkursdelikt (§ 240 KO aF) zur möglichen Strafbarkeit aus § 266 Abs 1 Nr 2 StGB aF Entnahmen aus dem Vermögen der GmbH, welche den in § 29 GmbHG aF umschriebenen Rahmen, dh (vorbehaltlich einer anderen Bestimmung im Gesellschaftsvertrag) den Anspruch auf den nach der jährlichen Bilanz sich ergebenden Reingewinn überstiegen als unberechtigt, also als nicht durch das Einverständnis der Gesellschafter der Strafbarkeit entzogen, an; des Weiteren betonte das *RG* die Fremdheit des Gesellschaftsvermögens gegenüber dem Gesellschafter; es hafte allein den Gesellschaftsgläubigern.[642] Diese Grundsätze würden auch hinsichtlich des alleinigen Gesellschafters gelten.[643] In seiner Entscheidung vom **20. September 1937** führte das *RG* aus: „Gerade bei einer GmbH, die ein Zwecksparunternehmen betreibt, darf die Fähigkeit, ihre Pflichten gegenüber ihren Gläubigern, namentlich gegenüber den Sparern, zu erfüllen, weder vereitelt noch gefährdet werden“[644] und stellte damit diesen

640 Vgl *Rönnau* ZStW 119 (2007), 887, 908; *Kubiciel* NStZ 2005, 353, 359.
641 Vgl RGSt 71, 353.
642 Vgl RGSt 42, 278, 283.
643 Vgl RGSt 42, 278, 283; vgl auch RGSt 71, 353, 355.
644 RGSt 71, 353, 355 f.

Aspekt des Schutzes Dritter[645] besonders heraus. Zwar werden insoweit im Gegensatz zur Entscheidung des *RG* vom **29. März 1909** keine Grenzen des Gesellschaftereinverständnisses definiert;[646] jedoch erscheint schon hier und damit sehr früh der Aspekt der Gläubigergefährdung. Der BGH nahm in seiner Entscheidung vom **17. Juni 1952** – ergangen zu § 81a GmbHG aF – Bezug auf diese Rechtsprechung des *RG* und stellte die eigene Rechtspersönlichkeit der GmbH heraus, welche die Unwirksamkeit des Einverständnisses der Gesellschafter bedinge.[647] Der *BGH* führte im Übrigen zur Pflichtwidrigkeit des Handelns aus, dass ihr Maßstab, sofern besondere Verpflichtungsgründe fehlten, sich nach „der Sorgfalt eines gewissenhaften und ehrbaren Geschäftsmannes" richte.[648] Auch mit der Entscheidung des *BGH* vom **24. Juni 1952** wurde die Rechtsprechung des *RG* unter Hinweis auf den aus § 29 GmbHG aF folgenden Anspruch der Gesellschafter auf den Reingewinn zitiert; eine „willkürliche" Ausantwortung des Vermögens der Gesellschaft an Andere oder sich selbst sei deshalb nicht erlaubt.[649] Erstmalig argumentierte der *BGH* jedoch zusätzlich mit einem Verstoß gegen § 30 GmbHG als Grenze der gesellschafterlichen Dispositionsbefugnis,[650] stellte aber gleichzeitig heraus, dass der Gläubigerschutzaspekt dieser gesellschaftsrechtlichen Vorschrift im strafrechtlichen Zusammenhang ohne Bedeutung sei; denn entscheidend sei allein die eigene Rechtspersönlichkeit der GmbH.[651] Hier deutet sich erstmalig vorsichtig die Möglichkeit der grundsätzlichen Anerkennung eines dynamischen, außerhalb der starren Linie des auszuschüttenden Bilanzgewinnes nach § 29 GmbHG aF liegenden Gesellschaftereinverständnisses in den Grenzen des § 30 GmbHG an: Denn von der insoweit wirksamen Gesellschafterzustimmung betroffen wären danach auch sog verdeckte Gewinnausschüttungen, die im Vorgriff auf einen Reingewinn ausgekehrt werden, aber noch nicht zu einer Stammkapitalgefährdung führen. Im Urteil vom **18. März 1954** judizierte der *BGH*, dass eine willkürliche Entnahme von Gesellschaftsvermögen auch dem Geschäftsführer nicht erlaubt sei, der zugleich einziger Gesellschafter sei, weil er „im Hinblick auf den Ausschluss seiner persönlichen Haftung das Gesellschaftsvermögen im Interesse der Gläubiger zu erhalten hat, wie dies das GmbH-Gesetz vorschreibt".[652] Insoweit findet zu § 81a GmbHG eine eindeutige Bezugnahme auf den Gläubigerschutzzweck der Norm im Rahmen des GmbHG statt, was im Vergleich mit der kategorialen Argumentation mit der eigenen Rechtspersönlichkeit der GmbH grundsätzlich einen Gesellschafterdispositionsspielraum indiziert. Das Urteil vom **22. Juni 1954** zur Ausstellung von Gefälligkeitswechseln führte – ohne Bezugnahme auf Gläubigerschutzaspekte und ohne weitere Begründung – aus, dass die Zustimmung des oder der Gesellschafter einer GmbH zur Untreuehandlung des Geschäftsführers nach § 81 a GmbHG für die Strafbarkeit ohne Bedeutung sei.[653] Im Urteil des *BGH* vom **12. Januar 1956** zu § 81a GmbHG aF wurde zwar judiziert, dass „(d)ie Einwilligung der Gesellschafter (...) strafrechtlich (...) ohne Bedeutung" sei.[654] Der *BGH* betonte jedoch, dass die Disponibilität der Gesellschafter über das Vermögen der GmbH nicht das Stammkapital erfasst, sodass implizit ein derart begrenztes Verfügungsrecht der Gesellschafter anerkannt wurde.[655] In der unveröffentlichten Entscheidung vom **18. Oktober 1956** judizierte der *BGH* schließlich zu § 81a GmbHG aF unter Bezugnahme auf RGSt 42, 278 und 71, 353 sowie BGHSt 3, 23 und 3, 32, dass das Einverständnis der Gesellschafter mit einer Entnahme von Werten aus dem Vermögen der GmbH eine Untreue nicht ausschließe,

645 Insoweit mag man darüber streiten, ob diese Entscheidung nur den besonders hohen Gläubigerschutz bei einem Zwecksparunternehmen erfassen soll und nicht allgemein die Gläubiger der Gesellschaft mit einbezieht, so *Schramm* (2005) S 114 in Fn 198.

646 *Kohlmann* in: FS Werner, 1984, S 387, 389 f.

647 Vgl BGHSt 3, 23, 25.

648 BGHSt 3, 23, 24.

649 BGHSt 3, 32, 40.

650 *Achenbach* in: FS 50 Jahre BGH, Festgabe der Wissenschaft, 2000, S 593, 596.

651 BGHSt 3, 32, 39 f.

652 *BGH* GmbHR 1954, 75.

653 Vgl – 1 StR 451/53 –, in BGHSt 6, 243 und NJW 1955, 393 insoweit nicht abgedruckt.

654 BGHSt 9, 203, 216.

655 *Kohlmann* in: FS Werner, 1984, S 387, 392.

und dies selbst dann nicht, wenn der Geschäftsführer sämtliche Geschäftsanteile besitze; weitergehend heißt es: „Darauf, ob die Gesellschafter einer das Vermögen der GmbH schmälernden Verfügung des Geschäftsführers zugestimmt haben, kommt es deshalb für die Frage der Strafbarkeit der Verfügung nach § 81a GmbHG nicht an, sofern die Handlung pflichtwidrig war (...). Pflichtwidrig wären die Entnahmen gewesen, wenn dadurch die Liquidität des Unternehmens gefährdet oder gar das zur Erhaltung des Stammkapitals erforderliche Vermögen vermindert worden wäre".[656] Hier deutet sich mit dem Terminus der Liquiditätsgefährdung in der Rechtsprechung des *BGH* eine Justierung der Grenze der Wirksamkeit des Gesellschaftereinverständnisses oberhalb der Grenze des § 30 GmbHG an. Diese Rechtsprechungslinie wurde fortgeführt, unter Bezugnahme auf die bisherige Rechtsprechung aufgearbeitet und verfeinert mit der Entscheidung des BGH vom **29. Januar 1964**, in der es zu § 81a GmbHG aF heißt: „Selbst die Zustimmung oder Genehmigung sämtlicher Gesellschafter rechtfertigt im Allgemeinen pflichtwidrige, das Vermögen der GmbH schädigende Maßnahmen des Geschäftsführers nicht (BGHSt 3, 33 (sic!), 39). Dies gilt aber nur, soweit solche Maßnahmen über die bloße Schmälerung des Gesellschaftsvermögens hinaus gegen zwingendes Recht oder gegen die Grundsätze eines ordentlichen Kaufmanns verstoßen".[657] Nachfolgend gibt die Entscheidung einen kurzen Überblick über die insoweit bisher vom *BGH* getroffenen Entscheidungen betreffend insbesondere den Angriff des Stammkapitals, das Beiseiteschaffen von Anlagevermögen und die Entziehung der Produktionsgrundlage (wofür BGHSt 3, 32 in Anspruch genommen wird, obwohl zumindest die veröffentlichte Entscheidung dies nicht hergibt, vielmehr dort mit einem Verstoß gegen § 30 GmbHG argumentiert wird),[658] die Gefährdung der Liquidität der Gesellschaft (Urteil vom 18. Oktober 1956 – 2 StR 434/56 –)[659] sowie schließlich Handlungen, die gegen sonstige kaufmännische Grundsätze verstoßen, wie die Ausstellung von Gefälligkeitsakzepten (Urteil vom 22. Juni 1954 – 1 StR 451/53 –).[660] Die Entscheidung, insbesondere das letztgenannte Kriterium, bereitete in Zusammenschau mit dem Urteil in BGHSt 3, 23 – dort wurde als Maßstab die Sorgfalt eines gewissenhaften und ehrbaren Geschäftsmannes genannt – die spätere Entscheidung des BGH vom **29. Mai 1987** vor, welche letztlich allein auf die Willkürlichkeit der Vermögensverschiebung abstellte.[661] Das unveröffentlichte Urteil des *BGH* vom **2. Februar 1968**,[662] welches ebenfalls zu § 81a GmbHG aF erging, fällt hinter die bisher vom *BGH* dargelegten Grundsätze insoweit zurück, als lediglich pauschal und unter Bezugnahme auf die eigene Rechtspersönlichkeit der GmbH die Unwirksamkeit des Gesellschaftereinverständnisses angenommen wurde; der in der Entscheidung mitgeteilte Sachverhalt gibt Einzelheiten, insbesondere ob ein Verstoß gegen § 30 GmbHG oder eine wirtschaftliche Gefährdung gegeben ist, nicht her.

Der Rechtsprechung des *RG* und des *BGH* zu § 81a GmbHG aF können zur Bestimmung der 85
Dispositionsbefugnis der Gesellschafter über das Vermögen der Gesellschaft **keine klaren Konturen** entnommen werden.[663] In den Mittelpunkt der Argumentation wird überwiegend ohne nähere Ausführungen die eigene Rechtspersönlichkeit der GmbH gerückt; lediglich zum Teil erfolgt eine Bezugnahme auf Gläubigerschutzaspekte, andererseits werden solche als bedeutungslos dargestellt. Wenn überhaupt definiert, werden Grenzen einer Dispositionsbefugnis mit den nicht näher vermittelten Oberbegriffen des „pflichtwidrigen" oder „willkürlichen" Handelns umschrieben. Konkretisierend wird zum Teil eine Beschränkung des Anspruchs der Gesellschafter allein auf den jährlichen Bilanzgewinn gemäß § 29 GmbHG aF angenommen, zum Teil wird – die Grenzen der Gesellschafterdispositionsbefugnis erweiternd – auf den Stammkapitalerhalt des § 30

656 *BGH* BeckRS 2010, 25730 (bei *Herlan* GA 1958, 46 insoweit nicht abgedruckt).
657 *BGH* bei *Herlan* GA 1965, 291.
658 Vgl BGHSt 3, 32, 40.
659 Vgl Fn 656.
660 Vgl Fn 653.
661 Vgl BGHSt 34, 379, 389.
662 Vgl – 2 StR 630/67 –.
663 *Kohlmann* in: FS Werner, 1984, S 387, 393 „(...) die Rechtsprechung (...) vermittelt ein bemerkenswert differenziertes Bild (...)".

GmbHG, und weiter darüber hinausgehend die Gefährdung der Liquidität der Gesellschaft, das Beiseiteschaffen von Anlagevermögen, die Entziehung der Produktionsgrundlage und – allgemeiner gehalten – die Grundsätze eines ordentlichen Kaufmannes abgestellt.

86 **(2) Ältere Rechtsprechung der Strafsenate des *BGH* zu § 266 StGB.** In der unveröffentlichten Entscheidung des *BGH* vom **24. Februar 1976** – erstmals zu § 266 StGB – führte das Gericht expressis verbis aus, dass der Gesichtspunkt des Gläubigerschutzes nicht maßgeblich sei.[664] Im Beschluss vom **7. November 1978** legte der *BGH* dar, dass Untreue auch dann anzunehmen sei, wenn der Geschäftsführer, der Gesellschaftsgelder veruntreue, sämtliche Geschäftsanteile besitze.[665] Dies wurde im unveröffentlichten Urteil des *BGH* vom **27. März 1979**[666] bestätigt. Im Beschluss des *BGH* vom **3. Mai 1979** wurde lediglich ausgeführt, dass das Einverständnis der Gesellschafter, selbst bei Einpersonen-Gesellschaften, der Anwendung des § 266 StGB nicht im Wege stehe.[667] Die Entscheidungen des *BGH* vom **13. Februar 1979,**[668] **4. April 1979**[669] sowie vom **20. Mai 1981**[670] beschränken sich auf die Feststellung der Unwirksamkeit des Gesellschaftereinverständnisses bei willkürlichem Zuschieben von Vermögen der Gesellschaft. Ähnlich verhält es sich mit dem Urteil des *BGH* vom **23. November 1982,**[671] soweit dort allein darauf abgestellt wird, dass über das Vermögen der GmbH, welche eine eigene Rechtspersönlichkeit darstelle, die Anteilseigner nur im Rahmen der Vorschriften des GmbHG verfügen können, ohne dass jedoch insoweit eine weitere Konkretisierung erfolgte. Bemerkenswert ist allein, dass der *BGH* in dieser Entscheidung im Gegensatz zu früheren Judizien ausdrücklich das „Interesse des Gesellschaftsgläubiger" betonte. Vorher, im unveröffentlichten Urteil vom **11. September 1979**, legte der *BGH* – insoweit zunächst lediglich wiederholend – dar, dass § 266 StGB dann erfüllt sein könne, wenn der Geschäftsführer einer GmbH eigennützig zum Nachteil der Gesellschaft Vermögenswerte beiseite schaffe, was auch dann gelte, wenn er sämtliche Anteile der Gesellschaft inne habe; maßgebend sei nämlich, dass die GmbH mit eigener Rechtspersönlichkeit ausgestattet sei und weder ihre Organe noch ihre Gesellschafter berechtigt habe, das Vermögen der Gesellschaft willkürlich preis zu geben. Weiter heißt es jedoch, dass die gesetzlichen Bestimmungen über die Erhaltung des Gesellschaftsvermögens auch den Schutz der Gläubiger der Gesellschaft bezweckten; es gehe nicht an, dass sich der alleinige Gesellschafter auf die Vorteile der Vermögenstrennung durch die GmbH berufe, wenn es um seine Haftung gehe, andererseits aber Vermögensvermischung geltend mache, wenn er der GmbH willkürlich wirtschaftliche Werte zum eigenen Vorteil entziehe.[672] Hier wurde vom *BGH* erstmalig der Gedanke des Missbrauchs der Gesellschaftsform der GmbH im Strafrecht bemüht. Im Beschluss vom **17. November 1983** führte der *BGH* nur knapp aus, dass einer Untreue das Einverständnis der Gesellschafter nicht entgegenstehe.[673] Im Beschluss vom 6. Mai 1986 wurde diese knappe Aussage wiederholt.[674] Im Urteil des *BGH* vom **17. März 1987** legte das Gericht lediglich dar, dass sich der Untreue zum Nachteil einer GmbH schuldig machen könne, wer im Einverständnis sämtlicher Gesellschafter handele oder selbst alle Geschäftsanteile inne habe.[675] Die Entscheidung des *3. Strafsenats* vom **29. Mai 1987**[676] stellt einen markanten – jedoch lediglich

664 Vgl *BGH* BeckRS 1976, 00259.
665 Vgl *BGH* GA 1979, 311, 313.
666 Vgl *BGH* BeckRS 1979, 108476.
667 Vgl *BGH* bei *Holtz* MDR 1979, 806.
668 Vgl – 5 StR 814/78 – (unveröffentlicht).
669 Vgl BGHSt 28, 371, 372.
670 Vgl BGH 20.5.81 – 3 StR 94/81 (juris) (in BGHSt 30, 127 und NJW 1981, 1793 insoweit nicht abgedruckt).
671 Vgl *BGH* wistra 1983, 71.
672 BGH 11.9.79 – 1 StR 394/79 (juris).
673 Vgl *BGH* NStZ 1984, 118, 119.
674 Vgl *BGH* wistra 1986, 262.
675 Vgl *BGH* wistra 1987, 216.
676 Vgl BGHSt 34, 379.

vorläufigen – Punkt in der Entwicklung der Rechtsprechung des *BGH* zur Bewertung des Gesellschaftereinverständnisses dar: Der *Senat* stellte heraus, dass „im allgemeinen das Verhalten eines Betreuungspflichtigen nicht mißbräuchlich oder pflichtwidrig" sei, „wenn der Geschäftsherr vorher sein Einverständnis erteilt" habe; strafrechtlich ohne Bedeutung sei jedoch die gesetzwidrige oder „selbst ungetreue" Zustimmung von Organen des Geschäftsherrn.[677] Der *BGH* legte jedoch weitergehend, diesen circulus vitiosus verlassend, dar, dass dies seinen Grund in der eigenen Rechtspersönlichkeit der GmbH finde, welche auch im Falle des Alleingesellschafters diesem die Vorteile der Vermögenstrennung und der beschränkten Haftung ermögliche. Ganz im Sinne des Missbrauchsgedankens – angedeutet schon in der unveröffentlichten Entscheidung vom 11. September 1979 (1 StR 394/79)[678] – führte der *Senat* weiter aus, dass der alleinige Gesellschafter sich nicht auf die Vorteile der Vermögenstrennung berufen könne, wenn es um seine Haftung gehe, andererseits aber Vermögenseinheit geltend mache, wenn er der GmbH willkürlich wirtschaftliche Werte zum eigenen Vorteil entziehe.[679] Unter Bezugnahme auf die Entscheidungen des *BGH* vom 29. Januar 1964,[680] in BGHSt 3, 23 sowie die sog „Willkür"-Rechtsprechung insbesondere in BGHSt 28, 371 und des *BGH* vom 20. Mai 1981 – 3 StR 94/81[681] – heißt es weiter: „Tatsächliche oder rechtsgeschäftliche Handlungen des Geschäftsführers einer GmbH, mit denen dieser (...) willkürlich Vermögen der GmbH verschiebt, sind, auch wenn das nach § 30 GmbHG geschützte Stammkapital der GmbH oder deren Liquidität dadurch unmittelbar noch nicht beeinträchtigt werden, in der Regel dann mißbräuchlich oder pflichtwidrig im Sinne des § 266 StGB, wenn – gegen die Grundsätze ordentlicher Kaufleute verstoßend – die Vermögensverschiebung bei der GmbH unter Mißachtung der Pflicht nach § 41 GmbHG durch Falsch- oder Nichtbuchen verschleiert wird und die Zustimmung der Gesellschafter unter Mißbrauch der Gesellschafterstellung erteilt wird".[682] Dabei erläuterte der *BGH* zum Aspekt des Gläubigerschutzes, dass den Vermögensinteressen Dritter – der Gesellschaftsgläubiger – „nicht die entscheidungserhebliche Bedeutung beigemessen oder (sie, *d.V.*) gar als gleichsam tatbestandliche Voraussetzung der Untreue zum Nachteil einer GmbH bei Zustimmung der Gesellschafter angesehen" würde: „Der Senat braucht nicht zu der Frage Stellung zu nehmen, ob die Interessen der Gläubiger der eigenen Rechtspersönlichkeit GmbH, die durch die Untreuehandlungen selbst den Nachteil erleidet, unmittelbar nach § 266 StGB geschützt sind (...) oder ob der strafrechtliche Schutz der Gläubiger der GmbH in §§ 283 ff StGB abschließend geregelt ist (...). Denn trotz der Hinweise *auch* auf das (mittelbare) Interesse der Gesellschaftsgläubiger in den Fällen der Untreue zum Nachteil einer GmbH bei Zustimmung der Gesellschafter (...) hält der Bundesgerichtshof – ausdrücklich – den Gesichtspunkt des Gläubigerschutzes nicht für maßgeblich, sondern hebt darauf ab, daß die GmbH sich als eigene Rechtspersönlichkeit darstellt (...)".[683] Diese Entscheidung des *BGH* lässt sich nach alledem zwar durchaus als Exzerpt der dargestellten Entwicklung aller vorherigen Judizien lesen, weist aber wegen des Hinweises auf den Missbrauch der Gesellschafterstellung durch den Verstoß gegen die „Grundsätze eines ordentlichen Kaufmanns" und die davon umfasste Handlung des Nicht- bzw Falschbuchens eine im Vergleich zur Kompetenzordnung im Gesellschaftsrecht in der Schrankenfassung hinsichtlich der Gesellschafterdispositionsbefugnis insbesondere wegen der unterschiedlichen Behandlung der verdeckten Gewinnausschüttung eindeutig überschießende Tendenz auf, und stand

677 BGHSt 34, 379, 384 f.

678 Vgl Fn 672, dort stellte der *BGH* auf den Missbrauch der GmbH ab, hier auf den Missbrauch der Gesellschafterstellung, was im Ergebnis keinen Unterschied bedeutet, da sich die erste Form auf die Tathandlung selbst bezieht, die zweite hingegen auf die Zustimmung zu dieser Handlung.

679 Vgl BGHSt 34, 379, 385.

680 Vgl *BGH* bei *Herlan* GA 1965, 291.

681 Vgl Fn 670.

682 BGHSt 34, 379, 389.

683 BGHSt 34, 379, 386.

daher wegen dieser Disharmonie im Schrifttum unter erheblicher Kritik.[684] Denn die verdeckte Ausschüttung ungebundenen Kapitals bei Zustimmung aller Gesellschafter begründet für sich allein – zur Klarstellung: ohne Verletzung des § 30 GmbHG und ohne Existenzgefährdung der Gesellschaft – zivilrechtlich keine Schadensersatzansprüche gegen den Empfänger.[685] Dieses Spannungsfeld ist jedoch auf dem Hintergrund des heute erreichten Standes der Strafrechtsprechung nicht mehr relevant.

87 So wurde diese Rechtsprechung durch das Urteil des *3. Strafsenats* vom **24. August 1988**[686] nivelliert. Danach sind die Gesellschafter entsprechend der gesellschaftsrechtlichen Konzeption grundsätzlich frei, über das Gesellschaftsvermögen zu verfügen: „Einverständliche Entnahmen bereits erzielter Gewinne sind an sich erlaubt, also in der Regel kein rechtswidriger Nachteil für die GmbH. (...) Doch ist auch die Zahlung von Gewinnvorschüssen zulässig. (...) Wenn den Gesellschaftern Beträge aus einem tatsächlich vorhandenen Reingewinn oder im Vorgriff auf einen mit Sicherheit alsbald erzielten Reingewinn ausgekehrt werden, bedeutet dies für sich allein keinen rechtswidrigen Nachteil für die GmbH. Dies gilt selbst dann, wenn die entnommenen Beträge zu Tarnungszwecken falsch gebucht werden".[687] Der Anwendungsbereich unwirksamer Gesellschafterzustimmungen wurde auf existenzgefährdende Handlungen des Pflichtigen beschränkt: Ein Missbrauch der Gesellschafterstellung liege dann vor, „wenn durch die an sich mögliche Entnahme die Existenz der GmbH gefährdet wird (...)".[688] Dies sei jedenfalls gegeben beim Angriff auf das Stammkapital nach § 30 GmbHG, jedoch insbesondere auch der Fall beim Entzug der Produktionsgrundlage oder bei Gefährdung der Liquidität der GmbH.[689] Für sich allein genommen genüge eine lückenhafte oder falsche Buchführung jedoch nicht, auch wenn sie mit den Grundsätzen eines ordentlichen Kaufmanns unvereinbar sei.[690] Hinsichtlich der Existenzgefährdung berief sich der *3. Strafsenat* in der Begründung lediglich auf die Entscheidung des *2. Strafsenats* des *BGH* vom 29. Januar 1964,[691] welche insoweit allerdings nichts hergab, da darin weder der Terminus der „Existenzgefährdung" Verwendung fand noch für die dort angeführten Begriffe der Entziehung der Produktionsgrundlage bzw der Gefährdung der Liquidität Begründungen enthalten waren. Der *3. Strafsenat* hatte damit das strafrechtliche Verbot der Existenzgefährdung thematisiert, bevor das privatrechtliche Haftungsinstitut des existenzvernichtenden Eingriffs vom *II. Zivilsenat* überhaupt vollständig entwickelt war. In der Sache war damit eine Grenzziehung überhalb des Auszahlungsverbots des § 30 GmbHG geschaffen. Für diesen Bereich war zu diesem Zeitpunkt in der gesellschaftsrechtlichen Rechtsprechung – beim Handeln auf Weisung der Gesellschafter, dh mit ihrem Einverständnis – weder eine Schadensersatzhaftung der Gesellschafter aus dem Gesichtspunkt der Treuepflichtverletzung bzw aus Delikt (§ 823 Abs 2 BGB iVm § 266 StGB) noch eine Haftung des Geschäftsführers aus § 43 Abs 2 GmbHG gegenüber der Gesellschaft anerkannt.[692] Zudem wurde in der Entscheidung des *3. Strafsenats* keine normative Begründung für das Kriterium der Existenzgefährdung gegeben; Erwähnung fand allein der in der Rechtsprechung der Strafsenate des *BGH* bereits bestehende Gedanke des Missbrauchs der Gesellschafterstellung.[693] Der wesentliche Grund für die Bereitschaft der strafrechtlichen Rechtsprechung, die Dispositionsgrenze für die Gesellschafter über den positiv-rechtlichen Kapitalschutz hinaus zu formulieren, dürfte darin zu sehen sein, den schwierigen bilanziellen Nachweis eines Verstoßes ge-

---

684 Vgl *Vonnemann* GmbHR 1988, 329, 330 ff; *Meilicke* BB 1988, 1261, 1263; *Hellmann* wistra 1989, 214; *H.-J. Otto* DB 1989, 1389, 1392; *Reiß* wistra 1989, 81, 82; *Lipps* NJW 1989, 502 f; vgl auch *Langkeit* WiB 1994, 64, 65; *dens* WiB 1995, 404.
685 *Meilicke* BB 1988, 1261, 1262 f.
686 BGHSt 35, 333.
687 BGHSt 35, 333, 336 f.
688 BGHSt 35, 333, 337.
689 BGHSt 35, 333, 337 f.
690 BGHSt 35, 333, 336.
691 Vgl *BGH* bei *Herlan* GA 1965, 291.
692 BGHZ 31, 258, 278; der Fall der Existenzgefährdung wurde ausdrücklich offen gelassen in BGHZ 122, 333, 336; *BGH* NJW-RR 1994, 806, 807; BGHZ 142, 92, 95 und *BGH* NJW 2000, 1571; *Lutter* in: FS Steindorff, 1990, S 125, 143.
693 Vgl BGHSt 35, 333, 337.

gen § 30 GmbHG entbehrlich zu machen,[694] da der *3. Strafsenat* ausdrücklich feststellte, dass in den fraglichen Fällen „eine Prüfung des Sachverhalts auf der Grundlage einer nach ‚Zerschlagungswerten' aufgestellten Bilanz (...) nicht selten ergeben (wird, *d.V.*), daß das nach § 30 GmbHG geschützte Stammkapital (...) durch die Entnahmen bereits angegriffen worden ist".[695] In diesem angedeuteten Verständnis sah auch *Ulmer* in der Anwendung von an den Zukunftsaussichten der GmbH, dh ggf an den Maßstäben der Bestandsgefährdung der Gesellschaft orientierten Berechnungsmethoden bei der Vermögensbilanzierung einen Bestimmungsweg, ob die positiv-rechtliche Kapitalerhaltungsgrenze des § 30 GmbHG verletzt sei;[696] insgesamt wurde in der Literatur daher nachfolgend dem Begriff der Existenzgefährdung im Wesentlichen keine größere Reichweite zugesprochen als dem Angriff auf das Stammkapital.[697] In der Entscheidung vom 24. August 1988 fokussierte der *BGH* zwar die Rechtspersönlichkeit der GmbH als solche nicht expressis verbis; da sich die Entscheidung jedoch als „Fortführung von BGHSt 34, 379" begreift und sich in ihr nichts Gegenteiliges finden lässt, dürfte zumindest insoweit Kontinuität anzunehmen sein.

Der mit der Entscheidung vom 24. August 1988 erreichte Stand der „Existenzgefährdungs"-Recht- **88**
sprechung, der bei der Bestimmung der Wirksamkeit der Gesellschafterzustimmung insbesondere von den relativ unbestimmten Grundsätzen eines ordentlichen Kaufmanns dispensierte, wurde in mehreren Entscheidungen bis zum Urteil „Bremer-Vulkan" des *5. Strafsenats* vom 13. Mai 2004[698] fortgeführt:[699] Insbesondere dem Urteil des *3. Strafsenats* vom **10. Juli 1996**[700] lag eine faktische Konzernsituation zu Grunde. Der *BGH* begründete die Rechtsmissbräuchlichkeit des Alleingesellschaftereinverständnisses mit Leitungsmaßnahmen des Angeklagten, welche zum Konkurs der geschädigten GmbH führten, mit der „besonderen Bedeutsamkeit des Falles". Diese liege darin, dass die abhängige und später geschädigte GmbH dem Angeklagten als alleinigen Geschäftsführer und dominierenden Gesellschafter der die GmbH beherrschenden Gesellschafterin von der Treuhand, welche die geschädigte Gesellschaft zuvor an die beherrschende Gesellschafterin verkauft hatte, „anvertraut" gewesen sei. Dem Angeklagten seien nicht nur die historischen und politischen Hintergründe und die daraus resultierenden Probleme der Wirtschaftsunternehmen und ihrer Beschäftigten in den neuen Bundesländern bekannt gewesen, sondern der Kaufvertrag zwischen der die verkaufte GmbH beherrschenden Gesellschafterin und der Treuhand habe auch außergewöhnliche Schutzklauseln enthalten, welche die verkaufte GmbH einerseits vor Ausplünderung durch Verkauf ihres Immobilienbestands oder sonstiger wichtiger Betriebsgrundlagen sowie andererseits die Arbeitnehmer vor einer Betriebseinstellung oder einem starken Abbau des Arbeitnehmerbestands schützen sollten.[701] Zudem nahm der *3. Strafsenat* auf das „TBB"-Urteil des *II. Zivilsenats* vom 29. März 1993 Bezug, indem er ausführte, dass „(g)erade die Ausnutzung der besonderen Verhältnisse im Konzern (...) sich als Mißbrauch der beherrschenden Gesellschafterstellung darstellen (kann, *d.V.*) (vgl BGHZ 122, 123, 130)".[702] Dieser Argumentation lässt sich entnehmen, dass der *3. Strafsenat* in den Rechtsgüterschutzbereich der Organuntreue explizit auch Gläubigerinteressen (insbesondere solche der Arbeitnehmer) miteinbezog, denn die Bestandsschutzrechtsprechung des *II. Zivilsenats* im „TBB"-Urteil diente über den danach ermöglichten subsidiären Haftungsdurchgriff gerade dem Gläubigerschutz.[703] Weitergehend ist das Urteil deswegen kritisiert worden, weil in den Vermögensschutzbereich des § 266 StGB über (zusätzliche) Gläubigerinteressen hinaus allgemeine wirtschafts- und sozialpolitische Interessen ein-

---

694 *Grigoleit* S 217.
695 BGHSt 35, 333, 338, zitiert bei *Grigoleit* S 218.
696 Vgl *Ulmer* in: FS Pfeiffer, 1988, S 853, 868 ff; vgl auch BGHSt 76, 326, 335.
697 Vgl *Lipps* NJW 1989, 502, 504.
698 Vgl BGHSt 49, 147 (Bremer Vulkan).
699 Vgl *BGH* wistra 1990, 99; *BGH* wistra 1991, 107, 109; *BGH* wistra 1991, 183; *BGH* NStZ 1996, 540, 542; *BGH* NJW 2000, 154, 155.
700 Vgl *BGH* NStZ 1996, 540.
701 *BGH* NStZ 1996, 540, 542.
702 *BGH* NStZ 1996, 540, 542.
703 Vgl *Anders* ZStW 114 (2002), 467, 500 ff.

bezogen worden seien.[704] Hervorzuheben ist zudem das Urteil des *1. Strafsenats* vom 20. Juli 1999, in welchem darauf hingewiesen wurde, dass der Untreuetatbestand seiner Zielrichtung nach nicht dem Gläubigerschutz diene und das als begründend für die Begrenzung der Gesellschafterdispositionsbefugnis die eigene Rechtspersönlichkeit der GmbH herausstellt.[705]

89 Die Rechtsprechung der Strafsenate des *BGH* zu § 266 StGB bis zu dem „Bremer-Vulkan"-Urteil des *II. Zivilsenats* vom 17. September 2001[706] und der danach einsetzenden Entwicklung zeigt kaum ein besseres Bild als die zu § 81a GmbHG aF ergangene: Die Grenzen der Dispositionsbefugnis wurden mit den Oberbegriffen des pflichtwidrigen Handelns des Betreuungspflichtigen oder des „willkürlichen Zuschiebens von Vermögen" bzw der gesetzwidrigen oder „selbst ungetreuen" Zustimmung der Gesellschafter umschrieben, erstmals fand jedoch der Gedanke des Missbrauchs der GmbH bzw der Gesellschafterstellung Eingang in die Argumentation. Konkretisierungen der Grenze erfolgten über das Stammkapitalerhaltungsgebot des § 30 GmbHG, die Beeinträchtigung der Liquidität der Gesellschaft sowie die Grundsätze eines ordentlichen Kaufmannes. Das Urteil des *3. Strafsenats* vom 24. August 1988 stellt insoweit einen **markanten Punkt in der Rechtsprechungslinie des** BGH **zur Organuntreue zum Nachteil der GmbH** dar, als mit ihm der **dogmatisch noch nicht entwickelte Begriff der Existenzgefährdung** – als Grenzziehung oberhalb des Stammkapitalerhaltungsgebotes aus § 30 GmbHG – Eingang in die Argumentation findet und des Weiteren – dies zeigen die nachfolgenden Judizien der Strafsenate des *BGH* – einen zentralen Stellenwert erhält, dh die anderen bis dato entwickelten Kriterien zur Seite drängt. Es kann daher bis zum „Bremer-Vulkan"-Urteil des *II. Zivilsenats* vom 17. September 2001[707] als **Ausgangspunkt der weiteren Entwicklung** sowohl im Straf- als auch im Gesellschaftsrecht angesehen werden. In der Folge nahm der *II. Zivilsenat* in seiner Entscheidung vom 21. Juni 1999 auf die Entscheidung des *3. Strafsenats* vom 24. August 1988 zwar lediglich im Wege des obiter dictum Bezug und ließ die Anwendbarkeit des Existenzgefährdungsgedankens daher letztlich offen.[708] Eine gesellschaftsrechtliche Parallele und den Beginn einer – zunächst auf Konzernlagen isolierten – Stütze dürfte diese strafrechtliche „Existenzgefährdungs"-Judikatur jedenfalls in der richterrechtlich entwickelten Bestandsschutzhaftung des Gesellschafters im sog qualifizierten faktischen Konzern gefunden haben, welche insbesondere in der „TBB"-Entscheidung des *II. Zivilsenats* vom 29. März 1993 mit einem Missbrauch der Leitungsmacht in der Weise begründet wurde, dass „keine angemessene Rücksicht auf die eigenen Belange der abhängigen Gesellschaft (genommen wird, *d.V.*), ohne daß sich der ihr insgesamt zugefügte Nachteil durch Einzelausgleichsmaßnahmen kompensieren ließe".[709] Zu Recht wurde und wird in dieser Judikatur gesellschaftsrechtlich überwiegend die Anerkennung eines die Existenzfähigkeit sichernden Bestands- bzw Eigeninteresses der Einpersonen-GmbH gesehen.[710] Diese Rechtsprechung des *II. Zivilsenats* bereitete in gesellschaftsrechtlichter Hinsicht seine nachfolgende Judikatur zur sog „Existenzvernichtungs"-Haftung und damit die fortschreitende Annäherung von Gesellschafts- und Strafrechtsprechung vor; eingeleitet wurde sie durch den *II. Zivilsenat* mit seinem „Bremer-Vulkan"-Urteil vom 17. September 2001.[711] Im Mittelpunkt der Argumentation der strafrechtlichen Rechtsprechung zu § 266 StGB stand zwar weiterhin überwiegend die eigene Rechtspersönlichkeit der GmbH; jedoch wurde zu der Frage des Telos' des § 266 StGB im Bezug auf den Gläubigerschutz keine einheit-

---

704 Vgl *Langkeit* WiB 1996, 1131, der eine unzulässige Erweiterung des Schutzbereichs des § 266 StGB „zur Gewährleistung politischer Zwecksetzungen oder zur Wahrnehmung von Allgemeinwohlinteressen" sieht. Vgl auch *Saliger* ZStW 112 (2000), 563, 570 f und *D. Geerds* JR 1997, 340, 341. Eine gewisse Fortsetzung dieser Linie findet sich im Urteil des *5. Strafsenats* des *BGH* „Bremer Vulkan", in dem „öffentliche Interessen" zu Grunde gelegt werden, vgl BGHSt 49, 147, 158.

705 Vgl *BGH* NJW 2000, 154, 155.

706 Vgl BGHZ 149, 10 (Bremer Vulkan).

707 Vgl BGHZ 149, 10 (Bremer Vulkan).

708 Vgl BGHZ 142, 92, 95.

709 BGHZ 122, 123, 130 (TBB); das Urteil des *3. Strafsenats* des *BGH* vom 10. Juli 1996 nimmt darauf Bezug, vgl *BGH* NStZ 1996, 540, 542.

710 Vgl Emmerich/Habersack/*Habersack*[10] Anh § 318 Rdn 34 f; *Röhricht* in: FS 50 Jahre BGH, 2000, S 83, 107 f.

711 Vgl BGHZ 149, 10 (Bremer Vulkan).

liche Linie in der Argumentation erreicht. So heißt es in der Entscheidung vom 20. Juli 1999 noch, dass „(d)er Untreuetatbestand (...) nach seiner Zielrichtung – im Unterschied etwa zu den §§ 283 ff StGB – nicht dem Gläubigerschutz (dient, *d.V.*), sondern (...) allein den Schutz des Vermögens, das der Pflichtige zu betreuen hat, (bezweckt, *d.V.*)".[712] Der weitere gedankliche Schluss, dass das (eigene) Vermögen der GmbH für die Gläubiger als „Reservoir" dient – dies kann als Kanalisierungs- bzw Mediatisierungsargumentation bezeichnet werden – wurde jedoch noch nicht vollzogen. In der Entscheidung vom 29. Mai 1987 wurde dies allenfalls angedeutet;[713] erst später sollte sich diese Argumentation in der Rechtsprechung der Strafsenate verfestigen (Rdn 109 ff).

Die genannte Entwicklung der Rechtsprechung der Strafsenate des *BGH* kann nach alledem als **schwankend und in normativer Hinsicht begründungsdefizitär** angesehen werden. In **vergleichender Betrachtung zum Gesellschaftsrecht**, insbesondere zur gesellschaftsrechtlichen Rechtsprechung, die eine Haftung der Gesellschafter für Eingriffe oberhalb der Grenze des nach § 30 GmbHG geschützten Stammkapitals nicht zuließ, lag insbesondere aufgrund der Entscheidung des *BGH* vom 29. Mai 1987[714] eine **Divergenz** vor, welche auf dem Hintergrund des **ultima-ratio-Prinzips** des Strafrechts problematisch war. Denn insbesondere die Behandlung der verdeckten Gewinnausschüttung, welche zivilrechtlich nicht ohne Weiteres verboten ist und in strafrechtlicher Bewertung allenfalls eine – straflose – Vorbereitung einer Steuerhinterziehung bedeutet, zeigte exemplarisch, dass das Strafrecht verbot, was das Zivilrecht erlaubte. Diese Schieflage wurde durch die Entscheidung des *3. Strafsenats* vom 24. August 1988[715] allenfalls abgeschwächt,[716] jedoch nicht vollständig beseitigt, da – jedenfalls für Sachverhalte außerhalb von Konzernlagen – sich gesellschaftsrechtlich noch keine Existenzvernichtungshaftung herausgebildet hatte und auch seitens der strafrechtlichen Rechtsprechung eine normative Begründung für die Grenzfassung der Existenzgefährdung oberhalb des Stammkapitalschutzes noch nicht erfolgt war; der *II. Zivilsenat* nahm auf diese richtungsweisende Entscheidung des *3. Strafsenats* zwar Bezug, ließ die Anwendbarkeit der strafgerichtlichen Existenzgefährdungsrechtspechung jedoch offen.[717] Man ging davon aus, dass die Erweiterung der Grenzziehung eine quantité négligeable darstellte, da bei einer Existenzgefährdung in den meisten Fällen – zum Teil unter Zugrundelegung einer Bilanzierung nach Zerschlagungswerten – auch schon eine Verletzung des § 30 GmbHG vorliegen dürfte.[718] 90

Mit Ausnahme der Bestandsschutzrechtsprechung für den sog qualifizierten faktischen Konzern gab es zur Existenzgefährdungsrechtsprechung der Strafsenate des *BGH* in der gesellschaftsrechtlichen Rechtsprechung zunächst kein echtes Pendant; weder in der straf- noch in der gesellschaftsrechtlichen Rechtsprechung war dafür zudem ein allgemeines und tragfähiges dogmatisches Konzept vorhanden. 91

bb) Entwicklung der Rechtsprechung des *II. Zivilsenats* des *BGH* zur Gesellschafterhaftung: Vom „Bremer-Vulkan"-Urteil des *II. Zivilsenats* des *BGH* vom 17. September 2001 bis zur „TRIHOTEL"-Entscheidung vom 16. Juli 2007. In dem **„Bremer-Vulkan"-Urteil** des II. Zivilsenats des BGH vom **17. September 2001**[719] wurde im Wege des obiter dictum festgestellt, dass sich der Schutz der abhängigen GmbH gegen Eingriffe ihres Alleingesellschafters nicht – wie bislang judiziert – nach dem Haftungssystem des Konzernrechts des AktG richtet, sondern auf die 92

712 *BGH* NJW 2000, 154, 155.

713 Vgl BGHSt 34, 379, 386, die dort in Bezug genommen Entscheidungen BGHSt 9, 203 (216) und *BGH* wistra 1983, 217, stellen jeweils nicht klar genug die gläubiger*vermittelnde* Funktion des GmbH-Vermögens heraus.

714 Vgl BGHSt 34, 379.

715 Vgl BGHSt 35, 333.

716 Weitergehend sieht *Tiedemann* JZ 2005, 45, schon in dem Urteil des *3. Strafsenats* vom 24. August 1988 die Beilegung der Kontroverse zwischen der Strafrechtsprechung des *BGH* und seiner Zivilrechtsprechung.

717 Vgl BGHZ 142, 92, 95.

718 Vgl *Gehrlein* NJW 2000, 1089, 1090; *Gribbohm* ZGR 19 (1990), 1, 28.

719 Vgl BGHZ 149, 10 (Bremer Vulkan).

Erhaltung des Stammkapitals und die Gewährleistung ihres Bestandsschutzes beschränkt ist, der eine **angemessene Rücksichtnahme auf die Eigenbelange der GmbH** erfordert, welche fehle, wenn Letztere **infolge der Eingriffe ihres Alleingesellschafters ihren Verbindlichkeiten nicht mehr nachkommen** könne. Vorher begründete der *II. Zivilsenat* mit den Urteilen „Autokran" vom 16. September 1985,[720] „Tiefbau" vom 20. Februar 1989[721] und „Video" vom 23. September 1991[722] seine Rechtsprechung zum sog **qualifizierten faktischen Konzern**, die auf der Rechtsfolgenseite eine Verlustausgleichspflicht des herrschenden Unternehmer-Gesellschafters analog § 302 AktG und – im Falle der Vermögenslosigkeit der Gesellschaft – die Ausfallhaftung gegenüber den Gesellschaftsgläubigern in entsprechender Anwendung des § 303 AktG vorsah. Ein sog qualifizierter faktischer Konzern ist gegeben, wenn aufgrund der im GmbH-Recht starken Stellung der Gesellschafter, welche sich in dem Weisungsrecht gegenüber dem Geschäftsführer abbildet, eine Unternehmensverbindung zu einer GmbH als Tochter besteht, ohne dass ein Beherrschungsvertrag vorliegt und sich – im Gegensatz zum sog einfachen faktischen Konzern – die Ausübung der Leitungsmacht nicht auf einzelne, voneinander abgrenzbare Eingriffe ohne Leitungsstrukturdichte beschränkt, infolgedessen also sich einzelne Nachteilszufügungen nicht mehr isolieren lassen.[723] Die genannte Rechtsprechung wurde als zu weitgehend kritisiert, da sie auf Tatbestandsseite allein die dauernde und umfassende Ausübung von Leitungsmacht in der Gesellschaft durch den herrschenden Unternehmer-Gesellschafter verlangte, welche die Vermutung begründen sollte, dass dieser die Leitungsmacht zum Nachteil der Gesellschaft ausgeübt und dadurch den Zusammenbruch der Gesellschaft herbeigeführt habe, womit im Ergebnis allein die Identität von herrschendem Gesellschafter und Geschäftsführer haftungsbegründend wirkte.[724] Deshalb erfolgte mit dem „TBB"-Urteil des *II. Zivilsenats* vom 29. März 1993[725] eine Korrektur, nach der die Haftung nicht auf der dauernden und umfassenden Leitung der Gesellschaft, sondern auf einem objektiven Missbrauch der Leitungsmacht durch das herrschende Unternehmen beruht. Die Rechtsprechung zur Haftung im sog qualifizerten faktischen Konzern gehörte zu den am heftigsten diskutierten Problemen des Gesellschaftsrechts.[726] Die Analogie zum Vertragskonzernrecht des AktG wurde durch das „Bremer-Vulkan"-Urteil ersetzt durch den Hinweis auf die Vorschriften des Stammkapitalschutzes aus § 30 GmbHG sowie eine über dieser Grenze ansetzenden Bestandsschutzgarantie. Konsequenz dieser Entscheidung war es, dass wegen des Wegfalls der analogen Konzernhaftung auch die dadurch ermöglichte Schadensersatzhaftung der Organmitglieder der beherrschenden Gesellschaft aus den §§ 309 Abs 2, 317 Abs 3 AktG ausschied mit der Notwendigkeit ihrer zivilrechtlichen Inanspruchnahme nunmehr über die **deliktische Haftung des § 823 Abs 2 BGB iVm insbesondere § 266 StGB**.[727] Insoweit folgte nach Auffassung des *II. Zivilsenat*s die Vermögensbetreuungspflicht der Alleingesellschafterin gegenüber der abhängigen GmbH im Sinne des § 266 StGB aus ihrer Stellung als beherrschendes Unternehmen. Jedenfalls habe die Alleingesellschafterin die Pflicht, das Vermögen der GmbH insoweit zu betreuen, als sie bei ihren Dispositionen über Vermögenswerte der GmbH durch angemessene Rücksichtnahme auf deren „Eigeninteresse" an der Aufrechterhaltung ihrer Fähigkeit, ihren Verbindlichkeiten nachzukommen, darauf zu achten habe, dass sie die **Existenz der abhängigen Gesellschaft nicht gefährde**. Die persönliche Verantwortlichkeit der natürlichen Personen als Organmitglieder der Alleingesellschafterin folgt dann

---

720 Vgl BGHZ 95, 330 (Autokran).
721 Vgl BGHZ 107, 7 (Tiefbau).
722 Vgl BGHZ 115, 187 (Video).
723 Vgl Emmerich/Habersack/*Habersack*[10] Anh § 317 Rdn 1.
724 Vgl *Röhricht* in: FS 50 Jahre BGH, 2000, S 83, 84.
725 Vgl BGHZ 122, 123 (TBB).
726 Nachweise bei Noack/Servatius/Haas-GmbHG/*Fastrich*[23] § 13 Rdn 48; zur Literatur vgl Münch-Komm-GmbHG/*Liebscher*[4] Anh zu § 13 Rdn 540 f.
727 *Schünemann* LM H. 5/2002 § 309 AktG 1965 Bl 902.

entweder aus § **14 Abs 1 Nr 1 StGB**[728] oder aber – ohne dass es des Rückgriffs auf diese Norm bedarf – aus der tatsächliche Leitung der Geschäftsbesorgung im Sinne der durch das Tatbestandsmerkmal des „Treueverhältnisses" autorisierten **faktischen Betrachtungsweise**.[729] Die Terminologie der Existenzgefährdung entspricht derjenigen der Rechtsprechung der Strafsenate des *BGH*, weshalb der *II. Zivilsenat* in diesem Zusammenhang auch die Entscheidung des *3. Strafsenats* vom 24. August 1988 zur Existenzgefährdung durch Entnahmen aus GmbH-Vermögen mit Einverständnis aller Gesellschafter[730] zitierte. Gleichzeitig nivellierte der *II. Zivilsenat* damit die eingangs aufgestellten Maßstäbe zum Bestandsschutz, welche die analoge Vertragskonzernhaftung ablösten, zum Strafrecht. *Schünemann* nimmt insoweit das Akzessorietätsproblem auf und sieht in dem Verweis auf das Strafrecht keinen Fortschritt in der Klärung der Frage, wann ein pflichtwidriger bestandsvernichtender Eingriff vorliege, da das Strafrecht „nach Art eines renvoi" wieder auf das Gesellschaftsrecht zurückverweise.[731] Letztgenannte Bewertung ist indes nicht zwingend, da der *II. Zivilsenat* die Haftung der Alleingesellschafterin eben nicht (allein) deliktisch begründete, sondern auf den eigenständigen, dem Gesellschaftsrecht zuzuordnenden Haftungstatbestand des bestandsgefährdenden Eingriffs stützte.[732] Die Haftung aus § 823 Abs 2 BGB iVm § 266 StGB war nur deshalb notwendig, weil die gesellschaftsrechtliche Haftung die Organe (natürliche Personen) der Gesellschafterin (juristische Person) nicht erfasste. Ein circulus vitiosus zwischen Straf- und Gesellschaftsrecht dürfte daher kaum zu befürchten sein. Zum Aspekt der Kontinuität der Rechtsprechung des *II. Zivilsenats* des *BGH* ist darauf hinzuweisen, dass dieser schon in seinem „TBB"-Urteil vom 29. März 1993 darauf abgestellt hatte, dass haftungsbegründend die unterlassene Rücksichtnahme auf die „eigenen" Belange der abhängigen Gesellschaft sei, an der es im Fall einer Einpersonengesellschaft fehle, „wenn die Gesellschaft infolge der im Konzerninteresse ausgeübten Einwirkungen ihren Verbindlichkeiten nicht nachkommen kann".[733] In der Entscheidung „Bremer Vulkan" wurde nun erstmalig ein **„Eigeninteresse" der GmbH** anerkannt, dessen Verletzung zu einem eigenständigen gesellschaftsrechtlichen Haftungstatbestand wegen existenzgefährdenden Eingriffs – seit der Entscheidung des *II. Zivilsenats* des *BGH* vom 25. Februar 2002 benannt als Haftung wegen existenzvernichtenden Eingriffs –[734] führt.

Die Entscheidung wurde maßgeblich durch den damaligen Vorsitzenden des *II. Zivilsenats*, *Röhricht*, vorbereitet. *Röhricht* legte in einem Beitrag in der Festschrift zum 50jährigen Bestehen des *BGH* dar, dass die bis dato herrschende und insbesondere über die oben bereits genannten Leitentscheidungen „Autokran",[735] „Tiefbau"[736] und „Video"[737] entwickelte Rechtsprechung des *BGH* zum sog qualifizierten faktischen Konzern ihre Berechtigung verloren habe und praktisch bedeutungslos sei.[738] Insbesondere sei die Voraussetzung aus dem „TBB"- Urteil des *II. Zivilsenats*, nach der die Haftung des herrschenden Gesellschafters die Ausübung der Leitungsmacht in einer Weise erfordere, „die keine angemessene Rücksicht auf die eigenen Belange der abhängigen Gesellschaft nimmt, ohne daß sich der ihr insgesamt zugefügte Nachteil durch Einzelausgleichmaßnahmen kompensieren ließe",[739] kaum nachweisbar. Zudem sei das gesetzliche Einzelausgleichssystem defizitär: Das Verbot der Auszahlung von Stammkapital vermöge für sich allein die Überlebensfähigkeit der GmbH und 93

728 So der *II. Zivilsenat* im „Bremer-Vulkan"-Urteil, BGHZ 149, 10, 18; vgl das „Bremer-Vulkan"-Urteil des *5. Strafsenats*, BGHSt 49, 147, 161.

729 *Schünemann* LM H. 5/2002 § 309 AktG 1965 Bl 902 R.

730 BGHSt 35, 333.

731 *Schünemann* LM H. 5/2002 § 309 AktG 1965 Bl. 902 R f; vgl *dens* NStZ 2005, 473, 474; auch *Schramm* (2005) S 121, 160 f und *Radtke/M. Hoffmann* GA 2008, 535, 542.

732 Vgl *Arnold* S 207.

733 BGHZ 122, 123, 130 (TBB).

734 BGHZ 150, 61, 67 f.

735 Vgl BGHZ 95, 330 (Autokran).

736 Vgl BGHZ 107, 7 (Tiefbau).

737 Vgl BGHZ 115, 187 (Video).

738 Vgl *Röhricht* in: FS 50 Jahre BGH, 2000, S 83, 86 ff.

739 BGHZ 122, 123, 130 (Video).

den notwendigen Gläubigerschutz nicht zu gewährleisten, da der Verstoß gegen den Stammkapitalerhalt aus § 30 GmbHG eine **rein bilanzielle Betrachtungsweise** voraussetze. Diese sei nicht in der Lage, die langfristigen tatsächlichen Auswirkungen einer Vermögensentnahme zu erfassen, da eine Vielzahl unternehmerischer Maßnahmen wie der Abschluss neuer Verträge im Namen eines anderen Unternehmens gar nicht bzw – wie die Entnahme wichtiger Produktionsmittel – wegen in der Bilanz ausgewiesener Rücklagen oder in dem Ansatz allein des abgeschriebenen Anschaffungswertes nicht angemessen abgebildet würden.[740] Nach § 30 Abs 1 Satz 1 GmbHG darf das zur Erhaltung des Stammkapitals erforderliche Vermögen der Gesellschaft an die Gesellschafter nicht ausgezahlt werden. § 30 GmbHG ist eine zentrale Norm des Kapitalaufbringungs- und -erhaltungsgrundsatzes und dient als Rechtfertigung für den Grundsatz der Haftungsbeschränkung aus § 13 Abs 2 GmbHG.[741] Eine der wichtigsten Funktionen des Stammkapitals ist es, den **Gläubigern der Gesellschaft eine Aussicht auf die Befriedigung ihrer Forderungen zu bieten**.[742] Damit wird eine gewisse Eigenständigkeit der Kapitalgesellschaft als juristische Person garantiert. Der Gesellschafter berührt solange die Stammkapitalgrenze des § 30 GmbHG nicht und kann daher in diesem Umfange Vermögen der GmbH entziehen, als er dadurch keine **Unterbilanz** herbeiführt. Der Schutz des Stammkapitals betrifft allerdings nicht nur den Gesellschafter, sondern er zieht sich als Grundsatz durch das gesamte GmbHG. Insbesondere **Dritte** müssen sich das Auszahlungsverbot des § 30 GmbHG entgegenhalten lassen, wenn es sich um ein **Umgehungsgeschäft** handelt und durch die Vermögenszuwendung an diesen tatsächlich eine Leistung an einen Gesellschafter erbracht wurde („Nähebeziehungen zum Gesellschafter").[743] *Röhricht* nahm in Anknüpfung insbesondere an *Fleck*,[744] *Winter*,[745] *Ulmer*[746] und *Priester*[747] eine planwidrige gesetzliche und daher durch die Rechtsprechung zu füllende Gesetzeslücke an, wenn er das **Ende des Gleichlaufs von Gesellschafts- und Gesellschafterinteresse** an einem vom Gesetz erstrebten Gläubigerschutz loziert:[748] Der Schutz des Gläubigers der GmbH entspreche dem Willen des deutschen Gesetzgebers und sei aus rechtlichen Gesichtspunkten geboten, was sich insbesondere an der Gesamtschau des vorhandenen Bestandes der gläubigerschützenden gesetzlichen Normen insbesondere zu Kapitalaufbringung und -erhalt, zur strafbewehrten Pflicht der frühzeitigen Stellung des Insolvenzantrags und zu kapitalersetzenden Gesellschafterhilfen (§§ 32a, b GmbHG aF) zeige. Auch die **ökonomische Analyse**[749] spreche gegen einen gewollten Freiraum gläubigerschädigender Aktivität, da der angestrebte gesamtwirtschaftliche Effekt, nämlich das Ermöglichen selbstständiger unternehmerischer Tätigkeit bei begrenztem Risiko, bei zunehmender Gläubigerschädigung in sein Gegenteil verkehrt werde und **Insolvenzkettenreaktionen** die Gefährdung anderer, am ökonomischen Prozess Teilnehmender nach sich ziehen könnten.[750] Das gesetzliche Sys-

---

740 Vgl *Röhricht* in: FS 50 Jahre BGH, 2000, S 83, 93.

741 Vgl Noack/Servatius/Haas-GmbHG/*Servatius*[23] § 30 Rdn 4.

742 Vgl Noack/Servatius/Haas-GmbHG/*Servatius*[23] § 30 Rdn 5.

743 Zum Meinungsstand siehe MünchKomm-GmbHG/*Ekkenga*[4] § 30 Rdn 158 f; Noack/Servatius/Haas-GmbHG/*Servatius*[23] § 30 Rdn 26.

744 Vgl *Fleck* ZHR 149 (1985), 387, 396 „Eine absolute Grenze für eine fremdbestimmte Weisungs- und Interessenbindung des Geschäftsführers bildet daher das Verbot, durch eine Schädigung des Gesellschaftsunternehmens dessen wirtschaftliche Existenz auf das Spiel zu setzen". Vgl auch *dens* ZGR 19 (1990), 31, 36 ff.

745 Vgl *Winter* (1988).

746 Vgl *Ulmer* ZHR 148 (1984), 391; *dens* in: FS Pfeiffer, 1988, S 853.

747 Vgl *Priester* ZGR 22 (1993), 512.

748 Vgl *Röhricht* in: FS 50 Jahre BGH, 2000, S 83, 97 ff.

749 Vgl zu den deskriptiven und normativen Zweigen der ökonomischen Analyse: *Posner* (2014) S 24 f „The theory has normative as well as positive aspects. (...) As for the positive role of economic analysis of law – the attempt to explain legal rules and outcomes as they are rather than to change them to make them better – (...)"; zur **Neuen Institutionenökonomik** vgl *Homann/Suchanek* S 21; *Kirchner* in: FS Raiser, 2005, S 181 ff; *Kirchner* in: FS Raiser, 2005, S 181, 192, 199; *R. Richter/Furubotn* S 2; *Voigt* S 19 ff; kritisch *Anders* ZStW 130 (2018), 374, 396 f.

750 Vgl *Röhricht* in: FS 50 Jahre BGH, 2000, S 83, 98 f; zu einem anderen Ergebnis in der ökonomischen Analyse jedenfalls der Durchgriffshaftung kommt *Rubner* (2005) S 183 ff. Kritik der Anwendung der ökonomischen Analyse jedenfalls im Strafrecht bei *Anders* ZStW 130 (2018), 374, 380 ff.

tem gläubigerschützender Regeln setze daher auf die Existenz einer von den Gesellschaftern personenverschiedenen juristischen Person als Haftungsträger, der mit dem in ihm gebundenen Vermögen aus eigener Kraft seinen Verbindlichkeiten nachkommen könne und dessen Existenz außerhalb wie innerhalb der Insolvenz nur in einem geordneten Verfahren beendet werden dürfe, das den Gläubigerschutz sicherstelle (**Verbot der „Liquidation auf kaltem Wege“**[751]).[752] *Röhricht* formulierte expressis verbis ein „Eigeninteresse“ der GmbH, denn die Erhaltung der Fähigkeit der Gesellschaft, ihre Verbindlichkeiten zu erfüllen, setze notwendigerweise die Erhaltung „ihrer Überlebensfähigkeit als lebende Gesellschaft“ voraus.[753] Gleichzeitig war damit das **„Eigeninteresse“** und die damit korrespondierende Pflicht zur Existenzrespektierung auf die Erhaltung dieser Fähigkeit beschränkt;[754] denn die Notwendigkeit des Bestandsschutzes und der Existenzsicherung schützten nach *Röhricht* keinen in der juristischen Person verabsolutierten Selbstzweck, sondern allein eine **Zweckschöpfung für unternehmerisches Handeln.**[755] Zudem ergab sich aus der **restriktiven Definition des „Eigeninteresses“** auch das Verbot der Haftung für bloßes Missmanagement oder lediglich unternehmerische Fehlentscheidungen.[756] Angesichts dieser dogmatischen Vorarbeiten, die in der strafgerichtlichen Rechtsprechungslinie zur Existenzgefährdung keine Entsprechung fanden, dürfte die Bewertung, die begründungsdefizitäre strafgerichtliche „Existenzgefährdungs“-Rechtsprechung sei „geradezu Schrittmacher für das Gesellschaftsrecht“ gewesen,[757] jedenfalls überzogen sein. Jedoch war und ist – dies zeigt die weitere Entwicklung dieser Rechtsprechung – die dogmatische Grundlage der Haftung gesellschaftsrechtlich umstritten und im Fluss.[758] Ungeachtet ihrer feineren dogmatischen Herleitung dürfte der Figur des existenzgefährdenden bzw -vernichtenden Eingriffs als Grundlage zunächst noch – insoweit in Anlehnung an die Formulierung in der „TBB“-Entscheidung –[759] der Gedanke des **objektiven Missbrauchs** zu Grunde liegen.[760] Danach könnte das Außerachtlassen der gebotenen Rücksichtnahme auf das Eigeninteresse der Gesellschaft im „KBV“-Urteil einen **„Mißbrauch der Rechtsform der GmbH“** bedeuten.[761] Auch ist mit der Anerkennung einer Haftung wegen existenzgefährdenden bzw -vernichtenden Eingriffs das Abrücken von der Rechtsfigur des sog qualifizierten faktischen Konzerns einher gegangen[762] und damit dürfte gleichzeitig eine Beschränkung der Haftung auf Konzernsachverhalte entfallen sein:[763] Denn es ist – mit *Röhricht* – nicht erkennbar, warum die Anerkennung eines gegen den Gesellschafter, auf Bestandsschutz der Gesellschaft gerichteten Eigeninteresses nur dann erfolgen soll, wenn der Gesellschafter noch anderweitig unternehmerisch tätig ist.[764] Zwar besteht in dieser Konstellation die sog **„Konzerngefahr“**, bei welcher der bei einer selbstständigen GmbH vorauszusetzende Gleichlauf der Interessen von Gesellschaft und Gesellschafter an einem wirtschaftlichen Erfolg des unternehmerischen Handelns nicht

---

751 *Winter* (1988) S 206.
752 Vgl *Röhricht* in: FS 50 Jahre BGH, 2000, S 83, 103.
753 *Röhricht* in: FS 50 Jahre BGH, 2000, S 83, 106.
754 Vgl *Röhricht* in: FS 50 Jahre BGH, 2000, S 83, 106.
755 Vgl *Röhricht* in: FS 50 Jahre BGH, 2000, S 83, 103.
756 Vgl *Röhricht* in: FS 50 Jahre BGH, 2000, S 83, 105; vgl auch *BGH* NZG 2005, 214, 215 und *Lamann* S 94.
757 *Kasiske* wistra 2005, 81, 83.
758 Vgl *K. Schmidt* NJW 2001, 3577, 3579 f; auch *dens* JZ 2009, 10, 19 f; *Altmeppen* NJW 2002, 321, 322 ff; *Wilhelm* NJW 2003, 175, 178 jeweils mwN.
759 Vgl BGHZ 122, 123, 130 (TBB).
760 Vgl *Röhricht* in: FS 50 Jahre BGH, 2000, S 83, 102, 111; *Wilhelm* NJW 2003, 175, 177; *Lamann* S 90 ff.
761 In diesem Sinne BGHZ 151, 181, 187(KBV).
762 Vgl *BGH* NJW 2002, 1803, 1805 „(...) hat der Senat die Rechtsprechung zur Haftung aus qualifiziert faktischem Konzern aufgegeben“; NZG 2005, 214 „(...) inzwischen überholte (...) Rechtsprechung des Senats zur Haftung im qualifiziert faktischen Konzern (...)“; NJW 2007, 2689, 2690 „Aufgabe der Haftung im so genannten qualifiziert faktischen Konzern“; *Goette* DStR 2001, 1857; *Altmeppen* NJW 2002, 321, 322 ff; *Wilhelm* NJW 2003, 175, 176 f; *Lutter/Banerjea* ZGR 32 (2003), 402, 407 f; kritisch insoweit *Zöllner* in: FS Konzen, 2006, S 999, 1012 in Fn 48; *K. Schmidt* NJW 2001, 3577, 3581.
763 Vgl Emmerich/Habersack/*Habersack*[10] Anh § 318 Rdn 3, 34, 35 ff; MünchKomm-GmbHG/*Liebscher*[4] Anh zu § 13 Rdn 552; BeckOK-GmbHG-Konzernrecht/*Servatius*[57] Rdn 487a für die Rechtslage nach „TRIHOTEL“.
764 *Röhricht* in: FS 50 Jahre BGH, 2000, S 83, 118 f.

mehr gewährleistet ist, weil der herrschende Gesellschafter noch anderweitig unternehmerisch tätig ist und deshalb ein Interesse daran hat, seinen Einfluss in der abhängigen Gesellschaft zu ihren Ungunsten und zu Gunsten der anderweitigen unternehmerischen Aktivitäten einzusetzen.[765] Weitere spezifische Gefahren der Konzernierung liegen insbesondere in der Kapitalaushöhlung von Gesellschaften[766] sowie den Konzernstrategien zum Unterlaufen des Prinzips der realen Kapitalaufbringung, namentlich in Form des sog „Teleskopeffekts", der darin liegt, dass die gleichen Mittel zur nachfolgenden Gründung von mehreren Tochtergesellschaften eingesetzt werden.[767] Die Grenze des definierten Interessengleichlaufs besteht aber auch bei der **nicht konzernierten Gesellschaft** in ihrem Eigeninteresse, ihren Verbindlichkeiten nachkommen zu können, sodass insoweit wegen der auch hier vorhandenen Gläubigerinteressen **kein kategorialer Unterschied** besteht, allenfalls eine im Vergleich zur Konzernierung niedrigere Gefahrenschwelle der Existenzvernichtung.[768]

94 Die Vorarbeiten von *Röhricht* ließen es für die Existenzvernichtungshaftung offen, ob das Gläubigerschutzproblem oberhalb der Stammkapitalgrenze im Rahmen einer **Durchgriffs(außen)haftung** oder einer **Binnenhaftung** zu lösen ist. Es überrascht daher nicht, dass das „KBV"-Urteil des *II. Zivilsenats* des *BGH* vom 24. Juni 2002 die Grundsätze des existenzvernichtenden Eingriffs,[769] die sich nach dem „Bremer Vulkan"-Urteil noch auf eine **Binnenhaftung** (der Organe) des Alleingesellschafters gegenüber der Gesellschaft begrenzten, erstmalig als **unbeschränkte Außenhaftung der Gesellschafter – im Wege der Durchgriffshaftung** – direkt gegenüber den Gläubigern der Gesellschaft anwendete, wenn „ein Mißbrauch der Rechtsform der GmbH (vorliegt), der zum Verlust des Haftungsprivilegs führen muss, soweit nicht der der GmbH durch den Eingriff insgesamt zugefügte Nachteil schon nach §§ 30, 31 GmbHG vollständig ausgeglichen werden kann oder kein ausreichender Ausgleich in das Gesellschaftsvermögen erfolgt".[770] Die damit im Gegensatz zum „Bremer-Vulkan"-Urteil des *II. Zivilsenats* als subsidiäre Durchgriffs(außen)haftung des Gesellschafters gegenüber den Gesellschaftsgläubigern ausgestaltete Haftungskonstruktion hatte der Senat zunächst in seinen „Autovertragshändler"- und „Handelsvertreter"-Urteilen vom 13. Dezember 2004 fortgeführt,[771] dann aber mit seinem **„TRIHOTEL"-Urteil vom 16. Juli 2007**[772] aufgegeben, wobei neben der Haftung wegen existenzvernichtenden Eingriffs weiterhin die Haftung wegen Vermögensvermischung, dh der fehlenden Unterscheidbarkeit der Vermögensmassen von Gesellschaft und Gesellschafter, anerkannt ist;[773] das Gericht sieht – wie bisher auch – die Existenzvernichtungshaftung des Gesellschafters in einem **missbräuchlichen Eingriff in das Gesellschaftsvermögen** unter Verstoß gegen die Verpflichtung zur Respektierung seiner Zweckbindung zur vorrangigen Gläubigerbefriedigung, sanktioniert den Eingriff jedoch nicht mehr – wie noch im „KBV"-Urteil – in Form einer Durchgriffs(außen)haftung „wegen Mißbrauch(s) der Rechtsform der GmbH"[774] mit dem Verlust des Haftungsprivilegs des § 13 Abs 2 GmbHG gegenüber den Gesellschaftsgläubigern.[775] Vielmehr konzipiert der *II. Zivilsenat* unter konsequentem Verzicht auf die Subsidiarität der Existenzvernichtungshaftung gegenüber den Erstattungsansprüchen aus

765 Vgl BGHZ 122, 123, 126; *Röhricht* in: FS 50 Jahre BGH, 2000, S 83, 119, weist zu Recht darauf hin, dass in diesen Konstellationen zB das französische Gesellschaftsstrafrecht einen Rechtfertigungsgrund annimmt, wenn die Benachteiligung der abhängigen Gesellschaft dem (Gesamt-)Konzerninteresse gilt, vgl dazu unter Rdn 214 ff.

766 Dazu *Schanze* in: Mestmäcker/Behrens (Hrsg) S 473, 482 f; *Busch* S 27 f.

767 *Schanze* in: Mestmäcker/Behrens (Hrsg) S 473, 482 Damit verbunden ist die „strukturelle Nachrangigkeit" der jeweils gründenden Gesellschaft.

768 Vgl MünchKomm-GmbHG/*Liebscher*[4] Anh zu § 13 Rdn 552; *Röhricht* in: FS 50 Jahre BGH, 2000, S 83, 119.

769 Der Terminus des existenzvernichtenden Eingriffs wird seit der Entscheidung des *II. Zivilsenats* des *BGH* vom 25. Februar 2002, vgl BGHZ 150, 61. 67 f, verwendet.

770 BGHZ 151, 181, 187 (KBV).

771 Vgl *BGH* NZG 2005, 177; *BGH* NZG 2005, 214.

772 Vgl BGHZ 173, 246 (TRIHOTEL).

773 Vgl BGHZ 165, 85, 91 f; Emmerich/Habersack/*Habersack*[10] Anh § 318 Rdn 48; vgl zur gesamten Entwicklung der Rechtsprechung *A. Schall* (2009) S 216 ff.

774 BGHZ 151, 181, 187 (KBV).

775 Vgl BGHZ 173, 246, 256 f (TRIHOTEL).

den §§ 30, 31 GmbHG den Anspruch als **reine Innen(ersatz)haftung des Gesellschafters gegenüber der Gesellschaft** „selbst als Trägerin des geschädigten Gesellschaftsvermögens" und ordnet diesen in **§ 826 BGB** im Rahmen einer **besonderen Fallgruppe der sittenwidrigen vorsätzlichen Schädigung** ein.[776] Unter teilweisem Rückgriff auf die Vorarbeiten von *Zöllner*[777] setzt der *II. Zivilsenat* an dem durch den Verstoß gegen die Respektierungspflicht „verletzten Schutzobjekt, das heißt an dem namentlich im Gläubigerinteresse gebundenen Gesellschaftsvermögen selbst – und nicht etwa bei den ‚mittelbar', das heißt reflexartig durch den Haftungsfonds geschützten Forderungen des einzelnen bzw der Vielzahl der Gläubiger"[778] an. Darin kommt zum Ausdruck, dass der *Senat* in dem missbräuchlichen Eingriff im Anschluss an *Zöllner* schon begrifflich und auch funktionell keinen Missbrauch der Rechtsform „GmbH" sieht und diese somit die Anordnung des § 13 GmbHG nicht relativieren kann.[779] *Zöllner* hatte dargelegt, dass der Missbrauch der Rechtsform etwas anderes sei als der Eingriff in das Rechtsträgervermögen; unter dem Missbrauch der juristischen Person könne allenfalls eine Verhaltensweise begriffen werden, in der die juristische Person vorgeschoben werde, um etwas zu verbergen bzw in der nach Eintritt der Insolvenz und im Wissen um sie weiterhin Geschäfte getätigt würden, sofern nicht in der Erwartung gehandelt würde, die Insolvenz zu überwinden.[780] Ein solches Handeln der Gesellschafter gegenüber dem Gläubiger mit Außenwirkung liegt jedoch zB bei Entnahmen aus dem GmbH-Vermögen als rein „interner" Vorgang nicht vor. Bei der reinen Innenhaftung gemäß § 826 BGB sei, so der *II. Zivilsenat* weiter, „die Gesellschaft als unmittelbar an ihrem – freilich zweckgebundenen – Vermögen Geschädigte die Gläubigerin des Anspruchs".[781] Und weiter: „Ein Direktanspruch der Gläubiger stünde im Widerspruch zu dem in den Kapitalerhaltungsvorschriften der §§ 30, 31 GmbHG verwirklichten – bei der Existenzvernichtungshaftung zu beachtenden – Grundsatz, dass der Gläubigerschutz durch die Gesellschaft mediatisiert bzw die gläubigerschützende Haftung zu Gunsten der Gesellschaft ‚kanalisiert' wird".[782] Die Sittenwidrigkeit werde begründet durch die „‚Selbstbedienung' des Gesellschafters vor den Gläubigern der Gesellschaft" in Form der „planmäßigen ‚Entziehung'" von Gesellschaftsvermögen.[783] Der *II. Zivilsenat* behält somit den Begriff der „Existenzvernichtungshaftung" entgegen der Ansicht *Zöllners* bei,[784] für den diese Bezeichnung der Haftungsfigur sachlich verfehlt ist, da nicht die Beseitigung der Gesellschaft kennzeichnend sei – dafür wäre die Löschung im Register erforderlich –, sondern die der Fähigkeit der Gesellschaft zur vollen Erfüllung ihrer Verbindlichkeiten.[785] Der *II. Zivilsenat* dürfte *Zöllner* jedoch darin gefolgt sein, dass die Rechtsgrundlage der Innenhaftung der Gesellschafter gegenüber der GmbH nicht in einer Treuepflicht begründet ist, da sie nicht auf dem Gesellschaftsvertrag und nicht auf dem von den Gesellschaftern einander entgegen gebrachten Vertrauen beruht.[786] Weitergehend führt *Zöllner* aus, dass der Maßstab der Sittenwidrigkeit als allgemeiner Maßstab zu grob sei; mit ihm ließen sich Rücksichtspflichten, wie sie im Falle insbesondere der Nutzung einer GmbH „quasi aus vorangegangenem Tun, nämlich der Schaffung einer Gefährdungslage für die Gläubiger folgen", nicht bestimmen, weshalb jenseits des klaren Bereichs des § 826 BGB weiterhin richterliche Rechtsfortbildung durch Herausarbeitung sachgerechter Grenzen der Einwirkungsbefugnis auf

776 BGHZ 173, 246, 258, 262 (TRIHOTEL); fortgeführt in *BGH* NZI 2008, 196, 197; *BGH* NZI 2008, 238; BGHZ 176, 204 (GAMMA); BGHZ 179, 344 (Sanitary); *BGH* NZI 2012, 894, 896 (PPM).

777 Vgl *Zöllner* in: FS Konzen, 2006, S 999.

778 BGHZ 173, 246, 257 (TRIHOTEL); Ebenfalls für die Betrachtung des Schadens der Gläubiger lediglich als „Reflexschaden" *Altmeppen* NJW 2007, 2657, 2659.

779 *Schanze* NZG 2007, 681, 682.

780 *Zöllner* in: FS Konzen, 2006, S 999, 1008 f.

781 BGHZ 173, 246, 260 (TRIHOTEL).

782 BGHZ 173, 246, 260 f (TRIHOTEL).

783 BGHZ 173, 246, 258 (TRIHOTEL).

784 Vgl BGHZ 173, 246, 252 (TRIHOTEL).

785 Vgl *Zöllner* in: FS Konzen, 2006, S 999, 1003.

786 Vgl *Zöllner* in: FS Konzen, 2006, S 999, 1011, 1021.

das Gesellschaftsvermögen von Nöten sei, freilich im Rahmen des Konzepts einer Innenhaftung.[787] Zum Gesellschaftereinverständnis direkt äußert *Zöllner* zwar, dass die Gesellschaft als „selbständiger Rechtsträger mit eigener Rechtsfähigkeit (...) als solcher nicht nur Träger von Rechten, sondern ebenso von Verbindlichkeiten" sei.[788] Das Einverständnis der Gesellschafter in die faktische dauerhafte Beeinträchtigung der Erfüllung dieser Verbindlichkeiten könne Letzteres nicht rechtfertigen; maßgeblich könne insoweit nur das Gläubigereinverständnis sein.[789] Einerseits sieht *Zöllner* das Gesellschaftsvermögen der GmbH zwar im traditionellen Sinne zweckgebunden im Dienste des von den Gesellschaftern privatautonom verfassten Gesellschaftszwecks; andererseits sei die Gläubigerzweckbindung des Vermögens aber „eine dem Gesellschaftsvermögen aus Zielen der Rechtsordnung hypostasierte Regel", „nichts anderes als die Kehrseite des Gläubigerinteresses an der Erhaltung der Solvenz der Gesellschaft".[790] Die Begründung nimmt der *II. Zivilsenat* in seinem „TRIHOTEL"- Urteil auf, **verzichtet auf die Herleitung der Rücksichtnahmepflicht aus einem „Eigeninteresse" der Gesellschaft** und sieht diese Pflicht vielmehr – ebenfalls unter Berufung auf *Zöllner* – „als das systemimmanente normative Korrelat der Instrumentalisierung der GmbH als haftungsbegrenzende Institution".[791]

95 Die dogmatische Diskussion im Gesellschaftsrecht zur Gesellschafterhaftung dürfte mit der „TRIHOTEL"-Entscheidung jedoch auch heute noch nicht vollständig zu einem Abschluss gekommen sein.[792] So dürften insbesondere die Folgeentscheidungen **„GAMMA"**[793] und **„Sanitary"**[794] eher zu einer Relativierung der Existenzvernichtungshaftung als zu ihrer dogmatischen Absicherung geführt haben.[795] In der „GAMMA"-Entscheidung hatte der *II. Zivilsenat* zwar noch entschieden, dass das bloße Unterlassen hinreichender Kapitalausstattung keine Gesellschafterhaftung wegen existenzvernichtenden Eingriffs begründe,[796] nach der „Sanitary"-Entscheidung kommt jedoch eine Innenhaftung aus § 826 BGB nicht nur beim existenzvernichtenden Eingriff, sondern „auch bereits wegen sittenwidriger Verletzung der Liquidationsvorschriften (...) – unabhängig vom Vorliegen der speziellen Zusatzkriterien einer Insolvenzverursachung oder -vertiefung – in Betracht".[797] Darin wird der **Untergang der Konturen des existenzvernichtenden Eingriffs** „in einer Vielzahl deliktischer Haftungsvarianten des GmbH-Rechts" gesehen.[798] Zudem dürfte weiterhin unklar sein, ob es neben der deliktischen Haftung wegen Existenzvernichtung nicht noch das

---

787 Vgl *Zöllner* in: FS Konzen, 2006, S 999, 1016 f.
788 *Zöllner* in: FS Konzen, 2006, S 999, 1014.
789 *Zöllner* in: FS Konzen, 2006, S 999, 1014.
790 *Zöllner* in: FS Konzen, 2006, S 999, 1016 f.
791 BGHZ 173, 246, 256 f (TRIHOTEL).
792 Vgl *Fastrich* in: FS Windbichler, 2021, 579, 599 ff, 602 (Forderung einer rechtsfortbildenden Erweiterung des bestehenden Kapitalerhaltungssystems in Anknüpfung an die §§ 30, 31 GmbHG): „Andererseits hat sich gezeigt, dass die deliktsrechtliche Lösung des BGH, wenn sie auf das Innenverhältnis zwischen Gesellschafter und Gesellschaft bezogen sein soll, eine gesellschaftsrechtliche Haftung im Innenverhältnis denknotwendig voraussetzt. Diese enthält eine rechtsfortbildende Ergänzung des Systems der Kapitalerhaltung um das haftungssanktionierte Verbot der vorsätzlichen Herbeiführung oder Vertiefung der Insolvenz durch Entnahmen und entspricht in ihrer rechtlichen Struktur einem konkretenRechtssatz, der sich einstweilen noch in Entwicklung befindet und wie ein Schatten den Erkenntnissen folgt, die der BGH im Rahmen seines deliktsrechtlichen Ansatzes gewinnt."; Emmerich/Habersack/*Habersack*[10] Anh § 318 Rdn 38, spricht sich für das Festhalten an der Außenhaftung bei Vermögenslosigkeit der Gesellschaft aus, deliktsrechtlich im Wege der analogen Anwendung der §§ 93 Abs 5, 117 Abs 5, 309 Abs 4 Satz 3, 317 Abs 4 AktG; *K. Schmidt*, JZ 2009, 10, 19 f geht davon aus, dass die dogmatische Diskussion im Gesellschaftsrecht zur Gesellschafterhaftung noch nicht zu einem Abschluss gekommen sein dürfte; BeckOK-GmbHG-Konzernrecht/*Servatius*[57] Rdn 484.1.
793 Vgl BGHZ 176, 204 (GAMMA).
794 Vgl BGHZ 179, 344 (Sanitary).
795 *Röck* S 22 f.
796 *Veil* NJW 2008, 3264.
797 BHGZ 179, 344, 355 (Sanitary).
798 *Röck* S 23; kritisch zu einer deliktsrechtlichen Begründung der Existenzvernichtungshaftung auch *Grigoleit* S 203 ff; *Röhricht* in: FS 50 Jahre BGH, 2000, S 83, 97, 100; *Waclawik* DStR 2008, 1486, 1490 f; *Wazlawik* NZI 2009, 291, 296; *Wappler* S 347 f.

weitergehende Bedürfnis für eine konzernspezifische Gesellschafterhaftung gibt.[799] Der durch das „TRIHOTEL“-Urteil eingetretene Rechtsprechungswandel dürfte zudem wesentliche Bedeutung für die Rechtsfolgenseite haben,[800] dort wegen der Beschränkung des Anspruchs auf den Schaden, der zur Befriedigung der Gläubigeransprüche notwendig ist:[801] So erfasste die Durchgriffs(außen)haftung die Einstandsverpflichtung der Gesellschafter für die Gesellschaftsschulden und nicht lediglich – so nunmehr die „TRIHOTEL“-Entscheidung –[802] den Ersatz des eingriffsbedingten Schadens.[803] Der *II. Zivilsenat* hatte schon im Urteil vom 13. Dezember 2004 dem Gesellschafter den Nachweis gestattet, dass der Gesellschaft im Vergleich zur Situation des redlichen Verhaltens nur ein begrenzter Schaden entstanden sei.[804] Eine Transponierung dieser Haftungsbeschränkung auf das Strafrecht hat Konsequenzen für den Schuldumfang: Insoweit hat der *5. Strafsenat* im „Bremer-Vulkan“-Urteil hervorgehoben, dass unter strafrechtlichen Gesichtspunkten der Nachteilsumfang nicht den Betrag umfassen könne, den der Gesellschafter der Gesellschaft entzogen habe, sondern als Nachteil im Sinne des § 266 StGB nur der Anteil des verloren gegangenen Vermögens in Ansatz gebracht werden könne, der für die Erfüllung bestehender Verbindlichkeiten benötigt worden wäre.[805] Da der Anspruchsteller bei der deliktsrechtlichen Haftung aus § 826 BGB die kausale Herbeiführung des Schadens durch den Gesellschafter und auch zumindest Eventualvorsatz[806] zu beweisen hat, droht ein **Bedeutungsverlust der Haftungsfigur der Existenzvernichtung in der Praxis**.[807] Die Rechtsprechung des *II. Zivilsenats* zur Existenzvernichtungshaftung wird bis heute fortgeführt.[808]

cc) Gesellschaftsrechtliche Grundlagen. Die gesellschaftsrechtliche Haftungskonstruktion gründet auf den Begriffen der **Existenzvernichtungshaftung** sowie den damit konnotierten Termini des **Eigeninteresses** sowie der **Haftungsbeschränkung**. 96

(1) Zum Begriff der „Existenzvernichtungshaftung“. Im gesellschaftsrechtlichen Schrifttum wurde schon vor dem „Bremer-Vulkan“-Urteil des *II. Zivilsenats* und in jüngerer Zeit zunehmend – neben *Röhricht*[809] – die Einschränkung der Gesellschafterbefugnisse durch das Verbot existenzvernichtender Eingriffe vertreten.[810] *Zöllner* ist zuzugeben, dass der Begriff der „Existenzvernichtung“, den die Rechtsprechung des *II. Zivilsenats* insoweit einheitlich seit dem „Bremer-Vulkan“-Urteil – dort noch unter Bezugnahme auf die Strafrechtsprechung als „Existenzgefährdung“ – konsequent beibehalten hat,[811] jedenfalls deshalb terminologisch unscharf ist, weil 97

799 Siehe dazu *Zöllner* in: FS Konzen, 2006, S 999, 1012 in Fn 48; *K. Schmidt* NJW 2001, 3577, 3581.
800 Vgl Emmerich/Habersack/*Habersack*[10] Anh § 318 Rdn 46; *Gehrlein* WM 2008, 761, 764 f; *Wappler* S 347.
801 *Röck* S 48 f.
802 Vgl BGHZ 173, 246, 268 (TRIHOTEL).
803 Emmerich/Habersack/*Habersack*[10] Anh § 318 Rdn 46; *Gehrlein* WM 2008, 761, 764 f; *Zöllner* in: FS Konzen, 2006, S 999, 1007 f.
804 Vgl *BGH* NZG 2005, 214, 215; Emmerich/Habersack/*Habersack*[10] Anh § 318 Rdn 36; *Goette* DStR 2007, 1593, 1594.
805 Vgl BGHSt 49, 147, 165 f (Bremer Vulkan); dazu *Krause* JR 2006, 51, 54.
806 Vgl BGHZ 179, 344, 351 (Sanitary).
807 *Wappler* S 348.
808 Vgl BGHZ 193, 96 (Wirtschaftsakademie); *BGH* NZI 2012, 894, 895 f (PPM); *OLG Köln* ZinsO 2017, 1491, 1496.
809 Vgl *Röhricht* in: FS 50 Jahre BGH, 2000, S 83, 100 f, 103.
810 Vgl *Fleck* ZGR 19 (1990), 31, 36 ff; *Gehrlein* NJW 2000, 1089, 1090; Emmerich/Habersack/*Habersack*[10] Anh § 318 Rdn 34 mwN; *Keßler* GmbHR 2001, 1095, 1099 f; Lutter/Hommelhoff-GmbHG/*Bayer*[21] § 13 Rdn 26 mwN; *Lutter/Banerjea* ZGR 32 (2003), 402, 407 ff; *Mülbert* DStR 2001, 1937, 1941 ff; *Nissing* S 94 ff; *Priester* ZGR 22 (1993), 512, 521 ff; *K. Schmidt* ZIP 1986, 146, 148 f; *dens* ZIP 1988, 1497, 1505 ff; *dens* NJW 2001, 3577, 3580; *dens* (2002) S 243 f; *Ulmer* ZHR 148 (1984), 391, 418 ff; *Wiedemann* ZGR 32 (2003), 283, 292 f; *Winter* (1988) S 202 ff; *dens* ZGR 23 (1994), 570, 585 ff.
811 Vgl BGHZ 149, 10, 17 (Bremer Vulkan); BGHZ 151, 181, 186 (KBV); BGHZ 173, 246, 252 (TRIHOTEL).

die Existenzbeendigung der GmbH nicht haftungsbegründend ist.[812] Dieser Argumentation kann allenfalls der Vorwurf einer formalistischen Betrachtungsweise entgegen gehalten werden, weil die Existenzvernichtungshaftung – wie auch die Haftung im qualifizierten faktischen Konzern – die Insolvenz der Gesellschaft voraussetzt,[813] da ein haftungsrelevanter Eingriff nur dann gegeben ist, wenn die GmbH in Folge des Eingriffs ihren Verbindlichkeiten nicht mehr nachkommen kann – so die Formulierung, die dem bisherigen Konzernhaftungskonzept entnommen[814] und beibehalten wurde.[815] „Existenz" beschreibt daher nicht die Rechtspersonenqualität der GmbH, sondern ihren Zweck, die Gläubigerinteressen zu befriedigen. Die zum Modell der Existenzvernichtungshaftung vertretenen normativen Grundlagen, die gesellschaftsrechtlich nach wie vor streitig sein dürften, sind kaum mehr überschaubar. Neben der nunmehr vom *II. Zivilsenat* seit dem „TRIHOTEL"-Urteil[816] in Anspruch genommenen Lösung über die deliktische Haftung des § 826 BGB wurden und werden im gesellschaftsrechtlichen Schrifttum verschiedene Wege zur Begründung der Haftung der GmbH-Gesellschafter vertreten. So fußte die „KBV"-Entscheidung[817] noch auf dem von *Röhricht* ausformulierten Gedanken des Missbrauchs der Rechtsform der GmbH und der Grundlage des Verbots der Umgehung der Liquidationsvorschriften des GmbHG „auf kaltem Wege", wie sie von *Winter* erstmals aus der Treuepflicht deduziert wurde.[818] Daneben werden die erweiternde Auslegung bzw die Analogie zu den §§ 30 f GmbHG,[819] die Analogie zu den aktienkonzernrechtlichen Regelungen,[820] die Durchgriffshaftung wegen Unterkapitalisierung,[821] die Haftung aus einem zwischen der GmbH und ihrem Gesellschafter bestehenden mitgliedschaftlichen Sonderrechtsverhältnis,[822] die Gesellschafterhaftung für „gröblich" sorgfaltswidriges Verhalten als (fremdnützige) Geschäftsleiterorganhaftung in analoger Anwendung des § 93 Abs 5 Satz 2 und 3 AktG,[823] die Gesellschafterhaftung wegen Verletzung der Zweckförderungspflicht, deren gläubigerschützender Charakter aus dem Prinzip der dezentralen Gewinnverfolgung abgeleitet wird,[824] und „ein allgemeines, aus verschiedenen Rechtssätzen herzuleitendes Verbot, der Gesellschaft die für die Gläubiger benötigte Haftungsmasse zu zerstören, zu beschädigen oder zu entziehen",[825] vertreten.

98 Unabhängig von den dogmatischen Feinheiten der genannten Ansätze dokumentiert die Vielfalt der im Schrifttum vertretenen Auffassungen jedenfalls einen breiten **Konsens hinsichtlich der Notwendigkeit eines über die Kapitalaufbringungs- und -erhaltungsvorschriften des GmbHG hinausgehenden rechtsfortbildenden Haftungsinstituts zum Schutze der Gesellschaftsgläubiger**.[826] Die für alle der genannten Auffassungen zu Grunde liegende Motivation hierfür liegt darin, dass der Stammkapitalschutz sowie die gesetzlichen Insolvenzschutzme-

---

812 Vgl *Zöllner* in: FS Konzen, 2006, S 999, 1003.
813 Vgl BGHZ 150, 61, 67; BGHZ 173, 246, 252 (TRIHOTEL); *BGH* NZI 2008, 196, 197.
814 Vgl BGHZ 122, 123, 130 (TBB).
815 Vgl BGHZ 149, 10, 17 (Bremer Vulkan); BGHZ 151, 181, 186 (KBV); BGHZ 173, 246, 252 f (TRIHOTEL).
816 Vgl BGHZ 173, 246 (TRIHOTEL).
817 Vgl BGHZ 151, 181, 186 f (KBV.
818 Vgl *Winter* (1988) S 204 ff.
819 Vgl *Fleck* ZGR 19 (1990), 31, 36 ff; *Mülbert* DStR 2001, 1937, 1942 f, 1947; *Raiser* in: FS Ulmer, 2003, S 493, 503.
820 Vgl *Ulmer* ZHR 148 (1984), 391, 418 ff.
821 Vgl *Lutter/Banerjea* ZGR 32 (2003), 402, 412 f; *Bitter* (2000) S 490 ff, der zwar ein Existenzinteresse der GmbH ablehnt, jedoch im Ergebnis ebenfalls von der Lückenhaftigkeit des gesetzlichen Gläubigerschutzsystems ausgeht; *dens* WM 2001, 2133, 2137 ff; *dens* ZIP 2001, 265, 272 f, 278.
822 Vgl *K. Schmidt* ZIP 1986, 146, 148 f; *dens* ZIP 1988, 1497, 1505 ff; *dens* NJW 2001, 3577, 3579 f; *dens* (2002), S 243; *Priester* ZGR 22 (1993), 512, 521 ff.
823 Vgl *Altmeppen* ZIP 2001, 1837, 1845 f; *dens* ZIP 2002, 1553, 1562 f, in Anlehnung an *Wilhelms* Organhaftungslehre.
824 Vgl *Grigoleit* S 471 ff.
825 Vgl *A. Schall* (2009) S 230, unter Bezugnahme insbesondere auf das Zahlungsverbot des MoMiG, die Kapitalerhaltungsvorschriften, §§ 283 ff StGB sowie § 117 AktG.
826 *Grigoleit* S 285 in Fn 62.

chanismen zu Gunsten der Gläubiger als nicht ausreichend angesehen werden:[827] Danach setzt insbesondere die Antragspflicht des Geschäftsführers auf Eröffnung des Insolvenzverfahrens zu spät ein. Die herrschende Auffassung in der gesellschaftsrechtlichen Rechtsprechung und im Schrifttum überlässt die Gläubiger der GmbH nicht dem vom Gesetz aufgestellten Schutzrahmen.[828] Eine **Minderheitsmeinung** lehnt diese Auffassung dagegen im Wesentlichen mit den Argumenten ab, eine **planwidrige Gesetzeslücke lasse sich nicht feststellen**[829] und weitergehende, über den Stammkapitalschutz hinausreichende Haftungsansprüche stünden wegen ihres Charakters als Berufsausübungsregelung im Sinne des Artikel 12 Abs 1 Satz 2 GG unter dem Vorbehalt des Gesetzes.[830] In genauerer Beachtung der herrschenden Meinung zielt das Kriterium der Existenzvernichtung auf eine Erfassung des spezifischen Gläubigerinteresses. Denn Maßnahmen der Geschäftsführung, welche die Gesellschaft schädigen, betreffen die Gruppen der Gesellschafter und der Gläubiger in unterschiedlicher Weise: Aufgrund des gesellschaftsrechtlich vorausgesetzten Interessengleichlaufs von Gesellschaftern und GmbH sind erstere jedenfalls bei Fremdgeschäftsführung dadurch stets verletzt, während das Gläubigerinteresse sich lediglich auf die Erhaltung der Solvenz der GmbH beschränkt, was im Begriff der Existenzvernichtungshaftung zum Ausdruck kommen soll.[831] Existenzvernichtung ist daher **kein primäres Indiz für Rechtspersonalität**, sondern in erster Linie ein **Synonym für Gläubigerschutz**; von den Vertretern einer echten Personalität der GmbH wird die Existenzvernichtungshaftung – trotz ihres insoweit missverständlichen Namens, der auf echte Subjektivität hinweisen könnte – daher auch als unzureichend angesehen (Rdn 100 ff).[832] *Bitter* stellt in ökonomischer Analyse der Haftungsbeschränkung heraus, dass es in Wirklichkeit nicht um die Existenz der Gesellschaft geht, sondern um die Gläubigergefährdung durch Gesellschafter, welche die Beschränkung ihrer Haftung zur Externalisierung von Kosten einsetzen.[833] Liege dabei die Externalisierung von Risiken und Kosten im Wesen der Tätigkeit der Rechtsform „GmbH",[834] gehe es aufgrund der Schutzwürdigkeit der Gläubiger und der Berücksichtigung dieser Schutzinteressen über die gesetzlichen Vorgaben des GmbHG hinaus um eine Angemessenheitsbetrachtung, welche die Externalisierungsmöglichkeiten der Gesellschafter bis zur Solvenz der Gesellschaft begrenzten. „Existenz" im Sinne der Existenzvernichtungsthese bedeutet somit nach der herrschenden Meinung die aus dem Abwägungsprozess ökonomischer Interessen resultierende Erhaltung der Solvenz zu Gunsten der Gläubiger. Im Sinne einer Interessenbetrachtung sehen auch die Vertreter im gesellschaftsrechtlichen Schrifttum, welche der Existenzvernichtungsterminologie ablehnend gegenüber stehen, die Notwendigkeit der Haftung der Gesellschafter über den Basisschutz der §§ 30, 31 GmbHG hinaus.[835] Der Streit um die Existenzvernichtungshaftung dürfte sich auf diesem Hintergrund daher im Wesentlichen – jedenfalls im Rahmen der herrschenden Auffassung – auf einen **rein terminologischen Disput** reduzieren.

---

827 *A. Schall* (2009) S 232.

828 Vgl BGHZ 173, 246, 252 (TRIHOTEL) „(...) – zur Vermeidung einer durch das Haftungssystem der §§ 30, 31 GmbHG offengelassenen Schutzlücke (...) –"; *BGH* NZI 2008, 196, 197 „(...) die das Basisschutzkonzept der §§ 30, 31 GmbHG ergänzende Existenzvernichtungshaftung (...)"; *Bitter* WM 2001, 2133, 2135 f; *Priester* ZGR 22 (1993), 512, 516 ff; *Röhricht* in: FS 50 Jahre BGH, 2000, S 83, 98 ff; *Zöllner* in: FS Konzen, 2006, S 999, 1012; auch *Grigoleit* S 287, 321 ff, 371 ff, sieht die Notwendigkeit des Gläubigerschutzes über die gesetzlichen Sicherungen hinaus durch die rechtsfortbildende Gesellschafterhaftung für Verletzung der Zweckförderungspflicht.

829 Vgl *Ehricke* AcP 199 (1999), 257, 275 ff; *Nassall* ZIP 2003, 969, 971; *Rubner* (2005) S 156 ff; *dens* DStR 2005, 1694.

830 Vgl *Nassall* ZIP 2003, 969, 971 f.

831 Vgl *Grigoleit* S 285.

832 Vgl *Wimmer-Leonhardt* S 267.

833 Vgl *Bitter* WM 2001, 2133, 2136 f; zur ökonomischen Analyse der Haftungsbeschränkung siehe *dens* (2000), S 150 ff.

834 Siehe zur Übertragung der ökonomischen Analyse des Rechts auf die Strafbarkeit wegen Organuntreue zum Nachteil der GmbH *Birkholz*, Untreuestrafbarkeit als strafrechtlicher „Preis" der beschränkten Haftung (1998).

835 Vgl *Bitter* WM 2001, 2133, 2136; *Grigoleit* S 287; *Zöllner* in: FS Konzen, 2006, S 999, 1003 f.

99 **(2) „Eigeninteresse" und Rechtspersonalität der GmbH.** Der Begriff eines **Eigeninteresses**, dem die zivilrechtliche Rechtsprechung zunächst grundsätzlich ablehnend gegenüber stand,[836] nahm seine Entwicklung und zunehmende Konkretisierung über die Bestandsschutz-Rechtsprechung des *II. Zivilsenats* zum qualifizierten faktischen Konzern[837] bis zu seiner erstmaligen ausdrücklichen Nennung in dessen „Bremer-Vulkan"-Urteil.[838] Jedoch fand er schon seit dem „KBV"- Urteil in der Rechtsprechung des *II. Zivilsenats* keine Verwendung mehr.[839] Der Begriff wird über den Inhalt einer Zwecksetzung für das Handeln eines Wirtschaftssubjekts definiert.[840] Überwiegend wird mit dem Eigeninteresse das Unternehmensinteresse in Verbindung gebracht.[841] Der eher soziologisch geprägte Begriff des Unternehmensinteresses ist jedoch weitergehend und daher streng zu unterscheiden, weil in ihm zum einen über den Unternehmensbegriff die Differenzierung zwischen Gesellschaft und Unternehmen angelegt ist.[842] Zum anderen bezieht sich die Auseinandersetzung um den Begriff des Unternehmensinteresses aktuell zunehmend auf die Dichotomie zwischen interessenmonistischen und -pluralistischen Zielkonzeptionen (**„shareholder value vs. stakeholder value"**).[843] Im weitesten Sinne definiert der Begriff des Eigeninteresses die **Bindung der einvernehmlich handelnden Gesellschafter oder des Alleingesellschafters an den Gesellschaftszweck**[844] in dem Sinne, dass ein über letzteren definiertes Gesellschaftsinteresse gegenüber den Gesellschafterinteressen eigenständige Bedeutung zukommt.[845] Die Anerkennung des Eigeninteresses wird nach herrschender Meinung im Gesellschaftsrecht als **conditio sine qua non** angesehen **für die oberhalb des Stammkapitalschutzes ansetzende Existenzvernichtungshaftung**, wodurch das Eigeninteresse gleichzeitig begrenzt sein soll auf die **Bestandsschutzwahrung der Gesellschaft**.[846] Dabei wird zum Teil vertreten, dass die Notwendigkeit zur Beachtung des Eigeninteresses dogmatisch aus der sog **Treuepflicht** resultiert.[847] Die Treuepflicht entspringt nach verbreiteter Auffassung dem Gesellschaftsvertrag[848] und ihr wird im Wesentlichen die Funktion zugesprochen, die Ausübung von Mitgliedschaftsrechten zu begrenzen.[849] Wird der Treuepflicht zwar insoweit auch eine Wirkrichtung nicht nur gegenüber den Mitgesellschaftern, sondern auch gegenüber der Gesellschaft zuerkannt, so wird sie zum Teil jedoch lediglich als „Sammelbecken für die Respektierung der im Gesellschaftszweck gebündelten, als Gesellschaftsinteresse apostrophierten gemeinschaftlichen Gesellschafterinteressen" angesehen.[850] Dies korrespondiert mit einer weit verbreiteten Auffassung in der Literatur, welche ein Eigeninteresse der Gesellschaft im Wesentlichen mit dem grundlegenden Einwand ablehnt, dass die Gesellschafter autonom Ziel und Interessen der Gesellschaft bestimmten, die Interessen also deckungsgleich seien – sog

---

836 Vgl BGHZ 95, 330, 340 mwN, 345 f (Autokran); BGHZ 119, 257, 262; in den Entscheidungen BGHZ 122, 333, 336, *BGH* NJW-RR 1994, 806, 807; BGHZ 142, 92, 95 und *BGH* NJW 2000, 1571 ließ der *II. Zivilsenat* es jeweils offen, ob eine Haftung des Alleingesellschafters aus Treuepflichtverletzung bei existenzgefährdenden Angriffen gegeben sei; vgl *Lutter* in: FS Steindorff, 1990, S 125, 143.

837 Vgl BGHZ 122, 123, 130 (TBB), Ausübung der Leitungsmacht in einer Weise, „die keine angemessene Rücksicht auf die eigenen Belange der abhängigen Gesellschaft nimmt (...)".

838 Vgl BGHZ 149, 10, 17 (Bremer Vulkan).

839 Vgl BGHZ 151, 181 (KBV).

840 *Ziemons* S 87.

841 Vgl *Busch* S 168 f; *Kaufmann* S 70; *Ziemons* S 81 ff.

842 *Wimmer-Leonhardt* S 257; *Ziemons* S 85; umfassend zu den Begriffen des Unternehmens und des Unternehmensinteresses *Anders* (2012) S 236 ff, 255 ff; *M. Hoffmann* (2010) S 216 ff.

843 Vgl dazu *Anders* (2012) S 258; BeckOGK/*H. Fleischer* § 76 AktG Rdn 29 ff; *Bernsmann* GA 2007, 219, 225 f.

844 *Grigoleit* S 319.

845 *Wimmer-Leonhardt* S 196.

846 Vgl *Priester* ZGR 22 (1993), 512, 517 ff; *Röhricht* in: FS 50 Jahre BGH, 2000, S 83, 103 ff; *Winter* (1988) S 191 ff; *dens* ZGR 23 (1994), 570, 580 ff.

847 Vgl *Winter* (1988) S 190 ff; *dens* ZGR 23 (1994), 570, 580 ff; unter Beschränkung auf den faktischen Konzern: *Ulmer* ZHR 148 (1984), 391, 419 ff; *dens* ZIP 2001, 2021, 2026 f.

848 *Grigoleit* S 295 f; *Uwe H. Schneider*/*Burgard* in: FS Ulmer, 2003, S 579, 582; *Winter* (1988) S 63 ff; *Zöllner* in: FS Konzen, 2006, S 999, 1003 f.

849 *Zöllner* in: FS Konzen, 2006, S 999, 1010.

850 *Zöllner* in: FS Konzen, 2006, S 999, 1011; vgl auch *Lutter* ZHR 162 (1998), 164, 183.

Kongruenztheorie.[851] Insoweit werden lediglich bei der mitbestimmten GmbH Ausnahmen von diesem Grundsatz des Interessengleichlaufs zu Gunsten von Arbeitnehmerinteressen anerkannt, dies jedoch losgelöst von dem Anerkenntnis eines Eigeninteresses.[852] Jedenfalls bei einer Einpersonen-Gesellschaft ist somit nach dieser Auffassung der Wille der Gesellschafter mit dem der Gesellschaft identisch, sodass es ein von dem Gesellschafterinteresse abstraktes und unabhängiges, als Eigeninteresse formuliertes Gesellschaftsinteresse, mit dem eine Treuepflicht des Gesellschafters korrespondierte, nicht geben kann.[853] Die Unterschiede zu der Auffassung, welche das Eigeninteresse aus der Treuepflicht deduzieren, sind jedoch kleiner als es zunächst erscheinen mag: So wird zwar von der Ansicht, welche die Beachtung des Eigeninteresses durch eine Treuepflicht umgesetzt wissen will, postuliert, dass die Treuepflicht in diesem Sinne einer „Objektivierung und Normativierung" unterliegt,[854] was zunächst einmal bedeutet, dass im Sinne einer organisationsrechtlichen Ableitung der Treuepflicht „juristische Personen als Interessenträger nicht nur nach außen, sondern auch im Verhältnis zu ihren Mitgliedern jedenfalls insoweit anzusehen (sind, d.V.), als Einwirkungen auf das dem Gesellschaftszweck gewidmete Sondervermögen in Frage stehen".[855] Des Weiteren soll es nach dieser Auffassung aber eine Verpflichtung des Alleingesellschafters oder der Gesellschaftergesamtheit auf ein objektives, vom privatautonom begründeten statutarisch festgehaltenen Gesellschaftszweck abstraktes Gesellschaftsinteresse nicht geben können.[856] Denn die Anerkennung der Treuepflicht schließe es nicht aus, dass sich die Gesellschafter von ihrer Beachtung dispensieren könnten,[857] da den Gesellschaftern auch nach dieser Auffassung die Dispositionsbefugnis über den Gesellschaftszweck zusteht.[858] Jedoch ist danach der Begriff des Eigeninteresses insoweit vom Gesellschafterinteresse zu unterscheiden, als den Gesellschaftern nicht das Recht zustehen soll, die Existenz der Gesellschaft durch die **Umgehung des gesetzlichen Verfahrens zur Liquidation der GmbH zu vernichten**, womit dieses so verstandene Eigeninteresse zum einen **nicht privatautonom, sondern durch die Rechtsordnung** begründet ist, und zum Zweiten aus **Drittinteressen, nämlich im Wesentlichen solchen der Gläubiger**, gespeist ist.[859] Der Unterschied zur Ansicht, welche ein Eigeninteresse und insbesondere seine Ableitung aus der Treuepflicht der Gesellschafter gegenüber der GmbH ablehnt, dürfte somit nicht allzu groß sein. Denn auch ein Teil dieser Auffassung nimmt bei der Existenzvernichtung (im Sinne der Solvenzvernichtung) eine Rücksichtspflicht der Gesellschafter gegenüber den Gläubigern der Gesellschaft an, welche zwar nicht in der Privatautonomie der Gesellschafter wurzelt, sondern sich vielmehr als ein durch die von dem Gesetzgeber den Gesellschaftern ermöglichte Haftungsbeschränkung erzwungenes Vertrauen darstellt;[860] insoweit wird zwischen dem Verbandsinteresse und dem Haftungsverbandsinteresse als Gläubigerinteresse differenziert.[861] Diese Meinung im gesellschaftsrechtlichen Schrifttum und die neuere Rechtsprechung des *II. Zivilsenats*[862] sind sich im Wesentlichen darin einig, dass durch Rechtsfortbildung Dispositionsschranken aus Gründen des Gläubigerschutzes anerkannt werden müssen, welche material durchaus mit dem Begriffsinhalt des Eigeninteresses korrelieren.[863]

---

851 *Flume* (1983) S 62 im materiellen Verständnis der GmbH als Personengesellschaft, „die nur um der Haftungsbeschränkung willen vermögensmäßig als juristische Person gegenüber den Gesellschaftern verselbständigt ist"; *Lutter* ZIP 1985, 1425, 1428; *Schön* ZGR 25 (1996), 429, 438; *Wiedemann* (1988) S 87; *Zöllner* (1963) S 19 f.

852 Vgl *Lutter* ZHR 162 (1998), 164, 183; *Wimmer-Leonhardt* S 197; zur Problematik des Nebeneinanders von Mitbestimmung und Anerkennung eines Eigeninteresses siehe auch *Ulmer* ZHR 148 (1984), 391, 409 f, 419.

853 Vgl auch BGHZ 119, 257, 262.

854 *Winter* ZGR 23 (1994), 570, 581.

855 *Winter* (1988) S 67.

856 Vgl *Winter* ZGR 23 (1994), 570, 582 f.

857 *Winter* (1988) S 190; *ders* ZGR 23 (1994), 570, 583.

858 *Winter* (1988) S 197; *ders* ZGR 23 (1994), 570, 585; kritisch *Wimmer-Leonhardt* S 251.

859 *Winter* ZGR 23 (1994), 570, 586 f.

860 Vgl *Zöllner* in: FS Konzen, 2006, S 999 (1011).

861 Vgl *Zöllner* (1963) S 21 ff.

862 Vgl BGHZ 151, 181, 186 f (KBV); BGHZ 173, 246, 252 f (TRIHOTEL); *BGH* NZI 2008, 196, 197.

863 *Grigoleit* S 320 mwN.

100 Unabhängig von der möglichen Ableitung eines Eigeninteresses der Gesellschaft aus der Treuepflicht sind jedoch weitergehend die Ansichten zur Problematik darzustellen, **wer bestimmend für die wirtschaftliche Zwecksetzung der Gesellschaft sein soll**. Hier stehen sich zwei extreme Positionen gegenüber. Begreift man das Gesellschaftsinteresse als kongruent mit den Gesellschafterinteressen, wäre der Interesseninhalt privatautonom durch die Gesellschafter gesetzt, dh nach der Kongruenztheorie kommt eine Interessenverfolgung durch die Gesellschaft als solche gar nicht in Betracht. Die Zwecksetzung ergäbe sich nach dieser extremen, nicht durch Existenzvernichtungsgesichtspunkte limitierten Position aus dem jeweiligen geschäftslenkenden Verhalten der Gesellschafter, das über die Satzung und § 37 Abs 1 GmbHG auf die Geschäftsführung umgesetzt würde oder sich als faktische Geschäftsführung darstellte. Die gegenteilige Annahme würde die **umfassende Anerkennung einer Rechtspersonalität der Gesellschaft** voraussetzen, jedenfalls dürfte der Verband nicht seinerseits lediglich und objekthaft Gegenstand von Interessen sein.[864] Letzteres bedarf jedenfalls der Annahme, dass ein Interesse nicht nur ein menschliches zu sein braucht, es somit nicht nur von einer natürlichen Person, sondern auch von einer juristischen Person als solcher verfolgt werden kann. Die Auffassung, welche ein Eigeninteresse ablehnt, bestreitet dies: Danach sind zwar der Verband und seine Mitglieder nicht gleich zu setzen. Andererseits existiert der privatrechtliche Verband aber nicht für sich selbst, sondern er bleibt eine **mitgliedschaftliche Veranstaltung**, die stets auf die einzelnen Individuen zurückzuführen ist: Es sind die Individuen, also die natürlichen Personen, welche den Verein gründen, seinen originären Zweck bestimmen, die Organisationsstruktur setzen, mit Hilfe des Verbandes eigene wirtschaftliche Zwecke verfolgen, den Verbandszweck ggf abändern und den Verband möglicherweise liquidieren.[865] Auf diesem Hintergrund ist dem Verband als solchem die Verfolgung eines Zwecks als ein subjektives Recht, welches einer Rechtsperson zuzuordnen wäre, nicht möglich; die juristische Person ist danach als „Objekt" aufzufassen, welche ihrerseits nach dem oben genannten Verständnis nur Gegenstand von Interessen sein kann. Unabhängig von der Frage der Handlungsfähigkeit der Gesellschaft nach außen im Sinne etwa organschaftlichen oder stellvertretenden Handelns einer dazu berufenen natürlichen Person zeigt sich, dass nach dieser Auffassung die Innehabung subjektiver Rechte allein als ein Prozess der Zuschreibung begriffen wird:[866] Insoweit ist dann jedoch die (juristische) **Rechtsperson mit materialer Personenqualität** nicht erheblich, sondern allenfalls ein **Rechtssubjekt**, welches in erster Linie „als logisch notwendiger Zurechnungsendpunkt für subjektive Rechte und instrumentell-rechtstechnischer Systembaustein"[867] begriffen wird. Somit kann es nach dieser Ansicht die Verfolgung von eigenen Interessen der GmbH nicht geben.[868] Das „Rechtssubjekt" existiert danach allenfalls im Sinne eines **„Funktionsträgers" von „Zweckgebundenheiten"**,[869] nicht jedoch als Rechtsperson.

101 Dem wird von der Auffassung, welche ein **Eigeninteresse des Verbandes** befürwortet, entgegengehalten, dass maßgeblich vielmehr das Einhergehen einer Bindung der Gesellschafter an die Zweckbegründung für die Gesellschaft sei; dadurch werde der juristischen Person ein Recht verschafft, was es erlaube, die Gesellschaft als Trägerin eines subjektiven Rechts zu bezeichnen.[870] Diese Auffassung weicht insofern von der oben dargestellten Kongruenztheorie ab, als sie über ein autonomes Eigeninteresse eine echte Rechtspersonalität der Gesellschaft anerkennt, die – insoweit

---

864 *C. Weber* S 210.
865 *C. Weber* S 211.
866 Siehe zum Prozess der Instrumentalisierung und allein positivistischen Fundierung des Begriffs der juristischen Person im Sinne der Vorverlagerung der Bestimmung der Rechtssubjektqualität auf die – insoweit formale – Innehabung eines subjektiven Rechts insbesondere *Rittner* S 193 f und *Raiser* AcP 199 (1999), 104, 115 ff; vgl zusammenfassend zum Bedeutungsverlust rechtlicher Personalität: *Anders* (2012) S 230 ff.
867 *Raiser* AcP 199 (1999), 104, 118.
868 *C. Weber* S 211.
869 *Rittner* S 194.
870 Vgl *Wimmer-Leonhardt* S 247.

ähnlich wie die oben dargestellte Kongruenztheorie – zunächst auf die von den Gesellschaftern begründete Zweckverfolgung der Gesellschaft im Begründungszusammenhang rekurriert. Anders als bei der Kongruenztheorie wird der von den Gesellschaftern selbst gesetzte Gesellschaftszweck jedoch dahingehend verabsolutiert, dass diese es im Rahmen ihrer gesellschafterlichen Privatautonomie zwar jederzeit in der Hand haben, den Zweck – im Rahmen der Gesetze – zu ändern.[871] Tun sie dies jedoch nicht, später oder nicht formgerecht (Beurkundungszwang gemäß § 53 Abs 2 Satz 1 GmbHG), so soll bei der Vornahme einer einzelnen, an sich zweckwidrigen und das Gesellschaftsvermögen schädigenden Handlung nicht nur eine isolierte und unschädliche „punktuelle Satzungsdurchbrechung" durch bloße Zustimmung der Gesellschafter vorliegen,[872] sondern eine Verletzung der Bindung der Gesellschafter an den Gesellschaftszweck; erforderlich sei vielmehr die Einhaltung der Satzungsänderungsformalien.[873]

Ein Bedeutungsverständnis im Sinne eines **autonomen „self-regarding interest" der juristischen Person** ist indes möglich, wenn man mit *Wilhelm* die GmbH als juristische Person „ernst" nehmen,[874] dh sie als eine rechtliche Konstruktion mit eigenem Ordnungswert anerkennen[875] und in diesem Sinne ein personifiziertes Verständnis der GmbH zu Grunde legen würde. *Wilhelm* bemängelt die infolge der Durchgriffshaftung nicht durchgehaltene Trennung von Gesellschaft und Gesellschafter und die damit verbundene fehlende Respektierung der juristischen Persönlichkeit der GmbH.[876] Er vertritt im Gegensatz zur Aufhebung des Trennungsprinzips die Rechtsfolge der Organhaftung als Resultat einer **Pflichtenbindung der Gesellschafter** im Umgang mit dem Gesellschaftsvermögen in dem Sinne, dass Maßnahmen zu unterlassen seien, welche ein unvertretbares Risiko für die Gesellschaft begründen würden.[877] Es handelt sich bei diesem Modell um eine Sorgfaltshaftung insbesondere des Alleingesellschafters als Quasi-Fremdgeschäftsführer analog § 43 GmbHG.[878] *Wilhelm* bezieht sich explizit auf *von Savigny*, wenn er ausführt, dass dieser in seiner Theorie der juristischen Person ein von den Mitgliedern abstrahiertes Eigeninteresse der juristischen Person vorausgesetzt habe.[879] 102

Jedenfalls im Ergebnis vergleichbar mit *Wilhelms* Lehre begründen *Ziemons* und *Wimmer-Leonhardt* die Inanspruchnahme der Gesellschafter durch die Gesellschaft auf der Grundlage einer Treuepflichtverletzung gegenüber der Gesellschaft.[880] Nach *Wimmer-Leonhardt* findet die Treuepflicht ihren Grund in der **gesellschaftsrechtlichen Förderpflicht**, stellt sich organisationsrechtlich als **Bestandteil des Mitgliedschaftsverhältnisses** dar und verbietet es dem Gesellschafter, ohne vorherige Zweckänderung oder der Auflösung der Gesellschaft dem Gesellschaftszweck zuwider zu handeln; soll der von den Gesellschaftern installierte Zweck der Gesellschaft, der statutarisch bei der Gründung der GmbH – als Unternehmensgegenstand – gewählt wurde, geändert werden, wäre dies oder die Auflösung der Gesellschaft jeweils im Einklang mit den Normen des GmbHG notwendig.[881] Ein ähnliches Verständnis legt *Ziemons* zu Grunde, wenn sie ebenfalls 103

871 Kritisch MünchKomm-GmbHG/*Liebscher*[4] Anh zu § 13 Rdn 538 „Auch das Recht des Alleingesellschafters, den Gesellschaftszweck (neu) zu definieren, kann nur in den Grenzen des rechtlich Erlaubten bestehen.".

872 *Winter* ZGR 23 (1994), 570, 583 ff differenziert zwischen einem punktuellen Dispens von der Zweckbindung durch die Gesellschafter und nachteiligen Maßnahmen mit Dauerwirkung, die eine Satzungsänderung erforderlich machen.

873 *Wimmer-Leonhardt* S 250 ff; *Ziemons* S 104 ff.

874 *Wilhelm* in: FS Flume, 1978, S 337, 391.

875 *Wilhelm* (1981) S 332; *Wimmer-Leonhardt* S 231 ff.

876 Vgl *Wilhelm* (1981) S 340 ff.

877 Vgl *Wilhelm* (1981) S 356 f.

878 *Altmeppen* ZIP 2001, 1837, 1843 f; *Ulmer* ZIP 2001, 2021, 2025.

879 Vgl *Wilhelm* (1981) S 340 ff, insbesondere S 343 „Savigny hat (...) seinen Begriff von der körperschaftlichen juristischen Person an solchen Körperschaften orientiert, die eine institutionelle, überindividuelle Zweckbestimmung oder Existenz haben und aufgrund dieser Ausrichtung zur Gänze zu der Individualität ihrer jeweiligen Mitglieder in Gegensatz stehen". Kritisch zur Vereinbarkeit mit von Savignys Theorie der juristischen Person: *Anders* (2012) S 70 f; *Ulmer* ZHR 148 (1984), 391, 418.

880 Vgl *Wimmer-Leonhardt* S 231 ff; *Ziemons* S 81 ff.

881 Vgl *Wimmer-Leonhardt* S 244 ff.

an einen Gesellschaftszweck anknüpft, welcher der GmbH gegenüber den Gesellschaftern Rechtssubjektivität vermittelt und dessen Verfolgung das die Privatautonomie der Gesellschafter beschränkende Eigeninteresse der Gesellschaft darstellt.[882] Inhaltlich geht dieses **nur durch Zweckänderung zu modifizierende Eigeninteresse der Gesellschaft** auf Erhaltung und Rentabilität.[883] *Wimmer-Leonhardt* und *Ziemons* rekurrieren zwar beide – wie *Wilhelm* – auf *von Savignys* Fiktionstheorie,[884] sehen das Wesen der juristischen Person jedoch in ihrem Gesellschaftszweck[885] als „Leitidee"[886] der Gesellschaft und dürften somit eher den heute herrschenden Zwecktheorien zur juristischen Person[887] nahe stehen. Das Eigeninteresse in diesem Verständnis nach *Wimmer-Leonhardt* und *Ziemons* abstrahiert somit von den Interessen anderer natürlicher Personen, die sich zur GmbH als Gesellschafter oder Gläubiger positionieren.[888] Die Folge eines solchen Verständnisses des „Eigeninteresses" ist es, dass eine **Verantwortlichkeit der Gesellschafter für gesellschaftsschädigende Handlung** nicht nur in einer Grenz- bzw Ausnahmesituation, dh im Falle des Angriffs auf das Stammkapital oder im Falle der Existenzvernichtung, in Betracht käme, sondern **bei jedem kausal zugefügten Nachteil**. Anders als beim oben dargestellten Begriff der Existenzvernichtungshaftung sichert dieses Verständnis des Eigeninteresses daher nicht nur lediglich die Solvenz der GmbH im Gläubigerinteresse, sondern vielmehr die Interessen der GmbH umfassend gegen jegliche Nachteilszufügung durch die Gesellschafter; das Eigeninteresse ist nach diesen Auffassungen somit nicht mit dem Bestandsschutz der GmbH identifiziert, sondern geht über diesen Gläubigerschutz im Sinne eines echten Gesellschaftsschutzes hinaus. Es kann daher von einer umfassenden Eigenständigkeit der GmbH gegenüber ihren Gesellschaftern gesprochen werden.[889] Dieses Verständnis der GmbH im Sinne *Wilhelms, Ziemons'* oder *Wimmer-Leonhardts* als eine von den Interessen der Gesellschafter abstrakt zu betrachtende Interessenträgerin hat sich in der Gesellschaftsrechtswissenschaft jedoch nicht durchgesetzt. Gegen einen insgesamt im Vergleich zur Existenzvernichtungshaftung weiter gefassten Haftungsmaßstab wird eingewandt, dass sich gerade das Recht der GmbH – im Gegensatz zum Recht der Aktiengesellschaft – durch die **Freiheit der Gesellschafter im Umgang mit der Gesellschaft** auszeichne und zudem es rechtsgeschichtlich und rechtssystematisch nicht zu rechtfertigen sei, die GmbH allein um ihrer selbst willen zu respektieren.[890] Vielmehr könne ein Eigeninteresse – wenn es denn terminologisch anerkannt würde – nur den Schutz „außenstehender" Dritter verfolgen, was sich insbesondere darin zeige, dass den Gläubigerschutzvorschriften des geschriebenen GmbH-Rechts die Statuierung eines Haftungsreservoirs im Interesse Dritter und in Absicherung gegen den Zugriff der Gesellschafter zu Grunde liege.[891] Mit diesem Verständnis des Eigeninteresses geht eine Verdoppelung des Gesellschaftsinteresses einher: Neben dem Gesellschafterinteresse an der Verwirklichung des Gesellschaftszwecks tritt das Eigeninteresse, das Gesellschaftsvermögen zur Befriedigung der Gläubiger einsetzen zu können – „(d)ie Gesellschaft hält gleichsam aus eigenem Recht, aber in fremdem Interesse, wie eine Treuhänderin der Gläubiger, den Gesellschaftern die Absonderung des gesellschaftsrechtlich gebundenen Vermögens entgegen".[892]

104 Die herrschende Auffassung, soweit sie zumindest ein Eigeninteresse terminologisch anerkennt, lässt sich mit den Worten *Karsten Schmidts* zusammenfassen: „Man wird konzedieren müssen, dass es mit einem schützenswerten ‚Eigeninteresse' der Gesellschaft, solange nicht Dritte

---

882 Vgl *Ziemons* S 104 ff.
883 *Ziemons* S 137.
884 Vgl *Wimmer-Leonhardt* S 234 f; *Ziemons* S 102.
885 Vgl *Wimmer-Leonhardt* S 244 f; *Ziemons* S 102 f.
886 *Reuter* ZGR 16 (1987), 475, 483, zitiert bei *Wimmer-Leonhardt* S 244 in Fn 633.
887 Siehe dazu *Anders* (2012) S 228 f.
888 Vgl *Wimmer-Leonhardt* S 272.
889 *Priester* ZGR 22 (1993), 512, 518.
890 *Röhricht* in: FS 50 Jahre BGH, 2000, S 83, 103; *Ulmer* ZHR 148 (1984), 391, 414 f; *ders* ZIP 2001, 2021, 2025 mwN in Fn 50; *Wazlawik* S 267 f.
891 *Winter* ZGR 23 (1994), 570, 588.
892 *Schön* ZHR 168 (2004), 268, 282.

betroffen sind, nicht weit her ist".[893] Das Eigeninteresse kommt danach allenfalls dann – und nur dann – ins Spiel, wenn – als bereits erwähnte Grenz- bzw Ausnahmesituation – Gläubigerinteressen über es notwendigerweise vermittelt werden.[894] Insofern wird über den Possessivzusatz „eigen" die Trägerqualität der juristischen Person, ihre **Mediatisierungs- bzw Vermittlungsfunktion** als „Haftungsreservoir für die Gläubiger"[895] definiert. Diese Mediatisierungsfunktion dient dazu, trotz inhaltlicher Fremdbestimmtheit des Interesses dieses als gesellschaftseigen zu definieren. Nach diesem Verständnis ist der Begriff des Eigeninteresses jedoch in der Tat verschleiernd,[896] denn ein in diesem Sinne originärer Selbstzweck wird mit dem Schutz der GmbH als eigene Rechtspersönlichkeit nicht verfolgt.[897] Mit den Worten *Wilhelms* „ernst genommen" – im Sinne materialer Personalität – wird die GmbH damit nicht. Im Wesentlichen fußt die Rechtspersonalität auf der **Anerkennung der GmbH als Haftungsverband in Form der Trennung des Gesellschaftsvermögens vom Vermögen der Gesellschafter** und der **Bindung dieses getrennten Vermögens zur vorrangigen Befriedigung der Gläubiger** – **„Absonderung und Zweckbindung"** –[898] einerseits sowie der **Haftungsbeschränkung** andererseits, bis zu deren Höhe dem Gesellschaftsvermögen somit die Funktion eines Haftungsfonds zukommt, aus deren vermeintlicher Unzulänglichkeit wiederum weitere, bestandssichernde Gläubigerschutznotwendigkeiten gefolgert werden.

(3) Trennungsprinzip, Haftungsbeschränkung und Durchgriffshaftung. Das **Trennungsprinzip** gemäß § 13 Absatz 2 GmbHG besagt, dass für die Verbindlichkeiten der Gesellschaft deren Gläubigern nur das Gesellschaftsvermögen haftet. Dieser Grundsatz lässt sich daraus erklären, dass eine verselbstständigte Vermögenssphäre – eine solche der GmbH ist zumindest durch die Anerkennung der Vermögensfähigkeit als Teil der Rechtsfähigkeit der Gesellschaft (§ 13 Absatz 1, 1. Halbsatz GmbHG: „Die Gesellschaft mit beschränkter Haftung als solche hat selbständig ihre Rechte und Pflichten; (...)") gegeben – auch die Haftung aus diesem Vermögen mit sich zieht; *Wieacker* folgert daraus: quod universitas debet, singuli non debent.[899] Beschränkte Haftung meint dabei nicht die Beschränkung der Haftung der Gesellschaft, denn diese haftet ja mit ihrem ganzen Vermögen – insoweit erweist sich (auch bei einer natürlichen Person) jede nominal unbeschränkte Haftung allein auf Grund der Möglichkeit nicht hinreichenden Vermögens als faktisch beschränkt.[900] Vielmehr bedeutet Haftungsbeschränkung die **Beschränkung der Haftung der Gesellschafter auf das Gesellschaftsvermögen**, also **Haftungsexklusivität**. Dieses zentrale Argument der beschränkten Haftung weist nun aber die Besonderheit auf, dass es **nach herrschender Auffassung für die juristische Person nicht konstitutiv** ist.[901] Schon positiv-rechtlich wird die Unabhängigkeit der Haftungsexklusivität vom Kriterium der Rechtspersönlichkeit aufgewiesen und dies in beide Richtungen: So existieren juristische Personen ohne Haftungsbeschränkung 105

---

893 *K. Schmidt* NJW 2001, 3577, 3580.
894 *Ziemons* S 96 f.
895 *K. Schmidt* NJW 2001, 3577, 3580; diese Kanalisierungs-, Vermittlungs- oder Trägerfunktion betonen BGHZ 173, 246, 261 (TRIHOTEL); *Altmeppen* NJW 2007, 2657, 2659; *Fleck* ZGR 19 (1990), 31, 38; *Priester* ZGR 22 (1993), 512, 521; *Ulmer* in: FS Pfeiffer, 1988, S 853, 860; *Winter* ZGR 23 (1994), 570, 588.
896 *Zöllner* (1963) S 20 zum Begriff des „Verbandsinteresses".
897 *Gehrlein* NJW 2000, 1089, 1090.
898 BGHZ 151, 181, 187 (KBV).
899 Vgl *Wieacker* S 313, 320, 332 f.
900 *Adams* S 55.
901 *Blaurock* in: FS Raiser, 2005, S 3, 6; *Flume* (1977) S 98; *ders* (1983) S 262; *Grigoleit* S 8 f; *K. Schmidt* S 211; *Raiser* in: FS Zöllner, 1998, S 469, 484; *ders* AcP 199 (1999), 104, 135; *ders* in: FS Lutter, 2000, S 637, 640 f; *Wimmer-Leonhardt* S 242; *Ziemons* S 98 ff.

wie insbesondere die KGaA –[902] hier haftet der Komplementär für Gesellschaftsverbindlichkeiten persönlich (vgl § 278 Absatz 1 AktG) – und andererseits Gesellschaften ohne juristische Personenqualität wie die KG, bei der die Kommanditisten nach Leistung der Einlage nicht für Gesellschaftsschulden haften (vgl § 171 Absatz 1 HGB – die Haftung ist begrenzt auf die Höhe der geleisteten Einlage).[903] In die gleiche Richtung der Unabhängigkeit von Haftungsbeschränkung und Rechtspersönlichkeit weist der aktuelle Streit in der Gesamthandslehre um das neuere dogmatische Verständnis einiger Personengesellschaften als rechtsfähige Organisationen (Rdn 12).[904] Die **Gegenauffassung**, welche die Haftungsbeschränkung als Konstitutivum der juristischen Person ansieht,[905] führt im Wesentlichen das Argument der Gleichstellung der juristischen mit der natürlichen Person an, wonach es keine natürliche Person gebe, deren Haftung sich ipso iure auf andere Personen erstrecke.[906] Damit blendet sie nicht nur den in der juristischen Person angelegten Grundkonflikt des Neben- bzw Miteinanders von juristischer Person und ihren – natürlichen – „Hinterleuten" aus, sondern es wird dabei auch übersehen, dass das Trennungsprinzip nicht nur dualistisch, dh in dem Nebeneinander von Gesellschafter und Gesellschaft, sondern auch gleichsam in einer Person vereint denkbar wäre: Es wäre so zwar reduziert auf ein bloßes „Haftungsschott"; ein kategorialer Unterschied zwischen einem Einzelkaufmann, der eine Trennung von Privat- und Geschäftsvermögen vorgenommen hätte, und der juristischen Person im Verhältnis zu ihrem Gesellschafter, existierte aus der Perspektive einer Haftungsbeschränkung nicht.[907] Vielmehr lässt sich die Frage der Haftungsbeschränkung bzw der Mithaftung der Gesellschafter auf die rechtspolitischen Probleme der Kreditwürdigkeit und damit der Funktionsfähigkeit einer Gesellschaftsform reduzieren.[908] Die Überlegung weist auf, dass aus dem Trennungsprinzip nicht notwendig der Grundsatz „quod universitas debet, singuli non debent" folgt, der Grundsatz der Haftungsbeschränkung eben nicht zwingende Konsequenz der getrennten Vermögensmassen ist: Die Gesellschafterhaftung lässt die rechtliche Verselbstständigung des Verbandes und die Unterscheidung der Vermögensmassen im Grundsatz unberührt.[909] Daraus resultiert eine gewisse Disponibilität des Trennungsprinzips, welche in der Anerkennung der Rechtsfigur der Durchgriffshaftung[910] exemplarisch aufgewiesen wird, wenngleich diese Form der Haftung auf Grund der durch sie nicht in Frage gestellten rechtlichen Trennung zwischen Gesellschaft und Gesellschafter begrifflich irreführend gefasst ist[911] und im Vergleich zur Haftungsbeschränkung ein Regel-Ausnahme-Prinzip besteht.[912] *Grigoleit* hat zudem herausgestellt, dass es auch nicht sachgerecht wäre, die Haftungsexklusivität als notwendiges Element der juristischen Person zu qualifizieren. Danach erlaube es die Trennung von Status- und Haftungsfrage insbesondere, das Problem des Gläubigerschutzes durch die Mitglieder der juristischen Person legislatorisch und richterrechtlich zu bewäl-

---

902 *Grigoleit* S 12, nennt als weiteres Beispiel gesetzlich angeordneter fehlender Haftungsexklusivität bei gleichzeitiger Belassung von Rechtspersonalität die Nachschusspflicht der Genossen in der Insolvenz der eG (vgl § 105 Absatz 1 Satz 1 GenG).

903 *Ziemons* S 100.

904 *Grigoleit* S 13 ff.

905 Vgl insbesondere *John* S 91, in ökonomisch-funktionaler Betrachtung „Es bedeutet (...) in der Tat einen wichtigen Schritt, wenn einer selbständigen Handlungsmöglichkeit eine jedenfalls auch selbständige Haftungsmöglichkeit entspricht, dh auch ein Haftungsverband, der allein dem Gläubiger dieser Personifikation zur Verfügung steht. Denn sonst ist die Personifikation in ihren Haftungsmöglichkeiten einer oder mehreren anderen Personifikationen völlig akzessorisch".

906 Vgl *Bydlinski* in: Götz/Seifert (Hrsg) S 21, 48 f.

907 *Ziemons* S 98 f; siehe auch *Priester* ZIP 1986, 137, 140 „Durch die Möglichkeit eigener Geschäftsführerstellung und die Weisungsbefugnis der Gesellschaftermehrheit gegenüber der Geschäftsführung können die Gesellschafter – formal über die GmbH, der Sache nach unmittelbar – ihre Geschäfte betreiben".

908 *Raiser* AcP 199 (1999), 104, 135; *ders* in: FS Lutter, 2000, S 637, 640 f.

909 *Grigoleit* S 240; *Raiser* in: FS Lutter, 2000, S 637, 640 f.

910 Vgl *Adams* S 91 f; *Bitter* (2000) S 204 f; *Lehmann* ZGR 15 (1986), 345, 357 ff, 363 ff; *Schäfer/Ott* S 718 ff.

911 *Grigoleit* S 240.

912 *Blaurock* in: FS Raiser, 2005, S 3, 6.

tigen; eine zusätzliche Gesellschafterhaftung würde die Essentialia einer juristischen Person nicht beeinträchtigen.[913] Insbesondere die dargelegte Entwicklung der Gesellschafterhaftung durch den *II. Zivilsenat* weist auf die Richtigkeit dieser These: Die insoweit entwickelten Modelle der Durchgriffs(außen)haftung und der Innenhaftung der Gesellschafter gegenüber der GmbH stellen Korrekturmodelle einer Gläubigerbenachteiligung dar, welche den Status der GmbH als juristische Person unangetastet lassen. Andererseits zeigen sie auf, dass für den Haftungstatbestand nicht die juristische Person als solche von Erheblichkeit ist, sondern allein **die durch die Haftungsexklusivität begründete Gefahrenlage**.

Nach alledem lässt sich festhalten, dass der Ausgangspunkt der herrschenden dogmatischen Konstruktionen zur Gesellschafterhaftung die vermeintliche Notwendigkeit eines Gläubigerschutzes darstellt, welche wiederum aus der Beschränkung der Gesellschafterhaftung deduziert wird. Diese stellt jedoch **kein Konstitutivum der juristischen Person** dar. 106

Prima facie scheint eine Aktivlegitimation des Gläubigers gegen den Gesellschafter eine gläubigerschützende Mediatisierungs- und Kanalisierungsfunktion zu widerlegen. Dagegen wäre jedoch einzuwenden, dass die **Durchgriffs(außen)haftung** subsidiär ausgestaltet ist, dh nur dann greift, „soweit nicht der der GmbH durch den Eingriff insgesamt zugefügte Nachteil schon nach §§ 30, 31 GmbHG vollständig ausgeglichen werden kann oder kein ausreichender Ausgleich in das Gesellschaftsvermögen erfolgt".[914] Die Durchgriffs(außen)haftung setzt insoweit also die Beendigung der Existenz der GmbH – verstanden als ihre Solvenz – voraus. Zudem hat sich in der Rechtsprechung des *II. Zivilsenats* die gegenläufige Innenhaftungstendenz aus dem „TRIHOTEL"-Urteil mit der Begründung durchgesetzt, dass der für die Durchgriffshaftung notwendige Missbrauch der Rechtsform „GmbH" durch die Gesellschafter, welcher den Verlust des Haftungsprivilegs aus § 13 Abs 2 GmbHG rechtfertigen könnte,[915] beim missbräuchlichen Eingriff der Gesellschafter in das Gesellschaftsvermögen gerade nicht vorliege.[916] In dem „TRIHOTEL"-Urteil wird die Gesellschaft dann auch konsequent ausdrücklich als „Trägerin des geschädigten Gesellschaftsvermögens" bezeichnet –[917] damit steht die GmbH wieder subjekthaft im Zentrum des Geschehens und insbesondere wird der primäre Schaden bei ihr loziert, womit die kritische Argumentation eines direkten Gläubigerschutzes endgültig nicht mehr haltbar sein dürfte.[918] Die in der Entscheidung verwendeten Begriffe „mittelbar", „reflexartig", „mediatisiert" und „kanalisiert" weisen darauf hin, dass der angestrebte Gläubigerschutz über die Inanspruchnahme der Gesellschaft vermittelt wird.[919] 107

(4) Zusammenfassung. Die Begründung des Haftungsmaßstabs der Existenzvernichtungshaftung stellt auf den **Zweck der juristischen Person** samt der **Voraussetzung der beschränkten Haftung** ab; dies führt zu einer **Zweckbindung des Gesellschaftsvermögens**, die jedenfalls in Grenzbereichen nicht mehr privatautonom wurzelt, sondern in dem **durch die besonderen Risiken der Insolvenz auch beim Agieren oberhalb des Stammkapitalerhalts geprägten Verständnis des Haftungsprivilegs**. Die Existenzvernichtungshaftung fußt somit im **„Kern des Prinzips der Kapitalgesellschaft"**.[920] Auf diesem Hintergrund kann *Reuter* angeführt werden: „Soweit (...) Gesellschafter mit überwiegenden gesellschaftsfremden Sonderinteressen aus eigener Machtvollkommenheit die Unternehmenspolitik bestimmen, setzt das gesteigerte Bedürfnis ein, einen objektiven Pflichtenkatalog zu formulieren und ein dem widersprechendes Handeln mit straf- und 108

913 *Grigoleit* S 10 f, 17.
914 BGHZ 151, 181, 187 (KBV).
915 Vgl BGHZ 151, 181, 187 (KBV); auch *Bitter* WM 2001, 2133, 2137.
916 Vgl BGHZ 173, 246, 257 (TRIHOTEL).
917 BGHZ 173, 246, 258 (TRIHOTEL).
918 In diesem Sinne auch *Radtke/M. Hoffmann* GA 2008, 535, 548, 551 „Die Entscheidung rückt die eigene Rechtspersönlichkeit der GmbH in den Vordergrund"; vgl auch *M. Hoffmann* (2010) S 124, 126, 164 f.
919 Vgl *Altmeppen* NJW 2007, 2657, 2659; *Goette* DStR 2007, 1593, 1594.
920 *Röhricht* ZIP 2005, 505, 513.

haftungsrechtlichen Folgen zu bedrohen. Darin besteht der verbindliche Kern des Grundsatzes der Einheit von Herrschaft und Haftung im Gesellschaftsrecht. (...) Doch setzt der (...) Weg die Möglichkeit voraus, das richtige Handeln im Interesse der Gesellschaft in etwa positiv zu bestimmen (...)".[921]

109 **dd) Der „Schulterschluss" der *Strafsenate* des *BGH* mit dem Gesellschaftsrecht.** Nach dem „Bremer-Vulkan"-Urteil des *II. Zivilsenats* vom 17. September 2001[922] wurde diese Entscheidung von den Strafsenaten des *BGH* trotz ihrer Übertragbarkeit auch auf Sachverhalte ohne Bezug zu einer faktischen Konzernierung zunächst nicht zitiert; vielmehr wurde weiterhin die „Existenzgefährdungslinie" aus der Entscheidung des *3. Strafsenats* vom 24. August 1988[923] isoliert fortgeführt: Das Urteil vom 22. Mai 2003 verweist lediglich insbesondere auf BGHSt 35, 333;[924] Gleiches gilt für das Urteil vom 18. Juni 2003, in dem der *BGH* zudem die eigene Rechtspersönlichkeit der GmbH besonders herausstellt,[925] sowie für das Urteil vom 11. September 2003.[926] Erstmals mit dem **„Bremer-Vulkan"-Urteil** des 5. Strafsenats vom **13. Mai 2004** zur Untreue zum Nachteil einer GmbH im sog qualifizierten faktischen Konzern stellte der *BGH* heraus, dass

> „(i)n der zivil- wie auch strafgerichtlichen Rechtsprechung (..) anerkannt (ist, *d.V.*), daß es Fallkonstellationen gibt, in denen der Geschäftsführer als der für das Vermögen einer Gesellschaft Treupflichtige seine Pflichten nach § 266 Abs 1 StGB auch dann verletzt, wenn er mit Zustimmung sämtlicher Gesellschafter handelt. Insoweit gibt es einen Bereich, der einer Dispositionsmöglichkeit der Gesellschafter entzogen ist, weil Interessen anderer oder öffentliche Interessen berührt sind. Der Zweck einer Kapitalgesellschaft erschöpft sich nämlich nicht in einer bloßen Vermögensanlage für die Gesellschafter. Jedenfalls wenn die Gesellschaft eine eigene wirtschaftliche Tätigkeit aufgenommen hat, handelt sie unter eigener Rechtspersönlichkeit als Wirtschaftssubjekt im Geschäftsverkehr und wird Träger von Rechten und Pflichten. Dies läßt gleichzeitig Schutzerfordernisse entstehen, die sicherstellen, daß die Gesellschaft die Essentialien einhält, die für das Funktionieren des Wirtschaftskreislaufs unerläßlich sind und auf die der Rechtsverkehr vertrauen können muss. (...) Den Gesellschaftern steht innerhalb wie außerhalb der Liquidation nur der Zugriff auf den zur Erfüllung der Gesellschaftsverbindlichkeiten nicht benötigten Überschuss zu. Das System der auf das Gesellschaftsvermögen beschränkten Haftung beruht auf der unausgesprochenen, für das Recht der Kapitalgesellschaft jedoch grundlegenden Voraussetzung, dass das Gesellschaftsvermögen, das zur Erfüllung der im Namen der Gesellschaft eingegangenen Verbindlichkeiten benötigt wird, in der Gesellschaft zum Zweck der Befriedigung ihrer Gläubiger verbleiben muß und damit der – im Recht der GmbH im übrigen sehr weitgehenden – Dispositionsbefugnis der Gesellschafter entzogen ist (...). (...) Aufgrund dieser Pflichtenstellung der Alleingesellschafterin hat der II. Zivilsenat in dem parallelen Zivilverfahren eine gegen die Gesellschafterin persönlich gerichtete Ausfallhaftung unter dem Gesichtspunkt des existenzvernichtenden Eingriffs bejaht (vgl BGHZ 149, 10 (17 f) (...)). Als Alleingesellschafterin treffe die BVV-AG nämlich die Pflicht, das Vermögen von MTW insoweit zu betreuen, als sie bei ihren Dispositionen über Vermögenswerte der MTW durch angemessene Rücksichtnahme auf deren Eigeninteresse an der Aufrechterhaltung ihrer Fähigkeit, ihren Verbindlichkeiten nachzukommen, darauf zu achten hatte, daß sie die Existenz der MTW nicht gefährdete (BGHZ 149, 10 (...)). Dabei lehnt sich der II. Zivilsenat an die strafrechtliche Judikatur (BGHSt 35, 333 (...)) an, die zu den – oben aufgezeigten – Grenzen der Verfügungsbefugnis des Gesellschafters entwickelt wurde. Aus zivilrechtlicher Sicht begründet diese Rechtsprechung eine Ausfallhaftung des in diesem Sinne rechtswidrig handelnden Alleingesellschafters gegenüber dem Gläubiger der Gesellschaft; sie greift dabei aber auf die anerkannten Grenzen der Verfügungsbefugnis des Alleingesellschafters zurück. Dies verdeutlichen auch die später ergangenen Entscheidungen (BGHZ 150, 61 (...); BGHZ 151, 181 (...)), in denen das Rechtsinstitut des existenzvernichtenden Eingriffs weiter entwickelt wurde (...). Soweit dabei in der strafgerichtlichen Entscheidungspraxis der Begriff des existenzgefährdenden Eingriffs verwandt wird (...), bedeutet dies keinen wesentlichen Unterschied in den Anwendungsvoraussetzungen. Die terminologische Abweichung erklärt sich vielmehr daraus, daß für den strafrechtlichen Schadens- oder Nachteilsbegriff die schadensgleiche Ge-

921 *Reuter* (1973) S 155 f.
922 Vgl BGHZ 149, 10 (Bremer Vulkan).
923 Vgl BGHSt 35, 333.
924 Vgl *BGH* NJW 2003, 2924, 2926.
925 Vgl *BGH* NJW 2003, 2996, 2998.
926 Vgl *BGH* wistra 2003, 457, 460.

fährdung ausreicht (...), während im Zivilrecht der Gefährdungsgedanke in diesem Zusammenhang keine Rolle spielt. Hat sich die Gefahr nämlich letztlich dann doch nicht verwirklicht, besteht zivilrechtlich kein ausgleichsfähiger Schaden".[927]

Der *BGH* formuliert dabei die **Existenzgefährdung** als **Oberbegriff**, dem die **(Eignung zur) Stammkapitalbeinträchtigung**, der **Entzug der Produktionsgrundlagen** und die **Liquiditätsgefährdung** untergeordnet werden.[928] Das Gericht sieht in der Existenzgefährdung damit einen **Bereich oberhalb des Stammkapitalschutzes aus § 30 GmbHG als Wirksamkeitsgrenze für eine Gesellschafterzustimmung**. Hervorzuheben ist, dass der *BGH* zum einen die eigene Rechtspersonenqualität der GmbH herausstellt – eine Pointierung, wie sie sich in den Entscheidungen des *II. Zivilsenats* zur Gesellschafterhaftung „Bremer Vulkan", „KBV" und „TRIHOTEL", in denen die Termini „Rechtsperson", „Rechtspersönlichkeit", „Rechtssubjekt" und „Rechtssubjektivität" nicht vorkommen, nicht findet. Der *5. Strafsenat* führt die Rechtspersonenqualität der GmbH expressis verbis – entwickelt über das Schutzerfordernis des Wirtschaftsverkehrs und einen die Vertragspartner der GmbH begünstigenden Vertrauensgrundsatz – auf den Gläubigerschutz zurück, was durch den vom *Senat* verwendeten Terminus der **„Interessen anderer"** abgedeckt sein dürfte. Soweit *der 5. Strafsenat* **„öffentliche Interessen"** bemüht, und diese mit dem **„Funktionieren des Wirtschaftskreislaufs"**, **„auf die der Rechtsverkehr vertrauen können muß"**[929] definiert, dürften damit insbesondere die schon von *Röhricht* erwähnten **ökonomischen und abstrakt-gesamtwirtschaftlichen Gesichtspunkte der Vermeidung von verketteten Insolvenzen** gemeint sein.[930] Hierin ist **keine komplementäre Schutzbereichserweiterung** um für die Gesellschafter nicht zur Disposition stehende Kollektivrechtsgüter zu sehen; es handelt sich lediglich um sog **scheinbar überindividuelle Rechtsgüter als Summe qualitativ gleicher Individualrechtsgüter**.[931,932] Die Entscheidung erging zwar zu einem Sachverhalt einer in einen sog qualifizierten faktischen Konzern eingebundenen GmbH, dürfte aber zumindest hinsichtlich der Aussagen zum mediatisierten Gläubigerschutz aufgrund der Bezugnahme zur parallelen Rechtsprechung des *II. Zivilsenats* auf diese Konstellation nicht beschränkt bleiben, was sich auch darin zeigt, dass die Grundsätze des existenzgefährdenden Eingriffs in den nachfolgenden Entscheidungen der Strafsenate des *BGH* auch unabhängig von Konzernlagen fortgeführt wurden.[933] Mit seiner Entscheidung „Bremer Vulkan" strebt der *5. Strafsenat* eine klare Übereinstimmung mit der Rechtsprechung des *II. Zivilsenats* an, indem ausdrücklich auf dessen Urteile in den Fällen „Bremer Vulkan"[934] und „KBV"[935] Bezug genommen und betont, dass für die dort (sowohl mit Blick auf die Binnenhaftung als auch die Durchgriffs(außen)haftung des Gesellschafters) entwickelte Anspruchsgrundlage wegen existenzvernichtenden Eingriffs kein wesentlicher Unterschied in den Anwendungsvoraussetzungen bestehe: Es handele sich um eine lediglich terminologische Abweichung, die sich daraus erkläre, dass für den strafrechtlichen Schadens- bzw Nachteilsbegriff die schadensgleiche Gefährdung ausreiche.[936] Der Drang nach (auch formaler) Kongruenz mit dem gesellschaftsrechtlichem Haftungsmodell geht so weit, dass der *5. Strafsenat* – ohne Not – eine Vermögensbetreuungspflichtenstellung der AG als Alleingesellschafterin annimmt – unter Zurechnung der Pflichtenstellung der AG gemäß § 14 Abs 1 Nr 1 StGB an die Mitglieder des Organs der Muttergesellschaft[937] sowie unter der **Annahme mittelbarer Täterschaft kraft Organi-** 110

927 BGHSt 49, 147, 159 f (Bremer Vulkan).
928 Vgl BGHSt 49, 147, 158 (Bremer Vulkan).
929 BGHSt 49, 147, 158 (Bremer Vulkan).
930 Vgl *Röhricht* in: FS 50 Jahre BGH, 2000, S 83, 98 f.
931 Zum Begriff: *Anastasopoulou* S 303 f.
932 *Anders* (2012) S 183 f.
933 Vgl *BGH* wistra 2006, 229, 230; *BGH* wistra 2006, 265.
934 Vgl BGHZ 149, 10 (Bremer Vulkan).
935 Vgl BGHZ 151, 181 (KBV).
936 BGHSt 49, 147, 159 f.
937 Kritisch *Schünemann* LM H. 5/2002, § 309 AktG 1965, Bl 902 R, und *Ransiek* wistra 2005, 121, 125, die jeweils das faktische Treueverhältnis ausreichen lassen, sodass es der Heranziehung des § 14 StGB nicht bedarf.

sationsherrschaft – und insoweit erstmalig jedenfalls für die dort zur Entscheidung stehende besondere Sachverhaltskonstellation des für die abhängige Gesellschaft nachteiligen Vermögenstransfers in einem Cash-Management-System nicht auf die Grundsätze der faktischen Geschäftsführung zurückgreift.[938] Dies ist als „terminologisch und begrifflich nicht zweifelsfrei" kritisiert worden,[939] da in dem Sachverhalt „Bremer Vulkan" eine derart qualifizierte Einflussnahme auf die Geschicke der abhängigen Gesellschaft gesehen werden könnte, dass faktische Geschäftsführung nahe liegen würde.[940] *Tiedemann* sieht im Übrigen die dogmatisch saubere Lösung darin, auf Seiten des Geschäftsführers der abhängigen GmbH eine Untreue und auf Seiten der Organe der Gesellschafterin eine Anstiftung hierzu anzunehmen.[941]

111 Der Sache nach dürfte die Festlegung auf die Innenhaftung durch das „TRIHOTEL"-Urteil des *II. Zivilsenats* des *BGH*[942] zu keiner Korrektur der strafrechtlichen Judikatur verpflichten.[943] Zwar wird vertreten, dass damit die Strafbarkeit wegen Untreue entfallen müsse, da eine deliktsrechtlich fundierte Pflicht nicht als Vermögensbetreuungspflicht im Sinne des § 266 StGB angesehen werden könne.[944] Dem ist jedoch entgegenzuhalten, dass die strafrechtliche Haftungsbegründung wegen Existenzgefährdung, die insoweit kongruent mit der Rechtsprechung des *II. Zivilsenats* den mediatisierten Gläubigerschutz in den Mittelpunkt stellt, die Frage der deliktsrechtlichen Haftungskonstruktion letztlich unberührt lässt.[945]

112 Die Entscheidung des *5. Strafsenats* kann als Beginn des Eintritts in eine Phase der **Konkordanz der Rechtsprechung zum Straf- und Gesellschaftsrecht** angesehen werden.[946] Denn erstmals wird der Begriff der Existenzgefährdung nicht nur in Tradition zu der seit BGHSt 35, 333 geltenden strafrechtlichen Rechtsprechungslinie vertreten, sondern auch in klarer Bestrebung zur Einheitlichkeit mit der Rechtsprechung des *II. Zivilsenats* begründet. Dabei fällt auf, dass der *5. Strafsenat* – im Gegensatz zur Judikatur des *II. Zivilsenats* zur Gesellschafterhaftung wegen Existenzvernichtung – expressis verbis auf die **Rechtspersönlichkeit der GmbH** abstellt, diese jedoch noch über den Terminus des **„Eigeninteresses"** – wie noch im „Bremer-Vulkan"-Urteil des *II. Zivilsenats* verwendet, aber danach aufgegeben – definiert,[947] welches sich wiederum aus **Drittinteressen** speist. Insoweit – im Rekurs auf Interessen Anderer – besteht eine Harmonie mit den herrschenden Ansätzen im Gesellschaftsrecht. Auffällig ist jedoch, dass der *5. Strafsenat* trotz Aufgabe dieser Terminologie in der gesellschaftsrechtlichen Judikatur noch am Begriff des Eigeninteresses festhält; dies könnte in Zusammenschau mit ihrer Betonung als eine **besondere Gewichtung der Rechtspersonalität der GmbH** gewertet werden. Diese Rechtsprechung wird durch die Strafsenate **bis heute fortgeführt**.[948]

113 Wegen dieser **gesellschaftsrechtlich-akzessorischen Sichtweise** der Strafrechtsprechung ist die Frage, ob das Strafrecht zivilrechtlich Erlaubtes pönalisiert, nicht mehr aktuell. Es geht heute viel-

---

938 Vgl BGHSt 49, 147, 160 f; zur Frage der Vermögenspflicht des Mehrheits- oder Alleingesellschafters der GmbH siehe unter Rdn 33 f.

939 *Tiedemann* JZ 2005, 45, 46.

940 Vgl die Formulierung im Urteil des *II. Zivilsenats* in BGHZ 149, 10, 17 (Bremer Vulkan) „Aufgrund dieser Stellung war B in der Lage, auf M und ihre Geschäftsführung faktisch unbeschränkt Einfluss zu nehmen".

941 Vgl *Tiedemann* JZ 2005, 45, 47, unter Hinweis darauf, dass der *3. Strafsenat* des *BGH* in seinem Urteil vom 10. Juli 1996, vgl *BGH* NStZ 1996, 540, 541, das ebenfalls zu einer (qualifiziert faktisch) konzernierten GmbH erging, noch konstruktiv im Rahmen der Unterscheidung von Gesellschafter und faktischem Geschäftsführer verblieben sei, dazu unter Rdn 87.

942 Vgl BGHZ 173, 246 (TRIHOTEL).

943 So hat der *2. Strafsenat* des *BGH* in seiner Entscheidung vom 31.7.2009 auch am Konzept der Existenzgefährdung festgehalten, vgl BGHSt 54, 52 (Refugium).

944 Vgl *Weller* ZIP 2007, 1681, 1688; *Livonius* wistra 2009, 91, 93 f.

945 Zutreffend BGHSt 54, 52, 59 f (Refugium); *Wessing*/*Krawczyk* NZG 2009, 1176, 1177.

946 *Arnold* S 207.

947 Vgl BGHSt 49, 147, 159 (Bremer Vulkan).

948 Vgl *BGH* wistra 2006, 229, 230; *BGH* wistra 2006, 265; *BGH* NStZ 2009, 437, 438; BGHSt 54, 52, 58 (Refugium); *BGH* wistra 2011, 463, 464; *BGH* NZWiSt 2012, 62; *BGH* NStZ-RR 2013, 345, 346; *BGH* NStZ 2013, 715, 717; *BGH* NStZ-RR 2019, 381 f.

mehr darum, „bis zu welchem Grade eine solche Harmonisierung aus strafrechtlicher Sicht vertretbar ist".[949] Denn das Gesellschaftsrecht stellt nicht die **Rechtspersonalität** der juristischen Person in den Vordergrund, sondern die für Letztere **nicht konstitutive Haftungsbeschränkung** sowie die **Rechtsfähigkeit**, wie sich an der neueren Entwicklung zur Gesamthandsgesellschaft zeigt. Diese der Erleichterung des Zivilrechtsverkehrs geschuldeten Unschärfen werden vom Strafrecht aufgenommen in der Rechtsprechung zur Anerkennung in die juristische Person eingegliederter natürlicher Personen im Strafantragsrecht (Rdn 11, 164) sowie der Aufweichung einer strikten Trennungslinie zwischen juristischer Person und Personengesellschaft (Rdn 12). Auch begründet diese Akzessorietät zum Richterrecht nach hiesiger Auffassung die **Gefahr des Verstoßes gegen das Analogieverbot** (Rdn 125).

ee) Kritische Auffassungen im strafrechtlichen Schrifttum

(1) Fremdheit des Gesellschaftsvermögens. Streng genommen unterfällt der Frage nach einem akzessorischen Verhältnis von Straf- und Zivilrecht schon das Problem, ob die **GmbH überhaupt Verletzte im Sinne des § 266 StGB** sein kann, was voraussetzt, dass die GmbH eigenständige Vermögensträgerin ist; betroffen ist hier – aus der Perspektive der Gesellschafter – die **Frage der Fremdheit des Vermögens**. Diese wird unter Abweichen von der gesellschaftsrechtlichen Vorgabe der eigenen Rechtspersönlichkeit der GmbH von einigen Stimmen im strafrechtlichen Schrifttum verneint: Zum Teil wird ein sog wirtschaftliches Verständnis der GmbH zu Grunde gelegt und ausgeführt, dass in einer solchen Betrachtung letztlich das Vermögen der Gesellschafter mit dem der juristischen Person identisch sei, da der Alleingesellschafter als Interessenträger mit der GmbH eigene Zwecksetzungen verfolge.[950] Die selbstständige Rechtspersonenqualität der GmbH sei lediglich eine „haftungstechnische Konstruktion", die zum Zwecke des Gläubigerschutzes geschaffen worden sei und entspreche daher nicht der wirtschaftlichen Situation; das Zivilrecht halte das Trennungsprinzip selbst nicht durch, was am Haftungsdurchgriff aufgewiesen werde.[951] Zudem wird die aus der Lehre der realen Verbandspersönlichkeit fließende Organtheorie bemüht.[952] Diese zeige auf, dass dem Einverständnis des Organs deshalb Relevanz zusprechen sei, weil es ein durch die GmbH selbst erklärtes Einverständnis darstelle. Entsprechend der Metapher der *universitatis* als *corpus* wären zivilrechtlicher Vermögensinhaber, dh die GmbH, und die zustimmende Person, das Organ, (teil-)identisch. Gegen diese Argumentation spricht jedoch die Existenz einer Regresspflicht des Organs, welche – entgegen *von Gierke* –[953] mit der Behauptung der unmittelbaren Repräsentation des Verbandes durch das Organ unvereinbar sein dürfte; denn „sie bedeutet nichts anders, als dass sich der Verband von der als Organ handelnden Individualperson und ihrer bestimmten Willensäußerung distanzieren kann, dh aber von seinem vermeintlichen Willen".[954] Es ist daher jedenfalls eine widersprüchliche Argumentation der wirtschaftlichen Betrachtungsweise, sowohl die Organtheorie als auch die Durchgriffshaftung gegen die Trennung der (Rechts-)Persönlichkeiten der Gesellschafter und der GmbH ins Feld zu führen. *Nelles* sieht zudem den Zwecksetzungsinhalt für das Vermögen bei juristischen Personen durch die gesetzliche 114

949 *Wattenberg* StV 2005, 523, 526.

950 Vgl *Labsch* wistra 1985, 1, 7; *dens* JuS 1985, 602, 604 für die Einpersonen-Gesellschaft; *Arloth* NStZ 1990, 570, 573 für den geschäftsführenden Alleingesellschafter; *Schramm* (2005) S 124; StGB/*Fischer*[69] § 266 Rdn 99; aus funktionalistisch-systemtheoretischer Sicht *Bräunig* S 220 f; vgl auch *H. Richter* GmbHR 1984, 137, 146, der die zivilrechtliche Rechtspersönlichkeit und Vermögensträgerschaft grundsätzlich als ungeeigneten Anknüpfungspunkt für eine strafrechtliche Vermögensbetreuungspflicht sieht, da auf die „wirtschaftlichen Verhältnisse" abzustellen sei.

951 *Labsch* JuS 1985, 602, 604.

952 Vgl *Labsch* JuS 1985, 602, 604.

953 *von Gierke* S 771 „Das Gemeinwesen kann daher dieselbe rechtswidrige Handlung oder Unterlassung, in welcher es einen Ausfluss seines organischen Lebens und somit einen ihm selbst zurechenbaren Fehler anerkennen muss, an dem schuldigen Gliede mit den ihm zu Gebote stehenden Straf- und Zuchtmitteln ahnden. Und es kann, wenn es Schadenersatz leisten musste, gegen die verantwortlichen Einzelnen Regress nehmen.".

954 *von Freier* S 179.

Vorgabe des § 1 GmbHG, nach dem die GmbH „zu jedem gesetzlich zulässigen Zweck" gegründet werden darf, – anders als bei Unmündigen – als nicht definiert und daher offen für privatautonome Gestaltungen;[955] diese in ihrem Inhalt jederzeit änderbare Gestaltungsbefugnis liege – anders als bei der Stiftung, bei welcher der Zweck bei Entstehung unabänderlich festgelegt sei – bei der Gesamtheit der Mitglieder in ihrer durch die Satzung definierten Verbundenheit.[956] Dieser seien „alle im Rahmen der rechtlichen Existenz der juristischen Person in Betracht kommenden Zielvorgaben vorbehalten, an denen sich die Handlungsorganisation zu orientieren hat",[957] weshalb sie als Inhaberin des Gesellschaftsvermögens anzusehen sei. Dies soll nach *Nelles* ungeachtet des durch § 30 GmbHG normierten Stammkapitalschutzes gelten, da diese Vorschrift nicht die Auszahlung verbiete; vielmehr werde bei Zuwiderhandlung lediglich die Rechtsfolge einer Erstattungspflicht nach § 31 GmbHG ausgelöst.[958]

115 Diese Auffassungen können in Anlehnung an die oben genannte Diversifizierung (vgl Rdn 81f) als mit der strengen Gesellschaftertheorie jedenfalls verwandt bezeichnet werden, da sie im Ergebnis das Vermögen den Gesellschaftern zuordnen, gleichwohl aber streng genommen nicht die Frage des Gesellschaftereinverständnisses betreffen. Sie sind mit den Argumenten des insoweit unhaltbaren Widerspruchs zwischen Straf- und Zivilrecht und somit der notwendigen Einheit der Rechtsordnung zu verwerfen.[959]

(2) Unbeschränktheit der Gesellschafterdispositionsbefugnis

116 **(a) Die Gesellschafter als „oberstes" Willensorgan der GmbH.** Soweit vertreten wird, die uneingeschränkte Dispositionsbefugnis resultiere aus der Stellung des Gesellschafters als dem obersten Willensorgan[960] der Gesellschaft,[961] die sich insbesondere in der Weisungsbefugnis gegenüber dem Geschäftsführer aus § 37 Abs 1 GmbHG äußere, gelten die bereits oben zum Tatbestandsmerkmal der Fremdheit dargelegten Anmerkungen (vgl Rdn 114f). Denn in der Folgenbetrachtung setzt die Argumentation einer Dominanz der Gesellschafter zwar statt an der Vermögenszuordnung an der Dispositionsbefugnis der Gesellschafter an, der Argumentationskern bleibt jedoch unverändert: Abgestellt wird auf die gesellschafterliche Macht der Willensbildung bzw Zwecksetzungsbefugnis, verfeinert in der tiefergehenden Argumentation der den Gesellschaftern jederzeit eröffneten Möglichkeit der Liquidation der Gesellschaft.[962] Auch hier ist die Argumentation auf dem Hintergrund des positiven Rechts nicht widerspruchsfrei, da die materiellen Liquidationsvorschriften des GmbHG

---

955 Vgl *Nelles* S 491.
956 *Nelles* S 492, 546ff.
957 *Nelles* S 491.
958 *Nelles* S 495.
959 Vgl RGSt 42, 278, 283; RGSt 71, 353, 355; BGHSt 3, 32, 39f; BGHSt 9, 203, 216 (drei Letztgenannten zu § 81a GmbHG aF); BGHSt 34, 379, 384; BGHSt 49, 147, 158 (Bremer Vulkan); *BGH* WiB 1995, 403; NJW 2000, 154, 155; wistra 2006, 265f; Bittmann-Insolvenzstrafrecht/*Bittmann*[2] § 16 Rdn 57, 70; MünchKomm-StGB/*Dierlamm*/*Becker*[4] § 266 Rdn 36; Noack/Servatius/Haas-GmbHG/*Fastrich*[23] § 13 Rdn 5; StGB/*Fischer*[69] § 266 Rdn 13; Müller-Gugenberger-WirtschaftsStrR/*Hadamitzky*[7] Rdn 32.21; Lackner/Kühl-StGB/*Heger*[29] § 266 Rdn 3; *Hentschke* S 96; NK-StGB/*Kindhäuser*[5] § 266 Rdn 30; MünchKomm-GmbHG/*Merkt*[4] § 13 Rdn 4; Rowedder/Pentz-GmbHG/*Pentz*[7] § 13 Rdn 4; Schönke/Schröder-StGB/*Perron*[30] § 266 Rdn 6; SSW-StGB/*Saliger*[5] § 266 Rdn 19, 106; Momsen/Grützner-WirtschaftsStrR/*Schramm*[2] § 266 Rdn 32; *Schünemann* (2017) Rdn 87, 307; Achenbach/Ransiek/Rönnau-Handbuch Wirtschaftsstrafrecht/*Seier*/*Lindemann*[5] 5. Teil, 2. Kapitel Rdn 337; Henssler/Strohn-GesR/*Verse*[5] § 13 GmbHG Rdn 3; Graf/Jäger/Wittig/*Waßmer*[2] § 266 Rdn 62; Wirtschaftsstrafrecht/*Wittig*[6] § 20 Rdn 31.
960 BGHSt 9, 203, 216; BGHSt 55, 266, 278 (Trienekens).
961 Vgl *Labsch* wistra 1985, 1, 7 für die GmbH mit mehreren Gesellschaftern; *Muhler* wistra 1994, 283, 287; *Corsten* (2011) S 92; *Ibold* S 216; Altmeppen[10] § 43 Rdn 174; SK-StGB/*Hoyer*[9] § 266 Rdn 68; Schönke/Schröder-StGB/*Perron*[30] § 266 Rdn 21b.
962 Vgl *Nelles* S 548 „Das Interesse an Bestandserhaltung ist nämlich schon als solches gesetzlich zur Disposition der Mitgliederversammlung gestellt. Ihr steht die Macht und das Recht zu, die juristische Person jederzeit durch ‚Liquidation' sterben zu lassen, ihren Bestand also zu vernichten"; SK-StGB/*Hoyer*[9] § 266 Rdn 67.

die Kapitalrückzahlung an die Gesellschafter zu Lasten der Gesellschaftsgläubiger verhindern (vgl §§ 72, 73 GmbHG).

(b) Unzulässigkeit des untreuestrafrechtlichen Gläubigerschutzes

(aa) Argument der Unzulässigkeit des Gläubigerschutzes durch § 266 StGB. Es wird betont, dass § 266 StGB allein das zu betreuende Gesellschaftsvermögen und nicht das der Gesellschaftsgläubiger schützt mit der Folge der Unbeachtlichkeit einer gläubigerschutzbegründeten Grenzziehung für die Dispositionsbefugnis.[963] Soweit ersichtlich, dürften jedoch auch die Vertreter, die eine Grenze der Dispositionsbefugnis der Gesellschafter aus Gläubigerschutzerwägungen annehmen, im Prinzip den strafrechtlichen Schutzzweck der Organuntreue nicht über den engeren Zweck der Begünstigung durch das Vermögensreservoir der Gesellschaft definieren: Einer Person würde man einen eigenständigen strafrechtlichen Vermögensschutz auch nicht deswegen absprechen, weil sie um Geld betrogen wurde, das sie für eine andere Person angespart hatte und welches sie bei sich für diesen Zweck verwahrte.[964] Insoweit ist der Meinung zuzustimmen, die darauf abstellt, dass das Vermögen der GmbH zugeordnet ist, losgelöst von der Frage, warum dies so ist.[965] Denn ein Abstellen auf die Zweckrichtung einer Vermögensmasse würde – abstrakt zu Ende gedacht – zu bodenlosen Verwerfungen jedenfalls in der Frage der Vermögenszuordnungen führen. 117

(bb) Exklusivität der Bankrottdelikte? Maßgebliche Stimmen im Schrifttum verweisen auf die Bankrottdelikte, insbesondere auf § 283 StGB, als die ausschließlich gläubigerschützenden Normen.[966] Erkennt man den Gläubigerschutz in dem oben dargelegten Sinne als Reflex des GmbH-Vermögensschutzes, also als mediatisiert und kanalisiert, an, ist die Existenz einer originär gläubigerschützenden Norm neben § 266 StGB jedoch ohne argumentativen Gehalt. Schon aus dieser Perspektive kommt es daher nicht auf die Frage an, ob durch die sog Interessenformel des *BGH* (Rdn 166; *Anders* Vor §§ 283 ff Rdn 12) der Anwendungsbereich der Bankrottdelikte derart eingeschränkt gewesen wäre, dass § 266 StGB lediglich als kriminalpolitisch notwendiger „Lückenbü- 118

---

963 Vgl Altmeppen[10] § 43 Rdn 174; *Arens* GmbHR 2010, 905, 909; *dens* (2012) S 229; *Arloth* NStZ 1990, 570, 573; *Corsten* (2011) S 93; *Dehne-Niemann* wistra 2009, 417, 421 ff; MünchKomm-StGB/*Dierlamm/Becker*[4] § 266 Rdn 164; StGB/*Fischer*[69] § 266 Rdn 99; *Gaede* NZWiSt 2018, 220, 223; *Hanft* S 132 f (für die Einpersonen-Gesellschaft); Lackner/Kühl-StGB/*Heger*[29] § 266 Rdn 20a; *Höft* S 250 f; SK-StGB/*Hoyer*[9] § 266 Rdn 71 ff; *Kasiske* wistra 2005, 81, 85; *dens* JR 2011, 235, 238; *Krause* JR 2006, 51, 53; *Kubiciel* NStZ 2005, 353, 359; *Kutzner* NStZ 2005, 271 f; *Labsch* JuS 1985, 602, 604; *dens* wistra 1985, 1, 8; *Lichtenwimmer* S 286; *Mansdörfer* S 188; Matt/Renzikowski-StGB/*Matt*[2] § 266 Rdn 99 ff; Schönke/Schröder-StGB/*Perron*[30] § 266 Rdn 21b; *Reiß* wistra 1989, 81, 84; *Rönnau* ZStW 119 (2007), 887, 908; *Schramm* (2005) S 122 f; Momsen/Grützner-WirtschaftsStrR/*dens*[2] § 266 Rdn 87; *Schweitzer* S 353, 370 f; *Sternberg-Lieben* S 565 f; *Wehleit* S 19 ff.

964 *Anders* NZWiSt 2017, 13, 22; siehe ein ähnliches Beispiel bei *Ransiek* in FS Kohlmann, 2003, S 207, 213.

965 Vgl *Gribbohm* ZGR 19 (1990), 1, 25 f; *Radtke* GmbHR 1998, 361, 362; *Achenbach* in: FS 50 Jahre BGH, Festgabe der Wissenschaft, 2000, S 593, 598; *Ransiek* in FS Kohlmann, 2003, S 207, 212 f; *dens* wistra 2005, 121, 122; Habersack/Casper/Löbbe-GmbHG/*dens*[3] Vor § 82 Rdn 23.

966 Vgl Altmeppen[10] § 43 Rdn 174; *Arloth* NStZ 1990, 570, 573; *Birkholz* S 284 ff; *Busch* S 43; *Dehne-Niemann* wistra 2009, 417, 421 ff; MünchKomm-StGB/*Dierlamm/Becker*[4] § 266 Rdn 164; *Hanft* S 129 (für die Einpersonen-Gesellschaft); *Höf* S 81; Lackner/Kühl-StGB/*Heger*[29] § 266 Rdn 20a; StGB/*Hoyer*[9] § 266 Rdn 71 ff; *Kasiske* wistra 2005, 81, 85; *dens* JR 2011, 235, 240 f; *Kaufmann* S 67 ff; *Kraatz* ZStW 123 (2011), 447, 476; *Krause* JR 2006, 51, 54; *Kudlich/Oğlakcıoğlu*[2] Rdn 345; *Labsch* JuS 1985, 602, 605; *dens* wistra 1985, 1, 8; *Lichtenwimmer* S 287 ff; Matt/Renzikowski-StGB/*Matt*[2] § 266 Rdn 56; *Muhler* wistra 1994, 283, 287; Schönke/Schröder-StGB/*Perron*[30] § 266 Rdn 21b; *Reiß* wistra 1989, 81, 84 f; SSW-StGB/*Saliger*[5] § 266 Rdn 107; Esser/Rübenstahl/Saliger/Tsambikakis-Wirtschaftsstrafrecht/*dens* § 266 Rdn 108; *Schramm* (2005) S 129 ff; Momsen/Grützner-WirtschaftsStrR/*dens*[2] § 266 Rdn 87; *Winkelbauer* wistra 1986, 17 f.

ßer" gedient hätte.[967] Zudem findet auch nach Aufgabe der Interessenformel durch den *BGH* (Rdn 166; *Anders* Vor §§ 283 ff Rdn 13) in dessen Rechtsprechung neben § 283 StGB weiterhin § 266 StGB Anwendung (Rdn 166; *Anders* Vor §§ 283 ff Rdn 12).[968]

119 **(c) Vergleich zum Einzelkaufmann und zur Personengesellschaft.** Auch der Vergleich zur natürlichen Person vermag einen akzessorietätsfeindlichen, originär strafrechtlichen Ansatz nicht zu stützen: Soweit insbesondere *Altmeppen* ausführt, dass nach Auffassung der herrschenden Meinung, welche eine Einschränkung der Dispositionsbefugnis der Gesellschafter anerkennt, genauso entschieden werden müsste, wenn es um die Vermögensinteressen eines nicht hinreichend kapitalkräftigen Einzelkaufmannes gehe, der mit seinem Einverständnis von Angestellten geschädigt werde –[969] Entsprechendes hätte mit Blick auf die Personengesellschaft zu gelten –, so ist dieser Argumentation zu widersprechen. Denn dieser Betrachtung geraten die für die Untreue allgemein und die Organuntreue im Besonderen geltenden personalen Differenzen aus dem Blick, die durch zum einen – generell – die zutreffende Charakterisierung der Untreue als Vermögensangriff „von innen heraus"[970] und – speziell – durch die eigenständige Vermögensmasse der GmbH und die davon abstrakten Disponenten, die Gesellschafter, vorgegeben sind, was sich durch die Phänomene einer „geringeren Haftungssensibilität verselbstständigter Organisationen"[971] sowie die Schlagworte – positiv – von der „Korrespondenz von Herrschaft und Haftung"[972] bzw – negativ – vom „Auseinanderfallen von Gebrauch des Eigentums und Verantwortung für diesen Gebrauch"[973] sowohl gesellschaftsrechtlich als auch organuntreuespezifisch auf den Punkt bringen lässt. Diese Differenzen begründen – in und außerhalb von Konzernlagen – die besondere Gefahr, dass der Vermögensbetreuungsverpflichtete die besondere Nähe zu dem Vermögen – untechnisch gesprochen – missbraucht.

ff) Antikritik: Akzessorische Ansätze

120 **(1) Vergleich zu § 81a GmbHG aF.** Innerhalb der strafrechtlichen Diskussion über das Ob und die Grenzen einer gesellschafterlichen Dispositionsbefugnis betreffend das Gesellschaftsvermögen von geringem Wert ist das rechtshistorische Argument, der Gesetzgeber habe durch die Aufhebung des § 81a GmbHG aF dessen – unmittelbar – gläubigerschützende Funktion in § 266 StGB verankert sehen wollen.[974] In der Tat scheint die Gesetzesbegründung dafür zu sprechen, in der es insbesondere heißt: „Die bisherige Untreuevorschrift des § 81a soll aufgehoben werden, da die

967 Vgl *Arloth* NStZ 1990, 570, 571 ff; *Birkholz* S 287 ff; MünchKomm-StGB/*Dierlamm*/*Becker*[4] § 266 Rdn 164; StGB/*Hoyer*[9] § 266 Rdn 71 ff; *Hanft* S 129 f (für die Einpersonen-Gesellschaft); StGB/*Hoyer*[9] § 266 Rdn 71; *Kasiske* wistra 2005, 81, 85 f; *dens* JR 2011, 235, 239; *Kraatz* ZStW 123(2011), 447, 477; *Labsch* JuS 1985, 602, 607; *dens* wistra 1985, 1, 8; Schönke/Schröder-StGB/*Perron*[30] § 266 Rdn 21b; *Schramm* (2005) S 129 ff; Momsen/Grützner-WirtschaftsStrR/*dens*[2] § 266 Rdn 87; *Sternberg-Lieben* S 565; *Winkelbauer* wistra 1986, 17.

968 Kritisch dazu: MünchKomm-StGB/*Dierlamm*/*Becker*[4] § 266 Rdn 164.

969 Vgl Altmeppen[10] § 43 Rdn 174; in diesem Sinne auch *Hanft* S 129 (für die Einpersonen-Gesellschaft); *Reiß* wistra 1989, 81, 84; *Wehleit* S 22.

970 BVerfGE 126, 170, 201 unter Verweis auf *Schünemann* NStZ 2005, 473, 474; vgl *dens* (2017) Rdn 13, 30, 32, 33, 34, 38, 53, 54, 58, 71, 73, 76, 79, 82, 84, 88, 91, 97, 104, 115, 178, 319; *dens* (2004) S 17 sowie MünchKomm-StGB/*Dierlamm*/*Becker*[4] § 266 Rdn 2; *Kindhäuser* in: FS Lampe, 2003, S 709, 710; NK-StGB/*dens*[5] § 266 Rdn 3, 31; *Perron* GA 2009, 219, 223; Schönke/Schröder-StGB/*dens*[30] § 266 Rdn 1; *Rönnau* ZStW 119 (2007), 887, 891; SSW-StGB/*Saliger*[5] § 266 Rdn 3; Esser/Rübenstahl/Saliger/Tsambikakis-Wirtschaftsstrafrecht/*dens* § 266 Rdn 3.

971 *Grigoleit* S 7.

972 *Grigoleit* S 18.

973 BVerfGE 50, 290, 348.

974 Vgl Hachenburg-GmbHG/*Klug*[6] § 81a Anm 34 mwN, der in diesem Sinne Spezialität des § 81a GmbHG aF gegenüber § 266 StGB annahm.

dort beschriebene Tathandlung bereits von § 266 StGB erfaßt wird".[975] Andererseits wurden beide Normen im Jahre 1933 eingeführt, was gegen eine reine Spezialität des § 81a GmbHG aF im Verhältnis zu § 266 StGB spricht.[976] *Nelles* hat zudem zu Recht darauf hingewiesen, dass es methodologisch unzulässig ist, den früheren Regelungsgehalt einer durch Gesetz aufgehobenen Norm für die Bestimmung der Reichweite eines anderen Gesetzes heranzuziehen, da das Aufhebungsgesetz als solches nur das namentlich zitierte, aufgehobene Gesetz erfassen kann.[977] Die rechtsgeschichtliche Betrachtung hat somit einen janusköpfigen Charakter;[978] ihr lassen sich keine belastbaren Anhaltspunkte für die Bestimmung des Ob und der Reichweite einer Grenze der Dispositionsbefugnis der Gesellschafter entnehmen.

(2) (Gegen-)Argument der Mediatisierung. Zwar wird der Gläubigerschutz unstreitig nicht 121
direkt von § 266 StGB erfasst; jedoch ist die vordergründige Argumentation einer Unzulässigkeit des Gläubigerschutzes über die Untreuenorm zu kurz gegriffen, da die im Rahmen der Akzessorietät beachtlichen gesellschaftsrechtlichen Vorgaben und die dort umgesetzte **Mediatisierung der Drittinteressen bzw ihre Aufhebung in einem Existenz- bzw Bestandsschutzinteresse der Gesellschaft** schlichtweg ausgeblendet würden. Es dürfte insoweit der Meinung zuzustimmen sein, nach der das Vermögen abstrakt von der Frage, warum dies so ist, der GmbH zugeordnet ist.[979] Kompliziertere Differenzierungen, § 30 GmbHG schütze auch ein (ur)eigenes Interesse der GmbH und nicht nur Gläubigerinteressen,[980] dürften daher fehl gehen; vielmehr ist Gläubigerschutz Zweck der GmbH, ihr – gesellschaftsrechtlich gesprochen – „Eigeninteresse",[981] welches die Gläubigerinteressen mediatisiert und kanalisiert. Dies ist der vorherrschende Argumentationsstrang im Gesellschaftsrecht, der auch hier im Rahmen einer Akzessorietät widerspruchsfrei strafrechtlich zu Grunde gelegt werden kann.[982]

Soweit *Reiß* argumentiert, dass durch eine Begrenzung der Dispositionsbefugnis der Gesell- 122
schafter es unmöglich gemacht werde, der GmbH rechtswidriges Organverhalten zuzurechnen, hingegen insbesondere § 31 BGB die Zurechnung rechtswidrigen Organverhaltens an die juristische Person ermögliche,[983] ist dem zum einen entgegenzuhalten, dass sich § 31 BGB allein auf das Außenverhältnis, also auf Ansprüche Dritter gegen die juristische Person bezieht und daher das hier relevante Innenverhältnis zwischen Mitglied(ern) und juristischer Person nicht erfasst.[984] Zudem wären in entsprechender Anwendung des § 241 Nr 3, 2. Var AktG Gesellschafterbeschlüsse, die insbesondere gläubigerschützende Vorschriften verletzen, wozu der Verstoß gegen § 30 GmbH gezählt wird,[985] nicht (lediglich) rechtswidrig, sondern nichtig.[986]

Scheinbar in paradox-intervenierender Argumentation ließe sich gegen den mediatisierten 123
Gläubigerschutz durch das Strafrecht vorbringen, dass danach in letzter Konsequenz auch der **Schutz der Gläubiger der GmbH-Gläubiger** von § 266 StGB vermittelt sein müsste. Dagegen

975 BT-Drucks V/4094 S 56.
976 *Flum* S 22; *Hanft* S 127.
977 Vgl *Nelles* S 141 f.
978 Vgl Scholz-GmbHG/*Rönnau*[12] Vor §§ 82 ff Rdn 4.
979 Vgl *Achenbach* in: FS 50 Jahre BGH, Festgabe der Wissenschaft, 2000, S 593, 598; *Gribbohm* ZGR 19 (1990), 1, 25 f; *Radtke* GmbHR 1998, 361, 362; *Ransiek* in FS Kohlmann, 2003, S 207, 212 f; *dens* wistra 2005, 121, 122; Habersack/Casper/Löbbe-GmbHG/*dens*[3] Vor § 82 Rdn 23.
980 Vgl *Busch* S 162; *Kaufmann* S 83 ff.
981 Vgl MünchKomm-GmbHG/*Liebscher*[4] Anh zu § 13 Rdn 538.
982 Vgl *Achenbach* in: FS 50 Jahre BGH, Festgabe der Wissenschaft, 2000, S 593, 598; *Auer* S 220; *Gribbohm* ZGR 19 (1990), 1, 25 f; *Radtke* GmbHR 1998, 361, 363 f; *dens/M. Hoffmann*, GA 2008, 535, 545; *Ransiek* in FS Kohlmann, 2003, S 207, 212 f; *C. Schäfer* GmbHR 1993, 780, 789; *Wodicka* S 229 ff.
983 Vgl *Reiß* wistra 1989, 81, 84 f; auch *Labsch* Jus 1985, 602, 605.
984 *Auer* S 188; auch *Reiß* wistra 1989, 81, 84.
985 *Flum* S 107 f; *Waßmer* (1997) S 91.
986 *Auer* S 215; Park-Kapitalmarktstrafrecht/*Zieschang*[5] Kapitel 5.1. Rdn 87.

spricht jedoch, dass in gesellschaftsrechtlicher Hinsicht der Zweck der Vermögensbindung nach § 30 GmbHG sich unstreitig auf die unmittelbaren Gläubiger der GmbH beschränkt und auch für die über diesen Basisschutz hinausgehende Existenzvernichtungshaftung nichts Anderes gilt.[987] Mit der Existenzvernichtungsrechtsprechung wird somit lediglich der vorverlagerte Schutz dieser Gläubiger, nicht jedoch die mittelbare Ausweitung des Gläubigerkreises verfolgt. Zudem dürfte auch die mit der „TRIHOTEL"-Entscheidung durchgeführte Abkehr von dem Konzept der Durchgriffs(außen)haftung, welche lediglich die unmittelbaren Gesellschaftsgläubiger aktiv legitimierte, nicht für eine Schutzzweckerweiterung durch die Existenzvernichtungshaftung sprechen; denn auch die Binnenhaftung ermöglicht die Limitierung des Anspruchs (der Gesellschaft) auf den Betrag, der zur Befriedigung der (unmittelbaren) Gesellschaftsgläubiger benötigt wird, also auf den Ersatz des diesem Gläubiger entstandenen Ausfallschadens (vgl Rdn 94). Räumt somit zwar die Existenzvernichtungshaftung den Gläubigern der Gesellschaftsgläubiger keine Aktivlegitimation ein und wird auch im Rahmen des Binnenhaftungskonzepts auf der Rechtsfolgenseite deren Schaden nicht erfasst, so könnte allenfalls der schon von *Röhricht* erwähnte weitergehende ökonomische und abstrakt-gesamtwirtschaftliche Telos der Existenzvernichtungshaftung, der in der Vermeidung von verketteten Insolvenzen liegt,[988] für einen auf die Gläubiger der Gesellschaftsgläubiger ausgeweiteten Normzweck sprechen.

124 **(3) Grenze der Dispositionsbefugnis beim gesellschaftsrechtlichen Basisschutz des § 30 GmbHG.** Eine maßgebliche Meinung im strafrechtlichen Schrifttum nimmt die Grenze der gesellschafterlichen Dispositionsbefugnis bei der Verletzung, dh der **Unterschreitung des Stammkapitals**, an.[989] Diese Ansicht entspricht der gesetzlichen Regelung zur Gesellschafterhaftung – **Basisschutz der §§ 30, 31 GmbHG** –, und es dürfte insoweit kein Konflikt mit dem Bestimmtheitsgebot des Strafrechts zu befürchten stehen.

125 **(4) Grenze der Existenzgefährdung.** In Übereinstimmung mit der oben dargestellten gesellschaftsrechtlichen Rechtsprechung, der im dortigen Schrifttum vertretenen Auffassung, die eine Existenzvernichtungshaftung der Gesellschafter gegenüber der Gesellschaft annimmt, und der Rechtsprechung der *Strafsenate* des *BGH* nimmt eine einflussreiche Ansicht im strafrechtlichen Schrifttum, **der nach hiesiger Auffassung jedenfalls mit der Empfehlung einer gesetzlichen Re-**

---

987 Vgl BGHZ 151, 181, 186 (KBV) (...) in dem die Vermögenswerte der Gesellschaft zunächst zur Befriedigung ihrer Gläubiger zu verwenden sind"; BGHZ 173, 246, 252 (TRIHOTEL) „(...) Zweckbindung zur vorrangigen Befriedigung der Gesellschaftsgläubiger dienendes Gesellschaftsvermögen (..)".

988 Vgl *Röhricht* in: FS 50 Jahre BGH, 2000, S 83, 98 f.

989 Vgl *Achenbach* in: FS 50 Jahre BGH, Festgabe der Wissenschaft, 2000, S 593, 599; *Arens* GmbHR 2010, 905, 909; *dens* (2010) S 265 ff; *Brammsen* DB 1989, 1609, 1615; *Hentschke* S 115 ff; *Höf* S 64; *Kaufmann* S 82 ff; *Kohlmann* in: FS Werner, 1984, S 387, 397; *Radtke* GmbHR 1998, 361, 365 f; *Ransiek* in FS Kohlmann, 2003, S 207, 214 f; *dens* wistra 2005, 121, 122; *C. Schäfer* GmbHR 1993, 780, 789, 795; Achenbach/Ransiek/Rönnau-Handbuch Wirtschaftsstrafrecht/*Seier*/*Lindemann*[5] 5. Teil, 2. Kapitel Rdn 332 ff; *Vonnemann* GmbHR 1988, 329, 330 f; vgl auch *Auer* S 211, 220 ff, 230, 233, der zwar terminologisch als Grenze der Dispositionsbefugnis die Existenzgefährdung der Gesellschaft anerkennt, welche dann allerdings mit der Verletzung des Stammkapitalerhaltungsgebots gleich gesetzt wird; *Busch* S 165 ff, der allerdings eine Beschränkung der Gesellschafterdispositionsbefugnis auf den Betrag der gesetzlichen Mindesthöhe des Stammkapitals annimmt; *Flum* S 167 ff, der unter Bezugnahme auf *Ulmer* in: FS Pfeiffer, 1988, S 853, 868 ff bei den Bewertungsgrundsätzen im Rahmen des § 30 GmbHG grundsätzlich Fortbestehenswerte, nur bei eindeutig negativer Fortbestehensprognose Liquidationswerte ansetzen und existenzvernichtende Ausschüttungen jedenfalls dem durch die Anwendung einer modifizierten Interessenformel erweiterten Regelungsbereich des § 283 StGB überlassen will; *Schünemann* (2017) Rdn 316 in Fn 1033, 317 f Unterschreitung des Stammkapitals **und** konkrete Gefährdung der Existenz der GmbH für die Pflichtwidrigkeit des Einverständnisses erforderlich.

gelung zu folgen ist,[990] als Grenze der gesellschafterlichen Dispositionsbefugnis die Existenzgefährdung der Gesellschaft an.[991] Diese Auffassung gerät jedoch in die Gefahr eines **Konflikts mit dem verfassungsrechtlichen Bestimmtheitsgrundsatz**, insbesondere mit dessem Verpflichtungsgehalt des **Analogieverbots aus Art 103 Abs 2 GG, § 1 StGB** zunächst insoweit, als der **Begriff der Existenzgefährdung bzw Existenzvernichtung schwer präzisierbar** erscheint.[992] Der Rechtsprechung des *BGH,* welche die insolvenzrechtlich relevanten Krisenmerkmale der Beeinträchtigung des Stammkapitals und der Gefährdung der Liquidität unter den gemeinsamen Oberbegriff des „existenzgefährdenden Eingriffs" fasst (vgl Rdn 109 ff), ist zwar ein Hinweis darauf, dass **„Krise" iSd § 283 Abs 1 StGB** – Überschuldung, eingetretene oder drohende Zahlungsunfähigkeit – **und Existenzgefährdung im Rahmen der GmbH-Untreue regelhaft deckungsgleich** sein dürften; auch die betriebswirtschaftliche Literatur bestärkt dies, indem sie in einer engen Begriffsauslegung Unternehmenskrisen als das „Endstadium eines (...) Prozesses" ansieht, „in dessen Verlauf die Erfolgspotentiale, das Reinvermögen und/oder die Liquidität des Unternehmens sich so ungünstig entwickelt haben, dass die Existenz des Unternehmens akut bedroht ist".[993,994] Sofern gesellschaftsrechtlich eine Wahrscheinlichkeit verlangt wird, dass zum Zeitpunkt der Einflussnahme die wirtschaftliche Vernichtung des Unternehmens zu erwarten ist,[995] stellt sich die Frage nach der Bestimmung dieser Wahrscheinlichkeit, bezogen auf den strafrechtlichen Gefährdungsbegriff nach dem Grad der erforderlichen schadensgleichen, konkreten Gefahr. Die Rechtsprechung begnügt sich insoweit mit dem **Kausalzusammenhang zwischen Einflussnahme und Insolvenz,**[996] sieht sich aber Einwänden im

990 Vgl *Anders* (2012) S 379 ff unter Begründung der Beschränkung der Einverständniskompetenz der Gesellschafter durch das Teilhaberecht der Arbeitnehmer.

991 Vgl *Arnold* S 208; *Bittmann/Terstegen* wistra 1995, 249, 253; *D. Geerds* in: FS F. Geerds, 1995, S 689, 709, 711; *Gribbohm* ZGR 19 (1990), 1, 28; Müller-Gugenberger-WirtschaftsStrR/*Hadamitzky*[7] Rdn 32.84; *M. Hoffmann* (2010) – auch mit Blick auf den Schutz von Arbeitnehmerinteressen – S 170 ff, 207 ff; *Kohlmann* (1990) S 110 f; Hachenburg-GmbHG/*dens*[8] Vor § 82 Rdn 200; Matt/Renzikowski-StGB/*Matt*[2] § 266 Rdn 99 ff (nur für die Fälle, in denen eine qualifizierte Mehrheit der Gesellschafter ihr Einverständnis erteilt, nicht jedoch in den Fällen, in denen alle Gesellschafter das Einverständnis erklären [allein Schutz der Minderheitsgesellschafter als Zweck des § 266 StGB]; Maurach/Schroeder/Maiwald/StGB-BT[10] § 45 Rdn 43; *Radtke/Hoffmann* GA 2008, 535, 548 f; Habersack/Casper/Löbbe-GmbHG/*Ransiek*[3] Vor § 82 Rdn 24; Rowedder/Pentz-GmbHG/*Klinger*[7] Vor § 82 Rdn 16; *C. Schröder* NJW 2010, 1169 (1172); *Schünemann* (2017) Rdn 316 in Fn 1033, 317 f Unterschreitung des Stammkapitals **und** konkrete Gefährdung der Existenz der GmbH für die Pflichtwidrigkeit des Einverständnisses erforderlich; Scholz-GmbHG/*Rönnau*[12] Vor §§ 82 ff Rdn 8, 17; *Waßmer* (1997) S 80 ff; Graf/Jäger/Wittig/*dens*[2] § 266 Rdn 148, 151 f; Wirtschaftsstrafrecht/*Wittig*[5] § 20 Rdn 87; BeckOK-StGB/*dies*[58] § 266 Rdn 33; *Wodicka* S 254 ff; *Zieschang* in: FS Kohlmann, 2003, S 351 (362 „(...) wenn (...) die Existenz der GmbH angegriffen ist."); Park-Kapitalmarktstrafrecht/*dens*[5] Kapitel 5.1. Rdn 87.

992 Aus dem strafrechtlichen Schrifttum: *Anders* (2012) S 123 ff; *ders* NZWiSt 2017, 13, 15, 16 f; *Arens* GmbHR 2010, 905, 908; *ders* (2010) S 262 ff; *Busch* S 177; *Hentschke* S 131; *Kaufmann* S 125 f; *Kudlich/Oğlakcıoğlu*[2] Rdn 345; *Mansdörfer* S 190; *Radtke* GmbHR 1998, 361, 365; *Rönnau/C. Becker* NZWiSt 2014, 441, 445; Habersack/Casper/Löbbe-GmbHG/*Ransiek*[3] Vor § 82 Rdn 25; *Rönnau* in: FS Samson, 2010, S 423, 428; *Salditt* NStZ 2005, 270; *Wattenberg* StV 2005, 523, 524; aus dem gesellschaftsrechtlichen Schrifttum: *Grigoleit* S 219; *Meilicke* BB 1988, 1261, 1263 f; *Nassall* ZIP 2003, 969, 971 f; *Ziemons* S 195 f.

993 *Hess/Fechner* S 4, zitiert bei *Krystek/Moldenhauer* S 26.

994 *Anders* NZWiSt 2017, 13, 17 f.

995 Vgl *Bitter* WM 2001, 2133, 2141 „Der Missbrauchstatbestand lässt sich dann aber mit dem Kriterium der Insolvenzwahrscheinlichkeit der Gesellschaft präzisieren, weil die Gläubiger – je nach Einzelfall – allenfalls ein Ausfallrisiko von 5 bis 10 % zu übernehmen bereit sind."; *Lutter/Banerjea* ZGR 32 (2003), 402, 417 „(...) nur das nach Lage der Gesellschaft unvertretbare Risiko (kann, *d.V.*) zur Haftung führen (...)".

996 Vgl BGHSt 49, 147, 161 „Erreicht der Vermögenstransfer ein solches Ausmaß, dass die Erfüllung der eigenen Verbindlichkeiten des einlegenden Konzernmitglieds im Falle des Verlusts der Gelder gefährdet wäre, (...)"; Siehe auch BGHZ 149, 10, 16 (Bremer Vulkan) „An einer solchen angemessenen Rücksichtnahme auf die Eigenbelange der abhängigen GmbH fehlt es dann, wenn diese infolge der Eingriffe ihres Alleingesellschafters ihren Verbindlichkeiten nicht mehr nachkommen kann"; BGHZ 151, 181, 186 (KBV) „Auf keinen Fall kann es ihnen erlaubt sein, der Gesellschaft ihr Vermögen ohne Rücksichtnahme auf ihre gesetzliche Funktion, an Stelle ihrer Gesellschafter als Haftungsträger zu gesellschafts- und strafrechtlichen Schrifttum ausgesetzt. Danach könne das Kriterium der Kausalität für die Begründung der Haftungsrelevanz nicht hinreichen, vielmehr erscheine infolge der kaum möglichen Rückführbarkeit der Insolvenz auf eine konkrete Maßnahme eine **Bilanzierung** mit den damit verbundenen Unsicherheiten notwendig.[997] Insoweit ist man auf die Frage verwiesen, auf welcher Grundlage eine Bilanzierung zu erfolgen hat, nämlich unter Zugrundelegung von Fortführungs- oder – für den ggf strafrechtlich Verantwortlichen regelmäßig ungünstigeren – Zerschlagungswerten. Gegen die letztgenannte, im Wesentlichen auf *Ulmer*[998] zurückgehende Lösung wird vorgebracht, dass dieses ursprünglich gesellschaftsrechtliche Modell bei seiner Übertragung auf das Strafverfahrensrecht in Konflikt zum dort geltenden Zweifelsgrundsatz führen könnte (vgl Rdn 61). Die Frage der Wahl der Bilanzierungsart zum Nachweis der Kausalität von Maßnahme(n) und Insolvenz bezieht sich jedoch nicht auf ein spezifisches Problem der Bestimmung des Zeitpunktes der Existenzgefährdung, sondern betrifft auch die Feststellung des Verstoßes gegen § 30 GmbHG, womit das gegen die Existenzgefährdungsgrenze vorgebrachte Quantitätsargument, der Abstand zwischen dem Angriff auf § 30 GmbHG und der Existenzgefährdung sei so groß nicht,[999] jedenfalls vor dem Hintergrund des Bestimmtheitsgrundsatzes nicht verfängt. Berücksichtigt man aber, dass die Erstellung der entsprechenden Bilanz zum Zwecke des strafprozessualen Nachweises ex post erfolgt und insoweit mit großen Unwägbarkeiten behaftet ist,[1000] so sprechen gute Gründe dafür, den sicheren Nachweis auch ohne eine Bilanzaufstellung als möglich zu erachten,[1001] womit wiederum Verstöße gegen das Verbot der Existenzvernichtung bzw die Existenzgefährdung allenfalls als **„,Extremfälle' unternehmerischen Fehlverhaltens"** erfasst werden.[1002] Dementsprechend sind bislang nur Verurteilungen wegen Organuntreue aufgrund von Handlungen bekannt, die unmittelbar vor dem wirtschaftlichen Zusammenbruch der Gesellschaft vorgenommen wurden[1003] (was in der Tat für eine starke Nähe der Grenze der Existenzgefährdung zum Basisschutz des § 30 GmbHG spricht). In diesem Zusammenhang der Beurteilung des Verhältnisses der Existenzgefährdung zum Basisschutz des § 30 GmbHG weist *Wodicka* zutreffend auf die Möglichkeit des Verstoßes gegen das Gebot des Stammkapitalerhalts hin, ohne dass eine Existenzgefährdung der Gesellschaft zu befürchten wäre, was insbesondere dann der Fall sein kann, wenn das Stammkapital das Eigenkapital, das die Gesellschaft zum wirtschaftlichen Betreiben des Unternehmens benötigt, übersteigt (sog „überkapitalisierte" GmbH).[1004] In diesem Falle wäre ein Einverständnis der Gesellschafter strafrechtlich beachtlich, da die Haftungssystematik des GmbH-Gesetzes auf einem indirekten Gläubigerschutz aufbaut, der die Bestandssicherung der Gesellschaft bezweckt.[1005] Es ließe sich in diesem Falle auch von einem lediglich „formellen" Verstoß gegen § 30 GmbHG reden, da in material-mediatisierender Betrachtung die

dienen, zu entziehen und ihr dadurch die Möglichkeit zu nehmen, ihre Verbindlichkeiten (...) zu erfüllen"; BGHZ 173, 246, 258 (TRIHOTEL) „Die Existenzvernichtungshaftung soll wie eine das gesetzliche Kapitalerhaltungssystem ergänzende, aber deutlich darüber hinausgehende ‚Entnahmesperre' wirken, indem sie die sittenwidrige, weil insolvenzverursachende oder vertiefende ‚Selbstbedienung' des Gesellschafters vor den Gläubigern der Gesellschaft (...) ausgleicht".

997 Vgl *Hentschke* S 131; *Radtke* GmbHR 1998, 361, 365.

998 Vgl *Ulmer* in: FS Pfeiffer, 1988, S 853, 868 ff.

999 Vgl *Gehrlein* NJW 2000, 1089, 1090; auch *Gribbohm* ZGR 19 (1990), 1, 28; *Rönnau* in: FS Samson, 2010, S 423, 428 f; siehe auch *Ransiek* in: FS Kohlmann, 2003, S 207, 215; *dens* wistra 2005, 121, 122; Habersack/Casper/Löbbe-GmbHG/*dens*[3] Vor § 82 Rdn 25, der – jedenfalls unter Zugrundelegung der Ulmerschen Bilanzierung nach Zerschlagungswerten – keinen Unterschied zwischen den Grenzen des § 30 GmbHG und der Existenzgefährdung sieht; *Flum* S 169, geht davon aus, dass jedenfalls existenzvernichtende Ausschüttungen in der Regel bei einem Abgehen vom „going-concern"-Prinzip von § 30 GmbHG erfasst werden.

1000 Vgl *Fleck* ZGR 19 (1990), 31, 41; *Gribbohm* ZGR 19 (1990), 1, 27.

1001 Vgl BGHSt 35, 333, 338; *Wodicka* S 271 f.

1002 *Wodicka* S 263 unter Berufung auf *Winter* (1988) S 213.

1003 *Wodicka* S 270.

1004 Vgl *Wodicka* S 267 ff.

1005 Vgl *Wodicka* S 269; auch *Schweitzer* S 306 f; *Busch* S 166 f, der wegen der Abhängigkeit allein von den Verfahrensvorschriften der §§ 58 ff GmbHG eine Beschränkung der Gesellschafterdispositionsbefugnis auf den Betrag der gesetzlichen Mindesthöhe des Stammkapitals annimmt; *M. Hoffmann* (2010) S 174 f.

Gläubigerinteressen wegen des Vorhandenseins (noch) ausreichenden Eigenkapitals nicht gefährdet wären: Es fehlte daran, dass der Gesellschaft ihr Vermögen ohne Rücksichtnahme auf ihre gesetzliche Funktion, an Stelle ihrer Gesellschafter als Haftungsträger zu dienen, entzogen und ihr dadurch die Möglichkeit genommen wird, ihre Verbindlichkeiten zu erfüllen. Es handelt sich insoweit jedoch um eine zu vernachlässigende Ausnahmeerscheinung. **Der gesamte Schutz der GmbH gegenüber ihren Gesellschaftern baut gesellschaftsrechtlich vielmehr darauf auf, dass der Basisschutz der §§ 30, 31 GmbHG nicht hinreicht, um den über das Gesellschaftsvermögen mediatisierten Gläubigerinteressen gerecht zu werden, was zu einer Gesellschafterhaftungs„vorverlagerung" in den Bereich der Existenzvernichtung führt, welche wiederum über den Begriff der Existenzgefährdung auf das Strafrecht übertragen wird.**

126 Das Problem der Wahrung des strafrechtlichen **Bestimmtheitsgrundsatzes** ist vielschichtig und knüpft zunächst an die streitige Frage an, ob es sich beim Tatbestandsmerkmal der Pflichtwidrigkeit um ein **Blankett** oder um ein **normatives Tatbestandsmerkmal** handelt.[1006] Richtigerweise ist von Letzterem auszugehen, denn das Gesellschaftsrecht bestimmt die strafbewehrte Pflicht nicht selbst, sondern verweist lediglich auf deren rechtliche Voraussetzungen,[1007] dh das Strafrecht knüpft lediglich an den gesellschaftsrechtlichen Regelungseffekt an – die Begründung des Pflichtenverhältnisses des (Gesellschafter-)Geschäftsführers sowie den „Basisschutz" der GmbH über **§ 30 GmbHG** bzw die weitergehende Existenzvernichtungshaftung – und führt dann eine „Weiterverarbeitung" durch insbesondere in Form der Überprüfung auf Schutzzwecktauglichkeit und Bestimmtheit. Für den verfassungsrechtlichen Bestimmtheitsgrundsatz bedeutet dies einen im Vergleich zum Blankett geminderten Prüfungsrahmen,[1008] da von der Garantie des **Art 103 Abs 2 GG** nicht das durch das normative Tatbestandsmerkmal in Bezug genommene außerstrafrechtliche Recht erfasst ist, vielmehr der Betroffene bei Zweifeln über die außerstrafrechtlichen Rechtsregeln durch das strafrechtliche Vorsatzerfordernis und die Irrtumsregeln geschützt ist.[1009] Gleichwohl vermag die häufig dogmatisch feinsinnig begründete Einordnung in die Kategorie des normativen Tatbestandsmerkmals den wesentlichen Unterschied in der Überprüfbarkeit kaum zu legitimieren;[1010] ließe man die Überprüfung des außerstrafrechtlichen Rechts deshalb zu, bestünden aber Zweifel an der **Bestimmtheit der Haftungsvoraussetzung**[1011] **der Existenzvernichtung**. Denn neben dem Ziel, dem **personalen Rechtshandeln eine urteilskräftige Orientierungsmacht** zu verleihen,[1012] findet der Bestimmtheitsgrundsatz in der **legislativen Staatsfunktion der verfassungsmäßigen Gewaltenteilung** sein zusätzliches Fundament:[1013] Hier ist es bedenklich, dass für die vom Strafrecht in Bezug genommenen Existenzvernichtungsgrundsätze allein auf die von der Rechtsprechung des *II. Zivilsenats* entwickelten Grundsätze rekurriert wird, womit auch die Existenzgefährdungsrechtsprechung der *Strafsenate* eine **richter-**

1006 Die wohl herrschende Meinung geht von einem normativen Tatbestandsmerkmal aus, siehe nur BVerfGE 126, 170, 204; BGHSt 55, 288, 300 (Siemens/AUB); *Kraatz* ZStW 123 (2011), 447, 450; *Rönnau* ZStW 119 (2007), 887, 904 f mwN; *Tiedemann* (2017) Rdn 409; gegen Blankett auch *Schünemann* (2017) Rdn 110; **aA** *OLG Stuttgart* StV 2010, 80 (81); *Dierlamm* StraFo 2005, 397, 401 f; *Mosiek* StV 2008, 94, 97; *Nelles* S 505; *Sax* JZ 1977, 663, 664.

1007 *Puppe* GA 1990, 145, 163.

1008 Bei Blanketttatbeständen erstreckt sich das Bestimmtheitsgebot und damit das Analogieverbot aus Art 103 Abs 2 GG auch auf den nichtstrafrechtlichen, blankettausfüllenden Teil, vgl BVerfGE 75, 329, 342; BVerfGE 78, 374, 383; BVerfGE 143, 38, 57; BVerfGE 153, 310, 344; *BVerfG* NJW 2010, 754; BGHSt 37, 266, 272; BGHSt 42, 79, 84; BGHSt 62, 13, 18; LK-StGB/*Dannecker*/*Schuhr*[13] § 1 Rdn 151 f; MünchKomm-StGB/*Schmitz*[4] § 1 Rdn 65; Schönke/Schröder-StGB/*Eser*/*Hecker*[30] § 1 Rdn 18 mwN aus der Rspr; **aA** Habersack/Casper/Löbbe-GmbHG/*Ransiek*[3] Vor § 82 Rdn 45 ff.

1009 Vgl BVerfGE 78, 205, 213; *Rönnau* ZStW 119 (2007), 887, 904; *Tiedemann* (2017) Rdn 409.

1010 *Rönnau* ZStW 119 (2007), 887, 905.

1011 Siehe auch *Tiedemann* ZIP 2004, 2056, der eine Strafbarkeit nur auf gesicherte Maßstäbe und Wertungen des Wirtschaftsrechts, die das Täterhandeln als eindeutig unvertretbar erscheinen lassen, stützen will, sowie zu weiteren vergleichbaren Restriktionsansätzen die Nachweise bei *Rönnau* ZStW 119 (2002), 887, 912 in Fn 101.

1012 Vgl BVerfGE 45, 363, 371 f; BVerfGE 48, 48, 56 f; BVerfGE 64, 389, 393 f; BVerfGE 85, 69, 72 f; BVerfGE 86, 288, 311; BVerfGE 87, 209, 224; BVerfGE 92, 1, 12; BVerfGE 95, 96, 131; *BVerfG* StV 2010, 70, 72; *BVerfG* NJW 2010, 3209, 3210; *Köhler* (1997) S 87.

1013 Vgl BVerfGE 87, 209, 224; BVerfGE 105, 135, 153; *Köhler* (1997) S 86.

rechtliche Prägung erhält.[1014] Dies wiederum kulminiert darin, dass es sich insoweit um einen **komplexen Rechtsfortbildungsprozess** handelt, dem – jedenfalls vor der „TRIHOTEL"-Entscheidung des *II. Zivilsenats*[1015] – noch bescheinigt wurde, dass er weder durch eine hinlänglich gesicherte Rechtsprechung noch durch einen weitreichenden Konsens in der Wissenschaft gesichert sein dürfte.[1016] Dies gilt insbesondere im Hinblick auf den zivilrechtlichen Haftungsumfang, der wiederum wesentlich von der Wahl eines Durchgriffs(außen)haftungskonzepts oder einer Binnenhaftungskonstruktion gegenüber der Gesellschaft abhängt, was nicht unerhebliche Auswirkungen auf das strafrechtliche Schuldmaß hätte. Zwar hat sich die Rechtsprechung des *II. Zivilsenats* nunmehr mit der „TRIHOTEL"-Entscheidung auf das Konzept der Innenhaftung verdichtet, sodass *Radtke* und *M. Hoffmann* davon ausgehen, dass auf dem Hintergrund dieser Rückführung der Existenzvernichtungshaftung auf die „inhaltlich klar bestimmte" sittenwidrige Schädigung die verfassungsrechtlichen Bedenken entschärft seien,[1017] zumal eine gesetzliche Haftungsgrundlage mit § 826 BGB gegeben sei.[1018] Es dürften jedoch Zweifel bestehen, ob auch das über § 826 BGB normierte Konzept der Binnenhaftung als hinreichend bestimmt gelten kann, denn das *BVerfG* verlangt zur Wahrung des mit dem Bestimmtheitsgebot korrespondierenden Verbots strafbegründender Analogie im Hinblick auf die Überlassung einer Konkretisierung von Tatbestandsmerkmalen von der Rechtsprechung eine **gefestigte Kasuistik**[1019] **im Sinne einer „fallgruppenspezifischen Obersatzbildung"**.[1020] Darin dürfte im Rahmen des **Art 103 Abs 2 GG, § 1 StGB** (in Verbindung mit Art 104 Abs 1 Satz 1 GG) das Hauptmanko der akzessorischen Bezugnahme auf die Existenzvernichtungsrechtsprechung des *II. Zivilsenats* durch die *Strafsenate* zu sehen sein, denn die sprunghafte Entwicklung der gesellschaftsrechtlichen Judikatur von der „Autokran"-Entscheidung aus dem Jahre 1985[1021] bis zur „TRIHOTEL"-Entscheidung des Jahres 2007[1022] lässt daran zweifeln, ob bei der Entwicklung der Rechtsfigur des existenzvernichtenden Eingriffs – „eine der aufregendsten (...) des jüngeren Gesellschaftsrechts" –[1023] tatsächlich insoweit „das Ende der Fahnenstange" erreicht ist.[1024] Dagegen spricht insbesondere die durch die der „TRIHOTEL"-Entscheidung folgenden Judizien „Gamma"[1025] und „Sanitary"[1026] erfolgte Relativierung der Existenzvernichtungshaftung (Rdn 95). Ob über diese Rechtsprechung eine gefestigte Kasuistik begründet worden ist, bleibt abzuwarten. Aus alledem folgt jedenfalls, dass eine **legislatorische Regelung der von der Rechtspre-**

1014 SK-StGB/*Hoyer*[9] § 266 Rdn 66.
1015 BGHZ 173, 246 (TRIHOTEL).
1016 Vgl *Grigoleit* S 219; *Schünemann* (2017) Rdn 313 „permanenten Wandlungen unterworfen".
1017 *M. Hoffmann* (2010) S 172; *Radtke/M. Hoffmann* GA 2008, 535, 538 f, 549.
1018 Vgl *Wappler* S 348.
1019 Vgl BVerfGE 26, 41, 43; BVerfGE 45, 363, 371f; BVerfGE 48, 48, 56f; BVerfGE 86, 288, 311; BVerfGE 87, 209, 226 f; BVerfGE 92, 1, 18.
1020 BVerfGE 126, 170, 210.
1021 BGHZ 95, 330 (Autokran).
1022 BGHZ 173, 246 (TRIHOTEL).
1023 *A. Schall* (2009) S 220.
1024 Vgl *Anders* NZWiSt 2017, 13, 17; *Fastrich* in: FS Windbichler, 2021, 579, 599 ff, 602 (Forderung einer rechtsfortbildenden Erweiterung des bestehenden Kapitalerhaltungssystems in Anknüpfung an die §§ 30, 31 GmbHG): „Andererseits hat sich gezeigt, dass die deliktsrechtliche Lösung des BGH, wenn sie auf das Innenverhältnis zwischen Gesellschafter und Gesellschaft bezogen sein soll, eine gesellschaftsrechtliche Haftung im Innenverhältnis denknotwendig voraussetzt. Diese enthält eine rechtsfortbildende Ergänzung des Systems der Kapitalerhaltung um das haftungssanktionierte Verbot der vorsätzlichen Herbeiführung oder Vertiefung der Insolvenz durch Entnahmen und entspricht in ihrer rechtlichen Struktur einem konkretenRechtssatz, der sich einstweilen noch in Entwicklung befindet und wie ein Schatten den Erkenntnissen folgt, die der BGH im Rahmen seines deliktsrechtlichen Ansatzes gewinnt"; Emmerich/Habersack/*Habersack*[10] Anh § 318 Rdn 38, spricht sich für das Festhalten an der Außenhaftung bei Vermögenslosigkeit der Gesellschaft aus, deliktsrechtlich im Wege der analogen Anwendung der §§ 93 Abs 5, 117 Abs 5, 309 Abs 4 Satz 3, 317 Abs 4 AktG; *K. Schmidt*, JZ 2009, 10, 19 f geht davon aus, dass die dogmatische Diskussion im Gesellschaftsrecht zur Gesellschafterhaftung noch nicht zu einem Abschluss gekommen sein dürfte; BeckOK-GmbHG-Konzernrecht/*Servatius*[57] Rdn 484.1.
1025 BGHZ 176, 204 (GAMMA).
1026 BGHZ 179, 344 (Sanitary).

chung vertretenen Existenzgefährdungsgrundsätze im Strafrecht Abhilfe bieten könnte (vgl Rdn 230).[1027]

IV. Vermögensnachteil

1. Nachteilsbegriff

Der Nachteilsbegriff des § 266 StGB stimmt nach hM weitgehend mit dem **Schadensbegriff des § 263 StGB** überein.[1028] 127

2. Vermögensbegriff

Nach hM ist grundsätzlich der **wirtschaftliche Vermögensbegriff** zu Grunde zulegen. Danach gehören zum Vermögen alle Güter, die in Geldwert messbar sind.[1029] In Grenzfällen erfolgt eine normative Korrektur (sog **juristische-ökonomische Vermittlungslehre**), die zu berücksichtigen versucht, dass strafrechtlich zu schützendes Vermögen auch von der Rechtsordnung (vornehmlich des Zivilrechts) definiert wird.[1030] In der Sache stimmt diese Lehre mit dem sog **personalen Vermögensbegriff** nach *Otto*[1031] und dem **integrierten Vermögensbegriff** *Schünemanns*[1032] überein. Die Rechtsprechung des *BGH* folgt im Wesentlichen dem wirtschaftlichen Vermögensbegriff[1033] mit normativen Einschränkungen an einigen Stellen. Erwartungen, der Anfragebeschluss des *2. Strafsenats* vom 1.6.2016, nach dem ein Vermögensnachteil nur dann entstehen können soll, wenn sich der Angriff auch gegen rechtlich geschütztes Vermögen richte,[1034] könne iS einer grundsätzlichen Ausrichtung auf den juristisch-ökonomischen Vermögensbegriff Auswirkungen insbesondere auf die Untreue haben,[1035] haben sich jedoch bislang nicht bestätigt: Obschon die übrigen Senate des *BGH* ablehnend reagierten,[1036] hat der 128

1027 Siehe insoweit auch die „Abweichende Meinung" von *Voßkuhle*, *Osterloh* und *DiFabio* in BVerfGE 122, 248, 282 f „Auch der unter dem Grundgesetz seit jeher anerkannten Befugnis der Gerichte zur Fortbildung des Rechts (...) sind jedoch ihrerseits Grenzen gezogen. (...) Hat der Gesetzgeber eine eindeutige Entscheidung getroffen, so darf der Richter diese nicht auf Grund eigener rechtspolitischer Vorstellungen verändern und durch eine judikative Lösung ersetzen, die so im Parlament nicht erreichbar gewesen wäre (...)". *Rüthers* NJW 2009, 1461, 1462, sieht in diesem Votum der Senatsminderheit eine „wegweisende Bedeutung für die künftige Rechtsprechung des Gerichts" und „eine grundsätzliche Umorientierung (...) in methodischen Fragen der Gesetzesauslegung".

1028 *BVerfG* NJW 2009, 2370, 2371; BVerfGE 126, 170, 214; BGHSt 15, 342, 343 f; *BGH* NJW 1975, 1232, 1235; BGHSt 43, 293, 297; MünchKomm-StGB/*Dierlamm*/*Becker*[4] § 266 Rdn 222; StGB/*Fischer*[69] § 266 Rdn 115; SK-StGB/*Hoyer*[9] § 266 Rdn 93; NK-StGB/*Kindhäuser*[5] § 266 Rdn 94; *Kudlich*/*Oğlakcıoğlu*[2] Rdn 347; Schönke/Schröder-StGB/*Perron*[30] § 266 Rdn 39b; Rowedder/Pentz-GmbHG/*Klinger*[7] Vor § 82 Rdn 14; Momsen/Grützner-WirtschaftsStStrR/*Schramm*[2] § 266 Rdn 124; *Schünemann* (2015), 61, 72; *ders* (2017) Rdn 212; Wirtschaftsstrafrecht/*Wittig*[4] § 20 Rdn 136; BeckOK-StGB/*dies*[58] § 266 Rdn 55. Einschränkend SSW-StGB/*Saliger*[5] § 266 Rdn 69 Begriff des Nachteils darf nicht weiter ausgelegt werden als der Schadensbegriff.

1029 *BVerfG* NJW 2009, 2370, 2371; BVerfGE 126, 170, 212, 217; *BGH* NJW 1975, 1234, 1235; MünchKomm-StGB/*Dierlamm*/*Becker*[4] § 266 Rdn 229; Momsen/Grützner-WirtschaftsStStrR/*Schramm*[2] § 266 Rdn 131; *Schünemann* (2017) Rdn 213.

1030 Vgl dazu MünchKomm-StGB/*Hefendehl*[4] § 263 Rdn 491 ff; Schönke/Schröder-StGB/*Perron*[30] § 263 Rdn 82 f.

1031 Vgl *Otto* ZRP 1996, 300, 305 ff.

1032 Vgl *Schünemann* (2017) Rdn 214 f.

1033 Vgl BGHSt 8, 254, 256; *BGH* NStZ-RR 1999, 184, 186 f; BGHSt 61, 263, 264; zuletzt *BGH* NStZ-RR 2018, 221, 223 „Die Rechtsordnung kennt im Bereich der Vermögensdelikte allgemein kein wegen seiner Herkunft, Entstehung oder Verwendung schlechthin schutzunwürdiges Vermögen".

1034 Vgl *BGH* NStZ 2016, 596, 598 f, mit Blick auf den Betrugs- bzw Erpressungstatbestand bei illegalem Besitz von Rauschgift.

1035 So *Klose* NZWiSt 2018, 11, 14; *Krell* NStZ 2016, 599.

1036 Vgl *BGH* NStZ-RR 2017, 112 f (*1. Strafsenat*); NStZ-RR 2017, 244, 245 f (*3. Strafsenat*); NStZ-RR 2017, 44, 45 (*4. Strafsenat*); NStZ-RR 2017, 110 (*5. Strafsenat*).

2. Strafsenat von einer Vorlage an den *Großen Senat für Strafsachen* abgesehen, vielmehr bei Vorliegen einer Binnendivergenz zwischen verschiedenen Sitzgruppen desselben *Senats* abweichend von seiner eigenen Anfrage entschieden.[1037]

3. Gesamtsaldierung und Kompensation

129 Die Feststellung des Nachteils folgt daher grundsätzlich wie bei § 263 StGB nach dem **Prinzip der Gesamtsaldierung**: Danach ist der Nachteil gegeben, wenn das zu betreuende Vermögen **in seinem Gesamtwert nach wirtschaftlicher Betrachtung in ex-ante-Betrachtung vor und nach der** und zudem **durch die Pflichtverletzung gemindert** wird.[1038] Nach zutreffender Auffassung sind **drei Schritte** erforderlich:[1039] Vermögensminderung, Nachteilskompensation und Pflichtwidrigkeitszusammenhang.

a) Vermögensminderung

130 **aa) Identität von betreutem und geschädigtem Vermögen.** Der Nachteil muss bei demjenigen entstehen, dessen Vermögen betreut wird.[1040]

131 **bb) Unmittelbarkeit der Vermögensminderung.** Entgegen der Entscheidung des *OLG Hamm* vom 15. Juli 1981, in welcher judiziert wurde, dass „(d)er Begriff der Unmittelbarkeit (...) dem Recht der Untreue fremd" sei,[1041] und der Rechtsprechung des *1. Strafsenats*[1042] erkennen der *5.*[1043] sowie nachfolgend der *2.*,[1044] *3.*[1045] und *4. Strafsenat*[1046] des *BGH* sowie die überwiegende

---

1037 Vgl BGHSt 61, 263, 265; auch SSW-StGB/*Satzger*[4] § 263 Rdn 149; gegen eine Hinwendung zum juristisch-ökonomischen Vermögensbegriff: Esser/Rübenstahl/Saliger/Tsambikakis-Wirtschaftsstrafrecht/*Saliger* § 263 Rdn 128; vgl BVerfGE 126, 170, 212 zu den Geboten des Primats wirtschaftlicher Überlegungen und der Reduzierung normativer Gesichtspunkte bei der Nachteilsfeststellung.

1038 *BVerfG* NJW 2009, 2370, 2371; BVerfGE 126, 170, 213; BGHSt 15, 342, 343 f; *BGH* NJW 1975, 1232, 1235; BGHSt 47, 295, 301 f; 55, 288, 304 (Siemens/AUB); *BGH* wistra 2017, 437, 438 f; *BGH* NStZ 2017, 469, 470; *BGH* NStZ 2018, 105, 107 (Handwerkskammer); *BGH* NJW 2019, 378, 380 (Derivatgeschäfte); *BGH* wistra 2019, 190, 192; *BGH* wistra 2020, 257, 258; *BGH* NStZ-RR 2020, 20, 21; *BGH* NZWiSt 2020, 119, 120; *BGH* wistra 2021, 403 f; MünchKomm-StGB/*Dierlamm*/*Becker*[4] § 266 Rdn 223; StGB/*Fischer*[69] § 266 Rdn 115a; NK-StGB/*Kindhäuser*[5] § 266 Rdn 106; Schönke/Schröder-StGB/*Perron*[30] § 266 Rdn 40; SSW-StGB/*Saliger*[5] § 266 Rdn 70 f; Momsen/Grützner-WirtschaftsStStrR/*Schramm*[2] § 266 Rdn 125; Achenbach/Ransiek/Rönnau-Handbuch Wirtschaftsstrafrecht/*Seier*/*Lindemann*[5] 5. Teil, 2. Kapitel Rdn 170; *Waßmer* (2015) 175 f; Graf/Jäger/Wittig/*ders*[2] § 266 Rdn 168; Wirtschaftsstrafrecht/*Wittig*[5] § 20 Rdn 159; BeckOK-StGB/*dies*[58] § 266 Rdn 59; ähnlich SK-StGB/*Hoyer*[9] § 266 Rdn 98.

1039 Vgl MünchKomm-StGB/*Dierlamm*/*Becker*[4] § 266 Rdn 223; SSW-StGB/*Saliger*[5] § 266 Rdn 72; auch NK-StGB/*Kindhäuser*[5] § 266 Rdn 99 f.

1040 Schönke/Schröder-StGB/*Perron*[30] § 266 Rdn 47; SSW-StGB/*Saliger*[5] § 266 Rdn 69; Momsen/Grützner-WirtschaftsStStrR/*Schramm*[2] § 266 Rdn 129; Achenbach/Ransiek/Rönnau-Handbuch Wirtschaftsstrafrecht/*Seier*/*Lindemann*[5] 5. Teil, 2. Kapitel Rdn 168.

1041 *OLG Hamm* NJW 1982, 190, 192.

1042 Vgl BGHSt 56, 203, 220 f (Kölner Parteispendenaffäre); vgl aber *BGH* NJW 2019, 378, 380 (Derivatgeschäfte).

1043 Vgl *BGH* NStZ 2009, 686, 688 (Rdn 33 in BGHSt 54, 44 nicht abgedruckt) (Berliner Stadtreinigungsbetriebe); auch NStZ-RR 2020, 145, 146.

1044 Vgl *BGH* NStZ 2012, 151, 152.

1045 Vgl *BGH* BeckRS 2012, 10160; BGHSt 60, 94, 110 (Konzept ‚Wahlsieg 2006'); BGHSt 61, 48, 74 (Nürburgringverfahren).

1046 Vgl *BGH* NJW 2016, 3253, 3257.

Auffassung im Schrifttum[1047] das **Unmittelbarkeitsprinzip** als notwendige Voraussetzung für die Bestimmung des Nachteils an. Soweit für diese Auffassung zum einen die Notwendigkeit einer **rechtssicher durchführbaren ex-ante-Betrachtungsweise** und zum anderen mit Blick auf die Frage der Unmittelbarkeit **auf Vorteilsseite** der **Grundsatz der Strafgerechtigkeit** in Anspruch genommen werden,[1048] vermag jedenfalls Letzteres wegen der dort gegebenen weiten Interpretation durch den *BGH* (Rdn 133, 144) nur insoweit zu überzeugen, als sich auch auf Ebene des Unmittelbarkeitserfordernisses bezüglich des Eintritts des Vermögensnachteils in der Rechtsprechung des *BGH* Flexibilisierungstendenzen aufweisen lassen.[1049]

b) Kompensation

aa) Grundsatz. Im Falle der vollständigen wirtschaftlichen Kompensation durch einen Vermö- 132
genszufluss fehlt es an einem Nachteil.[1050]

bb) Einzelbetrachtung – Gesamtbetrachtung. In der ex-ante-Perspektive findet grundsätz- 133
lich eine Verengung auf eine **Einzelbetrachtung** statt, dh es wird auf die durch die Pflichtverletzung entstandene Wertminderung und den Ausgleich durch Wertzuwachs abgestellt.[1051] Für die Kompensation gilt nach ständiger Rechtsprechung ein **wirtschaftlicher Ausgangspunkt**,[1052] dh es kommt insbesondere darauf an, ob der Vorteil wirtschaftlich als vollwertig anzusehen und jederzeit ohne nennenswerte Schwierigkeiten (besonderer Zeit- und Kostenaufwand) und ohne Mitwirkung des Schuldners zu realisieren ist.[1053] Daneben kommt es für die Frage, ob ein Vermögensverlust kompensiert wurde, auch auf den rechtlichen Bestand der Forderung an, den die Treugeberin erlangt hat, sodass etwa die Bezahlung einer nach **§ 134 BGB** nichtigen Forderung nicht zu einer Kompensation führen kann, da als Vorteil das Erlöschen einer wirksamen Forderung nicht in Betracht kommt;[1054] anders ist dies im Falle lediglich nach **§ 138 BGB** sittenwidriger

1047 Vgl NK-StGB/*Kindhäuser*[5] § 266 Rdn 107; *Mosiek* HRRS 2009, 565, 566 f; *dens* HRRS 2012, 454, 457 f; SSW-StGB/*Saliger*[5] § 266 Rdn 78, 105 (Anerkennung des Unmittelbarkeitsprinzips auf der Nachteilsseite nicht isoliert als Element der objektiven Zurechnung, jedoch in Zusammenschau mit dem Unmittelbarkeitserfordernis auf der Kompensationsebene aus dem Postulat der Strafgerechtigkeit, da eine ex-ante-Betrachtung nach wirtschaftlichen Maßstäben die gleichzeitige Wertminderung und Werterhöhung im Blick haben muss); *dens* NJW 2019, 886, 887; *Schünemann* (2017) Rdn 216; Graf/Jäger/Wittig/*Waßmer*[2] § 266 Rdn 167b, 171. Vgl auch Wirtschaftsstrafrecht/*Wittig*[5] § 20 Rdn 155; **aA** (für die Aufgabe des Unmittelbarkeitserfordernisses) *C. Brand* NJW 2019, 381, 382; Schönke/Schröder-StGB/*Perron*[30] § 266 Rdn 39.

1048 Vgl SSW-StGB/*Saliger*[5] § 266 Rdn 78.

1049 Vgl BGHSt 61, 48, 74 (Nürburgringverfahren); *BGH* NJW 2016, 3253, 3257; *BGH* wistra 2020, 293, 294 „Denn sofern im Tatzeitpunkt auf Grund der Rahmenumstände sicher zu erwarten ist, dass der Schadensfall auch tatsächlich eintreten wird, besteht bei der sich aus der Eintrittswahrscheinlichkeit ergebenden Vermögensminderung ein Unmittelbarkeitszusammenhang zwischen Pflichtwidrigkeit und Nachteil".

1050 RGSt 75, 227, 230; BGHSt 31, 232, 234; BGHSt 40, 287, 295; BGHSt 43, 293, 298; *BGH* NStZ 2004, 205, 206; *BGH* NStZ-RR 2006, 175, 176; *BGH* NStZ-RR 378, 379; BGHSt 52, 323, 337 f (Siemens/Enel); BGHSt 55, 288, 304 (Siemens/AUB); BGHSt 60, 94, 109 (Konzept ‚Wahlsieg 2006'); MünchKomm-StGB/*Dierlamm*/*Becker*[4] § 266 Rdn 232; StGB/*Fischer*[69] § 266 Rdn 115b; SK-StGB/*Hoyer*[9] § 266 Rdn 108; Schönke/Schröder-StGB/*Perron*[30] § 266 Rdn 41; SSW-StGB/*Saliger*[5] § 266 Rdn 71 ff; Momsen/Grützner-WirtschaftsStStrR/*Schramm*[2] § 266 Rdn 125; *Schünemann* (2017) Rdn 217 ff; Achenbach/Ransiek/Rönnau-Handbuch Wirtschaftsstrafrecht/*Seier*/*Lindemann*[5] 5. Teil, 2. Kapitel Rdn 170; Graf/Jäger/Wittig/*Waßmer*[2] § 266 Rdn 169; Wirtschaftsstrafrecht/*Wittig*[5] § 20 Rdn 155, 159; BeckOK-StGB/*dies*[58] § 266 Rdn 59.

1051 Vgl BGHSt 43, 295, 297; *Schünemann* (2017) Rdn 217; Graf/Jäger/Wittig/*Waßmer*[2] § 266 Rdn 171.

1052 Vgl BVerfGE 126, 170, 213; *BGH* NStZ 2014, 517, 519; *BGH* NJW 2016, 3253, 3256; *BGH* wistra 2019, 190 (192); SSW-StGB/*Saliger*[5] § 266 Rdn 71.

1053 BGHSt 60, 94, 110; vgl *BGH* NStZ 2023, 416, 417.

1054 Vgl *BGH* NStZ 2013, 165, 166 (Telekom-Spitzelaffäre); *BGH* wistra 2021, 403, 404; MünchKomm-StGB/*Dierlamm*/*Becker*[4] § 266 Rdn 236 halten dieses Ergebnis auch in rein wirtschaftlicher Betrachtung für schlüssig, da die Treugebe-

Forderungen,[1055] da ansonsten jeder Sittenverstoß nach § 266 StGB strafbar wäre. Die anerkannte **notwendige Unmittelbarkeit des ausgleichenden Vorteils im Rahmen der Einzelbetrachtung,**[1056] nach dem ein **nachträglicher Schadensausgleich keine Kompensation** darstellt,[1057] wird von der Rechtsprechung **in dreierlei Hinsicht** großzügig ausgelegt: So **verzichtet** zum einen der *1. Strafsenat* auf einen **engen zeitlichen Zusammenhang** und verlangt lediglich, dass „keine weitere, selbstständige Handlung mehr hinzutreten muss, damit der kompensationsfähige Vermögenszuwachs entsteht".[1058] Zum zweiten kann „(e)ine Ausnahme von diesem Gleichzeitigkeitserfordernis (...) indessen dann angebracht sein, wenn – bei wirtschaftlicher Betrachtung – nach einem vernünftigen Gesamtplan mehrere Verfügungen erforderlich sind, um den ausreichenden Erfolg zu erreichen",[1059] sog **Gesamtbetrachtung.**[1060] Hauptanwendungsfälle sind sog **Risikogeschäfte** (Rdn 152 f), insbesondere **komplexe wirtschaftliche Investitionsentscheidungen.**[1061] Und schließlich – drittens – soll ein Vermögensnachteil dann zu verneinen sein, wenn der Täter **ersatzfähig und -willig** ist und hierfür ständig **eigene flüssige Ersatzmittel** bereithält, die den Ausgleich ermöglichen.[1062] Soweit dieser Auffassung jedenfalls in dogmatischer Hinsicht kritisch begegnet wird,[1063] ist dem entgegenzuhalten, dass sie dem wirtschaftlichen Vermögensbegriff entsprechen dürfte.[1064]

134 **c) Pflichtwidrigkeitszusammenhang (objektive Zurechnung).** Ausgangspunkt ist die Vergleichbarkeit der Untreue mit dem – vorsätzlich – begangenen Fahrlässigkeitsdelikt, das sich im Wesentlichen an dem Tatbestandsmerkmal der Sorgfaltspflichtverletzung orientiert.[1065] Danach scheidet die Verwirklichung des objektiven Untreuetatbestands aus, wenn der **durch die Pflicht-**

---

rin im Fall der „Telekom-Spitzelaffäre" die (gesetzeswidrige) Gegenleistung bereits erhalten hatte und es daher wirtschaftlich betrachtet „unsinnig" gewesen wäre, auf die wegen Nichtigkeit nicht durchsetzbare Forderung des Vertragspartners zu leisten (anders jedoch im Fall *BGH* wistra 2021, 403: Dort war die Leistung des Vertragspartners noch nicht erbracht).

1055 Vgl *BGH* wistra 2019, 190, 193.

1056 Vgl BGHSt 60, 94, 110; *BGH* NStZ 1986, 455, 456; *BGH* NStZ-RR 2011, 312, 313; *BGH* NStZ 2018, 105, 107 (Handwerkskammer); *BGH* NJW 2019, 378, 380 (Derivatgeschäfte); *BGH* wistra 2019, 190, 192; *BGH* NZG 2021, 748, 751; *BGH* NStZ 2023, 416, 417; StGB/*Fischer*[69] § 266 Rdn 115b, 134, 166; NK-StGB/*Kindhäuser*[5] § 266 Rdn 107; Schönke/Schröder-StGB/*Perron*[30] § 266 Rdn 41 „innere(r) Zusammenhang"; SSW-StGB/*Saliger*[5] § 266 Rdn 73; Momsen/Grützner-WirtschaftsStStrR/*Schramm*[2] § 266 Rdn 125; *Schünemann* (2017) Rdn 216; Achenbach/Ransiek/Rönnau-Handbuch Wirtschaftsstrafrecht/*Seier*/*Lindemann*[5] 5. Teil, 2. Kapitel Rdn 176; Graf/Jäger/Wittig/*Waßmer*[2] § 266 Rdn 169, 171; Wirtschaftsstrafrecht/*Wittig*[5] § 20 Rdn 155, 159; BeckOK-StGB/*dies*[58] § 266 Rdn 59. Übersicht über die weiteren Meinungen im Schrifttum bei *Hoof* S 92 f.

1057 Vgl *BGH* NStZ 2017, 469, 470; *BGH* NZWiSt 2020, 119, 120.

1058 BGHSt 55, 288, 305 (Siemens/AUB); *Hoven* (2015) 201, 210; SSW-StGB/*Saliger*[5] § 266 Rdn 73 mwN; Graf/Jäger/Wittig/*Waßmer*[2] § 266 Rdn 172a; Übersicht über die weiteren Meinungen im Schrifttum bei *Hoof* S 92 f.

1059 BGHSt 47, 295, 302; vgl auch *BGH* NJW 1975, 1234, 1236; *OLG Frankfurt am Main* NStZ-RR 2004, 244, 245.

1060 *Hoven* (2015) 201, 210; Rowedder/Pentz-GmbHG/*Klinger*[7] Vor § 82 Rdn 14; Hachenburg-GmbHG/*Kohlmann*[8] Vor § 82 Rdn 179; Schönke/Schröder-StGB/*Perron*[30] § 266 Rdn 41; SSW-StGB/*Saliger*[5] § 266 Rdn 75; *Schünemann* (2017) Rdn 218; Achenbach/Ransiek/Rönnau-Handbuch Wirtschaftsstrafrecht/*Seier*/*Lindemann*[5] 5. Teil, 2. Kapitel Rdn 177; *Waßmer* (2015) 175, 177 ff; Graf/Jäger/Wittig/*ders*[2] § 266 Rdn 172; **aA** *Kindhäuser*/*Goy* NStZ 2003, 291, 292.

1061 NK-StGB/*Kindhäuser*[5] § 266 Rdn 112; SSW-StGB/*Saliger*[5] § 266 Rdn 75 aE; Graf/Jäger/Wittig/*Waßmer*[2] § 266 Rdn 172.

1062 Vgl BGHSt 15, 342, 344; BGHSt 372, 376; BGHSt 52, 182, 188; *BGH* NStZ-RR 2004, 54; *BGH* NJW 2015, 1190, 1191; *BGH* wistra 2020, 257, 259; *BGH* NStZ 2020, 418, 420; *Schünemann* (2017) Rdn 220; Graf/Jäger/Wittig/*Waßmer*[2] § 266 Rdn 179; Wirtschaftsstrafrecht/*Wittig*[5] § 20 Rdn 163; BeckOK-StGB/*dies*[58] § 266 Rdn 62.

1063 Vgl Momsen/Grützner-WirtschaftsStStrR/*Schramm*[2] § 266 Rdn 128; Achenbach/Ransiek/Rönnau-Handbuch Wirtschaftsstrafrecht/*Seier*/*Lindemann*[5] 5. Teil, 2. Kapitel Rdn 180; auch Schönke/Schröder-StGB/*Perron*[30] § 266 Rdn 40, 48, der hier jedoch die Möglichkeit der mutmaßlichen Einwilligung sieht.

1064 Graf/Jäger/Wittig/*Waßmer*[2] § 266 Rdn 179a.

1065 Vgl Achenbach/Ransiek/Rönnau-Handbuch Wirtschaftsstrafrecht/*Seier*/*Lindemann*[5] 5. Teil, 2. Kapitel Rdn 209; kritisch zu dieser Parallelisierung wegen der von § 266 StGB erfassten Sonderbeziehung zwischen Treunehmer zum Treugeber *Michaelsen* S 155 f.

verletzung verursachte Nachteil bei pflichtgemäßem Verhalten gleichermaßen eingetreten wäre, mithin **keine Verbindung zwischen Handlungs- und Erfolgsunwert** festgestellt werden kann.[1066] Für § 266 StGB kann dieses Erfordernis auch aus dem Wortlaut der Norm gefolgert werden („dadurch"). Auch in der Rechtsprechung des *BGH* zur Haushaltsuntreue lassen sich solche Ansätze finden, in der ein Vermögensnachteil durch die zweckwidrige Verwendung von Mitteln mit der Begründung verneint worden ist, die damit getätigten Aufwendungen hätten jedenfalls erbracht werden müssen.[1067]

4. Individueller Schadenseinschlag

Die zu § 263 StGB entwickelte **Lehre vom individuellen Schadenseinschlag** findet – vom *BVerfG* 135
gebilligt –[1068] auch auf die Untreue Anwendung.[1069] Danach kann ein Schaden vorliegen, wenn trotz objektiver Gleichwertigkeit von Leistung und Gegenleistung, wenn der Geschäftsherr sie nicht oder nicht in vollem Umfang zu dem vertraglich vorausgesetzten Zweck oder in anderer zumutbarer Weise verwenden kann, er durch die eingegangene Verpflichtung zu vermögensschädigenden Maßnahmen genötigt wird oder in Folge der Verpflichtung nicht mehr über die Mittel verfügen kann, die zur ordnungsgemäßen Erfüllung seiner Verbindlichkeiten oder sonst für eine seinen persönlichen Verhältnissen entsprechende Wirtschafts- oder Lebensführung unerlässlich sind.[1070] **Eingrenzend** ist zu beachten, dass auch bei der Nachteilszufügung über die Grundsätze des individuellen Schadenseinschlags der Grundsatz des **Bezifferungsgebots** Beachtung zu finden hat.[1071] Zudem weist die Rechtsprechung des *5. Strafsenats* des *BGH* – grundsätzlich skeptisch gegenüber dieser Rechtsfigur – insbesondere darauf hin, dass danach ein Nachteil erst dann bestimmt werden könne, wenn zunächst nach dem Saldierungsprinzip ein **objektiver Wertvergleich des Vermögens** erfolgt sei.[1072]

5. Konkrete Vermögensgefährdung

Wegen der insbesondere nach Auffassung der Rechtsprechung[1073] angenommenen **Gleichstellung** 136
des Nachteilsbegriffs des § 266 StGB mit dem Schadensbegriff in § 263 StGB werden mit Blick auf

---

1066 Vgl *C. Becker* HRRS 2012, 237, 244; *Corsten* wistra 2010, 206, 207; NK-StGB/*Kindhäuser*[5] § 266 Rdn 99; *Michaelsen* S 165; *Saliger* HRRS 2006, 10, 22; SSW-StGB/*dens*[5] § 266 Rdn 72, 102; Momsen/Grützner-WirtschaftsStStrR/*Schramm*[2] § 266 Rdn 130; Achenbach/Ransiek/Rönnau-Handbuch Wirtschaftsstrafrecht/*Seier*/*Lindemann*[5] 5. Teil, 2. Kapitel Rdn 209; Wirtschaftsstrafrecht/*Wittig*[5] § 20 Rdn 156; BeckOK-StGB/*dies*[58] § 266 Rdn 58.

1067 Vgl *BGH* NStZ 1984, 549, 55; BGHSt 40, 287, 294 f (BND); vgl auch *OLG Hamm* NJW 1973, 1809, 1810 f.

1068 Vgl *BVerfG* NJW 2013, 365, 367 (Fall Schäch).

1069 Vgl *BGH* NStZ-RR 2004, 54, 55; *BGH* NStZ 2010, 330, 332; *BGH* NStZ 2014, 517, 519; *BGH* NStZ 2018, 105, 107 (Handwerkskammer); BGHSt 64, 246, 251; *BGH* BeckRS 2020, 13656; *OLG Hamm* NStZ 1986, 119, 120; MünchKomm-StGB/*Dierlamm*[3] § 266 Rdn 208 (dogmatische Bedenken gegen diese Rechtsfigur bei MünchKomm-StGB/*Dierlamm*/*Becker*[4] § 266 Rdn 238); StGB/*Fischer*[69] § 266 Rdn 125 (für die Haushalts- und Amtsuntreue); NK-StGB/*Kindhäuser*[5] § 266 Rdn 108; Schönke/Schröder-StGB/*Perron*[30] § 266 Rdn 43; SSW-StGB/*Saliger*[5] § 266 Rdn 79; Momsen/Grützner-WirtschaftsStStrR/*Schramm*[2] § 266 Rdn 133; *Schünemann* (2017) Rdn 224; Achenbach/Ransiek/Rönnau-Handbuch Wirtschaftsstrafrecht/*Seier*/*Lindemann*[5] 5. Teil, 2. Kapitel Rdn 185; Scholz-GmbHG/*Rönnau*[12] Vor §§ 82 ff Rdn 6; Graf/Jäger/Wittig/*Waßmer*[2] § 266 Rdn 187; Wirtschaftsstrafrecht/*Wittig*[5] § 20 Rdn 161; BeckOK-StGB/*dies*[58] § 266 Rdn 61.

1070 Vgl BGHSt 16, 321 (zu § 263 StGB); BGHSt 49, 293, 299.

1071 Graf/Jäger/Wittig/*Waßmer*[2] § 266 Rdn 188; kritisch auch SSW-StGB/*Saliger*[5] § 266 Rdn 79, der in der Personalisierung des Nachteilsbegriffs insbesondere die Gefahr einer unzulässigen Extension des Schutzguts bei der Untreue auf die bloße Dispositionsfreiheit des Vermögensinhabers sieht.

1072 Vgl *BGH* NStZ 2014, 318, 320 (zu § 263 StGB); *BGH* NStZ 517, 519; zustimmend: *Trüg* NStZ 2014, 520, 521.

1073 Die Rechtsfigur des Gefährdungsschadens insgesamt **ablehnend** *1. Strafsenat* des *BGH* NStZ 2008, 457 (zu § 266 StGB); BGHSt 53, 199, 202 (zu § 263 StGB) „entbehrlich" (anders wiederum in BGHSt 53, 71, 85); der ablehnenden Haltung den Bereich der dann auch bei der Untreue geltenden konkreten Vermögensgefährdung im Schrifttum mehrere Kritikpunkte vorgebracht: Zum einen bestehe die Gefahr der **Vorverlagerung der Pönalisierung** und damit der **Unterwanderung der Straflosigkeit der Versuchsstrafbarkeit** bei § 266 StGB (Rdn 162), zum zweiten fehle im subjektiven Tatbestand das **Korrektiv einer überschießenden Innentendenz in Form der Notwendigkeit einer Bereicherungsabsicht** und schließlich drohe die Umgestaltung des § 266 StGB in ein **abstraktes Gefährdungsdelikt**.[1074] Die Annahme des Gefährdungsschadens setzt nach der Rechtsprechung voraus, dass das Vermögen des Opfers durch die Handlung **konkret gefährdet** wird, eine **abstrakte Gefährdungslage reicht nicht aus**; vielmehr muss das Opfer **mit wirtschaftlichen Nachteilen ernstlich rechnen müssen**, dh der **Eintritt des Schadens muss nahe liegend sein**, sodass der **Vermögenswert aufgrund der Verlustgefahr bereits gegenwärtig gemindert** wird.[1075] In der Literatur ist eine **Vielzahl dogmatischer Konturierungsansätze** entwickelt worden:[1076] So wird auf das Fehlen eines **zivilrechtlichen Ausgleichsanspruchs**,[1077] (noch) bestehende **Vermeidemachtmöglichkeiten des Bedrohten**[1078] sowie die fehlende **Unmittelbarkeit des Umschlagens in einen effektiven Güterverlust**[1079] abgestellt, um eine konkrete Vermögensgefährdung abzulehnen. Die Rechtsfigur der schadengleichen Vermögensgefährdung als Nachteil im Sinne des § 266 StGB ist eine **Konsequenz des wirtschaftlichen Vermögensbegriffs**[1080] und **vom** BVerfG **gebilligt** worden:[1081] Die konkrete Gefährdung darf **in fallbezogener Anwendung** nicht aus der Pflichtwidrigkeit geschlossen werden (**Verschleifungsverbot**), ist unter Berücksichtigung anerkannter Bewertungsverfahren und -maßstäbe in wirtschaftlich nachvollziehbarer Weise, ggf unter Hinzuziehung von Sachverständigen, festzustellen (**Bezifferungsgebot**), wobei auf **bilanzrechtliche Bewertungsgrundsätze**[1082] zurückzugreifen ist, und unvermeidlich bleibende Prognose- und Beurteilungsspielräume sind durch **vorsichtige Schätzung** auszufüllen.[1083] Zur **Restriktion beim Vorsatz des Gefährdungsschadens** siehe unter Rdn 176.

---

zustimmend: *Ransiek/Reichling* ZIS 2009, 315, 316; dazu wiederum antikritisch: *Becker* HRRS 2009, 334, 336 f; *Brüning* ZJS 2009, 300, 302 f; *Fischer* StraFo 2008, 269, 271; *ders* NStZ-Sonderheft 2009, 8, 11; StGB/*ders*[66] § 266 Rdn 161; *Rübenstahl* NJW 2008, 2454 f; *Schlösser* NStZ 2009, 663, 665; *Schünemann* NStZ 2008, 430, 432; *ders* (2017) Rdn 227; *Selle/Wietz* ZIS 2008, 471, 474 f.

1074 *Bosch* wistra 2001, 257; *Dierlamm* NStZ 1997, 534, 535; MünchKomm-StGB/*ders*[3] § 266 Rdn 226; *Evers* S 147 ff; SK-StGB/*Hoyer*[9] § 266 Rdn 101 ff; *Kudlich/Oğlakcıoğlu*[2] Rdn 347; *Matt* NJW 2005, 389, 390 f; *Mosenheuer* NStZ 2004, 179 f; *Nitsche* S 44 ff; Schönke/Schröder-StGB/*Perron*[30] § 266 Rdn 45; *Saliger* HRRS 2006, 10, 12, 20; SSW-StGB/*ders*[5] § 266 Rdn 83; Momsen/Grützner-WirtschaftsStStrR/*Schramm*[2] § 266 Rdn 137; Achenbach/Ransiek/Rönnau-Handbuch Wirtschaftsstrafrecht/*Seier/Lindemann*[5] 5. Teil, 2. Kapitel Rdn 190; Graf/Jäger/Wittig/*Waßmer*[2] § 266 Rdn 184; Wirtschaftsstrafrecht/*Wittig*[5] § 20 Rdn 171; BeckOK-StGB/*dies*[58] § 266 Rdn 66.

1075 *BVerfG* NJW 2009, 2370, 2372; BVerfGE 126, 170, 222; RGSt 16, 1, 11; RGSt 16, 77, 81; BGHSt 40, 287, 296 (BND); BGHSt 44, 376, 384 (Fall Diestel); BGHSt 47, 8, 11; BGHSt 47, 148, 156 f (Kreditvergabe II); BGHSt 48, 354, 357 f; BGHSt 51, 100, 113 (Kanther/Weyrauch); BGHSt 52, 182, 188; *BGH* NJW 2016, 2585, 2592 (in BGHSt 61, 48 insoweit nicht abgedruckt) (Nürburgringverfahren); BGHSt 62, 144, 155; *BGH* NStZ-RR 2018, 378; *BGH* NJW 2019, 378, 380 (Derivatgeschäfte); *BGH* wistra 2020, 257, 258.

1076 Vgl die Nachweise bei BVerfGE 126, 170, 222 f; *Anders* (2012) S 181; MünchKomm-StGB/*Dierlamm/Becker*[4] § 266 Rdn 250 ff; SSW-StGB/*Saliger*[5] § 266 Rdn 85; Graf/Jäger/Wittig/*Waßmer*[2] § 266 Rdn 184a, 175d ff; die Rechtsfigur des Gefährdungsschadens insgesamt **ablehnend** *Evers* S 268 f.

1077 Vgl *Cramer* S 131 ff NK-StGB/*Kindhäuser*[5] § 266 Rdn 303 stellt auf den Zeitpunkt des Eintritts der kondiktionsrechtlichen Entreicherung ab.

1078 Vgl *Hefendehl* S 128 ff; *Schünemann* (2017) Rdn 230.

1079 Vgl *Brüning/Wimmer* ZJS 2009, 94, 98; *Matt* NJW 2005, 389, 391; *Saliger* HRRS 2006, 10 (20); *dens* NStZ 2007, 545, 551; SSW-StGB/*dens*[5] § 266 Rdn 89; *Selle/Wietz* ZIS 2008, 471, 473; Graf/Jäger/Wittig/*Waßmer*[2] § 266 Rdn 184a, 167b.

1080 *Fischer* NStZ-Sonderheft 2009, 8, 11; SSW-StGB/*Saliger*[5] § 266 Rdn 83; *Schünemann* (2017) Rdn 229 f.

1081 Vgl SSW-StGB/*Saliger*[5] § 266 Rdn 86 f; Momsen/Grützner-WirtschaftsStStrR/*Schramm*[2] § 266 Rdn 138 f; Wirtschaftsstrafrecht/*Wittig*[5] § 20 Rdn 172; BeckOK-StGB/*dies*[58] § 266 Rdn 67.

1082 Zur bilanzrechtlichen Bewertung des Nachteils siehe unter Rdn 140.

1083 Vgl BVerfGE 126, 170, 228 ff; nachfolgend BGHSt 62, 144, 155; *BGH* NJW 2019, 378, 380 (Derivatgeschäfte).

6. Unterlassen der Vermögensmehrung

Eine unterlassene Vermögensmehrung kann einen Nachteil darstellen, wenn bereits eine **hinreichend gesicherte Aussicht auf den Vorteil** im Sinne einer **Exspektanz** bestanden hat.[1084] Voraussetzung ist eine derart zu einer **vermögenswerten rechtlichen oder tatsächlichen Anwartschaft verfestigte Gewinnaussicht**, dass sie als Vermögensbestandteil anzusehen ist. **Bloße Hoffnungen** oder **vage Aussichten auf den Vermögenszuwachs** reichen nicht hin; vielmehr muss **mit an Sicherheit grenzender Wahrscheinlichkeit** feststehen, dass der Gewinn bei pflichtgemäßem Verhalten eingetreten wäre.[1085] Das kann bei den sog **Kick-Back**-Fällen gegeben sein (Rdn 147 ff), jedoch auch in anderen Konstellationen, in denen der Treunehmer eine derart begründete **Aussicht auf einen Vertragsschluss zu günstigeren Preisen nicht nutzt oder vereitelt**.[1086] 137

7. Spezielle Fallgruppen

a) Schwarze Kassen

aa) Rechtsprechung. Die Rechtsprechung nahm bei Bildung und Unterhaltung der schwarzen Kasse zunächst eine nachteilsgleiche Vermögensgefährdung an. In dem die Untreue zum Nachteil einer politischen Partei betreffenden Urteil **„Kanther/Weyrauch“** sah der *BGH* darin nicht nur eine Beeinträchtigung der Dispositionsbefugnis, da „die Täter sich die Möglichkeit verschafften, die (...) Vermögenswerte als geheimen, keiner tatsächlich wirksamen Zweckbindung unterliegenden und jeder Kontrolle durch den Berechtigten entzogenen ‚Dispositionsfonds‘ zu nutzen“.[1087] Diese Argumentation trägt nur, wenn man zum einen die Dispositionsbefugnis über das Vermögen zur von § 266 StGB geschützte Rechtsposition zählt,[1088] dh zu Grunde legt, dass ohne Kenntnis des Vermögens dieses für den Vermögensinhaber wertlos ist, zum anderen setzt dies eine sog **verwendungszweckunabhängige** Lesart voraus, nach der irrelevant ist, ob die Gelder zu Gunsten des Unternehmens durch die Betreiber der schwarzen Kasse eingesetzt werden sollen. Durch den späteren Beschluss **„Siemens/Enel“** hat der *BGH* diese Bewertung auf die Privatwirtschaft übertragen, aber in vergleichbarer Konstellation einen endgültigen Vermögensnachteil bejaht.[1089] Damit war die bisher vom *BGH* angenommene **Möglichkeit des Korrektivs im subjektiven Tatbestand** (Rdn 156) genommen. Diese Argumentation in der Entscheidung „Siemens/Enel“ ist vom *BVerfG* bestätigt worden, das in der Endgültigkeit und Dauerhaftigkeit, mit der die Täter sich für die Aufrechterhaltung der schwarzen Kassen und gegen deren Offenlegung und Rückführung entschieden hatten, den endgültigen Vermögensverlust sah.[1090] Damit hat sich neben dem *BGH* auch das *BVerfG* der sog **verwendungszweckunabhängigen Lesart** angeschlossen. Im **„Trienekens“**-Urteil ist der *BGH* dieser Linie treu geblieben und hat sie **auf den Sonderfall des allein-** 138

1084 Vgl BVerfGE 126, 170 (213 ff); MünchKomm-StGB/*Dierlamm*/*Becker*[4] § 266 Rdn 240; StGB/*Fischer*[69] § 266 Rdn 116; SK-StGB/*Hoyer*[9] § 266 Rdn 99 f; NK-StGB/*Kindhäuser*[5] § 266 Rdn 97 f; Schönke/Schröder-StGB/*Perron*[30] § 266 Rdn 46; SSW-StGB/*Saliger*[5] § 266 Rdn 80; Momsen/Grützner-WirtschaftsStStrR/*Schramm*[2] § 266 Rdn 126; Achenbach/Ransiek/Rönnau-Handbuch Wirtschaftsstrafrecht/*Seier*/*Lindemann*[5] 5. Teil, 2. Kapitel Rdn 173 f; Graf/Jäger/Wittig/*Waßmer*[2] § 266 Rdn 176; Wirtschaftsstrafrecht/*Wittig*[6] § 20 Rdn 166; BeckOK-StGB/*dies*[58] § 266 Rdn 65; vgl auch *Schünemann* (2017) Rdn 215, 222, 225, der zwar das Unterlassen der Vermögensmehrung als Nachteil im Sinne des § 266 StGB ablehnt, aber die Exspektanz unter den sog integrierten Schadensbegriff fasst.

1085 Schönke/Schröder-StGB/*Perron*[30] § 266 Rdn 46; SSW-StGB/*Saliger*[5] § 266 Rdn 80; Momsen/Grützner-WirtschaftsStStrR/*Schramm*[2] § 266 Rdn 126.

1086 Vgl BGHSt 31, 232, 234 f; *BGH* wistra 1984, 109; 1989, 224, 225; *BGH* NStZ 2003, 540, 541; *OLG Bremen* NStZ 1989, 228, 229; StGB/*Fischer*[69] § 266 Rdn 116; SSW-StGB/*Saliger*[5] § 266 Rdn 80.

1087 BGHSt 51, 100, 113 (Kanther/Weyrauch).

1088 BGHSt 51, 100, 113 (Kanther/Weyrauch); BGHSt 52, 323, 338 f (Siemens/Enel).

1089 Vgl BGHSt 52, 323, 338 (Siemens/Enel); auch *BGH* NStZ 2020, 544, 545.

1090 Vgl BVerfGE 126, 170, 216.

vertretungsberechtigten GmbH-Geschäftsführers übertragen, da in der dortigen Sonderkonstellation ein eigener zivilrechtlicher Auszahlungsanspruch der GmbH gegen die kontoführende Bank, bei der die Gelder der schwarzen Kasse angelegt waren, nicht bestanden habe.[1091] Auch im **„Gleisbau"**-Beschluss des *5. Strafsenats* wurde in der bloßen Errichtung einer schwarzen Kasse – hier bei einem korrupten Kunden zugunsten des Täters als Abteilungsleiter eines Auftragsunternehmens „zur freien Verwendung" durch überhöhte Ausgangsrechnungen – als solche ein Vermögensnachteil anerkannt.[1092] Im Urteil des *BGH* **„Siemens/Sharef"** war für den *1. Strafsenat* von Belang, „ob die Siemens AG direkten Zugriff auf die Gelder der schwarzen Kasse hatte".[1093] Schließlich argumentierte der *3. Strafsenat* in dem Urteil im Fall **„Handwerkskammer"**, dass „(e)in ‚Schwarzbestand' an Gegenständen, der den zuständigen Gremien nicht bekannt ist, (...) für sich jedenfalls dann keine relevante Vermögensminderung dar(stellt, *d.V.*), wenn sich die Gremien die Kenntnis, etwa durch eine Inventur, verschaffen können".[1094] Die **Rechtsprechung** berücksichtigt somit **im Sinne der verwendungszweckunabhängigen Lesart** die (mutmaßlich) „gute" Verwendungsabsicht des Schwarzgeldkassenbetreibers nicht.[1095] Für die Rechtsprechung ist vielmehr entscheidend, dass der Dispositionsbefugte auf die Verwendung seines Vermögens keinen Einfluss mehr hat, sondern davon abhängig ist, wie – im Falle der objektiven „Ausgliederung" der Gelder – die über die jeweiligen Konten Verfügungsberechtigten oder aber – im Falle der Unkenntnis über den unternehmensinternen Verbleib der Gelder – die über sie Eingeweihten darüber entscheiden.[1096] In diesem Sinne ist die Rechtsprechung unter dem Obersatz, dass mit Blick auf schwarze Kassen Untreue in Betracht komme, „(w)enn der Täter dem Vermögensinhaber Vermögenswerte dauerhaft vorenthält, um über sie nach Gutdünken eigenmächtig und unkontrolliert, wenngleich unter Umständen in dessen (mutmaßlichem) Interesse zu verfügen"[1097] – **dichotomisch** aufgestellt, indem sie für den Vermögensnachteil durch das Errichten der schwarzen Kasse entweder die **fehlende objektive Verfügungsmacht** durch das Vorenthalten der Vermögenswerte verlangt – Fälle **„Siemens/Enel"**,[1098] **„Trienekens"**,[1099] **„Siemens/Sharef"**[1100] und **„Gleisbau"**[1101] – oder **subjektiv die bloß fehlenden Kenntnis der Treugeberin** über den unternehmensinternen Verbleib der Gelder[1102] – Fälle „BND",[1103] „Kanther/Weyrauch"[1104] und „Handwerkskammer"[1105] – (im erstgenannten Fall fällt beides zusammen).[1106] Eine neue, die Strafbar-

1091 BGHSt 55, 266, 283 (Trienekens).

1092 Vgl *BGH* NZWiSt 2015, 36 (Gleisbau).

1093 *BGH* wistra 2017, 193, 196 (Siemens/Sharef).

1094 Vgl *BGH* NStZ 2018, 105, 107 f (Handwerkskammer).

1095 Vgl zur Entwicklung der älteren obergerichtlichen Rechtsprechung *Gerhäusser* S 117 ff, 144 ff; *Strelczyk* S 80 ff; *Tsagkaraki* S 34 ff, 40 ff, 43 ff.

1096 Vgl BGHSt 55, 266, 282 (Trienekens); *Ransiek* NJW 2007, 1727, 1728.

1097 *BGH* NStZ 2018, 105, 107 f (Handwerkskammer); vgl auch BGHSt 55, 266, 282 (Trienekens) „Bei pflichtwidriger Wegnahme, Entziehung, Vorenthaltung der Verheimlichung von Vermögensteilen durch einen Arbeitnehmer (...)".

1098 BGHSt 52, 323, 326 f (Siemens/Enel); auch BVerfGE 126, 170, 216.

1099 BGHSt 55, 266, 283 (Trienekens); auch *BGH* NStZ 2020, 544, 545.

1100 *BGH* wistra 2017, 193, 196 (Siemens/Sharef).

1101 *BGH* NZWiSt 2015, 36 (Gleisbau).

1102 Jedenfalls die Fälle BGHSt 55, 266 (Trienekens) und *BGH* wistra 2017, 193 (Siemens/Sharef) scheiden aus der Fallgruppe der bloß subjektiven Unkenntnis vom Verbleib der Gelder im Unternehmen aus, da es sich bei den Tätern um die verantwortlichen Organe handelt, auf deren Wissen abzustellen ist, vgl *Rönnau* in: FS Tiedemann, 2008, S 713, 735; Hachenburg-GmbHG/*Kohlmann*[8] Vor § 82 Rdn 162.

1103 BGHSt 40, 287, 295 f (BND).

1104 Den dort festgestellten Sachverhalt betreffend nur insoweit, als die Gelder auf Konten der Partei gelagert waren, vgl BGHSt 51, 100, 101 (Kanther/Weyrauch); vgl *Fischer* NStZ-Sonderheft 2009, 8, 18.

1105 *BGH* NStZ 2018, 105, 106 (Handwerkskammer).

1106 Zu dieser Zweiteilung *Schlösser* NStZ 2018, 109, der jedoch den dem Fall „Siemens/Enel" zugrunde liegenden Sachverhalt so interpretiert, als seien die Gelder der schwarzen Kasse dort Teil des Unternehmenssystems gewesen in dem Sinne, dass sie intern im Vermögen des Geschäftsherrn verblieben wäre, so auch *Satzger* NStZ 2009, 297, 303 und *Hoven* NStZ 2014, 646, 647. Dem – mit der Folge der Zurechnung der Konstellation „Siemens/Enel" zu der Kategorie keit aus § 266 StGB auch im Bereich der schwarzen Kassen[1107] einschränkende Tendenz, dürfte sich aus dem Beschluss des *3. Strafsenats* des *BGH* in dem Fall „Handwerkskammer“ ergeben, welche die bloße Unkenntnis der internen Existenz der Vermögenswerte dann nicht anerkennt, wenn „sich die Gremien die Kenntnis, etwa durch eine Inventur, verschaffen können“.[1108] Im (bloß) subjektiven Bereich tritt neben die Kenntnis damit zudem die **potentielle Kenntnisnahme**[1109] als weiteres nachteilsausschließendes Kriterium,[1110] wenngleich es sich bei der Möglichkeit der Kenntnisnahme nicht um ein faktisches, sondern um ein normatives Kriterium handelt, das weiterer (gerichtlicher) Konkretisierung bedarf.[1111]

bb) Schrifttum. Die Auffassungen im Schrifttum zur Problematik insbesondere des Vermögens- 139
nachteils bei der Bildung und Unterhaltung einer schwarzen Kasse sind mittlerweile kaum mehr überschaubar.[1112] Gegen die og Rechtsprechung werden im Wesentlichen sechs, zum Teil ineinander greifende Argumente vorgebracht:[1113] die Vorverlagerung der Strafbarkeit in den – bei § 266 StGB straflosen – Bereich des Versuchs,[1114] die Umgestaltung des § 266 StGB in ein abstraktes Gefährdungsdelikt,[1115] die Denaturierung des Rechtsguts des § 266 StGB durch Ausdehnung auf die bloße Dispositionsfreiheit,[1116] die Verschleifung des Nachteilsmerkmals mit dem Handlungsunrecht der Pflichtwidrigkeit,[1117] die Umgehung der Schwierigkeiten bei der Bekämpfung der Korruptionskriminalität über den „Umweg“ der Untreue[1118] sowie die Inkonsistenz in der Anwendung der Vermögensbegriffe bei der Verwendung der Mittel aus der schwarzen Kasse einerseits und der Kassenanlage andererseits (darin ist die Frage nach einem vermeintlich einheitlichen Vorgang der Kassenanlage und – kompensierenden – Mittelverwendung aufgehoben).[1119] Auf Abhilfe mit Blick auf alle sechs Einwände zielt die im Schrifttum vertretene und im Wesentlichen auf *Saliger* zurückgehende Forderung nach der **Berücksichtigung der sog subjektiven Verwendungszwecks** auf Seiten des Betreibers der schwarzen Kasse **allein in entkriminalisierender Hinsicht**.[1120] Danach sei die Strafbarkeit der Bildung

des alleinigen Fehlens subjektiver Kenntnis des Treugebers vom unternehmensinternen Verbleib der Gelder – kann nicht gefolgt werden, da die Gelder derart ausgelagert waren, dass die Siemens AG rechtlich keinen Anspruch auf Auszahlung gegen die beteiligten Banken hatte, vgl BVerfGE 126, 179, 217; Schönke/Schröder-StGB/*Perron*[30] § 266 Rdn 45c unter 1. sowie *Fischer* NStZ-Sonderheft 2009, 8, 17.

1107 Obwohl der Senat eine Vergleichbarkeit mit den Fällen der schwarzen Kasse verneint, vgl *BGH* NStZ 2018, 105 (108) – „Handwerkskammer“.

1108 *BGH* NStZ 2018, 105, 108 (Handwerkskammer).

1109 Dazu *C. Becker* HRRS 2012, 237, 242.

1110 Befürwortend *Kraatz* JR 2018, 404, 410.

1111 *Schlösser* NStZ 2018, 109.

1112 Übersicht bei *Tsagkaraki* S 209 ff.

1113 Weitere Kritikpunkte bei NK-StGB/*Kindhäuser*[5] § 266 Rdn 121b.

1114 Vgl *Matt* NJW 2005, 389, 391; *Bernsmann* GA 2007, 219, 229 f; *Saliger* NStZ 2007, 545, 549.

1115 Vgl *Saliger* NStZ 2007, 545, 547; *ders/Gaede* HRRS 2008, 57, 69; *Tsagkaraki* S 236; SSW-StGB/*Saliger*[5] § 266 Rdn 97.

1116 Vgl *Saliger* (2005) S 422 ff; *Matt* NJW 2005, 389, 391; *Dierlamm* in: FS Widmaier, 2008, S 607, 610; MünchKomm-StGB/*dens/Becker*[4] § 266 Rdn 279; *Bernsmann* GA 2009, 269, 303; *Knauer* NStZ 2009, 151, 153; *Satzger* NStZ 2009, 297, 302; *Jahn* JuS 2009, 173, 175; *Tsagkaraki* S 235 f; *Evers* S 147 ff; weitergehend *Schünemann* (2017) Rdn 229 „temporäre Uninvolviertheit der (...) Organe“.

1117 Vgl *Matt* NJW 2005, 389 391; SSW-StGB/*Saliger*[5] § 266 Rdn 97; *dens/Gaede* HRRS 2008, 57, 70; *Schünemann* StraFo 2010, 1, 9; *dens* (2017) Rdn 229; *Dierlamm* in: FS Widmaier, 2008, S 607, 610; MünchKomm-StGB/*dens/Becker*[4] § 266 Rdn 279; *Bosch* JA 2008, 148, 150; *Tsagkaraki* S 236.

1118 Vgl *Bernsmann* GA 2009, 269, 304, 309; *Satzger* NStZ 2009, 297, 298, 306; *Dierlamm* in: FS Widmaier, 2008, S 607, 609; *Saliger/Gaede* HRRS 2008, 57, 66, 76; SSW-StGB/*Saliger*[5] § 266 Rdn 97; *Evers* S 151 f.

1119 Vgl SSW-StGB/*Saliger*[5] § 266 Rdn 97; *Schlösser* HRRS 2009, 19, 24; *Rönnau* StV 2009, 246, 250 f; *Kempf* in: FS Volk, 2009, S 231, 242 ff; Momsen/Grützner-WirtschaftsStStrR/*Schramm*[2] § 266 Rdn 142.

1120 Weitergehend, da auch in strafbarkeitsbegründender die (dann nicht am Gewinn des Treugebers orientierte) Zwecksetzung entscheiden soll: *Hefendehl* Vermögensgefährdung, S 292, 451. Nach *Saliger* (2005) S 425 ff, soll hingegen umgekehrt nicht von der zweckwidrigen Absicht auf den Vermögensschaden geschlossen werden können.

schwarzer Kassen abzulehnen, wenn beim Täter eine Verwendungsabsicht im Sinne des Treugebers gegeben ist;[1121] straflos sei, wer „die Schwarzgelder allein für Zwecke des Geschäftsherrn einsetzen will", wobei dies nicht der Fall sei, wenn die schwarze Kasse so eingerichtet sei, dass Gläubiger des Anlegenden Zugriff darauf haben oder die Gelder etwa bei unzuverlässigen Dritten „geparkt" seien.[1122] Dagegen soll jedenfalls nicht die auf eine überschießende Innentendenz verzichtende Tatbestandsfassung des § 266 StGB sprechen, da von der **verwendungszweckabhängigen Lesart** allein die Berücksichtigung des **subjektiv geprägten sozialen Sinngehalts der Tathandlung** gefordert sei.[1123] Zwar unterfällt insbesondere das Merkmal des Vermögensnachteils (wie auch das der Vermögensbetreuungspflichtverletzung) von Verfassung wegen dem Gebot restriktiver und präzisierender Auslegung;[1124] zudem steht eine Kollision mit dem Analogieverbot gemäß Art 103 Abs 2 GG aus verfassungsrechtlicher Sicht bei einem allein entkriminalisierenden Institut nicht zu befürchten.[1125] Es kommt jedoch darauf an, welcher Einfluss die „gute" subjektive Perspektive als **ein Kriterium unter mehreren im Rahmen ökonomischer Perspektivierung**[1126] objektiv auf den wirtschaftlichen Erfolg der Unternehmung „schwarze Kasse" im konkreten Einzelfall zukommen kann, wobei es (wie beim Risikogeschäft (Rdn 152 f)) um eine wertende Gesamtwürdigung[1127] unter Berücksichtigung insbesondere der Gewinnchance, der Gewinnspanne, des Entdeckungsrisikos und des Zeitpunktes der beabsichtigten Bestechungszahlung geht:[1128] Nach richtiger, **vom** BVerfG **gebilligter Auffassung**,[1129] stellt danach jedenfalls die bloße Verwendungsabsicht, das Schwarzgeld später einmal ohne irgendwelche Konkretisierungen irgendwie irgendwann Gewinn bringend einzusetzen, allenfalls eine unsichere Exspektanz dar, der keine Kompensationsfähigkeit und damit kein gegenwärtiger Vermögenswert zukommen kann;[1130] dies gilt nicht nur für Fälle der objektiv fehlenden Zugriffsmöglichkeit des Treugebers, sondern darüber hinaus auch für die anderen Fälle der bloß subjektiv fehlenden Kenntnis, da auch insoweit nicht allein die Dispositionsbefugnis betroffen ist.[1131] Denn die Mittel sind dem

---

1121 Vgl *Saliger* (2005) S 422 ff; SSW-StGB/*dens*[5] § 266 Rdn 97. Zustimmend: *Bernsmann* GA 2007, 219, 232 f; *ders* GA 2009, 296, 300 ff; *Dierlamm* in: FS Widmaier, 2008, S 607, 610; *Hoof* S 281; *Kempf* in: FS Hamm, 2008, S 255, 265 f, 267; Rowedder/Pentz-GmbHG/*Klinger*[7] Vor § 82 Rdn 21; *Matt* NJW 2005, 389, 391; *Rönnau* in: FS Tiedemann, 2008, S 713, 731 ff; *Saam* HRRS 2015, 345, 349; *Satzger* NStZ 2009, 297, 303 f; *Schlösser* HRRS 2009, 19, 24 f; *Schünemann* StraFo 2010, 1, 9; *ders* (2015) 61, 73; *ders* (2017) Rdn 229; *Tsagkaraki*, S 247; Graf/Jäger/Wittig/*Waßmer*[2] § 266 Rdn 201; kritisch zur verwendungszweckunabhängigen Linie der Rechtsprechung auch *Weimann* S 119 ff; weitere Nachweise bei *Tsagkaraki* S 214 in Fn 924.

1122 SSW-StGB/*Saliger*[5] § 266 Rdn 97; vgl *Rönnau* in: FS Tiedemann, 2008, S 713, 728 f.

1123 Vgl SSW-StGB/*Saliger*[5] § 266 Rdn 97; konträre objektive Sinnauslegung zur schwarzen Kasse bei StGB/*Fischer*[69] § 266 Rdn 83, 140.

1124 Vgl zum Bezifferungsgebot BVerfGE 126, 170, 211, 228 ff; *BGH* NJW 2019, 378, 380 (Derivatgeschäfte); NStZ-RR 2021, 246.

1125 Vgl *BVerfG* NStZ 2009, 560, 562 zur (vormaligen) vorsatzeingrenzenden Rechtsprechung des *2. Strafsenats* des *BGH*, dazu unter Rdn 176.

1126 Vgl *Saliger* (2005) S 421; *ders* NStZ 2007, 545, 547 zur Notwendigkeit der Berücksichtigung betreuungsexternaler Kriterien; *Rönnau* in: FS Tiedemann, 2008, S 713, 732 f; *Kraatz* JR 2011, 434, 440.

1127 Vgl *BGH* NJW 1975, 1234, 1235 f, dazu *Hoof* S 109 f.

1128 *Schlösser* HRRS 2009, 19, 26.

1129 Vgl BVerfGE 126, 170, 216.

1130 *Ransiek* NJW 2007, 1727, 1728; *ders* NJW 2009, 95; Momsen/Grützner-WirtschaftsStStR/*Schramm*[2] § 266 Rdn 143; Schönke/Schröder-StGB/*Perron*[30] § 266 Rdn 45c; *ders* in: FS Heinz, 2012, S 796, 803; *Fischer* NStZ-Sonderheft 2009, 8, 17; StGB/*ders*[66] § 266 Rdn 140; *Kraatz* JR 2011, 434, 440; *Hoven* (2015) 201, 210; Wabnitz/Janovsky/Schmitt/*Raum*[5] 4. Kapitel Rdn 125; gegen die verwendungszweckabhängige Lesart auch *H. Richter* GmbHR 1984, 137, 143 f; *Bieneck* wistra 1998, 249; *Tiedemann* (2017) Rdn 568; *Gerrhäuser* S 213; *Rojas* (2011), S 185; *Louis* S 139 f; vgl *Strelczyk* S 111 ff, der eine Rücktrittslösung vorschlägt, S 140 ff.

1131 **aA** insoweit Schönke/Schröder-StGB/*Perron*[30] § 266 Rdn 45c, der drei Sachverhaltskonstellationen, nämlich den objektiven Entzug der Zugriffsmöglichkeit für den Treugeber – dann endgültiger Nachteil –, das Verbleiben der Gelder im Vermögen des Geschäftsherrn bei entsprechender Unkenntnis – dann nicht einmal eine schadensgleiche Vermögensgefährdung – sowie „Zwischenformen der Aussonderung" unterscheidet; *ders* in: FS Heinz, 2012, S 796 (803 f); vgl auch Momsen/Grützner-WirtschaftsStStR/*Schramm*[2] § 266 Rdn 143 f.

Treugeber entzogen und die ggf in Aussicht genommene korruptive Unternehmung des Schwarzkassenverwalters kann in wirtschaftlicher Hinsicht auch komplett fehl gehen. Abgesehen von erheblichen Beweisschwierigkeiten, die immer im Spiel sind, wenn es um den Nachweis subjektiver Intentionen geht,[1132] stehen der intendierten richterrechtlichen Versubjektivierung dogmatische Bedenken entgegen, da zum einen – hier können die Kritiker der (vormaligen) Eingrenzung des bedingten Vorsatzes beim Gefährdungsschaden in dem Urteil „Kanther/Weyrauch" und Vertreter einer vermeintlich näher liegenden „objektiven Restriktion" herangezogen werden – der Konfusion der straftatsystematischen Differenzierung durch die Subjektivierung objektiver Tatbestandsmerkmale Einhalt zu gebieten ist[1133] und zum zweiten das Gesetz für diese Asymmetrie eine Grundlage eben nicht hergibt.[1134] So verteidigt die verwendungszweckabhängie Lesart die entkriminalisierende Anwendungsbegrenzung des Instituts mit der ansonsten entstehenden Versuchspönalisierung.[1135] Der geforderte subjektive Sinngehalt stellt im Ergebnis ein ungeschriebenes, letztlich wohl auf die Zurechnung des Erfolgs des Vermögensnachteils zur Vermögensbetreuungspflichtverletzung (Sinngehalt der Handlung!) im objektiven Tatbestand zuzuordnendes und mit Blick darauf überschießendes Element dar, das – genau wie ein Tatbestandsmerkmal – mit gerichtlichen Tatsachenfeststellungen zu unterfüttern ist. Damit wird im Rahmen einer wirtschaftlichen Betrachtungsweise das dann konsequent anzunehmende Fehlen einer redlichen Verwendungsabsicht –[1136] tertium non datur – jedoch aus rechtlichen Erwägungen ausgeklammert, was diese Lösung dem Vorwurf der (negativ) **extensiven Normativierung** aussetzen muss.[1137]

Auch liegt bei lediglich fehlender Kenntnis des Treugebers von den objektiv im Unternehmen verbliebenen Mitteln (bloß subjektive Variante) nicht lediglich eine konkrete Vermögensgefährdung,[1138] sondern schon ein endgültiger Vermögensnachteil vor. Denn die Ursache für den Zugriffsverlust – sei es die bloße Unkenntnis über den (internen) Verbleib der Gelder oder aber deren objektiv-tatsächlicher Entzug aus dem Zugriffsbereich des Treugebers, wobei Letzteres im Sinne des ökonomischen Vermögensbegriffs **wirtschaftlich** zu bestimmen ist –[1139] macht für die Frage eines mit Blick auf das Gesellschaftsvermögen relevant angesehenen Dispositionsverlust keinen Unterschied.[1140] Auch aus dieser Perspektive ist daher bei der Bildung oder dem Unterhalten einer schwarzen Kasse eine Vorverlagerung der Strafbarkeit aus § 266 StGB nicht zu befürchten. 140

Die dem **Bezifferungsgebot** entgegenkommende und vom *BVerfG* favorisierte[1141] **bilanzielle Bewertung** des Vermögenswerts, die heute im Strafrecht zunehmend an Bedeutung gewinnt,[1142] hinge letztlich ganz im Sinn der bereits dargestellten sich andeutenden neuen Rechtsprechungslinie im Urteil des *BGH* „Handwerkskammer" (Rdn 138) davon, davon ab, wie hoch die Wahrscheinlichkeit der Kenntniserlangung ist: Danach sind die verborgenen Mittel jedenfalls unabhängig von 141

1132 Vgl *Hoven* NStZ 2014, 646, 647; *Strelczyk* S 115 f, der davon ausgeht, eine subjektive redliche Verwendungsabsicht würde häufig „als bloße Schutzbehauptung" abgetan. Andererseits sollte bedacht werden, dass in vielen Fällen die Staatsanwaltschaft den Grundsatz „in dubio pro reo" vorwegnehmen dürfte.

1133 Vgl *Matt/Saliger* in: Institut für Kriminalwissenschaften und Rechtsphilosophie Frankfurt am Main (Hrsg) S 217, 237 f.

1134 *Bernsmann* GA 2007, 219, 230; so im Grundsatz auch *Saliger* (2005) S 426; *ders* NStZ 2007, 545, 531.

1135 *Saliger* (2005) S 426 f; *Rönnau* in: FS Tiedemann, 2008, S 713, 731.

1136 Insoweit zutreffend *Strelczyk* S 114 f.

1137 Genauer setzt diese Normativierung nicht an der Begründung der Schadensqualität, sondern als Kritik der Schadensart an, vgl *Kubiciel* JZ 2014, 99.

1138 So *Gerhäusser* S 193 f; *Louis* S 140.

1139 *Rönnau* in: FS Tiedemann, 2008, S 713, 729.

1140 Zutreffend *Hoven* NStZ 2014, 646, 647; *dies* 2015, 201, 205 f.

1141 Vgl BVerfGE 126, 170, 223 ff.

1142 Affirmativ *Hefendehl* S 166 ff; SSW-StGB/*Saliger*[5] § 266 Rdn 88 f; *Schünemann* (2017) Rdn 214, 230 unter Hinweis auf BVerfGE 126, 170, 223 ff; vgl auch Habersack/Casper/Löbbe-GmbHG/*Ransiek*[3] Vor § 82 Rdn 26. Kritisch *Baur* JR 2019, 534 (535); *Kempf* in: FS Volk, 2009, S 231, 241 f; *ders* (2015) 325, 334 f; *Salditt* (2015) 99, 100, 102 ff; *Strelczyk* S 128 f mwN; Vermittelnd *Hoof* S 138 ff nur Bilanzierung nach IAS/IFRS.

den Absichten der Betreiber keinesfalls mit ihrem Nominalwert anzusetzen, die Saldierung ergibt in jedem Fall einen Verlust zum Nachteil des Treugebers.[1143]

142 Gegen eine Strafbarkeit bei bloß subjektiver Unkenntnis und dadurch bedingtem Kontrollentzug spricht auch nicht der Ansatz *Rönnaus*, nach dem in privatwirtschaftlichen Unternehmen regelmäßig Kompetenzen auf einzelne Personen zu eigenverantwortlicher Wahrnehmung übertragen werden. Denn darin kann nicht lediglich eine **arbeitsteilig bedingte, bewusste Zuweisung von Dispositionsfreiheit** gesehen werden.[1144] Denn der Treugeber, vertreten durch seine Organe, überträgt Dispositionsbefugnisse in den Grenzen der von ihm bestimmten Vermögensbetreuungspflicht, was zum einen die wirtschaftliche Werthaltigkeit der Mittelzuweisung definiert und zum anderen daraus „ausscherende" Mittelabzweigungen auch durch bloßes Verheimlichen verbietet.[1145]

143 Auch ist nicht allein die bloße **Dispositionsfreiheit des Treugebers** betroffen, da „die Möglichkeit zur Disposition über das eigene Vermögen (...) zum Kern der von § 266 StGB geschützten Rechtsposition" gehört;[1146] der Verlust der Dispositionsfreiheit stellt sich vielmehr erst als Folge des Vorenthaltens von Kenntnis und Zugriff dar.[1147] Wird das Vermögen nicht als Allgemeingut bzw Institution, sondern als nach Maßgabe des Zivilrechts als konkret zugeordnetes subjektives Recht, also als Individualrechtsgut geschützt, kann der konkrete Wert dieses so verstandenenVermögensrechts nicht unabhängig von den Vorstellungen des Rechteinhabers bestimmt werden.[1148]

144 Zwar begründet unter Zugrundelegung eines wirtschaftlichen Vermögensbegriffs die Zahlung von Schmiergeld zur Vorbereitung eines Geschäfts aus der schwarzen Kasse im Falle erlangter lukrativer Verträge regelmäßig, dh bei faktisch begründeter Erwerbsaussicht im konkreten Einzelfall, keine Untreue, da auch Vorteile aus rechtlich missbilligten Verträgen **kompensatorische Wirkung** haben können.[1149] Dies entspricht den Geboten des Primats wirtschaftlicher Überlegungen und der Reduzierung normativer Gesichtspunkte bei der Nachteilsfeststellung bei § 266 StGB

1143 Vgl *Brammsen/Apel* WM 2010, 781, 785; *Hohn* in: FS Rissing-van Saan, 2011, S 259, 270; *C. Becker* HRRS 2012, 237, 242 f für den Fall der erstmaligen Errichtung der schwarzen Kasse (anders für den Fall ihrer bloßen Übernahme, da sich die tatsächliche Wahrscheinlichkeit der Kenntniserlangung regelmäßig nicht zum Nachteil des Treugeber verändern soll, *C. Becker* HRRS 2012, 237, 243); *dens* NZWiSt 2015, 36, 39 f; *Gerhäusser* S 253 ff; kritisch *Strelczyk* S 133.

1144 So aber *Rönnau* in: FS Tiedemann, 2008, S 713, 734 f; vgl *Satzger* NStZ 2009, 297, 303; NK-StGB/*Kindhäuser*[5] § 266 Rdn 121b; *Evers* S 153 f.

1145 Vgl *Hohn* in: FS Rissing-van Saan, 2011, S 259, 271 f.

1146 BGHSt 52, 323, 339 (Siemens/Enel); vgl *Hillenkamp* NStZ 1981, 161. 166, der mit Blick auf die Struktur des Untreueunrechts darauf hinweist, dass das Opfer (der Treugeber) schon durch die Auslieferung der Dispositionsmacht schutzwürdig ist.

1147 *Hohn* in: FS Rissing-van Saan, 2011, S 259. 267.

1148 *Kubiciel* JZ 2014, 99. 101; vgl auch Achenbach/Ransiek/Rönnau-Handbuch Wirtschaftsstrafrecht/*Seier*/*Lindemann*[5] 5. Teil, 2. Kapitel Rdn 10, 420.

1149 Vgl *BGH* NJW 1975, 1234, 1235 f; *OLG Frankfurt am Main* NStZ-RR 2004, 244, 245; auch BGHSt 55, 288, 305 f (Siemens/AUB) zu Geldleistungen zwecks Beeinflussung der Wahl des Betriebsrats; *Nack* NJW 1980, 1599, 1600; *Kempf* in: FS Hamm, 2008, S 255 (257 ff zu den verschiedenen Konstellationen der erfolgten oder nicht vorgenommenen Einrechnung des Schmiergeldes in den Preis unter Berücksichtigung der Prozess- und Vermögensabschöpfungsrisiken sowie des Kriteriums der Unmittelbarkeit des durch die Schmiergeldzahlung erlangten Vorteils); *Dierlamm* in: FS Widmaier, 2008, S 607, 613 f; *Ransiek* StV 2009, 321, 323; *Rönnau* StV 2009, 246, 250 f; *ders* ZStW 119 (2007), 887 (921 auch zu den Umständen des Einzelfalls); *Reinhold* HRRS 2009, 107, 110 f; *Corsten* HRRS 2011, 247, 251; SSW-StGB/*Saliger*[5] § 266 Rdn 97, 76 f; Graf/Jäger/Wittig/*Waßmer*[2] § 266 Rdn 174; *Hoof* S 261 ff, 268; **aA** *Bringewat* JZ 1977, 667, 672; LK-StGB/*Hübner*[10] § 266 Rdn 86; *Hoven* 2015, 201, 212 f; *Fischer* (2015), S 51, 54 f; Die Erwägungen des *2. Strafsenats* in BGHSt 52, 323, 337 (Siemens/Enel) –, nach denen die Absicht des Täters, die Mittel für Zwecke des Geschäftsherren einzusetzen, deshalb unbeachtlich sei, weil „namentlich" der angestrebte Vorteil „nur durch einen seinerseits gesetz- oder sittenwidrigen und ggf strafbaren Einsatz der Mittel erzielt werden könnte", stehen dazu nicht in Widerspruch, da hierin nur ein zusätzliches täterbelastendes Kriterium für einen wirtschaftlich gegründeten entgegenstehenden Willen des Treugebers gesehen werden kann, die schwarze Kasse zu betreiben, in diesem Sinne auch *Hoven* (2015) 201, 211; **insoweit aA** *Perron* (2015) 189, 197; vgl zum Vermögensbegriff unter Rdn 127.

in der Rechtsprechung des *BVerfG*.[1150] Zum einen kann von da aus als „einheitlicher Lebensvorgang" jedoch keine kalkulatorische Linie zum Zeitpunkt des Anlegens oder des Betreibens der schwarzen Kasse derart gezogen werden,[1151] dass die unsichere Exspektanz Letzterer nun wirtschaftlich kompensiert würde, da die zukünftigen Geschäfte zu diesem Zeitpunkt regelmäßig nicht konkretisiert und daher in ihrem wirtschaftlichen Wert nicht bezifferbar sind, ja nicht einmal eine positive Gewinnprognose erlauben. Dies wird auch durch das **Kriterium der Unmittelbarkeit** der Schadenskompensation gestützt,[1152] das schon in weiter Auslegung lediglich verlangt, dass „keine weitere, selbstständige Handlung mehr hinzutreten muss, damit der kompensationsfähige Vermögenszuwachs entsteht".[1153] Zum anderen ist nach Maßgabe einer ökonomischen Betrachtung kein Wertungsunterschied beider Sachverhalte festzustellen: Es zeigt sich insbesondere keine Inkonsistenz in der Anwendung der Vermögensbegriffe dergestalt, dass bei der Mittelverwendung der wirtschaftliche, bei der Mittelanlage hingegen ein normativ überlagerter Verwendung finden würde.[1154] Denn die hier vorgenommene objektive Betrachtung orientiert sich in beiden Konstellationen allein an wirtschaftlichen Gesichtspunkten: Wird das Geld nicht ausgegeben, ist es für den Geschäftsherrn nicht „greifbar",[1155] wird es verwendet mit der konkreten Erwartung des Vermögenszuwachses, wird es zwar für den Treugeber nicht sichtbar im Sinne der konkreten Verwendung – die Schmiergeldzahlung dürfte weiterhin verdeckt bleiben –, jedoch wird der wirtschaftliche Vorteil erkennbar.

145 Eine **Kompensation** ist auch nicht unter Rekurs auf die Rechtsprechung des *BGH*[1156] zum Fehlen eines Nachteils, wenn der Täter jederzeit bereit und fähig war, den Fehlbetrag aus eigenen flüssigen Mittel auszugleichen, anzunehmen, auch wenn die Gelder aus dem Vermögen des Treugebers noch nicht abgeflossen sein sollten.[1157] Denn die Gelder sind nicht – unbeanstandet durch das *BVerfG* –[1158] eigenes Vermögen des Täters und sie werden abgezweigt bzw verdeckt, um sie später mit dem erkennbaren Interesse an der Nichtkenntnis des Arbeitgebers zu verwenden;[1159] demnach handelt es sich bei späterer für den Treugeber günstige Mittelverwendung oder Rückübertragung (auch durch Decouvrierung) um eine bloße nachträgliche Schadensbeseitigung (reparatio damni).[1160]

146 Die daran anschließende Kritik, dies hätte zur Konsequenz, dass Vermögen, welches aufgrund der fehlenden Dispositionsmöglichkeiten des Inhabers bereits endgültig als verloren gilt, seinen strafrechtlichen Schutz einbüßte und nicht mehr insbesondere durch das aufrechterhaltende Betreiben der schwarzen Kasse veruntreut werden könnte,[1161] verfängt nicht, wenn man in der

---

1150 BVerfGE 126, 170, 212 „Normative Gesichtspunkte können bei der Feststellung eines Nachteils durchaus eine Rolle spielen. Sie dürfen aber, soll der Charakter der Untreue als Vermögensdelikt und Erfolgsdelikt bewahrt bleiben, wirtschaftliche Überlegungen nicht verdrängen. So kann beispielsweise die Verwendung des anvertrauten Vermögens zu verbotenen Zwecken nicht per se als nachteilsbegründend angesehen werden; vielmehr bleibt es auch in solchen Fällen erforderlich, zu prüfen, ob das verbotene Geschäft – wirtschaftlich betrachtet – nachteilhaft war.".

1151 So aber *Hoof* S 28; *Perron* (2015) 189, 196; *Rönnau* StV 2009, 246, 251.

1152 Vgl dazu *Kempf* in: FS Hamm, 2008, S 255, 260 f.

1153 BGHSt 55, 288, 305 (Siemens/AUB); vgl auch *BGH* NStZ 1986, 455, 456; *Hoven* (2015) 201, 210; SSW-StGB/*Saliger*[5] § 266 Rdn 73 mwN; Übersicht über die weiteren Meinungen im Schrifttum bei *Hoof* S 92 f.

1154 So aber SSW-StGB/*Saliger*[5] § 266 Rdn 97; *Schünemann* StraFo 2010, 1, 9; *Tsagkaraki* S 235 f.

1155 Vgl *Hoven* (2015) 201, 207.

1156 Vgl die Nachweise unter Fn 1062.

1157 So *Saliger* (2005) S 423 ff; *Rönnau* in: FS Tiedemann, 2008, S 713, 733; vgl auch *Tsagkaraki*, S 243 ff, kein Nachteil bei Rückgabefähigkeit und -willigkeit des Treupflichtigen; auf die Ausgleichsbereitschaft, allerdings unabhängig von dem Verwendungszweck, stellt *Gerhäusser*, S 213, 248 ff, ab.

1158 Vgl BVerfGE 126, 170, 216 f.

1159 BGHSt 52, 323, 337 (Siemens/Enel); StGB/*Fischer*[69] § 266 Rdn 134.

1160 BGHSt 52, 323, 338 (Siemens/Enel); StGB/*Fischer*[69] § 266 Rdn 137.

1161 Vgl *C. Becker* HRRS 2012, 237, 243; *Hoof* S 283; NK-StGB/*Kindhäuser*[5] § 266 Rdn 121b; *Knauer* NStZ 2009, 151, 152; *Ransiek* NJW 2007, 1727, 1728; *Rönnau* StV 2009, 246, 250; *Satzger* NStZ 2009, 297, 301, 302; *Schlösser* HRRS 2009, 19, 25; *Schünemann* StraFo 2010, 1, 9 f; für allenfalls Schadensvertiefung: *Reinhold* HRRS 2009, 107, 110.

Herausgabe bzw Entschleierung einen selbstständigen, der Vermögensbetreuungspflicht unterliegenden **Vermögensmehrungsanspruch** des Treugebers sieht.[1162]

147 **b) Kick-Back-Zahlungen.** Problematischer als die Vermögensbetreuungspflichtverletzung (Rdn 58 f) ist die Begründung des **Nachteils**: Dieser liegt nach allgemeiner Ansicht in dem Ausbleiben der Vermögensmehrung in Höhe des Schmiergeldes, das wirtschaftlich aus dem Vermögen des Treugebers stammt,[1163] was die **Vereitelung einer tatsächlichen Exspektanz** voraussetzt, deren Vorteil der Geschäftsherr **konkret und sicher erlangt** hätte.[1164] Der Nachweis ist „trivial“,[1165] wenn auf der Hand liegt, dass das Schmiergeld für den Vertragspartner ein bloßer Durchlaufposten und allein zum Zwecke des Kick-Backs ein den Wert der Gegenleistung übersteigender Betrag vereinbart worden ist.[1166] Der Nachweis ist jedoch in weniger klaren Fällen insbesondere der Leistungsäquivalenz problematisch, insbesondere dann, wenn Umstände erkennbar sind, die es nicht nahelegen, dass die Leistungen in die Kalkulation zu Lasten des Geschäftsherrn eingestellt worden sind,[1167] zumal der Vertragspartner regelmäßig einen Preisnachlass abstreiten wird.[1168] Jedenfalls kann der Nachteil nicht über die Nichtherausgabe der erhaltenen Schmiergelder durch den Treunehmer an den Treugeber gesehen werden, da es sich bei der Herausgabepflicht nach den §§ 687 Abs 2, 681 Satz 2, 667 BGB um eine bloße Schuldnerpflicht handelt, die keine Vermögensbetreuungspflicht begründet.[1169] Der *BGH* „vermutet“ daher in ständiger Rechtsprechung **unter Inanspruchnahme der Zuwendung von Schmiergeld als Tatsache mit erheblicher Indizwirkung,**[1170] dass die Preiskalkulation ohne die Schmiergeldzahlung für den Geschäftsherrn

---

1162 Vgl BVerfGE 126, 170, 216; *Ransiek* NJW 2009, 95, 96; *Fischer* NStZ-Sonderheft 2009, 8, 18; *Kraatz* JR 2011, 434, 440; Schönke/Schröder-StGB/*Perron*[30] § 266 Rdn 45c.

1163 Vgl BGHSt 49, 317, 323 ff (System Schreiber); *BGH* NJW 2006, 2864, 2867 (Wuppertaler Korruptionsskandal); *BGH* NJW 2009, 3248, 3251 (in BGHSt 54, 39 insoweit nicht abgedruckt); *BGH* NJW 2013, 3590, 3592 (Hochseeschleppergeschäft); Scholz-GmbHG/*Rönnau*[12] Vor §§ 82 ff Rdn 16; Graf/Jäger/Wittig/*Waßmer*[2] § 266 Rdn 218.

1164 Vgl BVerfG 126, 170, 213 f; BGHSt 49, 317, 332 f (System Schreiber; *BGH* NJW 2009, 3248, 3251 (in BGHSt 54, 39 insoweit nicht abgedruckt); wistra 2019, 190, 192; MünchKomm-StGB/*Dierlamm/Becker*[4] § 266 Rdn 307; NK-StGB/*Kindhäuser*[5] § 266 Rdn 114 „vermögenswerte(r) Anspruch, den Vertrag zu den günstigen Konditionen abzuschließen“; Schönke/Schröder-StGB/*Perron*[30] § 266 Rdn 46 „vermögenswerte(...) rechtliche(...) oder tatsächliche(...) Anwartschaft“; SSW-StGB/*Saliger*[5] § 266 Rdn 80; Wirtschaftsstrafrecht/*Wittig*[5] § 20 Rdn 167, vgl auch *Schünemann* (2017) Rdn 215 unter Inanspruchnahme der sog integrierten Vermögenslehre „rechtlich realisierbare, ökonomisch beweisbare und (...) rechtlich geschützte Position“.

1165 *Schünemann* NStZ 2006, 196, 200.

1166 BGHSt 50, 299, 315 (Kölner Müllskandal), StGB/*Fischer*[69] § 266 Rdn 118; SSW-StGB/*Saliger*[5] § 266 Rdn 81; Achenbach/Ransiek/Rönnau-Handbuch Wirtschaftsstrafrecht/*Seier/Lindemann*[5] 5. Teil, 2. Kapitel Rdn 410; Momsen/Grützner-WirtschaftsStStrR/*Schramm*[2] § 266 Rdn 148; Graf/Jäger/Wittig/*Waßmer*[2] § 266 Rdn 218.

1167 Vgl BGHSt 49, 317, 333 (System Schreiber); *BGH* wistra 2019, 190, 192 f.

1168 Vgl Achenbach/Ransiek/Rönnau-Handbuch Wirtschaftsstrafrecht/*Seier/Lindemann*[5] 5. Teil, 2. Kapitel Rdn 411; NK-StGB/*Kindhäuser*[5] § 266 Rdn 114.

1169 Vgl BGHSt 47, 295, 298; BGHSt 49, 317, 335 (System Schreiber); *BGH* NStZ 1995, 233, 234; *BGH* NStZ-RR 1998, 69; NStZ 2001, 545; Achenbach/Ransiek/Rönnau-Handbuch Wirtschaftsstrafrecht/*Seier/Lindemann*[5] 5. Teil, 2. Kapitel Rdn 409; Momsen/Grützner-WirtschaftsStStrR/*Schramm*[2] § 266 Rdn 96, 148; Graf/Jäger/Wittig/*Waßmer*[2] § 266 Rdn 140; *Schünemann* NStZ 2006, 196, 200.

1170 Im Schrifttum wird darin eine Beweislastumkehr und/oder ein Verstoß gegen den Grundsatz „in dubio pro reo“ gesehen, *Bernsmann* StV 2005, 576, 577; *Beulke* in: FS Eisenberg, 2009, S 245, 261; *Rönnau* in: FS Kohlmann, 2003, S 239, 260; NK-StGB/*Kindhäuser*[5] § 266 Rdn 114; MünchKomm-StGB/*Dierlamm/Becker*[4] § 266 Rdn 308; Graf/Jäger/Wittig/*Waßmer*[2] § 266 Rdn 218; Achenbach/Ransiek/Rönnau-Handbuch Wirtschaftsstrafrecht/*Seier/Lindemann*[5] 5. Teil, 2. Kapitel Rdn 412 „eine Art von Beweislastumkehr“; *Klengel/Rübenstahl* HRRS 2007, 52, 64 „faktisch beweislastumkehrende(...) Vermutung“; Momsen/Grützner-WirtschaftsStStrR/*Schramm*[2] § 266 Rdn 148 „Beweisregel“; **aA** StGB/*Fischer*[69] § 266 Rdn 118; *Thalhofer* S 98; vgl auch *Kraatz* ZStW 122 (2010), 521, 537 ff.

günstiger ausgefallen wäre.[1171] Jedenfalls ist der Nachweis im Einzelfall zu führen, wobei auch zu berücksichtigen ist, dass bei Schmiergeldzahlungen zum Zwecke des Aufbaus langfristiger Geschäftsbeziehungen (**„Anfüttern“**) in der Regel die „Provisonszahlungen“ nicht durch Preisnachlässe ersetzt werden.[1172] Bei Schmiergeldzahlungen von 5 % bis über 10 % des Umsatzes liegt nach der Rechtsprechung des *BGH* nahe, das diese Beträge in die Preisbildung eingegangen sind,[1173] bei **Preisbindungen** oder **Pauschalpreisen**[1174] scheidet hingegen ein Nachteil aus.[1175]

Bernsmann lehnt bei **Kick-Backs zu wettbewerbswidrigen Zwecken** (Schmiergeld wird an den 148
Treunehmer des Auftraggebers gegen Mitteilung der anderen Angebote gezahlt) wegen der angeblichen Nichtigkeit des Hauptvertrages[1176] eine „pflichtwidrig vertane“ Exspektanz ab.[1177] Während der *BGH* dessen ungeachtet lediglich auf den tatsächlich abgeschlossenen Vertrag mit Kick-Back-Abrede abstellt und den Vermögensnachteil in der zerstörten Exspektanz des Geschäftsherrn auf den Abschluss eines um die Schmiergeldabrede vergünstigten Vertrages sieht,[1178] ist mit *Schünemann* gegen *Bernsmann* einzuwenden, dass der Vermögensnachteil in der Beschädigung des Wissensmonopols über die weiteren Angebote und den daraus erwachsenden Vertragsabschlussmöglichkeiten liegt, wobei die Schmiergeldhöhe lediglich den Berechnungsmodus für den Schaden vorgibt.[1179]

Beim komplexen **„System Schreiber“** war in einem Liefer- und Leistungsvertrag (Verkauf von 149
Panzern an Saudi-Arabien) zudem ein sog „Logistikpaket“ enthalten, das die Zahlung von Schmiergeldern repräsentierte. Diese Gelder wurden in einem Geflecht von (Tarn-)Firmen gleichsam als Durchlaufposten vom Käufer durch den (gutläubigen) vertretenen Geschäftsherrn (Verkäuferin) hindurch (zunächst) an einen Dritten gezahlt.[1180] Der Nachteil der Verkäuferin kann hier nicht in den im Kaufpreis einkalkulierten Schmiergeldern gesehen werden, da ein anderer Kaufpreis ohne die Schmiergelder nicht zu erzielen gewesen wäre.[1181] Der BGH ging gleichwohl von einem Nachteil der Treugeberin (Verkäuferin) mit der Begründung aus, dass sie durch die Weiterleitung der Gelder an Dritte jedenfalls wegen der Nichtigkeit der diesen Zahlungen zu Grunde liegenden vertraglichen Vereinbarung nicht von einer Verbindlichkeit befreit worden sei.[1182] Im **Schrifttum** wird hingegen ein Nachteil in Form einer **konkreten schadensgleichen Vermögensgefährdung** angenommen, weil die Treugeberin wegen eines im Liefer- und Leistungsvertrag enthaltenen Verbots von Vermittlungsprovisionen, welches den Käufer berechtigte, den Kaufpreis entsprechend zu reduzieren, mit dem Risiko möglicher Rückforderungen konfrontiert war.[1183]

1171 Vgl BGHSt 47, 83, 88; *BGH* NJW 2006, 2864, 2867 (Wuppertaler Korruptionsskandal); *BGH* NJW 2009, 3248, 3251 (in BGHSt 54, 39 insoweit nicht abgedruckt); StGB/*Fischer*[69] § 266 Rdn 118; siehe zur früheren Rechtsprechung: *Thalhofer* S 94 ff.

1172 *Bernsmann* StV 2005, 576, 577; *ders* GA 2007, 219, 233 f; vgl BGHSt 31, 232, 235; *BGH* NJW 2001, 2102, 2105 (in BGHSt 46, 310 insoweit nicht abgedruckt) (Bayerisches Rotes Kreuz); SSW-StGB/*Saliger*[5] § 266 Rdn 81.

1173 Vgl *BGH* NJW 2001, 2102, 2105 (in BGHSt 46, 310 insoweit nicht abgedruckt) (Bayerisches Rotes Kreuz).

1174 Vgl *BGH* NStZ 2010, 330, 332.

1175 SSW-StGB/*Saliger*[5] § 266 Rdn 81; *Rönnau* in: FS Kohlmann, 2003, S 239, 258 ff (beide mit weiteren Fällen); Graf/Jäger/Wittig/*Waßmer*[2] § 266 Rdn 141; Momsen/Grützner-WirtschaftsStStrR/*Schramm*[2] § 266 Rdn 148.

1176 Wegen einer fehlenden Möglichkeit der legalen Preisreduzierung, vgl unter Rdn 58; zur Verletzung der Vermögensbetreuungspflicht bei Kick-Back-Zahlungen in Vergabefällen, *Bernsmann* StV 2005, 576, 578; *ders* GA 2007, 219, 235 ff.

1177 *Bernsmann* StV 2005, 576, 578; vgl *dens* GA 2007, 219, 237.

1178 Vgl BGHSt 50, 299, 315 f (Kölner Müllskandal); *BGH* NJW 2006, 2864, 2867 (Wuppertaler Korruptionsskandal).

1179 *Schünemann* NStZ 2006, 196, 202; auch *Kraatz* ZStW 122 (2010), 521, 544; ähnlich *Thalhofer* S 213.

1180 Vgl zum unübersichtlichen Sachverhalt: BGHSt 49, 317 – „System Schreiber“; *Schünemann* NStZ 2006, 196, 200 ff; Graf/Jäger/Wittig/*Waßmer*[2] § 266 Rdn 220.

1181 Vgl BGHSt 49, 317, 333 (System Schreiber); *Schünemann* NStZ 2006, 196, 200; Graf/Jäger/Wittig/*Waßmer*[2] § 266 Rdn 220.

1182 VglBGHSt 49, 317, 334 (System Schreiber).

1183 Vgl *Kraatz* ZStW 122 (2010), 521, 548; *Pananis* NStZ 2005, 572; *Schünemann* NStZ 2006, 196, 201; Graf/Jäger/Wittig/*Waßmer*[2] § 266 Rdn 220; *Vogel* JR 2005, 123, 125 f.

150 **c) Zahlungen des Geschäftsführers mit der Rechtsfolge der Insolvenzverursachungshaftung nach § 64 Satz 3 GmbHG aF/§ 15b Abs 5 Satz 1 InsO.**[1184] Die Rechtsprechung des *II. Zivilsenats*[1185] sowie Teile des gesellschafts- und strafrechtlichen Schrifttums[1186] nahmen für **§ 64 Satz 3 GmbHG aF** ein Leistungsverweigerungsrecht (zugunsten der Gesellschaft gegenüber dem Zahlungsanspruch der Gesellschafter) an, das wegen der Möglichkeit der Sanierung und der damit verbundenen Begegnung einer (drohenden) Zahlungsunfähigkeit lediglich dilatorischer Natur war,[1187] was auch mit Blick auf **§ 15b Abs 4 Satz 1 InsO** gelten dürfte.[1188] Ob bei erfolgter Zahlung durch den Geschäftsführer schon aus einem solchen Leistungsverweigerungsrecht der Gesellschaft – mangels Kompensation infolge der Befreiung von einer Verbindlichkeit –[1189] generell ein Vermögensnachteil der GmbH iSd § 266 StGB zu folgern ist, kann hier dahinstehen, denn dieser lässt sich entweder schon aus der **herbeigeführten Zahlungsunfähigkeit iS eines existenzgefährdenden Eingriffs**[1190] oder über die Grundsätze des **individuellen Schadenseinschlags** (Rdn 135) oder aber den **Vorrang der Liquidität der Gesellschaft zur Vermeidung einer irreparablen Zahlungsunfähigkeit**[1191] herleiten und quantifizieren. Selbst mit Blick auf das Gebot der Reduzierung normativer Gesichtspunkte bei der Nachteilsfeststellung bei **§ 266 StGB** in der Rechtsprechung des *BVerfG*[1192] dürfte der Rückgriff auf die beiden letztgenannten Grundsätze vertretbar erscheinen, da die Gesellschafter – wie im Rahmen der Existenzgefährdungshaftung konstituierend (Rdn 92 ff) – auch bei **§ 64 Satz 3 GmbHG aF/§ 15b Abs 5 Satz 1 InsO** wegen der zu berücksichtigenden Interessen der Gesellschaftsgläubiger in dem besonderen Verhältnis der Rücksichtnahme auf die finanziellen Belange der GmbH stehen, was auch in der Nachrangigkeit späterer Rückzahlungsforderungen gemäß § 39 Abs 1 Nr 5 InsO aufgewiesen wird.

151 **d) Zahlungen des Geschäftsführers mit der Rechtsfolge der Insolvenzvertiefungshaftung nach § 64 Satz 1 GmbHG aF/§ 15b Abs 1, 4 Satz 1 InsO.**[1193] Weitaus umstrittener war und ist die Frage, ob Untreue auch durch den Geschäftsführer **bei Zahlungen (auf tatsächlich bestehende Forderungen) an Gläubiger nach Insolvenzreife durch Verstoß gegen § 64 Satz 1 GmbHG aF/§ 15b Abs 1, 4 InsO (kongruente Zahlung)** begangen werden konnte und kann. Erfasst von **§ 64 Abs 1 GmbHG aF** waren Zahlungen an alle möglichen Adressaten, während **§ 64 Abs 3 GmbHG aF** lediglich Zahlungen an die Gesellschafter betraf. Obergerichtliche Strafrechtsprechung

1184 § 64 GmbHG ist mit Wirkung vom 1.1.2021 aufgehoben worden durch Art 16 Nr 2. des Gesetzes zur Fortentwicklung des Sanierungs- und Insolvenzrechts (Sanierungs- und Insolvenzrechtsfortentwicklungsgesetz – SanInsFoG) vom 22.12.2020, BGBl I S 3256, und in § 15b InsO neu geregelt worden (vgl Art 5 Nr 9. SanInsFoG).

1185 Vgl BGHZ 195, 42, 48 f; **aA** *OLG München* ZIP 2010, 1236, 1237; *OLG München* ZIP 2011, 225, 226.

1186 Vgl Lutter/Hommelhoff-GmbHG/*Kleindiek*[20] § 64 Rdn 60; *dens* BB 2013, 19; *Spliedt* ZIP 2009, 149, 160; aus dem strafrechtlichen Schrifttum Bittmann-Insolvenzstrafrecht/*Bittmann*[2] § 16 Rdn 130; *Rönnau* in: FS Schünemann, 2014, S 675, 684 f; *Schäuble* S 190; **aA** Noack/Servatius/Haas-GmbHG/*Haas*[23] § 64 (aufgehoben) Rdn 208; *ders* NZG 2013, 41, 44 ff; aus dem strafrechtlichen Schrifttum *Weiß* GmbHR 2011, 350, 356 f.

1187 Vgl BGHZ 195, 42, 49.

1188 Noack/Servatius/Haas-GmbHG/*Haas*[23] § 64 (aufgehoben) Rdn 208.

1189 Vgl zur möglichen Schadenskompensation durch Befreiung von einer (noch) nicht fälligen Verbindlichkeit: *BGH* NStZ-RR 2011, 312, 314 „Der grundsätzlichen Kompensationsgeeignetheit des Vergütungsanspruchs (…) steht auch dessen mangelnde Fälligkeit nicht entgegen. (…) Bedarf es nur noch ‚eines Federstriches' um die Fälligkeit herbeizuführen, dürfte der Nominalwert kaum unterschritten sein; anders ist es, wenn hierfür noch besonderer Aufwand zu betreiben ist"; *BGH* wistra 2021, 403, 404.

1190 Bittmann-Insolvenzstrafrecht/*Bittmann*[2] § 16 Rdn 131; darin liegt mE kein Verstoß gegen das Verschleifungsverbot, weil der Nachteil in einer von der Pflichtverletzung unabhängigen Bewertung bestimmt wird.

1191 *Rönnau* in: FS Schünemann, 2014, S 675, 686 f.

1192 Vgl BVerfGE 126, 170, 212.

1193 § 64 GmbHG ist mit Wirkung vom 1.1.2021 aufgehoben worden durch Art 16 Nr 2. des Gesetzes zur Fortentwicklung des Sanierungs- und Insolvenzrechts (Sanierungs- und Insolvenzrechtsfortentwicklungsgesetz – SanInsFoG) vom 22.12.2020 (BGBl I S 3256) und in § 15b InsO neu geregelt worden (vgl Art 5 Nr 9. SanInsFoG).

war dazu – soweit ersichtlich – noch nicht ergangen. Im strafrechtlichen Schrifttum war die Frage umstritten.[1194] Die jedenfalls mittelbar vermögensbezogene Pflichtverletzung ergab sich wiederum aus dem Verstoß gegen den Maßstab der **„Sorgfalt eines ordentlichen Geschäftsmanns" (§ 64 Satz 2 GmbHG aF)**; da auch im Rahmen des **§ 64 Satz 1 GmbHG aF** die Gläubigergesamtheit geschützt werden sollte,[1195] gilt mit Blick auf die Notwendigkeit des jedenfalls mittelbaren Vermögensbezugs das zu **§ 64 Satz 3 GmbHG aF/§ 15b Abs 5 Satz 1 InsO** Dargelegte (Rdn 63). Hauptlinien der Auseinandersetzung waren dabei zum einen die Untreuerelevanz bei einer Insolvenzvertiefungshaftung in schon eingetretener Krise der GmbH und einem etwaigen Vorrang des Insolvenzstrafrechts vor **§ 266 StGB** sowie zum anderen die Frage eines Nachteils, der hauptsächlich wegen einer möglichen Kompensation durch Erfüllung einer Verbindlichkeit verneint werden kann. Erstens nimmt die Rechtsprechung der *Strafsenate* des *BGH* zum Gesellschaftereinverständnis – im Gleichklang mit der Rechtsprechung des *II. Zivilsenats* zur Existenzvernichtungshaftung –[1196] die Vertiefung der Krise als einen Unterfall der Existenzgefährdung an;[1197] ein Vorrang des Insolvenzstrafrechts, ja gar eine Sperrwirkung des § 283c StGB,[1198] ist zudem wegen der **Schutzgüterdisparität** abzulehnen,[1199] was sich auch in der Annahme von Tateinheit von Bankrott und Untreue in der Rechtsprechung des *BGH* nach Aufgabe der sog Interessenformel zeigt.[1200] Zweitens hatte das *OLG München* ein Leistungsverweigerungsrecht gegenüber dem Anspruch auf Zahlung an den Gläubiger im Rahmen des **§ 64 Satz 1 GmbHG aF** abgelehnt; im gesellschaftsrechtlichen Schrifttum war ein solches bislang auch nicht angenommen worden.[1201] Soweit ein Leistungsverweigerungsrecht bei **§ 64 Satz 1 GmbHG aF** verneint wurde, erfolgte dies jedoch häufig in Kongruenz mit der Entscheidung der entsprechenden Frage zu **§ 64 Satz 3 GmbHG aF.**[1202] Das *OLG München* hatte zu Recht darauf hingewiesen, dass die Entscheidung nur einheitlich ergehen könne,[1203] da **§ 64 Satz 3 GmbHG aF** systematisch als Vorverlagerung des „Zahlungsverbots"[1204] aus **§ 64 Satz 1 GmbHG aF** zu sehen war, worauf die inhaltliche Bezugnahme in Satz 3 auf Satz 1 hindeutete.[1205] Zudem sprach für eine einheitliche Entscheidung, dass Zahlungen vor der materiellen Insolvenzreife nicht einem strengeren Verbot unterliegen dürften also solche nach diesem Zeitpunkt.[1206] Es sprachen daher – in Konkordanz zu **§ 64 Satz 3 GmbHG aF** – gute Gründe für die Annahme eines Leistungsverweigerungsrechts auch bei **§ 64 Satz 1 GmbHG aF.**[1207] Der Ausweis dieses Leistungsverweigerungsrechts

---

1194 **Gegen Strafbarkeit** wegen Untreue bei Verstoß gegen § 64 Satz 1 GmbHG aF, Bittmann-Insolvenzstrafrecht/*Bittmann*[2] § 16 Rdn 134; *ders* wistra 2015, 223, 225; Graf/Jäger/Wittig/*Waßmer*[2] § 266 Rdn 152; *Maurer/Wolf* wistra 2011, 327, 330; **für Strafbarkeit** insoweit nach § 266 StGB: *Rönnau/C. Becker* NZWiSt 2014, 441, 447; *Weiß* GmbHR 2011, 350, 353 f; *Lechner* S 211 f.

1195 Vgl Baumbach/Hueck-GmbHG/*Haas*[22] § 64 Rdn 11 zu § 64 Satz 1 GmbHG aF und Noack/Servatius/Haas-GmbHG/*Haas*[23] § 64 (aufgehoben) Rdn 15 zu § 15b Abs 4 InsO, Gläubigergesamtheit; Scholz-GmbHG/*Bitter*[12] § 64 Rdn 22, 28; *Weiß* GmbHR 2011, 350, 356.

1196 BGHZ 173, 246, 253 (TRIHOTEL); BGHZ 179, 344, 351 (Sanitary).

1197 Vgl *BGH* NStZ 2009, 437, 438; *BGH* wistra 2011, 463, 464; *BGH* NZWiSt 2012, 62; *BGH* NStZ-RR 2019, 381 f.

1198 So *Bittmann* wistra 2007, 321, 325.

1199 *Schäuble* S 193; *Weiß* GmbHR 2011, 350, 354 f; vgl auch *Rönnau/C. Becker* NZWiSt 2014, 441, 444; im Ergebnis auch *OLG Stuttgart* wistra 2010, 34, 37; MünchKomm-StGB/*Dierlamm/Becker*[4] § 266 Rdn 154.

1200 Vgl dazu *Anders* NZWiSt 2017, 13, 18 unter Bezugnahme auf *BGH* NStZ 2009, 437, 439; *BGH* NJW 2012, 2366, 2369 (in BGHSt 57, 229 insoweit in der Begründung nicht abgedruckt).

1201 Vgl *OLG München* ZIP 2010, 1236, 1237.

1202 Vgl *OLG München* ZIP 2010, 1236 (1237); Baumbach/Hueck-GmbHG/*Haas*[22] § 64 Rdn 108, 143; *ders* NZG 2013, 41 (44 ff); ebenso zum Teil im strafrechtlichen Schrifttum: *Weiß* GmbHR 2011, 350 (353, 356 f); *Lechner* S 210. Differenzierend zwischen Satz 3 und Satz 1 im gesellschaftsrechtlichen Schrifttum: *Spliedt* ZIP 2009, 149 (160).

1203 Vgl *OLG München* ZIP 2010, 1236 (1237).

1204 BGHZ 143, 184. Ein Zahlungsverbot gibt der Wortlaut der Norm allerdings nicht her, Bittmann-Insolvenzstrafrecht/*Bittmann*[2] § 16 Rdn 134; *Weiß* GmbHR 2011, 350 (350); kritisch insoweit auch Noack/Servatius/Haas-GmbHG/*Haas*[23] § 64 (aufgehoben) Rdn 11.

1205 *OLG München* ZIP 2010, 1236 (1237). Vgl auch Müller-Gugenberger-WirtschaftsStrR/*Hadamitzky*[7] Rdn 32.87a.

1206 Vgl Lutter/Hommelhoff-GmbHG/*Kleindiek*[20] § 64 Rdn 67; *Weiß* GmbHR 2011, 350 (357).

1207 In diesem Sinne *Rönnau/C. Becker* NZWiSt 2014, 441 (447).

als bloß dilatorisch hätte jedoch ferngelegen, da es sich um einen Anspruch gegen die Gesellschaft in bestehender Krise handelte, und eine Sanierung daher unwahrscheinlicher gewesen wäre als im Falle der Insolvenzverursachungshaftung nach **§ 64 Satz 3 GmHG aF**. Eine Kompensation wäre zudem hier deshalb nicht ausgeschlossen gewesen, weil es sich um eine Zahlung an einen Gläubiger mit kongruenter Deckung handelte und dessen Forderung in ihrem Wert nicht unter den Nennbetrag gefallen wäre.[1208] Es stellte sich demnach die Frage, ob trotz – in isolierter Betrachtung – nahe liegender Kompensation in normativer Betrachtung dem GmbH-Vermögen ein Nachteil entstanden wäre. Die **Vorgaben der Existenzgefährdung** halfen hier nicht weiter, da es um Zahlungen mit kongruenter Deckung an die Gläubiger ging, während das Gebot der Existenzsicherung sich allein an die Gesellschafter richtet. *Weiß* und *Lechner* wählten daher hier ebenfalls (Rdn 150) den Weg über den **individuellen Schadenseinschlag**,[1209] während *Rönnau/C. Becker* – ebenfalls vergleichbar zur Lage bei **§ 64 Satz 3 GmbHG aF** (Rdn 150) – auf den **Vorrang des Grundsatzes der Bewahrung vorhandener liquider Mittel** setzten.[1210] Wegen des im Gegensatz zur Lage bei **§ 64 Satz 3 GmbHG aF** fehlenden Gesellschafterbezuges, der ein besonderes Verhältnis der Rücksichtnahme auf die finanziellen Belange der GmbH erforderte, stehen diese Normativierungen des Nachteilsbegriffs jedoch im Rahmen des **§ 64 Satz 1 GmbHG aF** nicht durch, sodass **bei Zahlungen auf bestehende Verbindlichkeiten von Gläubigern auch nach Insolvenzreife der Geschäftsführer sich nicht nach § 266 StGB strafbar gemacht hätte**.[1211] Für das neue Recht – **§ 15b Abs 1, Satz 1 InsO** – gelten diese Grundsätze ebenfalls. Sollte jedoch insoweit grundsätzlich eine Strafbarkeit aus **§ 266 StGB** bejaht werden, wäre zu beachten, dass nach **§ 2 Abs 1 Nr 1 SanInsKG**[1212] Zahlungen im Rahmen der Insolvenzantragsaussetzung, „die im ordnungsgemäßen Geschäftsgang erfolgen, insbesondere solche Zahlungen, die der Aufrechterhaltung oder Wiederaufnahme des Geschäftsbetriebs oder der Umsetzung eines Sanierungskonzepts dienen, als mit der Sorgfalt eines ordentlichen und gewissenhaften Geschäftsleiters im Sinne des § 64 Satz 2 GmbHG (...) vereinbar" sind, sodass in diesem Rahmen ausnahmsweise **§ 266 StGB** nicht einschlägig wäre.[1213]

152 **e) Risikogeschäfte.** Der **Nachteil** bei Risikogeschäften kann wegen des Verschleifungsverbots nicht aus der Vermögensbetreuungspflichtwidrigkeit hergeleitet werden (Rdn 42, 65). Auch vermag die sog „Spielerformel" der Rechtsprechung, nach welcher „der Täter nach Art eines Spielers bewußt und entgegen den Regeln kaufmännischer Sorgfalt eine ... äußerst gesteigerte Verlustgefahr auf sich nimmt, nur um eine höchst zweifelhafte Gewinnaussicht zu erhalten"[1214] nach den klaren Vorgaben des *BVerfG* eine eigenständige Feststellung und Bezifferung der Schadenshöhe nicht zu ersetzen.[1215] Der Vermögensnachteil liegt regelmäßig in einer **schadensgleichen Vermögensgefährdung**, die in

---

1208 Zutreffend *Weiß* GmbHR 2011, 350, 353; *Rönnau/C. Becker* NZWiSt 2014, 441, 446; **aA** *Bittmann* GmbHR 2007, 70, 73, *ders* wistra 2015, 223, 225.

1209 Vgl *Weiß* GmbHR 2011, 350, 353 f und *Lechner* S 211 f.

1210 Vgl *Rönnau/C. Becker* NZWiSt 2014, 441, 447.

1211 Vgl Bittmann-Insolvenzstrafrecht/*Bittmann*² § 14 Rdn 22, § 16 Rdn 134; im Ergebnis auch *Schäuble* S 192.

1212 Gesetz zur vorübergehenden Aussetzung der Insolvenzantragspflicht und zur Begrenzung der Organhaftung bei einer durch die COVID-19-Pandemie bedingten Insolvenz (COVID-19-Insolvenzaussetzungsgesetz – COVInsAG) vom 27.3.2020 (BGBl I S 569), geändert durch Gesetze vom 25.9.2020 (BGBl I S 2016), vom 22.12.2020 (BGBl I S 3256) und vom 15.2.2021 (BGBl I S 237), übernommen durch das Gesetz zur vorübergehenden Anpassung sanierungs- und insolvenzrechtlicher Vorschriften zur Abmilderung von Krisenfolgen vom 31.10.2022 (Sanierungs- und insolvenzrechtliches Krisenfolgenabmilderungsgesetz – SanInsKG) (BGBl I S 1966).

1213 *C. Brand* BB 2020, 909, 912 f unter Hinweis auf das Restrisiko der Annahme fehlender Coronabedingtheit der Insolvenzreife für den Schuldner; *Klose* NZWiSt 2020, 333, 338; vgl zur zivilrechtlichen Haftung *Römermann* NJW 2020, 1108, 1110.

1214 *BGH* NStZ 1990, 437.

1215 Vgl BVerfGE 126, 170, 227 ff; Achenbach/Ransiek/Rönnau-Handbuch Wirtschaftsstrafrecht/*Seier/Lindemann*⁵ 5. Teil, 2. Kapitel Rdn 400; *Schünemann* (2017) Rdn 238.

der Regel durch die Gewinnaussichten nicht ausgeglichen wird.[1216] Nach der Rechtsprechung des *BGH* kommt es – verwoben mit den Anforderungen an die Pflichtverletzung[1217] und in Abweichung von der sog Einzelbetrachtung (Rdn 133) – darauf an, „ob bei wirtschaftlich vernünftiger, alle bekannten äußeren Umstände berücksichtigender **Gesamtbetrachtung** die Gefahr eines Verlustgeschäftes wahrscheinlicher ist als die Aussicht auf Gewinnzuwachs";[1218] der Nachteil wird dann mit dem Nominalbetrag der (mit dem Ausfallrisiko behafteten) Forderung eingestuft, und in der Strafzumessung wird die bloße Vermögensgefährdung schuldmindernd berücksichtigt.[1219] Das erfüllt das Bezifferungsgebot jedoch nicht: Das Risikogeschäft ist danach **ausgeglichen**, wenn der Einsatz durch das Produkt aus möglichem Gewinn und Eintrittswahrscheinlichkeit wirtschaftlich kompensiert wird,[1220] was in der Regel durch die Hinzuziehung eines Sachverständigen festzustellen und ggf zu schätzen ist.[1221] Im Falle der **Ausgeglichenheit des pflichtwidrigen Risikogeschäfts** kann der Nachteil auch als **Risikoschaden über die Grundsätze des individuellen Schadenseinschlags** begründet werden, wenn etwa durch das Geschäft die **wirtschaftliche Bewegungsfreiheit des Treugebers stark eingeengt** ist.[1222] Auch dieser Risikoschaden ist zu beziffern, ggf zu schätzen.[1223]

An den **subjektiven Tatbestand** sind nach der Rechtsprechung des *5. Strafsenats* des *BGH* 153
bei **Risikogeschäften erhöhte Anforderungen** zu stellen: Für das **voluntative Element** reicht danach **im Rahmen des bedingten Vorsatzes** die Billigung allein der Gefährdungslage nicht hin: „Dies würde, da unternehmerische Entscheidungen regelmäßig einen Gefährdungsanteil aufweisen, dem subjektiven Untreuevorwurf nicht gerecht. Vielmehr kann nur dann von einer billigenden Inkaufnahme eines Nachteils im Sinne des § 266 StGB ausgegangen werden, wenn der Täter **nicht nur die konkrete Gefahr in Kauf nimmt, sondern darüber hinaus auch die Realisierung dieser Gefahr billigt**, sei es auch nur in der Form, dass der Täter sich mit dem Eintritt des unerwünschten Erfolges abfindet".[1224] Diese Auffassung ist unter den Strafsenaten und im Schrifttum jedoch umstritten (Rdn 156). Unter Zugrundelegung der den Nachteilsbegriff eingrenzenden Vorgaben des *BVerfG*, nach denen es sich beim Gefährdungsschaden um einen bereits gegenwärtigen, zu beziffernden Nachteil handelt,[1225] muss es jedoch genügen, wenn der Vorsatz des Täters sich auf diese bereits vorhandenen Nachteile bezieht.[1226]

f) Buchführungsverstöße. Buchführungsverstöße spielen insbesondere im Rahmen der Er- 154
richtung oder der Unterhaltung schwarzer Kassen eine Rolle (Rdn 57). Die Rechtsprechung sieht durch einen Verstoß gegen die Pflicht zur ordnungsgemäßen Buchführung gemäß **§ 41 GmbHG**, wenn dieser mit der Vorlage und der Billigung von Scheinrechnungen verbunden ist, einen Ver-

---

1216 Graf/Jäger/Wittig/*Waßmer*[2] § 266 Rdn 191; *Hillenkamp* NStZ 1981, 161, 166; *Kasiske* NZWiSt 2016, 302, 306; Rowedder/Pentz-GmbHG/*Klinger*[7] Vor § 82 Rdn 19.

1217 Vgl *Kasiske* NZWiSt 2016, 302 f; zur Vermögensbetreuungspflichtverletzung bei Risikogeschäften siehe unter Rdn 64.

1218 *BGH* NJW 1975, 1234, 1236 (Hervorhebungen von *Verf.*); BGHSt 47, 295, 302.

1219 Vgl BVerfGE 126, 170, 228.

1220 Graf/Jäger/Wittig/*Waßmer*[2] § 266 Rdn 190; *Schünemann* (2017) Rdn 238; vgl *BGH* NStZ 2017, 227, 232 (HSH Nordbank) „Dementsprechend sind die Chancen eines ‚Kapitalmarkterfolges' des Geschäfts als möglicher Ausgleich des Vermögensverlusts in Betracht zu ziehen"; vgl auch *BGH* NJW 2019, 378, 381 (Derivatgeschäfte).

1221 Vgl BVerfGE 126, 170, 229 f; BVerfGE 130, 1, 48 f zu § 263 StGB. Kritisch *Noll* 313 (323).

1222 Graf/Jäger/Wittig/*Waßmer*[2] § 266 Rdn 191; *Schünemann* (2017) Rdn 238.

1223 Kritisch zur Anwendung der Grundsätze des individuellen Schadenseinschlags: Achenbach/Ransiek/Rönnau-Handbuch Wirtschaftsstrafrecht/*Seier*/*Lindemann*[5] 5. Teil, 2. Kapitel Rdn 400. Vgl auch *Kasiske* NZWiSt 2016, 302, 308, der den Risikoschaden unabhängig von den Grundsätzen des individuellen Schadenseinschlags mit den Methoden der mit dem Risiko verbundenen Minderung des Beleihungswerts des Vermögens oder der wirtschaftlichen Neutralisierung des Risikos durch den Abschluss eines Absicherungsgeschäfts beziffern will.

1224 *BGH* NStZ 2013, 715, 716 (I.B. GmbH) (Hervorhebungen von *Verf.*).

1225 Vgl BVerfGE 126, 170, 224.

1226 Schönke/Schröder-StGB/*Perron*[30] § 266 Rdn 50; schon *H. Otto* in: FS Puppe, 2011, S 1247, 1267.

mögensnachteil begründet.[1227] In diesem Sinne ist mit Blick auf das Schutzgut „Vermögen" und die Notwendigkeit der Vermeidung der Schaffung eines abstrakten Gefährdungsdelikts zu fordern, dass im Falle **manipulativer Buchführung die Durchsetzung berechtigter Ansprüche verhindert oder erheblich erschwert** wird.[1228] Dementsprechend wird auch das **tatbestandsausschließende Einverständnis der Gesellschafter** durch bloße Buchführungsverstöße nicht ohne Weiteres unwirksam (vgl 76).

D. Subjektiver Tatbestand

I. Vorsatz

155 Die Strafbarkeit setzt **Vorsatz** voraus (vgl § 15 StGB), wobei **dolus eventualis** genügt. Nach der Rechtsprechung des *BGH* sind an die **Feststellung der inneren Tatseite** strenge Anforderung zu stellen, insbesondere dann, wenn lediglich **bedingter Vorsatz** im Raume steht und **uneigennützig** gehandelt worden ist.[1229] Jedoch kann die rechtliche Einschränkung von Tatbestandsmerkmalen durch das **Verschärfen der Anforderungen bei der Tatfrage** schwer erreicht werden, sodass auch in vergleichender Betrachtung insbesondere zum Betrug, der frei ist von dieser richterrechtlichen Privilegierung, die **allgemeinen Regeln** gelten.[1230] Das **Verschleifungsverbot** (Rdn 42) wirkt sich auch und dahingehend auf die **subjektive Tatseite** aus, dass der **Vorsatz zur Pflichtwidrigkeit** einerseits und **zur Nachteilszufügung** andererseits **unabhängig voneinander** zu prüfen ist.[1231]

156 In seiner Rechtsprechung zu **Schwarzgeldkassen** nahm der *2. Strafsenat* des *BGH* im Fall „Kanther/Weyrauch" unter dem an sich zutreffenden Hinweis darauf, dass der weite Tatbestand der Untreue in der Gefahr stehe, zu einem bloßen Gefährdungsdelikt bzw zu einer Nivellierung der Abgrenzung von Tatvollendung und – bei § 266 StGB nicht strafbarem – Versuch zu tendieren,[1232] noch eine bloße Vermögensgefährdung an und ermöglichte – gebilligt vom *BVerfG* –[1233] ein **Korrektiv im subjektiven Tatbestand** beim **Handeln mit nur bedingtem Vorsatz**: Erforderlich ist, dass der Täter nicht nur die Gefährdung des Vermögens, sondern auch den endgültigen Verlust billigen musste.[1234] Im Fall „Siemens/Enel" – nun ebenfalls ohne verfassungsrechtliche

---

1227 Vgl *BGH* NStZ-RR 2018, 349; vgl auch BGHSt 6, 115, 116 f; BGHSt 20, 304 f; BGHSt 35, 333, 336; BGHSt 40, 287, 295 f (BND); BGHSt 47, 8, 11; *BGH* NStZ 2004, 559; Anders noch RGSt 73, 283, 287; RGSt 77, 228 (unordentliche Buchführung als solche reicht zur Begründung eines Vermögensnachteils aus).

1228 Vgl BGHSt 6, 115, 116 f; BGHSt 20, 304 f; BGHSt 35, 333, 336; BGHSt 40, 287, 295 f (BND); BGHSt 47, 8, 11; *BGH* NStZ 2004, 559 (anders noch RGSt 73, 283, 287; RGSt 77, 228, unordentliche Buchführung als solche reicht zur Begründung eines Vermögensnachteils aus); MünchKomm-StGB/*Dierlamm*/*Becker*[4] § 266 Rdn 212; StGB/*Fischer*[69] § 266 Rdn 152; Lackner/Kühl-StGB/*Heger*[29] § 266 Rdn 17a; *Louis* S 114 ff; SSW-StGB/*Saliger*[5] § 266 Rdn 91; Momsen/Grützner-WirtschaftsStStrR/*Schramm*[2] § 266 Rdn 140.

1229 Vgl RGSt 68, 371, 374; RGSt 69, 15, 17; RGSt 76, 115, 116; RGSt 77, 228, 229; *BGH* NJW 1975, 1234, 1236; NJW 1983, 461; NJW 1984, 800, 801; BGHSt 47, 295, 302; SSW-StGB/*Saliger*[5] § 266 Rdn 127; Rowedder/Pentz-GmbHG/*Klinger*[7] Vor § 82 Rdn 20; Graf/Jäger/Wittig/*Waßmer*[2] § 266 Rdn 223; Wirtschaftsstrafrecht/*Wittig*[5] § 20 Rdn 188; BeckOK-StGB/*dies*[58] § 266 Rdn 71.

1230 MünchKomm-StGB/*Dierlamm*/*Becker*[4] § 266 Rdn 316; StGB/*Fischer*[69] § 266 Rdn 176; Schönke/Schröder-StGB/*Perron*[30] § 266 Rdn 50; *Schünemann* (2017) Rdn 243; Achenbach/Ransiek/Rönnau-Handbuch Wirtschaftsstrafrecht/*Seier*/*Lindemann*[5] 5. Teil, 2. Kapitel Rdn 89; Graf/Jäger/Wittig/*Waßmer*[2] § 266 Rdn 223.

1231 *BGH* NStZ 2013, 715 (I.B. GmbH); *BGH* NStZ-RR 2015, 81, 82; *Bung* StV 2015, 175, 176; MünchKomm-StGB/*Dierlamm*/*Becker*[4] § 266 Rdn 318; SSW-StGB/*Saliger*[5] § 266 Rdn 127; Graf/Jäger/Wittig/*Waßmer*[2] § 266 Rdn 222; *Kubiciel* StV 2014, 91; Wirtschaftsstrafrecht/*Wittig*[5] § 20 Rdn 188; BeckOK-StGB/*dies*[58] § 266 Rdn 71.

1232 Vgl BGHSt 51, 100, 121, 123 (Kanther/Weyrauch).

1233 Vgl *BVerfG* NStZ 2009, 560, 562.

1234 BGHSt 51, 100, 121 ff (Kanther/Weyrauch), nachfolgend *BGH* NStZ 2007, 704, 705; *BGH* NStZ 2008, 397; auch *OLG Hamburg* NStZ 2010, 335, 336; **dafür** auch der *5. Strafsenat* des *BGH* (BGHSt 52, 182, 189 f); *BGH* NStZ 2013, 715, 716 (I.B. GmbH); MünchKomm-StGB/*Dierlamm*/*Becker*[4] § 266 Rdn 318; StGB/*Fischer*[69] § 266 Rdn 181 ff; Müller-Gugenberger-

Beanstandung durch das *BVerfG* –[1235] nahm der *2. Strafsenat* des *BGH* jedoch einen endgültigen Vermögensschaden an und versagte daher dieses Korrektiv im subjektiven Tatbestand.[1236] Dadurch ist zudem der Weg zum **besonders schweren Fall** nach §§ 266 Abs 2 iVm § 263 Abs 3 S 2, 1. Var StGB eröffnet (Rdn 170). Die Rechtsprechung ist im Fluss[1237] und bedarf der Klärung durch den *Großen Strafsenat* gemäß § 132 Abs 2 GVG.[1238] Das Korrektiv ist **aus dogmatischen Gründen abzulehnen**, da § 266 StGB eine **überschießende Innentendenz nicht vorgibt**. Zudem bestehen erfahrungsgemäß erhebliche Schwierigkeiten beim Nachweis der voluntativen Komponente beim bedingten Vorsatz.[1239] Zu bevorzugen ist daher das **Korrektiv im objektiven Tatbestand**.[1240]

II. Irrtum

§ 266 StGB enthält im Wesentlichen auf präjudizierende gesellschaftsrechtliche Regelungen verweisende **komplexe**[1241] **normative Tatbestandsmerkmale**.[1242] Das erschwert die **Abgrenzung zwischen den Vorsatz ausschließendem Tatbestands- (vgl §§ 15, 16 StGB) und vermeidbarem oder unvermeidbaren Verbotsirrtum (vgl § 17 StGB)**. Nach einer Auffassung reicht für den Vorsatz die **Kenntnis der die Pflichtwidrigkeit begründenden Tatsachen** aus, sodass bei einem Irrtum auf Ebene der rechtlichen Bewertung stets Verbotsirrtum anzunehmen ist **(These vom generellen Verbotsirrtum)**.[1243] Andererseits wird vertreten, dass die **fehlerhafte Wertung, nicht pflichtwidrig zu handeln**, stets zum Vorsatzausschluss führen müsse, weil zum Vorsatz bei der Untreue auch das Bewusstsein des Täters gehöre, die ihm obliegende Vermögensfürsorgepflicht zu verletzen **(These vom generellen Vorsatzausschluss)**.[1244] Der *BGH* verwirft diese generellen Thesen und verlangt für die Abgrenzung einen „Rückgriff auf **wertende Kriterien und differenzierende Betrachtungen**",[1245] ohne betreffende Kriterien zu benennen,[1246] wobei als **Leitlinie** 157

WirtschaftsStrR/*Hadamitzky*[7] Rdn 32.196a; BeckOK-StGB/*Wittig*[58] § 266 Rdn 72; **dagegen** der *1. Strafsenat* (*BGH* NStZ 2008, 457; BGHSt 53, 199, 204 (zu § 263 StGB); BGHSt 56, 203, 221) sowie die Stimmen, die eine Korrektur im subjektiven Tatbestand ablehnen, vgl unter Fn 1240; **offen gelassen** vom *3. Strafsenat* (*BGH* ZIP 2009, 1854, 1857 (WestLB/Sengera)); vgl dazu auch *Kudlich/Oğlakcıoğlu*[2] Rdn 349.

1235 Vgl BVerfGE 126, 170, 216 f, jedenfalls für den dort relevanten Sachverhalt, nach dem die Gelder derart ausgelagert waren, dass der Treugeber rechtlich keinen Anspruch auf Auszahlung gegen die beteiligten Banken hatte.

1236 Vgl BGHSt 52, 323, 338 (Siemens/Enel), dazu StGB/*Fischer*[69] § 266 Rdn 137; *ders* NStZ-Sonderheft 2009, 8, 17 ff.

1237 Vgl unter Fn 1326.

1238 SSW-StGB/*Saliger*[5] § 266 Rdn 128; *Schünemann* (2017) Rdn 250; Graf/Jäger/Wittig/*Waßmer*[2] § 266 Rdn 225; Wirtschaftsstrafrecht/*Wittig*[5] § 20 Rdn 174.

1239 Vgl *Perron* in: FS Tiedemann, 2008, S 737, 747; *dens* NStZ 2008, 517, 518; *Bosch* JA 2008, 148, 150.

1240 *Bernsmann* GA 2007, 219, 230; *Evers* S 265 f; SK-StGB/*Hoyer*[9] § 266 Rdn 120; *Kempf* in: FS Hamm, 2008, S 255, 265; NK-StGB/*Kindhäuser*[5] § 266 Rdn 123; *Perron* in: FS Tiedemann, 2008, S 737, 748; Schönke/Schröder-StGB/*ders*[30] § 266 Rdn 50; *Ransiek* NJW 2007, 1727, 1729; *Rönnau* in: FS Tiedemann, 2008, S 713, 732; SSW-StGB/*Saliger*[5] § 266 Rdn 88, 128; *ders* NStZ 2007, 545, 551; *Schlösser* StV 2008, 548 in Fn 3; *ders* NStZ 2008, 397, 398; Graf/Jäger/Wittig/*Waßmer*[2] § 266 Rdn 225; *U. Weber* in: FS Eisenberg, 2009, S 371, 375; vgl schon *Dierlamm* NStZ 1997, 534, 535; zu den Möglichkeiten der Eingrenzung im objektiven Tatbestand, allerdings mit dem Hinweis, dass diese Grenzen „höchst unsicher" seien: *Perron* in: FS Tiedemann, 2008, S 737, 742 ff, 745, auch *ders* NStZ 2008, 517, 518.

1241 Vgl BVerfGE 26, 170, 204.

1242 Zur Abgrenzung zum Blankettatbestand vgl unter Rdn 125.

1243 Vgl SK-StGB/*Hoyer*[9] § 266 Rdn 118; NK-StGB/*Kindhäuser*[5] § 266 Rdn 122; *Schünemann* (2017) Rdn 246 f.

1244 Vgl MünchKomm-StGB/*Dierlamm*/*Becker*[4] § 266 Rdn 317; Schönke/Schröder-StGB/*Perron*[30] § 266 Rdn 49; Momsen/Grützner-WirtschaftsStrR/*Schramm*[2] § 266 Rdn 155; Graf/Jäger/Wittig/*Waßmer*[2] § 266 Rdn 223d unter Hinweis auf die Grundsätze der Parallelwertung in der Laiensphäre.

1245 *BGH* NJW 2006, 522, 53 (in BGHSt 51, 331 insoweit nicht abgedruckt) (Mannesmann/Vodafone); im Grundsatz zustimmend SSW-StGB/*Saliger*[5] § 266 Rdn 129 wegen der darin gesehenen Tendenz zum Tatbestandsirrtum; Scholz-GmbHG/*Rönnau*[12] Vor §§ 82 ff Rdn 6 „in der Tendenz (...) eher *irrtumsfreundlich* (iS von § 16 StGB)".

1246 Vgl StGB/*Fischer*[69] § 266 Rdn 174; Graf/Jäger/Wittig/*Waßmer*[2] § 266 Rdn 223c.

gelten mag, dass ein **Tatbestandsirrtum bei evidenter Pflichtwidrigkeit fernliegen** dürfte.[1247] Der **Unvermeidbarkeit des Verbotsirrtums** begegnen hohen Hürden: Der Täter, den eine **„Pflicht zur Aktualisierung"** im Rahmen seiner Erkundigungspflichten gerade **mit Blick auf strafrechtlich relevante Rechtsänderungen jedenfalls im Kernstrafrecht** trifft, muss bei der insbesondere seinem Berufskreis zuzumutenden Gewissenanspannung sowie nach Ausschöpfung der zur Verfügung stehenden Erkenntnismittel nicht in der Lage gewesen sein, das Unrecht einzusehen.[1248] Sie ist **in der Praxis kaum zu begründen**.[1249] Mit Blick auf anwaltlichen Rat dürften **detaillierte schriftliche Gutachten** erforderlich sein, um zu vermeiden, dass die Rechtsprechung von Gefälligkeitsgutachten mit **„Feigenblattfunktion"**[1250] ausgeht.[1251]

E. Rechtswidrigkeit

158 Das **Gesellschaftereinverständnis** wirkt bei der GmbH-Untreue bereits **tatbestandsausschließend**, sodass als Rechtfertigungsgrund insbesondere der **rechtfertigende Notstand (§ 34 StGB)** in Betracht kommen könnte. Derartige Fälle sind jedoch angesichts der gesellschafterlichen Eingrenzungsmacht mit Blick auf die Vermögensbetreuungspflicht sowie die abschließenden Regelungen insbesondere des Insolvenzrechts rar.[1252] Zu erinnern sind (ältere) Entscheidungen der Obergerichte zum **(übergesetzlichen) Notstand** im Bereich des Wirtschaftsstrafrechts:[1253] So ließ beispielsweise der *BGH* die Veruntreuung öffentlicher Mittel angesichts der Gefahr hoher wirtschaftlicher Verluste bei gleichzeitiger Gefährdung kulturpolitischer und gesamtpolitischer Belange zu.[1254] Auch wurden diese Grundsätze herangezogen bei Nichteinhaltung von Preisvorschriften zum Schutze der Arbeitsplätze der Belegschaft.[1255]

F. Täterschaft und Teilnahme; Versuchsstrafbarkeit, Vollendung und Beendigung, Verfolgungsverjährung; Strafantragserfordernis

I. Täterschaft und Teilnahme

159 Wegen der Eigenschaft als **Sonderdelikt** kann Täter, Mittäter oder mittelbarer Täter nur sein, wer Vermögensbetreuungspflichtiger ist; wer diese tatbestandlich vorausgesetzte Eigenschaft, die als **besonderes persönliches Merkmal die Strafbarkeit des Täters begründet**, nicht aufweist, kann lediglich Teilnehmer sein. Insoweit wird über diese Eigenschaft die Täterschaft begründet und der Hinweis darauf, dass der Beitrag nach den allgemeinen Regeln – mangels eigenen Interesses am Erfolg der Tat, geringen Umfangs der Tatbeteiligung und fehlender Tatherrschaft – lediglich eine Teilnahme begründen würde, kann nicht entlasten, zumal eine solche Konstellation – Handeln im Rahmen des eigenen Vermögensbetreuungspflichtenkreises ohne allgemeine täterschaftsbegründen-

---

1247 Vgl BGHSt 54, 148, 161 f (Fall Gebauer/Volkert); *BGH* NStZ 2021, 549, 552 (in BGHSt 66, 76 insoweit nicht abgedruckt); *BGH* NStZ 2023, 352, 355 (Betriebsratsvergütung); *Kulhanek* NStZ 2023, 355, 357; SSW-StGB/*Saliger*[5] § 266 Rdn 129.
1248 *BGH* NStZ 2022, 30, 31 f; Graf/Jäger/Wittig/*Waßmer*[2] § 266 Rdn 231.
1249 Graf/Jäger/Wittig/*Waßmer*[2] § 266 Rdn 231.
1250 *BGH* NStZ 2000, 307, 309; vgl BGH BeckRS 2008, 6865 (in NStZ-RR 2009, 13 insoweit nicht abgedruckt); BGHSt 58, 15, 30; *BGH* NJW 2013, 93, 97; *BGH* NStZ 2023, 352, 355 (Betriebsratsvergütung).
1251 Graf/Jäger/Wittig/*Waßmer*[2] § 266 Rdn 231a.
1252 SSW-StGB/*Saliger*[5] § 266 Rdn 130.
1253 Siehe zum Folgenden *Jescheck*/*Weigend*[5] S 360; weitere Entscheidungen finden sich bei Schönke/Schröder-StGB/*Perron*[30] § 266 Rdn 48 und SSW-StGB/*Saliger*[5] § 266 Rdn 130.
1254 BGHSt 12, 299, 304 ff.
1255 *OLG Hamm* NJW 1952, 838; *BayObLG* NJW 1953, 1603.

de Merkmale – kaum denkbar ist.[1256] In Betracht kommt für die Fälle einer solchen Divergenz allein eine Pflichtenkreisdisparität idS, dass ein (dann bloßer) Gehilfe außerhalb seines (täterschaftsbegründenden) Pflichtenkreises – erkennbar widerwillig – unterstützend tätig wird.[1257]

Für den Teilnehmer, also den Anstifter oder Gehilfen, gilt zunächst die Strafmilderung aus **§§ 28 Abs 1, 49 Abs 1 StGB.**[1258] Zudem käme beim Gehilfen die zusätzliche Milderung aus den **§§ 27 Abs 2, 49 Abs 1 StGB** in Betracht. Von der **doppelten Strafrahmenmilderung** macht die Rechtsprechung jedoch nur dann Gebrauch, wenn die Teilnahme auch nach den allgemeinen Regeln gegeben wäre und die Stellung als Beihelfer nicht allein dem Fehlen des Tatbestandsmerkmals der Vermögensbetreuungspflicht geschuldet ist, da nur dann die strafrahmenbildenden Milderungsgründe jeweils eigenständige sachliche Grundlagen hätten, womit allein das Fehlen des besonderen persönlichen Merkmals der Vermögensbetreuungspflichtigkeit ohne Hinzutreten irgendeines anderen Umstandes nicht zur Anwendung beider Strafmilderungsgründe führt und die Strafe in diesen Fällen nur einmal gemildert wird.[1259] Dem folgt die hM im Schrifttum.[1260] Im Übrigen gelten die **allgemeinen Regeln**. 160

In seinem Urteil zum „Bremer Vulkan“ hat der *5. Strafsenat* (vgl Rdn 109 ff)[1261] die **Rechtsfigur der mittelbaren Täterschaft kraft Organisationsherrschaft** auch im Rahmen der Untreue anerkannt. Das verwundert nicht, da dieses Rechtsinstitut in der Rechtsprechung des *BGH* schon vorher im Wirtschaftsstrafrecht Akzeptanz gefunden hatte,[1262] wobei danach eine den Bedürfnissen der Praxis entsprechende, recht konzise Begründung der Ausnutzung von „durch Organisationsstrukturen bestimmte(n) Rahmenbedingungen (...), die regelhafte Abläufe auslösen, die ihrerseits zu der vom Hintermann erstrebten Tatbestandsverwirklichung führen“,[1263] ausreichen soll. Die Übertragung dieser für den Bereich staatlicher Unrechtsregime entwickelten Rechtsfigur[1264] 161

1256 Vgl SSW-StGB/*Saliger*[5] § 266 Rdn 131; **aA** Wirtschaftsstrafrecht/*Wittig*[6] § 20 Rdn 9 unter Hinweis auf *BGH* NJW 2016, 2585, 2589 (in BGHSt 61, 48 insoweit nicht abgedruckt) (Nürburgringverfahren) „Für die neue Hauptverhandlung weist der *Senat* darauf hin, dass trotz des Charakters der Untreue als Sonderdelikt nicht offenbleiben können wird, ob einer täterschaftlichen Verurteilung von (...) bereits die allgemeinen Voraussetzungen der (Mit-)Täterschaft (...) entgegenstehen.“.

1257 SSW-StGB/*Saliger*[5] § 266 Rdn 131 und BeckOK-StGB/*Wittig*[58] § 266 Rdn 75 unter Hinweis auf *BGH* NJW 2016, 2585, 2599 (in BGHSt 61, 48 insoweit nicht abgedruckt) (Nürburgringverfahren).

1258 Vgl BGHSt 26, 53 f; *BGH* NJW 2002, 1585, 1589 (in BGHSt 47, 187 insoweit nicht abgedruckt) (SSV Reutlingen); *BGH* NStZ-RR 2008, 6; StGB/*Fischer*[69] § 266 Rdn 185; SSW-StGB/*Saliger*[5] § 266 Rdn 131.

1259 Vgl BGHSt 26, 53, 55; *BGH* NJW 1983, 1807, 1810 (in BGHSt 31, 232 insoweit nicht abgedruckt); BGHSt 58, 115, 118 (zu § 283 StGB); *BGH* NJW 2016, 2585, 2600 (in BGHSt 61, 48 insoweit nicht abgedruckt) (Nürburgringverfahren); *BGH* wistra 1985, 190; *BGH* wistra 1988, 303; *BGH* wistra 1994, 139; *BGH* StV 1995, 73; *BGH* NStZ-RR 2006, 109; *BGH* wistra 2007, 306, 307; *BGH* NStZ-RR 2009, 102; *BGH* NStZ 2012, 316, 317; 630; BGH wistra 2015, 146; BGH NStZ 2019, 525, 526.

1260 Vgl *Detter* NStZ 2005, 498, 500; MünchKomm-StGB/*Dierlamm*/*Becker*[4] § 266 Rdn 321; StGB/*Fischer*[69] § 266 Rdn 186; Müller-Gugenberger-WirtschaftsStrR/*Hadamitzky*[7] Rdn 32.10; SK-StGB/*Hoyer*[9] § 266 Rdn 123; NK-StGB/*Kindhäuser*[5] § 266 Rdn 127; SSW-StGB/*Saliger*[5] § 266 Rdn 131; Momsen/Grützner-WirtschaftsStrR/*Schramm*[2] § 266 Rdn 157a; Graf/Jäger/Wittig/*Waßmer*[2] § 266 Rdn 281; BeckOK-StGB/*Wittig*[58] § 266 Rdn 76; im Ergebnis auch *Schünemann* (2017) Rdn 257; **aA** Schönke/Schröder-StGB/*Perron*[30] § 266 Rdn 52 unter Hinweis darauf, dass sich die Beschränkung des Täterkreises bei der Untreue auf Personen mit bestimmten Dispositionsmöglichkeiten allein aus der besonderen Anfälligkeit des Vermögens ihnen gegenüber erklärt und nicht etwa aus dem Gedanken eines nur von ihnen zu verwirklichenden, von der Rechtsgutsverletzung unabhängigen personalen Unrechts; Achenbach/Ransiek/Rönnau-Handbuch Wirtschaftsstrafrecht/*Seier*/*Lindemann*[5] 5. Teil, 2. Kapitel Rdn 65.

1261 BGHSt 49, 147, 163 f (Bremer Vulkan).

1262 Vgl BGHSt 43, 219, 231 f (Abfallbeseitigung); BGHSt 48, 331, 342 (Kapitaleinlage); *BGH* NStZ 1996, 296, 297; *BGH* NStZ 1998, 568, 569; *BGH* NStZ 2004, 457, 458; später *BGH* NStZ 2008, 89, 90.

1263 *BGH* NStZ 1998, 568, 569.

1264 Insgesamt ablehnend *Köhler* (1997) S 510 unter Hinweis auf die auch im Rahmen von „Organisationsherrschaft“ fortbestehende Selbstverantwortlichkeit des unmittelbaren Täters.

auf Wirtschaftsunternehmen kann in Ansehung ihrer einzelnen spezifizierten Voraussetzungen,[1265] insbesondere mit Blick auf die Kriterien der Rechtsgelöstheit des Machtapparats (als Ganzem) sowie der wesentlich erhöhten Tatbereitschaft der unmittelbar im Unternehmen handelnden Mitarbeiter, wegen dort bestehender vergleichsweise flacher Hierarchien, des Kündigungsschutzrechts sowie zT der Implementierung von Compliance-Systemen („Whistleblowing") kritisch gesehen werden.[1266]

II. Straflosigkeit des Versuchs

162 Der **Versuch** der Untreue ist mangels gesetzlicher Regelung auch als besonders schwerer Fall **straflos** (vgl §§ 12 Abs 2 und 3, 23 Abs 1 StGB). Legislatorische Pläne zur Etablierung der Versuchsstrafbarkeit sind bislang erfolglos geblieben.[1267]

III. Vollendung und Beendigung, Verfolgungsverjährung

163 **Vollendet** ist die Untreue mit dem Eintritt des durch die Tathandlung verursachten Vermögensnachteils, wobei nach der Rechtsprechung des *BGH* auch eine **konkrete Vermögensgefährdung** ausreicht; **beendet** ist die Tat in diesem Fall, wenn der Vermögensverlust vollends realisiert ist.[1268] Im Fall der **Nichtgeltendmachung einer Forderung** tritt die Beendigung spätestens mit deren Verjährung ein.[1269] Entsteht der Vermögensnachteil durch verschiedene Ereignisse, ist der **Zeitpunkt des letzten Ereignisses** maßgeblich.[1270] Die **Verfolgungsverjährung von fünf Jahren** (vgl § 78 Abs 3 Nr 4 StGB) beginnt mit der Beendigung der Tat (vgl § 78a StGB).

IV. Strafantrag

164 Strafantragserfordernisse ergeben sich aus **Absatz 2 iVm §§ 247, 248a StGB**. In diesem Zusammenhang sind die **GmbH-Gesellschafter**, die **Familienangehörige** des Täters sind, als **Verletzte** anzusehen, wobei es keines Strafantrags bedarf, wenn die Tat zu einer **Existenzgefährdung der GmbH** geführt hat.[1271]

G. Konkurrenz zu § 283 StGB

165 Das Verhältnis der **Organuntreue** zum **Bankrott (§ 283 StGB)** bedarf der näheren Analyse.[1272]

1265 Zudem Voraussetzungen siehe *Roxin* (2022) § 24 III., V.
1266 Vgl Schönke/Schröder-StGB/*Heine/Weißer*[30] § 25 Rdn 30; Graf/Jäger/Wittig/*Hoffmann-Holland/Singelnstein*[2] § 25 Rdn 68; MünchKomm-StGB/*Joecks/Scheinfeld*[4] § 25 Rdn 157; *Roxin* AT II § 25 Rdn 129 ff; *dens* ZIS 2006, 293, 298; *dens* GA 2012, 395, 410; LK-StGB/*Schünemann/Greco*[13] § 25 Rdn 151; Wirtschaftsstrafrecht/*Wittig*[5] § 6 Rdn 113.
1267 Vgl dazu MünchKomm-StGB/*Dierlamm/Becker*[4] § 266 Rdn 320; SSW-StGB/*Saliger*[5] § 266 Rdn 132; Graf/Jäger/Wittig/*Waßmer*[2] § 266 Rdn 18, 246.
1268 *BGH* NStZ 2001, 650; *BGH* NStZ 2003, 540, 541.
1269 *Hoven/Kubiciel/Waßmer* NZWiSt 2016, 121, 124; Graf/Jäger/Wittig/*Waßmer*[2] § 266 Rdn 248.
1270 *BGH* NJW 2001, 2102, 2106 (in BGHSt 46, 310 insoweit nicht abgedruckt) (Bayerisches Rotes Kreuz; NStZ 2001, 650; 2003, 540, 541.
1271 Vgl *BGH* NJW 2003, 2924, 2926; *BGH* NStZ-RR 2005, 86; *BGH* NStZ-RR 2007, 79, 80; StGB/*Fischer*[69] § 266 Rdn 193; SSW-StGB/*Saliger*[5] § 266 Rdn 137; *Schünemann* (2017) Rdn 287; Graf/Jäger/Wittig/*Waßmer*[2] § 266 Rdn 270; zur Kritik dazu siehe unter Rdn 11.
1272 Vgl zum Nachfolgenden *Anders* NZWiSt 2017, 13, 18 ff.

I. Tateinheit

Der *3. Strafsenat* hat in seinem Beschluss vom 10. Februar 2009, in dem die „fast schon unendliche Geschichte um den Abschied von der Interessentheorie“[1273] ihren Beginn nahm, ausgeführt, dass „häufiger als bisher eine Verurteilung wegen Bankrotts in Tateinheit mit Untreue (...) in Betracht kommen“ werde, „insbesondere wenn die Zustimmung der Gesellschafter (...) einer GmbH wegen des damit verbundenen existenzgefährdenden Eingriffs in das Gesellschaftsvermögen kein tatbestandsausschließendes Einverständnis mit der nachteiligen Vermögensverfügung darstellt (...)“.[1274] Vorher stellte unter Anwendung der sog **Interessenformel** – von einer konsistenten Theorie konnte nie die Rede sein–,[1275] nach welcher der Vertretungsbezug nach § 14 StGB beim Handeln des Vertreters **(wenigstens auch) im Interesse des Vertretenen** gegeben sein sollte,[1276] die **Exklusivität von Bankrott und Organuntreue den Regelfall** dar,[1277] was zu dem Vorwurf führte, dem eingeschränkten Anwendungsbereich des § 283 Abs 1 Nr 1 StGB bei Vertretern oder Organen von Kapitalgesellschaften würde eine schutzzweckwidrige Extension bei § 266 StGB entsprechen, welche über eine Eingrenzung der Gesellschafterdisponibilität durch die Existenzgefährdungsrechtsprechung gesteuert würde (Rdn 118). Dementsprechend wurden im Schrifttum nach **Aufgabe der Interessenformel durch den** BGH die Stimmen lauter, die als Reflex – ausgehend von dem Verständnis, welches Gläubigerschutz durch § 266 StGB ausschließt – eine restriktivere Handhabung der Organuntreue forderten.[1278] Jedoch liegt nunmehr **Tateinheit** nahe, was mit Blick auf die **verschiedenen Rechtsgüter, die durch § 283 StGB und durch § 266 StGB geschützt werden sollen**, gerechtfertigt erscheint.[1279] 166

II. Aufgabe der Interessenformel und Ausblick

Die **Abkehr von der Interessenformel** vollzog sich in den Jahren 2009 bis 2012 ausgehend von obiter dicta des *3. Strafsenats*[1280] über eine Anfrage dieses *Senats* bei den anderen *Senaten* nach § 132 Abs 3 Satz 1 GVG,[1281] deren Erklärungen, nicht an ihrer insoweit jeweils entgegenstehenden früheren Rechtsauffassung festzuhalten,[1282] bis zur endgültigen Aufgabe der Formel durch den *3. Strafsenat* mit dessen Entscheidung vom 15. Mai 2012.[1283] Die in den Entscheidungen des *3. Strafsenats* im Wesentlichen angeführten Gründe spiegeln die jahrelange Kritik an der Interessenformel in der wissenschaftlichen Literatur im Wesentlichen wider: Vorgebracht wurde der rechtspolitische Einwand einer – in Bezug auf Insolvenzdelikte – unerträglichen **Strafbarkeitslücke für Vertreter oder Organe von Kapitalgesellschaften**.[1284] Zudem erwies sich die Interessenformel mit Blick auf **Personengesellschaften oder die „Mischform“ der GmbH & Co. KG verfassten Unternehmen** als porös, sie „passte“ nicht auf die strafrechtlich relevanten Verstöße gegen die **Buchführungs- und Bilanzierungsvorschriften der §§ 283 Abs 1 Nr 5–8, 283b StGB** 167

1273 *C. Brand* NJW 2012, 2370.
1274 *BGH* wistra 2009, 275, 277 f; vgl auch NJW 2012, 2366, 2369 (in BGHSt 57, 229 insoweit nicht abgedruckt).
1275 Vgl *Bittmann* wistra 2010, 8, 9; *Hager* S 161; *A. Schwarz* HRRS 2009, 341, 345.
1276 Vgl BGHSt 28, 371, 372; BGHSt 30, 127, 128 f; BGHSt 34, 221, 223; *BGH* NJW 1992, 250, 252; *BGH* NStZ 2000, 206, 207.
1277 Die Ausnahme soll nach der Rechtsprechung des *BGH* der (seltene) Fall darstellen, in dem das Vertreterhandeln sowohl durch Eigen- als auch Fremdinteresse motiviert sei, vgl BGHSt 28, 371, 372 ff; BGHSt 30, 127, 130.
1278 Vgl *Dehne-Niemann* wistra 2009, 417, 422; *Kudlich/Oğlakcıoğlu*² Rdn 535b; *Link* NJW 2009, 2228.
1279 Vgl *BGH* wistra 2009, 275, 278); *BGH* NJW 2012, 2366, 2369 (in BGHSt 57, 229 insoweit nicht abgedruckt).
1280 Vgl *BGH* NStZ 2009, 437, 439; *BGH* NStZ-RR 2012, 80, 81; vgl auch den *1. Strafsenat*: NStZ-RR 2009, 373.
1281 Vgl *BGH* NStZ 2012, 89.
1282 Vgl *1. Strafsenat* wistra 2012, 113; *2. Strafsenat* BeckRS 2012, 03295; *4. Strafsenat* wistra 2012, 191; *5. Strafsenat* BeckRS 2012, 04844.
1283 Vgl BGHSt 57, 229.
1284 MünchKomm-StGB/*Petermann/Sackreuther*⁴ Vor § 283 Rdn 70; *Hager* S 167 f; SK-StGB/*Hoyer*⁹ § 283 Rdn 103; *Stockburger* S 291.

und sie versagte bei den **Fahrlässigkeitsdelikten (§ 283 Abs 4 und 5 StGB).**[1285] Schließlich konnte die subjektivierte Betrachtung der Interessenformel nicht aus den §§ 266, 283 Abs 1 Nr 1, 14 StGB gelesen werden, da die Untreue keine Bereicherungsabsicht verlangt, Bankrott Tatbestandshandlungen vorsieht („Zerstören", „Beschädigen" und „Unbrauchbarmachen"), die per se den Interessen des Gemeinschuldners widersprechen, und es zudem denkbar war, dass – subjektiv im Interesse der Vertretenen – für die GmbH durch den Geschäftsführer gehandelt wird, wenn die Handlung – objektiv – gar nicht im Interesse des Gesellschaft liegt[1286] oder vice versa gewendet: Das Gläubigerinteresse am ungeschmälerten Fortbestand der Insolvenzmasse kann auch durch eigennütziges Handeln, und nicht durch Handeln im Interesse des Vertretenen, berührt werden.[1287]

168 Als „Nachfolger" der Interessenformel kommen das in der Literatur wohl noch vorherrschende **Funktionsmodell** und das in seiner jetzigen Form im Wesentlichen auf *Radtke* zurückgehende, über den sog **organisationsbezogenen Ansatz**[1288] aktualisierte und ergänzte **Zurechnungsmodell** in Frage; beide Auffassungen standen der Interessenformel des *BGH* lange Zeit „unversöhnlich" gegenüber.[1289] Das Funktionsmodell verlangt den **funktionellen Zusammenhang** mit dem Aufgaben- und Pflichtenkreis des handelnden Organs.[1290] Beide Modelle trennen zwischen den Phänomenen des **rechtsgeschäftlichen und faktischen Handelns** des Geschäftsführers der GmbH: Bei Rechtsgeschäften muss nach dem **Funktionsmodell** im Namen des Vertretenen gehandelt worden sein,[1291] bei faktischem Handeln muss dieses seiner Art nach, nicht notwendig in der besonderen Ausführung, als Wahrnehmung der Angelegenheiten des Vertretenen erscheinen,[1292] was dann der Fall sei, wenn der Geschäftsführer die organspezifischen Handlungsmöglichkeiten ausnutze.[1293] Das **Zurechnungsmodell** verlangt das Handeln des Vertreters im **Geschäftskreis des Vertretenen**[1294] in einem normativen Sinne unter Berücksichtigung der Spezifika des Sonderdelikts,[1295] was bei § 283 StGB erfordere, dass dessen **Selbstschädigungscharakter** gewahrt bleibe.[1296] Der Organ- bzw Vertretungsbezug kann nach dem **Zurechnungsmodell** somit nur dann angenommen werden, wenn sich das Verhalten des Vertreters normativ – es wird insoweit verwiesen auf die Fiktion unterstellter Strafbarkeit der juristischen Person (sog organisationsbezogener Ansatz)[1297] – als eines des Vertretenen selbst darstellt.[1298] Ausgehend von diesem Grundsatz ist bei rechtsgeschäftlichem Handeln erforderlich, dass entweder im Namen des Vertretenen gehandelt wird oder aber die Rechtswirkungen der Handlung den Vertretenen treffen, was bei der Genehmigung des (zunächst vollmachtlosen) Vertreterhandelns der Fall wäre;[1299] bei faktischem Handeln des Vertretenen müssen die Gesellschafter – zivilrechtlich wirksam – einverstanden sein.[1300] Dies kann bei ersterem zu **Tateinheit zwischen Bankrott und Organuntreue** führen, bei faktischem Handeln hingegen zu einer **Exklusivitätslösung** (nur § 266 StGB), da das Zurech-

1285 Vgl BGHSt 57, 229, 235 ff; *Hager* S 168 f; *Stockburger* S 290 f.
1286 *Anders* (2012) S 121.
1287 *Dehne-Niemann* wistra 2009, 417, 420.
1288 Konzipiert von *C. Brand* (2010) S 254 ff.
1289 *C. Brand* NStZ 2010, 9.
1290 *Arloth* NStZ 1990, 570, 574; *Habetha* NZG 2012, 1134, 1136; *Labsch* wistra 1985, 59; Schönke/Schröder-StGB/*Perron*/*Eisele*[30] § 14 Rdn 26; *Tiedemann* NJW 1986, 1842, 1844 f; LK-StGB/*ders*[12] Vor §§ 283 ff Rdn 83.
1291 *Habetha* NZG 2012, 1134, 1136; Schönke/Schröder-StGB/*Perron*/*Eisele*[30] § 14 Rdn 26a.
1292 *Labsch* wistra 1985, 59, 60 f; Schönke/Schröder-StGB/*Perron*/*Eisele*[30] § 14 Rdn 26a.
1293 *Habetha* NZG 2012, 1134, 1136; *Hager* S 211 f; Schönke/Schröder-StGB/*Perron*/*Eisele*[30] § 14 Rdn 26a; *Tiedemann* NJW 1986, 1842, 1844 f.
1294 MünchKomm-StGB/*Petermann*/*Sackreuther*[4] Vor § 283 Rdn 73 f.
1295 MünchKomm-StGB/*Petermann*/*Sackreuther*[4] Vor § 283 Rdn 76; MünchKomm-StGB/*Radtke*[4] § 14 Rdn 66.
1296 *C. Brand* NStZ 2010, 9, 11 f; MünchKomm-StGB/*Petermann*/*Sackreuther*[4] Vor § 283 Rdn 76.
1297 Vgl *C. Brand* (2010) S 236, 237, 252, 254 ff; MünchKomm-StGB/*Radtke*[4] § 14 Rdn 66.
1298 MünchKomm-StGB/*Radtke*[4] § 14 Rdn 67; *ders* ZIP 2016, 1993, 1998; *ders*/*M. Hoffmann* NStZ 2012, 91, 92.
1299 MünchKomm-StGB/*Radtke*[4] § 14 Rdn 67; *ders* JR 2010, 233, 237; *ders* ZIP 2016, 1993, 1998; *Stockburger* S 294.
1300 MünchKomm-StGB/*Radtke*[4] § 14 Rdn 68; *ders* JR 2010, 233, 237; *ders* GmbHR 2012, 962 f; *ders* ZIP 2016, 1993, 1998.

nungsmodell im Rahmen des § 283 StGB die gesellschaftsrechtliche Wirksamkeit des Gesellschaftereinverständnisses verlangt, die wiederum an die Existenzgefährdungsgrenze gebunden ist.[1301] Hier liegt ein signifikanter Unterschied zum Funktionsmodell, das auch bei unwirksamen Einverständnis, weil eine Existenzgefährdung vorliegt, neben § 266 StGB Bankrott annehmen kann.[1302] Ein **pluralistischer Ansatz** verbindet schließlich Elemente der Interessentheorie und des Funktionsmodells: Danach muss der Täter mit seiner Handlung entweder subjektiv die Interessen des Vertretenen verfolgen wollen oder aber objektiv diejenigen Optionen ausgenutzt haben, die ihm seine Position offerierten.[1303] Einiges deutet zwar darauf hin, dass **der** BGH **dem Zurechnungsmodell zuneigt**:[1304] Dafür spricht, dass der 3. Strafsenat in seinem **Beschluss vom 10. Februar 2009**[1305] – häufig die Kommentierung von *Radtke* zitierend – bei faktischem Verhalten auf die Zustimmung des Vermögensinhabers abstellt.[1306] Ausgemacht ist dies jedoch keineswegs: Zum einen äußerte sich der 3. Strafsenat in seinen **Beschlüssen vom 15. Mai 2012**[1307] und **15. November 2012**[1308] nicht klar zu der Frage, ob bei faktischem Geschäftsführerhandeln die Zustimmung der Gesellschafter rechtswirksam sein muss oder etwa auch das nichtige Gesellschaftereinverständnis ausreichend sein kann. Die Vertreter des Zurechnungsmodells wirken auf eine Ausdeutung der Rechtsprechung auf das Erfordernis einer wirksamen Zustimmung hin,[1309] da sich nur dann die angenommene Exklusivität von Bankrott und Organuntreue im Falle des faktischen Geschäftsführerhandelns aufrechterhalten lässt. Zum anderen beschränkte der 4. Strafsenat in seinem **Beschluss vom 10. Januar 2012** bei faktischem Verhalten des Geschäftsführers eine Zurechnung der für § 283 StGB strafbegründenden Schuldnereigenschaft nicht allein auf die Fälle, in denen eine Zustimmung des Vertreters vorliegt, sondern maß dem Umstand Bedeutung zu, „dass der Vertreter Interessen des Vertretenen wahrgenommen hat".[1310] Darin wird eine **gewisse Nähe zur Funktionslösung** gesehen, welche bei ambivalenten Geschäftsführerhandlungen zur Bewertung des Vertretungsbezugs die Motivation des Handelnden mit einbezieht,[1311] was im Übrigen den 3. Strafsenat in seinem Beschluss vom **15. Mai 2012** auch dazu veranlasst haben könnte, „jedenfalls"[1312] dann eine Zurechnung von faktischen Handlungen anzunehmen, wenn eine Zustimmung des Vertretenen vorliegt. Die Zustimmung wäre dann allenfalls ein Kriterium,[1313] nämlich das dem im Vergleich zur Funktionslösung engeren Zurechnungsmodell entsprechende, und es bliebe Raum, den Vertretungsbezug bei faktischen Handlungen darüber hinaus auch nach der erstgenannten Theorie zu bestimmen.[1314] Schließlich wird im Schrifttum aus der Rechtsprechung des *BGH*, welche neben der Bankrottstrafbarkeit an einer tateinheitlichen Untreuestrafbarkeit nach den Grundsätzen des existenzgefährdenden Eingriffs festhält, eine Tendenz gegen das Zustimmungsmodell

1301 Vgl MünchKomm-StGB/*Radtke*[4] § 14 Rdn 68; *dens* GmbHR 2012, 962, 964; *dens* ZIP 2016, 1993, 1998; *dens*/*M. Hoffmann* NStZ 2012, 91, 94.
1302 Kritisch daher gegenüber der Zurechnungslösung *Habetha*/*Klatt* NStZ 2015, 671, 674.
1303 Vgl *Pohl* (2013) S 136; *dies* wistra 2013, 329, 333.
1304 Vgl Bittmann-Insolvenzstrafrecht/*C. Brand*[2] § 12 Rdn 20; Wirtschaftsstrafrecht/*Wittig*[5] § 6 Rdn 100c.
1305 Vgl *BGH* NStZ 2009, 437, 439.
1306 *C. Brand* NStZ 2010, 9, 10.
1307 Vgl *BGHSt* 57, 229, 238 „(...) wenn eine Zustimmung des Vertretenen vorliegt (...).".
1308 Vgl *BGH* NStZ 2013, 284, 285.
1309 Vgl *C. Brand* NJW 2012, 2370; *dens* NZWiSt 2012, 64 f; *Radtke* GmbHR 2012, 962, 963; *dens*/*M. Hoffmann* NStZ 2012, 91, 93; Wirtschaftsstrafrecht/*Wittig*[5] § 23 Rdn 33.
1310 *BGH* wistra 2012, 191; kritisch dazu *Radtke* GmbHR 2012, 962, 963.
1311 Vgl *Habetha* NZG 2012, 1134, 1136; *dens*/*Klatt* NStZ 2015, 671, 675; Schönke/Schröder-StGB/*Perron*/*Eisele*[30] § 14 Rdn 26.
1312 BGHSt 57, 229, 238.
1313 Vgl insoweit auch den *2. Strafsenat BGH* StV 2022, 23, 24 („(...) auch (...) mit Zustimmung handelte (...) oder ihm die Schuldnereigenschaft aus sonstigen Gründen zugerechnet werden könnte (...)").
1314 In diesem Sinne auch *Habetha* NZG 2012, 1134, 1137; *ders* (2014) Rdn 492; *ders*/*Klatt* NStZ 2015, 671, 674 f; *Hennecke* S 48. Kritisch *C. Brand* NJW 2012, 2370.

gefolgert.[1315] Dagegen wird man aber wohl einwenden müssen, dass bei den insoweit betroffenen Fällen rechtsgeschäftlichen Handelns zwischen Funktionslösung und Zurechnungsmodell kein Unterschied besteht.

169 Unabhängig von der prognostischen Frage, wie der *BGH* nun zukünftig seine Rechtsprechung ausrichten wird, ist es eine rechtswissenschaftlich-dogmatische Frage, welchem Modell der Vorzug zu geben ist. Gegen die zum Strafgrund der Organ- und Vertreterhaftung im Rahmen des § 14 StGB vertretene sog **Pflichtentheorie**, auf der das Zurechnungsmodell gründet, wird vorgebracht, dass sie zu **zivilistisch geprägt** sei;[1316] andererseits wird die im Wesentlichen das Funktionsmodell abbildende **Garantentheorie** *Schünemanns*, welche in der Vertreterhaftung eine Form der Übernahme einer **Garantenstellung** sieht,[1317] kritisiert, sie könne das **positive Recht nicht abbilden.**[1318] Entscheidend ist jedoch das **Rechtsgut des Bankrotts**: Denn in dieser Perspektive – befreit von den Fragen, ob die Vertreterhaftung im Rahmen des § 14 StGB auf (zivilrechtlich) übertragenen Pflichten oder (originär strafrechtlich) begründete Garantenstellungen fußt – dürfte der entscheidende Punkt sein, dass im Rahmen des § 283 StGB die abgeleitete Pflichtenübernahme sich auf ein drittes Rechtsgut – den Schutz der Gläubiger – bezieht und deshalb nicht nur vom Interesse des Vertretenen,[1319] sondern auch von einer (zivilrechtlich wirksamen) Zustimmung des Vertretenen unabhängig sein müsste. Darin dürfte der wahre Kern der Garantentheorie liegen, welche die Frage aufwirft, welche das Zurechnungsmodell nicht hinreichend erklären kann, nämlich warum der **Gläubigerschutz zugunsten einer zivilrechtlichen Pflichtenbindung zurückstehen soll.**[1320] Bei der Organuntreue, die das Vermögen der GmbH schützt, ist das Erfordernis des Einverständnisses der Zuständigen stimmig, bei § 283 StGB vermag es jedoch aus originär strafrechtlicher Perspektive des Rechtsgüterschutzes nicht recht einzuleuchten. Man wird einwenden, dass doch das Zurechnungsmodell gegen den Einwand fehlenden Gläubigerschutzes immun sein müsste, da mit dieser Theorie bei einem gesellschaftsrechtlich unwirksamen Einverständnis des Vertretenen die Organuntreue greifen würde, in deren Rahmen die Dispositionsbefugnis der Gesellschafter entsprechend den Existenzgefährdungsgrundsätzen, dh aus Gründen vermittelten Gläubigerschutzes, eingeschränkt ist.[1321] Jedoch wird dabei übersehen, dass es hier nicht um die „klassische" Frage geht, ob durch eine Einschränkung des Anwendungsbereichs des Bankrotts im Falle faktischen Vertreterhandelns eine zu füllende „Strafbarkeitslücke" entstehen würd;[1322] vielmehr geht es darum, ob eine Strafnorm, die unstreitig Gläubigerschutz bezweckt, auch diesem Zweck entsprechend konturiert wird – dem kommt das Zurechnungsmodell eben nicht konsequent nach. Vielmehr liegt darin das **Paradoxon des Zurechnungsmodells**: Unter Bezugnahme auf das Eingreifen der gesellschaftsrechtlichen Existenzvernichtungshaftung, welche auf dem GmbH-Gläubigerschutz fußt, wird eine gläubigerschützende Norm des Strafrechts – Bankrott – für unanwendbar erklärt. Dies ließe sich mit der Begründung des ultima ratio-Grundsatzes konsequent nur dann durchhalten, wenn man das Gesellschaftereinverständnis bei der GmbH-Organuntreue anerkennen, also dort die Existenzgefährdungslinie nicht anwenden würde, was nach den Zurechnungsmodell aber gerade nicht der Fall ist. Der **Funktionstheorie ist daher – ohne Ergänzung iSd pluralistischen Ansatzes – der Vorzug einzuräumen.**[1323]

1315 Vgl *Habetha/Klatt* NStZ 2015, 671, 675; MünchKomm-StGB/*Petermann/Sackreuther*[4] Vor § 283 Rdn 71.
1316 Vgl LK-StGB/*Schünemann*[13] § 14 Rdn 12; ähnlich *Ceffinato* S 211 f.
1317 Vgl LK-StGB/*Schünemann*[13] § 14 Rdn 15 f, 52.
1318 Vgl MünchKomm-StGB/*Radtke*[4] § 14 Rdn 23.
1319 Dieser Einwand traf auch die Interessentheorie, vgl *Köhler* (1997) S 557.
1320 Vgl auch LK-StGB/*Schünemann*[13] § 14 Rdn 12.
1321 Vgl *Radtke/M. Hoffmann* GA 2008, 535, 548 f; *dies* NStZ 2012, 91, 94; *Radtke* GmbHR 2012, 962, 964.
1322 In diesem Sinne (auch nach der Aufgabe der Interessenformel): MünchKomm-StGB/*Dierlamm/Becker*[4] § 266 Rdn 164.
1323 *Anders* NZWiSt 2017, 13, 21; *Hager* S 210 ff; im Ergebnis auch *Hennecke* S 225 f; zum pluralistischen Ansatz siehe unter Fn 1303.

H. Rechtsfolgen

I. Strafzumessung

Bei der Strafzumessung kommt eine **Übertragung der Grundsätze aus der Rechtsprechung des** BGH **zu Fällen der Steuerhinterziehung**[1324] **nicht in Betracht**, da in vielen Fällen, insbesondere solchen der sog Risikogeschäfte (Rdn 65, 152 f), das Handlungsunrecht bei der Untreue selbst bei großen Schadensbeträgen und damit hohem Erfolgsunrecht weniger schwer wiegt.[1325] Im Rahmen der **besonders schweren Fälle** ist das **Herbeiführen eines Vermögensverlusts großen Ausmaßes** (vgl **§ 266 Abs 2 iVm § 263 Abs 3 Satz 2 Nr 2 Alt 1 StGB**) hervorzuheben. Es setzt gemäß dem Wortlaut der Vorschrift den **endgültigen Vermögensverlust** voraus, ein Nachteil im Sinne einer **konkreten Vermögensgefährdung reicht nicht hin**.[1326] Ein großes Ausmaß wird in Anlehnung an die Rechtsprechung zum Betrug[1327] bei Nachteilen **ab € 50.000** angenommen.[1328] 170

II. Inhabilität

Nach § 6 Abs 2 Satz 2 Nr 3 lit e) GmbHG kann nicht GmbH-Geschäftsführer (bzw nach § 76 Abs 3 Satz 2 Nr 3 lit e) AktG Vorstandsmitglied einer AG) sein, wer ua **wegen Untreue** zu **einer Freiheitsstrafe von mindestens einem Jahr** verurteilt worden ist. Dieser Ausschluss gilt **für die Dauer von fünf Jahren seit der Rechtskraft des Urteils** und es wird die Zeit nicht eingerechnet, in welcher der Täter auf behördliche Anordnung in einer Anstalt verwahrt worden ist. Er findet auch Anwendung bei einer **Verurteilung im Ausland wegen einer entsprechenden Tat** (§ 6 Abs 2 Satz 3 GmbHG bzw § 76 Abs 3 Satz 3 AktG).[1329] Die Vorschrift gilt insbesondere wegen ihres vermögensschützenden Charakters nicht nur für Täter, sondern **auch für Teilnehmer**.[1330] Es kommt nicht darauf an, ob die Vollstreckung der Strafe zur **Bewährung** ausgesetzt worden ist.[1331] Der (zusätzlichen) Verhängung eines Berufsverbots nach § 70 StGB bedarf es nicht.[1332] Im Falle einer aus Katalogstraftaten des § 6 Abs 2 Satz Nr 3 lit e) GmbHG und Nichtkatalogstraftaten gebildeten **Gesamtfreiheitsstrafe** kommt es nicht es auf die **Summe der Einzelstrafen für die Katalogstraftaten** an,[1333] sondern darauf, ob eine allein aus den Delikten aus § 6 Abs 2 Satz 2 Nr 3 lit e) GmbHG **fiktiv gebildete Gesamtstrafe** das Strafmaß von (mindestens) einem Jahr erreicht.[1334] 171

1324 Vgl BGHSt 53, 71, 84 ff; BGHSt 57, 123, 130 f.

1325 Vgl *BGH* NStZ 2019, 138, 140.

1326 BGHSt 48, 354, 357; SSW-StGB/*Saliger*[5] § 266 Rdn 136; Graf/Jäger/Wittig/*Waßmer*[2] § 266 Rdn 238.

1327 **Kritisch**: MünchKomm-StGB/*Dierlamm*/*Becker*[4] § 266 Rdn 337, Grenze bei € 100.000; SK-StGB/*Hoyer*[9] § 266 Rdn 126; SSW-StGB/*Saliger*[5] § 266 Rdn 136, nicht unter € 100.000; Achenbach/Ransiek/Rönnau-Handbuch Wirtschaftsstrafrecht/*Seier*/*Lindemann*[5] 5. Teil, 2. Kapitel Rdn 37.

1328 BGHSt 48, 354, 361; Graf/Jäger/Wittig/*Waßmer*[2] § 266 Rdn 237.

1329 Vgl zum überholten Meinungsstreit Henssler/Strohn-GesR/*Oetker*[5] § 6 GmbHG Rdn 31.

1330 *II. Zivilsenat BGH* NZG 2020, 145, 146 f; Lutter/Hommelhoff-GmbHG/*Kleindiek*[21] § 6 Rdn 21; Henssler/Strohn-GesR/*Oetker*[5] § 6 GmbHG Rdn 32; *Weiß* wistra 2009, 209, 210; *aA Ahlbrecht* wistra 2018, 241, 242 ff.

1331 Noack/Servatius/Haas-GmbHG/*Beurskens*[23] § 6 Rdn 21; Habersack/Casper/Löbbe-GmbHG/*Paefgen*[3] § 6 Rdn 29.

1332 MünchKomm-GmbHG/*Goette*[4] § 6 Rdn 32; Habersack/Casper/Löbbe-GmbHG/*Paefgen*[3] § 6 Rdn 28.

1333 So *LG Leipzig* wistra 2017, 166; Noack/Servatius/Haas-GmbHG/*Beurskens*[23] § 6 Rdn 21.

1334 Altmeppen[10] § 6 Rdn 20; Habersack/Casper/Löbbe-GmbHG/*Paefgen*[3] § 6 Rdn 34; *Weiß* GmbHR 2013, 1076, 1079.

III. Berufsverbot

172 Dem Tatrichter steht bei der Entscheidung über die **Verhängung eines Berufsverbots** gemäß **§ 70 StGB** ein **weiter Ermessensspielraum** zu.[1335] Die Maßregel der Besserung und Sicherung soll die Allgemeinheit vor den Gefahren schützen, die von der Ausübung eines Berufs durch hierfür nicht hinreichend zuverlässige Personen ausgehen; wurden **alle maßgeblichen Umstände (insbesondere Vorstrafen) gewürdigt**[1336] oder stehen insbesondere andere, **weniger einschneidende Mittel** zur Verfügung, um der Gefahr hinreichend zu begegnen,[1337] stellt es **keinen Ermessensfehler** dar, von der Verhängung eines Berufsverbots abzusehen.

I. Verbandsgeldbuße

173 Da die **Verbandsgeldbuße** nur möglich ist, wenn durch eine Leitungsperson der GmbH (vgl **§ 30 Abs 1 Nr 1, 4 und 5 OWiG**) durch die Untreue ein **externer Nachteil** begründet worden ist – auch im Falle der **Verletzung einer Aufsichtspflicht** (vgl **§ 130 Abs 1 OWiG**)[1338] – **scheidet sie bei der Organuntreue aus**. Straftaten oder Ordnungswidrigkeiten, die sich allein **gegen den Betrieb oder das Unternehmen** und ihre Inhaber richten, sind **keine betriebsbezogenen Straftaten** im Rahmen der §§ 30, 130 OWiG.[1339]

J. Untreue im GmbH-Konzern

I. Allgemeines

174 Typischerweise ist die GmbH wegen der Weisungsgebundenheit ihrer Geschäftsführer von der Gesellschaftern über Gesellschafterbeschlüsse (vgl §§ 37 Abs 1, 45, 46 Nr 6 GmbHG) – anders als der Vorstand der Aktiengesellschaft (vgl § 76 Abs 1 AktG) – als beherrschtes Unternehmen besonders gut geeignet. Auch aus diesem Grunde hat die GmbH im heutigen Wirtschaftssystem eine überragende praktische Bedeutung: So existierten im Jahre 2017 in Deutschland 1035903 körperschaftssteuerpflichtige Gesellschaften mit beschränkter Haftung.[1340] Es wird geschätzt, dass davon rund 50 % in Konzerne eingebunden sind.[1341]

175 Heute dürfte nach hiesiger Auffassung nach der Rechtsprechung zum existenzgefährdenden Eingriff kein gesonderter Diskussionsbedarf für eine **Konzernuntreue** mehr bestehen,[1342] weil diese Rechtsfigur kein Spezifikum des Konzerns darstellt.[1343] Daher geht es „für § 266 StGB gar nicht mehr um Berücksichtigung von Besonderheiten des Konzernrechts (...), sondern um vertrautere (...) Fragen",[1344] die in ihrer Beantwortung insoweit den allgemeinen Grundsätzen der Untreue zum Nachteil einer (konzernrechtlich unverbundenen) GmbH folgen dürften. Soweit den-

1335 Vgl *BGH* wistra 2007, 343, 344; *BGH* wistra 2008, 58, 60; StGB/*Fischer*[69] § 70 Rdn 11; SSW-StGB/*Harrendorf*[4] § 70 Rdn 16; Schönke/Schröder-StGB/*Kinzig*[30] § 70 Rdn 17; Graf/Jäger/Wittig/*Waßmer*[2] § 266 Rdn 285.

1336 *BGH* wistra 2007, 343, 344; Graf/Jäger/Wittig/*Waßmer*[2] § 266 Rdn 285.

1337 *BGH* wistra 2008, 58, 60 (Auflage bzw Weisung im Bewährungsbeschluss); Schönke/Schröder-StGB/*Kinzig*[30] § 70 Rdn 18.

1338 Graf/Jäger/Wittig/*Waßmer*[2] § 266 Rdn 290.

1339 KK-OWiG/*Rogall*[5] § 130 Rdn 98; *Helmrich* wistra 2010, 331, 334.

1340 Vgl Körperschaftsteuerstatistik – Fachserie 14 Reihe 7.2 – 2017 (destatis.de), zuletzt aufgerufen am 13.12.2023.

1341 *Busch* S 8.

1342 Vgl auch LK-StGB/*Schünemann*[12] § 266 Rdn 265 „Einer eigenen Rechtsfigur der ‚Konzernuntreue' bedürfte es (...) womöglich nicht" (bei *dems* (2017) Rdn 331 nur verkürzt wiedergegeben).

1343 Vgl Emmerich/Habersack/*Habersack*[10] Anh § 318 Rdn 3, 34, 35 ff; MünchKomm-GmbHG/*Liebscher*[4] Anh zu § 13 Rdn 552; BeckOK-GmbHG-Konzernrecht/*Servatius*[57] Rdn 487a für die Rechtslage nach „TRIHOTEL".

1344 *Ransiek* in: FS Kohlmann, 2003, S 207, 211.

noch Spezialprobleme der GmbH-Konzernierung interessieren, dann sind es im Wesentlichen die hier an anderer Stelle behandelten und im Wesentlichen den **qualifizierten faktischen Unterordnungskonzern**[1345] betreffenden Probleme einer **Vermögensbetreuungspflicht der Gesellschafter** (Rdn 33 f) sowie einer **saldierenden Betrachtungsweise bei der Bestimmung des Nachteils** im Anschluss an die sog Rozenblum-Kriterien des französischen Rechts des *abus de biens sociaux*: Einer eingehenden Betrachtung bedarf es danach, ob bei der Grenzbestimmung des Gesellschaftereinverständnisses bei der qualifiziert faktisch konzernierten GmbH es deshalb zu einem anderen Ergebnis als bei der (einfachen) Organuntreue kommen müsste, weil die anderen Gesellschaften im Konzernverbund und die über sie definierten und ggf zu berücksichtigenden Rechte mit einzubeziehen wären (Rdn 218 ff). Zudem werden die Untreuestrafbarkeitsrisiken für die **Geschäftsführer der Tochtergesellschaft beim sog Cash-Pooling** gesondert dargestellt (Rdn 177 ff).

Besonderheiten bestehen des Weiteren beim **Vertragskonzern**. Möglich ist hier zum einen die 176
Haftungsausdehnung betreffend die Vermögensbetreuungspflicht des **Verantwortlichen der Tochtergesellschaft** auf die Muttergesellschaft[1346] via **Gewinnabführungsvertrag**[1347] sowie ein **Nachteil der Muttergesellschaft bei der Schädigung der Tochtergesellschaft** durch ein Organmitglied der Konzernmutter[1348] in Form der Wertminderung der Beteiligung oder des Ausbleibens von Einnahmen bei der Muttergesellschaft bei Bestehen eines **Gewinnabführungsvertrags**.[1349] Bei der im Vertragskonzern abhängigen GmbH bestehen zum einen wegen der entsprechenden Anwendung des § 308 Abs 1 Satz 2 AktG kaum Möglichkeiten einer Vermögensbetreuungspflichtverletzung durch die **Verantwortlichen der Muttergesellschaft**, da ausdrücklich Weisungen zum Nachteil der abhängigen Gesellschaft möglich sind.[1350] Zum anderen besteht im Falle eines Gewinnabführungsvertrags die **Verlustausgleichspflicht** des herrschenden Unternehmens entsprechend § 302 AktG, sodass regelmäßig auch ein Vermögensnachteil fernliegen dürfte, sofern der Anspruch werthaltig ist.[1351] Dies wird durch die neue Regelung in **§ 30 Abs 1 Satz 2 GmbHG** bestätigt:[1352] Danach gilt das Verbot der Auszahlung von Stammkapital nicht bei Leistungen, die bei Bestehen eines Beherrschungs- oder Gewinnabführungsvertrags erfolgen oder durch einen vollwertigen Gegenleistungs- oder Rückgewähranspruch gegen den Gesellschafter gedeckt sind. Mit Blick auf die erste Alternative muss nach zutreffender und wohl noch herrschender Auffassung nach dem der konzernrechtlichen Vertragskonstruktion zu Grunde liegenden **Grundgedanken der Kompensation durch Verlust-**

1345 Faktische Unterordnungskonzernierung liegt vor, wenn mehrere Unternehmen unter einheitlicher Leitung eines herrschenden Unternehmens (vgl § 18 Abs 1 Satz 1, 1. Hs AktG) zusammengefasst sind, ohne dass ein Beherrschungsvertrag (vgl § 291 Abs 1 Satz 1 AktG) besteht oder Eingliederung (vgl § 319 ff AktG) vorliegt, Emmerich/Habersack/*Emmerich*[10] § 18 Rdn 3, 8; Hierbei behalten die geschäftsführenden Organe der Tochtergesellschaften die Aufgabe, das betreffende Unternehmen zu leiten, *Lutter/Scheffler/Uwe H. Schneider* S 14; Sog. qualifizierte faktische Konzernierung wurde angenommen, wenn die Untergesellschaft einer umfassenden Beherrschung unterliegt, die einer unternehmensvertraglichen Grundlage entbehrt, wenn das betreffende Unternehmen einer derart verdichteten Leitungsmacht unterworfen ist, dass sich ausgleichspflichtige Nachteilszufügungen nicht mehr isolieren ließen, vgl Emmerich/Habersack/*Habersack*[10] Anh § 317 Rdn 1.

1346 Vgl *OLG Koblenz* wistra 1984, 79 f mit der Begründung der Stellung des Täters als leitender Angestellter der Muttergesellschaft.

1347 **Bejahend** *Busch* S 134; *Ewald* S 125 f; Achenbach/Ransiek/Rönnau-Handbuch Wirtschaftsstrafrecht/*Seier/Lindemann*[5] 5. Teil, 2. Kapitel Rdn 373; **dagegen** mit dem Argument der mangelnden Selbstständigkeit und Einflussmöglichkeit der abhängigen Gesellschaft *Arens* (2010) S 315 ff; *Höf* S 116.

1348 Vgl dazu *OLG Koblenz* wistra 1984, 79, 80.

1349 Dazu *Lesch/Hüttemann/Reschke* NStZ 2015, 609, 614 ff.

1350 *Busch* S 128; Achenbach/Ransiek/Rönnau-Handbuch Wirtschaftsstrafrecht/*Seier/Lindemann*[5] 5. Teil, 2. Kapitel Rdn 376.

1351 Vgl *Arens* (2010) S 327 f; Hachenburg-GmbHG/*Kohlmann*[8] Vor § 82 Rdn 308; LK-StGB/*Schünemann*[12] § 266 Rdn 266; Achenbach/Ransiek/Rönnau-Handbuch Wirtschaftsstrafrecht/*Seier/Lindemann*[5] 5. Teil, 2. Kapitel Rdn 378.

1352 Vgl Habersack/Casper/Löbbe-GmbHG/*Ransiek*[2] Vor § 82 Rdn 26; Achenbach/Ransiek/Rönnau-Handbuch Wirtschaftsstrafrecht/*Seier/Lindemann*[5] 5. Teil, 2. Kapitel Rdn 378.

übernahmepflicht das herrschende Unternehmen bei Bestehen eines Beherrschungs- oder Gewinnabführungsvertrages in der Lage sein, seiner **Verpflichtung auf Verlustausgleich** nachzukommen.[1353]

II. Cash-Pool-Teilnahme: Untreue durch den Geschäftsführer der Poolgesellschaft

1. Allgemeines

177 Durch die Rechtsprechung zu faktisch konzernabhängigen Gesellschaften mit zentralem Cash-Management-System des *5. Strafsenats* in Sachen „Bremer Vulkan"[1354] und nachfolgend des *2. Strafsenats*[1355] ist die Frage der Strafbarkeit wegen **Untreue der Geschäftsführer der abhängigen Poolgesellschaft** in den Hintergrund getreten, da in den genannten Entscheidungen die Vermögensbetreuungspflicht der Verantwortlichen der Betreibergesellschaft und die Pflichtverletzung bei der Existenzgefährdung der Poolgesellschaft Hauptthemen waren. Zwar ist im Urteil „Bremer Vulkan" auf das Institut der **mittelbaren Täterschaft kraft Organisationsherrschaft** hingewiesen worden,[1356] jedoch finden sich sowohl in Rechtsprechung – soweit ersichtlich – kaum Entscheidungen und in der Literatur nur wenige Stellungnahmen zum Problem der Untreue durch die Verantwortlichen der Poolgesellschaft.

2. System des Cash-Pooling

178 Das System des Cash-Pooling gehört zum Standardinstrument der Konzerninnenfinanzierung: Beim sog **physischen Cash-Pooling**[1357] verpflichten sich die teilnehmenden Konzerngesellschaften, freie Liquidität an ein Zentral- bzw Zielkonto tatgenau wird eine mögliche abzuführen („upstream loans") und weder Barreserven noch Sichteinlagen zu halten;[1358] zudem wird eine mögliche Unterdeckung auf den Konten der teilnehmenden Konzerngesellschaften taggenau auf einem Zielkonto (der Betreibergesellschaft, die häufig, aber nicht notwendig die Konzernmuttergesellschaft ist[1359]) zusammengeführt, dh die Unterkonten werden auf „Null" ausgeglichen („Zero-Balancing").[1360] Zivilrechtlich werden die Liquiditätsströme als **Gelddarlehen** im Rahmen eines mehrpoligen **Rahmenvertrages** eingeordnet.[1361] Die **Vorteile** bestehen in der Notwendigkeit einer **geringeren Liquiditätsreserve** sowie dem **optimalen Einsatz der Liquidität im Konzern**, was zu einer zinsgünstigeren **Kreditaußenfinanzierung** führt.[1362] In der **Krise** der Betreibergesellschaft wird jedoch die durch die im Rahmen des Cash-Pooling bestehende **wechselseitige Abhängigkeit** zwischen Betreiber- und Poolgesellschaften begründete gefährliche, mit der Situation bei der Gewährung von Sanierungskrediten

1353 Vgl Altmeppen[10] § 30 Rdn 101; *Bittmann* NStZ 2009, 113, 118; Noack/Servatius/Haas-GmbHG/*Servatius*[23] § 30 Rdn 44 f; Achenbach/Ransiek/Rönnau-Handbuch Wirtschaftsstrafrecht/*Seier/Lindemann*[5] 5. Teil, 2. Kapitel Rdn 377; **aA** *OLG Frankfurt am Main* NZI 2014, 363, 365; MünchKomm-GmbHG/*Ekkenga*[4] § 30 Rdn 278; Henssler/Strohn-GesR/*T. Fleischer*[5] § 30 GmbHG Rdn 8; Lutter/Hommelhoff-GmbHG/*Hommelhoff*[21] § 30 Rdn 48.

1354 Vgl BGHSt 49, 147 (Bremer Vulkan).

1355 Vgl BGHSt 54, 52 (Refugium).

1356 Vgl BGHSt 49, 147, 163 f (Bremer Vulkan).

1357 Zur Abgrenzung zum psychischen oder virtuellen Cash-Pooling: *Bauer* S 13 ff; *Hangebrauck* S 35 ff.

1358 *Hangebrauck* S 38.

1359 Vgl *Ammelung* DStR 2003, 655, 659.

1360 *Bauer* S 14; Müller-Gugenberger-WirtschaftsStrR/*Hadamitzky*[7] Rdn 32.152; *Hangebrauck* S 36 in Abgrenzung zum sog „Target-Balancing", bei dem bestimmte Werte, insbesondere Salden vorgegeben werden; *Rönnau* in: FS Samson, 2010, S 423, 426.

1361 Lutter/Hommelhoff-GmbHG/*Hommelhoff*[21] § 30 Rdn 37 f; *Rönnau* in: FS Samson, 2010, S 423, 427.

1362 *Hangebrauck* S 41 f; *Rönnau* in: FS Samson, 2010, S 423, 426.

(Rdn 65) vergleichbare **Grundsituation** des sog **„Klumpenrisikos“**[1363] aufgewiesen: Wird durch liquide Poolgesellschaften die Teilnahme an dem Verfahren verweigert und/oder Zahlungen von der Betreibergesellschaft zurückgefordert, kann der damit insbesondere wegen der fehlenden Risikostreuung eintretende Liquiditätsverlust den Gesamtkonzern vernichten; werden die Zahlungen fortgesetzt, wird der Untreuevorwurf zum Nachteil des Vermögens der betreffenden Poolgesellschaft virulent, der Geschäftsführer habe es zugelassen, dass die Gesellschaft in den Strudel der/des abstürzenden Muttergesellschaft/Gesamtkonzerns gezogen worden ist.[1364]

3. Mögliche Vermögensbetreuungspflichtverletzungen

Anknüpfungsverbot ist die Existenzvernichtung,[1365] insoweit auch der **Verstoß gegen das Auszahlungsverbot im Sinne des Kapitalerhaltungsrechts**.[1366] Durch den durch das MoMiG als legislatorische Reaktion auf die sog „November“-Rechtsprechung des *BGH*[1367] eingeführten **§ 30 Abs 1 Satz 2 GmbHG** ist klargestellt worden, dass in **maßgeblich bilanzieller Betrachtungsweise** das Stammkapital schmälernde Abführen an ein verbundenes Unternehmen ohne einen werthaltigen Anspruch auf Auffüllung mindestens des vollständigen Stammkapitals als Untreue strafbar ist.[1368] Im Rahmen eines **bilanziellen Aktivtausches** muss der Anspruch, den die Poolgesellschaft erlangt, einen **vollwertigen und durchsetzbaren Gegenleistungs- oder Rückerstattungsanspruch** darstellen[1369] als das erfüllbare Versprechen, taggenau mit der benötigten Liquidität zu versorgen.[1370] Die Vollwertigkeit der Gegenleistung schließt den Verstoß gegen das Kapitalerhaltungsgebot aus § 30 Abs 1 GmbHG[1371] sowie eine Existenzgefährdung der Poolgesellschaft aus; im Übrigen gilt dies auch bei einer **bereits bestehenden Unterbilanz der Poolgesellschaft**, sodass für den Fall des Bestehens eines vollwertigen und durchsetzbaren Rückzahlungsanspruchs eine Strafbarkeit wegen Untreue ausscheidet.[1372] 179

Um den Verantwortlichen die Überprüfung der Vollwertigkeit der Gegenleistung und ggf eine Handlungsoption bei ihrem Fehlen einzuräumen, ist es erforderlich, dass innerhalb des Rahmenvertrages für das Cash-Pool-System ein **Informations-**, **Frühwarn-** und **Reaktionssystem** zugunsten der Poolgesellschaften eingerichtet ist,[1373] in dem insbesondere die **Initiative für ad-hoc-Warnungen zwingend der Geschäftsleitung der Betreibergesellschaft** zugewiesen ist, und den Poolgesellschaften effektive Reaktionsbehelfe zur Seite gestellt werden wie etwa das Recht, die 180

1363 *Hangebrauck* S 45; *Rönnau* in: FS Samson, 2010, S 423, 427; vgl Lutter/Hommelhoff-GmbHG/*Hommelhoff*[21] § 30 Rdn 40.

1364 *Rönnau* in: FS Samson, 2010, S 423, 434.

1365 *Niedernhuber* S 191 f.

1366 Müller-Gugenberger-WirtschaftsStrR/*Hadamitzky*[7] Rdn 32.152a; *Niedernhuber* S 189 f; *Rönnau* in: FS Samson, 2010, S 423, 428 ff.

1367 Vgl BGHZ 157, 72 Danach waren Kreditgewährungen an Gesellschafter, die nicht aus Rücklagen oder Gewinnvorträgen, sondern zu Lasten des gebundenen Vermögens der GmbH erfolgten, auch dann grundsätzlich als verbotene Auszahlung von Gesellschaftsvermögen zu bewerten, wenn der Rückzahlungsanspruch gegen den Gesellschafter im Einzelfall vollwertig gewesen sein sollte. Dagegen schon BGHZ 179, 71 (MPS).

1368 *Bittmann* NStZ 2009, 113, 118; *Rönnau* in: FS Samson, 2010, S 423, 431; vgl auch BeckOK-GmbHG/*Schmolke*[57] § 30 Rdn 171 f.

1369 Müller-Gugenberger-WirtschaftsStrR/*Hadamitzky*[7] Rdn 32.152b.

1370 Lutter/Hommelhoff-GmbHG/*Hommelhoff*[21] § 30 Rdn 39.

1371 *Rönnau* in: FS Samson, 2010, S 423, 431.

1372 *Rönnau* in: FS Samson, 2010, S 423, 431; Achenbach/Ransiek/Rönnau-Handbuch Wirtschaftsstrafrecht/*Seier*/*Lindemann*[5] 5. Teil, 2. Kapitel Rdn 378.

1373 Lutter/Hommelhoff-GmbHG/*Hommelhoff*[21] § 30 Rdn 40, der schon die Vollwertigkeit der Gegenleistungen von dem Bestehen eines solchen Systems abhängig macht; *Niedernhuber* S 178, 189; *Rönnau* in: FS Samson, 2010, S 423, 441 f; vgl auch Müller-Gugenberger-WirtschaftsStrR/*Hadamitzky*[7] Rdn 32.152e f.

Liquiditätsabfuhren einstweilen auszusetzen oder einen **Anspruch auf Besicherung des aktuellen und ggf des künftigen Darlehensguthabens.**[1374]

181 Die **bloße Abschluss des Rahmenvertrages für das Cash-Pool-System**[1375] soll nach *Rönnau* noch keine untreuerelevante Pflichtverletzung begründen, da zu diesem Zeitpunkt eine Bewertung der Validität der Darlehensrückzahlungsansprüche für den Mal des Liquiditätsabflusses bei der Poolgesellschaft kaum möglich sei.[1376] Es ist jedoch zu differenzieren, ob zu diesem Zeitpunkt ein gesundes Konzernumfeld zu Grunde gelegt werden kann oder ob sich abzeichnet, dass der Konzern wohl nicht in der Lage sein wird, die einzubringenden Gelder wieder zurückzuzahlen. Im letztgenannten Fall darf die Gesellschaft dem Cash-Pool nicht beitreten, da sonst eine Vermögensschädigung unausweichlich droht[1377] im Sinne einer konkreten Vermögensgefährdung.[1378]

182 Mögliche Pflichtverletzungen können in der **Gewährung der einzelnen** upstream loans liegen. Hier ist von einem **Unterlassen** auszugehen, da aufgrund des verselbstständigten Verfahrens den Verantwortlichen der Poolgesellschaften nur vorgeworfen werden kann, den Liquiditätsabfluss nicht verhindert zu haben, was – im Rahmen des og Reaktionssystems – eine entsprechende **Handlungsmöglichkeit**, etwa die Auszeichung der upstream loans auszusetzen zu können, voraussetzt.[1379] Der **Geschäftsführer der Poolgeselschaft** ist verpflichtet, sich über die **wirtschaftliche Situation der Betreibergesellschaft laufend zu informieren**; sollte ein Informationssystem im og Sinne mit Mitteilungspflicht der Obergesellschaft fehlen, sind die Verantwortlichen der Poolgesellschaft aufgefordert, Informationen von der Betreibergesellschaft einzuholen,[1380] wobei ein entsprechendes Unterlassen in beiden Fällen eine Vermögensbetreuungspflichtverletzung begründet.[1381] Entsprechendes gilt mit Blick auf Versäumnisse hinsichtlich bereits **ausgereichter Darlehen**, wenn der Verantwortliche trotz fehlender Stammkapitaldeckung der Poolgesellschaft die aufgelaufenen *upstream loans* **„stehen lässt"**.[1382] In Anbetracht der unsicheren Situation der wechselseitigen Abhängigkeit zwischen Betreiber- und Poolgesellschaften in der Krise Ersterer hat der Geschäftsführer der Poolgesellschaft ein **unternehmerisches Ermessen**, das an den Maßstäben des „safe harbour" der **Business Judgment Rule (BJR**, vgl § 93 Abs 1 Satz 2 AktG) (Rdn 51, 54) zu messen ist,[1383] und das – anders als im Handlungsbereich – mit Blick auf die dargelegten **Informationspflichten eingeschränkt** ist.[1384]

4. Vermögensnachteil der Poolgesellschaft

183 Verliert der Rückzahlungsanspruch der Poolgesellschaft aufgrund verschlechterter Bonität der Betreibergesellschaft an Wert und fehlen neutralisierende Sicherheiten, besteht also kein vollwertiger und durchsetzbarer Gegenleistungsanspruch, ist regelmäßig von einem Vermögensnachteil

---

1374 Lutter/Hommelhoff-GmbHG/*Hommelhoff*[21] § 30 Rdn 41.

1375 Lutter/Hommelhoff-GmbHG/*Hommelhoff*[21] § 30 Rdn 38 sieht darin schon eine Auszahlung nach § 30 Abs 1 Satz 1 GmbHG.

1376 *Rönnau* in: FS Samson, 2010, S 423, 43.

1377 *Niedernhuber* S 182 f.

1378 Gegen die Annahme einer konkreten Vermögensgefährdung *Arens* GmbHG 2010, 905, 910 f.

1379 *Niedernhuber* S 193; *Rönnau* in: FS Samson, 2010, S 423, 438.

1380 Lutter/Hommelhoff-GmbHG/*Hommelhoff*[21] § 30 Rdn 45 „täglich".

1381 Müller-Gugenberger-WirtschaftsStrR/*Hadamitzky*[7] Rdn 32.152e; *Niedernhuber* S 192 f; *Rönnau* in: FS Samson, 2010, S 423, 442.

1382 Vgl Müller-Gugenberger-WirtschaftsStrR/*Hadamitzky*[7] Rdn 32.152e; *Niedernhuber* S 193; *Rönnau* in: FS Samson, 2010, S 423, 440 f, schlägt vor, zunächst nur den Betrag fällig zu stellen, der zur Deckung des Stammkapitals bzw zur Fortführung des Geschäftsbetriebs der Poolgesellschaft erforderlich ist.

1383 *Niedernhuber* S 195; *Rönnau* in: FS Samson, 2010, S 423, 435; vgl auch *Gaede* NZWiSt 2018, 220, 224, der – wie auch (zusätzlich) *Rönnau* in: FS Samson, 2010, S 423, 435 – auf die evident unvertretbare Entscheidung abstellt. Zum (strafrechtlich autonomen) Evidenzerfordernis bei der Vermögensbetreuungspflichtverletzung siehe unter Rdn 51, 53.

1384 Zur Tendenz einer prozeduralen Richtigkeitsgewähr insoweit siehe unter Rdn 53.

jedenfalls in Gestalt einer **konkreten Vermögensgefährdung** auszugehen, da der endgültige Vermögensverlust im „Belieben" der Betreibergesellschaft steht und durch die Poolgesellschaft nicht mehr zu beeinflussen ist.[1385] Dieser Umstand begründet zwar auch die Vermögensbetreuungspflichtverletzung; darin ist jedoch kein Verstoß gegen das Verschleifungsverbot (Rdn 42) zu sehen,[1386] da die Nachteilsbestimmung in einer von der Pflichtverletzung unabhängigen Bewertung vorgenommen wird. Mit Blick auf das **„Stehenlassen" ausgereichter** upstream loans ist zu beachten, dass ein Nachteil nur dann gegeben ist, wenn und soweit zum Zeitpunkt der Tathandlung im Sinne des § 266 StGB beim Treugeber (noch) Vermögen vorhanden war, etwa wenn dann eine werthaltige Besicherung der Kredite noch möglich oder nach der ersten verstrichenen Handlungs- (= Kündigungs- und Rückforderungs-)Möglichkeit eine „weitere" Abwertung des Rückzahlungsanspruchs erfolgt ist.[1387] Hier dürften insbesondere mit Blick auf eine Nachteilsbezifferung hinreichend sichere Feststellungen wegen der aus den dargelegten Wechselwirkungen des Cash-Pooling-Systems resultierenden Dynamik schwierig sein.[1388]

K. Internationaler Vergleich: Frankreich – *abus de biens sociaux*[1389]

Der internationale Vergleich beschränkt sich auf die Darstellung der Rechtslage in **Frankreich** 184
aus den beiden – für Reformüberlegungen in Deutschland mE interessanten – Gründen, dass dort die **Untreue zum Nachteil der GmbH spezialgesetzlich** geregelt worden und zudem für **Konzernlagen ein besonderer Rechtfertigungsgrund** vorgesehen ist.[1390]

I. Grundlagen

Im Gegensatz zum deutschen Recht ist die Untreue zum Nachteil der GmbH der romanischen 185
Tradition **entsprechend spezialgesetzlich**[1391] im Code de commerce geregelt (*abus de biens soci-*

1385 *Niedernhuber* S 198 f.

1386 **aA** wohl *Rönnau* in: FS Samson, 2010, S 423, 439 in Fn 95.

1387 *Rönnau* in: FS Samson, 2010, S 423, 442 f.

1388 *Gaede* NZWiSt 2018, 220, 224 f; *Rönnau* in: FS Samson, 2010, S 423, 443.

1389 Die nachfolgenden Ausführungen finden sich zum Teil auch bei *Anders* (2012) S 137 ff.

1390 In **Italien** ist im Jahre 2002 im Rahmen der Gesamtreform des Gesellschaftsrechts der neue Tatbestand der ***infedeltà patrimoniale*** geschaffen worden (Art 2364 des Codice Civile), vgl *Anders* (2012) S 155 f; *Cappel* S 206 f; *Foffani* in: FS Maiwald, 2007, S 83, 88; *dens* in: FS Tiedemann, 2008, S 767, 783; *dens*, ZStW 122 (2010), 374, 379 ff; *dens* in: Kempf/Lüderssen/Volk (Hrsg) S 141, 152. Die im Handelsgesellschafts(straf)recht lozierte Norm beschreibt die Normadressaten und erfasst insbesondere den Geschäftsführer der Società a responsabilità limitata (S.r.l.). Die Tathandlung besteht in der Verfügung über das Gesellschaftsvermögen im Rahmen eines Interessenkonflikts mit der Absicht, sich selbst oder einen Dritten rechtswidrig zu bereichern; es handelt sich um ein Erfolgsdelikt, das objektiv einen Schaden voraussetzt, jedoch mit überschießender Innentendenz versehen ist. Die Strafverfolgung setzt einen Strafantrag voraus, nach überwiegender Auffassung einen solchen der Gesellschafterversammlung. Mit Blick auf **Konzernlagen** gilt, dass nach der gesetzlichen Formulierung des Art 2364 Abs 3 des Codice Civile der Geschäftsführer bzw das Vorstandsmitglied usw nicht rechtswidrig handelt, wenn seine Absicht auf die Bereicherung des betreffenden Konzerns oder einer verbundenen Gesellschaft zielt, und durch einen solchen, ernsthaft zu erwartenden Vorteil eine Art Kompensation stattfinden kann, siehe dazu auch die Rechtsprechungsnachweise bei *Foffani* in: FS Tiedemann, 2008, S 767, 785 in Fn 91–93; *dems* ZStW 122 (2010), 374, 382 in Fn 37–39; *dems* in: Kempf/Lüderssen/Volk (Hrsg) S 141, 153 in Fn 44; 154 in Fn 49–51. Jedenfalls werden strenge Anforderungen an die Erwartung künftiger Kompensationsvorteile gestellt, die eine besonders solide und objektive Basis haben muss, *Foffani* ZStW 122 (2010), 374, 381; *ders* in: Kempf/Lüderssen/Volk (Hrsg) S 141, 153 mit Fn 44. Es dürfte im italienischen Recht eine gesetzlich kodifizierte, wenn auch unbestimmtere Parallele zur Rechtsprechung der *Cour de Cassation* in Sachen *Rozenblum*, dazu unter Rdn 214 ff, vorliegen, *Foffani* in: FS Tiedemann, 2008, S 767, 784; *ders* ZStW 122 (2010), 374, 381; *ders* in: Kempf/Lüderssen/Volk (Hrsg) S 141, 153; *Schödermeier* in: Giudicelli-Delage (Hrsg) Rdn 217.

1391 *Foffani* in: FS Maiwald, 2007, S 83, 85; *Schödermeier* in: Giudicelli-Delage (Hrsg) Rdn 180 f.

aux).[1392] Auffällig ist, dass das Einverständnis der Gesellschafter in jegliche schädigende Handlungen des Geschäftsführers den Untreuevorwurf nicht zu beseitigen vermag. Denn der *abus de biens sociaux* schützt das **öffentliche Interesse** (intérêt général), welches jedoch nicht mit dem Interesse der Gesamtheit der Gesellschafter verwechselt werden darf, sondern vielmehr im Sinne einer **institutionellen Gesellschaftskonzeption** zu verstehen ist. Für die Konstellation des **GmbH-Konzerns** hat die *Cour de Cassation* zudem über den Weg des Richterrechts einen **Rechtfertigungsgrund** kreiert (fait jusitificatif), der aus dem Begriff des Konzerns (*groupe*) abgeleitet wird.

186 Im Rahmen der derzeit in Europa zu beobachtenden Neuorientierung im (vergleichbaren) GmbH-Recht, die im Wesentlichen von einer Ineffizienz des Kapital- und Gläubigerschutzes durch die bestehenden Mindestkapitalaufbringungsvorschriften ausgeht,[1393] hat auch Frankreich reagiert und – anders als die Neuregelung des GmbHG in Deutschland –[1394] das Erfordernis eines Mindeststammkapitals bei der SARL (société à responsabilité limitée, vergleichbar mit der GmbH deutschen Rechts) in der Neufassung des *Art L. 223-2 Code de commerce* durch *Loi n° 2003-721 du 1 août 2003 pour l'initiative économique* abgeschafft;[1395] zuletzt betrug das **Mindestkapital € 7.500**. Die Neufassung wird im französischen gesellschaftsrechtlichen Schrifttum kritisch gesehen, da trotz des geringen Stellenwerts, das dem Mindestkapital generell zugesprochen wird, durch die Ein-Euro-GmbH eine weitere Schwächung des Gläubigerschutzes befürchtet wird.[1396] Insoweit zeigt sich in der gesellschaftsrechtlichen Kodifizierung in Frankreich eine Diskrepanz zum stärker die Gläubiger schützenden Strafrecht des *abus de biens sociaux*.

187 Zwischen 1990 und 1999 stiegen mit Blick auf den *abus de biens sociaux* die Verurteilungszahlen in Frankreich von 554 auf 781.[1397]

II. Einzelheiten

1. Normen

188 Die Untreue zum Nachteil der *SARL – abus de biens sociaux* – war bis zum Jahre 2000 in *Art 425-4 Loi du 24 juillet 1966* geregelt, danach in *Art L. 241-3, 4° Code de commerce*. Die aktuelle Norm lautet:

> *Art L. 241-3:*
> *„Est puni d'un emprisonnement de cinq ans et d'une amende de 375.000 €: (...)*
> *4° Le fait, pour les gérants, de faire, de mauvaise foi, des biens ou du crédit de la société, un usage qu'ils savent contraire à l'intérêt de celle-ci, à des fins personnelles ou pour favoriser une autre société ou entreprise dans laquelle ils sont intéressés directement ou indirectement; (...)“*[1398].

1392 Zur deutschsprachigen Literatur umfassender zum französischen Recht der Untreue zum Nachteil von Kapitalgesellschaften (im Konzern): *Anders* ZStW 114 (2002), 467; *Cappel* S 198 ff; *Foffani* in: FS Tiedemann, 2008, S 767 ff; *ders* in: Kempf/Lüderssen/Volk (Hrsg) S 141, 143 ff; *ders* ZStW 122 (2010), 374 ff; *Rönnau* ZStW 122 (2010), 299, 313 ff; *Schramm* (2005) S 258 ff; zur *Rozenblum*-Rechtsprechung der *Cour de Cassation* siehe auch *Busch* S 210 ff; Scholz-GmbHG/*Rönnau*[12] Vor §§ 82 ff Rdn 21. Zur Untreue zum Nachteil der Einpersonen-Gesellschaft im französischen Recht *Hanft* S 99 f.

1393 Siehe dazu *Blaurock* in: FS Raiser, 2005, S 3, 4 f.

1394 Die deutsche GmbH-Reform sieht über das am 1. November 2008 in Kraft getretene Gesetz zur Modernisierung des GmbH-Rechts und zur Bekämpfung von Missbräuchen (MoMiG) (BGBl I S 2026) zwar eine Absenkung des Mindeststammkapitals nicht vor, regelt jedoch in § 5a GmbHG für kapitalschwache Existenzgründer die Möglichkeit, eine GmbH als sog haftungsbeschränkte Unternehmergesellschaft mit einem Stammkapital von nur einem Euro zu gründen.

1395 Siehe dazu *P. Becker* GmbHR 2003, 706, 707 f.

1396 Siehe die Nachweise aus dem französischen Schrifttum bei *Bauerreiss* in: Blaurock (Hrsg) S 1, 4 in den Fn 7–10; *P. Becker* GmbHR 2003, 706 (708).

1397 *Delabruyère/Hermilly/Ruelland*, Infostat Justice 2002, 1, 2.

1398 „Mit fünf Jahren Freiheitsstrafe und € 375.000 Geldstrafe wird bestraft: (...)4° Die Geschäftsführer, die im bösen Glauben das Vermögen oder den Kredit der Gesellschaft in dem Wissen, dass dieses dem Interesse der Gesellschaft

Art 241-3 alinéa 8 Code de commerce, eingefügt *durch Art 30 Loi n° 2013-1117 du 6 déc. 2013 relative à la lutte contre la fraude fiscale et la grande délinquance économique et financière* hat sog erschwerende Umstände (*circonstances aggravantes*)[1399] iS von Strafschärfungsgründen, vergleichbar im deutschen Recht mit dem besonders schweren Fall, geschaffen: Danach wird der *abus de biens sociaux* nicht mit fünf, sondern mit sieben Jahren Freiheitsstrafe, und mit einer Geldstrafe nicht von € 375.000, sondern von € 500.000 geahndet, wenn er über ausländische Konten oder den Abschluss von Verträgen mit im Ausland ansässigen Organisationen oder durch das Einschalten natürlicher oder juristischer Personen oder vergleichbarer Körperschaften, Trusts oder Institutionen mit Sitz im Ausland begangen wurde. Art 2 dieses Gesetzes hat zudem die Höchstdauer der (fakultativen) zusätzlichen Strafe eines Verbots, als Geschäftsführer tätig zu sein (*peine complémentaire d'interdiction temporaire de gérer*)[1400] in Art 249-1 Code de commerce, 131-27 alinéa 2 Code pénal auf 15 Jahre verlängert. 189

Der **Versuch** des *abus de bien sociaux* ist mangels gesetzlicher Regelung – wie im deutschen Strafrecht im Falle des § 266 StGB – **straflos**; möglich ist jedoch aufgrund der Vorverlagerung der Strafbarkeit durch die Handlung die Vollendung des *abus du crédit de la société*.[1401] 190

Des Weiteren kann der *abus de biens sociaux* nur dann verwirklicht werden, wenn die betreffende Gesellschaft rechtlich existent ist, was nach französischem Gesellschaftsrecht konstitutiv[1402] erfordert, dass diese zum Handelsregister zur Eintragung gelangt[1403] bzw noch nicht gelöscht[1404] ist. Der *abus de biens sociaux* ist dabei auch möglich zum Nachteil inaktiver Gesellschaften; die *Cour de Cassation* hat das Argument, dass Entnahmen bei einer ruhenden Gesellschaft deren Aktivitäten nicht stören könnten, zurückgewiesen.[1405] Das Delikt ist – wie im deutschen Recht der gesellschaftsrechtlichen Untreue (Rdn 12 ff) – auf Personengesellschaften nach Auffassung der *Cour de Cassation* und der herrschenden Meinung nicht anwendbar.[1406] Der *abus de biens sociaux* kommt zumeist erst sehr spät entweder durch unabhängige Buchprüfer – *commissaires aux comptes* –, die gesetzlich und strafbewehrt zur Mitteilung an die Staatsanwaltschaft verpflichtet sind, oder die Aussage Eingeweihter ans Licht[1407] und es ist somit von einer hohen Dunkelziffer auszugehen.[1408] 191

Stellt man § 266 StGB in einem ersten Zugriff – auf Ebene des jeweiligen Wortlauts der Vorschriften – in den Vergleich zum französischen Recht des *abus de biens sociaux*, so zeigen sich im Wesentlichen folgende Unterschiede: Das französische Recht scheint vom Wortlaut her lediglich ein Handeln mit Nachteilszufügungsabsicht zu verlangen und nicht – wie § 266 StGB – einen objektiven Nachteilseintritt vorauszusetzen; gleichwohl umfasst der subjektivierte Wortlaut auch einen objektiven Nachteil. Das deutsche Recht verlangt im subjektiven Tatbestand lediglich Vorsatz – dolus eventualis genügt –, verzichtet also auf eine besondere Absicht persönlichen Nutzens. Des Weiteren ist aufgrund der weiten Tatbestandsfassung des § 266 StGB der Täterkreis nicht derart spezifiziert wie im französischen Recht. 192

Mit Blick auf den objektiven Tatbestand – *élément matériel* (1.) – sind die Schutzobjekte die *biens* und der *crédit de la société* (a)).[1409] Diese müssen jeweils Gegenstand einer Verwendung 193

---

entgegensteht, zu persönlichen Zwecken oder zur Bevorzugung einer anderen Gesellschaft oder eines anderen Unternehmens, an der oder an dem sie direkt oder indirekt interessiert sind, verwenden; (...).".

1399 Vgl dazu *Bouloc* (2017) Rdn 729 ff.

1400 Vgl dazu *Bouloc* (2017) Rdn 600.

1401 Vgl *Crim.*, 5 déc. 2001, pourvoi n° 01-83514, inédit; *Lefebvre* Rdn 34.

1402 Einen Überblick über die konstitutiven Grundelemente der juristischen Person gibt *Chaussade-Klein* S 17 ff.

1403 *Crim.*, 10 mai 1993, zitiert bei *Jeandidier* (1999) Anm 39.

1404 *Crim.*, 3 janv 1985, Bull Joly 1985, 193.

1405 *Crim.*, 19 oct 2005, Revue des sociétés 2006, 155, note Bouloc; vgl dazu *Lefebvre* Rdn 26.

1406 *Crim.*, 13 juin 1983, Revue des sociétés 1984, 813, note *Bouloc*; *Delmas-Marty* S 286; *Renucci/Cardix* S 7.

1407 *Lefebvre* Rdn 49.

1408 *Jeandidier* (1999) Anm 7.

1409 Die französische Dogmatik subsumiert die Schutzobjekte zT abweichend auch unter die sog *conditions préalables*, siehe *Jeandidier* (1998) S 326; *ders* (1999) Anm 10; *Renucci/Cardix* S 13 ff; auch *Delmas-Marty* S 286. Darunter sind die Bedingungen der Straftat zu verstehen, welche der eigentlichen Tathandlung vorgelagert sind.

(„*faire (...) un usage*") (b)) durch den Verantwortlichen (*gérant*) (c)) gegenläufig zu den Interessen der Gesellschaft („*contraire à l'intéret de celle-ci*") (d)) sein. In subjektiver Hinsicht – *élément moral* (2.) – sind Vorsatz (a)) und die besondere Absicht im Sinne einer überschießenden Innentendenz, der *dol spécial* (b)), erforderlich.[1410]

2. *élément matériel*

194 **a) Schutzobjekte.** Der Begriff der biens – zu übersetzen mit „Gütern" – wird umfassend verstanden[1411] und definiert **alle beweglichen und unbeweglichen Bestandteile des Vermögens der Gesellschaft.**[1412] Der Gutsbegriff ist nicht auf körperliche Gegenstände beschränkt, sondern erfasst neben dem sächlichen Substrat eines Vermögensrechts vor allem das Recht selbst;[1413] wie im deutschen Vermögensstrafrecht ist zudem erforderlich, dass das Gut wirtschaftlich werthaltig ist.[1414] Es kommen somit in Betracht: **Fahrnis, Immobilien, Forderungen, Rechte,**[1415] insbesondere **Marken** und **Patente.**[1416]

195 Des Weiteren erfasst *Art L. 241-3, 4° Code de commerce* den *crédit de la société.*[1417] Darunter ist der Ruf des Unternehmens am Markt im Sinne seiner Kreditwürdigkeit zu verstehen.[1418] Der Begriff des *crédit* wird ebenso wie derjenige der *biens* von der Rechtsprechung weit ausgelegt:[1419] Darunter wird zB das Bürgen der Gesellschaft für persönliche Schulden subsumiert.[1420] Jede Verletzung des *crédit de la société* stellt eine Vorstufe der Verletzung der *biens* dar. Die Pönalisierung lässt sich über dass der Verletzung des *crédit* immanente anormale Risiko für das Gesellschaftsvermögen durch die vom Verantwortlichen durchgeführte Handlung erklären.[1421] Das französische Recht dürfte hier – partiell vertypt und spezifiziert über eine Schutzobjektdefinition und in der Vorverlagerung der Strafbarkeit weitergehender – mit der konkreten und insoweit schadensgleichen Vermögensgefährdung deutschen Rechts vergleichbar sein.[1422] Allerdings erfasst das deutsche Recht über den konkreten Gefährdungsbegriff jedes Vermögensobjekt; der abus de biens sociaux leistet eine solche Weiterung in der Vorverlagerung der Strafbarkeit über das Tatbestands-

1410 Siehe zur klassischen französischen Straftatlehre *Ambos* ZStW 120 (2008), 180 ff; *Helmert* S 131 ff; *Manacorda* GA 1998, 124, 125; *Vogel* GA 1998, 127, 128 ff.
1411 *Jeandidier* (1998) S 326.
1412 *Médina* S 40; *Renucci/Cardix* S 23 unter Hinweis auf *Crim.*, 19 oct 1971, Bull Crim., Nr 272; 9 mai 1973, Revue des sociétés 1973, 697, obs. *Bouloc*; 17 oct 1973, Bull Crim., Nr 365; 6 oct 1980, Revue des sociétés 1981, 133, obs. *Bouloc.*
1413 *Eyrignac* Rdn 119.
1414 *Médina* S 40.
1415 *Lefebvre* Rdn 16.
1416 *Eyrignac* Rdn 119.
1417 In *Art L. 241-3, 5° Code de commerce* werden als weitere Schutzobjekte die *pouvoirs* und die *voix* genannt. Erstere beschreiben die den Verantwortlichen der Gesellschaft etwa kraft Satzung oder Gesetzes gegebenen Vollmachten zum Handeln. Die Abgrenzung zwischen *pouvoirs* und insbesondere *biens* ist unscharf: Es sind kaum Fälle des reinen *abus des pouvoirs* denkbar; vielmehr ist davon auszugehen, dass in vielen Fällen, welche von der *Cour de Cassation* entschieden wurden, gleichzeitig ein *abus de biens sociaux* vorlag, sodass der eigenständige Charakter des *abus des pouvoirs* verborgen bleibt. Die *voix* beschreiben (Blanko)Vollmachten, welche die Gesellschafter den Verantwortlichen ausstellen können, um ihre Stimmrechte in der Gesellschafterversammlung auszuüben; diese Tatbestandsvariante hat in der Praxis eine marginale Bedeutung. Der *abus des pouvoirs* und der *abus des voix* sollen hier nicht weiter behandelt werden.
1418 *Giudicelli-Delage* S 188; *Larguier/Conte* S 337; *Renucci/Cardix* S 24; *Eyrignac* Rdn 118.
1419 *Jeandidier* (1998) S 326.
1420 *Gauthier/Lauret* S 380; *Crim.*, 10 mai 1955, D. 1967, 586, note *Dalsace*; weitere Beispiele bei *Lefebvre* Rdn 17.
1421 *Jeandidier* (1999) Anm 13.
1422 Zur Pönalisierung von Gefährdungslagen im französischen und deutschen Untreuestrafrecht siehe *Anders* ZStW 114 (2002), 467, 482 ff.

merkmal der interessengegensätzlichen Verwendung im Sinne eines *„risque auquel il (l'actif social, d.V.) ne devait pas être exposé“*.[1423]

b) Verwendung. Als **Verwendung** wird im französischen Gesellschaftsstrafrecht **jeder Akt der Vermögensverwaltung und der Verfügung** verstanden, der im Namen und für die Gesellschaft getätigt wird.[1424] In einem ersten Zugriff kann der Begriff der Verwendung im Sinne von Zueignung oder Verschwendung der Gesellschaftsgüter verstanden werden.[1425] Der genauere Sinngehalt des Begriffs erschließt sich jedoch über eine normative Betrachtung als **jede Handlung, welche die Gütergesamtheit, dh das Vermögen der Gesellschaft, verletzt**:[1426] Dabei ist charakteristisch, dass ein Besitzwechsel an Vermögensgegenständen der Gesellschaft nicht notwendig ist, vielmehr jede bloße Verwaltungs- bzw Gebrauchshandlung ausreicht.[1427] 196

Das **Unterlassen** ist im Rahmen des *Art L. 241-3, 4° Code de commerce* mangels einer § 13 StGB entsprechenden Norm **tatbestandslos**.[1428] Die Cour de Cassation nahm in ihren Entscheidungen vom 15. März 1972[1429] und vom 28. Jan 2004[1430] jedoch an, dass eine **Verwendung auch im Unterlassen der Vornahme einer Handlung** bestehen könne.[1431] 197

c) Verantwortlicher. *Art L. 241-3, 4° Code de commerce* erfasst den Geschäftsführer und über *Art L. 241-9 Code de commerce* auch den **tatsächlich Verantwortlichen**. Letztgenannte Vorschrift lautet: 198

> Art L. 241-9:
> *„Les dispositions des articles L. 241-2 à L. 241-6 sont applicables à toute personne qui, directement ou par personne interposée, aura, en fait, exercé la gestion d'une société à responsabilité limitée sous le couvert ou au lieu et place de son gérant légal“*.[1432]

Die *Cour de Cassation* versteht in Auslegung dieser Normen unter dem **faktischen Verantwortlichen** denjenigen, der die **Gesellschaft nach eigenem Belieben führt, mit Lieferanten, Kunden, Banken und Personal persönlich verhandelt und seine Aktivitäten und Entscheidungen selbst bestimmt**;[1433] im Schrifttum wird das **Handeln in Unabhängigkeit vom eingetragenen Geschäftsführer** betont.[1434] Tauglicher Täter ist auch der **Liquidator der SARL** (*Art 247-8, 1° Code* 199

1423 *Crim.*, 16 déc. 1975, JCP (G) 1976, II, 18476, note *Delmas-Marty*.
1424 *Renucci/Cardix* S 25.
1425 *Jeandidier* (1998) S 328; *ders* (1999) Anm 24; *Renucci/Cardix* S 25.
1426 *Gauthier/Lauret* S 379; *Renucci/Cardix* S 26.
1427 *Crim.*, 11 janv 1968, Bull crim, Nr 11; *Delmas-Marty* S 288; *Jeandidier* (1998) S 328; *ders* (1999) Anm 24; *Renucci/Cardix* S 26.
1428 *Jeandidier* (1999) Anm 7.
1429 *Crim.*, 15 mars 1972, Revue des sociétés 1973, 357, note *Bouloc*.
1430 *Crim.*, 28 janv 2004, Revue des sociétés 2004, 722, note *Bouloc*; *Bouloc*, note sous *Crim.*, 16 janv 2019, Revue des sociétés 2019, p. 267. Anders zuvor noch *Crim.*, 20 mars 1997, Revue des sociétés 1997, 581, note *Bouloc*. Vgl *Lefebvre* Rdn 14.
1431 Kritisch *Jeandidier* (1999) Anm 25; *Renucci/Cardix* S 26.
1432 „Die Bestimmungen der Artikel L. 241-2 bis L. 241-6 sind auf jede Person anwendbar, die direkt oder über eine andere Person die Führung einer Gesellschaft mit beschränkter Haftung im Auftrag oder an Stelle des bestellten Geschäftsführers ausübt.“.
1433 *Crim.*, 25 nov 1969, Bull crim, Nr 314; 12 oct 1995, Revue des sociétés 1996, 319, note *Bouloc*.Vgl auch *Crim.*, 14 mai 1998, Revue des sociétés 1998, 806 note, *Bouloc*; 19 déc. 2012, D. 2013, 1647, obs. *Mascala*; 22 janv 2014, Revue des sociétés 2014, 452, note *Bouloc*; 17 déc. 2014, Revue des sociétés 2015, 386, note *Bouloc*; 19 mai 2016, Revue des sociétés 2017, 169, note *Bouloc*.
1434 Vgl *Bouloc* Revue des sociétés 2015, 389, 390 mwN; *ders* Revue des sociétés 2014, 453 mwN.

de Commerce). **Gesellschafter** der SARL sind **nicht tauglicher Täter**. Möglich ist jedoch die **Beihilfe** (*complicité*) einer jeglichen Person;[1435] diese setzt nach den *Art 121-7 Nouveau Code pénal* eine der dort genannten Partizipationshandlungen voraus, also die **geistige Einflussnahme** (*provocation, instruction*) oder die **materielle Unterstützungshandlung** (*aide, assistance*).[1436]

200 Seit dem 31. Dezember 2005 erfasst die **Verbandsstrafbarkeit** des *Art 121-2 Nouveau Code pénal*[1437] mit der Abschaffung des Prinzips der Spezialität[1438] auch den *abus de biens sociaux* zum Nachteil der juristischen Personen, insbesondere der SARL erfasst, denkbar in Konzernlagen durch Organe oder Vertreter der Muttergesellschaft zum Nachteil einer Tochtergesellschaft.[1439]

201 **d) Interessengegensatz.** Das **Handeln wider das Gesellschaftsinteresse** stellt das **Kernstück** des Tatbestandes des *abus de biens sociaux* dar. Obwohl vom Wortlaut subjektiviert gefasst („un usage qu'ils savaient contraire à l'intérêt de celle-ci"), ist in der französischen Rechtsprechung und Literatur unumstritten, dass es vom *élément matériel* erfasst ist.[1440] Schwierigkeiten bereitet die Definition des Begriffs des Interesses der Gesellschaft.

202 **aa) Unerheblichkeit des Gesellschaftereinverständnisses.** Das Interesse der juristischen Person ist im französischen Strafrecht nicht zu verwechseln mit dem insoweit zu unterscheidenden Interesse der Gesellschafter.[1441] Die positive Definitionsweite des Gesellschaftsinteresses erschließt sich über die Problematik des **Einverständnisses der Gesellschafter** mit der Handlung des Geschäftsführers. Ein solches selbst der Gesamtheit der Gesellschafter nimmt der Handlung des Verantwortlichen im französischen Recht nicht den deliktischen Charakter,[1442] ist insoweit also **folgenlos**.[1443] Die *Cour de Cassation* begründet die strafrechtliche Folgenlosigkeit eines Einverständnisses mit einer gesellschaftsinteressenwidrigen Handlung im Sinne des *abus de biens sociaux* mit mehreren Argumenten: Zunächst dürfte ein Einverständnis der Gesellschafter zumeist nicht im vollständigen Lichte der tatsächlichen Vorgänge erteilt sein.[1444] Im Falle einer – nachträglichen – Entlastung (*quitus*) des Geschäftsführers, welche in Kenntnis aller tatsächlichen Umstände durch die Gesellschafter einstimmig erklärt würde, wird keine strafbarkeitsausschließende Wirkung anerkannt, da eine Zustimmung nach der Verletzungshandlung keine ex tunc-Wirkung habe.[1445] Schließlich ist aber auch die vorherige Zustimmung – in Kenntnis aller Umstände und selbst einstimmig – wirkungslos, was der **grundsätzlichen Nichtanerkennung des Einverständnisses** (*consentement*) als Rechtfertigungsgrund (*fait justificatif*) im französischen Strafrecht entspricht. Der consentement de la victime, also des **Opfers**, berührt die Anwendbarkeit des Strafge-

1435 *Lefebvre* Rdn 11.

1436 Zu den Voraussetzungen der *complicité* siehe *Bouloc* (2017) Rdn 351 ff; *Weißer* S 85 ff.

1437 *Bouloc* (2017) Rdn 333 ff; *Hartan* S 97 ff.

1438 *Bouloc* (2017) Rdn 340; *Eyrignac* Rdn 9; *Hartan* S 100 ff; *Mascala/Aumauger-Lattes* in: Bioy (Hrsg) S 291 (293 ff).

1439 *Lefebvre* Rdn 10; Überblick über die neuere Rechtsprechungsentwicklung zur Verbandsstrafbarkeit in Frankreich bei *Matsopoulou* Revue des sociétés 2015, 703.

1440 Siehe die Darstellungen bei *Delmas-Marty* S 289 ff; *Jeandidier* (1998) S 328 ff.

1441 Siehe *Delmas-Marty* S 289; Einen Überblick über den Diskussionsstand gibt *Médina* S 88 ff.

1442 Vgl für die SARL *Art L. 223-22 Code de commerce*.

1443 *Crim.*, 8 mars 1967, Bull crim, Nr 94; 9 mai 1973, Revue des sociétés 1973, 696, note *Bouloc*; 16 déc. 1976, Gaz Pal 1976, 233; 19 mars 1979, Bull crim, Nr 112; 6 oct 1980, Revue des sociétés 1981, 133, note *Bouloc*; 30 sept 1991, Revue des sociétés 1992, 356, note *Bouloc*; 12 déc. 1994, Bull Joly 1995, 427. Siehe auch *CA Montpellier*, 7 janv 1980, Gaz Pal 1980, 362; *CA Colmar*, 21 mars 1986, Gaz Pal 1986, 370. *Renucci/Cardix* S 33 f; *Dekeuwer* JCP (E) 1995, 421 (423); *Boursier* Revue des sociétés 2005, 273 (307).

1444 *Crim.*, 9 mai 1973, Revue des sociétés 1973, 696, note *Bouloc*.

1445 *Bouloc* Revue des sociétés 1992, 357; *Larguier/Conte* S 334; *Médina* S 137; *Stefani/Levasseur/Bouloc* Rdn 361.

setzes[1446] nicht, da sich die Straftat nach herrschendem Verständnis gegen den *ordre social* richtet.[1447] Nach französischem Recht würde das (vorherige) Einverständnis aller an der Gesellschaft „beteiligten" Interessenträger – das praktisch kaum einholbar wäre –[1448] nicht zur Straflosigkeit führen, was zudem darin begründet liegt, dass der Grund der Rechtfertigung im objektiven sozialen Nutzen der dann (gerechtfertigten) Handlung gesehen wird („*(…) l'infraction commise peut apparaître comme socialement utile (…)*"[1449]) und nicht im legitimen, im subjektiven Sinn auf das auf die zustimmende Person zurückverweisende Motiv.[1450] Das Einverständnis wird im französischen Strafrecht nur ausnahmsweise und dann im Sinne der Beseitigung der Tatbestandsmäßigkeit berücksichtigt, wenn das betroffene Gut zur uneingeschränkten Disposition des Opfers steht oder wenn der Tatbestand ein Handeln gegen oder ohne den Willen des Verletzten voraussetzt.[1451] Ferner würde das Einverständnis als *fait justificatif*" das *élément légal* nur dann beseitigen, wenn sich insbesondere eine solche gesetzliche Regelung findet oder der Fall zumindest einer *autorisation légale* gleichgestellt werden kann.[1452] All dies ist beim *abus de biens sociaux* nicht gegeben, insbesondere fehlt es wegen des **institutionell-anstaltlichen Verständnisses der juristischen Person an der Dispositionsbefugnis der Gesellschafter über das Gesellschaftsvermögen**.

Im französischen Gesellschaftsstrafrecht zeigt sich dieses Verständnis darin, dass trotz des Einverständnisses der Gesellschafter insbesondere die Gläubiger der Gesellschaft im Falle des *abus de biens sociaux* als geschädigt betrachtet werden. Zwar findet sich – wie in Deutschland auch und von diesen deutschen Entwicklungen beeinflusst – in Frankreich vornehmlich zur Wende zum 20. Jahrhundert eine lebhafte, heute weitgehend abgeflaute Diskussion über die Natur der juristischen Person, im Kern oszillierend zwischen einem vertraglichen und institutionellem Verständnis, aufgewiesen wiederum jeweils in einer **realen und fiktionalen Personifikationstheorie**.[1453] Erstere stellt die (vermeintliche) tatsächliche Existenz eines gemeinsamen Interesses, eines kollektiven Willens oder einer übergeordneten Organisationsform in den Fokus, während Letztere subjektive Vermögensrechte philosophisch allein der Willensmacht der in sich in sittlicher Autonomie selbst bestimmenden natürlichen Menschen vorbehält und somit technizistisch-positivistisch die juristische Personalität konsistent nur als Rechtsfolge eines öffentlichen gewährenden Rechtssatzes begreifen kann.[1454] So stellte *Hauriou* in seiner soziologischen Theorie der Realität der juristischen Person –[1455] anstelle der realen Verbandspersönlichkeit in der anthropomorphen Prägung *von Gierkes* –[1456] die vermeintliche Wirklichkeit eines gemeinsamen und auf Gleichheit beruhenden Willens ihrer Mitglieder als Ergebnis eines sozialen Vergesellschaftungsprozesses in den Vordergrund.[1457] Zudem entwickelte sich in der Lehre von *Raymond Carré de Malberg* im Staatsrecht eine Auffassung, welche die juristische Person mit tatsächlicher gouverne- 203

1446 Teilweise werden in der französischen Straftatlehre die *faits justificatifs* neben dem *élément légal, élément matériel* und *élément moral* einem gesonderten vierten Element, dem *élément injuste*, zugeordnet; nach herrschender Meinung schließen die *faits justificatifs* jedoch bereits die Anwendbarkeit des Strafgesetzes, dh das *élément légal*, aus, vgl dazu *Bouloc* (2017) Rdn 228, *Merle/Vitu* Anm 431; *Vogel* GA 1998, 127, 134.

1447 Zur grundsätzlichen Nichtanerkennung des Opfereinverständnisses als Rechtfertigungsgrund: *Bouloc* (2017), Rdn 443; *Merle/Vitu* Anm 475.

1448 *Schramm* (2005) S 260.

1449 *Merle/Vitu* Anm 434.

1450 *Merle/Vitu* Anm 435, 437; *Vogel* GA 1998, 127, 135.

1451 *Bouloc* (2017) Rdn 446 f; *Merle/Vitu* Anm 476; *Schramm* (2005) S 259 f; *Vogel* GA 1998, 127, 135.

1452 *Dannecker* in: Tiedemann (Hrsg) S 147, 164; *Médina* S 134 f.

1453 *Eyrignac* Rdn 4.

1454 Zu *von Savignys* Fiktionslehre sowie *Kelsens* und *Hans J. Wolffs* positivistischen Lehren siehe *Anders* (2012) S 220 f, 227 ff.

1455 Vgl *Hauriou* S 109; dazu *Anders* (2012) S 199 ff.

1456 Vgl dazu *Anders* (2012) S 223 ff.

1457 *Eyrignac* Rdn 5 f.

mentaler Autorität identifizierte.[1458] Unter dem Einfluss von *Léon Michoud* war ferner eine der deutschen Fiktionstheorie[1459] vergleichbare Organisationstheorie einflussreich, welche die Entitäten, die in einer bestimmten historischen, sozialen Situation als Verkehrssubjekte anerkannt worden sind, und die gesetzlich als Rechtspersönlichkeit anerkannt worden sind,[1460] als juristische Person verstand;[1461] diese Theorie verschwieg die Kriterien, welche zur rechtlichen Anerkennung qualifizieren, und verlagerte die Abgrenzungsproblematik auf die juristische Ebene. Während die französische zivil- und gesellschaftsrechtliche Jurisdiktion sich auf ein kontraktuelles oder institutionelles[1462] Verständnis der juristischen Person nicht festzulegen vermag,[1463] hat sich die Strafrechtsprechung der *Cour de Cassation* auf die Seite eines Verständnisses der Natur der juristischen Person als *réalité technique* geschlagen, die auf einem Kollektivinteresse fundiert, das sich von den Individualinteressen ihrer natürlichen Mitglieder abhebt.[1464] Dies geht einher mit der Entwicklung des französischen Strafrechts, das sich einer Deutung des Begriffs der juristischen Person als eines realen Kontraktes verschließt, wirkmächtig insbesondere in der Normierung der Verbandsstrafbarkeit auch mit Blick auf den *abus de biens sociaux*, welche eine eigenständige von den natürlichen Personen unabhängige Verantwortlichkeit der juristischen Person anerkennt.[1465] Die Strafrechtsprechung der *Cour de Cassation* erkennt in ständiger Rechtsprechung eine strikte Trennung der Sphären von Gesellschaft und Gesellschafter und damit eine Autonomie der Gesellschaft als Vermögensträgerin konsequent an.[1466] Mit dieser, nicht auf die Gesellschafter zurückgebundenen Schutzrichtung der Organuntreue korrespondiert ein institutioneller Gesellschaftsbegriff,[1467] der negativ in der Abkoppelung von dem Gesellschafterinteresse gründet und sich positiv über die unterschiedslose Einbeziehung aller an der Gesellschaft „beteiligten" (Dritt)Interessen definiert.[1468] Hier dürfte sich die Absenz einer Strafrechtsbegründung, welche den Einzelnen mitkonstitutiv einbindet, widerspiegeln; auch fehlt in der französischen Strafrechtswissenschaft eine belastbare Rechtsgutslehre.[1469]

204 Anders als § 266 StGB, der allein dem Schutz des zu betreuenden Vermögens dienen soll und den Gläubigerschutz allenfalls mediatisiert, ist das französische Strafrecht damit konturloser und im Schutzumfang weitestgehend: Der *„‚abus de biens sociaux' a pour de protéger non seulement les intérêts des associés, mais aussi le patrimoine de la société et les intérêts des tiers qui contractent avec elle"*.[1470] Somit ist das Vermögen der Gesellschaft aufgehoben – im Sinne eines *intérêt général* – in den **Interessen aller an der Gesellschaft, dh der Gesellschafter, aber auch der Arbeitnehmer, Lieferanten sowie sonstigen Gläubiger bzw Vertragspartner.**[1471] Könnte diese Analyse

---

1458 Vgl *R. Carré de Malberg* S 13.
1459 Vgl dazu *Anders* (2012) S 217 ff.
1460 Vgl *Michoud* Revue du droit public 1895, 401, 416.
1461 *Eyrignac* Rdn 6.
1462 Vgl insbesondere *Civ*, 2e sect. civ, 28 janv 1954, D. 1954, 217, note *Levasseur*; JCP (G) 1954, II, 7978, concl. *Lemoine*; Droit social 1954, 161, note Durand: *„la personnalité civile n'est pas une création de la loi; elle appartient, en principe, à tout groupement pourvu d'une possibilité d'expression collective pour la défense d'intérêts licites dignes, par suite, d'être juridiquement reconnus et protégés"*; *Civ*, 1ère sect. civ, 18 janv 2005, JCP (E) 2005, 1834, obs. *Caussain, Deboissy, Wicker*; *Eyrignac* Rdn 7.
1463 *Eyrignac* Rdn 7, 103 mN aus der Rechtsprechung der *chambre commerciale* und der *chambres civiles* der *Cour de Cassation.*
1464 *Eyrignac* Rdn 7, 8, 117; *Prujiner* C. de D. 31 (1990), 1049, 1058.
1465 Vgl *Eyrignac* Rdn 8 f.
1466 *Crim.*, 19 oct 1971, Bull Crim., Nr 272; 26 mai 1994, Revue des sociétés 1994, 771, note *Bouloc*. Siehe auch *Boursier* Revue des sociétés 2005, 273, 307.
1467 Vgl *Ducouloux-Favard* Recueil Dalloz Sirey 1984, 287; *Eyrignac* Rdn 117; *Médina* S 89.
1468 *Dekeuwer* JCP (E) 1995, 421, 423.
1469 *Vogel* GA 1998, 127, 130; vgl zum traditionellen Gegensatz zwischen der französischen Straftatlehre und der deutschen, philosophisch geprägten Strafrechtsdogmatik *Ambos* ZStW 120 (2000), 180, 182 f.
1470 *Crim.*, 19 oct 1971, Bull Crim., Nr 272.
1471 *Dekeuwer* JCP (E), 1995, 421, 423; *Ducouloux-Favard* note sous *TGI Mulhouse*, 25 mars 1983, D. 1984, p. 288.

an sich ein interessenpluralistisches Verständnis des *intérêt général* nahe legen, so dürfte es sich jedoch weitergehend im Ergebnis um ein **anstaltsähnliches, gleichsam transpersonales Verständnis der juristischen Person** handeln. Aufgewiesen wird dieses Verständnis auch darin, dass sowohl den Gesellschaftern (für ihren persönlichen Schaden[1472]) als auch den Gläubigern der *SARL* beim *abus de biens sociaux* die *action civile* – das Verletztenrecht, Schadensersatz gegen den Schädiger nicht nur im Strafverfahren geltend zu machen, sondern das öffentliches Strafverfahren (*action publique*) auch gegen den Willen der Staatsanwaltschaft überhaupt durchzusetzen –[1473] nicht zusteht, da beide nach der Rechtsprechung der *Cour de Cassation* nicht als Verletzte im Sinne des *Art 2 Code de procédure pénale* gelten.[1474]

205 Nach dem folgenorientierten Verständnis der *faits justificatifs* als Rechtfertigungsgründe ob rem[1475] erschöpft sich die Gesellschaft als juristische Person nicht in der bloßen Addition der an ihr beteiligten Interessenträger – was grundsätzlich die Straflosigkeit durch das Vorliegen der Zustimmungserklärung eines jeden ermöglichen würde –, sondern sie objektiviert sich vielmehr in einer von den natürlichen Personen abstrahierenden, versachlichten Institution bzw Anstalt im oben dargelegten Sinne.[1476] Somit ist das Vermögen der Gesellschaft zwar aufgehoben in den Interessen aller, welche als Komponenten der Gesellschaft im weitesten Sinne begriffen werden können, dh der Gesellschafter, aber auch der Arbeitnehmer, Lieferanten sowie sonstigen Gläubiger bzw Vertragspartner,[1477] dies aber in einer *société-institution*.[1478] Der Vergleich *Ducouloux-Favards* mit der Körperschaft im deutschen Rechtsverständnis[1479] geht daher insoweit fehl, als sich dort auf der Ebene des Einverständnisses jedenfalls bei der GmbH eine deutlichere Rückbindung an die natürlichen Personen zeigt im Sinne der Dispositionsbefugnis der Gesellschafter jedenfalls bis zur Grenze der Existenzgefährdung bzw des Stammkapitalerhalts. Hier schlägt das deutsche, eher mitgliedschaftliche und körperschaftliche Verständnis der GmbH durch. Beim französischen *abus de biens sociaux* dürfte die rechtliche Folgenlosigkeit des Gesellschaftereinverständnisses hingegen auf dem Zusammenspiel eines anstaltsähnlichen Gesellschaftsverständnisses und einer restriktiven Rechtfertigungslehre beruhen.

206 Entsprechend diesem anstaltlichen Verständnis erkennt die neuere Rechtsprechung der *Cour de Cassation* diese Eigenständigkeit des Gesellschaftsinteresses konsequent auch im Falle der Einpersonen-Gesellschaft, der *EURL* (*entreprise unipersonelle à responsabilité limitée*), als Unterfall der *SARL*, an.[1480]

207 Das Verständnis des *intérêt général* dürfte sich dem Begriff des **„Unternehmens an sich"** annähern, wie er in Deutschland vornehmlich in den zwanziger Jahren in Bezug auf die AG diskutiert wurde,[1481] soweit man diesem facettenreichen und ideologieverdächtigem Begriff das Konvergenzmodell seines Schöpfers *Rathenau* zu Grunde legt. Danach seien wegen der besonde-

---

1472 Möglich – und gefürchtet, vgl *Tiedemann* in: FS Würtenberger, 1977, S 241, 249 f – ist jedoch die *action sociale ut singuli*, mit der ein einzelner Gesellschafter den Gesellschaftsschaden geltend machen kann, und die, sofern zulässig – vgl *Crim.*, 11 sept 2001, Bull Crim., Nr 175; 22 oct 2014, Revue des sociétés 2015, 324 – die *action publique* in Gang setzt. Dazu *Lefebvre* Rdn 52.

1473 *Eyrignac* Rdn 153 ff; *Schönknecht* S 149 ff; *Spiess* S 233 ff.

1474 Vgl *Crim.*, 13 déc. 2000, Revue des sociétés 2000, 532, note *Bouloc*; 11 déc. 2002, Bull Crim., Nr 224; 9 mars 2005, Revue des sociétés 2005, 886, note *Bouloc*; 23 mars 2016, Revue des sociétés 2016, 688, note *Bouloc* (betr. Gesellschafter); 24 avril 1971, Revue des sociétés 1971, 608, note *Bouloc*; 26 juin 1989, Revue des sociétés 1990, 59, note *Bouloc*; 9 nov 1992, Bull crim, Nr 361; 8 mars 2006, Revue des sociétés 2006, 880, note *Bouloc* (betr. Gläubiger); 23 mars 2005, Droit pénal 2005, 19, note *Robert/Véron* (betr. Arbeitnehmer). Dazu *Lefebvre* Rdn 52 f.

1475 *Bouloc* (2017), Rdn 406, 408 ff; *Vogel* GA 1998, 127, 135.

1476 *Atiback* S 101.

1477 *Dekeuwer* JCP (E) 1995, 421, 423; *Ducouloux-Favard* Recueil Dalloz Sirey 1984, 287, 288.

1478 *Ducouloux-Favard* Recueil Dalloz Sirey 1984, 287.

1479 *Ducouloux-Favard* Recueil Dalloz Sirey 1984, 287.

1480 *Crim.*, 26 mai 1994, Revue des sociétés 1994, 771, note *Bouloc*; 31 juin 2004, Bull crim, Nr 152. Anders noch vorher *Crim.*, 14 juin 1993, Revue des sociétés 1994, 90, note *Bouloc*.

1481 *Anders* ZStW 114 (2002), 467, 479 f; *Busch* S 172.

ren Bedeutung der AG die Interessen von Staat und Gesellschaft in einem gemeinwirtschaftlichen Sinne an die Interessen Ersterer anzubinden, wobei *Rathenau* davon ausging, dass jedenfalls bei Zurückdrängung der Macht der Spekulationsaktionäre die genannten Interessen konvergierten. Unter den Begriff des „Unternehmens an sich" wurden daher ganz verschiedene Interessen gefasst, ohne dass man freilich Klarheit darüber erreichte, um welche konkreten Interessen es sich handeln und – im Falle des Konfliktes – welche Rangordnung der zu berücksichtigenden Interessen definiert werden sollten.[1482] Man kann wegen der fehlenden Spezifizierung und Einzelberücksichtigung der im Konvergenzmodell erfassten Interessen daher von einer **institutionellen Unternehmenstheorie** sprechen, mit der sich unter Zurückdrängung der Interessen der lediglich spekulierenden Anteilseigner die Forderung der gemeinwirtschaftlichen Einbindung des Unternehmens verband. Dies dürfte dem ebenfalls nicht näher nach Einzelinteressen aufspaltbaren *intérêt général* und – transponiert auf das Strafrecht – dem sozialnutzenorientierten Rechtfertigungsverständnis am nächsten kommen. Während die Theorie vom „Unternehmen an sich" heute in Deutschland gesellschaftsrechtlich als überholt gilt, wird die Lehre von der Gesellschaft als Institution heute in Frankreich ausdrücklich zur Begründung des *intérêt général* bemüht.[1483]

208 Anders als bei der deutschen Untreue ist ein Schaden objektiv nicht verlangt. Korrekturen sind – auch anders als bei § 266 StGB – dem subjektiven Tatbestand vorbehalten.

209 **bb) Einzelfälle.** Als Fälle des Handelns gegen die Interessen der Gesellschaft („*contraire à l'intéret de celle-ci*") sind von der *Cour de Cassation* anerkannt worden[1484] die **Bezahlung persönlicher Schulden oder solcher anderer Gesellschaften mit Mitteln der Gesellschaft,**[1485] der **Abschluss von für die betreffende Gesellschaft nachteiligen Verträgen,**[1486] die **Vermengung von Gesellschafts- und Privatvermögen,**[1487] die **Entnahme mit Blick auf die Vermögenslage der Gesellschaft überhöhter Gehälter,**[1488] die **verdeckte Errichtung eines Debitorenkontokorrents,**[1489] **jedes für die Gesellschaft ruinöse**[1490] **oder fiktive**[1491] **operative Handeln** sowie ganz **generell Operationen, die ein disproportionales bzw anormales Risiko für das Gesellschaftsvermögen begründen.**[1492]

210 **cc) Pönalisierung von Gefährdungslagen.** Die Rechtsprechung der *Cour de Cassation* fasst den Begriff der interessenwidrigen Verwendung weit[1493] und subsumiert darunter nicht nur echte Schäden, sondern auch die **Begründung eines nicht vertretbaren Risikos für das Gesellschaftsvermögen.**[1494] Schwierigkeiten bereitet auch im französischen Wirtschaftsstrafrecht die Abschichtung des erlaubten vom pönalisierten Risiko: *Delmas-Marty* zieht die Grenze bei den anormalen

1482 *Kübler/Assmann* S 178 in Fn 40.
1483 *Ducouloux-Favard* Recueil Dalloz Sirey 1984, 287.
1484 Vgl *Eyrignac* Rdn 117; *Lefebvre* Rdn 20 ff jeweils mwN aus der Rechtsprechung der *Cour de Cassation.*
1485 *Crim.*, 6 mars 1974, Bull Crim., Nr 94; 26 févr. 1998, Revue des sociétés 1998, 604, note *Bouloc.*
1486 *Crim.*, 12 sept 2001, Droit pénal 2002, 6, obs. *Robert.*
1487 *Crim.*, 10 mai 1955, Bull Crim., Nr 234; 19 oct 1978, Revue des sociétés 1979, 872, note *Bouloc.*
1488 *Crim.*, 9 mai 1973, Bull Crim., Nr 216; 6 oct 1980, Revue des sociétés 1981, 133, note *Bouloc*; 13 déc. 1988, Revue des sociétés 1989, 257, note *Bouloc*; 30 sept 1991, Revue des sociétés 1992, 356, note *Bouloc*; 7 déc. 2016, Revue des sociétés 2017, 167, note *Bouloc.*
1489 *Crim.*, 31 mai 2006, Revue des sociétés 2007, 121, note *Bouloc.*
1490 *Crim.*, 16 déc. 1975, JCP (G) 1976, II, 18476, note *Delmas-Marty*; 26 févr. 1998, Revue des sociétés 1998, 604, note *Bouloc.*
1491 *Crim.*, 28 mai 2003, Revue des sociétés 2003, 906, note *Bouloc*; Droit pénal 2003, 100, obs. *Robert.*
1492 *Crim.*, 10 nov 1964, JCP (G) 1965, II, 14146; 16 déc. 1975, JCP (G) 1976, II, 18476, note *Delmas-Marty.*
1493 Vgl zum Folgenden *Anders* ZStW 114 (2002), 467, 482 ff.
1494 *Crim.*, 16 déc. 1975, JCP (G) 1976, II, 18476, note *Delmas-Marty*: *„(U)n risque auquel il (l'actif social, d.V.) ne devait pas être exposé"*.

und schweren Risiken.[1495] Um die Qualität des Risikos einschätzen zu können, müssen sich die Richter ex ante[1496] in die Entscheidungsposition des für die Gesellschaft Verantwortlichen unter Beachtung des gesamten wirtschaftliche Kontextes versetzen und beurteilen, welche Schadenerwartung die Handlung verursacht hat bzw welche Erfolgsprognose gestellt werden konnte.[1497] Die vor dem Hintergrund der in Frankreich ebenfalls fehlenden Versuchsstrafbarkeit des *abus de biens sociaux* problematische Weite der Rechtsprechung der *Cour de Cassation* erschließt sich in der **Annahme der Interessenwidrigkeit im Falle von Schmiergeldzahlungen** zwecks Erreichens eines für die Gesellschaft vorteilhaften Geschäfts:[1498] In der Entscheidung vom 22. April 1992 (Sache *Carpaye*) bereits die Strafrechtswidrigkeit der Handlung als solche (Korruption) ausreichte,[1499] nahm das Gericht in zwei Entscheidungen zunächst das Gegenteil an,[1500] um in der Sache *Carignon*[1501] wieder zum Ausgangspunkt zurückzukehren. Da die *Cour de Cassation* jedoch keinerlei Erwägungen zum konkreten Entdeckungs- und Verfolgungsrisiko anstellt, dürfte – wie in der Sache *Carpaye* – allein die Möglichkeit der Sanktionierung, also die bloßes (Straf-)Rechtswidrigkeit der Handlung, hinreichen, um die Interessenwidrigkeit zu begründen.[1502] Ob der *abus de biens sociaux* bei korruptiven Handlungen weiterhin Auffangtatbestand sein kann, ist fraglich[1503]: Zwar ist mittlerweile die die Verfolgung von Korruption erschwerende Voraussetzung der *antériorité du pacte corrupteur* aufgegeben worden;[1504] jedoch gelten für den *abus de biens sociaux* und die Korruptionsdelikte seit 2017 dieselben Strafverfolgungsverjährungsregelungen, da auch Bestechungsdelikte zu den verdeckten Straftaten gehören (Rdn 217).

3. élément moral

Die Tatbestände des *abus de biens sociaux* sind als Vorsatzdelikte formuliert, wobei im Rahmen des *élément moral* insbesondere[1505] neben dem Vorsatz, dem *dol général*, der *dol spécial* erforderlich ist, der im Sinne einer **besonderen Absicht als überschießende Innentendenz** zu begreifen ist.[1506] 211

a) *dol général* – *„mauvaise foi"/„savent (contraire à l'intérêt de celle-ci)"*. Der *dol général* beschreibt zum einen das **Bewusstsein, die im gesetzlichen Tatbestand genannten Voraussetzun-** 212

1495 *Delmas-Marty* S 289.
1496 Vgl *Crim.*, 16 janv 1989, D. 1989, 495, note *Cosson*; Revue des sociétés 1989, 687, note *Bouloc*.
1497 *Jeandidier* (1999) Anm 32.
1498 Vgl dazu *Anders* ZStW 114 (2002), 467, 483 ff; *Eyrignac* Rdn 117; *Lefebvre* Rdn 18.
1499 *Crim.*, 22 avril 1992, Revue des sociétés 1993, 124, note *Bouloc*: „*(...) l'usage des biens d'une société est nécessairement abusif lorsqu'il est fait dans une but illicite ...)*". Kritisch *Pralus* JCP (G) 1997, I, 4001.
1500 *Crim.*, 11 janv 1996, Revue des sociétés 1996, 586, note *Bouloc* (Sache *Rosemain*); 6 févr. 1997, Revue des sociétés 1997, 146, note *Bouloc* (Sache *Noire-Botton*).
1501 *Crim.*, 27 oct 1997, Revue des sociétés 1997, 869, note *Bouloc*: „*Quel que soit l'avantage à court terme qu'elle peut procurer, l'utilisation des fonds sociaux ayant pour seul objet de commettre un délit tel que la corruption est contraire à l'interêt social en ce qu'elle expose la personne morale au risque anormal de sanctions pénales ou fiscales contre elle-même et ses dirigeants et porte atteinte à son crédit et à sa réputation.*" Fortgeführt insbesondere durch *Crim.*, 10 mars 2004, Bull Crim., Nr 64; 22 sept 2004, Revue des sociétés 2005, 205, note *Bouloc*; 21 sept 2005, pourvoi n° 04-87682, inédit; 16 déc. 2015, Revue des sociétés 2016, 187, note *Bouloc*; weitere Nachweise aus der Rechtsprechung der *Cour de Cassation* bei *Lefebvre* Rdn 18.
1502 *Jeandidier* (1998) S 331; *ders* Anm 56.
1503 So noch *Barth* in: Eser/Überhofen/Huber (Hrsg) S 122, 129.
1504 Spätestens nach der Gesetzesänderung durch das *Loi N° 2011-525 du 17 mai 2011*, *Latour/Gondran de Robert* S 82. Siehe zur vorherigen Rechtslage *Anders* ZStW 114 (2002), 467, 484 f; *Barth* in: Eser/Überhofen/Huber (Hrsg) S 122, 129.
1505 Siehe zu den weiteren, hier nicht interessierenden Komponenten des *élément moral Bouloc* (2017), Rdn 271 ff; *Helmert* S 152 ff.
1506 *Anders* ZStW 114 (2002), 467 (490).

gen zu erfüllen sowie zum anderen das **Wissen um die Existenz des verletzten Rechtssatzes.**[1507] Indizien für den Vorsatz ergeben sich aus den äußeren Umstände des Geschäftsführerhandelns,[1508] insbesondere dessen **Heimlichkeit.**[1509] In Abgrenzung zur bewussten Fahrlässigkeit wird im französischen Strafrecht der dolus eventualis, vergleichbar mit dem deutschen Recht, jedenfalls dann verneint, wenn der Handelnde auf das Ausbleiben des Erfolgs vertraut, diesen also nicht billigend in Kauf nimmt.[1510] So stellte die *Cour de Cassation* in ihrer Entscheidung vom 19. Dezember 1973 heraus, dass Voraussetzung für die Annahme des *dol général* die Kenntnis des Strohmann-Geschäftsführers von dem deliktischen Handeln des faktischen Geschäftsführers sei.[1511]

213 **b) *dol spécial.*** Die Verantwortlichen müssen *„à des fins personnelles ou pour favoriser une autre société ou entreprise dans laquelle ils sont intéressés directement ou indirectment“* gehandelt haben, und zwar gegen die Interessen der Gesellschaft.[1512]

214 Der Begriff des **direkten (persönlichen) Interesses** – *fins personelles* – wird von der *Cour de Cassation* weit gefasst; darunter fallen sowohl **materielle**[1513] als auch **immaterielle Vorteile.**[1514] Letztere sollen insbesondere von dem Willen des Handelnden umfasst sein, seine **Reputation**, aber **auch die seiner Familie**, zu fördern,[1515] aber auch **politische Ziele**[1516] sowie die **Beziehungspflege zu nahestehenden oder sonst wirtschaftlich wichtigen Personen** fallen darunter,[1517] insbesondere solche **korruptiver Art.**[1518] Der *dol spécial* lässt somit angestrebte Vorteil jeglicher Art genügen und **dürfte daher einer Funktion, die Weite des objektiven Tatbestandes des** abus de biens sociaux **einzugrenzen, kaum entsprechen können.**[1519] Dabei ist es nach der Rechtsprechung der *Cour de Cassation* nicht erforderlich, dass die persönlichen Interessen ausschließlich vorliegen.

215 Die *Cour de Cassation* hat zudem seit ihren grundlegenden Entscheidungen vom 28. November 1994[1520] und vom 11. Januar 1996[1521] die Beweislast der Staatsanwaltschaft durch die **Regelvermutung** erleichtert,[1522] nach der **allein** die **Tatsache der Heimlichkeit von Entnahmen aus dem Gesellschaftsvermögen** durch den Verantwortlichen, solange deren Übereinstimmung mit dem Gesellschaftsinteresse nicht bewiesen ist, sowohl die Interessenwidrigkeit als auch das persönliche Interesse begründet.[1523] Gleiches gilt für die **heimliche Übertragung von Vermögenswerten auf Dritte.**[1524]

1507 *Merle/Vitu* Anm 589. Vgl *Crim.*, 19 juin 1978, Bull Crim., Nr 202.
1508 *Lefebvre* Rdn 31.
1509 *Crim.*, 15 mai 1974, Bull Crim., Nr 177. Vgl *Crim.*, 10 oct 2013, Revue des sociétés 2014, 399, note *Bouloc.*
1510 *Anders* ZStW 114 (2002), 467 (489).
1511 *Crim.*, 19 déc. 1973, Revue des sociétés 1974, 364, note *Bouloc.*
1512 *Lefebvre* Rdn 27.
1513 Zweckgerichtete Überweisung von Gesellschaftsgeldern auf persönliche Konten *Crim.*, 13 Juni 2018, Revue des sociétés 2019, 411 note *Bouloc.*
1514 Vgl *Lefebvre* Rdn 28.
1515 *Jeandidier* (1999) Anm 77.
1516 *Lefebvre* Rdn 28 mwN aus der Rechtsprechung der *Cour de Cassation.*
1517 Vgl *Crim.*, 8 déc. 1971, Revue des sociétés 1972, 514, note *Bouloc*; 9 mai 1973, D. 1974, 271, note *Bouloc.*
1518 Vgl *CA Colmar*, 30 avril 1985, Revue des sociétés 1985, 833, note *Storck*; *Jeandidier* Anm 78.
1519 Vgl *Jeandidier* (1999) Anm 79.
1520 *Crim.*, 28 nov 1994, pourvoi n° 94-81818, inédit.
1521 *Crim.*, 11 janv 1996, Revue des sociétés 1996, 586, note *Bouloc.* Fortgeführt durch *Crim.*, 20 juin 1996, Bull crim, Nr 271; 14 mai 1998, pourvoi n° 97-82.44, inédit; 9 juill. 1998, pourvoi n° 97-80.511, inédit; 27 mars 2002, pourvoi n° 01-84.195, inédit; 29 juin 2016, Revue des sociétés 2017, 307, note *Bouloc.*
1522 Kritisch zu dieser Rechtsprechung *Jeandidier* (1999) Anm 74.
1523 Dazu *Anders* ZStW 114 (2002), 467, 490 f.
1524 *Crim.*, 24 sept 2008, Bull crim, Nr 196.

Unter die Kategorie des **indirekten persönlichen Interesses** – *„pour favoriser une autre société ou entreprise dans laquelle ils sont intéressés directement ou indirectment“* – fallen insbesondere **Konzernkonstellationen**, aber auch solche, in denen der Verantwortliche zu Gunsten einer Gesellschaft handelt, an der er oder die benachteiligte Gesellschaft keinerlei Beteiligungen hält bzw zu der er oder Letztere keine sonstigen gesellschaftsrechtlichen Verbindungen unterhalten; hinreichend ist zB die Stellung des anderen Unternehmens als Lieferant oder Gläubiger.[1525] Dieses persönliche Interesse ist auch dann gegeben, wenn der Verantwortliche Geschäftsführer zweier Gesellschaften ist, deren (Gesellschafts-)Interessen nicht kompatibel sind, und er Vermögenswerte – für die betreffende Gesellschaft jeweils Verlustrisiken begründend – je nach Bedarf hin und herschiebt.[1526] 216

4. Verjährung – *prescription*

Seit dem 1. März 2017 gilt in Frankreich ein **neues Recht der Strafverfolgungsverjährung**:[1527] 217
Während für die Verbrechen (*crimes*) eine Verjährungsfrist von zehn bis 20 Jahren gilt, verjähren Vergehen (*délits*)[1528] in sechs Jahren; der Lauf der Verjährung beginnt mit dem Zeitpunkt der Tatbegehung.[1529] Eine Ausnahme wird für die *infractions occulte ou dissimoulé* in *Art 9-1 Code de procédure pénale* gemacht: Danach beginnt der Lauf der Verjährungsfrist, wenn das Delikt *„est apparue et a pu être constatée dans des conditions permettant la mise en mouvement ou l'exercice de l'action publique“*. *Art 9-1 Code de procédure pénale* definiert die *infraction occulte ou dissimoulée*: *„Est occulte l'infraction qui, en raison de ses éléments constitutifs, ne peut être connue ni de la victime ni de l'autorité judiciaire“* bzw *„(e)st dissimulée l'infraction dont l'auteur accomplit délibérément toute manœuvre caractérisée tendant à en empêcher la découverte“*. Der *abus de biens sociaux* fällt unter diesen Begriff der verdeckten Delikte. Danach **verjährt der** abus de biens sociaux **nach neuem Recht also in sechs Jahren nach seiner Entdeckung**, ist allerdings nach *Art 9-1 Code de procédure pénale* der **absoluten Verjährung von zwölf Jahren**, welche wiederum ab dem Zeitpunkt der Tatbegehung zu laufen beginnt, unterworfen. Der *abus de biens sociaux* ist wegen dieser absoluten Begrenzung nach neuem Recht daher **kein Delikt mehr, das faktisch nicht verjähren kann**. Nach altem (Richter-)Recht begann die Verjährungsfrist beim *abus de biens sociaux* mit der Entdeckung der Tat zu laufen, in der Regel bei Vorlage des Jahresabschlusses, wenn die streitigen, ungerechtfertigten Vermögensabflüsse zum Nachteil der Gesellschaft klar und verständlich (*de facon claire*)[1530] in die Bilanzen und Jahresberichte aufgenommen worden sind.[1531] Ansonsten, sofern es zu einer Verschleierung des Delikts (*dissimulation*) gekommen war, begann der Lauf der Verjährungsfrist mit der tatsächlichen Entdeckung.[1532] Insoweit bildet die neue Rechtslage die alte richterrechlich geprägte Rechtslage ab; diese verzichtete jedoch auf eine absolute Verjährung, sodass nach altem Recht nur in den Konstellationen, in denen das Delikt entdeckt wurde, Verjährung eintreten konnte. Diese Delikte können nach neuem Recht jetzt – unabhängig von ihrer Entdeckung – verjähren. Mit gewissen Unklarheiten versehen sein dürfte das Rückwirkungsverbot der neuen Verjährungsregelung insbesondere mit Blick auf die Geltung der absoluten Verjährungsfrist von zwölf Jahren für zum Zeitpunkt der Gesetzesänderung, also

1525 Vgl *Crim.*, 24 mars 1969, Bull Crim., Nr 130; *Larguier/Conte* S 336.
1526 Vgl *Crim.*, 16 déc. 1975, Bull Crim., Nr 279; *Lefebvre* Rdn 29.
1527 Durch *Loi N° 2017-242 du 27 févr. 2017.*
1528 Zur Unterscheidung vgl *Art 111-1 Code pénal*, dazu *Bouloc* (2017) Rdn 191 ff.
1529 Vgl *Art 7, 8 Code de procédure pénale.*
1530 *Crim.*, 28 janv 2004, pourvoi n° 02-88111, inédit.
1531 Vgl *Crim.*, 5 mai 1997, Revue des sociétés 1998, 127, note *Bouloc*; 5 nov 2014, Revue des sociétés 2015, 602, note *Bouloc*.
1532 Vgl *Crim.*, 10 avril 2002, Droit pénal 2002, 96, obs. *Robert*. Weitere Nachweise aus der Rechtsprechung der *Cour de Cassation* bei *Lefebvre* Rdn 46 ff.

dem 1. März 2017, bereits begangene Taten: Zwar soll insbesondere die „Wohltat“ der absoluten Verjährung ab Inkrafttreten des neuen Gesetzes nur dann gelten, wenn diesbezüglich noch keine Ermittlungen eingeleitet worden sind, womit im Umkehrschluss die absolute Verjährung nur für die Delikte nicht gilt, hinsichtlich derer zum Zeitpunkt des Inkrafttretens des neuen Rechts bereits ein Verfahren eingeleitet worden ist. Die betreffende Vorschrift verlangt jedoch, dass die *action publique „mise en mouvement“* ist.[1533] Die *Cour de Cassation* versteht darunter die *„ouverture d'une information juridiaire ou le renvoi devant une juridiction de jugement“*;[1534] erforderlich ist damit die (ermittlungs-)richterliche Befassung, nicht ausreichen würden die staatsanwaltschaftlichen/ polizeilichen Ermittlungen.

III. Besonderheiten für den Konzernverbund – *fait justificatif*

1. Die *Rozenblum*-Kriterien

218 Die *Cour de Cassation* hat mit ihrer Entscheidung im Fall Rozenblum vom 4. Februar 1985[1535] die bisherige Rechtsprechung des *TC Paris* in der Sache *Willot*[1536] sowie des *TGI Mulhouse* im Fall *Schlumpf*[1537] bestätigt und beim Vorliegen verschiedener Voraussetzungen eine Strafbarkeit wegen *abus de biens sociaux* verneint.[1538] Der Leitsatz der Entscheidung lautet:

> *„Pour éhapper aux prévisions des art. 425 (4°) et 437(3°) de la loi du 24 juill. 1966, le concours financier apporté par les dirigeants de fait ou de droit d'une société, à une autre entreprise d'un même groupe, dans laquelle ils sont intéressés directement ou indirectement, doit être dicté par un intérêt économique, social ou financier commun, apprecié au regard d'une politique élaborée pour l'ensemble de ce groupe, et ne doit ni être démuni de contrepartie ou rompre l'équilibre entre les engagements respectifs des diverses sociétés concernées, ni excéder les possibilités financières de celle qui en supporte la charge“*[1539].

219 Diese Rechtsprechung gilt bis heute fort[1540] und findet ihren Ursprung in frühen Entscheidungen der Pariser Instanzengerichte. Schon im Jahre 1955 urteilte der *TC Seine*,[1541] dass bei wirtschaftlicher Beurteilung der Frage, ob gegen die Interessen einer Gesellschaft im Konzernverbund gehan-

---

1533 *Loi N° 2017-242 du 27 févr. 2017, „La présente loi ne peut avoir pour effet de prescrire des infractions qui, au moment de son entrée en vigueur, avait valablement donné lieu à la mise en mouvement ou à l'exercice de l'action publique à une date à laquelle, en vertu des dispositions législatives alors applicables et conformément à leur interprétation jurisprudentielle, la prescription n'était pas acquise.“*.

1534 *Crim.*, 6 nov 2013, Bull Crim., Nr 217.

1535 *Crim.*, 4 févr. 1985, Recueil Dalloz Sirey 1985, 479, obs. *Bouloc.*

1536 *TC Paris*, 16 mai 1974, Revue des sociétés 1975, 657.

1537 *TGI Mulhouse*, 25 mars 1983, Recueil Dalloz Sirey 1984, 285, note *Ducouloux-Favard.*

1538 Siehe zur Genese und Weiterentwicklung dieser Rechtsprechung *Atiback* S 13 ff; *Médina* S 147 ff.

1539 „In Anwendung der Bestimmungen der Art 425 (4°) und 437 (4°) des Gesetzes vom 24. Juli 1966 wird bestraft, wer als rechtlicher oder faktischer Geschäftsleiter einer Gesellschaft einer anderen Gesellschaft derselben Gruppe, an der er direkt oder indirekt interessiert ist, eine finanzielle Unterstützung gewährt, ohne dass diese durch ein gemeinsames wirtschaftliches, gesellschaftliches oder finanzielles Interesse, beurteilt mit Blick auf eine abgestimmte Politik für die Gesamtheit der Gruppe, begründet ist, und die weder ohne Gegenleistung bleiben oder das Gleichgewicht zwischen den gegenseitigen Verpflichtungen der verschiedenen verbundenen Gesellschaften stören noch die finanziellen Möglichkeiten derjenigen Gesellschaft übersteigen darf, die die finanzielle Unterstützung gewährt.“.

1540 *Crim.*, 13 févr. 1989, Revue des sociétés 1989, 692, note *Bouloc*; 23 avril 1991, Revue des sociétés 1991, 785, note *Bouloc*; 9 déc. 1991, Revue des sociétés 1992, 358, note *Bouloc*; 18 janv 1993, Dr. Sociétés 1993, Nr 101, obs. *Le Nabasque*; 4 sept 1996, Revue des sociétés 1997, 365, note *Bouloc*; 20 mars 2007, Revue des sociétés 2007, 590, note *Bouloc*; 16 janv 2013, Revue des sociétés 2013, 710, note *Boursier*; 27 nov 2013, Revue des sociétés 2014, 186, note *Bouloc*; 19 mars 2014, Revue des sociétés 2014, 741, note *Boursier*; 6 avril 2016, Revue des sociétés 2016, 539, note *Boursier*; 25 oct 2017, Revue des sociétés 2018, 520, note *Boursier*. Zur *Rozenblum*-Rechtsprechung der *Cour de Cassation* siehe auch *Busch* S 210 ff.

1541 *TC Seine*, 11 mai 1955, JCP (G) 1955, II, 8973, note *Bastian.*

delt wurde, das Gleichgewicht zwischen den Konzerngesellschaften sowie der Grad des Interessengegensatzes zu beachten sei. Es begann damit eine Perspektivänderung vom Interesse der einzelnen Gesellschaft (verstanden als *intérêt général*) hin zum **Interesse der Gruppe**, dem intérêt d'un groupe bzw intérêt commun. Im Vergleich zum deutschen Recht der Organuntreue, bei dem ggf bis zur Grenze der Existenzgefährdung der Gesellschaft ein Bereich straflosen, weil von den Gesellschaftern durch Einverständnis gebilligten Geschäftsführerhandelns eingeräumt ist, stellt die *Rozenblum*-Rechtsprechung eine **Möglichkeit der Einschränkung der ansonsten weiten Strafbarkeit im französischen Recht allerdings nur für den Bereich des Konzerns** dar, die zudem an sehr strenge Voraussetzungen geknüpft ist. Die Exklusivität dieser Regeln für den Bereich des Konzerns stellt insoweit ein weiteres Indiz für eine unscharfe Rechtsgutsdogmatik dar:[1542] Zwar ist es in wirtschaftlicher Betrachtung naheliegend, die verschiedenen Gesellschaften im Konzern in einer strafrechtlichen Betrachtung zueinander, ggf saldierend, in Beziehung zu setzen. Fraglich ist nur, warum dies – im Sinne einer (diffusen) Berücksichtigung eines ökonomischen, sozialen oder finanziellen Interesses einzelner Interessenträger innerhalb einer juristischen Person – denn nicht auch bei der Einzelgesellschaft erlaubt sein sollte. Dabei ist dieses Richterrecht auf das Delikt des *abus de biens sociaux* beschränkt; auf andere Wirtschaftsdelikte – wie etwa die *banqueroute* – werden die genannten Grundsätze von der *Cour de Cassation* nicht entsprechend angewandt.[1543]

Der Entscheidung der *Cour de Cassation* lag folgender Sachverhalt zu Grunde: Der Angeklagte *Rozenblum* und Mitglieder seiner Familie waren alleinige Gesellschafter einer Holding-Gesellschaft, die ihrerseits Allein- oder Mehrheitsgesellschafterin einer großen Anzahl der verschiedensten Produktions-, Handels-, Dienstleistungs- und Finanzgesellschaften, also eines **konglomeraten Konzerns**, waren. Als einzelne Teile der Gruppe in finanzielle Schwierigkeiten gerieten, wurden Finanzmittel und Sicherheiten zwischen den Gesellschaften hin- und hergeschoben, etwa von Immobilien- zu Reisegesellschaften. Als die Gruppe in Insolvenz geriet, wurden *Rozenblum* und andere Leitungspersonen innerhalb der Gruppe wegen *abus de biens sociaux* zu Lasten ua einer Immobiliengesellschaft angeklagt und verurteilt. Die Angeklagten verteidigten sich mit der Argumentation, dass die Gesellschaften der Gruppe wirtschaftlich und finanziell derart eng verflochten seien, dass letztere als Einheit zu begreifen wäre, was den *abus de biens sociaux* zum Nachteil einer Gesellschaft der Gruppe ausschlösse. Diese Argumentation konnte sich insbesondere auf die Vorarbeiten in der französischen Gesellschaftsstrafrechtswissenschaft von *Léauté*[1544] sowie *Trochu, Jeantin* und *Langé*[1545] berufen und wurde in den Grundzügen auch von der *Cour de Cassation* akzeptiert. Das Gericht stellte jedoch – ausweislich des oben dargelegten Leitsatzes – drei Voraussetzungen auf, deren erst **kumulatives Vorliegen eine Strafbarkeit wegen** abus de biens sociaux **entfallen** lässt (im Falle *Rozenblum* war schon das erste Kriterium nicht erfüllt):[1546] 220

- Existenz eines **Konzerns mit gemeinsamer Konzernstrategie**, dh das Vorliegen einer strukturellen Verfestigung der Gruppe (a)),[1547]
- ein **gemeinsames wirtschaftliches, soziales oder finanzielles Interesse der Gesellschaften im Konzern**, was an einer für den gesamten Konzern entwickelten Politik zu prüfen ist, dh das Bestehen einer kohärenten Gruppenpolitik (b)),[1548] und

1542 Zum extensiven Verständnis des auf den Begriff der *groupe de sociétés* bezogenen *fait justificatif* auch mit Blick auf andere Straftatbestände im Konzernbereich: *Atiback* S 171 ff.

1543 *Pardo* S 332.

1544 *Léauté* JCP 1973, I, 2551.

1545 *Trochu, Jeantin, Langé* Recueil Dalloz Sirey 1975, 7.

1546 Siehe zum Folgenden auch *Busch* S 213 ff.

1547 Siehe dazu *Atiback* S 31 ff.

1548 Siehe dazu *Atiback* S 59 ff.

– die Vermögenszuwendung darf weder ohne Ausgleich bleiben noch die finanziellen Möglichkeiten derjenigen Gesellschaft übersteigen, welche die Kosten trägt, dh das **Bestehen eines gruppeninternen Gleichgewichts zwischen Vorteilen und Lasten** (c)).[1549]

221 **a) Konzern.** Es existiert im französischen Recht keine allgemeine Definition des Konzerns;[1550] der Begriff ist in der französischen Rechtsordnung vielmehr nur bruchstückhaft geregelt und im jeweiligen Kontext des betroffenen Rechtsgebiets – etwa im Arbeits-, Steuer-, Insolvenz- und Bilanzrecht – zu verstehen, ohne dass die jeweiligen gesetzlichen Regelungen eine systematische Abstimmung erkennen ließen.[1551] Der strafrechtliche Begriff des Konzerns im Rahmen der Rechtsprechung der *Cour de Cassation* zum *abus de biens sociaux* verlangt zunächst einmal die Existenz einer Gruppe als **„stark strukturierte wirtschaftliche und finanzielle Einheit, welche nicht auf einer künstlichen Grundlage steht"** (*„une unité économique et financière fortement structurée, reposant sur des bases non artificielles"*[1552]). Zunächst sollen damit **Missbrauchsfälle in Form von Scheingesellschaften und Vermischungstatbestände** ausgeschlossen werden. Weiterhin sind danach zwischen den Gesellschaften der Gruppe **durch Kapitalanteile vermittelte Bindungen (**liens financiers**)** in aller Regel in Form **eines zur Beherrschung der abhängigen Gesellschaft führenden Anteilsbesitzes** notwendig. Verbindungen zwischen Gesellschaften, welche sich allein auf persönliche Beziehungen der Gesellschafter zueinander stützen, sind jedenfalls nicht hinreichend.[1553] Es kommt zusätzlich darauf an, dass die Gruppe über eine **verfestigte Gesamtstruktur** verfügt, **die auf den wechselseitigen Ausgleich unter den Einzelgesellschaften einerseits und zwischen ihnen und der Gesamtgruppe andererseits hin konzipiert** ist.[1554] Um diesem **Erfordernis der Komplementarität** zu genügen, muss der Einzelgesellschaft ein **gewisses Maß an Eigenständigkeit** verbleiben.[1555] Fehlt eine solche Komplementarität, so vermag auch ein einheitlicher Gruppenabschluss die hinreichende wechselseitige Verfestigung nicht herzustellen.[1556] Insoweit wäre es **günstig**, wenn der Konzern einen **gemeinsamen Geschäftszweck** verfolgt.[1557] Dabei ist von der *Cour de Cassation* nicht trennscharf herausgearbeitet, wie weit ggf differierende Geschäftszwecke voneinander abweichen dürfen; so ist beispielsweise nicht ausgesprochen, ob ein konglomerater Konzern a priori diese Voraussetzung nicht erfüllte. *Ducouloux-Favard* meint, dass eine abstrakte Regel diesbezüglich nicht möglich, sondern die Entscheidung für jeden Einzelfall zu treffen sei.[1558] Jedenfalls war im Fall *Rozenblum* diese **Mischsituation unterschiedlicher Geschäftszwecke ein entscheidendes Argument gegen die Annahme eines Konzerns**, sodass davon ausgegangen werden muss, dass die *Cour de Cassation* bei Konglomeraten eine restriktive Interpretation bevorzugt.

222 **b) Gemeinsames Interesse der Konzerngesellschaften.** Die Gruppe muss über eine **kohärente Politik** verfügen, dh die **wirtschaftlichen Aktivitäten der einzelnen Gesellschaften müssen koordiniert und fortentwickelt werden im Sinne einer dauerhaften und auf Ausgleich innerhalb der Gruppe gerichteten Konzernstrategie**.[1559] Die erforderliche gemeinsame Kon-

1549 Siehe dazu *Atiback* S 108 ff.
1550 Vgl *Boursier* Revue des sociétés 2014, 745, 746; *dies* Revue des sociétés 2016, 540, 541.
1551 *Guyon* in: Lutter (Hrsg) S 76, 77 f; *Lutter* in: FS Kellermann, 1991, S 257, 258 f.
1552 *Crim.*, 4 févr. 1985, Recueil Dalloz Sirey 1985, 479.
1553 *Maul* NZG 1998, 965, 966.
1554 *Crim.*, 4 févr. 1985, Recueil Dalloz Sirey 1985, 479.
1555 *Crim.*, 4 févr. 1985, Recueil Dalloz Sirey 1985, 479.
1556 *Crim.*, 4 févr. 1985, Recueil Dalloz Sirey 1985, 479.
1557 *Renucci/Cardix* S 15 f.
1558 *Ducouloux-Favard* Recueil Dalloz Sirey 1984, 287, 288; *ders* Droit pénal des affaires (1993), S 115.
1559 *Crim.*, 23 avril 1991, Revue des sociétés 1991, 785, note *Bouloc*; 9 déc. 1991, Revue des sociétés 1992, 358, note *Bouloc*.

zernstrategie muss ausdrücklich festgelegt werden, und zwar durch den Verwaltungsrat oder die Hauptversammlung.[1560] Motivation für den eine Gesellschaft benachteiligenden Vorgang muss ein **gemeinsames ökonomisches, soziales oder finanzielles Interesse** sein, das Teil dieser den gesamten Konzern umfassenden Unternehmensstrategie ist. Bestehende **Kapitalverbindungen** zwischen den betreffenden Gesellschaften, die Tatsache, dass sie von denselben Geschäftsführern geleitet werden und komplemetäre Geschäftsaktivtäten, welche Vermögenstransfers zwischen den Gesellschaften notwendig machen, **reichen allein nicht hin**.[1561] Gesichert ist zudem, dass eine Konzernpolitik, die sich an den persönlichen Interessen des Mehrheitsgesellschafters orientiert, ungenügend ist.[1562] Die *Cour de Cassation* spricht von einem *intérêt commun* und nicht, wie der *TC Paris* in der Sache *Willot* von einem *intérêt du groupe*. Daraus folgern *Ebenroth/Reiner* die Betonung, dass die gemeinsame Konzernpolitik letztlich allen Konzernmitgliedern zugute kommen müsse.[1563] In Anbetracht der damit erreichten Dichte prinzipiell divergierender Interessen spricht *Dekeuwer* von einer *„conception ‚oecuménique'"*,[1564] *Boursier* von einer *„approche économique"* bzw der Notwendigkeit der *„l'existence d'une synergie"*.[1565] Für den Fall der Konzernstruktur wird danach eine Einschränkung des Autonomieverständnisses der einzelnen Gruppengesellschaft vorgenommen. Waren darin – in isolierter Betrachtung – im Sinne eines *intérêt général* die Interessen aller aufgehoben, die für das wirtschaftliche Leben der Gesellschaft als Bestandteil begriffen werden können, so erfolgt nunmehr eine Unterordnung dieser anstaltlichen Autonomie unter das Interesse der Gesamtgruppe. Die Einschränkung führt aber – wie das dritte Kriterium zeigt – nicht zur vollständigen Aufgabe der einzelgesellschaftlichen Institution. Insoweit ist die (Einzel-)Autonomie als eingeschränkt zu verstehen durch die Berücksichtigung eines weiteren Interesses, das der Gesamtgruppe.[1566] Diese **Erweiterung des Interessenbegriffs im Konzern** führt nun jedoch nicht – wie etwa im Falle mehrerer Dispositionsbefugter hinsichtlich eines Einverständnisses mit schädigenden Handlungen nahe liegend – zu einer potenziellen Erweiterung der Strafbarkeit, sondern im Gegenteil zu einer **Strafbarkeitseinschränkung**. Dabei läßt die *Cour de Cassation* ausdrücklich auch ein soziales Interesse ausreichen. *Le Gunehec* schließt die Überlegung nicht aus, dass auch das **Konzerninteresse an der Erhaltung von Arbeitsplätzen** erfasst sei.[1567] Dem folgen *Jeandidier*[1568] und *Freyria/Clara*.[1569] Insoweit zeigt sich wiederum – nunmehr aufgehoben in dichterer Interessengemengelage – die Weite und Unbestimmtheit der Rechtsgutsbestimmung im französischen Recht.

c) Ausgleich. Dem dritten Kriterium kommt – neben dem ersten – die größte Bedeutung zu. 223
Erforderlich ist, dass die einzelnen Gruppengesellschaften **weder unangemessen belastet noch willkürlich auf Kosten anderer Gruppengesellschaften begünstigt** werden.[1570] Das Kriterium wurde **verneint** bei der **Gewährung exorbitant hoher Kredite ohne Gegenleistungen an andere Gesellschaften des Konzerns**[1571] oder bei der **Verschiebung von Geldern zwischen den Konzerngesellschaften**.[1572] **Anerkannt** wurde dieses Kriterium jedoch, wenn die **Tochtergesell-**

1560 *Crim.*, 23 avril 1991, Revue des sociétés 1991, 785, note *Bouloc*.
1561 *Crim.*, 25 oct 2017, Revue des sociétés 2018, 520, note *Boursier*.
1562 *Maul* NZG 1998, 965, 966.
1563 *Ebenroth/Reiner* BB 1992, Beilage 13, 1, 16.
1564 *Dekeuwer* JCP (E) 1995, 421, 425.
1565 *Boursier* Revue des sociétés 2016, 540, 541.
1566 Auch im Sinne eines spezifisch-autonomen Interesses, das sich von der bloßen Addition der Interessen der einzelnen Konzerngesellschaften unterscheidet, *Atiback* S 101.
1567 *Le Gunehec* Revue Internationale de Droit Pénal 1987, 117, 125.
1568 *Jeandidier* JCP 1986, II, 20585.
1569 *Freyria/Clara* JCP (E) 1993, 247.
1570 *Crim.*, 9 déc. 1991, Revue des sociétés 1992, 358, note *Bouloc*.
1571 *Crim.*, 4 sept 1996, Revue des sociétés, 1997, 365, note *Bouloc*.
1572 *Crim.*, 9 déc. 1991, Revue des sociétés, 1992, 358, note *Bouloc*.

schaft im Rahmen eines Cash-Managements der Muttergesellschaft ein Darlehen unterhalb des banküblichen Zinses gewährt.[1573] Problematisch sind jedenfalls die Fälle, in denen der konzerninterne Austauschverkehr nur in eine Richtung läuft.[1574] Jedenfalls fehlt es am Ausgleich, wenn durch die **Inanspruchnahme die Existenz der betroffenen Gesellschaft gefährdet** wird.[1575] Der erforderliche Ausgleich braucht dabei nicht isoliert zu erfolgen; ausreichend ist es – entsprechend der auf Dauer angelegten Konzernstrategie –, wenn die **Nachteile der belasteten Gesellschaft erst nach Jahren durch Vorteile kompensiert werden**. *Boursier* gelangt nach ihrer Analyse der Rechtsprechung zu den *Rozenblum*-Kriterien aus den zwanzig Jahren von 1985 bis 2004 zu einer zwiespältigen Bilanz: Die Kriterien spielten zwar eine feste Rolle im französischen Strafrecht des *abus de biens sociaux* im Konzern, böten jedoch nicht die für die handelnden Akteure in der Wirtschaft notwendige Rechtssicherheit. Gründe dafür seien die mit der Weite der richterrechtlich entwickelten Kriterien und der weitgehenden Akzeptanz der tatrichterlichen Indizienwürdigung durch die *Chambre criminelle* einhergehende **fehlende systematische Rechtsanwendung**,[1576] was durch eine zurückhaltende Publikationsaktivität der *Cour de Cassation* noch verstärkt werde.[1577] Die *Rozenblum*-Kriterien sind – soweit ersichtlich – in Deutschland bislang überwiegend in der gesellschaftsrechtlichen Literatur umfassender gewürdigt worden.[1578] Der Rechtsprechung der *Cour de Cassation* wird hier Vorbildcharakter für eine in Europa einheitliche Beurteilung ordnungsgemäßer Konzerngeschäftsführung zugesprochen, da als Ausgangspunkte konzernrechtlicher Regelungen die Gruppe als Ganzes unter Aufrechterhaltung der Funktionsfähigkeit der einzelnen Gruppengesellschaften sowie die Beachtung einer längerfristigen kohärenten Gruppenpolitik stünden; insoweit würden Kriterien angewandt, welche alle positiven Konzernierungseffekte berücksichtigten.[1579]

224 **d) *élément moral*.** Obwohl die *faits justificatifs*" allein objektiv zu verstehen sind,[1580] muss der Verantwortliche **subjektiv im Interesse des gesamten Konzerns** gehandelt haben, ein Handeln im eigenen Interesse oder im alleinigen Interesse einer einzelnen Konzerngesellschaft reicht nicht hin.[1581]

2. Dogmatische Einordnung

225 Die *Rozenblum*-Kriterien der *Cour de Cassation* bezeichnen nach unstreitiger Ansicht einen **aus dem Begriff des Konzerns gewonnenen Rechtfertigungsgrund** – fait justificatif.[1582] Im Einzel-

1573 *CA Paris*, 29 mai 1986, Gaz Pal 1986, II 479; zur Darlehensgewährung im Rahmen eines Cash-Management-Systems im deutschen Recht siehe unter Rdn 176 ff.

1574 *Ebenroth/Reiner* BB 1992, Beilage 13, 1, 17.

1575 *Crim.*, 4 févr. 1985, Recueil Dalloz Sirey 1985, 479; 9 déc. 1991, Revue des sociétés 1992, 358, note *Bouloc*; 4 sept 1996, Revue des sociétés 1997, 365, note *Bouloc*.

1576 *Boursier* Revue des sociétés 2005, 273, 313 f.

1577 *Boursier* Revue des sociétés 2005, 273, 314.

1578 Siehe *Béjot* in: Mestmäcker/Behrens (Hrsg) S 169, 180; *Ebenroth/Reiner* BB 1992, Beilage 13, 1, 15 ff; *Forum Europaeum Konzernrecht* ZGR 27 (1998), 672, 705 ff; *Hommelhoff* ZGR 21 (1992), 121, 137; *Lutter* in: FS Kellermann, 1991, S 257, 260 ff; *Maul* NZG 1998, 965 (966); *Wiedemann* (1988) S 80 f.

1579 *Forum Europaeum Konzernrecht* ZGR 1998, 672, 710, 713 f; vgl zur (internationalen) gesellschaftsrechtlichen Relevanz auch *Atiback* S 219 ff, 241.

1580 Vgl *Merle/Vitu* Anm 431.

1581 *Crim.*, 6 avril 2016, Revue des sociétés 2016, 539 (540), note *Boursier*; *Anders* ZStW 114 (2002), 467, 491 f; *Bousier* Revue des sociétés 2016, 540, 541 f; *Delmas-Marty* S 296; *Renucci/Cardix* S 50.

1582 *Danjaume* S 35; *Delmas-Marty* S 290; *Jeandidier* JCP 1986, II, 20585; *Le Gunehec* Revue Internationale de Droit Pénal 1987, 117, 120 f.

nen herrscht Streit darüber,[1583] ob für die Rechtsprechung der *Cour de Cassation* bereits kodifizierte Rechtfertigungsgründe in Anspruch genommen werden können[1584] oder ob es sich um reines Richterrecht handelt.[1585] Für letzteren Fall wird zum Teil die legislatorische Umsetzung der *Rozenblum*-Kriterien verlangt.[1586] Nach überwiegender Auffassung negieren die *faits justificatifs* das *élément légal* und schließen die Anwendbarkeit des Strafgesetzes aus;[1587] Da Grund der Rechtfertigung im französischen Strafrecht nicht das legitime Motiv, sondern der objektive soziale Nutzen der gerechtfertigten Handlung ist,[1588] werden im Wesentlichen **aus pragmatischen Zweckmäßigkeitsgründen[1589] im Rahmen der Gesellschafts- und Interessenpluralität im Konzern Pflichtwidrigkeiten eingeebnet und Saldierungen bei Feststellung eines sozialen Nutzens zugelassen**. Im auf dogmatischer Ebene vorsichtigen Vergleich zum deutschen Recht zeigen sich Parallelen zu der Anwendung der **Grundsätze des (übergesetzlichen) Notstands** namentlich im Bereich des Wirtschaftsstrafrechts außerhalb von Konzernlagen:[1590] So ließ beispielsweise der *BGH* die Veruntreuung öffentlicher Mittel angesichts der Gefahr hoher wirtschaftlicher Verluste bei gleichzeitiger Gefährdung kulturpolitischer und gesamtpolitischer Belange zu.[1591] Auch wurden diese Grundsätze herangezogen bei Nichteinhaltung von Preisvorschriften zum Schutze der Arbeitsplätze der Belegschaft.[1592]

IV. Ergebnis

Das Gesellschaftereinverständnis hat im französischen Recht des *abus de biens sociaux* – anders als im Falle der Untreue zum Nachteil der GmbH nach § 266 StGB, bei dem das Einverständnis jedenfalls eine begrenzte Wirksamkeit entfaltet – keinerlei Auswirkungen auf die Erfüllung des Tatbestandes. Das französische Recht fasst die Strafbarkeit wegen veruntreuender Handlungen weiter als im deutschen Gesellschaftsstrafrecht. Gründe dafür sind ein anstaltliches Körperschafts- und Gesellschaftsverständnis, dass zu einem strafrechtlich diffusen Rechtsgut des in der Gesellschaft aufgehobenen *intérêt général* führt, über den die Gesellschafter nicht disponieren können, sowie eine restriktive strafrechtliche Rechtfertigungslehre. 226

Im deutschen Schrifttum räumt insbesondere *Tiedemann* dem französischem Gesellschaftsstrafrecht des *abus de biens sociaux* Vorbildcharakter ein: Durch die Normierung bestimmter Handlungs- und Unterlassungspflichten würde den für das Gesellschaftsrecht typischen Interessenkonflikten Rechnung getragen.[1593] Es stellt sich auf dem Hintergrund eines möglicherweise für die Verantwortlichen von Kapitalgesellschaften in Deutschland schwerer kalkulierbaren Strafbarkeitsrisikos die Frage, ob das französische Gesetzesrecht des *abus de biens sociaux*, jedenfalls in seiner formalen, spezialgesetzlichen Kodifizierungsklarheit, und die Rechtsprechung der *Cour de Cassation* zum Sonderproblem der Untreue im Konzernverbund jeweils Modellcharakter aufweisen könnten. 227

Diese Hoffnung, die sich mit einer spezialgesetzlichen Regelung der Untreue zum Nachteil der GmbH infolge der gesetzlichen Fassung des Täterkreises (in Frankreich bestehen mangels gesetzlicher Definition gewisse Unschärfen beim Begriff des faktischen Geschäftsführers) und ei- 228

1583 Siehe dazu *Boursier* Revue des sociétés 2005, 273, 302 f.
1584 *Ohl* Recueil Dalloz Sirey 1985, 479, 482 unter Bezugnahme auf *Art 12 (3°) de la loi n° 84-46 du 24 janv 1984.*
1585 *Le Gunehec* Revue Internationale de Droit Pénal 1987, 117, 121.
1586 *Atiback* S 219 ff, 241; *Jeandidier* (1998) S 332 f.
1587 Vgl *Bouloc* (2017) Rdn 228; *Merle/Vitu* Anm 431; *Vogel* GA 1998, 127, 134; Mit Blick auf die *Rozenblum*-Rechtsprechung der *Cour de Cassation*: *Boursier* Revue des sociétés 2014, 745; *dies* Revue des sociétés 2018, 521.
1588 Vgl *Merle/Vitu* Anm 434 f, 437; *Vogel* GA 1998, 127, 135.
1589 Vgl *Vogel* GA 1998, 127, 129.
1590 Siehe zum Folgenden *Jescheck/Weigend*[5] S 360.
1591 BGHSt 12, 299, 304 ff.
1592 *OLG Hamm* NJW 1952, 838; *BayObLG* NJW 1953, 1603.
1593 Vgl *Tiedemann* in: FS Würtenberger, 1977, S 241, 252; Scholz-GmbHG/*dens*/*Rönnau*[11] Vor §§ 82 ff Rdn 4.

ner überschießenden Innentendenz verbinden könnte, dürfte sich mit Blick auf den *abus de biens sociaux* in französischen Wirtschaftsstrafrecht jedoch nicht erfüllen. Zwar sorgt der Ausschluss der Untreuestrafbarkeit der GmbH-Gesellschafter insoweit für eine in Deutschland nicht vorhandene Klarheit. Die Unmöglichkeit des Gesellschaftereinverständnisses könnte zwar der komplexen Interessengemengelage, welche mit der Existenz einer Kapitalgesellschaft und ihren „Hinterleuten" einhergeht, einfach und für die Praxis leicht handhabbar begegnen können. Gleichwohl bliebe bei einer Übertragung einer solchen gesellschaftsstrafrechtlichen Sonderregelung in das deutsche Recht die Inkongruenz mit der Gesellschafterhaftung des deutschen Zivilrechts, welche eine Gesellschafterdispositionsbefugnis bis zur Grenze des existenzvernichtenden Eingriffs anerkennt. Zudem wird beim *abus de biens sociaux* die Interessengegensätzlichkeit – einem für deutsche Verhältnisse überholten juristischen Vermögensbegriff vergleichbar – durch den Schutz allein legalen Verhaltens weit ausgelegt, wodurch Gefährdungslagen stark in den Blick genommen werden. Schließlich kommt dem *dol spécial*, für den in Teilbereichen zudem nahezu eine Beweislastumkehr gilt, kaum strafbarkeitseingrenzende Wirkung zu. Ob der *abus de biens sociaux* daher ein Vorbild für ein mögliches deutsches Recht sein sollte, dürfte daher zu bezweifeln sein.

229 Es bleibt zu prüfen, ob die oben dargelegten Grundsätze der *Rozenblum*-Doktrin der *Cour de Cassation* auch im deutschen Recht der Untreue im Konzern fruchtbar gemacht werden können. Es zeigt sich insoweit, dass die *Rozenblum*-Kriterien im deutschen Strafrecht schon mit Blick auf das Tatbestandsmerkmal der **Vermögensbetreuungspflichtverletzung kaum praktisch** werden dürften, da hier zum einen eine Gesellschafterdispositionsbefugnis grundsätzlich Anerkennung findet und zum anderen die im deutschen Recht angenommene Existenzgefährdungsgrenze entgegensteht, da beim Erreichen dieser Grenze regelmäßig die Insolvenz folgt, womit das dritte *Rozenblum*-Kriterium nicht mehr erfüllt wäre.[1594] Zudem wäre eine innerkonzernliche Saldierung im Rahmen des Tatbestandsmerkmals des **Nachteils** nur der Voraussetzung der Annahme einer längerfristig angenommenen **Saldierung im Rahmen eines Gesamtplans** möglich. *Tiedemann* hat dies angedacht,[1595] ich habe dies aufgenommen[1596] und nachfolgend ist dieser Gedanke der konzernspezifischen Nachteilssaldierung von *Busch* vertieft worden.[1597] Letzterer hat sich im Wesentlichen mit der Frage beschäftigt, ob im Rahmen des § 266 StGB in Konzernlagen auf die zeitliche und gegenständliche Restriktion durch die sog Einzelbetrachtung, nach der das pflichtwidrige Tun oder Unterlassen die Vermögenseinbuße und deren Ausgleich zugleich und unmittelbar hervorbringen muss (Rdn 133), verzichtet werden könne. *Busch* bejaht dies: „Die erforderliche dogmatische Absicherung der konzernspezifischen Gesamtsaldierung ist (...) mit dem Hinweis auf die Annäherung der Konzernsituationen an die rechtlich anerkannte Gesamtkompensation im Wirtschaftsleben, mit der Heranziehung ihres Grundgedankens des einheitlichen wirtschaftlichen Vorgangs im Hinblick auf den Telos von § 266 StGB und dem Nachweis der Anerkennung der wirtschaftlichen Interdependenzen und der wirtschaftlichen Einheit des Konzerns mittels gesellschaftsrechtlicher Konsequenzen vollzogen".[1598] Eine vergleichbare Auffassung vertritt *Höf*, wenn sie – wenngleich die *Rozenblum*-Kriterien durch sie nicht bemüht werden – die Durchbrechung des Prinzips der Einzelbetrachtung bei einheitlichen wirtschaftlichen Vorgängen als „notwendig" erachtet.[1599] Jedoch dürfte es strafrechtsdogmatisch inkohärent, jedenfalls fragwürdig erscheinen, ein Rechtsinstitut aus einem Strafrechtskreis, der die juristische Person jedenfalls im Ausgangspunkt institutionell-anstaltlich begreift, in das deutsche Ge-

1594 *Anders* ZStW 114 (2002), 467, 499; vgl *Busch* S 218.

1595 Vgl Scholz-GmbHG/*Tiedemann*/*Rönnau*[11] Vor §§ 82 ff Rdn 21; auch *Hamm* 167, 172: Saldierung „mit den konzernweit bewirkten Vermögensvorteilen"; Hachenburg-GmbHG/*Kohlmann*[8] Vor § 82 Rdn 308; Achenbach/Ransiek/Rönnau-Handbuch Wirtschaftsstrafrecht/*Seier*/*Lindemann*[5] 5. Teil, 2. Kapitel Rdn 380.

1596 Vgl *Anders* ZStW 114 (2002), 467, 503.

1597 Vgl *Busch* S 209 ff.

1598 *Busch* S 209.

1599 Vgl *Höf* S 176; auch *Arnold* S 100, der auf „einen wirtschaftlich sinnvollen und Erfolg versprechenden Gesamtplan" abstellt.

sellschaftsstrafrecht zu integrieren.[1600] Denn das auf die Konzernsituation übertragene anstaltliche Gesellschaftsverständnis in der *Rozenblum*-Rechtsprechung definiert das verlangte gemeinsame Interesse der Konzerngesellschaften sehr weit („wirtschaftlich, sozial oder finanziell"), was wiederum auf die Unbestimmtheit der Rechtsgutsbestimmung im französischen Recht hinweist.

V. Notwendigkeit einer spezialgesetzlichen Regelung der Untreue im GmbHG?

Mit der Ablehnung des französischen Modells des *abus de biens sociaux* (vgl Rdn 228 f) ist nicht **230**
die Frage beantwortet, ob für die gesellschaftsrechtliche, insbesondere die GmbH-Untreue, eine **Sonderregelungslösung – im GmbHG** – vorzugswürdig wäre. Unabhängig von der in empirischer Hinsicht bislang nicht untersuchten und wohl auch kaum zu beantwortenden Frage, ob eine spezialgesetzliche Regelung **stärkere präventive Wirkung** hätte,[1601] würde die spezialgesetzliche Neuordnung nach hiesiger Ansicht **vorteilhaft** sein.[1602] Insbesondere sollte die für die GmbH-Untreue bedeutsame, **richterrechlich hergeleitete Existenzgefährdung legislatorisch festgehalten** werden, um die Risiken, die sich aus einer möglichen Friktion mit dem Analogieverbot ergeben (vgl Rdn 125 f), auszuschließen. Zu erfassen wäre somit im Rahmen der Pflichtwidrigkeit die Möglichkeit des Gesellschaftereinverständnisses mit der Grenze dieser Dispositionsbefugnis über das GmbH-Vermögen in Form der Existenzgefährdung. Soweit in anderen Bereichen des Tatbestands durch eine – ggf an die romanischen Rechtsordnungen angelehnte – abschließend bestimmte Regelung **Strafbarkeitslücken** befürchtet werden – etwa bei der **Definition des tauglichen Täterkreises** -,[1603] sollte die bisherige Regelung insoweit beibehalten werden, die es ermöglicht, neue Erscheinungsformen führenden und leitenden Handelns[1604] zu erfassen. Anderenfalls sollten im Rahmen der Täterschaft die Figur des **faktischen Geschäftsführers** (vgl Rdn 28 ff) – insbesondere ihre Definition – sowie der Gesellschafter (vgl Rdn 33 f) gesetzlich geregelt werden. Auch könnte versucht werden, mögliche richterrechtliche Einschränkungen im subjektiven Tatbestand (vgl Rdn 156) gesetzlich auf die objektive Ebene zu verlagern.[1605] Schließlich könnte in den Blick genommen werden, einen **generellen Pflichtwidrigkeitsmaßstab für wirtschaftliche (Risiko-)Entscheidungen mit Handlungsspielraum** anhand des **Evidenzbegriffs** (vgl Rdn 51) bzw der Grenzen einer auch mit Blick auf die Informationspflichten konkretisierten **Business Jugdment Rule (BJR)** (vgl Rdn 51, 54) festzuschreiben.

1600 Kritisch *Anders* (2012) S 396 ff.

1601 Befürwortend Scholz-GmbHG/*Tiedemann*[9] Vor §§ 82 ff Rdn 11; Scholz-GmbHG/*ders*/*Rönnau*[11] Vor §§ 82 ff Rdn 4; *H. Richter* GmbHR 1984, 137, 144; zweifelnd *Ransiek* ZStW 116 (2004), 634, 646.

1602 Eine spezialgesetzliche (Neu-)Regelung **befürwortend**: AE-StGB S 60 f, 127; *Anders* ZStW 114 (2002), 467, 505, *ders* (2012) S 402; *Cappel* S 211 ff, 261 ff; *Foffani* in: FS Tiedemann, 2008, S 767, 786 f; *Perron* GA 2009, 219, 232 ff; *ders* (2015) 189, 198; *H. Richter* GmbHR 1984, 137, 144; *Tiedemann* in: FS Würtenberger, 1977, S 241, 252; *U. Weber* in: FS Dreher, 1977, S 555, 569; **Gegen eine Sonderregelungslösung** Scholz-GmbHG/*Rönnau*[12] Vor §§ 82 ff Rdn 4; LK-StGB/*Schünemann*[12] § 266 Rdn 270; Graf/Jäger/Wittig/*Waßmer*[2] § 266 Rdn 16b, 19; **jedenfalls kritisch** *Ransiek* ZStW 116 (2004), 634, 646; *Rönnau* ZStW 122 (2010), 299, 317, 323 f.

1603 Vgl *Rönnau* ZStW 122 (2010), 299, 315.

1604 Vgl etwa den Compliance-Officer (CO) bzw Compliance-Beauftragten, dazu unter Rdn 39.

1605 Zu den Schwierigkeiten insoweit vgl *Perron* in: FS Tiedemann, 2008, S 737, 742 ff, 745; *dens* NStZ 2008, 517, 518.

Anhang 2 **Insolvenzstraftaten (§ 283 ff StGB)**

Vorbemerkungen zu den §§ 283–283d StGB

Schrifttum

Vgl Schrifttum zu § 266 StGB. *Achenbach* Zivilrechtsakzessorietät der insolvenzstrafrechtlichen Krisenmerkmale? in: Gedächtnisschrift Ellen Schlüchter, 2002, S 257–274; *Bales* Zivil- und strafrechtliche Haftungsgefahren für Berater und Insolvenzverwalter in der Krise und der Insolvenz, ZInsO 2010, S 2073–2080; *Baumert* Feststellung der Zahlungsunfähigkeit: Wenn Strafrecht und Insolvenzrecht aufeinandertreffen, NJW 2019, S 1486–1491; *Beckemper* Anm zu BGH, Beschl. v 30.1.2003 – 3 StR 437/02, JZ 2003, S 806–808; Beck'scher Bilanz-Kommentar. Handels- und Steuerbilanz (§§ 238 bis 339, 342 bis 342a HGB), 13. Auflage 2022 (zitiert: BeckBil-Komm); Beck'sches Handbuch der Rechnungslegung – HGB und IFRS – Stand: September 2020 (zitiert: Beck-HdR); *Bemmann* Zur Frage der objektiven Bedingungen der Strafbarkeit, 1957; *Bieneck* Die Zahlungseinstellung aus strafrechtlicher Sicht, wistra 1992, S 89–91; *ders* Relevanz der Insolvenzordnung und aktuelle Änderungen des Eigenkapitalersatzrechts, StV 1999, S 43–47; *Biletzki* Strafrechtlicher Gläubigerschutz bei fehlerhafter Buchführung durch den GmbH-Geschäftsführer, NStZ 1999, S 537–541; *Bitter* Reform des Insolvenz- und Restrukturierungsrechts zum 1.1.2021 in Kraft getreten, GmbHR 2021, R16-R18; *Bittmann* Zahlungsunfähigkeit und Überschuldung nach der Insolvenzordnung. Teil 1, wistra 1998, S 321–326; *ders* Zahlungsunfähigkeit und Überschuldung nach der Insolvenzordnung. Teil 2, wistra 1999, S 10–18; *ders* (Hrsg) Insolvenzstrafrecht. Handbuch für die Praxis, 1. Auflage 2004; *ders* Anm zu BGH, Beschl. v 15.11.2012 – 3 StR 199/12, ZWH 2013, S 320–321; *ders* Praxiskomm. zu BGH, Beschl. v 10.7.2018 – 1 StR 605/16, NStZ 2019, S 84–86; *ders* Insolvenzstrafrechtlich bedeutsame Rechtsprechung vor allem des Bundesgerichtshofs, NZWiSt 2019, S 86–93; *ders* Insolvenzstrafrechtlich bedeutsame Rechtsprechung v.a. des BGH aus den Jahren 2018/19, NZWiSt 2020, S 129–139; *ders* Irrwege und Pfade im Dschungel des Abschöpfungsrechts nach Bankrott. Zugleich Anmerkung von BGH, Beschl. v 14.6.2023 – 1 StR 327/22 –, ZWH 2023, S 245–256; *ders/Pikarski* Strafbarkeit der Verantwortlichen der Vor-GmbH, wistra 1995, S 91–93; *Bittmann/Volkmer* Zahlungsunfähigkeit bei (mindestens) 3-monatigem Rückstand auf Sozialversicherungsbeiträge, wistra 2005, 167–170; *Brackmann* Der Einfluss des Insolvenzrechts auf das Insolvenzstrafrecht am Beispiel des Beiseiteschaffens i.S.d. § 283 Abs 1 Nr 1 StGB, 2014; *Brahmstaedt* Die Feststellung der Zahlungsunfähigkeit, 2012; *Brammsen/Ceffinato* Doppelte Strafmilderung für Bankrottgehilfen?, NZI 2013, S 619–623; *C. Brand* Die insolvenzstrafrechtlichen Risiken der Rückzahlung von Gesellschafterdarlehen in der Krise – Zugleich Besprechung von BGH, NZI 2017, 542, NZI 2017, S 518–521; *ders* Verheimlichen von Vermögensbestandteilen in der Verbraucherinsolvenz. Zugleich Besprechung von BayObLG 4.5.2022 – 203 StRR 50/22, BeckRS 2022, 10427 –, NZI 2023, S 65–69; *ders/M. Brand* Gesellschafterdarlehen und Insolvenzstrafrecht, GmbHR 2015, S 1125–1132; *C. Brand/Reschke*, Die Firmenbestattung im Lichte des § 283 Abs 1 Nr 8 StGB – Zugleich Besprechung BGH v 24.3.2009 – 5 StR 353/08, ZIP 2010, 471, ZIP 2010, S 2134–2140; *C. Brand/Sperling* Die Bedeutung des § 283d StGB im GmbH-Strafrecht, ZStW 121 (2009), S 281–320; *Bretzke* Der Begriff der „drohenden Zahlungsunfähigkeit" im Konkursstrafrecht – Analyse und Darlegung der Konsequenzen aus betriebswirtschaftlicher Sicht –, 1984; *dies* Begriff und Umfang der kaufmännischen Sorgfaltspflicht nach § 283 StGB, KTS 1985, S 413–424; *Bülte* Der Irrtum über das Verbot im Wirtschaftsstrafrecht, NStZ 2013, S 65–72; *Burger/Schellberg* Die Auslösetatbestände im neuen Insolvenzrecht, BB 1995, S 261–266; *Dannecker/Knierim/Hagemeier/Smok* Insolvenzstrafrecht, 3. Auflage 2018; *Degener* Die „Überschuldung" als Krisenmerkmal von Insolvenzstraftatbeständen, in: Festschrift Hans-Joachim Rudolphi, 2004, S 405–423; *Deubert/Förschle/Störk* Sonderbilanzen. Von der Gründungsbilanz bis zur Liquidationsbilanz, 6. Auflage 2021; *Deutscher/Körner* Strafrechtlicher Gläubigerschutz in der Vor-GmbH. Zur strafrechtlichen Verantwortlichkeit des Geschäftsführers in einer Vor-GmbH – zugleich eine Erwiderung zu Bittmann/Pikarski, wistra 1995, 91, wistra 1996, S 8–14; *Dittmer* Die Feststellung der Zahlungsunfähigkeit von Gesellschaften mit beschränkter Haftung, 2013; *Dohmen* Verbraucherinsolvenz und Strafrecht. Unter Berücksichtigung der strafrechtlichen Auswirkungen der Verordnung der EG über Insolvenzverfahren und des deutschen Internationalen Insolvenzrechts, 2007; *Doster* Anm zu BGH, Beschl. v 5.11.1997 – 2 StR 462/97, wistra 1998, 105, wistra 1998, S 326–328; *Dreher* Zur Problematik des § 283b Abs 2 StGB, MDR 1978, S 724–725; *Erdmann* Die Krisenbegriffe der Insolvenzstraftatbestände (§§ 283 ff StGB), 2007; Erfurter Kommentar zum Arbeitsrecht, 20. Auflage 2020 (zitiert: ErfK-ArbR); *Esser/Tsambikakis* (Hrsg), Pandemiestrafrecht. Aktuelles Recht für die Praxis, 2020; *Floeth* Anm zu BGH, Beschl. v 22.1.2013 – 1 StR 234/12, EWiR 2013, S 427–428; *ders* Anm zu BGH, Beschl. v 28.9.2016 – 4 StR 293/16, NStZ-RR 2017, S 178–179; *Förschle/Deubert* Entsprechende Anwendung allgemeiner Vorschriften über den Jahresabschluß in der Liquidations-Eröffnungsbilanz, DStR 1996, S 1743–1748; *Fuhrmann* Die Bedeutung des „faktischen Organs" in der strafrechtlichen Rechtsprechung des Bundesgerichtshofs, in: Festschrift Herbert Tröndle, 1989, S 139–155; *Fuchs* Die Änderungen im Verbraucherinsolvenzverfahren – Problemlösung oder neue Fragen?, NZI 2002, S 239–244; *Gallandi* Straftaten im Bankrott – Normprogramm und komplexe

https://doi.org/10.1515/9783111386669-010

Vorgänge. Bedarf es einer Ausweitung oder Einschränkung der strafrechtlichen Erfassung von Insolvenzdelikten?, wistra 1992, S 10–13; *Geers* Der taugliche Täter im Konkursstrafrecht, 1985; *Geisler* Zur Vereinbarkeit objektiver Bedingungen der Strafbarkeit mit dem Schuldprinzip, 1998; *Gercke/Leimenstoll* Vorenthalten von Sozialversicherungsbeiträgen (§ 266a StGB) – Ein Leitfaden für die Praxis, HRRS 2009, S 442–451; *Gross/Schork* Strafbarkeit des directors einer Private Company Limited by Shares wegen verspäteter Insolvenzantragstellung, NZI 2006, S 10–15; *Grub* Die insolvenzstrafrechtliche Verantwortlichkeit der Gesellschafter von Personenhandelsgesellschaften. Eine Untersuchung insbesondere im Hinblick auf die Anwendungsproblematik des § 14 StGB, 1995; *Häublein/Hoffmann-Theinert* (Hrsg), BeckOK HGB 40. Edition 2023/4 (zitiert: BeckOK-HGB); *Hagemeier* Zur Unmöglichkeit der Erfüllung der Pflichten zur Buchführung und Bilanzaufstellung nach § 283 Abs 1 Nr 5 und 7b StGB – zugleich Entscheidungsbesprechung BGH v 20.10.2011 – 1 StR 354/11 –, NZWiSt 2012, S 105–110; *Hauck* Rechnungslegung und Strafrecht – Unter besonderer Berücksichtigung der konkursstrafrechtlichen Bilanzdelikte, 1987; *Hendel* Rückzahlungen der Gesellschaft an den Gesellschafter-Geschäftsführer und Konkursstrafrecht. Die Auswirkung der Rechtsprechung zu sog kapitalersetzenden Gesellschafterdarlehen auf das Konkursstrafrecht, NJW 1977, S 1943–1948; *Henssler* (GesamtHrsg), *Dicken/Fehrenbacher/Hennrichs/Kleindiek/Watrin* (Hrsg), beck-online.GROSSKOMMENTAR zum Bilanzrecht, 2022 (zitiert: BeckOGK); *Hinderer* Insolvenzstrafrecht und EU-Niederlassungsfreiheit am Beispiel der englischen private company limited by shares, 2010; *Hirte/Vallender* Insolvenzordnung Kommentar Band 1, 15. Auflage 2019 (zitiert: Uhlenbruck-InsO); *dies* Insolvenzordnung Kommentar Band 2 EuInsVO, 15. Auflage 2020 (zitiert: Uhlenbruck-EuInsVO); *Höfner* Die Überschuldung als Krisenmerkmal, 1981; *Hölzle/Schulenberg* Das „Gesetz zur vorübergehenden Aussetzung der Insolvenzantragspflicht und zur Begrenzung der Organhaftung bei einer durch die COVID-19-Pandemie bedingten Insolvenz (COVID-19-Insolvenzaussetzungsgesetz – COVInsAG)" – Kommentar, ZIP 2020, S 633–650; *Hombrecher* Fragen des Allgemeinen Teils des Wirtschaftsstrafrechts, JA 2012, S 535–543; *ders* Der Schutz der Gläubigerinteressen in der Unternehmenskrise durch das Insolvenzstrafrecht, JA 2013, S 541–546; *Hopt* HGB, 42. Auflage 2023; *Jäger* Die Zahlungsunfähigkeit im neuen Insolvenzrecht, BB 1997, S 1575–1577; *Kindhäuser* Abhandlungen zum Vermögensstrafrecht, 2018; *Kleindiek* Ordnungswidrige Liquidation durch organisierte Firmenbestattung, ZGR 2007, S 276–310; *Klose* Zivil- und strafrechtliche Risiken des Unternehmers in der wirtschaftlichen Krise seines Unternehmens – Teil 2, NZWiSt 2020, S 59–63; *Klug* Der Eigentumsvorbehalt bei der Waren- und Wertpapierverschleuderung im Konkursstrafrecht, JZ 1957, S 462–465; *Kraatz* Anm zu BGH, Beschl. v 22.1.2013 – 1 StR 234/12, JR 2013, S 466–472; *Krause* Ordnungsgemäßes Wirtschaften und Erlaubtes Risiko. Grund- und Einzelfragen des Bankrotts (§ 283 StGB) – zugleich ein Beitrag zur Dogmatik des Konkursstrafrechts, 1995; *ders* Zur Berücksichtigung „beiseitegeschaffter" Vermögenswerte bei der Feststellung der Zahlungsunfähigkeit im Rahmen des § 283 II StGB, NStZ 1999, S 161–165; *ders* Anm zu BGH, Urt v 22.2.2001 – 4 StR 421/00, NStZ 2002, S 42–43; *Krüger* Zur Anwendbarkeit des Bankrottdelikts beim Privatkonkurs, wistra 2002, S 52–55; *Kümmel* Zur strafrechtlichen Einordnung der „Firmenbestattung", wistra 2012, S 165–170; *Küting* Die Rechnungslegung in Deutschland an der Schwelle zu einem neuen Jahrtausend – Bestandsaufnahme und Ausblick –, DStR 2000, S 38–44; *Krumm* Schwieriges Merkmal: Wer ist eigentlich Arbeitgeber im Sinne des § 266a StGB?, NZWiSt 2015, S 102–104; Leipziger Kommentar StGB Band 15 §§ 267–283d, 13. Auflage 2023; *Lenckner* Zum Begriff der Täuschungsabsicht in § 267 StGB, NJW 1967, S 1890–1895; *Lütcke/Holzmann/Swierczok* Das COVID-19-Insolvenz-Aussetzungsgesetz (COVInsAG), BB 2020, S 898–903; *Maurer* Strafbewehrte Handlungspflichten des GmbH-Geschäftsführers in der Krise, wistra 2003, S 174–176; *ders* Der „innere Zusammenhang" im Bankrottstrafrecht, wistra 2003, S 253–254; *ders/Wolf* Zur Strafbarkeit der Rückzahlung von Gesellschafterdarlehen in und außerhalb der insolvenzrechtlichen „Krise" einer GmbH, wistra 2011, S 327–334; *Mertes* Strafrechtliche Auswirkungen von § 264 Abs 1 Satz 3 HGB, wistra 1991, S 251–253; *Momsen/Grützner* Wirtschaftsstrafrecht. Handbuch für die Unternehmens- und Anwaltspraxis, 2013; *Moosmayer* Einfluß der Insolvenzordnung 1999 auf das Insolvenzstrafrecht, 1997; Münchener Kommentar BGB Band 3 Schuldrecht – Allgemeiner Teil II, 9. Auflage 2022; Münchener Kommentar zum Bilanzrecht Band 2 Bilanzrecht §§ 238–342e HGB 2013; Münchener Kommentar HGB Band 2 Zweites Buch. Handelsgesellschaften und stille Gesellschaft. Erster Abschnitt. Offene Handelsgesellschaft §§ 105–160. Zweiter Abschnitt. Kommanditgesesellschaft §§ 161–177a 5, Auflage 2022; Münchener Kommentar HGB Band 4 Drittes Buch. Handelsbücher §§ 238–342e, 4. Auflage 2020; Münchener Kommentar InsO Band 1 §§ 1–79, 4. Auflage 2019; Münchener Kommentar StGB Band 8 Nebenstrafrecht II 4. Auflage 2023; *Muhler* Nichtbilanzieren von Privatvermögen strafbar?, wistra 1996, S 125–126; *Neumann* Bankrott und Neues Insolvenzrecht – Die objektive Strafbarkeitsbedingung (§ 283 Abs 6 StGB) im Lichte der neuen Insolvenzordnung, 2002; *Ogiermann/Weber* Insolvenzstrafrecht in Deutschland – status quo und Perspektiven, wistra 2011, S 206–213; *Otto* Der Zusammenhang zwischen Krise, Bankrotthandlung und Bankrott im Konkursstrafrecht, in: Gedächtnisschrift Rudolf Bruns, 1980, S 265–284; *Pattberg* Die strafrechtliche Verantwortlichkeit des Directors einer englischen Limited in Krise und Insolvenz, 2010; *Penzlin* Kritische Anmerkungen zum Insolvenzeröffnungsgrund der Zahlungsunfähigkeit (§ 17 InsO), NZG 1999, 1203–1208; *ders* Strafrechtliche Auswirkungen der Insolvenzordnung, 2000; *Plathner* Der Einfluß der Insolvenzordnung auf den Bankrotttatbestand (§ 283 StGB) – zugleich ein Beitrag zur Zivilrechtsakzessorietät des Strafrechts –, 2002; *Popper* Objektive Erkenntnis. Ein evolutionärer Entwurf, 1973; *Püschel*, Boom der Insolvenzdelikte? in: Festschrift Ruth Rissing-van Saan, 2011, S 471–489; *Puppe* Tatirrtum, Rechtsirrtum, Subsumtionsirrtum, GA 1990, S 145–182; *Radtke* Anm zu BGH, Beschl. v 30.7.2003 – 5 StR 221/03, NStZ 2004, S 562–564; *Radtke/M. Hoffmann*, Die Anwendbarkeit von nationalem Insolvenzstrafrecht auf EU-Auslandsgesellschaften, EuZW 2009, S 404–408; *Reither* Kriseneintritt nach Ablauf des Bilanzstichtages und weiterhin Unterlassen der Bilanzierung – Bankrott oder Verletzung der Buchführungspflicht?, wistra 2014, S 48–50; *Renkl* Abgrenzungsprobleme bei den Straftatbeständen der Konkursordnung – BGH, NJW 1969, 1491, JuS 1973, S 611–614; *H. Richter*, Strafbarkeit des Insolvenzverwalters, NZI 2002, S 130–1234; *ders* Bankrott durch Verheimlichen – Tat und Tatbeendigung. Zugleich Besprechung von BGH, Bechl. v 14.3.2016 – 1 StR 337/15, ZInsO 2016, S 1346–1349; *ders* Das Insolvenzantragsstrafrecht in der COVID-19-Pandemie – ein Mittel zur Bekämpfung von Zombie-Unternehmen?, ZInsO 2020, S 997–1000; *Röhm* Strafrechtliche Auswirkungen der Insolvenzordnung (Rezension), NZI 2000, S 467; *ders* Strafrechtliche Folgen eines Insolvenzantrags bei drohender Zahlungsunfähigkeit gem § 18 InsO, NZI 2002, S 134–138; *ders* Zur Abhängigkeit des Insolvenzstrafrechts von der Insolvenzordnung, 2002; *Rönnau* Rechtsprechungsüberblick zum Insolvenzstrafrecht, NStZ 2003, S 525–532; *ders/Wegner* (Weitere) Reform des Insolvenzrechts durch das SanInsFoG – Was bleibt von der Vorrangrechtsprechung?, ZinsO 2021, S 1137–1148; *Ruppert* Strafrechtliche Risiken und Nebenwirkungen der Aussetzung der Insolvenzantragspflicht, COVuR 2020, S 130–135; *H. Schäfer* Die Verletzung der Buchführungspflicht in der Rechtsprechung des BGH, wistra 1986, S 200–205; *ders* Die Entwicklung der Rechtsprechung zum Konkursstrafrecht, wistra 1990, S 81–89; *P. J. Schäfer* Auswirkungen der Aussetzung der Insolvenzantragspflicht während der Corona-Pandemie auf das Strafrecht, HRRS 2020, S 216–223; *Scherrer/Heni* Externe Rechnungslegung bei Liquidation, DStR 1992, S 797–804; *Schlüchter* Die Krise im Sinne des Bankrottstrafrechts, MDR 1978, S 265–269; *A. Schmidt* Privatinsolvenz: Schuldenbereinigung – Restschuldbefreiung – Insolvenzplan, 4. Auflage 2014; *K. Schmidt* Konkursgründe und präventiver Gläubigerschutz, AG 1978, S 334–340; *ders* Sinnwandel und Funktion des Überschuldungstatbestandes – Rechtspolitische Perspektiven der Verfahrenseröffnung im Insolvenzrecht, JZ 1982, S 165–174; *ders* Insolvenzordnung, 19. Auflage 2016 (zitiert: K. Schmidt-InsO); *Schmitz* Die Neufassung des § 19 Abs 2 InsO durch das FMStG und seine Bedeutung für strafrechtliche „Altfälle“, wistra 2009, S 369–373; *H. Scholz* Konkursrechtliche Anfechtbarkeit einer in Erfüllung eines inhaltlich unbestimmten Anspruchs gewährten Sicherung, NJW 1961, S 2006–2007; *Schramm* Kann ein Verbraucher einen Bankrott (§ 283 StGB) begehen?, wistra 2002, S 55–56; *H. Schröder* Die Koordinierung der drei Begünstigungstatbestände, NJW 1962, S 1037–1040; *Schulze-Osterloh* Rechnungslegung bei Ausscheiden eines Gesellschafters aus einer fortbestehenden Personenhandelsgesellschaft gegen Abfindung aus dem Gesellschaftsvermögen, NZG 2016, S 161–166; *Skauradszun* Strafrechtliche Konsequenzen durch die BGH-Rechtsprechung zur inkongruenten Deckung, DZWIR 2009, S 279–283; *Sowada* Die „notwendige Teilnahme“ als funktionales Privilegierungsmodell im Strafrecht, 1992; *ders* Der begünstige Gläubiger als strafbarer „notwendiger“ Teilnehmer im Rahmen des § 283c StGB?, GA 1995, S 60–71; *Stärk* Strafbarkeit des geschäftsführenden Organs einer *Private Company Limited by Shares* in Deutschland, 2012; *Stockburger* Unternehmenskrise und Organstrafbarkeit wegen Insolvenzstraftaten. Eine Untersuchung zu aktuellen Problemen der Bestimmung der strafrechtlichen Krisenmerkmale und der Strafhaftung von AG-Vorständen, GmbH- und UG-Geschäftsführern wegen Insolvenzstraftaten, 2011; *Stötter* Konkurrenzfragen bei den Bankrottdelikten – Sind die einzelnen Bankrotthandlungen selbständige Delikte oder nur Bestandteil einer gesetzlichen Deliktseinheit?, KTS 1963, S 12–21; *Stracke* Zur Übertragbarkeit des zivilrechtlichen Überschuldungsbegriffs in das Strafrecht, 2007; *Temme* Die Eröffnungsgründe der Insolvenzordnung, 1997; *Tiedemann* Die Überschuldung als Tatbestandsmerkmal des Bankrotts, in: Gedächtnisschrift Horst Schröder, 1978, S 289–306; *ders* Der BGH zum neuen Konkursstrafrecht, NJW 1979, S 254–255; *ders* Generalklauseln im Konkursstrafrecht, KTS 1984, S 539–558; *ders* Konkursstraftaten aus der Sicht der Kreditwirtschaft, ZIP 1983, S 513–522; *Thilow* Die Gläubigerbegünstigung im System des Insolvenzrechts. Zur Beschränkung des § 283c StGB auf inkongruente Deckungen, 2001; *Trück* Anm zu BGH, Beschl. v 19.2.2013 – 5 StR 472/12, ZWH 2013, S 367–368; *Trüg/Habetha* § 283 Abs 6 StGB und der „tatsächliche Zusammenhang“, wistra 2007, 365–371; *Uhlenbruck* Strafrechtliche Aspekte der Insolvenzrechtsreform 1994, wistra 1996, S 1–8; *ders* Rezension: Klaus Moosmayer: Einfluß der Insolvenzordnung 1999 auf das Insolvenzstrafrecht, NZI 1998, S 33; *ders* Strafbefreiende Wirkung des Insolvenzplans?, ZInsO 1998, S 250–252; *Ulmer* Konkursantragspflicht bei Überschuldung der GmbH und Haftungsrisiken bei Konkursverschleppung, KTS 1981, S 469–492; *Vornbaum* Probleme der Gläubigerbegünstigung. Zur Auslegung des § 283c StGB, GA 1981, S 101–133; *U. Weber* Anm zu BGH, Urt v 6.11.1986 – 1 StR 327/86, StV 1988, S 16–18; *Weyand/Diversy* Insolvenzdelikte. Unternehmenszusammenbruch und Strafrecht, 10. Auflage 2016; *Wickel* Vorenthalten und Veruntreuen von Arbeitsentgelt – ein unbekannter Straftatbestand, ZJS 2016, S 189–199; *E. Wilhelm* Strafbares Verhalten und objektive Strafbarkeitsbedingung bei § 283b I Nr 3b StGB, NStZ 2003, S 511–515; *Windsberger* Über den „tatsächlichen Zusammenhang“ im Bankrottstrafrecht. Zugleich ein Beitrag zur Dogmatik des sog bedingten Gefährdungsdelikts, 2017; *Wolf/Lupp*, Die Aufstellungsfrist der (Liquidations-)Eröffnungsbilanz, wistra 2008, S 250–254.

Übersicht

A. Insolvenzstraftaten zum Nachteil der GmbH – Überblick

I. Begriff des Bankrotts

1 Mit der Insolvenzrechtsreform[1] erfolgte mit Wirkung vom 1. Januar 1999 die terminologische Änderung der §§ 283 bis 283d StGB von „**Konkursstraften**" zu „**Insolvenzstraftaten**". Etymologisch entstammt der Begriff „Bankrott" dem italienischen *banco rotto*, was „zerbrochener Tisch" bedeutet mit Blick auf den Brauch in der Renaissance, den Tisch eines nicht mehr ordnungsgemäß tätigen Geldwechslers zu zerbrechen.[2]

II. Sachliche Differenzierung der Insolvenzstraftatbestände

2 Eine sachliche Differenzierung innerhalb der Tatbestände des Insolvenzstrafrechts des StGB drängt sich auf in der tatobjektsorientierten Unterscheidung von sog **bestands- und informationsbezogenen Handlungen**: Erstere bezeichnen die Einwirkung auf den gegenständlichen Massebestand, während Letztere – mit mittelbarem Rechtsgutsbezug – den Überblick über das Schuldnervermögen erschweren, sodass insbesondere die Arbeit eines möglichen späteren Insolvenzverwalters erheblich behindert wird.[3] Zu ersteren gehören etwa die Beiseiteschaffungs-, Zerstörungs- und Verringerungstatbestände der § 283 Abs 1 Nr 1, 1. und 3. Var StGB, § 283 Abs 1 Nr 2, 3 und 8, 1. Alt StGB, auch § 283 Abs 2 (bei entsprechender Herbeiführung der Krise), § 283c StGB sowie § 283d Abs 1, 1. Var StGB,[4] während zu den Letzteren die Verheimlichungs- und Verschleierungsmodalitäten des § 283 Abs 1 Nr 1, 2. Var, Nr 4 bis 8, 2. Alt StGB, auch § 283 Abs 2 StGB (bei entsprechender Herbeiführung der Krise) sowie § 283b StGB und § 283d Abs 1, 2. Var StGB zählen.[5] Auch kann differenziert werden zwischen den **krisenbezogenen** (§§ 283, 283c, 283d StGB) und **nicht krisenbezogenen** Tatbeständen (§ 283b StGB).[6]

---

1 BGBl I S 2866.
2 Vgl Bittmann-Insolvenzstrafrecht/*C. Brand*[2] § 12 Rdn 1 mwN.
3 Bittmann-Insolvenzstrafrecht/*C. Brand*[2] § 12 Rdn 5; Dannecker/Knierim/Hagemeier/Smok/*Dannecker*/*Hagemeier*[3] Rdn 47; NK-StGB/*Kindhäuser*[5] Vor §§ 283 ff Rdn 24 ff; MünchKomm-StGB/*Petermann*/*Sackreuther*[4] Vor §§ 283 ff Rdn 40.
4 Bittmann-Insolvenzstrafrecht/*C. Brand*[2] § 12 Rdn 5; MünchKomm-StGB/*Petermann*/*Sackreuther*[4] Vor §§ 283 ff Rdn 41.
5 Bittmann-Insolvenzstrafrecht/*C. Brand*[2] § 12 Rdn 5; MünchKomm-StGB/*Petermann*/*Sackreuther*[4] Vor §§ 283 ff Rdn 43.
6 Bittmann-Insolvenzstrafrecht/*C. Brand*[2] § 12 Rdn 5.

III. Deliktsnatur

Bei den §§ 283 Abs 1, 283b und 283d StGB handelt es sich um **abstrakte Gefährdungsdelikte**, da die Normen auf den Eintritt einer rechtsgutsbezogenen tatbestandlichen konkreten Gefährdung bzw eines solchen Verletzungserfolgs verzichten.[7] § 283 Abs 2 StGB (und § 283c StGB (vgl *Anders* § 283c Rdn 2)) gehören indes zu den **Erfolgsdelikten**.[8] 3

B. Geschichte des Insolvenzstrafrechts

Vom 1871 bis Ende September 1879 waren die insolvenzstrafrechtlichen Vorschriften mit Ausnahme der Gläubigerbegünstigung (normiert in § 308 der preußischen KO)[9] in den **§§ 281 bis 283 RStGB** („24. Abschnitt Bankerutt") geregelt,[10] wurden dann spezialgesetzlich unter Einbeziehung der Gläubigerbegünstigung zunächst in den §§ 209 bis 214 KO, in der ab dem 1. Januar 1900 geltenden Fassung in den **§§ 239 bis 244 KO** verortet; hier wurde unterschieden zwischen dem einfachen (vgl § 240 KO) und dem eine Gläubigerbenachteiligungsabsicht fordernden sog betrügerischen Bankrott (vgl § 239 KO).[11] Beide Tatbestände forderten keine Krisenmerkmale, die erst 1976 nach Rückführung der insolvenzstrafrechtlichen Vorschriften mit dem ersten Gesetz zur Bekämpfung der Wirtschaftskriminalität (1. WiKG)[12] in das Kernstrafrecht (vgl §§ 283 bis 283d StGB), eingefügt worden sind.[13] Von der **Insolvenzrechtsreform 1999**[14] wurde das Insolvenzstrafrecht legislatorisch kaum berührt; es änderte sich lediglich die Diktion des Strafgesetzes („Insolvenzstraftaten" statt „Konkursstraftaten"). Durch die Neuregelung des zivilen Insolvenzrechts erfolgte jedoch inhaltlich eine **Vorverlagerung der Insolvenzstrafbarkeit**: Insbesondere mit der – in der Konsequenz freilich von der Annahme und der Dichte eines akzessorischen 4

---

7 Vgl *BGH* NStZ 2008, 401, 402 (zu **§ 283 Abs 1 Nr 7 lit a) StGB**); BGHSt 61, 180, 185 f; Matt/Renzikowski-StGB/*Altenhain*[2] § 283 Rdn 2; SSW-StGB/*Bosch*[5] § 283 Rdn 1; *Dohmen* S 65; StGB/*Fischer*[69] Vor § 283 Rdn 4 (hinsichtlich der sog **Buchdelikte – § 283 Abs 1 Nr 5–7 StGB (und § 283b StGB); § 283 Abs 1 Nr 1 StGB und teilweise auch § 283 Abs 1 Nr 2–4, 8 StGB: Erfolgsdelikte**); Lackner/Kühl-StGB/*Heger*[29] § 283 Rdn 1; Schönke/Schröder-StGB/*Heine/Schuster*[30] § 283 Rdn 1; *Hombrecher* JA 2013, 541, 542; NK-StGB/*Kindhäuser*[5] Vor §§ 283 ff Rdn 34; *Krause* NStZ 1999, 161, 162; Wabnitz/Janovsky/Schmitt/*Pelz*[5] 9. Kapitel Rdn 106; Müller-Gugenberger-WirtschaftsStrR/*H. Richter*[7] Rdn 83.36 (zu **§ 283 Abs 1 Nr 4 StGB**); *dens* ZInsO 2016, 1346, 1347 (zum Verheimlichen gemäß **§ 283 Abs 1 Nr 1, 2. Var StGB**); LK-StGB/*Tiedemann*[12] § 283 Rdn 7 (hinsichtlich der sog **Buchdelikte – § 283 Abs 1 Nr 5–7 StGB (und § 283b StGB)** – nur mit Blick auf das Rechtsgut der Vermögensinteressen der Gläubiger); **aA – abstrakt-konkrete Gefährdungsdelikte** Bittmann-Insolvenzstrafrecht/*C. Brand*[2] § 12 Rdn 4; **aA – § 283 Abs 1, 2 StGB jeweils als Kombination von konkreter Gefahr und abstrakt gefährlichem Verhalten**: SK-StGB/*Hoyer*[9] § 283 Rdn 5; **aA – § 283 Abs 1 Nr 1, 2. Var, 5, 6 StGB als Erfolgsdelikt** Momsen/Grützner-WirtschaftsStStrR/*Rotsch/Wagner*[2] Kapitel 8. Rdn 162, 208, 210; **aA – § 283 Abs 1 StGB (rechtsgutsbezogen) als konkretes Gefährdungsdelikt** MünchKomm-StGB/*Petermann/Sackreuther*[4] Vor §§ 283 ff Rdn 31; **aA – § 283 Abs 1 Nr 5–7 StGB (und § 283b StGB) als abstrakte Gefährdungsdelikte, § 283 Abs 1 Nr 4, 1. Var, Nr 8, 2. Alt StGB als abstrakt-konkretes Gefährdungsdelikt, § 283 Abs 1 Nr 1, Nr 2, Nr 3, Nr 4, 2. Var, Nr 8, 1. Alt StGB als konkretes Gefährdungsdelikt und § 283 Abs 2 StGB als Verletzungsdelikt** Graf/Jäger/Wittig/*Reinhart*[2] Vor §§ 283–283d Rdn 21 f.

8 SSW-StGB/*Bosch*[5] § 283 Rdn 1, 33; Bittmann-Insolvenzstrafrecht/*C. Brand*[2] § 12 Rdn 4; NK-StGB/*Kindhäuser*[5] § 283 Rdn 96; *Krause* NStZ 1999, 161, 162; Wabnitz/Janovsky/Schmitt/*Pelz*[5] 9. Kapitel Rdn 106; Graf/Jäger/Wittig/*Reinhart*[2] Vor §§ 283–283d Rdn 22; LK-StGB/*Tiedemann*[12] § 283 Rdn 2, 179; **aA – (rechtsgutsbezogen) konkretes Gefährdungsdelikt** MünchKomm-StGB/*Petermann/Sackreuther*[4] § 283 Rdn 31; **aA – (auch) abstraktes Gefährdungsdelikt** Momsen/Grützner-WirtschaftsStStrR/*Rotsch/Wagner*[2] Kapitel 8. Rdn 243, 160.

9 Vgl dazu *Vornbaum* GA 1981, 101, 103.

10 Vgl *Hager* S 78 ff.

11 Vgl *Hager* S 81 ff.

12 BGBl I S 2034.

13 Vgl Bittmann-Insolvenzstrafrecht/*C. Brand*[2] § 12 Rdn 1; *Neumann* S 21 ff; *Hager* S 98 ff.

14 BGBl I S 2866; eine erste Änderung der InsO erfolgte bereits durch das Gesetz zur Änderung der Insolvenzordnung und anderer Gesetze vom 26.10.2001, BGBl I S 2710.

Verständnisses (Rdn 34) abhängigen – weiter gefassten Definition des Eröffnungsgrundes der Zahlungsunfähigkeit in § 17 Abs 2 InsO (vgl Rdn 45)[15] sowie dem auch mit der Neuschaffung des Eröffnungsgrundes der drohenden Zahlungsunfähigkeit verbundenen ausweitenden Verständnis des § 283 Abs 6 StGB (vgl Rdn 55, 73)[16] war eine **Verschärfung des Insolvenzstrafrechts** verknüpft.[17]

5 Mit Bedeutung für **§ 283c StGB** ist nachfolgend durch das Gesetz zur Modernisierung des GmbH-Rechts und zur Bekämpfung von Missbräuchen vom 23.10.2008 (MoMiG)[18] das Kapitalersatzrecht abgeschafft worden. Durch das Gesetz zur Umsetzung des Maßnahmenpakets zur Stabilisierung des Finanzmarktes vom 17.10.2008 (**FMStG**)[19] ist der (schon vor der Insolvenzrechtsreform 1999 geltende) **modifizierte zweistufige Überschuldungsbegriff** eingeführt worden.

6 Durch **§ 1 Abs 1 Satz 1** des Gesetzes zur vorübergehenden Aussetzung der Insolvenzantragspflicht und zur Begrenzung der Organhaftung bei einer durch die COVID-19-Pandemie bedingten Insolvenz vom 27.3.2020 (COVID-19-Insolvenzaussetzungsgesetz – **COVInsAG**),[20] übernommen durch das Gesetz zur vorübergehenden Anpassung sanierungs- und insolvenzrechtlicher Vorschriften zur Abmilderung von Krisenfolgen vom 31.10.2022 (Sanierungs- und insolvenzrechtliches Krisenfolgenabmilderungsgesetz – SanInsKG),[21] in Kraft getreten am 9.11.2022, ist ein vorübergehenden Dispens von der Pflicht zur Insolvenzantragstellung vom 1. März 2020 bis zum 30. September 2020 (weitergehend nach **§ 1 Abs 2 SanInsKG** nur für überschuldete Personen und Unternehmen vom 1. Oktober 2020 bis zum 31. Dezember 2020 sowie nach **§ 1 Abs 3 SanInsKG** vom 1. Januar 2021 bis zum 30. April 2021 grundsätzlich für die Geschäftsleiter solcher Schuldner, die im Zeitraum vom 1. November 2020 bis zum 28. Februar 2021 einen Antrag auf Gewährung finanzieller Hilfeleistungen im Rahmen staatlicher Hilfsprogramme zur Abmilderung der Folgen der COVID-19-Pandemie gestellt haben bzw, die nach den Bedingungen des Programms in den Kreis der Antragsberechtigten fallen), soweit die Insolvenzreife auf den Folgen der Ausbreitung des SARS-CoV-2-Virus beruht und Aussichten bestehen, eine bestehende Zahlungsunfähigkeit zu beseitigen[22] (**§ 1 Abs 1 Satz 2 SanInsKG**), normiert worden. Insoweit hat das **SanInsKG** vornehmlich Konsequenzen für das Delikt der Insolvenzverschleppung (vgl Rdn 71). Während **§ 2 Abs 1 SanInsKG** jedoch Vorgaben macht insbesondere zur Bewertung von Zahlungen im Rahmen der Insolvenzantragsaussetzung, die im ordnungsgemäßen Geschäftsgang erfolgen, als „mit der Sorgfalt eines ordentlichen und gewissenhaften Geschäftsleiters im Sinne des § 64 Satz 2 GmbHG (...) vereinbar" (**Nr 1**), zur Rückgewähr gewährter neuer Kredite, erfolgter Bestellungen von Sicherheiten zur Absicherung solcher Kredite sowie zur Rückgewähr von Gesellschafterdarlehen und Zahlungen auf Forderungen aus Rechtshandlungen, die einem solchen Darlehen wirtschaftlich entsprechen, als „nicht gläubigerbenachteiligend" (Nr 2) sowie zu Rechtshandlungen, die dem anderen Teil eine Sicherung oder Befriedigung gewährt oder ermöglicht haben, die dieser in der Art und zu der Zeit beanspruchen konnte, in einem späteren Insolvenzverfahren, als „nicht anfechtbar" (Nr 4), hat dies Auswirkungen auf das Merkmal der **Grundsätze des ordnungsgemäßen Wirtschaftens** (Rdn 61) sowie auf **§ 283c StGB** (*Anders* § 283c Rdn 18, 20).[23]

---

15 Vgl MünchKomm-StGB/*Petermann*[3] Vor §§ 283 ff Rdn 110.

16 Vgl MünchKomm-StGB/*Petermann*[3] Vor §§ 283 ff Rdn 142.

17 Vgl *Hager* S 113 ff.

18 BGBl I S 2026.

19 BGBl I S 1982.

20 BGBl I S 569, geändert durch Gesetze vom 25.9.2020 (BGBl I S 2016), vom 22.12.2020 (BGBl I S 3256) und vom 15.2.2021 (BGBl I S 237).

21 BGBl I S 1966.

22 Beide Merkmale werden gem § 1 Abs 1 Satz 3 COVInsAG zunächst von Gesetzes wegen vermutet, wenn der Schuldner am 31.12.2019 nicht zahlungsunfähig war, vgl dazu Römermann-COVInsAG § 1 Rdn 53 ff; BeckOK-InsO/*Wolfer*[33] § 1 SanInsKG Rdn 2 f.

23 MünchKomm-StGB/*Petermann*/*Sackreuther*[4] Vor §§ 283 ff Rdn 4.

Im Rahmen der Änderung der Insolvenzordnung durch Art 5 Nr 11. des Gesetzes zur Fortentwicklung des Sanierungs- und Insolvenzrechts vom 22.12.2020 (SanInsFoG),[24] in Kraft getreten zum 1.1.2021, soll für die Überschuldungsprüfung ein Fortführungsprognosezeitraum von zwölf Monaten zugrunde gelegt werden (§ 19 Abs 2 Satz 1 InsO). Nach dem durch Art 10 Nr 3. SanInsFoG geänderten § 4 Satz 1 COVInsAG ist die Prognosezeitstrecke für die Fortführungsprognose im Überschuldungstatbestand vorübergehend – zwischen dem 1.1.2021 und dem 31.12.2021 – auf vier Monate verkürzt worden, wenn die Überschuldung auf die COVID-19-Pandemie zurückzuführen ist. Die Regelung wurde mit der Umbenennung des Gesetzes in das Gesetz zur vorübergehenden Anpassung sanierungs- und insolvenzrechtlicher Vorschriften zur Abmilderung von Krisenfolgen vom 31.10.2022 (Sanierungs- und insolvenzrechtliches Krisenfolgenabmilderungsgesetz – SanInsKG),[25] in Kraft getreten am 9.11.2022, neu gefasst und insbesondere durch § 4 Abs 2 Satz 1 Nr 1 SanInsKG ergänzt, der für alle Rechtsträger befristet für den Zeitraum vom 9.11.2022 bis zum 31.12.2023 einen Prognosezeitraum von **vier Monaten** vorsieht (Rdn 37). Für die Prüfung der drohenden Zahlungsunfähigkeit gibt § 5 Nr 10. SanInsFOG nunmehr einen 24-monatigen Prognosezeitraum vor (§ 18 Abs 2 Satz 2 InsO) (Rdn 59). Zu erwähnen ist schließlich der durch Art 9 Nr 5. SanInsFOG eingeführte § 15b InsO, dessen Absatz 1 für nach § 15a Abs 1 InsO – nach § 15a Abs 1 Satz 2 InsO galten ab dem 1.1.2021 Fristen von drei Wochen nach Eintritt der Zahlungsunfähigkeit und sechs Wochen nach Eintritt der Überschuldung,[26] durch § 4a SanInsKG wurde die Frist im Falle der Überschuldung auf acht Wochen, befristet vom 9.11.2022 bis zum 31.12.2023 verlängert – antragspflichtige Mitglieder des Vertretungsorgans und Abwickler einer juristischen Person nach dem Eintritt der Zahlungsunfähigkeit oder der Überschuldung der juristischen Person ein einheitliches Zahlungsverbot auferlegt, und in Abs 1 Satz 2 davon Zahlungen, die mit der Sorgfalt eines ordentlichen und gewissenhaften Geschäftsleiters vereinbar sind – nach Abs 2 Satz 1 sind dies exemplarisch Zahlungen, die der Aufrechterhaltung des Geschäftsbetriebes dienen –, ausnimmt. § 15b Abs 2 Satz 2 InsO begrenzt dieses Ausnahmeprivileg zeitlich auf den Zeitraum vom Eintritt der Insolvenzreife bis zur fristgemäßen Antragstellung und inhaltlich auf „Maßnahmen zur nachhaltigen Beseitigung der Insolvenzreife oder zur Vorbereitung eines Insolvenzantrags“; gemäß § 15b Abs 3 InsO sind nach fruchtlosem Verstreichen der Insolvenzantragsstellungsfristen Zahlungen in der Regel nicht mit der Sorgfalt eines ordentlichen und gewissenhaften Geschäftsleiters vereinbar. Der neue § 15b InsO hat Auswirkungen auf die Auslegung des Tatbestandsmerkmals der „Anforderungen einer ordnungsgemäßen Wirtschaft“ in § 283 StGB (Rdn 63 f). 7

C. Rechtsgüter

Das Insolvenzstrafrecht dient **subjektbezogen** dem **Schutz der Vermögensinteressen der Gläubiger an einer größtmöglichen, ihrem insolvenzrechtlichen Rang entsprechenden Befriedigung geldwerter Ansprüche aus dem Schuldnervermögen**[27] und „weist (...) unstreitig **individualrechtsschützenden Charakter in Bezug auf das Vermögen der betroffenen Gläubiger** auf“.[28] Daher kommt es bei der Rechtsgutsbestimmung nicht darauf an, ob mehrere, dh mehr als ein 8

24 Sanierungs- und Insolvenzrechtsfortentwicklungsgesetz, BGBl I S 3256.

25 BGBl I S 1966.

26 Entsprechend Art 5 Nr 8. des Gesetzes zur Fortentwicklung des Sanierungs- und Insolvenzrechts (Sanierungs- und Insolvenzrechtsfortentwicklungsgesetz – SanInsFoG) vom 22.12.2020 (BGBl I S 3256), in Kraft zum 1.1.2021. Vorher sah § 15a Abs 1 Satz 1 InsO einheitlich eine dreiwöchige Frist vor.

27 Vgl *BVerfG* BeckRS 2003, 24359; BGHSt 58, 115, 117; *BGH* NJW 1987, 2242, 2243; Matt/Renzikowski-StGB/*Altenhain*[2] § 283 Rdn 1; Dannecker/Knierim/Hagemeier/Smok/*Dannecker*/*Hagemeier*[3] Rdn 36; *Erdmann* S 59 ff; *Habetha* (2014) Rdn 84; SK-StGB/*Hoyer*[9] Vor §§ 283 ff Rdn 3; Wirtschaftsstrafrecht/*Wittig*[6] § 23 Rdn 6.

28 MünchKomm-StGB/*Petermann*/*Sackreuther*[4] Vor §§ 283 ff Rdn 19 (Hervorhebungen von *Verf.*).

Gläubiger, vorhanden sind.[29] Existiert eine Mehrzahl von Gläubigern, sind diese in ihrer Gesamtheit geschützt,[30] wobei es sich hier nicht um ein Kollektivrechtsgut handelt, sondern vielmehr um die summarische Betrachtung einer Vielzahl qualitativ gleicher Individualrechtsgüter.[31] Strafrechtlich relevante **Schutzrangordnungen** innerhalb dieser Gruppe der Gläubiger, etwa mit Blick auf die **Arbeitnehmer**,[32] bestehen mangels insolvenzrechtlicher Vorrechte, etwa auf Bestandsschutz der Arbeitsverhältnisse, nicht.[33] Auch **potentielle Gläubiger**[34] sind nicht geschützt.[35] Soweit daneben vertreten wird, dass § 283 StGB die **Insolvenzmasse oder das Insolvenzverfahren** schützen soll,[36] ist damit keine eigenständige Rechtsgutsbestimmung verbunden, sondern allenfalls eine Art **„Zwischenrechtsgut"** konstruiert, das allein das Tatobjekt definiert,[37] konstitutiv jedoch auf den Schutz der (einzelnen) Vermögen der Gläubiger zurückfällt. Auch werden im Schrifttum die durch die InsO gestärkten **Gestaltungsinteressen der Gläubiger** vom Schutzzweck des § 283 StGB als umfasst angesehen;[38] jedoch handelt es sich hier lediglich um den unselbstständigen Teil der geschützten Vermögens-/Befriedigungsinteressen.[39] Soweit daneben insbesondere wegen der Auswirkungen der Insolvenzstraftaten über die eigentlichen Gläubiger hinaus (Ketteninsolvenzen) **kollektive Rechtsgüter** wie die **Funktionsfähigkeit der Gesamt- bzw Kreditwirtschaft** oder sogar des jeweiligen **Vertrauens** darin gesehen wird,[40] handelt es sich nicht um eine echte Erweiterung der Rechtsgüterschutzes, denn es sind allenfalls scheinbar kollektive Rechtsgüter ohne hinreichende Rückbindung auf ein tragfähiges eigenständiges Substrat betroffen.[41] Vertreter der

---

29 Vgl *BGH* NStZ 1987, 23; 2001, 485, 486; *BGH* NJW 2001, 1874, 1875; BeckOK-StGB/*Beukelmann*[58] § 283 Rdn 1; SSW-StGB/*Bosch*[5] Vor §§ 283 ff Rdn 1; Schönke/Schröder-StGB/*Heine/Schuster*[30] § 283 Rdn 2; Wabnitz/Janovsky/Schmitt/*Pelz*[5] 9. Kapitel Rdn 104; MünchKomm-StGB/*Petermann/Sackreuther*[4] Vor §§ 283 ff Rdn 19; Graf/Jäger/Wittig/*Reinhart*[2] Vor §§ 283–283d Rdn 2; Wirtschaftsstrafrecht/*Wittig*[5] § 23 Rdn 7.

30 Vgl BGHSt 28, 371, 373; BGHSt 34, 221, 226; BGHSt 55, 107, 115; BGHSt 61, 180, 183; *BGH* NJW 2001, 1874, 1875; *BGH* NStZ 2008, 401, 402; *Krause* NStZ 1999, 161, 162; BeckOK-StGB/*Beukelmann*[58] § 283 Rdn 1; MünchKomm-StGB/*Petermann/Sackreuther*[4] Vor §§ 283 ff Rdn 19; Wirtschaftsstrafrecht/*Wittig*[5] § 23 Rdn 7.

31 Vgl *Anders* (2012) S 183; in diesem Sinne wohl auch Wirtschaftsstrafrecht/*Wittig*[5] § 23 Rdn 7.

32 In diesem Sinne BeckOK-StGB/*Beukelmann*[58] § 283 Rdn 1; StGB/*Fischer*[69] Vor § 283 Rdn 3; vgl jedoch zum besonderen Schutz der Arbeitnehmer bei der Untreue zum Nachteil der Kapitalgesellschaft *Anders* (2012) S 379 ff; *M. Hoffmann* (2010) S 170 ff, 207 ff.

33 Matt/Renzikowski-StGB/*Altenhain*[2] § 283 Rdn 1; *Moosmayer* S 125; MünchKomm-StGB/*Petermann/Sackreuther*[4] Vor §§ 283 ff Rdn 20; *Stockburger* S 19; LK-StGB/*Tiedemann*[12] Vor §§ 283–283d Rdn 49 ff.

34 In diesem Sinne wohl LK-StGB/*Tiedemann*[12] Vor §§ 283–283d Rdn 46.

35 Graf/Jäger/Wittig/*Reinhart*[2] Vor §§ 283–283d Rdn 2.

36 Vgl BGHSt 28, 371, 373; BGHSt 34, 221, 226; BGHSt 55, 107, 115; BGHSt 61, 180, 183; BeckOK-StGB/*Beukelmann*[58] § 283 Rdn 1; SSW-StGB/*Bosch*[5] Vor §§ 283 ff Rdn 1; *Gallandi* wistra 1992, 10; NK-StGB/*Kindhäuser*[5] Vor §§ 283 ff Rdn 19, 23; *Krause* (1995) NStZ 1999, 161, 162; Wabnitz/Janovsky/Schmitt/*Pelz*[5] 9. Kapitel Rdn 104; *Plathner* S 146 f; Müller-Gugenberger-WirtschaftsStrR/*H. Richter*[7] Rdn 76.48.

37 Zutreffend MünchKomm-StGB/*Petermann/Sackreuther*[4] Vor §§ 283 ff Rdn 21; vgl auch Matt/Renzikowski-StGB/*Altenhain*[2] § 283 Rdn 1; NK-StGB/*Kindhäuser*[5] Vor §§ 283 ff Rdn 30; LK-StGB/*Tiedemann*[12] Vor §§ 283–283d Rdn 46; Wirtschaftsstrafrecht/*Wittig*[5] § 23 Rdn 7.

38 *Erdmann* S 62 ff; NK-StGB/*Kindhäuser*[5] Vor §§ 283 ff Rdn 25; *Krause* (1995) S 159 ff.

39 Bittmann-Insolvenzstrafrecht/*C. Brand*[2] § 12 Rdn 7; Dannecker/Knierim/Hagemeier/Smok/*Dannecker/Hagemeier*[3] Rdn 39; *Habetha* (2014) Rdn 85; Schönke/Schröder-StGB/*Heine/Schuster*[30] § 283 Rdn 2; SK-StGB/*Hoyer*[9] Vor §§ 283 ff Rdn 4; *Moosmayer* S 123 f; MünchKomm-StGB/*Petermann/Sackreuther*[4] Vor §§ 283 ff Rdn 24; Müller-Gugenberger-WirtschaftsStrR/*H. Richter*[7] Rdn 76.49; LK-StGB/*Tiedemann*[12] Vor §§ 283–283d Rdn 48.

40 Vgl *BGH* NJW 2001, 1874; *BGH* NJW 2003, 974, 975; BGHSt 55, 107, 115; BeckOK-StGB/*Beukelmann*[58] § 283 Rdn 1; Dannecker/Knierim/Hagemeier/Smok/*Dannecker/Hagemeier*[3] Rdn 44 („überindividuelles Interesse am Schutz des gesamtwirtschaftlichen Systems"); StGB/*Fischer*[69] Vor § 283 Rdn 3; Lackner/Kühl-StGB/*Heger*[29] § 283 Rdn 1; Schönke/Schröder-StGB/*Heine/Schuster*[30] § 283 Rdn 2; Achenbach/Ransiek/Rönnau-Handbuch Wirtschaftsstrafrecht/*Himmelreich*[5] 7. Teil, 1. Kapitel Rdn 3; Müller-Gugenberger-WirtschaftsStrR/*H. Richter*[7] Rdn 76.48, 76.50, 81.1; LK-StGB/*Tiedemann*[12] Vor §§ 283–283d Rdn 55 ff (Kreditwirtschaft).

41 *Anders* NZWiSt 2017, 13, 21; im Ergebnis auch Matt/Renzikowski-StGB/*Altenhain*[2] § 283 Rdn 1; Bittmann-Insolvenzstrafrecht/*C. Brand*[2] § 12 Rdn 8; *Habetha* (2014) Rdn 92; NK-StGB/*Kindhäuser*[5] Vor §§ 283 ff Rdn 32 f; *Krause* (1995) S 175 ff;

Auffassung eines Kollektivrechtsgüterschutzes müssten konsequent die **Dispositionsbefugnis der Gläubiger über das Rechtsgut** verneinen.[42]

D. Taugliche Täter

I. Allgemeines

Mit Blick auf die §§ 283, 283b, 283c StGB kann tauglicher Täter nur der Schuldner sein (vgl §§ 283 Abs 6, 283b Abs 3, 283c Abs 3 StGB). Insoweit ist von Sonderdelikten auszugehen; § 283d StGB (Schuldnerbegünstigung) ist hingegen ein Allgemeindelikt.[43] Da jedermann Schuldner sein kann, ist – mangels Bestehens handelsrechtlicher Buchführungspflichten mit Ausnahme der auf Kaufleute beschränkten Delikte der §§ 283 Abs 1 Nr 5, 7, 283b StGB –[44] auch die Verbraucherinsolvenz trotz der Möglichkeit der Bestrafung aus § 288 StGB miteinbezogen,[45] wobei jene für das GmbH-Strafrecht nur insoweit eine Rolle spielt, als der GmbH-Gesellschafter und -Geschäftsführer als solche **grundsätzlich keine selbstständige wirtschaftliche Tätigkeit** ausüben und daher in dieses Verfahren gehören,[46] nicht hingegen der geschäftsführende Alleingesellschafter einer GmbH, für den das Regelinsolvenzverfahren gilt.[47] In den Fällen der Verbraucherinsolvenz ist der Anwendungsbereich weiter durch § 283 Abs 6 StGB (Rdn 66 ff) eingeschränkt, da in diesen Fällen bei der Annahme eines Schuldenbereinigungsplans es weder zu einer Eröffnung des Insolvenzverfahrens (vgl § 308 Abs 2 InsO) noch zu einer Abweisung des Antrags mangels Masse kommt (vgl §§ 311 ff StPO); die objektive Bedingung der Strafbarkeit wäre also nur gegeben bei Zahlungseinstellung oder beim Scheitern der Schuldenbereinigung, da dann das sog vereinfachte Insolvenzverfahren durchgeführt wird.[48] Auch fehlt es in den Fällen der Verbraucherinsolvenz (häufig) am Verstoß gegen die Anforderungen einer ordnungsgemäßen Wirtschaft, soweit es insoweit überhaupt darauf ankommt (Rdn 62).[49] 9

II. Die GmbH als Gemeinschuldnerin

1. Problemstellung

Die GmbH selbst als juristische Person kann in der Rolle als Gemeinschuldnerin mangels echter Verbandsstrafbarkeit im deutschen Recht nicht taugliche Täterin insbesondere der §§ 283, 283b, 10

Moosmayer S 130 ff; *Penzlin* (2000) S 32 ff; MünchKomm-StGB/*Petermann*/*Sackreuther*[4] Vor §§ 283 ff Rdn 25 f; Graf/Jäger/Wittig/*Reinhart*[2] Vor §§ 283–283d Rdn 1; *Stockburger* S 19 f; vgl zur Kritik überindividueller Rechtsgüter im Wirtschaftsstrafrecht *Anders* (2012) S 181 ff.

42 Vgl Bittmann-Insolvenzstrafrecht/*C. Brand*[2] § 12 Rdn 8; Achenbach/Ransiek/Rönnau-Handbuch Wirtschaftsstrafrecht/*Himmelreich*[5] 7. Teil, 1. Kapitel Rdn 3; *Penzlin* (2000) S 45; **aA** LK-StGB/*Tiedemann*[12] Vor §§ 283–283d Rdn 57, 108.

43 Vgl BGHSt 58, 115; *BGH* BeckRS 2022, 19707, beide zu § 283 StGB; Matt/Renzikowski-StGB/*Altenhain*[2] § 283 Rdn 3, § 283d Rdn 1; SSW-StGB/*Bosch*[5] Vor §§ 283 ff Rdn 3; Dannecker/Knierim/Hagemeier/Smok/*Dannecker*/*Hagemeier*[3] Rdn 50; *Grub* S 4 ff; *Kraatz* JR 2013, 466, 471; Müller-Gugenberger-WirtschaftsStrR/*Müller-Gugenberger*[7] Rdn 22.12; Wabnitz/Janovsky/Schmitt/*Pelz*[5] 9. Kapitel Rdn 109, 238; MünchKomm-StGB/*Petermann*/*Sackreuther*[4] Vor §§ 283 ff Rdn 35; LK-StGB/*Tiedemann*[12] Vor §§ 283–283d Rdn 59; Wirtschaftsstrafrecht/*Wittig*[5] § 23 Rdn 8.

44 SSW-StGB/*Bosch*[5] Vor §§ 283 ff Rdn 3.

45 *BGH* NJW 2001, 1874 f; BGHSt 55, 107, 112; *BayObLG* BeckRS 2022, 10427; BeckOK-StGB/*Beukelmann*[58] § 283 Rdn 91; *Bieneck* StV 1999, 43; SSW-StGB/*Bosch*[5] Vor §§ 283 ff Rdn 3; Bittmann-Insolvenzstrafrecht/*C. Brand*[2] § 12 Rdn 23 f; *ders* NZI 2023, 65, 67 f; *Krause* NStZ 2002, 42; *Schramm* wistra 2002, 55 (56); **aA** *Krüger* wistra 2002, 52, 53 f.

46 *Fuchs* NZI 2002, 239, 240 f.

47 *BGH* NJW 2006, 917, 918; *LG Köln* NZI 2004, 673; *A. Schmidt*[4] § 2 Rdn 2, 4.

48 BeckOK-StGB/*Beukelmann*[58] § 283 Rdn 92.

49 Vgl BeckOK-StGB/*Beukelmann*[58] § 283 Rdn 93; Bittmann-Insolvenzstrafrecht/*C. Brand*[2] § 12 Rdn 32; Schönke/Schröder-StGB/*Heine*/*Schuster*[30] § 283 Rdn 7a.

283c StGB sein. Die Bestimmung des Täterkreises erfolgt mithin über die strafrechtliche Organ- und Vertreterhaftung des § 14 StGB. Die betreffenden natürlichen Personen müssen gemäß § 14 Abs 1 Nr 1 StGB „als" vertretungsberechtigtes Organ der GmbH oder als Mitglied eines solchen Organs gehandelt haben. Die diesbezügliche Abgrenzung ist schwierig; sie berührt das Verhältnis der Insolvenzstraftaten zur Untreue, § 266 StGB (Anders § 266 Rdn 165 ff).

2. Herstellung des Vertretungsbezuges

11 **a) Abkehr von der sog Interessenformel durch den BGH.** Der 3. Strafsenat hat in seinem Beschluss vom 10. Februar 2009, in dem die „fast schon unendliche Geschichte um den Abschied von der Interessentheorie"[50] ihren Beginn nahm, ausgeführt, dass „häufiger als bisher eine Verurteilung wegen Bankrotts in Tateinheit mit Untreue (...) in Betracht kommen" werde, „insbesondere wenn die Zustimmung der Gesellschafter (...) einer GmbH wegen des damit verbundenen existenzgefährdenden Eingriffs in das Gesellschaftsvermögen kein tatbestandsausschließendes Einverständnis mit der nachteiligen Vermögensverfügung darstellt (...)".[51]

12 Vorher stellte unter Anwendung der sog Interessenformel – von einer konsistenten Theorie konnte nie die Rede sein –,[52] nach welcher der Vertretungsbezug nach § 14 StGB beim Handeln des Vertreters **(wenigstens auch) im Interesse des Vertretenen (der GmbH)** gegeben sein sollte,[53] die Exklusivität von Bankrott und Organuntreue den Regelfall dar,[54] was zu dem Vorwurf führte, dem eingeschränkten Anwendungsbereich des § 283 Abs 1 Nr 1 StGB bei Vertretern oder Organen von Kapitalgesellschaften würde eine schutzzweckwidrige Extension bei § 266 StGB entsprechen, welche über eine Eingrenzung der Gesellschafterdisponibilität durch die Existenzgefährdungsrechtsprechung gesteuert würde (Anders § 266 Rdn 118). Dementsprechend wurden im Schrifttum nach Aufgabe der Interessenformel durch den BGH die Stimmen lauter, die als Reflex – ausgehend von dem Verständnis, welches Gläubigerschutz durch § 266 StGB ausschließt – eine restriktivere Handhabung der Organuntreue forderten.[55] Jedoch liegt nunmehr Tateinheit nahe, was mit Blick auf die verschiedenen Rechtsgüter, die durch § 283 StGB und durch § 266 StGB geschützt werden sollen, gerechtfertigt erscheint.[56]

13 Die Abkehr von der Interessenformel vollzog sich in den Jahren 2009 bis 2012 ausgehend von obiter dicta des 3. Strafsenats[57] über eine Anfrage dieses Senats bei den anderen Senaten nach § 132 Abs 3 Satz 1 GVG,[58] deren Erklärungen, nicht an ihrer insoweit jeweils entgegenstehenden früheren Rechtsauffassung festzuhalten,[59] bis zur endgültigen Aufgabe der Formel durch den 3. Strafsenat mit dessen Entscheidung vom 15. Mai 2012.[60] Die in den Entscheidungen des 3. Strafsenats im Wesentlichen angeführten Gründe spiegeln die jahrelange Kritik an der Interessenformel in der wissenschaftlichen Literatur im Wesentlichen wider: Vorgebracht wurde der rechtspolitische Einwand einer – in Bezug auf Insolvenzdelikte – unerträglichen Strafbarkeitslücke für Vertre-

---

50 *C. Brand* NJW 2012, 2370.
51 *BGH* wistra 2009, 275, 277 f; vgl auch *BGH* NJW 2012, 2366, 2369 (in BGHSt 57, 229 insoweit nicht abgedruckt).
52 Vgl *Bittmann* wistra 2010, 8, 9; *Hager* S 161; *A. Schwarz* HRRS 2009, 341, 345.
53 Vgl BGHSt 28, 371, 372; BGHSt 30, 127, 128 f; BGHSt 34, 221, 223.
54 Die Ausnahme soll nach der Rechtsprechung des *BGH* der (seltene) Fall darstellen, in dem das Vertreterhandeln sowohl durch Eigen- als auch Fremdinteresse motiviert sei, vgl BGHSt 28, 371, 372 ff; BGHSt 30, 127, 130.
55 Vgl *Dehne-Niemann* wistra 2009, 417, 422; *Kudlich/Oğlakcıoğlu*[2] Rdn 535b; *Link* NJW 2009, 2228.
56 Vgl *BGH* wistra 2009, 275, 278; *BGH* NJW 2012, 2366, 2369 (in BGHSt 57, 229 insoweit nicht abgedruckt).
57 Vgl *BGH* NStZ 2009, 437; NStZ-RR 2012, 80, 81; vgl auch den *1. Strafsenat* NStZ-RR 2009, 373.
58 Vgl *BGH* NStZ 2012, 89.
59 Vgl *1. Strafsenat* wistra 2012, 113; *2. Strafsenat* BeckRS 2012, 03295; *4. Strafsenat* wistra 2012, 191; *5. Strafsenat* BeckRS 2012, 04844.
60 Vgl BGHSt 57, 229.

ter oder Organe von Kapitalgesellschaften.[61] Zudem erwies sich die Interessenformel mit Blick auf Personengesellschaften oder die „Mischform" der GmbH & Co. KG verfassten Unternehmen als porös, sie „passte" nicht auf die strafrechtlich relevanten Verstöße gegen die Buchführungs- und Bilanzierungsvorschriften der §§ 283 Abs 1 Nr 5–8, 283b StGB und sie versagte bei den Fahrlässigkeitsdelikten (§ 283 Abs 4 und 5 StGB).[62] Schließlich konnte die subjektivierte Betrachtung der Interessenformel nicht aus den §§ 266, 283 Abs 1 Nr 1, 14 StGB gelesen werden, da die Untreue keine Bereicherungsabsicht verlangt, Bankrott Tatbestandshandlungen vorsieht („Zerstören", „Beschädigen" und „Unbrauchbarmachen"), die per se den Interessen des Gemeinschuldners widersprechen, und es zudem denkbar war, dass – subjektiv im Interesse der Vertretenen – für die GmbH durch den Geschäftsführer gehandelt wird, wenn die Handlung – objektiv – gar nicht im Interesse des Gesellschaft liegt[63] oder vice versa gewendet: Das Gläubigerinteresse am ungeschmälerten Fortbestand der Insolvenzmasse kann auch durch eigennütziges Handeln, und nicht durch Handeln im Interesse des Vertretenen, berührt werden.[64]

b) Funktionsmodell, (organisationsbezogenes) Zurechnungsmodell und pluralistischer Ansatz. Als „Nachfolger" der Interessenformel kommen das in der Literatur wohl noch vorherrschende Funktionsmodell und das in seiner jetzigen Form im Wesentlichen auf Radtke zurückgehende, über den sog organisationsbezogenen Ansatz[65] aktualisierte und ergänzte Zurechnungsmodell in Frage; beide Auffassungen standen der Interessenformel des BGH lange Zeit „unversöhnlich" gegenüber.[66] Das Funktionsmodell verlangt den funktionellen Zusammenhang mit dem Aufgaben- und Pflichtenkreis des handelnden Organs.[67] Beide Modelle trennen zwischen den Phänomenen des rechtsgeschäftlichen und faktischen Handelns des Geschäftsführers der GmbH: Bei Rechtsgeschäften muss nach dem Funktionsmodell im Namen des Vertretenen gehandelt worden sein,[68] bei faktischem Handeln muss dieses seiner Art nach, nicht notwendig in der besonderen Ausführung, als Wahrnehmung der Angelegenheiten des Vertretenen erscheinen,[69] was dann der Fall sei, wenn der Geschäftsführer die organspezifischen Handlungsmöglichkeiten ausnutze.[70] Das Zurechnungsmodell verlangt das Handeln des Vertreters im Geschäftskreis des Vertretenen[71] in einem normativen Sinne unter Berücksichtigung der Spezifika des Sonderdelikts,[72] was bei § 283 StGB erfordere, dass dessen Selbstschädigungscharakter gewahrt bleibe.[73] Der Organ- bzw Vertretungsbezug kann nach dem Zurechnungsmodell somit nur dann angenommen werden, wenn sich das Verhalten des Vertreters normativ – es wird insoweit verwiesen auf die Fiktion unterstellter Strafbarkeit der juristischen Person (sog organisationsbezogener Ansatz)[74] – als eines des Vertretenen selbst darstellt.[75] Ausgehend von diesem Grundsatz ist bei rechtsgeschäftlichem Handeln erforderlich, dass entweder im Namen 14

---

61 MünchKomm-StGB/*Petermann/Sackreuther*[4] Vor § 283 Rdn 70; *Hager* S 167 f; SK-StGB/*Hoyer*[9] § 283 Rdn 105; *Stockburger* S 291.
62 Vgl BGHSt 57, 229, 235 ff; *Hager* S 168 f; *Stockburger* S 290 f.
63 *Anders* (2012) S 121.
64 *Dehne-Niemann* wistra 2009, 417, 420.
65 Konzipiert von *C. Brand* (2010) S 254 ff.
66 *C. Brand* NStZ 2010, 9.
67 *Arloth* NStZ 1990, 570, 574; *Habetha* NZG 2012, 1134, 1136; *Labsch* wistra 1985, 59; Schönke/Schröder-StGB/*Perron/Eisele*[30] § 14 Rdn 26; *Tiedemann* NJW 1986, 1842 (1844 f); LK-StGB/*ders*[12] Vor §§ 283 ff Rdn 83.
68 *Habetha* NZG 2012, 1134, 1136; Schönke/Schröder-StGB/*Perron/Eisele*[30] § 14 Rdn 26a.
69 *Labsch* wistra 1985, 59, 60 f; Schönke/Schröder-StGB/*Perron/Eisele*[30] § 14 Rdn 26a.
70 *Habetha* NZG 2012, 1134, 1136; *Hager* S 211 f; Schönke/Schröder-StGB/*Perron/Eisele*[30] § 14 Rdn 26a; *Tiedemann* NJW 1986, 1842, 1844 f.
71 MünchKomm-StGB/*Petermann/Sackreuther*[4] Vor § 283 Rdn 73 f.
72 MünchKomm-StGB/*Petermann/Sackreuther*[4] Vor § 283 Rdn 76; MünchKomm-StGB/*Radtke*[4] § 14 Rdn 66.
73 *C. Brand* NStZ 2010, 9, 11 f; MünchKomm-StGB/*Petermann/Sackreuther*[4] Vor § 283 Rdn 76.
74 Vgl *C. Brand* (2010) S 236, 237, 252, 254 ff; MünchKomm-StGB/*Radtke*[4] § 14 Rdn 66.
75 MünchKomm-StGB/*Radtke*[4] § 14 Rdn 67; *ders* ZIP 2016, 1993, 1998; *ders*/*M. Hoffmann* NStZ 2012, 91, 92.

des Vertretenen gehandelt wird oder aber die Rechtswirkungen der Handlung den Vertretenen treffen, was bei der Genehmigung des (zunächst vollmachtlosen) Vertreterhandelns der Fall wäre;[76] bei faktischem Handeln des Vertretenen müssen die Gesellschafter – zivilrechtlich wirksam – einverstanden sein.[77] Dies kann bei ersterem zu Tateinheit zwischen Bankrott und Organuntreue führen, bei faktischem Handeln hingegen zu einer Exklusivitätslösung (nur § 266 StGB), da das Zurechnungsmodell im Rahmen des § 283 StGB die gesellschaftsrechtliche Wirksamkeit des Gesellschaftereinverständnisses verlangt, die wiederum an die Existenzgefährdungsgrenze gebunden ist.[78] Hier liegt ein signifikanter Unterschied zum Funktionsmodell, das auch bei unwirksamen Einverständnis, weil eine Existenzgefährdung vorliegt, neben § 266 StGB Bankrott annehmen kann.[79] Ein pluralistischer Ansatz verbindet Elemente der Interessentheorie und des Funktionsmodells: Danach muss der Täter mit seiner Handlung entweder subjektiv die Interessen des Vertretenen verfolgen wollen oder aber objektiv diejenigen Optionen ausgenutzt haben, die ihm seine Position offerierten.[80]

15 **c) Aktuelle Position des BGH.** Einiges deutet zwar darauf hin, dass der BGH dem Zurechnungsmodell zuneigt[81]: Dafür spricht, dass der 3. Strafsenat in seinem Beschluss vom 10. Februar 2009 –[82] häufig die Kommentierung von Radtke zitierend – bei faktischem Verhalten auf die Zustimmung des Vermögensinhabers abstellt.[83] Ausgemacht ist dies jedoch keineswegs: Zum einen äußerte sich der 3. Strafsenat in seinen Beschlüssen vom 15. Mai 2012[84] und 15. November 2012[85] nicht klar zu der Frage, ob bei faktischem Geschäftsführerhandeln die Zustimmung der Gesellschafter rechtswirksam sein muss oder etwa auch das nichtige Gesellschaftereinverständnis ausreichend sein kann. Die Vertreter des Zurechnungsmodells wirken auf eine Ausdeutung der Rechtsprechung auf das Erfordernis einer wirksamen Zustimmung hin,[86] da sich nur dann die angenommene Exklusivität von Bankrott und Organuntreue im Falle des faktischen Geschäftsführerhandelns aufrechterhalten lässt. Zum anderen beschränkte der 4. Strafsenat in seinem Beschluss vom 10. Januar 2012 bei faktischem Verhalten des Geschäftsführers eine Zurechnung der für § 283 StGB strafbegründenden Schuldnereigenschaft nicht allein auf die Fälle, in denen eine Zustimmung des Vertreters vorliegt, sondern maß dem Umstand Bedeutung zu, „dass der Vertreter Interessen des Vertretenen wahrgenommen hat".[87] Darin wird eine gewisse Nähe zur Funktionslösung gesehen, welche bei ambivalenten Geschäftsführerhandlungen zur Bewertung des Vertretungsbezugs die Motivation des Handelnden mit einbezieht,[88] was im Übrigen den 3. Strafsenat in seinem Beschluss vom 15. Mai 2012 auch dazu veranlasst haben könnte, „jedenfalls"[89] dann eine Zurechnung von faktischen Handlungen anzunehmen, wenn eine Zustimmung des Vertretenen vorliegt. Die Zustimmung wäre dann allenfalls ein Kriterium,[90] näm-

76 MünchKomm-StGB/*Radtke*[4] § 14 Rdn 67; *ders* JR 2010, 233, 237; *ders* ZIP 2016, 1993, 1998; *Stockburger* S 294.
77 MünchKomm-StGB/*Radtke*[4] § 14 Rdn 68; *ders* JR 2010, 233, 237; *ders* GmbHR 2012, 962 f; *ders* ZIP 2016, 1993, 1998.
78 Vgl MünchKomm-StGB/*Radtke*[4] § 14 Rdn 68; *dens* GmbHR 2012, 962, 964; *dens* ZIP 2016, 1993, 1998; *dens/M. Hoffmann* NStZ 2012, 91, 94.
79 Kritisch daher gegenüber der Zurechnungslösung *Habetha/Klatt* NStZ 2015, 671, 674.
80 Vgl *Pohl* (2013) S 136; *dies* wistra 2013, 329, 333.
81 Vgl Bittmann-Insolvenzstrafrecht/*C. Brand*[2] § 12 Rdn 20; Wirtschaftsstrafrecht/*Wittig*[5] § 6 Rdn 100c.
82 Vgl *BGH* NStZ 2009, 437, 439.
83 *C. Brand* NStZ 2010, 9, 10.
84 Vgl *BGHSt* 57, 229, 238 „(...) wenn eine Zustimmung des Vertretenen vorliegt (...).".
85 Vgl *BGH* NStZ 2013, 284, 285.
86 Vgl *C. Brand* NJW 2012, 2370; *dens* NZWiSt 2012, 64 f; *Radtke* GmbHR 2012, 962, 963; *dens/M. Hoffmann* NStZ 2012, 91, 93; Wirtschaftsstrafrecht/*Wittig*[5] § 23 Rdn 33.
87 *BGH* wistra 2012, 191; **kritisch** dazu *Radtke* GmbHR 2012, 962, 963.
88 Vgl *Habetha* NZG 2012, 1134, 1136; *dens/Klatt* NStZ 2015, 671, 675; Schönke/Schröder-StGB/*Perron/Eisele*[30] § 14 Rdn 26.
89 BGHSt 57, 229, 238.
90 Vgl insoweit auch den *2. Strafsenat BGH* StV 2022, 23, 24 („(...) auch (...) mit Zustimmung handelte (...) oder ihm die Schuldnereigenschaft aus sonstigen Gründen zugerechnet werden könnte (...)").

lich das dem im Vergleich zur Funktionslösung engeren Zurechnungsmodell entsprechende, und es bliebe Raum, den Vertretungsbezug bei faktischen Handlungen darüber hinaus auch nach der erstgenannten Theorie zu bestimmen.[91] Schließlich wird im Schrifttum aus der Rechtsprechung des BGH, welche neben der Bankrottstrafbarkeit an einer tateinheitlichen Untreuestrafbarkeit nach den Grundsätzen des existenzgefährdenden Eingriffs festhält, eine Tendenz gegen das Zustimmungsmodell gefolgert.[92] Dagegen wird man aber wohl einwenden müssen, dass bei den insoweit betroffenen Fällen rechtsgeschäftlichen Handelns zwischen Funktionslösung und Zurechnungsmodell kein Unterschied besteht.

d) Stellungnahme. Unabhängig von der prognostischen Frage, wie der BGH nun zukünftig seine 16
Rechtsprechung ausrichten wird, ist es eine rechtswissenschaftlich-dogmatische Frage, welchem Modell der Vorzug zu geben ist. Gegen die zum Strafgrund der Organ- und Vertreterhaftung im Rahmen des § 14 StGB vertretene sog Pflichtentheorie, auf der das Zurechnungsmodell gründet, wird vorgebracht, dass sie zu zivilistisch geprägt sei;[93] andererseits wird die im Wesentlichen das Funktionsmodell abbildende Garantentheorie Schünemanns, welche in der Vertreterhaftung eine Form der Übernahme einer Garantenstellung sieht,[94] kritisiert, sie könne das positive Recht nicht abbilden.[95] Entscheidend ist jedoch das Rechtsgut des Bankrotts: Denn in dieser Perspektive – befreit von den Fragen, ob die Vertreterhaftung im Rahmen des § 14 StGB auf (zivilrechtlich) übertragenen Pflichten oder (originär strafrechtlich) begründete Garantenstellungen fußt – dürfte der entscheidende Punkt sein, dass im Rahmen des § 283 StGB die abgeleitete Pflichtenübernahme sich auf ein drittes Rechtsgut – den Schutz der Gläubiger – bezieht und deshalb nicht nur vom Interesse des Vertretenen,[96] sondern auch von einer (zivilrechtlich wirksamen) Zustimmung des Vertretenen unabhängig sein müsste. Darin dürfte der wahre Kern der Garantentheorie liegen, welche die Frage aufwirft, welche das Zurechnungsmodell nicht hinreichend erklären kann, nämlich warum der Gläubigerschutz zugunsten einer zivilrechtlichen Pflichtenbindung zurückstehen soll.[97] Bei der Organuntreue, die das Vermögen der GmbH schützt, ist das Erfordernis des Einverständnisses der Zuständigen stimmig, bei § 283 StGB vermag es jedoch aus originär strafrechtlicher Perspektive des Rechtsgüterschutzes nicht recht einzuleuchten. Man wird einwenden, dass doch das Zurechnungsmodell gegen den Einwand fehlenden Gläubigerschutzes immun sein müsste, da mit dieser Theorie bei einem gesellschaftsrechtlich unwirksamen Einverständnis des Vertretenen die Organuntreue greifen würde, in deren Rahmen die Dispositionsbefugnis der Gesellschafter entsprechend den Existenzgefährdungsgrundsätzen, dh aus Gründen vermittelten Gläubigerschutzes, eingeschränkt ist.[98] Jedoch wird dabei übersehen, dass es hier nicht um die „klassische" Frage geht, ob durch eine Einschränkung des Anwendungsbereichs des Bankrotts im Falle faktischen Vertreterhandelns eine zu füllende „Strafbarkeitslücke" entstehen würde;[99] vielmehr geht es darum, ob eine Strafnorm, die unstreitig Gläubigerschutz bezweckt, auch diesem Zweck entsprechend konturiert wird – dem kommt das Zurechnungsmodell eben nicht konsequent nach. Vielmehr liegt darin das Paradoxon des Zurechnungsmodells: Unter Bezugnahme auf das Eingreifen der gesellschaftsrechtlichen Existenzvernichtungshaftung, welche auf dem GmbH-Gläubigerschutz fußt, wird eine gläubigerschützende Norm des Strafrechts – Bankrott – für unanwendbar erklärt.

---

91 In diesem Sinne auch *Habetha* NZG 2012, 1134, 1137; *ders* (2014) Rdn 492; *ders/Klatt* NStZ 2015, 671 (674 f); *Hennecke* S 48; **kritisch** *C. Brand* NJW 2012, 2370.
92 Vgl *Habetha/Klatt* NStZ 2015, 671, 675; MünchKomm-StGB/*Petermann/Sackreuther*[4] Vor § 283 Rdn 71.
93 Vgl LK-StGB/*Schünemann*[13] § 14 Rdn 12; ähnlich *Ceffinato* S 211 f.
94 Vgl LK-StGB/*Schünemann*[13] § 14 Rdn 15 f, 52.
95 Vgl MünchKomm-StGB/*Radtke*[4] § 14 Rdn 23.
96 Dieser Einwand traf auch die Interessentheorie, vgl *Köhler* (1997) S 557.
97 Vgl auch LK-StGB/*Schünemann*[13] § 14 Rdn 12.
98 Vgl *Radtke/M. Hoffmann* GA 2008, 535, 548 f; *dies* NStZ 2012, 91, 94; *Radtke* GmbHR 2012, 962, 964.
99 In diesem Sinne (auch nach der Aufgabe der Interessenformel) MünchKomm-StGB/*Dierlamm/Becker*[4] § 266 Rdn 164.

Dies ließe sich mit der Begründung des ultima ratio-Grundsatzes konsequent nur dann durchhalten, wenn man das Gesellschaftereinverständnis bei der GmbH-Organuntreue anerkennen, also dort die Existenzgefährdungslinie nicht anwenden würde, was nach den Zurechnungsmodell aber gerade nicht der Fall ist. Der Funktionstheorie ist daher – ohne Ergänzung iSd pluralistischen Ansatzes – der Vorzug einzuräumen.[100]

III. (Stellvertretende) GmbH-Geschäftsführer und Liquidatoren

17 Es ist unstreitig, dass über § 14 Abs 1 Nr 1 StGB der **ordnungsgemäß bestellte und im Handelsregister eingetragene Geschäftsführer einer GmbH** als tauglicher Täter insbesondere im Rahmen der §§ 283, 283b, 283c StGB handeln kann (vgl §§ 35, 43 GmbHG).[101] Das gilt insbesondere für den **Eigengeschäftsführer der Ein-Personen-GmbH**.[102] Gleiches gilt für den s**tellvertretenden GmbH-Geschäftsführer** (vgl § 44 GmbHG).[103]

18 Auch die **Liquidatoren und deren Stellvertreter** kommen über § 14 Abs 1 Nr 1 StGB als taugliche Täter in Betracht, da ihnen die Geschäftsführung für den Zeitraum der Vermögensabwicklung der aufgelösten GmbH obliegt (vgl §§ 66 ff GmbHG).[104]

19 Auf den **faktischen Liquidator** finden die Grundsätze der faktischen Geschäftsführung (Rdn 20 ff) entsprechende Anwendung.[105]

IV. Strafbarkeit des faktischen Geschäftsführers und „Strohmann"-Geschäftsführers gemäß den §§ 283, 283b, 283c StGB

1. Faktischer Geschäftsführer

20 Im Rahmen der faktischen Geschäftsführung ist zu unterscheiden: Für den **„ungewollten" faktischen Geschäftsführer**, der formal bestellt werden sollte, dessen Bestellung jedoch zivilrechtlich unwirksam ist, wird überwiegend die Geltung des **§ 14 Abs 3 StGB** angenommen.[106] Der **„gewollte" faktische Geschäftsführer** hingegen sollte nicht bestellt werden, handelt aber dennoch wie ein bestelltes Organ;[107] er wird auch als **„faktischer Geschäftsführer im engeren Sinne"**[108] bezeichnet.

---

100 *Anders* NZWiSt 2017, 13, 21; *Hager* S 210 ff; im Ergebnis auch *Hennecke* S 225 f; zum pluralistischen Ansatz siehe unter Fn 80.

101 Vgl BGHSt 57, 229; Müller-Gugenberger-WirtschaftsStrR/*Hadamitzky*[7] Rdn 32.25; Hachenburg-GmbHG/*Kohlmann*[8] Vor § 82 Rdn 64; *Lesch/Hüttemann/Reschke* NStZ 2015, 609, 612; MünchKomm-StGB/*Radtke*[4] § 14 Rdn 80; Rowedder/Pentz-GmbHG/*Klinger*[7] Vor § 82 Rdn 10; Scholz-GmbHG/*Rönnau*[12] Vor §§ 82 ff Rdn 8.

102 Vgl BGHSt 34, 379, 384 (für § 266 StGB); Bittmann-Insolvenzstrafrecht/*Bittmann*[2] § 16 Rdn 70; Hachenburg-GmbHG/*Kohlmann*[8] Vor § 82 Rdn 90; Scholz-GmbHG/*Rönnau*[12] Vor §§ 82 ff Rdn 8.

103 Vgl BGHSt 6, 314, 315; Hachenburg-GmbHG/*Kohlmann*[8] Vor § 82 Rdn 67; Rowedder/Pentz-GmbHG/*Klinger*[7] Vor § 82 Rdn 10.

104 Hachenburg-GmbHG/*Kohlmann*[8] Vor § 82 Rdn 72; *Lesch/Hüttemann/Reschke* NStZ 2015, 609, 612; MünchKomm-StGB/*Petermann/Sackreuther*[4] Vor §§ 283 ff Rdn 58; MünchKomm-StGB/*Radtke*[4] § 14 Rdn 81; Müller-Gugenberger-WirtschaftsStrR/*H. Richter*[7] Rdn 81.91 ff.

105 Vgl *BGH* NStZ 2000, 34, 36; Dannecker/Knierim/Hagemeier/Smok/*Dannecker/Hagemeier*[3] Rdn 52; Bittmann-Insolvenzstrafrecht/*Meyer*[2] § 6 Rdn 141; Hachenburg-GmbHG/*Kohlmann*[8] Vor § 82 Rdn 21; Rowedder/Pentz-GmbHG/*Klinger*[7] Vor § 82 Rdn 11.

106 Vgl MünchKomm-StGB/*Radtke*[4] § 14 Rdn 124; Schönke/Schröder-StGB/*Perron/Eisele*[30] § 14 Rdn 42.

107 Vgl *Schirrmacher* S 5 ff.

108 *Schirrmacher* S 8; *Tzouma* S 41; *Stein* S 118, schließt Personen, bei denen es an einem fehlerhaften Bestellungsakt fehlt, von vornherein aus dem Bereich der faktischen Organschaft aus.

a) Rechtsprechung. Für den **„ungewollten" faktischen Geschäftsführer** hatte schon das RG eine Strafbarkeit angenommen.[109] Dies ist vom BGH **ausgedehnt worden auf den faktischen Geschäftsführer im engeren Sinne**:[110] Eine strafrechtliche Verantwortlichkeit des faktischen Geschäftsführers besteht danach, wenn dieser die Stellung eines Geschäftsführers **im Einverständnis mit den Gesellschaftern tatsächlich übernommen hat und auch ausfüllt.**[111] Indizien dafür sind: **Bestimmung der Unternehmenspolitik, Organisation des Unternehmens, Personalhoheit, Gestaltung der Geschäftsbeziehungen zu Vertragspartnern, Verhandlungen mit Kreditgebern, Entscheidungen in Steuerangelegenheiten, Steuerung der Buchhaltung sowie die Bestimmung der Höhe des Gehalts.**[112] Dabei kommt es im Rahmen einer Indiziengewichtung auf das **Gesamterscheinungsbild des Auftretens** an, wobei entscheidend ist, dass die Dispositionen über die GmbH durch eigenes Handeln **sowohl betriebsintern als auch im Außenverhältnis**, das die Tätigkeit des rechtlichen Geschäftsführungsorgans nachhaltig prägt, **weitgehend vom Betreffenden ausgehen** und er im Übrigen **auf sämtliche Geschäftsvorgänge bestimmenden Einfluss** nimmt.[113] Zudem vertritt die Rechtsprechung die Auffassung, dass – sofern neben einem faktischen Geschäftsführer ein bestellter Geschäftsführer vorhanden ist – jener eine **überragende Stellung** haben oder aber ein **deutliches Übergewicht** aufweisen muss.[114] 21

b) Schrifttum. Mit Blick **auf den faktischen Geschäftsführer im engeren Sinne** wird im strafrechtlichen Schrifttum eine strafrechtlich verantwortliche Stellung in Konkordanz mit der hM im Gesellschaftsrecht, welche den faktischen Geschäftsführer anerkennt,[115] angenommen.[116] Die dagegen vorgetragene Kritik einer **„Sperrwirkung" des § 14 Abs 3 StGB**, der nach seinem Wortlaut allein die fehlerhafte Organstellung abschließend regeln soll, sowie – damit weitgehend einhergehend – des **Verstoßes gegen das Bestimmtheitsgebot** bzw **Analogieverbot**[117, 118] wird 22

---

109 Vgl zur Strafbarkeit des fehlerhaft bestellten Organs oder des Organs einer fehlerhaften Gesellschaft, RGSt 16, 269, 270 ff; RGSt 34, 412, 413; RGSt 43, 407, 413 ff; RGSt 43, 430, 431; RGSt 64, 81, 84 f.

110 Vgl die noch uneinheitliche Rechtsprechung des *RG* RGSt 71, 111, 112; *RG* RGSt 72, 65 f einerseits (Strafbarkeit des faktischen Geschäftsführers bejaht) und RGSt 72, 187, 191 f andererseits (Strafbarkeit abgelehnt, da ein eingetragener Geschäftsführer vorhanden war).

111 Vgl BGHSt 3, 32, 37 f; BGHSt 21, 101, 103; BGHSt 31, 118, 120 f; BGHSt 33, 21, 24; BGHSt 46, 62, 64 f; *BGH* NStZ 2013, 529; *BGH* wistra 2013, 272, 273 f; NStZ-RR 2020, 145, 146; *OLG Karlsruhe* NJW 2006, 1364 f; aus der Rechtsprechung des *II. Zivilsenats* BGHZ 75, 96, 106 – „Herstatt" unter Hinweis auf BGHSt 21, 101; *BGHZ* 104, 44, 46; *BGHZ* 150, 61, 69 f; *BGH* NZG 2005, 755 f; NZG 2008, 468, 469; NZG 2008, 597, 598.

112 Vgl *BGH* NStZ 1996, 540 f; *BayObLG* NJW 1997, 1936.

113 Vgl *BGH* NStZ 1996, 540 f; BGHSt 46, 62, 65; aus der Zivilrechtsprechung vgl *BGH* NZG 2005, 755 mwN.

114 Vgl BGHSt 46, 62, 65; *BGH* NStZ 2013, 529; *BGH* wistra 2013, 272, 274; *BGH* BeckRS 2022, 19707; „Überragende Stellung" BGHSt 31, 118, 121 f; „deutliches Übergewicht" *BGH* NStZ 2013, 529; „Übergewicht" *BGH* StV 1984, 461; noch abgeschwächter die Rechtsprechung des *II. Zivilsenats* Übernahme der Geschäftsführerfunktionen „in maßgeblichem Umfang", vgl BGHZ 104, 44, 48; auch BGHZ 150, 61, 69 f; *BGH* NZG 2005, 755; Überblick über die Zivilrechtsprechung bei *F. Dreher* S 28 ff.

115 Vgl Noack/Servatius/Haas-GmbHG/*Beurskens*[23] § 6 Rdn 75 ff, 43 Rdn 5; MünchKomm-GmbHG/*H. Fleischer*[4] § 43 Rdn 276 ff; Lutter/Hommelhoff-GmbHG/*Kleindiek*[21] § 43 Rdn 2 ff; differenzierend *Schirrmacher*, der auf den faktischen Geschäftsführer nicht die an den GmbH-Geschäftsführer adressierten Innenhaftungstatbestände anwenden möchte, sondern auf die Außenhaftung nach allgemeinem Deliktsrecht setzt, vgl S 406 f, 454.

116 Vgl StGB/*Fischer*[69] Vor § 283 Rdn 23; *Dierlamm* NStZ 1996, 153, 155; MünchKomm-StGB/*dens*/*Becker*[4] § 266 Rdn 94; *Fuhrmann* in: FS Tröndle, 1989, S 139, 150 ff; *Löffeler* wistra 1989, 121, 174; LK-StGB/*Schünemann*[13] § 14 Rdn 76 auf Grundlage der tatsächlichen Betrachtung im Rahmen der Garantentheorie.

117 Vgl Matt/Renzikowski-StGB/*Altenhain*[2] § 283 Rdn 4; Altmeppen[10] § 41 Rdn 4, § 84 Rdn 8; Bittmann-Insolvenzstrafrecht/*C. Brand*[2] § 12 Rdn 104; NK-StGB/*Böse*[5] § 14 Rdn 26; *Büning* S 81 f; *Ceffinato* S 266 f; *Groß* S 91; *Hoyer* NStZ 1988, 369; SK-StGB/*dens*[9] § 14 Rdn 92; NK-StGB/*Kindhäuser*[5] § 283 Rdn 57; Schönke/Schröder-StGB/*Perron*/*Eisele*[30] § 14 Rdn 43a; MünchKomm-StGB/*Petermann*/*Sackreuther*[4] Vor §§ 283 ff Rdn 65; MünchKomm-StGB/*Radtke*[4] § 14 Rdn 124; *Stein* S 132 ff; *Stockburger* S 271 ff; *Tiedemann* NJW 1977, 777, 779.

118 Vgl zur Geltung des Analogieverbots bei der Auslegung von Bestimmungen des Allgemeinen Teils des StGB, BGHSt 42, 158, 162; MünchKomm-StGB/*Schmitz*[4] § 1 Rdn 14 ff.

vor dem Hintergrund des Telos' des Gesetzes[119] sowie wegen des auch insoweit unbestrittenen **ausdrücklichen oder konkludenten Einverständnisses der Gesellschafter**,[120] das zu einer (faktischen) Bestellung zum Geschäftsführer führt,[121] entwertet.

23 **c) Kriterienbewertung. Rechtsprechung** und **Literatur** vertreten zum Teil eine schematische Bewertung der og Kriterien, um von einer überragenden Stellung bzw einem deutlichen Übergewicht der faktischen Geschäftsführung ausgehen zu können, dh es müssen mindestens sechs der acht genannten Voraussetzungen erfüllt sein (sog **„Sechs-von-acht-Theorie“**).[122] Dem ist entgegenzuhalten, dass eine solche starr-additive Betrachtung der Vielfältigkeit unternehmerischen Handelns kaum gerecht werden kann.[123] Gegen die relationistische Ansicht der Rechtsprechung zum Verhältnis zwischen eingetragenem und faktischen Geschäftsführer ist zudem einzuwenden, dass nicht legitimierbar ist, ob und in welchen Maße die Strafbarkeit des faktischen Geschäftsführers von dem Tätigkeitsumfang des formellen Geschäftsführers abhängen soll, zumal eine solche vergleichende Betrachtung unter mehreren formellen Geschäftsführern nicht stattfindet.[124]

2. „Strohmann“-Geschäftsführer

24 Sowohl **Teile der Rechtsprechung**[125] als auch **des Schrifttums**[126] lehnen eine strafrechtliche Verantwortlichkeit des sog **„Strohmann“-Geschäftsführers** ab, der zwar formal als Geschäftsführer wirksam bestellt ist, jedoch tatsächlich im Innenverhältnis „entmachtet“ ist, dh dem Willen der Gesellschafter entsprechend gerade nicht als Geschäftsführer tätig sein soll. Die dafür ins Feld geführten Begründungen überzeugen nicht: Es kommt nicht auf die tatsächliche Ausübung der Geschäftsführerbefugnisse an,[127] sondern vielmehr darauf, ob der „Entmachtete“ im Einzelfall eine Entscheidungsmacht hatte,[128] die der formal wirksam bestellte Geschäftsführer von Gesetzes wegen hat; dementsprechend knüpft § 14 Abs 1 Nr 1 StGB die Verantwortlichkeit an die Organstellung an.[129] Zudem trifft es vom sozialen Sinngehalt in den meisten Fällen kaum zu, dass die Pflichten nach dem Willen der Gesellschafter dem „Strohmann“ gerade nicht auferlegt sein sol-

---

119 BT-Drucks V/1319 S 65 zu § 50a StGB-E „Absatz 3 stellt klar, daß es nicht darauf ankommt, ob die Rechtshandlung, welche die Vertretungsbefugnis begründen sollte, also zB die Bestellung zum Organ, rechtswirksam ist. Die Unwirksamkeit dieser Rechtshandlung ändert nichts daran, daß der Vertreter oder Beauftragte im Wirkungskreis des eigentlichen Normadressaten mit dessen Einverständnis oder dem Einverständnis des hierzu Befugten dessen Stellung tatsächlich eingenommen hat“; kritisch dazu wegen der fehlenden Entsprechung im Wortlaut der Vorschrift, MünchKomm-StGB/*Radtke*[4] § 14 Rdn 124.

120 Vgl *Stockburger* S 272 ff; *Tiedemann* NJW 1986, 1842, 1845; LK-StGB/*dens*[12] Vor §§ 283–283d Rdn 70.

121 Vgl *Hombrecher* JA 2012, 535, 540; *Pohl* (2013) S 39 f; LK-StGB/*Schünemann*[13] § 14 Rdn 76.

122 Vgl *BayOblG* NJW 1997, 1936, insoweit offen gelassen von *BGH* wistra 2013, 272, 274; *Dierlamm* NStZ 1996, 153, 156; *J. Heinrich* NZWiSt 2020, 346, 352; *Roggendorff* NZWiSt 2020, 339, 343.

123 Vgl Wabnitz/Janovsky/Schmitt/*Raum*[5] 4. Kapitel Rdn 18; Müller-Gugenberger-WirtschaftsStrR/*Fridrich*[7] Rdn 30.58; vgl auch *Tiedemann* (2017) Rdn 281 „Gesamtschau“.

124 Vgl Müller-Gugenberger-WirtschaftsStrR/*Fridrich*[7] Rdn 30.63; *Schweitzer* S 260; im Ergebnis mit den Strafsenaten des *BGH*, *H. Fleischer* GmbHR 2011, 337, 341; Lutter/Hommelhoff-GmbHG/*Kleindiek*[21] § 43 Rdn 3; *Drygala* ZIP 2005, 423, 431; *Tiedemann* (2017) Rdn 1098 „Organhaftung kraft Organverdrängung“.

125 Vgl *OLG Hamm* NStZ-RR 2001, 173, 174; *KG* wistra 2002, 313, 314 f.

126 Vgl StGB/*Fischer*[69] § 266a Rdn 5; *Krumm* NZWiSt 2015, 102, 103 (zu § 266a StGB); *Sahan* in: FS Imme Roxin, 2012, S 295, 301 f; *dens*/*Altenburg* NZWiSt 2018, 161, 163 ff.

127 So aber *Sahan* in: FS Imme Roxin, 2012, S 295, 301; *ders*/*Altenburg* NZWiSt 2018, 161, 163.

128 Zutreffend (im Rahmen der Untreue) Graf/Jäger/Wittig/*Waßmer*[2] § 266 Rdn 22a.

129 Vgl *BGH* NStZ 2017, 149 (zu § 266a StGB); *Maurer* wistra 2003, 174, 175; *Weiler* NJOZ 2017, 1066, 1067.

len,[130] da dieser **bewusst den zivil- und steuerrechtlichen Haftungen ausgesetzt** werden soll, die sein Unterlassen provoziert;[131] sollte er faktisch gehindert sein, seinen Pflichten als Geschäftsführer nachzukommen, muss er sich notfalls **gerichtlicher Hilfe bedienen**[132] oder „**als Geschäftsführer zurücktreten** und darf nicht im Rechtsverkehr den Eindruck erwecken, als sorge er für die ordnungsgemäße Abwicklung der Geschäfte".[133] **Dem „Strohmann"-Geschäftsführer kommt daher eine strafrechtliche Verantwortlichkeit zu.**[134]

V. Gesellschafter

Anders als es zum Teil im Rahmen der Untreue mit Blick auf das Bestehen einer Vermögensbetreuungspflicht vertreten wird (*Anders* § 266 Rdn 33 f), kommt bei den §§ 283, 283b, 283c StGB eine **Täterschaft der GmbH-(Mehrheits- oder Allein-)Gesellschafter** ohne Weiteres **nicht in Betracht**, da § 14 Abs 1 Nr 1 StGB die Gesellschafter nicht erfasst;[135] denkbar wäre sie nur im Rahmen der **faktischen Geschäftsführung** (Rdn 20 ff). **25**

VI. Aufsichtsratsmitglieder

Gleiches gilt für Mitglieder des GmbH-Aufsichtsrats. Dem Aufsichtsrat obliegt nicht die Führung des unmittelbar vermögensrelevanten operativen Geschäfts. Zwar hat der fakultative Aufsichtsrat nach § 52 Abs 1 GmbHG iVm § 111 Abs 1 AktG die Organpflicht, die Geschäftsführung der GmbH durch die Geschäftsführer zu überwachen.[136] Hierbei handelt es sich auch nicht um eine bloße Kontrollfunktion, sondern um eine mitbestimmende, teilhabende Legalitätskontrolle mit umfassender Entscheidungsfreiheit und Selbstständigkeit,[137] da der Aufsichtsrat nicht nur beratend und durch Ausübung seiner Personalkompetenz Einfluss auf die Geschäftsführung nimmt, sondern ihm vielmehr auch einzelne Mitsprache- und Mitentscheidungsbefugnisse in Fragen der Geschäftsführung zustehen.[138] Für den fakultativen[139] und den obligatorischen[140] Aufsichtsrat kommt zudem § 112 Satz 1 AktG zur Anwendung, nach dem die Gesellschaft **gegenüber den Geschäftsführern** durch den Aufsichtsrat als Organ vertreten wird.[141] Dadurch wird insgesamt jedoch nicht die mit Blick auf die Gläubigerschutzdelikte der §§ 283 ff StGB notwendige Stellung eines Vertre- **26**

---

130 In diesem Sinne *Sahan* in: FS Imme Roxin, 2012, S 295, 301; *dens/Altenburg* NZWiSt 2018, 161, 164.

131 Vgl zur steuerrechtlichen Haftung des „Strohmann"-Geschäftsführers *BFH* DStR 2004, 907, 908; zu seiner zivilrechtlichen Haftung im Rahmen sog „Firmenbeerdigungen" vgl *R. Werner* NZWiSt 2013, 418, 423.

132 *BGH* NStZ 2017, 149 (zu § 266a StGB); *J. Heinrich* NZWiSt 2020, 346, 352; *Maurer* wistra 2003, 174, 175 f; *Rönnau* NStZ 2003, 525, 527; *Weiler* NJOZ 2017, 1066, 1067.

133 *BFH* DStR 2004, 907, 908 (Hervorhebung von *Verf.*); vgl auch *BGH* NStZ 2017, 149; *J. Heinrich* NZWiSt 2020, 346, 352.

134 Vgl auch aus der Zivilrechtsprechung *BGH* ZIP 2017, 224; *OLG Celle* ZIP 2017, 1325; zudem *Lesch/Hüttemann/Reschke* NStZ 2015, 609, 612; *Siegmann/Vogel* ZIP 1994, 1821, 1822.

135 Vgl NK-StGB/Böse[5] § 14 Rdn 23; MünchKomm-StGB/*Radtke*[4] § 14 Rdn 80.

136 Lutter/Hommelhoff-GmbHG/*Hommelhoff/Bayer*[21] § 52 Rdn 32; Rowedder/Pentz-GmbHG/*Klinger*[7] Vor § 82 Rdn 13; *Schwerdtfeger* S 72 f; zur entsprechenden Schadensersatzpflicht der Mitglieder eines fakultativen Aufsichtsrats der GmbH vgl *BGH* ZIP 2007, 224.

137 Müller-Gugenberger-WirtschaftsStrR/*Hadamitzky*[7] Rdn 32.121; *Brammsen* ZIP 2009, 1504, 1510; *Rönnau/C. Becker* JR 2017, 204, 206.

138 MünchKomm-AktG/*Habersack*[5] § 111 Rdn 13.

139 Vgl § 52 Abs 1 GmbHG.

140 Für den gesetzlichen Pflichtaufsichtsrat finden sich Verweise auf § 112 AktG in § 25 Abs 1 Nr 2 MitbestG, § 3 Abs 2 MontanMitbestG (Art 1 § 3 Abs 1 Satz 2 MontanMitbestGErgG 1956), § 1 Abs 1 Nr 3 Satz 2, 2. Hs DrittelbG sowie nach § 18 Abs 2 Satz 3 KAGB.

141 MünchKomm-GmbHG/*Stephan/Tieves/Jaeger/Steinbrück*[4] § 35 Rdn 236.

tungsorgans der GmbH **im Außenverhältnis** begründet. Da § 14 Abs 1 Nr 1 StGB die strafrechtliche Organhaftung bei juristischen Personen auf solche vertretungsberechtigte Organe beschränkt, und andere Verbandsorgane außerhalb des Regelungsbereichs liegen, werden **Aufsichtsratsmitglieder als taugliche Täter nicht erfasst**.[142]

VII. Insolvenzverwalter

27 **Insolvenzverwalter** über das Vermögen der GmbH kommen über **§ 14 Abs 1 Nr 3 StGB** als Täter der §§ 283, 283b, 283c StGB in Betracht.[143]

VIII. Personen ohne Organstellung

28 Mit **Leitungsaufgaben betraute Angestellte** des krisenbefangenen Unternehmens werden als **gewillkürte Stellvertreter** über **§ 14 Abs 2 StGB** erfasst, wobei in Orientierung am **Begriff des leitenden Angestellten** (vgl § 5 Abs 3 und 4 BetrVG)[144] ein gewisses Maß an Eigenverantwortung erforderlich ist:[145] Hierzu gehören insbesondere **Prokuristen, Vertriebs-, Einkaufs-** und **Rechtsabteilungsleiter** sowie – mit Blick auf die Buchführungsdelikte der §§ 283 Abs 1 Nr 5 und 6, 283b Abs 1 Nr 1 und 2 StGB – **Buchhalter**.[146] Zudem können **Externe**, die vom Unternehmen beauftragt worden sind, darunter fallen, etwa **Rechtsanwälte, Wirtschaftsprüfer** sowie **Steuer- und Unternehmensberater**; diesen Betriebsfremden muss im Rahmen der ihnen übertragenen Aufgaben Entscheidungsmacht in betrieblichen Angelegenheiten zustehen.[147]

IX. Kollegialorgane

29 Es wird auf die Ausführungen im Rahmen der Kommentierung zu § 266 StGB verwiesen (Anders § 266 Rdn 36).[148]

X. Personengesellschaften in der (rechtsfähigen) Gemeinschuldnerrolle

1. Gesellschaftsrechtliche Entwicklung – richterrechtliche Zuerkennung von Rechts- und Parteifähigkeit der BGB-(Außen-)Gesellschaft

30 Rspr des BGH und hM im gesellschaftsrechtlichen Schrifttum haben den Außengesellschaften Rechtsfähigkeit eingeräumt (Anders § 266 Rdn 12); zudem hat der Gesetzgeber ihnen Insolvenzfähigkeit verliehen (vgl § 11 Abs 2 Nr 1 InsO).

---

142 MünchKomm-StGB/*Radtke*[4] § 14 Rdn 79.

143 MünchKomm-StGB/*Petermann*/*Sackreuther*[4] Vor §§ 283 ff Rdn 58; MünchKomm-StGB/*Radtke*[4] § 14 Rdn 89; Graf/Jäger/Wittig/*Reinhart*[2] Vor §§ 283–283d Rdn 15; **aA** Matt/Renzikowski-StGB/*Altenhain*[2] § 283 Rdn 4.

144 Vgl dazu ErfK-ArbR/*Koch*[20] § 5 BetrVG Rdn 17 ff.

145 NK-StGB/*Böse*[5] § 14 Rdn 40; MünchKomm-StGB/*Petermann*/*Sackreuther*[4] Vor §§ 283 ff Rdn 59.

146 SSW-StGB/*Bosch*[5] Vor §§ 283 ff Rdn 7; Graf/Jäger/Wittig/*Reinhart*[2] Vor §§ 283–283d Rdn 16.

147 SSW-StGB/*Bosch*[5] Vor §§ 283 ff Rdn 7; Schönke/Schröder-StGB/*Perron*/*Eisele*[30] § 14 Rdn 30; MünchKomm-StGB/*Petermann*/*Sackreuther*[4] Vor §§ 283 ff Rdn 60; Graf/Jäger/Wittig/*Reinhart*[2] Vor §§ 283–283d Rdn 16.

148 Beachte insoweit die diese Rechtsprechung umsetzende gesetzgeberische Reform des § 705 BGB durch das Gesetz zur Modernisierung des Personengesellschaftsrechts (Personengesellschaftsrechtsmodernisierungsgesetz – MoPeG) vom 10.8.2021, BGBl I S 3436, das zum 1.1.2024 in Kraft treten soll, dazu *Bachmann* NZG 2020, 612; *Hermanns* DNotZ 2022, 3; Hopt-HGB/*Roth*[42] BGB-MoPeG § 705 Rdn 1.

2. GmbH & Co. KG

Bei der KG wird hinsichtlich einer möglichen Strafbarkeit des vertretungsberechtigten Komplementärs (vgl §§ 125 Abs 1, 161 Abs 2, 170 HGB) die Anwendung des § 14 Abs 1 Nr 2 StGB für überflüssig gehalten.[149] Dies ist vor dem Hintergrund der o.a. Rechts-, Insolvenz- und Vermögensfähigkeit der Außengesellschaft kaum mehr haltbar, sodass hier folglich § 14 Abs 1 Nr 2 StGB bemüht werden muss.[150] Bei der GmbH & Co. KG ist richtigerweise beim Geschäftsführer der Komplementär-GmbH zweistufig vorzugehen: Nach § 14 Abs 1 Nr 2 StGB wird der Schuldnerstatus der KG auf die GmbH übertragen, für die über § 14 Abs 1 Nr 1 StGB dann der Geschäftsführer haftet.[151] 31

3. Vor-GmbH

Das Stadium der Vor-GmbH als Vorgesellschaft beginnt mit dem wirksamen Abschluss des notariell beurkundeten Gesellschaftsvertrages und endet mit der Eintragung der GmbH in das Handelsregister.[152] Nach Rechtsprechung[153] und hM im gesellschaftsrechtlichen Schrifttum[154] handelt es sich bei der Vor-GmbH weder um eine Personengesellschaft noch um eine juristische Person, sondern um eine Rechtsform sui generis als Gesamthandsgemeinschaft; damit würden § 14 Abs 1 Nr 1 StGB und § 14 Abs 1 Nr 2 StGB als Zurechnungsvorschriften mit Blick auf eine strafrechtliche Verantwortlichkeit des (Gründungs-)Gesellschafter-Geschäftsführers ausscheiden und es bei der unmittelbaren Normadressatenschaft der einzelnen Gesellschafter der Vor-GmbH aus den §§ 283 ff StGB verbleiben. Es wird jedoch teilweise der Rückgriff auf § 14 Abs 1 StGB für möglich und erforderlich gehalten.[155] Dieser Auffassung könnte jedoch nur dann gefolgt werden, wenn man die Vor-GmbH entweder – (auch) unter Inanspruchnahme der Rechts- und Insolvenzfähigkeit der Außengesellschaft (vgl *Anders* § 266 Rdn 13) – zur rechtsfähigen Personengesellschaft schlägt (dann: § 14 Abs 1 Nr 2 StGB) oder aber ihren Charakter als Vorstufe zur juristischen Person hervorhebt (dann: § 14 Abs 1 Nr 1 StGB). Beide Auffassungen sind jedoch abzulehnen, da die Vor-GmbH weder als diese noch als jene anzusehen ist.[156] 32

---

149 Vgl *Geers* S 95 f (auch strafrechtliche Verantwortlichkeit des **nicht vertretungsberechtigten Gesellschafters** ohne Rückgriff auf § 14 Abs 1 Nr 2 StGB); *Grub* S 37 ff, 53, 69, 83 f (auch strafrechtliche Verantwortlichkeit des **nicht vertretungsberechtigten Komplementärs** ohne Rückgriff auf § 14 Abs 1 Nr 2 StGB; strafrechtliche Verantwortlichkeit allein des **Kommanditisten mit Geschäftsführungsbefugnissen** über § 14 Abs 2 Nr 1 oder Nr 2 StGB); *H. Richter* GmbHR 1984, 137, 143 (strafrechtliche Verantwortlichkeit auch des **Kommanditisten** nur über § 14 Abs 2 Nr 1 oder 2 StGB); *Schulte* NJW 1983, 1773, 1774; *Weyand/Diversy* Rdn 24; *Winkelbauer* wistra 1986, 17, 18 ff (auch strafrechtliche Verantwortlichkeit des **Kommanditisten** ohne Rückgriff auf § 14 Abs 1 Nr 2 StGB).

150 Bittmann-Insolvenzstrafrecht/*C. Brand*[2] § 12 Rdn 21; LK-StGB/*Tiedemann*[12] Vor §§ 283–283d Rdn 65 (ausdrückliche Einschränkung der an sich gegebenen Täterstellung der nichtvertretungsberechtigten Gesellschafter).

151 *BGH* NStZ 1984, 119; StV 2022, 23, 24 (mit Blick auf den faktischen Geschäftsführer); NK-StGB/*Böse*[5] § 14 Rdn 33; *C. Brand* (2010) S 282 ff; Bittmann-Insolvenzstrafrecht/*ders*[2] § 12 Rdn 21; Schönke/Schröder-StGB/*Perron*/*Eisele*[30] § 14 Rdn 23; MünchKomm-StGB/*Petermann*/*Sackreuther*[4] Vor §§ 283 ff Rdn 54; MünchKomm-StGB/*Radtke*[4] § 14 Rdn 80, 85; LK-StGB/*Schünemann*[13] § 14 Rdn 49; LK-StGB/*Tiedemann*[12] Vor §§ 283–283d Rdn 65; **aA** *Grub* S 95 f, einfache Anwendung des § 14 Abs 1 Nr 1 StGB.

152 MünchKomm-GmbHG/*Merkt*[4] § 11 Rdn 4.

153 Vgl *BGH* WM 1980, 955, 956; BGHZ 80, 129, 135.

154 MünchKomm-GmbHG/*Merkt*[4] § 11 Rdn 9 ff (Streit, ob die Vorgesellschaft Gesamthandsgemeinschaft darstellt, sei überwiegend dogmatischer Natur); Habersack/Casper/Löbbe-GmbHG/*Ulmer*/*Habersack*[3] § 11 Rdn 59.

155 Vgl *KG* GmbHR 2003, 591, 593 § 14 Abs 1 Nr 2 StGB mit Blick auf den vertretungsberechtigten Gesellschafter der Vor-GmbH, die den Geschäftsbetrieb vor Erlangung der Rechtsfähigkeit aufgenommen hat; *Bittmann*/*Pikarski* wistra 1995, 91, 92 f; Schönke/Schröder-StGB/*Perron*/*Eisele*[30] § 14 Rdn 15, 22; Müller-Gugenberger-WirtschaftsStrR/*Richter*[7] Rdn 81.22.

156 Vgl NK-StGB/*Böse*[5] § 14 Rdn 34; *Körner*/*Deutscher* wistra 1996, 8, 13 f; MünchKomm-StGB/*Radtke*[4] § 14 Rdn 77, 85; Bittmann-Insolvenzstrafrecht/*C. Brand*[2] § 12 Rdn 22 will § 14 Abs 1 Nr 3 StGB anwenden.

XI. Private Company Limited by Shares („Limited")/SARL

33 Ist eine **Private Company Limited by Shares („Limited")** in der Schuldnerrolle, fragt sich, ob ihr **director** von § 14 StGB erfasst wird: Die wohl hM wendet **§ 14 Abs 1 Nr 1 StGB** an,[157] während eine abweichende Auffassung von § **14 Abs 2 Satz 1 Nr 2, Satz 2 StGB** ausgeht.[158] Gleiches gilt für den „gérant" der französischen **SARL.**[159]

E. Die Krisentrias – Überschuldung, drohende und eingetretene Zahlungsunfähigkeit

I. Allgemeines – Akzessorietät zum Insolvenzrecht oder strafrechtsautonome Auslegung?

34 Insolvenzrecht und Insolvenzstrafrecht verfolgen die gemeinsame Zielsetzung des Gläubigerschutzes in der Insolvenz des Schuldners.[160] Die InsO enthält **Legaldefinitionen für die Insolvenzeröffnungsgründe** „Zahlungsunfähigkeit", „drohende Zahlungsunfähigkeit" und „Überschuldung" (vgl §§ 17 Abs 2, 18 Abs 2, 19 Abs 2 Satz 1 InsO). Diese Insolvenzeröffnungsgründe formulieren in § 283 Abs 1, Abs 4 und Abs 5 die Merkmale der sog **Krise**, die Voraussetzung dafür ist, die in § 283 Abs 1 StGB kodifizierten Verhaltensweisen zu pönalisieren[161] (**§ 283b StGB** erfasst die sog krisenlosen Buchdelikte, vgl **§ 283 Abs 1 Nr 5–7 StGB**). Die Fragen nach der möglichen **Identität der Begriffsinhalte im Insolvenzrecht und im Insolvenzstrafrecht** und ihrer **Auswirkungen auf den ultima-ratio-Grundsatz** stehen daher im Raum. Aufgrund der Identität der Termini dürfte jedenfalls ein vollständig divergierendes, **strafrechtsautonomes Verständnis**[162] **ausscheiden**, da mit ihm ein erheblicher **Bestimmtheitsverlust** einhergehen würde.[163] Dem insoweit zutreffenden Argument des strafrechtsautonomen Ansatzes, dass im Falle einer **insolvenzrechtsakzessorischen Auslegung** der Anwendungsbereich der §§ 283 ff StGB deutlich erweitert würde – [164] mit Blick auf das Krisenmerkmal der Zahlungsunfähigkeit würde eine strenge Insolvenzrechtsakzessorietät wegen des insolvenzrechtlichen Telos' der Vorverlagerung der Verfahrenseröffnung durch Verzicht auf die Voraussetzungen der „Dauerhaftigkeit" und der „Wesentlichkeit" die Strafbarkeit erheblich ausweiten (Rdn 45); bei der „Überschuldung" stellt sich das Problem der Kongruenz der insolvenzrechtlich festgelegten Feststellungsmethodik nach dem modifiziert zweistufigen Überschuldungsbegriff (vgl § 19 Abs 2 Satz 1 InsO) mit dem strafrechtlichen Zweifelsgrundsatz (Rdn 38) – kann auch mit Hilfe einer **vermittelnden Auffassung** beigekommen werden. Die hM, die vorzugswürdig ist, neigt idS dazu, sowohl eine **strenge Akzessorietät zum Insolvenzrecht**[165]

---

157 Vgl *Brackmann* S 272; Bittmann-Insolvenzstrafrecht/*C. Brand*[2] § 5 Rdn 53; *Gross/Schork* NZI 2006, 10, 15 (mit Blick auf § 266a StGB); NK-StGB/*Kindhäuser*[5] Vor §§ 283 ff Rdn 45; *Hinderer* S 40 f, 56 (§ 14 Abs 2 Satz 1 Nr 1 StGB jedenfalls möglich); *Pattberg* S 106; Schönke/Schröder-StGB/*Perron/Eisele*[30] § 14 Rdn 16 f; MünchKomm-StGB/*Petermann/Sackreuther*[4] Vor §§ 283 ff Rdn 54 und *Rönnau* ZGR 2005, 832, 844 f (§ 14 Abs 2 Satz 1 Nr 1 StGB jedenfalls möglich); *Stärk* S 105 ff; LK-StGB/*Tiedemann*[12] § 283 Rdn 92, 245; Graf/Jäger/Wittig/*Waßmer*[2] § 266 Rdn 25 (mit Blick auf die Untreue).

158 Vgl *Labinski* S 178 f.

159 LK-StGB/*Tiedemann*[12] § 283 Rdn 92, 245; zur französischen SARL siehe unter Rdn 198 zu § 266 StGB.

160 MünchKomm-StGB/*Petermann/Sackreuther*[4] Vor §§ 283 ff Rdn 1; LK-StGB/*Tiedemann*[12] Vor §§ 283–283d Rdn 2.

161 MünchKomm-StGB/*Petermann*[3] Vor §§ 283 ff Rdn 5.

162 Zu den Befürwortern eine strafrechtsautonomen Auslegung gehören *Achenbach* in: GS Schlüchter, 2002, 257, 268 f, 271, 273; Dannecker/Knierim/Hagemeier/Smok/*Dannecker/Hagemeier*[3] Rdn 87; *Penzlin* (2000) S 163; *Stracke* S 420.

163 Vgl Bittmann-Insolvenzstrafrecht/*C. Brand*[2] § 12 Rdn 37.

164 Vgl *Moosmayer* S 152; MünchKomm-StGB/*Petermann*[3] Vor §§ 283 ff Rdn 5; MünchKomm-StGB/*Petermann/Sackreuther*[4] Vor §§ 283 ff Rdn 110; *Plathner* S 142.

165 Vgl in diesem Sinne *BGH* NStZ 2007, 643 f; SK-StGB/*Hoyer*[9] § 283 Rdn 10; Schönke/Schröder-StGB/*Heine/Schuster*[30] § 283 Rdn 50a.

als auch eine rein **strafrechtsautonome Auslegung** abzulehnen, im Rahmen einer grundsätzlich – unter Ausschluss des Vermutungstatbestands des § 17 Abs 2 Satz 2 InsO (Rdn 45) – insolvenzrechtsakzessorischen Interpretation jedoch originär materiell-strafrechtliche Grundsätze wie das **Gebot des schuldangemessenen Strafens**, der **Gesetzesbestimmtheit** sowie den auf dem Schuldgrundsatz beruhenden **in-dubio-pro-reo-Grundsatz** einfließen zu lassen (**insolvenzrechtsorientierte Auslegung**).[166]

II. Überschuldung

1. Beschränkung auf juristische Personen und gleichgestellte Personengesellschaften?

35 Nach § 19 Abs 1, 3 InsO ist der Insolvenzgrund der Überschuldung auf juristische Personen und ihnen gleichgestellte Personengesellschaften beschränkt, dh auf Handelsgesellschaften, bei denen kein persönlich haftender Gesellschafter eine natürliche Person ist. Eine solche Beschränkung kennt § 283 StGB nicht. Auch sonstige Personengesellschaften und natürliche Personen werden daher strafrechtlich erfasst.[167] Für eine Beschränkung könnte zwar der **Grundsatz der insolvenzrechtsorientierten Auslegung** (Rdn 34) sprechen. Jedoch gibt der **Wortlaut des § 283 StGB** für eine solche Restriktion keine Anhaltspunkte; der **Gesetzgeber hat keinen Anlass gesehen, Differenzierungen vorzunehmen**.[168] Schließlich sind **Bankrotthandlungen per se und nicht erst in der wirtschaftlichen Krise des Schuldners gefährlich**, weshalb es inkonsequent wäre, sie bei bestimmten Schuldnern nur in einer bestimmten Art der Krise unter Strafe zu stellen.[169]

2. Ermittlung der Überschuldung

36 **a) Definition.** Überschuldung ist nach der insolvenzrechtlichen **Definition in § 19 Abs 2 Satz 1 InsO** gegeben, wenn das Vermögen des Schuldners die bestehenden Verbindlichkeiten nicht mehr deckt, es sei denn, die Fortführung des Unternehmens ist nach den Umständen überwiegend wahrscheinlich. Notwendig ist somit zum einen eine **negative Fortführungsprognose** sowie zum anderen, dass die **Passiva des Schuldners seine Aktiva übersteigen**. Der Begriff der „Überschuldung" ist als normativer **Rechtsbegriff** unter präjudizierender Verwendung **betriebswirtschaftliche Erkenntnisse und Methoden** zu bestimmen.[170]

37 **b) Zweistufiger Überschuldungsbegriff.** Die vormalige Auseinandersetzung um die Relevanz der Fortführungsprognose innerhalb des Überschuldungstatbestandes[171] ist durch die gesetzgebe-

---

166 Vgl Matt/Renzikowski-StGB/*Altenhain*[2] § 283 Rdn 6; *Brackmann* S 166 ff; Bittmann-Insolvenzstrafrecht/*C. Brand*[2] § 12 Rdn 37; Lackner/Kühl-StGB/*Heger*[29] § 283 Rdn 5; MünchKomm-StGB/*Petermann*/*Sackreuther*[4] Vor § 283 Rdn 17; *Plathner* S 149 ff, 152 („punktuelle Akzessorietät"); LK-StGB/*Tiedemann*[12] Vor §§ 283–283d Rdn 155.

167 SSW-StGB/*Bosch*[5] Vor §§ 283 ff Rdn 9; Lackner/Kühl-StGB/*Heger*[29] § 283 Rdn 6; SK-StGB/*Hoyer*[9] § 283 Rdn 10; Graf/Jäger/Wittig/*Reinhart*[2] Vor §§ 283–283d Rdn 36; LK-StGB/*Tiedemann*[12] Vor §§ 283–283d Rdn 147; **abweichend** wohl *Degener* in: FS Rudolphi, 2004, 405, 406; Schönke/Schröder-StGB/*Heine*/*Schuster*[30] § 283 Rdn 51, Begriff der Fortführungsprognose lässt sich auf natürliche Personen, die keine selbständige wirtschaftliche Tätigkeit ausüben, schwer übertragen; *Otto* in: GS Bruns, 1980, S 265, 274 ff; *ders* JURA 1989, 23, 33; Bittmann-Insolvenzstrafrecht/*C. Brand*[2] § 12 Rdn 39 Beschränkung auf haftungslimitierte Verbände bei Herbeiführung der Überschuldung.

168 Vgl BT-Drucks 7/3441 S 20.

169 Zutreffend Graf/Jäger/Wittig/*Reinhart*[2] Vor §§ 283–283d Rdn 36; **aA** Bittmann-Insolvenzstrafrecht/*C. Brand*[2] § 12 Rdn 39.

170 MünchKomm-StGB/*Petermann*/*Sackreuther*[4] Vor § 283 Rdn 86.

171 Vgl dazu MünchKomm-InsO/*Drukarczyk*/*Schüler*[4] § 19 Rdn 15 ff, 21 ff; K. Schmidt-InsO/*K. Schmidt*[19] § 19 Rdn 3 ff.

rische Entscheidung in Art 6 Abs 3 des Gesetzes zur Umsetzung eines Maßnahmenpakts zur Stabilisierung des Finanzmarktes vom 17.10.2008 (**FMStG**)[172] durch den seit 2008 geltenden, zunächst befristeten und durch Art 18 des Gesetzes v 5.12.2012[173] zum 1.1.2014 entfristeten § 19 Abs 2 Satz 1 InsO beigelegt worden: Fand nach dem „alten" **zweistufigen Überschuldungsbegriff** die Problematik der Fortführung lediglich Berücksichtigung bei der Frage, ob die Vermögensgegenstände und Verbindlichkeiten nach Liquidations- oder Fortführungswerten anzusetzen waren (vgl § 19 Abs 2 Satz 2 Inso aF), behandelt der „neue" **modifizierte zweistufige Überschuldungsbegriff**[174] beide Kriterien gleichrangig idS, dass nunmehr die positive Fortführungsprognose das Vorliegen rechtlicher Überschuldung ausschließt.[175] Da die rechnerische Überschuldung im Rahmen des modifizierten zweistufigen Überschuldungsbegriffs bei einer negativ ausfallenden Zahlungsunfähigkeitsprognose häufig nur eine nachgeordnete Rolle spielt, ist eine gewisse **Nähe zur drohenden Zahlungsunfähigkeit** begründet.[176] Der **Prognosezeitraum** ist nach **§ 19 Abs 2 Satz 1 InsO** (Fassung nach dem **SanInsFOG**, in Kraft zum 1.1.2021) auf **zwölf Monate** beschränkt, nach § 4 Satz 1 COVInsAG ist die Prognosezeitstrecke vorübergehend – zwischen dem 1.1.2021 und dem 31.12.2021 – auf vier Monate verkürzt worden, wenn die Überschuldung auf die COVID-19-Pandemie zurückzuführen ist.[177] Die Regelung wurde mit der Umbenennung des Gesetzes in das Gesetz zur vorübergehenden Anpassung sanierungs- und insolvenzrechtlicher Vorschriften zur Abmilderung von Krisenfolgen vom 31.10.2022 (Sanierungs- und insolvenzrechtliches Krisenfolgenabmilderungsgesetz – SanInsKG),[178] in Kraft getreten am 9.11.2022, neu gefasst und insbesondere durch § 4 Abs 2 Satz 1 Nr 1 SanInsKG ergänzt, der für alle Rechtsträger befristet für den Zeitraum vom 9.11.2022 bis zum 31.12.2023 einen Prognosezeitraum von **vier Monaten** vorsieht.[179]

38 **c) Fortführungsprognose.** Die **Feststellung der rechnerischen Überschuldung** ist **grundsätzlich entbehrlich**, wenn die **Fortführung des Unternehmens überwiegend wahrscheinlich (mehr als 50 %)** ist.[180] Zum Teil wird im insolvenzstrafrechtlichen Schrifttum vor dem Hintergrund des Grundsatzes „in dubio pro reo" angenommen, dass eine positive Fortführungsprognose schon dann vorliege, wenn das Überleben des Unternehmens nicht sicher ausgeschlossen werden könne, wenn also eine Fortführung nicht ganz unwahrscheinlich sei.[181] Zusätzlich unter Einbeziehung des Bestimmtheitsgrundsatzes (Art 103 Abs 2 GG) wird zudem vertreten, dass mit Blick auf die Vielzahl der dem Wahrscheinlichkeitsurteil zugrunde liegenden (betriebswirtschaftlichen) Bewertungsmaßstäbe im Hinblick auf die Fortführbarkeit des Unternehmens und auf die Unsicherheiten der Werthöhen der einzelnen Vermögenspositionen in dem Überschuldungsstatus[182] eine Überschuldung erst dann angenommen werden, **wenn alle nach den maßgeblichen Anforde-**

---

172 BGBl I S 1982.

173 BGBl I S 2424.

174 Vgl zur Entwicklung des modifizierten zweistufigen Überschuldungsbegriffs durch *K. Schmidt, dens* AG 1978, 334, 337 ff; JZ 1982, 165, 170 ff, sowie durch *Ulmer, dens* KTS 1981, 469, 477 ff; MünchKomm-InsO/*Drukarczyk*/*Schüler*[4] § 19 Rdn 37 ff.

175 Vgl MünchKomm-StGB/*Petermann*/*Sackreuther*[4] Vor § 283 Rdn 85.

176 Vgl *Erdmann* S 172 f, 209 ff, der sich deshalb de lege ferenda für einen Verzicht auf die Überschuldung als insolvenzstrafrechtlichen Krisenbegriff ausspricht.

177 § 4 Satz 2 COVInsAG stellt dazu Voraussetzungen für eine diesbezügliche gesetzliche Vermutung auf, vgl dazu Römermann-COVInsAG § 4 Rdn 288 ff.

178 BGBl I S 1966.

179 In der praktischen Anwendung ändert sich bei der Herleitung und Erarbeitung der Prognose nichts zu den allgemein gültigen Regelungen des § 19 InsO, es bestehen jedoch Anwendungsprobleme mit Blick auf die Befristung der Regelung auf das Ende des Prognosezeitraums hin, dazu BeckOK-InsO/*Wolfer*[33] § 4 SansInsKG Rdn 6 ff.

180 BeckOK-StGB/*Beukelmann*[58] § 283 Rdn 15; K. Schmidt-InsO/*K. Schmidt*[19] § 19 Rdn 48; Schönke/Schröder-StGB/*Heine*/*Schuster*[30] § 283 Rdn 51b; MünchKomm-StGB/*Petermann*/*Sackreuther*[4] Vor § 283 Rdn 92; *Weyand*/*Diversy* Rdn 37.

181 Vgl Lackner/Kühl-StGB/*Heger*[29] § 283 Rdn 6.

182 Vgl MünchKomm-InsO/*Drukarczyk*/*Schüler*[4] § 19 Rdn 99 ff; LK-StGB/*Tiedemann*[12] Vor §§ 283–283d Rdn 157.

rungen der Betriebswirtschaftslehre anerkannten Bewertungsmethoden zu der Annahme einer Überschuldung gelangen.[183] Erstgenannte Auffassung ist deshalb abzulehnen, weil es bei der Bestimmung der Fortführungsprognose (auch) um einen rechtlichen Wertungsakt geht, der nicht vom Zweifelssatz erfasst ist.[184] Andererseits erscheint es stimmig, jedenfalls die tatsächlichen Annahmen sowie das tatsachenbasierte Vorliegen des erforderlichen Wahrscheinlichkeitsgrades als vom Grundsatz „in dubio pro reo" umfasst anzusehen,[185] sodass der zweitgenannten Ansicht gefolgt werden kann.

d) Altfälle. Die Bedeutung der sog **Altfälle** – Bankrotthandlungen, die vor dem 18.10.2008 beendet wurden – nimmt stetig ab, da die fünfjährige Verjährungsfrist vorbehaltlich von Unterbrechungen gem §§ 78b, 78c StGB spätestens am 16.10.2013 abgelaufen ist.[186] Vor der Neufassung des § 19 Abs 2 InsO durch das **FMStG** (vgl Rdn 5),[187] in Kraft getreten zum 18.10.2008, galt im Insolvenzrecht der modifizierte zweistufige Überschuldungsbegriff nicht, sondern vielmehr der herkömmliche (nicht modifizierte) zweistufige Überschuldungsbegriff (vgl § 19 Abs 2 Satz 2 InsO aF), bei dem ein rechnerische Überschuldung ausreichte und die Fortführungsprognose allein für die Frage relevant war, ob die Vermögensgegenstände und Verbindlichkeiten nach Liquidations- oder Fortführungswerten, die regelmäßig höher zu Buche schlagen, anzusetzen sind.[188] Mit Blick auf diese Altfälle findet **§ 2 Abs 3 StGB keine Anwendung**, da es sich zum einen bei § 19 InsO idF nach dem FMStG nicht um ein Strafgesetz oder um ein Blankettgesetz handelt.[189] Da zum anderen wegen der hier vertretenen (bloß) **insolvenzrechtsorientierten Auslegung** (Rdn 34) ein **Rückgriff auf strikt akzessorisch anwendbare außerstrafrechtliche Vorschriften** nicht in Betracht kommt, zieht die Änderung des 19 Abs 2 InsO nach dem FMStG nicht (zwingend) die identischen strafrechtlichen Folgen nach sich, bedeutet also keine Änderung im Sinne des § 2 Abs 3 StGB.[190] Aus diesem Grund kommt es auch nicht darauf an, ob es sich bei der ursprünglich befristeten Regelung des modifiziert zweistufigen Überschuldungsbegriffs (vom 18.10.2008 bis zum 31.12.2013)[191] um ein **„Zeitgesetz" im Sinne des § 2 Abs 4 StGB** handelt.[192] Auf die betreffenden Altfälle ist daher auch der alte Überschuldungsbegriff, 39

183 *OLG Düsseldorf* wistra 1998, 360; MünchKomm-StGB/*Petermann/Sackreuther*[4] Vor § 283 Rdn 89; *Rönnau* NStZ 2003, 525, 527; LK-StGB/Tiedemann[12] Vor §§ 283–283d Rdn 158; **kritisch** SSW-StGB/*Bosch*[5] Vor §§ 283 ff Rdn 9; *Degener* in: FS Rudolphi, 2004, 405, 421; Momsen/Grützner-WirtschaftsStStrR/*Rotsch/Wagner*[2] Kapitel 8. Rdn 83.

184 Bittmann-Insolvenzstrafrecht/*C. Brand*[2] § 12 Rdn 40; Momsen/Grützner-WirtschaftsStStrR/*Rotsch/Wagner*[2] Kapitel 8. Rdn 80; im Ergebnis auch BeckOK-StGB/*Beukelmann*[58] § 283 Rdn 15; *Weyand/Diversy* Rdn 37.

185 Vgl Schönke/Schröder-StGB/*Heine/Schuster*[30] § 283 Rdn 51b; vgl auch MünchKomm-StGB/*Petermann/Sackreuther*[4] Vor § 283 Rdn 90 (nur mit Blick auf die der Prognose zugrundeliegenden bewertungsrelevanten Tatsachen (Anknüpfungstatsachen)).

186 MünchKomm-StGB/*Petermann/Sackreuther*[4] Vor § 283 Rdn 87.

187 Gesetz zur Umsetzung des Maßnahmenpakets zur Stabilisierung des Finanzmarktes vom 17.10.2008, BGBl I S 1982.

188 Zum „alten" zweistufigen Überschuldungsbegriff siehe MünchKommm-InsO/*Drukarczyk/Schüler*[4] § 19 Rdn 41 ff; NK-StGB/*Kindhäuser*[5] Vor §§ 283 ff Rdn 95.

189 **AA** NK-StGB/*Kindhäuser*[5] Vor §§ 283 ff Rdn 94.

190 MünchKomm-StGB/*Petermann*[3] Vor § 283 Rdn 68. Im Ergebnis auch SSW-StGB/*Bosch*[5] Vor §§ 283 ff Rdn 10; *Weyand/Diversy* Rdn 37; **aA** BeckOK-StGB/*Beukelmann*[58] § 283 Rdn 6.2; Bittmann-Insolvenzstrafrecht/*C. Brand*[2] § 12 Rdn 44; Schönke/Schröder-StGB/*Heine/Schuster*[30] § 283 Rdn 51; NK-StGB/*Kindhäuser*[5] Vor §§ 283 ff Rdn 94; *Schmitz* wistra 2009, 369, 372.

191 § 19 Abs 2 InsO in der Fassung durch das FMStG war ursprünglich befristet bis zum 31.12.2010, wurde zunächst jedoch durch Art 1 des Gesetzes zur Erleichterung der Sanierung von Unternehmen vom 24.9.2009, BGBl I S 3151, bis zum 31.12.2013 verlängert und dann durch das Gesetz zur Einführung einer Rechtsbehelfsbelehrung im Zivilprozess und zur Änderung anderer Vorschriften vom 5.12.2012, BGBl I S 2418, entfristet und verstetigt, sodass der modifizierte zweistufige Überschuldungsbegriff (weiter) gilt.

192 Zutreffend MünchKomm-StGB/*Petermann*[3] Vor § 283 Rdn 68. Zum Meinungsstand insoweit und den daraus gezogenen Konsequenzen, **Für Zeitgesetz und gegen Geltung des § 2 Abs 3 StGB** SSW-StGB/*Bosch*[5] Vor §§ 283 ff Rdn 10; LK-StGB/*Tiedemann*[12] Vor §§ 283–283d Rdn 161b; im Ergebnis auch *Weyand/Diversy* Rdn 37 (unter Berufung auf

in dessem Rahmen die positive Fortführungsprognose die Überschuldung nicht per se ausschließt, anzuwenden.

40 Die gleiche Argumentation greift mit Blick auf die zum 1.1.2021 in Kraft getretene **weitere Änderung des § 19 Abs 2 Satz 1 InsO** durch das **SanInsFOG** (vgl Rdn 7),[193] zumal hier hinzukommt, dass mit Blick auf die insoweit erfolgte Bestimmung des Prognosezeitraums vorher eine solche gar nicht bestand.[194]

41 **e) Überschuldungsbilanz.** Notwendig ist die Erstellung eines **Überschuldungsstatus'**,[195] was in der Praxis aus folgenden Gründen regelmäßig Schwierigkeiten bereitet: So ist die **Handelsbilanz** als solche regelmäßig nicht aussagekräftig, da der Bilanzstichtag häufig divergiert und das Prinzip der vorsichtigen Bilanzierung beim Überschuldungsstatus nicht zum Tragen kommt.[196] Sofern nicht ganz auf die Zahlungsunfähigkeit ausgewichen wird,[197] werden **in der Praxis die letzte Jahresbilanz** oder eine **Gewinn- und Verlustrechnung** daher lediglich indiziell herangezogen, wenn sich aus ihr ein nicht durch Eigenkapital gedeckter Fehlbetrag ergibt.[198] Diese Indizwirkung dürfte auf die **kleineren GmbH** eingeschränkt sein, da bei diesen **stille Reserven**, die in der Handelsbilanz gerade nicht abgebildet werden, kaum anzutreffen sind.[199] Wegen des **modifizierten zweistufigen Überschuldungsbegriffs** ist die Erstellung eines **Überschuldungstatus'** jedoch nur bei einer **negativen Fortführungsprognose** erforderlich. Die Überschuldungsbilanz ist nach **Liquidationswerten** aufzustellen.[200]

42 Aktivseite. Im Rahmen der **Aktiva** sind **stille Reserven aufzulösen**.[201] Zum **Anlage- und Umlaufvermögen gehörenden Gegenstände, Grundstücke** sowie **Sach- und Finanzanlagen** sind mit dem jeweiligen Verkehrs- oder Kurswert zu berücksichtigen.[202] **Forderungen des Schuldners** auf Leistung werden regelmäßig mit ihrem Nominalwert, bei Zweifeln an der Realisierbarkeit wertberichtigt, anzusetzen sein.[203] **Ansprüche aus Existenzvernichtungshaftung** sind zu aktivieren, da es sich seit dem „TRIHOTEL"-Urteil des *BGH* vom 16. Juli 2007[204] um eine Innenhaftung handelt.[205] **Immaterielle Vermögenswerte** und **Lizenzen** sowie das **Know-how** sind im Überschuldungsstatus zu aktivieren, soweit im eröffneten Insolvenzverfahren veräußerlich.[206] Eine Aktivierbarkeit des **Geschäfts- oder Firmenwerts (Unternehmensruf; Kundenstamm)** kommt **insolvenzrechtlich** dann in Betracht, wenn eine Veräußerung des Unternehmens als Gan-

---

Art 103d EGInsO, der auch strafrechtlich als Sondernorm § 2 Abs 3 StGB vorgehen soll); **für Zeitgesetz und für Geltung des § 2 Abs 3 StGB** Bittmann-Insolvenzstrafrecht/*C. Brand*[2] § 12 Rdn 44; **gegen Zeitgesetz und für Rückwirkung** NK-StGB/*Kindhäuser*[5] Vor §§ 283 ff Rdn 94 (nur bei der Neufassung des § 19 Abs 2 InsO handele es sich um ein Zeitgesetz); Momsen/Grützner-WirtschaftsStStrR/*Rotsch*/*Wagner*[2] Kapitel 8. Rdn 84; *Schmitz* wistra 2009, 369, 372.

193 Sanierungs- und Insolvenzrechtsfortentwicklungsgesetz vom 22.12.2020, BGBl I S 3256.

194 MünchKomm-StGB/*Petermann*/*Sackreuther*[4] Vor § 283 Rdn 87, die sich zudem insoweit für ein Zeitgesetz iSv § 2 Abs 4 StGB aussprechen.

195 *II. Zivilsenat BGH* NZWiSt 2020, 246, 248.

196 SSW-StGB/*Bosch*[5] Vor §§ 283 ff Rdn 9.

197 Vgl Graf/Jäger/Wittig/*Reinhart*[2] Vor §§ 283–283d Rdn 36.

198 *II. Zivilsenat BGH* NJW-RR 2001, 1043 f; *BGH* NZI 2011, 452, 455; *BGH* NZWiSt 2020, 246, 248; SSW-StGB/*Bosch*[5] Vor §§ 283 ff Rdn 9 f.

199 Uhlenbruck-InsO/*Mock*[15] § 19 Rdn 17.

200 *II. Zivilsenat BGH* NZWiSt 2020, 246, 248; Schönke/Schröder-StGB/*Heine*/*Schuster*[30] § 283 Rdn 51a; MünchKomm-StGB/*Petermann*/*Sackreuther*[4] Vor § 283 Rdn 98.

201 *II. Zivilsenat BGH* NZWiSt 2020, 246, 248.

202 K. Schmidt-InsO/*K. Schmidt*[19] § 19 Rdn 26.

203 Uhlenbruck-InsO/*Mock*[15] § 19 Rdn 68, 143; MünchKomm-StGB/*Petermann*/*Sackreuther*[4] Vor § 283 Rdn 101.

204 Vgl BGHZ 173, 246 – „TRIHOTEL".

205 Uhlenbruck-InsO/*Mock*[15] § 19 Rdn 100.

206 Schönke/Schröder-StGB/*Heine*/*Schuster*[30] § 283 Rdn 51a; NK-StGB/*Kindhäuser*[5] Vor §§ 283 ff Rdn 93; Uhlenbruck-InsO/*Mock*[15] § 19 Rdn 82; MünchKomm-StGB/*Petermann*/*Sackreuther*[4] Vor § 283 Rdn 103; LK-StGB/*Tiedemann*[12] Vor §§ 283–283d Rdn 152.

zes oder Teile davon (mit Firma) in Betracht kommt.[207] **Insolvenzstrafrechtlich** wird vertreten, dass die Aktivierbarkeit des Firmenwertes insgesamt allein bei günstiger Prognose hinsichtlich der Veräußerbarkeit des gesamten Unternehmens einschließlich dessen Firma in Betracht kommt.[208] **Eigene Geschäftsanteile** sind nicht zu berücksichtigen.[209] **Forderungen aus laufenden Verträgen** werden nur insoweit aktiviert, als auch unter Liquidationsbedingungen noch mit der Ausführung des Geschäfts gerechnet werden kann.[210] **Forderungen, die erst in Zukunft fällig werden,** werden abgezinst.[211] Wie im Rahmen der Liquiditätsbilanz zur Zahlungsunfähigkeit (vgl Rdn 52) dürfen auf der Aktivseite weder durch Bankrotthandlungen beiseite geschaffte noch verheimlichte Vermögenswerte berücksichtigt werden, da ansonsten die Tatbestandsvoraussetzungen der Zahlungsunfähigkeit kaum jemals anzunehmen wären und der Schutzzweck des § 283 StGB umgangen würde.[212]

Passivseite. Zu passivieren sind grundsätzlich **alle gegenwärtigen Verbindlichkeiten**, unabhängig davon, ob die **Gläubiger sie einfordern**.[213] Zu den **Passiva** gehören sämtliche Verbindlichkeiten des Schuldners, die bei Eröffnung des Insolvenzverfahrens über dessen Vermögen aus der Insolvenzmasse zu begleichen sind;[214] allerdings kommt es lediglich auf das Bestehen einer entsprechenden Verbindlichkeit und nicht – anders als bei der Zahlungsunfähigkeit (Rdn 45) – auf die Fälligkeit der Forderung zum Bezugszeitpunkt des Überschuldungsstatus' an.[215] Mangels Charakters als Verbindlichkeit ist im Fall der Unternehmensinsolvenz das **Stammkapital** nicht zu passivieren.[216] Die **Einlage eines stillen Gesellschafters** gehört nicht zum Eigenkapital der Gesellschaft[217] und ist daher grundsätzlich als Verbindlichkeit zu passivieren.[218] Die seinerzeit streitige Frage[219] nach der Berücksichtigung **(eigen)kapitalersetzender Gesellschafterdarlehen**[220] im Überschuldungsstatus ist obsolet: Nunmehr werden nach **§ 19 Abs 2 Satz 2 InsO** Forderungen auf Rückgewähr von Gesellschafterdarlehen dann nicht mehr passiviert, wenn für sie ein **Rangrücktritt hinter den in § 39 Abs 1 Nr 1 bis 5 InsO bezeichneten Forderungen (vertraglich) vereinbart** worden ist.[221] **Verbindlichkeiten aus laufenden Verträgen** sind gleichfalls zu passivieren,[222] ebenfalls grundsätzlich **einredebehaftete Verbindlichkeiten**.[223] **Freie Rücklagen** bilden keine Gesellschaftsschulden ab und 43

---

207 Vgl BGHZ 119, 201, 214; *OLG Celle* NZG 2002, 730; *OLG Frankfurt am Main* NZG 2001, 173; Uhlenbruck-InsO/*Mock*[15] § 19 Rdn 84 f.

208 Schönke/Schröder-StGB/*Heine/Schuster*[30] § 283 Rdn 51a; **weitergehend** MünchKomm-StGB/*Petermann/Sackreuther*[4] Vor § 283 Rdn 103, Insolvenzstrafrechtlich ist der Firmenwert im Überschuldungsstatus zu berücksichtigen, wenn – ex ante – eine Veräußerung des Unternehmens im Rahmen des Insolvenzverfahrens nicht auszuschließen ist.

209 Uhlenbruck-InsO/*Mock*[15] § 19 Rdn 122 in der Regel praktisch ohne Bedeutung, weil es regelmäßig an der Verwertbarkeit fehlt; MünchKomm-StGB/*Petermann/Sackreuther*[4] Vor § 283 Rdn 100; K. Schmidt-InsO/*K. Schmidt*[19] § 19 Rdn 28.

210 *OLG Hamm* NJW-RR 1993, 1445; Uhlenbruck-InsO/*Mock*[15] § 19 Rdn 69; K. Schmidt-InsO/*K. Schmidt*[19] § 19 Rdn 32.

211 Uhlenbruck-InsO/*Mock*[15] § 19 Rdn 70, 143; K. Schmidt-InsO/*K. Schmidt*[19] § 19 Rdn 31.

212 BGHSt 58, 115, 117; MünchKomm-StGB/*Petermann/Sackreuther*[4] Vor § 283 Rdn 104.

213 Uhlenbruck-InsO/*Mock*[15] § 19 Rdn 152, 154; K. Schmidt-InsO/*K. Schmidt*[19] § 19 Rdn 34.

214 Schönke/Schröder-StGB/*Heine/Schuster*[30] § 283 Rdn 51a; MünchKomm-StGB/*Petermann/Sackreuther*[4] Vor § 283 Rdn 105.

215 Uhlenbruck-InsO/*Mock*[15] § 19 Rdn 154; MünchKomm-StGB/*Petermann/Sackreuther*[4] Vor § 283 Rdn 105.

216 BGHSt 15, 306, 309 f; Uhlenbruck-InsO/*Mock*[15] § 19 Rdn 202; NK-StGB/*Kindhäuser*[5] Vor §§ 283 ff Rdn 93.

217 *BGH* NJW 1983, 1855, 1856.

218 Uhlenbruck-InsO/*Mock*[15] § 19 Rdn 177; MünchKomm-StGB/*Petermann/Sackreuther*[4] Vor § 283 Rdn 106; K. Schmidt-InsO/*K. Schmidt*[19] § 19 Rdn 36.

219 Vgl dazu *Bieneck* StV 1999, 43, 45; *Bittmann* wistra 1999, 10, 15; *Uhlenbruck* wistra 1996, 1 (6).

220 Zur Unterscheidung des alten Rechts des Eigenkapitalersatzes vom neuen Recht nach dem MoMiG, K. Schmidt-InsO/*K. Schmidt/Herchen*[19] § 39 Rdn 26 ff.

221 Vgl BGHZ 204, 231, 236 ff; *Bittmann* NStZ 2009, 113, 116; SSW-StGB/*Bosch*[5] Vor §§ 283 ff Rdn 10; *C. Brand/M. Brand* GmbHR 2015, 1125, 1127; MünchKomm-InsO/*Ehricke/Behme*[4] § 39 Rdn 94; Uhlenbruck-InsO/*Hirte*[15] § 39 Rdn 54; Uhlenbruck-InsO/*Mock*[15] § 19 Rdn 181; K. Schmidt-InsO/*K. Schmidt*[19] § 19 Rdn 37.

222 Uhlenbruck-InsO/*Mock*[15] § 19 Rdn 157; K. Schmidt-InsO/*K. Schmidt*[19] § 19 Rdn 37.

223 Uhlenbruck-InsO/*Mock*[15] § 19 Rdn 155; K. Schmidt-InsO/*K. Schmidt*[19] § 19 Rdn 38.

werden nicht passiviert;[224] passivierungsfähig sind jedoch **Rückstellungen für drohende Verluste aus schwebenden Geschäften, wenn eine Inanspruchnahme droht**.[225]

44 **Besonderheiten bei der GmbH & Co. KG.** Die Überschuldung muss getrennt festgestellt werden für die KG einerseits und die Komplementär-GmbH andererseits. Im Überschuldungsstatus der KG ist die Haftung der Komplementär-GmbH als persönlich haftende Gesellschafterin grundsätzlich nicht aktivierbar, da es sich um eine Außenhaftung gegenüber den Gläubigern der Gesellschaft handelt.[226] Die Komplementärhaftung der GmbH für Verbindlichkeiten der GmbH & Co. KG nach den §§ 128, 161 Abs 2 HGB ist jedoch spätestens dann in der Überschuldungsbilanz der Komplementär-GmbH zu passivieren, wenn die KG ihrerseits überschuldet ist.[227] Allerdings kann die GmbH ihrerseits den Freistellungsanspruch nach § 110 HGB[228] aktivieren, der jedoch zumeist nicht werthaltig sein wird.[229]

III. Zahlungsunfähigkeit

1. Begriff

45 Nach § 17 **Abs 2 Satz 1 InsO** ist der Schuldner **zahlungsunfähig**, wenn er **nicht in der Lage ist, die fälligen Zahlungspflichten zu erfüllen**, wobei **bloße Zahlungsunwilligkeit** nicht genügt.[230] Während sich die Überschuldung auf die gesamte Vermögenssituation des Schuldners bezieht, betrifft die Zahlungsunfähigkeit dessen Geldhaushalt.[231] **Die insolvenzrechtliche Vermutung**,[232] Zahlungsunfähigkeit sei in der Regel anzunehmen, wenn der Schuldner seine Zahlungen eingestellt hat (§ 17 Abs 2 Satz 2 InsO), ist mit dem **strafrechtlichen (, auf dem Schuldprinzip beruhenden) Zweifelsgrundsatz nicht zu vereinbaren**.[233] Im **alten Recht unter der KO** ist „Zahlungsunfähigkeit" iS von § 102 KO – gesetzlich nicht definiert – **von der Rechtsprechung** verstanden worden als das auf einem Mangel an Zahlungsmitteln beruhende, voraussichtlich **dauernde Unvermögen** des Schuldners, seine sofort zu erfüllenden Geldschulden noch **im Wesentlichen** zu berichtigen, wenn und soweit die Gläubiger diese Forderungen **„ernsthaft einforderten"**.[234] Der Wortlaut des § 17 Abs 2 Satz 1 InsO

---

224 Uhlenbruck-InsO/*Mock*[15] § 19 Rdn 202; K. Schmidt-InsO/*K. Schmidt*[19] § 19 Rdn 41.

225 MünchKomm-InsO/*Drukarczyk*/*Schüler*[4] § 19 Rdn 132; **aA** Uhlenbruck-InsO/*Mock*[15] § 19 Rdn 164; K. Schmidt-InsO/*K. Schmidt*[19] § 19 Rdn 41.

226 Uhlenbruck-InsO/*Mock*[15] § 19 Rdn 103, Eine Ausnahme gilt dann, wenn sich aus dem Innenverhältnis zwischen KG und Komplementär-GmbH ein Freistellungsanspruch ergibt und der Regressanspruch der GmbH gegen die KG ausgeschlossen ist oder einem qualifizieren Rangrücktritt unterliegt.

227 Uhlenbruck-InsO/*Mock*[15] § 19 Rdn 104, 190.

228 Vgl K. Schmidt-InsO/*K. Schmidt*[19] § 19 Rdn 44.

229 Uhlenbruck-InsO/*Mock*[15] § 19 Rdn 105.

230 Bittmann-Insolvenzstrafrecht/*C. Brand*[2] § 12 Rdn 45.

231 NK-StGB/*Kindhäuser*[5] Vor §§ 283 ff Rdn 97; Wirtschaftsstrafrecht/*Wittig*[6] § 23 Rdn 52.

232 Vgl *BGH* NZI 2012, 663, 664; vgl auch K. Schmidt-InsO/*K. Schmidt*[19] § 17 Rdn 39 „Beweislastregelung bzw Beweishilfe auf der tatsächlichen Ebene des Zahlungsunfähigkeitstatbestands".

233 Matt/Renzikowski-StGB/*Altenhain*[2] § 283 Rdn 11; Bittmann-Insolvenzstrafrecht/*C. Brand*[2] § 12 Rdn 53; Schönke/Schröder-StGB/*Heine*/*Schuster*[30] § 283 Rdn 52; NK-StGB/*Kindhäuser*[5] Vor §§ 283 ff Rdn 97; Graf/Jäger/Wittig/*Reinhart*[2] § 15a InsO Rdn 54; Momsen/Grützner-WirtschaftsStStrR/*Rotsch*/*Wagner*[2] Kapitel 8. Rdn 66 (Zahlungseinstellung könne nicht als bloßes „Minus" im Rahmen des Zahlungsunfähigkeitsbegriffs berücksichtigt werden, vgl dazu unter Rdn 68); LK-StGB/*Tiedemann*[12] Vor §§ 283–283d Rdn 126, 129a; Wirtschaftsstrafrecht/*Wittig*[6] § 23 Rdn 54; **aA** BeckOK-StGB/*Beukelmann*[58] § 283 Rdn 17.1.

234 Vgl BGHZ 118, 171, 174; BGHSt 31, 32; *BGH* wistra 1987, 216, 217; *BGH* NJW 2000, 154, 156; *BGH* NJW 2001, 1874, 1875; Bittmann-Insolvenzstrafrecht/*C. Brand*[2] § 12 Rdn 45 mit umfassenden weiteren Nachweisen zu Rechtsprechung und Literatur in Fn 361; *Röhm* (2002) S 92 ff.

nennt diese drei Merkmale nicht und berücksichtigt **sämtliche fälligen Forderungen**, um eine frühzeitigere Eröffnung des Insolvenzverfahrens zu erreichen.[235]

46 Die **Praxis zu § 17 Abs 2 InsO** knüpft an diese **Rechtsprechung** zur KO an[236]: Der *IX. Zivilsenat* des *BGH* beharrt auch unter der Geltung der InsO auf die über die Fälligkeit gemäß § 271 BGB hinaus erforderlichen Voraussetzungen der „Wesentlichkeit"[237] und des „ernsthaften Einforderns"[238] – wobei hier die Anforderungen gering sind und etwa eine einzige ernsthafte Zahlungsaufforderung durch Übersendung einer Rechnung genügt[239] –; mit Blick auf letztgenannte Voraussetzungen sind dem mittlerweile auch – entgegen dem *4.*[240] und *5. Strafsenat*[241] – der *1.*[242] und *2. Strafsenat*[243] des *BGH* gefolgt.[244] Der *5. Strafsenat* des *BGH* behält die Merkmale der „Dauerhaftigkeit" und „Wesentlichkeit" ausdrücklich bei;[245] der *1. Strafsenat* verzichtet darauf.[246]

2. Abgrenzung zur Zahlungsstockung: Grad der Unterdeckung und Dauer der Zahlungsunfähigkeit

47 **a) Begriff der Zahlungsstockung.** Die bloße **Zahlungsstockung** begründet keine Zahlungsunfähigkeit; von jener ist auszugehen, wenn der Mangel an liquiden Mittel **kurzfristig behebbar** ist.[247] Die Abgrenzung erfolgt über die Kriterien des Grads der Unterdeckung sowie der Dauer der Zahlungsunfähigkeit.

48 **aa) Grad der Unterdeckung.** Nach der **Rechtsprechung der** Zivilsenate **des** BGH ist der Mangel an liquiden Mittel **nicht** kurzfristig behebbar, wenn im Sinne einer **widerlegbaren Vermutung** eine **Liquiditätslücke von mindestens 10 % (in einem Zeitraum von maximal drei Wochen** (Rdn 50 f)) **nicht beseitigt werden kann**, da eine kreditwürdige Person in der Lage sei, sich binnen zwei bis drei Wochen die benötigten Beträge darlehensweise zu beschaffen.[248] Die Strafse-

235 Vgl BT-Drucks 12/2443 S 114; Schönke/Schröder-StGB/*Heine/Schuster*[30] § 283 Rdn 52; MünchKomm-StGB/*Petermann/Sackreuther*[4] Vor § 283 Rdn 108; Wirtschaftsstrafrecht/*Wittig*[6] § 23 Rdn 54.
236 K. Schmidt-InsO/*K. Schmidt*[19] § 17 Rdn 4.
237 *BGH* NZI 2007, 36, 38; kritisch K. Schmidt-InsO/*K. Schmidt*[19] § 17 Rdn 20 „Tendenz zur Lockerung des Tatbestands".
238 BGHZ 173, 286, 291 f; BGHZ 181, 132, 140; im Ergebnis zustimmend, aber kritisch mit Blick auf die darin aufgehobene Gläubigerperspektive, K. Schmidt-InsO/*K. Schmidt*[19] § 17 Rdn 13.
239 BGHZ 173, 286, 293; BGHZ 181, 132, 140; MünchKomm-StGB/*Petermann/Sackreuther*[4] Vor § 283 Rdn 116; Müller-Gugenberger-WirtschaftsStrR/*H. Richter*[7] Rdn 78.23.
240 Vgl *BGH* NJW 2001, 1874, 1875.
241 Vgl *BGH* NStZ 2021, 308, 309.
242 Vgl *BGH* NStZ 2019, 83, 84; *Bittmann* NStZ 2019, 84, 85; anders noch *BGH* NStZ 2007, 643, 644; NStZ 2014, 107, 108 und wieder *BGH* wistra 2020, 295, 296, dazu *Bittmann* NZWiSt 2020, 129 f.
243 Vgl *BGH* wistra 2017, 495, 498.
244 Vgl *Püschel* in: FS Rissing-van Saan, 2011, 471, 483 ff; zustimmend MünchKomm-StGB/*Petermann/Sackreuther*[4] Vor § 283 Rdn 116, da die Voraussetzungen des „ernsthaften Einforderns" gering seien.
245 Vgl *BGH* NStZ 2008, 415; nach Auffassung des *1. Strafsenats* – NStZ 2007, 643, 644 – habe der *5. Strafsenat* mit der Wahl dieser Formulierung lediglich die Zahlungsstockung ansprechen wollen.
246 Vgl *BGH* NStZ 2007, 643, 644.
247 Vgl BGHZ 163, 134, 139; Aus der Strafrechtsprechung *BGH* NStZ 2007, 643, 644; *BGH* NStZ 2014, 107, 108; *BGH* NStZ-RR 2018, 216; *BGH* NStZ 2019, 83; *BGH* wistra 2020, 295, 296.
248 Vgl das Grundsatzurteil des *IX. Zivilsenats* in BGHZ 163, 134, 139; nachfolgend *BGH* NZI 2007, 36, 37; *BGH* NZI 517, 520; BGHZ 217, 129, 139; weitere Nachweise bei Uhlenbruck-InsO/*Mock*[15] § 17 Rdn 23; vgl jedoch *AG Köln* (Insolvenzgericht) NZI 2000, 89, 91 weniger als 5 % innerhalb einer Obergrenze von zwei Wochen; kritisch K. Schmidt-InsO/*K. Schmidt*[19] § 17 Rdn 23, Relevanzschwelle von 90.10 sei „arbiträr und tendenziell zu nachgiebig".

nate **des** BGH haben sich dazu – soweit ersichtlich – noch nicht verhalten, es wird wohl aber prognostiziert werden können, dass diese wegen der og angleichenden Rechtsprechungsentwicklung zu den eingrenzenden Kriterien (Rdn 46) ebenfalls einem Schwellenwert von 10 % zuneigen dürften.[249]

49 Zu dem zur Abgrenzung zur bloßen **Zahlungsstockung** erforderliche Grad der Unterdeckung wird im **Schrifttum** ein umfangreiches Meinungsspektrum vertreten, das vom **Verzicht auf eine Quote der Unterdeckung**,[250] über **0,01 %**,[251] **5 %**,[252] **10 %**,[253] **20 %**,[254] **20–25 %**,[255] **(mehr als) 25 %**[256] bis zu **50 %**[257] reicht. Das argumentum a minore ad maius, dass, wer kleinere Schulden nicht begleichen könne, dazu erst recht nicht mit Blick auf größere Beträge fähig sei,[258] überzeugt nur bedingt: Ein Schuldner, der – beispielsweise – zu 90 % oder mehr liquide ist, vermag durchaus auch hohe Forderungen zu befriedigen.[259] Ob ein tendenziell kleinerer Wert der Unterdeckung weniger unterbestimmt ist,[260] kann ebenfalls bezweifelt werden. Schließlich streitet der Verhältnismäßigkeitsgrundsatz für die Annahme einer Wesentlichkeitsgrenze.[261]

50 **bb) Dauer der Zahlungsunfähigkeit.** Die **Rechtsprechung des** BGH nimmt einen Zeitraum **von maximal drei Wochen** an, da innerhalb von zwei bis drei Wochen eine kreditwürdige Person in der Lage sein soll, die benötigten Beträge darlehensweise zu beschaffen;[262] im **Einzelfall erkennt die Rechtsprechung der** Zivilsenate **Überschreitungen der Frist an.**[263] Im Schrifttum variieren die Auffassungen[264] von der Annahme einer **Zeitpunktilliquidiät,**[265] von **einer Wo-**

---

249 MünchKomm-StGB/*Petermann*/*Sackreuther*[4] Vor § 283 Rdn 112.

250 Vgl *Bieneck* StV 1999, 43, 44; *Erdmann* S 129; *Moosmayer* S 156; *Röhm* (2002) S 117 ff; *Temme* S 33 ff.

251 Vgl *Jäger* BB 1997, 1575, 1577.

252 Vgl *Brackmann* S 185, 194 f; K. Schmidt-InsO/*K. Schmidt*[19] § 17 Rdn 23 („Richtsumme").

253 Vgl Matt/Renzikowski-StGB/*Altenhain*[2] § 283 Rdn 8; BeckOK-StGB/*Beukelmann*[58] § 283 Rdn 20; SSW-StGB/*Bosch*[5] Vor §§ 283 ff Rdn 12; *Brahmstaedt* S 111 ff; NK-StGB/*Kindhäuser*[5] Vor §§ 283 ff Rdn 98; Uhlenbruck-InsO/*Mock*[15] § 17 Rdn 25; MünchKomm-StGB/*Petermann*/*Sackreuther*[4] Vor § 283 Rdn 115; Graf/Jäger/Wittig/*Reinhart*[2] § 15a InsO Rdn 58; Momsen/Grützner-WirtschaftsStStrR/*Rotsch*/*Wagner*[2] Kapitel 8. Rdn 56; *Stockburger* S 74 f; LK-StGB/*Tiedemann*[12] Vor §§ 283–283d Rdn 129a.

254 Vgl *Penzlin* (2000) S 153 f, 162; *ders* NZG 1999, 1203, 1208.

255 Vgl MünchKomm-StGB/*Petermann*[3] Vor § 283 Rdn 82.

256 Vgl *Bittmann* wistra 1998, 321, 323; *Dohmen* S 143.

257 Vgl *Schlüchter* MDR 1978, 265, 268 (zum alten Recht der InsO).

258 So *Bieneck* StV 1999, 43, 44; *Moosmayer* S 156; *Röhm* (2002) S 118; *Uhlenbruck* wistra 1996, 1, 5.

259 BGHZ 163, 134, 143; wohl auch MünchKomm-StGB/*Petermann*/*Sackreuther*[4] Vor § 283 Rdn 115.

260 Vgl *Röhm* (2002) S 119 f.

261 Vgl Bittmann-Insolvenzstrafrecht/*C. Brand*[2] § 12 Rdn 49.

262 Vgl *BGH* NStZ 2007, 643, 644; NStZ 2014, 107, 108; NStZ-RR 2018, 216 f; NStZ 2019, 83; wistra 2020, 295, 296; vgl das Grundsatzurteil des *IX. Zivilsenats* in BGHZ 163, 134, 139, ferner *BGH* NZI 2007, 36, 37; 517, 520; BGHZ 217, 129, 139; weitere Nachweise aus der Rechtsprechung der Zivilsenate bei Uhlenbruck-InsO/*Mock*[15] § 17 Rdn 28; kritisch zu diesem Zeitraum mit Blick auf die durch Basel II und III geänderten Anforderungen an die Kreditvergabe durch Kreditinstitute *Dittmer* S 51 ff.

263 Vgl BGHZ 163, 134, 142 f; NZI 2007, 36, 37 „(...) sofern nicht ausnahmsweise mit an Sicherheit grenzender Wahrscheinlichkeit zu erwarten ist, dass die Liquiditätslücke demnächst vollständig oder fast vollständig geschlossen wird und den Gläubigern ein Zuwarten nach den besonderen Umständen des Einzelfalls zuzumuten ist"); SSW-StGB/*Bosch*[5] Vor §§ 283 ff Rdn 12; Uhlenbruck-InsO/*Mock*[15] § 17 Rdn 28. Siehe zur Behandlung der Ausnahmefälle umfassend *Brahmstaedt* S 115 ff.

264 Überblick bei Bittmann-Insolvenzstrafrecht/*C. Brand*[2] § 12 Rdn 49.

265 Vgl MünchKomm-InsO/*Eilenberger*[4] § 17 Rdn 19 ff; *Erdmann* S 133 f; *Moosmayer* S 157 ff; K. Schmidt-InsO/*K. Schmidt*[19] § 17 Rdn 26.

che,[266] **zwei Wochen,**[267] **drei Wochen,**[268] **vier Wochen**[269] bis zu **zwei Monaten** (bei einer Unterdeckung von **mindestens 20 %**)[270] oder gar **drei Monaten.**[271]

b) Stellungnahme. Mit der **Rechtsprechung** und der **wohl hM im Schrifttum** ist davon auszugehen, dass eine Zahlungsstockung nicht mehr und damit eine Zahlungsunfähigkeit angenommen werden muss, wenn eine **Liquiditätslücke von mindestens 10 % in einem Zeitraum von maximal drei Wochen nicht beseitigt werden kann, wobei diese Vermutung dann widerlegbar ist, wenn mit an Sicherheit grenzender Wahrscheinlichkeit zu erwarten ist, dass die Liquiditätslücke demnächst vollständig oder fast vollständig geschlossen wird und den Gläubigern ein Zuwarten nach den besonderen Umständen des Einzelfalls zuzumuten ist.** Diese Auffassung berücksichtigt im Gegensatz zu Ansätzen, die auf Geringfügigkeitsgrenzen gänzlich verzichten oder aber primär auf bestimmte Zahlungsverpflichtungen abstellen („qualitativer Ansatz"),[272] quantitative und temporäre Aspekte und vermag es daher, wirtschaftlich gesunde Einheiten zu erhalten;[273] zudem wird der Wille des InsO-Gesetzgebers, die Zahlungsunfähigkeit vorzuverlegen auch strafrechtlich zulässigerweise respektiert,[274] und praxisnah auf die Möglichkeit der Kreditbeschaffung abgestellt.[275] Zudem wäre ansonsten die Notwendigkeit einer Abgrenzung zur Zahlungsstockung obsolet.[276] 51

3. Feststellung

a) Liquiditätsbilanz. In die **stichtagsbezogene Liquiditätsbilanz**[277] sind auf der Aktivseite sowohl die **Aktiva I (verfügbare Zahlungsmittel)** als auch die **Aktiva II (innerhalb von drei Wochen flüssig zu machende Mittel)** einzustellen und zu den **Passiva I (am Stichtag fällige und eingeforderte Verbindlichkeiten) und Passiva II (innerhalb von drei Wochen fällig werdende und eingeforderte Verbindlichkeiten)** in Beziehung zu setzen.[278] Auf der Aktivseite dürfen weder durch Bankrotthandlungen beiseite geschaffte noch verheimlichte Vermögenswerte berücksichtigt werden, da ansonsten die Tatbestandsvoraussetzungen der Zahlungsunfähigkeit kaum jemals anzunehmen wären und der Schutzzweck des § 283 StGB umgangen würde.[279] In 52

266 Vgl *Jäger* BB 1997, 1575, 1576.
267 Vgl *Burger/Schellberg* BB 1995, 261, 262 f.
268 Vgl Matt/Renzikowski-StGB/*Altenhain*² § 283 Rdn 8; SSW-StGB/*Bosch*⁵ Vor §§ 283 ff Rdn 12; *Brahmstaedt* S 100 ff; Bittmann-Insolvenzstrafrecht/*C. Brand*² § 12 Rdn 50; NK-StGB/Kindhäuser⁵ Vor §§ 283 ff Rdn 98; Uhlenbruck-InsO/*Mock*¹⁵ § 17 Rdn 28 f; MünchKomm-StGB/*Petermann/Sackreuther*⁴ Vor § 283 Rdn 114; Graf/Jäger/Wittig/*Reinhart*² § 15a InsO Rdn 64 (zwei bis drei Wochen); *Röhm* (2002) S 114; *Stockburger* S 71 f; *Weyand/Diversy* Rdn 50; Wirtschaftsstrafrecht/*Wittig*⁶ § 23 Rdn 55.
269 *OLG Köln* NStZ-RR 2005, 378.
270 Vgl *Penzlin* (2000) S 153 f, 162; *ders* NZG 1999, 1203, 1208.
271 Vgl *Bittmann* wistra 1998, 321, 324.
272 Vgl *Bittmann/Volkmer* wistra 2005, 167, 168 ff Abstellen auf Arbeitnehmeranteile zur Sozialversicherung.
273 Bittmann-Insolvenzstrafrecht/*C. Brand*² § 12 Rdn 51.
274 Vgl MünchKomm-StGB/*Petermann/Sackreuther*⁴ Vor § 283 Rdn 114.
275 Bittmann-Insolvenzstrafrecht/*C. Brand*² § 12 Rdn 50.
276 Vgl BT-Drucks 12/2443 S 114; *Brackmann* S 183; Bittmann-Insolvenzstrafrecht/*C. Brand*² § 12 Rdn 49.
277 Vgl *BGH* bei *Holtz* MDR 1981, 452, 454; Momsen/Grützner-WirtschaftsStStrR/*Rotsch/Wagner*² Kapitel 8. Rdn 57.
278 Vgl BGHZ 217, 129, 142 f; BeckOK-StGB/*Beukelmann*⁵⁸ § 283 Rdn 21.
279 *BGH* NJW 2001, 1874, 1875; BGHSt 58, 115, 117; *OLG Frankfurt am Main* NStZ 1997, 551, 552; **zustimmend** SSW-StGB/*Bosch*⁵ Vor §§ 283 ff Rdn 13; MünchKomm-StGB/*Petermann/Sackreuther*⁴ Vor § 283 Rdn 113; **dagegen** *Kraatz* JR 2013, 466, 468 ff; *Krause* NStZ 1999, 161, 162 ff; **differenzierend** danach, ob der Schuldner die betreffenden Vermögensbestandteile etwa durch Übertragung an einen anderen Rechtsträger rechtlich wirksam aus seinem Vermögen ausgegliedert hat – dann mangels Rückholungsrechts keine Einstellung in die Liquiditätsbilanz –, oder ob er sie in seiner

der Rechtsprechung der *Zivilsenate* des *BGH* war zudem zuvor auf die Einstellung der Passiva II verzichtet worden.[280] Mit dem Urteil des *II. Zivilsenats* des *BGH* vom 19.12.2017[281] ist der **Streit um die Berücksichtigung der Passiva II** zu Gunsten der Kritik am sog **Bugwelleneffekt**[282] und somit einer **spiegelbildlichen Risikoverteilung** mit Blick auf Aktiva II und Passiva II entschieden worden.[283] Schon der *1. Strafsenat* des *BGH* hatte zunächst auf eine stichtagsbezogene Gegenüberstellung der fälligen Verbindlichkeiten einerseits und der zu ihrer Tilgung vorhandenen oder kurzfristig herbeizuschaffenden Mittel andererseits abgestellt:[284] „Das geschieht durch eine Finanzplanrechnung, aus der sich die hinreichend konkret zu erwartenden Einnahmen und Ausgaben der nächsten 21 Tage ergeben (...)".[285]

53 Die nach den Urteilsfeststellungen rechtskräftig titulierten Schadensersatzforderungen von Gläubigern sind als fällige Forderungen in die Gegenüberstellung von Verbindlichkeiten einerseits und liquiden Mitteln andererseits einzustellen. Das nach Teilen der Rechtsprechung erforderliche „ernsthafte Einfordern" (Rdn 46) ergibt sich bereits aus dem Umstand des jeweils erfolgreichen Einklagens der Forderung, das zu rechtskräftigen Entscheidungen darüber geführt hat.[286]

54 **b) Wirtschaftskriminalistische Feststellung.** Neben der betriebswirtschaftlichen Methode ist die sog **wirtschaftskriminalistische Feststellungsart** zulässig.[287] Ihr Vorteil ist, dass für sie das Vorhandensein einer ordnungsgemäßen und à jour befindlichen Buchhaltung nicht erforderlich ist und ihre Vorgehensweise weniger Schwierigkeiten bereitet. Ihr Nachteil liegt darin, dass mit ihr regelmäßig ein vergleichsweise späterer Zeitpunkt der Zahlungsunfähigkeit festgestellt wird, da die Praxis zeigt, dass Gläubiger zumeist nicht sofort auf die nicht rechtzeitige Zahlung reagieren, sondern eine mögliche spätere freiwillige Zahlung zunächst abwarten.[288] Als Indizien kommen in Betracht: **Häufung von Wechsel- und Scheckprotesten**, **fruchtlose Pfändungen**, **Ableistung der eidesstattlichen Versicherung**, **Vorliegen von Mahn- und Vollstreckungsbescheiden**, **rückständige Sozialversicherungsbeiträge** sowie **Kredit- und Darlehenskündigungen von Banken**.[289]

Vermögenssphäre „lediglich" vor dem Zugriff der Gläubiger verborgen hält – dann Einstellung –, Bittmann-Insolvenzstrafrecht/*C. Brand*[2] § 12 Rdn 48.

280 Vgl BGHZ 163, 134, 138 „Um dies festzustellen, werden im Rahmen einer Liquiditätsbilanz die aktuell verfügbaren und kurzfristig verfügbar werdenden Mittel in Beziehung gesetzt zu den an demselben Stichtag fälligen und eingeforderten Verbindlichkeiten.".

281 Vgl BGHZ 217, 129.

282 Vgl dazu Uhlenbruck-InsO/*Mock*[15] § 17 Rdn 89 f; Momsen/Grützner-WirtschaftsStStrR/*Rotsch*/*Wagner*[2] Kapitel 8. Rdn 57; K. Schmidt-InsO/*K. Schmidt*[19] § 17 Rdn 27.

283 MünchKomm-InsO/*Eilenberger*[4] § 17 Rdn 37 ff.

284 Vgl dazu *Baumert* NJW 2019, 1486, 1487.

285 *BGH* NJW 2014, 164, 165.

286 *BGH* NStZ 2019, 83, 84.

287 Vgl *BGH* NJW 2000, 154, 156; *BGH* NStZ 2014, 107, 108; *BGH* NStZ-RR 2015, 341, 342; *BGH* NStZ 2019, 83; *BGH* NZI 2019, 247; *BGH* NStZ-RR 2019, 381; *BGH* wistra 2020, 259, 296; Matt/Renzikowski-StGB/*Altenhain*[2] § 283 Rdn 11; *Bittmann*/*Volkmer* wistra 2005, 167; SSW-StGB/*Bosch*[5] Vor §§ 283 ff Rdn 13; Bittmann-Insolvenzstrafrecht/*C. Brand*[2] § 12 Rdn 52; Schönke/Schröder-StGB/*Heine*/*Schuster*[30] § 283 Rdn 52; *Hombrecher* JA 2013, 541, 542; *Ogiermann*/*Weber* wistra 2011, 206, 210 f; MünchKomm-StGB/*Petermann*/*Sackreuther*[4] Vor § 283 Rdn 119; Müller-Gugenberger-WirtschaftsStrR/*H. Richter*[7] Rdn 78.41; Momsen/Grützner-WirtschaftsStrR/*Rinjes* Kapitel 8. Rdn 31; Wirtschaftsstrafrecht/*Wittig*[5] § 23 Rdn 58. *Trück* ZWH 2013, 367, 368 sieht unter Rekurs auf das vom *BVerfG* aufgestellte Bezifferungsgebot – vgl BVerfGE 112, 170, 211 f – den Vorrang der Erstellung eines Liquiditätsstatus' nach der betriebswirtschaftlichen Methode vor der wirtschaftskriminalistischen Methode fordert.

288 *Bieneck* wistra 1992, 89, 90; Bittmann-Insolvenzstrafrecht/*C. Brand*[2] § 12 Rdn 52; MünchKomm-StGB/*Petermann*/*Sackreuther*[4] Vor § 283 Rdn 119; LK-StGB/*Tiedemann*[12] Vor §§ 283–283d Rdn 133.

289 SSW-StGB/*Bosch*[5] Vor §§ 283 ff Rdn 13; Müller-Gugenberger-WirtschaftsStrR/*H. Richter*[7] Rdn 78.42.

IV. Drohende Zahlungsunfähigkeit

1. Definition

Nach **§ 18 Abs 2 InsO** droht der Schuldner zahlungsunfähig zu werden, wenn er voraussichtlich 55
nicht in der Lage sein wird, die bestehenden Zahlungspflichten im Zeitpunkt der Fälligkeit zu erfüllen. Die drohende Zahlungsunfähigkeit ist jedenfalls **als Insolvenzeröffnungsgrund eine Neuschöpfung der InsO**;[290] damit verfolgt der Gesetzgeber die Ziele, dem Schuldner insolvenzrechtlich eine möglichst frühzeitige Krisenreaktion zu ermöglichen[291] sowie strafrechtlich für eine größere begriffliche Klarheit[292] zu sorgen. Gem § 18 Abs 1 InsO kann **nur der Schuldner wegen drohender Zahlungsunfähigkeit Insolvenzantrag stellen**; es soll damit vermieden werden, dass außenstehende Gläubiger den Schuldner schon im Vorfeld zu stark unter Druck setzen.[293] Erst **zu erwartende Zahlungspflichten** sind nach einer am Wortlaut von § 18 Abs 1 InsO („bestehenden") orientierten Interpretation **nicht erfasst**;[294] dagegen spricht jedoch zu Recht die Notwendigkeit, dass sich der zur Feststellung der drohenden Zahlungsunfähigkeit erforderliche Finanzplan (Rdn 60) auch prognostisch an den Prinzipien der Vollständigkeit und Termingenauigkeit zu orientieren hat, sodass **die im Prognosezeitraum fortlaufend entstehenden Verbindlichkeiten einzubeziehen** sind.[295] Es sollen jedoch auch prospektiv nur **mit überwiegender Wahrscheinlichkeit fällig werdende Verbindlichkeiten** in die Betrachtung einbezogen werden.[296] Der Begriff der drohenden Zahlungsunfähigkeit weist **Überschneidungen zu dem der Überschuldung** auf.[297] In der Praxis erfolgen Insolvenzanträge unter Berufung auf drohende Zahlungsunfähigkeit zudem häufig mit dem Ziel, eine vorausgegangene Verfahrensverschleppung zu kaschieren.[298] Das Krisenmerkmal der drohenden Zahlungsunfähigkeit steht in der **Gefahr einer Strafbarkeitsvorverlagerung**, da bereits eine bestimmte **Wahrscheinlichkeit der zukünftigen Zahlungsunfähigkeit** genügt.[299] Es besteht daher Einvernehmen mit Blick auf eine **strafrechtliche Restriktion** des Merkmals der **Gefahrprognose**, insbesondere in Form der auch hier notwendigen **Abgrenzung zur vorübergehenden Zahlungsstockung.**[300]

---

290 Vgl K. Schmidt-InsO/*K. Schmidt*[19] § 18 Rdn 1.

291 SSW-StGB/*Bosch*[5] Vor §§ 283 ff Rdn 14, diese Zwecksetzung wird dadurch konterkariert, dass der Schuldner mit der nur ihm eröffneten Antragsstellung (vgl § 18 Abs 1 InsO) zugleich den Eintritt der objektiven Strafbarkeitsbedingung nach § 283 Abs 6 StGB herbeiführt; vgl auch Schönke/Schröder-StGB/*Heine/Schuster*[30] § 283 Rdn 53; Wirtschaftsstrafrecht/*Wittig*[5] § 23 Rdn 61.

292 Bittmann-Insolvenzstrafrecht/*C. Brand*[2] § 12 Rdn 54 unter Verweis auf BT-Drucks 12/3803 S 100 und BT-Drucks 12/2443 S 114.

293 BeckOK-StGB/*Beukelmann*[58] § 283 Rdn 25.1; Wabnitz/Janovsky/Schmitt/*Beck*[5] 8. Kapitel Rdn 118.

294 BeckOK-StGB/*Beukelmann*[58] § 283 Rdn 27; SSW-StGB/*Bosch*[5] Vor §§ 283 ff Rdn 14; *Burger/Schellberg* BB 1995, 261, 264; K. Schmidt-InsO/*K. Schmidt*[19] § 18 Rdn 16; LK-StGB/*Tiedemann*[12] Vor §§ 283–283d Rdn 139.

295 MünchKomm-InsO/*Drukarczyk*[4] § 18 Rdn 58 f unter Berufung auf den insoweit zitierten RegE zu § 22 InsO „In die Prognose (...) muss die *gesamte* Entwicklung der Finanzlage bis zur Fälligkeit aller bestehenden Verbindlichkeiten einbezogen werden; in diesem Rahmen sind neben den zu erwartenden Einnahmen auch die zukünftigen, noch nicht begründeten Zahlungspflichten mitzuberücksichtigen"; Uhlenbruck-InsO/*Mock*[15] § 18 Rdn 30; im Ergebnis auch Bittmann-Insolvenzstrafrecht/*C. Brand*[2] § 12 Rdn 55; Lackner/Kühl-StGB/*Heger*[29] § 283 Rdn 8; Schönke/Schröder-StGB/*Heine/Schuster*[30] § 283 Rdn 53; *Röhm* (2002) S 140 ff; **offen gelassen** von *BGH* NJW 2010, 2894, 2899 (in BGHSt 55, 107 insoweit nicht abgedruckt).

296 *BGH* NJW 2010, 2894, 2899 (in BGHSt 55, 107 insoweit nicht abgedruckt); *Püschel* in: FS Rissing-van Saan, 2011, 471, 487.

297 SSW-StGB/*Bosch*[5] Vor §§ 283 ff Rdn 14; MünchKomm-InsO/*Drukarczyk*[4] § 18 Rdn 27 ff; MünchKomm-InsO/*Drukarczyk/Schüler*[4] § 19 Rdn 99 ff; *Erdmann* S 172 f, 209 ff; *Röhm* NZI 2000, 467.

298 Bittmann-Insolvenzstrafrecht/*C. Brand*[2] § 12 Rdn 54; K. Schmidt-InsO/*K. Schmidt*[19] § 18 Rdn 6.

299 MünchKomm-StGB/*Petermann/Sackreuther*[4] Vor § 283 Rdn 123.

300 Vgl *BGH* NJW 2010, 2894, 2899 (in BGHSt 55, 107 insoweit nicht abgedruckt); Lackner/Kühl-StGB/*Heger*[29] § 283 Rdn 8; MünchKomm-StGB/*Petermann/Sackreuther*[4] Vor § 283 Rdn 124; Wirtschaftsstrafrecht/*Wittig*[5] § 23 Rdn 62; zur Zahlungsstockung siehe unter Rdn 47 ff.

2. Gefahrprognose

56 **a) Grad der Wahrscheinlichkeit/Begriff des „Drohens".** **Rechtsprechung** und **hM im insolvenz- und insolvenzstrafrechtlichen Schrifttum** nehmen für den **drohenden** Eintritt der Zahlungsunfähigkeit eine **überwiegende Wahrscheinlichkeit (im Sinne von mehr als 50 %)** an.[301] *Petermann/Sackreuther* fordern unter Rückgriff auf die Anforderungen einer **konkreten Gefährdung,**[302] dass „der Schuldner **nicht mehr normativ berechtigt vertrauen darf**, dass der Eintritt der Zahlungsunfähigkeit noch abgewendet werden kann".[303] Zum Teil wird vertreten, dass mit der Länge des Prognosezeitraums auch die erforderliche Wahrscheinlichkeit des Eintritts der Zahlungsunfähigkeit wachsen müsse.[304] Dagegen spricht jedoch, dass mit der Prognosedauer **lediglich die Schwierigkeiten zunehmen**, bezüglich der prognostizierten Zahlungsunfähigkeit ein Wahrscheinlichkeitsurteil über 50 % zu erreichen.[305]

57 **b) Bezugsgegenstand.** Einschränkend gilt, dass die Prognose der drohenden Zahlungsunfähigkeit sich auf einen **nicht unerheblichen Teil der Zahlungspflichten** zu beziehen hat,[306] womit die Deckungslücke bei der Annahme von Illiquidität gemeint ist (Rdn 48 f).[307]

58 **c) Objektiver versus subjektiver Wahrscheinlichkeitsbegriff.** Zum Teil wird vertreten, dass eine **objektive Wahrscheinlichkeitsberechnung**[308] nicht möglich sei, sondern es sich bei den Wahrscheinlichkeiten, die einem zustandsabhängigen Finanzplan (Rdn 60) zuzuordnen seien, um **subjektive Wahrscheinlichkeiten** handele.[309] Da jedoch jegliche Prognoseerstellung vom betreffenden Sachverständigen abhängt und dieser regelmäßig keinesfalls willkürlich agieren, sondern sich vielmehr anhand der Geschäftsunterlagen de lege artis ein Urteil bilden dürfte,[310] handelt es

---

301 *BGH* wistra 1991, 26; *BGH* NJW 2010, 2894, 2899 (in BGHSt 55, 107 insoweit nicht abgedruckt); *II. Zivilsenat BGH* NZI 2014, 259, 260 „Eintritt der Zahlungsunfähigkeit (ist, d.V.) wahrscheinlicher (...) als deren Vermeidung"; *27. Zivilsenat, OLG Hamm* ZInsO 2014, 2275, 2278; *23. Zivilsenat, OLG München* NZI 2013, 542, 544; BeckOK-StGB/*Beukelmann*[58] § 283 Rdn 28; SSW-StGB/*Bosch*[5] Vor §§ 283 ff Rdn 14; Bittmann-Insolvenzstrafrecht/*C. Brand*[2] § 12 Rdn 57; MünchKomm-InsO/*Drukarczyk*[4] § 18 Rdn 50, 54, 56; Lackner/Kühl-StGB/*Heger*[29] § 283 Rdn 8; Schönke/Schröder-StGB/*Heine/Schuster*[30] § 283 Rdn 53; NK-StGB/Kindhäuser[5] Vor §§ 283 ff Rdn 99; Uhlenbruck-InsO/*Mock*[15] § 18 Rdn 26; Müller-Gugenberger-WirtschaftsStrR/*H. Richter*[7] 78 Rdn 78.55; K. Schmidt-InsO/*K. Schmidt*[19] § 18 Rdn 21; LK-StGB/*Tiedemann*[12] Vor §§ 283–283d Rdn 138; *Weyand/Diversy* Rdn 54.

302 Insoweit kritisch Bittmann-Insolvenzstrafrecht/*C. Brand*[2] § 12 Rdn 57.

303 MünchKomm-StGB/*Petermann/Sackreuther*[4] Vor § 283 Rdn 125 (Hervorhebungen von *Verf.*); vgl auch Schönke/Schröder-StGB/*Heine/Schuster*[30] § 283 Rdn 53; soweit die strafrechtliche Restriktion dabei mit dem Grundsatz in dubio pro reo begründet wird, vgl etwa *Püschel* in: FS Rissing-van Saan, 2011, 471, 487, gilt das dazu bereits unter Rdn 38 Dargelegte (Geltung des Zweifelssatzes nicht für den rechtlichen Wertungsakt, sondern allein mit Blick auf die Anknüpfungstatsachen); **kritisch** gegenüber dem Abstellen auf einen konkreten Gefahrerfolg, Bittmann-Insolvenzstrafrecht/*C. Brand*[2] § 12 Rdn 56 mwN.

304 *BGH* wistra 2013, 232, 233; *Bittmann* wistra 1998, 321, 325; StGB/*Fischer*[69] Vor § 283 Rdn 11; Schönke/Schröder-StGB/*Heine/Schuster*[30] § 283 Rdn 53; NK-StGB/*Kindhäuser*[5] Vor §§ 283 ff Rdn 99.

305 Bittmann-Insolvenzstrafrecht/*C. Brand*[2] § 12 Rdn 57 in Fn 472; K. Schmidt-InsO/*K. Schmidt*[19] § 18 Rdn 21, 27.

306 BeckOK-StGB/*Beukelmann*[58] § 283 Rdn 29; Lackner/Kühl-StGB/*Heger*[29] § 283 Rdn 8; LK-StGB/*Tiedemann*[12] Vor §§ 283–283d Rdn 139; **aA** SK-StGB/*Hoyer*[9] § 283 Rdn 24 f.

307 Vgl LK-StGB/*Tiedemann*[12] Vor §§ 283–283d Rdn 139, 129.

308 Vgl zur Notwendigkeit der Abkopplung von der „bloßen Befürchtung" des Schuldners *BGH* wistra 1991, 26; Schönke/Schröder-StGB/*Heine/Schuster*[30] § 283 Rdn 53.

309 Vgl Bittmann-Insolvenzstrafrecht/*C. Brand*[2] § 12 Rdn 57; *Bretzke* S 92 ff; MünchKomm-InsO/*Drukarczyk*[4] § 18 Rdn 54.

310 In diesem Sinne auch Bittmann-Insolvenzstrafrecht/*C. Brand*[2] § 12 Rdn 57; *Bretzke* S 99 „Die zunächst sehr groß anmutende Anzahl von Möglichkeiten bei der Bestimmung von Wahrscheinlichkeitsgraden wird in der subjektiven sich in der Sache eher um eine erkenntnistheoretische Unterscheidung[311] ohne größere praktische Relevanz.

d) Länge des Prognosezeitraums. Für die Prüfung der drohenden Zahlungsunfähigkeit gibt das Insolvenzrecht durch § 5 Nr 10. SanInsFOG, in Kraft getreten zum 1.1.2021, nunmehr einen 24-monatigen Prognosezeitraum vor (§ 18 Abs 2 Satz 2 InsO), der jedoch nur „in aller Regel" gilt, um „Besonderheiten des Schuldners oder seines Geschäftsbetriebs" berücksichtigen zu können.[312] Es handelt sich insoweit um eine gesetzliche Vermutung, von der im Einzelfall abgewichen werden kann,[313] wobei insoweit Unsicherheiten bestehen, die insolvenzstrafrechtlich mit dem Bestimmtheitsgrundsatz in Form des Analogieverbots (Art 103 Abs 2 GG) konfligieren könnten:[314] So wird insolvenzrechtlich zum Teil vertreten, dass bei endfälligen und im Verhältnis zur gesamten Verschuldung der Gesellschaft hohen Zahlungsverpflichtungen und unsicherer Refinanzierungsmöglichkeit die zeitliche Grenze auch abweichend angesetzt werden soll,[315] anderseits soll eine Fristüberschreitung von wenigen Tagen nicht ins Gewicht fallen und es darauf ankommen, wie gewichtig nach Ablauf fällig werdende Forderungen sich auf die Möglichkeit zur Fortführung auswirken.[316] Regelmäßig sollten daher insolvenzstrafrechtlich spätere, die Liquidität nachteilig beeinflussende Umstände außer Betracht bleiben.[317] Vor der Neuregelung in der InsO war die die Länge des Prognosezeitraums umstritten: Zum einen wurde vertreten, dass es – zur Vermeidung von zu großen, kaum prognostizierbaren Zeitspannen – auf **absolut benannte Zeiträume von maximal zwei Jahren** ankommt,[318] zum anderen **auf die zum relevanten Prognosezeitpunkt bereits bestehenden Verbindlichkeiten** und deren Fälligkeitsterminen.[319] Gegen die letztgenannte Ansicht sprach zwar, dass auf diese Weise Zeitspannen von mehreren Jahren in Betracht kommen und die Prognoseschwierigkeiten (vgl Rdn 56) dann zunehmen.[320] Diese Ansicht war trotzdem vorzugswürdig, weil die betreffende Länge auch für den Schuldner selbst bestimmbar ist und daher zur Grundlage der strafrechtlichen Bewertung seines (unternehmerischen) Handelns gemacht werden darf; sie ist daher **auch im Rahmen des unter dem Regime des über § 18 Abs 2 Satz 2 InsO statuierten Prognosezeitraums von 24 Monaten maßgebend**.[321] 59

Wahrscheinlichkeitstheorie jedoch durch bestimmte formale Anforderungen in gewissem Maße eingeschränkt."; MünchKomm-InsO/*Drukarczyk*[4] § 18 Rdn 55.

311 Vgl zur subjektivistischen Theorie der Wahrscheinlichkeit *Popper* S 171 ff.

312 BT-Drucks 19/24181 S 196.

313 BeckOK-InsO/*Wolfer*[33] § 18 Rdn 23.

314 Vgl MünchKomm-StGB/*Petermann*/*Sackreuther*[4] Vor § 283 Rdn 127.

315 Vgl BeckOK-InsO/*Wolfer*[33] § 18 Rdn 23.

316 Nerlich/Römermann-InsO/*Mönning*[44] § 18 Rdn 25.

317 MünchKomm-StGB/*Petermann*/*Sackreuther*[4] Vor § 283 Rdn 128.

318 SSW-StGB/*Bosch*[5] Vor §§ 283 ff Rdn 14 (für wiederkehrende Verbindlichkeiten); Bittmann-Insolvenzstrafrecht/*C. Brand*[2] § 12 Rdn 55 (das laufende sowie das folgende Geschäftsjahr); *Kudlich*/*Oğlakcıoğlu*[2] Rdn 505 (nicht mehr als drei bis sechs Monate); *Püschel* in: FS Rissing-van Saan, 2011, 471, 487 (ein Jahr bei wiederkehrenden oder langfristig fällig werdenden Verbindlichkeiten); LK-StGB/*Tiedemann*[12] Vor §§ 283–283d Rdn 139 (nur bei wiederkehrend oder langfristig fällig werdenden Zahlungsverpflichtungen).

319 *BGH* wistra 2013, 232, 234; *IX. Zivilsenat BGH* NZI 2014, 259, 260; *12. Zivilsenat, OLG Düsseldorf* ZIP 2020, 564, 565 f; *23. Zivilsenat OLG München* NZI 2013, 542, 544; Matt/Renzikowski-StGB/*Altenhain*[2] § 283 Rdn 12; BeckOK-StGB/*Beukelmann*[58] § 283 Rdn 26 (aber nicht mehr als fünf Jahre); *Bieneck* StV 1999, 43, 45; StGB/*Fischer*[69] Vor § 283 Rdn 11; Schönke/Schröder-StGB/*Heine*/*Schuster*[30] § 283 Rdn 53; NK-StGB/*Kindhäuser*[5] Vor §§ 283 ff Rdn 99; MünchKomm-StGB/*Petermann*[3] Vor § 283 Rdn 92; Müller-Gugenberger-WirtschaftsStrR/*H. Richter*[7] Rdn 78.53; LK-StGB/*Tiedemann*[12] Vor §§ 283–283d Rdn 139; Wirtschaftsstrafrecht/*Wittig*[5] § 23 Rdn 62 (aber nicht mehr als fünf Jahre); **kritisch** *Weyand*/*Diversy* Rdn 54.

320 Vgl Bittmann-Insolvenzstrafrecht/*C. Brand*[2] § 12 Rdn 55.

321 MünchKomm-StGB/*Petermann*/*Sackreuther*[4] Vor § 283 Rdn 128.

3. Feststellungsmethodik

60 Die Feststellung der drohenden Zahlungsunfähigkeit hat – wie bei der eingetretenen Zahlungsunfähigkeit – in der Regel über einen **Liquiditätsstatus** (Rdn 52 f) sowie ggf zusätzlich einen **Finanzplan**[322] zu erfolgen,[323] ist aber auch über die sog **wirtschaftskriminalistische Methode** (Rdn 54) möglich:[324] Dabei kommt es auf die Beweisanzeichen des **Ausfalls eines wichtigen Kunden, hoher Steuernachforderungen**, bestehender **Rückstände bei den Sozialversicherungsbeiträgen**, des **rapiden Rückgangs der Erträge bei mangelnden Reserven**, der **fehlenden Kreditmöglichkeiten** und der **(drohenden) Kündigung bestehender Kredite** an.[325]

F. Ordnungsgemäßes Wirtschaften

I. Allgemeines

61 Das **Gesetz** verlangt expressis verbis für **§ 283 Abs 1 Nr 1, 3. Var StGB** (Zerstörung, Beschädigung und Unbrauchbarmachung von Bestandteilen des Vermögens), **§ 283 Abs 1 Nr 2, 1. Alt StGB** (Eingehung von Verlust- oder Spekulationsgeschäfte oder Differenzgeschäfte mit Waren oder Wertpapieren), **§ 283 Abs 1 Nr 3 StGB** (Beschaffung von Waren oder Wertpapieren auf Kredit und ihre oder die aus diesen Waren hergestellten Sachen erheblich unter ihrem Wert erfolgende Veräußerung oder sonstige Abgabe) sowie für die Schuldnerbegünstigung (**§ 283d Abs 1 StGB**) ein Handeln in einer **„den Anforderungen einer ordnungsgemäßen Wirtschaft widersprechenden Weise"**; für **§ 283 Abs 1 Nr 8, 1. Alt StGB** (Verringerung des Vermögensstandes in einer anderen Weise) ist zudem insoweit sogar ein **grober Verstoß** erforderlich; dieses Erfordernis wird von **Teilen des Schrifttums** auch auf die **2. Alt** der **Nr 8** (Verheimlichen bzw Verschleiern der wirklichen geschäftlichen Verhältnisse) erstreckt (vgl *Anders* § 283 Rdn 102).[326] Schließlich verlangen **Rechtsprechung** und **hM in der Literatur** dieses Merkmal auch für **§ 283 Abs 1 Nr 1, 1. Var StGB** (Beiseiteschaffen von Vermögensbestandteilen, die im Falle der Eröffnung des Insolvenzverfahrens zur Insolvenzmasse gehören)[327] und **§ 283 Abs 1 Nr 2, 2. Alt StGB** (Verbrauchen oder Schul-

---

322 Finanzpläne bilden erwartete Ein- und Auszahlungen künftiger Perioden ab, dazu MünchKomm-InsO/*Drukarczyk*[4] § 18 Rdn 32 ff.

323 Vgl *BGH* NJW 2010, 2894, 2898 (in BGHSt 55, 107 insoweit nicht abgedruckt); MünchKomm-InsO/*Drukarczyk*[4] § 18 Rdn 30; Uhlenbruck-InsO/*Mock*[15] § 18 Rdn 27; K. Schmidt-InsO/*K. Schmidt*[19] § 18 Rdn 22; LK-StGB/*Tiedemann*[12] Vor §§ 283–283d Rdn 130 ff.

324 MünchKomm-StGB/*Petermann*/*Sackreuther*[4] Vor § 283 Rdn 130; Momsen/Grützner-WirtschaftsStrR/*Rinjes* Kapitel 8. Rdn 31, 33.

325 SSW-StGB/*Bosch*[5] Vor §§ 283 ff Rdn 14; umfassende Auflistung von Krisensignalen bei *Weyand*/*Diversy* Rdn 51.

326 Vgl *BGH* NStZ 2013, 284, 285; *BGH* BeckRS 2022, 19459; Bittmann-Insolvenzstrafrecht/*C. Brand*[2] § 12 Rdn 216; SSW-StGB/*Bosch*[5] § 283 Rdn 32; Dannecker/Knierim/Hagemeier/Smok/*Dannecker*/*Hagemeier*[3] Rdn 958; StGB/*Fischer*[69] § 283 Rdn 30; Lackner/Kühl-StGB/*Heger*[29] § 283 Rdn 21; Schönke/Schröder-StGB/*Heine*/*Schuster*[30] § 283 Rdn 49; SK-StGB/*Hoyer*[9] § 283 Rdn 93; Graf/Jäger/Wittig/*Reinhart*[2] § 283 Rdn 62; Momsen/Grützner-WirtschaftsStStrR/*Rotsch*/*Wagner*[2] Kapitel 8. Rdn 239; LK-StGB/*Tiedemann*[12] § 283 Rdn 177.

327 Vgl RGSt 62, 277, 278; RGSt 71, 227, 230 f; *BGH* NJW 1952, 898; *BGH* bei *Herlan* GA 1953, 74; BGHSt 34, 309, 310; Bittmann-Insolvenzstrafrecht/*C. Brand*[2] § 12 Rdn 26; Lackner/Kühl-StGB/*Heger*[29] § 283 Rdn 10; Schönke/Schröder-StGB/*Heine*/*Schuster*[30] § 283 Rdn 4; NK-StGB/*Kindhäuser*[5] § 283 Rdn 15; MünchKomm-StGB/*Petermann*/*Sackreuther*[4] Vor §§ 283 ff Rdn 132; MünchKomm-StGB/*Petermann*/*Sackreuther*[4] § 283 Rdn 11; Graf/Jäger/Wittig/*Reinhart*[2] § 283 Rdn 23; *Weyand*/*Diversy* Rdn 66 (auch mit Blick auf die Modalität des Verheimlichens, dagegen zu Recht Bittmann-Insolvenzstrafrecht/*C. Brand*[2] § 12 Rdn 26 in Fn 202; Graf/Jäger/Wittig/*Reinhart*[2] § 283 Rdn 20 „ohne Bedeutung"); **weitergehend** LK-StGB/*Tiedemann*[12] § 283 Rdn 28, notwendig für das Beiseiteschaffen ist *zudem* das *subjektive Abzielen* des Handelns auf die wesentliche Veränderung der tatsächlichen oder rechtlichen Lage des Vermögensbestandteils zum Nachteil der Gläubiger; **offen gelassen** von BGHSt 55, 107, 114 f; StGB/*Fischer*[69] § 283 Rdn 4b; Wirtschaftsstrafrecht/*Wittig*[5] § 23 Rdn 72; **kritisch** SK-StGB/*Hoyer*[9] § 283 Rdn 33 f.

digwerden übermäßiger Beträge durch unwirtschaftliche Ausgaben, Spiel oder Wette) (vgl *Anders* § 283 Rdn 7, 27).[328,329]

II. Private Wirtschafter

Stark umstritten ist, wie **de lege lata** mit Blick auf **private Wirtschafter** – zu denen GmbH-Gesellschafter und -Geschäftsführer mit Ausnahme des geschäftsführenden Alleingesellschafters gehören (vgl Rdn 9) – zu verfahren ist: Zum einen wird vertreten, dass im Bereich des Insolvenzstrafrechts auf eine Bindung der Verbraucher an die Vorgaben ordnungsgemäßen Wirtschaftens ganz **verzichtet** werden solle, da ein rationales Wirtschaftsverhalten von der Rechtsordnung nicht vorgegeben sei,[330] mit der Rechtsfolge, dass dem **Tatbestandsmerkmal insoweit keine straflimitierende Relevanz** zukomme. Eine vermittelnde Ansicht vertritt, dass Verbraucher zwar grundsätzlich mit ihrem eigenen Vermögen **„nach eigenem Gutdünken"** wirtschaften können,[331] jedoch (nur) solche (bestandsbezogenen) Maßnahmen zu unterlassen haben, die **evident Gläubigerinteressen zuwiderlaufen**, wobei bei der Inanspruchnahme von Kredit die bloße Verletzung vertraglicher Vorgaben nicht genügen soll.[332] Dem widerspricht die extreme Gegenposition, für die eine Differenzierung zwischen Privaten und Kaufleuten **aus der Perspektive der Gläubigerinteressen grundsätzlich nicht geboten** sei, da ein nicht an normative Vorgaben gebundenes Verhalten privater Wirtschafter zu sachlich nicht notwendigen Strafbarkeitslücken führen könne.[333] Der vermittelnden Auffassung ist **de lege lata** zu folgen, da sie sowohl dem **Gläubigerschutzgedanken** als auch der Tatsache Rechnung trägt, dass die **Rechtsordnung Kaufleuten wegen ihres höheren Risikopotenzials Regeln für verantwortungsvolles Handeln**, insbesondere die Insolvenzantragspflicht, **vorgibt**.[334] **De lege ferenda** wird ein **gesonderter Tatbestand des Verbraucherbankrotts** gefordert.[335] 62

III. Begriffskonkretisierung

1. Auffassungen in Rechtsprechung und Schrifttum

Das leitet über zu der Frage, wie der Begriff des (grob) ordnungswidrigen Wirtschaftens zu konkretisieren ist. Jedenfalls ist die Frage, ob das Wirtschaften ordnungsgemäß war oder nicht, aus 63

---

328 Aufgehoben im Tatbestandsmerkmal der Unwirtschaftlichkeit der Ausgabe.

329 Vgl *BGH* BeckRS 1979, 00381; Bittmann-Insolvenzstrafrecht/*C. Brand*[2] § 12 Rdn 26; NK-StGB/*Kindhäuser*[5] § 283 Rdn 36; MünchKomm-StGB/*Petermann*/*Sackreuther*[4] Vor §§ 283 ff Rdn 132; LK-StGB/*Tiedemann*[12] § 283 Rdn 65; Wirtschaftsstrafrecht/*Wittig*[6] § 23 Rdn 81; **aA** Graf/Jäger/Wittig/*Reinhart*[2] § 283 Rdn 32, notwendig ist nur die Unwirtschaftlichkeit der Ausgaben, nicht deren allgemeine Ordnungswidrigkeit.

330 Vgl BeckOK-StGB/*Beukelmann*[58] § 283 Rdn 93; *Dohmen* S 180 ff; *Höfner* S 44; *Moosmayer* S 79 f; *Penzlin* (2000) S 204; *Schramm* wistra 2002, 55, 56; wohl auch Lackner/Kühl-StGB/*Heger*[29] § 283 Rdn 11.

331 LK-StGB/*Tiedemann*[12] Vor §§ 283–283d Rdn 110.

332 Vgl Bittmann-Insolvenzstrafrecht/*C. Brand*[2] § 12 Rdn 32; Schönke/Schröder-StGB/*Heine*/*Schuster*[30] § 283 Rdn 7a; MünchKomm-StGB/*Petermann*/*Sackreuther*[4] Vor §§ 283 ff Rdn 137; Graf/Jäger/Wittig/*Reinhart*[2] § 283 Rdn 24 (Maßstab der Sorgfalt, wie man sie in eigenen Angelegenheiten aufzubringen pflegt, der auch außerhalb der Krise zu Vermeidung von Rechtsnachteilen zu beachten wäre); *Stracke* S 372.

333 Vgl SK-StGB/*Hoyer*[9] § 283 Rdn 42 f; NK-StGB/*Kindhäuser*[5] Vor §§ 283 ff Rdn 69; *ders* (2018) S 445 f; *Röhm* (2002) S 85 f, 273 f.

334 Zutreffend Bittmann-Insolvenzstrafrecht/*C. Brand*[2] § 12 Rdn 32; Schönke/Schröder-StGB/*Heine*/*Schuster*[30] § 283 Rdn 7a (auch mit Blick auf insoweit angenommene überindividuelle Schutzgüter des Insolvenzstrafrechts, siehe dazu kritisch unter Rdn 8).

335 Vgl *Moosmayer* S 115 ff; *Penzlin* (2000) S 208 ff; *Röhm* (2002) S 287 ff.

der **ex-ante-Perspektive** zu bestimmen, dh bei Vornahme der wirtschaftlichen Handlung.[336] Die **Rechtsprechung** entscheidet im Einzelfall unter Bezugnahme auf die infrage stehende Bankrotthandlung ohne Inanspruchnahme einer allgemeinen Definition der Begrifflichkeit, wobei sie bemüht ist, der **Funktion des Merkmals der Strafbarkeitseingrenzung** nachzukommen, und die Fragen der **Angemessenheit** der Ausgaben zu Vermögen und Einkommen[337] sowie der **Intention** des Täters[338] eine größere Rolle spielen.[339] Im **Schrifttum** werden derzeit im Wesentlichen **drei Ansätze für eine Eingrenzung des Begriffs des ordnungsgemäßen Wirtschaftens** vertreten: Die auf *Tiedemann* zurückgehende Auffassung orientiert sich bei Kaufleuten am Maßstab der Sorgfalt eines ordentlichen Geschäftsleiters/Geschäftsmannes aus den **§ 93 Abs 1 Satz 1 AktG, § 43 Abs 1 GmbHG.**[340] Unter Einbeziehung von § 93 Abs 1 Satz 2 AktG und der Geltung des „safe harbour"-Prinzips der **„Business Judgment Rule" (BJR)** (*Anders* § 266 Rdn 51, 54) auch für den GmbH-Geschäftsführer[341] wird damit Bezug genommen auf im Innenverhältnis bestehende Organpflichten zum Schutz der Gesellschaft, welche jedenfalls unmittelbar keinen (Gesellschafts-)Gläubigerbezug aufweisen. Die zweite, auf *Krause*[342] zurückgehende und auch von *Kindhäuser*[343] vertretene Ansicht nimmt diesen gesellschaftsrechtsakzessorischen Kritikpunkt zum Anlass, ein **strafrechtsautonomes Drei-Stufen-Modell** zu vertreten, welches sowohl für Kaufleute als auch für private Verbraucher gelten soll. Danach handelt der Schuldner bei den sog bestandsbezogenen Bankrotthandlungen[344] in den Grenzen ordnungsgemäßer Wirtschaft, wenn er beim Umgang mit seinem Vermögen zum einen eine **wirtschaftlich vernünftige Zielsetzung** verfolgt, zum zweiten eine **sorgfältige Risikoabwägung** vornimmt und seine Entscheidung drittens auf einer **hinreichenden Informationsgrundlage** beruht. Die dritte, von *C. Brand*[345] vertretene Auffassung orientiert sich allein mit Blick auf Kaufleute an den **§ 92 Abs 2 Satz 2 AktG, § 64 Satz 2 GmbHG aF/§ 15b Abs 1 Satz 2 InsO**[346] und damit an der (Vorstands- bzw) Geschäftsführerhaftung nach Zahlungsunfähigkeit oder Überschuldung, also an einem gläubigerschutzorientierten Sorgfaltsmaßstab, zu dem der Gedanke der strafbewehrten Insolvenzantragspflicht auch **§ 15a Abs 1 InsO** hinzutreten soll; dies führt zu einer Differenzierung bei insolvenzantragspflichtigen Schuldnern danach, ob diese vor Ablauf der (bei Zahlungsunfähigkeit) Drei- bzw (bei Überschuldung) Sechs- bzw (vom 9.11.2022 bis zum 31.12.2023 befristeten) Achtwochenfrist des **§ 15a Abs 1 Satz 2 InsO**[347]/ **§ 4a SansInsKG** einen Insolvenzantrag gestellt haben – insoweit gilt der og Maßstab der **§ 64 Satz 2 GmbHG aF/§ 15b Abs 1 Satz 2 InsO**, der eingehalten wäre insbesondere bei ex ante erfolgversprechenden Sanierungsversuchen sowie massenachteilsabwendenden Maßnahmen (Zahlung auf Wasser-, Strom- und Heizkostenrechnungen)[348] –, während mit (antragslosem) Ablauf der

---

336 Bittmann-Insolvenzstrafrecht/*C. Brand*[2] § 12 Rdn 28; *Krause* (1995) S 74 f; LK-StGB/*Tiedemann*[12] Vor §§ 283–283d Rdn 106.

337 Vgl RGSt 70, 260, 261; RGSt 73, 229 f; BGHSt 3, 23, 26; *BGH* NJW 1953, 1480, 1481.

338 Vgl BGHSt 34, 309, 310.

339 Bittmann-Insolvenzstrafrecht/*C. Brand*[2] § 12 Rdn 29, mit umfangreichen Nachweisen aus der Rechtsprechung des *RG* und des *BGH* in Fn 219; NK-StGB/*Kindhäuser*[5] Vor §§ 283 ff Rdn 64 ff, es wird daher auf die Kommentierung zu den einzelnen betreffenden Tathandlungen verwiesen.

340 Vgl LK-StGB/*Tiedemann*[12] Vor §§ 283–283d Rdn 111 f.

341 Vgl BGHSt 61, 48, 65 – „Nürburgringverfahren".

342 Vgl *Krause* (1995) S 364 ff.

343 Vgl NK-StGB/*Kindhäuser*[5] Vor §§ 283 ff Rdn 74 ff; *ders* (2018) S 441 ff.

344 Zur Abgrenzung zu den sog informationsbezogenen Bankrotthandlungen siehe unter Rdn 2.

345 Vgl Bittmann-Insolvenzstrafrecht/*C. Brand*[2] § 12 Rdn 30 ff.

346 § 64 GmbHG ist mit Wirkung vom 1.1.2021 aufgehoben worden durch Art 16 Nr 2. des Gesetzes zur Fortentwicklung des Sanierungs- und Insolvenzrechts (Sanierungs- und Insolvenzrechtsfortentwicklungsgesetz – SanInsFoG) vom 22.12.2020 (BGBl I S 3256) und in § 15b InsO neu geregelt worden (vgl Art 5 Nr 9. SanInsFoG).

347 Entsprechend Art 5 Nr 8. des Gesetzes zur Fortentwicklung des Sanierungs- und Insolvenzrechts (Sanierungs- und Insolvenzrechtsfortentwicklungsgesetz – SanInsFoG) vom 22.12.2020 (BGBl I S 3256), in Kraft zum 1.1.2021. Vorher sah § 15a Abs 1 Satz 1 InsO einheitlich eine dreiwöchige Frist vor.

348 Bittmann-Insolvenzstrafrecht/*C. Brand*[2] § 12 Rdn 33.

genannten Fristen sämtliche vermögensrelevanten Maßnahmen mit Ausnahme nicht die Masse schmälernder Transaktionen wirtschaftswidrig sind.[349] Mit Blick auf nicht antragsverpflichtete Unternehmer sollen danach – arg. **§ 15b Abs 2 Satz 2 InsO** – ebenfalls die erstgenannten Maßstäbe gelten.[350]

2. Stellungnahme

Die Kritik an der erstgenannten Ansicht, es fehle an einem fehlenden Gläubigerschutzmaßstab bei einer Ableitung der Ordnungsgemäßheit des Wirtschaftens über die **§ 93 Abs 1 AktG, § 43 Abs 1 GmbHG**, die wesentlich von der dritten Auffassung vorgetragen wird,[351] dürfte nicht verfangen: So konturiert die **BJR** in vergleichender Betrachtung im Rahmen der Untreue zum Nachteil der GmbH – also im Innenverhältnis von (betreuungspflichtigem) Organ zum GmbH-Vermögen – die Vermögensbetreuungspflicht (Anders § 266 Rdn 51, Rdn 54); über die in Kongruenz mit dem gesellschaftsrechtlichen Grundsätzen der Existenzvernichtungshaftung entwickelte strafrechtliche Begrenzung des Gesellschaftereinverständnisses zu den das GmbH-Vermögen benachteiligenden Handlungen bei der Existenzgefährdung der Gesellschaft wird selbst dort jedoch ein jedenfalls **mediatisierter Gläubigerschutz** betrieben.[352] Das Dreistufenmodell von *Krause* und *Kindhäuser* kommt in der Regel zu denselben Ergebnissen wie die erstgenannte Ansicht;[353] mit der in Anspruch genommenen Strafrechtsautonomie dieses Ansatzes dürfet es jedoch nicht weit her sein, rekurriert doch insbesondere die dritte Stufe auf eine Voraussetzung, die der entsprechenden Vorgabe aus § 93 Abs 1 Satz 2 AktG sehr nahekommt.[354] Auch dürfte diese Ansicht die besondere Rolle der Verbraucher unterbestimmen (vgl Rdn 62). Die dritte Ansicht schließlich nimmt für sich in Anspruch, einen Verhaltensmaßstab entwickelt zu haben, der in der Unternehmenskrise tauglich sei.[355] Dem könnte zwar entgegengehalten werden, dass der Maßstab der Sorgfalt eines ordentlichen Geschäftsleiters/Geschäftsmannes auch am Gläubigerschutz des Insolvenzstrafrechts ausrichtbar sei. Jedoch orientiert sich die in der drittgenannten Ansicht angelegte Differenzierung beim insolvenzantragspflichtigen Schuldner zwischen der Periode vor und nach den Insolvenzantragstellungsfristen an den gesetzgeberischen Vorgaben insbesondere des **§ 15b Abs 2 Satz 2, Abs 3 InsO**,[356] sodass dieser Auffassung zu folgen ist. 64

§ 2 Abs 1 Nr 1 SanInsKG macht Vorgaben zur Bewertung von Zahlungen im Rahmen der Insolvenzantragspflichtaussetzung nach **§ 1 Abs 1 SansInsKG**: Danach gelten[357] Zahlungen, „die im ordnungsgemäßen Geschäftsgang erfolgen, insbesondere solche Zahlungen, die der Aufrechterhaltung oder Wiederaufnahme des Geschäftsbetriebes oder der Umsetzung eines Sanierungskonzeptes dienen, als mit der Sorgfalt eines ordentlichen und gewissenhaften Geschäftsleiters im Sinne des § 64 Satz 2 des Gesetzes betreffend die Gesellschaften mit beschränkter Haftung (...) vereinbar“ (vgl Rdn 6; *Anders* § 266 Rdn 151). 65

---

349 Bittmann-Insolvenzstrafrecht/*C. Brand*[2] § 12 Rdn 31; MünchKomm-StGB/*Petermann/Sackreuther*[4] Vor §§ 283 ff Rdn 135.

350 MünchKomm-StGB/*Petermann/Sackreuther*[4] Vor §§ 283 ff Rdn 136.

351 Vgl Bittmann-Insolvenzstrafrecht/*C. Brand*[2] § 12 Rdn 30.

352 Siehe umfassend zum Begründungszusammenhang und die Nachweise unter Rdn 91 ff zu § 266 StGB. Vgl im Ergebnis auch LK-StGB/*Tiedemann*[12] Vor §§ 283–283d Rdn 112.

353 Bittmann-Insolvenzstrafrecht/*C. Brand*[2] § 12 Rdn 30.

354 Vgl zum Erfordernis angemessener Information im Rahmen der Business Judgment Rule unter Rdn 53 zu § 266 StGB.

355 Vgl Bittmann-Insolvenzstrafrecht/*C. Brand*[2] § 12 Rdn 30.

356 MünchKomm-StGB/*Petermann/Sackreuther*[4] Vor §§ 283 ff Rdn 135; vgl auch Bittmann-Insolvenzstrafrecht/*C. Brand*[2] § 12 Rdn 31, 33.

357 Es handelt sich um eine gesetzliche Fiktion, die keiner Widerlegung zugänglich ist, Römermann-COVInsAG § 2 Rdn 163.

G. Objektive Bedingungen der Strafbarkeit – § 283 Abs 6 StGB

66 Die Strafbarkeit nach den §§ 283–283d StGB setzt nach den §§ 283 Abs 6, 283b Abs 3, 283c Abs 3, 283d Abs 4 StGB voraus, dass die **Zahlungen eingestellt** worden sind, über das Vermögen des Schuldners das **Insolvenzverfahren eröffnet** oder der **Eröffnungsantrag mangels Masse abgewiesen** worden ist. Es handelt sich nach ganz hM um Merkmale der **objektiven Strafbarkeitsbedingung,**[358] dh Vorsatz oder Fahrlässigkeit brauchen sich auf sie nicht zu erstrecken. Dies ist mit dem **Schuldgrundsatz** vereinbar, da die §§ 283–283d StGB solche Handlungen mit Strafe belegen, welche die Insolvenz herbeiführen oder vertiefen; im Eintritt der objektiven Strafbarkeitsbedingung konkretisiert sich somit die **generelle Gefährlichkeit der tatbestandlichen Bankrotthandlungen.**[359]

67 Die Bedingungen sind Ausfluss der gesetzgeberischen Entscheidung, nicht bereits die für das geschützte Rechtsgut generell gefährlichen und damit sozialschädlichen Bankrotthandlungen als solche zu bestrafen, sondern das Strafrecht erst dann auf den Plan treten zu lassen, wenn die Unternehmenskrise in ihnen kulminiert; sie haben also eine **strafbarkeitseinschränkende Zwecksetzung.**[360] Strafrechtliche Ermittlungen sollen erst **nach Evidenz des Unternehmenszusammenbruchs** zugelassen werden. Erst mit dem **Eintritt der Bedingung des § 283 Abs 6 StGB beginnt die Frist für die Strafverfolgungsverjährung zu laufen.**[361]

I. Zahlungseinstellung

68 Der Begriff der **Einstellung der Zahlungen** ist nicht kongruent mit dem der **Zahlungsunfähigkeit**, was sich schon aus der Vermutung des § 17 Abs 2 Satz 2 InsO ergibt, welche Letztere beim Vorliegen von Ersterer „in der Regel" annimmt.[362] Zahlungseinstellung kann vorliegen, ohne dass Zahlungsunfähigkeit gegeben ist,[363] wenn der Schuldner Letztere irrig annimmt oder zahlungsunwillig ist.[364] Eine gesetzliche Definition fehlt und die Rechtsprechung hat den Begriff als **faktisches Verhalten** charakterisiert dahingehend, dass der Schuldner seine **fälligen und von den**

---

358 RGSt 45, 88, 91 ff; BGHSt 1, 186, 191; Matt/Renzikowski-StGB/*Altenhain*[2] § 283 Rdn 51; BeckOK-StGB/*Beukelmann*[58] § 283 Rdn 31; SSW-StGB/*Bosch*[5] Vor §§ 283 ff Rdn 14; Lackner/Kühl-StGB/*Heger*[29] § 283 Rdn 30; Schönke/Schröder-StGB/*Heine/Schuster*[30] § 283 Rdn 59; *Hombrecher* JA 2013, 541, 544; NK-StGB/*Kindhäuser*[5] Vor §§ 283 ff Rdn 101; Wabnitz/Janovsky/Schmitt/*Pelz*[5] 9. Kapitel Rdn 128; MünchKomm-StGB/*Petermann/Sackreuther*[4] Vor § 283 Rdn 140; Graf/Jäger/Wittig/*Reinhart*[2] Vor §§ 283–283d Rdn 25; Müller-Gugenberger-WirtschaftsStrR/*H. Richter*[7] Rdn 81.67; *Röhm* (2002) S 202; LK-StGB/*Tiedemann*[12] Vor §§ 283–283d Rdn 89; *Trüg/Habetha* wistra 2007, 365; *Weyand/Diversy* Rdn 56; **aA** *Bemmann* S 47 ff.

359 Bittmann-Insolvenzstrafrecht/*C. Brand*[2] § 12 Rdn 220; MünchKomm-StGB/*Petermann/Sackreuther*[4] Vor §§ 283 ff Rdn 140.

360 Vgl BR-Drucks 5/75 S 33; BT-Drucks 7/3441 S 33; Graf/Jäger/Wittig/*Reinhart*[2] Vor §§ 283–283d Rdn 25, 42; Müller-Gugenberger-WirtschaftsStrR/*H. Richter*[7] Rdn 81.68; LK-StGB/*Tiedemann*[12] Vor §§ 283–283d Rdn 89.

361 Vgl RGSt 16, 188, 190; *BGH* NStZ-RR 2020, 283; BeckOK-StGB/*Beukelmann*[58] § 283 Rdn 111; StGB/*Fischer*[69] § 283 Rdn 39; Lackner/Kühl-StGB/*Heger*[29] § 283 Rdn 31; Graf/Jäger/Wittig/*Reinhart*[2] Vor §§ 283–283d Rdn 42; Momsen/Grützner-WirtschaftsStrR/*Rinjes* Kapitel 8. Rdn 145; folgt die Bankrotthandlung der objektiven Strafbarkeitsbedingung nach, dazu unter Rdn 72, so beginnt die Verjährung mit Vornahme (Vollendung) der Bankrotthandlung, Momsen/Grützner-WirtschaftsStrR/*Rinjes* Kapitel 8. Rdn 145; LK-StGB/*Tiedemann*[12] § 283 Rdn 221.

362 SSW-StGB/*Bosch*[5] Vor §§ 283 ff Rdn 15; StGB/*Fischer*[69] Vor § 283 Rdn 13.

363 Siehe schon RGSt 14, 221 f.

364 *Bieneck* StV 1999, 43, 45; Lackner/Kühl-StGB/*Heger*[29] § 283 Rdn 27; NK-StGB/*Kindhäuser*[5] Vor §§ 283 ff Rdn 104; MünchKomm-StGB/*Petermann/Sackreuther*[4] Vor §§ 283 ff Rdn 152; Schönke/Schröder-StGB/*Heine/Schuster*[30] § 283 Rdn 60; Graf/Jäger/Wittig/*Reinhart*[2] Vor §§ 283–283d Rdn 28; *Weyand/Diversy* Rdn 57; wohl auch StGB/*Fischer*[69] Vor § 283 Rdn 13.

Gläubigern ernsthaft eingeforderten[365] **Verbindlichkeiten nicht mehr erfüllt,**[366] wobei insoweit auf deren **überwiegenden Teil** abzustellen ist.[367]

II. Eröffnung des Insolvenzverfahrens

Das Insolvenzverfahren wird durch entsprechenden Beschluss des Insolvenzrichters eröffnet (vgl 69 § 27 InsO). Dabei ist die rechtskräftige[368] Entscheidung des Insolvenzrichters **für das Strafgericht bindend**;[369] die ggf **nachfolgende Einstellung des Insolvenzverfahrens** nach den §§ 207, 211 ff InsO ist für den Eintritt der objektiven Bedingung der Strafbarkeit **ohne Bedeutung**.[370]

III. Abweisung des Eröffnungsantrags mangels Masse

Die **Abweisung der Eröffnung des Insolvenzverfahrens mangels Masse** erfolgt, wenn das Ver- 70 mögen des Schuldners nicht ausreicht, um die Kosten des Verfahrens zu decken (vgl § 26 InsO). Auch ein solcher rechtskräftiger Beschluss ist **für das Strafgericht bindend**.[371]

IV. Zusammenhang

Definition. Unterbrechung des Zusammenhangs. Erforderlich ist sowohl nach der **Rechtspre-** 71 **chung**[372] als auch der **ganz hM im Schrifttum**[373] ein **zeitlicher und tatsächlicher Zusammenhang zwischen Bankrotthandlung und objektiver Bedingung der Strafbarkeit;** ein **kausaler Zusammenhang ist nicht verlangt**,[374] da fehlende Strafwürdigkeit bei der Überwindung der

---

365 **AA** Matt/Renzikowski-StGB/*Altenhain*[2] § 283 Rdn 52; wohl auch *Weyand/Diversy* Rdn 57.

366 Vgl RGSt 41, 309, 312; SSW-StGB/*Bosch*[5] Vor §§ 283 ff Rdn 16; Graf/Jäger/Wittig/*Reinhart*[2] Vor §§ 283–283d Rdn 27 f; *Weyand/Diversy* Rdn 57.

367 Vgl NK-StGB/*Kindhäuser*[5] Vor §§ 283 ff Rdn 104; MünchKomm-StGB/*Petermann/Sackreuther*[4] Vor § 283 Rdn 150; Graf/Jäger/Wittig/*Reinhart*[2] Vor §§ 283–283d Rdn 28; LK-StGB/*Tiedemann*[12] Vor §§ 283–283d Rdn 145; *Weyand/Diversy* Rdn 57; **aA – 90 % der fälligen und einredefreien Verbindlichkeiten** Matt/Renzikowski-StGB/*Altenhain*[2] § 283 Rdn 52; **aA – „etwa ein Anteil von 2/3"**: Schönke/Schröder-StGB/*Heine/Schuster*[30] § 283 Rdn 60; **aA –75 %** SK-StGB/*Hoyer*[9] Vor §§ 283 Rdn 13.

368 Die objektive Bedingung der Strafbarkeit tritt somit nicht bei erfolgreicher sofortiger Beschwerde (vgl §§ 4, 34 Abs 2 InsO, § 569 Abs 1 ZPO) ein, vgl StGB/*Fischer*[69] Vor § 283 Rdn 14; *Weyand/Diversy* Rdn 58.

369 SSW-StGB/*Bosch*[5] Vor §§ 283 ff Rdn 17; StGB/*Fischer*[69] Vor § 283 Rdn 14; NK-StGB/*Kindhäuser*[5] Vor §§ 283 ff Rdn 106; *Weyand/Diversy* Rdn 58.

370 Vgl *BGH* bei *Herlan* GA 1955, 364; SSW-StGB/*Bosch*[5] Vor §§ 283 ff Rdn 17; StGB/*Fischer*[69] Vor § 283 Rdn 14; *Weyand/Diversy* Rdn 58.

371 SSW-StGB/*Bosch*[5] Vor §§ 283 ff Rdn 17; NK-StGB/*Kindhäuser*[5] Vor §§ 283 ff Rdn 107; *Weyand/Diversy* Rdn 58.

372 Vgl BGHSt 1, 186, 191; BGHSt 28, 231, 234; *BGH* JZ 1979, 75, 76; *BGH* NJW 2001, 1874, 1876; *BGH* NStZ 2008, 401, 402; *BGH* BeckRS 2014, 9500 (in NStZ 2014, 469, wistra 2014, 354 und StV 2014, 690 insoweit nicht abgedruckt); NStZ 2019, 212, 213. Übersicht bei *Windsberger* S 80 ff.

373 Vgl Matt/Renzikowski-StGB/*Altenhain*[2] § 283 Rdn 53; BeckOK-StGB/*Beukelmann*[58] § 283 Rdn 35; *Biletzki* NStZ 1999, 537, 540; StGB/*Fischer*[69] Vor § 283 Rdn 17; Lackner/Kühl-StGB/*Heger*[29] § 283 Rdn 29; Schönke/Schröder-StGB/*Heine/Schuster*[30] § 283 Rdn 59 „tatsächliche Beziehung"; SK-StGB/*Hoyer*[9] Vor §§ 283 Rdn 19; NK-StGB/*Kindhäuser*[5] Vor §§ 283 ff Rdn 108; *Kudlich/Oğlakcıoğlu*[2] Rdn 509; Graf/Jäger/Wittig/*Reinhart*[2] Vor §§ 283–283d Rdn 45 (nur mit Blick auf § 283b StGB); *Stockburger* S 188; LK-StGB/*Tiedemann*[12] Vor §§ 283–283d Rdn 92; *Weyand/Diversy* Rdn 59; Wirtschaftsstrafrecht/*Wittig*[5] § 23 Rdn 122.

374 **AA – Kausalität erforderlich** *Habetha* (2014) Rdn 465; *Trüg/Habetha* wistra 2007, 365, 370; *E. Wilhelm* NStZ 2003, 511, 514 mit Blick auf § 283b Abs 1 Nr 3 lit b) StGB; **aA – kein Zusammenhang erforderlich**: *Bieneck* wistra

Krise angenommen wird.[375] Damit ist auch der mögliche Tatzeitraum festgelegt, der mit dem Eintritt der tatbestandlichen Krise beginnt und erst mit ihrer Überwindung, nicht jedoch mit dem Bedingungseintritt gemäß § 283 Abs 6 StGB, endet.[376] Möglich ist daher, dass die objektive Bedingung der Strafbarkeit gemäß § 283 Abs 6 StGB der Bankrotthandlung nachfolgt, aber auch umgekehrt, dass auf den Eintritt der objektiven Bedingung der Strafbarkeit gemäß § 283 Abs 6 StGB erst die Tathandlung folgt.[377] Für Letztere ist nur ein Zusammenhang zwischen der Bankrotthandlung und etwa der Zahlungseinstellung in dem Sinne, dass dieselben Gläubiger sowohl durch die Bankrotthandlung benachteiligt als auch von der Zahlungseinstellung betroffen werden, erforderlich.[378] Für die Fälle, in denen **§ 1 Abs 1 SanInsKG**[379] die **Insolvenzantragsfrist** vorübergehend vom 1. März 2020 bis zum 30. September 2020 (weitergehend nach **§ 1 Abs 2 SanInsKG** nur für überschuldete Personen und Unternehmen vom 1. Oktober 2020 bis zum 31. Dezember 2020 sowie nach **§ 1 Abs 3 SanInsKG** vom 1. Januar 2021 bis zum 30. April 2021 grundsätzlich für die Geschäftsleiter solcher Schuldner, die im Zeitraum vom 1. November 2020 bis zum 28. Februar 2021 einen Antrag auf Gewährung finanzieller Hilfeleistungen im Rahmen staatlicher Hilfsprogramme zur Abmilderung der Folgen der COVID-19-Pandemie gestellt haben bzw, die nach den Bedingungen des Programms in den Kreis der Antragsberechtigten fallen) ausgesetzt hat, wird vertreten, dass die Strafbarkeit von Bankrotthandlungen durch die **Verneinung des zeitlichen und tatsächlichen Zusammenhangs** von Handlung und Zahlungseinstellung bzw Insolvenzeröffnung auszuschließen sei, weil der Gesetzgeber trotz Überschuldung oder Zahlungsunfähigkeit eine Fortführung des Unternehmens bis zur gebotenen Stellung des Insolvenzantrags habe ermöglichen wollen.[380] Das **SanInsKG** dürfte eine solche Auslegung allerdings

---

1992, 89, 91; Bittmann-Insolvenzstrafrecht/*C. Brand*[2] § 12 Rdn 224 (Verzicht nur mit Blick auf § 283 StGB, nicht jedoch betreffend § 283b StGB); *Geisler* S 490 ff; MünchKomm-StGB/*Petermann/Sackreuther*[4] Vor §§ 283 ff Rdn 160 ff (Verzicht nur mit Blick auf § 283 StGB, nicht jedoch betreffend § 283b StGB); *H. Schäfer* wistra 1990, 81, 87; *Windsberger* S 207 ff (nur mit Blick auf § 283 StGB); **aA – „Krisenidentität"** Graf/Jäger/Wittig/Reinhart[2] Vor §§ 283–283d Rdn 43, der mit Ausnahme für § 283b StGB, der keine Krise voraussetzt, verlangt, dass die Krise in dem Zeitraum zwischen Tathandlung und Bedingungseintritt – unabhängig davon, ob Letzterer der Ersteren nachfolgt oder umgekehrt – durchgehend vorgelegen hat; in diesem Sinne auch *Weyand/Diversy* Rdn 59.

375 Vgl *BGH* JZ 1979, 75, 77; SSW-StGB/*Bosch*[5] Vor §§ 283 ff Rdn 18; Matt/Renzikowski-StGB/*Altenhain*[2] § 283 Rdn 53; StGB/*Fischer*[69] Vor § 283 Rdn 17; Schönke/Schröder-StGB/*Heine/Schuster*[30] § 283 Rdn 59; *Neumann* S 25 ff; Wabnitz/Janovsky/Schmitt/*Pelz*[5] 9. Kapitel Rdn 131; Müller-Gugenberger-WirtschaftsStrR/*H. Richter*[7] Rdn 81.78; *Stockburger* S 188; LK-StGB/*Tiedemann*[12] Vor §§ 283–283d Rdn 90. Zur Überwindung der Krise siehe unter Rdn 71.

376 Graf/Jäger/Wittig/*Reinhart*[2] Vor §§ 283–283d Rdn 41; LK-StGB/*Tiedemann*[12] Vor §§ 283–283d Rdn 100.

377 Vgl RGSt 6, 94 f; RGSt 11, 386; RGSt 14, 221, 222 ff; RGSt 22, 436, 437; RGSt 55, 30; RGSt 65, 416, 417; BGHSt 1, 186, 191; *BGH* NStZ 2019, 212, 213; StGB/*Fischer*[69] Vor § 283 Rdn 16; Lackner/Kühl-StGB/*Heger*[29] § 283 Rdn 29; Schönke/Schröder-StGB/*Heine/Schuster*[30] § 283 Rdn 59; MünchKomm-StGB/*Petermann/Sackreuther*[4] Vor §§ 283 ff Rdn 144, 161; Graf/Jäger/Wittig/*Reinhart*[2] Vor §§ 283–283d Rdn 43; Müller-Gugenberger-WirtschaftsStrR/*H. Richter*[7] Rdn 81.85; *Stockburger* S 188; LK-StGB/*Tiedemann*[12] Vor §§ 283–283d Rdn 96. **Kritisch** mit Blick auf die der objektiven Strafbarkeitsbedingung folgenden Tathandlung, Bittmann-Insolvenzstrafrecht/*C. Brand*[2] § 12 Rdn 9; LK-StGB/*ders*[13] Vor §§ 283 ff Rdn 10 Habe das Insolvenzgericht das **Insolvenzverfahren eröffnet** und einen **Insolvenzverwalter eingesetzt**, sei für Gläubigerschutz gesorgt, sodass allein **Pfandkehr (§ 289 StGB)** und **Verstrickungsbruch (§ 136 Abs 1 StGB)** einschlägig sein könnten; § 283 StGB könne nur verwirklicht sein, wenn der Schuldner seine **Zahlungen einstellt** bzw die beantragte **Eröffnung mangels Masse abgewiesen** worden sei; dagegen MünchKomm-StGB/*Petermann/Sackreuther*[4] Vor §§ 283 ff Rdn 146 mit der Begründung, dass dem Gesetz eine Beschränkung des Bankrotts auf Handlungen vor der Eröffnung des Insolvenzverfahrens nicht entnommen werden könne.

378 *BGH* NStZ 2019, 212, 213.

379 Gesetz zur vorübergehenden Aussetzung der Insolvenzantragspflicht und zur Begrenzung der Organhaftung bei einer durch die COVID-19-Pandemie bedingten Insolvenz (COVID-19-Insolvenzaussetzungsgesetz – COVInsAG) vom 27.3.2020 (BGBl I, S 569), geändert durch Gesetze vom 25.9.2020 (BGBl I, S 2016), vom 22.12.2020 (BGBl I, S 3256) und vom 15.2.2021 (BGBl I, S 237).

380 Vgl SSW-StGB/*Bosch*[5] Vor §§ 283 ff Rdn 18; *Ruppert* COVuR 2020, 130, 132.

kaum hergeben;[381] vielmehr hat die vorübergehende Aussetzung der Insolvenzantragstellungspflicht für § 283 StGB in rechtlicher Hinsicht **unmittelbar keine Bedeutung.**[382] Allerdings dürfte insoweit zeitweise der Anwendungsbereich des § 283 Abs 6 StGB eingeschränkt sein: Von den objektiven Strafbarkeitsbedingungen wird wohl allein noch die Zahlungseinstellung – zudem wegen staatlicher Unterstützungsleistungen geringfügigere – Bedeutung haben, zumal zudem bei den zwischen dem 28. März 2020 und dem 28. Juni 2020 gestellten Gläubigerinsolvenzanträgen gemäß **§ 3 SanInsKG** die Eröffnung des Insolvenzverfahrens voraussetzt, dass der Eröffnungsgrund bereits am 1. März 2020 vorlag.[383]

Bankrotthandlungen nach Bedingungseintritt. Überwindung der Krise. Da Bankrott- 72
handlungen auch nach Eintritt der Strafbarkeitsbedingung des § 283 Abs 6 StGB begangen werden können, stellt sich insoweit die Frage nach der **Bestimmung des Endzeitpunktes** für ihre Verwirklichung. Unstreitig markiert spätestens die **Beendigung des Unternehmens** den Schlusspunkt für die Vornahme von Bankrotthandlungen; bei der **Kapitalgesellschaft**, also auch der **GmbH**, ist daher auf den Zeitpunkt abzustellen, in dem sie **vermögenslos** geworden und **im Handelsregister gelöscht** worden ist.[384] Zum Teil wird vertreten, dass schon mit der **Aufhebung des Insolvenzverfahrens nach (rechtskräftiger) Bestätigung des Insolvenzplans** (vgl **§§ 258, 259 Abs 1 Satz 2 InsO**) Bankrottstraftaten nicht mehr möglich sind, da dann das freie Verwaltungs- und Verfügungsrecht über das Vermögen wieder auf den Schuldner übergeht; § 283 Abs 1 StGB wäre dann erst einschlägig, wenn der Insolvenzschuldner danach in eine neue Krise gerät und es erneut zum Eintritt der objektiven Strafbarkeitsbedingung kommt.[385] Dies wird mit dem Argument der fortbestehenden Gläubigerschutzwürdigkeit bestritten, sodass Bankrottstraftaten auch nach Abweisung des Insolvenzantrags und nach Beendigung des Insolvenzverfahrens begehbar sein sollen.[386] Nach richtiger Auffassung wird der Zusammenhang bei Bankrotthandlungen **vor und nach Eintritt der objektiven Bedingung der Strafbarkeit** unterbrochen, wenn der Täter während der Krise eine Bankrotthandlung begeht, diese Krise aber **überwindet** (und der Zusammenbruch dann ggf erst nach der Krise aufgrund andere Umstände eintritt).[387] Wodurch die Krise zunächst überwunden wurde, ist für den Wegfall des Zusammenhangs und damit den Ausschluss der Strafbarkeit irrelevant.[388] Umstritten sind die Voraussetzungen für die **Überwindung der Krise.**[389] Die **Überschuldung** soll nach der **restriktiven Rechtsprechung des** BGH **in Strafsachen** erst bei einer **„wirklichen Konsolidierung"** überwunden sein,[390] im

---

381 Vgl MünchKomm-StGB/*Petermann*/*Sackreuther*[4] Vor §§ 283 ff Rdn 3; in diesem Sinne selbst *Ruppert* COVuR 2020, 130, 132.

382 *Klose* NZWiSt 2020, 333, 338; *H. Richter* ZInsO 2020, 997, 1000.

383 Vgl MünchKomm-StGB/*Petermann*/*Sackreuther*[4] Vor §§ 283 ff Rdn 3; *H. Richter* ZInsO 2020, 997, 1000. Das soll zudem dazu führen, dass den Gläubigeranträgen in der weitergehenden nachfolgenden Schutzzeit des Schuldners das nach § 14 Abs 1 Satz 1 InsO erforderliche rechtliche Interesse fehlt, *H. Richter* ZInsO 2020, 997 unter Hinweis auf *Hölzle*/*Schulenberg* ZIP 2020, 633, 650.

384 Müller-Gugenberger-WirtschaftsStrR/*H. Richter*[7] Rdn 81.90; vgl auch MünchKomm-StGB/*Petermann*/*Sackreuther*[4] Vor § 283 Rdn 147.

385 Vgl Lackner/Kühl-StGB/*Heger*[29] § 283 Rdn 29; MünchKomm-StGB/*Petermann*/*Sackreuther*[4] Vor § 283 Rdn 146; *Stockburger* S 188 f; LK-StGB/*Tiedemann*[12] Vor §§ 283–283d Rdn 100.

386 Vgl Müller-Gugenberger-WirtschaftsStrR/*H. Richter*[7] Rdn 81.87; siehe Müller-Gugenberger-WirtschaftsStrR/*dens*[7] Rdn 81.91 ff zur möglichen Bankrottstrafbarkeit des Liquidators der aufgelösten Gesellschaft.

387 LK-StGB/*Tiedemann*[12] Vor §§ 283–283d Rdn 100; Wirtschaftsstrafrecht/*Wittig*[5] § 23 Rdn 123; nach BGHSt 7, 146, 147 liegt strafbarer Bankrott vor, wenn der Schuldner Vermögensstücke beiseitegeschafft hat, nachdem sein Antrag auf Eröffnung des Insolvenzverfahrens mangels Masse zurückgewiesen worden ist, sofern er seine **Zahlungen eingestellt** hat.

388 NK-StGB/*Kindhäuser*[5] Vor §§ 283 ff Rdn 108; Graf/Jäger/Wittig/*Reinhart*[2] Vor §§ 283–283d Rdn 44; LK-StGB/*Tiedemann*[12] Vor §§ 283–283d Rdn 176 ff.

389 Vgl MünchKomm-StGB/*Petermann*/*Sackreuther*[4] Vor §§ 283 ff Rdn 157; Wirtschaftsstrafrecht/*Wittig*[5] § 23 Rdn 124.

390 *BGH* JZ 1979, 75, 76; auch *Penzlin* (2000) S 185.

Schrifttum wird der Wegfall der rechnerischen Überschuldung verlangt.[391] Die **Zahlungsunfähigkeit** ist nach der **Rechtsprechung des** BGH **in Zivilsachen** überwunden, wenn der Schuldner seine **Zahlungen im Allgemeinen wieder aufgenommen** habe;[392] das **Schrifttum** verlangt mit Blick auf die eingetretene und drohende Zahlungsunfähigkeit die Schaffung einer zur Begleichung des wesentlichen Teils der fälligen Forderungen ausreichenden (Geld-)Liquidität unter Berücksichtigung der erforderlichen Deckungsquote (Rdn 48 f, 57) bezogen auf einen **Zeitraum von ungefähr einem Jahr**.[393]

73 **Neuausrichtung infolge der InsO?** Wegen der durch die Einführung der InsO erfolgten vorverlagernden Ausdehnung des Anwendungsbereichs des § 283 Abs 6 StGB insbesondere auf Konstellationen, in denen auf Grund von drohender Zahlungsunfähigkeit auf Antrag des Schuldners (vgl § 18 Abs 1 InsO) das Insolvenzverfahren eröffnet oder mangels Masse abgewiesen worden ist (vgl Rdn 55), verneinen im Schrifttum in diesen Fällen bei der **Eröffnung des Insolvenzverfahrens** sowie **nach Bestätigung des Insolvenzplans** *Moosmayer*[394] und *Uhlenbruck*[395] schon **de lege lata** entsprechend den Krisenüberwindungsszenarien den Zusammenhang zwischen Krise und Unternehmenszusammenbruch und nehmen Straflosigkeit des Schuldners bzw seiner Organe an.[396] Dagegen ist insbesondere einzuwenden, dass eine solche Regelung dem Gesetzgeber vorbehalten bleibt.[397] Weitergehend wird daher **de lege ferenda** gefordert, **Fälle der Eröffnung des Insolvenzverfahrens oder dessen Ablehnung mangels Masse bei nur drohender Zahlungsunfähigkeit insgesamt aus dem Anwendungsbereich des §§ 283 Abs 6, 283b Abs 3, 283c Abs 3, 283d Abs 4 StGB herauszunehmen**.[398]

74 **Prozessuales.** Auch die Bedingungen der **prozessualen Feststellung des Zusammenhangs** sind umstritten.[399] Es wird insbesondere mit Blick auf die Verletzung von Buchführungspflichten unter Hinweis auf den Symptomgehalt der Bankrotthandlung und damit auf den zentralen Stellenwert des Handlungsunwerts vertreten,[400] dass für die Feststellung des tatsächlichen Zusammenhangs nur der Nachweis der Tathandlung in der Krise und der objektiven Bedingung der Strafbarkeit erforderlich sei, und eine Berücksichtigung möglicher bestehender Zweifel lediglich in der Strafzumessung in Betracht komme.[401] Da selbst ein Abstellen auf das abstrakt gefährdende Verhalten als Gegenstand des Unwerturteils indes nichts an der allgemeinen strafprozessualen Beweisführungslast ändert, kann dieser Auffassung nicht gefolgt werden.[402]

---

391 NK-StGB/*Kindhäuser*[5] Vor §§ 283 ff Rdn 109; MünchKomm-StGB/*Petermann/Sackreuther*[4] Vor § 283 Rdn 157; LK-StGB/*Tiedemann*[12] Vor §§ 283–283d Rdn 173; vgl auch Graf/Jäger/Wittig/*Reinhart*[2] Vor §§ 283–283d Rdn 44, es reicht die fehlende Überschuldung „nur an einem einzigen Stichtag".

392 BGHZ 149, 178, 188.

393 NK-StGB/*Kindhäuser*[5] Vor §§ 283 ff Rdn 109; MünchKomm-StGB/*Petermann/Sackreuther*[4] Vor § 283 Rdn 157; LK-StGB/*Tiedemann*[12] Vor §§ 283–283d Rdn 174; vgl auch Graf/Jäger/Wittig/*Reinhart*[2] Vor §§ 283–283d Rdn 44; *Stockburger* S 189.

394 Vgl *Moosmayer* S 191 ff.

395 Vgl *Uhlenbruck* NZI 1998, 33; *dens* ZInsO 1998, 250, 251 f.

396 Ähnlich Schönke/Schröder-StGB/*Heine/Schuster*[30] § 283 Rdn 59; *Plathner* S 218 f nimmt einen Strafaufhebungsgrund an.

397 Vgl Bittmann-Insolvenzstrafrecht/*C. Brand*[2] § 12 Rdn 225; *Stockburger* S 195 f; ablehnend auch *Penzlin* (2000) S 194; kritisch auch LK-StGB/*Tiedemann*[12] Vor §§ 283–283d Rdn 179.

398 Vgl *Dohmen* S 88 ff; *Neumann* S 106 ff; *Röhm* NZI 2002, 134, 136 ff; *dens* (2002) S 229 ff; LK-StGB/*Tiedemann*[12] Vor §§ 283–283d Rdn 180; dazu *Stockburger* S 198 ff.

399 Vgl MünchKomm-StGB/*Petermann/Sackreuther*[4] Vor § 283 Rdn 158.

400 LK-StGB/*Tiedemann*[12] Vor §§ 283–283d Rdn 97; *Wilhelm* NStZ 2003, 511, 514 f.

401 *OLG Düsseldorf* NJW 1980, 1292, 1293; *OLG Hamburg* NJW 1987, 1342, 1344; SSW-StGB/*Bosch*[5] Vor §§ 283 ff Rdn 18; SK-StGB/*Hoyer*[9] Vor §§ 283 ff Rdn 18; *Maurer* wistra 2003, 253, 254; Graf/Jäger/Wittig/*Reinhart*[2] Vor §§ 283–283d Rdn 45; *Tiedemann* NJW 1977, 777, 783; LK-StGB/*ders*[12] Vor §§ 283–283d Rdn 97.

402 Lackner/Kühl-StGB/*Heger*[29] § 283 Rdn 29; NK-StGB/*Kindhäuser*[5] Vor §§ 283 ff Rdn 110; *Penzlin* (2000) S 186; *Weyand/Diversy* Rdn 59.

H. Rechtsfolgen

I. Inhabilität

Nach § 6 Abs 2 Satz 2 Nr 3 lit b) GmbHG kann nicht GmbH-Geschäftsführer (bzw nach § 76 Abs 3 Satz 2 Nr 3 lit b) AktG Vorstandsmitglied einer AG) sein, wer wegen einer oder mehrerer **vorsätzlich begangener – dh die fahrlässige bzw leichtfertige Begehungsweise scheidet aus –**[403] **Straftaten nach den §§ 283 bis 283d StGB** zu **einer Freiheitsstrafe von mindestens einem Jahr** verurteilt worden ist. Dieser Ausschluss gilt **für die Dauer von fünf Jahren seit der Rechtskraft des Urteils** und es wird die Zeit nicht eingerechnet, in welcher der Täter auf behördliche Anordnung in einer Anstalt verwahrt worden ist. Er findet auch Anwendung bei einer **Verurteilung im Ausland wegen einer entsprechenden Tat** (§ 6 Abs 2 Satz 3 GmbHG bzw § 76 Abs 3 Satz 3 AktG).[404] Die Vorschrift gilt wegen ihres vermögens-, insbesondere gläubigerschützenden Charakters nicht nur für Täter, sondern **auch für Teilnehmer.**[405] Es kommt nicht darauf an, ob die Vollstreckung der Strafe zur **Bewährung** ausgesetzt worden ist.[406] Der (zusätzlichen) Verhängung eines Berufsverbots nach § 70 StGB bedarf es nicht.[407] Im Falle einer aus Katalogstraftaten des § 6 Abs 2 Satz Nr 3 lit b) GmbHG und Nichtkatalogstraftaten gebildeten **Gesamtfreiheitsstrafe** kommt es nicht es auf die **Summe der Einzelstrafen für die Katalogstraftaten** an,[408] sondern darauf, ob eine allein aus den Delikten aus § 6 Abs 2 Satz 2 Nr 3 lit b) GmbHG **fiktiv gebildete Gesamtstrafe** das Strafmaß von (mindestens) einem Jahr erreicht.[409] 75

II. Berufsverbot

Dem Tatrichter steht bei der Entscheidung über die **Verhängung eines Berufsverbots** gemäß **§ 70 StGB** ein **weiter Ermessensspielraum** zu.[410] Die Maßregel der Besserung und Sicherung soll die Allgemeinheit vor den Gefahren schützen, die von der Ausübung eines Berufs durch hierfür nicht hinreichend zuverlässige Personen ausgehen; wurden **alle maßgeblichen Umstände (insbesondere Vorstrafen) gewürdigt**[411] oder stehen insbesondere andere, **weniger einschneidende Mittel** zur Verfügung, um der Gefahr hinreichend zu begegnen,[412] stellt es **keinen Ermessensfehler** dar, von der Verhängung eines Berufsverbots abzusehen. 76

I. Verbandsgeldbuße

Die **Verbandsgeldbuße** ist nur möglich, wenn durch eine Leitungsperson der GmbH (vgl **§ 30 Abs 1 Nr 1, 4 und 5 OWiG**) ein **externer Nachteil** begründet worden ist – auch im Falle der **Verletzung einer Aufsichtspflicht** (vgl **§ 130 Abs 1 OWiG**). Straftaten oder Ordnungswidrigkeiten, die sich allein **gegen den Betrieb oder das Unternehmen** und ihre Inhaber richten, sind 77

---

403 Vgl §§ 283 Abs 4 und 5, 283b Abs 2 StGB.

404 Vgl zum überholten Meinungsstreit Henssler/Strohn-GesR/*Oetker*[5] § 6 GmbHG Rdn 31.

405 *II. Zivilsenat* BGH NZG 2020, 145, 146 f; Lutter/Hommelhoff-GmbHG/*Kleindiek*[21] § 6 Rdn 21; Henssler/Strohn-GesR/*Oetker*[5] § 6 GmbHG Rdn 32; *Weiß* wistra 2009, 209, 210; **aA** *Ahlbrecht* wistra 2018, 241, 242 ff.

406 Noack/Servatius/Haas-GmbHG/*Beurskens*[23] § 6 Rdn 21; Habersack/Casper/Löbbe-GmbHG/*Paefgen*[3] § 6 Rdn 29.

407 MünchKomm-GmbHG/*W. Goette*[4] § 6 Rdn 32; Habersack/Casper/Löbbe-GmbHG/*Paefgen*[3] § 6 Rdn 28.

408 So *LG Leipzig* wistra 2017, 166; Noack/Servatius/Haas-GmbHG/*Beurskens*[23] § 6 Rdn 21.

409 Altmeppen[10] § 6 Rdn 20; Habersack/Casper/Löbbe-GmbHG/*Paefgen*[3] § 6 Rdn 34; *Weiß* GmbHR 2013, 1076, 1079.

410 Vgl *BGH* wistra 2007, 343, 344; 2008, 58, 60; StGB/*Fischer*[69] § 70 Rdn 11; SSW-StGB/*Harrendorf*[4] § 70 Rdn 16; Schönke/Schröder-StGB/*Kinzig*[30] § 70 Rdn 17.

411 *BGH* wistra 2007, 343, 344.

412 *BGH* wistra 2008, 58, 60 (Auflage bzw Weisung im Bewährungsbeschluss); Schönke/Schröder-StGB/*Kinzig*[30] § 70 Rdn 18.

keine betriebsbezogenen Straftaten im Rahmen der §§ 30, 130 OWiG.[413] Das gilt auch für die Insolvenzstraftaten, da sich diese negativ auf das Vermögen des Schuldners auswirken; daran ändert auch der Gläubigerschutzzweck der Normen nichts, da die Schädigung des Vermögens der GmbH als Schuldnerin jedenfalls notwendiges Zwischenstadium ist.[414]

---

413 KK-OWiG/*Rogall*[5] § 130 Rdn 98; *Helmrich* wistra 2010, 331, 334.
414 *Helmrich* wistra 2010, 331, 334; *Hennecke* S 182.

§ 283 StGB Bankrott

(1) Mit Freiheitsstrafe bis zu fünf Jahren oder mit Geldstrafe wird bestraft, wer bei Überschuldung oder bei drohender oder eingetretener Zahlungsunfähigkeit
 1. Bestandteile seines Vermögens, die im Falle der Eröffnung des Insolvenzverfahrens zur Insolvenzmasse gehören, beiseite schafft oder verheimlicht oder in einer den Anforderungen einer ordnungsgemäßen Wirtschaft widersprechenden Weise zerstört, beschädigt oder unbrauchbar macht,
 2. in einer den Anforderungen einer ordnungsgemäßen Wirtschaft widersprechenden Weise Verlust- oder Spekulationsgeschäfte oder Differenzgeschäfte mit Waren oder Wertpapieren eingeht oder durch unwirtschaftliche Ausgaben, Spiel oder Wette übermäßige Beträge verbraucht oder schuldig wird,
 3. Waren oder Wertpapiere auf Kredit beschafft und sie oder die aus diesen Waren hergestellten Sachen erheblich unter ihrem Wert in einer den Anforderungen einer ordnungsgemäßen Wirtschaft widersprechenden Weise veräußert oder sonst abgibt,
 4. Rechte anderer vortäuscht oder erdichtete Rechte anerkennt,
 5. Handelsbücher, zu deren Führung er gesetzlich verpflichtet ist, zu führen unterläßt oder so führt oder verändert, daß die Übersicht über seinen Vermögensstand erschwert wird,
 6. Handelsbücher oder sonstige Unterlagen, zu deren Aufbewahrung ein Kaufmann nach Handelsrecht verpflichtet ist, vor Ablauf der für Buchführungspflichtige bestehenden Aufbewahrungsfristen beiseite schafft, verheimlicht, zerstört oder beschädigt und dadurch die Übersicht über seinen Vermögensstand erschwert,
 7. entgegen dem Handelsrecht
    a) Bilanzen so aufstellt, daß die Übersicht über seinen Vermögensstand erschwert wird, oder
    b) es unterläßt, die Bilanz seines Vermögens oder das Inventar in der vorgeschriebenen Zeit aufzustellen, oder
 8. in einer anderen, den Anforderungen einer ordnungsgemäßen Wirtschaft grob widersprechenden Weise seinen Vermögensstand verringert oder seine wirklichen geschäftlichen Verhältnisse verheimlicht oder verschleiert.

(2) Ebenso wird bestraft, wer durch eine der in Absatz 1 bezeichneten Handlungen seine Überschuldung oder Zahlungsunfähigkeit herbeiführt.

(3) Der Versuch ist strafbar.

(4) Wer in den Fällen
 1. des Absatzes 1 die Überschuldung oder die drohende oder eingetretene Zahlungsunfähigkeit fahrlässig nicht kennt oder
 2. des Absatzes 2 die Überschuldung oder Zahlungsunfähigkeit leichtfertig verursacht,

 wird mit Freiheitsstrafe bis zu zwei Jahren oder mit Geldstrafe bestraft.

(5) Wer in den Fällen
 1. des Absatzes 1 Nr 2, 5 oder 7 fahrlässig handelt und die Überschuldung oder die drohende oder eingetretene Zahlungsunfähigkeit wenigstens fahrlässig nicht kennt oder
 2. des Absatzes 2 in Verbindung mit Absatz 1 Nr 2, 5 oder 7 fahrlässig handelt und die Überschuldung oder Zahlungsunfähigkeit wenigstens leichtfertig verursacht,

 wird mit Freiheitsstrafe bis zu zwei Jahren oder mit Geldstrafe bestraft.

(6) Die Tat ist nur dann strafbar, wenn der Täter seine Zahlungen eingestellt hat oder über sein Vermögen das Insolvenzverfahren eröffnet oder der Eröffnungsantrag mangels Masse abgewiesen worden ist.

https://doi.org/10.1515/9783111386669-011

Übersicht

A. Allgemeines

§ 283 StGB stellt den Grundfall der Insolvenzdelikte dar.[1] Nach Absatz 1 muss der Schuldner in der Krise (Überschuldung, drohende und eingetretene Zahlungsunfähigkeit) (vgl Anders Vor §§ 283 ff StGB Rdn 34 ff) eine der in den Nr 1–8 aufgeführten Bankrotthandlungen vorgenommen haben. Nach Absatz 2 hingegen muss die Krise kausal durch die Bankrotthandlung hervorgerufen worden sein. Beide Tatbestände erfordern vorsätzliches Handeln, wobei Absatz 3 die Versuchsstrafbarkeit normiert. In den Absätzen 4 und 5 sind die Fahrlässigkeitsvarianten (in Absatz 5 als Vorsatz-Fahrlässigkeits-Kombination) geregelt. Alle Begehungsformen erfordern zusätzlich den Eintritt einer der in Absatz 6 geregelten Bedingungen der objektiven Strafbarkeit (Einstellung der Zahlungen, Eröffnung des Insolvenzverfahrens oder Ablehnung der Eröffnung mangels Masse) (vgl Anders Vor §§ 283 ff StGB Rdn 66 ff). 1

Es handelt sich bei Absatz 1 um ein abstraktes Gefährdungsdelikt, bei Absatz 2 hingegen um ein Erfolgsdelikt (vgl Anders Vor §§ 283 ff StGB Rdn 66 ff). 2

B. Sonderdelikt/Teilnahmegrundsätze

Es handelt sich insgesamt um ein Sonderdelikt des Schuldners,[2] was sich zum einen aus der objektiven Strafbarkeitsbedingung gemäß § 283 Abs 6 StGB,[3] zum zweiten aus den ebenfalls schuldnerbezogenen 3

---

1 MünchKomm-StGB/*Petermann/Sackreuther*[4] § 283 Rdn 1.

2 Vgl BGHSt 58, 115, 117; *BGH* NStZ-RR 2019, 180; BeckOK-StGB/*Beukelmann*[58] § 283 Rdn 86; SSW-StGB/*Bosch*[5] Vor §§ 283 ff Rdn 3; Dannecker/Knierim/Hagemeier/Smok/*Dannecker/Hagemeier*[3] Rdn 50; StGB/*Fischer*[69] § 283 Rdn 38; *Grub* S 4 ff; Lackner/Kühl-StGB/*Heger*[29] § 283 Rdn 2; Schönke/Schröder-StGB/*Heine/Schuster*[30] § 283 Rdn 2; Achenbach/Ransiek/Rönnau-Handbuch Wirtschaftsstrafrecht/*Himmelreich*[5] 7. Teil, 1. Kapitel Rdn 187; NK-StGB/*Kindhäuser*[5] Vor §§ 283 ff Rdn 37, § 283 Rdn 10; *Kraatz* JR 2013, 466, 471; Müller-Gugenberger-WirtschaftsStrR/*H. Richter*[7] Rdn 81.28; Müller-Gugenberger-WirtschaftsStrR/*Müller-Gugenberger*[7] Rdn 22.12; MünchKomm-StGB/*Petermann/Sackreuther*[4] Vor §§ 283 ff Rdn 35; Momsen/Grützner-WirtschaftsStStrR/*Rotsch/Wagner*[2] Kapitel 8. Rdn 140; LK-StGB/*Tiedemann*[12] Vor §§ 283–283d Rdn 59; Wirtschaftsstrafrecht/*Wittig*[6] § 23 Rdn 8; **aA** *Brammsen/Ceffinato* NZI 2013, 619, 620 ff im Subjektkreis beschränktes Tatsituations- bzw Gemeindelikt.

3 SSW-StGB/*Bosch*[5] Vor §§ 283 ff Rdn 3; Schönke/Schröder-StGB/*Heine/Schuster*[30] § 283 Rdn 2; NK-StGB/*Kindhäuser*[5] Vor §§ 283 ff Rdn 37; LK-StGB/*Tiedemann*[12] Vor §§ 283–283d Rdn 59.

drei Krisenmerkmalen Überschuldung, drohende und eingetretene Zahlungsunfähigkeit[4] und zum dritten aus dem Umkehrschluss des Allgemeindelikts des § 283d StGB ergibt.[5] Soweit man der hM aus den dargelegten überzeugenden Gründen folgt, gilt für den Teilnehmer auch § 28 Abs 1 StGB, da es sich bei der Schuldnereigenschaft um ein besonderes persönliches Merkmal handelt.[6] Der insoweit abweichenden Auffassung, welche die Schuldnereigenschaft rechtsgutsbezogen betrachtet,[7] ist nicht zu folgen, da das Tatunrecht im Wesentlichen über die besondere Stellung des Täters als Schuldner definiert ist, auf dessen ordnungsgemäßes Wirtschaften die Gläubiger ihr Vertrauen setzen.[8]

C. § 283 Abs 1 StGB: Die einzelnen Tatbestände

4 Die einzelnen Bankrotthandlungen des Absatzes 1 werden in Nr 1–8 beschrieben.

I. Nr 1

1. Tatobjekte

5 Tatobjekte sind Vermögensbestandteile, die im Fall der Eröffnung des Insolvenzverfahrens zur Insolvenzmasse gehören. Davon betroffen ist auch das während des Insolvenzverfahrens erlangte Vermögen (vgl § 35 Abs 1, 2. Hs InsO).[9] Auch unredlich durch anfechtbares Rechtsgeschäft bzw betrügerisch erlangte Sachen sind erfasst,[10] nicht hingegen gestohlene oder unterschlagene Sachen, bei denen das Eigentum des Opfers unberührt bleibt.[11] Zum Schuldnervermögen gehören ebenso Sachen, die **einem anderen zur Sicherung übereignet** wurden sowie **Anwartschaften auf Eigentumserwerb** an Sachen, die unter **Eigentumsvorbehalt** gekauft wurden.[12] Nicht erfasst sind Gegenstände, die nicht der Zwangsvollstreckung unterliegen bzw unpfändbar sind (vgl § 36 Abs 1 und 3 InsO),[13] also auch das Vermögen, das dem Schuldner als pfändungsfrei verbleibt, sowie Forderungen, die dem Schuldner nur zur Einziehung abgetreten worden ist bzw ihm sicherungsübereignete Sachen.[14] Vom Schuldner sicherungsübereignete Sachen gehören hingegen zum Schuldnervermögen, da dem Sicherungsnehmer nur ein Absonderungsrecht (vgl § 51 Nr 1 InsO)

---

4 StGB/*Fischer*[69] § 283 Rdn 38; Müller-Gugenberger-WirtschaftsStrR/*H. Richter*[7] Rdn 81.29.

5 MünchKomm-StGB/*Petermann*/*Sackreuther*[4] Vor §§ 283 ff Rdn 35.

6 Vgl BGHSt 58, 115, 118; *BGH* BeckRS 2013, 2636; NStZ-RR 2018, 379; NStZ-RR 2019, 180; SSW-StGB/*Bosch*[5] § 283 Rdn 41; StGB/*Fischer*[69] § 283 Rdn 38; SK-StGB/*Hoyer*[9] § 283 Rdn 116; Graf/Jäger/Wittig/*Reinhart*[2] § 283 Rdn 75; Müller-Gugenberger-WirtschaftsStrR/*H. Richter*[7] Rdn 83.90; Momsen/Grützner-WirtschaftsStStrR/*Rotsch*/*Wagner*[2] Kapitel 8. Rdn 140; LK-StGB/*Tiedemann*[12] § 283 Rdn 228.

7 Vgl Lackner/Kühl-StGB/*Heger*[29] § 283 Rdn 25; *Vormbaum* GA 1981, 101, 113.

8 SSW-StGB/*Bosch*[5] § 283 Rdn 41; NK-StGB/*Kindhäuser*[5] § 283 Rdn 111; MünchKomm-StGB/*Petermann*/*Sackreuther*[4] § 283 Rdn 87; LK-StGB/*Tiedemann*[12] § 283 Rdn 228 (Schuldnereigenschaft als personales Merkmal, das die rechtliche Pflichtenstellung des Handlungssubjekts kennzeichnet).

9 *IX. Zivilsenat BGH* NZI 2014, 1046, 1047; SSW-StGB/*Bosch*[5] § 283 Rdn 3; Lackner/Kühl-StGB/*Heger*[29] § 283 Rdn 9; SK-StGB/*Hoyer*[9] § 283 Rdn 30; MünchKomm-StGB/*Petermann*/*Sackreuther*[4] § 283 Rdn 7.

10 *BGH* GA 1955, 149, 150; SSW-StGB/*Bosch*[5] § 283 Rdn 3; Lackner/Kühl-StGB/*Heger*[29] § 283 Rdn 9; Schönke/Schröder-StGB/*Heine*/*Schuster*[30] § 283 Rdn 3a; SK-StGB/*Hoyer*[9] § 283 Rdn 28; NK-StGB/*Kindhäuser*[5] § 283 Rdn 9; Graf/Jäger/Wittig/*Reinhart*[2] § 283 Rdn 11; LK-StGB/*Tiedemann*[12] § 283 Rdn 20.

11 *BGH* GA 1955, 149, 150; *Brackmann* S 263; Bittmann-Insolvenzstrafrecht/*C. Brand*[2] § 12 Rdn 59; SK-StGB/*Hoyer*[9] § 283 Rdn 28; NK-StGB/*Kindhäuser*[5] § 283 Rdn 9; Graf/Jäger/Wittig/*Reinhart*[2] § 283 Rdn 11; LK-StGB/*Tiedemann*[12] § 283 Rdn 20.

12 BGHSt 3, 32, 35 f; BeckOK-StGB/*Beukelmann*[58] § 283 Rdn 37; SSW-StGB/*Bosch*[5] § 283 Rdn 3; Bittmann-Insolvenzstrafrecht/*C. Brand*[2] § 12 Rdn 60; Lackner/Kühl-StGB/*Heger*[29] § 283 Rdn 9; Schönke/Schröder-StGB/*Heine*/*Schuster*[30] § 283 Rdn 3a; NK-StGB/*Kindhäuser*[5] § 283 Rdn 11.

13 *BGH* NStZ 1995, 86; Matt/Renzikowski-StGB/*Altenhain*[2] § 283 Rdn 18; BeckOK-StGB/*Beukelmann*[58] § 283 Rdn 37; Schönke/Schröder-StGB/*Heine*/*Schuster*[30] § 283 Rdn 3a; MünchKomm-StGB/*Petermann*/*Sackreuther*[4] § 283 Rdn 7.

14 Bittmann-Insolvenzstrafrecht/*C. Brand*[2] § 12 Rdn 60; Graf/Jäger/Wittig/*Reinhart*[2] § 283 Rdn 11.

zusteht.[15] Völlig wertlose Gegenstände scheiden aus, da durch ihr Beiseiteschaffen, Verheimlichen pp. im Sinne der Nr 1 keine rechtsguts-, dh vermögensrelevante (vgl Anders Vor §§ 283 ff Rdn 8)[16] Schmälerung der Insolvenzmasse eintreten kann.[17] In der Vorschrift fehlt eine Bagatellklausel; es kann daher nicht angenommen werden, dass nur geringfügige Vermögenswerte vom Tatbestand nicht erfasst wären.[18] Die Firma der schuldnerischen GmbH kommt als Tatobjekt in Betracht, sofern ihr ein Vermögenswert zukommt und der Insolvenzverwalter über sie verfügen darf.[19]

2. Tathandlungen

a) 1. Var: Beiseiteschaffen. Als 1. Var nennt § 283 Abs 1 Nr 1 StGB das Beiseiteschaffen. Ein 6
Vermögensbestandteil ist nach einhelliger Auffassung beiseite geschafft, wenn er durch räumlich-tatsächliche oder rechtliche Veränderung dem Gläubigerzugriff entzogen oder der Zugriff der Gläubiger zumindest wesentlich erschwert[20] worden ist.[21] Bei beweglichen Sachen kommt ihre Verbringung an einen anderen Ort in Betracht.[22] Mit Blick auf rechtsgeschäftliche Handlungen liegt ungeachtet der rechtlichen Wirksamkeit[23] beim Verkauf von Fahrnis ein Beiseiteschaffen regelmäßig erst mit der dinglichen Veränderung vor;[24] bei Immobilien genügt weder das obligatorische Grundstücksgeschäft noch die dingliche Einigung über den Eigentumsübergang (Auflassung), vielmehr muss gemäß § 873 Abs 1 BGB die Eintragung ins Grundbuch hinzukommen.[25] Es genügt jedoch auch die Eintragung einer Vormerkung zur Sicherung des Auflassungsanspruchs[26] bzw eine Anwartschaft bei beweglichen Sachen.[27]

---

15 BGHSt 3, 32, 35 f; BGHSt 5, 119, 120; *IX. Zivilsenat BGH* NZI 2014, 1046, 1047; Lackner/Kühl-StGB/*Heger*[29] § 283 Rdn 9; NK-StGB/*Kindhäuser*[5] § 283 Rdn 11; Graf/Jäger/Wittig/*Reinhart*[2] § 283 Rdn 11.

16 NK-StGB/*Kindhäuser*[5] § 283 Rdn 8.

17 Vgl SSW-StGB/*Bosch*[5] § 283 Rdn 3; Bittmann-Insolvenzstrafrecht/*C. Brand*[2] § 12 Rdn 60; Lackner/Kühl-StGB/*Heger*[29] § 283 Rdn 9; Schönke/Schröder-StGB/*Heine/Schuster*[30] § 283 Rdn 3a; MünchKomm-StGB/*Petermann/Sackreuther*[4] § 283 Rdn 7.

18 SSW-StGB/*Bosch*[5] § 283 Rdn 3; Lackner/Kühl-StGB/*Heger*[29] § 283 Rdn 9; Graf/Jäger/Wittig/*Reinhart*[2] § 283 Rdn 12; LK-StGB/*Tiedemann*[12] § 283 Rdn 16 f; **aA** NK-StGB/*Kindhäuser*[5] § 283 Rdn 8 unter Berufung auf den Schutzzweck der Norm.

19 Vgl *OLG Düsseldorf* NJW 1982, 1712, 1713; *Brackmann* S 253; Bittmann-Insolvenzstrafrecht/*C. Brand*[2] § 12 Rdn 59; NK-StGB/*Kindhäuser*[5] § 283 Rdn 10; Graf/Jäger/Wittig/*Reinhart*[2] § 283 Rdn 12; LK-StGB/*Tiedemann*[12] § 283 Rdn 19; **aA** *BGH* bei *Herlan* GA 1953, 73.

20 Nach BGHSt 55, 107, 115 und *BGH* NJW 2023, 3104, 3106 ist die Frage, ob der Gläubigerzugriff erschwert worden ist, vor dem Hintergrund des vom *BGH* angenommenen Normzwecks des Schutzes der Gesamtvollstreckung – vgl dazu unter Fn 41 zu Vorbem §§ 283 ff StGB – anhand der Zugriffsmöglichkeiten eines (gedachten) Insolvenzverwalters zu beurteilen. In diesem Sinne auch SSW-StGB/*Bosch*[5] § 283 Rdn 4; Bittmann-Insolvenzstrafrecht/*C. Brand*[2] § 12 Rdn 61.

21 RGSt 66, 130, 131; BGHSt 34, 309, 310; BGHSt 55, 107, 113; *BGH* NZWiSt 2017, 190, 195; *BGH* NJW 2023, 3104, 3105; *OLG Frankfurt am Main* NStZ 1997, 551; Matt/Renzikowski-StGB/*Altenhain*[2] § 283 Rdn 19; BeckOK-StGB/*Beukelmann*[58] § 283 Rdn 38; *Bittmann* ZWH 2023, 245, 247; SSW-StGB/*Bosch*[5] § 283 Rdn 4; Lackner/Kühl-StGB/*Heger*[29] § 283 Rdn 10; Schönke/Schröder-StGB/*Heine/Schuster*[30] § 283 Rdn 4; NK-StGB/*Kindhäuser*[5] § 283 Rdn 12; Wabnitz/Janovsky/Schmitt/*Pelz*[5] 9. Kapitel Rdn 36; MünchKomm-StGB/*Petermann/Sackreuther*[4] § 283 Rdn 9; Graf/Jäger/Wittig/*Reinhart*[2] § 283 Rdn 16; Momsen/Grützner-WirtschaftsStStrR/*Rotsch/Wagner*[2] Kapitel 8. Rdn 157; LK-StGB/*Tiedemann*[12] § 283 Rdn 25.

22 RGSt 66, 130, 131; BGHSt 11, 145 f; *BGH* NJW 2023, 3104, 3105; LK-StGB/*Tiedemann*[12] § 283 Rdn 34.

23 RGSt 62, 152, 153; Bittmann-Insolvenzstrafrecht/*C. Brand*[2] § 12 Rdn 62; NK-StGB/*Kindhäuser*[5] § 283 Rdn 12; MünchKomm-StGB/*Petermann/Sackreuther*[4] § 283 Rdn 9; LK-StGB/*Tiedemann*[12] § 283 Rdn 25.

24 Bittmann-Insolvenzstrafrecht/*C. Brand*[2] § 12 Rdn 62; Schönke/Schröder-StGB/*Heine/Schuster*[30] § 283 Rdn 4; MünchKomm-StGB/*Petermann/Sackreuther*[4] § 283 Rdn 9.

25 RGSt 61, 107, 108; RGSt 62, 152; Bittmann-Insolvenzstrafrecht/*C. Brand*[2] § 12 Rdn 62; MünchKomm-StGB/*Petermann/Sackreuther*[4] § 283 Rdn 9.

26 *RG* DRiZ 1934, Nr 315; SSW-StGB/*Bosch*[5] § 283 Rdn 4; Bittmann-Insolvenzstrafrecht/*C. Brand*[2] § 12 Rdn 63; StGB/*Fischer*[69] § 283 Rdn 4a; Schönke/Schröder-StGB/*Heine/Schuster*[30] § 283 Rdn 4; SK-StGB/*Hoyer*[9] § 283 Rdn 32; MünchKomm-StGB/*Petermann/Sackreuther*[4] § 283 Rdn 9; LK-StGB/*Tiedemann*[12] § 283 Rdn 25, 34.

27 MünchKomm-StGB/*Petermann/Sackreuther*[4] § 283 Rdn 9.

7 Zunächst unterfallen auch „normale" Austauschgeschäfte, in denen dem Schuldner ein Wertausgleich zufließt, dem Begriff des Beiseiteschaffens, sodass Einvernehmen über die Notwendigkeit einer teleologischen Reduktion des Tatbestands besteht.[28] Streitig ist in diesem Rahmen, ob das Beiseiteschaffen gegen die Grundsätze des ordnungsgemäßen Wirtschaftens (vgl Anders Vor §§ 283 ff Rdn 61) verstoßen muss. Nach Tiedemann kommt es darauf an, dass der Täter subjektiv in finaler Gläubigerbenachteiligungsabsicht gehandelt hat.[29] Hoyer verzichtet auf den Terminus des nicht ordnungsgemäßen Wirtschaftens, kommt aber zu gleichen Ergebnissen, wenn er beim Abschluss wirtschaftlich ausgeglichener Verträge eine Verringerung des Vermögens des Schuldners ablehnt und lediglich eine Veränderung der „Form, in der sich sein Vermögen präsentiert", annimmt.[30] Der hM ist – mit ebenfalls regelmäßig gleichem Resultat –[31] darin zu folgen, dass trotz des Wortlauts der Norm, der zwischen dem Beiseiteschaffen und dem Zerstören pp unterscheidet, die Restriktion über den Verstoß gegen das Gebot ordnungsgemäßen Wirtschaftens vor dem Hintergrund des tatbestandlich geschützten Rechtsguts vorzugswürdig ist.[32]

8 Kein Beiseiteschaffen liegt demnach auch vor in den beiden weitere Fallgruppen des Erfüllens fälliger Forderungen[33] und – soweit im Rahmen der Pfändungsfreigrenzen die Gelder überhaupt in die Insolvenzmasse fallen (vgl § 36 Abs 1 und 3 InsO)[34] – der Entnahmen für den angemessenen Lebensbedarf,[35] wobei mit Blick auf die Angemessenheit die Minderung der Einkünfte infolge der wirtschaftlichen Krise zu berücksichtigen ist.[36] Für den GmbH-Geschäftsführer soll es insoweit hingegen auf fällige Gehaltsansprüche ankommen.[37]

9 Beispiele für Beiseiteschaffen sind: **Überweisung von Geldern auf Konten eigenständiger juristischen Personen** („Offshore-Gesellschaften"),[38] **Verbringen von Gegenständen an einen anderen Ort zum Zwecke des Versteckens** oder im Fall des **heimlichen Verkaufes** oder der **Übertragung von Vermögensbestandteilen auf Ehepartner,**[39] **nahe Verwandte** oder **eigens zu diesem Zwecke gegründete Unternehmen im Eigentum des Täters**[40] sowie die **Rückzahlung eines (vormals: eigenkapitalersetzenden) Gesellschafterdarlehens** – auch nach der Neuregelung durch das MoMiG –[41] durch den Täter an sich selbst oder an eine von ihm kontrollierte

---

28 LK-StGB/*Tiedemann*[12] § 283 Rdn 30; vgl schon *RG*St 66, 88, 89 „Zum Begriffe des Beiseiteschaffens genügt dies aber insofern nicht, als, wie schon aus dem Wortteile „beiseite" und dem Nebeneinanderstellen mit dem „Verheimlichen" hervorgeht, solche Handlungen ausgeschlossen sind, die zum ordnungsmäßigen Betriebe oder zur ordnungsmäßigen Wirtschaft notwendig sind oder gehören.".

29 Vgl LK-StGB/*Tiedemann*[12] § 283 Rdn 28 f.

30 SK-StGB/*Hoyer*[9] § 283 Rdn 35; vgl auch BGHSt 55, 107, 114; Momsen/Grützner-WirtschaftsStStrR/*Rotsch*/*Wagner*[2] Kapitel 8. Rdn 159.

31 Vgl Bittmann-Insolvenzstrafrecht/*C. Brand*[2] § 12 Rdn 63; MünchKomm-StGB/*Petermann*/*Sackreuther*[4] § 283 Rdn 11.

32 Vgl RGSt 61, 107, 108; RGSt 62, 277, 278; RGSt 66, 88, 89; RGSt 130, 131; *BGH* bei *Holtz* MDR 1979, 457; BGHSt 34, 309, 310; Bittmann-Insolvenzstrafrecht/*C. Brand*[2] § 12 Rdn 26, 63; Lackner/Kühl-StGB/*Heger*[29] § 283 Rdn 10; Schönke/Schröder-StGB/*Heine*/*Schuster*[30] § 283 Rdn 4; MünchKomm-StGB/*Petermann*/*Sackreuther*[4] § 283 Rdn 11; NK-StGB/*Kindhäuser*[5] § 283 Rdn 15 ff; **offen gelassen** von BGHSt 55, 107, 114 f. Vgl auch *Anders* Vor §§ 283 ff Rdn 61 in Fn 327.

33 MünchKomm-StGB/*Petermann*/*Sackreuther*[4] § 283 Rdn 10 f (kein Verstoß gegen die Anforderungen einer ordnungsgemäßen Wirtschaft); Wirtschaftsstrafrecht/*Wittig*[5] § 23 Rdn 70.

34 SSW-StGB/*Bosch*[5] § 283 Rdn 5.

35 RGSt 66, 88 (89); *BGH* NJW 1952, 898; *BGH* NStZ 1981, 259; SSW-StGB/*Bosch*[5] § 283 Rdn 5; Lackner/Kühl-StGB/*Heger*[29] § 283 Rdn 10; NK-StGB/*Kindhäuser*[5] § 283 Rdn 13; MünchKomm-StGB/*Petermann*/*Sackreuther*[4] § 283 Rdn 10 f (kein Verstoß gegen die Anforderungen einer ordnungsgemäßen Wirtschaft); Wirtschaftsstrafrecht/*Wittig*[5] § 23 Rdn 70.

36 *BGH* NStZ 1981, 259 f; NK-StGB/*Kindhäuser*[5] § 283 Rdn 13.

37 *BGH* bei *Herlan* GA 1958, 47; BGH 10.3.1981 – 1 StR 539/80 (juris); NK-StGB/*Kindhäuser*[5] § 283 Rdn 13; StGB/*Fischer*[69] § 283 Rdn 4a.

38 *OLG Frankfurt am Main* NStZ 1997, 551 f zu § 283 Abs 2 StGB.

39 *BGH* NJW 2001, 1874 zu § 283 Abs 2 StGB.

40 *BGH* JZ 1979, 75, 76 f; LK-StGB/*Tiedemann*[12] § 283 Rdn 34.

41 Zur Unterscheidung des alten Rechts des Eigenkapitalersatzes vom neuen Recht nach dem MoMiG, K. Schmidt-InsO/*K. Schmidt*/*Herchen*[19] § 39 Rdn 26 ff.

andere Gesellschaft.[42] Zwar wurde mit dem MoMiG die Gleichsetzung eigenkapitalersetzender Gesellschafterdarlehen mit dem Stammkapital beseitigt; der Grund der Privilegierung des **§ 283c StGB** verbietet es jedoch, dass der Schuldner sich selbst oder einem von ihm kontrollierten Unternehmen auf Kosten der Masse einen Vorteil verschafft.[43]

Bei einer aus den Kontounterlagen nachvollziehbaren **Überweisung auf ein ausländisches Konto** liegt ein Beiseiteschaffen nur dann vor, wenn für einen (gedachten) Insolvenzverwalter **Schwierigkeiten von Gewicht bestehen, auf den überwiesenen Geldbetrag in angemessener Zeit zuzugreifen.**[44] 10

Nach Erteilung der **Restschuldbefreiung** stellt der **Neuerwerb von Vermögensbestandteilen** nach **Ablauf der sechsjährigen Abtretungsfrist** (vgl **§ 287 Abs 2 InsO**), der dem Grunde nach nicht schon vor dem Ablauf der Laufzeit der Abtretungserklärung angelegt war, **keine Bankrotthandlung** dar.[45] Das gilt auch für Handlungen in der sog Wohlverhaltensperiode nach dem vor der Restschuldbefreiung eingetretenen Ende des Insolvenzverfahrens.[46] 11

Das Beiseiteschaffen durch Unterlassen erfordert eine Garantenpflicht des Schuldners zum Vermögenserhalt gegenüber den Gläubigern nach allgemeinen Grundsätzen. Es dürfte Einvernehmen bestehen, dass eine solche Beschützergarantenstellung für die Gläubigervermögen aus der bloßen Stellung als Schuldner – auch nach Eröffnung des Insolvenzverfahrens – trotz des Schutzzwecks der Norm des Gläubigerschutzes die wirtschaftliche Handlungsfreiheit über Gebühr einschränken würde.[47] Die hM im Schrifttum nimmt eine Garantenstellung aus Ingerenz an, wenn der Schuldner es Dritten im Vorfeld pflichtwidrig ermöglicht hat, zur Insolvenzmasse gehörendes Vermögen beiseite zu schaffen.[48] 12

b) 2. Var: Verheimlichen. Verheimlichen als 2. Var des § 283 Abs 1 Nr 1 StGB bezeichnet jedes Verhalten, durch das ein Vermögensbestandteil oder dessen Zugehörigkeit zur Insolvenzmasse 13

---

42 *BGH* NZI 2017, 542, 543 f; SSW-StGB/*Bosch*[5] § 283c Rdn 2; *J. Heinrich* NZWiSt 2020, 346, 357; NK-StGB/*Kindhäuser*[5] § 283c Rdn 3; *Klose* NZWiSt 2020, 59, 60; *Maurer/Wolf* wistra 2011, 327, 334; Müller-Gugenberger-WirtschaftsStrR/*H. Richter*[7] Rdn 83.13, 83.84, 84.30; MünchKomm-StGB/*Petermann/Hofmann*[4] § 283c Rdn 14; Wirtschaftsstrafrecht/*Wittig*[5] § 23 Rdn 151; **aA – Anwendbarkeit von § 283c StGB** *OLG Celle* NStZ-RR 2014, 278; Schönke/Schröder-StGB/*Heine/Schuster*[30] § 283c Rdn 12; Graf/Jäger/Wittig/*Reinhart*[2] § 283c Rdn 3; LK-StGB/*Tiedemann*[12] § 283c Rdn 10; *Weyand/Diversy* Rdn 130; **Differenzierend** – § 283 Abs 1 Nr 1 StGB nur dann, wenn Darlehensrückzahlungsanspruch mit einem qualifizierten Rangrücktritt versehen ist, Bittmann-Insolvenzstrafrecht/*Bittmann*[2] § 14 Rdn 16 und *C. Brand* NZI 2017, 518, 520 f.

43 Vgl dazu auch unter Rdn 7 zu § 283c StGB. *BGH* NZI 2017, 542, 544; SSW-StGB/*Bosch*[5] § 283c Rdn 2; *J. Heinrich* NZWiSt 2020, 346, 357.

44 BGHSt 55, 107, 116; *BGH* NJW 2023, 3104, 3105 f; Lackner/Kühl-StGB/*Heger*[29] § 283 Rdn 10; Schönke/Schröder-StGB/*Heine/Schuster*[30] § 283 Rdn 4; NK-StGB/*Kindhäuser*[5] § 283 Rdn 20; Wabnitz/Janovsky/Schmitt/*Pelz*[5] 9. Kapitel Rdn 141.

45 *BGH* NStZ-RR 2019, 84, 85.

46 *AG Bremerhaven* BeckRS 2017, 130178; *J. Heinrich* NZWiSt 2020, 346, 357; **kritisch** wohl *Bittmann* NZWiSt 2019, 86, 89.

47 Vgl Bittmann-Insolvenzstrafrecht/*C. Brand*[2] § 12 Rdn 66; NK-StGB/*Kindhäuser*[5] § 283 Rdn 14; MünchKomm-StGB/*Petermann/Sackreuther*[4] § 283 Rdn 12; Graf/Jäger/Wittig/*Reinhart*[2] § 283 Rdn 18; Momsen/Grützner-WirtschaftsStStrR/*Rotsch/Wagner*[2] Kapitel 8. Rdn 161; LK-StGB/*Tiedemann*[12] § 283 Rdn 37.

48 NK-StGB/*Kindhäuser*[5] § 283 Rdn 14; MünchKomm-StGB/*Petermann/Sackreuther*[4] § 283 Rdn 12; LK-StGB/*Tiedemann*[12] § 283 Rdn 37;
aA Graf/Jäger/Wittig/*Reinhart*[2] § 283 Rdn 18 (**keine Garantenstellung** – Schuldner könne lediglich mittelbarer oder unmittelbarer Täter **durch aktives Tun** sein, wenn er den Täter zum Handeln bewegt habe oder aber beiseite geschaffte Gegenstände entgegennehme); **aA** Schönke/Schröder-StGB/*Bosch*[30] § 13 Rdn 31; Schönke/Schröder-StGB/*Heine/Schuster*[30] § 283 Rdn 4 (**Beschützergarantenstellung des Schuldners jedenfalls bei fremdnütziger Motivation des Dritten** – wenn ein anderer Vermögensstücke fortschaffe, um sie dem Schuldner zu erhalten, habe dieser einzugreifen); dagegen LK-StGB/*Tiedemann*[12] § 283 Rdn 37, Die – vice versa – eigennützige Motivation des Schuldners in diesen Fällen gefährde die Gläubigerinteressen zwar potentiell stärker als eine neutrale Einstellung, dabei handele es sich aber um eine rein faktische, normativ irrelevante Gefährdung.

der Kenntnis der Gläubiger oder des Insolvenzverwalters entzogen wird.[49] Im Gegensatz zum Beseiteschaffen, dass die Veränderung der Lage von Fahrnis erfasst (dazu unter Rdn 6), erfasst das Verheimlichen das Verschleiern der og Zuordnung.[50] Das Verheimlichen kann durch das Vorspiegeln tatsächlicher – Behauptung von Gegebenheiten, welche darauf abzielen, die Entdeckung des Vermögensgegenstands zu verhindern oder zu erschweren –[51] oder rechtlicher – Behauptung eines tatsächlich nicht bestehenden, den Gläubigerzugriff hindernden Rechts[52] oder eines Anfechtungsrechts –[53] Hindernisse erfolgen.[54] Möglich ist das Verheimlichen auch dadurch, dass der Täter eine **Auskunfts- oder Anzeigepflicht verletzt,**[55] etwa durch falsche Angaben im Rahmen der **Abgabe einer eidesstattlichen Versicherung,**[56] insbesondere bei der Pflicht zur Vorlage von Verzeichnissen, der Vermögensübersicht und der entsprechenden Richtigkeits- und Vollständigkeitserklärung aus **§ 305 Abs 1 Nr 3 InsO.**[57] Zwar genügt noch nicht das bloße auf Kenntnisentziehung gerichtete Verhalten, vielmehr ist die Tat erst mit dem Eintritt eines zumindest vorübergehenden Täuschungserfolgs vollendet.[58] Da es sich um ein **abstraktes Gefährdungsdelikt** handelt (vgl *Anders* Vor §§ 283 ff Rdn 3), ist es für die Vollendung des Tatbestands jedoch unerheblich, ob das Verheimlichte den Gläubigern endgültig entzogen worden ist;[59] spätere Richtigstellungen durch den Schuldner können allenfalls strafmildernd berücksichtigt werden.[60]

---

49 RGSt 64, 138, 140; RGSt 67, 365, 366 f; BGHSt 61, 180 (183); *BGH* NStZ 2016, 604 (zu § 283 d StGB); *OLG Frankfurt am Main* NStZ 1997, 551; *BayOblG* BeckRS 2022, 10427; Matt/Renzikowski-StGB/*Altenhain*[2] § 283 Rdn 22; BeckOK-StGB/*Beukelmann*[58] § 283 Rdn 41; SSW-StGB/*Bosch*[5] § 283 Rdn 6; Schönke/Schröder-StGB/*Heine/Schuster*[30] § 283 Rdn 5; SK-StGB/*Hoyer*[9] § 283 Rdn 38; NK-StGB/*Kindhäuser*[5] § 283 Rdn 24; MünchKomm-StGB/*Petermann/Sackreuther*[4] § 283 Rdn 13; Graf/Jäger/Wittig/*Reinhart*[2] § 283 Rdn 19; LK-StGB/*Tiedemann*[12] § 283 Rdn 38; Wirtschaftsstrafrecht/*Wittig*[6] § 23 Rdn 75.

50 Bittmann-Insolvenzstrafrecht/*C. Brand*[2] § 12 Rdn 68; vgl BGHSt 11, 145, 146; **aA – Abgrenzung nach dem Rechtsgutsträger** *H. Richter* ZInsO 2016, 1346, 1347, nach dem, sollte der zur Masse gehörende Gegenstand im Vermögen des Schuldners verbleiben, bei wesentlicher Zugriffserschwerung Verheimlichen, bei Übertragung auf einen anderen Rechtsgutsträger hingegen Beseiteschaffen vorliegen soll.

51 *BGH* bei *Herlan* GA 1956, 310.

52 Vgl RGSt 64, 138, 141; *BGH* NStZ 2016, 604 (zu § 283d StGB).

53 Vgl RGSt 66, 152 f; *BGH* NStZ 2016, 604 (zu § 283d StGB).

54 MünchKomm-StGB/*Petermann/Sackreuther*[4] § 283 Rdn 13.

55 Wichtige Beispiele sind unrichtige Angaben über den Vermögensstand im Rahmen der Auskünfte gem § 97 InsO, vgl NK-StGB/*Kindhäuser*[5] § 283 Rdn 24; Graf/Jäger/Wittig/*Reinhart*[2] § 283 Rdn 19; LK-StGB/*Tiedemann*[12] § 283 Rdn 38a; auch Momsen/Grützner-WirtschaftsStStrR/*Rotsch/Wagner*[2] Kapitel 8. Rdn 163, allerdings im Rahmen der Unterlassungstäterschaft.

56 *BGH* GA 1956, 123, 124; BGHSt 11, 145, 146; *BGH* NStZ 2016, 604 (zu § 283d StGB); in diesen Fällen für Tateinheit des Verheimlichens mit dem Aussagedelikt, RGSt 64, 42, 43; BGHSt 11, 145, 147; LK-StGB/*Tiedemann*[12] § 283 Rdn 38a; dagegen Bittmann-Insolvenzstrafrecht/*C. Brand*[2] § 12 Rdn 69.

57 Vgl *BGH* NStZ-RR 2017, 250.

58 *BGH* NStZ 2016, 604 (zu § 283d StGB); *BayOblG* BeckRS 2022, 10427 (im Falle des Unterlassens dürfte das *BayObLG* der Annahme einer Zwei-Wochen-Frist zuneigen, innerhalb derer der Offenbarungspflicht aus den §§ 20 Abs 1, 22 Abs 3 Satz 3, 97 Abs 1 InsO nachgekommen werden muss); SSW-StGB/*Bosch*[5] § 283 Rdn 6 „zumindest zeitweilig"; StGB/*Fischer*[69] § 283 Rdn 5 „zumindest vorübergehend"; Schönke/Schröder-StGB/*Heine/Schuster*[30] § 283 Rdn 5; wohl auch LK-StGB/*Tiedemann*[12] § 283 Rdn 38.

59 Vgl BeckOK-StGB/*Beukelmann*[58] § 283 Rdn 41; Schönke/Schröder-StGB/*Heine/Schuster*[30] § 283 Rdn 5; **aA** wohl Momsen/Grützner-WirtschaftsStStrR/*Rotsch/Wagner*[2] Kapitel 8. Rdn 162 (**Erfolgsdelikt**); Müller-Gugenberger-WirtschaftsStrR/*H. Richter*[7] Rdn 83.32; vgl BGHSt 61, 180, 183, 185 ff, zur **Beendigung** des Verheimlichens von Vermögensbestandteilen bei der Insolvenz einer natürlichen Person. Danach tritt Beendigung bei einer erstrebten Restschuldbefreiung erst dann ein, wenn das Insolvenzgericht durch Beschluss feststellt, dass der Schuldner die beantragte Restschuldbefreiung erlangt habe, vgl unter Rdn 123.

60 Vgl *BayOblG* BeckRS 2022, 10427; Schönke/Schröder-StGB/*Heine/Schuster*[30] § 283 Rdn 5; Graf/Jäger/Wittig/*Reinhart*[2] § 283 Rdn 19.

Für das **Verheimlichen** kommt insbesondere in Betracht: Das **wahrheitswidrige Behaupten von fremden Rechten,**[61] das **Verschweigen einer Eigentümerhypothek oder -grundschuld**[62] und das **heimliche Einziehen von Forderungen nach Eröffnung des Insolvenzverfahrens.**[63] **Kein Verheimlichen** ist das **Verschweigen fremden Eigentums** im Besitz des Schuldners.[64] Die **Übertragung von Vermögenswerten eines überschuldeten Schuldners auf einen Treuhänder mit dem Ziel, dass der Treuhänder für eine gleichmäßige Befriedigung aller Gläubiger sorgen soll,** stellt **kein strafbares Verhalten** dar, weder im Sinne des Verheimlichens noch nach § 288 StGB.[65] 14

Täterschaft durch Unterlassen insbesondere durch Verletzung der Offenbarungspflichten aus § 97 Abs 1 Satz 1 InsO im eröffneten Insolvenzverfahren gegenüber dem Insolvenzgericht und dem Insolvenzverwalter oder aus §§ 20 Abs 1 Satz 2, 22 Abs 3 Satz 3 InsO im Eröffnungsverfahren nach zulässigem Eröffnungsantrag gegenüber dem Insolvenzgericht und dem bestellten vorläufigen Insolvenzverwalter ist möglich.[66] Eine Garantenstellung aus Ingerenz kann sich aus gutgläubigen Angaben gegenüber Gericht oder Insolvenzverwalter ergeben, die nach Erkennen ihrer Fehlerhaftigkeit nicht korrigiert werden.[67] 15

Das Merkmal des Handelns **in einer den Anforderungen einer ordnungsgemäßen Wirtschaft widersprechenden Weise** ist für das **Verheimlichen** ohne Bedeutung, da dieses die Verletzung einer Wahrheits- und/oder Auskunftspflicht voraussetzt.[68] 16

c) 3. Var: Zerstören, Beschädigen oder Unbrauchbarmachen. Der Tatbestand ist **in der Praxis bedeutungslos**, da die Tathandlungen grundsätzlich den hier expressis verbis anwendbaren **Grundsätzen einer ordnungsgemäßen Wirtschaft widersprechen.**[69] Diese Engführung führt dazu, dass in der Regel **nur mutwilliges Handeln** den Tatbestandsvoraussetzungen entspricht.[70] **Wirtschaftlich sinnvolle Maßnahmen**, wie etwa die Zerstörung von Investitionsgütern, die durch neue Sachen ersetzt werden, **erfüllen nicht den Tatbestand.**[71] Dabei wird allein die **bloße Absicht**[72] für nicht ausreichend erachtet und ein **objektives Konzept für die Modernisierung/Reparatur/Ersetzung** verlangt.[73] 17

---

61 RGSt 64, 138, 141, RGSt 67, 365, 366 f; *RG* JW 1936, 3006; NK-StGB/*Kindhäuser*[5] § 283 Rdn 24; **kritisch** LK-StGB/*Tiedemann*[12] § 283 Rdn 42; **aA** Momsen/Grützner-WirtschaftsStStrR/*Rotsch/Wagner*[2] Kapitel 8. Rdn 162 mit Blick auf § 283 Abs 1 Nr 4, 1. Alt StGB (Vortäuschung Rechte anderer).

62 RGSt 67, 365, 366 f; Graf/Jäger/Wittig/*Reinhart*[2] § 283 Rdn 19; LK-StGB/*Tiedemann*[12] § 283 Rdn 34.

63 *BGH* bei *Herlan* GA 1954, 310; NK-StGB/*Kindhäuser*[5] § 283 Rdn 24; Graf/Jäger/Wittig/*Reinhart*[2] § 283 Rdn 19.

64 Graf/Jäger/Wittig/*Reinhart*[2] § 283 Rdn 19; LK-StGB/*Tiedemann*[12] § 283 Rdn 39.

65 *OLG München* ZIP 2000, 1841, 1842; Lackner/Kühl-StGB/*Heger*[29] § 283 Rdn 10; NK-StGB/*Kindhäuser*[5] § 283 Rdn 24; MünchKomm-StGB/*Petermann/Sackreuther*[4] § 283 Rdn 15.

66 Vgl BGHSt 61, 180, 184 f; *BayOblG* BeckRS 2022, 10427; SSW-StGB/*Bosch*[5] § 283 Rdn 6; Momsen/Grützner-WirtschaftsStStrR/*Rotsch/Wagner*[2] Kapitel 8. Rdn 163. **Kritisch** wegen fehlenden Strafbedürfnisses mit Blick auf die Annahme des Verheimlichens nach Eröffnung des Insolvenzverfahrens: *C. Brand* NZI 2023, 65, 66; LK-StGB/*C. Brand*[13] Vor §§ 283 ff Rdn 10.

67 *BGH* bei *Herlan* GA 1956, 123 f; NK-StGB/*Kindhäuser*[5] § 283 Rdn 26; MünchKomm-StGB/*Petermann/Sackreuther*[4] § 283 Rdn 14; LK-StGB/*Tiedemann*[12] § 283 Rdn 43.

68 Graf/Jäger/Wittig/*Reinhart*[2] § 283 Rdn 20.

69 SSW-StGB/*Bosch*[5] § 283 Rdn 7; Bittmann-Insolvenzstrafrecht/*C. Brand*[2] § 12 Rdn 71; NK-StGB/*Kindhäuser*[5] § 283 Rdn 28; Graf/Jäger/Wittig/*Reinhart*[2] § 283 Rdn 21; Wirtschaftsstrafrecht/*Wittig*[5] § 23 Rdn 77.

70 SK-StGB/*Hoyer*[9] § 283 Rdn 43; NK-StGB/*Kindhäuser*[5] § 283 Rdn 28; Soweit irrtumsbedingt wirtschaftlich sinnlose Handlungen ohne Mutwillen vorkommen können, kommt dem Merkmal des Handelns in einer den Anforderungen einer ordnungsgemäßen Wirtschaft widersprechenden Weise somit nicht die Bedeutung als eines zusätzlichen Tatbestandsmerkmals zu, Schönke/Schröder-StGB/*Heine/Schuster*[30] § 283 Rdn 6; LK-StGB/*Tiedemann*[12] § 283 Rdn 49a.

71 BR-Drucks 5/75 S 34; vgl BeckOK-StGB/*Beukelmann*[58] § 283 Rdn 42; StGB/*Fischer*[69] § 283 Rdn 6; Schönke/Schröder-StGB/*Heine/Schuster*[30] § 283 Rdn 6.

72 Vgl NK-StGB/*Kindhäuser*[5] § 283 Rdn 28.

73 Momsen/Grützner-WirtschaftsStStrR/*Rotsch/Wagner*[2] Kapitel 8. Rdn 165.

18 **Tatobjekte** können nur **körperliche Gegenstände sowie Sachgesamtheiten** (auch einzelne Betriebsteile), nicht aber immaterielle Vermögensbestandteile wie etwa Rechte oder Forderungen, sein.[74]

19 Unter **Zerstören** und **Beschädigen** sind die Tathandlungen wie in **§ 303 Abs 1 StGB** zu verstehen,[75] dh demnach die Einwirkung auf die Sachsubstanz mit der Folge der völligen Unbrauchbarkeit für ihren ursprünglichen Verwendungszweck (Zerstören)[76] bzw jede nicht ganz unerhebliche körperliche Einwirkung auf die Sachsubstanz, durch die die Brauchbarkeit der Sache für ihre Zwecke gemindert wird (Beschädigen).[77] Unter **Unbrauchbarmachen** ist die **bloße Funktionseinbuße** in dem Sinne zu verstehen, dass die **Eignung der Sache für den bestimmungsgemäßen Zweck beseitigt** wird.[78]

20 Die 3. Var steht zur 1. Var im Verhältnis von lex specialis zu lex generalis, zumal für beide Varianten ein Handeln in einer den Anforderungen einer ordnungsgemäßen Wirtschaft widersprechenden Weise erforderlich ist: Etwa das Wegwerfen einer Sache, das diese in ihrer bestimmungsgemäßen Brauchbarkeit nicht beeinträchtigt, ist danach jedenfalls als Fall der lex generalis, also des Beiseiteschaffens, anzusehen.[79]

II. Nr 2

1. 1. Alt: Eingehen von Verlust- oder Spekulationsgeschäften oder Differenzgeschäften mit Waren oder Wertpapieren

21 Verlustgeschäfte sind solche Geschäfte, bei denen der Vermögensverlust bereits bei ihrem Abschluss **nach der Vorauskalkulation von Ausgaben und Einnahmen zu erwarten** steht, und dieser erwartete Verlust auch eintritt, womit Geschäfte, die erst im Nachhinein einen Verlust bringen, ausscheiden.[80] Damit ist die Gefahr begründet, dass insbesondere **erlaubte Risikogeschäfte** in den Anwendungsbereich fallen; dem ist nach einhelliger Auffassung durch **restriktive Auslegung** des Typus' des tatbestandlich relevanten riskanten Geschäftes zu begegnen.[81] Beispiel ist der **Schleuderverkauf unter Einstandspreis.**[82]

22 **Spekulationsgeschäfte** sind Geschäfte mit doppelter Voraussetzung, bei denen in der Hoffnung auf a) einen **besonders großen Gewinn** b) ein **besonders hohes Verlustrisiko** eingegangen wird.[83]

---

74 Bittmann-Insolvenzstrafrecht/*C. Brand*[2] § 12 Rdn 71 SK-StGB/*Hoyer*[9] § 283 Rdn 40; Graf/Jäger/Wittig/*Reinhart*[2] § 283 Rdn 21; LK-StGB/*Tiedemann*[12] § 283 Rdn 45.

75 Lackner/Kühl-StGB/*Heger*[29] § 283 Rdn 11; Schönke/Schröder-StGB/*Heine/Schuster*[30] § 283 Rdn 6; MünchKomm-StGB/*Petermann/Sackreuther*[4] § 283 Rdn 16; Graf/Jäger/Wittig/*Reinhart*[2] § 283 Rdn 21; Momsen/Grützner-WirtschaftsStStrR/*Rotsch/Wagner*[2] Kapitel 8. Rdn 166 f.

76 Schönke/Schröder-StGB/*Hecker*[30] § 303 Rdn 14.

77 BGHSt 44, 34, 38; Schönke/Schröder-StGB/*Hecker*[30] § 303 Rdn 8.

78 Schönke/Schröder-StGB/*Heine/Schuster*[30] § 283 Rdn 6; SK-StGB/*Hoyer*[9] § 283 Rdn 40; MünchKomm-StGB/*Petermann/Sackreuther*[4] § 283 Rdn 16; Graf/Jäger/Wittig/*Reinhart*[2] § 283 Rdn 21; Momsen/Grützner-WirtschaftsStStrR/*Rotsch/Wagner*[2] Kapitel 8. Rdn 168; LK-StGB/*Tiedemann*[12] § 283 Rdn 48.

79 Schönke/Schröder-StGB/*Heine/Schuster*[30] § 283 Rdn 7.

80 Vgl BR-Drucks 5/75 S 35; BT-Drucks 7/3441, S 35; 7/5291, S 18; Matt/Renzikowski-StGB/*Altenhain*[2] § 283 Rdn 24; SSW-StGB/*Bosch*[5] § 283 Rdn 8; StGB/*Fischer*[69] § 283 Rdn 7; Schönke/Schröder-StGB/*Heine/Schuster*[30] § 283 Rdn 9; SK-StGB/*Hoyer*[9] § 283 Rdn 45; NK-StGB/*Kindhäuser*[5] § 283 Rdn 29; Wabnitz/Janovsky/Schmitt/*Pelz*[5] 9. Kapitel Rdn 145; MünchKomm-StGB/*Petermann/Sackreuther*[4] § 283 Rdn 19; Graf/Jäger/Wittig/*Reinhart*[2] § 283 Rdn 27; Momsen/Grützner-WirtschaftsStStrR/*Rotsch/Wagner*[2] Kapitel 8. Rdn 170; LK-StGB/*Tiedemann*[12] § 283 Rdn 54.

81 Bittmann-Insolvenzstrafrecht/*C. Brand*[2] § 12 Rdn 75; Graf/Jäger/Wittig/*Reinhart*[2] § 283 Rdn 27; LK-StGB/*Tiedemann*[12] § 283 Rdn 52.

82 Darin kann gleichzeitig ein Beiseiteschaffen im Sinne des § 283 Abs 1 Nr 1 StGB gesehen werden, Graf/Jäger/Wittig/*Reinhart*[2] § 283 Rdn 27; vgl LK-StGB/*Tiedemann*[12] § 283 Rdn 54.

83 BR-Drucks 5/75 S 35; BT-Drucks 7/3441 S 35; Matt/Renzikowski-StGB/*Altenhain*[2] § 283 Rdn 24; SSW-StGB/*Bosch*[5] § 283 Rdn 8; StGB/*Fischer*[69] § 283 Rdn 8; Schönke/Schröder-StGB/*Heine/Schuster*[30] § 283 Rdn 10; SK-StGB/*Hoyer*[9] § 283 Rdn 46;

Mit Blick auf diese relativ unterbestimmten Kriterien klar erfasst sind Geschäfte, bei denen ein Gewinn bei objektiver Betrachtung aus der ex-ante-Perspektive **vom Zufall abhängt**.[84] Beispiele sind die **Spekulation mit Waren auf ausländischen Märkten oder Kreditgewährung ohne Bonitätsprüfung**[85] sowie **Beteiligungen an Unternehmen mit unsicherer Finanzierungsbasis**.[86]

Differenzgeschäfte zeichnen sich durch die Zwecksetzung des Handelnden aus, **Gewinn allein aus der Differenz zwischen An- und Verkaufspreis** zu ziehen, während die Waren- oder Wertpapierlieferung unerheblich ist.[87] Solche Geschäfte waren in § 764 BGB aF geregelt.[88] Auch **inländische Börsentermingeschäfte** fallen nach **hM** unter den Begriff der Differenzgeschäfte.[89] **Dagegen** werden zu Recht die **Ubiquität und die zivilrechtliche Wirksamkeit statthafter Börsentermingeschäfte** vorgebracht sowie – mit Blick auf das Risikopotential –, dass besonders riskante Börsentermingeschäfte im Einzelfall ohnehin als Spekulationsgeschäfte angesehen werden können.[90] 23

Die Handlungen müssen nach dem Wortlaut des Gesetzes in **einer den Anforderungen einer ordnungsgemäßen Wirtschaft widersprechenden Weise** begangen worden sein, was nach einhelliger Meinung erst dann der Fall ist, wenn das Eingehen des Geschäfts sich als **zweifelsfrei unvertretbar** erweist:[91] Selbst **Verlustgeschäfte** können, etwa wenn diese zur **Überbrückung eines Konjunkturtiefs** dienen, oder wenn sie **Aussichten auf gewinnbringende Anschlussgeschäfte** mit sich bringen, **wirtschaftlich vertretbar** sein.[92] Auch soll die Handlung wirtschaftlich vernünftig sein, wenn **Arbeitsplätze erhalten** werden.[93] Ob die Tatbestandsmäßigkeit entfällt, wenn – wider Erwarten – **ein Spekulations- oder ein Differenzgeschäft günstig** ausgeht, ist umstritten: Die **hM** geht davon aus, dass in diesen Fällen das **Strafbedürfnis entfalle**, weil die mögliche Gefährdung der geschützten Rechtsgüter in eine Besserstellung umgeschlagen sei.[94] **Dagegen** werden **kriminalpolitische Erwägungen**,[95] der **Gesetzeswortlaut**, die **Nichtbeseitigung** 24

NK-StGB/*Kindhäuser*[5] § 283 Rdn 30; Wabnitz/Janovsky/Schmitt/*Pelz*[5] 9. Kapitel Rdn 146; MünchKomm-StGB/*Petermann*/*Sackreuther*[4] § 283 Rdn 20; Graf/Jäger/Wittig/*Reinhart*[2] § 283 Rdn 28; LK-StGB/*Tiedemann*[12] § 283 Rdn 55 f.

84 Vgl RGSt 16, 238, 240; SSW-StGB/*Bosch*[5] § 283 Rdn 8; StGB/*Fischer*[69] § 283 Rdn 8; Graf/Jäger/Wittig/*Reinhart*[2] § 283 Rdn 28; LK-StGB/*Tiedemann*[12] § 283 Rdn 56; Gegen eine Beschränkung auf diese Fälle, Bittmann-Insolvenzstrafrecht/*C. Brand*[2] § 12 Rdn 75.

85 NK-StGB/*Kindhäuser*[5] § 283 Rdn 30.

86 BT-Drucks 7/3441 S 35; NK-StGB/*Kindhäuser*[5] § 283 Rdn 30; Graf/Jäger/Wittig/*Reinhart*[2] § 283 Rdn 28; Momsen/Grützner-WirtschaftsStStrR/*Rotsch*/*Wagner*[2] Kapitel 8. Rdn 171.

87 Vgl *RG* GA 1913, 442; Graf/Jäger/Wittig/*Reinhart*[2] § 283 Rdn 29; *Weyand*/*Diversy* Rdn 73.

88 „Wird ein auf Lieferung von Waren oder Wertpapieren lautender Vertrag in der Absicht geschlossen, dass der Unterschied zwischen dem vereinbarten Preis und dem Börsen- oder Marktpreis der Lieferungszeit von dem verlierenden Teile an den gewinnenden gezahlt werden soll, so ist der Vertrag als Spiel anzusehen. Dies gilt auch dann, wenn nur die Absicht des einen Teils auf die Zahlung des Unterschieds gerichtet ist, der andere Teil aber diese Absicht kennt oder kennen muss". Die Vorschrift wurde durch das Gesetz zur weiteren Fortentwicklung des Finanzplatzes Deutschland (Viertes Finanzmarktförderungsgesetz) vom 21. Juni 2002 (BGBl I S 2010) mit Wirkung vom 1. Juli 2002 aufgehoben.

89 SSW-StGB/*Bosch*[5] § 283 Rdn 10; Bittmann-Insolvenzstrafrecht/*C. Brand*[2] § 12 Rdn 77; Lackner/Kühl-StGB/*Heger*[29] § 283 Rdn 12; SK-StGB/*Hoyer*[9] § 283 Rdn 48; NK-StGB/*Kindhäuser*[5] § 283 Rdn 32.

90 Vgl Graf/Jäger/Wittig/*Reinhart*[2] § 283 Rdn 29; Momsen/Grützner-WirtschaftsStStrR/*Rotsch*/*Wagner*[2] Kapitel 8. Rdn 173; LK-StGB/*Tiedemann*[12] § 283 Rdn 59; *Weyand*/*Diversy* Rdn 73.

91 Schönke/Schröder-StGB/*Heine*/*Schuster*[30] § 283 Rdn 12; SK-StGB/*Hoyer*[9] § 283 Rdn 49; Graf/Jäger/Wittig/*Reinhart*[2] § 283 Rdn 30.

92 Schönke/Schröder-StGB/*Heine*/*Schuster*[30] § 283 Rdn 12; MünchKomm-StGB/*Petermann*/*Sackreuther*[4] § 283 Rdn 22.

93 NK-StGB/*Kindhäuser*[5] § 283 Rdn 34 unter Hinweis auf den darin enthaltenen **vermittelten** Gläubigerschutz – zum Schutzzweck des § 283 StGB siehe Rdn 5 zu Vor §§ 283 ff – einer Unternehmensfortführung.

94 StGB/*Fischer*[69] § 283 Rdn 10; Schönke/Schröder-StGB/*Heine*/*Schuster*[30] § 283 Rdn 12; SK-StGB/*Hoyer*[9] § 283 Rdn 46; NK-StGB/*Kindhäuser*[5] § 283 Rdn 34; MünchKomm-StGB/*Petermann*/*Sackreuther*[4] § 283 Rdn 22; Graf/Jäger/Wittig/*Reinhart*[2] § 283 Rdn 31; LK-StGB/*Tiedemann*[12] § 283 Rdn 61.

95 SSW-StGB/*Bosch*[5] § 283 Rdn 9.

des Handlungsunwerts[96] sowie die Erwägung vorgebracht, dass bestimmte Spekulationsgeschäfte die Gefahr begründen, mehr als die eingesetzte Summe zu verlieren **(leverage-Effekt)**.[97] Der hM ist aus den genannten **teleologischen Gründen** zu folgen, was zusätzlich durch die **systematische Auslegung** aus der Parallele zum **Spiel** in der **2. Alt** der **Nr** 2 (dazu unter Rdn 25 ff) gestützt wird, welche die erfolgreiche Teilnahme nicht erfasst.[98]

2. 2. Alt: Schuldigwerden oder Verbrauchen übermäßiger Beträge durch unwirtschaftliche Ausgaben, Spiel oder Wette

25 **Strafgrund** ist das **Eingehen wirtschaftlich unvertretbarer, gläubigerschädigender Handlungen**. Wie in der 1. Alt besteht die Gefahr, dass insbesondere **erlaubte Risikogeschäfte** in den Anwendungsbereich der „unwirtschaftlichen Ausgaben" fallen; dem ist durch **restriktive Auslegung** des Tatbestandsmerkmals der Unwirtschaftlichkeit sowie desjenigen der „Übermäßigkeit" zu begegnen.[99]

26 **Spiel** und **Wette** sind in **§ 762 Abs 1 BGB** definiert.[100] **Beteiligung an der Lotterie**,[101] **Kettenbriefaktionen**[102] oder **Kundenwerbungen im Schneeballsystem** gehören dazu.[103]

27 **Unwirtschaftliche Ausgaben** sind **vermögensmindernde Verfügungen**, die das **Maß des Notwendigen und Üblichen übersteigen** sowie **den Regeln einer ordnungsgemäßen Wirtschaft widersprechen**.[104,105] Es kommt **nicht** drauf an, ob die Ausgaben **privaten oder geschäftlichen Zwecken** gedient haben.[106] **Beispiele** für unwirtschaftliche Ausgaben sind[107] **im privaten**

---

96 Momsen/Grützner-WirtschaftsStStrR/*Rotsch*/*Wagner*[2] Kapitel 8. Rdn 175.

97 Bittmann-Insolvenzstrafrecht/*C. Brand*[2] § 12 Rdn 74.

98 Schönke/Schröder-StGB/*Heine*/*Schuster*[30] § 283 Rdn 12, 18; Graf/Jäger/Wittig/*Reinhart*[2] § 283 Rdn 31.

99 Vgl Bittmann-Insolvenzstrafrecht/*C. Brand*[2] § 12 Rdn 79; LK-StGB/*Tiedemann*[12] § 283 Rdn 52.

100 vgl RGSt 15, 277, 279; Matt/Renzikowski-StGB/*Altenhain*[2] § 283 Rdn 25; BeckOK-StGB/*Beukelmann*[58] § 283 Rdn 47; Bittmann-Insolvenzstrafrecht/*C. Brand*[2] § 12 Rdn 84; SSW-StGB/*Bosch*[5] § 283 Rdn 14; StGB/*Fischer*[69] § 283 Rdn 12; Lackner/Kühl-StGB/*Heger*[29] § 283 Rdn 13; Schönke/Schröder-StGB/*Heine*/*Schuster*[30] § 283 Rdn 18; SK-StGB/*Hoyer*[9] § 283 Rdn 53; StGB/*Kindhäuser*[5] § 283 Rdn 35; Wabnitz/Janovsky/Schmitt/*Pelz*[5] 9. Kapitel Rdn 150; MünchKomm-StGB/*Petermann*/*Sackreuther*[4] § 283 Rdn 24; Graf/Jäger/Wittig/*Reinhart*[2] § 283 Rdn 33; Momsen/Grützner-WirtschaftsStStrR/*Rotsch*/*Wagner*[2] Kapitel 8. Rdn 178; LK-StGB/*Tiedemann*[12] § 283 Rdn 63.

101 RGSt 27, 180, 181 f; Momsen/Grützner-WirtschaftsStStrR/*Rotsch*/*Wagner*[2] Kapitel 8. Rdn 178 weisen auf die Notwendigkeit der Beachtung des § 763 BGB hin.

102 BGHSt 34, 171, 175 ff.

103 Bittmann-Insolvenzstrafrecht/*C. Brand*[2] § 12 Rdn 84; Lackner/Kühl-StGB/*Heger*[29] § 283 Rdn 13; SK-StGB/*Hoyer*[9] § 283 Rdn 53; NK-StGB/*Kindhäuser*[5] § 283 Rdn 35; MünchKomm-StGB/*Petermann*/*Sackreuther*[4] § 283 Rdn 24; Graf/Jäger/Wittig/*Reinhart*[2] § 283 Rdn 33.

104 Zur Frage, ob das Merkmal des ordnungsgemäßen Wirtschaftens vom Begriff der Unwirtschaftlichkeit der Ausgaben erfasst ist, vgl *Anders* Vor §§ 283 ff Rdn 61.

105 BT-Drucks 7/3441 S 34; RGSt 15, 309, 313; RGSt 70, 260, 261; RGSt 73, 229 f; BGHSt 3, 23, 26; *BGH* NJW 1953, 1480, 1481; BGH GA 1964, 119; BGH GA 1974, 61; Matt/Renzikowski-StGB/*Altenhain*[2] § 283 Rdn 25; BeckOK-StGB/*Beukelmann*[58] § 283 Rdn 47; Bittmann-Insolvenzstrafrecht/*C. Brand*[2] § 12 Rdn 79; StGB/*Fischer*[69] § 283 Rdn 11; Lackner/Kühl-StGB/*Heger*[29] § 283 Rdn 13; Schönke/Schröder-StGB/*Heine*/*Schuster*[30] § 283 Rdn 17; SK-StGB/*Hoyer*[9] § 283 Rdn 54; NK-StGB/*Kindhäuser*[5] § 283 Rdn 36; MünchKomm-StGB/*Petermann*/*Sackreuther*[4] § 283 Rdn 23; Graf/Jäger/Wittig/*Reinhart*[2] § 283 Rdn 32, 34; Momsen/Grützner-WirtschaftsStStrR/*Rotsch*/*Wagner*[2] Kapitel 8. Rdn 177; LK-StGB/*Tiedemann*[12] § 283 Rdn 65; Wirtschaftsstrafrecht/*Wittig*[5] § 23 Rdn 82.

106 RGSt 7, 90, 91; RGSt 42, 278, 280 f; RGSt 73, 229, 230; BGHSt 3, 23, 26; *BGH* GA 1964, 119 f; BGH GA 1974, 61; StGB/*Fischer*[69] § 283 Rdn 11; Lackner/Kühl-StGB/*Heger*[29] § 283 Rdn 13; Schönke/Schröder-StGB/*Heine*/*Schuster*[30] § 283 Rdn 17; SK-StGB/*Hoyer*[9] § 283 Rdn 54; NK-StGB/*Kindhäuser*[5] § 283 Rdn 36; LK-StGB/*Tiedemann*[12] § 283 Rdn 65; **aA** Müller-Gugenberger-WirtschaftsStrR/*H. Richter*[7] Rdn 83.63.

107 Siehe zum Folgenden Schönke/Schröder-StGB/*Heine*/*Schuster*[30] § 283 Rdn 17; NK-StGB/*Kindhäuser*[5] § 283 Rdn 42, 44; MünchKomm-StGB/*Petermann*/*Sackreuther*[4] § 283 Rdn 23.

Bereich: teure (Urlaubs-)reisen,[108] **übertrieben aufwändige Haushaltsführung**[109] bzw **Wohnungsmiete,**[110] **kostspielige Barbesuche**[111] oder **Luxusanschaffungen;**[112] **im geschäftlichen Bereich: hohe Kosten für gewerbliche Miete, Geschäftsreisen, Gehälter, Tantiemen, Gratifikationen** oder **Werbung,**[113] **aussichtslose Investitionen,**[114] **hohe Kreditzinsen und -kosten,**[115] die **Weiterfinanzierung einer verlustreichen Tochtergesellschaft,**[116] die **Leistung einer hohen Kaution bei wahrscheinlichem Verfall**[117] sowie die **Übernahme einer hohen Bürgschaft.**[118] **Schmiergeldzahlungen** sind unwirtschaftliche Ausgaben, wenn nach dem **vermögensbezogene Schutzzweck** des Tatbestandsmerkmals (vgl *Anders* Vor §§ 283 ff Rdn 5), der die allgemeine Rechtswidrigkeit der Handlung nicht erfasst, – wie auch bei der Untreue (vgl *Anders* § 266 Rdn 143) – der Schmiergeldeinsatz zusätzlich zu einer bloßen Schädigung des geschäftlichen Rufs **ökonomisch nützlich** gewesen ist;[119] anderenfalls können diese Handlungen jedoch als Beseiteschaffen im Sinne des **Abs 1 Nr 1, 1. Var StGB** erfasst werden.[120] Nach der **Rechtsprechung** gibt der Wortlaut „Ausgaben" gibt vor, dass **Gegenleistungen nicht zu berücksichtigen** sind.[121] Dem ist jedoch entgegenzuhalten, dass **in teleologischer Auslegung der von der Norm intendierte Gläubigerschutz** bei **gleichwertiger sowie in (annähernden) gleichem Umfang der Gläubigerbefriedigung zu dienen geeigneter Gegenleistung nicht berührt** wird, womit bei Nichtberücksichtigung eine bloße Pönalisierung der Wirtschaftsmoral als forum internum drohte.[122] Bei **privaten Ausgaben** sind die **bisherigen persönlichen Vermögens- und Einkommensverhältnisse des Schuldners, seine Familienverhältnisse und sein Haushaltszuschnitt** maßgeblich;[123] dort anfallende Unterhaltskosten sind auch dann wirtschaftlich, wenn sie über den regelmäßigen Einnahmen liegen.[124] Ausgaben im Rahmen der **Pfändungsgrenzen** (vgl § 850c ZPO) sind niemals unwirtschaftlich.[125] **Geschäftliche Entnahmen für private Zwecke** sind dann unwirtschaftlich, wenn der Täter dazu nicht berechtigt ist.[126] Zur Beurteilung der Wirtschaftlichkeit einer Handlung berücksichtigt der *BGH* neben der objektiven Seite die subjektive Zwecksetzung.[127]

Die Beträge sind **übermäßig**, wenn sie die durch die wirtschaftliche Lage des Täters gesteckten Grenzen übersteigen und zu dessen Vermögen **in keinem angemessenen Verhältnis** ste- 28

---

108 *BGH* NStZ 1981, 259.

109 RGSt 15, 309, 314; *BGH* 10.2.1981 – 1 StR 625/80 (juris) (bei *Holtz* in MDR 1981, 452 (454) insoweit nicht abgedruckt).

110 *BGH* bei *Herlan* GA 1954, 311.

111 *BGH* NJW 1953, 1480, 1481.

112 *RG* GA 1917, 115, 116; *BGH* NJW 1953, 1480, 1481 (teure Möbel, Kunst pp); *BGH* 28.11.1972 – 1 StR 399/72 (juris) und *BGH*4.11.1975 – 1 StR 592/75 (juris) (Sportflugzeug); **zu Recht kritisch** NK-StGB/*Kindhäuser*[5] § 283 Rdn 37, 43 (Nichtberücksichtigung von gleichwertigen Gegenleistungen).

113 RGSt 16, 238, 241; RGSt 42, 278, 280; RGSt 73, 229, 230; *RG* GA 64, 115 f; Lackner/Kühl-StGB/*Heger*[29] § 283 Rdn 13.

114 *BGH* bei *Herlan* GA 1954, 311; GA 1964, 119, 120; LK-StGB/*Tiedemann*[12] § 283 Rdn 65.

115 RGSt 73, 229, 230; BGHSt 3, 23, 25 f.

116 LK-StGB/*Tiedemann*[12] § 283 Rdn 65.

117 *BGH* wistra 1982, 148, 149.

118 *BGH* 10.2.1981 – 1 StR 625/80 (juris) (bei *Holtz* in MDR 1981, 452 (454) insoweit nicht abgedruckt).

119 Vgl *BGH* GA 1974, 61, 62; *BGH* 28.11.1972 – 1 StR 399/72 (juris); Graf/Jäger/Wittig/*Reinhart*[2] § 283 Rdn 32; LK-StGB/*Tiedemann*[12] § 283 Rdn 67.

120 Graf/Jäger/Wittig/*Reinhart*[2] § 283 Rdn 32.

121 Vgl *RG* GA 1917, 115, 116; *BGH* NJW 1953, 1480, 1481; *BGH* bei *Herlan* GA 1959, 341; *BGH* GA 1964, 119, 120.

122 Vgl Schönke/Schröder-StGB/*Heine*/*Schuster*[30] § 283 Rdn 17; SK-StGB/*Hoyer*[9] § 283 Rdn 52; NK-StGB/*Kindhäuser*[5] § 283 Rdn 37; *Krause* (1995) S 266 f; Momsen/Grützner-WirtschaftsStStrR/*Rotsch*/*Wagner*[2] Kapitel 8. Rdn 177; LK-StGB/*Tiedemann*[12] § 283 Rdn 67.

123 RGSt 15, 309, 313; *BGH* NStZ 1981, 259, 260.

124 *BGH* GA 1964, 119; *BGH* GA 1980, 106, 107; NK-StGB/*Kindhäuser*[5] § 283 Rdn 36.

125 SK-StGB/*Hoyer*[9] § 283 Rdn 54; MünchKomm-StGB/*Petermann*/*Sackreuther*[4] § 283 Rdn 23.

126 RGSt 42, 278, 281; RGSt 70, 260, 262; NK-StGB/*Kindhäuser*[5] § 283 Rdn 36; *Krause* (1995) S 121; LK-StGB/*Tiedemann*[12] § 283 Rdn 65.

127 Vgl BGHSt 3, 23, 25 f; *BGH* NJW 1953, 1152, 1153; *BGH* NJW 1480, 1481; *BGH* GA 1974, 61, 62; *BGH* BeckRS 1979, 00381; NK-StGB/*Kindhäuser*[5] § 283 Rdn 36.

hen.[128] **Mehrere rechtlich unselbstständige Betriebe** des Täters sind **im Sinne der Gesamtvermögenslage** als **Einheit** zu behandeln;[129] in **Konzernlagen** ist hingegen zur Bestimmung der Übermäßigkeit die **Gesamtsaldierung von Vermögensmassen und der Ausgaben nicht zulässig**, sondern eine **Verrechnung von Vermögenslagen** ist von den **rechtlichen Verbindungen zwischen den rechtlich selbstständigen Unternehmen, also von Beherrschungs- und Gewinnabführungsverträgen**, abhängig.[130] Bei der Beurteilung von **Unternehmen ohne Haftungsbeschränkung** ist nicht nur das Geschäftsvermögen, sondern **auch das Privatvermögen** mitzuberücksichtigen.[131]

29 Schuldigwerden bedeutet die Belastung des schuldnerischen Vermögens mit dem Eingehen einer einklagbaren Verbindlichkeit – also nicht nur einer Naturalobligation – durch ein Verpflichtungsgeschäft.[132] Verbrauchen ist die tatsächliche Ausgabe.[133] **Wahlfeststellung** zwischen den Begehungsformen ist zulässig.[134]

III. Nr 3

30 Nr 3 normiert den sog Schleuderverkauf als **Unterfall eines Verlustgeschäfts** im Sinne der **Nr 2**.[135] Es handelt sich um einen zweiaktigen Tatbestand,[136] der spezifisch die **Verletzung des Wertausgleichsprinzips** und die **dadurch bedingte Verringerung der Leistungsfähigkeit des Schuldners** pönalisiert:[137] Zunächst müssen Waren oder Wertpapiere auf Kredit beschafft worden sein, sodann müssen diese oder **die aus diesen Waren hergestellten Sachen erheblich unter ihrem Wert sowie in einer den Anforderungen einer ordnungsgemäßen Wirtschaft widersprechenden Weise** weiterveräußert oder anderweitig abgegeben worden sein. Der Kredit muss zum Zeitpunkt der Veräußerung noch bestehen.[138] Bei sofortiger Bezahlung mit Hilfe eines Kredits Dritter ist Nr 3 nicht gegeben, in diesem Falle ist uU Nr 8 anwendbar.[139] Ein subjektives Element

---

128 RGSt 15, 309, 312 ff; RGSt 42, 278, 280; RGSt 70, 260, 261; RGSt 73, 229, 230; BGHSt 3, 23, 25 f; *BGH* NJW 1953, 1480, 1481; bei *Herlan* GA 1953, 74; bei *Herlan* 1956, 348; 1964, 119; SSW-StGB/*Bosch*[5] § 283 Rdn 15; Lackner/Kühl-StGB/*Heger*[29] § 283 Rdn 13; Schönke/Schröder-StGB/*Heine/Schuster*[30] § 283 Rdn 14; SK-StGB/*Hoyer*[9] § 283 Rdn 54; NK-StGB/*Kindhäuser*[5] § 283 Rdn 40; MünchKomm-StGB/*Petermann/Sackreuther*[4] § 283 Rdn 23; LK-StGB/*Tiedemann*[12] § 283 Rdn 66, 68.

129 LK-StGB/*Tiedemann*[12] § 283 Rdn 66 unter Berufung auf RGSt 70, 260, 261 (in dieser Entscheidung wird hingegen die rechtliche Selbstständigkeit/Unselbstständigkeit des Betriebs nicht problematisiert).

130 *BGH* bei *Herlan* GA 1967, 264; Schönke/Schröder-StGB/*Heine/Schuster*[30] § 283 Rdn 17; NK-StGB/*Kindhäuser*[5] § 283 Rdn 40; Graf/Jäger/Wittig/*Reinhart*[2] § 283 Rdn 32; LK-StGB/*Tiedemann*[12] § 283 Rdn 66.

131 *BGH* 9.4.1953 – 3 StR 474/53 (juris); NK-StGB/*Kindhäuser*[5] § 283 Rdn 40 und LK-StGB/*Tiedemann*[12] § 283 Rdn 66.

132 BGHSt 22, 360, 361; SSW-StGB/*Bosch*[5] § 283 Rdn 14; Lackner/Kühl-StGB/*Heger*[29] § 283 Rdn 13; Schönke/Schröder-StGB/*Heine/Schuster*[30] § 283 Rdn 15; SK-StGB/*Hoyer*[9] § 283 Rdn 50; NK-StGB/*Kindhäuser*[5] § 283 Rdn 38; MünchKomm-StGB/*Petermann/Sackreuther*[4] § 283 Rdn 25; Graf/Jäger/Wittig/*Reinhart*[2] § 283 Rdn 34; Momsen/Grützner-WirtschaftsStStrR/*Rotsch/Wagner*[2] Kapitel 8. Rdn 178; LK-StGB/*Tiedemann*[12] § 283 Rdn 69; **aA** RGSt 22, 12, 13.

133 *RG* GA 1917, 115; Bittmann-Insolvenzstrafrecht/*C. Brand*[2] § 12 Rdn 81; Schönke/Schröder-StGB/*Heine/Schuster*[30] § 283 Rdn 15; SK-StGB/*Hoyer*[9] § 283 Rdn 50; NK-StGB/*Kindhäuser*[5] § 283 Rdn 38.

134 *BGH* bei *Herlan* GA 1959, 341; Schönke/Schröder-StGB/*Heine/Schuster*[30] § 283 Rdn 16.

135 NK-StGB/*Kindhäuser*[5] § 283 Rdn 45.

136 Matt/Renzikowski-StGB/*Altenhain*[2] § 283 Rdn 26; Schönke/Schröder-StGB/*Heine/Schuster*[30] § 283 Rdn 19; NK-StGB/*Kindhäuser*[5] § 283 Rdn 45; MünchKomm-StGB/*Petermann/Sackreuther*[4] § 283 Rdn 28; Graf/Jäger/Wittig/*Reinhart*[2] § 283 Rdn 35; Momsen/Grützner-WirtschaftsStStrR/*Rotsch/Wagner*[2] Kapitel 8. Rdn 181; Wirtschaftsstrafrecht/*Wittig*[6] § 23 Rdn 88.

137 NK-StGB/*Kindhäuser*[5] § 283 Rdn 45.

138 Vgl RGSt 72, 187, 190; Schönke/Schröder-StGB/*Heine/Schuster*[30] § 283 Rdn 20; Momsen/Grützner-WirtschaftsStStrR/*Rotsch/Wagner*[2] Kapitel 8. Rdn 182.

139 Matt/Renzikowski-StGB/*Altenhain*[2] § 283 Rdn 27; Bittmann-Insolvenzstrafrecht/*C. Brand*[2] § 12 Rdn 203; SSW-StGB/*Bosch*[5] § 283 Rdn 16; StGB/*Fischer*[69] § 283 Rdn 14; Schönke/Schröder-StGB/*Heine/Schuster*[30] § 283 Rdn 20; Wabnitz/Janovsky/Schmitt/*Pelz*[5] 9. Kapitel Rdn 154; Graf/Jäger/Wittig/*Reinhart*[2] § 283 Rdn 36; LK-StGB/*Tiedemann*[12] § 283 Rdn 76.

der Absicht der Insolvenzverschleppung ist – anders als beim Vorgänger § 240 Abs 1 Nr 2 KO – nicht mehr erforderlich.[140]

Wertpapiere im Sinne der **Nr 3** sind nur solche, bei denen das Recht aus dem Papier dem Recht am Papier folgt, zB Aktien, Inhaberschuldverschreibungen, Wechsel.[141] 31

Die Beschaffung bezeichnet Besitzübergang nach rechtsgeschäftlichem Erwerb, womit einerseits der schuldrechtliche Vertragsschluss nicht ausreichend ist,[142] andererseits aber Eigentumsverschaffung nicht erforderlich ist, sodass die Übergabe von Waren unter Eigentumsvorbehalt hinreicht.[143] Letzteres gilt entgegen der Auffassung des RG,[144] obschon diese Waren als solche nicht zur Insolvenzmasse gehören (Rdn 5), weil sich durch das nachfolgende Verschleudern bei noch offenem Kredit die wirtschaftliche Krise des Schuldners verschärft.[145] Das Bestehen des Verschleuderungswillens schon beim Erwerb der Ware pp. ist nicht erforderlich.[146] 32

Die Weiterveräußerung muss nach dem Wortlaut der Norm „erheblich unter (...) Wert" erfolgen, wobei es auf den Marktwert zum Zeitpunkt der Veräußerung, ggf den handelsüblichen Preis, ankommt und dem Einkaufspreis in diesem Rahmen nur indizielle Bedeutung zukommt.[147] Teilweise werden zur Bestimmung der Erheblichkeit prozentuale Unterschreitungswerte angenommen.[148] 33

Ein Veräußern unter Wert widerspricht dann **den Anforderungen einer ordnungsgemäßen Wirtschaft** ausnahmsweise nicht, wenn ein Preissturz bevorsteht[149] oder ansonsten der Verderb der Waren droht.[150] Zudem können sog Lockvogelangebote wirtschaftsgemäß sein,[151] ebenso wie ökonomisch gebotene Verkäufe zur Geschäftsräumung oder zur Erschließung neuer Märkte.[152] Schließlich soll das Handeln nicht wirtschaftswidrig sein, wenn die Ware so **günstig eingekauft** 34

---

140 Vgl BT-Drucks 7/3441 S 35; Schönke/Schröder-StGB/*Heine/Schuster*[30] § 283 Rdn 19; Lackner/Kühl-StGB/*Heger*[29] § 283 Rdn 14.

141 Bittmann-Insolvenzstrafrecht/*C. Brand*[2] § 12 Rdn 85; NK-StGB/*Kindhäuser*[5] § 283 Rdn 33; Jäger/Wittig/*Reinhart*[2] § 283 Rdn 35.

142 RGSt 62, 257, 258; SSW-StGB/*Bosch*[5] § 283 Rdn 16; Bittmann-Insolvenzstrafrecht/*C. Brand*[2] § 12 Rdn 86; NK-StGB/*Kindhäuser*[5] § 283 Rdn 46; MünchKomm-StGB/*Petermann/Sackreuther*[4] § 283 Rdn 28; Graf/Jäger/Wittig/*Reinhart*[2] § 283 Rdn 36.

143 BGHSt 9, 84, 85; Bittmann-Insolvenzstrafrecht/*C. Brand*[2] § 12 Rdn 86; Lackner/Kühl-StGB/*Heger*[29] § 283 Rdn 14; Schönke/Schröder-StGB/*Heine/Schuster*[30] § 283 Rdn 20; NK-StGB/*Kindhäuser*[5] § 283 Rdn 45; MünchKomm-StGB/*Petermann/Sackreuther*[4] § 283 Rdn 28; Graf/Jäger/Wittig/*Reinhart*[2] § 283 Rdn 36; LK-StGB/*Tiedemann*[12] § 283 Rdn 75.

144 Vgl RGSt 66, 175, 177; RGSt 72, 187, 188.

145 Schönke/Schröder-StGB/*Heine/Schuster*[30] § 283 Rdn 20; NK-StGB/*Kindhäuser*[5] § 283 Rdn 45; MünchKomm-StGB/*Petermann/Sackreuther*[4] § 283 Rdn 28; Graf/Jäger/Wittig/*Reinhart*[2] § 283 Rdn 36; LK-StGB/*Tiedemann*[12] § 283 Rdn 72, 75.

146 Schönke/Schröder-StGB/*Heine/Schuster*[30] § 283 Rdn 20.

147 Vgl RGSt 47, 61 f; RGSt 72, 187, 190; *BGH* bei *Herlan* GA 1955, 365; Matt/Renzikowski-StGB/*Altenhain*[2] § 283 Rdn 28; Lackner/Kühl-StGB/*Heger*[29] § 283 Rdn 14; NK-StGB/*Kindhäuser*[5] § 283 Rdn 45; *Krause* (1995) S 136 f; Wabnitz/Janovsky/Schmitt/*Pelz*[5] 9. Kapitel Rdn 155; Momsen/Grützner-WirtschaftsStStrR/*Rotsch/Wagner*[2] Kapitel 8. Rdn 183; LK-StGB/*Tiedemann*[12] § 283 Rdn 78; **aA – Vergleich des kreditierten Einkaufspreises mit dem Verkaufserlös** *Klug* JZ 1957, 462, 463.

148 Bittmann-Insolvenzstrafrecht/*C. Brand*[2] § 12 Rdn 88, Erheblichkeitsschwelle erst dann überschritten, wenn der Veräußerungspreis vom Markt- bzw „üblichen Preis" um mehr als **25 %** abweicht; Graf/Jäger/Wittig/*Reinhart*[2] § 283 Rdn 39 „wenn selbst der niedrigste übliche Marktpreis noch um mindestens **10 %** unterschritten wird".

149 Lackner/Kühl-StGB/*Heger*[29] § 283 Rdn 14; Schönke/Schröder-StGB/*Heine/Schuster*[30] § 283 Rdn 23.

150 Bittmann-Insolvenzstrafrecht/*C. Brand*[2] § 12 Rdn 89; Schönke/Schröder-StGB/*Heine/Schuster*[30] § 283 Rdn 23; LK-StGB/*Tiedemann*[12] § 283 Rdn 79; Wirtschaftsstrafrecht/*Wittig*[5] § 23 Rdn 88.

151 Bittmann-Insolvenzstrafrecht/*C. Brand*[2] § 12 Rdn 89; Schönke/Schröder-StGB/*Heine/Schuster*[30] § 283 Rdn 23; MünchKomm-StGB/*Petermann/Sackreuther*[4] § 283 Rdn 31; LK-StGB/*Tiedemann*[12] § 283 Rdn 79.

152 SSW-StGB/*Bosch*[5] § 283 Rdn 16; StGB/*Fischer*[69] § 283 Rdn 15; Schönke/Schröder-StGB/*Heine/Schuster*[30] § 283 Rdn 23; Graf/Jäger/Wittig/*Reinhart*[2] § 283 Rdn 40.

worden ist, dass trotz der Veräußerung unter Wert **noch ein Gewinn** erzielt werden konnte.[153] Sollte es für die Beurteilung der Unterwertigkeit der Weiterveräußerung auf die Relation von (kreditiertem) Einkaufspreis zum Verkaufserlös ankommen,[154] würde es in diesen Fällen jedoch schon insoweit an der Tatbestandsmäßigkeit fehlen; sieht man hingegen das Verhältnis von Verkaufserlös zum Marktwert als erheblich an (Bewertungsmaßstab bei der Weiterveräußerung Rdn 33), ist nicht erkennbar, warum es in diesen Fällen der Unterwertigkeit – ohne Weiteres – an der Wirtschaftswidrigkeit des Handelns fehlen sollte.[155]

IV. Nr 4

35 Das **Vortäuschen von Rechten** oder **Anerkennen erdichteter Rechte** beschreibt nicht die **Minderung der gesamtschuldnerischen Aktiva (vgl Nr 1–3)** oder die **tatsächliche Vergrößerung ihrer Passiva**, sondern die **künstliche Erhöhung.** Letzterer, da die behaupteten Gläubigerrechte nicht oder nicht in der dargestellten Weise bestehen.[156] Soweit die Handlungen lediglich zur Verdeckung des bereits erfolgten Beiseiteschaffens von Vermögensbestandteilen erfolgen, sind sie **Vorbereitungshandlungen zu Nr 1**; selbstständige Bedeutung hat **Nr 4** somit lediglich dort, wo es **nicht zur Befriedigung oder Sicherung des fingierten Anspruchs** kommt.[157] In diesen Fällen liegt solange lediglich eine Gefährdung der Gläubigerinteressen vor, bis für das vorgetäuschte oder anerkannte Recht im Insolvenzverfahren Befriedigung gewährt wird.[158] **Völlig ungeeignete Handlungen**, die schon nicht zu einer Gefährdung der Gläubiger führen können, werden von **Nr 4** nicht erfasst.[159] **Tatgegenstand** sind Rechte **schuldrechtlicher oder dinglicher Natur.**[160] Die **bloße Erfüllung einer Nichtschuld** unterfällt nicht dem Tatbestand der **Nr 4,**[161] jedoch als Beiseiteschaffen der **Nr 1.**[162] In der strafrechtlichen Praxis hat **Nr 4** lediglich **geringe Bedeutung.**[163]

1. 1. Alt

36 Ein **Vortäuschen von Rechten anderer** ist gegeben, wenn der Handelnde sich **nach außen** auf ein **nicht, nur teilweise,**[164] **noch nicht** oder **nicht mehr**[165] oder **nicht mit der behaupteten**

---

153 Bittmann-Insolvenzstrafrecht/*C. Brand*[2] § 12 Rdn 90; Lackner/Kühl-StGB/*Heger*[29] § 283 Rdn 14; Schönke/Schröder-StGB/*Heine/Schuster*[30] § 283 Rdn 23; Graf/Jäger/Wittig/*Reinhart*[2] § 283 Rdn 40 (Ausnahme dann, wenn im konkreten Fall auf einen höheren Gewinn verzichtet wird, der sicher und ohne jeden Mehraufwand hätte erzielt werden können); LK-StGB/*Tiedemann*[12] § 283 Rdn 79.

154 In diesem Sinne *Klug* JZ 1957, 462, 463, vgl unter Fn 156.

155 In diesem Sinne wohl auch NK-StGB/*Kindhäuser*[5] § 283 Rdn 48 f.

156 MünchKomm-StGB/*Petermann/Sackreuther*[4] § 283 Rdn 32 f; LK-StGB/*Tiedemann*[12] § 283 Rdn 81.

157 Vgl StGB/*Fischer*[69] § 283 Rdn 18; Müller-Gugenberger-WirtschaftsStrR/*H. Richter*[7] Rdn 83.38; LK-StGB/*Tiedemann*[12] § 283 Rdn 81.

158 Vgl Müller-Gugenberger-WirtschaftsStrR/*H. Richter*[7] Rdn 83.36; LK-StGB/*Tiedemann*[12] § 283 Rdn 81.

159 Schönke/Schröder-StGB/*Heine/Schuster*[30] § 283 Rdn 24; Graf/Jäger/Wittig/*Reinhart*[2] § 283 Rdn 41.

160 BT-Drucks 7/3441 S 35; RGSt 64, 311, 312; SSW-StGB/*Bosch*[5] § 283 Rdn 17; NK-StGB/*Kindhäuser*[5] § 283 Rdn 51; Graf/Jäger/Wittig/*Reinhart*[2] § 283 Rdn 41; Momsen/Grützner-WirtschaftsStStrR/*Rotsch/Wagner*[2] Kapitel 8. Rdn 186; LK-StGB/*Tiedemann*[12] § 283 Rdn 82.

161 SSW-StGB/*Bosch*[5] § 283 Rdn 17.

162 StGB/*Fischer*[69] § 283 Rdn 18; Momsen/Grützner-WirtschaftsStStrR/*Rotsch/Wagner*[2] Kapitel 8. Rdn 187; LK-StGB/*Tiedemann*[12] § 283 Rdn 86.

163 Müller-Gugenberger-WirtschaftsStrR/*H. Richter*[7] Rdn 83.35.

164 Darstellen einer unverzinslichen Forderung als verzinslich, vgl Schönke/Schröder-StGB/*Heine/Schuster*[30] § 283 Rdn 25; Graf/Jäger/Wittig/*Reinhart*[2] § 283 Rdn 41; Wirtschaftsstrafrecht/*Wittig*[5] § 23 Rdn 89.

165 Vor- oder rückdatierte Verträge, vgl Schönke/Schröder-StGB/*Heine/Schuster*[30] § 283 Rdn 25; Graf/Jäger/Wittig/*Reinhart*[2] § 283 Rdn 41; Wirtschaftsstrafrecht/*Wittig*[5] § 23 Rdn 89.

Qualität (insbesondere betreffend den Rang)[166] **bestehendes Recht** beruft.[167] Ausreichend ist auch das **Vortäuschen der Durchsetzbarkeit** eines Rechts.[168] Vorausgesetzt ist ein **Adressat**, also etwa der **Insolvenzverwalter** durch falsche Eintragung in die ihm zugänglich gemachten Bücher oder aber das **Insolvenzgericht** durch eine falsche Versicherung an Eides Statt gemäß § 98 Abs 1 InsO.[169] **Vollendet** ist das Vortäuschen, wenn die Erklärung zumindest vorübergehend zu einer Fehlvorstellung bei dem Dritten geführt hat.[170] Auch das **konkludente Vortäuschen** ist möglich.[171] Das Behaupten von bestehenden **Einreden** gegen das fragliche Recht ist kein Vortäuschen, weil eine Einrede – im Gegensatz zur **rechtsvernichtenden Einwendung** – das bestehende Recht nicht beseitigt.[172]

Ein **Vortäuschen** ist nicht gegeben, wenn der **GmbH-Geschäftsführer** eine **nicht bestehende Gehaltsforderung** zur Insolvenzmasse anmeldet; denn in diesem Fall handelt der Vortäuschende auch ich Aufgabe der sog Interessenformel (vgl *Anders* Vor §§ 283 ff Rdn 11 ff) durch den *BGH* nicht in seiner Eigenschaft als Vertreter der GmbH.[173] 37

2. 2. Alt

Das **Anerkennen erdichteter Rechte** setzt voraus, dass der **handelnde Schuldner mit einem Scheingläubiger derart zusammenwirkt**, dass zwischen beiden **Einvernehmen** besteht, dass eine **erdichtete Forderung anerkannt** werden soll;[174] ein Vertragsschluss im Sinne des **§ 781 BGB** ist nicht erforderlich.[175] Der insoweit mitwirkende **Scheingläubiger ist als Teilnehmer strafbar**, eine Straflosigkeit unter dem Gesichtspunkt der notwendigen Teilnahme kommt nicht in Betracht.[176] Ein Recht ist **erdichtet**, wenn es **nicht besteht**, also **frei erfunden** ist; es ist dann nicht „erdichtet", wenn es besteht, aber aus formalen Gründen (Verjährung) oder moralischen Gründen (Naturalobligation) nicht durchgesetzt werden kann.[177] Das Erdichten und Anerkennen unterscheidet sich durch die Beschränkung auf das Zwei-Personen-Verhältnis zwischen Schuldner und Gläubiger vom Vortäuschen; es bedarf keiner Kundgabe gegenüber Dritten.[178] 38

Ein **Anerkennen erdichteter Rechte** liegt nach Auffassung des BGH vor, wenn der **GmbH-Geschäftsführer** angeblich eigene Ansprüche gegenüber der GmbH geltend macht und zugleich den Tatsachen zuwider entsprechende Auszahlungen der GmbH verbuchen lässt.[179] Diese Auffassung steht jedoch im Widerspruch zu den Vorgaben sowohl der bereits aufgegebenen 39

166 Vgl BR-Drucks 5/75 S 35.

167 Graf/Jäger/Wittig/*Reinhart*[2] § 283 Rdn 41; LK-StGB/*Tiedemann*[12] § 283 Rdn 82.

168 Verschweigen der rechtskräftigen Abweisung einer Zahlungsklage Schönke/Schröder-StGB/*Heine/Schuster*[30] § 283 Rdn 25; Graf/Jäger/Wittig/*Reinhart*[2] § 283 Rdn 41; LK-StGB/*Tiedemann*[12] § 283 Rdn 84.

169 MünchKomm-StGB/*Petermann/Sackreuther*[4] § 283 Rdn 34; Momsen/Grützner-WirtschaftsStStrR/*Rotsch/Wagner*[2] Kapitel 8. Rdn 187; LK-StGB/*Tiedemann*[12] § 283 Rdn 84.

170 SK-StGB/*Hoyer*[9] § 283 Rdn 67; Momsen/Grützner-WirtschaftsStStrR/*Rotsch/Wagner*[2] Kapitel 8. Rdn 187.

171 Vgl RGSt 64, 42, 43; SSW-StGB/*Bosch*[5] § 283 Rdn 17; Schönke/Schröder-StGB/*Heine/Schuster*[30] § 283 Rdn 25; MünchKomm-StGB/*Petermann/Sackreuther*[4] § 283 Rdn 34; LK-StGB/*Tiedemann*[12] § 283 Rdn 84.

172 SSW-StGB/*Bosch*[5] § 283 Rdn 17; MünchKomm-StGB/*Petermann/Sackreuther*[4] § 283 Rdn 34; Wirtschaftsstrafrecht/*Wittig*[6] § 23 Rdn 89.

173 Vgl *BGH* bei *Herlan* GA 1954, 312; Bittmann-Insolvenzstrafrecht/*C. Brand*[2] § 12 Rdn 94; StGB/*Fischer*[69] § 283 Rdn 18; Schönke/Schröder-StGB/*Heine/Schuster*[30] § 283 Rdn 25, 2c.

174 MünchKomm-StGB/*Petermann/Sackreuther*[4] § 283 Rdn 35; LK-StGB/*Tiedemann*[12] § 283 Rdn 85.

175 Schönke/Schröder-StGB/*Heine/Schuster*[30] § 283 Rdn 26; Momsen/Grützner-WirtschaftsStStrR/*Rotsch/Wagner*[2] Kapitel 8. Rdn 188.

176 LK-StGB/*Tiedemann*[12] § 283 Rdn 89; wohl auch Müller-Gugenberger-WirtschaftsStrR/*H. Richter*[7] Rdn 83.45.

177 Vgl BR-Drucks 5/ 75 S 35; StGB/*Fischer*[69] § 283 Rdn 18; Schönke/Schröder-StGB/*Heine/Schuster*[30] § 283 Rdn 27; NK-StGB/*Kindhäuser*[5] § 283 Rdn 51; LK-StGB/*Tiedemann*[12] § 283 Rdn 83.

178 RGSt 62, 287, 288; Graf/Jäger/Wittig/*Reinhart*[2] § 283 Rdn 42.

179 Vgl *BGH* bei *Herlan* GA 1956, 347; SSW-StGB/*Bosch*[5] § 283 Rdn 17.

Interessenformel (vgl *Anders* Vor §§ 283 ff Rdn 11 ff) – der Geschäftsführer handelte eigennützig – als auch der weiteren Modelle zur Begründung eines Vertretungsbezuges zur GmbH.[180]

40 Ob ein Anerkennen durch **Unterlassen** möglich ist, ist streitig: Zum Teil wird vertreten, dass die prozessuale Unterlassung wie die **Nichterhebung eines Widerspruchs bzw Einspruchs gegen Versäumnisurteile, Mahn- oder Vollstreckungsbescheide** tatbestandsmäßig sei.[181] Die **hM** lehnt dies in dieser Weite jedoch zu Recht ab, da die **bloße Schuldnerposition** keine Garantenstellung begründet.[182] Insoweit wird entweder eine **Täterschaft durch positives Tun durch die vorherige Absprache mit dem Gläubiger** angenommen,[183] oder aber **Ingerenz** für den – mit Blick auf das Anerkennen erdichteter Rechte wohl eher untypischen – Fall des Erkennens einer vorherigen pflichtwidrig-unvorsätzlichen Täuschung des/der (echten) Gläubiger/s.[184]

V. Nr 5

41 Die **Buchführungsdelikte** sind für die Ermittlungstätigkeiten der Staatsanwaltschaften von **erheblicher praktischer Bedeutung**: Insolvenzen ohne solche Verstöße sind rar.[185]

42 Die **Pflicht, Handelsbücher zu führen** bzw **so zu führen, dass die Übersicht nicht erschwert** wird, normiert in der **1. Alt** ein **echtes Unterlassungsdelikt**,[186] in der **2. Alt** ein **Begehungsdelikt durch positives Tun**.[187,188] Es handelt sich um **informationsbezogene Insolvenzdelikte** (vgl *Anders* Vor § 283 ff Rdn 2). Bezweckt die Buchführung in erster Linie die **Selbstinformation des Kaufmanns**, ist Strafgrund der **Nr 5 Gläubigerschutz**, da der erstgenannte Zweck im **Gläubigerinteresse** liegt.[189] Die vorübergehende Aussetzung der Insolvenzantragspflicht gem **§ 1 Abs 1 Satz 1 SanInsKG**[190] vom 1. März 2020 bis zum 30. September 2020 (weitergehend nach **§ 1 Abs 2 SanInsKG** nur für überschuldete Personen und Unternehmen vom 1. Oktober 2020 bis zum 31. Dezember 2020 sowie nach **§ 1 Abs 3 SanInsKG** vom 1. Januar 2021 bis zum 30. April 2021 grundsätzlich für die Geschäftsleiter solcher Schuldner, die im Zeitraum vom 1. November 2020 bis zum 28. Februar 2021 einen Antrag auf Gewährung finanzieller Hilfeleistungen im Rahmen staatlicher Hilfsprogramme zur Abmilderung der Folgen der COVID-19-Pandemie gestellt haben bzw, die nach den Bedingungen des Programms in den Kreis der Antragsberechtigten fallen) suspendiert von der Buchführungspflicht nicht.[191]

---

180 Bittmann-Insolvenzstrafrecht/*C. Brand*[2] § 12 Rdn 94; StGB/*Fischer*[69] § 283 Rdn 18; Schönke/Schröder-StGB/*Heine*/*Schuster*[30] § 283 Rdn 25, 2c; Momsen/Grützner-WirtschaftsStStrR/*Rotsch*/*Wagner*[2] Kapitel 8. Rdn 188; LK-StGB/*Tiedemann*[12] § 283 Rdn 86.

181 Schönke/Schröder-StGB/*Heine*/*Schuster*[30] § 283 Rdn 26; Müller-Gugenberger-WirtschaftsStrR/*H. Richter*[7] Rdn 83.44.

182 SSW-StGB/*Bosch*[5] § 283 Rdn 17; Bittmann-Insolvenzstrafrecht/*C. Brand*[2] § 12 Rdn 96, 66; LK-StGB/*Tiedemann*[12] § 283 Rdn 88; Wirtschaftsstrafrecht/*Wittig*[5] § 23 Rdn 90.

183 Bittmann-Insolvenzstrafrecht/*Bittmann*[1] § 12 Rdn 147.

184 LK-StGB/*Tiedemann*[12] § 283 Rdn 88.

185 Dannecker/Knierim/Hagemeier/Smok/*Dannecker*/*Hagemeier*[3] Rdn 929; Müller-Gugenberger-WirtschaftsStrR/*H. Richter*[7] Rdn 85.1; *Weyand*/*Diversy* Rdn 82.

186 Graf/Jäger/Wittig/*Reinhart*[2] § 283 Rdn 46; Momsen/Grützner-WirtschaftsStStrR/*Rotsch*/*Wagner*[2] Kapitel 8. Rdn 202.

187 LK-StGB/*Tiedemann*[12] § 283 Rdn 109.

188 SSW-StGB/*Bosch*[5] § 283 Rdn 19; MünchKomm-StGB/*Petermann*/*Sackreuther*[4] § 283 Rdn 37.

189 Vgl BT-Drucks 7/3441 S 38; *BGH* BeckRS 2014, 9500 (in NStZ 2014, 469, wistra 2014, 354 und StV 2014, 690 insoweit nicht abgedruckt); Dannecker/Knierim/Hagemeier/Smok/*Dannecker*/*Hagemeier*[3] Rdn 931; LK-StGB/*Tiedemann*[12] § 283 Rdn 90.

190 Gesetz zur vorübergehenden Aussetzung der Insolvenzantragspflicht und zur Begrenzung der Organhaftung bei einer durch die COVID-19-Pandemie bedingten Insolvenz (COVID-19-Insolvenzaussetzungsgesetz – COVInsAG) vom 27.3.2020 (BGBl I S 569), geändert durch Gesetze vom 25.9.2020 (BGBl I S 2016), vom 22.12.2020 (BGBl I S 3256) und vom 15.2.2021 (BGBl I S 237), übernommen durch das Gesetz zur vorübergehenden Anpassung sanierungs- und insolvenzrechtlicher Vorschriften zur Abmilderung von Krisenfolgen vom 31.10.2022 (Sanierungs- und insolvenzrechtliches Krisenfolgenabmilderungsgesetz – SanInsKG) (BGBl I S 1966).

191 SSW-StGB/*Bosch*[5] § 283 Rdn 23; *Klose* NZWiSt 2020, 333, 338.

1. Tatobjekte

Tatobjekte sind Handelsbücher. Der Begriff des Handelsbuchs umfasst sämtliche urkundlichen oder nicht urkundlichen Informationsträger, die dazu bestimmt und geeignet sind, die Handelsgeschäfte eines Kaufmanns und die Lage seines Vermögens fortlaufend zu erfassen.[192] Zur Buchführung gehört nach den **§§ 238 Abs 2, 239 Abs 4, 257 HGB** auch die **Erfassung und Speicherung von Daten, Belegen und Korrespondenz.**[193] Die Buchführungspflicht umfasst **nach handelsrechtlichem Verständnis** auch die **Errichtung von Inventaren, Aufstellung der Eröffnungsbilanz, des Jahresabschlusses und des Lageberichts** sowie zur **Aufbewahrung** (vgl **§ 42 GmbHG**).[194] Im **strafrechtlichen Sinne** erfasst **Nr 5** jedoch nicht die Bilanzen, Jahresabschlüsse und Lageberichte sowie das Inventar, da ansonsten **Nr 7** (ebenso 283b Abs 1 Nr 3 StGB) – der im Übrigen die Tathandlung des Veränderns nicht pönalisiert – überflüssig wäre.[195] **Betriebswirtschaftliche Auswertungen** sind kein Teil der Handelsbücher.[196] Auch Aufzeichnungen, die nur die Grundlage für Eintragungen in den Handelsbüchern bilden, gehören nicht zu den Handelsbüchern im strafrechtlichen Sinne.[197] 43

2. Normadressaten, Beginn und Ende der strafbewehrten Buchführungspflicht

Normadressaten sind die Buchführungsverpflichteten. Die öffentlich-rechtliche[198] Pflichtenstellung ist nach hM handels- und gesellschaftsrechtlich, nicht steuer- bzw gewerberechtlich vorgegeben.[199] Betroffen ist nach § 238 Abs 1 HGB jedenfalls jeder „Formkaufmann", zu dem nach § 6 Abs 1 HGB, § 13 Abs 3 GmbHG die Handelsgesellschaft, also auch die GmbH, gehört. Die Buchführungspflicht aus § 238 HGB gehört nicht dem Gesellschaftsstatut an; sie gilt daher auch dann, wenn sich eine inländische Handelsgesellschaft einer a**usländischen oder europäischen Rechtsform (SE, Limited)** bedient.[200] Für die GmbH gelten die §§ 41 ff GmbHG und die §§ 238 ff HGB. § 41 GmbHG weist als zwingendes Recht die Buchführungspflicht den Geschäftsführern – auch den sog faktischen Geschäftsführern (aA sind die Stimmen, welche den faktischen Geschäftsführer im engeren Sinn nicht anerkennen, vgl Anders Vor §§ 283 ff Rdn 22)[201] – zu; möglich bleiben statutarische oder anstellungsvertragliche Regelungen, welche die Pflichten des Geschäftsführers 44

---

192 SSW-StGB/*Bosch*[5] § 283 Rdn 19.

193 Altmeppen[10] § 41 Rdn 8.

194 Noack/Servatius/Haas-GmbHG/*Kersting*[23] § 41 Rdn 9.

195 Bittmann-Insolvenzstrafrecht/*C. Brand*[2] § 12 Rdn 123 f; Lackner/Kühl-StGB/*Heger*[29] § 283 Rdn 16; SK-StGB/*Hoyer*[9] § 283 Rdn 70; NK-StGB/*Kindhäuser*[5] § 283 Rdn 55; MünchKomm-StGB/*Petermann/Sackreuther*[4] § 283 Rdn 41; Momsen/Grützner-WirtschaftsStStrR/*Rotsch/Wagner*[2] Kapitel 8. Rdn 192 (mit Blick auf Bilanzen); LK-StGB/*Tiedemann*[12] § 283 Rdn 93.

196 *II. Zivilsenat BGH* NZG 2019, 437, 439.

197 BGHSt 4, 279, 275; Schönke/Schröder-StGB/*Heine/Schuster*[30] § 283 Rdn 31.

198 Vgl RGSt 13, 235, 237, 238 f; BGHZ 125, 366, 377; Noack/Servatius/Haas-GmbHG/*Kersting*[23] § 41 Rdn 1; *Weyand/Diversy* Rdn 83. **Restriktiveres Verständnis – Buchführungspflicht liegt im öffentlichen Interesse** MünchKomm-GmbHG/*H. Fleischer*[4] § 41 Rdn 4; **aA – privatrechtliche Pflicht** Bittmann-Insolvenzstrafrecht/*Bittmann*[2] § 5 Rdn 62; Bittmann-Insolvenzstrafrecht/*C. Brand*[2] § 12 Rdn 116.

199 SSW-StGB/*Bosch*[5] § 283 Rdn 21; StGB/*Fischer*[69] § 283 Rdn 20; Lackner/Kühl-StGB/*Heger*[29] § 283 Rdn 16; NK-StGB/*Kindhäuser*[5] § 283 Rdn 56; MünchKomm-StGB/*Petermann/Sackreuther*[4] § 283 Rdn 38; Graf/Jäger/Wittig/*Reinhart*[2] § 283 Rdn 43; LK-StGB/*Tiedemann*[12] § 283 Rdn 91 f; **aA** Momsen/Grützner-WirtschaftsStStrR/*Rotsch/Wagner*[2] Kapitel 8. Rdn 193 (mit Blick auf § 141 AO).

200 AG Stuttgart wistra 2008, 226, 228; SSW-StGB/*Bosch*[5] § 283 Rdn 21; Schönke/Schröder-StGB/*Heine/Schuster*[30] § 283 Rdn 29; *Radtke/Hoffmann* EuZW 2009, 404, 406; Graf/Jäger/Wittig/*Reinhart*[2] § 283 Rdn 43; **aA** Bittmann-Insolvenzstrafrecht/*Bittmann*[2] § 5 Rdn 65; Bittmann-Insolvenzstrafrecht/*C. Brand*[2] § 12 Rdn 116; Lackner/Kühl-StGB/*Heger*[29] § 283 Rdn 16; *Rönnau* ZGR 2005, 832 (850 ff).

201 MünchKomm-GmbHG/*H. Fleischer*[4] § 41 Rdn 11; Noack/Servatius/Haas-GmbHG/*Kersting*[23] § 41 Rdn 6.

ergänzen.[202] Dabei bedarf es wegen der **gesetzgeberischen Pflichtenzuweisung aus § 41 GmbHG** der **Zurechnung der Gemeinschuldnerstellung an den Geschäftsführer über § 14 Abs 1 Nr 1 StGB** (vgl *Anders* Vor §§ 283 ff Rdn 17 f) **nicht.**[203] Schon vor ihrer Eintragung ins Handelsregister als GmbH ist die Vorgesellschaft buchführungspflichtig, nach weiter Auffassung, sobald Einlageforderungen begründet und Notarkosten entstanden sind,[204] nach der **enger gefassten hM** erst dann, wenn sie die nach § 238 Abs 1 HGB erforderliche Kaufmannseigenschaft hat, also ein Handelsgeschäft betreibt.[205] Für die erstgenannte Ansicht spricht die Geltung des § 64 Satz 1 GmbHG aF/ § 15b Abs 1 Satz 1, 4 Satz 1 InsO[206] bzw der Insolvenzantragspflicht für die Vorgesellschaft, was eine stete wirtschaftliche Selbstkontrolle voraussetzt.[207] In der Abwicklung sind die **Liquidatoren** buchführungspflichtig (vgl **§ 71 Abs 1 und 4 GmbHG**).[208] Die Buchführungspflicht endet mit der **Beendigung der Liquidation.**[209]

45 § 155 Abs 1 Satz 1 InsO belässt die Pflichten des Schuldners zur Rechnungslegung im eröffneten Insolvenzverfahren unberührt, die vom **Insolvenzverwalter** zu erfüllen sind.[210] Ob daraus jedoch zu folgern ist, dass er bei Verletzung dieser Pflichten nach **Nr 5** zu bestrafen ist, ist streitig: Sofern man sich dagegen ausspricht, dass die Vornahme der Bankrotthandlungen auch nach Eintritt der objektiven Strafbarkeitsbedingung möglich ist (*Anders* Vor §§ 283 ff Rdn 71), wird man dies ablehnen müssen.[211]

46 Die Buchführungspflicht kann **delegiert** werden, da sie **keine höchstpersönliche Pflicht** ist.[212] Damit korrespondiert jedoch eine **Auswahl- und Überwachungspflicht des Geschäftsführers.**[213] Ist die **handelsrechtliche** Buchführungspflicht übertragen, kommt eine Haftung des insoweit auftragnehmenden[214] **Steuerberaters** bzw **Buchhalters** unter den Voraussetzungen des **§ 14 Abs 2 Satz 1 Nr 2 StGB** in Betracht.[215]

202 MünchKomm-GmbHG/*H. Fleischer*[4] § 41 Rdn 4; Noack/Servatius/Haas-GmbHG/*Kersting*[23] § 41 Rdn 1.

203 *C. Brand* (2010) S 264 ff; Bittmann-Insolvenzstrafrecht/*ders*[2] § 12 Rdn 103; *ders* NStZ 2010, 9 (13); MünchKomm-StGB/*Radtke*[4] § 14 Rdn 68; vgl auch NK-StGB/*Kindhäuser*[5] § 283 Rdn 57; Momsen/Grützner-WirtschaftsStStrR/*Rotsch/Wagner*[2] Kapitel 8. Rdn 195; LK-StGB/*Tiedemann*[12] § 283 Rdn 98; **aA** Graf/Jäger/Wittig/*Reinhart*[2] § 283 Rdn 44.

204 Vgl Henssler/Strohn-GesR/*Büteröwe*[5] § 41 GmbHG Rdn 10; MünchKomm-GmbHG/*H. Fleischer*[4] § 41 Rdn 19; Noack/Servatius/Haas-GmbHG/*Kersting*[23] § 41 Rdn 7; Rowedder/Pentz-GmbHG/*Tiedchen*[7] § 41 Rdn 44.

205 BGHSt 3, 23, 26; Altmeppen[10] § 41 Rdn 7; SSW-StGB/*Bosch*[5] § 283 Rdn 21; Schönke/Schröder-StGB/*Heine/Schuster*[30] § 283 Rdn 29; NK-StGB/*Kindhäuser*[5] § 283 Rdn 56; Graf/Jäger/Wittig/*Reinhart*[2] § 283 Rdn 43; LK-StGB/*Tiedemann*[12] § 283 Rdn 96.

206 § 64 GmbHG ist mit Wirkung vom 1.1.2021 aufgehoben worden durch Art 16 Nr 2 des Gesetzes zur Fortentwicklung des Sanierungs- und Insolvenzrechts (Sanierungs- und Insolvenzrechtsfortentwicklungsgesetz – SanInsFoG) vom 22.12.2020 (BGBl I S 3256) und in § 15b InsO neu geregelt worden (vgl Art 5 Nr 9 SanInsFoG).

207 Noack/Servatius/Haas-GmbHG/*Kersting*[23] § 41 Rdn 7.

208 Müller-Gugenberger-WirtschaftsStrR/*H. Richter*[7] Rdn 81.91.

209 Noack/Servatius/Haas-GmbHG/*Kersting*[23] § 41 Rdn 8; Lutter/Hommelhoff-GmbHG/*Kleindiek*[21] § 41 Rdn 7.

210 Noack/Servatius/Haas-GmbHG/*Kersting*[23] § 41 Rdn 10.

211 In diesem Sinne Bittmann-Insolvenzstrafrecht/*C. Brand*[2] § 12 Rdn 113; für die Möglichkeit der Strafbarkeit des Insolvenzverwalters *Bales* ZInsO 2010, 2073, 2078; *H. Richter* NZI 2002, 121, 124; wohl auch Wabnitz/Janovsky/Schmitt/*Pelz*[5] 9. Kapitel Rdn 374.

212 Altmeppen[10] § 41 Rdn 5; SSW-StGB/*Bosch*[5] § 283 Rdn 22; Bittmann-Insolvenzstrafrecht/*C. Brand*[2] § 12 Rdn 119; Dannecker/Knierim/Hagemeier/Smok/*Dannecker/Hagemeier*[3] Rdn 937; Schönke/Schröder-StGB/*Heine/Schuster*[30] § 283 Rdn 32; NK-StGB/*Kindhäuser*[5] § 283 Rdn 58; *Louis* S 35; MünchKomm-StGB/*Petermann/Sackreuther*[4] § 283 Rdn 40.

213 RGSt 58, 304, 305; BGHSt 15, 103, 106; Matt/Renzikowski-StGB/*Altenhain*[2] § 283 Rdn 32; Altmeppen[10] § 41 Rdn 5; Bittmann-Insolvenzstrafrecht/*C. Brand*[2] § 12 Rdn 119; Schönke/Schröder-StGB/*Heine/Schuster*[30] § 283 Rdn 32; NK-StGB/*Kindhäuser*[5] § 283 Rdn 58; *Louis* S 36.

214 Die allein beratende Tätigkeit des Steuerberaters, Wirtschaftsprüfers oder Rechtsanwalts kann hingegen keine Täterschaft begründen, vgl MünchKomm-StGB/*Petermann/Sackreuther*[4] Vor §§ 283 ff Rdn 60; MünchKomm-StGB/*Petermann/Hofmann*[4] § 283b Rdn 8; LK-StGB/*Schünemann*[13] § 14 Rdn 67; LK-StGB/*Tiedemann*[12] § 283b Rdn 5.

215 Bittmann-Insolvenzstrafrecht/*C. Brand*[2] § 12 Rdn 114; SK-StGB/*Hoyer*[9] § 283 Rdn 73.

3. Anforderungen an die Buchführung

a) Lebende Sprache und Schriftzeichen. **§ 239 Abs 1 Satz 1 HGB** verlangt für die Führung der Handelsbücher eine Aufzeichnung **in lebender Sprache.** Diese muss zwar nicht der Sprache des Landes entsprechen, in der der Kaufmann eingetragen ist oder seine Geschäfte betreibt;[216] abweichend vom Wortlaut sind aber nur solche lebenden Sprachen verwendbar, deren Übertragung ins Deutsche durch erreichbare Dolmetscher praktisch möglich ist;[217] Abkürzungen, Ziffern, Buchstaben und Symbole können bei der Führung verwendet werden, wenn deren Bedeutung im Einzelfall **eindeutig festliegt.**[218] Hierbei können die Abkürzungen zB auch lateinischen Ursprungs sein. 47

b) Grundsätze ordnungsgemäßer Buchführung (GoB)

aa) Allgemeines. Der Inhalt der – ordnungsgemäßen kaufmännischen – Buchführungspflicht ergibt sich aus den §§ 238 ff HGB sowie ergänzend den §§ 42, 42a GmbHG. Die Buchführungsform einschließlich des dabei angewandten Verfahrens muss den GoB entsprechen, welche **gesetzlich nicht kodifiziert** sind; das Gesetz verweist vielmehr in einer Reihe handelsrechtlicher Vorschriften auf sie (vgl etwa die §§ 238 Abs 1 Satz 2 und 3, 239 Abs 4 Satz 1, 241 Abs 1 Satz 2, Abs 2, Abs 3 Nr 2, 243 Abs 1, 256 HGB) und setzt sie somit voraus.[219] Damit ist eine rein logische Ableitung ihres Inhalts aus dem Gesetz(eszweck) (**deduktive Methode**) nicht möglich; wegen ihrer gläubigerschützenden Funktion können die GoB andererseits nicht **induktiv** durch Rückgriff auf das Verhalten der Kaufleute gewonnen werden.[220] Nach **hM** werden ihre Inhalte daher **hermeneutisch** aus einer Verbindung von Gesetzeszweck und **tatsächlicher Übung des ordentlichen und ehrenwerten Kaufmanns** im Sinne eines **für wirtschaftliche Neuentwicklungen offenen und anpassungsfähigen Systems** gewonnen.[221] Der Grundsatz **in dubio pro reo** kann allein mit Blick auf die Handelsbräuche als **tatsächliche Übung** gelten.[222] 48

bb) Einzelne Anforderungen

(1) Buchhaltungsform. Das Gesetz schreibt nicht vor, welche Bücher der Kaufmann zu führen hat; abzustellen ist darauf, welche Form der Buchführung Art und Umfang des betriebenen Handelsgeschäfts erfordert.[223] Es gilt nach richtiger Ansicht jedenfalls **für die GmbH** die **Pflicht zur doppelten Buchführung;**[224] **Kleinbetriebe** und **Unternehmen mit ganz wenigen oder gleichartigen Geschäftsvorfällen** dürften davon ausgenommen sein, wobei mit Blick auf **Kapitalgesell-** 49

---

216 MünchKomm-HGB/*Ballwieser*[4] § 239 Rdn 4 Keine lebenden Sprachen sind zB Latein, Altgriechisch oder Esperanto.

217 Hopt-HGB/*Merkt*[42] § 239 Rdn 1; BeckOK-HGB/*Merk*[40] § 239 Rdn 2.

218 MünchKomm-HGB/*Ballwieser*[4] § 239 Rdn 5; Hopt-HGB/*Merkt*[42] § 239 Rdn 1.

219 Vgl MünchKomm-HGB/*Ballwieser*[4] § 238 Rdn 20; Bittmann-Insolvenzstrafrecht/*C. Brand*[2] § 12 Rdn 127.

220 MünchKomm-HGB/*Ballwieser*[4] § 238 Rdn 21; Bittmann-Insolvenzstrafrecht/*C. Brand*[2] § 12 Rdn 127.

221 MünchKomm-HGB/*Ballwieser*[4] § 238 Rdn 21 ff; Bittmann-Insolvenzstrafrecht/*C. Brand*[2] § 12 Rdn 127; LK-StGB/*Tiedemann*[12] § 283 Rdn 111.

222 Bittmann-Insolvenzstrafrecht/*Bittmann*[1] § 12 Rdn 168; NK-StGB/*Kindhäuser*[5] § 283 Rdn 61; LK-StGB/*Tiedemann*[12] § 283 Rdn 111; **aA** Bittmann-Insolvenzstrafrecht/*C. Brand*[2] § 12 Rdn 128 – keine Geltung von in dubio pro reo.

223 *BGH* 28.1.1982 – 1 StR 756/81, zitiert bei LK-StGB/*Tiedemann*[12] § 283 Rdn 112; Bittmann-Insolvenzstrafrecht/*C. Brand*[2] § 12 Rdn 130.

224 Altmeppen[10] § 41 Rdn 9; Bittmann-Insolvenzstrafrecht/*C. Brand*[2] § 12 Rdn 130; Dannecker/Knierim/Hagemeier/Smok/*Dannecker*/*Hagemeier*[3] Rdn 932; MünchKomm-GmbHG/*H. Fleischer*[4] § 41 Rdn 6; Noack/Servatius/Haas-GmbHG/*Kersting*[23] § 41 Rdn 9; Hopt-HGB/*Merkt*[42] § 238 Rdn 13; BeckBil-Komm/*Störk*/*Lewe*[13] § 238 HGB Rdn 123; *Weyand*/*Diversy* Rdn 89; **aA** Schönke/Schröder-StGB/*Heine*/*Schuster*[30] § 283 Rdn 31; Graf/Jäger/Wittig/*Reinhart*[2] § 283 Rdn 45.

schaften es schwer vorstellbar ist, dass die einfache Buchführung gelingen kann.[225] Dies bedeutet, dass neben **Bestandskonten Gegenbuchungen auf Erfolgskonten** vorzunehmen sind und alle Geschäftsvorfälle **doppelt – zu Soll und Haben – gebucht** werden.[226] Der **EDV-Buchführung** kommt heute die größte Bedeutung zu; hierbei müssen die Daten während der Dauer der Aufbewahrungsfrist verfügbar sind und jederzeit innerhalb angemessener Frist lesbar gemacht werden können.[227] Im Übrigen ist unscharf, welche Form einer geordneten Ablage den erforderlichen **Verfestigungsgrad** erfüllt, um von „Buch"führung sprechen zu können: In **streng akzessorischer Betrachtung zu den §§ 238 f HGB** dürften **bloß vorbereitende Notizen**, **Zwischenablagen** oder **sonstige Aufzeichnungen** dem nicht gerecht werden können, wohl aber **geordnete Belegsammlungen**.[228]

50 **(2) Materielle Buchführungsgrundsätze.** Die Aufzeichnungen müssen nach **§ 239 Abs 2 HGB „vollständig, richtig, zeitgerecht und geordnet"** vorgenommen werden: Die **Vollständigkeit** bedeutet die lückenlose Aufzeichnung aller Geschäftsvorfälle im Sinne chronologischer Sortierung und sachlicher geordneter Verbuchung auf Bestands- und Erfolgskonten;[229] die **Richtigkeit** verlangt eine sachlich zutreffende Aufzeichnung auf den richtigen Konten unter den Verboten des Weglassens tatsächlich vorgefallener Geschäfte sowie der Vornahme fiktiver Buchungen.[230] Die **Zeitgerechtigkeit** gebietet, Buchungen zeitnah vorzunehmen, dh in vernünftigen, kurzfristigen Buchungsintervallen, die nicht länger als einen Monat sein sollen.[231] Das **Ordnungsprinzip** verlangt ein planmäßig gegliedertes Kontensystem und die sachgerechte Identifizierung und Kontierung der Geschäftsvorfälle nach Art und Vertragspartner,[232] die ihren zeitlichen Ablauf erkennen lässt (vgl **§ 238 Abs 1 Satz 3 HGB**).[233]

51 Nach den GoB muss die Buchführung **willkürfrei** sein und dem **sachverständigen Leser ein klares Bild** der Geschäftsvorfälle und der wirtschaftlichen Lage des Unternehmens vermitteln (**§§ 238 Abs 1 Satz 2 und 3, 239 Abs 4 Satz 1 HGB**).[234]

4. Tathandlungen

52 **a) 1. Var: Unterlassen der Buchführung.** Ein Unterlassen der Buchführung liegt vor, wenn der Täter über einen erheblichen Zeitraum keine Bücher führt, wobei mit Ablauf eines Geschäftsjahres der Zeck der Selbstinformation des Schuldners endgültig nicht mehr erreicht werden kann

---

225 Hopt-HGB/*Merkt*[42] § 238 Rdn 13 mit Blick auf § 264 Abs 1 Satz 1 HGB; BeckBil-Komm/*Störk*/*Lewe*[13] § 238 HGB Rdn 125.
226 Bittmann-Insolvenzstrafrecht/*C. Brand*[2] § 12 Rdn 130; Hopt-HGB/*Merkt*[42] § 238 Rdn 13.
227 MünchKomm-HGB/*Ballwieser*[4] § 239 Rdn 12.
228 Bittmann-Insolvenzstrafrecht/*C. Brand*[2] § 12 Rdn 126.
229 MünchKomm-HGB/*Ballwieser*[4] § 239 Rdn 6; Bittmann-Insolvenzstrafrecht/*C. Brand*[2] § 12 Rdn 133; Hopt-HGB/*Merkt*[42] § 239 Rdn 2; BeckOK-HGB/*Merk*[40] § 239 Rdn 4; BeckBil-Komm/*Störk*/*Lewe*[13] § 239 HGB Rdn 12; LK-StGB/*Tiedemann*[12] § 283 Rdn 112.
230 MünchKomm-HGB/*Ballwieser*[4] § 239 Rdn 6; Bittmann-Insolvenzstrafrecht/*C. Brand*[2] § 12 Rdn 134; Hopt-HGB/*Merkt*[42] § 239 Rdn 2; BeckOK-HGB/*Merk*[40] § 239 Rdn 4; BeckBil-Komm/*Störk*/*Lewe*[13] § 239 HGB Rdn 13; LK-StGB/*Tiedemann*[12] § 283 Rdn 112.
231 MünchKomm-HGB/*Ballwieser*[4] § 239 Rdn 6; Bittmann-Insolvenzstrafrecht/*C. Brand*[2] § 12 Rdn 135; Hopt-HGB/*Merkt*[42] § 239 Rdn 2; BeckOK-HGB/*Merk*[40] § 239 Rdn 5; BeckBil-Komm/*Störk*/*Lewe*[13] § 239 HGB Rdn 14; LK-StGB/*Tiedemann*[12] § 283 Rdn 112.
232 MünchKomm-HGB/*Ballwieser*[4] § 239 Rdn 6; Bittmann-Insolvenzstrafrecht/*C. Brand*[2] § 12 Rdn 133.
233 BeckOK-HGB/*Merk*[40] § 239 Rdn 5; Hopt-HGB/*Merkt*[41] § 239 Rdn 2; LK-StGB/*Tiedemann*[12] § 283 Rdn 112.
234 Altmeppen[10] § 41 Rdn 8; MünchKomm-HGB/*Ballwieser*[4] § 239 Rdn 13.

und damit auch eine Pflichtnachholung nicht mehr möglich ist.[235] Abzugrenzen ist zur lediglich vorübergehend unterlassenen Buchführung; diese kann dann allein von der 2. Var der unordentlichen Buchführung nach Maßgabe des einschränkenden Kriteriums der „erschwerten Übersicht"[236] erfasst werden;[237] Gleiches gilt für den Fall, dass nur einzelne Bücher nicht geführt werden, da die 1. Var das vollständige Fehlen jeglicher Handelsbücher erfordert.[238] Zum Teil wird die Erstreckung des Erfordernisses „daß die Übersicht über seinen Vermögensstand erschwert wird" auch auf die 1. Var Gefordert.[239] Die Frage dürfte jedoch (selbst für kleinere) Kapitalgesellschaften nicht von Relevanz sein, da in diesen Fällen das gänzliche Fehlen einer Buchführung stets zur Folge haben wird, dass die Übersicht über den Vermögensstand erschwert wird.[240]

Da Unterlassen die rechtliche oder tatsächliche Möglichkeit der Pflichterfüllung verlangt, ist 53
der Tatbestand nicht gegeben, wenn der Handelnde insbesondere als Folge der eingetretenen Zahlungsunfähigkeit bei eigenem Unvermögen einen Dritten nicht (mehr) mit der Buchführung beauftragen kann.[241] Die Rechtsprechung hierzu ist jedoch uneinheitlich: In zwei Entscheidungen rekurriert der BGH auf die Pflicht zur finanziellen Vorsorge für die Buch- bzw Bilanzführung und – unter Verweis auf die vergleichbare Rechtsprechung zu § 266a StGB –[242] die Priorität dieser Verbindlichkeiten bei der Ausgabenpolitik bzw Rücklagenbildung;[243] auch im Schrifttum findet sich dieser Ansatz.[244] Zum Teil wird zudem in der Literatur vertreten, dass der Schuldner **jedenfalls bei dauerhafter Unfähigkeit** zur eigenen Buchführung oder zu der durch Dritte zu leistenden Buchführung nicht entlastet werden könne, da er seine buchhaltungspflichtige Tätigkeit hätte aufgeben müssen.[245] Dem wird die Unhaltbarkeit zum einen der Thesen des Vorrangs sowohl der Arbeitnehmeranteile zur Sozialversicherung (vgl **§ 266a StGB**) als auch der Buchführungs- und Bilanzierungspflichten in der Krise, zum zweiten der Annahme der Strafbarkeit einer inkongruen-

235 SSW-StGB/*Bosch*[5] § 283 Rdn 23; Bittmann-Insolvenzstrafrecht/*C. Brand*[2] § 12 Rdn 137 f; NK-StGB/*Kindhäuser*[5] § 283 Rdn 59; MünchKomm-StGB/*Petermann*/*Sackreuther*[4] § 283 Rdn 42; Graf/Jäger/Wittig/*Reinhart*[2] § 283 Rdn 46.

236 Dazu unter Rdn 54.

237 SSW-StGB/*Bosch*[5] § 283 Rdn 23.

238 Vgl RGSt 11, 142, 144; RGSt 11, 161, 162; RGSt 13, 235, 242 f; RGSt 30, 170; RGSt 39, 217, 218; RGSt 49, 276, 277; BGHSt 4, 270, 274; *BGH* NStZ 1995, 347; SSW-StGB/*Bosch*[5] § 283 Rdn 23; Bittmann-Insolvenzstrafrecht/*C. Brand*[2] § 12 Rdn 136; Lackner/Kühl-StGB/*Heger*[29] § 283 Rdn 17; NK-StGB/*Kindhäuser*[5] § 283 Rdn 60; MünchKomm-StGB/*Petermann*/*Sackreuther*[4] § 283 Rdn 42; Graf/Jäger/Wittig/*Reinhart*[2] § 283 Rdn 46; Momsen/Grützner-WirtschaftsStStrR/*Rotsch*/*Wagner*[2] Kapitel 8. Rdn 202.

239 Momsen/Grützner-WirtschaftsStStrR/*Rotsch*/*Wagner*[2] Kapitel 8. Rdn 204.

240 Vgl Momsen/Grützner-WirtschaftsStStrR/*Rotsch*/*Wagner*[2] Kapitel 8. Rdn 204.

241 BGHSt 28, 231, 233; *BGH* NStZ 1992, 182; NStZ 1998, 192, 193; NStZ 2003, 546, 548; *OLG Düsseldorf* wistra 1998, 360, 361; *OLG Braunschweig* NZWiSt 2019, 402, 494; SSW-StGB/*Bosch*[5] § 283 Rdn 23; NK-StGB/*Kindhäuser*[5] § 283 Rdn 59; Wabnitz/Janovsky/Schmitt/*Pelz*[5] 9. Kapitel Rdn 169; MünchKomm-StGB/*Petermann*/*Sackreuther*[4] § 283 Rdn 43, § 283b Rdn 14; Wirtschaftsstrafrecht/*Wittig*[5] § 23 Rdn 99.

242 Vgl BGHSt 47, 318, 320 ff; BGHSt 48, 307, 311; *BGH* NStZ 2012, 94, 95.

243 Vgl *BGH* NJW 2011, 3733, 3734, der zu § 283 Abs 1 Nr 7 lit b) StGB unter Hinweis auf die Rechtsfigur der omissio libera in causa ausführt, dass die finanzielle Unmöglichkeit, einen Steuerberater mit der Erstellung von Bilanzen zu beauftragen, den Geschäftsführer nicht entlasten könne, weil er trotz sich abzeichnender Liquiditätsprobleme eingehende Mietzahlungen und sonstige Vermögenswerte nicht zur Bildung von Rücklagen, sondern zur Begleichung eigener Schulden oder Schulden der GmbH verwandt habe; *BGH* NStZ 2012, 511 lässt offen, ob ein Geschäftsführer, der ein Unternehmen betreibt, so rechtzeitig Vorsorge zu treffen hat, dass das Führen der Bücher und Erstellen der Bilanzen gerade auch in der Krise, bei der dem Führen ordnungsgemäßer Bücher besondere Bedeutung zukommt, gewährleistet ist, siehe dazu *Hagemeier* NZWiSt 2012, 105 ff.

244 Vgl *Beckemper* JZ 2003, 806, 807 f; *H. Richter* GmbHR 1984, 137, 147; Müller-Gugenberger-WirtschaftsStrR/*dens*[7] Rdn 85.31; *Rönnau* NStZ 2003, 525, 530; *H. Schäfer* wistra 1986, 200, 203; *Weyand*/*Diversy* Rdn 86.

245 Vgl *Biletzki* NStZ 1999, 537, 540 (Bestrafung dann nach **Nr 8**); SSW-StGB/*Bosch*[5] § 283 Rdn 23; StGB/*Fischer*[69] § 283 Rdn 23a; Lackner/Kühl-StGB/*Heger*[29] § 283 Rdn 17; Schönke/Schröder-StGB/*Heine*/*Schuster*[30] § 283 Rdn 33a (Bestrafung dann nach **Nr 8**); NK-StGB/*Kindhäuser*[5] § 283 Rdn 59; MünchKomm-StGB/*Petermann*/*Sackreuther*[4] § 283 Rdn 43, § 283b Rdn 14; Graf/Jäger/Wittig/*Reinhart*[2] § 283 Rdn 47, 62 (Bestrafung dann nach **Nr 8**); Momsen/Grützner-WirtschaftsStStrR/*Rotsch*/*Wagner*[2] Kapitel 8. Rdn 203, 206; LK-StGB/*Tiedemann*[12] § 283 Rdn 120 (Bestrafung dann nach **Nr 8**).

ten Gläubigerbefriedung über **§ 283 StGB**, die allein über die Privilegierung des **§ 283c StGB** pönalisiert werde,[246] sowie zum dritten der Vorwurf der Verfassungswidrigkeit der Rechtsfigur der omissio libera in causa[247] entgegengehalten.

54 **b) 2. Var: Mangelhafte Buchführung.** Die 2. Var setzt voraus, dass die Bücher durch den Täter so geführt werden, dass die Übersicht über den Vermögensstand erschwert wird. Von einer Erschwerung ist auszugehen, wenn ein Sachverständiger mithilfe der vorhandenen Buchführung nicht innerhalb einer angemessenen Zeit einen Überblick über die Geschäftsvorfälle und den Vermögensstand gewinnen kann.[248] Mängel insbesondere der EDV-gestützten Buchführung erschweren dann den Überblick über den Vermögensstand nicht, wenn vorhandene Unterlagen und Belege ausreichen, um eine Bilanz erstellen zu können.[249] Mit dem Mangel der Buchführung, nicht erst mit dem Eintritt der objektiven Bedingung der Strafbarkeit,[250] ist entsprechend dem Charakter der Nr 5 als eines abstrakten Gefährdungsdelikts als auch dem **primären Zweck der Buchführung und Bilanzierung in der Selbstinformation des Schuldners**, nicht hingegen in der Dokumentationsfunktion, auch die tatbestandliche Vollendung gegeben;[251] eine nachträgliche Korrektur ist daher allein bedeutsam für den Zusammenhang (vgl Anders §§ 283 ff Rdn 71 ff) zwischen Krise und objektiver Strafbarkeitsbedingung (vgl Anders § 283b Rdn 12).[252]

55 **c) 3. Var: Veränderung der Bücher.** In der **3. Var** müssen die Bücher **so verändert** worden sein, dass die **Übersicht erschwert** ist. Das ist der Fall, wenn **nachträglich** in eine **bereits abgeschlossene Buchführung** eingegriffen wird etwa in Form des **Entfernens oder Einfügens von Eintragungen oder Unterlagen**, ggf in Tateinheit mit den **§§ 267 Abs 1, 2. Var, 274 Abs 1 Nr 1 StGB**,[253] da der Kaufmann im Interesse des Gläubigerschutzes nach Verbuchung des Geschäftsvorfalls die Dispositionsbefugnis verliert.[254]

---

246 Vgl Bittmann-Insolvenzstrafrecht/*C. Brand*[2] § 12 Rdn 143; LK-StGB/*Tiedemann*[12] § 283 Rdn 118; vgl auch SSW-StGB/*Bosch*[5] § 283 Rdn 23, 31.

247 Vgl Matt/Renzikowski-StGB/*Altenhain*[2] § 283 Rdn 34.

248 Vgl BT-Drucks 7/3441 S 35 „nur unter erheblichen Schwierigkeiten und unter Aufwendung besonderer Mühen"; RGSt 47, 311, 312; *BGH* NStZ 1998, 247; NStZ 2000, 34, 36; NStZ 2002, 327; Bittmann-Insolvenzstrafrecht/*C. Brand*[2] § 12 Rdn 153; SSW-StGB/*Bosch*[5] § 283 Rdn 24; Lackner/Kühl-StGB/*Heger*[29] § 283 Rdn 18; NK-StGB/*Kindhäuser*[5] § 283 Rdn 64; MünchKomm-StGB/*Petermann*/*Sackreuther*[4] § 283 Rdn 45; Graf/Jäger/Wittig/*Reinhart*[2] § 283 Rdn 50; Momsen/Grützner-WirtschaftsStStrR/*Rotsch*/*Wagner*[2] Kapitel 8. Rdn 208; LK-StGB/*Tiedemann*[12] § 283 Rdn 118; Wirtschaftsstrafrecht/*Wittig*[6] § 23 Rdn 100.

249 BGH 28.1.1982 – 1 StR 756/81, zitiert bei *BGH* NStZ 1998, 247; bei *Herlan* GA 1959, 341; bei *Holtz* MDR 1980, 455; StGB/*Fischer*[69] § 283 Rdn 23; Momsen/Grützner-WirtschaftsStStrR/*Rotsch*/*Wagner*[2] Kapitel 8. Rdn 208; LK-StGB/*Tiedemann*[12] § 283 Rdn 118.

250 In diesem Sinne RGSt 29, 222, 225; RGSt 39, 165, 167; RGSt 40, 105, 106; BGH 5.7.1955 – 5 StR 236/55, zitiert bei *BGH* NStZ 2008, 401 (402) und LK-StGB/*Tiedemann*[12] § 283 Rdn 118 in Fn 55.

251 Bittmann-Insolvenzstrafrecht/*C. Brand*[2] § 12 Rdn 138, 156; SK-StGB/*Hoyer*[9] § 283 Rdn 77; Momsen/Grützner-WirtschaftsStStrR/*Rotsch*/*Wagner*[2] Kapitel 8. Rdn 209; LK-StGB/*Tiedemann*[12] § 283 Rdn 118, § 283b Rdn 12; im Ergebnis auch Graf/Jäger/Wittig/*Reinhart*[2] § 283 Rdn 50.

252 Bittmann-Insolvenzstrafrecht/*C. Brand*[2] § 12 Rdn 156; SK-StGB/*Hoyer*[9] § 283 Rdn 77; NK-StGB/*Kindhäuser*[5] § 283 Rdn 65; MünchKomm-StGB/*Petermann*[3] § 283 Rdn 50; LK-StGB/*Tiedemann*[12] § 283 Rdn 118.

253 Bittmann-Insolvenzstrafrecht/*C. Brand*[2] § 12 Rdn 151 f; Lackner/Kühl-StGB/*Heger*[29] § 283 Rdn 18; Schönke/Schröder-StGB/*Heine*/*Schuster*[30] § 283 Rdn 35; NK-StGB/*Kindhäuser*[5] § 283 Rdn 63; Graf/Jäger/Wittig/*Reinhart*[2] § 283 Rdn 48 f; Momsen/Grützner-WirtschaftsStStrR/*Rotsch*/*Wagner*[2] Kapitel 8. Rdn 207; LK-StGB/*Tiedemann*[12] § 283 Rdn 107.

254 Bittmann-Insolvenzstrafrecht/*C. Brand*[2] § 12 Rdn 152; Lackner/Kühl-StGB/*Heger*[29] § 283 Rdn 18; NK-StGB/*Kindhäuser*[5] § 283 Rdn 63; LK-StGB/*Tiedemann*[12] § 283 Rdn 107.

VI. Nr 6

Nr 6 erfasst das **Unterdrücken von Handelsbüchern und sonstigen Unterlagen**. Die Vorschrift erlangt in den Fällen der sog **„Firmenbeerdigungen“** (Rdn 103) – in der Praxis mit Nachweisschwierigkeiten betr. die Täterschaft – Bedeutung, da hier regelhaft die gesamte Buchführung vernichtet oder sonst vor dem Zugriff Dritter, insbesondere des Insolvenzverwalters, verborgen wird.[255] 56

1. Taugliche Täter/Tatobjekte

Wegen des Wortlauts der Norm („zu deren Aufbewahrung **ein** Kaufmann nach Handelsrecht verpflichtet ist“[256]) sowie nach systematischer Auslegung – Abgrenzung zu § 283b Abs 1 Nr 2 StGB („Handelsbücher oder sonstige Unterlagen, zu deren Aufbewahrung **er** nach Handelsrecht verpflichtet ist“[257]) – und historischer Auslegung – **Nr 6** knüpft an die Rechtsprechung des *RG* und des *BGH* zu § 239 Nr 4 KO[258] an –[259] besteht zunächst weitgehend Einvernehmen, dass es sich bei **Nr 6** um **kein Sonderdelikt des Kaufmanns** handelt (freilich um ein solches des **Schuldners** (vgl *Anders* §§ 283 ff Rdn 9)).[260] Daraus soll zunächst folgen, dass tauglicher Täter der **Nr 6** nicht nur ein Kaufmann sein kann, sondern **jedermann**, der **fremde** kaufmännische Bücher vernichtet pp., sofern er selbst Schuldner ist oder ihm die Schuldnereigenschaft zugerechnet werden kann (vgl § 14 StGB)[261] – dies ist vor dem Hintergrund des **Telos' des Gläubigerschutzes** kritisch zu sehen, da insoweit in den seltensten Fällen die Vermögensinteressen der Gläubiger des handelnden Schuldners berührt sein dürften.[262] Soweit darüber hinaus vertreten wird, auch die Personen, die **ohne handelsrechtliche Verpflichtung** Bücher **freiwillig** führen, fielen unter **Nr 6**,[263] wird der Tatbestand im Schrifttum zum Teil **restriktiv** ausgelegt und die Vorschrift auf solche Tatobjekte begrenzt, die auch von einem **Kaufmann** (auch Kleingewerbetreibende) geführt würden,[264] mithin werden **Freiberufler**[265] und **Privatpersonen**[266] ausgeklammert. Zur Begründung wird ausgeführt, dass bereits die frühere Rechtsprechung den Bankrotttatbestand auf freiwillig geführte 57

---

255 Vgl *BGH* NStZ 2013, 284, 285; Bittmann-Insolvenzstrafrecht/*C. Brand*² § 12 Rdn 157; Wirtschaftsstrafrecht/*Wittig*⁵ § 23 Rdn 113.

256 Hervorhebung von *Verf.*

257 Hervorhebung von *Verf.*

258 Vgl RGSt 16, 426, 429; RGSt 42, 284, 285; BGHSt 2, 386.

259 Vgl LK-StGB/*Tiedemann*¹² § 283 Rdn 121.

260 BeckOK-StGB/*Beukelmann*⁵⁸ § 283 Rdn 63; Dannecker/Knierim/Hagemeier/Smok/*Dannecker*/*Hagemeier*³ Rdn 942.

261 Bittmann-Insolvenzstrafrecht/*C. Brand*² § 12 Rdn 159; Schönke/Schröder-StGB/*Heine*/*Schuster*³⁰ § 283 Rdn 39; SK-StGB/*Hoyer*⁹ § 283 Rdn 80; NK-StGB/*Kindhäuser*⁵ § 283 Rdn 67; MünchKomm-StGB/*Petermann*/*Sackreuther*⁴ § 283 Rdn 49; LK-StGB/*Tiedemann*¹² § 283 Rdn 121 f.

262 Zutreffend Graf/Jäger/Wittig/*Reinhart*² § 283 Rdn 51, der Strafwürdigkeit in diesen Fällen nur dann annimmt, wenn ein krisenbefangener Schuldner die Bücher eines anderen krisenbefangenen Schuldners unterdrückt.

263 SSW-StGB/*Bosch*⁵ § 283 Rdn 25; Lackner/Kühl-StGB/*Heger*²⁹ § 283 Rdn 19; Graf/Jäger/Wittig/*Reinhart*² § 283 Rdn 51 klammert lediglich „solche Unterlagen“ aus, „die entweder jeder besitzt, der am Geschäftsleben teilnimmt (wie zB einfache Belege), oder die dem Schuldner womöglich sogar gegen seinen Willen aufgedrängt werden (wie zB unverlangte Handelsbriefe)“.

264 SK-StGB/*Hoyer*⁹ § 283 Rdn 80; Momsen/Grützner-WirtschaftsStStrR/*Rotsch*/*Wagner*² Kapitel 8. Rdn 213 f; **noch weitergehende Einschränkung** bei Matt/Renzikowski-StGB/*Altenhain*² § 283 Rdn 36, auch Kleingewerbetreibende werden nicht erfasst.

265 Bittmann-Insolvenzstrafrecht/*C. Brand*² § 12 Rdn 160; StGB/*Fischer*⁶⁹ § 283 Rdn 24 (Nichtkaufleute); Schönke/Schröder-StGB/*Heine*/*Schuster*³⁰ § 283 Rdn 39; SK-StGB/*Hoyer*⁹ § 283 Rdn 80; NK-StGB/*Kindhäuser*⁵ § 283 Rdn 68 f; MünchKomm-StGB/*Petermann*/*Sackreuther*⁴ § 283 Rdn 49; Momsen/Grützner-WirtschaftsStStrR/*Rotsch*/*Wagner*² Kapitel 8. Rdn 215; LK-StGB/*Tiedemann*¹² § 283 Rdn 122.

266 StGB/*Fischer*⁶⁹ § 283 Rdn 24 (Nichtkaufleute); SK-StGB/*Hoyer*⁹ § 283 Rdn 80; Momsen/Grützner-WirtschaftsStStrR/*Rotsch*/*Wagner*² Kapitel 8. Rdn 216; LK-StGB/*Tiedemann*¹² § 283 Rdn 121.

Bücher auch des nicht buchführungspflichtigen früheren sog Minderkaufmanns ausgedehnt habe,[267] andererseits bei Freiberuflern deren freiwillig oder aus steuerrechtlichen Gründen geführten Bücher regelmäßig insbesondere in ihrer Zwecksetzung nicht mit den handelsrechtlichen Büchern vergleichbar seien, was ebenso für die freiwillig geführten Bücher von Privatpersonen zu gelten habe.[268]

58 Die tauglichen **Tatobjekte** sind weiter gefasst als in **Nr 5** (Rdn 43) („oder sonstige Unterlagen"); einbezogen sind im Sinne des **§ 257 Abs 1 HGB** neben den Handelsbüchern insbesondere auch Inventare, Bilanzen, Jahresabschlüsse, Handelsbriefe und Buchungsbelege.[269] Mit Ausnahme der Eröffnungsbilanzen und Abschlüsse können die Unterlagen unter den Voraussetzungen des **§ 257 Abs 3 HGB** auch als Wiedergabe auf einem Bildträger oder auf anderen Datenträgern aufbewahrt werden.

2. Tathandlungen

59 Erfasst sind die Tatmodalitäten des **Beiseiteschaffens, Verheimlichens, Zerstörens oder Beschädigens**; insoweit kann auf die Kommentierung zu **Nr 1** verwiesen werden (Rdn 6 ff, 13 ff, 17 ff). Das **Unbrauchbarmachen** (vgl **Nr 1, 3. Var**) ist nicht Tatbestandsmerkmal der **Nr 6**. Die Unterdrückungshandlung muss **vor Ablauf der für Buchführungspflichtige bestehenden Aufbewahrungsfristen** erfolgen, die gemäß **§ 257 Abs 4 HGB** zehn Jahre für die in § 257 Abs 1 Nr 1 und 4 HGB aufgeführten Unterlagen – also im Wesentlichen Handelsbücher, Inventare, Eröffnungsbilanzen, Abschlüsse und Buchungsbelege – sowie sechs Jahre für die sonstigen in § 257 Abs 1 HGB genannten Unterlagen (empfangene und Wiedergaben der abgesandten Handelsbriefe) betragen.

60 Eine Tatbegehung durch **Unterlassen** ist möglich, etwa beim (möglichen) Nichteinschreiten im Falle der Unterdrückung der Bücher durch Dritte oder durch ein zufälliges Ereignis; eine nach den §§ 283 Abs 1 Nr 5, 7, 283b Abs 1 Nr 1, 3 StGB strafbewehrte Pflicht zur **Rekonstruktion der Bücher** hat jedoch allein der **buchführungspflichtige Kaufmann**, nicht hingegen derjenige, den nach **Nr 6** lediglich ein Vernichtungsverbot trifft.[270]

3. Tatfolge

61 Durch die Handlung muss die **Übersicht über den Vermögensstand des Schuldners erschwert** worden sein; insoweit kann auf die Kommentierung zu **Nr 5** verwiesen werden (Rdn 54). Das Beschädigen eines Handelsbuchs ohne Beeinträchtigung des Inhalts reicht nicht aus.[271] Ferner muss die Unterdrückungshandlung **kausal** gewesen sein für die Erschwerung der Übersicht über den Vermögensstand („dadurch").[272]

---

267 Vgl BGHSt 2, 386, 387; BGHSt 4, 270, 275.

268 SK-StGB/*Hoyer*[9] § 283 Rdn 80; Momsen/Grützner-WirtschaftsStStrR/*Rotsch/Wagner*[2] Kapitel 8. Rdn 215 f; LK-StGB/*Tiedemann*[12] § 283 Rdn 122.

269 SSW-StGB/*Bosch*[5] § 283 Rdn 26; Bittmann-Insolvenzstrafrecht/*C. Brand*[2] § 12 Rdn 162; MünchKomm-StGB/*Petermann/Sackreuther*[4] § 283 Rdn 47; LK-StGB/*Tiedemann*[12] § 283 Rdn 124.

270 *RG* JW 1899, 804; SK-StGB/*Hoyer*[9] § 283 Rdn 82; NK-StGB/*Kindhäuser*[5] § 283 Rdn 72; LK-StGB/*Tiedemann*[12] § 283 Rdn 127; **aA** Bittmann-Insolvenzstrafrecht/*C. Brand*[2] § 12 Rdn 164 (bei unterlassener Rekonstruktion der Bücher Strafbarkeit nach den §§ 283 Abs 1 Nr 5, 7, 283b Abs 1 Nr 1, 3 StGB).

271 Bittmann-Insolvenzstrafrecht/*C. Brand*[2] § 12 Rdn 164; SSW-StGB/*Bosch*[5] § 283 Rdn 26; StGB/*Fischer*[69] § 283 Rdn 24; Schönke/Schröder-StGB/*Heine/Schuster*[30] § 283 Rdn 42; NK-StGB/*Kindhäuser*[5] § 283 Rdn 71; MünchKomm-StGB/*Petermann/Sackreuther*[4] § 283 Rdn 50; LK-StGB/*Tiedemann*[12] § 283 Rdn 126.

272 SSW-StGB/*Bosch*[5] § 283 Rdn 26; MünchKomm-StGB/*Petermann/Sackreuther*[4] § 283 Rdn 50; NK-StGB/*Kindhäuser*[5] § 283 Rdn 74.

Kann nicht mehr aufgeklärt werden, ob der Kaufmann keine Bücher geführt hat oder ob er diese vernichtet hat, kommt **Wahlfeststellung** zwischen **Nr 5** und **Nr 6** in Betracht.[273] 62

VII. Nr 7

Wie die Buchführungsdelikte sind die **Bilanzdelikte** für die Ermittlungstätigkeiten der Staatsanwaltschaften von **erheblicher praktischer Bedeutung**: Insolvenzen ohne solche Verstöße sind selten.[274] Gemeinsames Merkmal beider Tatbestände der **Nr 7** ist das Handeln **„entgegen dem Handelsrecht"**, womit die handelsrechtlichen Vorschriften über Bilanzen und Inventare unmittelbar anwendbar sind.[275] 63

Nr 7 lit a) pönalisiert die Aufstellung einer Bilanz in einer dem Handelsrecht widersprechenden Weise, **Nr 7 lit b)** das entsprechende Unterlassen der Aufstellung der Bilanz oder des Inventars in der vorgeschriebenen Zeit. In **Nr 7 lit a)** ist ein **Begehungsdelikt durch positives Tun**, in **Nr 7 lit b)** ein **echtes Unterlassungsdelikt** normiert.[276] **Schutzzweck** der Norm ist wie bei **Nr 5** (Rdn 42) zwar zunächst die **Selbstinformation des Kaufmanns**; damit ist Strafgrund jedoch auch bei **Nr 7** der **Gläubigerschutz**, da der erstgenannte Zweck im **Gläubigerinteresse** liegt.[277] Es handelt sich um **Sonderdelikt des Vollkaufmanns**; **Nichtkaufleute** können lediglich als **Teilnehmer** handeln.[278] Für **Einzelkaufleute** besteht bei Unterschreitung der Schwellenwerte keine Pflicht zur Bilanz- und Inventaraufstellung (§§ 242 Abs 4, 241a HGB). Betroffen von der Bilanz- und Inventarpflicht ist nach den §§ 240 Abs 1, 242 Abs 1 Satz 1 HGB jedenfalls jeder „Formkaufmann", zu dem nach § 6 Abs 1 HGB, § 13 Abs 3 GmbHG die Handelsgesellschaft, also auch die GmbH, gehört. Die vorübergehende Aussetzung der Insolvenzantragspflicht gem **§ 1 Abs 1 Satz 1 SanInsKG**[279] vom 1. März 2020 bis zum 30. September 2020 (weitergehend nach **§ 1 Abs 2 SanInsKG** nur für überschuldete Personen und Unternehmen vom 1. Oktober 2020 bis zum 31. Dezember 2020 sowie nach **§ 1 Abs 3 SanInsKG** vom 1. Januar 2021 bis zum 30. April 2021 grundsätzlich für die Geschäftsleiter solcher Schuldner, die im Zeitraum vom 1. November 2020 bis zum 28. Februar 2021 einen Antrag auf Gewährung finanzieller Hilfeleistungen im Rahmen staatlicher Hilfsprogramme zur Abmilderung der Folgen der COVID-19-Pandemie gestellt haben bzw, die nach den Bedingungen des Programms in den Kreis der Antragsberechtigten fallen) suspendiert von der Bilanzierungspflicht nicht.[280] 64

---

273 Bittmann-Insolvenzstrafrecht/*C. Brand*[2] § 12 Rdn 165; Schönke/Schröder-StGB/*Heine/Schuster*[30] § 283 Rdn 49a; Graf/Jäger/Wittig/*Reinhart*[2] § 283 Rdn 77; LK-StGB/*Tiedemann*[12] § 283 Rdn 127.

274 Vgl BeckOK-StGB/*Beukelmann*[58] § 283 Rdn 65; Müller-Gugenberger-WirtschaftsStrR/*H. Richter*[7] Rdn 85.1; *Weyand/Diversy* Rdn 82.

275 Graf/Jäger/Wittig/*Reinhart*[2] § 283 Rdn 55; Momsen/Grützner-WirtschaftsStStrR/*Rotsch/Wagner*[2] Kapitel 8. Rdn 224.

276 MünchKomm-StGB/*Petermann/Sackreuther*[4] § 283 Rdn 51; Wirtschaftsstrafrecht/*Wittig*[6] § 23 Rdn 103.

277 SK-StGB/*Hoyer*[9] § 283 Rdn 83; MünchKomm-StGB/*Petermann/Sackreuther*[4] § 283 Rdn 51; LK-StGB/*Tiedemann*[12] § 283 Rdn 137.

278 Vgl SSW-StGB/*Bosch*[5] § 283 Rdn 27; Lackner/Kühl-StGB/*Heger*[29] § 283 Rdn 20; Schönke/Schröder-StGB/*Heine/Schuster*[30] § 283 Rdn 44; SK-StGB/*Hoyer*[9] § 283 Rdn 87; NK-StGB/*Kindhäuser*[5] § 283 Rdn 76; MünchKomm-StGB/*Petermann/Sackreuther*[4] § 283 Rdn 51; Müller-Gugenberger-WirtschaftsStrR/*H. Richter*[7] Rdn 85.10; Momsen/Grützner-WirtschaftsStStrR/*Rotsch/Wagner*[2] Kapitel 8. Rdn 224; LK-StGB/*Tiedemann*[12] § 283 Rdn 129; Wirtschaftsstrafrecht/*Wittig*[5] § 23 Rdn 104.

279 Gesetz zur vorübergehenden Aussetzung der Insolvenzantragspflicht und zur Begrenzung der Organhaftung bei einer durch die COVID-19-Pandemie bedingten Insolvenz (COVID-19-Insolvenzaussetzungsgesetz – COVInsAG) vom 27.3.2020 (BGBl I S 569), geändert durch Gesetze vom 25.9.2020 (BGBl I S 2016), vom 22.12.2020 (BGBl I S 3256) und vom 15.2.2021 (BGBl I S 237), übernommen durch das Gesetz zur vorübergehenden Anpassung sanierungs- und insolvenzrechtlicher Vorschriften zur Abmilderung von Krisenfolgen vom 31.10.2022 (Sanierungs- und insolvenzrechtliches Krisenfolgenabmilderungsgesetz – SanInsKG) (BGBl I S 1966).

280 Vgl SSW-StGB/*Bosch*[5] § 283 Rdn 23; *Klose* NZWiSt 2020, 333, 338.

1. Taugliche Täter

65 Zu den tauglichen Tätern gelten die Ausführungen zu Nr 5 entsprechend (Rdn 44 ff). Die Buchführungspflicht des Geschäftsführers der GmbH erfasst nach §§ 41 f GmbHG, §§ 238 ff HGB auch die Pflicht zur Erstellung der Eröffnungsbilanz, der Abschlussbilanzen sowie des Inventars.[281]

2. Tatgegenstand

66 **Tatgegenstand** ist in **beiden Handlungsalternativen** die **Bilanz**, mit Blick auf **Nr 7 lit b)** auch das **Inventar**.

67 **a) Bilanzen.** Die **hM** vertritt einen **engen Bilanzbegriff** im Sinne des **§ 242 Abs 1 HGB** und klammert die **Gewinn- und Verlustrechnung (GuV)** aus.[282] Dafür streiten zum einen der systematische Vergleich zu § 265b Abs 1 Nr 1a) StGB, der klar zwischen Bilanz und GuV unterscheidet,[283] sowie zum anderen, dass **Nr 7 lit b)** ausdrücklich das Inventar hinzufügt.[284] Auch die für **Kapitalgesellschaften**, also insbesondere die **GmbH**, in **§ 264 Abs 1 HGB** normierte **Erweiterungspflicht** spricht für eine (vorrangige) Trennung der darin genannten Aufstellungen, die im Handelsrecht unterschiedlichen Regelungen unterworfen sind (vgl die **§§ 266 ff HGB** für die Bilanz und die **§§ 275 ff HGB** für die GuV).[285] Erfasst sind **allein handelsrechtliche Bilanzen**, steuerrechtliche Bilanzen scheiden aus.[286] Erfasst sind sowohl **Eröffnungs-** als auch **Abschlussbilanzen**.

68 **aa) Eröffnungsbilanz. Die Eröffnungsbilanz** hat Aktiva und Passiva zu **Beginn des Handelsgewerbes** zum Gegenstand (vgl **§ 242 Abs 1 Satz 1, 1. Alt HGB**). Nach **§ 242 Abs 1 Satz 2 HGB** sind auf die Eröffnungsbilanz die für den **Jahresabschluss** nach **§ 242 Abs 3 HGB** geltenden Vorschriften **entsprechend** anzuwenden, soweit sie sich auf die Bilanz beziehen, was insbesondere für die **Gliederung** und **Bewertung** gilt.[287] Die Eröffnungsbilanz ist zu **Beginn** der **Geschäftstätigkeit** aufzustellen; dies ist **frühestens** der **Tag der Errichtung**; dieser Grundsatz gilt entsprechend dem **Bedürfnis nach Rechenschaft in der Gründungsphase** auch für **Kapitalgesellschaften**, also die **GmbH**, wenn die tatsächliche Geschäftsaufnahme vor dem Eintragungstermin erfolgt **(Vor-GmbH)** (vgl Buchführungspflicht Vor-Gmbh Rdn 44).[288] Ob nachfolgend **bei Eintragung** erneut eine **Eröffnungsbilanz** zu erstellen ist, ist streitig:[289] Da eine rechtliche Nähe der Vor-GmbH zur späteren juristischen Person abzulehnen ist (vgl *Anders* §§ 283 ff Rdn 32), verdient die affirmative

---

281 Noack/Servatius/Haas-GmbHG/*Kersting*[23] § 41 Rdn 9.

282 Bittmann-Insolvenzstrafrecht/*C. Brand*[2] § 12 Rdn 168; SK-StGB/*Hoyer*[9] § 283 Rdn 84; NK-StGB/*Kindhäuser*[5] § 283 Rdn 56; Müller-Gugenberger-WirtschaftsStrR/*H. Richter*[7] Rdn 85.42; Graf/Jäger/Wittig/*Reinhart*[2] § 283 Rdn 55; Momsen/Grützner-WirtschaftsStStrR/*Rotsch*/*Wagner*[2] Kapitel 8. Rdn 227; LK-StGB/*Tiedemann*[12] § 283 Rdn 130; **aA** *Hauck* S 120 ff, 129; Park-Kapitalmarktstrafrecht/*Wagner*[5] Kapitel 10.3. Rdn 22.

283 Bittmann-Insolvenzstrafrecht/*C. Brand*[2] § 12 Rdn 168; SK-StGB/*Hoyer*[9] § 283 Rdn 84; Momsen/Grützner-WirtschaftsStStrR/*Rotsch*/*Wagner*[2] Kapitel 8. Rdn 227.

284 Bittmann-Insolvenzstrafrecht/*C. Brand*[2] § 12 Rdn 168.

285 Bittmann-Insolvenzstrafrecht/*C. Brand*[2] § 12 Rdn 168; LK-StGB/*Tiedemann*[12] § 283 Rdn 130.

286 BeckOK-StGB/*Beukelmann*[58] § 283 Rdn 65; BeckOGK/*Kleindiek* § 242 HGB Rdn 28; Hopt-HGB/*Merkt*[42] § 242 Rdn 4; BeckBil-Komm/*Störk*/*Lewe*[13] § 242 HGB Rdn 2.

287 Hopt-HGB/*Merkt*[42] § 242 Rdn 1.

288 Vgl Bittmann-Insolvenzstrafrecht/*C. Brand*[2] § 12 Rdn 171; BeckBil-Komm/*Störk*/*Lewe*[13] § 242 HGB Rdn 3; Deubert/Förschle/Störk/*Störk*/*Hermesmeier*[6] D. Rdn 74, 111.

289 **Dafür** RGSt 29, 222, 223; Bittmann-Insolvenzstrafrecht/*C. Brand*[2] § 12 Rdn 171; **Dagegen** MünchKomm-HGB/*Ballwieser*[4] § 242 Rdn 14; **Weitere Auffassung** Deubert/Förschle/Störk/*Störk*/*Hermesmeier*[6] D. Rdn 70, lediglich sog Vorbelastungsbilanz erforderlich.

Auffassung Zustimmung. Auch die **Komplementär-GmbH** der **GmbH & Co. KG** ist bilanzierungspflichtig, auch wenn sie selbst keine eigenen Geschäfte betreibt.[290] Die Aufstellung **einer Eröffnungsbilanz** wird zwar auch dann verlangt, wenn ein Betrieb zum kaufmännischen Betrieb **erweitert** wird oder wenn jemand ein bestehendes Handelsgeschäft **übernimmt** und **weiterführt**; allerdings ist die Aufstellung einer Eröffnungsbilanz nicht erforderlich, wenn **Gesellschafter ein- oder austreten**, während die **Gesellschaft** als Rechtsträger im Übrigen, ggf unter anderer Firma, unverändert bleibt.[291]

bb) Abschluss- oder Jahresbilanz. Die **Abschluss-** oder **Jahresbilanz** hat die Aktiva und Passiva bei **Beendigung eines Geschäftsjahres** zum Gegenstand (vgl **§ 242 Abs 1 Satz 1, 2. Alt HGB**). Sie ist für den **Schluss** eines jeden Geschäftsjahrs aufzustellen, das im Falle des sog **Rumpfgeschäftsjahrs** kürzer sein kann, aber **12 Monate nicht überschreiten** darf (vgl **§ 240 Abs 2 Satz 2 HGB**).[292] 69

cc) Liquidationsbilanzen. Die für **Personenhandelsgesellschaften** erforderliche **Liquidationseröffnungsbilanz** ist in **§ 154 HGB** geregelt; dabei handelt es sich nach **traditioneller handels- und bilanzrechtlicher Auffassung** um eine **Spezialvorschrift zu den allgemeinen handelsrechtlichen Bilanzierungsvorschriften der §§ 242 ff HGB**, die während des Liquidationsstadiums Letztere ablösen würde.[293] **Nach neuerer Auffassung** wird jedoch zwischen **externer und interner Liquidationsrechnungslegung** unterschieden und **§ 154 HGB** Letzterer, welche nur der Information der Gesellschafter dient, zugerechnet, während die allgemeinen Rechnungslegungsvorschriften der **§§ 242 ff HGB** für die **externe Liquidationsrechnungslegung** bis zur Vollbeendigung fortgelten.[294] Folgt man dieser Auffassung wäre bei einer handelsrechtswidrigen oder unterlassenen Erstellung einer Liquidationseröffnungsbilanz selbst der vermittelte, über die Selbstinformation der Liquidatoren kanalisierte Gläubigerschutzzweck der **Nr 7** (vgl Rdn 42, 64) nicht berührt, sodass eine Strafbarkeit insoweit entfallen muss.[295] Diese Grundsätze lassen sich indes auf die **Liquidationseröffnungsbilanz der Kapitalgesellschaften** – für die **GmbH** geregelt in **§ 71 GmbHG** – nicht übertragen, da es sich dort ausnahmslos um eine Form der **externen Rechnungslegung** handelt, die (auch) Gläubigerschutzfunktion hat;[296] dementsprechend wird auch zwischen einer **privatrechtlichen Rechnungslegung** in **§ 154 HGB** für die **Personenhandelsgesellschaften** und einer **öffentlich-rechtlichen Rechnungslegung** in **§ 71 GmbHG** für **Kapitalgesellschaften** unterschieden.[297] Der **Inhalt der Liquidationseröffnungsbilanz** ergibt sich aufgrund der Verweisung in **§ 71 Abs 2 Satz 2 GmbHG** aus der entsprechenden Anwendung der Vorschriften über den Jahresabschluss (vgl **§§ 238–256a, 264–289f HGB**), womit die Rechnungslegung aufgelöster an die von werbenden Kapitalgesellschaften angeglichen ist.[298] Demgemäß handelt es sich bei der **Liquidationseröffnungsbilanz** gemäß **§ 71 GmbHG** um einen **besonderen Typus der Eröffnungsbilanz**, der **Nr 7** unterfällt;[299] Gleiches gilt für die **Liquidationsabschlussbilanz während der Liquidation**, die gemäß 70

---

290 Bittmann-Insolvenzstrafrecht/*C. Brand*² § 12 Rdn 171.

291 Bittmann-Insolvenzstrafrecht/*C. Brand*² § 12 Rdn 170; BeckBil-Komm/*Störk*/*Lewe*¹³ § 242 HGB Rdn 4.

292 Bittmann-Insolvenzstrafrecht/*C. Brand*² § 12 Rdn 172; BeckBil-Komm/*Störk*/*Lewe*¹³ § 242 HGB Rdn 5.

293 Vgl *II. Zivilsenat BGH* NJW 1980, 1522, 1523; *OLG Celle* ZIP 1983, 943, 944; *BayObLG* DStR 1994, 470, 471.

294 Henssler/Strohn-GesR/*Klöhn*⁵ § 154 HGB Rdn 2; BeckOGK/*Heusel* § 154 HGB Rdn 18 ff; MünchKomm-HGB/*K. Schmidt*⁵ § 154 Rdn 8, 15 f; *Schulze-Osterloh* NZG 2016, 161, 164.

295 BeckOGK/*Heusel* § 154 HGB Rdn 45 f.

296 Vgl *Förschle*/*Deubert* DStR 1996, 1743, 1745; Deubert/Förschle/Störk/*Deubert*⁶ T. Rdn 15.

297 BeckOGK/*Heusel* § 154 HGB Rdn 13.1; *Scherrer*/*Heni* DStR 1992, 797 f.

298 *Förschle*/*Deubert* DStR 1996, 1743.

299 BayObLGSt 1990, 10, 12; Bittmann-Insolvenzstrafrecht/*C. Brand*² § 12 Rdn 173; LK-StGB/*Tiedemann*¹² § 283 Rdn 132 (wenn sich zB nach Durchführung der Liquidation noch Vermögensgegenstände der GmbH finden); *Wolf*/*Lupp* wistra 2008, 250 (253 f).

§ 71 Abs 1 GmbHG „für den Schluß eines jeden Jahres" aufzustellen ist.[300] Die besonderen Vorschriften in § 71 GmbHG über die Bilanzpflichten der Liquidatoren (Liquidationseröffnungs- und Liquidationsjahresbilanz) lassen die Rechnungslegungspflicht für die der Auflösung vorausgegangene Zeit unberührt; neben der Liquidationseröffnungsbilanz muss daher nach allgemeinen Grundsätzen (**§ 264 Abs 1 HGB**) für ein vor der Auflösung abgeschlossenes Geschäftsjahr ein Jahresabschluss erstellt werden.[301]

dd) Inhaltliche Anforderungen

71 **(1) Handelsgesetzlich normierte Grundsätze ordnungsgemäßer Bilanzierung (GoBil).** Die **GoB** (im weiteren Sinne) beinhalten nicht nur Grundsätze für die Buchführung (vgl Rdn 48 ff), sondern sind auch der Oberbegriff für die **Grundsätze ordnungsmäßiger Bilanzierung (GoBil).**[302] Zu den **kodifizierten GoBil** gehören[303] insbesondere die Grundsätze der **Bilanzklarheit** und **-übersichtlichkeit** aus den **§§ 243 Abs 2, 247 Abs 1 HGB,**[304] ferner der Grundsatz der **Maßgeblichkeit des wirtschaftlichen Eigentums** bzw der **wirtschaftlichen Zurechnung** (**§ 246 Abs 1 Satz 2 HGB**),[305] das **Stichtagsprinzip** (vgl **§§ 242 Abs 1 und 2, 252 Abs 1 Nr 3 HGB**),[306] das **Vollständigkeitsgebot** (vgl **§ 246 Abs 1 Satz 1 HGB**)[307] als Ausprägung des **Grundsatzes der Bilanzwahrheit,**[308] nach dem die Bilanz so aufzustellen ist, dass **sämtliche Vermögensgegenstände, Schulden, Rechnungsabgrenzungsposten** sowie **Aufwendungen** und **Erträge** ausgewiesen sind, sowie der durch **§ 254 HGB** (Bildung von Bewertungseinheiten) und **§ 240 Abs 3 und 4 HGB** (Erleichterungen für das **Inventar**[309]) eingeschränkte Grundsatz der **Einzelbewertung** (vgl **§ 252 Abs 1 Nr 3 HGB**).[310] Aus dem **Gebot der Vollständigkeit** sowie dem **Grundsatz der Bilanzklarheit** folgt auch das in **§ 246 Abs 2 Satz 1 HGB** normierte **Verrechnungsverbot**, nach dem Posten der Aktivseite nicht mit Posten der Passivseite und Aufwendungen mit Erträgen verrechnet werden dürfen.[311] Zudem gelten[312] der Grundsatz der **Bilanzidentität (formelle Bilanzkontinui-**

---

300 Vgl *OLG Frankfurt am Main* BB 1977, 311, 312; Bittmann-Insolvenzstrafrecht/*C. Brand*[2] § 12 Rdn 173; Schönke/Schröder-StGB/*Heine/Schuster*[30] § 283 Rdn 45; NK-StGB/*Kindhäuser*[5] § 283 Rdn 80; LK-StGB/*Tiedemann*[12] § 283 Rdn 132; Zu den Liquidatoren als taugliche Täter siehe unter Rdn 18 f zu Vorbem §§ 283 ff StGB.

301 BayObLGSt 1990, 10, 11; SSW-StGB/*Bosch*[5] § 283 Rdn 30.

302 Vgl BeckOGK/*Kleindiek* § 243 HGB Rdn 2; MünchKomm-BilanzR/*dens* § 243 HGB Rdn 2; Hopt-HGB/*Merkt*[42] § 243 Rdn 1; BeckBil-Komm/*Justenhoven/Usinger*[13] § 243 HGB Rdn 1.

303 Siehe zu den nachfolgenden Grundsätzen BeckOGK/*Kleindiek* § 243 HGB Rdn 6; MünchKomm-BilanzR/*dens* § 243 HGB Rdn 6; BeckBil-Komm/*Justenhoven/Usinger*[13] § 243 HGB Rdn 31.

304 Vgl BeckOK-StGB/*Beukelmann*[58] § 283 Rdn 69; SSW-StGB/*Bosch*[5] § 283 Rdn 29; Bittmann-Insolvenzstrafrecht/*C. Brand*[2] § 12 Rdn 183; BeckOGK/*Kleindiek* § 243 HGB Rdn 12 ff; MünchKomm-BilanzR/*dens* § 243 HGB Rdn 12 ff; Hopt-HGB/*Merkt*[42] § 243 Rdn 4; MünchKomm-StGB/*Petermann/Sackreuther*[4] § 283 Rdn 52; BeckBil-Komm/*Justenhoven/Usinger*[13] § 243 HGB Rdn 45 ff; LK-StGB/*Tiedemann*[12] § 283 Rdn 141.

305 Vgl BeckOGK/*Hennrichs* § 246 HGB Rdn 146 ff; MünchKomm-BilanzR/*dens* § 246 HGB Rdn 156 ff; BeckBil-Komm/*Justenhoven/Meyer*[13] § 246 HGB Rdn 5 ff.

306 Vgl BeckOGK/*Kleindiek* § 242 HGB Rdn 22; MünchKomm-BilanzR/*dens* § 242 HGB Rdn 17; BeckBil-Komm/*Störk/Lewe*[13] § 242 HGB Rdn 6.

307 Vgl SSW-StGB/*Bosch*[5] § 283 Rdn 29; Bittmann-Insolvenzstrafrecht/*C. Brand*[2] § 12 Rdn 175; BeckOGK/*Hennrichs* § 246 HGB Rdn 12 ff; MünchKomm-BilanzR/*dens* § 246 HGB Rdn 12 ff; Hopt-HGB/*Merkt*[42] § 243 Rdn 6; BeckBil-Komm/*Justenhoven/Meyer*[13] § 246 HGB Rdn 2 f; LK-StGB/*Tiedemann*[12] § 283 Rdn 137.

308 Hopt-HGB/*Merkt*[42] § 246 Rdn 5 f; LK-StGB/*Tiedemann*[12] § 283 Rdn 138.

309 Vgl Bittmann-Insolvenzstrafrecht/*C. Brand*[2] § 12 Rdn 190.

310 Vgl Bittmann-Insolvenzstrafrecht/*C. Brand*[2] § 12 Rdn 175; BeckBil-Komm/*Störk/Bussow*[13] § 252 HGB Rdn 34 ff; BeckOGK/*Tiedchen* § 252 HGB Rdn 34 ff; MünchKomm-BilanzR/*dies* § 252 HGB Rdn 30 ff LK-StGB/*Tiedemann*[12] § 283 Rdn 141.

311 Vgl Bittmann-Insolvenzstrafrecht/*C. Brand*[2] § 12 Rdn 175; BeckOGK/*Hennrichs* § 246 HGB Rdn 224; MünchKomm-BilanzR/*dens* § 246 HGB Rdn 231 ff; BeckBil-Komm/*Justenhoven/Meyer*[13] § 246 HGB Rdn 144 ff.

312 Siehe zu den nachfolgenden Grundsätzen BeckOGK/*Kleindiek* § 243 HGB Rdn 6; MünchKomm-BilanzR/*dens* § 243 HGB Rdn 6; BeckBil-Komm/*Justenhoven/Usinger*[13] § 243 HGB Rdn 31.

tät, vgl **§ 252 Abs 1 Nr 1 HGB)**[313] bzw **Ausweiskontinuität für Kapitalgesellschaften** (vgl **§ 265 Abs 1 HGB)**,[314] der Grundsatz der **Vorsicht** (vgl **§ 252 Abs 1 Nr 4 HGB)**[315] mit seinen konkretisierenden Ausprägungen des Gebots der **Bewertungsvorsicht**, des **Imparitäts-** (vgl **§ 252 Abs 1 Nr 4, 1. Hs HGB)**,[316] **Realisations-** (vgl **§ 252 Abs 1 Nr 4, 2. Hs HGB)**[317] und **Niederstwertprinzips** (vgl **§ 253 Abs 3 Satz 5 und 6, Abs 4 Satz 1, Abs 5 HGB)**,[318] der Grundsatz der **Ansatz- und Bewertungsstetigkeit (materielle Bilanzkontinuität)** (vgl **§§ 246 Abs 3, 252 Abs 1 Nr 6 HGB)**,[319] der Grundsatz der **Unternehmensfortführung (Going Concern-Konzept**, vgl **§ 252 Abs 1 Nr 2 HGB)**[320] und der Grundsatz der **periodengerechten Zuordnung von Aufwendungen und Erträgen** (vgl **§ 252 Abs 1 Nr 5 HGB)**.[321]

In formeller Hinsicht kommt hinzu, dass zum Zwecke der **Gewährleistung der Grundsätze der Bilanzklarheit und der materiellen Bilanzkontinuität**[322] **§ 266 Abs 1 Satz 1 HGB** für **Kapitalgesellschaften**, also auch die **GmbH**, **zwingend**[323] die **Kontoform** vorschreibt, und in **§ 266 Abs 2 und 3 HGB** Vorgaben für die **Darstellung der Aktiv- und Passivseite** macht.[324] 72

(2) Nicht kodifizierte GoBil. Zu den im Gesetz nicht explizit aufgeführten **Grundsätzen ordnungsgemäßer Bilanzierung** zählt etwa der **Grundsatz der Bilanzwahrheit (Bilanzrichtigkeit)**.[325] Ausprägungen dieses Grundsatzes sind wiederum der **Grundsatz der Willkürfreiheit (Willkürverbot)** und das **Gebot der Objektivierung**: Letzteres verpflichtet zu einer nachprüfbaren und vergleichbaren Rechnungslegung; der **Grundsatz der Willkürfreiheit** verpflichtet zu einer von sachfremden Erwägungen freien, dem Gedanken getreuer Rechenschaft verpflichteten Rechnungslegung.[326] Zudem ist der **Grundsatz der Wesentlichkeit** nicht ausdrücklich kodifi- 73

---

313 Vgl BeckOK-StGB/*Beukelmann*[58] § 283 Rdn 69; SSW-StGB/*Bosch*[5] § 283 Rdn 29; Bittmann-Insolvenzstrafrecht/*C. Brand*[2] § 12 Rdn 179; Hopt-HGB/*Merkt*[42] § 243 Rdn 7, § 252 Rdn 25; BeckBil-Komm/*Störk*/*Bussow*[13] § 252 HGB Rdn 5 ff; BeckOGK/*Tiedchen* § 252 HGB Rdn 10 ff; MünchKomm-BilanzR/*dies* § 252 HGB Rdn 8 ff.

314 Vgl Hopt-HGB/*Merkt*[42] § 265 Rdn 1; MünchKomm-StGB/*Petermann*/*Sackreuther*[4] § 283 Rdn 52; BeckBil-Komm/*Störk*/*Bussow*[13] § 265 HGB Rdn 2 ff; BeckOGK/*Suchan* § 265 HGB Rdn 5 ff; MünchKomm-BilanzR/*dens* § 265 HGB Rdn 4 ff.

315 Vgl SSW-StGB/*Bosch*[5] § 283 Rdn 29; BeckBil-Komm/*Störk*/*Bussow*[13] § 252 HGB Rdn 42 ff; BeckOGK/*Tiedchen* § 252 HGB Rdn 56 ff; MünchKomm-BilanzR/*dies* § 252 HGB Rdn 47 ff.

316 Vgl BeckBil-Komm/*Störk*/*Bussow*[13] § 252 HGB Rdn 48 ff; BeckOGK/*Tiedchen* § 252 HGB Rdn 64 ff; MünchKomm-BilanzR/*dies* § 252 HGB Rdn 55 ff.

317 Vgl BeckBil-Komm/*Störk*/*Bussow*[13] § 252 HGB Rdn 57 ff; BeckOGK/*Tiedchen* § 252 HGB Rdn 73 ff; MünchKomm-BilanzR/*dies* § 252 HGB Rdn 62 ff.

318 Vgl Bittmann-Insolvenzstrafrecht/*C. Brand*[2] § 12 Rdn 175; Hopt-HGB/*Merkt*[42] § 243 Rdn 9, § 253 Rdn 11, 13; BeckOGK/*Tiedchen* § 253 HGB Rdn 154 f (Anlagevermögen), Rdn 169 (Umlaufvermögen), Rdn 183; MünchKomm-BilanzR/*dies* § 253 HGB Rdn 71 (Anlagevermögen), Rdn 133 (Umlaufvermögen), Rdn 145.

319 Vgl Bittmann-Insolvenzstrafrecht/*C. Brand*[2] § 12 Rdn 179; BeckOGK/*Hennrichs* § 246 HGB Rdn 247 ff; MünchKomm-BilanzR/*dens* § 246 HGB Rdn 253 ff; BeckBil-Komm/*Justenhoven*/*Meyer*[13] § 246 HGB Rdn 170 ff; BeckBil-Komm/*Störk*/*Bussow*[13] § 252 HGB Rdn 75 ff; BeckOGK/*Tiedchen* § 252 HGB Rdn 111 ff; MünchKomm-BilanzR/*dies* § 252 HGB Rdn 88 ff.

320 Vgl Bittmann-Insolvenzstrafrecht/*C. Brand*[2] § 12 Rdn 178; BeckBil-Komm/*Störk*/*Bussow*[13] § 252 HGB Rdn 14 ff; BeckOGK/*Tiedchen* § 252 HGB Rdn 19 ff; MünchKomm-BilanzR/*dies* § 252 HGB Rdn 16 ff.

321 Vgl BeckBil-Komm/*Störk*/*Bussow*[13] § 252 HGB Rdn 70 ff; BeckOGK/*Tiedchen* § 252 HGB Rdn 106 ff; MünchKomm-BilanzR/*dies* § 252 HGB Rdn 83 ff.

322 SSW-StGB/*Bosch*[5] § 283 Rdn 29; BeckOGK/*Suchan* § 266 HGB Rdn 4.

323 Bittmann-Insolvenzstrafrecht/*C. Brand*[2] § 12 Rdn 183; BeckBil-Komm/*Schubert*/*Waubke*[13] § 266 HGB Rdn 5 f; BeckOGK/*Suchan* § 266 HGB Rdn 3.

324 Vgl Bittmann-Insolvenzstrafrecht/*C. Brand*[2] § 12 Rdn 183; BeckBil-Komm/*Schubert*/*Waubke*[13] § 266 HGB Rdn 40 ff, 170 ff; BeckOGK/*Suchan* § 266 HGB Rdn 16 ff, 95 ff.

325 BeckOK-StGB/*Beukelmann*[58] § 283 Rdn 69; SSW-StGB/*Bosch*[5] § 283 Rdn 29; BeckOGK/*Kleindiek* § 243 HGB Rdn 7; MünchKomm-BilanzR/*ders* § 243 HGB Rdn 7; Hopt-HGB/*Merkt*[42] § 243 Rdn 5; MünchKomm-StGB/*Petermann*/*Sackreuther*[4] § 283 Rdn 52.

326 BeckOGK/*Kleindiek* § 243 HGB Rdn 8; MünchKomm-BilanzR/*ders* § 243 HGB Rdn 8.

ziert,[327] der besagt, dass in den Jahresabschluss alle Faktoren einfließen müssen, die für seine Adressaten von Bedeutung sind, womit umgekehrt Faktoren von untergeordneter Bedeutung, die keinen Einfluss auf die Aussagekraft des Abschlusses haben, vernachlässigt werden dürfen.[328]

74 **(3) IFRS/IAS/DRSC-Empfehlungen.** Die **International Financial Reporting Standards (IFRS)** sind internationale Rechnungslegungsvorschriften, die vom **International Accounting Standards Board (IASB)** entwickelt und verabschiedet werden.[329] Die **IFRS** erfassen als Oberbegriff ua auch **International Accounting Standards (IAS)**[330] und sind primär für Abschlüsse mit Wirkung auf den organisierten Kapitalmärkten gedacht,[331] haben lediglich Empfehlungscharakter und können nur Rechtskraft entfalten, wenn sie in nationale Gesetze übernommen werden.[332] Mit Blick auf Einzelabschlüsse besteht derzeit keine solche Verbindlichkeit der IFRS, obschon ihre Verankerung für die Zukunft erwartet wird.[333] Die Umsetzung der sog IAS-Verordnung[334] durch das BilReG[335] begründete jedoch mit Wirkung vom 1. Januar 2005 über § 315a HGB – später verschoben in **§ 315e HGB** –[336] die Pflicht, dass alle in der EU ansässigen **kapitalmarktorientierten Unternehmen** (vgl **§ 264d HGB**) (vgl *Anders* § 86 GmbHG Rdn 14) grundsätzlich ihre **Konzernabschlüsse** entsprechend der IFRS zu erstellen haben.[337] Zielsetzung war die insbesondere die obligatorische Anwendung der IFRS für kapitalmarktorientierte Konzern-Mutterunternehmen, um die Transparenz und Vergleichbarkeit von konsolidierteren Abschlüssen, die den Kapitalmarktteilnehmern zur Verfügung gestellt wurden, zu fördern.[338]

75 Hier könnte in strafrechtlicher Hinsicht eingewendet werden, dass die Verweisungen in **§ 315e HGB** auf die **IFRS** sowohl gegen das **Bestimmtheitsgebot** (in Gestalt des **Analogieverbots** sowie des Gebots der **Erkennbarkeit der Verbotsmaterie**) als auch das **Demokratieprinzip** verstoßen könnten.[339] Denn neben den in § 315e HGB vorhandenen Verweisungen auf EU-Regelungen gilt mit Blick auf die **freiheitsgewährende Funktion des Bestimmtheitsgebotes**, dass der Bürger vorhersehen können muss, welches Verhalten mit Strafe bedroht ist.[340] Schließlich ist der IASB ein privates Gremium, das von der in den USA ansässigen International Accounting Standards Committee Foundation getragen wird, deren Finanzierung wiederum auf den Beiträgen von Standardsettern aus verschiedenen Ländern, von Industrieunternehmen, Banken und Versicherungen, von Wirtschaftsprüfern und sonstigen an der Bilanzierung Beteiligten bzw Interessierten beruht.[341] Vergleichbare Bedenken bestehen insoweit, als über **§ 342 HGB** das BMJV mit dem zweiten

---

327 Vgl Hopt-HGB/*Merkt*[42] § 243 Rdn 10.

328 BeckOGK/*Kleindiek* § 243 HGB Rdn 9; MünchKomm-BilanzR/*ders* § 243 HGB Rdn 9.

329 Zur Bedeutung, den Zielen und dem Inhalt siehe MünchKomm-HGB/*Ballwieser*[4] Vor §§ 238 ff Rdn 17 ff.

330 MünchKomm-HGB/*Ballwieser*[4] Vor §§ 238 ff Rdn 17.

331 MünchKomm-HGB/*Ballwieser*[4] § 243 Rdn 79.

332 MünchKomm-HGB/*Ballwieser*[4] Vor §§ 238 ff Rdn 20.

333 Beck-HdR/*Marten*/*Seyboth*/*Zwiesler*[63] B 711 Rdn 49.

334 Verordnung (EG) Nr 1606/2002 des Europäischen Parlaments und des Rates vom 19.7.2002 (ABl L 243 vom 11.9.2002, S 1).

335 Gesetz zur Einführung internationaler Rechnungslegungsstandards und zur Sicherung der Qualität der Abschlussprüfung (Bilanzrechtsreformgesetz – BilReG) vom 9.12.2004 (BGBl I S 3166).

336 Durch das Gesetz zur Stärkung der nichtfinanziellen Berichterstattung der Unternehmen in ihren Lage- und Konzernlageberichten (CSR-Richtlinie-Umsetzungsgesetz) vom 11.4.2017 (BGBl I S 802).

337 BeckBil-Komm/*Grottel*/*Kreher*[13] § 315e HGB Rdn 1 ff; Beck-HdR/*Marten*/*Seyboth*/*Zwiesler*[63] B 711 Rdn 49; BeckOK-HGB/*Schorse*/*van Elten*[40] § 315e Rdn 1.

338 BeckOGK/*Senger*/*Brune* § 315e HGB Rdn 5; vgl BT-Drucks 15/3419 S 21.

339 Vgl Momsen/Grützner-WirtschaftsStStrR/*Rotsch*/*Wagner*[2] Kapitel 8. Rdn 225.

340 Vgl BVerfGE 14, 174, 185 f; BVerfGE 14, 245, 251; BVerfGE 75, 329, 342; BVerfGE 78, 374, 382 f; BVerfGE 143, 38, 57 f mwN; *BVerfG* BeckRS 2020, 5226 Rdn 83; BGHSt 37, 266, 272; BGHSt 42, 219, 221 f; MünchKomm-StGB/*Schmitz*[4] § 1 Rdn 47, 65.

341 BT-Drucks 15/3419 S 22.

Standardisierungsvertrag vom 2.12.2011 den eingetragenen Verein des Privatrechts „Deutsche Rechnungslegung Standards Committee e.V. (DRSC)“ als Standardsetter anerkannt[342] und **nur für Konzernabschlüsse nach HGB** ermächtigt hat, „Empfehlungen zur Anwendung der Grundsätze über die Konzernrechnungslegung“ zu entwickeln (**§ 342 Abs 1 Satz 1 Nr 1 HGB**) bzw „Interpretationen der internationalen Rechnungslegungsstandards im Sinn des § 315e Abs 1“ zu erarbeiten (**§ 342 Abs 1 Satz 1 Nr 4 HGB**).[343] **Im Ergebnis schlagen die Bedenken weitgehend nicht durch**: So enthält die **Strafnorm des § 283 Abs 1 Nr 7 StGB** als solche keine Verweisung im technischen Sinne, sondern ist vielmehr im Sinne einer (gemäßigten) insolvenzrechtsakzessorischen Interpretation[344] auf präjudizierendes Handelsrecht angewiesen, womit sich die Verweisungsproblematik zunächst aber nur auf Letzteres verlagert. Die Verweisungen in § 315e Abs 1 HGB beziehen sich auf die IAS-Verordnung „in der jeweils geltenden Fassung“, damit auf den jeweils geltenden Rechtsstand der Norm, und sind daher **dynamische Verweisungen**.[345] Es handelt sich zudem um eine **Verweisungskaskade**, da die Entscheidung der Kommission nach Art 3 Abs 1 der IAS-Verordnung erst über ihre weitere Verordnung (EG) Nr 1126/2008 vom 3.11.2008[346] geschehen ist, die als Anhang die **IAS/IFRS** enthalten. Das Instrument der dynamischen Verweisung ist grundsätzlich anerkannt,[347] hat aber gerade im Zusammenhang mit europäischen Rechtsakten wegen der Unvorhersehbarkeit der Inkorporation künftiger europarechtlicher Änderungen in das nationale Strafgesetz höheren Ansprüchen an die inhaltliche Ausgestaltung zu genügen als im Falle der statischen Verweisung (vgl *Anders* § 86 GmbHG Rdn 8). Zur Wahrung des **Gewaltenteilungsgrundsatzes** darf dem in Bezug genommenen Europarecht dabei lediglich die Konkretisierung des Straftatbestands entnommen werden, nicht aber die Entscheidung darüber, welches Verhalten als Straftat geahndet werden soll.[348] Da § 315e HGB jedoch lediglich Verhaltensanforderungen kodifiziert, die Frage der Sanktionierung aber § 283 Abs 1 Nr 7 StGB vorbehalten bleibt, was sich schon daran zeigt, dass die dynamischen Verweisungen handelsrechtlich und nicht im Straftatbestand erfolgen, dürften diese Voraussetzungen erfüllt sein.[349] Die **Erkennbarkeit strafbewehrten Verhaltens** ist mit Blick auf die europarechtlichen Vorschriften aufgrund ihrer jeweiligen Verkündung im Amtsblatt der EU gegeben,[350] zumal die Rechtsprechung regelmäßig davon ausgeht, dass bei beruflich spezialisierten und versierten Akteuren ihrer Tätigkeit entsprechende Fachkenntnisse vorauszusetzen sind, die sie in die Lage versetzen, den Regelungsgehalt der betreffenden Vorschriften zu verstehen und die Verhaltensweisen daran auszurichten.[351] Soweit das **IASB** mittels der Anordnung der Geltung von IFRS/IAS faktisch zu einem Rechtsetzungsorgan der EU avanciert ist,[352] dürfte nach der Implementierung einer stärkeren **Einbeziehung des EU-Parlaments** im betreffenden Ausschussverfahren für den Beschluss über die Anwendbarkeit von internationalen

---

342 MünchKomm-StGB/*Leplow*[4] Vor § 331 HGB Rdn 35.

343 Momsen/Grützner-WirtschaftsStStrR/*Rotsch*/*Wagner*[2] Kapitel 8. Rdn 225. Bei den Interpretationen nach § 342 Abs 1 Satz 1 Nr 4 HGB handelt es sich nicht um Empfehlungen im Sinne des § 342 Abs HGB. Da die Interpretationen eine geringere Bedeutung haben als Standards, werden sie auch nicht durch das BMJV bekanntgemacht, BeckBil-Komm/*Justenhoven*/*Holland*[13] § 342 HGB Rdn 13.

344 Vgl zum Verhältnis des Insolvenzstrafrechts zum Insolvenzrecht unter Rdn 34 zu Vorbem §§ 283 ff StGB.

345 Momsen/Grützner-WirtschaftsStStrR/*Rotsch*/*Wagner*[2] Kapitel 8. Rdn 225; vgl zur dynamischen Verweisung unter Rdn 8 zu § 86 GmbHG.

346 Verordnung (EG) Nr 1126/2008 der Kommission vom 3.11.2008 zur Übernahme bestimmter internationaler Rechnungslegungsstandards gemäß der Verordnung (EG) Nr 1606/2002 des Europäischen Parlaments und des Rates (ABl L 320 vom 29.11.2008, S 1).

347 Vgl BGHSt 59, 11, 15 f.

348 BVerfGE 14, 174, 187; BVerfGE 14, 245, 251; BVerfGE 22, 21, 25; BVerfGE 23, 265, 269 f; BVerfGE 75, 329, 342; BVerfGE 78, 374, 383; BVerfGE 143, 38, 58 mwN; *BVerfG* BeckRS 2020, 5226 Rdn 83; LK-StGB/*Dannecker*[12] § 1 Rdn 148.

349 Momsen/Grützner-WirtschaftsStStrR/*Rotsch*/*Wagner*[2] Kapitel 8. Rdn 225.

350 Im Ergebnis auch Momsen/Grützner-WirtschaftsStStrR/*Rotsch*/*Wagner*[2] Kapitel 8. Rdn 225.

351 Vgl BVerfGE 48, 48, 57; *BVerfG* BeckRS 2020, 5226 Rdn 97; BGHSt 49, 381, 390 f; MünchKomm-GmbHG/*Altenhain*[4] § 82 Rdn 13; *Hoven* NStZ 2016, 377, 382.

352 MünchKomm-StGB/*Leplow*[4] Vor § 331 HGB Rdn 36.

Rechnungslegungsstandards[353] dem **Demokratieprinzip** im Ergebnis – mehrfach vermittelt – noch Genüge getan sein.[354] Eine solche noch hinreichend vermittelte Legitimation bei einer dynamischen Verweisung auf Regelungswerke Privater besteht jedoch mit Blick auf die Empfehlungen des **DRSC nicht** mit der Folge, dass die **Nichtbeachtung der DRSC-Empfehlungen „per se zu keinen strafrechtlichen Konsequenzen führt“**.[355]

76 **b) Inventar.** Das genaue Verzeichnis der Vermögensgegenstände des Kaufmanns, nämlich der Grundstücke, der Forderungen, des baren Geldes und der sonstigen, dh aller übrigen materiellen und immateriellen Vermögensgegenstände sowie der Schulden, definiert das HGB als – das allein von **Nr 7 lit b)** erfasste – **Inventar**[356] (vgl **§ 240 Abs 1 HGB)**; es ist – ebenso wie die Bilanz (vgl **§ 242 Abs 1 HGB**) – zu Beginn des Handelsgewerbes (**Eröffnungsinventar**) und zum Schluss des Geschäftsjahrs aufzustellen (vgl **§ 240 Abs 1 und 2 Satz 1 HGB**). Das Inventar hat **Dokumentations- und Beweissicherungsfunktion und** dient dem **Gläubiger- und Gesellschafterschutz** und als Grundlage der **Vorbereitung des Jahresabschlusses**,[357] da die Aufstellung des Jahresabschlusses setzt die vollständige Erfassung aller Vermögensgegenstände und Schulden und ihre Bewertung voraussetzt.[358] **Inventar** und **Bilanz** unterscheiden sich daher nicht durch ihren **Inhalt**, sondern in ihrer **Form**: Vermögen und Schulden werden bei der Bilanz **kontenförmig** gegenübergestellt.[359]

3. Tathandlungen

77 **a) Nr 7 lit a): Unübersichtliche Bilanzaufstellung.** Die aufgestellte Bilanz muss derart mangelhaft sein, dass sie die Übersicht über den wahren Vermögensstand des Täters erschwert. Es handelt sich dabei nicht um die Notwendigkeit eines Taterfolgs, sondern vielmehr wird durch das Merkmal der Unübersichtlichkeit nur ein gewisser Schweregrad des Mangels verlangt.[360] Es handelt sich bei **Nr 7 lit a)** mithin um ein **Tätigkeitsdelikt** und **nicht** um eine Erfolgsdelikt.[361]

78 Der Mangel in der Bilanzaufstellung kann darin bestehen, dass gegen die og Bilanzierungsgrundsätze (vgl Rdn 71) verstoßen wird. Dies ist etwa in **formeller Hinsicht** möglich, wenn gegen die **Gliederungsvorgaben aus § 266 HGB für Kapitalgesellschaften** (vgl Rdn 72) verstoßen wird, was jedoch seltener der Fall sein dürfte, da es hier darauf ankommt, ob der Vermögensüberblick tatsächlich erschwert worden ist.[362] **Bilanzverschleierungen** als Verstöße gegen die formale Rich-

---

353 Durch Art 1 Abs 2 lit a) der Verordnung (EG) Nr 297/2008 des Europäischen Parlaments und des Rates vom 11.3.2008 zur Änderung der Verordnung (EG) Nr 1606/2002 betreffend die Anwendung internationaler Rechnungslegungsstandards im Hinblick auf die der Kommission übertragenen Durchführungsbefugnisse (ABl L 97 vom 9.4.2008, S 62), der auf den Beschluss des Rates vom 28. Juni 1999 zur Festlegung der Modalitäten für die Ausübung der der Kommission übertragenen Durchführungsbefugnisse (1999/468/EG) (ABl L 184 vom 17.7.1999 S 23) verweist.

354 Momsen/Grützner-WirtschaftsStStrR/*Rotsch*/*Wagner*[2] Kapitel 8. Rdn 225; im Ergebnis wohl auch MünchKomm-StGB/*Leplow*[4] Vor § 331 HGB Rdn 36.

355 MünchKomm-StGB/*Leplow*[4] Vor § 331 HGB Rdn 35; ebenso *Küting* DStR 2000, 38, 42; **aA** Momsen/Grützner-WirtschaftsStStrR/*Rotsch*/*Wagner*[2] Kapitel 8. Rdn 225.

356 BeckBil-Komm/*Störk*/*Lewe*[13] § 240 HGB Rdn 1.

357 Vgl RGSt 15, 174, 175 f; NK-StGB/*Kindhäuser*[5] § 283 Rdn 81; Momsen/Grützner-WirtschaftsStStrR/*Rotsch*/*Wagner*[2] Kapitel 8. Rdn 228; LK-StGB/*Tiedemann*[12] § 283 Rdn 132.

358 BeckOGK/*Traut* § 240 HGB Rdn 2.

359 SK-StGB/*Hoyer*[9] § 283 Rdn 86.

360 LK-StGB/*Tiedemann*[12] § 283 Rdn 135.

361 LK-StGB/*Tiedemann*[12] § 283 Rdn 135; **aA** Müller-Gugenberger-WirtschaftsStrR/*H. Richter*[7] Rdn 85.8 (Erfolgsdelikt).

362 Bittmann-Insolvenzstrafrecht/*C. Brand*[2] § 12 Rdn 185; LK-StGB/*Tiedemann*[12] § 283 Rdn 142.

tigkeit im Sinne der Übersichtlichkeit kommen ebenfalls in Frage.[363] In Betracht kommen **in materieller Hinsicht** insbesondere die Verletzung des **Vollständigkeitsgebots** (vgl **§ 246 Abs 1 Satz 1 HGB**) als Ausprägung des Grundsatzes der **Bilanzwahrheit** etwa durch das **Weglassen von Vermögenswerten**,[364] das **Einstellen nicht vorhandener Aktivposten** oder das **Fortlassen von Passivposten**[365] sowie **Falschbezeichnungen**,[366] zudem der **Ausweis überhöhter Forderungen an verbundene Unternehmen** oder die **Beibehaltung an sich wertzuberichtigender Forderungen**.[367] In der Krise häufig sind zudem **Falschbewertungen**[368] insbesondere im Sinne von **Überbewertungen** des Anlage- und Umlaufvermögens, die zumeist durch Nichtübereinstimmung mit dem Inventar, fehlende Rechnungen oder schlichte **Luftbuchungen** gekennzeichnet sind.[369] Die **Wertansätze** haben den gesetzlichen Vorschriften und den (zT daraus folgenden) **GoBil** zu entsprechen, wobei hier der bestehende bilanzrechtliche **Beurteilungsspielraum** zu beachten ist,[370] dh dieser muss **unvertretbar** überschritten sein.[371] Möglich ist sowohl bei Überbewertungen (zusätzlich) als auch bei **vorsätzlich gefälschten (Neben-)Bilanzen, die nicht aus der ordnungsgemäßen Buchführung resultieren** und daher nicht unter **Nr 7 lit a)** fallen,[372] Strafbarkeit wegen (versuchten) Betrugs oder Kreditbetrugs (§§ 263, 265b StGB).[373] **Privatvermögen des Kaufmanns** – für die Bilanzierung der Kapitalgesellschaft mit Blick auf den Gesellschafter evident – ist nicht zu bilanzieren.[374]

Der Kaufmann ist nach **§ 264 Abs 1 HGB** verpflichtet, den Jahresabschluss, und damit auch die Bilanz, unter Angabe des Datums **zu unterzeichnen**.[375] Aus strafrechtlicher Sicht ist die Unterzeichnung allerdings nicht notwendig: Entscheidend ist, dass die Bilanz vom Verantwortlichen als endgültig anerkannt worden ist, was durch die Unterschrift unter den Jahresabschluss jedenfalls indiziert wird.[376] Damit ist einerseits ein bloßer Entwurf nicht ausreichend,[377] andererseits kommt es aber auch nicht auf die Testat-Erteilung durch die Prüfer oder auf die Vorlage an bzw Feststel- 79

363 SSW-StGB/*Bosch*[5] § 283 Rdn 29; Schönke/Schröder-StGB/*Heine/Schuster*[30] § 283 Rdn 44; LK-StGB/*Tiedemann*[12] § 283 Rdn 142.

364 Vgl RGSt 62, 357, 359; LK-StGB/*Tiedemann*[12] § 283 Rdn 137a.

365 Schönke/Schröder-StGB/*Heine/Schuster*[30] § 283 Rdn 44; LK-StGB/*Tiedemann*[12] § 283 Rdn 139; *Weyand/Diversy* Rdn 98; Wirtschaftsstrafrecht/*Wittig*[5] § 23 Rdn 106.

366 LK-StGB/*Tiedemann*[12] § 283 Rdn 139.

367 *Weyand/Diversy* Rdn 98.

368 Vgl BGHSt 30, 285, 289; Wirtschaftsstrafrecht/*Wittig*[5] § 23 Rdn 106.

369 Müller-Gugenberger-WirtschaftsStrR/*H. Richter*[7] Rdn 85.43; *Weyand/Diversy* Rdn 98.

370 Müller-Gugenberger-WirtschaftsStrR/*H. Richter*[7] Rdn 85.43a; LK-StGB/*Tiedemann*[12] § 283 Rdn 140.

371 SSW-StGB/*Bosch*[5] § 283 Rdn 29; Bittmann-Insolvenzstrafrecht/*C. Brand*[2] § 12 Rdn 186 „eklatant und in eindeutiger Weise"; LK-StGB/*Tiedemann*[12] § 283 Rdn 138 „schlechterdings nicht mehr vertretbar".

372 BGHSt 30, 186 f (zu § 283b Abs 1 Nr 3 lit a) StGB); Bittmann-Insolvenzstrafrecht/*C. Brand*[2] § 12 Rdn 186; Schönke/Schröder-StGB/*Heine/Schuster*[30] § 283 Rdn 44; Graf/Jäger/Wittig/*Reinhart*[2] § 283 Rdn 57; LK-StGB/*Tiedemann*[12] § 283 Rdn 145; *Weyand/Diversy* Rdn 100; **zweifelnd** Lackner/Kühl-StGB/*Heger*[29] § 283 Rdn 20; **aA** *H. Schäfer* wistra 1986, 200 f.

373 Bittmann-Insolvenzstrafrecht/*C. Brand*[2] § 12 Rdn 186; Graf/Jäger/Wittig/*Reinhart*[2] § 283 Rdn 57; Müller-Gugenberger-WirtschaftsStrR/*H. Richter*[7] Rdn 85.43a; LK-StGB/*Tiedemann*[12] § 283 Rdn 145; *Weyand/Diversy* Rdn 100.

374 BT-Drucks 10/4268 S 97 f; Lackner/Kühl-StGB/*Heger*[29] § 283 Rdn 20; Schönke/Schröder-StGB/*Heine/Schuster*[30] § 283 Rdn 44; SK-StGB/*Hoyer*[9] § 283 Rdn 88; *Muhler* wistra 1996, 125, 126; MünchKomm-StGB/*Petermann/Sackreuther*[4] § 283 Rdn 52; Graf/Jäger/Wittig/*Reinhart*[2] § 283 Rdn 57; LK-StGB/*Tiedemann*[12] § 283 Rdn 137; vgl auch **§ 264c Abs 3 Satz 1 HGB** für bestimmte OHG und KG; **aA** RGSt 41, 41, 43; NK-StGB/*Kindhäuser*[5] § 283 Rdn 83.

375 Es handelt sich um eine **öffentlich-rechtliche** Unterzeichnungspflicht, BeckOGK/*Kleindiek* § 245 HGB Rdn 3; MünchKomm-BilanzR/*ders* § 243 HGB Rdn 2.

376 BeckOK-StGB/*Beukelmann*[58] § 283 Rdn 70; Bittmann-Insolvenzstrafrecht/*C. Brand*[2] § 12 Rdn 191; Müller-Gugenberger-WirtschaftsStrR/*H. Richter*[7] Rdn 85.45; Momsen/Grützner-WirtschaftsStStrR/*Rotsch/Wagner*[2] Kapitel 8. Rdn 229; LK-StGB/*Tiedemann*[12] § 283 Rdn 136, 150.

377 BeckOK-StGB/*Beukelmann*[58] § 283 Rdn 70; Bittmann-Insolvenzstrafrecht/*C. Brand*[2] § 12 Rdn 191; Momsen/Grützner-WirtschaftsStStrR/*Rotsch/Wagner*[2] Kapitel 8. Rdn 229; LK-StGB/*Tiedemann*[12] § 283 Rdn 150.

lung der Bilanz im Rahmen des Jahresabschlusses durch die Gesellschafter (vgl §§ 42a Abs 1 Satz 1, 46 Nr 1, 1. Alt GmbHG)[378] an.[379]

80 Durch die Handlung muss die **Übersicht über den Vermögensstand des Schuldners erschwert** worden sein; insoweit kann auf die Kommentierung zu **Nr 5** verwiesen werden (Rdn 54). Auch für **Nr 7 lit a)** gilt, dass schon mit dem Mangel der aufgestellten Bilanz, nicht erst mit dem Eintritt der objektiven Bedingung der Strafbarkeit,[380] die tatbestandliche Vollendung gegeben ist.[381]

b) Nr 7 lit b): Unterlassen der Aufstellung von Bilanz oder Inventar

81 **aa) Fristen.** **Nr 7 lit b)** verlangt das Unterlassen der Aufstellung von Bilanz oder Inventar **„in der vorgeschriebenen Zeit"**. Von zentraler Bedeutung sind die jeweiligen Fristen für die Aufstellung von Bilanzen und Inventar.

82 **(1) Eröffnungsbilanz.** Die Eröffnungsbilanz ist gemäß § 242 Abs 1 Satz 1 HGB „zu Beginn seines Handelsgewerbes" aufzustellen, dh – ebenso wie das Eröffnungsinventar (vgl Rdn 88) – unverzüglich nach Beginn des Handelsgewerbes zu erstellen.[382] In der Praxis hat sich etabliert, dass die Eröffnungsbilanz innerhalb der ersten drei Monate nach Geschäftsaufnahme zu erstellen ist, sofern nicht schon dann bestehende Krisenanzeichen ein schnelleres Handeln erfordern (vgl Rdn 87).[383]

83 **(2) Jahresbilanz.** Die Jahresbilanz ist nach § 242 Abs 1 Satz 1 HGB „für den Schluß eines jeden Geschäftsjahrs". Gemäß § 243 Abs 3 HGB hat dies „innerhalb der einem ordnungsmäßigen Geschäftsgang entsprechenden Zeit" zu erfolgen.

84 Für Kapitalgesellschaften ist diese Vorgabe durch § 264 Abs 1 Satz 3 HGB auf die ersten drei Monate des darauf folgenden Geschäftsjahres konkretisiert, für sog kleine Kapitalgesellschaften, welche von der Mehrheit der Ermittlungsverfahren betroffen sind,[384] nach § 264 Abs 1 Satz 4, 2. Hs HGB auf höchstens sechs Monate, wenn dies einem ordnungsgemäßen Geschäftsgang entspricht.[385] Dies gilt auch für sog **Kleinstkapitalgesellschaften** (vgl **§ 267a Abs 2 HGB**).[386] Die Beendigung der Abschlussarbeiten darf dabei nicht willkürlich bis zum Ende des sechsten Monats aufgeschoben werden, wenn eine frühere Aufstellung ohne Schwierigkeiten möglich ist.[387] Die Satzungsautonomie ist eingeschränkt: So ist die Satzung einer kleinen Kapitalgesellschaft unwirksam, soweit sie generell eine Frist von sechs Monaten vorsieht.[388] Die Bilanzerstellungsfrist von

---

378 In diesem Sinne Park-Kapitalmarktstrafrecht/*Wagner*[5] Kapitel 10.3. Rdn 22, Park-Kapitalmarktstrafrecht/*Deiters*/*Wagner*[5] Kapitel 10.2. Rdn 37 (zu § 283b StGB).

379 Bittmann-Insolvenzstrafrecht/*C. Brand*[2] § 12 Rdn 188; Schönke/Schröder-StGB/*Heine*/*Schuster*[30] § 283 Rdn 44; Müller-Gugenberger-WirtschaftsStrR/*H. Richter*[7] Rdn 85.45; Momsen/Grützner-WirtschaftsStStrR/*Rotsch*/*Wagner*[2] Kapitel 8. Rdn 229; LK-StGB/*Tiedemann*[12] § 283 Rdn 150.

380 In diesem Sinne RGSt 29, 222, 225; RGSt 39, 165, 167; RGSt 40, 105, 106.

381 Bittmann-Insolvenzstrafrecht/*C. Brand*[2] § 12 Rdn 187; wohl auch Momsen/Grützner-WirtschaftsStStrR/*Rotsch*/*Wagner*[2] Kapitel 8. Rdn 231, 209.

382 MünchKomm-StGB/*Petermann*/*Sackreuther*[4] § 283 Rdn 55.

383 Bittmann-Insolvenzstrafrecht/*C. Brand*[2] § 12 Rdn 198; LK-StGB/*Tiedemann*[12] § 283 Rdn 148.

384 *Mertes* wistra 1991, 251, 252; Bittmann-Insolvenzstrafrecht/*C. Brand*[2] § 12 Rdn 195 in Fn 1270.

385 MünchKomm-StGB/*Petermann*/*Sackreuther*[4] § 283 Rdn 56.

386 Hopt-HGB/*Merkt*[42] § 267a Rdn 2.

387 BeckOGK/*Fehrenbacher* § 264 HGB Rdn 23.

388 *BayObLG* NJW-RR 1987, 927, 928; Hopt-HGB/*Merkt*[42] § 243 Rdn 11.

sechs Monaten darf nur in ganz Ausnahmefällen und dann lediglich geringfügig überschritten werden.[389]

Nach **§ 267 Abs 1 HGB** sind **kleine Kapitalgesellschaften** solche, die mindestens zwei der drei Merkmale – € Mio. 6 Bilanzsumme, € Mio. 12 Umsatzerlöse in den zwölf Monaten vor dem Abschlussstichtag sowie 50 Arbeitnehmer im Jahresdurchschnitt – nicht überschreiten. **Kleinstkapitalgesellschaften** sind nach **§ 267a Abs 1 HGB** solche, die mindestens zwei der Merkmale – € T 350 Bilanzsumme, € T 700 Umsatzerlöse in den zwölf Monaten vor dem Abschlussstichtag bzw zehn Arbeitnehmer im Jahresdurchschnitt – nicht überschreiten. 85

Die **strafrechtliche Praxis** setzt häufig zugunsten des Täters **bei allen Kapitalgesellschaften** eine Bilanzerstellungsfrist von **sechs Monaten** an, um die Ermittlung der Größenklasse einer Kapitalgesellschaft entbehrlich zu machen.[390] 86

Sobald sich die **Gesellschaft in der Krise** befindet, gilt jedoch für alle Kapitalgesellschaften, dass die Frist für die Erstellung der Bilanz gemäß **§ 243 Abs 3 HGB „innerhalb der einem ordnungsmäßigen Geschäftsgang entsprechenden Zeit"** als **unverzüglich** zu verstehen ist,[391] spätestens jedoch als Zeitraum bis zu **zehn Wochen.**[392] Danach kann sich **allein in strafrechtlicher Hinsicht** die Verpflichtung ergeben, den Jahresabschluss vordringlich aufzustellen, nach der Rechtsprechung des *BVerfG* unter Bezugnahme auf die genannte Rechtsprechung des *BGH* in **„acht bis zehn Wochen" („innerhalb von zwei bis drei Monaten").**[393] Die Rechtsprechung des *BVerfG* birgt die Gefahr, im Falle einer nicht bestehenden **handelsrechtlichen Fristverkürzung strafrechtlich schärfere Handlungsanforderungen** zu formulieren als das Handelsrecht.[394] Dem ist vor dem Hintergrund der hier verfolgten insolvenzrechtsorientierten Interpretation (vgl *Anders* Vor §§ 283 ff Rdn 34) zuzustimmen. 87

(3) Inventar. Im Inventar werden nach § 240 Abs 1 HGB Grundstücke, Forderungen und Schulden, der Bargeldbetrag sowie die sonstigen Vermögensgegenstände verzeichnet und der Wert der einzelnen Vermögensgegenstände und Schulden angegeben. Das Inventar ist – entsprechend der Bilanz – gemäß § 240 Abs 1 und 2 Satz 1 HGB zu Beginn des Handelsgewerbes (Eröffnungsinventar) und für den Schluss eines Geschäftsjahres (Jahresinventar) aufzustellen (Stichtagsinventur).[395] Da die Inventaraufstellung der Erstellung des Jahresabschlusses vorausgeht, werden für erstere diese Fristen in der Regel nicht voll ausgeschöpft.[396] 88

(4) Liquidationsbilanz. Am Beginn der Liquidation einer Kapitalgesellschaft ist eine Liquidationseröffnungsbilanz (vgl für die GmbH § 71 Abs 1, 1. Alt GmbHG), danach jeweils eine Liquidationsjahresbilanz zu erstellen (vgl § 71 Abs 1, 2. Alt GmbHG).[397] Für den Fristenlauf gelten die Vor- 89

389 *OLG Düsseldorf* NJW 1980, 1292; Hopt-HGB/*Merkt*[42] § 243 Rdn 11.

390 Bittmann-Insolvenzstrafrecht/*C. Brand*[2] § 12 Rdn 195; Müller-Gugenberger-WirtschaftsStrR/*H. Richter*[7] Rdn 85.49; *Weyand/Diversy* Rdn 103.

391 BeckOK-HGB/*Merk*[40] § 243 Rdn 39; *Weyand/Diversy* Rdn 103; Wirtschaftsstrafrecht/*Wittig*[6] § 23 Rdn 107.

392 Vgl *BGH* BeckRS 1961, 00103 (zu § 240 Abs 1 Nr 4 KO aF); Müller-Gugenberger-WirtschaftsStrR/*H. Richter*[7] Rdn 85.50 (zwei bis drei Monate); Momsen/Grützner-WirtschaftsStStrR/*Rotsch/Wagner*[2] Kapitel 8. Rdn 235.

393 Vgl BVerfGE 48, 48, 60 f (zu § 240 Abs 1 Nr 4 KO aF) „Dies bedeutet, daß das Tatbestandsmerkmal der „einem ordnungsmäßigen Geschäftsgang entsprechenden Zeit" nunmehr, soweit eine Bestrafung nach § 240 I Nr 4 KO aF in Frage steht, unter *straf*rechtlichen Gesichtspunkten und nach den Maßstäben zu würdigen ist, die für die Auslegung von *Straf*gesetzen gelten. (...) Daß hierbei auch auf handelsrechtliche Belange Rücksicht zu nehmen ist, versteht sich von selbst" (Hervorhebungen im Original).

394 Vgl SSW-StGB/*Bosch*[5] § 283 Rdn 30 geht deshalb von einem Blanketttatbestand aus; LK-StGB/*Tiedemann*[12] § 283 Rdn 147; **aA** Momsen/Grützner-WirtschaftsStStrR/*Rotsch/Wagner*[2] Kapitel 8. Rdn 235.

395 BeckOGK/*Traut* § 240 HGB Rdn 29.

396 BeckBil-Komm/*Störk/Lewe*[13] § 240 HGB Rdn 71.

397 *OLG Frankfurt am Main* BB 1977, 311, 312 (zur Liquidationsjahresbilanz); Graf/Jäger/Wittig/*Reinhart*[2] § 283 Rdn 58.

schriften und Grundsätze für die Eröffnungs- (vgl Rdn 82) bzw Jahresbilanz (vgl Rdn 83 ff) entsprechend.[398]

90 **bb) GmbH & Co. KG.** Auf die **GmbH & Co KG** und die anderen Kapitalgesellschaften ohne persönlich haftende natürliche Person sind die Vorschriften für die Kapitalgesellschaften (vgl **§ 264a Abs 1 HGB**) anzuwenden.[399] Die Verpflichtung, für eine GmbH Bilanzen zu erstellen, entfällt nicht deswegen, weil diese Gesellschaft persönlich haftende Gesellschafterin einer GmbH & Co. KG ist und keine eigenen Geschäfte führt.[400]

91 **cc) Fristverlängerungen.** Handels- und strafrechtlich kommen **Fristverlängerungen** nicht in Betracht; die Fristen sind insbesondere von den **steuerrechtlichen Fristen**, speziell von den Finanzbehörden gewährten Fristverlängerungen, unabhängig.[401]

92 **dd) Unterlassen.** Nach **hM** erfasst **Nr 7 lit b)** nicht nur das **gänzliche Unterlassen** jeglicher Bilanz- bzw Inventaraufstellung, sondern vielmehr auch die Aufstellung **extrem mangelhafter (Schein-)Bilanzen bzw Inventare.**[402] Die Frage wäre von geringerer Bedeutung, wenn **Nr 7 lit a)** diese Fälle erfassen würde. Dies wäre jedoch nicht der Fall bei **Inventaren**, wobei sich entsprechende Mängel im Inventar allerdings in der Regel auch auf die zugehörige Bilanz auswirken.[403] Zum anderen unterläge der Ausweg auf **Nr 7 lit a)** auch hinsichtlich der Bilanzen einer Engführung, wenn man der – wegen des Charakters der Nr 7 als eines abstrakten Gefährdungsdelikts abzulehnenden (vgl *Anders* Vor §§ 283 ff Rdn 3) – Rechtsauffassung der Rechtsprechung zu **Nr 7 lit a)** folgen würde, welche bei Beseitigung von Bilanzmängeln vor Eintritt der objektiven Strafbarkeitsbedingung Straffreiheit insoweit annimmt.[404] In der Subsumtion von Scheinbilanzen bzw -inventaren unter **Nr 7 lit b)** liegt auch keine unzulässige Umdeutung unvollständiger Akte in ein Unterlassen, da die **Nichterfüllung von Mindestanforderungen** zu einer **gänzlich fehlenden Bilanz** (bzw entsprechendem Inventar) führt.[405] In den Fällen des **gänzlichen Unterlassens** ist jedenfalls unstreitig, dass einer Nachholung nach Fristvollendung keine strafbefreiende Wirkung zukommt;[406] auch hier kann eine nachträgliche Korrektur allein bedeutsam sein für die Beurteilung des Zusammenhangs (vgl Anders Vor §§ 283 ff Rdn 71 ff) zwischen Krise und objektiver Strafbarkeitsbedingung.[407]

---

398 Noack/Servatius/Haas-GmbHG/*Haas*[23] § 71 Rdn 12; *Wolf/Lupp* wistra 2008, 250, 253 f (für die Liquidationseröffnungsbilanz).
399 Müller-Gugenberger-WirtschaftsStrR/*H. Richter*[7] Rdn 85.52.
400 *BGH* GA 1981, 518.
401 BeckOK-StGB/*Beukelmann*[58] § 283 Rdn 68; Bittmann-Insolvenzstrafrecht/*C. Brand*[2] § 12 Rdn 199; NK-StGB/*Kindhäuser*[5] § 283 Rdn 85; Müller-Gugenberger-WirtschaftsStrR/*H. Richter*[7] Rdn 85.53; LK-StGB/*Tiedemann*[12] § 283 Rdn 149; *Weyand/Diversy* Rdn 105; Wirtschaftsstrafrecht/*Wittig*[5] § 23 Rdn 107.
402 Vgl RGSt 12, 78, 82; RGSt 13, 354, 357; RGSt 15, 174, 175; *RG* JW 1935, 2061; *BGH* bei *Herlan* GA 1953, 75; Bittmann-Insolvenzstrafrecht/*C. Brand*[2] § 12 Rdn 192; Schönke/Schröder-StGB/*Heine/Schuster*[30] § 283 Rdn 46; SK-StGB/*Hoyer*[9] § 283 Rdn 91; NK-StGB/*Kindhäuser*[5] § 283 Rdn 86; MünchKomm-StGB/*Petermann/Sackreuther*[4] § 283 Rdn 58; LK-StGB/*Tiedemann*[12] § 283 Rdn 152; *Weyand/Diversy* Rdn 105; **aA** Lackner/Kühl-StGB/*Heger*[29] § 283 Rdn 20; Graf/Jäger/Wittig/*Reinhart*[2] § 283 Rdn 59; Momsen/Grützner-WirtschaftsStStrR/*Rotsch/Wagner*[2] Kapitel 8. Rdn 236.
403 LK-StGB/*Tiedemann*[12] § 283 Rdn 152.
404 RGSt 29, 222, 225; RGSt 39, 165, 167; RGSt 40, 105, 106.
405 LK-StGB/*Tiedemann*[12] § 283 Rdn 153.
406 Vgl RGSt 39, 165, 167 f; *BGH* 25.3.1977 – 2 StR 375/76, zitiert bei LK-StGB/*Tiedemann*[12] § 283 Rdn 153; SK-StGB/*Hoyer*[9] § 283 Rdn 92; MünchKomm-StGB/*Petermann/Sackreuther*[4] § 283 Rdn 59; LK-StGB/*Tiedemann*[12] § 283 Rdn 153.
407 LK-StGB/*Tiedemann*[12] § 283 Rdn 153.

Endet die Frist zur Bilanzaufstellung erst nach Eintritt der in **§ 283 Abs 6 StGB** normierten objektiven Strafbarkeitsbedingung, so ist **§ 283 I Nr 7 lit b) StGB** nicht deshalb erfüllt, weil die Bilanz nicht erstellt wurde.[408] **Nr 7 lit b)** ist jedoch auch dann erfüllt, wenn der Schuldner bis zum Eintritt der objektiven Bedingung der Strafbarkeit keinerlei Vorbereitungen für die Bilanz getroffen hat, obwohl die Bilanzierungsfrist unmittelbar danach abläuft.[409] **93**

Bankrott nach Nr 7 lit b) erfordert die Gleichzeitigkeit von Krise und Nichterstellung der Bilanz in der hierfür vorgeschriebenen Zeit; tritt eine Überschuldung oder zumindest drohende Zahlungsunfähigkeit erst später ein, kommt nur eine Strafbarkeit gem § 283b Abs 1 Nr 3 lit b) StGB in Betracht.[410] **94**

Da Unterlassen die rechtliche oder tatsächliche Möglichkeit der Pflichterfüllung verlangt, ist – wie im Falle der Nr 5, 1. Var – der Tatbestand nicht gegeben, wenn der Handelnde insbesondere als Folge der eingetretenen Zahlungsunfähigkeit bei eigenem Unvermögen einen Dritten nicht (mehr) mit der Bilanzerstellung beauftragen kann.[411] Hier gelten grundsätzlich dieselben Maßstäbe, wie sie zu Nr 5, 1. Var dargelegt worden sind (Rdn 53).[412] Weitere Fälle der (vorsätzlichen) Unmöglichkeit sind das Überlassen der Buchhaltungsunterlagen an einen untätig bleibenden Steuerberater überlassen hat, ohne dass insoweit ein Auswahlverschulden festzustellen wäre, weil derjenige, der die Erstellung einer Bilanz in Auftrag gibt, sich auf die ordnungsgemäße und rechtzeitige Erledigung verlassen darf und regelmäßig schon aus Gründen seiner eigenen Absicherung auch deren fristgerechte Fertigstellung wollen wird.[413] Zudem liegt eine nicht fristgemäße Bilanzerstellung infolge Unmöglichkeit dann fern, wenn der Liquidator einer GmbH wegen des völligen Durcheinanders in der Buchhaltung die Bilanzierung nicht rechtzeitig vornehmen kann.[414] Umgekehrt ist für den Fall einer vorhandenen Buchführung zu beachten, dass mit Blick auf die fehlende Bilanz die Übersicht über den Vermögensstand nicht derart erheblich beeinträchtigt sein dürfte, dass die Unternehmenstätigkeit zugleich eingestellt werden müsste.[415] Die Grundsätze der (tatsächlichen) Unmöglichkeit sollen auch auf jene Geschäftsführer Anwendung finden, die zwar for- **95**

408 *OLG Düsseldorf* wistra 1998, 360, 361; BGHR StGB § 283 Abs 1 Nr 7b Zeit 1; *BGH* NStZ 1992, 182.

409 Vgl *BGH* GA 1956, 356, 357; *BGH* bei *Herlan* 1959, 49; *BGH* bei *Herlan* 1971, 38; *BGH* NStZ 1992, 182; *OLG Düsseldorf* wistra 1998, 360, 361; StGB/*Fischer*[69] § 283 Rdn 29a; Lackner/Kühl-StGB/*Heger*[29] § 283 Rdn 20; Schönke/Schröder-StGB/*Heine*/*Schuster*[30] § 283 Rdn 47; SK-StGB/*Hoyer*[9] § 283 Rdn 92; *Weyand*/*Diversy* Rdn 105; wohl auch SSW-StGB/*Bosch*[5] § 283 Rdn 30; **aA** Graf/Jäger/Wittig/*Reinhart*[2] § 283 Rdn 60 differenziert. Unterbrechung der Zurechnung des Unterlassungserfolgs und allenfalls Versuch, wenn bei Bedingungseintritt der Schuldner nicht mehr selbst über die rechtzeitige Bilanz- oder Inventarerstellung entscheiden kann (so bei Insolvenzverfahrenseröffnung und meist bei Abweisung des Eröffnungsantrags mangels Masse), bei Zahlungseinstellung hingegen Vollendung bei späterer Fristversäumnis, weil die Pflichtenstellung des Schuldners bei Bedingungseintritt unberührt bleibt; in diesem Sinne wohl auch Bittmann-Insolvenzstrafrecht/*C. Brand*[2] § 12 Rdn 200; LK-StGB/*Tiedemann*[12] § 283 Rdn 151, ohne Differenzierung lediglich Versuch.

410 *BGH* NStZ 1998, 192, 193; *BGH* NStZ 2000, 206; *BGH* NStZ 2003, 546, 547; *BGH* BeckRS 2021, 6855 (in NStZ 2022, 420 insoweit nicht abgedruckt) (nur, wenn er selbst nicht in der Lage war, die Jahresbilanzen zu erstellen); *KG* wistra 2002, 313, 314; *OLG Stuttgart* NStZ-RR 2011, 277 f; SSW-StGB/*Bosch*[5] § 283 Rdn 30 unter Hinweis auf die in der Praxis bestehende Entlastungsmöglichkeit durch Behauptung fehlenden Vorsatzes betreffend Krisenmerkmale und Gleichzeitigkeit (vgl allerdings SSW-StGB/*dens*[5] § 238b Rdn 4); BeckOK-StGB/*Beukelmann*[58] § 283 Rdn 67; MünchKomm-StGB/*Petermann*/*Sackreuther*[4] § 283 Rdn 60; Graf/Jäger/Wittig/*Reinhart*[2] § 283 Rdn 58; Wirtschaftsstrafrecht/*Wittig*[5] § 23 Rdn 107; **aA** *Doster* wistra 1998, 326, 327; *Maurer* wistra 2003, 174, 175; *Reither* wistra 2014, 48, 49 f; *Weyand*/*Diversy* Rdn 105.

411 BGHSt 28, 231, 233; *BGH* NStZ 1992, 182; *BGH* NStZ 1998, 192, 193; *BGH* NStZ 2003, 546, 548; SSW-StGB/*Bosch*[5] § 283 Rdn 31; NK-StGB/*Kindhäuser*[5] § 283 Rdn 88; MünchKomm-StGB/*Petermann*/*Sackreuther*[4] § 283 Rdn 59; Wirtschaftsstrafrecht/*Wittig*[5] § 23 Rdn 109, 99.

412 Momsen/Grützner-WirtschaftsStStrR/*Rotsch*/*Wagner*[2] Kapitel 8. Rdn 230.

413 Vgl *BGH* NStZ 2000, 206; *BGH* BeckRS 2014, 9500 (in NStZ 2014, 469, wistra 2014, 354 und StV 2014, 690 insoweit nicht abgedruckt); Schönke/Schröder-StGB/*Heine*/*Schuster*[30] § 283 Rdn 47a; Graf/Jäger/Wittig/*Reinhart*[2] § 283 Rdn 61; *Rönnau* NStZ 2003, 525, 529 f; Momsen/Grützner-WirtschaftsStStrR/*Rotsch*/*Wagner*[2] Kapitel 8. Rdn 230.

414 Vgl *OLG Frankfurt am Main* BB 1977, 311, 312; Schönke/Schröder-StGB/*Heine*/*Schuster*[30] § 283 Rdn 47a; Graf/Jäger/Wittig/*Reinhart*[2] § 283 Rdn 61.

415 LK-StGB/*Tiedemann*[12] § 283 Rdn 154.

mal bestellt sind, aber keine einschlägigen tatsächlichen Befugnisse besitzen.[416] Dem ist entgegenzuhalten, dass dem bloßen „Strohmann", der im Rahmen einer sog „Firmenbeerdigung" mit seinem Einverständnis förmlich zum GmbH-Geschäftsführer bestellt worden ist mit der Zielsetzung, den gesellschaftsrechtlichen Pflichten gerade nicht nachzukommen, die Berufung auf tatsächliche Unmöglichkeit zu verwehren und er vielmehr darauf zu verweisen ist, ggf sein Amt niederzulegen (Anders Vor §§ 283 ff Rdn 24).[417]

96 *Rotsch/Wagner* befürworten eine **teleologische Restriktion** der **Nr 7 lit b)** durch Erstreckung des vom Wortlaut der Norm nicht vorgesehenen Erfordernisses der **Übersichtserschwernis** mit der Begründung, dass **Nr** 7 eine spezielle Ausprägungsform von **Nr 5** darstelle, räumen mit Blick auf insbesondere (Kapital-)Gesellschaften aber ein, dass insoweit kaum Fälle denkbar seien, in denen die Vermögenslage auch ohne Bilanz und Inventar ohne Weiteres erfasst werden könnten.[418]

VIII. Nr 8

97 Die Generalklausel der Nr 8 erfasst sonstige Bankrotthandlungen, die von den Nr 1–7 nicht erfasst werden, aber in gleichwertiger Weise ihrem Unrechtsgehalt entsprechen.[419] Unter „sonstigen" Handlungen sind solche zu verstehen, die mit Blick auf die gesetzlichen Merkmale der Nr 8 denen aus den Nr 1–7 „ähnlich" sind.[420] Die Norm fungiert als Auffangtatbestand[421] und ist daher mit Blick auf die Gläubigerinteressen[422] sowie eng[423] auszulegen.[424] Sie erfasst die Verringerung des Vermögensstands (1. Alt) sowie die Verheimlichung oder das Verschleiern der geschäftlichen Verhältnisse (2. Alt).

1. Alt 1: Verringerung des Vermögensstands

98 Erforderlich ist eine Verringerung des Vermögensstands in einer anderen, den Anforderungen einer ordnungsgemäßen Wirtschaft – im Verhältnis zu den entsprechenden Tatbestandsvoraussetzungen des § 282 Abs 1 Nr 1–3 StGB heraufgesetzten Erheblichkeitsschwelle[425] – grob widersprechenden Weise. Für eine Verringerung reicht es hin, wenn entweder die Aktiva des Schuldners geschmälert oder aber die Passiva vergrößert worden sind.[426] Das Eingehen von – ggf unwirksa-

---

416 Vgl *OLG Hamm* NStZ-RR 2001, 173, 174 (zu § 266a StGB); *KG* wistra 2002, 313, 314 f; StGB/*Fischer*[69] § 266a Rdn 5; *Krumm* NZWiSt 2015, 102, 103 (zu § 266a StGB); NK-StGB/*Tag*[5] § 266a Rdn 30.

417 *BGH* NStZ 2017, 149 (zu § 266a StGB); Schönke/Schröder-StGB/*Heine/Schuster*[30] § 283 Rdn 47a; *Maurer* wistra 2003, 174, 175 f; *Rönnau* NStZ 2003, 525, 527.

418 Vgl Momsen/Grützner-WirtschaftsStStrR/*Rotsch/Wagner*[2] Kapitel 8. Rdn 237.

419 Vgl Schönke/Schröder-StGB/*Heine/Schuster*[30] § 283 Rdn 49; SK-StGB/*Hoyer*[9] § 283 Rdn 93; NK-StGB/*Kindhäuser*[5] § 283 Rdn 89, 6; MünchKomm-StGB/*Petermann/Sackreuther*[4] § 283 Rdn 61.

420 LK-StGB/*Tiedemann*[12] § 283 Rdn 155; *Weyand/Diversy* Rdn 106.

421 *OLG Düsseldorf* NJW 1982, 1712, 1713; Matt/Renzikowski-StGB/*Altenhain*[2] § 283 Rdn 44; Wabnitz/Janovsky/Schmitt/*Pelz*[5] 9. Kapitel Rdn 157; Müller-Gugenberger-WirtschaftsStrR/*H. Richter*[7] Rdn 83.74.

422 *BGH* NStZ 2009, 635, 636; NStZ 2013, 284; StGB/*Fischer*[69] § 283 Rdn 30.

423 SSW-StGB/*Bosch*[5] § 283 Rdn 30; vgl BT-Drucks 7/5291 S 18.

424 Kritisch zur Bestimmtheit der Norm StGB/*Fischer*[69] § 283 Rdn 30a; Graf/Jäger/Wittig/*Reinhart*[2] § 283 Rdn 62; Momsen/Grützner-WirtschaftsStStrR/*Rotsch/Wagner*[2] Kapitel 8. Rdn 238; *Tiedemann* KTS 1984, 539, 552; *Weyand/Diversy* Rdn 106.

425 Müller-Gugenberger-WirtschaftsStrR/*H. Richter*[7] Rdn 83.79.

426 Bittmann-Insolvenzstrafrecht/*C. Brand*[2] § 12 Rdn 202; SSW-StGB/*Bosch*[5] § 283 Rdn 32; Dannecker/Knierim/Hagemeier/Smok/*Dannecker/Hagemeier*[3] Rdn 959; Lackner/Kühl-StGB/*Heger*[29] § 283 Rdn 21; Schönke/Schröder-StGB/*Heine/Schuster*[30] § 283 Rdn 49; SK-StGB/*Hoyer*[9] § 283 Rdn 94; NK-StGB/*Kindhäuser*[5] § 283 Rdn 90; MünchKomm-StGB/*Petermann/Sackreuther*[4] § 283 Rdn 62; Müller-Gugenberger-WirtschaftsStrR/*H. Richter*[7] Rdn 83.76; Momsen/Grützner-Wirt-

men – Verpflichtungen reicht mit Blick auf die Erhöhung der Passiva hin.[427] Die 1. Alt dürfte mit Blick auf die weite Auslegung der Begriffe des Beiseiteschaffens und der unwirtschaftlichen Ausgaben in § 283 Abs 1 Nr 1, 2 StGB (vgl Rdn 6 ff, 27 f) einen eher engen Anwendungsbereich haben.[428] Hinsichtlich der Verringerung der Aktivseite können die grob einer ordnungsgemäßen Wirtschaft widersprechende Übertragung des Kundenstammes unter Wert,[429] die Verlagerung der Geschäftstätigkeit von einem Unternehmen auf ein anderes insbesondere durch das „Vorbeisteuern" von Aufträgen, wenn etwa das Ausgangsunternehmen nicht ausgeglichene Aufwendungen auf die Gewinnerwartung gemacht hat,[430] oder die Ausgabe ungesicherter Waren- oder Geldkredite[431] die 1. Alt erfüllen. Insgesamt hat die Alt 1 Bedeutung für die von Nr 1 nicht erfassten und geldwerten Vermögensgüter im Blick[432] wie etwa den geschäftlichen Ruf,[433] konkrete Absatz- und Gewinnerwartungen sowie verfestigte Exspektanzen,[434] nicht in Betracht kommt jedoch die Arbeitskraft des Gemeinschulders.[435] Die Gründung eines unterkapitalisierten Unternehmens ist zwar (abstrakt) gläubigergefährdend, wird aber schon vom Wortlaut der Alt 1 nicht erfasst,[436] da darin eine Vermögensverringerung nicht gesehen werden kann.[437] Zur 1. Alt der Nr 8 sollen auch die Sachverhalte gehören, die nicht unter die Rubrik des Schleuderverkaufs nach Nr 3 fallen, in denen zunächst Waren oder Wertpapiere beschafft und nachfolgend diese oder **die aus diesen Waren hergestellten Sachen erheblich unter ihrem Wert sowie in einer den Anforderungen einer ordnungsgemäßen Wirtschaft widersprechenden Weise** weiterveräußert oder anderweitig abgegeben worden sind (Rdn 30 ff), wobei eine sofortige Bezahlung mit Hilfe eines Kredits Dritter erfolgt ist,[438] und sonstige Schleuderverkäufe, die nicht von Nr 3 erfasst werden, in der Regel auch Nr 1 oder Nr 2 unterfallen, etwa von Patenterechten bzw Lizenzen.[439] Auch unter die 1. Alt zu subsumieren ist die Übertragung des Vermögens eines krisenbefangenen Unternehmens auf eine eigens dazu gegründete Auffanggesellschaft im Wege der fehlgeschlagenen Sanierung, selbst wenn übertragene Aktiva und übernommene Passiva gleichwertig sein sollten.[440] Zum einen verringert sich typischerweise auch dann die Quote der Gläubiger, deren Forderungen beim Altunternehmen verbleiben.[441] Da zum anderen die Auffanggesellschaft häufig nur die „willkommenen" Verbind-

---

schaftsStStrR/*Rotsch/Wagner*[2] Kapitel 8. Rdn 240; LK-StGB/*Tiedemann*[12] § 283 Rdn 160; *Weyand/Diversy* Rdn 107; Wirtschaftsstrafrecht/*Wittig*[5] § 23 Rdn 111.

427 Bittmann-Insolvenzstrafrecht/*C. Brand*[2] § 12 Rdn 201; Dannecker/Knierim/Hagemeier/Smok/*Dannecker/Hagemeier*[3] Rdn 959; MünchKomm-StGB/*Petermann/Sackreuther*[4] § 283 Rdn 62; Momsen/Grützner-WirtschaftsStStrR/*Rotsch/Wagner*[2] Kapitel 8. Rdn 240; LK-StGB/*Tiedemann*[12] § 283 Rdn 160.

428 LK-StGB/*Tiedemann*[12] § 283 Rdn 155; Wirtschaftsstrafrecht/*Wittig*[5] § 23 Rdn 111.

429 Bittmann-Insolvenzstrafrecht/*C. Brand*[2] § 12 Rdn 203.

430 Bittmann-Insolvenzstrafrecht/*C. Brand*[2] § 12 Rdn 203; Graf/Jäger/Wittig/*Reinhart*[2] § 283 Rdn 62; LK-StGB/*Tiedemann*[12] § 283 Rdn 155, 161.

431 Bittmann-Insolvenzstrafrecht/*C. Brand*[2] § 12 Rdn 203; Graf/Jäger/Wittig/*Reinhart*[2] § 283 Rdn 62; LK-StGB/*Tiedemann*[12] § 283 Rdn 168; *Weyand/Diversy* Rdn 107.

432 Vgl Dannecker/Knierim/Hagemeier/Smok/*Dannecker/Hagemeier*[3] Rdn 959; Graf/Jäger/Wittig/*Reinhart*[2] § 283 Rdn 62.

433 LK-StGB/*Tiedemann*[12] § 283 Rdn 155.

434 Bittmann-Insolvenzstrafrecht/*C. Brand*[2] § 12 Rdn 203.

435 *OLG Düsseldorf* NJW 1982, 1712, 1713.

436 **AA** LK-StGB/*Tiedemann*[12] § 283 Rdn 163.

437 Bittmann-Insolvenzstrafrecht/*C. Brand*[2] § 12 Rdn 204.

438 Bittmann-Insolvenzstrafrecht/*C. Brand*[2] § 12 Rdn 203; SSW-StGB/*Bosch*[5] § 283 Rdn 16; StGB/*Fischer*[69] § 283 Rdn 14 ff; Schönke/Schröder-StGB/*Heine/Schuster*[30] § 283 Rdn 20; NK-StGB/*Kindhäuser*[5] § 283 Rdn 91; Graf/Jäger/Wittig/*Reinhart*[2] § 283 Rdn 36; LK-StGB/*Tiedemann*[12] § 283 Rdn 76.

439 StGB/*Fischer*[69] § 283 Rdn 30a; NK-StGB/*Kindhäuser*[5] § 283 Rdn 91; Graf/Jäger/Wittig/*Reinhart*[2] § 283 Rdn 62; LK-StGB/*Tiedemann*[12] § 283 Rdn 166; *Weyand/Diversy* Rdn 107.

440 Bittmann-Insolvenzstrafrecht/*C. Brand*[2] § 12 Rdn 206; LK-StGB/*Tiedemann*[12] § 283 Rdn 164. Dannecker/Knierim/Hagemeier/Smok/*Dannecker/Hagemeier*[3] Rdn 963 nimmt insoweit ein „Verheimlichen" nach der 2. Alt an; StGB/*Fischer*[69] § 283 Rdn 30b, geht von einem „Verschleiern" (2. Alt) aus.

441 Bittmann-Insolvenzstrafrecht/*C. Brand*[2] § 12 Rdn 206; NK-StGB/*Kindhäuser*[5] § 283 Rdn 91, der allerdings im Ergebnis eine Subsumtion unter Nr 8 ablehnt, sondern Nr 1, Nr 2 oder § 283c StGB annimmt.

lichkeiten übernehmen wird, verbleibt in diesen Fällen trotz rechnerischen Ausgleichs ein wirtschaftliches Ungleichgewicht, womit auch die Voraussetzung grober Wirtschaftswidrigkeit gegeben wäre.[442]

99 Die Verringerung widerspricht in grober Weise den Anforderungen ordnungsgemäßen Wirtschaftens, wenn der Schuldner ohne das branchenübliche Mindestmaß an Überblick, Planung und jede Kontrolle über seine Gewinn- und Verlustsituation tätig geworden ist.[443] Weiter eingrenzend ist zu verlangen, dass die Handlung wirtschaftlich in jeder Hinsicht (eindeutig) unvertretbar gewesen ist.[444]

2. 2. Alt: Verheimlichen oder Verschleiern der geschäftlichen Verhältnisse

100 Der Täter muss seine wirklichen geschäftlichen Verhältnisse verheimlicht haben. Geschäftliche Verhältnisse sind alle auf das schuldnerische Unternehmen bezogenen Umstände, die für die geschäftliche Einschätzung von Bonität bzw Kreditwürdigkeit des Unternehmens von Bedeutung sein können.[445] Verheimlichen ist – wie in Nr 1, 2. Var (vgl Rdn 13 ff). – jedes Verhalten, durch das ein Vermögensbestandteil oder dessen Zugehörigkeit zur Insolvenzmasse der Kenntnis der Gläubiger oder des Insolvenzverwalters entzogen wird.[446] Dabei kommt es auf den Gläubigerstatus des Opfers zum Zeitpunkt des Erfolgseintritts an.[447] Unter die 2. Alt fallen nach Teilen des Schrifttums[448] auch die Fälle der **Unternehmensfortführung ohne Erfüllung der Buchführungs- und Bilanzierungspflicht**, in denen der Schuldner **jedenfalls bei dauerhafter Unfähigkeit** zur eigenen Buchführung bzw Bilanzierung oder zu der durch Dritte zu leistenden Buchführung bzw Bilanzierung nicht entlastet werden kann, da er seine buchhaltungspflichtige Tätigkeit hätte aufgeben müssen, wobei dann keine Strafbarkeit nach **Nr 5, 1. Var** oder **Nr 7 lit b)** angenommen wird (Rdn 53, 95). Ein weiterer Anwendungsfall des Verheimlichens soll die **zweckwidrige Verwendung eingehender Kundengelder durch den Generalunternehmer im Baugewerbe** – Nichtweiterleitung an den Subunternehmer – darstellen, wenn sich der Generalunternehmer bereits bei der Entgegennahme der Leistung des Subunternehmers in der Krise befunden hat.[449]

---

442 LK-StGB/*Tiedemann*[12] § 283 Rdn 164; *ders* KTS 1984, 539, 555.

443 SSW-StGB/*Bosch*[5] § 283 Rdn 32; SK-StGB/*Hoyer*[9] § 283 Rdn 95; MünchKomm-StGB/*Petermann/Sackreuther*[4] § 283 Rdn 66; Graf/Jäger/Wittig/*Reinhart*[2] § 283 Rdn 62; LK-StGB/*Tiedemann*[12] § 283 Rdn 168; *Weyand/Diversy* Rdn 107.

444 SK-StGB/*Hoyer*[9] § 283 Rdn 95; NK-StGB/*Kindhäuser*[5] § 283 Rdn 92 „dass die Grenze noch vertretbaren ökonomischen Handelns fraglos überschritten ist"; MünchKomm-StGB/*Petermann/Sackreuther*[4] § 283 Rdn 66; Müller-Gugenberger-WirtschaftsStrR/*H. Richter*[7] Rdn 83.79 „ein *besonders schwerwiegender* Sorgfaltsverstoß" (Hervorhebungen im Original); *ders* GmbHR 1984, 137, 145; LK-StGB/*Tiedemann*[12] § 283 Rdn 167; *Weyand/Diversy* Rdn 107 „wenn der Täter elementare Regeln des Wirtschaftslebens erheblich verletzt"; Wirtschaftsstrafrecht/*Wittig*[5] § 23 Rdn 110.

445 *BGH* NStZ 2009, 635, 636; *BGH* NStZ 2013, 284; *BGH* BeckRS 2022, 19459; BeckOK-StGB/*Beukelmann*[58] § 283 Rdn 75; Bittmann-Insolvenzstrafrecht/*C. Brand*[2] § 12 Rdn 209; Dannecker/Knierim/Hagemeier/Smok/*Dannecker/Hagemeier*[3] Rdn 961; StGB/*Fischer*[69] § 283 Rdn 30; SK-StGB/*Hoyer*[9] § 283 Rdn 96; MünchKomm-StGB/*Petermann/Sackreuther*[4] § 283 Rdn 63; LK-StGB/*Tiedemann*[12] § 283 Rdn 172.

446 *BGH* NStZ 2009, 635, 635; Dannecker/Knierim/Hagemeier/Smok/*Dannecker/Hagemeier*[3] Rdn 962; SK-StGB/*Hoyer*[9] § 283 Rdn 96; NK-StGB/*Kindhäuser*[5] § 283 Rdn 95; MünchKomm-StGB/*Petermann/Sackreuther*[4] § 283 Rdn 63; LK-StGB/*Tiedemann*[12] § 283 Rdn 174.

447 SK-StGB/*Hoyer*[9] § 283 Rdn 96; NK-StGB/*Kindhäuser*[5] § 283 Rdn 95; **aA** LK-StGB/*Tiedemann*[12] § 283 Rdn 174, erfasst sind auch potentielle Gläubiger im zeitlichen Stadium der Vorverhandlung, Werbung usw.

448 *Biletzki* NStZ 1999, 537, 540; Schönke/Schröder-StGB/*Heine/Schuster*[30] § 283 Rdn 33a, 47a; Graf/Jäger/Wittig/*Reinhart*[2] § 283 Rdn 47, 61; LK-StGB/*Tiedemann*[12] § 283 Rdn 120.

449 Dannecker/Knierim/Hagemeier/Smok/*Dannecker/Hagemeier*[3] Rdn 964; *H. Richter* GmbHR 1984, 137, 148; *Weyand/Diversy* Rdn 107; Betrug und Untreue zum Nachteil des Subunternehmers scheiden hier zumeist wegen des fehlenden hinreichend sicheren Nachweises der Täuschung (bzw des entsprechenden Vorsatzes) schon bei Vertragsschluss mit dem Subunternehmer bzw mangels Vermögensbetreuungspflicht des Generalunternehmers aus; *BGH* NStZ 2022, 420, 424 (bei Verschieben der Gelder vom Gesellschaftskonto auf Privatkonten auch Untreue zum Nachteil der Gesellschaft)

Verlangt ist, dass der Täter seine wirklichen geschäftlichen Verhältnisse verschleiert hat. Der Begriff des Verschleierns erfasst unklare, unübersichtliche und daher irreführende Angaben über die Geschäftslage[450] etwa durch Prospekte bzw sonstige geschäftliche Mitteilungen.[451] Die Schaffung einer undurchsichtigen Konzernstruktur etwa mit nicht offengelegten Tochterunternehmen im Ausland soll unter die 2. Alt fallen;[452] richtigerweise dürfte das verheimlichte Unterhalten eines Tochterunternehmens regelmäßig nach Nr 5 bzw Nr 7 lit a) tatbestandsmäßig sein.[453] 101

Mit Blick auf die 2. Alt ist streitig, ob die Voraussetzung des groben Widerspruchs zu den Anforderungen ordnungsgemäßen Wirtschaftens (Rdn 98 f) auch insoweit anwendbar ist.[454] Dies ist zum einen wegen der Notwendigkeit des Ausscheidens von Bagatellfällen auch im Bereich der informationsbezogenen Bankrottdelikte sowie zum anderen wegen des Erfordernisses eines wirtschaftlich orientierten Bezugsmaßstabs für die Darstellung der geschäftlichen Verhältnisse im Rahmen der Handlungsformen der Verheimlichung bzw des Verschleierns zu bejahen.[455] Insbesondere das Verfolgen des (alleinigen) Ziels der Gläubigerbenachteiligung kann die grobe Wirtschaftswidrigkeit der Handlung begründen.[456] 102

3. Sog. „Firmenbeerdigung"

Neben der Nr 6 (vgl Rdn 56)[457] hat Nr 8 Bedeutung für die Fälle der sog „Firmenbeerdigung";[458] insbesondere die Rechtsprechung nimmt Nr 8 in der Regel in diesen Fällen an.[459] Dem typischen Phänomen nach veräußern die Gesellschaftergeschäftsführer hierbei die Geschäftsanteile an einem (häufig insolventen) Unternehmen zu einem symbolischen Preis an einen „Strohmann" (vgl *Anders* Vor §§ 283 Rdn 24), der als Geschäftsführer bestellt wird, die Gesellschaft umfirmiert sowie den Firmen- 103

---

und Müller-Gugenberger-WirtschaftsStrR/*H. Richter*[7] Rdn 83.107 nehmen hier § 283 Abs 1 Nr 1 StGB an; in der Regel ist auch ein Verstoß gegen § 2 BauFordSiG (Gesetz über die Sicherung der Bauforderungen) (vgl dazu Müller-Gugenberger-WirtschaftsStrR/*H. Richter*[7] Rdn 83.100 ff) gegeben.

450 Vgl RGSt 68, 346, 349; *BGH* NStZ 2009, 635, 636; Bittmann-Insolvenzstrafrecht/*C. Brand*[2] § 12 Rdn 211; Dannecker/Knierim/Hagemeier/Smok/*Dannecker*/*Hagemeier*[3] Rdn 963; Lackner/Kühl-StGB/*Heger*[29] § 283 Rdn 21; SK-StGB/*Hoyer*[9] § 283 Rdn 97; NK-StGB/*Kindhäuser*[5] § 283 Rdn 95; MünchKomm-StGB/*Petermann*/*Sackreuther*[4] § 283 Rdn 63; LK-StGB/*Tiedemann*[12] § 283 Rdn 175; Wirtschaftsstrafrecht/*Wittig*[6] § 23 Rdn 113.

451 SSW-StGB/*Bosch*[5] § 283 Rdn 32; LK-StGB/*Tiedemann*[12] § 283 Rdn 176; *Weyand*/*Diversy* Rdn 107; Wirtschaftsstrafrecht/*Wittig*[5] § 23 Rdn 113.

452 StGB/*Fischer*[69] § 283 Rdn 30b; Graf/Jäger/Wittig/*Reinhart*[2] § 283 Rdn 62; *Weyand*/*Diversy* Rdn 107.

453 LK-StGB/*Tiedemann*[12] § 283 Rdn 176.

454 **Dagegen** NK-StGB/*Kindhäuser*[5] § 283 Rdn 89, Vor §§ 283 ff Rdn 62 (unter Hinweis auf die Informationsbezogenheit dieser Handlungsvarianten, vgl dazu unter Rdn 63 zu Vorbem §§ 283 ff StGB); MünchKomm-StGB/*Petermann*/*Sackreuther*[4] § 283 Rdn 66; **dafür** *BGH* NStZ 2013, 284, 285; *BGH* BeckRS 2022, 19459; Bittmann-Insolvenzstrafrecht/*C. Brand*[2] § 12 Rdn 216; SSW-StGB/*Bosch*[5] § 283 Rdn 32; Dannecker/Knierim/Hagemeier/Smok/*Dannecker*/*Hagemeier*[3] Rdn 958; StGB/*Fischer*[69] § 283 Rdn 30; Lackner/Kühl-StGB/*Heger*[29] § 283 Rdn 21; Schönke/Schröder-StGB/*Heine*/*Schuster*[30] § 283 Rdn 49; SK-StGB/*Hoyer*[9] § 283 Rdn 93; Graf/Jäger/Wittig/*Reinhart*[2] § 283 Rdn 62; Momsen/Grützner-WirtschaftsStStrR/*Rotsch*/*Wagner*[2] Kapitel 8. Rdn 239; LK-StGB/*Tiedemann*[12] § 283 Rdn 177.

455 In diesem Sinne LK-StGB/*Tiedemann*[12] § 283 Rdn 177.

456 Vgl *BGH* NStZ 2013, 284, 285; *BGH* BeckRS 2022, 19459.

457 Zum Konkurrenzverhältnis zwischen **Nr 6** und **Nr 8** siehe unter Rdn 133.

458 Vgl dazu Matt/Renzikowski-StGB/*Altenhain*[2] § 283 Rdn 45; BeckOK-StGB/*Beukelmann*[58] § 283 Rdn 73; Dannecker/Knierim/Hagemeier/Smok/*Dannecker*/*Hagemeier*[3] Rdn 957; Schönke/Schröder-StGB/*Heine*/*Schuster*[30] § 283 Rdn 49; *J. Heinrich* NZWiSt 2020, 346, 360; NK-StGB/*Kindhäuser*[5] § 283 Rdn 95; Graf/Jäger/Wittig/*Reinhart*[2] § 283 Rdn 62; Müller-Gugenberger-WirtschaftsStrR/*H. Richter*[7] Rdn 83.74, 87.44 ff; *Weyand*/*Diversy* Rdn 106; Wirtschaftsstrafrecht/*Wittig*[6] § 23 Rdn 113.

459 *BGH* NStZ 2009, 635, 636; BGH NStZ 2013, 284 f; BGH NStZ 2019, 212, 213; *OLG Karlsruhe* NStZ-RR 2013, 247; *IX. Zivilsenat BGH* NJW 2018, 2404, 2409.

sitz ggf mehrfach – gern ins Ausland – verlegt.[460] Angenommen wird hier kein Wirtschaften ohne das branchenübliche Mindestmaß an Überblick, Planung und jede Kontrolle über seine Gewinn- und Verlustsituation im Sinne der 1. Alt (Rdn 98 f), sondern vielmehr das Verschleiern im Sinne der 2. Alt[461] der Zugriffsmöglichkeiten auf das Schuldnervermögen.[462] Ist der sog Alt-Gesellschaftergeschäftsführer noch als faktischer Geschäftsführer neben dem eingetragenen Neu-Gesellschaftergeschäftsführer („Strohmann") tätig gewesen und unternimmt zudem mehr, als nur die Geschäftsanteile[463] zu veräußern, nimmt der BGH mit Blick auf die Verschleierungshandlungen – Täuschung der Gläubiger über die Absicht, das Unternehmen „kalt" zu liquidieren – Mittäterschaft gem § 25 Abs 2 StGB zwischen Alt- und Neu-Gesellschaftergeschäftsführer an.[464] Unabhängig von Fragen faktischer Geschäftsführung wäre unter den Prämissen zum einen des nach Aufgabe der sog Interessenformel durch den BGH (vgl Anders Vor §§ 283 ff Rdn 11 ff) anzuwendenden organisationsbezogenen Zurechnungsmodells, bei dem der notwendige Vertretungsbezug nur dann angenommen werden kann, wenn sich das Verhalten des Vertreters normativ als eines des Vertretenen selbst darstellt (vgl Anders Vor §§ 283 ff Rdn 14 Rdn 16), sowie zum anderen der Rechtsauffassung, dass jegliche „Bestattungshandlungen" – Ab- und Neubestellung von Geschäftsführern, Firmenänderung, Sitzverlegung – sittenwidrig und somit nichtig sind,[465] für eine Bestrafung sowohl des Alt- als auch des Neu-Gesellschaftergeschäftsführers mangels Herstellbarkeit des Vertretungsbezugs nach § 14 Abs 1 Nr 1 StGB kein Raum.[466] Diese Auffassung wird hier jedoch, dem Funktionsmodell folgend (vgl Anders Vor §§ 283 ff Rdn 14, 16), nicht geteilt. Unter dem Regime des Funktionsmodells kommt es mit Blick auf die Täterstellung des Alt-Gesellschaftergeschäftsführers auf die rechtliche Bewertung der Wirksamkeit seiner Abbestellung an: Nur wenn ihre Unwirksamkeit vertreten würde unter Berufung auf (im GmbH-Recht: die entsprechende Anwendung des) § 241 Nr 4 AktG,[467] käme täterschaftliches Handeln in Betracht, anderenfalls bei Annahme der Wirksamkeit der Abberufung – sollte es zudem an der Stellung als faktischer Geschäftsführer fehlen – lediglich Beihilfe zu den Handlungen des Neu-Geschäftsführers.[468] Würde man die zivilrechtliche Unwirksamkeit der Bestellung des Neu-Geschäftsführers annehmen,[469] bestünden mit Blick auf diesen wegen **§ 14 Abs 3 StGB** („ungewollter" faktischer Geschäftsführer (*Anders* Vor §§ 283 ff Rdn 20)) keine Bedenken hinsichtlich eines (mit)täterschaftlichen Bankrotts.[470] Soweit die Bestellung des neuen Geschäftsführers und die Übertragung der Geschäftsanteile zu einem Zeitpunkt erfolgt sind, der noch **vor der Krise** lag, wäre Mittäterschaft des Alt-Geschäftsführers mit den Handlungen des „Strohmanns" jedenfalls denkbar, wenn man dies nach den **Grundsätzen eines im Vorbereitungsstadium erbrachten Tatbeitrags**[471] als zulässig ansehen würde.[472]

---

460 Schönke/Schröder-StGB/*Heine/Schuster*[30] § 283 Rdn 49; vgl auch Bittmann-Insolvenzstrafrecht/*C. Brand*[2] § 12 Rdn 212; Wirtschaftsstrafrecht/*Wittig*[5] § 23 Rdn 113.

461 Vgl *BGH* NStZ 2009, 635, 636; BGH NStZ 2013, 284; BGH NStZ 2019, 212, 213; *BGH* BeckRS 2022, 19459.

462 Schönke/Schröder-StGB/*Heine/Schuster*[30] § 283 Rdn 49; MünchKomm-StGB/*Petermann/Sackreuther*[4] § 283 Rdn 64; Müller-Gugenberger-WirtschaftsStrR/*H. Richter*[7] Rdn 83.78.

463 Vgl zur Untauglichkeit allein dieser Handlung als tatbestandliche Bankrotthandlung, *BGH* NStZ 2013, 284, 285; *C. Brand/Reschke* ZIP 2010, 2134, 2137; Bittmann-Insolvenzstrafrecht/*C. Brand*[2] § 12 Rdn 214; *J. Heinrich* NZWiSt 2020, 346, 360.

464 Vgl *BGH* NStZ 2009, 635, 636; NStZ 2013, 284 f.

465 *Weyand/Diversy* Rdn 107.

466 Vgl *C. Brand/Reschke* ZIP 2010, 2134, 2137 ff; Bittmann-Insolvenzstrafrecht/*C. Brand*[2] § 12 Rdn 214.

467 **Offen gelassen** *BGH* NJW 2003, 3787, 3789 (in BGHSt 48, 307 insoweit nicht abgedruckt); BGH NStZ 2009, 635, 636; BGH NStZ 2013, 284, 285; **dagegen** *OLG Karlsruhe* NStZ-RR 2013, 247, 248; *C. Brand/Reschke* ZIP 2010, 2134, 2136 f; **dafür** *Kümmel* wistra 2012, 165, 167.

468 Bittmann-Insolvenzstrafrecht/*C. Brand*[2] § 12 Rdn 214.

469 *Kleindiek* ZGR 2007, 276, 291.

470 *BGH* NStZ 2013, 284, 285; vgl *Bittmann* ZWH 2013, 320, 321; *J. Heinrich* NZWiSt 2020, 346, 360; *Weyand/Diversy* Rdn 107.

471 Dazu MünchKomm-StGB/*Joecks/Scheinfeld*[4] § 25 Rdn 196 ff.

472 SSW-StGB/*Bosch*[5] § 283 Rdn 32.

Der BGH hatte zunächst erwogen, seine Rechtsprechung zu Nr 7 lit b), nach welcher der Tatbestand des Bankrotts nicht mehr verwirklicht werden kann, wenn die objektive Bedingung der Strafbarkeit bereits eingetreten ist (Rdn 94), auf Nr 8 auszudehnen,[473] später jedoch davon wieder Abstand genommen, da das im Vordergrund stehende Gläubigerinteresse auch durch Verschleierungshandlungen nach diesem Zeitpunkt beeinträchtigt werden könne, was sich gerade an Konstellationen der „Firmenbestattung" erweise.[474] 104

D. § 283 Abs 2 StGB: Herbeiführen der Krise

Der in der Praxis wenig bedeutsame[475] **§ 283 Abs 2 StGB** ist als **Erfolgsdelikt** (vgl *Anders* Vor 105
§§ 283 ff Rdn 3) – die Bankrotthandlung führt die Krise herbei – ausgestaltet.[476] Die Strafbarkeit nach **Absatz 2** setzt voraus, dass die Überschuldung oder Zahlungsunfähigkeit – drohende Zahlungsunfähigkeit reicht nicht aus – durch einer der in **Absatz 1 Nr 1–8** genannten Handlungen außerhalb der Krise **kausal** herbeigeführt worden ist.[477] **Rechtsprechung**[478] und **hM im Schrifttum**[479] lassen **Mitursächlichkeit** ausreichen. Das bedeutet, dass nach **sog „conditio-sine-qua-non"-Formel** die Bankrotthandlung nicht hinweggedacht werden kann, ohne dass der konkrete Taterfolg entfiele.[480] Es kommt nicht darauf an, ob auch andere Handlungen Dritter zu der unternehmerischen Schieflage beigetragen haben[481] oder ob der Taterfolg später durch andere Ursachen ebenfalls herbeigeführt worden wäre (**Unbeachtlichkeit hypothetischer Kausalverläufe**[482]).[483] Der Kausalverlauf muss **feststehen**; lediglich bestehende Möglich- oder Wahrscheinlichkeiten reichen nicht hin.[484] Sein **Nachweis** dürfte nur **ausnahmsweise** möglich sein.[485] Die **bloße Verstärkung einer bereits eingetretenen Krise** ist kein Herbeiführen im Sinne des **Absatz 2,**[486] jedoch ist die **handlungsbedingte**

---

473 Vgl *BGH* NStZ 2009, 635, 636; vgl SSW-StGB/*Bosch*[5] § 283 Rdn 32.

474 Vgl *BGH* NStZ 2019, 212, 213.

475 SSW-StGB/*Bosch*[5] § 283 Rdn 33; Achenbach/Ransiek/Rönnau-Handbuch Wirtschaftsstrafrecht/*Himmelreich*[5] 7. Teil, 1. Kapitel Rdn 176; *Weyand/Diversy* Rdn 110.

476 SSW-StGB/*Bosch*[5] § 283 Rdn 1, 33; Bittmann-Insolvenzstrafrecht/*C. Brand*[2] § 12 Rdn 4; Achenbach/Ransiek/Rönnau-Handbuch Wirtschaftsstrafrecht/*Himmelreich*[5] 7. Teil, 1. Kapitel Rdn 174; NK-StGB/*Kindhäuser*[5] § 283 Rdn 96; *Krause* NStZ 1999, 161, 162; Graf/Jäger/Wittig/*Reinhart*[2] Vor §§ 283–283d Rdn 22; LK-StGB/*Tiedemann*[12] § 283 Rdn 179; **aA – konkretes Gefährdungsdelikt** MünchKomm-StGB/*Petermann/Sackreuther*[4] § 283 Rdn 67; **aA – (auch) abstraktes Gefährdungsdelikt** Momsen/Grützner-WirtschaftsStStrR/*Rotsch/Wagner*[2] Kapitel 8. Rdn 243, 160.

477 *OLG Frankfurt am Main* NStZ 1997, 551; BeckOK-StGB/*Beukelmann*[58] § 283 Rdn 77; SSW-StGB/*Bosch*[5] § 283 Rdn 33; Bittmann-Insolvenzstrafrecht/*C. Brand*[2] § 12 Rdn 217; Lackner/Kühl-StGB/*Heger*[29] § 283 Rdn 22; Schönke/Schröder-StGB/*Heine/Schuster*[30] § 283 Rdn 54; SK-StGB/*Hoyer*[9] § 283 Rdn 121; NK-StGB/*Kindhäuser*[5] § 283 Rdn 96; MünchKomm-StGB/*Petermann/Sackreuther*[4] § 283 Rdn 68; Graf/Jäger/Wittig/*Reinhart*[2] § 283 Rdn 64; Momsen/Grützner-WirtschaftsStStrR/*Rotsch/Wagner*[2] Kapitel 8. Rdn 245; LK-StGB/*Tiedemann*[12] § 283 Rdn 180; *Weyand/Diversy* Rdn 110; Wirtschaftsstrafrecht/*Wittig*[5] § 23 Rdn 114.

478 Vgl *BGH* NStZ-RR 2017, 177, 178; *BGH* ZInsO 2019, 677, 678.

479 Vgl BeckOK-StGB/*Beukelmann*[58] § 283 Rdn 77; SSW-StGB/*Bosch*[5] § 283 Rdn 33; StGB/*Fischer*[69] § 283 Rdn 31; *Floeth* NStZ-RR 2017, 178, 179; Schönke/Schröder-StGB/*Heine/Schuster*[30] § 283 Rdn 54; Achenbach/Ransiek/Rönnau-Handbuch Wirtschaftsstrafrecht/*Himmelreich*[5] 7. Teil, 1. Kapitel Rdn 174; SK-StGB/*Hoyer*[9] § 283 Rdn 121; NK-StGB/*Kindhäuser*[5] § 283 Rdn 96; *Krause* NStZ 1999, 161, 164 f; MünchKomm-StGB/*Petermann/Sackreuther*[4] § 283 Rdn 68; Graf/Jäger/Wittig/*Reinhart*[2] § 283 Rdn 64; LK-StGB/*Tiedemann*[12] § 283 Rdn 180; *Weyand/Diversy* Rdn 110.

480 Graf/Jäger/Wittig/*Reinhart*[2] § 283 Rdn 64; LK-StGB/*Tiedemann*[12] § 283 Rdn 180.

481 LK-StGB/*Tiedemann*[12] § 283 Rdn 180; *Weyand/Diversy* Rdn 110.

482 Vgl dazu BGHSt 10, 369, 370 f; BGHSt 30, 228, 230; Schönke/Schröder-StGB/*Eisele*[30] Vor §§ 13 ff Rdn 80; MünchKomm-StGB/*Freund*[4] Vor §§ 13 ff Rdn 336.

483 Graf/Jäger/Wittig/*Reinhart*[2] § 283 Rdn 64; LK-StGB/*Tiedemann*[12] § 283 Rdn 180.

484 Schönke/Schröder-StGB/*Heine/Schuster*[30] § 283 Rdn 54.

485 Vgl BT-Drucks 7/3441 S 20, 36 f; LK-StGB/*Tiedemann*[12] § 283 Rdn 180.

486 SK-StGB/*Hoyer*[9] § 283 Rdn 121; MünchKomm-StGB/*Petermann/Sackreuther*[4] § 283 Rdn 68; Graf/Jäger/Wittig/*Reinhart*[2] § 283 Rdn 64; LK-StGB/*Tiedemann*[12] § 283 Rdn 180.

Vorverlagerung der Krise hinreichend.[487] Zum Teil wird die Annahme der Mitursächlichkeit als zu weitgehend angesehen und daher zusätzlich das Korrektiv des **objektiven Zurechnungszusammenhangs** eingefordert.[488] Das **Verbot der Verschleifung** (vgl *Anders* § 266 Rdn 41) von Bankrotthandlung und -erfolg (Überschuldung, Zahlungsunfähigkeit) ist zu beachten.[489]

106 Die **Buchführungsdelikte** aus **Absatz 1 Nr 5–7** werden in der Praxis eher selten dazu geeignet sein, zur Zahlungsunfähigkeit oder zur Überschuldung kausal beizutragen.[490] Jedenfalls denkbar dürfte dies jedoch insbesondere in den Fällen sein, in denen Buchführungs- bzw Bilanzierungsmängel zu **unternehmerischen Fehlentscheidungen** führen[491] bzw **Kreditgeber** sich infolge solcher Mängel zurückziehen.[492]

107 Ein „Beiseiteschaffen" nach **Absatz 1 Nr 1, 1. Var** liegt vor, wenn Vermögenswerte durch **räumlich-tatsächliche oder rechtliche Veränderung dem Gläubigerzugriff entzogen** oder der **Zugriff der Gläubiger darauf zumindest wesentlich erschwert** worden ist (vgl Rdn 6). Die **Rechtsprechung** vertritt mit Blick auf **Absatz 2** die Auffassung, dass solche Vermögenswerte, über die der **Schuldner noch verfügen oder zugreifen könnte**, bei der Feststellung der kausal herbeigeführten Krise **keine Berücksichtigung** finden.[493] Das wird insbesondere mit den Argumenten des Verstoßes gegen das **Verbot der Vermengung von Tathandlung und Taterfolg**[494] sowie gegen das **Analogieverbot wegen der unzulässigen Gleichsetzung von Zahlungsunfähigkeit und Zahlungsunwilligkeit**[495] kritisiert, dürfte **aus teleologischen Erwägungen** aber zu vertreten sein.[496]

108 Mit Blick auf das **Erfordernis des ordnungsgemäßen Wirtschaftens** (vgl *Anders* Vor §§ 283 ff Rdn 61) wird man konstatieren müssen, dass der **Pflichtenstandard insoweit bei Handlungen außerhalb der Krise abgesenkt** sein dürfte;[497] andererseits widersprechen aufgrund ihres **existenzgefährdenden Charakters** jegliche Handlungen, die eine Überschuldung oder Zahlungsunfähigkeit kausal herbeiführen, **regelmäßig** den Anforderungen ordnungsgemäßen Wirtschaftens, sodass nur **ausnahmsweise** eine Vereinbarkeit angenommen werden kann, etwa bei wider Erwarten **fehlgeschlagenen Sanierungsmaßnahmen** im Stadium der drohenden Zahlungsunfähigkeit.[498] Insbesondere das gezielte Herbeiführen der Krise zum Zwecke der Kreditbeschaffung, die planmäßige Aushöhlung des Unternehmens[499] oder die grob fahrlässige Misswirtschaft (vgl **§ 283 Abs 4 Nr 2 StGB**) entsprechen jedenfalls dem Maßstab ordnungsgemäßen Wirtschaftens nicht.[500]

---

487 Bittmann-Insolvenzstrafrecht/*C. Brand*[2] § 12 Rdn 217; SK-StGB/*Hoyer*[9] § 283 Rdn 121; NK-StGB/*Kindhäuser*[5] § 283 Rdn 96; LK-StGB/*Tiedemann*[12] § 283 Rdn 180.

488 Bittmann-Insolvenzstrafrecht/*C. Brand*[2] § 12 Rdn 217; Momsen/Grützner-WirtschaftsStStrR/*Rotsch/Wagner*[2] Kapitel 8. Rdn 245.

489 *Krause* NStZ 1999, 161, 162; Momsen/Grützner-WirtschaftsStStrR/*Rotsch/Wagner*[2] Kapitel 8. Rdn 246.

490 Vgl BT-Drucks 7/3441 S 37 „kaum je nachweisbar"; SSW-StGB/*Bosch*[5] § 283 Rdn 33; Graf/Jäger/Wittig/*Reinhart*[2] § 283 Rdn 66 „nur ausnahmsweise der Fall"; *Weyand/Diversy* Rdn 110 „nur in seltenen Fällen"; **weniger einschränkend** *OLG Frankfurt am Main* NStZ 1997, 551; Bittmann-Insolvenzstrafrecht/*C. Brand*[2] § 12 Rdn 218; StGB/*Fischer*[69] § 283 Rdn 31; Momsen/Grützner-WirtschaftsStStrR/*Rotsch/Wagner*[2] Kapitel 8. Rdn 244; LK-StGB/*Tiedemann*[12] § 283 Rdn 181.

491 Bittmann-Insolvenzstrafrecht/*C. Brand*[2] § 12 Rdn 218; NK-StGB/*Kindhäuser*[5] § 283 Rdn 98; **kritisch** insoweit Graf/Jäger/Wittig/*Reinhart*[2] § 283 Rdn 66.

492 Graf/Jäger/Wittig/*Reinhart*[2] § 283 Rdn 66; LK-StGB/*Tiedemann*[12] § 283 Rdn 181.

493 Vgl *BGH* JZ 1979, 75, 76 f; BGHSt 58, 115, 117; *OLG Frankfurt am Main* NStZ 1997, 551, 552.

494 Vgl *Floeth* EWiR 2013, 427, 428; wohl auch Achenbach/Ransiek/Rönnau-Handbuch Wirtschaftsstrafrecht/*Himmelreich*[5] 7. Teil, 1. Kapitel Rdn 175; *Krause* NStZ 1999, 161, 162.

495 Vgl *Kraatz* JR 2013, 466, 470 f; *Krause* NStZ 1999, 161, 163 f.

496 SSW-StGB/*Bosch*[5] § 283 Rdn 33; im Ergebnis auch MünchKomm-StGB/*Petermann/Sackreuther*[4] § 283 Rdn 69.

497 Vgl SSW-StGB/*Bosch*[5] § 283 Rdn 33; Bittmann-Insolvenzstrafrecht/*C. Brand*[2] § 12 Rdn 219; Graf/Jäger/Wittig/*Reinhart*[2] § 283 Rdn 67; LK-StGB/*Tiedemann*[12] § 283 Rdn 182.

498 Bittmann-Insolvenzstrafrecht/*C. Brand*[2] § 12 Rdn 219.

499 Vgl Graf/Jäger/Wittig/*Reinhart*[2] § 283 Rdn 67.

500 LK-StGB/*Tiedemann*[12] § 283 Rdn 181.

E. Vorsatz und Irrtum

I. Allgemeines

Handlungen und Unterlassungen nach den **Absätzen 1 und 2** sind nur bei **vorsätzlicher Begehung** strafbar, wenn nicht das Gesetz fahrlässiges Handeln ausdrücklich mit Strafe bedroht (vgl **§ 15 StGB**). Fahrlässigkeitsstrafbarkeit ist in **Absatz 4** mit Blick auf die Krisensituation und in **Absatz 5** für Handlungen nach **Absatz 1 Nr 2, 5 und 7** vorgesehen. Der Vorsatz braucht sich **nicht auf den Eintritt der objektiven Strafbarkeitsbedingung zu beziehen.**[501] **Dolus eventualis**[502] reicht aus.[503] Weder ist eine darüberhinausgehende **Gläubigerbenachteiligungsabsicht** noch eine **besondere Motivation** erforderlich;[504] mit Blick auf die Zurechnung der Schuldnereigenschaft der vertretenen GmbH an den Vertreter über § 14 StGB hat der *BGH* die sog Interessenformel, nach welcher der Vertreter (wenigstens auch) im Interesse des Vertretenen gehandelt haben muss,[505] mittlerweile aufgegeben (vgl *Anders* Vor §§ 283 ff Rdn 11). Mit Blick auf **Absatz 1** muss der Vorsatz das Vorliegen der Krise zum Zeitpunkt der Handlung mitumfassen,[506] bei **Absatz 2** muss er sich auf die Herbeiführung der Krise beziehen.[507] 109

II. Normative Tatbestandsmerkmale

Bei **normativen Tatbestandsmerkmalen** ist für den Vorsatz nicht nur die Tatsachenkenntnis, sondern darüber hinaus im Wege der **sog Parallelwertung in der Laiensphäre** auch die Erfassung der Sachverhaltselemente in ihrem **für die Unrechtsbegründung wesentlichen, rechtlich-sozialen Bedeutungsgehalt** erforderlich.[508] 110

III. Blankettgesetze

Mit Blick auf **Blanketttatbestände** ist umstritten, ob neben den Tatbestandsmerkmalen der blankettausfüllenden Norm auch deren bloße Existenz vom Vorsatz umfasst sein muss und der ent- 111

---

501 Vgl RGSt 45, 88, 93 ff; BGHSt 1, 186, 191; BeckOK-StGB/*Beukelmann*[58] § 283 Rdn 80; SSW-StGB/*Bosch*[5] § 283 Rdn 34; StGB/*Fischer*[69] § 283 Rdn 32; Achenbach/Ransiek/Rönnau-Handbuch Wirtschaftsstrafrecht/*Himmelreich*[5] 7. Teil, 1. Kapitel Rdn 180, 184; Momsen/Grützner-WirtschaftsStStrR/*Rotsch*/*Wagner*[2] Kapitel 8. Rdn 262; LK-StGB/*Tiedemann*[12] § 283 Rdn 188a; *Weyand*/*Diversy* Rdn 111.

502 Siehe zu den verschiedenen Vorsatzformen MünchKomm-StGB/*Joecks*/*Kulhanek*[4] § 16 Rdn 22 ff; Schönke/Schröder-StGB/*Sternberg-Lieben*/*Schuster*[30] § 15 Rdn 65 ff.

503 BeckOK-StGB/*Beukelmann*[58] § 283 Rdn 79; SSW-StGB/*Bosch*[5] § 283 Rdn 34; Bittmann-Insolvenzstrafrecht/*C. Brand*[2] § 12 Rdn 228; StGB/*Fischer*[69] § 283 Rdn 32; Lackner/Kühl-StGB/*Heger*[29] § 283 Rdn 23; Schönke/Schröder-StGB/*Heine*/*Schuster*[30] § 283 Rdn 56; SK-StGB/*Hoyer*[9] § 283 Rdn 118; NK-StGB/*Kindhäuser*[5] § 283 Rdn 99; MünchKomm-StGB/*Petermann*/*Sackreuther*[4] § 283 Rdn 71; Graf/Jäger/Wittig/*Reinhart*[2] § 283 Rdn 68; Momsen/Grützner-WirtschaftsStStrR/*Rotsch*/*Wagner*[2] Kapitel 8. Rdn 262; LK-StGB/*Tiedemann*[12] § 283 Rdn 188.

504 SSW-StGB/*Bosch*[5] § 283 Rdn 34; StGB/*Fischer*[69] § 283 Rdn 32; Achenbach/Ransiek/Rönnau-Handbuch Wirtschaftsstrafrecht/*Himmelreich*[5] 7. Teil, 1. Kapitel Rdn 178.

505 Vgl BGHSt 28, 371, 372; BGHSt 30, 127, 128 f; BGHSt 34, 221, 223.

506 Vgl *BGH* NStZ 2000, 34, 36; BeckOK-StGB/*Beukelmann*[58] § 283 Rdn 79; SSW-StGB/*Bosch*[5] § 283 Rdn 34; Lackner/Kühl-StGB/*Heger*[29] § 283 Rdn 23; Schönke/Schröder-StGB/*Heine*/*Schuster*[30] § 283 Rdn 56; Graf/Jäger/Wittig/*Reinhart*[2] § 283 Rdn 68; Momsen/Grützner-WirtschaftsStStrR/*Rotsch*/*Wagner*[2] Kapitel 8. Rdn 262; *Weyand*/*Diversy* Rdn 111 **aA** Müller-Gugenberger-WirtschaftsStrR/*H. Richter*[7] Rdn 83.85.

507 BeckOK-StGB/*Beukelmann*[58] § 283 Rdn 79; SSW-StGB/*Bosch*[5] § 283 Rdn 34; StGB/*Fischer*[69] § 283 Rdn 32; Schönke/Schröder-StGB/*Heine*/*Schuster*[30] § 283 Rdn 56; Graf/Jäger/Wittig/*Reinhart*[2] § 283 Rdn 68.

508 BGHSt 3, 248, 255; BGHSt 4, 347, 352; MünchKomm-StGB/*Joecks*/*Kulhanek*[4] § 16 Rdn 70; vgl auch Bittmann-Insolvenzstrafrecht/*C. Brand*[2] § 12 Rdn 230; SK-StGB/*Hoyer*[9] § 283 Rdn 118; Momsen/Grützner-WirtschaftsStStrR/*Rotsch*/*Wagner*[2] Kapitel 8. Rdn 263; LK-StGB/*Tiedemann*[12] § 283 Rdn 188a.

sprechende Irrtum hierüber einen **Tatbestandsirrtum** begründet (vgl *Anders* § 86 GmbHG Rdn 38). Mit der **hM** ist davon auszugehen, das nach dem „Hineinlesen" der Blankettnorm in das Strafgesetz auf diesen fiktiven Gesamttatbestand die allgemeinen Irrtumsregeln anzuwenden sind, was dazu führt, dass der Irrtum über Existenz oder Reichweite der blankettausfüllenden Norm einen **Verbotsirrtum** darstellt.[509] Die **Gegenansicht** ordnet den Befehl der Norm, auf die verwiesen wird, dem Tatbestand zu und kommt daher zu einem Tatbestandsirrtum.[510] Der **hM** ist zu folgen, da unabhängig von der Kategorisierung als blankettausfüllende Norm die bloße Kenntnis der Verhaltensregelung von **§ 17 StGB** erfasst ist. Es bestehen somit keine signifikanten Unterschiede zu den normativen Tatbestandsmerkmalen.

IV. Einzelfälle

112 Wer als Schuldner seine **Kaufmannseigenschaft** verkennt, befindet sich in einem vorsatzausschließenden Tatbestandsirrtum.[511] Hinsichtlich der **Krisenmerkmale** ist nicht nur Tatsachenkenntnis,[512] sondern darüber hinaus zusätzlich die zutreffende **rechtliche Parallelwertung** erforderlich: So muss für die Kenntnis der **Zahlungsunfähigkeit** nicht nur das tatsächlich-prognostische Wissen vorliegen, dass eine Liquiditätslücke von mindestens 10 % in einem Zeitraum von maximal drei Wochen nicht beseitigt werden kann (*Anders* Vor §§ 283 ff Rdn 48), sondern zusätzlich die **laienhafte Kenntnis der insolvenzrechtlichen Bedeutung** dieses Sachverhalts.[513] Für die **Überschuldung** sind nicht nur die tatsächliche Kenntnis des Verhältnisses von Aktiva und Passiva im Überschuldungsstatus, sondern auch die **buchhalterisch-bilanzrechtliche Kenntnis in der Parallelwertung**, welche wirtschaftlichen Sachverhalte überhaupt welchen Konten zuzurechnen sind, zudem das Wissen um die Notwendigkeit der Aufstellung der Überschuldungsbilanz nach **Liquidationswerten** sowie von der Bedeutung der **negativen Fortführungsprognose** (*Anders* Vor §§ 283 ff Rdn 38 ff) notwendig.[514] Auch mit Blick auf den **(groben) Widerspruch gegen die Anforderungen einer ordnungsgemäßen Wirtschaft** (*Anders* Vor §§ 283 ff Rdn 61 ff), die **Unwirtschaftlichkeit der Ausgaben** sowie die **Übermäßigkeit von Beträgen (Absatz 1 Nr 2)** muss der Täter Tatsachenkenntnis aufweisen (zB Höhe der Ausgaben) und zudem das Unwirtschaftlichkeitsverdikt laienhaft nachvollzogen haben, ansonsten liegt im irrtümlichen Bewertungsbereich **Verbotsirrtum** vor.[515] Das **Anerkennen erdichteter Rechte (Absatz 1 Nr 4)** erfordert das Wissen, dass es sich um solche handelt, mithin fehlt es am Vorsatz, wenn der Schuldner die Forderung für existent erachtet.[516] Beim Irrtum im Bereich der **Buchführungs- und Bilanzierungspflichten (Absatz 1 Nr 5, 1. Var, 7 lit b))** ist zu

---

509 *BGH* NStZ 1993, 594, 595 zu § 22a KWKG; SSW-StGB/*Bosch*[5] § 283 Rdn 34; *Jescheck/Weigend*[5] S 309; MünchKomm-StGB/*Joecks/Kulhanek*[4] § 16 Rdn 76; Schönke/Schröder-StGB/*Sternberg-Lieben/Schuster*[30] § 15 Rdn 99; *Welzel*[11] S 168.

510 Bittmann-Insolvenzstrafrecht/*C. Brand*[2] § 12 Rdn 230 f; *Bülte* NStZ 2013, 65, 66 f; *Puppe* GA 1990, 145, 166; NK-StGB/*dies*[5] § 16 Rdn 65 f.

511 Bittmann-Insolvenzstrafrecht/*C. Brand*[2] § 12 Rdn 236; LK-StGB/*Tiedemann*[12] § 283 Rdn 188a (hinsichtlich Absatz 1 Nr 5 und 7); vgl auch SK-StGB/*Hoyer*[9] § 283 Rdn 118.

512 **AA** *BGH* bei *Herlan* GA 1954, 312; *Brackmann* S 221; *Habetha* (2014) S 326.

513 Bittmann-Insolvenzstrafrecht/*C. Brand*[2] § 12 Rdn 238; LK-StGB/*Tiedemann*[12] § 283 Rdn 189.

514 Bittmann-Insolvenzstrafrecht/*C. Brand*[2] § 12 Rdn 238; vgl LK-StGB/*Tiedemann*[12] § 283 Rdn 189.

515 SSW-StGB/*Bosch*[5] § 283 Rdn 34; StGB/*Fischer*[69] § 283 Rdn 32; Graf/Jäger/Wittig/*Reinhart*[2] § 283 Rdn 68; wohl auch Wabnitz/Janovsky/Schmitt/*Pelz*[5] 9. Kapitel Rdn 204 und Momsen/Grützner-WirtschaftsStStrR/*Rotsch/Wagner*[2] Kapitel 8. Rdn 263; wohl **differenzierend** Schönke/Schröder-StGB/*Heine/Schuster*[30] § 283 Rdn 56 („jedenfalls" für den groben Verstoß); **aA** – Bewusstsein von der Unangemessenheit erforderlich, daher wohl **stets Vorsatzausschluss** *BGH* NJW 1953, 1480, 1481; MDR 1981, 510, 511; Bittmann-Insolvenzstrafrecht/*C. Brand*[2] § 12 Rdn 237; LK-StGB/*Tiedemann*[12] § 283 Rdn 189, 192, 196; so wohl auch SK-StGB/*Hoyer*[9] § 283 Rdn 119; NK-StGB/*Kindhäuser*[5] § 283 Rdn 99; MünchKomm-StGB/*Petermann/Sackreuther*[4] § 283 Rdn 75.

516 Vgl *RG* DR 1940, 793 (für den Fall der Anerkennung einer Forderung, gegen die mit einem bestrittenen Anspruch aufgerechnet wurde); NK-StGB/*Kindhäuser*[5] § 283 Rdn 99; MünchKomm-StGB/*Petermann/Sackreuther*[4] § 283 Rdn 76; LK-StGB/*Tiedemann*[12] § 283 Rdn 194.

differenzieren: Fehlt es an der Kenntnis der tatsächlichen Umstände – Erkennen des Verstreichens der Frist – ist ein **Tatbestandsirrtum** gegeben, besteht hingegen die irrtümliche Vorstellung, nicht zur Buchführung verpflichtet zu sein, liegt – unabhängig von der Frage, ob normative Tatbestandsmerkmale oder Blankettstraftatbestände betroffen sind (Rdn 111) – ein sog **„Gebotsirrtum"** vor.[517] Es besteht mit Blick auf **Absatz 1 Nr 5** und 7 die Möglichkeit der **fahrlässigen Begehungsweise** nach **Absatz 5 Nr 1** (Rdn 128 f). Da mit Blick auf **Absatz 1 Nr 6** vertreten wird, auch einen Nichtkaufmann könnten Aufbewahrungspflichten treffen (vgl Rdn 57), dürfte bei einem diesbezüglichen Verbotsirrtum der Prüfungsmaßstab im Rahmen der Vermeidbarkeit nach **§ 17 StGB** nicht der kaufmännische Verkehrskreis sein.[518]

Der **Verbotsirrtum im wirtschaftlichen Bereich** ist für den **unternehmerisch Tätigen** in der Regel **vermeidbar**.[519] Insoweit hat der **geschäftlich tätige Täter besondere Erkundigungspflichten**, auch im Sinne einer **„Pflicht zur Aktualisierung" im Hinblick auf strafrechtlich relevante Rechtsänderungen jedenfalls betreffend Tatbestände des Kernstrafrechts**, deren Rechtsgüter durch die spezifische Berufsausübung in besonderer Weise gefährdet werden könnten.[520] Er muss danach bei der insbesondere seinem Berufskreis zuzumutenden Gewissensanspannung sowie nach Ausschöpfung der zur Verfügung stehenden Erkenntnismittel nicht in der Lage gewesen sein, das Unrecht einzusehen.[521] 113

F. Versuchsstrafbarkeit (Abs 3), Vollendung, Beendigung

I. Versuch

1. Allgemeines

Absatz 3 normiert die **Versuchsstrafbarkeit**, welche nur für **Absatz 1** und **Absatz 2** gilt. Der Versuch kann über die fakultative Strafmilderung der §§ 23 Abs 2, 49 Abs 1 StGB milder bestraft werden als die vollendete Tat. Der denkbare (vgl **§ 11 Abs 2 StGB**) Versuch der **sog Vorsatz-Fahrlässigkeits-Kombination** aus **Absatz 4 Nr 2** ist hingegen straflos, was sich nach einhelliger Auffassung in systematischer Auslegung aus der Stellung des **Absatz 3** im Gesamtgefüge des § 283 StGB ergibt.[522] Maßgeblich gelten die allgemeinen Grundsätze der §§ 22 ff StGB.[523] Der Versuch nach **Absatz 3** setzt wie im Fall der Deliktsvollendung **de lege lata** den **Eintritt der objek-** 114

---

517 *BGH* NJW 1981, 354, 355 (in BGHSt 29, 396 insoweit nicht abgedruckt); BGH NStZ 2001, 600, 602 (zu § 6 GSB); SSW-StGB/*Bosch*[5] § 283 Rdn 34; StGB/*Fischer*[69] § 283 Rdn 32; Schönke/Schröder-StGB/*Heine/Schuster*[30] § 283 Rdn 56; NK-StGB/*Kindhäuser*[5] § 283 Rdn 99; MünchKomm-StGB/*Petermann/Sackreuther*[4] § 283 Rdn 74; Graf/Jäger/Wittig/*Reinhart*[2] § 283 Rdn 68; Momsen/Grützner-WirtschaftsStStrR/*Rotsch/Wagner*[2] Kapitel 8. Rdn 263; Müller-Gugenberger-WirtschaftsStrR/*H. Richter*[7] Rdn 85.33; *Weyand/Diversy* Rdn 111; **aA** – **Vorsatzausschluss** Bittmann-Insolvenzstrafrecht/*C. Brand*[2] § 12 Rdn 241; Lackner/Kühl-StGB/*Heger*[29] § 283 Rdn 23; SK-StGB/*Hoyer*[9] § 283 Rdn 119, 123; LK-StGB/*Tiedemann*[12] § 283 Rdn 188a.

518 SSW-StGB/*Bosch*[5] § 283 Rdn 34.

519 Vgl Müller-Gugenberger-WirtschaftsStrR/*Grube*[7] Rdn 18.31; *Müller-Gugenberger-WirtschaftsStrR/H. Richter*[7] Rdn 85.33.

520 *BGH* NStZ 2022, 30, 31 f.

521 Graf/Jäger/Wittig/*Waßmer*[2] § 266 Rdn 231.

522 Vgl SSW-StGB/*Bosch*[5] § 283 Rdn 39; Bittmann-Insolvenzstrafrecht/*C. Brand*[2] § 12 Rdn 247, 252; StGB/*Fischer*[69] § 283 Rdn 36; Achenbach/Ransiek/Rönnau-Handbuch Wirtschaftsstrafrecht/*Himmelreich*[5] 7. Teil, 1. Kapitel Rdn 180; SK-StGB/*Hoyer*[9] § 283 Rdn 126; NK-StGB/*Kindhäuser*[5] § 283 Rdn 104; MünchKomm-StGB/*Petermann/Sackreuther*[4] § 283 Rdn 90; Graf/Jäger/Wittig/*Reinhart*[2] § 283 Rdn 72, 3; Momsen/Grützner-WirtschaftsStStrR/*Rotsch/Wagner*[2] Kapitel 8. Rdn 268; LK-StGB/*Tiedemann*[12] § 283 Rdn 211; *Weyand/Diversy* Rdn 115.

523 Schönke/Schröder-StGB/*Heine/Schuster*[30] § 283 Rdn 64; Momsen/Grützner-WirtschaftsStStrR/*Rotsch/Wagner*[2] Kapitel 8. Rdn 268.

tiven Bedingung der Strafbarkeit (Abs 6) voraus.[524] Der Anwendungsbereich des **Absatz 2** ist deshalb gering, da der verlangte **Zusammenhang zwischen Bankrotthandlung und objektiver Bedingung** (vgl *Anders* Vor §§ 283 ff Rdn 71 ff) sowohl aus einer **versuchsbedingt subjektiven** als auch aus einer ggf mit Blick auf die objektive Bedingung der Strafbarkeit **objektiv zu wählenden**[525] **Perspektive** beim **untauglichen Versuch fehlen** und beim **tauglichen Versuch regelmäßig schwer nachweisbar** sein, die praktische Relevanz der Versuchsstrafbarkeit sich mithin auf Taten **nach Eintritt der Strafbarkeitsbedingung** beschränken dürfte.[526] *Tiedemann*[527] und *Kindhäuser*[528] fordern daher **de lege ferenda** die **Abschaffung der Versuchsstrafbarkeit** bei § 283 StGB.

2. Abgrenzung untauglicher Versuch/Wahndelikt

115 **Untauglicher Versuch** liegt vor, wenn der Täter sich über die **Tauglichkeit von Tatobjekt** oder **-handlung** irrt, etwa wenn er irrtümlich davon ausgeht, der beiseite geschaffte Gegenstand sei pfändbar,[529] ein veräußerter Vermögensbestandteil sei für die Insolvenzmasse nicht wertlos bzw er könne durch die Verwertung ihm zuvor im Wege der Sicherungsabtretung übertragener Rechte die Masse schädigen.[530] Bei einem Irrtum über die **Tauglichkeit als Tatsubjekt**, also etwa den **Status als Kaufmann bzw Schuldner**, oder über die **Rechtspflichtenstellung**, also darüber, sich **in der Krise zu befinden**, liegt ebenfalls **untauglicher Versuch** und kein (strafloser) **umgekehrter Verbotsirrtum (Wahndelikt)** vor, weil die Tat auch im Falle des Zutreffens der subjektiven Tätervorstellung strafbar wäre und im umgekehrten Falle des Irrtums Vorsatzausschluss angenommen wird (Rdn 112).[531] Nimmt der Schuldner hingegen irrtümlich an, **buchführungs- bzw**

---

524 SSW-StGB/*Bosch*[5] § 283 Rdn 35; Bittmann-Insolvenzstrafrecht/*C. Brand*[2] § 12 Rdn 252 (der allerdings auf einen tatsächlichen Zusammenhang zwischen Bankrotthandlung und objektiver Strafbarkeitsbedingung verzichtet, vgl unter Fn 408 zu Vorbem §§ 283 ff StGB); Schönke/Schröder-StGB/*Heine/Schuster*[30] § 283 Rdn 64; Achenbach/Ransiek/Rönnau-Handbuch Wirtschaftsstrafrecht/*Himmelreich*[5] 7. Teil, 1. Kapitel Rdn 180; SK-StGB/*Hoyer*[9] § 283 Rdn 122; MünchKomm-StGB/*Petermann/Sackreuther*[4] § 283 Rdn 89; Momsen/Grützner-WirtschaftsStStrR/*Rotsch/Wagner*[2] Kapitel 8. Rdn 268; LK-StGB/*Tiedemann*[12] § 283 Rdn 197; *Weyand/Diversy* Rdn 116.

525 So LK-StGB/*Tiedemann*[12] § 283 Rdn 197.

526 Bittmann-Insolvenzstrafrecht/*C. Brand*[2] § 12 Rdn 252; LK-StGB/*Tiedemann*[12] § 283 Rdn 197. Vgl SSW-StGB/*Bosch*[5] § 283 Rdn 35; NK-StGB/*Kindhäuser*[5] § 283 Rdn 100 „(D)er das materielle Unrecht kennzeichnende Risikozusammenhang zwischen Handlung und objektiver Strafbarkeitsbedingung (…) entfällt beim Versuch naturgemäß (…)".

527 Vgl LK-StGB/*Tiedemann*[12] § 283 Rdn 197 unter Hinweis auf §§ 192 ff AE-StGB (außer § 196 Abs 3) sowie ausländische Rechtsordnungen (insbesondere Frankreich, vgl LK-StGB/*Tiedemann*[12] Vor §§ 283–283d Rdn 197).

528 Vgl NK-StGB/*Kindhäuser*[5] § 283 Rdn 100 auch unter Hinweis auf die Straflosigkeit des Versuchs bei den verselbständigten Buchdelikten (§ 283b StGB).

529 Bittmann-Insolvenzstrafrecht/*C. Brand*[2] § 12 Rdn 253; StGB/*Fischer*[69] § 283 Rdn 33a; LK-StGB/*Tiedemann*[12] § 283 Rdn 197; *Weyand/Diversy* Rdn 116; **aA – Wahndelikt** SSW-StGB/*Bosch*[5] § 283 Rdn 35.

530 *BGH* bei *Holtz* MDR 1988, 453; Schönke/Schröder-StGB/*Heine/Schuster*[30] § 283 Rdn 42; Graf/Jäger/Wittig/*Reinhart*[2] § 283 Rdn 72; LK-StGB/*Tiedemann*[12] § 283 Rdn 197.

531 Vgl Bittmann-Insolvenzstrafrecht/*C. Brand*[2] § 12 Rdn 253; Lackner/Kühl-StGB/*Heger*[29] § 283 Rdn 22 (zur irrtümlichen Annahme einer wirtschaftlichen Krise); Schönke/Schröder-StGB/*Heine/Schuster*[30] § 283 Rdn 64 (zur irrtümlichen Annahme einer wirtschaftlichen Krise); NK-StGB/*Kindhäuser*[5] § 283 Rdn 101; MünchKomm-StGB/*Petermann/Sackreuther*[4] § 283 Rdn 90; Graf/Jäger/Wittig/*Reinhart*[2] § 283 Rdn 72 (**differenzierend** Wahndelikt etwa dann, wenn der Irrende als Kommanditist glaubt, die Schuldnerstellung der KG treffe ihn in vollem Umfang auch persönlich); Momsen/Grützner-WirtschaftsStStrR/*Rotsch/Wagner*[2] Kapitel 8. Rdn 268 (zur irrtümlichen Annahme einer wirtschaftlichen Krise); *Weyand/Diversy* Rdn 116 (irrtümliche Annahme der Kaufmannseigenschaft); **aA – (strafloses) Wahndelikt** RGSt 8, 198 (199); SK-StGB/*Hoyer*[9] § 283 Rdn 123 (Wahndelikt bei irrtümlicher Annahme einer wirtschaftlichen Krise); Müller-Gugenberger-WirtschaftsStrR/*H. Richter*[7] Rdn 83.89; LK-StGB/*Tiedemann*[12] § 283 Rdn 199; *ders* in: GS Schröder, 1978, S 289, 295 f; *ders* NJW 1979, 254.

bilanzierungspflichtig zu sein, liegt ein **umgekehrter Verbotsirrtum**, also ein **Wahndelikt**, vor.[532]

3. Unmittelbares Ansetzen

Es gelten die allgemeinen Grundsätze, dh **unmittelbares Ansetzen** liegt dann vor, wenn mit 116
endgültigem Tatentschluss bereits **Teile des objektiven Tatbestandes verwirklicht** werden[533] oder aber der Täter **auf der Grundlage seines Plans** Handlungen vorgenommen hat, die objektiv geeignet erscheinen, **ohne weitere wesentliche Zwischenschritte** eine tatbestandsrelevante Beeinträchtigung des betroffenen Rechtsguts herbeizuführen.[534]

Danach ist eine **teilweise Tatbestandsverwirklichung** gegeben, wenn sich der Schuldner 117
Waren oder Wertpapiere auf Kredit verschafft, um sie nachfolgend zu verschleudern (Versuch des Schleuderverkaufs gemäß **Absatz 1 Nr 3**),[535] das Beschädigen der Bücher, ohne dass dadurch die Übersicht über den Vermögensstand erschwert worden wäre (Versuch des **Absatzes 1 Nr 6**)[536] oder bei der Vornahme der Bankrotthandlung in **Absatz 2**, ohne dass der Erfolg – die Krise – eintritt.[537] Die Beurteilung fällt in den Fällen außerhalb der Kategorie der teilweisen Tatbestandsverwirklichung schwerer: So soll etwa der **Abschluss eines schuldrechtlichen Veräußerungsvertrages** hinreichen (Versuch des Beiseiteschaffens gemäß **Absatz 1 Nr 1, 1. Var**);[538] dagegen spricht, dass regelmäßig noch wesentliche Zwischenschritte für das Beiseiteschaffen als Akt räumlicher oder dinglicher Veränderung (vgl Rdn 6) erforderlich sein dürften.[539] Daher ist unmittelbares Ansetzen zum Beiseiteschaffen dann gegeben, wenn der Schuldner die Auflassung für ein Grundstück erklärt, das zur Insolvenzmasse gehört, jedoch die Eintragung im Grundbuch (vgl § 873 Abs 1 BGB) unterbleibt.[540] Für das unmittelbare Ansetzen zum Beiseiteschaffen ebensowenig ausreichend ist das Schreiben eines Briefs, in dem eine Schenkung angekündigt wird.[541] Es setzt unmittelbar an, wer Buchhaltungsunterlagen separiert zum Zwecke der Vernichtung, welche durch den Insolvenzverwalter aber verhindert wird (Versuch des **Absatzes 1 Nr 6**).[542] Andererseits reicht es nicht aus, wenn einzelne unrichtige Belege in die Buchführung eingeführt werden.[543] Sortiert der Schuldner Warenvorräte aus, die er später beiseite schaffen will, liegt Versuch dann vor, wenn er die Gegenstände von dem übrigen Vermögen vollständig trennt.[544]

---

532 Zutreffend NK-StGB/*Kindhäuser*[5] § 283 Rdn 101; MünchKomm-StGB/*Petermann/Sackreuther*[4] § 283 Rdn 90; **aA – untauglicher Versuch** SK-StGB/*Hoyer*[9] § 283 Rdn 123.

533 Schönke/Schröder-StGB/*Eser/Bosch*[30] § 22 Rdn 37 f; MünchKomm-StGB/*Hoffmann-Holland*[4] § 22 Rdn 106 ff.

534 BGHSt 30, 363, 364; *BGH* NJW 1990, 2072 f; *BGH* NStZ 2006, 331 f; Schönke/Schröder-StGB/*Eser/Bosch*[30] § 22 Rdn 39 ff; MünchKomm-StGB/*Hoffmann-Holland*[4] § 22 Rdn 109 ff.

535 Bittmann-Insolvenzstrafrecht/*C. Brand*[2] § 12 Rdn 254; LK-StGB/*Tiedemann*[12] § 283 Rdn 200.

536 Bittmann-Insolvenzstrafrecht/*C. Brand*[2] § 12 Rdn 254; Schönke/Schröder-StGB/*Heine/Schuster*[30] § 283 Rdn 42.

537 LK-StGB/*Tiedemann*[12] § 283 Rdn 200.

538 Vgl Achenbach/Ransiek/Rönnau-Handbuch Wirtschaftsstrafrecht/*Himmelreich*[5] 7. Teil, 1. Kapitel Rdn 180; Müller-Gugenberger-WirtschaftsStrR/*H. Richter*[7] Rdn 83.87; *Weyand/Diversy* Rdn 115.

539 Vgl Bittmann-Insolvenzstrafrecht/*C. Brand*[2] § 12 Rdn 254; SSW-StGB/*Bosch*[5] § 283 Rdn 35; Schönke/Schröder-StGB/*Heine/Schuster*[30] § 283 Rdn 64; NK-StGB/*Kindhäuser*[5] § 283 Rdn 100; Graf/Jäger/Wittig/*Reinhart*[2] § 283 Rdn 72 (unmittelbares Ansetzen erst bei Beginn der vertraglich geschuldeten Übertragungshandlungen); LK-StGB/*Tiedemann*[12] § 283 Rdn 200.

540 RGSt 61, 107, 109; Bittmann-Insolvenzstrafrecht/*C. Brand*[2] § 12 Rdn 254; Schönke/Schröder-StGB/*Heine/Schuster*[30] § 283 Rdn 64; Graf/Jäger/Wittig/*Reinhart*[2] § 283 Rdn 72.

541 Bittmann-Insolvenzstrafrecht/*C. Brand*[2] § 12 Rdn 254; LK-StGB/*Tiedemann*[12] § 283 Rdn 200; **aA** *BGH* bei *Herlan* GA 1954, 310.

542 Vgl *Weyand/Diversy* Rdn 115.

543 Vgl BGHSt 31, 225, 226 zur Verwendung unechter Belege zur Steuerverkürzung; Bittmann-Insolvenzstrafrecht/*C. Brand*[2] § 12 Rdn 254; LK-StGB/*Tiedemann*[12] § 283 Rdn 200.

544 *Weyand/Diversy* Rdn 115.

118 Mit Blick auf Unterlassungsdelikte gilt nach allgemeinen Grundsätzen, dass ein unmittelbares Ansetzen gegeben ist, wenn das geschützte Rechtsgut durch das Nichthandeln **gefährdet** bzw eine **bereits bestehende Gefahr erhöht** würde.[545] Danach liegt ein unmittelbares Ansetzen zum Unterlassen der Buchführung (**Absatz 1 Nr 5, 1. Var**) oder der Bilanzierung bzw Inventarisierung (**Absatz 1 Nr 7 lit b)**) vor, wenn der Täter in dem subjektiven Willen, die Frist verstreichen zu lassen, objektiv die betreffende Frist solange laufen lässt, bis die rechtzeitige Fertigstellung nur noch unter besonderen Schwierigkeiten möglich wäre.[546] Indizierend können vorausgegangene vergleichbare Pflichtverstöße herangezogen werden.[547]

4. Rücktritt

119 **Freiwillig** im Sinne sowohl einer rein psychologischen Betrachtungsweise[548] als auch einer normativ geprägten Konzeption des äußerlich freien Entschlusses zur Legalitätsmaxime[549] ist der Rücktritt auch dann, wenn der vernünftig abwägende Täter **aufgrund veränderter (äußerer) Situation** den Zweck der bislang versuchten Tat für erreicht hält oder das Tatmotiv überhaupt entfällt; insoweit liegt kein Fall der (unfreiwilligen) Zweckverfehlung vor.[550] Deshalb ist der Entschluss, aufgrund der vom Täter unabhängigen Verbesserung der wirtschaftlichen Lage nicht weiter zu handeln, autonom gefasst und somit freiwillig.[551] Dies ist zB dann der Fall, wenn der Täter in Verschleuderungsabsicht Ware angeschafft hat (Versuch des **Absatz 1 Nr 3**), diese dann aber wegen günstiger Marktlage zum oder zumindest nicht erheblich unter dem Markt- bzw handelsüblichen Preis (Wertbestimmung vgl Rdn 33) veräußert.[552] Freiwilliger Rücktritt ist vom Versuch des Beiseiteschaffens (**Absatz 1 Nr 1, 1. Var**) gegeben, wenn der Täter nach Auflassung eines massezugehörigen Grundstücks die Eigentumsübertragung im Grundbuch verhindert, indem er von der Bezahlung der insoweit anfallenden Gebühren Abstand nimmt, obwohl er sie hätte zahlen können,[553] wenn er schon abgesonderte Waren, die er beiseiteschaffen wollte, wieder zurückbringt, oder wenn er zur Vernichtung vorgesehene Unterlagen wieder der Buchhaltung zuführt.[554] Nach **Tatentdeckung** ist der Rücktritt nicht mehr freiwillig.[555]

II. Vollendung

120 **Deliktsvollendung** tritt bei **Absatz 1** ein mit derjenigen der Bankrotthandlung (in der Krise); der **Eintritt der objektiven Strafbarkeitsbedingung** ist dafür nicht erforderlich.[556] Bei den Buchfüh-

---

545 Vgl BGHSt 38, 356, 360; *OLG Hamburg* NStZ 2016, 530, 535; Schönke/Schröder-StGB/*Eser/Bosch*[30] § 22 Rdn 50; MünchKomm-StGB/*Hoffmann-Holland*[4] § 22 Rdn 116.

546 Bittmann-Insolvenzstrafrecht/*C. Brand*[2] § 12 Rdn 255; LK-StGB/*Tiedemann*[12] § 283 Rdn 201. NK-StGB/*Kindhäuser*[5] § 283 Rdn 100 verlangt, dass der Unterlassungsentschluss hinreichend deutlich geworden sein muss.

547 Bittmann-Insolvenzstrafrecht/*C. Brand*[2] § 12 Rdn 255. Vgl auch NK-StGB/*Kindhäuser*[5] § 283 Rdn 87.

548 Vgl BGHSt 7, 296, 299; BGHSt 9, 48, 52 f; BGHSt 21, 216, 217; BGHSt 35, 184, 186 f.

549 Vgl MünchKomm-StGB/*Hoffmann-Holland*[4] § 24 Rdn 110; *Köhler* (1997) S 468 ff; NK-StGB/*Zaczyk*[5] § 24 Rdn 65 f.

550 *Köhler* (1997) S 481 f; StGB-AT/*Kühl*[8] § 16 Rdn 56.

551 Bittmann-Insolvenzstrafrecht/*C. Brand*[2] § 12 Rdn 256.

552 Vgl Bittmann-Insolvenzstrafrecht/*C. Brand*[2] § 12 Rdn 256; LK-StGB/*Tiedemann*[12] § 283 Rdn 203.

553 RGSt 61, 107, 109; Bittmann-Insolvenzstrafrecht/*C. Brand*[2] § 12 Rdn 256.

554 *Weyand/Diversy* Rdn 116.

555 LK-StGB/*Tiedemann*[12] § 283 Rdn 203; *Weyand/Diversy* Rdn 116.

556 Vgl BeckOK-StGB/*Beukelmann*[58] § 283 Rdn 83; Lackner/Kühl-StGB/*Heger*[29] § 283 Rdn 31; Schönke/Schröder-StGB/*Heine/Schuster*[30] § 283 Rdn 63; Achenbach/Ransiek/Rönnau-Handbuch Wirtschaftsstrafrecht/*Himmelreich*[5] 7. Teil, 1. Kapitel Rdn 185; NK-StGB/*Kindhäuser*[5] § 283 Rdn 114; Wabnitz/Janovsky/Schmitt/*Pelz*[5] 9. Kapitel Rdn 208, 210; MünchKomm-StGB/*Petermann/Sackreuther*[4] § 283 Rdn 89; Graf/Jäger/Wittig/*Reinhart*[2] § 283 Rdn 73; Müller-Gugenberger-WirtschaftsStrR/*H. Richter*[7] Rdn 83.88.

rungs- und Bilanzierungsdelikten in Form des Unterlassens (**Absatz 1 Nr 5, 1. Var, Nr 7 lit b)**) tritt Vollendung mit Ablauf der jeweiligen Frist ein.[557] Für alle Bankrotthandlungen gilt jedoch, dass Strafbarkeit nur unter der Voraussetzung des Eintritts der **objektiven Strafbarkeitsbedingung** nach **Absatz 6** gegeben sein kann.[558] Mit Tatvollendung ist der strafbefreiende Rücktritt ausgeschlossen; danach muss der Schuldner, um straflos zu bleiben, seine wirtschaftliche Krise **überwinden** und damit den Eintritt der objektiven Strafbarkeitsbedingung abwenden (vgl *Anders* Vor §§ 283 ff Rdn 67).[559] Handlungen, mit denen der Täter – nach Eintritt der objektiven Bedingung der Strafbarkeit – die Wirkungen der Tat freiwillig wieder aufhebt oder abmildert – etwa das Zurückbringen beiseitegeschaffter Vermögensstücke oder das Beheben von Buchführungsmängeln (vgl Rdn 119) –, können jedoch **im Rahmen der Strafzumessung** zu seinen Gunsten Berücksichtigung finden.[560]

Mit Blick auf **Absatz 2** ist der **Eintritt der Krise** für die Vollendung erforderlich.[561] 121

III. Beendigung/Strafverfolgungsverjährung

Mit Eintritt der objektiven Bedingung der Strafbarkeit ist die Tat **beendigt**;[562] allerdings markiert 122 dieser **noch nicht den Endpunkt für Bankrotthandlungen**.[563]

Die **Strafverfolgungsverjährung** beginnt gemäß **§ 78a Satz 1 StGB** mit der **Beendigung der** 123 **Tat**. Sie beträgt gemäß **§ 78 Abs 3 Nr 4 StGB fünf Jahre**. Der *BGH* nimmt Beendigung und damit den Beginn des Fristlaufs beim fortdauernden Verheimlichen von Vermögensbestandteilen (**Absatz 1 Nr 1, 2. Var**) bei der Insolvenz einer natürlichen Person erst bei der **Erteilung der Restschuldbefreiung** an.[564] Wurde die Bankrotthandlung nach Eintritt der objektiven Strafbarkeitsbedingung begangen (vgl *Anders* Vor §§ 283 ff Rdn 72), fallen zu diesem Zeitpunkt Verjährungsbeginn und Vollendung zusammen.[565]

G. Fahrlässiges bzw leichtfertiges Handeln (Abs 4 und 5)

I. Absatz 4: Vorsatz-Fahrlässigkeits(Leichtfertigkeits)-Kombinationen

Nach **Absatz 4** macht sich derjenige Schuldner wegen Bankrotts strafbar, der die Tathandlungen 124 des **Absatz 1 Nr 1 bis 8 vorsätzlich** begeht, dabei aber die Krise (Überschuldung, drohende oder eingetretene Zahlungsunfähigkeit) **fahrlässig** verkennt (**Nr 1**) oder aber die Zahlungsunfähigkeit oder Überschuldung **leichtfertig** herbeiführt (**Nr 2**). Der Fahrlässigkeitsvorwurf braucht sich nicht auf die **objektive Bedingung der Strafbarkeit** zu beziehen.

---

557 Vgl *BGH* BeckRS 2014, 9500 (in NStZ 2014, 469, wistra 2014, 354 und StV 2014, 690 insoweit nicht abgedruckt); NK-StGB/*Kindhäuser*[5] § 283 Rdn 114.
558 NK-StGB/*Kindhäuser*[5] § 283 Rdn 115.
559 Schönke/Schröder-StGB/*Heine/Schuster*[30] § 283 Rdn 63; Achenbach/Ransiek/Rönnau-Handbuch Wirtschaftsstrafrecht/*Himmelreich*[5] 7. Teil, 1. Kapitel Rdn 185; Graf/Jäger/Wittig/*Reinhart*[2] § 283 Rdn 73.
560 Schönke/Schröder-StGB/*Heine/Schuster*[30] § 283 Rdn 63; Graf/Jäger/Wittig/*Reinhart*[2] § 283 Rdn 73.
561 BeckOK-StGB/*Beukelmann*[58] § 283 Rdn 84; Schönke/Schröder-StGB/*Heine/Schuster*[30] § 283 Rdn 63; NK-StGB/*Kindhäuser*[5] § 283 Rdn 114; Wabnitz/Janovsky/Schmitt/*Pelz*[5] 9. Kapitel Rdn 208, 210; MünchKomm-StGB/*Petermann/Sackreuther*[4] § 283 Rdn 89; Graf/Jäger/Wittig/*Reinhart*[2] § 283 Rdn 73.
562 Achenbach/Ransiek/Rönnau-Handbuch Wirtschaftsstrafrecht/*Himmelreich*[5] 7. Teil, 1. Kapitel Rdn 186; Müller-Gugenberger-WirtschaftsStrR/*H. Richter*[7] Rdn 83.88.
563 Müller-Gugenberger-WirtschaftsStrR/*H. Richter*[7] Rdn 81.85; Vgl zu den Bankrottstraftaten nach Eintritt der objektiven Bedingung der Strafbarkeit unter Rdn 72 zu Vorbem §§ 283 ff StGB.
564 Vgl BGHSt 61, 180, 183, 185 ff; BeckOK-StGB/*Beukelmann*[58] § 283 Rdn 83; Achenbach/Ransiek/Rönnau-Handbuch Wirtschaftsstrafrecht/*Himmelreich*[5] 7. Teil, 1. Kapitel Rdn 186.
565 NK-StGB/*Kindhäuser*[5] § 283 Rdn 115.

1. Nr 1

125 In der Strafverfolgungspraxis handelt es sich bei **Absatz 4 Nr 1** um einen **Auffangtatbestand**, falls der Nachweis des Vorsatzes betreffend die Krise scheitern sollte.[566] **§ 11 Abs 2 StGB** ist insoweit nicht gegeben, sodass es sich um ein **reines Fahrlässigkeitsdelikt** handelt, an dem **Teilnahme** nicht möglich ist.[567] Daher ist auch der **Versuch** nicht strafbar.[568] Bedenken wegen eines Verstoßes gegen das **verfassungsrechtliche Übermaßverbot**[569] bestehen nicht, da sich jedenfalls einfache Fahrlässigkeit mit Blick auf die Krisensituation kaum je nachweisen lässt.[570] Der Nachweis der fahrlässigen Nichterkennung der Krise umfasst die **objektive Sorgfaltspflichtverletzung** dahingehend, dass der Schuldner nicht die gebotenen Anstrengungen unternommen hat, um die Krise festzustellen. Unstreitig ist eine solche Sorgfaltspflichtverletzung dann gegeben, wenn der Schuldner von vornherein **ohne jegliche wirtschaftliche Planung** tätig wird[571] oder er – mit Blick auf **Absatz 1 Nr 5** und **7** – **keine bzw mangelhafte Aufzeichnungen** führt.[572] Darüber hinaus wird bei der Festlegung des **rechtlichen Maßstabs der Beobachtungspflicht** zum Teil wird insbesondere mit Blick auf **Kapitalgesellschaften**[573] eine **generelle Beobachtungspflicht** angenommen.[574] Zutreffend dürfte jedoch eine weniger weitgehende Auffassung sein, welche eine objektive Sorgfaltspflichtverletzung dann annimmt, wenn trotz gegebener **Warnzeichen** eine Analyse der wirtschaftlichen Lage unterbleibt.[575] Mit Blick auf diese Warnzeichen unterscheidet *Tiedemann* zwischen **exogenen** und **endogenen Störungen**: Ersterer liegen bei äußeren Einflüssen vor wie etwa bei **erheblichen Vermögensverlusten durch höhere Gewalt oder Dritte**, **Absatzrückgänge durch Ausfälle von wesentlichen Abnehmern** oder **konjunkturellen Besonderheiten**, während Letztere intern bedingte Umstände beschreiben insbesondere in Gestalt **von mehrfachen Ablehnungen von Kreditgesuchen** oder **laufenden Verlusten ohne hinreichende Reserven**.[576] Es kommen **wiederholte übermäßige Privatentnahmen** sowie die **sonstigen kriminalistischen Krisenwarnanzeichen** (vgl *Anders* Vor §§ 283 ff Rdn 54) hinzu.[577] Bei Vorliegen dieser Anhaltspunkte soll der Einsatz **betriebswirtschaftlicher Mittel**, insbesondere in Form von **Finanzplan** bzw **Überschuldungsstatus** erforderlich sein, um sich ausreichende Kenntnis von Liquiditäts- und Ertragslage zu verschaffen.[578]

---

566 Vgl SSW-StGB/*Bosch*[5] § 283 Rdn 38; NK-StGB/*Kindhäuser*[5] § 283 Rdn 102; LK-StGB/*Tiedemann*[12] § 283 Rdn 204; vgl Bittmann-Insolvenzstrafrecht/*C. Brand*[2] § 12 Rdn 242; *Weyand/Diversy* Rdn 113.

567 SSW-StGB/*Bosch*[5] § 283 Rdn 38; Bittmann-Insolvenzstrafrecht/*C. Brand*[2] § 12 Rdn 242; StGB/*Fischer*[69] § 283 Rdn 34a; MünchKomm-StGB/*Petermann/Sackreuther*[4] § 283 Rdn 81; Momsen/Grützner-WirtschaftsStStrR/*Rotsch/Wagner*[2] Kapitel 8. Rdn 264; LK-StGB/*Tiedemann*[12] § 283 Rdn 204; Wirtschaftsstrafrecht/*Wittig*[5] § 23 Rdn 131.

568 SSW-StGB/*Bosch*[5] § 283 Rdn 38; StGB/*Fischer*[69] § 283 Rdn 34a; MünchKomm-StGB/*Petermann/Sackreuther*[4] § 283 Rdn 81; Momsen/Grützner-WirtschaftsStStrR/*Rotsch/Wagner*[2] Kapitel 8. Rdn 264; LK-StGB/*Tiedemann*[12] § 283 Rdn 204; Wirtschaftsstrafrecht/*Wittig*[5] § 23 Rdn 131.

569 *Püschel* in: FS Rissing-van Saan, 2011, 471, 477.

570 Bittmann-Insolvenzstrafrecht/*C. Brand*[2] § 12 Rdn 243; vgl SSW-StGB/*Bosch*[5] § 283 Rdn 38.

571 Vgl unter Rdn 99 zu Absatz 1 Nr 8. Vgl *BGH* NJW 1981, 354, 355 (in BGHSt 29, 396 insoweit nicht abgedruckt); Bittmann-Insolvenzstrafrecht/*C. Brand*[2] § 12 Rdn 245; SK-StGB/*Hoyer*[9] § 283 Rdn 125 (bei nicht buchführungspflichtigen Tätern); NK-StGB/*Kindhäuser*[5] § 283 Rdn 103 (bei kleineren Unternehmen und Freiberuflern); LK-StGB/*Tiedemann*[12] § 283 Rdn 204; *Weyand/Diversy* Rdn 113; vgl SSW-StGB/*Bosch*[5] § 283 Rdn 38 „Verletzung elementarer kaufmännischer Grundsätze".

572 Vgl *BGH* NJW 1981, 354, 355 (in BGHSt 29, 396 insoweit nicht abgedruckt); Bittmann-Insolvenzstrafrecht/*C. Brand*[2] § 12 Rdn 245; StGB/*Fischer*[69] § 283 Rdn 34a; SK-StGB/*Hoyer*[9] § 283 Rdn 125; MünchKomm-StGB/*Petermann/Sackreuther*[4] § 283 Rdn 79; Müller-Gugenberger-WirtschaftsStrR/*H. Richter*[7] Rdn 83.85; LK-StGB/*Tiedemann*[12] § 283 Rdn 206; *Weyand/Diversy* Rdn 113; Wirtschaftsstrafrecht/*Wittig*[5] § 23 Rdn 128; vgl SSW-StGB/*Bosch*[5] § 283 Rdn 38.

573 Vgl SK-StGB/*Hoyer*[9] § 283 Rdn 125; NK-StGB/*Kindhäuser*[5] § 283 Rdn 103; wohl auch SSW-StGB/*Bosch*[5] § 283 Rdn 38; **kritisch** LK-StGB/*Tiedemann*[12] § 283 Rdn 208.

574 Vgl *Bretzke* S 127 ff; *dies* KTS 1985, 413, 415, 419.

575 Bittmann-Insolvenzstrafrecht/*C. Brand*[2] § 12 Rdn 244; Müller-Gugenberger-WirtschaftsStrR/*H. Richter*[7] Rdn 83.85; LK-StGB/*Tiedemann*[12] § 283 Rdn 207; *Weyand/Diversy* Rdn 113.

576 Vgl LK-StGB/*Tiedemann*[12] § 283 Rdn 207; auch Bittmann-Insolvenzstrafrecht/*C. Brand*[2] § 12 Rdn 245.

577 Bittmann-Insolvenzstrafrecht/*C. Brand*[2] § 12 Rdn 245.

578 Bittmann-Insolvenzstrafrecht/*C. Brand*[2] § 12 Rdn 245; LK-StGB/*Tiedemann*[12] § 283 Rdn 207.

Die notwendige **subjektive Sorgfaltspflichtverletzung** bzw **Vorhersehbarkeit** liegt nach der Rechtsfigur des sog **Übernahmeverschuldens** bzw der **fahrlässigen Tätigkeitsübernahme** als Fall der sog **vorgelagerten Pflichtverletzung**[579] vor, wenn bei der Übernahme der Geschäftstätigkeit für den Täter erkennbar gewesen ist, dass ihm die für die Bewältigung der damit verbundenen Gefahren erforderlichen Fähigkeiten sowie das Erfahrungswissen fehlen.[580] 126

2. Nr 2

Absatz 4 Nr 2 ist ein **teilnahmefähiges Vorsatzdelikt** (vgl **§ 11 Abs 2 StGB**),[581] **Versuch** ist hingegen nicht möglich (Rdn 114). **Leichtfertigkeit**[582] meint **grobe Fahrlässigkeit** im Sinne des **Verstoßes gegen elementare Sorgfaltspflichten ordnungsgemäßen Wirtschaftens.**[583] Es soll insoweit „Nähe" zum Vorsatz bestehen;[584] zutreffend dürfte sein, dass die Anforderungen an die Leichtfertigkeit **in Fällen bewusster Fahrlässigkeit** eher erfüllt sein werden.[585] Beispielhaft seien genannt **Privatentnahmen ohne Rücksicht auf die angespannte wirtschaftliche Lage des Unternehmens,**[586] **Investitionen ohne jegliche Planung,**[587] **Kreditgewährungen ohne Sicherheiten**[588] sowie **Unternehmensgründungen oder -erweiterungen ohne ausreichendem Eigenkapital.**[589] Der Nachweis des **Kausalzusammenhangs** (Rdn 105) zwischen der vorsätzlichen Bankrotthandlung und dem Eintritt von Überschuldung oder Zahlungsunfähigkeit – in objektiver und subjektiver (Vorhersehbarkeit) Hinsicht – wird in der Praxis eher selten gelingen.[590] 127

II. Absatz 5: Fahrlässigkeits-Fahrlässigkeits(Leichtfertigkeits)-Kombinationen

Absatz 5 Nr 1 und **2** pönalisiert die **fahrlässige Begehung** der Bankrotthandlungen aus **Absatz 1 Nr 2, 5** und **7**, wenn der Schuldner zum Tatzeitpunkt entweder die Krise (Überschuldung, drohende oder eingetretene Zahlungsunfähigkeit) **wenigstens fahrlässig nicht kennt (Nr 1)** oder aber Überschuldung bzw Zahlungsunfähigkeit durch die Handlung **wenigstens leichtfertig verur-** 128

---

579 Vgl dazu BGHSt 40, 341, 343; BGHSt 43, 306, 311; *Jescheck/Weigend*[5] S 595; *Köhler* (1997) S 188; Schönke/Schröder-StGB/*Sternberg-Lieben/Schulster*[30] § 15 Rdn 136; LK-StGB/*Vogel*[12] § 15 Rdn 303 ff; **kritisch** MünchKomm-StGB/*Duttge*[4] § 15 Rdn 131 ff.

580 Bittmann-Insolvenzstrafrecht/*C. Brand*[2] § 12 Rdn 246; LK-StGB/*Tiedemann*[12] § 283 Rdn 210.

581 BeckOK-StGB/*Beukelmann*[58] § 283 Rdn 95; SSW-StGB/*Bosch*[5] § 283 Rdn 39; Bittmann-Insolvenzstrafrecht/*C. Brand*[2] § 12 Rdn 242; StGB/*Fischer*[69] § 283 Rdn 36; Schönke/Schröder-StGB/*Heine/Schuster*[30] § 283 Rdn 57; SK-StGB/*Hoyer*[9] § 283 Rdn 126; NK-StGB/*Kindhäuser*[5] § 283 Rdn 104; MünchKomm-StGB/*Petermann/Sackreuther*[4] § 283 Rdn 82; Graf/Jäger/Wittig/*Reinhart*[2] § 283 Rdn 70; Momsen/Grützner-WirtschaftsStStrR/*Rotsch/Wagner*[2] Kapitel 8. Rdn 265; LK-StGB/*Tiedemann*[12] § 283 Rdn 211; Wirtschaftsstrafrecht/*Wittig*[6] § 23 Rdn 131.

582 Zum Begriff der Leichtfertigkeit vgl MünchKomm-StGB/*Duttge*[4] § 15 Rdn 190 ff; Schönke/Schröder-StGB/*Sternberg-Lieben/Schulster*[30] § 15 Rdn 205.

583 SSW-StGB/*Bosch*[5] § 283 Rdn 39; SK-StGB/*Hoyer*[9] § 283 Rdn 126; NK-StGB/*Kindhäuser*[5] § 283 Rdn 105; Graf/Jäger/Wittig/*Reinhart*[2] § 283 Rdn 70; LK-StGB/*Tiedemann*[12] § 283 Rdn 213; Wirtschaftsstrafrecht/*Wittig*[6] § 23 Rdn 129; vgl Achenbach/Ransiek/Rönnau-Handbuch Wirtschaftsstrafrecht/*Himmelreich*[5] 7. Teil, 1. Kapitel Rdn 182 „Die Verursachung der (Unternehmens-)Krise müsste sich also normalerweise jedem anderen aufgedrängt haben".

584 Vg. *BGH* NStZ-RR 2010, 311, 312 und *BGH* NStZ 2013, 406 „vorsatznahe Schuldform"; Bittmann-Insolvenzstrafrecht/*C. Brand*[2] § 12 Rdn 248; NK-StGB/*Kindhäuser*[5] § 283 Rdn 105; LK-StGB/*Tiedemann*[12] § 283 Rdn 213.

585 MünchKomm-StGB/*Duttge*[4] § 15 Rdn 192.

586 NK-StGB/*Kindhäuser*[5] § 283 Rdn 105; MünchKomm-StGB/*Petermann/Sackreuther*[4] § 283 Rdn 82; Wirtschaftsstrafrecht/*Wittig*[6] § 23 Rdn 129.

587 Bittmann-Insolvenzstrafrecht/*C. Brand*[2] § 12 Rdn 248.

588 NK-StGB/*Kindhäuser*[5] § 283 Rdn 105; MünchKomm-StGB/*Petermann/Sackreuther*[4] § 283 Rdn 82; Wirtschaftsstrafrecht/*Wittig*[6] § 23 Rdn 129.

589 LK-StGB/*Tiedemann*[12] § 283 Rdn 213.

590 Müller-Gugenberger-WirtschaftsStrR/*H. Richter*[7] Rdn 83.86; LK-StGB/*Tiedemann*[12] § 283 Rdn 212.

sacht (Nr 2). Es handelt sich in beiden Fällen um **reine Fahrlässigkeitstaten**,[591] sodass sowohl **Teilnahme** als auch **Versuch** nicht möglich sind.[592] Aus der jeweiligen Formulierung „wenigstens" ist zu folgern, dass mit Blick auf die wirtschaftliche Krise auch mit Vorsatz gehandelt werden kann.[593] Der Fahrlässigkeitsvorwurf braucht sich nicht auf die **objektive Bedingung der Strafbarkeit** zu beziehen.

1. Nr 1

129 Der Bankrotthandlung nach **Absatz 1 Nr 2** ist **zweckgerichtetes** und damit **vorsätzliches Handeln** immanent.[594] Fahrlässigkeit kann hier somit nur dann vorliegen, wenn der Täter sich darüber geirrt hat, dass die eingegangenen Verlust-, Spekulations- oder Differenzgeschäfte den Anforderungen einer ordnungsgemäßen Wirtschaft widersprechen (**Absatz 1 Nr 2, 1. Alt**) oder aber darüber, dass die getätigten Ausgaben unwirtschaftlich sind bzw der Verbrauch oder das Schuldigwerden sich auf übermäßige Beträge bezieht (**Absatz 1 Nr 2, 2. Alt**), und er sich insofern im **Tatbestandsirrtum** befindet (vgl Rdn 112), bei entsprechender Anwendung seiner Sorgfaltspflicht aber den Irrtum hätte vermeiden können.[595] Im Rahmen der **Buchführungs- und Bilanzierungsdelikte** können die Unterlassungsdelikte (**Absatz 1 Nr 5, 1. Alt** und **7 Nr 2**) in fahrlässiger Weise ebenfalls nur im Rahmen eines **Tatbestandsirrtums** begangen werden, so über die **Eigenschaft als Kaufmann bzw seine Verpflichtung zur Buchführung und/oder Bilanzierung** – soweit in diesem Rahmen Vorsatzausschluss angenommen wird (Rdn 112) – oder über die **Länge der Bilanzierungsfrist** aus **Absatz 1 Nr 7 lit b)**.[596] Zudem kommen die Fälle in Betracht, in denen der Täter in fahrlässiger Unkenntnis seiner Überschuldung oder aber auch in Kenntnis derer[597] seiner Sorgfaltspflicht bei der **Auswahl eines Dritten und/oder Überwachung** der Buchführung eines Angestellten oder sonstigen Beauftragten (Steuerberater/Buchhalter) nicht hinreichend nachkommt.[598]

2. Nr 2

130 Fälle einer Fahrlässigkeits-Vorsatz-Kombination, in denen der Täter durch eine fahrlässige Bankrotthandlung vorsätzlich („wenigstens leichtfertig" (Rdn 128)) die Überschuldung bzw Zahlungsunfähigkeit herbeiführt, sind im Rahmen der **Absatz 5 Nr 2** iVm **Absatz 2** kaum denkbar.[599]

---

591 Graf/Jäger/Wittig/*Reinhart*[2] § 283 Rdn 71 auch, wenn die Taten einzelne Vorsatzelemente enthalten sollten, etwa wenn der Täter bewusst seine Handelsbücher verändert, dabei aber fahrlässig verkennt, dass hierüber die Übersicht über seinen Vermögensstand erschwert wird.

592 Wirtschaftsstrafrecht/*Wittig*[5] § 23 Rdn 131.

593 Vgl SSW-StGB/*Bosch*[5] § 283 Rdn 40; Bittmann-Insolvenzstrafrecht/*C. Brand*[2] § 12 Rdn 249; StGB/*Fischer*[69] § 283 Rdn 37; SK-StGB/*Hoyer*[9] § 283 Rdn 128; NK-StGB/*Kindhäuser*[5] § 283 Rdn 106; MünchKomm-StGB/*Petermann*/*Sackreuther*[4] § 283 Rdn 84; Momsen/Grützner-WirtschaftsStStrR/*Rotsch*/*Wagner*[2] Kapitel 8. Rdn 267; LK-StGB/*Tiedemann*[12] § 283 Rdn 214; *Weyand*/*Diversy* Rdn 114.

594 Bittmann-Insolvenzstrafrecht/*C. Brand*[2] § 12 Rdn 250; LK-StGB/*Tiedemann*[12] § 283 Rdn 215.

595 Bittmann-Insolvenzstrafrecht/*C. Brand*[2] § 12 Rdn 250; LK-StGB/*Tiedemann*[12] § 283 Rdn 215 f; *Weyand*/*Diversy* Rdn 114 (mit Blick auf die Anforderungen einer ordnungsgemäßen Wirtschaft).

596 Bittmann-Insolvenzstrafrecht/*C. Brand*[2] § 12 Rdn 251; LK-StGB/*Tiedemann*[12] § 283 Rdn 217.

597 Schönke/Schröder-StGB/*Heine*/*Schuster*[30] § 283 Rdn 58.

598 Vgl RGSt 16, 277, 279; RGSt 58, 304, 305; *OLG Karlsruhe* Justiz 1977, 206; Bittmann-Insolvenzstrafrecht/*C. Brand*[2] § 12 Rdn 251; SK-StGB/*Hoyer*[9] § 283 Rdn 127; NK-StGB/*Kindhäuser*[5] § 283 Rdn 106; MünchKomm-StGB/*Petermann*/*Sackreuther*[4] § 283 Rdn 83; Graf/Jäger/Wittig/*Reinhart*[2] § 283 Rdn 71; LK-StGB/*Tiedemann*[12] § 283 Rdn 218; *Weyand*/*Diversy* Rdn 114.

599 SSW-StGB/*Bosch*[5] § 283 Rdn 40; Bittmann-Insolvenzstrafrecht/*C. Brand*[2] § 12 Rdn 249; StGB/*Fischer*[69] § 283 Rdn 37; NK-StGB/*Kindhäuser*[5] § 283 Rdn 106; MünchKomm-StGB/*Petermann*/*Sackreuther*[4] § 283 Rdn 84; Momsen/Grützner-WirtschaftsStStrR/*Rotsch*/*Wagner*[2] Kapitel 8. Rdn 267; LK-StGB/*Tiedemann*[12] § 283 Rdn 214; *Weyand*/*Diversy* Rdn 114.

H. Täterschaft und Teilnahme

131 Für den Teilnehmer, also den Anstifter oder Gehilfen, gilt die Strafmilderung aus §§ **28 Abs 1, 49 Abs 1 StGB**, soweit man den Auffassungen folgt, nach denen es sich bei § 283 StGB um ein **Sonderdelikt** handelt und zudem die Schuldnereigenschaft ein **besonderes persönliches Merkmal iSd § 28 Abs 1 StGB** ist (vgl Rdn 3). Sodann käme beim Gehilfen die zusätzliche Milderung aus den **§§ 27 Abs 2, 49 Abs 1 StGB** in Betracht. Von der **doppelten Strafrahmenmilderung** macht die Rechtsprechung in Übereinstimmung mit dem Schrifttum[600] jedoch nur dann Gebrauch, wenn die Teilnahme auch nach den allgemeinen Regeln gegeben wäre und die Stellung als Beihelfer nicht allein aufgrund der fehlenden Schuldnereigenschaft anzunehmen ist.[601]

I. Rechtsfolgen

132 Bankrott gemäß **§ 283 Abs 1 und 2 StGB** ist mit **Freiheitsstrafe bis zu fünf Jahren** oder mit **Geldstrafe** bedroht. Taten nach **§ 283 Abs 4 und 5 StGB** sind mit einer abstrakten Strafandrohung von **Freiheitsstrafe bis zu zwei Jahren** oder **Geldstrafe** versehen. Sollte ein besonders schwerer Fall vorliegen, sieht der Strafrahmen des **§ 283a StGB sechs Monate bis zu zehn Jahre Freiheitsstrafe** vor (*Anders* § 283a). Zur **Inhabilität** siehe unter Rdn 75 zu Vorbem §§ 283 ff StGB, zum **Berufsverbot** unter Rdn 76 zu Vorbem §§ 283 ff StGB. Wird der Schuldner in den letzten fünf Jahren vor dem Antrag auf Eröffnung des Insolvenzverfahrens oder nach diesem Antrag wegen einer Straftat nach den **§§ 283 bis 283c StGB** rechtskräftig zu einer Geldstrafe von mehr als 90 Tagessätzen oder einer Freiheitsstrafe von mehr als drei Monaten verurteilt, droht ihm gemäß **§ 290 Abs 1 Nr 1 InsO** die **Versagung der Restschuldbefreiung**.[602] Diese setzt nicht voraus, dass die Straftat in einem Zusammenhang mit dem Insolvenzverfahren steht, in dem die Restschuldbefreiung beantragt wird.[603]

J. Konkurrenzen

I. Intern

133 **Innerhalb des § 283** schließen sich die **Vorsatzdelikte** der **Absatz 1** und **2** einerseits und die **Fahrlässigkeitsdelikte** der **Absatz 4** und **5** andererseits aus;[604] **Absatz 5** wird von **Abs 4** ausgeschlossen.[605] **Mehrere Bankrotthandlungen** werden durch dieselbe Zahlungseinstellung bzw Entscheidung im Insolvenzverfahren (**Absatz 6**) **nicht** zur Handlungseinheit verbunden; in der Regel stehen die verwirklichten Bankrotthandlungen zueinander in **Tatmehrheit**.[606] Nach Aufgabe des

---

600 Vgl StGB/*Fischer*[69] § 283 Rdn 38; NK-StGB/*Kindhäuser*[5] § 266 Rdn 111; MünchKomm-StGB/*Petermann*/*Sackreuther*[4] § 283 Rdn 83; Müller-Gugenberger-WirtschaftsStrR/*H. Richter*[7] Rdn 81.32; LK-StGB/*Tiedemann*[12] § 283 Rdn 228.

601 Vgl BGHSt 58, 115, 118; *BGH* BeckRS 2013, 2636; *BGH* BeckRS 2018, 6358 (in NStZ-RR 2018, 379 insoweit nicht abgedruckt). Weitere Nachweise zur vergleichbaren Problematik bei der Untreue unter Rdn 159 zu § 266 StGB.

602 Bittmann-Insolvenzstrafrecht/*C. Brand*[2] § 12 Rdn 264; K. Schmidt-InsO/*Henning*[19] § 290 Rdn 32 ff.

603 *IX. Zivilsenat BGH* NZI 2003, 163; NZI 2010, 349.

604 Achenbach/Ransiek/Rönnau-Handbuch Wirtschaftsstrafrecht/*Himmelreich*[5] 7. Teil, 1. Kapitel Rdn 189.

605 SSW-StGB/*Bosch*[5] § 283 Rdn 42; StGB/*Fischer*[69] § 283 Rdn 41; LK-StGB/*Tiedemann*[12] § 283 Rdn 232.

606 Vgl BGHSt 1, 186, 191; BGHSt 3, 24, 26; BGHSt 11, 145, 147; *BGH* bei *Herlan* GA 1971, 38; BGH bei *Herlan* GA 1973, 133; GA 1978, 185, 186; NStZ 1998, 192, 193; BeckOK-StGB/*Beukelmann*[58] § 283 Rdn 96; SSW-StGB/*Bosch*[5] § 283 Rdn 42; Bittmann-Insolvenzstrafrecht/*C. Brand*[2] § 12 Rdn 265; *Doster* wistra 1998, 326, 328; StGB/*Fischer*[69] § 283 Rdn 41; Lackner/Kühl-StGB/*Heger*[29] § 283 Rdn 32; Schönke/Schröder-StGB/*Heine*/*Schuster*[30] § 283 Rdn 66; Achenbach/Ransiek/Rönnau-Handbuch Wirtschaftsstrafrecht/*Himmelreich*[5] 7. Teil, 1. Kapitel Rdn 189; SK-StGB/*Hoyer*[9] § 283 Rdn 129; NK-StGB/*Kindhäuser*[5] § 283 Rdn 116; Wabnitz/Janovsky/Schmitt/*Pelz*[5] 9. Kapitel Rdn 199; MünchKomm-StGB/*Petermann*/*Sackreuther*[4]

Fortsetzungszusammenhangs,[607] der bei Gleichartigkeit der Begehungsweise, Beeinträchtigung des gleichen Rechtsguts und Gesamtvorsatz Handlungseinheit angenommen hatte,[608] kann **Tateinheit** nur noch ausnahmsweise angenommen werden, etwa wenn sich die Handlungen überschneiden[609] oder in sonstigen Fällen,[610] etwa mit Blick auf den Kaufmann zwischen **Absatz 1 Nr 5 und Nr 7 lit b),** wenn dieser Buchführung und Bilanzierung an einen Dritten übertragen hat und dieser beides unterlässt, und insoweit ein Auswahl- und/oder Kontrollverschulden vorliegt,[611] wenn mehrere Bankrotthandlungen zusammen den Erfolg einer wirtschaftlichen Krise herbeiführen (**Absatz 2**),[612] der Täter in einem bestimmten Zeitabschnitt durch mehrfache Auslassungen und Falscheintragungen mangelhaft Buch führt,[613] oder durch mehrere Handlungen insgesamt unmäßigen Aufwand (**Absatz 1 Nr 2**) treibt.[614] **Mitbestrafte Nachtat** im Rahmen der **Nr 1** liegt vor beim Beiseiteschaffen nach vorherigem Verheimlichen[615] oder beim nochmaligen Verheimlichen eines schon verheimlichten Gegenstands,[616] **mitbestrafte Vortat** bei dem Beiseiteschaffen vorangegangenem Vortäuschen anderer bzw Anerkennen erdichteter Rechte (**Nr 4**).[617] Verursacht der Täter während einer drohenden Zahlungsunfähigkeit durch die Bankrotthandlung den Eintritt der Zahlungsunfähigkeit (oder der Überschuldung), liegt hingegen **Idealkonkurrenz** zwischen **Absatz 1** und **Absatz 2** vor.[618] **Nr 8** wird wegen seiner **Auffangfunktion** (Rdn 97) von den **Nr 1 bis 7** als **lex generalis verdrängt.**[619]

134 Hinsichtlich der **Buchführungsdelikte** gilt nach dem oben Dargelegten, dass die Nichterstellung der Bilanzen für mehrere Geschäftsjahre entsprechend **tatmehrheitliche Verstöße** gegen **§ 283 Abs 1 Nr 7 lit) StGB** bedeuten (sollte das letzte Jahr oder mehrere innerhalb der Krise liegen, dann in **Tatmehrheit zu § 283b Abs 1 Nr 3 lit b) StGB**).[620] Hingegen soll **Tateinheit** vorliegen, wenn die Unterlassung einer Bilanzierung dazu geführt hat, dass die weiteren Bilanzierungs-

---

§ 283 Rdn 94; Graf/Jäger/Wittig/*Reinhart*[2] § 283 Rdn 76; Momsen/Grützner-WirtschaftsStStrR/*Rotsch/Wagner*[2] Kapitel 8. Rdn 283; LK-StGB/*Tiedemann*[12] § 283 Rdn 231, 235a; **aA** RGSt 64, 42, 43; RGSt 66, 268, 269; *Stötter* KTS 1963, 12, 14 ff.

607 Durch BGHSt 40, 138.

608 Vgl zu dieser Rechtsfigur *Jescheck/Weigend*[5] S 714 ff.

609 Bittmann-Insolvenzstrafrecht/*C. Brand*[2] § 12 Rdn 265.

610 Vgl *BGH* bei *Herlan* GA 1973, 133; BeckOK-StGB/*Beukelmann*[58] § 283 Rdn 96; SSW-StGB/*Bosch*[5] § 283 Rdn 42; StGB/*Fischer*[69] § 283 Rdn 41; Lackner/Kühl-StGB/*Heger*[29] § 283 Rdn 32.

611 Vgl *BGH* GA 1978, 185, 186; bei *Holtz* MDR 1981, 100 (als fortgesetzte Handlung); Bittmann-Insolvenzstrafrecht/*C. Brand*[2] § 12 Rdn 266; NK-StGB/*Kindhäuser*[5] § 283 Rdn 118; LK-StGB/*Tiedemann*[12] § 283 Rdn 235.

612 SK-StGB/*Hoyer*[9] § 283 Rdn 129.

613 SK-StGB/*Hoyer*[9] § 283 Rdn 129; NK-StGB/*Kindhäuser*[5] § 283 Rdn 117.

614 BGHSt 3, 23, 26 f; *BGH* bei *Herlan* GA 1956, 348; NK-StGB/*Kindhäuser*[5] § 283 Rdn 117; LK-StGB/*Tiedemann*[12] § 283 Rdn 234.

615 Vgl BeckOK-StGB/*Beukelmann*[538] § 283 Rdn 97; *Bittmann* ZWH 2023, 245, 247; Bittmann-Insolvenzstrafrecht/*C. Brand*[2] § 12 Rdn 265; StGB/*Fischer*[69] § 283 Rdn 41; Schönke/Schröder-StGB/*Heine/Schuster*[30] § 283 Rdn 66, LK-StGB/*Tiedemann*[12] § 283 Rdn 231; **aA – einheitliches Delikt** BGHSt 11, 145, 146.

616 Vgl StGB/*Fischer*[69] § 283 Rdn 41; **aA – einheitliches Delikt** *BGH* BeckRS 1978, 00225; bei *Holtz* MDR 1982, 970; SSW-StGB/*Bosch*[5] § 283 Rdn 42.

617 Bittmann-Insolvenzstrafrecht/*C. Brand*[2] § 12 Rdn 265.

618 Vgl *BGH* JZ 1975, 75, 76 f; Bittmann-Insolvenzstrafrecht/*C. Brand*[2] § 12 Rdn 267; SK-StGB/*Hoyer*[9] § 283 Rdn 129; NK-StGB/*Kindhäuser*[5] § 283 Rdn 118; MünchKomm-StGB/*Petermann/Sackreuther*[4] § 283 Rdn 94; Momsen/Grützner-WirtschaftsStStrR/*Rotsch/Wagner*[2] Kapitel 8. Rdn 283; **aA – Tatmehrheit** StGB/*Fischer*[69] § 283 Rdn 41; **aA – Subsidiarität von Absatz 1** SSW-StGB/*Bosch*[5] § 283 Rdn 42; LK-StGB/*Tiedemann*[12] § 283 Rdn 233.

619 Vgl *Bittmann* ZWH 2013, 320, 321; Bittmann-Insolvenzstrafrecht/*C. Brand*[2] § 12 Rdn 265; LK-StGB/*Tiedemann*[12] § 283 Rdn 233; **aA** Achenbach/Ransiek/Rönnau-Handbuch Wirtschaftsstrafrecht/*Himmelreich*[5] 7. Teil, 1. Kapitel Rdn 189; SK-StGB/*Hoyer*[9] § 283 Rdn 129 Nr 8 und die Nr 1 bis 7 schließen sich schon tatbestandlich aus.

620 *BGH* bei *Herlan* GA 1956, 348; NStZ 1998, 192, 193; *OLG Frankfurt am Main* NStZ-RR 1999, 104, 105; Bittmann-Insolvenzstrafrecht/*C. Brand*[2] § 12 Rdn 266; Achenbach/Ransiek/Rönnau-Handbuch Wirtschaftsstrafrecht/*Himmelreich*[5] 7. Teil, 1. Kapitel Rdn 189; SK-StGB/*Hoyer*[9] § 283 Rdn 129; Wabnitz/Janovsky/Schmitt/*Pelz*[5] 9. Kapitel Rdn 196.

pflichten **in anderen, zusammenhängenden Gesellschaften** nicht erfüllt werden konnten.[621] **Eine einzige Tat** ist gegeben, wenn es der Kaufmann für mehrere Geschäftsjahre unterlässt, Bücher zu führen, auch dann, wenn er teils vorsätzlich, teils fahrlässig handelt, und/oder teils vor und teils nach Kriseneintritt handelt (dann tritt **§ 283b Abs 1 Nr 1 StGB** als subsidiär hinter **§ 283 Abs 1 Nr 5 StGB** zurück).[622] Schließlich stehen aufeinander treffende Verstöße gegen die Buchführungspflicht (**§ 283 Abs 1 Nr 5 StGB** bzw **§ 283b Abs 1 Nr 1 StGB**) und gegen die Bilanzierungspflicht (**§ 283 Abs 1 Nr 7 lit b) StGB** bzw **§ 283b Abs 1 Nr 3 lit b) StGB**) grundsätzlich im Verhältnis der **Tatmehrheit** zueinander; **ausnahmsweise** liegt **Tateinheit** vor, wenn der Kaufmann eine dritte Person mit der Buchführung und Bilanzierung beauftragt hat (vgl Rdn 46, 65).[623]

II. Im Verhältnis zu den §§ 283b bis 283d StGB

Die **Buchführungsdelikte** des **§ 283 Abs 1 Nr 5–7 StGB** (iVm **Abs 2**) sind leges speciales gegenüber 135 **§ 283b StGB.**[624] **§ 283c StGB** geht als **Privilegierung § 283 StGB** vor,[625] bei inkongruenten Forderungen, die über die Forderung hinausgehen, kommt jedoch **Tateinheit** in Betracht.[626] Die täterschaftlich begangene Schuldnerbegünstigung (**§ 283d StGB**) verdrängt die Beihilfe zu **§ 283 Abs 1 Nr 1 StGB;**[627] die Teilnahme jeweils an **§ 283 Abs 1 Nr 2 bis 8, Abs 2, Abs 4 Nr 2 StGB** steht jedoch regelmäßig in **Tatmehrheit** zur Täterschaft aus **§ 283d StGB.**[628]

III. Im Verhältnis zu anderen Delikten

Zur Insolvenzverschleppung gemäß **§ 15a InsO** besteht grundsätzlich **Tatmehrheit.**[629] **Tateinheit** 136 von **§ 283 Abs 1 Nr 1, 2. Var StGB** (Verheimlichen) ist gegeben mit **§ 156 StGB** bei Abgabe der falschen Versicherung an Eides Statt.[630] Falls der Schuldner eine unter Eigentumsvorbehalt stehen-

---

621 Vgl *BGH* GA 1981, 518; Bittmann-Insolvenzstrafrecht/*C. Brand*² § 12 Rdn 266; StGB/*Fischer*⁶⁹ § 283 Rdn 41; NK-StGB/*Kindhäuser*⁵ § 283 Rdn 118; Graf/Jäger/Wittig/*Reinhart*² § 283 Rdn 77.

622 Vgl BGHSt 3, 23, 26 f; *BGH* bei *Herlan* GA 1971, 38 (unter Annahme des Fortsetzungszusammenhangs); *BGH* NStZ 1995, 347; *BGH* NStZ 1998, 192, 193; SSW-StGB/*Bosch*⁵ § 283 Rdn 42; Bittmann-Insolvenzstrafrecht/*C. Brand*² § 12 Rdn 266; Schönke/Schröder-StGB/*Heine/Schuster*³⁰ § 283 Rdn 66; Achenbach/Ransiek/Rönnau-Handbuch Wirtschaftsstrafrecht/*Himmelreich*⁵ 7. Teil, 1. Kapitel Rdn 189; NK-StGB/*Kindhäuser*⁵ § 283 Rdn 117; Momsen/Grützner-WirtschaftsStStrR/*Rotsch/Wagner*² Kapitel 8. Rdn 283; LK-StGB/*Tiedemann*¹² § 283 Rdn 234.

623 LK-StGB/*Tiedemann*¹² § 283 Rdn 235.

624 *BGH* NStZ 1984, 455; *BGH* NStZ 1998, 192, 193; BeckOK-StGB/*Beukelmann*⁵⁸ § 283 Rdn 98; SSW-StGB/*Bosch*⁵ § 283 Rdn 43; StGB/*Fischer*⁶⁹ § 283 Rdn 42; SK-StGB/*Hoyer*⁹ § 283 Rdn 130; NK-StGB/*Kindhäuser*⁵ § 283 Rdn 121; MünchKomm-StGB/*Petermann/Sackreuther*⁴ § 283 Rdn 95; Momsen/Grützner-WirtschaftsStStrR/*Rotsch/Wagner*² Kapitel 8. Rdn 284; LK-StGB/*Tiedemann*¹² § 283 Rdn 237.

625 Achenbach/Ransiek/Rönnau-Handbuch Wirtschaftsstrafrecht/*Himmelreich*⁵ 7. Teil, 1. Kapitel Rdn 189; MünchKomm-StGB/*Petermann/Sackreuther*⁴ § 283 Rdn 95.

626 Vgl *BGH* NJW 1969, 1494, 1495; BGH 7.6.1983 – 4 StR 410/83 (juris); SSW-StGB/*Bosch*⁵ § 283c Rdn 13; SK-StGB/*Hoyer*⁹ § 283 Rdn 130; NK-StGB/*Kindhäuser*⁵ § 283 Rdn 121; MünchKomm-StGB/*Petermann/Sackreuther*⁴ § 283 Rdn 95; **aA – Anwendung nur von § 283 StGB** LK-StGB/*Tiedemann*¹² § 283c Rdn 40.

627 SSW-StGB/*Bosch*⁵ § 283 Rdn 43; StGB/*Fischer*⁶⁹ § 283d Rdn 2; Lackner/Kühl-StGB/*Heger*²⁹ § 283 Rdn 25; Schönke/Schröder-StGB/*Heine/Schuster*³⁰ § 283d Rdn 15; SK-StGB/*Hoyer*⁹ § 283 Rdn 130; NK-StGB/*Kindhäuser*⁵ § 283d Rdn 13; MünchKomm-StGB/*Petermann/Hofmann*⁴ § 283d Rdn 24; Graf/Jäger/Wittig/*Reinhart*² § 283d Rdn 18; Momsen/Grützner-WirtschaftsStStrR/*Rotsch/Wagner*² Kapitel 8. Rdn 313; LK-StGB/*Tiedemann*¹² § 283 Rdn 227, 237, § 283d Rdn 26.

628 Graf/Jäger/Wittig/*Reinhart*² § 283d Rdn 18.

629 Bittmann-Insolvenzstrafrecht/*C. Brand*² § 12 Rdn 268; LK-StGB/*Tiedemann*¹² § 283 Rdn 238.

630 Vgl RGSt 64, 42, 43; BGHSt 11, 145, 147; *BGH* bei *Holtz* 1982, 969 f; NStZ-RR 2017, 250; SSW-StGB/*Bosch*⁵ § 283 Rdn 44; StGB/*Fischer*⁶⁹ § 283 Rdn 43; Lackner/Kühl-StGB/*Heger*²⁹ § 283 Rdn 32; Schönke/Schröder-StGB/*Heine/Schuster*³⁰ § 283 Rdn 67; NK-StGB/*Kindhäuser*⁵ § 283 Rdn 122; MünchKomm-StGB/*Petermann/Sackreuther*⁴ § 283 Rdn 96; Graf/Jäger/Wittig/*Reinhart*² § 283 Rdn 81; LK-StGB/*Tiedemann*¹² § 283 Rdn 240.

de Sache beiseiteschafft (vgl Rdn 5), besteht **Tateinheit** von **§ 283 Abs 1 Nr 1, 1. Var StGB** und **§ 246 StGB**.[631] Mit (Kredit-)Betrug (**§§ 263, 265b StGB**) beim kreditierten Kauf von Waren zum weiteren Schleuderverkauf (**§ 283 Abs 1 Nr 3 StGB**) ist **Tateinheit** anzunehmen,[632] wobei bei Tateinheit wegen Rechtsgüterdiversität Bankrott durch den Betrug nicht verdrängt wird;[633] **Tatmehrheit** besteht hingegen, wenn der Täter Vermögensbestandteile, die er zuvor betrügerisch erlangt hat, später beiseiteschafft (**§ 283 Abs 1 Nr 1, 1. Var StGB**)[634] bzw ein Buchdelikt begeht (**§ 283 Abs 1 Nr 5 StGB**).[635] **Tateinheit** besteht im Falle der **Manipulation** der Handelsbücher[636] mit **§ 267 StGB** (sowie ggf **§ 274 StGB**).[637] Zum Verhältnis des § 283 zur **GmbH-Untreue (§ 266 StGB)** siehe unter Rdn 180 ff zu § 266 StGB. **§ 288 StGB** wird von **§ 283 StGB** verdrängt, da der umfassende Gläubigerschutz des Bankrottstrafrechts auch den einzelnen Zwangsvollstreckungsgläubigers trifft.[638] Im Verhältnis zu **§ 370 AO** ist **§ 283 Abs 1 Nr 1 StGB keine mitbestrafte Nachtat**, selbst wenn außer dem Fiskus keine weiteren Gläubiger vorhanden sind.[639] **Tateinheit** ist möglich – wegen des dortigen Schutzes nicht der Gläubiger, sondern allein der Verwahrer – mit **§ 37 DepotG**[640] und mit **§ 2 BauFordSiG** mit Vorrang des Letzteren (§ 6 Abs 2 GmbHG).[641]

---

631 Vgl Bittmann-Insolvenzstrafrecht/*C. Brand*[2] § 12 Rdn 268; StGB/*Fischer*[69] § 283 Rdn 43; MünchKomm-StGB/*Petermann/Sackreuther*[4] § 283 Rdn 96; LK-StGB/*Tiedemann*[12] § 283 Rdn 240; **aA** – **§ 246 tritt zurück** (wegen der Weite der Subsidiaritätsklausel) SSW-StGB/*Bosch*[5] § 283 Rdn 44.

632 Vgl RGSt 66, 175, 180; SSW-StGB/*Bosch*[5] § 283 Rdn 44; StGB/*Fischer*[69] § 283 Rdn 43; Lackner/Kühl-StGB/*Heger*[29] § 283 Rdn 32; SK-StGB/*Hoyer*[9] § 283 Rdn 131; NK-StGB/*Kindhäuser*[5] § 283 Rdn 122; LK-StGB/*Tiedemann*[12] § 283 Rdn 240.

633 Vgl *BGH* wistra 2018, 257, 258.

634 Vgl *BGH* GA 1955, 149, 150 f; SSW-StGB/*Bosch*[5] § 283 Rdn 44; Bittmann-Insolvenzstrafrecht/*C. Brand*[2] § 12 Rdn 268; StGB/*Fischer*[69] § 283 Rdn 43; SK-StGB/*Hoyer*[9] § 283 Rdn 131; NK-StGB/*Kindhäuser*[5] § 283 Rdn 123; Graf/Jäger/Wittig/*Reinhart*[2] § 283 Rdn 81; LK-StGB/*Tiedemann*[12] § 283 Rdn 240.

635 SSW-StGB/*Bosch*[5] § 283 Rdn 44; StGB/*Fischer*[66] § 283 Rdn 43.

636 Zur Gesamturkundenqualität der Geschäftsbücher vgl RGSt 50, 420, 421; RGSt 69, 396, 398; MünchKomm-StGB/*Erb*[4] § 267 Rdn 57; NK-StGB/*Puppe/Schumann*[5] § 267 Rdn 42.

637 MünchKomm-StGB/*Petermann/Sackreuther*[4] § 283 Rdn 96; NK-StGB/*Kindhäuser*[5] § 283 Rdn 122; LK-StGB/*Tiedemann*[12] § 283 Rdn 240.

638 SSW-StGB/*Bosch*[5] § 283 Rdn 44; Bittmann-Insolvenzstrafrecht/*C. Brand*[2] § 12 Rdn 268 (zu § 283c StGB); LK-StGB/*Tiedemann*[12] § 283 Rdn 240; **aA** RGSt 20, 214, 215.

639 Vgl *BGH* NStZ 1987, 23; Bittmann-Insolvenzstrafrecht/*C. Brand*[2] § 12 Rdn 268; StGB/*Fischer*[69] § 283 Rdn 43; Schönke/Schröder-StGB/*Heine/Schuster*[30] § 283 Rdn 68; NK-StGB/*Kindhäuser*[5] § 283 Rdn 124; Graf/Jäger/Wittig/*Reinhart*[2] § 283 Rdn 81; LK-StGB/*Tiedemann*[12] § 283 Rdn 241.

640 Vgl RGSt 48, 117, 118; SSW-StGB/*Bosch*[5] § 283 Rdn 44; Bittmann-Insolvenzstrafrecht/*C. Brand*[2] § 12 Rdn 268; Schönke/Schröder-StGB/*Heine/Schuster*[30] § 283 Rdn 67; Graf/Jäger/Wittig/*Reinhart*[2] § 283 Rdn 81; **differenzierend** – §§ 37, 14 DepotG als leges speciales nur hinsichtlich der Führung des Verwahrungsbuchs NK-StGB/*Kindhäuser*[5] § 283 Rdn 122; LK-StGB/*Tiedemann*[12] § 283 Rdn 241; **aA** – **§ 37 DepotG insgesamt als lex specialis** StGB/*Fischer*[69] § 283 Rdn 43.

641 Vgl *BGH* NStZ 2022, 420, 422; Müller-Gugenberger-WirtschaftsStrR/*H. Richter*[7] Rdn 83.107; MünchKomm-StGB/*Weyand*[4] § 2 BauFordSiG Rdn 43.

§ 283a StGB Besonders schwerer Fall des Bankrotts

[1]In besonders schweren Fällen des § 283 Abs 1 bis 3 wird der Bankrott mit Freiheitsstrafe von sechs Monaten bis zu zehn Jahren bestraft. [2]Ein besonders schwerer Fall liegt in der Regel vor, wenn der Täter
1. aus Gewinnsucht handelt oder
2. wissentlich viele Personen in die Gefahr des Verlustes ihrer ihm anvertrauten Vermögenswerte oder in wirtschaftliche Not bringt.

Übersicht

A. Allgemeines

1 **§ 283a StGB** ist eine **Strafzumessungsvorschrift**, kein Qualifikationstatbestand;[1] die Tat bleibt daher **Vergehen**.[2] Die Regelung benennt im Wege der **Regelbeispieltechnik besonders schwere Fälle** des Bankrotts. Für diese ist eine abstrakte Strafandrohung von **sechs Monaten bis zu zehn Jahren** vorgesehen. Die Verhängung von Geldstrafe ist nicht vorgesehen (vgl § 47 StGB).[3] In der **strafrechtlichen Praxis** hat die Norm eine eher geringfügige Bedeutung.[4]

2 Nach der **Regelbeispieltechnik** ist, sofern die Voraussetzungen der normierten Regelbeispiele aus **Satz 2 Nr 1 und 2** gegeben sind, **„in der Regel"** der Strafrahmen des besonders schweren Falles anzuwenden. **Ausnahmsweise** kann es aber auch in diesen Fällen beim Strafrahmen des **§ 283 Abs 1 StGB** verbleiben, wenn gewichtige Umstände vorliegen, die den Einzelfall als so stark vom normierten Regelbeispielfall abweichen lassen, dass die Anwendung des erhöhten Strafrahmens unangemessen wäre.[5] Andererseits ist die Aufzählung der normierten Regelbeispiele nicht abschließend;[6] daher kann ein unbenannter, von den vertypten Regelbeispielen nicht erfasster besonders schwerer Fall dann angenommen werden, wenn Art und Schwere der Tatbegehung diesen entsprechen (Rdn 9).[7] Auch für diese Fälle ist **vorsätzliches Handeln** erforderlich (Rdn 10).

---

1 MünchKomm-StGB/*Petermann/Hofmann*[4] § 283a Rdn 1; Wirtschaftsstrafrecht/*Wittig*[6] § 23 Rdn 133.
2 LK-StGB/*Tiedemann*[12] § 283a Rdn 1.
3 Bittmann-Insolvenzstrafrecht/*C. Brand*[2] § 12 Rdn 271; StGB/*Fischer*[69] § 283a Rdn 1; LK-StGB/*Tiedemann*[12] § 283a Rdn 1; *Weyand/Diversy* Rdn 117.
4 Müller-Gugenberger-WirtschaftsStrR/*H. Richter*[7] Rdn 83.99.
5 Schönke/Schröder-StGB/*Heine/Schuster*[30] § 283a Rdn 2; SK-StGB/*Hoyer*[9] § 283a Rdn 3; LK-StGB/*Tiedemann*[12] § 283a Rdn 2; *Weyand/Diversy* Rdn 117.
6 Achenbach/Ransiek/Rönnau-Handbuch Wirtschaftsstrafrecht/*Himmelreich*[5] 7. Teil, 1. Kapitel Rdn 193; *Weyand/Diversy* Rdn 117.
7 SK-StGB/*Hoyer*[9] § 283a Rdn 3; LK-StGB/*Tiedemann*[12] § 283a Rdn 2; *Weyand/Diversy* Rdn 117.

https://doi.org/10.1515/9783111386669-012

B. Die einzelnen normierten Regelbeispiele

I. Satz 2 Nr 1: Gewinnsucht

3 **Gewinnsucht** ist mehr als bloßes Gewinnstreben, das den Bankrotthandlungen häufig zugrunde liegen dürfte, und bezeichnet daher überzogenes, besonders rücksichtsloses und sittlich anstößiges Erwerbsinteresse;[8] ein Hang zur Gewinnmaximierung ist unter dem Begriff der „Sucht" nicht zu verstehen.[9] Das Merkmal der **besonderen Rücksichtslosigkeit** kann gegeben sein insbesondere bei sog **„Firmenbeerdigungen"** (*Anders* § 283 Rdn 103),[10] **gezielten Unternehmensaushöhlungen**, bei im Gewinnkalkül **von Anfang an einkalkulierter Insolvenz**[11] bzw **Nichtabführung von Steuern bzw Sozialabgaben,**[12] Firmengründungen mit dem Ziel, von Anfang an oder bei **Privatentnahmen jedenfalls dann, wenn diese dem Aufbau eines neuen Unternehmens** dienen sollen.[13] Der *BGH* sieht Gewinnsucht als gegeben an, wenn der Täter „seine erheblichen Einkünfte über der jeweiligen Pfändungsfreigrenze zur Aufrechterhaltung eines verschwenderischen Lebensstils verwenden und um jeden Preis durch Erfolgs- und Statussymbole, wie den Einsatz hoher Geldbeträge in der Spielbank, die Nutzung von Luxusfahrzeugen und einer großzügigen Immobilie, imponieren".[14] Indiziell ist die Höhe des vom Täter im Kauf genommenen Gläubigerschadens.[15] Nicht ausreichend ist der Verstoß gegen die Anforderungen ordnungsgemäßen Wirtschaftens,[16] da dieses Merkmal schon zahlreichen Formen des Tatbestands des § 283 StGB zu Grunde liegt (vgl *Anders* Vor §§ 283 ff Rdn 61).[17]

4 Die Begehung durch **Unterlassen** ist möglich.[18]

---

8 Vgl BT-Drucks 7/3441 S 37; RGSt 60, 306 f (zu § 27a StGB aF); BGHSt 1, 388, 389 f (zu § 133 Abs 2 StGB aF); BGHSt 3, 30, 32; BGHSt 17, 35, 37 (beide zu § 27a StGB aF); *BGH* NStZ-RR 2017, 282; Matt/Renzikowski-StGB/*Altenhain*[2] § 283a Rdn 2; BeckOK-StGB/*Beukelmann*[58] § 283a Rdn 4; SSW-StGB/*Bosch*[5] § 283a Rdn 2; StGB/*Fischer*[69] § 283a Rdn 2; Schönke/Schröder-StGB/*Heine/Schuster*[30] § 283a Rdn 4; Achenbach/Ransiek/Rönnau-Handbuch Wirtschaftsstrafrecht/*Himmelreich*[5] 7. Teil, 1. Kapitel Rdn 194; SK-StGB/*Hoyer*[9] § 283a Rdn 4; NK-StGB/*Kindhäuser*[5] § 283a Rdn 4; MünchKomm-StGB/*Petermann/Hofmann*[4] § 283a Rdn 5; Graf/Jäger/Wittig/*Reinhart*[2] § 283a Rdn 5; Müller-Gugenberger-WirtschaftsStrR/*H. Richter*[7] Rdn 83.95; Momsen/Grützner-WirtschaftsStStrR/*Rotsch/Wagner*[2] Kapitel 8. Rdn 271; LK-StGB/*Tiedemann*[12] § 283a Rdn 3; *Weyand/Diversy* Rdn 118; Wirtschaftsstrafrecht/*Wittig*[5] § 23 Rdn 134.

9 Bittmann-Insolvenzstrafrecht/*C. Brand*[2] § 12 Rdn 272; Schönke/Schröder-StGB/*Heine/Schuster*[30] § 283a Rdn 4; Graf/Jäger/Wittig/*Reinhart*[2] § 283a Rdn 5; Müller-Gugenberger-WirtschaftsStrR/*H. Richter*[7] Rdn 83.95; Momsen/Grützner-WirtschaftsStStrR/*Rotsch/Wagner*[2] Kapitel 8. Rdn 271; LK-StGB/*Tiedemann*[12] § 283a Rdn 3.

10 Graf/Jäger/Wittig/*Reinhart*[2] § 283a Rdn 5.

11 BeckOK-StGB/*Beukelmann*[58] § 283a Rdn 5; SSW-StGB/*Bosch*[5] § 283a Rdn 2; Bittmann-Insolvenzstrafrecht/*C. Brand*[2] § 12 Rdn 273; Schönke/Schröder-StGB/*Heine/Schuster*[30] § 283a Rdn 4; NK-StGB/*Kindhäuser*[5] § 283a Rdn 4; MünchKomm-StGB/*Petermann/Hofmann*[4] § 283a Rdn 6; Graf/Jäger/Wittig/*Reinhart*[2] § 283a Rdn 5; Momsen/Grützner-WirtschaftsStStrR/*Rotsch/Wagner*[2] Kapitel 8. Rdn 271; LK-StGB/*Tiedemann*[12] § 283a Rdn 3; *Weyand/Diversy* Rdn 118.

12 Bittmann-Insolvenzstrafrecht/*C. Brand*[2] § 12 Rdn 273; Achenbach/Ransiek/Rönnau-Handbuch Wirtschaftsstrafrecht/*Himmelreich*[5] 7. Teil, 1. Kapitel Rdn 194; LK-StGB/*Tiedemann*[12] § 283a Rdn 4; *Weyand/Diversy* Rdn 118.

13 Bittmann-Insolvenzstrafrecht/*C. Brand*[2] § 12 Rdn 273; LK-StGB/*Tiedemann*[12] § 283a Rdn 4.

14 *BGH* NStZ-RR 2017, 282; **aA** – Verbrauch auch unvertretbar hoher Privatentnahmen indiziert keine Gewinnsucht, NK-StGB/*Kindhäuser*[5] § 283a Rdn 4; LK-StGB/*Tiedemann*[12] § 283a Rdn 4.

15 Bittmann-Insolvenzstrafrecht/*C. Brand*[2] § 12 Rdn 273; Schönke/Schröder-StGB/*Heine/Schuster*[30] § 283a Rdn 4; NK-StGB/*Kindhäuser*[5] § 283a Rdn 4; MünchKomm-StGB/*Petermann/Hofmann*[4] § 283a Rdn 6; Graf/Jäger/Wittig/*Reinhart*[2] § 283a Rdn 5.

16 In diesem Sinne wohl Schönke/Schröder-StGB/*Heine/Schuster*[30] § 283a Rdn 4; auch LK-StGB/*Tiedemann*[12] § 283a Rdn 4 mit Blick auf den „groben" Widerspruch zur ordnungsgemäßen Wirtschaftsführung in § 283 Abs 1 Nr 8 StGB.

17 NK-StGB/*Kindhäuser*[5] § 283a Rdn 4; Graf/Jäger/Wittig/*Reinhart*[2] § 283a Rdn 5.

18 Momsen/Grützner-WirtschaftsStStrR/*Rotsch/Wagner*[2] Kapitel 8. Rdn 272.

II. Satz 2 Nr 2

1. 1. Alt: Gefahr des Verlusts von anvertrauten Vermögenswerten für viele Personen

Die erforderliche Mindestanzahl mit Blick auf die vom Gesetz verlangten **„vielen" Personen** beträgt **zehn.**[19] **Juristische Personen** können in Abgrenzung zur Formulierung in § 263 Abs 3 Satz 2 Nr 2, 2. Alt StGB („Menschen") unter den Personenbegriff der **1. Alt** Fallen.[20] Sollte eine kleinere Anzahl von Gläubigern jedoch gravierender gefährdet worden sein, kommt ein **unbenannter besonders schwerer Fall** in Betracht.[21] Es kommen insbesondere Arbeitnehmer, Kunden oder Lieferanten in Betracht.[22] Das Merkmal des **Anvertrautseins** meint die Hingabe oder das Belassen von Vermögenswerten in dem Vertrauen, der Täter werde mit ihnen ausschließlich im Sinne des Anvertrauenden verfahren[23] und entspricht damit demjenigen aus **§ 246 Abs 2 StGB.**[24] Es kommen hier nach dem Willen des Gesetzgebers private Unternehmen in Betracht, die in großem Umfang fremdes Geld verwalten, etwas Geldanlagen bei Banken, Sparkassen und Bausparkassen, aber auch Kapitalanlagen in gesellschaftsrechtlicher Form.[25] Für die Einbeziehung von **Waren- und Lieferantenkrediten** spricht, dass auch Warenlieferungen unter Eigentumsvorbehalt von § 246 Abs 2 StGB erfasst sind.[26] 5

Ein eingetretener Vermögensverlust ist nicht erforderlich, es genügt die bloße Gefahr, die allerdings in Gestalt einer **konkreten Gefährdung** vorliegen muss.[27] Die Totaleinbuße ist nicht 6

---

19 Matt/Renzikowski-StGB/*Altenhain*[2] § 283a Rdn 3; BeckOK-StGB/*Beukelmann*[58] § 283a Rdn 8; Bittmann-Insolvenzstrafrecht/*C. Brand*[2] § 12 Rdn 278; SSW-StGB/*Bosch*[5] § 283a Rdn 3; StGB/*Fischer*[69] § 283a Rdn 3; Lackner/Kühl-StGB/*Heger*[29] § 283a Rdn 2; Schönke/Schröder-StGB/*Heine/Schuster*[30] § 283a Rdn 5 („nur Richtschnur für den verlangten Gefährdungserfolg"); Achenbach/Ransiek/Rönnau-Handbuch Wirtschaftsstrafrecht/*Himmelreich*[5] 7. Teil, 1. Kapitel Rdn 195; SK-StGB/*Hoyer*[9] § 283a Rdn 5; NK-StGB/*Kindhäuser*[5] § 283a Rdn 7; Wabnitz/Janovsky/Schmitt/*Pelz*[5] 9. Kapitel Rdn 214; MünchKomm-StGB/*Petermann/Hofmann*[4] § 283a Rdn 8; Müller-Gugenberger-WirtschaftsStrR/*H. Richter*[7] Rdn 83.97; Momsen/Grützner-WirtschaftsStStrR/*Rotsch/Wagner*[2] Kapitel 8. Rdn 277; LK-StGB/*Tiedemann*[12] § 283a Rdn 9; *Weyand/Diversy* Rdn 119; Wirtschaftsstrafrecht/*Wittig*[5] § 23 Rdn 135; **aA** Graf/Jäger/Wittig/*Reinhart*[2] § 283a Rdn 6 („mindestens fünfzig").

20 **AA** *Weyand/Diversy* Rdn 119 unter mE nicht haltbarer Inanspruchnahme von *BGH* NStZ 2001, 319 f.

21 Dazu unter Rdn 9. BT-Drucks 7/5291 S 19; SSW-StGB/*Bosch*[5] § 283a Rdn 3; Bittmann-Insolvenzstrafrecht/*C. Brand*[2] § 12 Rdn 278; *Weyand/Diversy* Rdn 123.

22 Müller-Gugenberger-WirtschaftsStrR/*H. Richter*[7] Rdn 83.97.

23 Bittmann-Insolvenzstrafrecht/*C. Brand*[2] § 12 Rdn 276; zu § 246 StGB vgl *BGH* NStZ-RR 2014, 13; Schönke/Schröder-StGB/*Bosch*[30] § 246 Rdn 29.

24 Vgl BeckOK-StGB/*Beukelmann*[58] § 283a Rdn 10; Bittmann-Insolvenzstrafrecht/*C. Brand*[2] § 12 Rdn 276; StGB/*Fischer*[69] § 283a Rdn 3; Schönke/Schröder-StGB/*Heine/Schuster*[30] § 283a Rdn 5; NK-StGB/*Kindhäuser*[5] § 283a Rdn 5; MünchKomm-StGB/*Petermann/Hofmann*[4] § 283a Rdn 9; Graf/Jäger/Wittig/*Reinhart*[2] § 283a Rdn 6; LK-StGB/*Tiedemann*[12] § 283a Rdn 7.

25 BT-Drucks 7/3441 S 37; SSW-StGB/*Bosch*[5] § 283a Rdn 3; Bittmann-Insolvenzstrafrecht/*C. Brand*[2] § 12 Rdn 276; StGB/*Fischer*[69] § 283a Rdn 3; Schönke/Schröder-StGB/*Heine/Schuster*[30] § 283a Rdn 5; Achenbach/Ransiek/Rönnau-Handbuch Wirtschaftsstrafrecht/*Himmelreich*[5] 7. Teil, 1. Kapitel Rdn 197; MünchKomm-StGB/*Petermann/Hofmann*[4] § 283a Rdn 9; Graf/Jäger/Wittig/*Reinhart*[2] § 283a Rdn 6; LK-StGB/*Tiedemann*[12] § 283a Rdn 6; *Weyand/Diversy* Rdn 121; Wirtschaftsstrafrecht/*Wittig*[5] § 23 Rdn 135.

26 Bittmann-Insolvenzstrafrecht/*C. Brand*[2] § 12 Rdn 276; LK-StGB/*Tiedemann*[12] § 283a Rdn 6; im Ergebnis auch SK-StGB/*Hoyer*[9] § 283a Rdn 6; NK-StGB/*Kindhäuser*[5] § 283a Rdn 5; Graf/Jäger/Wittig/*Reinhart*[2] § 283a Rdn 6; *Weyand/Diversy* Rdn 121; **aA** SSW-StGB/*Bosch*[5] § 283a Rdn 3; StGB/*Fischer*[69] § 283a Rdn 3 („idR nicht").

27 BeckOK-StGB/*Beukelmann*[58] § 283a Rdn 9; SSW-StGB/*Bosch*[5] § 283a Rdn 3; Bittmann-Insolvenzstrafrecht/*C. Brand*[2] § 12 Rdn 277; NK-StGB/*Kindhäuser*[5] § 283a Rdn 6; MünchKomm-StGB/*Petermann/Hofmann*[4] § 283a Rdn 10; LK-StGB/*Tiedemann*[12] § 283a Rdn 8; vgl auch Momsen/Grützner-WirtschaftsStStrR/*Rotsch/Wagner*[2] Kapitel 8. Rdn 276 abstrakte Gefährdung reicht nicht aus.

erforderlich; es genügt ein (hoher) **Teilverlust**,[28] wobei mehr als **25 %** des ursprünglichen Wertes nicht verbleiben dürfen.[29]

2. 2. Alt: Wirtschaftliche Not vieler Personen

7 **Wirtschaftliche Not** setzt voraus, dass das Opfer seinen lebenswichtigen Bedarf – etwa infolge des Verlustes des Arbeitsplatzes – nicht mehr **selbst** befriedigen kann, wobei wirtschaftliche Unterstützung durch Dritte, insbesondere die **Sozialhilfe**, nicht zu berücksichtigen ist.[30] Anzusetzen – und vom Vorsatz des Täters umfasst – sind jedoch Versicherungsleistungen, also auch **Arbeitslosen- und Insolvenzgeld**,[31] sowie **alternative Arbeitsplatzmöglichkeiten**.[32] Auch grundlegende **kulturelle Bedürfnisse** gehören zum lebenswichtigen Bedarf.[33] Die **bloße Verstärkung einer bereits in diesem Sinne bestehenden Not** wird **Satz 2 Nr 2, 2. Alt** nicht erfasst, es kann in diesen Fällen jedoch eine unbenannter besonders schwerer Fall nach **Satz 1** gegeben sein.[34]

8 Die Bankrotthandlung muss in beiden Alternativen die besonders schwerwiegende Folge **objektiv kausal herbeigeführt** haben.[35] Eine über die Herbeiführung des Unternehmenszusammenbruchs laufende **Kausalität** zwischen Handlung und Gefahrerfolg[36] verengte den Anwendungsbereich dieses normierten besonders schweren Falls auf die Konstellationen aus § 283 Abs 2 StGB.[37] Eingrenzend scheiden vielmehr Gefährdungen aus, die nicht aus der Bankrotthandlung als solcher, sondern aus anderen Gründen herrühren, etwa wenn die Gefährdung durch den Ausfall wichtiger Schuldner des Täters, also infolge des Unternehmenszusammenbruchs, herbeigeführt werden[38] oder bei vorsätzlichem Verhalten auf Opferseite.[39]

C. Unbenannte besonders schwere Fälle (Satz 1)

9 **Satz 1** regelt den unbenannten besonders schweren Fall. Dieser erfasst Fälle außerhalb der vom Gesetzgeber in Satz 2 genannten Regelbeispiele, die im Vergleich zu Letzteren einen **vergleichbaren Un-**

---

28 Vgl StGB/*Fischer*[69] § 283a Rdn 3; Schönke/Schröder-StGB/*Heine/Schuster*[30] § 283a Rdn 5; Graf/Jäger/Wittig/*Reinhart*[2] § 283a Rdn 6; LK-StGB/*Tiedemann*[12] § 283a Rdn 8.

29 Bittmann-Insolvenzstrafrecht/*C. Brand*[2] § 12 Rdn 277; Achenbach/Ransiek/Rönnau-Handbuch Wirtschaftsstrafrecht/*Himmelreich*[5] 7. Teil, 1. Kapitel Rdn 196; SK-StGB/*Hoyer*[9] § 283a Rdn 6; **aA** – mindestens ein Drittel muss vom Verlust betroffen sein *Weyand/Diversy* Rdn 121.

30 Vgl Bittmann-Insolvenzstrafrecht/*C. Brand*[2] § 12 Rdn 279; SSW-StGB/*Bosch*[5] § 283a Rdn 3; Achenbach/Ransiek/Rönnau-Handbuch Wirtschaftsstrafrecht/*Himmelreich*[5] 7. Teil, 1. Kapitel Rdn 198; SK-StGB/*Hoyer*[9] § 283a Rdn 6; LK-StGB/*Tiedemann*[12] § 283a Rdn 10 f; *Weyand/Diversy* Rdn 122.

31 Bittmann-Insolvenzstrafrecht/*C. Brand*[2] § 12 Rdn 279; NK-StGB/*Kindhäuser*[5] § 283a Rdn 8.

32 LK-StGB/*Tiedemann*[12] § 283a Rdn 11.

33 SSW-StGB/*Bosch*[5] § 283a Rdn 3; Bittmann-Insolvenzstrafrecht/*C. Brand*[2] § 12 Rdn 279; Schönke/Schröder-StGB/*Heine/Schuster*[30] § 283a Rdn 6; Achenbach/Ransiek/Rönnau-Handbuch Wirtschaftsstrafrecht/*Himmelreich*[5] 7. Teil, 1. Kapitel Rdn 198; SK-StGB/*Hoyer*[9] § 283a Rdn 7; MünchKomm-StGB/*Petermann/Hofmann*[4] § 283a Rdn 11; LK-StGB/*Tiedemann*[12] § 283a Rdn 10; wohl auch *Weyand/Diversy* Rdn 122.

34 Lackner/Kühl-StGB/*Heger*[29] § 283a Rdn 2; MünchKomm-StGB/*Petermann/Hofmann*[4] § 283a Rdn 13.

35 NK-StGB/*Kindhäuser*[5] § 283a Rdn 10; LK-StGB/*Tiedemann*[12] § 283a Rdn 5.

36 In diesem Sinne Müller-Gugenberger-WirtschaftsStrR/*H. Richter*[7] Rdn 83.97.

37 Bittmann-Insolvenzstrafrecht/*C. Brand*[2] § 12 Rdn 274.

38 NK-StGB/*Kindhäuser*[5] § 283a Rdn 6; LK-StGB/*Tiedemann*[12] § 283a Rdn 5; **kritisch** – § 283 StGB dürfte in diesen Fällen wegen fehlenden Zusammenhangs zwischen Handlung und objektiver Bedingung der Strafbarkeit ausgeschlossen sein, Bittmann-Insolvenzstrafrecht/*C. Brand*[2] § 12 Rdn 274.

39 Bittmann-Insolvenzstrafrecht/*C. Brand*[2] § 12 Rdn 274; SK-StGB/*Hoyer*[9] § 283a Rdn 7 (Zurechnung des Gefährdungserfolgs dann nur nach den Grundsätzen der mittelbaren Täterschaft); NK-StGB/*Kindhäuser*[5] § 283a Rdn 6; LK-StGB/*Tiedemann*[12] § 283a Rdn 5.

rechts- und Schuldgehalt aufweisen[40] und somit ebenfalls in **Handlungs- und Erfolgsunrecht erheblich über dem Durchschnitt** liegen.[41] In Betracht kommen ein **extrem hoher Schaden** für nur wenige, ggf nur einen Gläubiger,[42] insbesondere die gravierende Gefährdung eines Kreises **unter zehn Personen** (vgl Rdn 5),[43] die – qualitativ nicht den normierten Beispielen aus **Satz 2 Nr 1** und **2** entsprechende – **Schädigung besonders vieler Gläubiger**,[44] die von vornherein beabsichtigten **Unternehmensaushöhlung**,[45] das **Zusammentreffen verschiedener Bankrotthandlungen**[46] oder die **bloße Verstärkung einer wirtschaftlichen Not im Sinne des Satzes 2 Nr 2, 2. Alt** (vgl Rdn 7).[47] Soweit auch Schäden der **Finanz-**, **Kredit-** oder der **Volkswirtschaft** in Betracht kommen sollen,[48] dürfte dies zwar dem Willen des Gesetzgebers entsprechen,[49] wäre mit dem Telos des § 283 StGB, der Allgemein- und Kollektivrechtsgüter nicht erfasst (vgl *Anders* Vor §§ 283 ff Rdn 8), jedoch kaum in Einklang zu bringen.[50]

D. Subjektiver „Tatbestand"/Vorsatz

Es ist einhellige Meinung, dass sich der **Vorsatz** gemäß § 15 StGB – neben den Umständen des gesetzlichen (Grund-)Tatbestands – nicht nur auf die zu einem qualifizierten Tatbestand führenden Merkmale beziehen muss, sondern auch auf die, welche zu einem **gesetzlich fixierten Regelbeispiel** führen.[51] Während für **Satz 2 Nr 1 dolus eventualis** ausreicht,[52] erfordern **beide Alternativen des Satz 2 Nr 2** – vielfach schwer nachweisbare – **Wissentlichkeit**, also zumindest Handeln mit **dolus directus 2. Grades.**[53] Die Übertragung der zu § 263 Abs 3 Satz 2 Nr 2, 2. Alt 10

40 Bittmann-Insolvenzstrafrecht/*C. Brand*[2] § 12 Rdn 281; Achenbach/Ransiek/Rönnau-Handbuch Wirtschaftsstrafrecht/*Himmelreich*[5] 7. Teil, 1. Kapitel Rdn 200; Momsen/Grützner-WirtschaftsStStrR/*Rotsch*/*Wagner*[2] Kapitel 8. Rdn 282; LK-StGB/*Tiedemann*[12] § 283a Rdn 12; *Weyand*/*Diversy* Rdn 123.

41 BeckOK-StGB/*Beukelmann*[58] § 283a Rdn 12; Schönke/Schröder-StGB/*Heine*/*Schuster*[30] § 283a Rdn 7; NK-StGB/*Kindhäuser*[5] § 283a Rdn 11; MünchKomm-StGB/*Petermann*/*Hofmann*[4] § 283a Rdn 14; Graf/Jäger/Wittig/*Reinhart*[2] § 283a Rdn 8.

42 StGB/*Fischer*[66] § 283a Rdn 5; Schönke/Schröder-StGB/*Heine*/*Schuster*[30] § 283a Rdn 7; NK-StGB/*Kindhäuser*[5] § 283a Rdn 11; Graf/Jäger/Wittig/*Reinhart*[2] § 283a Rdn 8; vgl SK-StGB/*Hoyer*[9] § 283a Rdn 8; MünchKomm-StGB/*Petermann*/*Hofmann*[4] § 283a Rdn 14.

43 BT-Drucks 7/5291 S 19; SSW-StGB/*Bosch*[5] § 283a Rdn 3; Bittmann-Insolvenzstrafrecht/*C. Brand*[2] § 12 Rdn 278; Achenbach/Ransiek/Rönnau-Handbuch Wirtschaftsstrafrecht/*Himmelreich*[5] 7. Teil, 1. Kapitel Rdn 200; *Weyand*/*Diversy* Rdn 123.

44 Schönke/Schröder-StGB/*Heine*/*Schuster*[30] § 283a Rdn 7; Achenbach/Ransiek/Rönnau-Handbuch Wirtschaftsstrafrecht/*Himmelreich*[5] 7. Teil, 1. Kapitel Rdn 200; Wabnitz/Janovsky/Schmitt/*Pelz*[5] 9. Kapitel Rdn 215; MünchKomm-StGB/*Petermann*/*Hofmann*[4] § 283a Rdn 14; Graf/Jäger/Wittig/*Reinhart*[2] § 283a Rdn 8; Momsen/Grützner-WirtschaftsStStrR/*Rotsch*/*Wagner*[2] Kapitel 8. Rdn 282; *Weyand*/*Diversy* Rdn 123.

45 StGB/*Fischer*[69] § 283a Rdn 5; Schönke/Schröder-StGB/*Heine*/*Schuster*[30] § 283a Rdn 7; MünchKomm-StGB/*Petermann*/*Hofmann*[4] § 283a Rdn 14; *Weyand*/*Diversy* Rdn 123.

46 Schönke/Schröder-StGB/*Heine*/*Schuster*[30] § 283a Rdn 7.

47 Lackner/Kühl-StGB/*Heger*[29] § 283a Rdn 2; MünchKomm-StGB/*Petermann*/*Hofmann*[4] § 283a Rdn 13.

48 Vgl Schönke/Schröder-StGB/*Heine*/*Schuster*[30] § 283a Rdn 7; SK-StGB/*Hoyer*[9] § 283a Rdn 8; MünchKomm-StGB/*Petermann*/*Hofmann*[4] § 283a Rdn 14; LK-StGB/*Tiedemann*[12] § 283a Rdn 12; *Weyand*/*Diversy* Rdn 123.

49 Vgl BT-Drucks 7/550 S 260.

50 Zutreffend NK-StGB/*Kindhäuser*[5] § 283a Rdn 11; Graf/Jäger/Wittig/*Reinhart*[2] § 283a Rdn 8.

51 Schönke/Schröder-StGB/*Sternberg-Lieben*/*Schuster*[30] § 15 Rdn 27.

52 Bittmann-Insolvenzstrafrecht/*C. Brand*[2] § 12 Rdn 275; Achenbach/Ransiek/Rönnau-Handbuch Wirtschaftsstrafrecht/*Himmelreich*[5] 7. Teil, 1. Kapitel Rdn 199; **kritisch** – Gewinnsucht und bedingter Vorsatz seien kaum miteinander vereinbar, BeckOK-StGB/*Beukelmann*[58] § 283a Rdn 13; NK-StGB/*Kindhäuser*[5] § 283a Rdn 12; MünchKomm-StGB/*Petermann*/*Hofmann*[4] § 283a Rdn 15.

53 Bittmann-Insolvenzstrafrecht/*C. Brand*[2] § 12 Rdn 275; Schönke/Schröder-StGB/*Heine*/*Schuster*[30] § 283a Rdn 5; Achenbach/Ransiek/Rönnau-Handbuch Wirtschaftsstrafrecht/*Himmelreich*[5] 7. Teil, 1. Kapitel Rdn 199; NK-StGB/*Kindhäuser*[5] § 283a Rdn 12; MünchKomm-StGB/*Petermann*/*Hofmann*[4] § 283a Rdn 15; Graf/Jäger/Wittig/*Reinhart*[2] § 283a Rdn 6 (mit

StGB vertretenen Auffassung,[54] das Regelbeispiel sei nicht erst dann erfüllt sei, wenn eine große Zahl von Menschen in die Gefahr gerate, Vermögenswerte zu verlieren, sondern schon dann, wenn der Täter in entsprechender Absicht gehandelt habe, selbst dann, wenn durch die Handlung letztlich nur **eine Person** in die entsprechende Lage komme, auf **§ 283a Satz 2 Nr 2, 1. Alt StGB**[55] vermag angesichts des klar objektiv gefassten Wortlauts der letztgenannten Vorschrift nicht zu überzeugen. Das Vorsatzerfordernis gilt auch für die **unbenannten, von den vertypten Regelbeispielen nicht erfassten besonders schweren Fälle** (vgl Rdn 2).[56]

E. Versuch

11 Der Wortlaut des **§ 283a Satz 1 StGB** erfasst im Wege der Nennung insbesondere von **Absatz 3** des **§ 283 StGB** auch den **Versuch des Bankrotts**. Es handelt sich nicht um einen Versuch des besonders schweren Falls, sondern um einen Versuch im besonders schweren Fall.[57] Nach hM ist dann der Regelstrafrahmen aus § 283a StGB einschlägig, ohne dass eine Milderungsmöglichkeit nach den **§§ 23 Abs 2, 49 Abs 1 StGB** bestünde.[58] Innerhalb dieses Strafrahmens kann nach allgemeinen Strafzumessungserwägungen jedoch die fehlende Deliktsvollendung strafmildernd berücksichtigt werden.[59]

F. Täterschaft und Teilnahme

12 **Gewinnsucht** nach **Satz 2 Nr 1** ist ein täterbezogenes Merkmal; sie ist entsprechend **§ 28 Abs 2 StGB** für jeden Täter und Teilnehmer gesondert festzustellen.[60] **Satz 2 Nr 2** enthält in **beiden Varianten** ausschließlich **tatbezogene Merkmale**.[61] Soweit diese also nicht in eigener Person verwirklicht werden, können sie nur in entsprechender Anwendung des **§ 16 StGB** bei direktem Vorsatz des Mittäters bzw dessen Kenntnis dem Teilnehmer zugerechnet werden.[62] Fehlt dem Täter der direkte Vorsatz gemäß **Satz 2 Nr 2**, kann der Teilnehmer gleichwohl im Rahmen einer Gesamtbewertung aus diesem Regelbeispiel bestraft werden, da der Akzessorietätsgrundsatz bei

---

Blick auf Satz 2 Nr 2, 1. Alt); Momsen/Grützner-WirtschaftsStStrR/*Rotsch/Wagner*[2] Kapitel 8. Rdn 279; *Weyand/Diversy* Rdn 122.

54 Vgl *BGH* NStZ 2001, 319, 320 unter Hinweis auf BT-Drucks 13/8587 S 64.

55 In diesem Sinne *Weyand/Diversy* Rdn 122.

56 Schönke/Schröder-StGB/*Sternberg-Lieben/Schuster*[30] § 15 Rdn 29/30; LK-StGB/*Tiedemann*[12] § 283a Rdn 2; **aA** NK-StGB/*Puppe*[5] § 16 Rdn 17.

57 StGB/*Fischer*[69] § 283a Rdn 6; Graf/Jäger/Wittig/*Reinhart*[2] § 283a Rdn 2; Müller-Gugenberger-WirtschaftsStrR/*H. Richter*[7] Rdn 83.98.

58 Vgl BeckOK-StGB/*Beukelmann*[58] § 283a Rdn 2; SSW-StGB/*Bosch*[5] § 283a Rdn 1; StGB/*Fischer*[69] § 283a Rdn 6; Schönke/Schröder-StGB/*Heine/Schuster*[30] § 283a Rdn 9; NK-StGB/*Kindhäuser*[5] § 283a Rdn 13; MünchKomm-StGB/*Petermann/Hofmann*[4] § 283a Rdn 16; Graf/Jäger/Wittig/*Reinhart*[2] § 283a Rdn 2; LK-StGB/*Tiedemann*[12] § 283a Rdn 15; *Weyand/Diversy* Rdn 124; **aA – Strafrahmen des Vollendungsdelikts ist stets Ausgangspunkt bei der Strafzumessung der Versuchsstrafbarkeit (arg. § 23 Abs 2 StGB)** Bittmann-Insolvenzstrafrecht/*C. Brand*[2] § 12 Rdn 271; wohl auch SK-StGB/*Hoyer*[9] § 283a Rdn 2; Momsen/Grützner-WirtschaftsStStrR/*Rotsch/Wagner*[2] Kapitel 8. Rdn 269.

59 SSW-StGB/*Bosch*[5] § 283a Rdn 1; Schönke/Schröder-StGB/*Heine/Schuster*[30] § 283a Rdn 9; Graf/Jäger/Wittig/*Reinhart*[2] § 283a Rdn 2; LK-StGB/*Tiedemann*[12] § 283a Rdn 15.

60 BeckOK-StGB/*Beukelmann*[58] § 283a Rdn 6; Bittmann-Insolvenzstrafrecht/*C. Brand*[2] § 12 Rdn 284; Schönke/Schröder-StGB/*Heine/Schuster*[30] § 283a Rdn 10; Achenbach/Ransiek/Rönnau-Handbuch Wirtschaftsstrafrecht/*Himmelreich*[5] 7. Teil, 1. Kapitel Rdn 202; NK-StGB/*Kindhäuser*[5] § 283a Rdn 14; MünchKomm-StGB/*Petermann/Hofmann*[4] § 283a Rdn 17; Graf/Jäger/Wittig/*Reinhart*[2] § 283a Rdn 3; Momsen/Grützner-WirtschaftsStStrR/*Rotsch/Wagner*[2] Kapitel 8. Rdn 273; LK-StGB/*Tiedemann*[12] § 283a Rdn 16.

61 Bittmann-Insolvenzstrafrecht/*C. Brand*[2] § 12 Rdn 284; SK-StGB/*Hoyer*[9] § 283a Rdn 9; Momsen/Grützner-WirtschaftsStStrR/*Rotsch/Wagner*[2] Kapitel 8. Rdn 280, 281.

62 Bittmann-Insolvenzstrafrecht/*C. Brand*[2] § 12 Rdn 284; MünchKomm-StGB/*Petermann/Hofmann*[4] § 283a Rdn 18.

der Strafzumessungsvorschrift nicht uneingeschränkt gilt.[63] Der Strafrahmen des § 283a StGB ist für den Beihelfenden nach den §§ **27 Abs 2, 49 Abs 1 StGB** zu mildern.[64]

G. Konkurrenzen

Da es sich bei § 283a StGB um eine Strafzumessungsregel handelt, kann es keine eigenen Konkurrenzen des § 283a StGB mit anderen Delikten geben; vielmehr gelten die **allgemeinen Konkurrenzregeln des § 283 StGB** (vgl *Anders* § 283 Rdn 133 ff).[65] Innerhalb des § 283a StGB verdrängt **Satz 2 Nr 2, 2. Alt**, da mit der **wirtschaftlichen Not** ein **Verletzungserfolg** normiert ist, die **1. Alt** (konkrete Gefährdung).[66] 13

63 Bittmann-Insolvenzstrafrecht/*C. Brand*[2] § 12 Rdn 284; Schönke/Schröder-StGB/*Heine/Schuster*[30] § 283a Rdn 10; LK-StGB/*Tiedemann*[12] § 283a Rdn 16; **enger** – nur unter den Voraussetzungen der mittelbaren Täterschaft, SK-StGB/*Hoyer*[9] § 283a Rdn 9; **aA** NK-StGB/*Kindhäuser*[5] § 283a Rdn 14; MünchKomm-StGB/*Petermann/Hofmann*[4] § 283a Rdn 18.

64 Schönke/Schröder-StGB/*Heine/Schuster*[30] § 283a Rdn 10; LK-StGB/*Tiedemann*[12] § 283a Rdn 16.

65 Achenbach/Ransiek/Rönnau-Handbuch Wirtschaftsstrafrecht/*Himmelreich*[5] 7. Teil, 1. Kapitel Rdn 203; NK-StGB/*Kindhäuser*[5] § 283a Rdn 15 f; MünchKomm-StGB/*Petermann/Hofmann*[4] § 283a Rdn 19; LK-StGB/*Tiedemann*[12] § 283a Rdn 17.

66 StGB/*Fischer*[69] § 283a Rdn 4; NK-StGB/*Kindhäuser*[5] § 283a Rdn 9; LK-StGB/*Tiedemann*[12] § 283a Rdn 5.

§ 283b StGB Verletzung der Buchführungspflicht

(1) Mit Freiheitsstrafe bis zu zwei Jahren oder mit Geldstrafe wird bestraft, wer
1. Handelsbücher, zu deren Führung er gesetzlich verpflichtet ist, zu führen unterläßt oder so führt oder verändert, daß die Übersicht über seinen Vermögensstand erschwert wird,
2. Handelsbücher oder sonstige Unterlagen, zu deren Aufbewahrung er nach Handelsrecht verpflichtet ist, vor Ablauf der gesetzlichen Aufbewahrungsfristen beiseite schafft, verheimlicht, zerstört oder beschädigt und dadurch die Übersicht über seinen Vermögensstand erschwert,
3. entgegen dem Handelsrecht
a) Bilanzen so aufstellt, daß die Übersicht über seinen Vermögensstand erschwert wird, oder
b) es unterläßt, die Bilanz seines Vermögens oder das Inventar in der vorgeschriebenen Zeit aufzustellen.
(2) Wer in den Fällen des Absatzes 1 Nr 1 oder 3 fahrlässig handelt, wird mit Freiheitsstrafe bis zu einem Jahr oder mit Geldstrafe bestraft.
(3) § 283 Abs 6 gilt entsprechend.

Übersicht

A. Allgemeines

I. Telos und Deliktstypus

1 Die Vorschrift erfasst Verstöße gegen **Buchführungs- und Bilanzierungspflichten**. Sie findet ihren Grund darin, dass eine ordnungsgemäße Buchführung Grundvoraussetzung jeglicher Wirtschaftsführung ist und eine fehlerhafte Buchführung **abstrakt gefährlich** zur Verkennung der

https://doi.org/10.1515/9783111386669-013

wirtschaftlichen Lage und somit zu untragbaren Fehlentscheidungen führt.[1] Mit Blick auf diesen Schutzzweck ist das von **§ 283b StGB** erfasste Verhalten **unabhängig von dem Vorhandensein einer wirtschaftlichen Krise zum Zeitpunkt der Handlung** (vgl Rdn 3) strafwürdig.[2] Unter Zugrundelegung des Telos' der **Selbstinformationsfunktion der Rechnungslegung** für den Kaufmann und den dadurch **vermittelten Gläubigerschutz** (vgl *Anders* § 283 Rdn 42, 64) ist **§ 283b StGB** ein **abstraktes Gefährdungsdelikt**,[3] dessen praktische Bedeutung in seiner Funktion als **Auffangtatbestand** zu **§ 283 Abs 1 Nr 5 bis 7 StGB** zu sehen ist.[4] **Verfassungsrechtliche Bedenken**[5] gegen die Vorschrift bestehen **nicht**.[6] **Schutzgesetzcharakter iSd § 823 Abs 2 BGB** kommt der Vorschrift nicht zu.[7]

II. Tauglicher Täterkreis

Es handelt sich – auch wegen der Begründung über die Schuldnereigenschaft (vgl *Anders* Vor §§ 283 ff Rdn 9)[8] – insoweit um ein **Sonderdelikt**, als in allen Tatbestandsvarianten nur die **buchführungs- und bilanzierungspflichtigen Kaufleute**, also insbesondere auch die **GmbH** (vgl **§ 6 Abs 2 HGB, § 13 Abs 3 GmbHG**) (vgl *Anders* § 283 Rdn 44 ff, 65), sowie die insoweit Delegierten (vgl *Anders* § 283 Rdn 46, 65), erfasst sind.[9] Dadurch unterscheidet sich **§ 283b Abs 1 Nr 2 lit b) StGB** von **§ 283 Abs 1 Nr 6 StGB**, der auch Nichtkaufleute erfassen kann (Rdn 9; vgl *Anders* § 283 Rdn 57).[10] 2

1 BT-Drucks 7/3441 S 38; *BGH* bei *Holtz* MDR 1981,452, 454; NJW 2003, 974, 975; Schönke/Schröder-StGB/*Heine/Schuster*[30] § 283b Rdn 1; MünchKomm-StGB/*Petermann/Hofmann*[4] § 283b Rdn 1; Graf/Jäger/Wittig/*Reinhart*[2] § 283b Rdn 1; LK-StGB/*Tiedemann*[12] § 283b Rdn 1.

2 Vgl *BGH* BeckRS 2014, 9500 (in NStZ 2014, 469, wistra 2014, 354 und StV 2014, 690 insoweit nicht abgedruckt); Achenbach/Ransiek/Rönnau-Handbuch Wirtschaftsstrafrecht/*Himmelreich*[5] 7. Teil, 1. Kapitel Rdn 204.

3 *BGH* NJW 2003, 974, 975; BeckRS 2014, 9500 (in NStZ 2014, 469, wistra 2014, 354 und StV 2014, 690 insoweit nicht abgedruckt); *OLG Hamburg* NJW 1987, 1342, 1343; Matt/Renzikowski-StGB/*Altenhain*[2] § 283b Rdn 1; SSW-StGB/*Bosch*[5] § 283b Rdn 1; Dannecker/Knierim/Hagemeier/Smok/*Dannecker/Hagemeier*[3] Rdn 968; StGB/*Fischer*[69] § 283b Rdn 2; Lackner/Kühl-StGB/*Heger*[29] § 283b Rdn 1; Schönke/Schröder-StGB/*Heine/Schuster*[30] § 283b Rdn 1; Achenbach/Ransiek/Rönnau-Handbuch Wirtschaftsstrafrecht/*Himmelreich*[5] 7. Teil, 1. Kapitel Rdn 204; SK-StGB/*Hoyer*[9] § 283b Rdn 1; Wabnitz/Janovsky/Schmitt/*Pelz*[5] 9. Kapitel Rdn 216; MünchKomm-StGB/*Petermann/Hofmann*[4] § 283b Rdn 6; Graf/Jäger/Wittig/*Reinhart*[2] § 283b Rdn 1; Müller-Gugenberger-WirtschaftsStrR/*H. Richter*[7] Rdn 76.50; Momsen/Grützner-WirtschaftsStStrR/*Rotsch/Wagner*[2] Kapitel 8. Rdn 286; LK-StGB/*Tiedemann*[12] § 283 Rdn 7, § 283b Rdn 1 (nur in Bezug auf das Rechtsgut der Vermögensinteressen der Gläubiger); *Weyand/Diversy* Rdn 125; Wirtschaftsstrafrecht/*Wittig*[6] § 23 Rdn 136.

4 Matt/Renzikowski-StGB/*Altenhain*[2] § 283b Rdn 1; BeckOK-StGB/*Beukelmann*[58] § 283b Rdn 1; SSW-StGB/*Bosch*[5] § 283b Rdn 1; NK-StGB/*Kindhäuser*[5] § 283b Rdn 1; MünchKomm-StGB/*Petermann/Hofmann*[4] § 283b Rdn 4; Müller-Gugenberger-WirtschaftsStrR/*H. Richter*[7] Rdn 85.65; Momsen/Grützner-WirtschaftsStStrR/*Rotsch/Wagner*[2] Kapitel 8. Rdn 287 (nur in der Praxis; rechtlich sei wegen des fehlenden Krisenerfordernisses ein engerer Zusammenhang zwischen Handlung und objektiver Bedingung der Strafbarkeit erforderlich, vgl dazu unter Rdn 12); *Weyand/Diversy* Rdn 125; Wirtschaftsstrafrecht/*Wittig*[6] § 23 Rdn 137; vgl auch Achenbach/Ransiek/Rönnau-Handbuch Wirtschaftsstrafrecht/*Himmelreich*[5] 7. Teil, 1. Kapitel Rdn 204.

5 Vgl *Dreher* MDR 1978, 724.

6 Vgl BGHSt 28, 231, 234; Graf/Jäger/Wittig/*Reinhart*[2] § 283b Rdn 1.

7 Vgl *II. Zivilsenat BGH* NZG 2019, 437, 439 f mwN zum Streitstand.

8 LK-StGB/*Tiedemann*[12] § 283b Rdn 6.

9 Matt/Renzikowski-StGB/*Altenhain*[2] § 283b Rdn 2; SSW-StGB/*Bosch*[5] § 283b Rdn 2; Lackner/Kühl-StGB/*Heger*[29] § 283b Rdn 1; SK-StGB/*Hoyer*[9] § 283b Rdn 1; NK-StGB/*Kindhäuser*[5] § 283b Rdn 2; Graf/Jäger/Wittig/*Reinhart*[2] § 283b Rdn 1; LK-StGB/*Tiedemann*[12] § 283b Rdn 4 f; Wirtschaftsstrafrecht/*Wittig*[6] § 23 Rdn 139.

10 Dannecker/Knierim/Hagemeier/Smok/*Dannecker/Hagemeier*[3] Rdn 969; Lackner/Kühl-StGB/*Heger*[29] § 283b Rdn 1; NK-StGB/*Kindhäuser*[5] § 283b Rdn 2; LK-StGB/*Tiedemann*[12] § 283b Rdn 4; Momsen/Grützner-WirtschaftsStStrR/*Rotsch/Wagner*[2] Kapitel 8. Rdn 288; Wirtschaftsstrafrecht/*Wittig*[6] § 23 Rdn 139.

III. Anwendungsbereich

3 Während Voraussetzung der Anwendung des **§ 283 Abs 1 Nr 5–7 StGB** das Handeln des Schuldners in der **wirtschaftlichen Krise** (eingetretene oder drohende Zahlungsunfähigkeit oder Überschuldung) (vgl *Anders* Vor §§ 283 ff Rdn 34 ff) ist, verzichtet **§ 283b StGB** auf dieses Tatbestandsmerkmal, da Buchführungspflichten auch außerhalb einer objektiv gegebenen Krise verletzt werden. Zudem kann der Schuldner das Vorliegen der Krise verkennen, ohne dass ihm ein Fahrlässigkeitsvorwurf gemacht werden kann.[11] Die Anwendbarkeit des **§ 283b StGB** beschränkt sich daher auf die Fälle, in denen sich der Schuldner zum einen zur Zeit der Tat noch nicht in der Krise befindet[12] bzw diese nicht vorsätzlich herbeigeführt hat, oder dies zumindest jeweils nicht nachweisbar ist (sonst **§ 283 Abs 1 Nr 5–7 StGB** bzw **§ 283 Abs 2 StGB**), sowie zum anderen auf die Konstellationen, bei denen der Täter den Eintritt der Krise ohne (wenigstens) Fahrlässigkeit nicht kennt (sonst **§ 283 Abs 4 Nr 1, Abs 5 Nr 1 StGB**)[13] bzw er die Krise nicht (wenigstens) leichtfertig verursacht hat (sonst **§ 283 Abs 4 Nr 2, Abs 5 Nr 2 StGB**).[14]

4 Notwendig ist jedoch das Vorliegen der objektiven Bedingung der Strafbarkeit gem § 283 Abs 6 StGB (Absatz 3) (Rdn 12).

B. Tathandlungen

I. Absatz 1 Nr 1 und 3

5 Die von **Absatz 1 Nr 1** und **3** beschriebenen Tathandlungen entsprechen wortgetreu denjenigen aus **§ 283 Abs 1 Nr 5, 7 StGB**;[15] insoweit kann zunächst auf die dortigen Kommentierungen verwiesen werden (vgl *Anders* § 283 Rdn 41 ff, 63 ff).[16]

6 Wie auch bei **§ 283 Abs 1 Nr 7 lit a) StGB** (vgl *Anders* § 283 Rdn 78) unterfallen **vorsätzlich gefälschte (Neben-)Bilanzen**, die nicht aus der ordnungsgemäßen Buchführung resultieren, nicht **Absatz 1 Nr 3 lit a)**;[17] in Betracht kommt insoweit ggf Strafbarkeit wegen (versuchten) Betrugs oder Kreditbetrugs (**§§ 263, 265b StGB**).[18]

7 Insbesondere gelten die mit Blick auf die **Unterlassungstatbestände** des **Absatz 1 Nr 1, 1. Var** und **3 lit b)** bestehenden Grundsätze zu **§ 283 Abs 1 Nr 5, 1. Var, 7 lit b) StGB**, nach denen – da ein Unterlassen die rechtliche oder tatsächliche Möglichkeit der Pflichterfüllung verlangt – der Tatbestand nicht gegeben sein kann, wenn der Handelnde insbesondere als Folge der eingetrete-

---

11 *Weyand/Diversy* Rdn 125.

12 Vgl *BGH* NStZ 1998, 192 193; NStZ 2003, 546, 547; *OLG Stuttgart* NStZ-RR 2011, 277, 278; BeckOK-StGB/*Beukelmann*[58] § 283b Rdn 1; Wirtschaftsstrafrecht/*Wittig*[5] § 23 Rdn 137.

13 Vgl BGHSt 28, 231, 233.

14 Achenbach/Ransiek/Rönnau-Handbuch Wirtschaftsstrafrecht/*Himmelreich*[5] 7. Teil, 1. Kapitel Rdn 204; SK-StGB/*Hoyer*[9] § 283b Rdn 5; NK-StGB/*Kindhäuser*[5] § 283b Rdn 1; MünchKomm-StGB/*Petermann*/*Hofmann*[4] § 283b Rdn 4; Graf/Jäger/Wittig/*Reinhart*[2] § 283b Rdn 1, LK-StGB/*Tiedemann*[12] § 283b Rdn 3; *Weyand/Diversy* Rdn 125; Wirtschaftsstrafrecht/*Wittig*[5] § 23 Rdn 137.

15 Vgl BeckOK-StGB/*Beukelmann*[58] § 283b Rdn 4; Lackner/Kühl-StGB/*Heger*[29] § 283b Rdn 1; Schönke/Schröder-StGB/*Heine*/*Schuster*[30] § 283b Rdn 2, 4; Achenbach/Ransiek/Rönnau-Handbuch Wirtschaftsstrafrecht/*Himmelreich*[5] 7. Teil, 1. Kapitel Rdn 206; NK-StGB/*Kindhäuser*[5] § 283b Rdn 3; MünchKomm-StGB/*Petermann*/*Hofmann*[4] § 283b Rdn 10; Graf/Jäger/Wittig/*Reinhart*[2] § 283b Rdn 2; Momsen/Grützner-WirtschaftsStStrR/*Rotsch*/*Wagner*[2] Kapitel 8. Rdn 288; LK-StGB/*Tiedemann*[12] § 283b Rdn 7; *Weyand/Diversy* Rdn 126; Wirtschaftsstrafrecht/*Wittig*[5] § 23 Rdn 141.

16 Soweit dort nicht die Beziehung zur wirtschaftlichen Krise thematisiert wird.

17 Vgl BGHSt 30, 186 f; Schönke/Schröder-StGB/*Heine*/*Schuster*[30] § 283b Rdn 4; NK-StGB/*Kindhäuser*[5] § 283b Rdn 3.

18 MünchKomm-StGB/*Petermann*/*Hofmann*[4] § 283b Rdn 11 f und LK-StGB/*Tiedemann*[12] § 283b Rdn 8 (beide unter Hinweis auf den primären Zweck von Buchführung und Bilanzierung in der Selbstinformation des Schuldners, nicht hingegen in der Dokumentationsfunktion).

nen Zahlungsunfähigkeit bei eigenem Unvermögen einen Dritten nicht (mehr) mit der Buchführung beauftragen kann (vgl Anders § 283 Rdn 53, 95).

Die vorübergehende Aussetzung der Insolvenzantragspflicht gem **§ 1 Abs 1 Satz 1 SanInsKG**[19] 8
vom 1. März 2020 bis zum 30. September 2020 (weitergehend nach **§ 1 Abs 2 SanInsKG** nur für überschuldete Personen und Unternehmen vom 1. Oktober 2020 bis zum 31. Dezember 2020 sowie nach **§ 1 Abs 3 SanInsKG** vom 1. Januar 2021 bis zum 30. April 2021 grundsätzlich für die Geschäftsleiter solcher Schuldner, die im Zeitraum vom 1. November 2020 bis zum 28. Februar 2021 einen Antrag auf Gewährung finanzieller Hilfeleistungen im Rahmen staatlicher Hilfsprogramme zur Abmilderung der Folgen der COVID-19-Pandemie gestellt haben bzw, die nach den Bedingungen des Programms in den Kreis der Antragsberechtigten fallen) suspendiert von den Buchführungs- und Bilanzierungspflichten nicht.[20]

II. Absatz 1 Nr 2

Es besteht eine Wortlautabweichung im Vergleich zu **§ 283 Abs 1 Nr 6 StGB**, bei dem **„ein Kaufmann“** genannt ist, während in **Absatz 1 Nr 2 „er“** als Adressat normiert ist. Daraus ist zu folgern, dass **Absatz 1 Nr 2 Nichtkaufleute nicht erfasst**, sondern von dieser Vorschrift **allein buch- und bilanzierungspflichtige Schuldner sowie deren Delegierte,**[21] **nicht jedoch Nichtpflichtige nach Handelsrecht**, dh nicht auch über die gesetzlichen Verpflichtungen hinaus **freiwillig Buchführende und Bilanzierende**, etwa **Private und Freiberufler**, sowie nicht auch **steuer- oder gewerberechtliche Verpflichtete** erfasst werden.[22,23] Hinsichtlich der eigentlichen Tathandlung kann auf die Kommentierung zu **§ 283 Abs 1 Nr 6 StGB** verwiesen werden (vgl *Anders* § 283 Rdn 56 ff).[24] 9

C. Subjektiver Tatbestand

Handlungen und Unterlassungen nach **Absatz 1** sind nur bei **vorsätzlicher Begehung** strafbar, 10
wenn nicht das Gesetz fahrlässiges Handeln ausdrücklich mit Strafe bedroht (vgl **§ 15 StGB**). **Dolus eventualis**[25] reicht aus.[26] Wie bei **§ 283 Abs 1 und 2 StGB** braucht sich der Vorsatz **nicht**

---

19 Gesetz zur vorübergehenden Aussetzung der Insolvenzantragspflicht und zur Begrenzung der Organhaftung bei einer durch die COVID-19-Pandemie bedingten Insolvenz (COVID-19-Insolvenzaussetzungsgesetz – COVInsAG) vom 27.3.2020 (BGBl I S 569), geändert durch Gesetze vom 25.9.2020 (BGBl I S 2016), vom 22.12.2020 (BGBl I S 3256) und vom 15.2.2021 (BGBl I S 237), übernommen durch das Gesetz zur vorübergehenden Anpassung sanierungs- und insolvenzrechtlicher Vorschriften zur Abmilderung von Krisenfolgen vom 31.10.2022 (Sanierungs- und insolvenzrechtliches Krisenfolgenabmilderungsgesetz – SanInsKG) (BGBl I S 1966).

20 Vgl SSW-StGB/*Bosch*[5] § 283b Rdn 2; *Klose* NZWiSt 2020, 333, 338; MünchKomm-StGB/*Petermann*/*Hofmann*[4] § 283b Rdn 14.

21 Vgl SSW-StGB/*Bosch*[5] § 283b Rdn 2; StGB/*Fischer*[69] § 283b Rdn 4; Lackner/Kühl-StGB/*Heger*[29] § 283b Rdn 1; Schönke/Schröder-StGB/*Heine*/*Schuster*[30] § 283b Rdn 3; Achenbach/Ransiek/Rönnau-Handbuch Wirtschaftsstrafrecht/*Himmelreich*[5] 7. Teil, 1. Kapitel Rdn 206; SK-StGB/*Hoyer*[9] § 283b Rdn 4; Graf/Jäger/Wittig/*Reinhart*[2] § 283b Rdn 3; Momsen/Grützner-WirtschaftsStStrR/*Rotsch*/*Wagner*[2] Kapitel 8. Rdn 288.

22 Vgl zur Rechtslage vice versa bei § 283 Abs 1 Nr 6 unter Rdn 57 zu § 283 StGB.

23 MünchKomm-StGB/*Petermann*/*Hofmann*[4] § 283b Rdn 11 f; LK-StGB/*Tiedemann*[12] § 283b Rdn 7; *Weyand*/*Diversy* Rdn 126 (mit Blick auf die freiberuflich Tätigen); **kritisch** Graf/Jäger/Wittig/*Reinhart*[2] § 283b Rdn 3 (auch Freiberufler agierten in komplexen wirtschaftlichen Zusammenhängen und gefährdeten bei – freiwilliger – mangelhafter Buchführung ihre Gläubiger).

24 Soweit dort nicht die Beziehung zur wirtschaftlichen Krise thematisiert wird.

25 Siehe zu den verschiedenen Vorsatzformen MünchKomm-StGB/*Joecks*/*Kulhanek*[4] § 16 Rdn 22 ff; Schönke/Schröder-StGB/*Sternberg-Lieben*/*Schuster*[30] § 15 Rdn 65 ff.

26 Lackner/Kühl-StGB/*Heger*[29] § 283b Rdn 2; Schönke/Schröder-StGB/*Heine*/*Schuster*[30] § 283b Rdn 5; Achenbach/Ransiek/Rönnau-Handbuch Wirtschaftsstrafrecht/*Himmelreich*[5] 7. Teil, 1. Kapitel Rdn 207, 177; MünchKomm-StGB/*Petermann*/*Hofmann*[4] § 283b Rdn 15.

auf den Eintritt der objektiven Strafbarkeitsbedingung zu beziehen (vgl *Anders* § 283 Rdn 109).[27]

11 **Fahrlässigkeitsstrafbarkeit** ist in **Absatz 2** mit Blick auf die Handlungen nach **Absatz 1 Nr 1 und 3** vorgesehen; die fahrlässige Verletzung der kaufmännischen Aufbewahrungspflicht (vgl **Absatz 1 Nr 2**) bleibt daher straflos.[28] Die Regelung entspringt einem der strafrechtlichen Praxis entnommenen und vom Gesetzgeber übersetzten Bedürfnis, etwaige „Strafbarkeitslücken" durch mögliche Schutzbehauptungen der nicht auftragskonformen Erledigung delegierter Buchführungs- und Bilanzierungslasten zu vermeiden, die über § 130 OWiG nicht angemessen erfasst werden könnten.[29] In der Rechtspraxis begründen diese Fälle der **Verletzung der Sorgfaltspflicht bei Auswahl- bzw Überwachung** in der Tat auch häufig den Fahrlässigkeitsvorwurf.[30] Darüber hinaus erfasst **Absatz 2** die Fälle **fahrlässig mangelhafter Buchführung und Bilanzierung**.[31] Auch der Fahrlässigkeitsvorwurf braucht sich nicht auf die **objektive Bedingung der Strafbarkeit** zu beziehen.[32]

D. Objektive Bedingung der Strafbarkeit (Abs 3)

12 **Absatz 3** verweist auf die entsprechende Geltung des **§ 283 Abs 6 StGB**, dh auch für **§ 283b StGB** ist das Vorliegen einer **objektiven Bedingung der Strafbarkeit** (Einstellung der Zahlungen, Eröffnung des Insolvenzverfahrens oder Abweisung des Eröffnungsantrag mangels Masse) (vgl *Anders* Vor §§ 283 ff Rdn 66 ff) erforderlich. Auch bei **§ 283b StGB** ist ein **kausaler Zusammenhang** zwischen Tathandlung und objektiver Bedingung der Strafbarkeit nach Rechtsprechung und ganz hM im Schrifttum **nicht verlangt** (vgl *Anders* Vor §§ 283 ff Rdn 71).[33] Damit ist es bei der Verletzung der Buchführungspflicht jedoch nicht getan, da § **283b StGB** – anders als **§ 283 StGB** – auf das Vorliegen der **wirtschaftlichen Krise verzichtet** und daher nicht davon ausgegangen werden kann, dass der spätere wirtschaftliche Zusammenbruch die Eskalation eine unternehmerischen Krise darstellt.[34] Die Definition eines für § 283b StGB spezifischen Zusammenhangs ist allerdings umstritten. Die **Rechtsprechung** verlangt zwar lediglich „irgendeine Beziehung",[35] **vermutet** den Gefahrzusammenhang unter Zulassung von **Ausnahmefällen**[36] und fordert einen **zeitlichen und**

---

27 Vgl unter Rdn 109 zu § 283 StGB. Momsen/Grützner-WirtschaftsStStrR/*Rotsch*/*Wagner*[2] Kapitel 8. Rdn 289.

28 SK-StGB/*Hoyer*[9] § 283b Rdn 4.

29 Vgl BT-Drucks 7/5291 S 19; NK-StGB/*Kindhäuser*[5] § 283b Rdn 4; MünchKomm-StGB/*Petermann*/*Hofmann*[4] § 283b Rdn 15; Momsen/Grützner-WirtschaftsStStrR/*Rotsch*/*Wagner*[2] Kapitel 8. Rdn 289; LK-StGB/*Tiedemann*[12] § 283b Rdn 9; **kritisch** SSW-StGB/*Bosch*[5] § 283b Rdn 1 „unter Schuldaspekten problematisch"; *Dreher* MDR 1978, 724.

30 Vgl SSW-StGB/*Bosch*[5] § 283b Rdn 1 (jedenfalls außerhalb der Krisensituation „fragwürdige Fälle"); Lackner/Kühl-StGB/*Heger*[29] § 283b Rdn 2; Schönke/Schröder-StGB/*Heine*/*Schuster*[30] § 283b Rdn 5; SK-StGB/*Hoyer*[9] § 283b Rdn 4; Graf/Jäger/Wittig/*Reinhart*[2] § 283b Rdn 5; LK-StGB/*Tiedemann*[12] § 283b Rdn 9; *Weyand*/*Diversy* Rdn 127.

31 NK-StGB/*Kindhäuser*[5] § 283b Rdn 4; MünchKomm-StGB/*Petermann*/*Hofmann*[4] § 283b Rdn 15; LK-StGB/*Tiedemann*[12] § 283b Rdn 9; *Weyand*/*Diversy* Rdn 127. Zum Sorgfaltsmaßstab siehe unter Rdn 129 zu § 283 StGB.

32 Momsen/Grützner-WirtschaftsStStrR/*Rotsch*/*Wagner*[2] Kapitel 8. Rdn 289; LK-StGB/*Tiedemann*[12] § 283b Rdn 10; **aA** *Dreher* MDR 1978, 724 f.

33 Vgl BGHSt 28, 231, 233.

34 MünchKomm-StGB/*Petermann*/*Hofmann*[4] § 283b Rdn 19; LK-StGB/*Tiedemann*[12] § 283b Rdn 14.

35 BGHSt 28, 231, 234; *OLG Hamburg* NJW 1987, 1342, 1343.

36 SSW-StGB/*Bosch*[5] § 283b Rdn 3 unter Bezugnahme auf *BGH* NJW 2009, 3383, 3384 (in BGHSt 54, 133 insoweit nicht abgedruckt) „Er (Anm: der tatsächliche Zusammenhang) fehlt nur in ganz wenigen, atypischen Fallkonstellationen"; sowie BeckRS 2014, 9500 (in NStZ 2014, 469, wistra 2014, 354 und StV 2014, 690 insoweit nicht abgedruckt) „Unter Berücksichtigung des von § 283b StGB verfolgten Schutzzwecks, nämlich die mit den Buchführungs- und Bilanzierungspflichten angestrebte Selbstinformationsmöglichkeit für den pflichtigen Kaufmann sowie die Dokumentations- und Informationsfunktion für seine Gläubiger strafrechtlich zu gewährleisten (...), ist der erforderliche Zusammenhang regelmäßig gegeben, wenn beide Elemente vorliegen"; vgl auch Müller-Gugenberger-WirtschaftsStrR/*H. Richter*[7] Rdn 85.70, der einen *Ausschluss* des vermuteten Zusammenhangs verlangt; sowie *E. Wilhelm* NStZ 2003, 511, 515,

tatsächlichen Zusammenhang zwischen Tathandlung und objektiver Bedingung der Strafbarkeit im Sinne eines **Fortwirkens der durch die Bankrotthandlung begründeten abstrakten Gefahr** bis zum Eintritt der objektiven Strafbarkeitsbedingung,[37] nimmt aber **Eingrenzungen** im Wesentlichen über **zwei Fallgruppen** vor: So soll zum einen in den **Fällen nicht nachgeholter Buchführung bzw Bilanzierung** der Zusammenhang geben sein, wenn diese im Zeitpunkt des Eintritts der objektiven Strafbarkeitsbedingung entweder fehlt oder derart bemängelt ist, dass ein Sachverständiger mithilfe der vorhandenen Buchführung nicht innerhalb einer angemessenen Zeit einen Überblick über die Geschäftsvorfälle und den Vermögensstand gewinnen kann (vgl Anders § 283 Rdn 54, 80),[38] wobei im Rahmen des **§ 238b StGB** jedoch der Zeitraum zwischen Tathandlung und der objektiven Bedingung der Strafbarkeit relevant ist –[39] danach ist erforderliche Zusammenhang jedenfalls anzunehmen, wenn die Bilanz zu einem Zeitpunkt zu ziehen war, der nicht einmal **anderthalb bzw zwei Jahre vor der Insolvenzeröffnung** lag und die Bilanzierung nicht nachgeholt worden ist.[40] Soweit unter Hervorhebung ua eines (alleinigen) Zwecks von Buchführung und Bilanzierung in der Selbstinformation des Schuldners der Zusammenhang – insoweit konsequent – auch dann verneint werden könnte, wenn der Schuldner wusste, dass er „pleite" war und es einer Bilanzerstellung zur Selbstinformation daher gar nicht bedurft hätte,[41] kann dem entgegengehalten werden, dass die hinreichende Information von Insolvenzverwalter und Gläubigern im Zeitpunkt des Zusammenbruchs jedenfalls öffentlich-rechtlicher Nebenzweck der Buchführungs- und Bilanzierungspflichten ist,[42] womit es bei den og Grundsätzen verbleibt. Zum anderen lässt die **Rechtsprechung** den Zusammenhang nicht nur bei einer bis zum Eintritt der objektiven Bedingung der Strafbarkeit **behobenen mangelhaften Buchführung bzw Bilanzierung** entfallen (*Anders* § 283 Rdn 54), sondern über das Erfordernis der **„gefahrerhöhende(n) Folge der Verfehlungen"** auch dann, wenn eine zunächst **unterlassene Buchführung bzw Bilanzierung** entsprechend **nachgeholt** worden ist,[43] sofern das pflichtwidrige Unterlassen der später nachgeholten Buchführung nicht über unternehmerische Fehldispositionen bis zum Eintritt der objektiven Bedingung fortwirkt.[44] Diesen Eingrenzungen folgen der Sache nach Teile des Schrifttums.[45]

Ohne Verstoß gegen den Grundsatz „in dubio pro reo" sollen **Zweifel** am Bestehen des Gefahrzusammenhangs **zu Lasten des Täters** gehen.[46] Wie mit Blick auf § 283 StGB gilt jedoch auch hier 13

---

nach dem grundsätzlich „das strafbarkeitskonstitutive Verhalten unwiderlegbar die vom Tatbestand geschützte Gefahr heraufbeschworen hat".

37 Vgl BGHSt 28, 231, 233; *BGH* NStZ 2008, 401, 402; *BGH* BeckRS 1990, 6629; *BGH* wistra 2020, 295 (297).

38 Vgl RGSt 47, 311, 312 (zu § 240 Nr 3 KO aF), BGHSt 28, 231, 232; *BGH* NStZ 2000, 34, 36; SSW-StGB/*Bosch*[5] § 283b Rdn 3; MünchKomm-StGB/*Petermann*/*Hofmann*[4] § 283b Rdn 22; LK-StGB/*Tiedemann*[12] § 283b Rdn 14.

39 Matt/Renzikowski-StGB/*Altenhain*[2] § 283b Rdn 5; MünchKomm-StGB/*Petermann*/*Hofmann*[4] § 283b Rdn 23.

40 Vgl *BGH* bei *Herlan* GA 1953, 75; *OLG Düsseldorf* NJW 1980, 1292, 1293.

41 Vgl *BayObLG* NJW 2003, 1960, 1961 Im dortigen Fall hatte der Beschuldigte sich aber auch gegenüber der schuldnerischen GmbH verpflichtet, die nicht durch Eigenkapital gedeckten Fehlbeträge persönlich zu übernehmen, und er hatte die Forderungen sämtlicher Gläubiger der GmbH entsprechend der abgegebenen Schuldübernahme aus persönlichen Mitteln befriedigt.

42 Vgl *BGH* BeckRS 2014, 9500 (in NStZ 2014, 469, wistra 2014, 354 und StV 2014, 690 insoweit nicht abgedruckt); SK-StGB/*Hoyer*[9] § 283b Rdn 6; NK-StGB/*Kindhäuser*[5] § 283b Rdn 8; LK-StGB/*Tiedemann*[12] § 283b Rdn 15.

43 Vgl *BayObLG* NStZ 2003, 214 f.

44 Vgl *OLG Hamburg* NJW 1987, 1342, 1343; Graf/Jäger/Wittig/*Reinhart*[2] § 283b Rdn 7.

45 Vgl Matt/Renzikowski-StGB/*Altenhain*[2] § 283b Rdn 5; StGB/*Fischer*[69] § 283b Rdn 5; SK-StGB/*Hoyer*[9] § 283b Rdn 6; NK-StGB/*Kindhäuser*[5] § 283b Rdn 8 „(i)nsoweit muss zwischen Tat und Unternehmenszusammenbruch ein Risikozusammenhang bestehen"; **aA** zwar MünchKomm-StGB/*Petermann*/*Hofmann*[4] § 283b Rdn 23 „Demgegenüber vermag der zu weit in den Bereich der Erfolgsqualifikationen und der konkreten Gefährdungsdelikte führende Begriff des ‚Risikozusammenhanges' nicht zu überzeugen", der allerdings fordert, dass „die Tathandlung irgendwie gefahrenhöhend fortwirkt"; ebenso Momsen/Grützner-WirtschaftsStStrR/*Rotsch*/*Wagner*[2] Kapitel 8. Rdn 291; vgl auch Wabnitz/Janovsky/Schmitt/*Pelz*[5] 9. Kapitel Rdn 217.

46 Vgl *OLG Düsseldorf* NJW 1980, 1292, 1293; *OLG Hamburg* NJW 1987, 1342, 1344; SK-StGB/*Hoyer*[9] § 283b Rdn 6; MünchKomm-StGB/*Petermann*/*Hofmann*[4] § 283b Rdn 24; **aA** NK-StGB/*Kindhäuser*[5] § 283b Rdn 8.

(vgl *Anders* Vor §§ 283 ff Rdn 74): Da selbst ein Abstellen auf das abstrakt gefährdende Verhalten als Gegenstand des Unwerturteils indes nichts an der allgemeinen strafprozessualen Beweisführungslast ändert, kann dieser Auffassung nicht gefolgt werden.

E. Versuch, Vollendung, Beendigung, Strafverfolgungsverjährung

I. Versuch

14 Der Versuch des § 283b StGB ist **nicht** strafbar, da es sich um ein Vergehen handelt (vgl **§ 12 Abs 2 StGB**) und eine diesbezügliche ausdrückliche Bestimmung fehlt (vgl **§ 23 Abs 1, 2. Hs StGB**).

II. Vollendung

15 **Vollendung** tritt ein mit Abschluss der jeweiligen Tathandlung,[47] bei den **Unterlassungstaten** mit Ablauf des Zeitraumes, in dem die Verpflichtung ordnungsgemäß erfüllt werden musste.[48] Die **Rechtsprechung** nimmt bei **mangelhafter Buchführung und Bilanzierung** nach **Absatz 1 Nr 1, 2. und 3. Var, Nr 3 lit a)** Vollendung beim Eintritt der **objektiven Bedienung der Strafbarkeit** gemäß **Absatz 3** an, womit die entsprechende Berichtigung bis zu diesem Zeitpunkt ermöglicht wird; dem ist aus den bereits genannten Gründen zu widersprechen (vgl *Anders* § 283 Rdn 54, 80).[49]

III. Beendigung, Strafverfolgungsverjährung

16 **Beendigung** und damit der Lauf der Frist für die **Strafverfolgungsverjährung** beginnt frühestens mit **Eintritt der objektiven Strafbarkeitsbedingung** gemäß **Absatz 3**.[50] In den Fällen, in denen der Tatbestand nach **Absatz 1** oder **2** erst **nach Eintritt der objektiven Strafbarkeitsbedingung** gemäß **Absatz 3** erfüllt ist (vgl *Anders* Vor §§ 283 ff Rdn 72), beginnt der Fristlauf mit **Tatvollendung**.[51]

17 Die **Strafverfolgungsverjährungsfrist** beträgt für Vorsatztaten nach **Absatz 1** gemäß **§ 78 Abs 3 Nr 4 StGB fünf Jahre**, für fahrlässige Taten nach **Absatz 2** gemäß **§ 78 Abs 3 Nr 5 StGB drei Jahre.**

F. Rechtsfolgen

18 Die vorsätzliche Verletzung der Buchführungspflicht gemäß **§ 283b Abs 1 StGB** ist mit **Freiheitsstrafe bis zu zwei Jahren** oder mit **Geldstrafe** bedroht. Taten nach **§ 283b Abs 2 StGB** sind mit einer abstrakten Strafandrohung von **Freiheitsstrafe bis zu einem Jahr** oder **Geldstrafe** versehen. Zur **Inhabilität** siehe unter Rdn 75 zu Vorbem §§ 283 ff StGB, zum **Berufsverbot** unter Rdn 76

---

47 Graf/Jäger/Wittig/*Reinhart*[2] § 283b Rdn 9.

48 Vgl *BGH* BeckRS 2014, 9500 (in NStZ 2014, 469, wistra 2014, 354 und StV 2014, 690 insoweit nicht abgedruckt); NK-StGB/*Kindhäuser*[5] § 283b Rdn 6; MünchKomm-StGB/*Petermann/Hofmann*[4] § 283b Rdn 26; LK-StGB/*Tiedemann*[12] § 283b Rdn 12.

49 MünchKomm-StGB/*Petermann/Hofmann*[4] § 283b Rdn 27; LK-StGB/*Tiedemann*[12] § 283b Rdn 12.

50 NK-StGB/*Kindhäuser*[5] § 283b Rdn 7; MünchKomm-StGB/*Petermann/Hofmann*[4] § 283b Rdn 30; Graf/Jäger/Wittig/*Reinhart*[2] § 283b Rdn 8; LK-StGB/*Tiedemann*[12] § 283b Rdn 13.

51 NK-StGB/*Kindhäuser*[5] § 283b Rdn 7; MünchKomm-StGB/*Petermann/Hofmann*[4] § 283b Rdn 30; vgl LK-StGB/*Tiedemann*[12] § 283b Rdn 13.

zu Vorbem §§ 283 ff StGB. Wird der Schuldner in den letzten fünf Jahren vor dem Antrag auf Eröffnung des Insolvenzverfahrens oder nach diesem Antrag wegen einer Straftat nach den **§§ 283 bis 283c StGB** rechtskräftig zu einer Geldstrafe von mehr als 90 Tagessätzen oder einer Freiheitsstrafe von mehr als drei Monaten verurteilt, droht ihm gemäß **§ 290 Abs 1 Nr 1 InsO** die **Versagung der Restschuldbefreiung.**[52] Diese setzt nicht voraus, dass die Straftat in einem Zusammenhang mit dem Insolvenzverfahren steht, in dem die Restschuldbefreiung beantragt wird.[53]

G. Konkurrenzen

I. Intern

Tateinheit wird **nicht** durch den Eintritt der objektiven Strafbarkeitsbedingung begründet (vgl *Anders* § 283 Rdn 133), sodass sich die Konkurrenzverhältnisse allein nach dem Verhältnis der buchdeliktischen Handlungen bzw Unterlassungen zueinander bestimmen.[54] Mehrere Verstöße **innerhalb einer Buchführungsperiode** stellen eine einzige Tat dar, sofern sie unterschiedliche Geschäftsjahre betreffen, sind es **selbstständige Taten.**[55] Zwischen den Taten nach **Absatz 1 Nr 1** und denen nach **Absatz 1 Nr 3** kommt regelmäßig **Tatmehrheit** in Betracht.[56] Sofern die Buchführung bzw Bilanzerstellung delegiert worden ist, liegt eine **einheitliche Tat** in Form des Auswahl- bzw Überwachungsverschuldens vor, auch wenn verschiedene Taten nach **Absatz 1 Nr 1** und **3 lit b)** gegeben sind.[57] 19

II. Im Verhältnis zu § 283 StGB

Die **Buchführungsdelikte** des **§ 283 Abs 1 Nr 5–7 StGB** (iVm **Abs 2**) sind leges speciales gegenüber **§ 283b StGB.**[58] **§ 283b StGB** ist hingegen allein verwirklicht, wenn eine vor dem Eintritt der Krise unterlassenen Bilanzerstellung beim Kriseneintritt nicht nachgeholt wird.[59] 20

---

52 Bittmann-Insolvenzstrafrecht/*C. Brand*[2] § 12 Rdn 264; K. Schmidt-InsO/*Henning*[19] § 290 Rdn 32 ff.

53 *IX. Zivilsenat BGH* NZI 2003, 163; NZI 2010, 349.

54 NK-StGB/*Kindhäuser*[5] § 283b Rdn 9; MünchKomm-StGB/*Petermann/Hofmann*[4] § 283b Rdn 29; LK-StGB/*Tiedemann*[12] § 283b Rdn 18.

55 *BGH* NStZ 1998, 192, 193; SSW-StGB/*Bosch*[5] § 283b Rdn 4; Achenbach/Ransiek/Rönnau-Handbuch Wirtschaftsstrafrecht/*Himmelreich*[5] 7. Teil, 1. Kapitel Rdn 211; NK-StGB/*Kindhäuser*[5] § 283b Rdn 9; MünchKomm-StGB/*Petermann/Hofmann*[4] § 283b Rdn 29; Graf/Jäger/Wittig/*Reinhart*[2] § 283b Rdn 12; LK-StGB/*Tiedemann*[12] § 283b Rdn 18.

56 MünchKomm-StGB/*Petermann/Hofmann*[4] § 283b Rdn 29; LK-StGB/*Tiedemann*[12] § 283b Rdn 18.

57 *BGH* GA 1978, 185, 186; *OLG Frankfurt am Main* NStZ-RR 1999, 104, 105; SSW-StGB/*Bosch*[5] § 283b Rdn 4; StGB/*Fischer*[69] Vor § 283 Rdn 6; Schönke/Schröder-StGB/*Heine/Schuster*[30] § 283b Rdn 10; SK-StGB/*Hoyer*[9] § 283b Rdn 7; MünchKomm-StGB/*Petermann/Hofmann*[4] § 283b Rdn 29; Graf/Jäger/Wittig/*Reinhart*[2] § 283b Rdn 12; LK-StGB/*Tiedemann*[12] § 283b Rdn 18.

58 *BGH* NStZ 1984, 455; NStZ 1998, 192, 193; BeckOK-StGB/*Beukelmann*[58] § 283b Rdn 7; SSW-StGB/*Bosch*[5] § 283b Rdn 4; StGB/*Fischer*[69] § 283b Rdn 6; Lackner/Kühl-StGB/*Heger*[29] § 283b Rdn 4; Achenbach/Ransiek/Rönnau-Handbuch Wirtschaftsstrafrecht/*Himmelreich*[5] 7. Teil, 1. Kapitel Rdn 211; SK-StGB/*Hoyer*[9] § 283b Rdn 7; NK-StGB/*Kindhäuser*[5] § 283b Rdn 9; MünchKomm-StGB/*Petermann/Hofmann*[4] § 283b Rdn 29; Graf/Jäger/Wittig/*Reinhart*[2] § 283b Rdn 13; Momsen/Grützner-WirtschaftsStStrR/*Rotsch/Wagner*[2] Kapitel 8. Rdn 292; LK-StGB/*Tiedemann*[12] § 283b Rdn 18.

59 *BGH* NStZ 1998, 192, 193; *BGH* NStZ 2000, 206; *BGH* NStZ 2003, 546, 547; *KG* wistra 2002, 313, 314; *OLG Stuttgart* NStZ-RR 2011, 277 f; BeckOK-StGB/*Beukelmann*[58] § 283 Rdn 67; SSW-StGB/*Bosch*[5] § 283 Rdn 30 unter Hinweis auf die in der Praxis bestehende Entlastungsmöglichkeit durch Behauptung fehlenden Vorsatzes betreffend Krisenmerkmale und Gleichzeitigkeit; MünchKomm-StGB/*Petermann/Sackreuther*[4] § 283 Rdn 60; Graf/Jäger/Wittig/*Reinhart*[2] § 283 Rdn 58; *Rönnau* NStZ 2003, 525, 531; Wirtschaftsstrafrecht/*Wittig*[5] § 23 Rdn 107; **aA – § 283b StGB ist auch in diesen Fällen subsidiär** SSW-StGB/*Bosch*[5] § 283b Rdn 4; *Doster* wistra 1998, 326, 327; *Maurer* wistra 2003, 174, 175; *Reither* wistra 2014, 48, 49 f); *Weyand/Diversy* Rdn 105.

§ 283c StGB Gläubigerbegünstigung

(1) Wer in Kenntnis seiner Zahlungsunfähigkeit einem Gläubiger eine Sicherheit oder Befriedigung gewährt, die dieser nicht oder nicht in der Art oder nicht zu der Zeit zu beanspruchen hat, und ihn dadurch absichtlich oder wissentlich vor den übrigen Gläubigern begünstigt, wird mit Freiheitsstrafe bis zu zwei Jahren oder mit Geldstrafe bestraft.
(2) Der Versuch ist strafbar.
(3) § 283 Abs 6 gilt entsprechend.

Übersicht

A. Allgemeines

1 Es handelt sich um eine **Privilegierung** für Täter, die mit ihrer Bankrotthandlung einen Gläubiger begünstigen,[1] welche ihren Grund darin findet, dass im Unterschied zu § 283 StGB die Insolvenzmasse allein mit Blick auf ihre **insolvenzrechtlich vorgesehene Verteilung nach dem Prinzip par conditio creditorum** unter Bevorzugung eines Gläubigers, aber nicht eines Dritten, also insbeson-

1 Vgl BT-Drucks 7/3441 S 39.

https://doi.org/10.1515/9783111386669-014

dere des Schuldners selbst, beeinträchtigt wird.[2] Dadurch sind auch die übrigen Gläubiger weniger schlecht gestellt.[3]

2 **§ 283c StGB** ist sowohl ein **Sonder** –[4] als auch ein **Erfolgsdelikt**,[5] da zum einen die Eigenschaft vorausgesetzt wird, als **zahlungsunfähiger Schuldner** zu handeln, und weil zum anderen die **Gefährdung des Vermögens der anderen Gläubiger** als Kehrseite der durch die tatbestandliche Handlung erzielten Bevorzugung eines einzelnen Gläubigers erforderlich ist.

B. Objektiver Tatbestand

3 Der **zahlungsunfähige** Schuldner muss einem **Gläubiger** eine **Sicherheit** oder **Befriedigung** gewährt haben, die dieser **nicht oder nicht in der Art oder nicht zu der Zeit zu beanspruchen** hatte, und ihn dadurch vor den übrigen Gläubigern **begünstigt** haben.

I. Gläubiger

1. Begriff

4 Der Begriff des Gläubigers bezeichnet jeden Inhaber eines **vermögensrechtlichen Anspruchs** gegen den Schuldner,[6] wobei die Forderungen lediglich „begründet" iSd **§ 38 InsO**,[7] also nicht fällig sein müssen, vielmehr auch betagt, bedingt oder einredebehaftet sein können,[8] und es

---

2 Vgl BGHSt 8, 55, 56; BGHSt 34, 221, 225; BGHSt 35, 357, 359; *BGH* NStZ 1996, 543, 544; BeckOK-StGB/*Beukelmann*[58] § 283c Rdn 1; SSW-StGB/*Bosch*[5] § 283c Rdn 1; StGB/*Fischer*[69] § 283c Rdn 1; Schönke/Schröder-StGB/*Heine*/*Schuster*[30] § 283c Rdn 1; NK-StGB/*Kindhäuser*[5] § 283c Rdn 1; Wabnitz/Janovsky/Schmitt/*Pelz*[5] 9. Kapitel Rdn 221; MünchKomm-StGB/*Petermann*/*Hofmann*[4] § 283c Rdn 1; Graf/Jäger/Wittig/*Reinhart*[2] § 283c Rdn 1; Müller-Gugenberger-WirtschaftsStrR/*H. Richter*[7] Rdn 84.17, 84.19; Momsen/Grützner-WirtschaftsStStrR/*Rotsch*/*Wagner*[2] Kapitel 8. Rdn 293; LK-StGB/*Tiedemann*[12] § 283c Rdn 1; *Vormbaum* GA 1981, 101, 124; *Weyand*/*Diversy* Rdn 129; Wirtschaftsstrafrecht/*Wittig*[5] § 23 Rdn 145.

3 Bittmann-Insolvenzstrafrecht/*C. Brand*[2] § 14 Rdn 2, 4; SK-StGB/*Hoyer*[9] § 283c Rdn 2; MünchKomm-StGB/*Petermann*/*Hofmann*[4] § 283c Rdn 2.

4 Matt/Renzikowski-StGB/*Altenhain*[2] § 283c Rdn 2; StGB/*Fischer*[69] § 283c Rdn 1; Lackner/Kühl-StGB/*Heger*[29] § 283c Rdn 2; Schönke/Schröder-StGB/*Heine*/*Schuster*[30] § 283c Rdn 1, 14; Achenbach/Ransiek/Rönnau-Handbuch Wirtschaftsstrafrecht/*Himmelreich*[5] 7. Teil, 1. Kapitel Rdn 214; Müller-Gugenberger-WirtschaftsStrR/*H. Richter*[7] Rdn 84.22; Momsen/Grützner-WirtschaftsStStrR/*Rotsch*/*Wagner*[2] Kapitel 8. Rdn 295; *Weyand*/*Diversy* Rdn 130; Wirtschaftsstrafrecht/*Wittig*[5] § 23 Rdn 148.

5 SSW-StGB/*Bosch*[5] § 283c Rdn 1; Bittmann-Insolvenzstrafrecht/*C. Brand*[2] § 14 Rdn 2; NK-StGB/*Kindhäuser*[5] § 283c Rdn 2; Wabnitz/Janovsky/Schmitt/*Pelz*[5] 9. Kapitel Rdn 221; MünchKomm-StGB/*Petermann*/*Hofmann*[4] § 283c Rdn 5 (konkrete Gefährdung erforderlich); Graf/Jäger/Wittig/*Reinhart*[2] § 283c Rdn 1; LK-StGB/*Tiedemann*[12] § 283c Rdn 2 f; Wirtschaftsstrafrecht/*Wittig*[5] § 23 Rdn 146; **aA – (rechtsgutsbezogen) konkretes Gefährdungsdelikt** SK-StGB/*Hoyer*[9] § 283c Rdn 1; MünchKomm-StGB/*Petermann*/*Hofmann*[4] § 283c Rdn 5; **aA – abstraktes Gefährdungsdelikt** Matt/Renzikowski-StGB/*Altenhain*[2] § 283c Rdn 1.

6 Vgl Matt/Renzikowski-StGB/*Altenhain*[2] § 283c Rdn 3; SSW-StGB/*Bosch*[5] § 283c Rdn 2; Bittmann-Insolvenzstrafrecht/*C. Brand*[2] § 14 Rdn 5; StGB/*Fischer*[69] § 283c Rdn 2; Achenbach/Ransiek/Rönnau-Handbuch Wirtschaftsstrafrecht/*Himmelreich*[5] 7. Teil, 1. Kapitel Rdn 215; SK-StGB/*Hoyer*[9] § 283c Rdn 3; NK-StGB/*Kindhäuser*[5] § 283c Rdn 3; MünchKomm-StGB/*Petermann*/*Hofmann*[4] § 283c Rdn 8; Graf/Jäger/Wittig/*Reinhart*[2] § 283c Rdn 3; Momsen/Grützner-WirtschaftsStStrR/*Rotsch*/*Wagner*[2] Kapitel 8. Rdn 296; LK-StGB/*Tiedemann*[12] § 283c Rdn 6; *Weyand*/*Diversy* Rdn 130; Wirtschaftsstrafrecht/*Wittig*[5] § 23 Rdn 149.

7 Vgl dazu K. Schmidt-InsO/*Büteröwe*[19] § 38 Rdn 15.

8 RGSt 15, 90, 95 (Bedingung unerheblich); Lackner/Kühl-StGB/*Heger*[29] § 283c Rdn 2; NK-StGB/*Kindhäuser*[5] § 283c Rdn 4; MünchKomm-StGB/*Petermann*/*Hofmann*[4] § 283c Rdn 8; Graf/Jäger/Wittig/*Reinhart*[2] § 283c Rdn 3 (Bedingung unerheblich); Momsen/Grützner-WirtschaftsStStrR/*Rotsch*/*Wagner*[2] Kapitel 8. Rdn 296; *Weyand*/*Diversy* Rdn 130 (Fälligkeit nicht erforderlich); *Vormbaum* GA 1981, 101, 107.

sich sowohl um privat- als auch um öffentlichrechtlich begründete Forderungen handeln kann.[9] Erfasst sind **Insolvenzgläubiger** nach **§ 38 InsO**, **absonderungsberechtigte Gläubiger** (vgl **§ 49 InsO**),[10] **Massegläubiger** (vgl **§ 53 InsO**),[11] zudem auch die **bedingt berechtigten Gläubiger**, zB **Bürgen**.[12] **Aussonderungsberechtigte Gläubiger** (vgl **§ 47 InsO**) scheiden aus.[13]

2. Zeitpunkt des Bestehens der Gläubigerstellung

5 Die **Gläubigerstellung** muss nach **hM bereits im Zeitpunkt der Tathandlung** bestehen und darf nicht erst gleichzeitig mit dieser Handlung entstehen.[14] Hingegen ist es **nicht erforderlich**, dass sie bei **Eintritt der Zahlungsunfähigkeit** begründet ist.[15] Die anderslautende Auffassung, nach welcher der die Gläubigerstellung begründende Anspruch schon zu diesem Zeitpunkt bestanden haben muss, um der Gefahr von Manipulationen in dem kritischen Zeitraum nach Eintritt der Zahlungsunfähigkeit mit der Anwendung des **§ 283 StGB** zu begegnen,[16] widerspricht zum einen dem Wortlaut des **§ 283c Abs 1 StGB** und verkennt zum anderen, dass diese Vorschrift sich an dem Normalfall orientiert, nach dem der Schuldner sich nach Eintritt der Zahlungsunfähigkeit nur mit einzelnen Gläubigern verständigt. Zudem würden dadurch dem Gläubiger Sanierungskredite oder Anwaltskonsultationen[17] nach Eintritt der Zahlungsunfähigkeit nicht ermöglicht, wobei allerdings die Einschränkung gelten muss, dass die Gläubigerstellung

---

9 Matt/Renzikowski-StGB/*Altenhain*[2] § 283c Rdn 3; Bittmann-Insolvenzstrafrecht/*C. Brand*[2] § 14 Rdn 5; Achenbach/Ransiek/Rönnau-Handbuch Wirtschaftsstrafrecht/*Himmelreich*[5] 7. Teil, 1. Kapitel Rdn 215; SK-StGB/*Hoyer*[9] § 283c Rdn 3; LK-StGB/*Tiedemann*[12] § 283c Rdn 6 f; Graf/Jäger/Wittig/*Reinhart*[2] § 283c Rdn 3; *Weyand/Diversy* Rdn 130.

10 **Kritisch** – nur, wenn der Wert des Absonderungsguts und die Höhe der gesicherten Gläubigerforderung sich nicht entsprechen, Bittmann-Insolvenzstrafrecht/*C. Brand*[2] § 14 Rdn 11; MünchKomm-StGB/*Petermann/Hofmann*[4] § 283c Rdn 10.

11 Vgl BGH 10.3.1981 – 1 StR 539/80 (juris); Matt/Renzikowski-StGB/*Altenhain*[2] § 283c Rdn 3; BeckOK-StGB/*Beukelmann*[58] § 283c Rdn 11; SSW-StGB/*Bosch*[5] § 283c Rdn 2; StGB/*Fischer*[69] § 283c Rdn 2; Lackner/Kühl-StGB/*Heger*[29] § 283c Rdn 2; Schönke/Schröder-StGB/*Heine/Schuster*[30] § 283c Rdn 12; SK-StGB/*Hoyer*[9] § 283c Rdn 3; NK-StGB/*Kindhäuser*[5] § 283c Rdn 3; MünchKomm-StGB/*Petermann/Hofmann*[4] § 283c Rdn 10; Graf/Jäger/Wittig/*Reinhart*[2] § 283c Rdn 3; Müller-Gugenberger-WirtschaftsStrR/*H. Richter*[7] Rdn 84.23; Momsen/Grützner-WirtschaftsStStrR/*Rotsch/Wagner*[2] Kapitel 8. Rdn 296; LK-StGB/*Tiedemann*[12] § 283c Rdn 6; *Weyand/Diversy* Rdn 130.

12 RGSt 15, 90, 95; Matt/Renzikowski-StGB/*Altenhain*[2] § 283c Rdn 3; SSW-StGB/*Bosch*[5] § 283c Rdn 2; Bittmann-Insolvenzstrafrecht/*C. Brand*[2] § 14 Rdn 5; Lackner/Kühl-StGB/*Heger*[29] § 283c Rdn 2; Schönke/Schröder-StGB/*Heine/Schuster*[30] § 283c Rdn 12; NK-StGB/*Kindhäuser*[5] § 283c Rdn 3; Graf/Jäger/Wittig/*Reinhart*[2] § 283c Rdn 3; Müller-Gugenberger-WirtschaftsStrR/*H. Richter*[7] Rdn 84.26; Momsen/Grützner-WirtschaftsStStrR/*Rotsch/Wagner*[2] Kapitel 8. Rdn 296.

13 Matt/Renzikowski-StGB/*Altenhain*[2] § 283c Rdn 3; BeckOK-StGB/*Beukelmann*[58] § 283c Rdn 11; SSW-StGB/*Bosch*[5] § 283c Rdn 2; Bittmann-Insolvenzstrafrecht/*C. Brand*[2] § 14 Rdn 10; Achenbach/Ransiek/Rönnau-Handbuch Wirtschaftsstrafrecht/*Himmelreich*[5] 7. Teil, 1. Kapitel Rdn 215; SK-StGB/*Hoyer*[9] § 283c Rdn 3; NK-StGB/*Kindhäuser*[5] § 283c Rdn 3; MünchKomm-StGB/*Petermann/Hofmann*[4] § 283c Rdn 10; Graf/Jäger/Wittig/*Reinhart*[2] § 283c Rdn 3; Momsen/Grützner-WirtschaftsStStrR/*Rotsch/Wagner*[2] Kapitel 8. Rdn 296; LK-StGB/*Tiedemann*[12] § 283c Rdn 6; *Weyand/Diversy* Rdn 130.

14 Vgl RGSt 35, 127 f; BeckOK-StGB/*Beukelmann*[58] § 283c Rdn 14; StGB/*Fischer*[69] § 283c Rdn 2; Lackner/Kühl-StGB/*Heger*[29] § 283c Rdn 2; Schönke/Schröder-StGB/*Heine/Schuster*[30] § 283c Rdn 12; SK-StGB/*Hoyer*[9] § 283c Rdn 9; NK-StGB/*Kindhäuser*[5] § 283c Rdn 4 (einschränkend: Anspruch muss im Rahmen ordnungsgemäßer Wirtschaft begründet worden sein, da sonst § 283 StGB eingreift); Graf/Jäger/Wittig/*Reinhart*[2] § 283c Rdn 4; LK-StGB/*Tiedemann*[12] § 283c Rdn 8; **aA** Bittmann-Insolvenzstrafrecht/*C. Brand*[2] § 14 Rdn 7.

15 BGHSt 35, 357, 361; StGB/*Fischer*[69] § 283c Rdn 2; NK-StGB/*Kindhäuser*[5] § 283c Rdn 4; Momsen/Grützner-WirtschaftsStStrR/*Rotsch/Wagner*[2] Kapitel 8. Rdn 296; *H. Schäfer* wistra 1990, 81, 89; LK-StGB/*Tiedemann*[12] § 283c Rdn 9; **differenzierend** – § 283 StGB dann, wenn die Gläubigerstellung entgegen den Grundsätzen ordnungsgemäßer Wirtschaftsführung begründet wurde und nur dem Beiseiteschaffen von Vermögenswerten dient, SSW-StGB/*Bosch*[5] § 283c Rdn 2; Schönke/Schröder-StGB/*Heine/Schuster*[30] § 283c Rdn 12.

16 Lackner/Kühl-StGB/*Heger*[29] § 283c Rdn 2; SK-StGB/*Hoyer*[9] § 283c Rdn 8; Graf/Jäger/Wittig/*Reinhart*[2] § 283c Rdn 4; *Vormbaum* GA 1981, 101, 106 f; Wirtschaftsstrafrecht/*Wittig*[5] § 23 Rdn 149.

17 Vgl BGHSt 35, 357, 361.

nicht entgegen den Vorgaben ordnungsgemäßer Wirtschaftsführung – damit nicht inkongruent – begründet worden ist.[18]

3. Ausschluss des Schuldners

Der **Schuldner** selbst kann nicht Gläubiger sein; die Selbstbegünstigung wird nach der **Rechtsprechung**[19] und der **hM** in der Literatur[20] nicht von **§ 283c StGB**, sondern von **§ 283 Abs 1 Nr 1 StGB** erfasst, da der Schuldner sonderpflichtig ist. 6

4. Gesellschafter bzw Organe von juristischen Personen

Ebenso scheiden die **Gesellschafter der juristischen Person** aus dem Gläubigerbegriff aus, soweit es um ihre **Kapital- bzw Geschäftsanteile** geht.[21] Mit Blick auf die (nach altem Recht sog) **eigenkapitalersetzenden Gesellschafterdarlehen** kommt mit der mE zu folgenden **Rechtsprechung des** BGH[22] auch nach Inkrafttreten des MoMiG eine Strafbarkeit nach **§ 283 StGB** (und nicht nach **§ 283c StGB**) in Betracht (vgl *Anders* § 283 Rdn 9). 7

Schließlich nehmen **Rechtsprechung**[23] und **Teile der Literatur**[24] den Ausschluss der Gläubigerstellung in den Fällen an, in denen der Gläubiger als **Organ oder Vertreter iSd § 14 StGB** handelt, sich der GmbH-Geschäftsführer etwa als Sicherheit für seine Gehaltsforderung Vermögensgegenstände der GmbH überträgt. Zwar besteht – so die Gegenansicht –[25] auch hier in streng formal-zivilrechtlicher Betrachtung ein Auseinanderfallen von Gläubiger- und Schuldnerstellung, welches den Anwendungsbereich des **§ 283c StGB** eröffnen könnte. Dem ist aber mit einer von der **Sonderpflichtigkeit des Schuldners**, welche insolvenzstrafrechtlich eigennütziges Handeln des Schuldners nicht privilegiert, getragenen **teleologischen Einschränkung des Gläubigerbegriffs** in **§ 283c StGB** zu begegnen,[26] sodass in diesen Fällen **§ 283 StGB** in Betracht kommt. Daran ändert auch die nach Aufgabe der Interessenformel nunmehr bestehende Irrelevanz der Eigennüt- 8

---

18 Vgl SSW-StGB/*Bosch*[5] § 283c Rdn 2; Bittmann-Insolvenzstrafrecht/*C. Brand*[2] § 14 Rdn 8; Schönke/Schröder-StGB/*Heine/Schuster*[30] § 283c Rdn 12; LK-StGB/*Tiedemann*[12] § 283c Rdn 9.

19 Vgl RGSt 68, 368, 369 f; BGHSt 34, 221, 225 f.

20 Vgl Matt/Renzikowski-StGB/*Altenhain*[2] § 283c Rdn 4; BeckOK-StGB/*Beukelmann*[58] § 283c Rdn 12; SSW-StGB/*Bosch*[5] § 283c Rdn 2; StGB/*Fischer*[69] § 283c Rdn 2; Schönke/Schröder-StGB/*Heine/Schuster*[30] § 283c Rdn 12; SK-StGB/*Hoyer*[9] § 283c Rdn 5; NK-StGB/*Kindhäuser*[5] § 283c Rdn 3; MünchKomm-StGB/*Petermann/Hofmann*[4] § 283c Rdn 12; Graf/Jäger/Wittig/*Reinhart*[2] § 283c Rdn 3; Müller-Gugenberger-WirtschaftsStrR/*H. Richter*[7] Rdn 84.22, 84.28; LK-StGB/*Tiedemann*[12] § 283c Rdn 10; Wirtschaftsstrafrecht/*Wittig*[5] § 23 Rdn 150; **aA** Lackner/Kühl-StGB/*Heger*[29] § 283c Rdn 2.

21 Vgl Bittmann-Insolvenzstrafrecht/*C. Brand*[2] § 14 Rdn 15; *Hendel* NJW 1977, 1943, 1946; SK-StGB/*Hoyer*[9] § 283c Rdn 6; NK-StGB/*Kindhäuser*[5] § 283c Rdn 3; MünchKomm-StGB/*Petermann/Hofmann*[4] § 283c Rdn 14; Graf/Jäger/Wittig/*Reinhart*[2] § 283c Rdn 3; LK-StGB/*Tiedemann*[12] § 283c Rdn 10.

22 Vgl *BGH* NZI 2017, 542, 543 f; **aA** *OLG Celle* NStZ-RR 2014, 278.

23 Vgl *BGH* NJW 1969, 1494, 1495; BGHSt 34, 221, 226.

24 Vgl Matt/Renzikowski-StGB/*Altenhain*[2] § 283c Rdn 4; SSW-StGB/*Bosch*[5] § 283c Rdn 2; Müller-Gugenberger-WirtschaftsStrR/*H. Richter*[7] Rdn 84.22; LK-StGB/*Tiedemann*[12] § 283c Rdn 11.

25 BeckOK-StGB/*Beukelmann*[58] § 283c Rdn 12 (für den Fall, dass § 266 StGB nicht greifen sollte); Bittmann-Insolvenzstrafrecht/*C. Brand*[2] § 14 Rdn 21; Lackner/Kühl-StGB/*Heger*[29] § 283c Rdn 2; Achenbach/Ransiek/Rönnau-Handbuch Wirtschaftsstrafrecht/*Himmelreich*[5] 7. Teil, 1. Kapitel Rdn 216; SK-StGB/*Hoyer*[9] § 283c Rdn 6; NK-StGB/*Kindhäuser*[5] § 283c Rdn 3; MünchKomm-StGB/*Petermann/Hofmann*[4] § 283c Rdn 15 (wiederum gegen § 283c StGB für den Fall des Gesellschafters und Gesellschafter-Geschäftsführers, wenn die Forderungen iSv § 39 Abs 1 Satz 1 Nr 5 InsO einem Darlehen wirtschaftlich entsprechen („stehengelassene Forderungen")); Graf/Jäger/Wittig/*Reinhart*[2] § 283c Rdn 3; Momsen/Grützner-WirtschaftsStStrR/*Rotsch/Wagner*[2] Kapitel 8. Rdn 296 (soweit nicht nachrangige Forderungen betroffen sind); wohl auch *Weyand/Diversy* Rdn 130.

26 Vgl LK-StGB/*Tiedemann*[12] § 283c Rdn 11.

zigkeit des Handelns im Rahmen des §§ 283, 14 Abs 1 Nr 1 StGB[27] nichts. Ein Verstoß gegen das Analogieverbot aus **Art 103 Abs 2 GG** steht dadurch nicht zu besorgen.[28]

II. Gewährung einer Sicherheit oder Befriedigung

9 **Befriedigung** bedeutet **schuldrechtliche Erfüllung eines Anspruchs** entweder durch **Bewirken der geschuldeten Leistung (§ 362 Abs 1 BGB),** durch **Annahme einer Leistung als Erfüllung (§ 363 BGB)** oder auch **an Erfüllungs statt (§ 364 Abs 1 BGB).**[29] Die Verschaffung eines vollstreckbaren Titels ist noch keine Befriedigung.[30] Die Hingabe eines **Kundenschecks** bzw **-wechsels** – heute wirtschaftlich von geringerer Bedeutung – ist bei vorbehaltloser Gutschrift eine Befriedigung, vorher eine Sicherheit, die Ausstellung eines **eigenen Schecks** oder **Wechsels durch den Schuldner** stellt jedoch weder Befriedigung noch Sicherheit dar.[31] Befriedigung ist gegeben, wenn der Schuldner mit dem Gläubiger einen „Verkauf" allein zum Zwecke der Schaffung einer Aufrechnungsmöglichkeit zur Tilgung der eigentlichen Schuld durchführt.[32] Wird ein (Grund-)Pfandrecht, das ein Dritter zugunsten des Schuldners bestellt hat, durch Erfüllung des Anspruchs im Wege der Zahlung an den Gläubiger zum Erlöschen gebracht, wird nur dem Gläubiger eine Befriedigung gewährt, nicht jedoch dem Pfandschuldner.[33]

10 Eine **Sicherheit** ist jede rechtliche oder tatsächliche Position, die dem Gläubiger die Möglichkeit eröffnet, eher, besser, gewisser, leichter oder sicherer wegen seiner Forderung befriedigt zu werden, als er zu beanspruchen hat.[34] Die Verschaffung eines vollstreckbaren Titels ist keine Gewährung einer Sicherheit.[35] Die Sicherheit muss aus dem zur Insolvenzmasse gehörenden Vermögen gewährt

---

27 In diesem Sinne Bittmann-Insolvenzstrafrecht/*C. Brand*[2] § 14 Rdn 21; Schönke/Schröder-StGB/*Heine/Schuster*[30] § 283c Rdn 12; MünchKomm-StGB/*Petermann*[3] § 283c Rdn 9.

28 LK-StGB/*Tiedemann*[12] § 283c Rdn 11 entgegen *Renkl* JuS 1973, 611, 613 und *U. Weber* StV 1988, 16, 18.

29 Matt/Renzikowski-StGB/*Altenhain*[2] § 283c Rdn 5; BeckOK-StGB/*Beukelmann*[58] § 283c Rdn 4; SSW-StGB/*Bosch*[5] § 283c Rdn 4; Bittmann-Insolvenzstrafrecht/*C. Brand*[2] § 14 Rdn 26; StGB/*Fischer*[69] § 283c Rdn 5; Lackner/Kühl-StGB/*Heger*[29] § 283c Rdn 4; Schönke/Schröder-StGB/*Heine/Schuster*[30] § 283c Rdn 5; Achenbach/Ransiek/Rönnau-Handbuch Wirtschaftsstrafrecht/*Himmelreich*[5] 7. Teil, 1. Kapitel Rdn 219; SK-StGB/*Hoyer*[9] § 283c Rdn 11; NK-StGB/*Kindhäuser*[5] § 283c Rdn 9; MünchKomm-StGB/*Petermann/Hofmann*[4] § 283c Rdn 13; Graf/Jäger/Wittig/*Reinhart*[2] § 283c Rdn 6; LK-StGB/*Tiedemann*[12] § 283c Rdn 16; *Weyand/Diversy* Rdn 131; Wirtschaftsstrafrecht/*Wittig*[5] § 23 Rdn 154.

30 Vgl RGSt 30, 46, 49; Lackner/Kühl-StGB/*Heger*[29] § 283c Rdn 4.

31 Vgl *RG* GA 1891, 230, 231; BGHSt 16, 279, 280; SSW-StGB/*Bosch*[5] § 283c Rdn 7; Bittmann-Insolvenzstrafrecht/*C. Brand*[2] § 14 Rdn 26; StGB/*Fischer*[69] § 283c Rdn 6; Lackner/Kühl-StGB/*Heger*[29] § 283c Rdn 4; Schönke/Schröder-StGB/*Heine/Schuster*[30] § 283c Rdn 5; SK-StGB/*Hoyer*[9] § 283c Rdn 11; NK-StGB/*Kindhäuser*[5] § 283c Rdn 9; Graf/Jäger/Wittig/*Reinhart*[2] § 283c Rdn 6; Müller-Gugenberger-WirtschaftsStrR/*H. Richter*[7] Rdn 84.32; LK-StGB/*Tiedemann*[12] § 283c Rdn 16.

32 Vgl RGSt 6, 149, 150 f; *BGH* bei *Herlan* GA 1961, 359; *IX. Zivilsenat BGH* NZI 2001, 357, 358 f; Bittmann-Insolvenzstrafrecht/*C. Brand*[2] § 14 Rdn 37; Lackner/Kühl-StGB/*Heger*[29] § 283c Rdn 4; Schönke/Schröder-StGB/*Heine/Schuster*[30] § 283c Rdn 5; NK-StGB/*Kindhäuser*[5] § 283c Rdn 5; Graf/Jäger/Wittig/*Reinhart*[2] § 283c Rdn 6; Müller-Gugenberger-WirtschaftsStrR/*H. Richter*[7] Rdn 84.32; LK-StGB/*Tiedemann*[12] § 283c Rdn 16; *Weyand/Diversy* Rdn 131.

33 Vgl RGSt 62, 277, 279 f; Schönke/Schröder-StGB/*Heine/Schuster*[30] § 283c Rdn 5; Graf/Jäger/Wittig/*Reinhart*[2] § 283c Rdn 6; vgl auch LK-StGB/*Tiedemann*[12] § 283c Rdn 16.

34 Vgl RGSt 30, 261, 262; SSW-StGB/*Bosch*[5] § 283c Rdn 4; Matt/Renzikowski-StGB/*Altenhain*[2] § 283c Rdn 5; Schönke/Schröder-StGB/*Heine/Schuster*[30] § 283c Rdn 4; Achenbach/Ransiek/Rönnau-Handbuch Wirtschaftsstrafrecht/*Himmelreich*[5] 7. Teil, 1. Kapitel Rdn 218; SK-StGB/*Hoyer*[9] § 283c Rdn 10; NK-StGB/*Kindhäuser*[5] § 283c Rdn 6; MünchKomm-StGB/*Petermann/Hofmann*[4] § 283c Rdn 17; Graf/Jäger/Wittig/*Reinhart*[2] § 283c Rdn 5; Momsen/Grützner-WirtschaftsStStrR/*Rotsch/Wagner*[2] Kapitel 8. Rdn 297; LK-StGB/*Tiedemann*[12] § 283c Rdn 13; *Weyand/Diversy* Rdn 131; Wirtschaftsstrafrecht/*Wittig*[5] § 23 Rdn 155.

35 Vgl RGSt 30, 46, 49; Bittmann-Insolvenzstrafrecht/*C. Brand*[2] § 14 Rdn 24; Schönke/Schröder-StGB/*Heine/Schuster*[30] § 283c Rdn 4; Graf/Jäger/Wittig/*Reinhart*[2] § 283c Rdn 5; LK-StGB/*Tiedemann*[12] § 283c Rdn 14.

werden.[36] In Betracht kommen insbesondere Sicherungsübereignung, Verpfändung, Bestellung eines Grundpfandrechts und die Einräumung eines Zurückbehaltungsrechts[37] sowie Realakte (Rdn 12).[38] **Vollendung** der Tat ist erst gegeben, wenn die Rechtsstellung vom Gläubiger erlangt worden ist, also etwa die Buchhypothek in das Grundbuch eingetragen worden ist;[39] vorher – zB bei der Eintragung einer Briefhypothek ohne Übergabe des Hypothekenbriefs –[40] kommt Versuch nach **Absatz 2** in Betracht.[41] **Wirtschaftlicher Wert** der Sicherheit zum Zeitpunkt des Gewährens ist nicht erforderlich.[42]

Ob die Schuldübernahme durch eine vom Schuldner gegründete **Auffanggesellschaft** im Wege des **Aktiv-Passiv-Tausches** als eine **Sonderform der Sicherheitsgewährung** unter **§ 283c StGB** fällt, ist umstritten: Eine Auffassung bejaht dies; Zwar werde durch den Aktiv-Passiv-Tausch die Insolvenzquote verringert, was für ein Beiseiteschaffen nach **§ 283 Abs 1 Nr 1 StGB** sprechen würde; eine einheitliche Betrachtung der Übertragung von Aktiva und Passiva führe jedoch zu einer Besserstellung des Gläubigers, da dessen frühere quotenmäßig reduzierte Forderung gegenüber dem Neuschuldner wirtschaftlich wieder im vollen Umfange auflebe.[43] Die andere Ansicht stellt zentral, dass der Gläubiger die Befriedigung von der Auffanggesellschaft erhalte, wobei die Mittel zwar letztlich aus dem Schuldnervermögen stammten; dabei handele es sich aber um eine unzulässige hypothetische Betrachtung, zumal es dem Schuldner primär nicht darum gehe, einzelne Gläubiger vorzuziehen, sondern vielmehr darum, Teile seines krisenbefangenen Unternehmens zu sanieren, sodass **§ 283 Abs 1 Nr 1** bzw **Nr 8 StGB** gegeben sei.[44] Die letztgenannte Auffassung ist aus den dargelegten Gründen vorzugswürdig. 11

Erforderlich für das **Gewähren** ist nach (wohl früher) **hM**, dass der **Gläubiger mitwirkt iS der Annahme des Vorteils (als Rechtshandlung)**.[45] Die **abweichende Auffassung** erfasst auch **Realakte** und lässt die **bloße tatsächliche Leistungsbewirkung** ausreichen; entscheidend sei, ob 12

36 BeckOK-StGB/*Beukelmann*[58] § 283c Rdn 3; Schönke/Schröder-StGB/*Heine/Schuster*[30] § 283c Rdn 4; NK-StGB/*Kindhäuser*[5] § 283c Rdn 6; MünchKomm-StGB/*Petermann/Hofmann*[4] § 283c Rdn 21; Graf/Jäger/Wittig/*Reinhart*[2] § 283c Rdn 5; *Weyand/Diversy* Rdn 131.

37 BeckOK-StGB/*Beukelmann*[58] § 283c Rdn 3.1; SSW-StGB/*Bosch*[5] § 283c Rdn 4; Bittmann-Insolvenzstrafrecht/*C. Brand*[2] § 14 Rdn 24; StGB/*Fischer*[69] § 283c Rdn 5; Lackner/Kühl-StGB/*Heger*[29] § 283c Rdn 4; Schönke/Schröder-StGB/*Heine/Schuster*[30] § 283c Rdn 4; NK-StGB/*Kindhäuser*[5] § 283c Rdn 6; MünchKomm-StGB/*Petermann/Hofmann*[4] § 283c Rdn 17; Graf/Jäger/Wittig/*Reinhart*[2] § 283c Rdn 5; *Weyand/Diversy* Rdn 131.

38 Vgl Bittmann-Insolvenzstrafrecht/*C. Brand*[2] § 14 Rdn 24; Achenbach/Ransiek/Rönnau-Handbuch Wirtschaftsstrafrecht/*Himmelreich*[5] 7. Teil, 1. Kapitel Rdn 218; SK-StGB/*Hoyer*[9] § 283c Rdn 10; NK-StGB/*Kindhäuser*[5] § 283c Rdn 6; Graf/Jäger/Wittig/*Reinhart*[2] § 283c Rdn 5; Momsen/Grützner-WirtschaftsStStrR/*Rotsch/Wagner*[2] Kapitel 8. Rdn 297; LK-StGB/*Tiedemann*[12] § 283c Rdn 14.

39 Vgl RGSt 34, 172, 174 f; SSW-StGB/*Bosch*[5] § 283c Rdn 4; Lackner/Kühl-StGB/*Heger*[29] § 283c Rdn 4; Schönke/Schröder-StGB/*Heine/Schuster*[30] § 283c Rdn 4; MünchKomm-StGB/*Petermann*[3] § 283c Rdn 12; Graf/Jäger/Wittig/*Reinhart*[2] § 283c Rdn 5; LK-StGB/*Tiedemann*[12] § 283c Rdn 14; *Weyand/Diversy* Rdn 131.

40 Vgl RGSt 65, 416 f; LK-StGB/*Tiedemann*[12] § 283c Rdn 14; *Weyand/Diversy* Rdn 131.

41 LK-StGB/*Tiedemann*[12] § 283c Rdn 14.

42 BeckOK-StGB/*Beukelmann*[58] § 283c Rdn 3; Schönke/Schröder-StGB/*Heine/Schuster*[30] § 283c Rdn 4; NK-StGB/*Kindhäuser*[5] § 283c Rdn 6; Graf/Jäger/Wittig/*Reinhart*[2] § 283c Rdn 5 (danach soll es allerdings praktisch selten zu einer Benachteiligung der Gläubiger kommen); LK-StGB/*Tiedemann*[12] § 283c Rdn 15; **aA** Bittmann-Insolvenzstrafrecht/*C. Brand*[2] § 14 Rdn 25.

43 Vgl BeckOK-StGB/*Beukelmann*[58] § 283c Rdn 3.2; NK-StGB/*Kindhäuser*[5] § 283c Rdn 8; *Krause* (1995) S 276 ff; LK-StGB/*Tiedemann*[12] § 283c Rdn 23.

44 Bittmann-Insolvenzstrafrecht/*C. Brand*[2] § 14 Rdn 28, § 28 Rdn 60; SK-StGB/*Hoyer*[9] § 283c Rdn 10; MünchKomm-StGB/*Petermann/Hofmann*[4] § 283c Rdn 21.

45 Vgl RGSt 29, 413, 414; RGSt 62, 277, 280; BeckOK-StGB/*Beukelmann*[58] § 283c Rdn 5; Lackner/Kühl-StGB/*Heger*[29] § 283c Rdn 4; NK-StGB/*Kindhäuser*[5] § 283c Rdn 10; *Weyand/Diversy* Rdn 131.

die Zuwendung **in das Vermögen des Gläubigers übergegangen** ist.[46] Die Tatbestandsverwirklichung wird auch nicht dadurch gehindert, dass die Sicherung bzw Befriedigung zivilrechtlich nach den **§§ 134, 138 BGB nichtig** ist[47] oder die **vormundschaftliche Genehmigung** fehlt;[48] sollte eine Einigung jedoch nicht wirksam zustande gekommen sein wegen **fehlender Bestimmtheit der (Sicherungs-)Abrede**, kommt **§ 283c StGB** jedenfalls in vollendeter Form[49] nicht in Betracht.[50] Der Streit, ob eine **mitwirkende Rechtshandlung des Gläubigers notwendig** ist, wird zudem selten praktisch, da ein Einverständnis des Gläubigers etwa schon in der Angabe seiner Kontoverbindung gesehen werden und zudem auch der Handlung des Schuldners zeitlich nachfolgen kann.[51] Die letztgenannte Ansicht entspricht im Übrigen der in der zivilrechtlichen Rechtsprechung und Literatur heute herrschenden **Theorie der realen Leistungsbewirkung**,[52] nach der die Erfüllungswirkung regelmäßig als objektive Folge der Leistungsbewirkung eintritt, ohne dass weitere Umstände hinzutreten müssten, wenn der Schuldner den geschuldeten Leistungserfolg herbeiführt;[53] sie ist daher vorzugswürdig.

13 Das Gewähren kann auch durch **Unterlassen** erfolgen.[54] Dies setzt nach allgemeinen Grundsätzen das Vorliegen einer **Garantenstellung** voraus, welche jedoch nicht in der **allgemeinen Schuldnerpflicht**[55] oder dem **Unterlassen des Stellens eines Insolvenzantrags** bzw der **verspäteten Antragstellung** gesehen werden kann, da hier das echte Unterlassungsdelikt des **§ 15a Abs 4, 5 InsO** eine eigenständige Strafbewehrung vorsieht.[56] Bloß passives Verhalten reicht nicht

---

46 Vgl Matt/Renzikowski-StGB/*Altenhain*[2] § 283c Rdn 6; SSW-StGB/*Bosch*[5] § 283c Rdn 9; Schönke/Schröder-StGB/*Heine/Schuster*[30] § 283c Rdn 6; Achenbach/Ransiek/Rönnau-Handbuch Wirtschaftsstrafrecht/*Himmelreich*[5] 7. Teil, 1. Kapitel Rdn 220; SK-StGB/*Hoyer*[9] § 283c Rdn 12; MünchKomm-StGB/*Petermann/Hofmann*[4] § 283c Rdn 19; Graf/Jäger/Wittig/*Reinhart*[2] § 283c Rdn 11; Müller-Gugenberger-WirtschaftsStrR/*H. Richter*[7] Rdn 84.37; Momsen/Grützner-WirtschaftsStStrR/*Rotsch/Wagner*[2] Kapitel 8. Rdn 297; LK-StGB/*Tiedemann*[12] § 283c Rdn 17.

47 Vgl *RG* JW 1934, 1289; *BGH* bei *Herlan* GA 1958, 48; SSW-StGB/*Bosch*[5] § 283c Rdn 4; Bittmann-Insolvenzstrafrecht/*C. Brand*[2] § 14 Rdn 27 (mit Einschränkung: Versuch des § 283c StGB, wenn der Gegenstand, auf den sich die Abrede bezieht, das Schuldnervermögen nicht verlassen hat); StGB/*Fischer*[69] § 283c Rdn 5; Lackner/Kühl-StGB/*Heger*[29] § 283c Rdn 4; Schönke/Schröder-StGB/*Heine/Schuster*[30] § 283c Rdn 4; SK-StGB/*Hoyer*[9] § 283c Rdn 10; NK-StGB/*Kindhäuser*[5] § 283c Rdn 6; MünchKomm-StGB/*Petermann/Hofmann*[4] § 283c Rdn 19; Graf/Jäger/Wittig/*Reinhart*[2] § 283c Rdn 5; Müller-Gugenberger-WirtschaftsStrR/*H. Richter*[7] Rdn 84.38; LK-StGB/*Tiedemann*[12] § 283c Rdn 13; *Vormbaum* GA 1981, 101, 109 f.

48 Vgl *BGH* bei *Herlan* GA 1959, 341; Schönke/Schröder-StGB/*Heine/Schuster*[30] § 283c Rdn 4, NK-StGB/*Kindhäuser*[5] § 283c Rdn 6; Graf/Jäger/Wittig/*Reinhart*[2] § 283c Rdn 5; LK-StGB/*Tiedemann*[12] § 283c Rdn 13.

49 Dann jedoch Versuch, vgl SSW-StGB/*Bosch*[5] § 283c Rdn 4; StGB/*Fischer*[69] § 283c Rdn 5; Müller-Gugenberger-WirtschaftsStrR/*H. Richter*[7] Rdn 84.34, 84.38; LK-StGB/*Tiedemann*[12] § 283c Rdn 13.

50 Vgl *BGH* bei *Herlan* GA 1958, 48; Bittmann-Insolvenzstrafrecht/*C. Brand*[2] § 14 Rdn 27; Lackner/Kühl-StGB/*Heger*[29] § 283c Rdn 4; Schönke/Schröder-StGB/*Heine/Schuster*[30] § 283c Rdn 4; NK-StGB/*Kindhäuser*[5] § 283c Rdn 6; MünchKomm-StGB/*Petermann/Hofmann*[4] § 283c Rdn 19; **aA** SK-StGB/*Hoyer*[9] § 283c Rdn 10; Graf/Jäger/Wittig/*Reinhart*[2] § 283c Rdn 5.

51 LK-StGB/*Tiedemann*[12] § 283c Rdn 17.

52 Vgl BGHZ 186, 269; *IX. Zivilsenat BGH* NJW 2014, 547, 549; MünchKomm-BGB/*Fetzer*[9] § 362 Rdn 10.

53 *X. Zivilsenat BGH* NJW 2007, 3488, 3489.

54 Matt/Renzikowski-StGB/*Altenhain*[2] § 283c Rdn 6; BeckOK-StGB/*Beukelmann*[58] § 283c Rdn 5; SSW-StGB/*Bosch*[5] § 283c Rdn 9; StGB/*Fischer*[69] § 283c Rdn 4; Lackner/Kühl-StGB/*Heger*[29] § 283c Rdn 4; Schönke/Schröder-StGB/*Heine/Schuster*[30] § 283c Rdn 7; Achenbach/Ransiek/Rönnau-Handbuch Wirtschaftsstrafrecht/*Himmelreich*[5] 7. Teil, 1. Kapitel Rdn 221; SK-StGB/*Hoyer*[9] § 283c Rdn 13; NK-StGB/*Kindhäuser*[5] § 283c Rdn 11; MünchKomm-StGB/*Petermann/Hofmann*[4] § 283c Rdn 20; Graf/Jäger/Wittig/*Reinhart*[2] § 283c Rdn 12; Müller-Gugenberger-WirtschaftsStrR/*H. Richter*[7] Rdn 84.33; Momsen/Grützner-WirtschaftsStStrR/*Rotsch/Wagner*[2] Kapitel 8. Rdn 297;Wirtschaftsstrafrecht/*Wittig*[5] § 23 Rdn 156; LK-StGB/*Tiedemann*[12] § 283c Rdn 18.

55 Matt/Renzikowski-StGB/*Altenhain*[2] § 283c Rdn 6; Bittmann-Insolvenzstrafrecht/*C. Brand*[2] § 14 Rdn 42; Achenbach/Ransiek/Rönnau-Handbuch Wirtschaftsstrafrecht/*Himmelreich*[5] 7. Teil, 1. Kapitel Rdn 221; SK-StGB/*Hoyer*[9] § 283c Rdn 13; NK-StGB/*Kindhäuser*[5] § 283c Rdn 11; MünchKomm-StGB/*Petermann/Hofmann*[4] § 283c Rdn 20; LK-StGB/*Tiedemann*[12] § 283c Rdn 18; Wirtschaftsstrafrecht/*Wittig*[5] § 23 Rdn 156.

56 Vgl Matt/Renzikowski-StGB/*Altenhain*[2] § 283c Rdn 6; Bittmann-Insolvenzstrafrecht/*C. Brand*[2] § 14 Rdn 42; StGB/*Fischer*[69] § 283c Rdn 4; Achenbach/Ransiek/Rönnau-Handbuch Wirtschaftsstrafrecht/*Himmelreich*[5] 7. Teil, 1. Kapitel Rdn 221; SK-StGB/*Hoyer*[9] § 283c Rdn 13; NK-StGB/*Kindhäuser*[5] § 283c Rdn 11; MünchKomm-StGB/*Petermann/Hofmann*[4] § 283c Rdn 20; Graf/Jäger/Wittig/*Reinhart*[2] § 283c Rdn 12; Müller-Gugenberger-WirtschaftsStrR/*H. Richter*[7] Rdn 84.33; Momsen/Grütznerhin, etwa die **Hinnahme eines Versäumnisurteils**[57] oder einer **eigenmächtigen Verrechnung eines Gläubigers.**[58] Das **kollusive Zusammenwirken** mit dem Gläubiger bedeutet aktives Handeln, keine Unterlassung.[59]

III. Inkongruente Deckung

1. Allgemeines

Die gewährte Sicherheit oder Befriedigung dar der Gläubiger nicht oder nicht in der Art oder nicht zu der Zeit zu beanspruchen haben. Das Vorliegen dieser Voraussetzungen der inkongruenten Deckung ist nach bürgerlichem Recht[60] und den vertraglichen Vereinbarungen[61] zu beurteilen. Die Gewährung einer kongruenten Deckung ist straflos.[62] Die insolvenzrechtliche Anfechtbarkeit hindert die Befriedigung des Anspruchs nicht.[63] Der Anspruch auf Befriedigung begründet keinen Anspruch auf Sicherung;[64] erforderlich ist vielmehr eine separate Sicherungsabrede.[65] Sicherungsabreden und Ersetzungsbefugnisse, die vertraglich zunächst nicht vereinbart waren, jedoch nachträglich erst vor dem Hintergrund der sich abziehenden Insolvenz getroffen wurden, sind nichtig (§§ 134, 138 BGB)[66] und unterfallen § 283c StGB (vgl Rdn 12). 14

WirtschaftsStStrR/*Rotsch/Wagner*[2] Kapitel 8. Rdn 297; LK-StGB/*Tiedemann*[12] § 283c Rdn 19; **aA** RGSt 48, 18, 20; SSW-StGB/*Bosch*[5] § 283c Rdn 9; Lackner/Kühl-StGB/*Heger*[29] § 283c Rdn 4; Schönke/Schröder-StGB/*Heine/Schuster*[30] § 283c Rdn 7.

57 Matt/Renzikowski-StGB/*Altenhain*[2] § 283c Rdn 6; Achenbach/Ransiek/Rönnau-Handbuch Wirtschaftsstrafrecht/*Himmelreich*[5] 7. Teil, 1. Kapitel Rdn 221; SK-StGB/*Hoyer*[9] § 283c Rdn 13; NK-StGB/*Kindhäuser*[5] § 283c Rdn 11; MünchKomm-StGB/*Petermann/Hofmann*[4] § 283c Rdn 20; Graf/Jäger/Wittig/*Reinhart*[2] § 283c Rdn 12; Momsen/Grützner-WirtschaftsStStrR/*Rotsch/Wagner*[2] Kapitel 8. Rdn 297; LK-StGB/*Tiedemann*[12] § 283c Rdn 19, § 283 Rdn 88. SSW-StGB/*Bosch*[5] § 283c Rdn 9 bezweifelt jedenfalls, ob hier die Entsprechungsklausel des § 13 Abs 1 StGB zu bejahen ist; **aA** StGB/*Fischer*[69] § 283c Rdn 4; Schönke/Schröder-StGB/*Heine/Schuster*[30] § 283c Rdn 7.

58 *BGH* bei *Herlan* GA 1958, 48; SSW-StGB/*Bosch*[5] § 283c Rdn 9; Lackner/Kühl-StGB/*Heger*[29] § 283c Rdn 4; Schönke/Schröder-StGB/*Heine/Schuster*[30] § 283c Rdn 7; Momsen/Grützner-WirtschaftsStStrR/*Rotsch/Wagner*[2] Kapitel 8. Rdn 297.

59 Vgl RGSt 17, 220, 221 („vorausgegange(…) ‚Beredungen' mit dem Gläubiger"); RGSt 28, 61, 63 („Aufforderung, (…) Geld zu retten"); RGSt 30, 46, 47 („Erteilung der vollstreckbaren Urkunde mit dem Willen, dem Gläubiger im Wege der vorzunehmenden Zwangsvollstreckung Sicherung und Befriedigung zu verschaffen") (vgl aber oben Rdn 9 aE); RGSt 48, 18, 20 („Die (…) vereinbarte Unterlassung des Antrags stellt nicht (…) ein bloßes passives Verhalten des Angeklagten (…) dar"); NK-StGB/*Kindhäuser*[5] § 283c Rdn 11; MünchKomm-StGB/*Petermann/Hofmann*[4] § 283c Rdn 20; Graf/Jäger/Wittig/*Reinhart*[2] § 283c Rdn 12; LK-StGB/*Tiedemann*[12] § 283c Rdn 19.

60 Vgl RGSt 66, 88, 90; BGHSt 8, 55, 56; Matt/Renzikowski-StGB/*Altenhain*[2] § 283c Rdn 7; BeckOK-StGB/*Beukelmann*[58] § 283c Rdn 7; Lackner/Kühl-StGB/*Heger*[29] § 283c Rdn 5; Schönke/Schröder-StGB/*Heine/Schuster*[30] § 283c Rdn 8; NK-StGB/*Kindhäuser*[5] § 283c Rdn 12; Graf/Jäger/Wittig/*Reinhart*[2] § 283c Rdn 7; LK-StGB/*Tiedemann*[12] § 283c Rdn 20; Wirtschaftsstrafrecht/*Wittig*[5] § 23 Rdn 158.

61 Bittmann-Insolvenzstrafrecht/*C. Brand*[2] § 14 Rdn 31.

62 Vgl BGHSt 8, 55, 56; SSW-StGB/*Bosch*[5] § 283c Rdn 5; StGB/*Fischer*[69] § 283c Rdn 7; Schönke/Schröder-StGB/*Heine/Schuster*[30] § 283c Rdn 8; SK-StGB/*Hoyer*[9] § 283c Rdn 14; NK-StGB/*Kindhäuser*[5] § 283c Rdn 12; Graf/Jäger/Wittig/*Reinhart*[2] § 283c Rdn 7; Wirtschaftsstrafrecht/*Wittig*[5] § 23 Rdn 160.

63 Vgl RGSt 66, 88, 90; BGHSt 8, 55, 58; Lackner/Kühl-StGB/*Heger*[29] § 283c Rdn 5; Schönke/Schröder-StGB/*Heine/Schuster*[30] § 283c Rdn 8; Müller-Gugenberger-WirtschaftsStrR/*H. Richter*[7] Rdn 84.38; LK-StGB/*Tiedemann*[12] § 283c Rdn 21.

64 Vgl *BGH* bei *Holtz* MDR 1979, 457; SSW-StGB/*Bosch*[5] § 283c Rdn 5; Lackner/Kühl-StGB/*Heger*[29] § 283c Rdn 5; Graf/Jäger/Wittig/*Reinhart*[2] § 283c Rdn 8; Schönke/Schröder-StGB/*Heine/Schuster*[30] § 283c Rdn 8; LK-StGB/*Tiedemann*[12] § 283c Rdn 23; *Weyand/Diversy* Rdn 132.

65 Vgl BGHSt 35, 357, 361 f; Schönke/Schröder-StGB/*Heine/Schuster*[30] § 283c Rdn 8; SK-StGB/*Hoyer*[9] § 283c Rdn 15; MünchKomm-StGB/*Petermann/Hofmann*[4] § 283c Rdn 24; Graf/Jäger/Wittig/*Reinhart*[2] § 283c Rdn 8.

66 Vgl RGSt 63, 78, 79 ff; BGH 10.3.1981 – 1 StR 539/80 (juris); SSW-StGB/*Bosch*[5] § 283c Rdn 5; Bittmann-Insolvenzstrafrecht/*C. Brand*[2] § 14 Rdn 31; StGB/*Fischer*[69] § 283c Rdn 7; Schönke/Schröder-StGB/*Heine/Schuster*[30] § 283c Rdn 8; SK-StGB/*Hoyer*[9] § 283c Rdn 15; NK-StGB/*Kindhäuser*[5] § 283c Rdn 14; MünchKomm-StGB/*Petermann/Hofmann*[4] § 283c Rdn 24; LK-StGB/*Tiedemann*[12] § 283c Rdn 23.

2. Nicht zu beanspruchen

15 Die Fälle **fehlender Gläubigereigenschaft** wegen **nichtiger Ansprüche** – etwa **Schein-** oder **Wuchergeschäfte** – werden nicht von **§ 283c StGB**, sondern von **§ 283 StGB** erfasst,[67] die der **Gewährung über den Anspruch hinausgehender Leistungen hinaus bis zur geschuldeten Höhe tateinheitlich ggf mit § 283c StGB** (vgl Rdn 34).[68] Auch bei **wegen Formmangels schwebend unwirksamen Abreden** fehlt es an der Gläubigereigenschaft, sodass **§ 283 StGB** in Betracht kommt, soweit der Formmangel nicht durch Erfüllung geheilt werden kann.[69] Betroffen von **§ 283c StGB** sind hingegen **unvollkommene Verbindlichkeiten** wie etwa **Spiel** oder **Wette** (vgl **§ 762 BGB**).[70] Eine Einforderung wäre dem Gläubiger nach **hM** zudem in den Fällen **nicht möglich**, in denen dem Anspruch rechtsvernichtende oder -hemmende Einwände entgegengesetzt werden können; erfasst sind insbesondere **Anfechtung, Ausübung des Zurückbehaltungsrechts** oder die **Einrede der Verjährung**.[71] Von dem bereits dargelegten Grundsatz, dass **Sicherungsabreden** und **Ersetzungsbefugnisse**, die nachträglich erst vor dem Hintergrund der sich abziehenden Insolvenz getroffen wurden sind, nichtig sind (vgl Rdn 14), macht der *BGH* nur scheinbar eine Ausnahme für den Fall, dass der anwaltliche Anspruch auf Honorarvorschuss durch Übereignung von Schmuck und Forderungsabtretungen besichert worden ist, und nimmt insoweit eine kongruente Deckung an;[72] dies kann damit erklärt werden, dass die Sicherung als Teil der Honorarvereinbarung verstanden wird.[73] Danach scheiden für diesen Fall sowohl **§ 283 StGB** als auch **§ 283c StGB** aus.[74]

3. Nicht in der Art zu beanspruchen

16 Der Gläubiger hätte **nicht in der Art** zu beanspruchen bei **Leistungen an Erfüllungs statt** oder **erfüllungshalber**, wenn eine solche Ersetzungsbefugnis nicht wirksam eingeräumt worden wäre.[75] Es

67 Vgl SSW-StGB/*Bosch*[5] § 283c Rdn 6; Bittmann-Insolvenzstrafrecht/*C. Brand*[2] § 14 Rdn 32; LK-StGB/*Tiedemann*[12] § 283c Rdn 21; Graf/Jäger/Wittig/*Reinhart*[2] § 283c Rdn 8; *Weyand/Diversy* Rdn 132.

68 Vgl *RG* JW 1934, 1290, 1291; BGHSt 8, 55, 56; *BGH* bei *Herlan* GA 1953, 76; NJW 1969, 1494, 1495; BeckOK-StGB/*Beukelmann*[58] § 283c Rdn 23; StGB/*Fischer*[69] § 283c Rdn 11; Schönke/Schröder-StGB/*Heine/Schuster*[30] § 283c Rdn 22; Lackner/Kühl-StGB/*Heger*[29] § 283c Rdn 10; SK-StGB/*Hoyer*[9] § 283c Rdn 4, 21; NK-StGB/*Kindhäuser*[5] § 283c Rdn 13, 25; MünchKomm-StGB/*Petermann/Hofmann*[4] § 283c Rdn 8; Graf/Jäger/Wittig/*Reinhart*[2] § 283c Rdn 24; Müller-Gugenberger-WirtschaftsStrR/*H. Richter*[7] Rdn 84.52; **aA – nur § 283 StGB** LK-StGB/*Tiedemann*[12] § 283c Rdn 40 (die teilweise vorliegende Privilegierungssituation des § 283c StGB sei bei der Strafzumessung zu berücksichtigen).

69 Vgl SK-StGB/*Hoyer*[9] § 283c Rdn 15 (auch im Falle der Heilung des Formmangels bei Erfüllung); NK-StGB/*Kindhäuser*[5] § 283c Rdn 13; MünchKomm-StGB/*Petermann/Hofmann*[4] § 283c Rdn 11; *Weyand/Diversy* Rdn 132; **aA** Schönke/Schröder-StGB/*Heine/Schuster*[30] § 283c Rdn 9.

70 Matt/Renzikowski-StGB/*Altenhain*[2] § 283c Rdn 7; Bittmann-Insolvenzstrafrecht/*C. Brand*[2] § 14 Rdn 32; LK-StGB/*Tiedemann*[12] § 283c Rdn 21.

71 Vgl Matt/Renzikowski-StGB/*Altenhain*[2] § 283c Rdn 7; BeckOK-StGB/*Beukelmann*[58] § 283c Rdn 8; SSW-StGB/*Bosch*[5] § 283c Rdn 6; Lackner/Kühl-StGB/*Heger*[29] § 283c Rdn 5; Schönke/Schröder-StGB/*Heine/Schuster*[30] § 283c Rdn 9; SK-StGB/*Hoyer*[9] § 283c Rdn 15; NK-StGB/*Kindhäuser*[5] § 283c Rdn 13; Wabnitz/Janovsky/Schmitt/*Pelz*[5] 9. Kapitel Rdn 226; Müller-Gugenberger-WirtschaftsStrR/*H. Richter*[7] Rdn 84.45; LK-StGB/*Tiedemann*[12] § 283c Rdn 21; *Weyand/Diversy* Rdn 132; Wirtschaftsstrafrecht/*Wittig*[5] § 23 Rdn 159; **aA** Bittmann-Insolvenzstrafrecht/*C. Brand*[2] § 14 Rdn 34 mit der Erwägung, dass die hM den Schuldner zur Ausübung dieser Rechte faktisch zwinge.

72 Vgl BGHSt 35, 357, 362.

73 In diesem Sinne NK-StGB/*Kindhäuser*[5] § 283c Rdn 13; LK-StGB/*Tiedemann*[12] § 283c Rdn 9; vgl BGHSt 35, 357 (362) „Der Anspruch auf Vorschuß entstand mit dem Abschluß des Mandatsvertrages nicht etwa von vornherein in einer betragsmäßig fixierten Höhe, sondern jeweils neu entsprechend dem weiteren Fortschreiten und Umfang der anwaltlichen Tätigkeit, so daß demgemäß jeweils entsprechend weitere Besicherung vereinbart werden durfte".

74 Vgl LK-StGB/*Tiedemann*[12] § 283c Rdn 9.

75 Vgl *BGH* BeckRS 2014, 9500 (in NStZ 2014, 469, wistra 2014, 354 und StV 2014, 690 insoweit nicht abgedruckt); Matt/Renzikowski-StGB/*Altenhain*[2] § 283c Rdn 7; BeckOK-StGB/*Beukelmann*[58] § 283c Rdn 9; SSW-StGB/*Bosch*[5] § 283c Rdn 7; Bitt-

kommen in Betracht etwa die **Lieferung von Waren statt einer Geldzahlung**,[76] die **Hingabe eines Kundenschecks** (vgl Rdn 9),[77] die **Einräumung von Grundpfandrechten an nicht geforderter Rangstelle**,[78] **Forderungsabtretungen**,[79] die **werterhöhende Bearbeitung von sicherungsübereigneten Gütern**,[80] die **Veranlassung von Drittschuldnerzahlungen an den Gläubiger zur Erfüllung von Schuldnerverbindlichkeiten**.[81] Nicht artverschieden ist die **Banküberweisung anstelle der vereinbarten Barzahlung**.[82] Inkongruent ist das **bewusste Herbeiführen einer Aufrechnungslage** bezüglich einer bestehenden Verbindlichkeit durch Abschluss eines „Kaufvertrages" zwischen Schuldner und Gläubiger (vgl Rdn 9).[83] **Nr 13 Abs 1 Satz 1 AGB Banken**, nach der die Bank für alle Ansprüche des Kunden aus der bankmäßigen Geschäftsverbindung die Bestellung bankmäßiger Sicherheiten verlangen kann, ist zu allgemein gehalten und gibt keinen hinreichend bestimmten Sicherungsanspruch, um die notwendige Kongruenz herzustellen.[84]

4. Nicht zu der Zeit zu beanspruchen

Dem Gläubiger wäre eine **Beanspruchung zu der Zeit nicht möglich**, wenn sein Anspruch noch nicht fällig oder eine aufschiebende Bedingung noch nicht eingetreten wäre.[85] Eine inkongruente 17

---

mann-Insolvenzstrafrecht/*C. Brand*[2] § 14 Rdn 35; Lackner/Kühl-StGB/*Heger*[29] § 283c Rdn 5; Schönke/Schröder-StGB/*Heine/Schuster*[30] § 283c Rdn 10; Achenbach/Ransiek/Rönnau-Handbuch Wirtschaftsstrafrecht/*Himmelreich*[5] 7. Teil, 1. Kapitel Rdn 222; SK-StGB/*Hoyer*[9] § 283c Rdn 16; NK-StGB/*Kindhäuser*[5] § 283c Rdn 14; Wabnitz/Janovsky/Schmitt/*Pelz*[5] 9. Kapitel Rdn 226; MünchKomm-StGB/*Petermann/Hofmann*[4] § 283c Rdn 25; Graf/Jäger/Wittig/*Reinhart*[2] § 283c Rdn 9; Müller-Gugenberger-WirtschaftsStrR/*H. Richter*[7] Rdn 84.46; Momsen/Grützner-WirtschaftsStStrR/*Rotsch/Wagner*[2] Kapitel 8. Rdn 298; LK-StGB/*Tiedemann*[12] § 283c Rdn 22; *Weyand/Diversy* Rdn 132; Wirtschaftsstrafrecht/*Wittig*[5] § 23 Rdn 159.

76 Vgl *BGH* bei *Herlan* GA 1956, 348; SSW-StGB/*Bosch*[5] § 283c Rdn 7; Schönke/Schröder-StGB/*Heine/Schuster*[30] § 283c Rdn 10; Achenbach/Ransiek/Rönnau-Handbuch Wirtschaftsstrafrecht/*Himmelreich*[5] 7. Teil, 1. Kapitel Rdn 222; NK-StGB/*Kindhäuser*[5] § 283c Rdn 14; LK-StGB/*Tiedemann*[12] § 283c Rdn 22; *Weyand/Diversy* Rdn 132.

77 Vgl BGHSt 16, 279, 280; SSW-StGB/*Bosch*[5] § 283c Rdn 7; StGB/*Fischer*[69] § 283c Rdn 6; NK-StGB/*Kindhäuser*[5] § 283c Rdn 14; Graf/Jäger/Wittig/*Reinhart*[2] § 283c Rdn 9; LK-StGB/*Tiedemann*[12] § 283c Rdn 22.

78 Vgl Graf/Jäger/Wittig/*Reinhart*[2] § 283c Rdn 8, 9.

79 Vgl *BGH* NStZ 1996, 543, 544; Schönke/Schröder-StGB/*Heine/Schuster*[30] § 283c Rdn 10; NK-StGB/*Kindhäuser*[5] § 283c Rdn 14; Graf/Jäger/Wittig/*Reinhart*[2] § 283c Rdn 9; LK-StGB/*Tiedemann*[12] § 283c Rdn 22; *Weyand/Diversy* Rdn 132.

80 Vgl Graf/Jäger/Wittig/*Reinhart*[2] § 283c Rdn 5, 9; vgl auch LK-StGB/*Tiedemann*[12] § 283c Rdn 22.

81 Vgl *BGH* BeckRS 2014, 9500 (in NStZ 2014, 469, wistra 2014, 354 und StV 2014, 690 insoweit nicht abgedruckt); NK-StGB/*Kindhäuser*[5] § 283c Rdn 14; *Weyand/Diversy* Rdn 132.

82 Vgl Bittmann-Insolvenzstrafrecht/*C. Brand*[2] § 14 Rdn 39; Achenbach/Ransiek/Rönnau-Handbuch Wirtschaftsstrafrecht/*Himmelreich*[5] 7. Teil, 1. Kapitel Rdn 222; Müller-Gugenberger-WirtschaftsStrR/*H. Richter*[7] Rdn 84.46; *Weyand/Diversy* Rdn 132.

83 Vgl RGSt 6, 149, 150 f; *BGH* bei *Herlan* GA 1961, 359; *IX. Zivilsenat BGH* NZI 2001, 357, 358 f; Bittmann-Insolvenzstrafrecht/*C. Brand*[2] § 14 Rdn 37; Lackner/Kühl-StGB/*Heger*[29] § 283c Rdn 4; Schönke/Schröder-StGB/*Heine/Schuster*[30] § 283c Rdn 5; NK-StGB/*Kindhäuser*[5] § 283c Rdn 5; Graf/Jäger/Wittig/*Reinhart*[2] § 283c Rdn 6; Müller-Gugenberger-WirtschaftsStrR/*H. Richter*[7] Rdn 84.32; LK-StGB/*Tiedemann*[12] § 283c Rdn 16; *Weyand/Diversy* Rdn 131.

84 Vgl BGHZ 33, 389, 392; *VIII. Zivilsenat BGH* NJW 1969, 1718, 1719; wohl auch LK-StGB/*Tiedemann*[12] § 283c Rdn 22; **einschränkend** – inkongruent, es sei denn, die Konkretisierung von Sicherheiten ist vor Eintritt der wirtschaftlichen Krise erfolgt *IX. Zivilsenat*: *BGH* NZI 1999, 70, 71; Müller-Gugenberger-WirtschaftsStrR/*H. Richter*[7] Rdn 84.44; *Vormbaum* GA 1981, 101, 117; *Weyand/Diversy* Rdn 132; **aA** – keine artverschiedene Inkongruenz, da im Falle der wirksamen Einbeziehung in den Darlehensvertrag die Klausel einen Anspruch auf umfassende Sicherung verschafft, Bittmann-Insolvenzstrafrecht/*C. Brand*[2] § 14 Rdn 36; *H. Scholz* NJW 1961, 2006 f.

85 Vgl RGSt 4, 61, 63; Matt/Renzikowski-StGB/*Altenhain*[2] § 283c Rdn 7; BeckOK-StGB/*Beukelmann*[58] § 283c Rdn 10; SSW-StGB/*Bosch*[5] § 283c Rdn 8; Bittmann-Insolvenzstrafrecht/*C. Brand*[2] § 14 Rdn 40; Lackner/Kühl-StGB/*Heger*[29] § 283c Rdn 5; Schönke/Schröder-StGB/*Heine/Schuster*[30] § 283c Rdn 11; SK-StGB/*Hoyer*[9] § 283c Rdn 16; NK-StGB/*Kindhäuser*[5] § 283c Rdn 15; Wabnitz/Janovsky/Schmitt/*Pelz*[5] 9. Kapitel Rdn 226; MünchKomm-StGB/*Petermann/Hofmann*[4] § 283c Rdn 26; Graf/Jäger/Wittig/*Reinhart*[2] § 283c Rdn 10; Müller-Gugenberger-WirtschaftsStrR/*H. Richter*[7] Rdn 84.47; Momsen/Grützner-WirtschaftsStStrR/*Rotsch/Wagner*[2] Kapitel 8. Rdn 298; LK-StGB/*Tiedemann*[12] § 283c Rdn 24; *Weyand/Diversy* Rdn 132; Wirtschaftsstrafrecht/*Wittig*[5] § 23 Rdn 158.

Begünstigung ist gegeben, wenn durch den Schuldner die **Stellung des Insolvenzantrags verzögert** wird, um dem Gläubiger noch eine Pfändung zu ermöglichen.[86] Der Streit, ob die Rechtsprechung des *BGH* zur **Vorrangstellung der Abführung der Arbeitnehmerbeiträge an die Sozialversicherungsträger (in der Krise)**[87] mit dem Gläubigerschutzsystem der **§§ 283, 283c StGB** vereinbar ist,[88] dürfte sich durch die Einführung des **§ 15b InsO** mit Blick auf **§ 266a StGB** zugunsten eines **temporären Rechtsfertigungsgrundes**[89] erledigt haben, da die überwiegende Auffassung **§ 15b Abs 8 Satz 1 InsO** – in Kraft getreten zum 1.1.2021 –[90] auf **§ 266 StGB** für entsprechend anwendbar hält[91] und der Gesetzgeber die davor geltende Rechtslage nicht maßgeblich verändern wollte.[92] Die sozialrechtliche Abführungspflicht der Arbeitnehmerbeiträge ändert nichts an der nach den allgemeinen Grundsätzen gegebenen Möglichkeit inkongruenten Handelns mit Blick auf **§ 283c StGB**.[93]

18 Nach **§ 2 Abs 1 Nr 4 SanInsKG** (vgl *Anders* Vor §§ 283 ff Rdn 6) sind – kongruente – Rechtshandlungen, die während der Dauer der Aussetzung der Pflicht zur Stellung des Insolvenzantrags dem anderen Teil eine Sicherung oder Befriedigung gewährt oder ermöglicht haben, die dieser in der Art und zu der Zeit beanspruchen konnte, in einem späteren Insolvenzverfahren nicht anfechtbar. Privilegiert sind auch folgende – inkongruente – Rechtshandlungen: Leistungen an Erfüllungs statt oder erfüllungshalber (**Abs 1 Nr 4 Satz 2 lit a)**), Zahlungen durch einen Dritten auf Anweisung des Schuldners (**Abs 1 Nr 4 Satz 2 lit b)**), die Bestellung einer anderen als der ursprünglich vereinbarten Sicherheit, wenn diese nicht werthaltiger ist (**Absatz 1 Nr 4 Satz 2 lit c)**), die Verkürzung von Zahlungszielen (**Abs 1 Nr 4 Satz 2 lit d)**) und – lediglich im Kraft vom 1.3.2020 bis zum 18.2.2021 –[94] die Gewährung von Zahlungserleichterungen (**Abs 1 Nr 4 Satz 2 lit e) COVInsAG aF**). Die Norm kommt einem Bedürfnis für einen Anfechtungsschutz von zB Vertragspartnern von Dauerschuldverhältnissen wie Vermietern sowie Leasinggebern, aber auch Lieferanten, nach; solche Vertragspartner sollen nicht befürchten, erhaltene Zahlungen im Falle des Scheiterns der Sanierungsbemühungen des Krisenunternehmens mit anschließender Eröffnung des Insolvenzverfahrens aufgrund einer Anfechtung zurückzahlen zu müssen.[95] Ausgenommen davon bleibt die Anfechtung bestimmter in der **abschließenden**[96] Aufzählung von **Abs 1 Nr 4 Satz 2** nicht genannter inkongruenter Deckungen. Zudem kann eine Anfechtung weiterhin erfolgen, wenn dem anderen Teil bekannt war, dass die Sanierungs- und Finanzierungsbemühungen der Schuldnerin oder Schuldners nicht zur Beseitigung der Insolvenzreife geeignet gewesen sind (**Absatz 1 Nr 4 Satz 1, 2. Hs**), wobei die Beweislast dafür bei demjenigen liegt, der sich auf die Anfechtbarkeit berufen möchte.[97] Im Ergebnis ist damit die Anfechtung kongruenter Deckungen oder Bescherungen im Schutzbereich des SanInsKG faktisch ausgesetzt, da die Beweislast für den Insolvenzver-

---

86 Vgl RGSt 48, 19, 20; SSW-StGB/*Bosch*[5] § 283c Rdn 7 (artverschiedene Inkongruenz); StGB/*Fischer*[69] § 283c Rdn 6; Graf/Jäger/Wittig/*Reinhart*[2] § 283c Rdn 10.

87 Vgl BGHSt 47, 318, 320 ff; BGHSt 48, 307, 311; *BGH* NStZ 2012, 94, 95.

88 Vgl *Gercke/Leimenstoll* HRRS 2009, 442, 447; MünchKomm-StGB/*Radtke*[4] § 266a Rdn 68 ff; *Wickel* ZJS 2016, 189, 194.

89 MünchKomm-StGB/*Radtke*[4] § 266a Rdn 77.

90 Durch das Gesetz zur Fortentwicklung des Sanierungs- und Insolvenzrechts (Sanierungs- und Insolvenzrechtsfortentwicklungsgesetz) vom 22.12.2020 (SanInsFoG), BGBl. I S 3256.

91 *Bitter* GmbHR 2021, R16 (R18); MünchKomm-StGB/*Petermann*/Sackreuther[4] Vor §§ 283 ff Rdn 8; MünchKomm-StGB/*Radtke*[4] § 266a Rdn 68a, 76; Bedenken bei *Rönnau/Wegner* ZinsO 2021, 1137, 1147.

92 MünchKomm-StGB/*Radtke*[4] § 266a Rdn 66 unter Verweis auf BR-Drucks 619/20 S 225.

93 Vgl MünchKomm-StGB/*Petermann/Hofmann*[4] § 283c Rdn 26; Müller-Gugenberger-WirtschaftsStrR/*H. Richter*[7] Rdn 84.48.

94 Vgl Art 1 Nr 2 lit A) aa) bbb) des Gesetzes zur Verlängerung der Aussetzung der Insolvenzantragspflicht und des Anfechtungsschutzes für pandemiebedingte Stundungen sowie zur Verlängerung der Steuererklärungsfrist in beratenen Fällen und der zinsfreien Karenzzeit für den Veranlagungszeitraum 2019 v 15.2.2021, BGBl. I S 237.

95 BT-Drucks 19/18110 S 24.

96 *Lütcke/Holzmann/Swierczok* BB 2020, 898, 902; BeckOK-InsO/*Raupach*[33] § 2 SanInsKG Rdn 12.

97 BT-Drucks 19/18110 S 24.

walter kaum erfüllbar sein wird.[98] Die **Auswirkungen des § 2 Abs 1 Nr 4 SanInsKG auf § 283c StGB** sind umstritten: Zum Teil wird in diesen Fällen lediglich eine Strafmilderung angenommen, weil § 2 SanInsKG die von **§ 283c StGB** vorausgesetzte Inkongruenz von Leistung und Gegenleistung nicht berühre,[99] dagegen wird eine **Ausnahme von der Strafbarkeit nach § 283c StGB im Wege teleologischer Reduktion mit gleichzeitiger Sperrwirkung für § 283 StGB** vertreten.[100] Der letztgenannten Auffassung ist zu folgen, da nur dadurch der Zweck des **§ 2 Abs 1 Nr 4 SanInsKG** erreicht werden kann, Vertragspartner davon abzuhalten, die Vertragsbeziehung mit Blick auf das Anfechtungsrisiko zu beenden, was wiederum die Sanierungsbemühungen vereiteln würde.[101,102]

IV. Begünstigungserfolg

§ 283c StGB verlangt als **Erfolg** die **Begünstigung** eines Gläubigers vor den übrigen Gläubigern, 19
mithin die Verletzung des Gleichverteilungsprinzips.[103] Diese Voraussetzung ist erfüllt, wenn sich die rechtliche Stellung des betreffenden Gläubigers **objektiv und unmittelbar zum Nachteil der übrigen Gläubiger (als unmittelbare „Kehrseite")**[104] **gebessert** hat,[105] wobei Letztere nicht notwendig gleichmäßig betroffen sein müssen.[106] Dafür ist (**hypothetisch**) zu ermitteln, wie sich die Situation des Gläubigers ohne die inkongruente Leistung des Schuldners darstellen würde im Vergleich zur tatsächlichen Situation; würde er nicht besser dastehen, ist die inkongruente Leistung zu verneinen.[107] In diesem Falle kommt allenfalls **Versuch** (vgl **Absatz 2**) in Betracht.[108] An einer solchen Verbesserung fehlt es etwa, wenn der Gläubiger dem Schuldner nach Eintritt der Zahlungsunfähigkeit vor der Leistung oder Zug-um-Zug eine gleichwertige Gegenleistung erbracht hat[109] oder wenn eine Forderung, für die eine Bank eine inkongruente Sicherungsabtretung von Kundenforderungen erhalten hat, ohnehin über Einzahlungen auf das Kontokorrentkonto des Schuldners zugunsten der Bank bezahlt worden wäre,[110] An einer Begünstigung fehlt es auch, wenn dem Schuldnervermögen für die Leistung eine **vollwertige Gegenleistung** zufließt[111] oder

98 Römermann-COVInsAG § 2 Rdn 230.
99 Vgl *P. J. Schäfer* HRRS 2020, 216, 222.
100 Vgl MünchKomm-StGB/*Petermann*/*Hofmann*[4] § 283c Rdn 28.
101 BT-Drucks 19/18110 S 24.
102 MünchKomm-StGB/*Petermann*/*Hofmann*[4] § 283c Rdn 28; Esser/Tsambikakis-PandemieStR/*Tsambikakis*/*Gierok* § 10 Rdn 26.
103 Vgl RGSt 16, 402, 406; RGSt 40, 105, 107 f; Graf/Jäger/Wittig/*Reinhart*[2] § 283c Rdn 13.
104 LK-StGB/*Tiedemann*[12] § 283c Rdn 27 f; vgl Graf/Jäger/Wittig/*Reinhart*[2] § 283c Rdn 13.
105 Vgl BGHSt 8, 55, 59; BeckOK-StGB/*Beukelmann*[58] § 283c Rdn 15; MünchKomm-StGB/*Petermann*/*Hofmann*[4] § 283c Rdn 29 f; Wirtschaftsstrafrecht/*Wittig*[5] § 23 Rdn 163.
106 Graf/Jäger/Wittig/*Reinhart*[2] § 283c Rdn 13; LK-StGB/*Tiedemann*[12] § 283c Rdn 29.
107 Vgl Matt/Renzikowski-StGB/*Altenhain*[2] § 283c Rdn 8; Bittmann-Insolvenzstrafrecht/*C. Brand*[2] § 14 Rdn 43; Lackner/Kühl-StGB/*Heger*[29] § 283c Rdn 6; SK-StGB/*Hoyer*[9] § 283c Rdn 7; NK-StGB/*Kindhäuser*[5] § 283c Rdn 16; Wabnitz/Janovsky/Schmitt/*Pelz*[5] 9. Kapitel Rdn 228; MünchKomm-StGB/*Petermann*/*Hofmann*[4] § 283c Rdn 29; Graf/Jäger/Wittig/*Reinhart*[2] § 283c Rdn 13; Müller-Gugenberger-WirtschaftsStrR/*H. Richter*[7] Rdn 84.36; LK-StGB/*Tiedemann*[12] § 283c Rdn 26; *Weyand*/*Diversy* Rdn 133; Wirtschaftsstrafrecht/*Wittig*[5] § 23 Rdn 163.
108 Vgl Lackner/Kühl-StGB/*Heger*[29] § 283c Rdn 6; Schönke/Schröder-StGB/*Heine*/*Schuster*[30] § 283c Rdn 13; NK-StGB/*Kindhäuser*[5] § 283c Rdn 16; MünchKomm-StGB/*Petermann*/*Hofmann*[4] § 283c Rdn 29.
109 Bittmann-Insolvenzstrafrecht/*C. Brand*[2] § 14 Rdn 43; Graf/Jäger/Wittig/*Reinhart*[2] § 283c Rdn 13; Müller-Gugenberger-WirtschaftsStrR/*H. Richter*[7] Rdn 84.36; LK-StGB/*Tiedemann*[12] § 283c Rdn 26.
110 Müller-Gugenberger-WirtschaftsStrR/*H. Richter*[7] Rdn 84.36.
111 BeckOK-StGB/*Beukelmann*[58] § 283c Rdn 15; MünchKomm-StGB/*Petermann*/*Hofmann*[4] § 283c Rdn 30; Graf/Jäger/Wittig/*Reinhart*[2] § 283c Rdn 13; Momsen/Grützner-WirtschaftsStStrR/*Rotsch*/*Wagner*[2] Kapitel 8. Rdn 299; LK-StGB/*Tiedemann*[12] § 283c Rdn 28 (eingrenzend: Im Rahmen des Tatbestandsmerkmals der Begünstigung sei neben der vermögensrechtlichen auch eine normative Bewertung der Gegenleistung erforderlich, ob diese als Schädigung des Schuldners oder der übrigen Gläubiger erscheine).

wenn eine gleichmäßige inkongruente Leistung **zugunsten aller Gläubiger** erfolgt.[112] Sie wird gegeben sein, wenn dem Gläubiger eine Hypothek auf einem bereits übermäßig belasteten Grundstück eingeräumt wird.[113] Unerheblich für die Annahme einer Begünstigung ist die Möglichkeit bzw Durchführung der nachträglichen Insolvenzanfechtung durch den Insolvenzverwalter gemäß **§ 131 InsO**.[114]

20 Nach **§ 2 Abs 1 Nr 2, 1. Hs SanInsKG** (vgl *Anders* Vor §§ 283 ff Rdn 6) gilt – soweit die Insolvenzantragspflicht ausgesetzt ist – die bis zum 30.9.2023 erfolgende Rückgewähr eines im Aussetzungszeitraum gewährten neuen Kredits sowie die im Aussetzungszeitraum erfolgte Bestellung von Sicherheiten zur Absicherung solcher Kredite unwiderleglich[115] als „nicht gläubigerbenachteiligend"; Gleiches gilt für die Rückgewähr von Gesellschafterdarlehen und Zahlungen auf Forderungen aus Rechtshandlungen, die einem solchen Darlehen wirtschaftlich entsprechen (**§ 2 Abs 1 Nr 2, 2. Hs SanInsKG**). Daraus folgt insolvenzstrafrechtlich, dass es im Rahmen des **§ 283c StGB** in diesen Fällen im Wege teleologischer Auslegung am Begünstigungserfolg fehlt, da sonst auch hier der mit **§ 2 Abs 1 Nr SanInsKG** verfolge Zweck – Kreditgeber sollen nicht befürchten müssen, zur Rückgewähr zwischenzeitlicher Leistungen verpflichtet zu werden oder den Zugriff auf die bei der Vergabe der neuen Kredite gewährten Sicherheiten zu verlieren, wenn die Bemühungen um eine Rettung des Unternehmens des Kreditnehmers scheitern und deshalb doch ein Insolvenzverfahren eröffnet wird –[116] verfehlt würde.[117]

V. Zahlungsunfähigkeit des Schuldners

21 Trotz der subjektivierten Formulierung des **Absatz 1** („in Kenntnis seiner Zahlungsunfähigkeit") muss **eingetretene Zahlungsunfähigkeit des Schuldners** (*Anders* Vor §§ 283 ff 45 ff) **zum Tatzeitpunkt objektiv** vorliegen.[118] Nur drohende Zahlungsunfähigkeit[119] oder Überschuldung reichen nicht hin.[120] **§ 283 c StGB** entfaltet insoweit eine **tatbestandliche Sperrwirkung**, sodass in diesen Fällen drohender Zahlungsunfähigkeit oder Überschuldung die Gewährung inkongruenter Deckung an einen Gläubiger auch nicht nach **§ 283 StGB** strafbar sein kann.[121] Bei der irrigen Annahme eingetretener Zahlungsunfähigkeit kommt untauglicher Versuch in Betracht (Rdn 26).

---

112 Vgl Bittmann-Insolvenzstrafrecht/*C. Brand*[2] § 14 Rdn 43; NK-StGB/*Kindhäuser*[5] § 283c Rdn 16; Graf/Jäger/Wittig/*Reinhart*[2] § 283c Rdn 13; LK-StGB/*Tiedemann*[12] § 283c Rdn 26; *Vormbaum* GA 1981, 101, 120.

113 Vgl RGSt 30, 261, 262; MünchKomm-StGB/*Petermann/Hofmann*[4] § 283c Rdn 30; **aA** Bittmann-Insolvenzstrafrecht/*C. Brand*[2] § 14 Rdn 25; SK-StGB/*Hoyer*[9] § 283c Rdn 7.

114 Bittmann-Insolvenzstrafrecht/*C. Brand*[2] § 14 Rdn 43; Schönke/Schröder-StGB/*Heine/Schuster*[30] § 283c Rdn 13; SK-StGB/*Hoyer*[9] § 283c Rdn 7; MünchKomm-StGB/*Petermann/Hofmann*[4] § 283c Rdn 29; Graf/Jäger/Wittig/*Reinhart*[2] § 283c Rdn 13; Momsen/Grützner-WirtschaftsStStrR/*Rotsch/Wagner*[2] Kapitel 8. Rdn 299; *Weyand/Diversy* Rdn 133.

115 Uhlenbruck-EuInsVO/*Borries*[15] § 2 COVInsAG Rdn 32; Esser/Tsambikakis-PandemieStR/*Tsambikakis/Gierok* § 10 Rdn 25; **aA** Römermann-COVInsAG § 2 Rdn 180.

116 Vgl BT-Drucks 19/18110 S 23.

117 MünchKomm-StGB/*Petermann/Hofmann*[4] § 283c Rdn 31; Esser/Tsambikakis-PandemieStR/*Tsambikakis/Gierok* § 10 Rdn 25.

118 Vgl Lackner/Kühl-StGB/*Heger*[29] § 283c Rdn 2; Schönke/Schröder-StGB/*Heine/Schuster*[30] § 283c Rdn 14; Achenbach/Ransiek/Rönnau-Handbuch Wirtschaftsstrafrecht/*Himmelreich*[5] 7. Teil, 1. Kapitel Rdn 214; SK-StGB/*Hoyer*[9] § 283c Rdn 8; MünchKomm-StGB/*Petermann/Hofmann*[4] § 283c Rdn 32; Graf/Jäger/Wittig/*Reinhart*[2] § 283c Rdn 2; LK-StGB/*Tiedemann*[12] § 283c Rdn 1.

119 MünchKomm-StGB/*Petermann/Hofmann*[4] § 283c Rdn 32.

120 Bittmann-Insolvenzstrafrecht/*C. Brand*[2] § 14 Rdn 1; Achenbach/Ransiek/Rönnau-Handbuch Wirtschaftsstrafrecht/*Himmelreich*[5] 7. Teil, 1. Kapitel Rdn 214; SK-StGB/*Hoyer*[9] § 283c Rdn 8; NK-StGB/*Kindhäuser*[5] § 283c Rdn 5; Graf/Jäger/Wittig/*Reinhart*[2] § 283c Rdn 2; Momsen/Grützner-WirtschaftsStStrR/*Rotsch/Wagner*[2] Kapitel 8. Rdn 294; LK-StGB/*Tiedemann*[12] § 283c Rdn 1; *Weyand/Diversy* Rdn 130.

121 Bittmann-Insolvenzstrafrecht/*C. Brand*[2] § 14 Rdn 3; Schönke/Schröder-StGB/*Heine/Schuster*[30] § 283c Rdn 14; Achenbach/Ransiek/Rönnau-Handbuch Wirtschaftsstrafrecht/*Himmelreich*[5] 7. Teil, 1. Kapitel Rdn 214; SK-StGB/*Hoyer*[9] § 283c Rdn 8; MünchKomm-StGB/*Petermann/Hofmann*[4] § 283c Rdn 32.

C. Vorsatz und Irrtum

Der Täter muss mit **Vorsatz** handeln. Mit Blick auf die **Zahlungsunfähigkeit** ist **Wissentlichkeit** erforderlich, **dolus eventualis**[122] reicht insoweit nicht.[123] Für die **Begünstigung** ist **dolus directus ersten** oder **zweiten Grades** verlangt.[124] Daran fehlt es, wenn der Schuldner mit der inkongruenten Leistung die Krisenüberwindung erstrebt, um auch die anderen Gläubiger befriedigen zu können,[125] wobei auch die Insolvenzantragsfristen des § 15a InsO Beachtung finden müssen.[126] Nach **einer Auffassung** genügt für die **inkongruente Leistung dolus eventualis**, wenn der Täter den Gläubiger **absichtlich begünstigt** hat; hat der den Gläubiger **nur wissentlich begünstigt**, so ist auch hinsichtlich der **Inkongruenz Wissentlichkeit** erforderlich, da eine wissentliche Erfolgsherbeiführung anders nicht denkbar ist.[127] Die insoweit **ablehnende Ansicht** differenziert im Rahmen der inkongruenten Deckung bei den Vorsatzanforderungen nicht zwischen Absicht und Wissentlichkeit bei der Begünstigung mit der Begründung, dass die übrigen Gläubiger sogar bei Gewährung einer kongruenten Deckung benachteiligt sein könnten.[128] Zwar spricht für die letztgenannte Auffassung, dass der Wortlaut des **§ 283c StGB** keinerlei Anhaltspunkte für eine Reduktion im subjektiven Tatbestand hergibt und ein Gleichlauf der Vorsatzformen beim absichtlich begünstigenden Handeln von der erstgenannten Ansicht nicht gefordert wird.[129] Andererseits kommt es vorliegend allein auf den Gleichlauf im Rahmen des intellektuellen Vorsatzelements an, der – anders als bei dolus directus zweiten Grades und bedingtem Vorsatz – bei Absicht und dolus eventualis strukturell gegeben ist;[130] zudem verfängt das Wortlautargument nicht, da im Falle der wissentlichen Begünstigung die Kompatibilität durch eine von den Vorsatzstrukturen vorgegebene Reduktion des subjektiven Tatbestands hergestellt werden kann. Der erstgenannten Ansicht ist daher zu folgen. 22

---

122 Siehe zu den verschiedenen Vorsatzformen MünchKomm-StGB/*Joecks/Kulhanek*[4] § 16 Rdn 22 ff; Schönke/Schröder-StGB/*Sternberg-Lieben/Schuster*[30] § 15 Rdn 65 ff.

123 BeckOK-StGB/*Beukelmann*[58] § 283c Rdn 16; SSW-StGB/*Bosch*[5] § 283c Rdn 10; Bittmann-Insolvenzstrafrecht/*C. Brand*[2] § 14 Rdn 45; StGB/*Fischer*[69] § 283c Rdn 8; Lackner/Kühl-StGB/*Heger*[29] § 283c Rdn 7; Schönke/Schröder-StGB/*Heine/Schuster*[30] § 283c Rdn 16; Achenbach/Ransiek/Rönnau-Handbuch Wirtschaftsstrafrecht/*Himmelreich*[5] 7. Teil, 1. Kapitel Rdn 224; SK-StGB/*Hoyer*[9] § 283c Rdn 17; NK-StGB/*Kindhäuser*[5] § 283c Rdn 17; MünchKomm-StGB/*Petermann/Hofmann*[4] § 283c Rdn 33; Graf/Jäger/Wittig/*Reinhart*[2] § 283c Rdn 16; Müller-Gugenberger-WirtschaftsStrR/*H. Richter*[7] Rdn 84.49; Momsen/Grützner-WirtschaftsStStrR/*Rotsch/Wagner*[2] Kapitel 8. Rdn 300; LK-StGB/*Tiedemann*[12] § 283c Rdn 30; *Weyand/Diversy* Rdn 134; Wirtschaftsstrafrecht/*Wittig*[5] § 23 Rdn 165.

124 BeckOK-StGB/*Beukelmann*[58] § 283c Rdn 16; SSW-StGB/*Bosch*[5] § 283c Rdn 10; Bittmann-Insolvenzstrafrecht/*C. Brand*[2] § 14 Rdn 45; Lackner/Kühl-StGB/*Heger*[29] § 283c Rdn 7; Schönke/Schröder-StGB/*Heine/Schuster*[30] § 283c Rdn 15, 17; Achenbach/Ransiek/Rönnau-Handbuch Wirtschaftsstrafrecht/*Himmelreich*[5] 7. Teil, 1. Kapitel Rdn 224; SK-StGB/*Hoyer*[9] § 283c Rdn 17; NK-StGB/*Kindhäuser*[5] § 283c Rdn 17; MünchKomm-StGB/*Petermann*[3] § 283c Rdn 22; Müller-Gugenberger-WirtschaftsStrR/*H. Richter*[7] Rdn 84.49; Momsen/Grützner-WirtschaftsStStrR/*Rotsch/Wagner*[2] Kapitel 8. Rdn 300; *Weyand/Diversy* Rdn 134.

125 Vgl BGHSt 35, 357, 362 (Mandatierung eines Rechtsanwalts zur Krisenbewältigung); Schönke/Schröder-StGB/*Heine/Schuster*[30] § 283c Rdn 17; NK-StGB/*Kindhäuser*[5] § 283c Rdn 17; Graf/Jäger/Wittig/*Reinhart*[2] § 283c Rdn 17; Müller-Gugenberger-WirtschaftsStrR/*H. Richter*[7] Rdn 84.50.

126 Müller-Gugenberger-WirtschaftsStrR/*H. Richter*[7] Rdn 84.50.

127 Vgl *BGH* bei *Herlan* GA 1959, 341; SSW-StGB/*Bosch*[5] § 283c Rdn 10; StGB/*Fischer*[69] § 283c Rdn 8; NK-StGB/*Kindhäuser*[5] § 283c Rdn 18; MünchKomm-StGB/*Petermann/Hofmann*[4] § 283c Rdn 33; *Skauradszun* DZWIR 2009, 279, 283; *Vormbaum* GA 1981, 101, 122.

128 Bittmann-Insolvenzstrafrecht/*C. Brand*[2] § 14 Rdn 45; Lackner/Kühl-StGB/*Heger*[29] § 283c Rdn 7; Schönke/Schröder-StGB/*Heine/Schuster*[30] § 283c Rdn 16; SK-StGB/*Hoyer*[9] § 283c Rdn 18; Graf/Jäger/Wittig/*Reinhart*[2] § 283c Rdn 16; Momsen/Grützner-WirtschaftsStStrR/*Rotsch/Wagner*[2] Kapitel 8. Rdn 300; *Thilow* S 95; *Weyand/Diversy* Rdn 134.

129 Vgl Bittmann-Insolvenzstrafrecht/*C. Brand*[2] § 14 Rdn 45.

130 Vgl zu den jeweiligen Voraussetzungen im intellektuellen Element MünchKomm-StGB/*Joecks/Kulhanek*[4] § 16 Rdn 23, 27, 31; insoweit sind die beiden „direkten" Vorsatzformen nicht gestuft, sondern betonen wahlweise das voluntative resp. das intellektuelle Element, MünchKomm-StGB/*dies*[4] § 16 Rdn 27.

23 Die **irrige Annahme der Zahlungsfähigkeit** (mit Blick auf die zu Grunde liegenden Tatsachen sowie die für normative Tatbestandsmerkmale notwendige **laienhafte Kenntnis der insolvenzrechtlichen Bedeutung**) (vgl *Anders* § 283 Rdn 110) begründet einen **Tatbestandsirrtum** (vgl *Anders* § 283 Rdn 112); Gleiches gilt mit Blick auf den Irrtum hinsichtlich der **Kongruenz der Deckung**.[131] Damit entfällt auch die Strafbarkeit nach **§ 283 StGB (Sperrwirkung)**.[132] Die **irrige Annahme** hingegen, zu einer **inkongruenten Leistung berechtigt** zu sein, begründet einen – in der Regel vermeidbaren (vgl *Anders* § 283 Rdn 113) – **Verbotsirrtum**.[133]

D. Versuchsstrafbarkeit (Abs 2), Vollendung, Beendigung

24 Gemäß **Absatz 2** ist der **Versuch** der Gläubigerbegünstigung **strafbar**.

25 Das **unmittelbare Ansetzen** zur Tatbestandsverwirklichung gemäß **§ 22 StGB** ist jedenfalls dann gegeben, wenn die für die inkongruente Deckung erforderliche Handlung durch den Schuldner zumindest teilweise vorgenommen wird, etwa durch Übersendung eines Kundenschecks bzw -wechsels (Rdn 9), durch Eintragung einer Briefhypothek ohne Übergabe des Hypothekenbriefs (Rdn 10) oder durch die Zusage, mit der Stellung des Antrags auf Eröffnung eines Insolvenzverfahrens zuzuwarten, um einem Gläubiger noch Pfändungen zu ermöglichen (vgl Rdn 17).[134]

26 Die **irrige Annahme der Zahlungsunfähigkeit** begründet einen **untauglichen Versuch** nach **Absatz 2** (vgl Anders § 283 Rdn 115),[135] ebenso die einer **inkongruenten Deckung**.[136]

27 Mit Eintritt des **Begünstigungserfolgs** (Rdn 19) ist der Tatbestand der Gläubigerbegünstigung **vollendet**.[137]

28 **Beendigung** und damit der **Beginn des Laufs der fünfjährigen** (vgl **§ 78 Abs 3 Nr 4 StGB**) **Strafverfolgungsverjährungsfrist** ist gegeben mit dem **Eintritt der objektiven Strafbarkeitsbedingung** (Rdn 29; vgl *Anders* § 283 Rdn 122 f).[138] Ist die Begünstigungshandlung später vorgenommen worden, fallen zu diesem Zeitpunkt Vollendung und Verjährungsbeginn zusammen (vgl *Anders* § 283 Rdn 123).[139]

---

131 Vgl BGHR StGB § 283c Abs 1 Sicherungsgewährung 1; Matt/Renzikowski-StGB/*Altenhain*[2] § 283c Rdn 11; Bittmann-Insolvenzstrafrecht/*C. Brand*[2] § 14 Rdn 46; Schönke/Schröder-StGB/*Heine*/*Schuster*[30] § 283c Rdn 16; SK-StGB/*Hoyer*[9] § 283c Rdn 17; Wabnitz/Janovsky/Schmitt/*Pelz*[5] 9. Kapitel Rdn 230; MünchKomm-StGB/*Petermann*/*Hofmann*[4] § 283c Rdn 34; Graf/Jäger/Wittig/*Reinhart*[2] § 283c Rdn 15 f; LK-StGB/*Tiedemann*[12] § 283c Rdn 30.

132 Vgl RGSt 17, 220, 222 f; *RG* JW 1934, 841, 843; BGHSt 8, 55, 57; Schönke/Schröder-StGB/*Heine*/*Schuster*[30] § 283c Rdn 16; SK-StGB/*Hoyer*[9] § 283c Rdn 17, 22; NK-StGB/*Kindhäuser*[5] § 283c Rdn 19, 25; MünchKomm-StGB/*Petermann*/*Hofmann*[4] § 283c Rdn 34; Graf/Jäger/Wittig/*Reinhart*[2] § 283c Rdn 16; LK-StGB/*Tiedemann*[12] § 283c Rdn 30, 39.

133 Matt/Renzikowski-StGB/*Altenhain*[2] § 283c Rdn 11; Bittmann-Insolvenzstrafrecht/*C. Brand*[2] § 14 Rdn 46; Schönke/Schröder-StGB/*Heine*/*Schuster*[30] § 283c Rdn 16; NK-StGB/*Kindhäuser*[5] § 283c Rdn 19; Wabnitz/Janovsky/Schmitt/*Pelz*[5] 9. Kapitel Rdn 230; MünchKomm-StGB/*Petermann*/*Hofmann*[4] § 283c Rdn 34; Graf/Jäger/Wittig/*Reinhart*[2] § 283c Rdn 16; Müller-Gugenberger-WirtschaftsStrR/*H. Richter*[7] Rdn 84.49; LK-StGB/*Tiedemann*[12] § 283c Rdn 30.

134 Vgl Graf/Jäger/Wittig/*Reinhart*[2] § 283c Rdn 18; LK-StGB/*Tiedemann*[12] § 283c Rdn 34.

135 Schönke/Schröder-StGB/*Heine*/*Schuster*[30] § 283c Rdn 16; SK-StGB/*Hoyer*[9] § 283c Rdn 19; Wabnitz/Janovsky/Schmitt/*Pelz*[5] 9. Kapitel Rdn 235; MünchKomm-StGB/*Petermann*/*Hofmann*[4] § 283c Rdn 34; Graf/Jäger/Wittig/*Reinhart*[2] § 283c Rdn 15; **aA – (strafloses) Wahndelikt** Müller-Gugenberger-WirtschaftsStrR/*H. Richter*[7] Rdn 84.51; LK-StGB/*Tiedemann*[12] § 283c Rdn 35.

136 Schönke/Schröder-StGB/*Heine*/*Schuster*[30] § 283c Rdn 16; Wabnitz/Janovsky/Schmitt/*Pelz*[5] 9. Kapitel Rdn 235; MünchKomm-StGB/*Petermann*/*Hofmann*[4] § 283c Rdn 34; Graf/Jäger/Wittig/*Reinhart*[2] § 283c Rdn 16; LK-StGB/*Tiedemann*[12] § 283c Rdn 35.

137 LK-StGB/*Tiedemann*[12] § 283c Rdn 32.

138 LK-StGB/*Tiedemann*[12] § 283c Rdn 32.

139 Vgl LK-StGB/*Tiedemann*[12] § 283c Rdn 32.

E. Objektive Bedingung der Strafbarkeit (Abs 3)

Absatz 3 verweist auf die entsprechende Geltung des **§ 283 Abs 6 StGB**, dh auch für **§ 283c StGB** ist das Vorliegen einer **objektiven Bedingung der Strafbarkeit** (Einstellung der Zahlungen, Eröffnung des Insolvenzverfahrens oder Abweisung des Eröffnungsantrag mangels Masse) (vgl *Anders* Vor §§ 283 ff Rdn 68 ff) erforderlich. 29

F. Teilnahme

I. Voraussetzungen

Wegen des **Sonderdeliktscharakters** des **§ 283c StGB** (vgl Rdn 2) besteht für andere Personen, dh für solche ohne Schuldnereigenschaft und nicht von derselben Zahlungsunfähigkeit Betroffene, nur die Möglichkeit der **Teilnahme** in Form der **Anstiftung** oder **Beihilfe** nach den allgemeinen Grundsätzen. Beim Teilnehmer ist auch mit Blick auf die beim Schuldner erforderlichen Vorsatzerfordernisse **dolus eventualis** erforderlich und ausreichend.[140] Die Strafe des Teilnehmers ist nach zutreffender Auffassung gemäß **§ 28 Abs 1 StGB** zu **mildern** (**aA** vgl *Anders* § 283 Rdn 3).[141] 30

II. Notwendige Teilnahme des Gläubigers

Der **begünstigte Gläubiger** ist dann im Wege der **notwendigen Teilnahme straflos**, wenn sich seine Mitwirkung in dem für die Tatbestandsverwirklichung notwendigen Verhalten erschöpft; alles darüber die Erfüllungsannahme Hinausgehende, etwa das Einwirken auf den Schuldners zwecks Gewährung inkongruenter Sicherheiten, bedeutet jedoch strafbare Teilnahme.[142] Geht die **Initiative zur Bevorzugung** daher vom **Gläubiger** aus, liegt **Anstiftung** nahe,[143] insbesondere wenn Kreditinstitute sich auf diesem Wege inkongruente Sicherheiten einräumen lassen.[144] 31

140 Vgl NK-StGB/*Kindhäuser*[5] § 283c Rdn 20.

141 Wie hier, SSW-StGB/*Bosch*[5] § 283c Rdn 11; SK-StGB/*Hoyer*[9] § 283c Rdn 20; NK-StGB/*Kindhäuser*[5] § 283c Rdn 20; MünchKomm-StGB/*Petermann/Hofmann*[4] § 283c Rdn 38; Graf/Jäger/Wittig/*Reinhart*[2] § 283c Rdn 21; LK-StGB/*Tiedemann*[12] § 283c Rdn 38 iVm § 283 Rdn 228.

142 Vgl RGSt 5, 435, 436 f; RGSt 48, 18, 21; RGSt 65, 416, 417),; *BGH* bei *Herlan* GA 1967, 265 (Anstiftung); RGSt 61, 314, 315 f; *BGH* NStZ 1993, 239, 240; NJW 2021, 247, 249; *AG Nürnberg* NStZ-RR 2012, 208, 209 (Beihilfe); BeckOK-StGB/*Beukelmann*[58] § 283c Rdn 20; SSW-StGB/*Bosch*[5] § 283c Rdn 11; Dannecker/Knierim/Hagemeier/Smok/*Dannecker/Hagemeier*[3] Rdn 982; StGB/*Fischer*[69] § 283c Rdn 10; Lackner/Kühl-StGB/*Heger*[29] § 283c Rdn 8; Schönke/Schröder-StGB/*Heine/Schuster*[30] § 283c Rdn 21; Achenbach/Ransiek/Rönnau-Handbuch Wirtschaftsstrafrecht/*Himmelreich*[5] 7. Teil, 1. Kapitel Rdn 227; NK-StGB/*Kindhäuser*[5] § 283c Rdn 21; Wabnitz/Janovsky/Schmitt/*Pelz*[5] 9. Kapitel Rdn 233; MünchKomm-StGB/*Petermann/Hofmann*[4] § 283c Rdn 37; Graf/Jäger/Wittig/*Reinhart*[2] § 283c Rdn 22; LK-StGB/*Tiedemann*[12] § 283c Rdn 38; *Vormbaum* GA 1981, 101, 132; *Weyand/Diversy* Rdn 135; **aA** – selbstbegünstigende Mitwirkung des Gläubigers führt nicht zur Privilegierung, Matt/Renzikowski-StGB/*Altenhain*[2] § 283c Rdn 13; *Sowada* (1991) S 173; *ders* GA 1995, 60, 70 f; **kritisch** SK-StGB/*Hoyer*[9] § 283c Rdn 20.

143 Vgl BeckOK-StGB/*Beukelmann*[58] § 283c Rdn 20; Graf/Jäger/Wittig/*Reinhart*[2] § 283c Rdn 22; LK-StGB/*Tiedemann*[12] § 283c Rdn 38; *Weyand/Diversy* Rdn 135.

144 Vgl Lackner/Kühl-StGB/*Heger*[29] § 283c Rdn 8; Achenbach/Ransiek/Rönnau-Handbuch Wirtschaftsstrafrecht/*Himmelreich*[5] 7. Teil, 1. Kapitel Rdn 227; NK-StGB/*Kindhäuser*[5] § 283c Rdn 21; LK-StGB/*Tiedemann*[12] § 283c Rdn 38; *dens* ZIP 1983, 513, 515; *Weyand/Diversy* Rdn 135.

G. Rechtsfolgen

32 Gläubigerbegünstigung gemäß **§ 283c Abs 1 StGB** ist mit Freiheitsstrafe bis zu zwei Jahren oder mit Geldstrafe bedroht. Zur **Inhabilität** siehe unter Rdn 75 zu Vorbem §§ 283 ff StGB, zum **Berufsverbot** unter Rdn 76 zu Vorbem §§ 283 ff StGB. Wird der Schuldner in den letzten fünf Jahren vor dem Antrag auf Eröffnung des Insolvenzverfahrens oder nach diesem Antrag wegen einer Straftat nach den **§§ 283 bis 283c StGB** rechtskräftig zu einer Geldstrafe von mehr als 90 Tagessätzen oder einer Freiheitsstrafe von mehr als drei Monaten verurteilt, droht ihm gemäß **§ 290 Abs 1 Nr 1 InsO** die Versagung der Restschuldbefreiung.[145] Diese setzt nicht voraus, dass die Straftat in einem Zusammenhang mit dem Insolvenzverfahren steht, in dem die Restschuldbefreiung beantragt wird.[146]

H. Konkurrenzen

I. Intern

33 Mehrere Begünstigungshandlungen, jedenfalls wenn sie zugunsten mehrerer unterschiedlicher Gläubiger begangen werden, stellen im Regelfall verschiedene **selbstständige Taten** dar,[147] sie werden nicht durch den Eintritt der objektiven Strafbarkeitsbedingung zu einer Einheit verbunden.[148]

II. Im Verhältnis zu den §§ 283, 283b StGB

34 **§ 283c** ist als Privilegierung **lex specialis** zu **§ 283 Abs 1 Nr 1 StGB**.[149] Zudem besteht insoweit eine **Sperrwirkung**:[150] Der Schuldner ist daher, sofern er den Gläubiger mit der Leistung befriedigen will,[151] auch dann straflos, wenn dem Gläubiger eine kongruente Leistung verschafft wird,[152] oder zwar der objektive Tatbestand des **§ 283c StGB** erfüllt ist, es aber insoweit am Vorsatz fehlt, oder wenn die inkongruente Leistung objektiv bereits vor Eintritt der Zahlungsunfähigkeit gegenüber einem Gläubiger erfolgt.[153] Keine Sperrwirkung, sondern ggf Tateinheit mit **§ 283 Abs 1 Nr 1 StGB** kann bestehen, wenn die inkongruente Leistung im Wert über das vom Gläubiger zu Beanspruchende hinausgeht (vgl Rdn 15); **§ 283c StGB** ist jedoch allein anwendbar bei nicht ausräumbaren Zweifeln hin-

---

145 Bittmann-Insolvenzstrafrecht/*C. Brand*[2] § 12 Rdn 264; K. Schmidt-InsO/*Henning*[19] § 290 Rdn 32 ff.
146 *IX. Zivilsenat BGH* NZI 2003, 163; NZI 2010, 349.
147 Vgl SSW-StGB/*Bosch*[5] § 283c Rdn 13; Schönke/Schröder-StGB/*Heine*/*Schuster*[30] § 283c Rdn 22; Achenbach/Ransiek/Rönnau-Handbuch Wirtschaftsstrafrecht/*Himmelreich*[5] 7. Teil, 1. Kapitel Rdn 228; NK-StGB/*Kindhäuser*[5] § 283c Rdn 27; MünchKomm-StGB/*Petermann*/*Hofmann*[4] § 283c Rdn 39; Graf/Jäger/Wittig/*Reinhart*[2] § 283c Rdn 23.
148 Matt/Renzikowski-StGB/*Altenhain*[2] § 283c Rdn 15; SK-StGB/*Hoyer*[9] § 283c Rdn 21; NK-StGB/*Kindhäuser*[5] § 283c Rdn 27; Müller-Gugenberger-WirtschaftsStrR/*H. Richter*[7] Rdn 84.52. Vgl dazu unter Rdn 133 zu § 283 StGB.
149 *BGH* NStZ 1989, 179, 180; BeckOK-StGB/*Beukelmann*[58] § 283c Rdn 23; SSW-StGB/*Bosch*[5] § 283c Rdn 13; Schönke/Schröder-StGB/*Heine*/*Schuster*[30] § 283c Rdn 22; Achenbach/Ransiek/Rönnau-Handbuch Wirtschaftsstrafrecht/*Himmelreich*[5] 7. Teil, 1. Kapitel Rdn 228; SK-StGB/*Hoyer*[9] § 283c Rdn 21; NK-StGB/*Kindhäuser*[5] § 283c Rdn 25; MünchKomm-StGB/*Petermann*/*Hofmann*[4] § 283c Rdn 39; Graf/Jäger/Wittig/*Reinhart*[2] § 283c Rdn 24; Müller-Gugenberger-WirtschaftsStrR/*H. Richter*[7] Rdn 84.52; Momsen/Grützner-WirtschaftsStStrR/*Rotsch*/*Wagner*[2] Kapitel 8. Rdn 303; LK-StGB/*Tiedemann*[12] § 283c Rdn 39.
150 Vgl *BGH* NStZ 1996, 534, 544; Dannecker/Knierim/Hagemeier/Smok/*Dannecker*/*Hagemeier*[3] Rdn 984; NK-StGB/*Kindhäuser*[5] § 283c Rdn 25; Wabnitz/Janovsky/Schmitt/*Pelz*[5] 9. Kapitel Rdn 236; Graf/Jäger/Wittig/*Reinhart*[2] § 283c Rdn 24; Müller-Gugenberger-WirtschaftsStrR/*H. Richter*[7] Rdn 84.52; LK-StGB/*Tiedemann*[12] § 283c Rdn 39.
151 LK-StGB/*Tiedemann*[12] § 283c Rdn 39; *Vormbaum* GA 1981, 101, 125 f.
152 Vgl BGHSt 8, 55, 57; LK-StGB/*Tiedemann*[12] § 283c Rdn 39.
153 SK-StGB/*Hoyer*[9] § 283c Rdn 22; NK-StGB/*Kindhäuser*[5] § 283c Rdn 25; LK-StGB/*Tiedemann*[12] § 283c Rdn 39; *Vormbaum* GA 1981, 101, 126 f.

sichtlich des Übersteigens der Forderung (in dubio pro reo).[154] Liegt **§ 283 StGB** ohne Zweifel vor, besteht mit Blick auf **§ 283c StGB** jedoch – etwa wegen Nichtaufklärbarkeit des Bestehens eines Anspruchs des Gläubigers – ein non liquet, so geht letztgenannte Vorschrift ebenfalls nach dem Grundsatz in dubio pro reo vor.[155] Die Sperrwirkung erfasst auch die **Teilnahme**, etwa die des im notwendigen Maß mitwirkenden Gläubigers, sodass insoweit nicht ggf wegen Beihilfe zu **§ 283 Abs 1 Nr 1 StGB** bestraft werden kann; anders jedoch dann, wenn die Grundsätze der notwendigen Beteiligung bei **§ 283c StGB** (Rdn 31) überschritten werden.[156]

Jenseits des § 283 Abs 1 Nr 1 StGB besteht zu **§ 283c StGB kein Spezialitätsverhältnis,**[157] 35
sodass hier je nach konkreter Fallgestaltung **Tateinheit** oder **Tatmehrheit** in Betracht kommen.[158] Die unterlassene Verbuchung der inkongruenten Leistung (vgl **§ 283 Abs 1 Nr 5 StGB**) steht mit dieser in Realkonkurrenz, da keine Handlungsidentität besteht.[159]

Mit Blick auf **§ 283b Abs 1 Nr 1 StGB** besteht mangels Handlungsidentitität bei unterlassener 36
Verbuchung der inkongruenten Leistung ebenfalls – wie im Verhältnis zu **§ 283 Abs 1 Nr 5 StGB** (vgl Rdn 35) – Tatmehrheit.[160]

III. Im Verhältnis zu anderen Delikten

Mit **§ 288 StGB** kommt **Tateinheit** in Betracht, wenn die begünstigende Handlung zur Vereitelung ei- 37
ner drohenden Zwangsvollstreckung erfolgt,[161] **Idealkonkurrenz** mit **§ 37 DepotG.**[162] Gleiches gilt mit Blick auf **§ 2 BauFordSiG.**[163] Auch mit Blick auf die **GmbH-Untreue, § 266 StGB,**[164] besteht wegen der Rechtsgüterschutzdisparität **keine Sperrwirkung**;[165] insoweit ist nach Aufgabe der sog Interessenformel häufig **Tateinheit** (*Anders* § 266 Rdn 166; *Anders* Vor §§ 283 ff Rdn 12) (mit **§ 283 Abs 1 Nr 1 StGB**) gegeben, soweit dem Gläubiger mehr zugewandt worden ist, als ihm zusteht (vgl Rdn 15).[166]

---

154 BeckOK-StGB/*Beukelmann*[58] § 283c Rdn 23; Schönke/Schröder-StGB/*Heine*/*Schuster*[30] § 283c Rdn 22; MünchKomm-StGB/*Petermann*/*Hofmann*[4] § 283c Rdn 39; Graf/Jäger/Wittig/*Reinhart*[2] § 283c Rdn 24.

155 Vgl SSW-StGB/*Bosch*[5] § 283c Rdn 13; Schönke/Schröder-StGB/*Heine*/*Schuster*[30] § 283c Rdn 22; SK-StGB/*Hoyer*[9] § 283c Rdn 22; NK-StGB/*Kindhäuser*[5] § 283c Rdn 25; MünchKomm-StGB/*Petermann*/*Hofmann*[4] § 283c Rdn 39; LK-StGB/*Tiedemann*[12] § 283c Rdn 40; **aA** – **Wahlfeststellung** *BGH* bei *Herlan* GA 1955, 365; StGB/*Fischer*[69] § 283c Rdn 11.

156 NK-StGB/*Kindhäuser*[5] § 283c Rdn 26; vgl auch Momsen/Grützner-WirtschaftsStStrR/*Rotsch*/*Wagner*[2] Kapitel 8. Rdn 303.

157 Vgl Graf/Jäger/Wittig/*Reinhart*[2] § 283c Rdn 24; LK-StGB/*Tiedemann*[12] § 283c Rdn 41 (mit Blick auf **§ 283 Abs 1 Nr 4 StGB**).

158 Graf/Jäger/Wittig/*Reinhart*[2] § 283c Rdn 24.

159 Vgl BeckOK-StGB/*Beukelmann*[58] § 283c Rdn 24; SSW-StGB/*Bosch*[5] § 283c Rdn 13; Schönke/Schröder-StGB/*Heine*/*Schuster*[30] § 283c Rdn 22; SK-StGB/*Hoyer*[9] § 283c Rdn 21; NK-StGB/*Kindhäuser*[5] § 283c Rdn 27; LK-StGB/*Tiedemann*[12] § 283c Rdn 43; **aA** RGSt 40, 105; Lackner/Kühl-StGB/*Heger*[29] § 283c Rdn 10.

160 SSW-StGB/*Bosch*[5] § 283c Rdn 13 (allerdings uU mitbestrafte Vor- oder Nachtat); LK-StGB/*Tiedemann*[12] § 283c Rdn 43; **aA** – **Tateinheit** StGB/*Fischer*[69] § 283c Rdn 11; **aA** – **faktische Exklusivität** Graf/Jäger/Wittig/*Reinhart*[2] § 283c Rdn 25.

161 Vgl RGSt 20, 214, 215; Lackner/Kühl-StGB/*Heger*[29] § 283c Rdn 10; Schönke/Schröder-StGB/*Heine*/*Schuster*[30] § 283c Rdn 22; NK-StGB/*Kindhäuser*[5] § 283c Rdn 27; Graf/Jäger/Wittig/*Reinhart*[2] § 283c Rdn 26; LK-StGB/*Tiedemann*[12] § 283c Rdn 43.

162 Vgl RGSt 34, 237, 240 (zu § 11 Reichsgesetz betreffend die Pflichten der Kaufleute bei Aufbewahrung fremder Wertpapiere); Schönke/Schröder-StGB/*Heine*/*Schuster*[30] § 283c Rdn 22; Graf/Jäger/Wittig/*Reinhart*[2] § 283c Rdn 26.

163 Vgl RGSt 48, 89, 90 (zu §§ 5, 6 BauFG aF); Achenbach/Ransiek/Rönnau-Handbuch Wirtschaftsstrafrecht/*Himmelreich*[5] 7. Teil, 1. Kapitel Rdn 228; Graf/Jäger/Wittig/*Reinhart*[2] § 283c Rdn 26; Müller-Gugenberger-WirtschaftsStrR/*H. Richter*[7] Rdn 83.107 (mit Vorrang des § 2 BauFordSiG); **aA** – **§ 283c StGB als lex specialis** LK-StGB/*Tiedemann*[12] § 283c Rdn 43.

164 Das mögliche Einverständnis der Gesellschafter mit der Schädigung des GmbH-Vermögens findet im Rahmen der Untreue seine Grenze bei der Existenzgefährdung der Gesellschaft, dazu unter Rdn 108 ff zu § 266 StGB. Diese wird bei gegebener Zahlungsunfähigkeit der GmbH regelmäßig überschritten sein, vgl *Anders* NZWiSt 2017, 13, 17 f.

165 Müller-Gugenberger-WirtschaftsStrR/*H. Richter*[7] Rdn 84.52.

166 Müller-Gugenberger-WirtschaftsStrR/*H. Richter*[7] Rdn 84.52.

§ 283d StGB Schuldnerbegünstigung

(1) Mit Freiheitsstrafe bis zu fünf Jahren oder mit Geldstrafe wird bestraft, wer
1. in Kenntnis der einem anderen drohenden Zahlungsunfähigkeit oder
2. nach Zahlungseinstellung, in einem Insolvenzverfahren oder in einem Verfahren zur Herbeiführung der Entscheidung über die Eröffnung des Insolvenzverfahrens eines anderen

Bestandteile des Vermögens eines anderen, die im Falle der Eröffnung des Insolvenzverfahrens zur Insolvenzmasse gehören, mit dessen Einwilligung oder zu dessen Gunsten beiseite schafft oder verheimlicht oder in einer den Anforderungen einer ordnungsgemäßen Wirtschaft widersprechenden Weise zerstört, beschädigt oder unbrauchbar macht.

(2) Der Versuch ist strafbar.

(3) In besonders schweren Fällen ist die Strafe Freiheitsstrafe von sechs Monaten bis zu zehn Jahren. Ein besonders schwerer Fall liegt in der Regel vor, wenn der Täter
1. aus Gewinnsucht handelt oder
2. wissentlich viele Personen in die Gefahr des Verlustes ihrer dem anderen anvertrauten Vermögenswerte oder in wirtschaftliche Not bringt.

(4) Die Tat ist nur dann strafbar, wenn der andere seine Zahlungen eingestellt hat oder über sein Vermögen das Insolvenzverfahren eröffnet oder der Eröffnungsantrag mangels Masse abgewiesen worden ist.

Übersicht

https://doi.org/10.1515/9783111386669-015

A. Allgemeines, Systematik und praktische Bedeutung

Die Schuldnerbegünstigung, § 283d StGB ist kein Sonderdelikt.[1] Täter kann grundsätzlich „jedermann“ sein, also jeder Außenstehende, der für den oder mit Zustimmung des in der Krise Befindlichen handelt, insbesondere der Gläubiger oder der Insolvenzverwalter, nicht aber der Schuldner selbst bzw die für ihn handelnden Organe, Vertreter oder Beauftragten im Sinne des § 14 StGB.[2] 1

Die Norm ist ein abstraktes Gefährdungsdelikt;[3] geschütztes Rechtsgut ist das Befriedigungsinteresse der Gläubiger(gesamtheit).[4] Da der Tatbestand voraussetzt, dass die Vermögensbestandteile den Gläubigern entzogen werden, reicht der bloße Verstoß gegen das Verteilungsprinzip par conditio creditorum nicht hin.[5] 2

Die Hürden für die Bestrafung eines Außenstehenden nach **§ 283d Abs 1 StGB** sind höher gesetzt, als sie über **§ 283 Abs 1 Nr 1 StGB** für den Schuldner vorgesehen sind, was sich aus der herabgesetzten Verantwortung des Dritten für das schuldnerische Vermögen erklärt:[6] Die Tathandlung muss entweder im Interesse des Schuldners oder aber mit dessen Einwilligung vorgenommen worden sein, zudem ist die Herbeiführung der Krise nicht vom Tatbestand erfasst (vgl hingegen **§ 283 Abs 2 StGB**), ferner ist fahrlässiges Verhalten nicht strafbar und schließlich verlangt **Absatz 1 Nr 1** und **2** für den Handlungszeitpunkt drohende Zahlungsunfähigkeit oder den Zeitraum nach (eingetretener) Zahlungseinstellung, in einem Insolvenzverfahren oder in einem Verfahren zur Herbeiführung der Entscheidung über die Eröffnung des Insolvenzverfahrens eines anderen, womit Überschuldung als Krisenmerkmal ausscheidet.[7] Schließlich wäre es ein Wertungswiderspruch, wenn der Nichtschuldner – sei dieser auch ein Gläubiger – mit der **§ 283 Abs 1 Nr 1 StGB** entsprechenden hohen Strafandrohung von **§ 283d Abs 1 StGB** bedroht würde, obschon dem Schuldner die Privilegierung des **§ 283c StGB** zugutekommen würde.[8] Von der Tatmodalität des Beiseiteschaffens mit Einwilligung des Schuldners (vgl Rdn 10) werden daher nach **Rechtsprechung** und **hM** einvernehmlich begangene Taten in der Situation einer Gläubigerbegünstigung, 3

1 BeckOK-StGB/*Beukelmann*[58] § 283d Rdn 1; Dannecker/Knierim/Hagemeier/Smok/*Dannecker*/*Hagemeier*[3] Rdn 985; *C. Brand*/*Sperling* ZStW 121, 2009, 281, 282; NK-StGB/*Kindhäuser*[5] § 283d Rdn 1; MünchKomm-StGB/*Petermann*/*Hofmann*[4] § 283d Rdn 4; Müller-Gugenberger-WirtschaftsStrR/*H. Richter*[7] Rdn 84.5; Bittmann-Insolvenzstrafrecht/*Sperling*[2] § 23 Rdn 1; LK-StGB/*Tiedemann*[12] § 283d Rdn 5; *Weyand*/*Diversy* Rdn 136; Wirtschaftsstrafrecht/*Wittig*[5] § 23 Rdn 170.

2 Vgl BGHSt 35, 357, 358 (Gläubiger); Matt/Renzikowski-StGB/*Altenhain*[2] § 283d Rdn 2; BeckOK-StGB/*Beukelmann*[58] § 283d Rdn 1; SSW-StGB/*Bosch*[5] § 283d Rdn 1; Dannecker/Knierim/Hagemeier/Smok/*Dannecker*/*Hagemeier*[3] Rdn 985; Lackner/Kühl-StGB/*Heger*[29] § 283d Rdn 1; Schönke/Schröder-StGB/*Heine*/*Schuster*[30] § 283d Rdn 12; Achenbach/Ransiek/Rönnau-Handbuch Wirtschaftsstrafrecht/*Himmelreich*[5] 7. Teil, 1. Kapitel Rdn 233, 241; SK-StGB/*Hoyer*[9] § 283d Rdn 1; NK-StGB/*Kindhäuser*[5] § 283d Rdn 1; MünchKomm-StGB/*Petermann*/*Hofmann*[4] § 283d Rdn 4, 6 f; Graf/Jäger/Wittig/*Reinhart*[2] § 283d Rdn 1, 14; Müller-Gugenberger-WirtschaftsStrR/*H. Richter*[7] Rdn 84.5; Momsen/Grützner-WirtschaftsStStrR/*Rotsch*/*Wagner*[2] Kapitel 8. Rdn 304 f (mit Ausnahme im Regelfall des Insolvenzverwalters, da diesem die Schuldnereigenschaft gemäß § 14 Abs 1 Nr 3 StGB zuzurechnen sei); Bittmann-Insolvenzstrafrecht/*Sperling*[2] § 23 Rdn 5, 8 (mit Ausnahme des Insolvenzverwalters, sofern sich dieser im Anwendungsbereich des § 14 Abs 1 Nr 3 StGB bewegen würde); LK-StGB/*Tiedemann*[12] § 283d Rdn 5 f; *Weyand*/*Diversy* Rdn 136; Wirtschaftsstrafrecht/*Wittig*[5] § 23 Rdn 166, 170.

3 Matt/Renzikowski-StGB/*Altenhain*[2] § 283d Rdn 1; MünchKomm-StGB/*Petermann*/*Hofmann*[4] § 283d Rdn 3; Bittmann-Insolvenzstrafrecht/*Sperling*[2] § 23 Rdn 3; LK-StGB/*Tiedemann*[12] § 283d Rdn 4; *Weyand*/*Diversy* Rdn 138; **aA – Kombination von konkreter Gefahr und abstrakt gefährlichem Verhalten** SK-StGB/*Hoyer*[9] § 283d Rdn 2; **aA – konkretes Gefährdungsdelikt** MünchKomm-StGB/*Petermann*[3] § 283d Rdn 2; Graf/Jäger/Wittig/*Reinhart*[2] § 283d Rdn 1.

4 MünchKomm-StGB/*Petermann*/*Hofmann*[4] § 283d Rdn 1; Bittmann-Insolvenzstrafrecht/*Sperling*[2] § 23 Rdn 3; LK-StGB/*Tiedemann*[12] § 283d Rdn 4.

5 Vgl BGHSt 35, 357, 359; Schönke/Schröder-StGB/*Heine*/*Schuster*[30] § 283d Rdn 1, 3; NK-StGB/*Kindhäuser*[5] § 283d Rdn 5; MünchKomm-StGB/*Petermann*/*Hofmann*[4] § 283d Rdn 1; LK-StGB/*Tiedemann*[12] § 283d Rdn 4; **aA – Schutz der gleichmäßigen Befriedigung** *Weyand*/*Diversy* Rdn 138.

6 BT-Drucks 7/3441 S 39.

7 Vgl *C. Brand*/*Sperling* ZStW 121 (2009), 281, 282 f; Wirtschaftsstrafrecht/*Wittig*[5] § 23 Rdn 168, 176; vgl Rdn 7.

8 BGHSt 35, 357, 359; SSW-StGB/*Bosch*[5] § 283d Rdn 1; NK-StGB/*Kindhäuser*[5] § 283d Rdn 5; MünchKomm-StGB/*Petermann*/*Hofmann*[4] § 283d Rdn 1; Graf/Jäger/Wittig/*Reinhart*[2] § 283d Rdn 1; Momsen/Grützner-WirtschaftsStStrR/*Rotsch*/*Wagner*[2] Kapitel 8. Rdn 308; LK-StGB/*Tiedemann*[12] § 283d Rdn 4; *Vormbaum* GA 1981, 101, 130.

wie sie in **§ 283c StGB** näher umschrieben ist, weder mit Blick auf den Schuldner (vgl Rdn 1) noch auch auf den **Außenstehenden** von **§ 283d StGB erfasst**; vielmehr kommt für den Außenstehenden lediglich **Teilnahme an § 283c StGB** in Betracht (vgl *Anders* § 283c Rdn 30).[9] Die **andere Auffassung** kann für sich den nicht derart einschränkenden Wortlaut des **§ 283d StGB** in Anspruch nehmen und möchte für den Fall der bloßen Gläubigerbegünstigung lediglich die einschränkenden subjektiven Voraussetzungen sowie des abgemilderten Strafrahmens des **§ 283c StGB** im Rahmen des **§ 283d StGB** anwenden.[10] Die vorzugswürdige Ansicht von **Rechtsprechung** und **hM** wird durch den **Schutzzweck des § 283d StGB** – Schutz nicht nur des einzelnen Gläubigers bzw des insolvenzrechtlichen Verteilungsprinzips, sondern aller Gläubiger (vgl Rdn 2) –, die Normgenese[11] sowie die **Systematik der §§ 283 Abs 1 Nr 1, 283c, 283d StGB** gestützt.

4 Die **praktische Bedeutung des Delikts** ist **gering**.[12] Tatbeiträge Dritter führen **mangels Tatherrschaft des Außenstehenden** zumeist zu Anklagen nur wegen Anstiftung oder Beihilfe zum Bankrott (und ggf zur Untreue). Zwar sind wirtschaftlich stark involvierte Dritte, wie etwa Kreditinstitute, an Vermögensverschiebungen in der Krise häufig dominierend beteiligt (vgl Anders § 283c Rdn 31). Diese sind jedoch in aller Regel auch Gläubiger, die ihre Forderungen initiativ realisieren wollen, und werden daher wegen der in **§ 283c StGB** umschriebenen, einvernehmlich zwischen Schuldner und Gläubiger vorgenommene Handlungen nicht wegen Schuldnerbegünstigung bestraft (vgl Rdn 3);[13] zudem werden ihre Beiträge durch die Schuldner selten aufgedeckt.[14]

B. Objektiver Tatbestand

I. Tatsituation (Krise)

1. Absatz 1 Nr 1

5 Nach Absatz 1 Nr 1 muss dem Schuldner die Zahlungsunfähigkeit drohen (vgl Anders Vor §§ 283 ff Rdn 55 ff). Im Wege des argumentum a minore ad maius sind die Fälle eingetretener Zahlungsunfähigkeit (vgl Anders Vor §§ 283 ff Rdn 45 ff) gleichzustellen.[15]

---

9 Vgl *BGH* bei *Herlan* GA 1959, 341 (zu § 242 KO aF); BGHSt 35, 357, 359 f; Matt/Renzikowski-StGB/*Altenhain*[2] § 283d Rdn 7; SSW-StGB/*Bosch*[5] § 283d Rdn 1; Dannecker/Knierim/Hagemeier/Smok/*Dannecker*/*Hagemeier*[3] Rdn 986; StGB/*Fischer*[69] § 283d Rdn 2; Schönke/Schröder-StGB/*Heine*/*Schuster*[30] § 283d Rdn 2; NK-StGB/*Kindhäuser*[5] § 283d Rdn 5; Wabnitz/Janovsky/Schmitt/*Pelz*[5] 9. Kapitel Rdn 245; MünchKomm-StGB/*Petermann*/*Hofmann*[4] § 283d Rdn 2; Graf/Jäger/Wittig/*Reinhart*[2] § 283d Rdn 1; Müller-Gugenberger-WirtschaftsStrR/*H. Richter*[7] Rdn 84.7; Momsen/Grützner-WirtschaftsStStrR/*Rotsch*/*Wagner*[2] Kapitel 8. Rdn 308; LK-StGB/*Tiedemann*[12] § 283d Rdn 4; Wirtschaftsstrafrecht/*Wittig*[5] § 23 Rdn 171.

10 Vgl SK-StGB/*Hoyer*[9] § 283d Rdn 9.

11 Die Erweiterung des Tatbestands der Schuldnerbegünstigung um die Alternative des Handelns mit Einwilligung des Schuldners erfolgte allein deswegen, um namentlich die Fälle zu erfassen, in denen jemand im Auftrage des Eigentümers eine Sache zerstört, beschädigt oder unbrauchbar macht; man könne hier kaum davon sprechen, dass dann „zu Gunsten" des Eigentümers gehandelt worden wäre, BT-Drucks 7/3441 S 39; BGHSt 35, 357, 360; *C. Brand*/*Sperling* ZStW 121 (2009), 281, 292; LK-StGB/*Tiedemann*[12] § 283d Rdn 4, 13.

12 Vgl Achenbach/Ransiek/Rönnau-Handbuch Wirtschaftsstrafrecht/*Himmelreich*[5] 7. Teil, 1. Kapitel Rdn 231; Müller-Gugenberger-WirtschaftsStrR/*H. Richter*[7] Rdn 84.9; *Weyand*/*Diversy* Rdn 143.

13 Müller-Gugenberger-WirtschaftsStrR/*H. Richter*[7] Rdn 84.9.

14 *Weyand*/*Diversy* Rdn 143.

15 Vgl Matt/Renzikowski-StGB/*Altenhain*[2] § 283d Rdn 3; SSW-StGB/*Bosch*[5] § 283d Rdn 3; *C. Brand*/*Sperling* ZStW 121 (2009), 281, 283; StGB/*Fischer*[69] § 283d Rdn 5; Dannecker/Knierim/Hagemeier/Smok/*Dannecker*/*Hagemeier*[3] Rdn 987; Lackner/Kühl-StGB/*Heger*[29] § 283d Rdn 3; Schönke/Schröder-StGB/*Heine*/*Schuster*[30] § 283d Rdn 5; SK-StGB/*Hoyer*[9] § 283d Rdn 3; NK-StGB/*Kindhäuser*[5] § 283d Rdn 7; Wabnitz/Janovsky/Schmitt/*Pelz*[5] 9. Kapitel Rdn 242; MünchKomm-StGB/*Petermann*/*Hofmann*[4] § 283d Rdn 8; Graf/Jäger/Wittig/*Reinhart*[2] § 283d Rdn 5; Müller-Gugenberger-WirtschaftsStrR/*H. Richter*[7] Rdn 84.11; Momsen/Grützner-WirtschaftsStStrR/*Rotsch*/*Wagner*[2] Kapitel 8. Rdn 306; Bittmann-Insolvenzstrafrecht/*Sperling*[2] § 23 Rdn 10; LK-StGB/*Tiedemann*[12] § 283d Rdn 7; *Weyand*/*Diversy* Rdn 140; Wirtschaftsstrafrecht/*Wittig*[5] § 23 Rdn 176.

2. Absatz 1 Nr 2

Absatz 1 Nr 2 verlangt die Zahlungseinstellung (vgl Anders §§ 283 ff Rdn 68) durch den Schuldner oder aber, dass die Krise des Schuldners dem Täter „offenbar geworden“[16] sein muss.[17] Für Letzteres nennt das Gesetz das Insolvenzverfahren, wobei dieses mit der Rechtskraft des Eröffnungsbeschlusses beginnt und mit der Aufhebung des Insolvenzverfahrens nach § 258 InsO endet.[18] Zudem genügt auch das Verfahren zur Herbeiführung der Entscheidung über die Insolvenzeröffnung, beginnend mit dem Zugang des Eröffnungsantrags (vgl § 13 InsO) und endend mit der Abweisung des Antrags mangels Masse (vgl § 26 InsO) bzw dem Eröffnungsbeschluss (vgl § 27 InsO).[19] Die gesetzliche Formulierung „in einem (...) Verfahren“ ist aus systematischen Gründen – der Außenstehende hat in den betreffenden Verfahren keine Rechtsstellung – und ohne dass ein Verstoß gegen das Analogieverbot zu besorgen wäre, dahingehend zu korrigieren, dass die Tathandlung „während“ des entsprechenden Verfahrens begangen sein muss.[20] 6

Die Überschuldung genügt, auch mit Blick auf juristische Personen und gleichgestellte Personengesellschaften (vgl § 19 Abs 1, 3 InsO) (vgl Anders §§ 283 ff Rdn 35 ff), nicht.[21] 7

II. Tathandlungen

1. Allgemeines

Die Tathandlungen des § 283d Abs 1 StGB – Beiseiteschaffen, Verheimlichen oder in einer den Anforderungen einer ordnungsgemäßen Wirtschaft widersprechenden Weise die Zerstörung, Beschädigung oder Unbrauchbarmachung – sowie die Tatobjekte – Bestandteile des Vermögens, die im Falle der Eröffnung des Insolvenzverfahrens zur Insolvenzmasse gehören – entsprechen den Merkmalen aus § 283 Abs 1 Nr 1 StGB;[22] die divergierende Formulierung ist der spezifischen Täter- 8

---

16 BT-Drucks 7/3441 S 39.

17 Vgl NK-StGB/*Kindhäuser*[5] § 283d Rdn 7; MünchKomm-StGB/*Petermann*/*Hofmann*[4] § 283d Rdn 8; Graf/Jäger/Wittig/*Reinhart*[2] § 283d Rdn 5; LK-StGB/*Tiedemann*[12] § 283d Rdn 7.

18 Vgl Matt/Renzikowski-StGB/*Altenhain*[2] § 283d Rdn 3; StGB/*Fischer*[69] § 283d Rdn 6; Schönke/Schröder-StGB/*Heine*/*Schuster*[30] § 283d Rdn 5; SK-StGB/*Hoyer*[9] § 283d Rdn 3; MünchKomm-StGB/*Petermann*/*Hofmann*[4] § 283d Rdn 8; Graf/Jäger/Wittig/*Reinhart*[2] § 283d Rdn 5; Momsen/Grützner-WirtschaftsStStrR/*Rotsch*/*Wagner*[2] Kapitel 8. Rdn 306; Bittmann-Insolvenzstrafrecht/*Sperling*[2] § 23 Rdn 13; LK-StGB/*Tiedemann*[12] § 283d Rdn 7.

19 Vgl Matt/Renzikowski-StGB/*Altenhain*[2] § 283d Rdn 3; Dannecker/Knierim/Hagemeier/Smok/*Dannecker*/*Hagemeier*[3] Rdn 987; StGB/*Fischer*[69] § 283d Rdn 6; Schönke/Schröder-StGB/*Heine*/*Schuster*[30] § 283d Rdn 5; SK-StGB/*Hoyer*[9] § 283d Rdn 3; Wabnitz/Janovsky/Schmitt/*Pelz*[5] 9. Kapitel Rdn 243; MünchKomm-StGB/*Petermann*/*Hofmann*[4] § 283d Rdn 8; Graf/Jäger/Wittig/*Reinhart*[2] § 283d Rdn 5; Momsen/Grützner-WirtschaftsStStrR/*Rotsch*/*Wagner*[2] Kapitel 8. Rdn 306; Bittmann-Insolvenzstrafrecht/*Sperling*[2] § 23 Rdn 13; LK-StGB/*Tiedemann*[12] § 283d Rdn 7; *Weyand*/*Diversy* Rdn 140.

20 Vgl StGB/*Fischer*[69] § 283d Rdn 6; Lackner/Kühl-StGB/*Heger*[29] § 283d Rdn 3; Wabnitz/Janovsky/Schmitt/*Pelz*[5] 9. Kapitel Rdn 242; Graf/Jäger/Wittig/*Reinhart*[2] § 283d Rdn 7; Bittmann-Insolvenzstrafrecht/*Sperling*[2] § 23 Rdn 13; LK-StGB/*Tiedemann*[12] § 283d Rdn 8.

21 Matt/Renzikowski-StGB/*Altenhain*[2] § 283d Rdn 3; Achenbach/Ransiek/Rönnau-Handbuch Wirtschaftsstrafrecht/*Himmelreich*[5] 7. Teil, 1. Kapitel Rdn 237; SK-StGB/*Hoyer*[9] § 283d Rdn 3; NK-StGB/*Kindhäuser*[5] § 283d Rdn 7; Müller-Gugenberger-WirtschaftsStrR/*H. Richter*[7] Rdn 84.11; Momsen/Grützner-WirtschaftsStStrR/*Rotsch*/*Wagner*[2] Kapitel 8. Rdn 306; LK-StGB/*Tiedemann*[12] § 283d Rdn 7; Wirtschaftsstrafrecht/*Wittig*[6] § 23 Rdn 168, 176; **aA** *C. Brand*/*Sperling* ZStW 121 (2009), 281, 283 (allerdings auf Grundlage des „nicht modifizierten zweistufigen Überschuldungsbegriffs“); MünchKomm-StGB/*Petermann*/*Hofmann*[4] § 283d Rdn 8 (im Rahmen des modifizierten zweistufigen Überschuldungsbegriffs ist die drohende Zahlungsunfähigkeit erforderlich, vgl unter Rdn 37 zu Vorbem zu §§ 283 ff StGB); Bittmann-Insolvenzstrafrecht/*Sperling*[2] § 23 Rdn 12.

22 Vgl Matt/Renzikowski-StGB/*Altenhain*[2] § 283d Rdn 4; BeckOK-StGB/*Beukelmann*[58] § 283d Rdn 2; SSW-StGB/*Bosch*[5] § 283d Rdn 2; Dannecker/Knierim/Hagemeier/Smok/*Dannecker*/*Hagemeier*[3] Rdn 985; StGB/*Fischer*[69] § 283d Rdn 3; Schönke/Schröder-StGB/*Heine*/*Schuster*[30] § 283d Rdn 2; Achenbach/Ransiek/Rönnau-Handbuch Wirtschaftsstrafrecht/*Himmelreich*[5] 7. Teil, 1. Kapitel Rdn 232; SK-StGB/*Hoyer*[9] § 283d Rdn 4; NK-StGB/*Kindhäuser*[5] § 283d Rdn 3; Wabnitz/Janovsky/

perspektive des § 283d StGB geschuldet, die nicht den Schuldner, sondern den Außenstehenden erfasst.[23]

9 Die Schuldnerbegünstigung kann nicht Unterlassen, sondern nur durch aktives Tun begangen werden.[24]

2. Tatmodalität des Handelns mit Einwilligung des Schuldners (Abs 1, 1. Alt)

10 Die Einwilligung des Schuldners ist ein objektives Tatbestandsmerkmal.[25] Insbesondere diese Tatmodalität hat geringe praktische Bedeutung.[26] Sie muss nach hM nicht zu Gunsten des Schuldners erfolgen:[27] Die Erweiterung des Tatbestands der Schuldnerbegünstigung um die Alternative des Handelns mit Einwilligung des Schuldners erfolgte vielmehr allein deswegen, um namentlich die Fälle zu erfassen, in denen jemand im Auftrage des Eigentümers eine Sache zerstört, beschädigt oder unbrauchbar macht, denn man könne hier kaum davon sprechen, dass dann „zu Gunsten" des Eigentümers gehandelt worden wäre.[28] Die Einwilligung hat dogmatisch keine Rechtfertigungsfunktion,[29] sondern ist – insoweit vice versa eher mit einem tatbestandsausschließenden Einverständnis vergleichbar – ein strafbegründendes Tatbestandsmerkmal.[30] Die Einwilligung muss als (vorherige) Zustimmung zum Zeitpunkt der Tathandlung vorliegen, eine (nachträgliche) Genehmigung reicht nicht aus.[31] Sie kann ausdrücklich oder konkludent erklärt[32] und vor der Tathandlung widerrufen werden.[33] Nach hM beseitigt die deliktische Beeinflussung des Schuldner-

---

Schmitt/*Pelz*[5] 9. Kapitel Rdn 240; MünchKomm-StGB/*Petermann*/*Hofmann*[4] § 283d Rdn 9; Graf/Jäger/Wittig/*Reinhart*[2] § 283d Rdn 2; Müller-Gugenberger-WirtschaftsStrR/*H. Richter*[7] Rdn 84.10; Momsen/Grützner-WirtschaftsStStrR/*Rotsch*/*Wagner*[2] Kapitel 8. Rdn 307; Bittmann-Insolvenzstrafrecht/*Sperling*[2] § 23 Rdn 14; LK-StGB/*Tiedemann*[12] § 283d Rdn 9; *Weyand*/*Diversy* Rdn 137.

23 Vgl SK-StGB/*Hoyer*[9] § 283d Rdn 4; Bittmann-Insolvenzstrafrecht/*Sperling*[2] § 23 Rdn 14.

24 Graf/Jäger/Wittig/*Reinhart*[2] § 283d Rdn 3; Bittmann-Insolvenzstrafrecht/*Sperling*[2] § 23 Rdn 14; LK-StGB/*Tiedemann*[12] § 283d Rdn 10.

25 Vgl BeckOK-StGB/*Beukelmann*[58] § 283d Rdn 4; NK-StGB/*Kindhäuser*[5] § 283d Rdn 4; MünchKomm-StGB/*Petermann*/*Hofmann*[4] § 283d Rdn 10; Bittmann-Insolvenzstrafrecht/*Sperling*[2] § 23 Rdn 15; LK-StGB/*Tiedemann*[12] § 283d Rdn 13; Wirtschaftsstrafrecht/*Wittig*[5] § 23 Rdn 174.

26 Vgl MünchKomm-StGB/*Petermann*/*Hofmann*[4] § 283d Rdn 11; Graf/Jäger/Wittig/*Reinhart*[2] § 283d Rdn 3; Momsen/Grützner-WirtschaftsStStrR/*Rotsch*/*Wagner*[2] Kapitel 8. Rdn 307.

27 Vgl StGB/*Fischer*[69] § 283d Rdn 3; Schönke/Schröder-StGB/*Heine*/*Schuster*[30] § 283d Rdn 3; NK-StGB/*Kindhäuser*[5] § 283d Rdn 4; Wabnitz/Janovsky/Schmitt/*Pelz*[5] 9. Kapitel Rdn 248; Graf/Jäger/Wittig/*Reinhart*[2] § 283d Rdn 3; Bittmann-Insolvenzstrafrecht/*Sperling*[2] § 23 Rdn 15; LK-StGB/*Tiedemann*[12] § 283d Rdn 13.

28 BT-Drucks 7/3441 S 39.

29 NK-StGB/*Kindhäuser*[5] § 283d Rdn 4.

30 MünchKomm-StGB/*Petermann*/*Hofmann*[4] § 283d Rdn 12.

31 Matt/Renzikowski-StGB/*Altenhain*[2] § 283d Rdn 6; BeckOK-StGB/*Beukelmann*[58] § 283d Rdn 4; SSW-StGB/*Bosch*[5] § 283d Rdn 2; Schönke/Schröder-StGB/*Heine*/*Schuster*[30] § 283d Rdn 3; Achenbach/Ransiek/Rönnau-Handbuch Wirtschaftsstrafrecht/*Himmelreich*[5] 7. Teil, 1. Kapitel Rdn 235; NK-StGB/*Kindhäuser*[5] § 283d Rdn 4; Wabnitz/Janovsky/Schmitt/*Pelz*[5] 9. Kapitel Rdn 248; MünchKomm-StGB/*Petermann*/*Hofmann*[4] § 283d Rdn 10; Graf/Jäger/Wittig/*Reinhart*[2] § 283d Rdn 3; Momsen/Grützner-WirtschaftsStStrR/*Rotsch*/*Wagner*[2] Kapitel 8. Rdn 307; Bittmann-Insolvenzstrafrecht/*Sperling*[2] § 23 Rdn 16; LK-StGB/*Tiedemann*[12] § 283d Rdn 14; *Weyand*/*Diversy* Rdn 138.

32 BeckOK-StGB/*Beukelmann*[58] § 283d Rdn 4; SSW-StGB/*Bosch*[5] § 283d Rdn 2; Dannecker/Knierim/Hagemeier/Smok/*Dannecker*/*Hagemeier*[3] Rdn 986; Wabnitz/Janovsky/Schmitt/*Pelz*[5] 9. Kapitel Rdn 248; MünchKomm-StGB/*Petermann*/*Hofmann*[4] § 283d Rdn 10; LK-StGB/*Tiedemann*[12] § 283d Rdn 15; *Weyand*/*Diversy* Rdn 138.

33 Vgl Matt/Renzikowski-StGB/*Altenhain*[2] § 283d Rdn 6; Schönke/Schröder-StGB/*Heine*/*Schuster*[30] § 283d Rdn 3; Achenbach/Ransiek/Rönnau-Handbuch Wirtschaftsstrafrecht/*Himmelreich*[5] 7. Teil, 1. Kapitel Rdn 235; SK-StGB/*Hoyer*[9] § 283d Rdn 7; NK-StGB/*Kindhäuser*[5] § 283d Rdn 4; MünchKomm-StGB/*Petermann*/*Hofmann*[4] § 283d Rdn 10; Graf/Jäger/Wittig/*Reinhart*[2] § 283d Rdn 3; Momsen/Grützner-WirtschaftsStStrR/*Rotsch*/*Wagner*[2] Kapitel 8. Rdn 307; Bittmann-Insolvenzstrafrecht/*Sperling*[2] § 23 Rdn 16.

willens durch Täuschung oder Zwang die strafbegründende Einwilligung nicht.[34] Die abweichende Auffassung beruft sich auf die Entstehungsgeschichte der Schuldnerbegünstigung[35] oder aber darauf, dass die im Rahmen des § 283d StGB bestehenden Einschränkungen auf der Erwägung beruhten, dass einem Außenstehenden als tauglicher Täter des § 283d StGB nicht die gleiche Verantwortung für die Befriedigung der Gläubiger obliege wie dem Schuldner selbst.[36] Der hM ist aus systematischen Gründen und im Wege eines argumentum a fortiori zu folgen: So wie Täuschung oder Zwang beim vergleichbaren tatbestandsausschließenden Einverständnis jedenfalls im normativ-vermögensbezogenen Handlungskontext entgegen einem traditionellen Verständnis seiner generell „rein tatsächliche(n) Natur"[37] nach heute hM zur Unwirksamkeit der Zustimmung führt (vgl zur Untreue Anders § 266 Rdn 77), darf vice versa,[38] also mit Blick auf die strafbegründende Folge, jedenfalls im vergleichbar wertend-wirtschaftlich geprägten insolvenzstrafrechtlichen Kontext dem Einverständnis die Wirksamkeit gerade nicht versagt werden, denn anderenfalls drohte die Konsequenz, dass der Täter, der nicht nur die Interessen sämtlicher Gläubiger bedroht, sondern zusätzlich die Willensfreiheit des Schuldners, mit Blick auf § 283d StGB straflos gestellt würde.[39]

Dem aus der Rechtfertigungsdogmatik stammenden Institut der mutmaßlichen Einwilligung kann eine strafbegründende Funktion nicht zugeschrieben werden.[40] 11

3. Tatmodalität des Handelns zu Gunsten des Schuldners (Abs 1, 2. Alt)

Es handelt sich nach hM um ein subjektives Tatbestandsmerkmal.[41] 12

C. Vorsatz und Irrtum

I. Vorsatz

Mit Blick auf die Tathandlungen – Beiseiteschaffen, Verheimlichen oder in einer den Anforderungen einer ordnungsgemäßen Wirtschaft widersprechenden Weise die Zerstörung, Beschädigung 13

---

34 Vgl SSW-StGB/*Bosch*[5] § 283d Rdn 2; Schönke/Schröder-StGB/*Heine/Schuster*[30] § 283d Rdn 3; Achenbach/Ransiek/Rönnau-Handbuch Wirtschaftsstrafrecht/*Himmelreich*[5] 7. Teil, 1. Kapitel Rdn 235; SK-StGB/*Hoyer*[9] § 283d Rdn 7; NK-StGB/*Kindhäuser*[5] § 283d Rdn 4; MünchKomm-StGB/*Petermann*[3] § 283d Rdn 10; Graf/Jäger/Wittig/*Reinhart*[2] § 283d Rdn 3; Momsen/Grützner-WirtschaftsStStrR/*Rotsch/Wagner*[2] Kapitel 8. Rdn 307; Bittmann-Insolvenzstrafrecht/*Sperling*[2] § 23 Rdn 16; *Weyand/Diversy* Rdn 138.

35 Vgl LK-StGB/*Tiedemann*[12] § 283d Rdn 14.

36 MünchKomm-StGB/*Petermann/Hofmann*[4] § 283d Rdn 12; ähnlich wohl StGB/*Fischer*[69] § 283d Rdn 3, der sich auf den „Sinn der Vorschrift" beruft.

37 *Welzel*[11] S 95.

38 SSW-StGB/*Bosch*[5] § 283d Rdn 2; Achenbach/Ransiek/Rönnau-Handbuch Wirtschaftsstrafrecht/*Himmelreich*[5] 7. Teil, 1. Kapitel Rdn 235; SK-StGB/*Hoyer*[9] § 283d Rdn 7; NK-StGB/*Kindhäuser*[5] § 283d Rdn 4; Momsen/Grützner-WirtschaftsStStrR/*Rotsch/Wagner*[2] Kapitel 8. Rdn 307, nehmen im Ergebnis – wie hier – die Unbeachtlichkeit der Willensmängel an, dürften sich jedoch in der Begründung relativ auf das ältere naturalistische Verständnis des tatbestandsausschließenden Einverständnisses stützen.

39 Zutreffend Graf/Jäger/Wittig/*Reinhart*[2] § 283d Rdn 3.

40 Zutreffend Graf/Jäger/Wittig/*Reinhart*[2] § 283d Rdn 3; wohl auch SSW-StGB/*Bosch*[5] § 283d Rdn 2; offen gelassen von LK-StGB/*Tiedemann*[12] § 283d Rdn 15, da das mutmaßliche Einwilligung ein Handeln im Interesse des Schuldners voraussetze, also ein Handeln „zu Gunsten" des Schuldners im Sinne der zweiten Tatmodalität; vgl insoweit auch SK-StGB/*Hoyer*[9] § 283d Rdn 5.

41 Vgl Matt/Renzikowski-StGB/*Altenhain*[2] § 283d Rdn 9; Schönke/Schröder-StGB/*Heine/Schuster*[30] § 283d Rdn 9; NK-StGB/*Kindhäuser*[5] § 283d Rdn 6; MünchKomm-StGB/*Petermann/Hofmann*[4] § 283d Rdn 13; Graf/Jäger/Wittig/*Reinhart*[2] § 283d Rdn 4; Momsen/Grützner-WirtschaftsStStrR/*Rotsch/Wagner*[2] Kapitel 8. Rdn 307; LK-StGB/*Tiedemann*[12] § 283d Rdn 11; **aA** SK-StGB/*Hoyer*[9] § 283d Rdn 6; wohl auch BeckOK-StGB/*Beukelmann*[58] § 283d Rdn 5.

oder Unbrauchbarmachung –, die Tatobjekte – Bestandteile des Vermögens, die im Falle der Eröffnung des Insolvenzverfahrens zur Insolvenzmasse gehören -- sowie die Krisensituation nach Absatz 1 Nr 2 reicht jeweils dolus eventualis aus.[42] Hinsichtlich der Tatmodalität der Einwilligung des Schuldners muss der Täter in Kenntnis der Einwilligung des Schuldners handeln;[43] auch insoweit ist bedingter Vorsatz hinreichend.[44]

II. Wissentlichkeit

14 Hinsichtlich der drohenden (oder eingetretenen) (vgl Rdn 5) Zahlungsunfähigkeit des Schuldners nach Absatz 1 Nr 1 ist dolus directus 2. Grades erforderlich.[45]

III. Handeln zu Gunsten des Schuldners

15 In Bezug auf die Tatmodalität des Handelns zu Gunsten des Schuldners keinesfalls ausreichend ist jedenfalls dolus eventualis.[46] Streitig ist insoweit, ob dolus directus 1. Grades[47] oder Wissentlichkeit (dolus directus 2. Grades)[48] zu fordern ist. Die letztgenannte Auffassung argumentiert im Wesentlichen in Parallelität zu der Minderheitsauffassung mit Blick auf § 257 StGB,[49] welche dort dem subjektiven Tatbestand die Funktion zuspricht, den Vollendungszeitpunkt vorzuverlegen.[50] Dies kann auf § 283d StGB jedoch nicht übertragen werden, da es sich hierbei nicht um ein erfolgskupiertes Delikt handelt.[51] Der erstgenannten Ansicht ist daher zu folgen.

---

42 Matt/Renzikowski-StGB/*Altenhain*[2] § 283d Rdn 8; BeckOK-StGB/*Beukelmann*[58] § 283d Rdn 6; SSW-StGB/*Bosch*[5] § 283d Rdn 4; StGB/*Fischer*[69] § 283d Rdn 7; Lackner/Kühl-StGB/*Heger*[29] § 283d Rdn 4; Schönke/Schröder-StGB/*Heine/Schuster*[30] § 283d Rdn 7; SK-StGB/*Hoyer*[9] § 283d Rdn 10; NK-StGB/*Kindhäuser*[5] § 283d Rdn 8; Wabnitz/Janovsky/Schmitt/*Pelz*[5] 9. Kapitel Rdn 249; MünchKomm-StGB/*Petermann/Hofmann*[4] § 283d Rdn 16; Graf/Jäger/Wittig/*Reinhart*[2] § 283d Rdn 10; Momsen/Grützner-WirtschaftsStStrR/*Rotsch/Wagner*[2] Kapitel 8. Rdn 309; Bittmann-Insolvenzstrafrecht/*Sperling*[2] § 23 Rdn 22; LK-StGB/*Tiedemann*[12] § 283d Rdn 16 f; *Weyand/Diversy* Rdn 142.

43 Bittmann-Insolvenzstrafrecht/*Sperling*[2] § 23 Rdn 15; LK-StGB/*Tiedemann*[12] § 283d Rdn 13.

44 Matt/Renzikowski-StGB/*Altenhain*[2] § 283d Rdn 8; BeckOK-StGB/*Beukelmann*[58] § 283d Rdn 6; SSW-StGB/*Bosch*[5] § 283d Rdn 4; StGB/*Fischer*[69] § 283d Rdn 7; Lackner/Kühl-StGB/*Heger*[29] § 283d Rdn 4; Schönke/Schröder-StGB/*Heine/Schuster*[30] § 283d Rdn 7; SK-StGB/*Hoyer*[9] § 283d Rdn 10; NK-StGB/*Kindhäuser*[5] § 283d Rdn 8; Wabnitz/Janovsky/Schmitt/*Pelz*[5] 9. Kapitel Rdn 249; MünchKomm-StGB/*Petermann/Hofmann*[4] § 283d Rdn 16; Graf/Jäger/Wittig/*Reinhart*[2] § 283d Rdn 10; Momsen/Grützner-WirtschaftsStStrR/*Rotsch/Wagner*[2] Kapitel 8. Rdn 309; Bittmann-Insolvenzstrafrecht/*Sperling*[2] § 23 Rdn 22; LK-StGB/*Tiedemann*[12] § 283d Rdn 15; *Weyand/Diversy* Rdn 142.

45 Matt/Renzikowski-StGB/*Altenhain*[2] § 283d Rdn 8; BeckOK-StGB/*Beukelmann*[58] § 283d Rdn 7; SSW-StGB/*Bosch*[5] § 283d Rdn 4; StGB/*Fischer*[69] § 283d Rdn 7; Lackner/Kühl-StGB/*Heger*[29] § 283d Rdn 4; Schönke/Schröder-StGB/*Heine/Schuster*[30] § 283d Rdn 8; SK-StGB/*Hoyer*[9] § 283d Rdn 10; NK-StGB/*Kindhäuser*[5] § 283d Rdn 8; Wabnitz/Janovsky/Schmitt/*Pelz*[5] 9. Kapitel Rdn 249; MünchKomm-StGB/*Petermann/Hofmann*[4] § 283d Rdn 16; Graf/Jäger/Wittig/*Reinhart*[2] § 283d Rdn 9, § 283c Rdn 15; Momsen/Grützner-WirtschaftsStStrR/*Rotsch/Wagner*[2] Kapitel 8. Rdn 309; Bittmann-Insolvenzstrafrecht/*Sperling*[2] § 23 Rdn 22; LK-StGB/*Tiedemann*[12] § 283d Rdn 17; *Weyand/Diversy* Rdn 142.

46 Insoweit allein **aA** SK-StGB/*Hoyer*[9] § 283d Rdn 6.

47 Vgl SSW-StGB/*Bosch*[5] § 283d Rdn 2; Lackner/Kühl-StGB/*Heger*[29] § 283d Rdn 2; NK-StGB/*Kindhäuser*[5] § 283d Rdn 6; Graf/Jäger/Wittig/*Reinhart*[2] § 283d Rdn 11; Momsen/Grützner-WirtschaftsStStrR/*Rotsch/Wagner*[2] Kapitel 8. Rdn 309; LK-StGB/*Tiedemann*[12] § 283d Rdn 12; *Weyand/Diversy* Rdn 139.

48 Vgl Schönke/Schröder-StGB/*Heine/Schuster*[30] § 283d Rdn 9; Achenbach/Ransiek/Rönnau-Handbuch Wirtschaftsstrafrecht/*Himmelreich*[5] 7. Teil, 1. Kapitel Rdn 236; MünchKomm-StGB/*Petermann/Hofmann*[4] § 283d Rdn 15; Bittmann-Insolvenzstrafrecht/*Sperling*[2] § 23 Rdn 21.

49 Vgl *Lenckner* NJW 1967, 1890 (1894); *Schröder* NJW 1962, 1037, 1040.

50 Vgl Schönke/Schröder-StGB/*Heine/Schuster*[30] § 283d Rdn 9.

51 Vgl LK-StGB/*Tiedemann*[12] § 283d Rdn 12.

IV. Irrtum

Nach allgemeinen Regeln ist beim Irrtum über ein Merkmal der Tathandlung oder des Tatobjekts des § 283d StGB ein Tatbestandsirrtum anzunehmen;[52] Gleiches gilt mit Blick auf den Irrtum über das Vorliegen der Einwilligung des Schuldners[53] sowie für den Fall der irrtümlichen Annahme, ein Gläubiger des Schuldners erhalte den beiseite geschafften Vermögensbestandteil.[54] Hinsichtlich der Krisenmerkmale ist nicht nur Tatsachenkenntnis, sondern darüber hinaus zusätzlich die zutreffende rechtliche Parallelwertung erforderlich (vgl Anders § 283 Rdn 112). Der Irrtum über den konkreten Stand des objektiv laufenden Insolvenz(eröffnungs-)verfahrens (vgl Absatz 1 Nr 2) zum Zeitpunkt der Tathandlung beseitigt hingegen wegen der Gleichwertigkeit der entsprechenden Tatbestandsvarianten (vgl Rdn 6) den Vorsatz nicht, solange der Täter weiß, dass ein solches Verfahren überhaupt eingeleitet worden ist.[55] Gleiches gilt mit Blick auf Absatz 1 Nr 1, wenn der Täter irrig entweder drohende oder eingetretene Zahlungsunfähigkeit annimmt, objektiv aber jeweils das andere gegeben ist.[56] Fehlende Kenntnis von dem Insolvenz(eröffnungs-)verfahren führt allerdings zum Vorsatzausschluss, es sei denn, es liegt die erforderliche sichere Kenntnis von der (drohenden) Zahlungsunfähigkeit (vgl Rdn 14) vor (vgl Absatz 1 Nr 1).[57] 16

D. GmbH-Spezifika

Sollte eine **GmbH** Gemeinschuldnerin sein, ist im Rahmen der **Einwilligungsmodalität** (vgl Rdn 10) nach allgemeinen Grundsätzen die Einwilligung der Geschäftsführung von der entsprechenden **Zustimmung der Gesellschafter** abhängig, welche in Übertragung der zu **§ 266 StGB** bestehenden Grundsätze ihre Grenze jedenfalls in der **Existenzgefährdung der Gesellschaft** findet (vgl *Anders* § 266 Rdn 109 ff), die wiederum bei drohender oder eingetretener Zahlungsunfähigkeit regelmäßig gegeben sein dürfte.[58] Mithin wäre die Einwilligung mangels wirksamer Gesellschafterzustimmung regelhaft unwirksam mit der Folge, dass die entsprechende Tatmodalität für die GmbH keine praktische Bedeutung haben dürfte.[59] 17

---

52 Vgl NK-StGB/*Kindhäuser*[5] § 283d Rdn 8; MünchKomm-StGB/*Petermann/Hofmann*[4] § 283d Rdn 17; Graf/Jäger/Wittig/*Reinhart*[2] § 283d Rdn 10; Bittmann-Insolvenzstrafrecht/*Sperling*[2] § 23 Rdn 23; LK-StGB/*Tiedemann*[12] § 283d Rdn 16.

53 Graf/Jäger/Wittig/*Reinhart*[2] § 283d Rdn 10; Bittmann-Insolvenzstrafrecht/*Sperling*[2] § 23 Rdn 23.

54 Schönke/Schröder-StGB/*Heine/Schuster*[30] § 283d Rdn 7; Graf/Jäger/Wittig/*Reinhart*[2] § 283d Rdn 10; Müller-Gugenberger-WirtschaftsStrR/*H. Richter*[7] Rdn 84.13; Bittmann-Insolvenzstrafrecht/*Sperling*[2] § 23 Rdn 23; LK-StGB/*Tiedemann*[12] § 283d Rdn 16.

55 Vgl Matt/Renzikowski-StGB/*Altenhain*[2] § 283d Rdn 8; Schönke/Schröder-StGB/*Heine/Schuster*[30] § 283d Rdn 8; SK-StGB/*Hoyer*[9] § 283d Rdn 10; NK-StGB/*Kindhäuser*[5] § 283d Rdn 8; Wabnitz/Janovsky/Schmitt/*Pelz*[5] 9. Kapitel Rdn 250; MünchKomm-StGB/*Petermann/Hofmann*[4] § 283d Rdn 17; Graf/Jäger/Wittig/*Reinhart*[2] § 283d Rdn 10; Bittmann-Insolvenzstrafrecht/*Sperling*[2] § 23 Rdn 25; LK-StGB/*Tiedemann*[12] § 283d Rdn 17.

56 Vgl Schönke/Schröder-StGB/*Heine/Schuster*[30] § 283d Rdn 8; Wabnitz/Janovsky/Schmitt/*Pelz*[5] 9. Kapitel Rdn 250; MünchKomm-StGB/*Petermann/Hofmann*[4] § 283d Rdn 17; Graf/Jäger/Wittig/*Reinhart*[2] § 283d Rdn 9; Bittmann-Insolvenzstrafrecht/*Sperling*[2] § 23 Rdn 24; LK-StGB/*Tiedemann*[12] § 283d Rdn 17; vgl auch Matt/Renzikowski-StGB/*Altenhain*[2] § 283d Rdn 8.

57 Vgl Matt/Renzikowski-StGB/*Altenhain*[2] § 283d Rdn 8; Schönke/Schröder-StGB/*Heine/Schuster*[30] § 283d Rdn 8; LK-StGB/*Tiedemann*[12] § 283d Rdn 17.

58 Vgl *Anders* NZWiSt 2017, 13, 17 f.

59 Vgl *C. Brand/Sperling* ZStW 121 (2009), 281, 292 ff, die jedoch nicht auf die Existenzgefährdungsgrundsätze zur Grenzbestimmung für die Zustimmung der Gesellschafter abstellen, sondern auf § 30 Abs 1 Satz 1 GmbHG; Bittmann-Insolvenzstrafrecht/*Sperling*[2] § 23 Rdn 18; vgl auch Schönke/Schröder-StGB/*Heine/Schuster*[30] § 283d Rdn 3 (Einwilligung nur im Rahmen des rechtlich Zulässigen möglich); **aA** – maßgebliche zivil- und gesellschaftsrechtliche Vorschriften seien irrevant, Graf/Jäger/Wittig/*Reinhart*[2] § 283d Rdn 3.

18 Da nach **§ 60 Abs 1 Nr 4 GmbHG** die Gesellschaft mit der Eröffnung des Insolvenzverfahrens aufgelöst wird, wird es mit Blick auf das **Handeln zu Gunsten des Schuldners** an einem solchen fehlen, sodass der Anwendungsbereich dieser Alternative äußerst schmal sein dürfte.[60]

E. Versuchsstrafbarkeit (Abs 2), Vollendung, Beendigung

19 **Absatz 2** stellt die **versuchte Schuldnerbegünstigung** unter Strafe. Insoweit kann auf die Ausführungen zu **§ 283 Abs 3 StGB** verwiesen werden (vgl *Anders* § 283 Rdn 114 ff). Im Zeitpunkt des unmittelbaren Ansetzens zur Tatbestandsverwirklichung gemäß **§ 22 StGB** müssen die Einwilligung des Schuldners oder die Begünstigungsabsicht des Täters vorliegen.[61] Die bloße Anfrage an den Schuldner, ob Einverständnis mit der vom außenstehenden Täter geplanten Handlung bestehe, ist straflose Vorbereitung.[62] Ebenso wie die Vollendung setzt der Versuch den **Eintritt der objektiven Bedingung der Strafbarkeit** voraus (vgl **Absatz 4**: „[d]ie Tat").[63]

20 Mit Blick auf die **Vollendung** und **Beendigung** gelten die Darlegungen zu **§ 283 StGB** entsprechend (vgl *Anders* § 283 Rdn 120 f, 122 f).

21 Die irrige Annahme der Zahlungseinstellung bzw, dass ein Insolvenz(eröffnungs-)verfahren bereits eingeleitet sei (vgl **Absatz 1 Nr 2**), führt zum **(untauglichen) Versuch** nach **Absatz 2**, sofern keine sichere Kenntnis von (drohender) Zahlungsunfähigkeit vorliegt (vgl **Absatz 1 Nr 1**).[64] **Untauglicher Versuch** liegt auch vor bei **der irrigen Annahme (drohender) Zahlungsunfähigkeit des Schuldners.**[65] Gleiches gilt, wenn der Täter irrig Merkmale der Tathandlung bzw des Tatobjekts, eine Einwilligung des Schuldners annimmt,[66] oder, dass ein Gläubiger des Schuldners den beiseite geschafften Vermögensbestandteil erhalte.[67]

F. Objektive Bedingung der Strafbarkeit (Abs 4)

22 **Absatz 4** wiederholt im Wesentlichen, im Wortlaut allein abgeändert durch die Perspektive des Außenstehenden als Normadressaten, den Wortlaut des **§ 283 Abs 6 StGB**, dh auch für **§ 283d StGB** ist das Vorliegen einer **objektiven Bedingung der Strafbarkeit beim Schuldner** (Einstellung der Zahlungen, Eröffnung des Insolvenzverfahrens oder Abweisung des Eröffnungsantrag mangels Masse) (vgl *Anders* Vor §§ 283 ff Rdn 68 ff) erforderlich.

---

60 Vgl *C. Brand/Sperling* ZStW 121 (2009), 281, 287 ff; Bittmann-Insolvenzstrafrecht/*Sperling*[2] § 23 Rdn 6 in Fn 7970.

61 Wabnitz/Janovsky/Schmitt/*Pelz*[5] 9. Kapitel Rdn 253; MünchKomm-StGB/*Petermann/Hofmann*[4] § 283d Rdn 18; Graf/Jäger/Wittig/*Reinhart*[2] § 283d Rdn 12; LK-StGB/*Tiedemann*[12] § 283d Rdn 20.

62 Wabnitz/Janovsky/Schmitt/*Pelz*[5] 9. Kapitel Rdn 253; Bittmann-Insolvenzstrafrecht/*Sperling*[2] § 23 Rdn 27; Graf/Jäger/Wittig/*Reinhart*[2] § 283d Rdn 12; LK-StGB/*Tiedemann*[12] § 283d Rdn 20.

63 Matt/Renzikowski-StGB/*Altenhain*[2] § 283d Rdn 12; MünchKomm-StGB/*Petermann/Hofmann*[4] § 283d Rdn 19; vgl auch Rdn 114 zu § 283.

64 Matt/Renzikowski-StGB/*Altenhain*[2] § 283d Rdn 8; Schönke/Schröder-StGB/*Heine/Schuster*[30] § 283d Rdn 8; Wabnitz/Janovsky/Schmitt/*Pelz*[5] 9. Kapitel Rdn 254; Graf/Jäger/Wittig/*Reinhart*[2] § 283d Rdn 9; Bittmann-Insolvenzstrafrecht/*Sperling*[2] § 23 Rdn 25; LK-StGB/*Tiedemann*[12] § 283d Rdn 17 Rdn 21.

65 Schönke/Schröder-StGB/*Heine/Schuster*[30] § 283d Rdn 11; Wabnitz/Janovsky/Schmitt/*Pelz*[5] 9. Kapitel Rdn 254; MünchKomm-StGB/*Petermann/Hofmann*[4] § 283d Rdn 18; Graf/Jäger/Wittig/*Reinhart*[2] § 283d Rdn 12; LK-StGB/*Tiedemann*[12] § 283d Rdn 21.

66 Schönke/Schröder-StGB/*Heine/Schuster*[30] § 283d Rdn 11; Wabnitz/Janovsky/Schmitt/*Pelz*[5] 9. Kapitel Rdn 254; Bittmann-Insolvenzstrafrecht/*Sperling*[2] § 23 Rdn 27; LK-StGB/*Tiedemann*[12] § 283d Rdn 21.

67 Vgl Wabnitz/Janovsky/Schmitt/*Pelz*[5] 9. Kapitel Rdn 250; Graf/Jäger/Wittig/*Reinhart*[2] § 283d Rdn 10.

G. Teilnahme

Für die Abgrenzung von **Täterschaft** und **Teilnahme** gelten die allgemeinen Regeln.[68] Auch der **Schuldner** kann sich wegen **Anstiftung** oder **Beihilfe** strafbar machen.[69] Denn die **Grundsätze der notwendigen Teilnahme greifen nach hM insoweit nicht,**[70] weil zum einen die Tatmodalität „zu dessen Gunsten" die Möglichkeit bereit hält, ohne Beitrag des Schuldners den Tatbestand zu erfüllen,[71] und zum anderen der Schuldner der eigentliche Adressat der Insolvenzdelikte ist.[72] Mit Blick auf das erstgenannte Argument wird wegen der hier gegebenen Mitwirkung eine **Ausnahme für die Tatmodalität des Handelns mit Einwilligung des Schuldners** vertreten, wobei wiederum – insoweit im Ergebnis mit der hM – eine **Ausnahme für GmbH-Gesellschafter** angenommen wird, welche mit ihrer fehlenden Tätertauglichkeit im Bankrottstrafrecht (vgl *Anders* Vor §§ 283 ff Rdn 25) begründet wird.[73] Haben sowohl Schuldner als auch Außenstehender jeweils Tatherrschaft, ist Ersterer nach **§ 283 Abs 1 Nr 1 StGB**, Letzterer nach **§ 283d StGB** zu bestrafen.[74] 23

Bei der **Begünstigungsabsicht (Absatz 1, 2. Alt)** handelt es sich nach **hM** um ein **persönliches strafbarkeitsbegründendes Merkmal iSd § 28 Abs 1 StGB**;[75] die Strafe des Teilnehmers ist daher nach **§ 49 Abs 1 StGB** zu mildern, sofern bei ihm dieses Merkmal bei fehlender oder ihm unbekannter Einwilligung nicht erfüllt ist, während für den Schuldner als Teilnehmer die Anwendung des **§ 28 Abs 1 StGB** aufgrund der bei ihm stets gegebenen Selbstbegünstigungszweck[76] bzw implizierten Einwilligung[77] ausscheidet. 24

Teilname des Schuldners (oder der für ihn bestellten Personen nach **§ 14 Abs 1 StGB**) kann auch durch **Unterlassen** erfolgen, wobei insoweit das bloße Dulden der Tat des Dritten nicht genügt.[78] 25

H. Rechtsfolgen

Die Strafandrohung des **Absatz 1** entspricht derjenigen aus **§ 283 Abs 1, 2 StGB**, also Freiheitsstrafe bis zu fünf Jahre oder Geldstrafe. Zur **Inhabilität** siehe unter Rdn 75 zu Vorbem §§ 283 ff StGB, 26

68 Vgl SSW-StGB/*Bosch*[5] § 283d Rdn 5; Schönke/Schröder-StGB/*Heine/Schuster*[30] § 283d Rdn 12; NK-StGB/*Kindhäuser*[5] § 283d Rdn 10; Wabnitz/Janovsky/Schmitt/*Pelz*[5] 9. Kapitel Rdn 246; MünchKomm-StGB/*Petermann/Hofmann*[4] § 283d Rdn 21; Graf/Jäger/Wittig/*Reinhart*[2] § 283d Rdn 14; LK-StGB/*Tiedemann*[12] § 283d Rdn 23.

69 Vgl Matt/Renzikowski-StGB/*Altenhain*[2] § 283d Rdn 11; SSW-StGB/*Bosch*[5] § 283d Rdn 5; StGB/*Fischer*[69] § 283d Rdn 2; Lackner/Kühl-StGB/*Heger*[29] § 283d Rdn 5; SK-StGB/*Hoyer*[9] § 283d Rdn 10; NK-StGB/*Kindhäuser*[5] § 283d Rdn 10; Wabnitz/Janovsky/Schmitt/*Pelz*[5] 9. Kapitel Rdn 246; Graf/Jäger/Wittig/*Reinhart*[2] § 283d Rdn 1, 14; LK-StGB/*Tiedemann*[12] § 283d Rdn 24; **aA** – Schuldner werde wegen seiner besonderen Pflichtenstellung gegenüber den Gläubigern regelmäßig als Täter nach § 283 StGB anzusehen sein, Schönke/Schröder-StGB/*Heine/Schuster*[30] § 283d Rdn 12.

70 Lackner/Kühl-StGB/*Heger*[29] § 283d Rdn 5; SK-StGB/*Hoyer*[9] § 283d Rdn 10; NK-StGB/*Kindhäuser*[5] § 283d Rdn 10; Wabnitz/Janovsky/Schmitt/*Pelz*[5] 9. Kapitel Rdn 246; Graf/Jäger/Wittig/*Reinhart*[2] § 283d Rdn 14.

71 Vgl SSW-StGB/*Bosch*[5] § 283d Rdn 5; MünchKomm-StGB/*Petermann/Hofmann*[4] § 283d Rdn 21; LK-StGB/*Tiedemann*[12] § 283d Rdn 24.

72 Matt/Renzikowski-StGB/*Altenhain*[2] § 283d Rdn 11; Bittmann-Insolvenzstrafrecht/*Sperling*[2] § 23 Rdn 33.

73 Vgl *C. Brand/Sperling* ZStW 121 (2009), 281, 317 f; Bittmann-Insolvenzstrafrecht/*Sperling*[2] § 23 Rdn 33.

74 Vgl Matt/Renzikowski-StGB/*Altenhain*[2] § 283d Rdn 11; SSW-StGB/*Bosch*[5] § 283d Rdn 5; StGB/*Fischer*[69] § 283d Rdn 2; NK-StGB/*Kindhäuser*[5] § 283d Rdn 10; Graf/Jäger/Wittig/*Reinhart*[2] § 283d Rdn 1; Müller-Gugenberger-WirtschaftsStrR/*H. Richter*[7] Rdn 84.8; LK-StGB/*Tiedemann*[12] § 283d Rdn 5.

75 **AA** Schönke/Schröder-StGB/*Heine/Schuster*[30] § 283d Rdn 12.

76 Vgl SSW-StGB/*Bosch*[5] § 283d Rdn 5; MünchKomm-StGB/*Petermann/Hofmann*[4] § 283d Rdn 22; Bittmann-Insolvenzstrafrecht/*Sperling*[2] § 23 Rdn 32; LK-StGB/*Tiedemann*[12] § 283d Rdn 24.

77 Vgl Matt/Renzikowski-StGB/*Altenhain*[2] § 283d Rdn 11; NK-StGB/*Kindhäuser*[5] § 283d Rdn 10; Graf/Jäger/Wittig/*Reinhart*[2] § 283d Rdn 14.

78 MünchKomm-StGB/*Petermann/Hofmann*[4] § 283d Rdn 6; Graf/Jäger/Wittig/*Reinhart*[2] § 283d Rdn 14; NK-StGB/*Kindhäuser*[5] § 283d Rdn 10; LK-StGB/*Tiedemann*[12] § 283d Rdn 5, 24; **aA** Schönke/Schröder-StGB/*Heine/Schuster*[30] § 283d Rdn 12.

zum **Berufsverbot** unter Rdn 76 zu Vorbem §§ 283 ff StGB. Die **Versagung der Restschuldbefreiung** nach **§ 290 Abs 1 Nr 1 InsO** ist für Verurteilungen nach **§ 283d StGB** nicht vorgesehen.

I. Strafzumessungsvorschrift: Besonders schwere Fälle

27 **Abs 3 Satz 2** sieht **Regelbeispiele** für **besonders schwere Fälle** vor, die denjenigen aus **§ 283a Satz 2 StGB** entsprechen (vgl *Anders* § 283a Rdn 3 ff). Die in **Absatz 3 Satz 2 Nr 2, 1. Alt** genanntenVermögenswerte müssen dem Schuldner anvertraut worden sein.[79]

J. Konkurrenzen

I. Intern

28 Mehrere Handlungen der Schuldnerbegünstigung derselben Person stellen im Regelfall verschiedene **selbstständige Taten** dar,[80] sie werden nicht durch den Eintritt der objektiven Strafbarkeitsbedingung zu einer Einheit verbunden (vgl *Anders* § 283 Rdn 133).[81] Erfüllt eine Handlung beide Tatmodalitäten des Handelns mit Einwilligung des Schuldners und zu dessen Gunsten, liegt nur eine einheitliche Tat des **§ 283d StGB** vor.[82] **Wahlfeststellung** zwischen den beiden Tatmodalitäten ist zulässig.[83]

II. Im Verhältnis zu den §§ 283, 283c StGB

29 Die **Teilnahme des außenstehenden Täters** an der Tat des Schuldners nach **§ 283 Abs 1 Nr 1 StGB** tritt hinter seiner Tat nach **§ 283d StGB** zurück.[84] Umgekehrt tritt die Teilnahme des Schuldners an **§ 283d StGB** hinter einer Täterschaft nach **§ 283 Abs 1 Nr 1 StGB** zurück.[85] Mit allen Bankrotthandlungen, die von **§ 283d StGB** nicht erfasst sind, ist **Teilnahme des Außenstehenden**

---

79 Graf/Jäger/Wittig/*Reinhart*[2] § 283d Rdn 15; Bittmann-Insolvenzstrafrecht/*Sperling*[2] § 23 Rdn 29; *Weyand/Diversy* Rdn 141.

80 Vgl RGSt 66, 268, 269; Matt/Renzikowski-StGB/*Altenhain*[2] § 283d Rdn 14; SSW-StGB/*Bosch*[5] § 283d Rdn 7; StGB/*Fischer*[69] § 283d Rdn 12; Schönke/Schröder-StGB/*Heine/Schuster*[30] § 283d Rdn 14; Achenbach/Ransiek/Rönnau-Handbuch Wirtschaftsstrafrecht/*Himmelreich*[5] 7. Teil, 1. Kapitel Rdn 243; Wabnitz/Janovsky/Schmitt/*Pelz*[5] 9. Kapitel Rdn 255; Graf/Jäger/Wittig/*Reinhart*[2] § 283d Rdn 16.

81 Vgl Lackner/Kühl-StGB/*Heger*[29] § 283d Rdn 7, § 283 Rdn 32; SK-StGB/*Hoyer*[9] § 283d Rdn 11; NK-StGB/*Kindhäuser*[5] § 283d Rdn 13; MünchKomm-StGB/*Petermann/Hofmann*[4] § 283d Rdn 25; Bittmann-Insolvenzstrafrecht/*Sperling*[2] § 23 Rdn 37; LK-StGB/*Tiedemann*[12] § 283d Rdn 27.

82 StGB/*Fischer*[69] § 283d Rdn 12; Schönke/Schröder-StGB/*Heine/Schuster*[30] § 283d Rdn 14; Wabnitz/Janovsky/Schmitt/*Pelz*[5] 9. Kapitel Rdn 255; MünchKomm-StGB/*Petermann/Hofmann*[4] § 283d Rdn 25; Graf/Jäger/Wittig/*Reinhart*[2] § 283d Rdn 17; Bittmann-Insolvenzstrafrecht/*Sperling*[2] § 23 Rdn 37; LK-StGB/*Tiedemann*[12] § 283d Rdn 27.

83 SSW-StGB/*Bosch*[5] § 283d Rdn 7; StGB/*Fischer*[69] § 283d Rdn 12; Schönke/Schröder-StGB/*Heine/Schuster*[30] § 283d Rdn 14; Wabnitz/Janovsky/Schmitt/*Pelz*[5] 9. Kapitel Rdn 255; MünchKomm-StGB/*Petermann/Hofmann*[4] § 283d Rdn 25; Graf/Jäger/Wittig/*Reinhart*[2] § 283d Rdn 17; Bittmann-Insolvenzstrafrecht/*Sperling*[2] § 23 Rdn 37; LK-StGB/*Tiedemann*[12] § 283d Rdn 27.

84 Matt/Renzikowski-StGB/*Altenhain*[2] § 283d Rdn 14; BeckOK-StGB/*Beukelmann*[58] § 283d Rdn 12; Lackner/Kühl-StGB/*Heger*[29] § 283d Rdn 7; Schönke/Schröder-StGB/*Heine/Schuster*[30] § 283d Rdn 15; SK-StGB/*Hoyer*[9] § 283d Rdn 11; NK-StGB/*Kindhäuser*[5] § 283d Rdn 13; Wabnitz/Janovsky/Schmitt/*Pelz*[5] 9. Kapitel Rdn 255; MünchKomm-StGB/*Petermann/Hofmann*[4] § 283d Rdn 24; Graf/Jäger/Wittig/*Reinhart*[2] § 283d Rdn 18; Momsen/Grützner-WirtschaftsStStrR/*Rotsch/Wagner*[2] Kapitel 8. Rdn 313; Bittmann-Insolvenzstrafrecht/*Sperling*[2] § 23 Rdn 35; LK-StGB/*Tiedemann*[12] § 283d Rdn 26.

85 Matt/Renzikowski-StGB/*Altenhain*[2] § 283d Rdn 14; Achenbach/Ransiek/Rönnau-Handbuch Wirtschaftsstrafrecht/*Himmelreich*[5] 7. Teil, 1. Kapitel Rdn 243; SK-StGB/*Hoyer*[9] § 283d Rdn 11; MünchKomm-StGB/*Petermann/Hofmann*[4] § 283d Rdn 24; nach Graf/Jäger/Wittig/*Reinhart*[2] § 283d Rdn 18 besteht ein Ausschlussverhältnis, da der Schuldner nur entweder Tatherrschaft haben kann oder nicht.

möglich.[86] **§ 283d StGB** entfaltet mit Blick auf **§ 283 StGB keine Sperrwirkung**, sodass im Falle des fehlenden Nachweises der (eingeschränkten) Voraussetzungen des **§ 283d StGB** die Strafbarkeit des Außenstehenden wegen Teilnahme an **§ 283 StGB** nicht entfällt.[87]

§ 283c StGB und **§ 283d StGB** schließen einander tatbestandlich aus.[88] 30

III. Im Verhältnis zu anderen Delikten

Idealkonkurrenz ist möglich mit **§ 257 StGB**[89] sowie mit **§ 263**[90] – lediglich **versuchter Betrug** 31
soll zurücktreten[91] – und mit **§ 266 StGB,**[92] mit **§ 261 StGB,**[93] ferner mit der **Teilnahme an § 288 StGB.**[94]

86 Vgl Matt/Renzikowski-StGB/*Altenhain*[2] § 283d Rdn 14; Schönke/Schröder-StGB/*Heine/Schuster*[30] § 283d Rdn 15; SK-StGB/*Hoyer*[9] § 283d Rdn 11; NK-StGB/*Kindhäuser*[5] § 283d Rdn 13; Graf/Jäger/Wittig/*Reinhart*[2] § 283d Rdn 18; Bittmann-Insolvenzstrafrecht/*Sperling*[2] § 23 Rdn 35; LK-StGB/*Tiedemann*[12] § 283d Rdn 26.

87 Vgl BT-Drucks 7/3441 S 39; Matt/Renzikowski-StGB/*Altenhain*[2] § 283d Rdn 14; Schönke/Schröder-StGB/*Heine/Schuster*[30] § 283d Rdn 15; SK-StGB/*Hoyer*[9] § 283d Rdn 11; NK-StGB/*Kindhäuser*[5] § 283d Rdn 13; Wabnitz/Janovsky/Schmitt/*Pelz*[5] 9. Kapitel Rdn 255; MünchKomm-StGB/*Petermann/Hofmann*[4] § 283d Rdn 24; Bittmann-Insolvenzstrafrecht/*Sperling*[2] § 23 Rdn 34; LK-StGB/*Tiedemann*[12] § 283d Rdn 26.

88 Wabnitz/Janovsky/Schmitt/*Pelz*[5] 9. Kapitel Rdn 255; Graf/Jäger/Wittig/*Reinhart*[2] § 283d Rdn 18; Bittmann-Insolvenzstrafrecht/*Sperling*[2] § 23 Rdn 36; LK-StGB/*Tiedemann*[12] § 283d Rdn 26.

89 Vgl Matt/Renzikowski-StGB/*Altenhain*[2] § 283d Rdn 14; SSW-StGB/*Bosch*[5] § 283d Rdn 7; Lackner/Kühl-StGB/*Heger*[29] § 283d Rdn 7; Schönke/Schröder-StGB/*Heine/Schuster*[30] § 283d Rdn 16; NK-StGB/*Kindhäuser*[5] § 283d Rdn 14; MünchKomm-StGB/*Petermann/Hofmann*[4] § 283d Rdn 26; Graf/Jäger/Wittig/*Reinhart*[2] § 283d Rdn 19; Momsen/Grützner-WirtschaftsStStrR/*Rotsch/Wagner*[2] Kapitel 8. Rdn 313; Bittmann-Insolvenzstrafrecht/*Sperling*[2] § 23 Rdn 38; LK-StGB/*Tiedemann*[12] § 283d Rdn 28.

90 Matt/Renzikowski-StGB/*Altenhain*[2] § 283d Rdn 14; SSW-StGB/*Bosch*[5] § 283d Rdn 7; Lackner/Kühl-StGB/*Heger*[29] § 283d Rdn 7; Schönke/Schröder-StGB/*Heine/Schuster*[30] § 283d Rdn 16; NK-StGB/*Kindhäuser*[5] § 283d Rdn 14; MünchKomm-StGB/*Petermann/Hofmann*[4] § 283d Rdn 26; Graf/Jäger/Wittig/*Reinhart*[2] § 283d Rdn 19; Bittmann-Insolvenzstrafrecht/*Sperling*[2] § 23 Rdn 38; LK-StGB/*Tiedemann*[12] § 283d Rdn 28.

91 *BGH* NJW 1954, 1655, 1656; Matt/Renzikowski-StGB/*Altenhain*[2] § 283d Rdn 14; zweifelnd StGB/*Fischer*[69] § 283d Rdn 12.

92 Matt/Renzikowski-StGB/*Altenhain*[2] § 283d Rdn 14; Schönke/Schröder-StGB/*Heine/Schuster*[30] § 283d Rdn 16; NK-StGB/*Kindhäuser*[5] § 283d Rdn 14; MünchKomm-StGB/*Petermann/Hofmann*[4] § 283d Rdn 26; Graf/Jäger/Wittig/*Reinhart*[2] § 283d Rdn 19; LK-StGB/*Tiedemann*[12] § 283d Rdn 28.

93 SSW-StGB/*Bosch*[5] § 283d Rdn 7; Schönke/Schröder-StGB/*Heine/Schuster*[30] § 283d Rdn 16; MünchKomm-StGB/*Petermann/Hofmann*[4] § 283d Rdn 26; Graf/Jäger/Wittig/*Reinhart*[2] § 283d Rdn 19.

94 Vgl Matt/Renzikowski-StGB/*Altenhain*[2] § 283d Rdn 14; SSW-StGB/*Bosch*[5] § 283d Rdn 7; StGB/*Fischer*[69] § 283d Rdn 12; Schönke/Schröder-StGB/*Heine/Schuster*[30] § 283d Rdn 16; NK-StGB/*Kindhäuser*[5] § 283d Rdn 14; MünchKomm-StGB/*Petermann/Hofmann*[4] § 283d Rdn 26; Graf/Jäger/Wittig/*Reinhart*[2] § 283d Rdn 19; Bittmann-Insolvenzstrafrecht/*Sperling*[2] § 23 Rdn 38; LK-StGB/*Tiedemann*[12] § 283d Rdn 28.

Sachregister

https://doi.org/10.1515/9783111386669-016

C

H